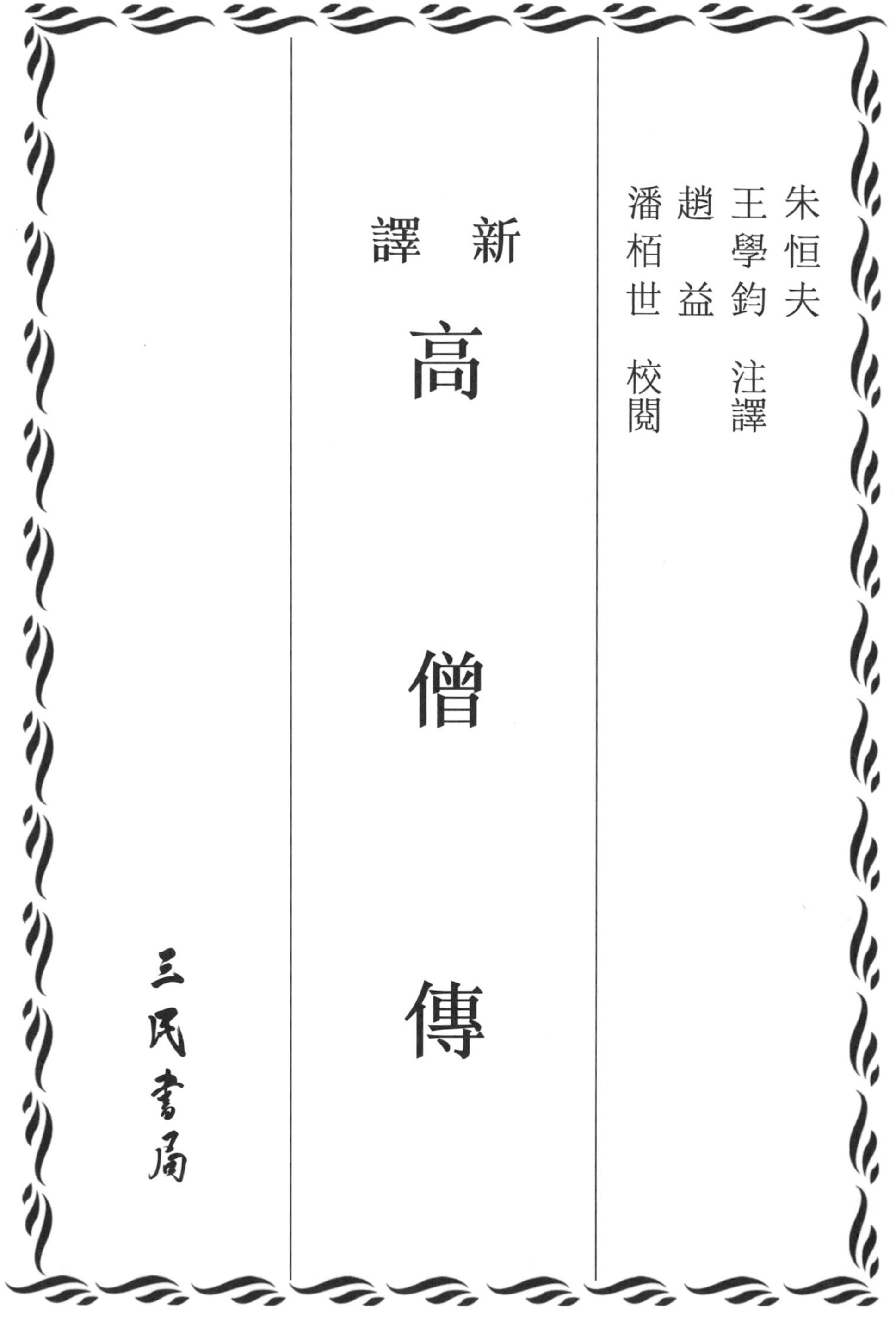

朱恒夫
王學鈞　注譯
趙　益
潘栢世　校閱

新譯高僧傳

三民書局

羅漢圖（南宋劉松年）　在佛學界，稱佛的上足弟子為羅漢。相傳釋迦牟尼曾令十六大阿羅漢常住人世，濟渡眾生。此圖中即是十六羅漢之一。

鳩摩羅什舍利塔　鳩摩羅什於西元 413 年圓寂，葬於草堂寺，並建此舍利塔以示紀念。

山西高平縣定林寺山門

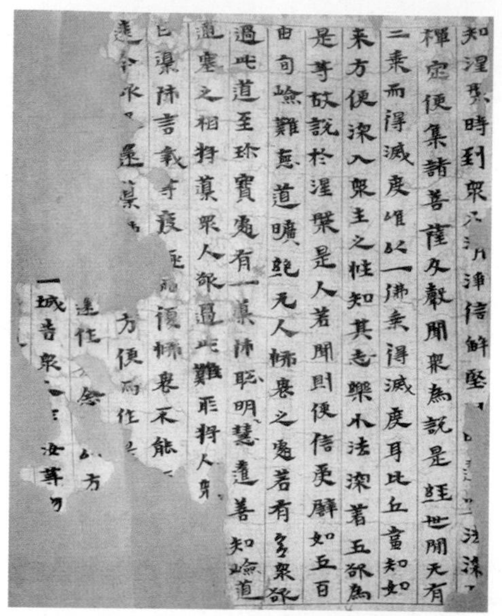

優婆塞戒經殘片（北涼）

觀音圖（南宋僧法常） 此圖繪白衣觀音一尊，端坐於崖石之間。菩薩面容端莊虔誠，衣紋墨線粗勁流暢。

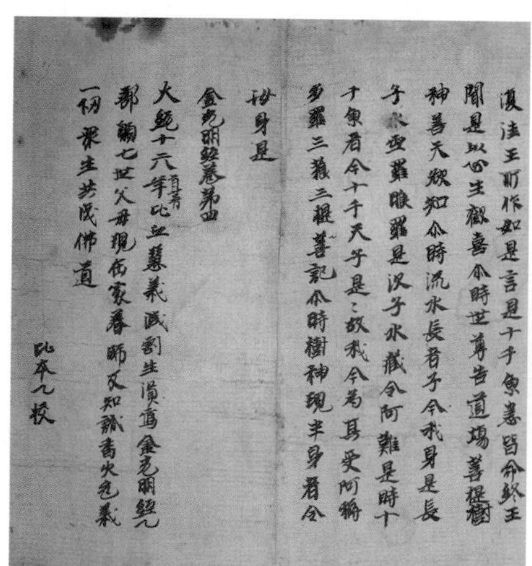

西魏金光明經卷第四

法華經殘卷（晉）　此為晉人寫經第二段，妙法蓮華經卷第一，序品第一。

摩訶般若波羅密經（晉）　此卷發現於甘肅敦煌藏經洞，為兩晉間的寫本。

廣這項工作。隨著海峽兩岸的交流，我們注譯的成員，也由臺灣各大學的教授，擴及大陸各有專長的學者。陣容的充實，使我們有更多的資源，整理更多樣化的古籍。兼採經、史、子、集四部的要典，重拾對通才器識的重視，將是我們進一步工作的目標。

古籍的注譯，固然是一件繁難的工作，但其實也只是整個工作的開端而已，最後的完成與意義的賦予，全賴讀者的閱讀與自得自證。我們期望這項工作能有助於為世界文化的未來匯流，注入一股源頭活水；也希望各界博雅君子不吝指正，讓我們的步伐能夠更堅穩地走下去。

新譯高僧傳 目次

卷三

卷四

卷五

卷六

卷七

卷 八

義解五 正傳二十七人 附見七十五人

卷九

神異上 正傳四人 附見一人

卷一〇

神異下 正傳十六人 附見十一人

卷一一

習禪 正傳二十一人 附見十一人

明律 正傳十三人 附見八人

卷一二

卷一三

卷一四

導讀

壹、《高僧傳》產生的歷史背景

據書史記載，（按：據近來簡牘竹冊之考據所得，佛入中國之時日早在西漢初年，至於秦前是否即有印度僧人在中國境內，雖仍乏確證，但不能排除其可能性，因此，為避免於此處作不必要之爭論，乃不以「佛入中國」為言。）光武帝的兒子楚王劉英「好黃老之微言，尚浮屠之仁祠」（《後漢書・楚王英傳》）。當時寺廟不多，其功用主要是為了滿足西域、印度來華的僧侶或商人的宗教信仰，法律不允許中國人出家。在人們看來，佛與中國巫道之教中的神仙差不多，「浮屠者，佛也，西域天竺有佛道焉。佛言覺。……又以人死，精神不滅，隨復受形。生時所行善惡皆有報應。……佛身長一丈六尺，黃金色。項中佩日月光，變化無方，無所不入」（袁宏《後漢紀》）。《弘明集》卷一描述得更為具體：「惚變化，分身散體，或存或亡，能小能大，……蹈火不燒，履刃不傷，在污不染，在禍無殃，欲行則飛，坐則揚光。故號為佛也。」總之，佛教在東漢時期，人們僅把它當作一種奇教異術來看待，由於翻譯的經典較少，它在中國沒能形成一種體系完備的宗教學說，加之它與儒家孝親思想的較大距離，所以不為大眾所接受。

魏晉時期玄學盛行，以老莊思想解釋儒家經典，提出了有無、本末、動靜的哲學範疇，論證在現象世界背後存在著真實的、永恒不變的、超言絕象的精神性本體——「道」或「無」。而玄學的盛行恰好為佛教的流布滲透提供了一個契機。以道安、慧遠為首的佛教徒，利用玄學理論，來宣傳佛教的般若學說。他們說，世俗所認識的和面對的一切對象，均為因緣和合，假而不實，唯有通過「般若」（智慧）對世俗認識的否定，體證真實的、超言絕象的「實相」、「真如」、「第一義諦」，才能覺悟解脫。世界的本質是「無」和「空」，萬事萬物是由一種氣演化出來的。曇濟在《七宗論》中介紹道安的觀點說：「冥造之前，廓然而已。至於元氣陶化，則群緣稟形，形雖資化，權化之本則出於自然。自然自爾，豈有造之者哉？由此而言，無在元化之先，空為眾形之始，故謂本無。」這種思想與當時魏晉玄學中何晏、王弼一派的貴無學說十分接近，迎合了上層社會所信奉的哲學思想的需要，於是迅速得到傳播。

道安除了用玄學觀點去理解、發揮佛教理論外，他還對漢譯佛經作了初步整理，寫出了《綜理眾經目錄》，並組織外來僧人譯經。他為僧侶團體制定了應遵守的法規、儀式，為以後中國漢族地區的寺院制度打下了基礎。慧遠還提出了協調佛教與封建王權、佛法與名教關係的理論，縮小了儒佛之間的距離。他所宣傳的人死後可以轉生阿彌陀佛「淨土」的信仰，對人們極具誘惑的力量。

西晉末年，特別是進入東晉十六國時期後，天下混亂，戰爭不斷，哀鴻遍野，生靈塗炭。人們朝不保夕，且生存之時重負著不堪的苦難。在這樣的情況下，人們幻想著從苦難中解脫出來，進入一個無憂無愁、充滿著歡樂的世界，於是欣然接受佛教關於極樂世界的宣傳，精苦守戒，廣造福業，希圖獲取一張通往極樂世界的門票。佛教便在這樣的情況下，進入到了社會下層，成為與普通群眾關係最為緊密的一種宗教。北方少數民族政權出於鞏固政權與其他方面的原因，大都扶植佛教。因此，在這一時期，佛教在我國取得了牢不可破的地位。

南北朝時期，佛教得到進一步廣泛的傳播。南朝情形據唐法琳《辨正論》卷三、唐道世《法苑珠林》（四部叢刊本）卷一二〇記載，宋有寺廟一千九百一十三所，僧民三萬六千人；齊有寺廟二千零一十五所，僧民三萬二千人；梁有寺二千八百四十六所，僧民八萬二千七百人；陳有寺一千二百三十二所，僧民三萬二千人。又據《開元釋教錄》卷五至卷七所載，宋譯佛經四百六十五部七百一十七卷；齊為十二部三十三卷；梁為四十六部二百零一卷；陳為四十部一百三十三卷。佛教的善男信女的人數也是空前的。《高僧傳》中常見到某些高僧的僧俗弟子有千人、萬人之多，如卷八〈法通傳〉說齊法通的弟子有七千多人。卷一一〈釋僧祐傳〉說梁代僧祐講經時，「聽眾常七八百人」，「凡白黑門徒一萬一千餘人」。朝廷每當舉行法會，成千上萬的人聽講與參加儀式。北朝的佛教也是相當興旺的，我們僅據楊衒之的《洛陽伽藍記》，即可看出北朝佛教的盛況。該書的序介紹了北魏在洛陽盛建寺院的情形：

> 晉永嘉（西元三〇七至三一四年）唯有寺四十二所，逮皇魏受圖，光宅嵩洛，篤信彌繁，法教愈盛。王侯貴臣，棄象馬如脫屣，庶士豪家，捨資財若遺跡。於是招提櫛比，寶塔駢羅，爭寫天上之姿，競摹山中之影。金剎與靈臺比高，廣殿共阿房等壯。豈直木衣綈繡，土被朱紫而已哉。

該書卷一又詳細描寫了洛陽永寧寺的寶塔：

> ……中有九層浮圖一所，架木為之，舉高九十丈。上有金剎，復高十丈，合去地一千尺。去京師百里，已遙見之。……剎上有金寶瓶，容二十五斛。寶瓶下有承露金盤三十重，周匝皆垂金鐸，復有鐵鏁（索）四道，引剎向浮圖四角。鏁上亦有金鐸。鐸大小如一石甕子。浮圖有九級，角角皆懸金鐸，合上下有一百二十鐸。浮圖有四面，面有三戶六牕（窗），戶皆朱漆。扉上各有五行金釘，合有五千四百枚。復有金鐶鋪首，殫土木之功，窮造形之巧。佛事精妙，不可思議。繡柱金鋪，駭人心目。至於高風永夜，寶鐸和鳴，鏗鏘之聲，聞及十餘里。浮圖北有佛殿一所，形如太極殿。中有丈八金像一軀，中長金像十軀，

繡珠像三軀，金織成像五軀，玉像二軀。作工奇巧，冠於當世。僧房樓觀，一千餘間。雕梁粉壁，青繅綺疏，難得而言。……時有西域沙門菩提達摩者，波斯國胡人也。起自荒裔，來遊中土，見金盤炫日，光照雲表，寶鐸含風，響出天外。歌詠贊歎，實是神功。自云：「年一百五十歲，歷涉諸國，靡不周遍，而此寺精麗，閻浮所無也。極物（佛）境界，亦未有此。」口唱南無，合掌連日。

至於寺廟、僧民、譯經的數量，也毫不遜色於南朝。

南北朝佛教興盛的原因約有三點：一是政治黑暗，此時基本上仍是門閥士族把持政權，他們占取了大量的社會財富，生活奢侈，獨斷專行。社會階級矛盾、民族矛盾非常激烈，經常引發改朝換代的戰爭，人民則飽受戰爭的苦難，而佛教正好為他們提供了寄放靈魂的安靜之地。二是南北朝皇室成員大都奉佛，這給民眾信仰佛教起了模範帶頭作用。梁武帝蕭衍（西元五〇二至五四九年在位）的信佛到了迷狂的程度，他優待僧侶，獎勵佛教義學。對於那些從事佛教著述的名僧，給予很高的社會地位和優厚的生活待遇。他廣建佛寺，盛造佛像，親自敕建同泰、大愛敬、大智度、法王、仙窟和開善等寺院，這些寺院規模宏大，殿宇巍峨，雄偉壯觀。他十分重視戒律，曾親赴無礙殿受佛戒，法名冠達。他自己斷酒肉，也不允許僧人破戒。他十分重視佛典的翻譯和注疏。《梁書・武帝本紀》說他「雖萬機多務，猶卷不輟手，燃燭側光。常至戊夜」。「尤長釋典，制《涅》、《大品》、《淨名》、《三慧》諸經義記，復數百卷」。他曾四次捨身寺院，由朝廷和群臣以巨額金錢贖回。至於北朝許多皇帝，也崇信佛教。由於統治者以身作則，又採用許多手段進行倡導，大大提高了佛教的地位，使得一般民眾風起響應。三是出家利益的驅動。許多寺院廣占田地，僧尼享受免除徭役、不輸租調的特權，「寸絹不輸官庫，升米不進公倉」（《廣弘明集》卷二四陳陵〈諫仁山深法師罷道書〉），有的僧人還成了帝王將相的賓客，有著很高的社會地位。

舉國之人，崇佛至狂。至於寺廟寶塔，富麗堂皇，連遊歷諸國的西域和尚也駭嘆不已。

於是許多人便想削髮為僧尼，過沒有家庭負擔、沒有徭役痛苦的出家生活。

當然，由於佛教勢力在此時的大肆擴張，僧尼寺院的激增與佛教教義對儒家思想的挑戰，不能不引發它與中國傳統政治制度、社會結構、倫理觀念的矛盾，排佛的議論與行為時常出現。但是，佛教走向興盛，融合到中國文化中的趨勢已是不可逆轉的了。

貳、《高僧傳》之前的僧人傳記

佛教能傳入東土，並在東土盛行，主要得力於一大批具有獻身精神的高僧。他們有的遠離家鄉，來華傳教；有的長途跋涉，西行取經；有的窮經皓首，注疏經義；有的為了表現自己信仰的真誠，殘體焚身。為了表彰他們在弘揚佛教的過程中做出的傑出貢獻，也為了給僧人與信徒樹立可以效法的榜樣，後來的僧人便撰寫了許多僧人的傳記。在慧皎之前的僧人傳記，著名的有下列十七種。

一、《出三藏記集》，梁僧佑撰，也稱《三藏記》、《僧祐錄》、《錄》，十五卷。全書分「撰緣記」、「銘名錄」、「總經序」、「述列傳」四部分。「述列傳」三卷，載歷代譯經者三十二人之傳，是中國現存最早的僧傳，為後世修僧傳體佛教史書直接繼承。

二、《名僧傳》，梁寶唱撰。《名僧傳》已佚，現存《名僧傳抄》僅保留它的一部分內容。據《名僧傳抄》所載原書目錄可以知道，全書分十八科，收有四百二十六人的傳記。十八科的「科目」分別為：外國法師、神通弘教外國法師、高行中國法師、隱遁中國法師、中國法師、律師、外國禪師、中國禪師、神力、兼學苦節、感通苦節、遺身苦節、守素苦節、尋法出經苦節、造經像苦節、造塔寺苦節、導師、經師。由內容與分目來看，慧皎的《高僧傳》受寶唱《名僧傳》的影響很大，利用了《名僧傳》的許多材料。《高僧傳》正傳二百五十七人之中與《名僧傳》相同的有二百二十一人；附見二百四十四人之中與《名僧傳》相同的達九十二人。當然，《高僧傳》收錄的僧人面比較窄，《名僧傳抄》中的道韶、納衣、法惠、道矯、曇副、法祥等人，都有略傳，然《高僧傳》卻沒收錄。《名僧傳抄》保存了當時一些佛教學說，如卷三「三乘漸解實相事」、「無神我事」；卷一八「禮法事」；附錄「說處」中的卷一〇「廬山慧遠習有宗事」、竺道生所立佛性論、觀空不受報的說法等。

三、《高逸沙門傳》，竺法濟撰，一卷。法濟的老師道潛在《高僧傳》卷四中有傳。

四、《僧傳》，法安撰，五卷。慧皎〈高僧傳序〉與《高僧傳》所載的王曼穎的信，皆批評他「止命志節一科」。

五、《方傳》，僧寶撰。《高僧傳》卷八提到三個僧寶，不知何人為是。

六、《江東名德傳》，法進撰。王曼穎說該書「名博而未廣」。慧皎序說：「法門、法進乃通撰論傳，而辭事闕略，並皆互有繁簡，出沒成異，考之行事，未見其歸。」

七、《宣驗記》，劉義慶撰，三十卷。該書已佚，魯迅《古小說鈎沉》輯了十六條，其中《康僧會傳》是從《高僧傳》中取材的，可見兩書關係的密切了。

八、《幽明錄》，劉義慶撰，二十卷。《高僧傳》取材該書甚多，竺法蘭、安清、佛圖澄傳等多參考了是書的記敘。

九、《冥祥記》，王琰撰，十卷。慧皎取材本書較多，其傳主有攝摩騰、康僧會、曇無竭、求那跋摩、朱士行、康法朗、支遁、于法開、竺法義、竺法汰、慧遠、法安、慧嚴、慧義、僧含、道温、單道開、竺佛調、耆域、陀勒、(齊荊州)慧遠、僧群、僧瑜、法相、竺曇蓋、竺法純、道同、慧進、慧達、僧洪等，共有三十人。

十、《京師寺記》，曇宗撰，二卷。《高僧傳》卷一三「唱導」中有傳。

十一、《感應傳》，王廷秀撰，八卷。〈高僧傳序〉云：「太原王廷秀《感應傳》。」

十二、《徵應傳》，朱君臺撰，二卷。〈高僧傳序〉云：「朱君臺《徵應傳》……並傍出諸僧。」

十三、《搜神錄》，陶淵明撰，十卷。〈高僧傳序〉云：「陶淵明《搜神錄》，並傍出諸僧。」

十四、《三寶記傳》，齊竟陵王撰。竟陵王即是蕭子良（西元四六〇至四九四年），是六朝貴族中最虔誠敬佛的人。《高僧傳》記敘了他和僧祐、玄暢、僧遠等人的交往。慧皎說他的著述「或稱佛史，或號僧史」，然批評它「既三寶共敘，辭旨相關，混濫難求，更為蕪昧」。

十五、《僧史》，王巾撰。《歷代三寶記》卷一一載：「齊僧史十卷，司徒竟陵文宣王府記室王巾撰。」《高僧傳》評價為：「意似該綜，而文體未足。」

另外還有「各競舉一方，不通今古；務存一善，不及餘行」的張孝秀《廬山僧傳》和陸明霞的《沙門傳》。

由此可見，在慧皎寫作《高僧傳》之前，僧人傳記方面的著作已經很多，這為慧皎的寫作提供了豐富的材料與體例上的借鑑。可以說，沒有這麼多的參考著作，《高僧傳》不一定能寫成像這樣流傳不息的佛教名著。

參、慧皎其人與《高僧傳》的內容

唐道宣撰《續高僧傳》卷六《梁會稽嘉祥寺釋慧皎傳》云：

釋慧皎，未詳氏族，會稽上虞人。學通內外，博訓經律。住嘉祥寺，春夏弘法，秋冬著述，撰《涅槃義疏》十卷，及《梵網經疏》行世。又以唱公撰《名僧》頗多浮沉，因遂開例成廣，著《高僧傳》一十四卷。……傳成通國傳之，實為龜鏡，文義名約，即世崇重。後不知所終。江表多有裴子野《高僧傳》一帙十卷，文極省約，未極通鑑，故其差少。

《高僧傳》卷一四末僧果的跋尾云：

右此傳是會稽嘉祥寺釋慧皎法師所撰。法師學通內外，精研經律。……梁末承聖二年（西元五五三年），太歲癸酉，避侯景難，來至湓城，少時講說。甲戌歲二月捨化，春秋五十有八。江州僧正慧恭為首經營葬于廬山禪閣寺墓。時龍光寺釋僧果同避難在山，遇見時事，聊記之云耳。

由這兩條材料，我們可以將慧皎勾勒出一個大概的輪廓：生於西元四九七年（齊明帝建武四年），死於西元五五四年（梁末承聖三年）。為會稽上虞人，對佛學、儒學等有較高的造詣，尤其對佛教的經、律，有廣博的知識。居住嘉祥寺，除了撰寫過《高僧傳》外，還著有《涅槃義疏》十卷、《梵網經疏》。《高僧傳》卷一四〈序錄〉，包括作者的自序、全書目錄，並附以作者與文士王曼穎的往返書信兩篇和僧果的題記。我們可以從這些材料中了解作者寫作此書的構想、框架以及所參考的書目。

慧皎寫作《高僧傳》的動機在其〈序錄〉中說得很清楚，因為他不滿意已有的僧傳，認為有的褒讚過當，有的敘事空洞，有的刪減其事致使不少高僧的「抗跡之奇，多所遺削」，並批評他們不寫離世遠俗的高僧。

於是，他廣泛地搜集資料，「嘗以暇日，遇覽群作。輒搜檢雜錄數十餘家，及晉宋齊梁春秋書史、秦趙燕涼荒朝偽曆、地理雜篇、孤文片記，並博諮故老，廣訪先達，校其有無，取其同異。」經過艱苦的努力，採訪極廣，務求信實，終於寫成《高僧傳》一書。

《高僧傳》為什麼取「高」字，而不襲用寶唱等人所作僧傳的「名」字呢？慧皎在〈序錄〉中也作了解釋：

自前代所撰，多曰名僧。然名者，本實之賓也。若實行潛光，則高而不名；寡德適時，則名而不高。名而不高，本非所紀；高而不名，則備今錄。故省「名」音，代以「高」字。

世人所說的「名僧」，品行不一定高尚。而有道德學問的高僧如果隱遁於深谷密林之中，就不一定有名。而品行卑劣的吹牛拍馬之輩，雖知名於當世，但卻不能謂之高僧，故是書有理由不收錄他們，因而將該書稱為《高僧傳》。

《高僧傳》共有十四卷，所載時間起自東漢永平十年（西元六十七年）到梁天監十八年（西元五一九年），前後四百五十三年。正傳為二百五十七人，附見二百四十四人。全書按照所錄僧人突出的品行業績分為十科。

一為「譯經」，三卷，介紹了從東漢至齊代翻譯佛經的僧人三十五人的生平事跡。其中多為天竺僧，也有少數西域僧、漢僧。讀者能夠從該科中了解到不同時期的譯經情況、譯經種類和譯經風格的變化。

二為「義解」，五卷，該科有從晉到梁一百一十位學僧的傳記，其中多為漢僧，也有少數西域僧或印度僧，如康僧淵、釋曇翼等，這部分內容表現了各代學僧的學識、學說、著作，對儒道玄的態度，僧人與上層社會的關係，由此亦能了解到佛教義學在士大夫階層傳播發展和佛教中土化的演進情況。

三為「神異」，二卷，此科介紹佛僧的神異表現與具有的奇門異術。「如慧則之感香，能致痼疾消瘳；史宗之過漁梁，乃令潛鱗得命。白足臨刃不傷，遺法為之更始。保志分身圓戶，帝王以之加信」。

四為「習禪」，記述了能夠杳寂禪定的僧人二十一人的事跡。

五為「明律」，與「習禪」合為一卷，列傳的十三位僧人，皆是精於律學，並能夠樹立戒範的。

六為「亡身」，所記敘的十一位僧人，為供養佛像或為造福業而作燭自焚。

七為「誦經」，與「亡身」合為一卷，所載二十一位僧人，皆精習《法華》等經，出口能誦。

八為「興福」，十四人，為想方設法籌款建塔造像者。

九為「經師」，此科所記皆是善於諷誦佛經、吟詠歌贊、巧於音律的僧人，共為十一人。

十為「唱導」，與「興福」、「經師」二科合為一卷。所載僧人擅長於宣唱經文，引導懺悔，共為十人。

前八科論贊具備，後二科有論無贊。一科之「論」，實為這一門類的意義、源流概述與重要的僧人、事象之評論。如「義解」科說「義解」的重要性，如果沒有正確的釋義，會言傷其旨，意失其真。作者對竺潛、支遁、道安、慧遠等人的義解評價道：「使夫慧日餘暉，重光千載之下；香土遺芬，再馥閻浮之地。」對於佛教的一些概念、修行方式等在論中也有淺白的闡述，如在論中對禪定、唱導、經轉都有清楚的說明。

肆、《高僧傳》的學術意義

一部佛教史，實際上是由經、律、論三藏與僧人傳記所構成。由經、律、論可知佛教的哲學思想、修持方法，與各個時期流派的理論，而僧人傳記則鮮活地表現了佛教在某一個時期的風貌、統治者與佛教的關係、僧徒的操行、老百姓對佛教的態度、寺院的經濟與生活等等。沒有了僧人的傳記，佛教史則缺少了佛教發展的軌跡，好比抽去了一個人的骨架。因此說，慧皎的《高僧傳》比較詳細地介紹了從東漢到梁時的佛教主體——僧人的活動情況，使我們能夠全面地了解佛教東進之後的宣傳、融合、占據哲學領域中顯要位置的歷史。可以說，《高僧傳》是一把打開東漢到南北朝佛教世界大門的鑰匙。

誠如上文所說，在慧皎之前或同時，也產生過一些傳記，但它們對有些僧人的介紹，不如《高僧傳》完備。如東晉高僧竺法深，《世說新語》中五、六次提到他。然劉孝標注說：「法深不知其俗姓，蓋衣冠之胤也。」其實，《高僧傳》卷四就有詳細的記載，云：

竺法潛，字法深，姓王，瑯琊人，晉丞相武昌郡公敦之弟也。年十八出家，事中州劉元真為師。……至年二十四，講《法華》、《大品》，既蘊深解，復能善說。……支遁遣使求買仰山之側沃洲小嶺，欲為幽棲之處，潛答云：「欲來輒給，豈聞巢、由買山而隱？」……以晉寧康二年（西元三七四年）卒於山館，春秋八十有九。

一生記述清楚，可補《世說》之闕。

《高僧傳》在志人志怪小說風發之時問世，毫無疑問，它在取材、表現上都受了六朝小說的影響：追求奇異、卓立的美學風格，而言辭又趨向散體。可以這樣說，《高僧傳》的許多內容可以當作小說來看。如：《高僧傳》卷一〇「神異下」梁京師釋保誌：

齊武帝謂其惑眾，收駐建康。明旦人見其入市，還檢獄中，誌猶在焉。誌語獄吏：「門外有兩輿食來，金鉢盛飯，汝可取之。」既而齊文慧太子、竟陵王子良並送食餉誌，果如其言。建康令呂文顯以事聞武帝，帝即迎入，居之後堂。一時屏除內宴，誌亦隨眾出。既而景陽山上，猶有一誌，與七僧俱。帝怒遣推檢，失所在。閤吏啟云：「誌久出在省，方以墨塗其身。」

行為詭異，分身有術，讓我們想起了小說《三國演義》二十九回中的于吉。這些內容毫無疑問同於虛構的小說家言，又如卷一三「興福」晉京師安樂寺釋慧受：

初立一小屋，每夕復夢見一青龍從南方來，化為剎柱。受將沙彌試至新亭江尋覓，乃見一長木隨流來下。受曰：「必是吾所夢見者也。」於是雇人牽上，豎立為剎，架以一層。道俗競集，咸歎神異。

慧受營造福業，感動上蒼，青龍化木，以作寺剎。讀者讀到這樣的內容，自然會從神異的故事中獲得美感享受。

《高僧傳》還可補充史書的不完備之處。如王曼穎此人，於史無傳。《梁書》卷二二〈南平王偉傳〉提到他，云：「太原王曼穎卒，家貧無以殯斂，友人江革往哭之，其妻兒對革號訴。革曰：『建安王當知，必當營理。』言未訖而偉使至，給其喪事，得周濟焉。」由這段記載可知，王曼穎乃當時知名人士，故能與江革為友，為郡王所知，曼穎卒時，江革稱蕭偉為建安王，而蕭偉是天監元年封的建安王，十七年改封的南平王，似曼穎卒於天監十七年前。然《高僧傳》卷末附有王曼穎與慧皎往復書信各一封，由此我們知道慧皎撰《高僧傳》時曾與王曼穎商榷體例，書成後又請他掎摭利病。慧皎評價他「學兼孔釋，解貫玄儒」。又《高僧傳》成書於梁武帝天監十八年（西元五一九年），其時曼穎應該在世。由他在復信中稱「不見旬日，窮情已勞，扶力此白，以代訴盡」，似當時已臥病不起。由此又可見，〈南平王偉傳〉在曼穎死時江革仍稱蕭偉為建安王，當是剛封南平王不久，人們習慣用舊封呼之，曼穎實死於天監十八年後。

《高僧傳》由於體例合理，文辭婉約，尊重史實，所說有據，故在當時，就被人們讚為「不刊之筆」。後世的《續高僧傳》、《宋高僧傳》皆模範是書，且都取得了成功。

伍、《高僧傳》的著作與版本

《高僧傳》問世以後，常被佛教目錄書籍著錄，由此，我們也可以看出它在歷代被重視的程度與流行情況。以下列出主要的著錄書籍與著錄內容。

《眾經目錄》，隋沙門法經等撰，其卷六云：「《高僧傳》十五卷，釋慧皎撰。」

《開皇三寶錄》，又稱《歷代三寶記》，隋費長房撰，其卷一一云：「《高僧傳》，十四卷。」

《隋書・經籍志》，唐長孫無忌等撰，其「雜撰類」云：「《高僧傳》，十四卷，釋僧祐撰。」此書顯然是張冠李戴了。為此，陳垣先生在《中國佛教史籍概論》中作了辨明：「一、何以知此書非僧祐撰？曰僧祐未聞著此書。寶唱為僧祐弟子，此書果僧祐撰，似不應列寶唱書之後。二、何以知此書為慧皎撰？曰此書卷數與皎書合。皎書本為不滿『名僧』二字而作，今此書列名僧傳後，故知為皎書。三、何以知古本隋志不誤？曰兩唐志於唐以前書多同隋志。今唐志皆作《高僧傳》十四卷，慧皎傳，而無僧祐《高僧傳》，以此知古本隋志不誤。四、何以慧皎能誤為僧祐？曰慧皎與僧祐皆梁僧。僧祐行輩高，名器盛，著述存者較多，慧皎所著，存者僅此書，故易誤為祐也。」

《大唐內典錄》，唐道宣撰，其卷四云：「《高僧傳》十四卷，並目錄。」

《法苑珠林》，唐道世撰，其卷一〇〇云：「《高僧傳》十四卷，並目錄。」

《郡齋讀書志》，宋晁公武撰，其卷九「釋書類」云：「《高僧傳》六卷，右蕭梁僧惠敏撰，分譯經、義解兩門……又《高僧傳》十四卷。右蕭梁僧慧皎撰。」晁公武所記的兩部《高僧傳》，當是一部，惠敏就是慧皎。

《通志》，宋鄭樵撰，其書云：「《高僧傳》十四卷，僧慧皎撰。」

之後，宋馬端臨《文獻通考》、《宋史·藝文志》等書皆予著錄，著錄的內容基本一樣。現存的《高僧傳》版本有：

一、明萬曆三十九年（西元一六一一年）徑山寂照庵刻徑山藏本，《高僧傳》十三卷。

二、磧砂藏本。

三、清抄本，清孫星衍、丁丙跋。

四、清光緒十年（西元一八八四年）金陵刻經處刻本，《高僧傳》初集十五卷首一卷。

五、海山仙館叢書，收《高僧傳》十三卷。

本書選用了磧砂藏本為底本，並參照了大正藏本、弘教藏本與金陵刻經處本。衹要磧砂藏本能夠讀通，無礙文意，一般從磧砂藏本。磧砂藏本有明顯錯誤，則在注釋中指出它本相應的字、詞，並提出我們的看法。

《高僧傳》是一部一千多年前的佛學著作，對於普通的讀者來說，閱讀它是相當困難的。因此，我們在注釋時盡量做到詳細，譯文則盡量做到通俗明瞭。但由於是三個人合著，故行文的風格、注釋的詳略、語言的表述，不完全一致。本書第一至第五卷由南京大學趙益博士撰寫，第六至第十一卷由江蘇省社會科學院王學鈞教授撰寫，第十二至第十四卷及目錄由我撰寫，並作最後之統稿。由於我們的水平有限，難免有錯誤之處，敬請方家指正。

朱恒夫

一九九九年十二月於金陵淡齋

卷一

譯經上 正傳十五人 附見二十人

漢雒陽白馬寺攝摩騰

攝摩騰，本中天竺[1]人，善風儀[2]，解[3]大、小乘經[4]，常遊化[5]為任。昔經[6]往天竺附庸[7]小國講《金光明經》[8]，會[9]敵國侵境，騰惟[10]曰：「經云：『能說此法，為地神所護，使所居安樂。』今鋒鏑[11]方始，曾是為益乎[12]！」乃誓以忘身[13]，躬[14]往和勸，遂二國交歡[15]，由是顯譽[16]。

逮漢永平[17]中，明皇帝[18]夜夢金人[19]飛空而至，乃大集[20]群臣，以占所夢[21]。通人[22]傅毅奉答：「臣聞西域[23]有神，其名曰『佛』，陛下所夢，將必是乎。」帝以為然，即遣郎中[24]蔡愔、博士弟子[25]秦景等使往天竺，尋訪佛法。愔等於彼遇見摩騰，乃要㉖還漢地㉗。騰誓志弘通㉘，不憚疲苦，冒㉙涉㉚流沙㉛，至乎雒邑㉜。明帝甚加賞接㉝，於城西門外立精舍㉞以處㉟之，漢地有沙門㊱之始也。但大法初傳，未有歸信㊲，故蘊其深解㊳，無所宣述。後少時㊴卒於雒陽。有記㊵云：騰譯《四十二章經》一卷，初緘㊶在蘭臺石室㊷第十四間中。騰所住處，今雒陽城西雍門外白馬寺是也。相傳云：外國國王嘗毀破諸寺，唯招提寺未及毀壞。夜有一白馬繞塔悲鳴，即以啟王，王即停壞諸寺。因改招提以為「白馬」。故諸寺立名多取則㊸焉。

【注　釋】❶中天竺　古印度的一部分，有時亦泛稱整個古印度。天竺，即古印度，古伊朗語hinduka的音譯。本篇中「中天竺」與「天竺」所指的地理範圍有區別。❷善風儀　謂風度儀止美善。風儀，風度和儀表。❸解　明白；懂得。❹大小乘　大、小乘佛教經典。佛祖釋迦牟尼在世時，曾說過大、小乘門。後來的佛教認為，開一切智、盡未來際眾生化益之教為大乘。大乘，比喻此修行法門為乘大車。馬鳴著《大乘起信論》，始發展大乘教義。大乘教義流行之後，原部派教被貶稱為「小乘」。小乘教保持早期佛教教理，重自我解脫，以通過個人修行，入於涅槃。❺遊化　謂僧人雲遊各地宣揚佛家教義。❻經過　路過。❼附庸　附於諸侯之小城，引申為次於諸侯之小國封君。此處意指附屬小國。❽金光明經　佛經名。❾會　恰巧；適逢。❿惟　以；因。⓫鋒鏑　戰爭；兵火。鋒，兵刃。鏑，箭簇。⓬曾是為益乎　該是它顯示妙用的時候了罷。曾，則；乃。益，利益；好處。⓭誓以忘身　謂誓將不顧自己的生命安危。誓，發誓；立誓。忘身，奮不顧身。⓮躬　親自。⓯交歡　結好。⓰顯譽　名聲顯赫聞達。⓱永平　東漢明帝劉莊年號（西元五八至七五年）。⓲明皇帝　東漢明帝劉莊，在位十八年。⓳金人　本指銅鑄之人像，此處即指金鑄之佛。⓴大集　大規模召集。㉑以占所夢　謂根據夢中所見預測人事吉凶。㉒通人　學識淵博，通達古今之人。王充《論衡·別通》：「或曰通人之官蘭臺令史，職校書定字。」㉓西域　漢以來對玉門關、陽關以西的地區總稱為西域。此處猶指西方。㉔郎中　官名。東漢時尚書臺的屬官，初任稱郎中，一年後稱尚書郎，主管尚書臺各曹司事務。㉕博士弟子　博士所教授的學生。漢武帝設太學，置五經博士，其教授的學生稱博士弟子。㉖要　通「邀」。遮留邀請。㉗漢地　指漢代中國本土。㉘弘通　弘揚流通。㉙冒　冒昧；無所顧忌。㉚涉　通過。㉛流沙　沙漠。㉜雒邑　地名。即洛陽。周代東遷，臨洛水而城，稱「洛邑」。漢光武帝建都洛陽，去洛之水而加「隹」，作「雒陽」；曹魏以後，始改「雒」字為「洛」。明代避光宗朱常洛諱，又作「雒」。本書「雒」、「洛」兼用。㉝賞接　賞識並延請。㉞精舍　學舍；僧人修煉居住之處。㉟處　安頓。㊱沙門　僧徒。梵語「室羅摩拏」的音譯。㊲歸信　皈依信服。㊳蘊其深解　謂積聚涵化其對佛法的深刻理解。㊴少時　不多時。㊵記　記載。㊶緘　紮束；封閉。㊷蘭臺石室　漢代宮內收藏圖書、檔案的所在。㊸取則　取法。

【語　譯】攝摩騰，原本是中天竺國人。他的風度儀表非常好，懂得大、小乘佛教的各種經典，常常以雲遊四方宣揚教義為己任。早先經過天竺的附屬小國時曾在當地講解《金光明經》，當時正好有敵國侵犯該國疆界，攝摩騰說道：「經上說：『能夠講解此經經法的人，為地神所庇護，能夠使他所在的地方安定快樂。』現在戰爭剛剛開始，該當是它發揮妙用的時候了罷。」於是立下重誓，置生死於度外，親自前往勸和，結果使得兩國相互和好，攝摩騰也因此聲名顯達。

東漢永平年間，明帝一天夜裡夢見了一個金人從空中飛來，於是廣召群臣來占解此夢。博學多識的傅毅奏答道：「臣聽說西方有一個神，名字稱作『佛』，陛下所夢見的，大概就是祂罷。」明帝很以為然，便立即派遣郎中蔡愔、博士弟子秦景等人出使天竺，尋求佛法。蔡愔等人在天竺遇見了摩騰，便邀請他到中國本土來。攝摩騰志在弘揚傳布佛教，於是不憚疲勞辛苦，不顧危險地越過大沙漠，最後來到了雒陽。明帝對他甚為賞識並善以待之，在雒陽城西門外建立了一處精舍來安頓他，中國有佛教僧徒正是從攝摩騰開始的。然而佛教大法初次傳入中國時，並沒有多少人皈依信服，所以攝摩騰祇能不斷積聚自己對佛法的深刻理解，而無法進行宣揚傳述，不久之後就在雒陽去世了。有記載說：攝摩騰翻譯了《四十二章經》一卷，當初就封藏在蘭臺石室的第十四間中。攝摩騰居住的地方，就是現在雒陽城西雍門外的白馬寺。相傳：有一位外國的國王曾經摧毀佛教寺廟，祇剩下招提寺還未來得及破壞，這時夜裡有一匹白馬繞著寺中的佛塔悲鳴不已，有人立即將此事稟告給這位國王，國王馬上就停止了破毀寺廟的行動，並改寺名「招提」為「白馬」。所以後來很多寺廟大多據此為名。

漢雒陽白馬寺竺法蘭

竺法蘭，亦中天竺人，自言誦經論❶數萬章，為天竺學者之師。時蔡愔既至彼國，蘭與摩騰共契❷遊化，遂相隨而來。會彼學徒留礙❸，蘭乃間行❹而至。既達雒陽，與騰同止❺，少時便善漢言。

愔於西域獲經，即為翻譯，所謂《十地斷結》、《佛本生》、《法海藏》、《佛本行》、《四十二章》等五部。移都寇亂❻，四部失本，不傳江左❼，唯《四十二章經》今見在❽，可❾二千餘言❿。漢地見存諸經，唯此為始也。愔又於西域得釋迦⓫倚像⓬，是優田王⓭栴檀像師⓮第四作。既至雒陽，明帝即令畫工圖寫⓯，置清涼臺中及顯節陵⓰上，舊像今不復存焉。

又昔漢武⓱穿⓲昆明池⓳底得黑灰，問東方朔⓴，朔云：「不知㉑，可問西域胡人。」後法蘭既至，眾人追以問之㉒，蘭云：「世界終盡，劫火洞燒㉓，此灰是也。」朔言有徵㉔，信者甚眾㉕。蘭後卒於雒陽，春秋㉖六十餘矣。

【注　釋】❶經論　此泛指佛教典籍。佛教典籍以經、律、論為三藏：經為佛所自說，論為經義之解釋，律記戒規。❷契意氣相投。❸留礙　阻礙。❹間行　微行；秘密而行。❺止　居住；棲息。❻移都寇亂　謂東漢末年之喪亂。移都，東漢初平元年（西元一九〇年），董卓脅獻帝遷都長安，殺京師富室，沒其財物，又焚燒宮府民居，悉驅百姓西徙。寇亂，初平二年（西元一九一年），孫堅大破董卓軍，入雒陽，此後各地諸侯兵火不絕。❼江左　漢至隋唐江東指安徽蕪湖以下之長江下游南岸地區。❽見在　現存。見，「現」的古字。❾可　大約。❿言　字。⓫釋迦　佛祖釋迦牟尼。⓬倚像　佛祖坐像之一種。倚，倚坐，又稱善迦趺坐。⓭優田王　亦作「優填王」，即阿育王，古印度孔雀王朝國王。阿育王在位期間，曾大力推廣佛教，建築塔寺，傳布佛經。⓮栴檀像師　用檀香木雕製佛像的工師。栴檀，梵語 **Chandana** 的音譯，即檀香。優田王曾命工師雕檀香木作佛像。⓯圖寫　繪畫；描繪。⓰顯節陵　陵墓名。⓱漢武　漢武帝劉徹（西元前一五六至前八七年），在位五十四年。⓲穿　挖；開鑿。⓳昆明池　湖澤名。漢武帝於元狩三年（西元前一二〇年）仿照昆明滇池，於長安近郊開鑿而成，以習水戰之用。當時周圍四十里，廣三百三十二頃。宋以後湮沒。⓴東方朔　字曼倩，西漢時人（西元前一五四至前九三年），武帝時為太中大夫，性詼諧滑稽，擅長辭賦。㉑知　他本或作「委」。㉒追以問之　謂追舊事以問竺法蘭。追，回溯。㉓世界終盡二句　古印度佛教以為，世界經歷若干萬年後毀滅一次，又重新開始，此一滅一生為一「劫」，分「壞、空、成、住」四個時期。住劫之後則為壞劫，壞劫有二十增減劫，前十九壞有情世間，最末者壞器世間。壞器世間者又有火、水、風三大災，各自輪次而起。火災者，七日並出焚燒世界，諸海乾渴，眾山洞然。劫，梵語 **Kalpa** 音譯「劫波」之略稱，意為「遠大時節」。劫火，即三大災之火災。洞燒，徹底燃燒。㉔徵　證明；證驗。㉕眾　多。㉖春秋　年齡。

【語　譯】竺法蘭，也是中天竺國人，他自稱誦讀過數萬章經、論方面的典籍，是天竺學者們的老師。其時蔡愔等人既來到了他的國家，而竺法蘭與攝摩騰在雲遊各地宣化教義的志願上很投合，於是結伴而來中土。當時他的學徒們阻攔他東去，因此竺法蘭是秘密來到中國的。到達雒陽後，他與攝摩騰同住，不久便熟練掌握了漢土語言。

蔡愔於西域所獲得的佛教典籍，竺法蘭便為其進行翻譯，就是《十地斷結》、《佛本生》、《法海藏》、《佛本行》、《四十二章》等五部經書。漢獻帝時董卓脅天子遷都長安，導致天下大亂，其中四部的原本亡失，沒能傳到江南地區。祇有《四十二章經》保存到現在，大約有二千餘字。中國現存的佛教經典，正是以此經為最早。蔡愔在西域時又得以描畫了一尊釋迦牟尼善迦趺坐的雕像，這尊雕像本是優田王檀香佛像雕塑師的第四件作品。蔡愔回到雒陽後，明帝立即命畫工據蔡愔所作的圖畫進行描繪，將繪成的畫像放置在清涼臺中以及顯節陵上。舊像今已不復存在。

另外，昔年漢武帝開鑿昆明池時，在湖底挖到了一些黑灰，武帝以此詢問東方朔，東方朔回答道：「我不知道，可以問問西域來的人。」後來竺法蘭既來到了雒陽，眾人便拿這件過去的事情問他，竺法蘭說：「世界毀滅之時，有烈火焚燒，那些灰就是火災劫餘之物。」東方朔的話得到了證驗，於是相信竺法蘭的人非常之多。竺法蘭後來死於雒陽，享年有六十多歲。

漢雒陽安清

安清，字世高，安息❶國王正后之太子也。幼以孝行見稱，加又志業❷聰敏，剋意好學，外國典籍及七曜五行❸醫方異術❹，乃至鳥獸之聲，無不綜達。嘗行見群燕，忽謂伴曰：「燕云應有送食者。」頃之❺，果有致❻焉。眾咸奇之，故雋異之聲，早被西域。高雖在居家❼，而奉戒清峻❽，王薨❾，便嗣父位，乃深惟❿苦空⓫，厭離⓬形器⓭，行服⓮既畢，遂讓國與叔，出家⓯修道。博曉經藏⓰，尤善阿毗曇⓱學，諷持⓲禪經⓳，略⓴盡其妙。既而㉑遊方弘化㉒，遍歷諸國，以漢桓㉓之初，始到中夏㉔。才悟機敏，一聞能達㉕，至止㉖未久，即通華言㉗。於是宣譯㉘眾經，改梵為漢㉙，出《安般守意》、《陰持入經》、大小《十二門》及《百六十品》。初，外國三藏[30]眾護[31]選述經要為二十七章，高乃剖析[32]護所集七章，譯為漢文，即《道地經》也。其先後所出經、論，凡三十九部。義理[33]明析，文字允正[34]，辯而不華[35]，質而不野[36]，凡在讀者，皆亹亹[37]而不倦焉。高窮理盡性[38]，自識緣業[39]，多有神迹[40]，世莫能量[41]。初，高自稱先身[42]已經出家，有一同學多瞋[43]，分衛[44]值施主[45]不稱[46]，每輒對恨[47]。高屢加訶諫[48]，終不悛改[49]。如此二十餘年，乃與同學辭訣[50]云：「我當往廣州[51]，畢宿世之對[52]，卿明經精懃[53]，不在吾後，而性多恚怒，命過[54]當受惡形[55]。我若得道，必當相度[56]。」既而遂適[57]廣州。值寇賊大亂，行路逢一少年，唾手[58]拔刃，曰：「真得汝矣。」高笑曰：「我宿命[59]負卿，故遠來相償。卿之忿怒，故是前世時意也。」遂申[60]頸受刃，容無懼色，賊遂殺之。觀者填陌[61]，莫不駭其奇異。既而神識[62]還為安息王太子，即今時世高身也。

高遊化中國，宣經事畢，值靈帝之末，關雒擾亂，乃振錫[63]江南，云：「我當過廬山，度昔同學。」行達䢼亭湖廟，此廟舊有威靈[64]，商旅祈禱，乃分風[65]上下，各無留滯。嘗有乞神竹者，未許輒取，舫即覆沒，竹還本處。自是舟人敬憚[66]，莫不懾影[67]。高同旅三十餘船，奉牲請福[68]，神乃降祝[69]曰：「舫有沙門，可更呼上。」客咸驚愕，請高入廟。神告高曰：「吾昔與子俱出家學道，好行布施[70]，而性多瞋怒，今為䢼亭廟神，周迴千里，並吾所治。以布施故，珍玩甚豐，以瞋恚[71]故，墮此神報[72]。今見同學，悲欣可言。壽盡旦夕，而醜形長大，若於此捨命，穢污江湖，當度山西澤中。此身滅後[73]，恐墮地獄[74]。吾有絹千疋[75]並雜寶物，可為立法[76]營塔[77]，使生善處[78]也。」高曰：「故來相度，何不出形。」神曰：「形甚醜異，眾人必懼。」高曰：「但出，眾不怪也。」神從床後出頭，乃是大蟒，不知尾之長短，至高膝邊，高向之梵語數番，讚唄[79]數契[80]，蟒悲淚如雨，須臾而隱。高即取絹物，辭別而去，舟侶颺帆，蟒復出身，登山西望，眾人舉手，然後乃滅[81]。倏忽之間，便達豫章[82]，即以廟物，為造東寺。高去後，神即命過。暮有一少年上船，長跽[83]高前，受其呪願，忽然不見。高謂船人曰：「向之少年即䢼亭廟神，得離惡形矣。」於是廟神歇[84]矣，無復靈驗。後人於山西澤中，見一死蟒，頭尾數里，今潯陽郡蛇村是也。

高後復到廣州，尋其前世害己少年，時少年尚在，高徑投其家，說昔日償對之事，並敘宿緣[85]，歡喜相向，云：「吾猶有餘報，今當往會稽[86]畢對。」廣州客[87]悟高非凡，豁然[88]意解[89]，追悔前愆[90]，厚相資供，隨高東遊，遂達會稽。至便入市[91]，正值市中有亂，相打者誤著高頭，應時殞命。廣州客頻驗二報，遂精懃佛法，具說事緣，遠近聞知，莫不悲歎，明三世之有徵也。高既王種，西域賓旅皆呼為「安侯」，至今猶為號焉。天竺國自稱書為天書，語為天語，音訓詭謇[92]，與漢殊異。先後傳譯，多致謬濫[93]，唯高所出，為群譯之首。

安公[94]以為：若及面稟，不異見聖，列代明德[95]，咸贊[96]而思焉。余訪尋眾錄，記載高公互有出沒[97]，將以權迹隱顯，應廢多端[98]，或由傳者紕謬[99]，致成乖角[100]，輒備列眾異，庶或[101]可論。

案[102]釋道安《經錄》[103]云：「安世高以漢桓帝建和[104]二年至靈帝[105]建寧[106]中二十餘年，譯出三十餘部經。」又《別傳》[107]云：「晉太康[108]末，有安侯道人來至桑垣[109]，出經竟[110]，封一函[111]於寺，云：『後四年可開之。』吳[112]末行至陽州[113]，使人貨[114]一箱物以買一奴，名福善，云『是我善知識[115]。』仍將奴適豫章，度邦亭廟神，為立寺竟，福善以刀刺安侯脅[116]，於是而終。桑垣人乃發其所封函，材理自成字云[117]：『尊吾道者，居士[118]陳惠；傳禪經者，比丘[119]僧會[120]。』是日正四年也。」又庾仲雍[121]《荊州記》云：「晉初有沙門安世高，度邦亭廟神，得財物立白馬寺於荊城東南隅。」宋臨川康王[122]《宣驗記》云：「蟒死於吳末。」曇宗[123]

《塔寺記》云：「丹陽瓦官寺，晉哀帝時沙門惠力所立，後有沙門安世高，以郱亭廟餘物治之。」然道安法師既校閱[124]群經，詮錄[125]傳譯，必不應謬。從漢桓建和二年至晉太康末，凡經一百三十餘年，若高公長壽，或能如此，而事不應然。何者？案如康僧會注《安般守意經》序云：「此經世高所出，久之沉翳[126]。會有南陽韓林、潁川[127]大業、會稽陳惠，此三賢者，信道篤密[128]，會共請受，乃陳惠義[129]，余助斟酌[130]。」尋僧會以晉太康元年乃死，而已云：「此經出後，久之沉翳。」又世高封函之字云：「尊吾道者，居士陳惠；傳禪經者，比丘僧會。」然《安般》所明，盛說禪業[131]，是知封函之記，信非虛作。既云二人方傳吾道，豈容與共同世？且《別傳》自云：「傳禪經者，比丘僧會。」會已太康初死，何容太康之末，方有安侯道人？首尾之言，自為矛盾，正當[132]隨有一書謬指晉初，於是諸作者或道太康，或言吳末，雷同奔競[133]，無以校[134]焉。既晉初之說，尚已難實，而曇宗記云：「晉哀帝時，世高方復治寺。」其為謬諸過乃懸矣[135]。

【注釋】❶安息　即帕提亞(Parthia)王國，西亞古國，地處伊朗高原東北部，前三世紀中期獨立，建立阿薩息斯王朝，中國譯為「安息」。❷志業　志向與事業。❸七曜五行　此處專指一種源於古印度的天文學，亦稱「七曜術」「七曜曆術」等，兼雜曆法、星占及五行擇吉推卜之術。或即由安世高所傳入，盛行於六朝至唐宋時期。七曜，本指日、月及金、木、水、火、土五星，後亦指天算之學。五行，謂木、火、水、金、土五種物質元素。五行相生相剋之道，乃中國古代辨證思想的基本原理。❹醫方異術　醫道與奇異之術。醫方，醫術；醫道。❺頃之　不多久。頃，片刻。之，語助詞。❻致　送達。❼居家　此指在家修行佛教。❽奉戒清峻　謂奉持戒律十分精誠嚴謹。❾薨　帝王之死曰薨。❿深惟　深加思索。⓫苦空　佛教語。謂五蘊一切之苦，若覺悟之，則無不皆空，此空，亦不實定，即不破壞一切之有。⓬厭離　厭惡離棄。⓭形器　指肉體與物質，從「形而下者謂之器」化出。形，形體。器，有形之具體事物。⓮行服　謂穿孝服居喪。⓯出家　棄家為僧尼。⓰經藏　佛教典籍三藏之一。梵語 Sutraitakar 的音譯，佛教經典的一大類，與律藏、論藏合稱三藏。⓱阿毗曇　梵語 abhidharma 的音譯。又譯作「阿毗達磨」。意譯為「對法」、「無比法」、「論」等，是對《阿含經》的論述之學，屬於小乘佛教。在中國六朝時期，特指部派佛教時期的說一切有部之學。阿毗曇學的根本典籍是迦旃延尼子的《阿毗達磨發智論》。後又集合眾家解說成《大毗婆沙》，蔚為大觀。但阿毗曇之經至苻秦前後方在中國大量翻譯。參閱湯用彤《漢魏兩晉南北朝佛教史》頁二五一。⓲諷持　諷誦修持。⓳禪經　小乘佛教中的禪法之經。⓴略　全；都。㉑既而　不久。㉒遊方弘化　雲遊四方弘揚教義。㉓漢桓　漢桓帝劉志，西元一四七至一六七年在位。㉔中夏　中國。㉕一聞能達　謂略一指點，即能明曉了悟。形容悟性極高。㉖至止　到達並住下。㉗華言　漢語。㉘宣譯　宣講並翻譯。㉙改梵為漢　謂改梵語為漢語，即從梵文轉譯為漢文。㉚三藏　本指佛教經典經、律、論三大類，此指僧侶。㉛眾護　僧人名。㉜剖析　辨別；分析。㉝義理　經義名理。㉞允正　平允正確。㉟辯而不華　謂文章詞句明辨而不浮華。㊱質而不野　謂文章詞句樸實而不鄙陋。㊲亹亹　勤勉不倦貌。㊳窮理盡性　深究事物的義理與人的本性。㊴緣業　佛教語。又稱業緣。謂善業為招樂果的因緣，惡業為招苦果的因緣，一切眾生皆由業緣而生。㊵神迹　神靈的事跡；靈異的現象。㊶量　估量；衡量。㊷先身　前生。㊸多瞋　多瞋恚之心。瞋，佛教語。謂忿怒怨恨之念。佛教以貪、瞋、痴為三毒。㊹分衛　行乞。據季羨林考證，此詞乃吐火羅語的音譯。㊺施主　梵語 danaati（檀越）的意譯，佛教對向寺院布施財物、飲食者的尊稱。㊻不稱　此指未稱己意。㊼對恨　即懟恨。怨恨。㊽訶諫　責備並規勸。㊾悛改　悔改。㊿辭訣　辭別。(51)廣州　地名。三國時始置，唐以前治所在今廣東番禺。(52)宿世之對　前生的怨恨。宿世，前生。(53)明經精懃　謂既通曉經義，而又能精誠奉行。(54)命過　猶命終。(55)惡形　醜陋的形狀。(56)度　超度。(57)適　到某地去。(58)唾手　吐唾液在掌中以使握刀用力時不易脫手。(59)宿命　佛教語。前世生命，相對於今生、今世而言。(60)申　通「伸」。伸出。(61)填陌　充斥於道路。(62)神識　神魄。(63)振錫　謂僧人持錫出行。錫，錫杖。杖頭飾環，拄杖而行則振動有聲。(64)威靈　神靈之威勢。(65)分風　神仙把風分為兩個方向，使上下各得順風。(66)敬懼　敬畏害怕。(67)懾影　望影而懼。形容畏懼之極。(68)奉

牲請福　烹宰牛羊等犧牲供奉天神，請求降福。69祝　通「咒」。神人之降語。70布施　以財物與人。佛教以布施為六度之一，謂施與他人財物、體力及智慧等以求積累功德直至最終解脫的修行方法。71瞋恚　忿怒怨恨。72墮此神報　謂墮入此成為邦亭廟神的報應。73滅後　佛教語。如來之涅槃稱為滅後，亦單稱滅。佛教術語「滅」有三個含義，一是涅槃；一是四諦中之滅諦；一是戒行而滅諸惡。此謂死去之意。74地獄　佛教謂惡人死後受苦之地。75疋　匹。76立法　佛教語。謂破邪顯正，發露真性。77營塔　建塔。塔，佛教為佛乃至有德比丘涅槃後所建之墳墓，以藏遺骨等。78善處　淨土。79讚唄　亦作唄讚，佛教僧徒贊頌佛祖功德之辭，伴有音樂且富於聲調之美。80契　梵唄之專稱，取其聲曲相契無間之意。當時僧人誦歌讚唄採用漢語，同時力求與梵語音調相契合而聲文兩得，故曰「契」。81滅　消失。82豫章　地名。故治在今江西南昌。83跽　長跪。84歇　消歇。85宿緣　佛教語。前生的因緣。86會稽　郡名。秦始置。在今江蘇省東南部及浙江西部一帶。87廣州客　即前文之少年。88豁然　開朗貌。89意解　謂原有的憂怒、迷惑等心思解釋消除。90前愆　以前的過失。91市　市場；市集。92音訓詭蹇　文章詞句怪異艱澀。音訓，文章詞句及其含義。詭蹇，怪異艱澀。93謬濫　錯誤極多。94安公　即道安。東晉時高僧（西元三一四至三八五年）。本書卷五有傳。95明德　德性完美之人。96贊　讚頌。97出沒　時隱時現。此謂各家記載或隱或明，甚有出入。98將以權迹隱顯二句　謂如果就此考定那些或隱忽顯的各家記載，可能會使多家說法從此泯失。將，如；若。權，暫且。迹，追蹤。應，表示推測。廢，廢棄。此字大正藏本作「發」。多端，許多方面。99紕謬　錯誤；荒謬。100乖角　抵觸。101庶或　或許；也許。102案　考察；考證。以下是作者慧皎的考論。103經錄　指道安校閱群經而撰成之佛教譯經目錄。此經錄後被稱為《安錄》或《綜理眾經目錄》，已佚，但其部分內容為梁僧祐《出三藏記集》所吸收。104建和　東漢桓帝年號（西元一四七至一四九年）。105靈帝　漢靈帝劉宏，西元一六八至一八八年在位。106建寧　東漢靈帝年號（西元一六八至一七一年）。107別傳　《安世高別傳》，撰人不詳。108太康　晉武帝司馬炎年號（西元二八〇至二八九年）。109桑垣　地名。110竟　完成。111函　匣子。112吳　三國時代之吳國。113陽州　即揚州。地名。歷代治所不同，三國吳時治所在今江蘇省南京市。114貨　出賣。115善知識　佛教語。謂了悟解脫知識，且高明出眾之人。116脅　肋骨。117材理自成字云　謂經過辨認整理出匣中所封存的文字。材，通「裁」。裁斷。118居士　梵語「迦羅越」的意譯，有二義，一曰廣積資財之士，一曰在家奉佛之士。此指後者。119比丘　梵語音譯，本指行乞者，佛教指出家修行的男僧。120僧會　即康僧會，三國時代由天竺來華的僧人。本書本卷有傳。121庾仲雍　晉人。生平不詳。122臨川康王　謂南朝劉宋宗室臨川王劉義慶（西元四〇四至四四四年），編撰有《世說新語》。123曇宗　南朝時僧人。本書卷一三有傳。124校閱　校勘。125詮錄　編次；解釋；撰寫提要。126沉翳埋沒不見。127 潁川 秦始置。西晉時治所在今河南省許昌市東。又東晉僑置，治所在今安徽省巢縣東南。此處係指郡望，當為前者。128 篤密 謂感情深厚。此謂修持佛法十分投入。129 義 用如動詞。謂撮錄陳惠所領悟的義理，疏解意旨。130 斟酌考慮。131 禪業 早期之小乘佛教體系的禪定之法，亦稱「禪數」、「定慧」、「止觀」，簡稱「禪」。為佛教中一種特別重要的修習方法。132 正當 必；一定。133 雷同奔競 謂或同或異，無從取資。雷同，不當相同而相同。奔競，紛紜雜亂。134 校 核校；比勘。135 其為謬諸過乃懸矣 謂此種說法錯誤之多實在是達到了一個很大的程度。過，錯誤。懸，遙遠。引申為程度嚴重。諸，大正藏本作「說」。

【語　譯】安清，字世高，是安息國王王后所生的太子。幼年時便以純孝的品德而為人所稱道，加上他志向與才智極高，一心好學，因此外國典籍以及七曜天文之學、五行生剋之道、醫道與奇異之術，乃至飛鳥走獸之聲，無不通達明曉。安世高曾經有一次出行，看見群燕飛過，突然對同伴說道：「燕子說應該會有人來給我們送食物。」不久食物果然送到。大家都覺到安世高很奇特，因此其卓異的名聲很早就廣為流傳在西域一帶。安世高雖是在家修行，然而奉持佛教戒律十分精誠嚴謹，國王死後，繼承了王位。安世高繼位後深刻體會到了一切皆苦、凡事俱空的道理，十分厭惡肉體與物質的束縛，因此服喪期滿後便讓位於他的叔叔，出家為僧修行佛道。安世高通曉佛家經藏之典，特別精通阿毗曇學，誦讀《禪經》，能夠全部領會其中的奧妙。此後雲遊四方弘揚教義，足跡遍布很多國家，在漢桓帝初年，第一次來到了中國。安世高悟性機敏，凡事一經指點就能夠通曉明達，因此來到中國不久，便熟悉掌握了漢語。於是宣講翻譯各種佛教經典，將梵文譯成漢文，譯出了《安般守意》、《陰持入經》、大小《十二門》以及《百六十品》諸經。早先外國僧人眾護曾撰述了二十七章的經典要義，安世高對其中的七章進行辨章剖析，譯成漢文，這便是《道地經》。他先後譯出的經論共有三十九部，經義名理明白清晰，文字平允正確，明辨而不浮華，樸實而不鄙陋，凡是讀他所譯經典的人，都能孜孜不倦。安世高能夠深曉萬物深妙之理與生靈所稟之性，並能認識到自身苦樂因緣之所在，並有很多神異的事跡，世人無法估量。安世高自稱其前身已經出家為僧，其時有一位同學為人多瞋恚之心，每當行乞時施主布施未稱己意，輒怨恨不已。安世高屢屢責備並規勸他，而始終不思悔改。如此過了二十餘年後，安世高與他這位同學訣別道：「我該當前往廣州，去了卻前生造下的怨恨。您鑽研經典精誠勤懇，不在我之後，但性格多有瞋恚怨怒之心，命終以後肉體當會墮入醜陋的形態。我如果能修得正道，必來超度。」於是安世高便前往廣州。其時正逢賊人盜寇作亂，安世高在路上遇到一位少年，這位少年見到安世高便唾手拔刀，道：「終於找到你了！」安世高笑著說：「我前世有負於你，所以遠道而來償還此債，你現在如此忿恨，正是前世時的心態。」於是安世高伸頸受刃，面無懼色，這個少年賊人便把他殺死了。當時圍觀者充斥於道路，對此奇異之事莫不驚駭。他的神魄返回世間成為安息王太子，這就是現時安世高的肉身。

安世高在中國遊歷傳教，宣揚佛經告一段落之後，正值漢靈帝末年關雒一帶發生戰亂，因此便前往江南。他說：「我該當經過廬山，去超度我前世的同學。」便來到了邦亭湖廟。此廟在往昔甚有靈威，凡有商旅祈禱，便能使風分為上下兩個方向，使順流逆流的船隻都能順利而行。曾經有一個人求取山上的神竹，在廟神沒有答應的情況下就擅自取來，結果舟船當即覆沒，而伐取的竹子又回到了原處。從此之後行船之人敬憚廟神，無不望影而懼。與安世高同行的船有三十餘艘，大家一起奉牲獻祭，請求廟神賜福，廟神降語道：「船上有一僧人，可再傳他上來。」眾旅客無不驚愕，立即請安世高入廟。廟神對安世高道：「我昔日在外國與您一起出家修道，好行布施，祇是性格多瞋易怒，今天成了邦亭廟神，周圍千里，都是我的管轄範圍。因為前生好行布施的緣故，得到的珍寶玩物甚多；因為前生多瞋易怒的緣故，墮入現在的報應。今天見到同學，既悲又喜。我的壽命沒有多久了，可我醜陋的形態既長又大，如果就在此地捨棄生命，則污穢江湖，我當前往山西面的大澤中了卻此命。但此身死後，恐墮入地獄，我有千餘疋絹並其他各種寶物，可據此為我做法事、建寶塔，使下一生能前往淨土。」安世高道：「特來相度，何不現形？」廟神答道：「我的形貌甚是醜陋怪異，眾人見了必然驚懼。」安世高說：「但現無妨，眾人是不會覺得奇怪的。」廟神從床後探出頭來，原來是一條大蟒，其身極長，不知尾在何處。大蟒游到安世高膝邊，安世高向牠講了幾番梵語，又唱了數聲讚唄，只見大蟒悲而哭泣，淚如雨下，須臾之間又隱身而逝。安世高當即取了絹帛並寶物等，辭別廟神登船而去。同行的旅伴揚帆催舟，而大蟒又再次現身，登山向西而望，眾人舉手示意後，方才消失。安世高一行在倏忽之間便到達了豫章，立即以廟神之物建造了東寺。安世高離開後，邯亭廟神就命終了。到了這天傍晚，有一少年上得船來，長跪在安世高面前，接受他的呪語與祝願，此後忽然間便消失不見了。安世高對船上的人說：「剛才的那位少年就是邯亭廟神，終於得脫醜陋之形了！」從此邯亭廟神消歇不見，再也沒有發生靈驗。後人在山西面的大澤中，發現了一條死蟒，頭尾有數里長，其地就是現在的潯陽郡蛇村。

安世高後來又來到廣州，找尋前世殺害自己的那位少年，這時候那位當年的少年人還健在。安世高直接來到他的家裡，向他說了當年償還債孽的原委，並且敘述了前世的緣分，兩人相互之間都很高興，安世高又對他說：「我還有其他的報應，因此現在必須前往會稽。」廣州的這個人明白安世高很不平凡，原有的戒心完全消除，對原先的過錯追悔莫及，於是給了安世高豐厚的資助，並隨安世高東遊，一同到達會稽郡。到了會稽以後便來到當地的市場，恰逢市場中發生紛亂，互相爭打的人失手誤中安世高的頭部，安世高當即死去。廣州的這個人看到兩個報應接連應驗，於是開始精誠修持佛法，並且向人述說事情的緣故，遠近周圍的人聽後，無不悲痛歎息，明白了佛教所謂的過去、現在、未來三世之說確是有驗證的。安世高既是國王的後代，因此西域來的賓客都稱呼他為「安侯」，至今人們也還是這樣稱呼他。天竺國的人自稱他們的書籍為天書，語言為天語，其文章詞句怪異艱澀，與中國區別很大，很長時間以來的傳布翻譯，錯誤極多，唯有安世高的翻譯是所有譯經中水平最高的。

道安認為：若能當面請教古人，那就等於是見到了聖人一樣，這自然是不可能的；所以列朝列代的那些有道之士，祇能通過稱頌而追思他們的德操。我探訪搜尋各種經典目錄書籍，發現對安世高的記載互有出入。如果就此去考定這些或隱忽顯的各家記載，可能會使多家說法從此泯失；而聽由傳述者的荒謬，又會使記敘發生失誤。所以，我就在此羅列出各種記載的不同，也許這種做法可以說得過去。

道安的《經錄》說：「安世高在漢桓帝建和二年到漢靈帝建寧年中這二十餘年的時間裡，譯出了三十餘部佛經。」另外《安世高別傳》說：「晉朝太康末年，有一位安侯道人來到桑垣，翻譯經典完畢後，封裝了一個匣子在寺廟中，道：『四年後可以開啟。』吳朝末年，他來到揚州，叫人賣出了一箱貨物，買來了一個奴僕，名字叫福善，對他說『是我善知識』，並攜帶這個奴僕前往豫章。超度了邯亭廟神並為其建立寺廟寶塔後，福善用刀刺中安侯的肋骨，安侯因此便死去了。桑垣人便打開了他所封裝的匣子，匣中文書經過辨認整理後是如下幾個字：『尊吾道者，居士陳惠；傳禪經者，比丘僧會。』當日正好是過了整整四年。」另外庾仲雍的《荊州記》說：「晉朝初年有一個僧人安世高超度了邯亭廟神，得到財物後於荊城東南角建起了白馬寺。」宋朝臨川康王的《宣驗記》說：「大蟒死於吳朝末年。」曇宗的《塔寺記》說：「丹陽瓦官寺，是晉哀帝時僧人慧力所建。後來有僧人安世高，用邯亭廟神餘下的財物對寺廟進行了修整。」然而道安法師既然曾核校諸經，編錄譯文，他的記載肯定不會錯。從漢桓帝建和二年至晉太康末年，共經過了一百三十餘年，祇有安世高得享如此高壽，才能符合《安世高別傳》的說法。而事實當非如此。為什麼這樣說呢？因為根據康僧會注《安般守意經》所撰的序中說：「此經為安世高所譯出，埋沒不顯已經很久。這時有南陽人韓林、潁川人大業、會稽人陳惠這三位賢人，崇信佛教十分投入，我向他們三人請教，於是由陳惠講疏經意，由我幫助協商討論。」康僧會不久於晉太康元年去世，而他已說：「此經譯出後，埋沒已久。」另外安世高所封匣子的文字說：「尊吾道者，居士陳惠；傳禪經者，比丘僧會。」而《安般守意經》明確的意旨，就是強調禪定之法，由此可知匣中文字的記載，確非虛假。既然說二人傳布吾道，豈能有安世高與二人同時的道理？而且《安世高別傳》本身就已記載道：「傳禪經者，比丘僧會。」康僧會已於太康初年死去，又怎會是太康末年才有安侯道人？可見《安世高別傳》的首尾之言，自相矛盾。必然是有一種書錯誤地指出時間是晉朝初年，於是後來的許多作者或道太康，或說吳末，其中或同或異，紛紜雜亂，而無從比勘。既然晉朝初年的說法尚且難以成立，那麼曇宗所記載的「晉哀帝時，安世高方纔再次修整寺廟」，作為一種錯誤的說法，其謬誤的程度就更為嚴重了。

漢雒陽支婁迦讖　竺佛朔　安玄　嚴佛調　支曜　康巨　康孟詳

支婁迦讖，亦直❶云支讖，本月支❷人，操行❸純深，性度開敏，稟持❹法戒❺，以精懃❻著稱。諷誦群經，志在宣法。漢靈帝時遊于雒陽，以光和❼中平❽之間，傳譯梵文，出《般若道行》、《般舟》、《首楞嚴》等三經，又有《阿闍世王》、《寶積》等十餘部經，歲久無錄❾。安公校定古今，精尋文體，云：「似讖所出，凡此諸經，皆審❿得本旨，了⓫不加飾，可謂善宣法要⓬弘道之士也。」後不知所終。

時有天竺沙門竺佛朔，亦漢靈之時，賫⓭《道行經》來適⓮雒陽，即轉梵為漢。譯人時滯⓯，雖有失旨，然棄文存質⓰，深得經意。朔又以光和二年於雒陽出《般舟三昧》，讖為傳言⓱，河南雒陽孟福、張蓮筆受⓲。

時又有優婆塞⓳安玄，安息⓴國人，性貞白㉑，深沉有理致。博誦群經，多所通習。亦以漢靈之末遊賈㉒雒陽，以功號曰騎都尉㉓。性虛靖溫恭㉔，常以法事㉕為己任。漸解漢言，志宣經典，常與沙門講論道義，世所謂都尉者也。玄與沙門嚴佛調共出《法鏡經》，玄口譯梵文，佛調筆受，理得音正，盡經微旨，郢匠之美㉖，見述後代。調本臨淮㉗人，綺年㉘穎悟，敏而好學，世稱安侯㉙、都尉、佛調三人，傳譯號為難繼。調又撰《十慧》，亦傳於世。安公稱佛調出經，省而不煩，全本巧妙。

又有沙門支曜、康巨、康孟詳等，並以漢靈、獻之間，有慧學之譽，馳於京雒。曜譯《成具定意經》及《小本起》等；巨譯《問地獄事經》，並言直理旨，不加潤飾；孟詳譯《中本起》及《修行本起》。先是，沙門曇果於迦維羅衛國㉚得梵本，孟詳共竺大力譯為漢文。安公云：「孟詳所出，奕奕流便㉛，足騰㉜玄趣也。」

【注釋】❶直　逕直；直接。❷月支　亦作「月氏」，古族名。曾於西域建月氏國。❸操行　操守；品行。❹稟持　受持；持守。❺法戒　法式與戒律。❻精懃　誠摯懇切。❼光和　漢靈帝劉宏年號（西元一七八至一八三年）。❽中平　漢靈帝劉宏年號（西元一七八至一八三年）。❾歲久無錄　謂由於時間推移，許多漢譯經典失去了譯人姓名的記錄。如《阿闍世王》等，即不知是否確為支讖所譯。參閱僧祐《出三藏記集》。❿審　詳察；細究。⓫了　全。⓬法要　佛法要義。⓭齎　攜帶。⓮來適　來到。⓯譯人時滯　謂翻譯者時有滯澀。⓰棄文存質　謂翻譯時不加文飾，保留原文的本質。⓱傳言　此為傳述、轉述之意。⓲筆受　記錄別人口授的話。⓳優婆塞　梵語音譯。佛教指在家奉佛的男性信徒。⓴安息　見本卷〈安清傳〉注釋。㉑貞白　守正清白。㉒遊賈　四處做買賣。㉓騎都尉　官名。漢武帝時初置。㉔虛靖溫恭　虛靖，同「虛靜」。清虛恬靜。溫恭，溫良恭敬。㉕法事　指供佛、禮懺等佛教法會、儀式。㉖郢匠之美　語本《莊子・徐无鬼》。楚郢中巧匠名石，能揮斧削去郢人塗在鼻翼上的白粉而不傷其人。後以郢匠喻指技藝純熟高超之人。亦常喻指文學藝術方面的巨匠。㉗臨淮　指臨淮郡，地名。西漢置，治所在今江蘇省泗洪縣東南。㉘綺年　青春少年之歲。㉙安侯　即安世高，參見本卷〈安清傳〉。㉚迦維羅衛國　亦省作「迦維」，古天竺國名。為佛祖出生之地，亦是大迦葉與千羅漢第一次結習三藏之地。㉛奕奕流便　謂文筆優雅流暢。奕奕，姣美貌。流便，流暢而不滯澀。㉜騰　傳送；傳達。

【語譯】支婁迦讖，也直接稱作支讖，原本是月支國人。他的品德、操守純真蘊深，稟性、氣度豁達明敏，在持守教法遵守戒律方面，以精誠嚴謹著稱。支讖遍讀群經，志在弘揚佛教，漢靈帝時遊化來到雒陽，在光和至中平年間傳布翻譯梵文經典，譯出了《般若道行》、《般舟》、《首楞嚴》等三部佛經，另外又有《阿闍世王》、《寶積》等十餘部，因為年代久遠題錄闕失，不知是否究為支讖所譯。道安校定古今漢譯佛經時，曾精心推究各家文體，說：「像是支讖所譯，因為這些譯經都能夠詳察經典的原旨，絲毫沒有加以文飾，譯者可以稱得上是一位擅長宣揚佛法要義，能夠弘揚大道的人。」支讖後來下落不明。

當時有一位天竺國僧人叫竺佛朔的，也是在漢靈帝時，攜帶一部《道行經》來到雒陽，隨即將梵文轉譯為漢文。當時從事翻譯的僧人經常會犯語言板澀呆滯的毛病，竺佛朔的翻譯雖然會在一些地方失去原文的意思，但他的翻譯不加文飾，保留原文的本質，深得經典的本意。竺佛朔在光和二年於雒陽又譯出了《般舟三昧》，其時由支婁迦讖傳述，而由河南雒陽人孟福、張蓮用筆記錄。

其時還有一位在家修持的信徒安玄，此人是安息國人，本性清正，性情深沉而富於思辨，博覽群經，在很多方面都有所涉獵，也是在漢靈帝末年，雲遊四方做買賣時來到了雒陽，因為有功被賜以騎都尉之銜。安玄為人清虛恬靜，溫良恭敬，常以佛法之事為己任。他來到雒陽後，漸漸地通曉了漢語，立志宣傳佛教經典，經常與僧人們講論佛教的教義，人們所說的「都尉」，說的就是他。安玄與僧人嚴佛調共同譯出《法鏡經》，由安玄從梵文口譯，嚴佛調用筆記錄，譯出的經文旨義通達，譯音平正，完全能夠表達出原來經文的細微之旨，一直被後代人稱讚，認為是具有像郢匠那樣高超的技藝。嚴佛調原本是臨淮郡人，少年時就很有悟性，聰明而好學。世稱安侯、都尉、佛調三人傳述翻譯經典的水平，後人是難以為繼的。嚴佛調又曾撰《十慧》，也流傳於世。道安認為嚴佛調譯經之所以能做到簡而不煩，原因在於能運巧妙之思於一心。

另外還有僧人支曜、康巨、康孟詳等，都是在漢靈帝、漢獻帝之際因有慧學之譽，名聲馳於長安與雒陽。支曜翻譯了《成具定意經》、《小本起》等；康巨翻譯了《問地獄事經》，這些譯文都是直譯原文突出本旨，不加潤飾。康孟詳翻譯了《中本起》及《修行本起》。在此之前，僧人曇果於迦維羅衛國得到這兩部經的梵文本，於是康孟詳與竺大力二人共同將其譯為漢文。道安評論說：「康孟詳所譯出的經典，優美流暢而不澀滯，足以傳達其中的玄趣。」

魏雒陽曇柯迦羅

康僧鎧 曇帝 帛延

曇柯迦羅，此云法時，本中天竺❶人。家世大富，常修梵福❷。迦羅幼而才悟，質像❸過人，詩書一覽，皆文義通暢，善學《四圍陀論》，風雲星宿圖讖運變❹，莫不該綜❺，自言天下文理❻，畢己心腹❼。至年二十五，入一僧坊❽，看遇見《法勝毗曇》，聊取覽之，茫然不解，殷懃❾重省，更增惛漠❿，乃歎曰：「吾積學多年，浪志⓫墳典⓬，遊刃⓭經籍，義不再思，文無重覽⓮。今睹佛書，頓出情外⓯，必當理致鉤深⓰，別有精要⓱。」於是賚卷入房，請一比丘⓲略為解釋，遂深悟因果⓳，妙達三世⓴，始知佛教宏曠㉑，俗書所不能及。乃棄捨世榮㉒，出家精苦㉓，誦大小乘經㉔及諸部《毗尼》。

常貴遊化，不樂專守㉕，以魏嘉平㉖中來至洛陽。于時魏境雖有佛法，而道風訛替㉗，亦有眾僧未稟歸戒㉘，正以剪落㉙殊俗㉚耳。設復齋懺㉛，事法祠祀㉜，迦羅既至，大行佛法㉝。時諸僧共請迦羅譯出戒律㉞，迦羅以律部㉟曲制㊱，文言㊲繁廣㊳，佛教未昌，必不承用。乃譯出《僧祇戒心》，止㊴備朝夕㊵。更請梵僧㊶立羯磨法㊷，中夏戒律，始自乎此。迦羅後不知所終。

時又有外國沙門康僧鎧者，亦以嘉平之末至洛陽，譯出《郁陀長者》等四部經。又有安息國㊸沙門曇帝，亦善律學㊹，以魏正元㊺之中，來遊洛陽，譯出《曇無德羯磨》。又有沙門帛延，不知何許人，亦才明有深解，以魏甘露㊻中，譯出《無量清淨平等覺經》等凡六部經。後不知所終。

【注釋】❶中天竺　參見本卷〈攝摩騰傳〉注釋。❷梵福　佛教語。大梵天王所具有之善行。福，福德；一切之善行。根據佛教理論，大梵天王是色界中初禪大梵天之王。此當指一種較高的禪定境界。❸質像　人之氣質形貌。❹風雲星宿圖讖運變　泛指占候。風雲，天文；氣象。星宿，星象；天象。圖讖，原指中國古代方士或儒生編造的關於帝王受命徵驗一類的書籍學說，多為隱語、預言，此借指預言等神祕之術。運變，氣運變動。❺該綜　總括備悉。❻文理　禮文儀節。此泛指典章禮儀等知識。❼畢己心腹　謂了知於心中。❽僧坊　僧人房舍。❾殷懃　認真、懇切貌。❿惛漠　當同「昏莫」。引申為愚昧；糊塗。⓫浪志　猶肆志。謂專心致力於某事。⓬墳典　經典。此指非佛教經典。⓭遊刃　「遊刃有餘」的縮語，比喻對某事的專精。⓮義不再思二句　謂文章不用重複閱讀，意旨無須進一步思考。言理解能力極高。⓯頓出情外　謂忽然覺得出於意料之外。⓰理致鉤深　猶「鉤深理致」。鉤深，探索深奧之義。理致，義理情致。⓱精要　精微之義。⓲比丘　參見本卷〈安清傳〉注釋。⓳因果　佛教語。因緣和果報。佛教輪迴之說認為，種如何因，結如何果，善因得善果，惡因得惡果，善惡之報如影相隨，三世因果循環不失。⓴三世　佛教以過去、現在、未來為三世。㉑宏曠　寬廣；寬宏。㉒世榮　世俗之榮耀。㉓精苦　精勤刻苦。㉔大小乘經　參見本卷〈攝摩騰傳〉注釋。㉕不樂專守　謂不喜歡固守於一地一事而不及其他。㉖嘉平　魏齊王曹芳年號（西元二四九至二五三年）。㉗訛替　衰敝遷變。㉘未稟歸戒　謂未能遵持戒律。㉙剪落　謂落髮為僧。㉚殊俗　習俗不同。㉛設復齋懺　謂設立與恢復齋淨、懺悔之儀。佛教以過午不食曰齋，後亦以不肉食為齋。懺，悔過。㉜事法祠祀　謂進行各種佛教法事。祠祀，祭祀。㉝大行佛法　廣為推行佛法。㉞戒律　有關戒律的佛書。㉟律部　律藏，關於戒律的佛書總匯。㊱曲制　軍隊編制的制度。此指像軍隊制度那樣嚴整謹飭。㊲文言　長篇文字。㊳繁廣　文字繁多而廣博。㊴止　原作「上」，據大正藏本改。㊵朝夕　早晚；天天；時時。㊶梵僧　印度僧人。㊷羯磨法　僧人受戒的規則、儀式。羯磨，梵語音譯，意為「作業」。㊸安息國　參見本卷〈安清傳〉注釋。㊹律學　關於戒律的學問。㊺正元　魏高貴鄉公曹髦年號（西元二五四至二五五年）。㊻甘露　魏高貴鄉公曹髦年號（西元二五六至二五九年）。

【語　譯】曇柯迦羅，漢語意思是「法時」，原本是中天竺國人，其家世代都很富有，一直都修行梵福禪定。迦羅幼年時便很有才華與悟性，氣質形貌過人，書祇要讀一遍，便能通曉文義。擅長研學《四圍陀論》，凡風雲氣象、天文星宿、圖讖徵應及天道變化等高深學說，無不備悉。迦羅自稱天下的典章禮儀知識，皆能了然於心。到了二十五歲那年，迦羅有一次進入一處僧人房舍，看見了《法勝毗曇》這部經典，隨意翻覽了一下，義旨卻茫然不解，再認真研讀，結果更加糊塗，於是迦羅歎道：「我苦學多年，博覽專精於各種經文典籍，義理無須深入探考，文字不用重複閱讀。今天見到佛教書籍，卻頓出意料之外，我應當深入探尋其中深奧的義理情致，定會發現它別有精微之義。」於是他攜帶《法勝毗曇》經卷進入僧房，請一位比丘為他稍稍講解，終於徹底明白體悟到了因果之相隨、三世之循環的道理，纔知道佛教經典的博大精深，實非世俗之書所能及。於是迦羅便捨棄了世俗的榮華，出家為僧刻苦修道，開始誦讀大、小乘經及諸部《毗尼》經典。

迦羅時常看重的是遊歷四方宣傳教義，不喜歡固守於一地一事，因而在魏嘉平年中，來到了洛陽。那時魏國範圍內雖然已經有佛教傳播，但是教風衰弊，因為剃髮為僧的制度風俗各不相同，甚至有很多僧人不遵守戒律的情況出現。迦羅便設立恢復齋戒懺悔的禮儀，開展各種佛教法事。迦羅既來到洛陽，便在魏國境內廣為推行佛法，當時曾有幾位僧人共同請迦羅翻譯戒律方面的經典，迦羅認為律藏佛書編排謹嚴，文字繁多而廣博，眼下佛教尚未昌盛，肯定沒有什麼用處。因此迦羅譯出了《僧祇戒心經》，權供日常之用，進而請來印度僧人建立僧人受戒的規則和儀式。中國的佛教戒律，正是從此開始的。迦羅後來下落不明。

當時還有一位外國僧人叫康僧鎧的，也是在嘉平末年來到洛陽，譯出了《郁伽長者》等四部經。還有一位安息國僧人曇帝，也擅長有關戒律的學問，在魏正元年間，來洛陽遊歷，譯出了《曇無德羯磨》。另外還有僧人帛延，不知是哪裡人，同樣才智敏銳而有精深的見解，在魏甘露年中譯出了《無量清淨平等覺經》等共六部經，後下落不明。

魏吳建業建初寺康僧會　支謙

康僧會，其先康居❶人，世居天竺❷，其父因商賈移❸于交阯❹。會年十餘歲，二親並亡，以至性奉孝服畢，出家。厲行甚峻❺，為人弘雅❻有識量❼，篤至❽好學。明解❾三藏❿，博覽六經⓫，天文圖緯⓬，多所綜涉，辯於樞機⓭，頗屬⓮文翰⓯。時孫權⓰已制江左⓱，而佛教未行。先有優婆塞⓲支謙，字恭明，一名越，本月支⓳人，來遊漢境。初，漢桓、靈⓴之世，有支讖譯出眾經。有支亮字紀明，資學㉑於讖，謙又受業㉒於亮。博覽經籍，莫不精究，世間伎藝㉓，多所綜習。遍學異書，通六國語㉔。其為人細長黑瘦，眼多白而睛黃㉕，時人為之語曰：「支郎眼中黃，形軀雖細是智囊㉖。」

漢獻末亂㉗，避地㉘于吳。孫權聞其才慧㉙，召見悅之，拜為博士㉚，使輔導東宮㉛，與韋曜諸人共盡匡益。但生自外域，故《吳志》㉜不載。謙以大教㉝雖行，而經多梵文，未盡翻譯，已妙善㉞方言㉟，乃收集眾本，譯為漢語。從吳黃武㊱元年至建興㊲中，所出《維摩》、《大般泥洹》、《法句》、《瑞應本起》等四十九經，曲得聖義[38]，辭旨文雅[39]。又依[40]《無量壽》、《中本起》製《菩提連句梵唄》三契[41]，並注《了本生死經》等，皆行於世。時吳地初染大法，風化未全，僧會欲使道振江左，興立圖寺[42]，乃杖錫[43]東遊，以吳赤烏[44]十年，初達建鄴[45]，營立茅茨[46]，設像[47]行道。時吳國以初見沙門，睹形未及其道，疑為矯異[48]。有司[49]奏曰：「有胡人入境，自稱沙門，容服[50]非恒[51]，事應檢察[52]。」權曰：「昔漢明夢神，號稱為佛[53]，彼之所事，豈其遺風耶？」即召會詰問，有何靈驗。會曰：「如來[54]遷迹[55]，忽踰千載，遺骨舍利[56]，神曜[57]無方[58]，昔阿育王起塔，乃八萬四千[59]。夫塔寺之興，以表遺化也。」權以為誇誕[60]，乃謂會曰：「若能得舍利，當為造塔，如其虛妄，國有常刑[61]。」會請期七日[62]，乃謂其屬[63]曰：「法之興廢，在此一舉，今不至誠，後將何及。」乃共潔齋[64]靖室[65]，以銅瓶加几，燒香禮請。七日期畢，寂然無應，求申二七[66]，亦復如之。權曰此欺誑[67]，將欲加罪，會更請三七，權又特聽[68]。會謂法屬曰：「宣尼[69]有言：『文王既沒，文不在茲乎[70]。』法靈[71]應降，而吾等無感，何假王憲[72]，當以誓死為期耳。」三七日暮，猶無所見，莫不震懼。既入五更[73]，忽聞瓶中鏗然有聲，會自往視，果獲舍利。明旦呈權，舉朝集觀，五色光炎，照曜瓶上。權自手執瓶，瀉[74]于銅盤，舍利所衝，盤即破碎。

權大肅然[75]，驚起而曰：「希有[76]之瑞也。」會進而言曰：「舍利威神，豈直光相而已，乃劫燒之火[77]不能焚，金剛之杵[78]不能碎。」權命令試之，會更誓曰：「法雲[79]方破，蒼生[80]仰澤，願更垂神迹，以廣示威靈。」乃置舍利於鐵砧碪[81]上，使力者擊之，於是砧碪俱陷，舍利無損。權大嗟服，即為建塔，以始有佛寺，故號「建初寺」，因名其地為「佛陀里」。由是江左大法遂興。

至孫皓[82]即正[83]，法令苛虐[84]，廢棄淫祠[85]，乃及佛寺，並欲毀壞。皓曰：「此由何而興，若其義教真正[86]，與聖典[87]相應者，當存奉其道。若其無實，皆悉焚之。」諸臣僉[88]曰：「佛之威力，不同餘神，康會感瑞，大皇[89]創寺，今若輕毀，恐貽後悔。」皓遣張昱詣寺詰會。昱雅有才辯，難問縱橫[90]，會應機騁辭[91]，文理[92]鋒出[93]，自旦之夕，昱不能屈[94]。既退，會送于門，時寺側有淫祀者，昱曰：「玄化[95]既孚[96]，此輩何故近而不革？」會曰：「雷霆破山，聾者不聞，非音之細[97]。苟在理通，則萬里懸應[98]，如其阻塞，則肝膽楚越[99]。」昱還，歎「會才明[100]，非臣所測[101]，願天鑒[102]察之」。皓大集[103]朝賢，以馬車迎會。會既坐，皓問曰：「佛教所明，善惡報應[104]，何者是耶？」會對曰：「夫明主以孝慈[105]訓世，則赤烏[106]翔而老人[107]見[108]；仁德育物，則醴泉[109]涌而嘉苗[110]出。善既有瑞，惡亦如之。故為惡於隱，鬼得之誅之，為惡於顯，人得而誅之。《易》稱『積善餘慶[111]』，《詩》詠『求福不回[112]』，雖儒典之格言[113]，即佛教之明訓[114]。」皓曰：「若然，則周、孔[115]已明，何用佛教。」會曰：「周、孔所言，略示近迹，至於釋教，則備極幽微。故行惡則有地獄[116]長苦，修善則有天宮永樂。舉茲以明勸沮[117]，不亦大[118]哉。」皓當時無以折[119]其言。

皓雖聞正法，而昏暴之性不勝其虐，後使宿衛兵入後宮治園，於地中得一立金像，高數尺，呈皓，皓使著不淨處，以穢汁[120]灌之，共諸群臣笑以為樂。俄而之間，舉[121]身大腫，陰處[122]尤痛，叫呼徹天。太史[123]占[124]言，犯大神所為，即祈諸廟，永不差愈[125]。采女[126]先有奉法[127]者，因問訊云：「陛下就佛寺中求福不？」皓舉頭問曰：「佛神大耶？」采女云：「佛為大神。」皓心遂悟其語意，故采女即迎像置殿上，香湯[128]洗數十過，燒香懺悔，皓叩頭于枕，自陳罪狀，有頃痛間[129]，遣使至寺問訊道人[130]，請會說法[131]，會即隨人。皓具問罪福之由，會為敷析[132]，辭甚精要[133]。皓先有才解[134]，欣然大悅，因求看沙門戒[135]。會以戒文禁秘，不可輕宣，乃取《本業》[136]百三十五願[137]，分作二百五十事，行住坐臥，皆願眾生[138]。皓見慈願廣普，益增善意，即就會受五戒[139]。旬日疾瘳[140]，乃於會所住處更加修飾[141]，宣示宗室[142]，莫不必奉。會在吳朝，亟說正法，以皓性兇麤[143]，不及妙義[144]，唯敘報應近事，以開[145]其心。

會於建初寺譯出眾經，所謂《阿難念彌》、《鏡面王》、《察微王》、《梵皇經》等，又出《小品》及《六度集》、《雜譬喻》等，並妙得經體[146]，文義允正[147]。又傳泥洹唄聲[148]，清靡[149]哀亮[150]，一代模式。又注《安般守意》、《法鏡》、《道樹》等三經，並製經序，辭趣雅便[151]，義旨微密[152]，並見於世。

至吳天紀[153]四年四月孫皓降晉，九月會遘疾而終。是歲晉武[154]太康[155]元年也。至晉咸和[156]中，蘇峻[157]作亂，焚會所建塔，司空[158]何充[159]復更修造。平西將軍[160]趙誘[161]，世不奉法，傲慢[162]三寶[163]，入此寺，謂諸道人曰：「久聞此塔屢放光明，虛誕不經[164]，所未能信，若必自睹，所不論耳。」言竟，塔即出五色光，照曜堂剎，誘肅然毛豎[165]，由此信敬。於寺東更立小塔，遠由大聖神感，近亦康會之力，故圖寫厥像，傳之于今。孫綽[166]為之贊曰：會公簫瑟[167]，寔惟令質[168]。心無近累[169]，情有餘逸[170]。厲此幽夜[171]，振彼尤黜[172]。超然遠詣[173]，卓矣高出。

有記云，孫皓打試舍利，謂非權時。余案皓將壞寺，諸臣咸答：「康會感瑞，大皇創寺。」是知初感舍利，必也權時。故數家傳記，咸言孫權感舍利於吳宮，其後更試神驗，或將孫皓⑰也。

【注　釋】❶康居　古西域國名。❷天竺　參見本卷〈攝摩騰傳〉注釋。❸移　遷移；遷居。❹交阯　古地名。本指五嶺以南一帶，漢曾置交趾郡。❺厲行甚峻　謂對自己的行為處事有極高的要求。厲行，砥礪言行。峻，嚴厲。❻弘雅　高雅。❼識量　見識與度量。❽篤至　真誠純一；專心致志。❾明解　熟悉；明瞭；悟性明敏。❿三藏　佛教以經、律、論為三藏。此指佛教經典。⓫六經　儒家以《詩》、《書》、《禮》、《樂》、《易》、《春秋》為六經。此泛指儒家經典。⓬天文圖緯　天象星宿及圖讖徵應之學。參見本卷〈曇柯迦羅傳〉注釋。⓭樞機　樞，戶樞。機，門閫。二者分主開閉。比喻事物之關鍵。⓮屬措意；留意。⓯文翰　信札、公文之類。⓰孫權　三國吳開國皇帝。字仲謀，吳郡富春人。繼其兄孫策據江東六郡，後與劉備合力破曹操於赤壁。黃龍元年稱帝，建都建鄴（今江蘇省南京市），國號吳。西元二二二年至二五二年在位。⓱江左　參見本卷〈竺法蘭傳〉注釋。⓲優婆塞　參見本卷〈支婁迦讖傳〉注釋。⓳月支　參見本卷〈支婁迦讖傳〉注釋。⓴漢桓靈　漢桓帝、漢靈帝。參見本卷〈安清傳〉注釋。㉑資學　求學。㉒受業　受學。㉓伎藝　技術；才藝。㉔六國語　據後文稱支謙「已妙善方言」云云，此當指各地方言。六國，本指戰國時楚、齊、燕、韓、魏、趙六國。此言中國各地。㉕眼多白而睛黃　謂眼珠小而黃。白，眼白。睛，眼珠。㉖智囊　足智多謀之人。㉗漢獻末亂　謂漢獻帝末年，曹操挾天子以令諸侯，割據蜂起，兵火不絕，天下大亂。㉘避地　遷徙他地以避災禍。㉙才慧　才能與智慧。㉚博士　官名。魏晉沿襲漢代，有太常博士、國子博士等，主要職責是教授弟子，掌治禮儀，並備君主顧問，有時亦能參預政事。㉛東宮　太子所居之宮。此指太子。㉜吳志　指晉陳壽所撰《三國志》中之「吳書」。㉝大教　謂佛教。㉞妙善　精通。㉟方言　地方語言。此即指漢語。㊱黃武　三國吳大帝孫權年號（西元二二二至二二九年）。㊲建興　三國吳侯官侯孫亮年號（西元二五二至二五三年）。㊳曲得聖義　深刻領悟到聖人的意旨。曲，周遍；詳盡。㊴辭旨文雅　謂譯文的風格旨趣優雅而不粗鄙。辭旨，文辭所反映出的意趣、感情色彩和風格。文雅，溫文爾雅。㊵依　根據。㊶菩提連句梵唄三契　菩提，梵語音譯。明辨善惡、體悟真理之正覺。連句梵唄，譯僧們依據經文創作的四言或五言的漢語贊頌歌詩，且配以管弦。契，參見本卷〈安清傳〉注釋。㊷圖寺　佛寺。圖，指浮圖，即塔。㊸杖錫　猶振錫。參見本卷〈安清傳〉注釋。㊹赤烏　三國吳大帝孫權年號（西元二三八至二五一年）。㊺建鄴　地名。今江蘇省南京市。時為三國吳國都。㊻茅茨　茅屋。㊼像　佛像。㊽矯異　存心與眾不同；有意立異。㊾有司官吏；政府部門。㊿容服　儀容服飾。51恒　常。52檢察　稽察。53昔漢明夢神二句　參見本卷〈攝摩騰傳〉注釋。54如來　佛祖釋迦牟尼。55遷迹　遷徙；搬移。此謂佛祖涅槃遷化。56遺骨舍利　指火化後的骸骨和舍利。當偏指舍利。舍利，梵語 Sarira 的音譯，佛祖釋迦牟尼遺骸火化後結成的堅硬珠狀物。遺骨，遺骸；骸骨。57神曜　猶「神耀」。精神顯耀。58無方　沒有極限。59阿育王起塔二句　阿育王(Asoka)，佛教護法王名。印度孔雀王朝第三代國王，在位年代約在西元前二六八至前二三二年。據佛教傳說，阿育王即位之初，諸多暴虐，後信仰佛教，在全國修建了八萬四千座佛舍利塔。60誇誕　虛妄不實。61國有常刑　語出《周禮・地官・大司徒》：「其有不正，則國有常刑。」謂國家自有一定的刑法處置犯罪。62請期七日　請求給予七天的期限。期，用作動詞。63屬　部屬，下屬。64潔齋　清淨身心，誠敬齋戒。齋，齋戒。參見本卷〈曇柯迦羅傳〉注釋。65靖室　清靜之室。用於齋戒悔過。66求申二七　請求再給七天的時間。求申，申請。二七，第二個七天。下文「三七」、「四七」用法相同。67欺誑　欺騙迷惑。68特聽　猶特許。聽，聽從。69宣尼　孔子。70文王既沒二句　語出《論語・子罕》。意謂：周文王死後，一切典章豈不在我乎。71法靈　佛法之威靈。72王憲　王法；國法。73五更　古時分一夜為甲乙丙丁戊五段。此指戊夜時分，相當於現在的凌晨三、四點鐘。74瀉　水往下注出；倒出。75肅然　容色嚴肅。形容極為震驚。76希有　少有。77劫燒之火　參見本卷〈竺法蘭傳〉注釋。78金剛之杵　金剛至堅、無堅不摧之利器。佛教中有護法神名縛日羅，以手執金剛杵立名。杵，棍狀兵器。79法雲　如雲之無邊佛法。80蒼生　世間眾生百姓。81鐵砧碓　鐵砧、鐵槌。碓，當同「槌」。82孫皓　三國吳末帝。孫權孫，繼孫休為吳主。晉武帝咸寧六年降晉，被送洛陽，封歸命侯。83即正　猶即位。84苛虐　苛細暴虐。85淫祠　非其所祭而設祭的廟宇祠堂。泛指不合禮制的祭祀或民間妄濫之祭祀。淫，過度；過分。86真正　真實正確，具有真理性。87聖典　此謂儒家正統經典。88僉　皆；都。89大皇　謂吳大帝孫權。90難問縱橫　提出許多疑問。難問，提出疑問。縱橫，多貌；紛紜雜亂貌。91應機騁辭　選擇恰當時機鋪陳辯詞。應機，適應時機。騁辭，展開辯辭。92文理　詞采。此指辯辭之機鋒。93鋒出　鋒刃齊出，比喻銳不可當。94屈　使之屈服。95玄化　聖德教化。此言佛教之教化。96孚　通「浮」。過而多餘。97細　聲音輕微。98萬里懸應　萬里之外遙相呼應。比喻關係密切。99肝膽楚越　語出《莊子・德充符》：「自其異者視之，肝膽楚越也；自其同者視之，萬物皆一也。」肝膽本附生一體之內，楚、越則迢遞千里，以一體之中起數千里之遙，比喻橫起分別。100才明　才智。參見本卷〈曇柯迦羅傳〉注釋。101測　推測；估計。102天鑒　帝王之審察。103大集　大規模地召集。104善惡報應　參見本卷〈安清傳〉注釋。105孝慈　孝敬尊長，慈愛後輩。106赤烏　古代傳說中的瑞鳥。亦曰三足烏。107老人　星名。也稱南極星、壽星。108見　同「現」。109醴泉　甘美之泉。110嘉苗猶「嘉禾」，奇異之禾。與赤烏、老人星、醴泉等皆為吉祥之徵兆。(111)積善餘慶　語出《易・坤》：「積善之家，必有餘慶；積不善之家，必有餘殃。」謂積德行善之家，天降恩澤及於子孫。(112)求福不回　語出《詩・大雅・旱麓》：「豈弟君子，求福不回。」謂求取福祉而不出於奸詐。(113)格言　富有教育意義並可作為行事準則的話。(114)明訓　極富意義的教誨。(115)周孔　周文王、孔子。此指周、孔之道。(116)地獄　參見本卷〈安清傳〉注釋。(117)勸沮　鼓勵和禁止。(118)大　範圍廣或程度深。(119)折　反駁。(120)穢汁　茅廁糞便之類不淨之物。(121)舉　全。(122)陰處　生殖器官。(123)太史　官名。魏晉專掌天文曆法。(124)占　占卜。(125)差愈　病愈。(126)采女　漢代宮女的一種。此指宮女。(127)奉法　猶言信仰佛教。(128)香湯　調有香料的熱水。(129)間　間隔；斷斷續續地。(130)道人　僧人。(131)說法　佛教之講道；布道。(132)敷析　敷陳分析。(133)精要　精賅。(134)才解　猶才智。(135)沙門戒　佛教戒律。(136)本業　佛經名。即《菩薩本業經》，支謙譯。(137)願　佛教語。希求；期願。(138)行住坐臥二句　謂平常之一舉一動皆乃為天下蒼生希求。(139)五戒　佛教五種基本戒律：不殺生、不偷盜、不邪淫、不妄語、不飲酒食肉。(140)瘳　病愈。(141)修飾　整理修葺。(142)宗室　皇族。(143)麁　同「粗」。(144)妙義　佛法大義。(145)開　開導。(146)妙得經體　謂深刻地領略到經典的本旨。(147)文義允正　謂意旨平允正確。(148)泥洹唄聲　《泥洹》，當指前文之《大般泥洹經》。泥洹，即涅槃。唄聲，讚唄聲曲。參見本卷〈安清傳〉注釋。(149)清靡　清新華麗。(150)哀亮　悲涼激越。(151)辭趣雅便　謂文章情趣優雅平和。辭趣，文章的情趣。(152)義旨微密　義旨，意思之所在。微密，精微周密。(153)天紀　三國吳末帝孫皓年號（西元二七七至二八〇年）。(154)晉武　晉武帝司馬炎，西元二六五至二九〇年在位。(155)太康　晉武帝司馬炎年號（西元二八〇至二八九年）。(156)咸和　晉成帝司馬衍年號（西元三二六至三三四年）。(157)蘇峻　晉人。字子高。西晉末率眾南渡，元帝時為鷹揚將軍，以功進歷陽內史。咸和二年起兵討庾亮，入建康後專擅朝政，不久為溫嶠、陶侃擊敗而死。(158)司空　官名。晉代為八公之一，地位隆貴，但不掌實權。(159)何充　晉人。字次道。初為王敦主簿，左遷東海王文學。成帝時為吏部尚書，永和初為宰相。性好釋典，崇修佛寺。(160)平西將軍　晉時將軍戎號，為四平（東南西北）將軍之一。(161)趙誘　晉人。字元孫。曾為王敦參軍，後官武昌太守。杜曾之亂中戰死。(162)傲慢　驕傲怠慢。(163)三寶　佛教語。梵語作 Triratna。指佛、法、僧。後亦為佛教之代稱。(164)虛誕不經　虛幻荒唐，缺乏根據。(165)毛竪　寒毛豎起。形容驚駭震怖之貌。毛，原作「手」，據大正藏本改。(166)孫綽　晉人。字興公。博學，善屬文。官至廷尉卿。信奉佛教，與名僧竺道潛、支遁均有交往。有文集二十五卷，大部已佚。(167)簫瑟　猶蕭瑟。形容疏淡之美。(168)令質　美好的品質。(169)近累　淺陋之病。(170)餘逸　豐饒；超邁。(171)幽夜　黑夜。(172)振彼尤黜　拯救罪過與廢棄。(173)超然遠詣　影響高邁而深遠。(174)皓　原作「結」，據大正藏本改。

【語　譯】唐僧會，他的先祖是康居國人，但世代居住在天竺國，其父因經商移居於交趾。康僧會十餘歲的時候雙親都去世了，他以至誠之心服喪直至期滿後，便出家為僧。康僧會砥礪言行十分嚴謹，為人處世十分優雅，富有見識度量，學習專心致志。康僧會熟悉佛教經典，博通儒家六經，天象星宿及圖讖徵應之學，也廣泛涉獵，對事物的關鍵極為明辨，並且頗為留意文章的寫作。其時，孫權已控制了江左地區，但在那一帶佛教卻尚未流行。先有一位優婆塞支謙，字恭明，一名越，本是月支國人，遊歷至漢地。當初漢桓帝、漢靈帝之時，曾有一位名叫支讖的僧人譯出了不少佛經，同時還有一位名叫支亮字紀明的，求學於支讖，而支謙則是受學於支亮。支謙此人同樣博覽經籍，並且無不精通，世間的技藝，都有所研習，另外遍學各種奇異之書，通曉各地方言。支謙長得細長黑瘦，眼珠小而黃，當時人為他編了一句話說：「支郎眼中黃，形體細瘦，但卻是一個智囊。」

漢獻帝末年天下大亂，支謙避亂來到吳國。孫權聽說他富有智慧，召見了支謙並對他十分欣賞，拜他為博士，命他輔導太子，與韋曜等人共同對太子盡匡弼之責。但因為支謙生於外國，故《吳志》沒有記載他的事跡。支謙認為佛教雖已流行，但佛經多是梵文，沒有全部翻譯過來，支謙既已精通各地方言，於是收集各種不同的本子，將其譯為漢語。從吳黃武元年至建興年中，所譯出的《維摩》、《大般泥洹》、《法句》、《瑞應本起》等四十九部經典，皆能深刻領悟佛陀的意旨，譯文的風格旨趣優雅而不粗鄙。支謙又根據《無量壽》、《中本起》兩經製作了三部《菩提連句梵唄》聲曲，並且注釋了《了本生死經》等經，皆流行於世。此時，吳國剛剛初步接觸到佛教，教化尚未周全，康僧會欲在江左地區振興教法，並想建立起佛寺，因此持錫東遊，在吳赤烏十年第一次來到建鄴，營建茅屋，設立佛像，開始傳教。當時吳國人因為第一次接觸佛教僧侶，祇見到了僧侶的形象而未接受教法，因而大多懷疑康僧會是故意標新立異。官吏為此上奏說：「有一個胡人入境，自稱為『沙門』，儀態與服裝都不同尋常，應對此事進行核察。」孫權說：「當年漢明帝夢見一位神人，號稱為『佛』，現在此人所奉祀的，是否即是當年那個神人的遺教？」於是立即召康僧會盤問，問他佛教有什麼靈驗之處。康僧會答道：「佛祖如來涅槃後，倏忽之間已逾千年，遷化後留下的遺骨舍利，其精神顯耀，絕無極限，當年阿育王為佛骨舍利起造寶塔，有八萬四千之數。塔寺的興造，就是為了表彰佛祖的遺化。」孫權認為康僧會所說虛妄不實，便對他說：「如果能得到舍利子，我便為之造塔；如果此事虛妄，國家自有一定的刑法處置犯罪。」康僧會請以七天為期，並對他的從教者說：「教法興廢，在此一舉。現在如果不至誠祈求，今後還有什麼地方可去！」於是大家共同在靜室裡齋潔身心，在几案上放置銅瓶，燒香施禮以請佛祖顯靈。七天的期限到了，室中銅瓶寂然無應，康僧會請求再延長七天後，結果亦復如此。孫權認為確屬欺詐，準備給康僧會定罪，康僧會便第三次請求七天的期限，孫權又一次特許。康僧會對其教屬們說：「孔子曾說過：『周文王既死，天下典章豈非在我乎。』佛法威靈是一定會降臨的，如果是我們沒有感應之力，又何須國法處置，所以我們理應誓死以求。」到了第三個七天的最後一天傍晚，舍利猶未顯現，教屬們無不震懼。五更過後，忽然聞瓶中鏗然有聲，康僧會親自走上前去察看，果然獲得了舍利子。第二天早晨呈送給孫權，舉朝官員齊集觀視，祇見舍利子發出強烈的五色光芒，照耀瓶上。孫權親自手執銅瓶，往銅盤傾倒，舍利從瓶中衝出，銅盤當即被擊碎。孫權容色大變，驚起而道：「真是罕見的祥瑞。」康僧會上前稟道：「舍利的神威並不祇限於光芒的表相，而在於劫火焚燒所不能壞，金剛之杵所不能碎。」孫權下令試驗。康僧會起誓道：「如雲教法正光被天下，蒼生萬姓正仰承其澤，希願佛祖再垂神跡，以廣示教法威靈。」於是把舍利放在鐵砧和鐵槌中間，命大力士使勁相擊，結果砧、槌都出現凹陷，而舍利絲毫無損。孫權大為歎服，當即為之建造寶塔，因為首次創建佛寺，所以命名為建初寺，並因此命名佛寺所在地為佛陀里。由此，江左地區的佛教大為昌興。

及至孫皓即位，法律政令苛細而暴虐，罷廢過度祭祀的廟宇祠堂，連帶到佛寺也欲一併毀去。孫皓說：「佛教憑什麼如此興盛，如果其教法正直，與聖人經典相印證，自當崇奉其道。如果有名無實，那就將佛寺全部焚毀。」眾多大臣皆道：「佛的威力不同於其他神靈，康僧會感動祥瑞，大皇帝方創建佛寺，現在如果輕易毀去，祇恐怕今後悔之不及。」孫皓於是派遣張昱到寺中詰問康僧會。張昱此人頗有辯才，向康僧會反覆發難，康僧會針鋒相對鋪陳辯辭，辭氣銳不可當，兩人從早晨一直辯論到晚上，張昱也沒能難倒康僧會。

張昱告退後，康僧會送他到門口，當時佛寺旁有人設置了過度迷信的祭祀，張昱道：「佛教高深的教化既然已經泛行天下，這些迷信的人為什麼還近在眼前而未被改除？」康僧會回答道：「雷霆之聲震破山巒，耳聾的人聽不見，並非是雷聲細小的緣故。如果紋理相通，萬里之外也能遙相呼應；如果存在阻塞，肝膽之間猶會橫起分別。」張昱返回後，歎服地對孫皓說康僧會的才智明識，不是他能夠臆測的，希望皇帝鑑察。孫皓便大規模地召集朝中賢人，用馬車接來了康僧會。康僧會坐定後，孫皓問道：「佛教所發明的是善惡報應，什麼是善報，什麼是惡報呢？」康僧會答道：「賢明的君主以孝慈之道訓戒天下，那麼就有赤烏飛翔並且老人星顯現；以仁德化育萬物，那麼就有甘泉奔湧並且嘉苗生出。善行既然有瑞徵，惡行也同樣會有報應。所以暗地裡作惡，鬼可以誅之；公開地作惡，人可以誅之。《易經》上稱『積善餘慶』，《詩經》上詠『求福不回』，這些雖然是儒家經典的格言，也就是佛教的明訓。」孫皓又說：「儘管如此，那麼周孔之道已經證明此義，又何須佛教？」康僧會道：「周、孔所說的，祇是稍稍表明了淺近的事理。至於佛教，則周全地闡明了隱微深刻的道理。所以說作惡便會墮入地獄長受苦難，行善便會昇入天宮永享快樂。以這樣的理論來勸善止惡，難道不是極為深刻的嗎！」孫皓當時無話可說，沒辦法反駁康僧會。

孫皓雖然接觸到了佛教正法，但其昏昧暴躁的本性無法不使他做出暴虐之舉，後來命皇家衛隊的士兵進入後宮整治園林，在地下挖掘出一座金質佛祖立像，高數尺，呈送給孫皓，孫皓竟命人將金像放置到污穢之處，用髒水澆灌之，自己並與他的大臣們在一旁取笑為樂。片刻之間，孫皓全身突然發腫，生殖器處尤其疼痛，禁不住連連叫呼，聲響震天。太史占卜說，此乃觸犯了一位大神所致，即便到宗廟祈禱，也永遠不會痊愈了。宮中有一位宮女，早先已經皈依了佛法，因而問孫皓：「陛下有沒有到佛寺求過福？」孫皓抬頭問道：「佛是否為大神？」宮女道：「佛正是大神。」孫皓因而明白了宮女話中的意思，所以這位宮女立刻奉迎佛像放置大殿之上，用調有香料的熱水將佛像洗了數十遍，並燒香祈禱，示以懺悔，孫皓在床上叩頭於枕，陳述自己的罪過，一會兒之後疼痛開始有了一些間隔，於是又派人去佛寺詢問僧人，請康僧會前來講道，康僧會因此便隨著宮使來到宮中。孫皓向他詢問獲罪的原由，康僧會為之敷陳分析，出語精賅。孫皓本來也具有理解能力，聞語欣然大喜，進而要求看一看佛教的戒律。康僧會覺得戒律之文極為秘密，不可輕易宣示外人，因而便就《本業經》中的一百三十五願，分為二百五十種具體行事，宣示一種平常行住坐臥之一舉一動皆為天下蒼生祈願的精神。孫皓見康僧會廣施慈悲之願，自己也就廣生善念，因此便從康僧會接受了佛教的五種戒律。十日之後孫皓的病就痊愈了，於是便對康僧會的住所再加整修，並宣示於皇族，詔命他們奉崇佛教。康僧會在吳朝時，宣說佛教正法頗為急切，但因為孫皓本性粗俗兇殘，無法體悟佛法的深刻之旨，所以祇是敘說一些眼前的報應事例，以開導孫皓的本心而已。

康僧會在建初寺譯出了眾多經典，比如《阿難念彌》、《鏡面王》、《察微王》、《梵皇經》等，又譯出了《小品》及《六度集》、《雜譬喻》等經，都能深刻領略到經典的本旨，譯文意旨平允正確。又傳授了《泥洹經》的梵唄之聲，其音調清新華麗、悲涼激越，成為一代範例。他還注釋了《安般守意》、《法鏡》、《道樹》等三經，並為三經寫了序文，情趣優雅平和，意思精微周密，三篇序文現在都在世間流傳。

到了吳天紀四年四月孫皓投降晉朝，九月康僧會便因疾病去世，這一年也是晉武帝太康元年。至晉成帝咸和年中，蘇峻發動暴亂，燒毀了康僧會所建造的寶塔，後來晉司空何充又重新修建。晉平西將軍趙誘世代不信奉佛教，對佛、法、僧持傲慢態度，他來到建初寺時對諸僧眾們說：「久聞此塔屢次放出光芒，此事真是虛妄無稽，實在不能相信，如果不是我親眼見到，我是不會以為然的。」話剛說完，寶塔便放出五色光芒，照耀殿堂寶剎，趙誘面色肅然、寒毛聳立，從此對佛教信奉崇敬，並在寺東又建造了一座小塔。這雖然主要是由於佛祖神明感應，但也有賴於康僧會所起的作用，所以趙誘又製作了康僧會的畫像，這個畫像一直流傳到現在。孫綽為此寫了一篇贊頌道：「會公深富疏淡之美，實在是緣於他美好的品質。心靈沒有世俗的牽累，情韻因此豐饒超邁。在這個黑暗的深夜裡砥礪奮發，拯救了無數罪孽與棄黜。他的造詣是多麼的高超而深遠，又是多麼的卓異而傑出。」

有記載說，是孫皓打試舍利子，而不是孫權時候的事情。我根據孫皓在將要破壞寺廟之時，眾大臣皆答說「康僧會感動祥瑞而大皇帝創建寺廟」的記載，得知當初感動佛祖降授舍利之事，必然是在孫權之時，所以數家記載都說孫權感受舍利子於吳宮。至於其後再度試驗舍利子的神驗，或也可能是孫皓所為。

魏吳武昌維祇難　法立　法巨

維祇難，本天竺人也。世奉異道，以火祠❶為上。時有天竺沙門習學小乘，多行道術，經遠行逼暮，欲寄難家宿。難家既事異道，猜忌釋子❷，乃處之門外，露地而宿。沙門夜密加呪術❸，令難家所事之火欻然❹變滅，於是舉家共出，稽請❺沙門入室供養❻。沙門還以呪術，變火令生。難既睹沙門神力勝己，即於佛法大生信樂❼，乃捨本所事，出家為道，依此沙門為和上❽。受學三藏，妙善四《含》❾，遊化諸國，莫不皆奉。

以吳黃武❿三年，與同伴竺律炎來至武昌⓫，賚《曇鉢經》梵本。《曇鉢》者，即《法句經》也。時吳士共請出經，難既未善國語⓬，乃共其伴律炎譯為漢文。炎亦未善漢言，頗有不盡，志存義本⓭，辭近朴質⓮。至晉惠⓯之末，有沙門法立，更譯為五卷。沙門法巨著筆，其辭味小華⓰。立又別出小經近百許首，值永嘉末亂⓱，多不復存。

【注釋】❶火祠　以火為奉祀對象。此指火祆教，最初流行於伊朗和中亞細亞一帶，南北朝時傳入中國。以火為善和光明之代表，以禮拜聖火為主要儀式。❷釋子　佛教僧徒之代稱。❸呪術　某些宗教、巫術中可以降災或除災的方法、儀式等。

呪，同「咒」。❹欻然　忽然。❺稽請　叩首而請；禮請。❻供養　施捨僧人；齋僧。❼信樂　信奉之志與快樂之情。❽和上　同「和尚」。在中國常指出家修行的男佛教徒，在印度則為對教師的通稱。此處為教師義。❾四含　指《長阿含經》、《中阿含經》、《雜阿含經》、《增一阿含經》四部經，為早期小乘佛教基本經典《阿含經》的北傳部分。❿黃武　吳大帝孫權年號（西元二二二至二二八年）。⓫武昌　地名。三國吳時置郡，治所在今湖北省武漢市。⓬國語　南北朝時北方少數民族政權嘗定本族語言為國語。此處即指漢語。⓭志存義本　謂志在保留經典的本旨。⓮辭近朴質　謂譯經用語樸實無華。⓯晉惠　晉惠帝司馬衷，西元二九〇至三〇六年在位。⓰小華　謂文辭略有華采。⓱永嘉末亂　西晉永嘉末年，晉王朝在頻生內亂後，國力衰弱，西北匈奴鮮卑等少數民族紛紛入侵，未數年覆亡。西元三一七年，司馬睿於建鄴稱帝，史稱東晉。

【語　譯】維祇難，原本是天竺國人，其家世代尊奉一種非正統的宗教，以崇奉聖火為正道。當時有一位研習小乘佛教、奉行各種道術的天竺沙門，由於經過一天的長途跋涉後時已近暮，欲在維祇難家裡借宿。維祇難一家既奉事異教，便對佛家子弟非常猜疑，於是將他安置在門外，露天而宿。這位沙門夜裡悄悄地施以咒術，使維祇難家所尊奉的聖火忽然熄滅，這下維祇難全家一起出來，叩請這位沙門入內接受齋食。此沙門於是便再施咒術，令熄滅的火焰又重新生起。維祇難既然目睹了佛僧的神力超過自己，便對佛法大生奉崇之心，因而捨棄了自己原來奉事的異道，出家修行佛教，並以此沙門為師，跟從他學習經律論三藏教義，此後維祇難非常擅長於四部《阿含經》的教義，遊歷諸國弘揚教法，所到之處，人們對他莫不奉崇。

維祇難在吳黃武三年與同伴竺律炎來到武昌，並攜帶了《曇鉢經》的梵文文本。《曇鉢》，也是《法句經》。其時吳國的士人一起請求維祇難翻譯佛經，維祇難既未能掌握漢語，便與其同伴竺律炎共同翻譯出這部經典。而竺律炎也不精通漢語，因此譯文頗有未盡之處，又因為他們志在保存經典的本旨，因此文辭非常樸質。到了晉惠帝的末年，有一位沙門法立，再一次將此經翻譯成五卷本。這次翻譯是由沙門法巨執筆，其文辭之味則稍有華采。法立又另外譯出小經近百首，因正遭逢永嘉末年的喪亂，大多已不復存。

晉長安竺曇摩羅剎（竺法護）　聶承遠　聶道真

竺曇摩羅剎，此云法護，其先月支人，本姓支氏，世居燉煌郡❶。年八歲出家，事外國沙門竺高座為師，誦經日萬言，過目則能。天性純懿❷，操行❸精苦❹，篤志好學，萬里尋師，是以博覽六經，遊心七籍❺，雖世務毀譽，未嘗介抱❻。是時晉武❼之世，寺廟圖像，雖崇京師，而《方等》深經❽，蘊在葱外❾。護乃慨然發憤，志弘大道❿，遂隨師至西域，遊歷諸國。外國異言三十六種，書亦如之，護皆遍學，貫綜詁訓⓫，音義字體⓬，無不備識。遂大賫梵經⓭，還歸中夏⓮，自燉煌至長安⓯，沿路傳譯，寫為晉文⓰。所獲《賢劫》、《正法化》、《光讚》等一百六十五部。孜孜所務，唯以弘通為業。終身寫譯，勞不告勸⓱。經法所以廣流中華者，護之力也。

護以晉武之末，隱居深山。山有清澗，恒取澡漱⓲，後有採薪者穢其水側，俄頃而燥。護乃徘徊歎曰：「人之無德，遂使清泉輟流。水若永竭，真無以自給，正當移去耳。」言訖而泉流滿澗，其幽誠⓳所感如此。故支遁⓴為之像贊云：「護公澄寂㉑，道德淵美㉒，微今㉓穹谷㉔，枯泉漱水。邈㉕矣護公，天挺弘懿㉖，濯足流沙，傾拔㉗玄致㉘。」後立寺於長安青門外，精勤㉙行道。於是德化㉚遐布，聲蓋四遠，僧徒數千人，咸所宗事。

及晉惠西奔㉛，關中㉜擾亂，百姓流移，護與門徒避地㉝東下。至澠池㉞，遘疾㉟而卒，春秋七十有八。後孫綽㊱製《道賢論》，以天竺七僧㊲方竹林七賢㊳，以護匹山巨源㊴，論云：「護公德居物宗㊵，巨源位登論道㊶，二公風德㊷高遠，足為流輩㊸矣。」其見美後代如此。

時有清信士㊹聶承遠，明解㊺有才，篤志務法，護公出經，多參正㊻文句。《超日明經》初譯，頗多煩重㊼，承遠刪正文偈，今行二卷。其所詳定，類皆如此。承遠有子道真，亦善梵學，此君父子，比辭㊽雅便㊾，無累於古㊿。又有竺法首、陳士倫、孫伯虎、虞世雅等，皆共承護旨，執筆詳校。

安公云：「護公所出，若審得此公手目(51)，綱領(52)必正。凡所譯經，雖不辯妙婉顯(53)，而宏達欣暢(54)，特善無生(55)。依慧(56)不文，朴則近本。」其見稱若此。護世居燉煌，而化道(57)周洽(58)，時人咸謂「燉煌菩薩」也。

【注釋】❶燉煌郡　西漢置。治所在今甘肅燉煌西。❷純懿　完美高尚。❸操行　參見本卷〈支婁迦讖傳〉注釋。❹精苦　參見本卷〈曇柯迦羅傳〉注釋。❺遊心七籍　釋僧祐《出三藏記集》卷一三此句作「涉獵百家之言」。七籍，當指六經之外典籍。❻介抱　猶介意。❼晉武　晉武帝司馬炎，西元二六五年至二九〇年在位。❽方等深經　謂《方等泥洹經》等大乘佛經。❾葱外　葱嶺以外。葱嶺，即今帕米爾高原與喀剌昆侖山的總稱。❿大道　謂佛教。⓫詁訓　文字訓釋之學。亦作「訓詁」。⓬音義字體　謂文字之音韻、字義、形體。⓭大賚梵經　謂攜帶了很多梵文佛經。賚，攜帶。⓮中夏　中國。⓯長安　古都城。漢高祖七年始都於此。故城在今陝西西安西北。⑯晉文　漢語。⑰勌　同「倦」。⑱澡漱　沐浴洗漱。⑲幽誠　極深之誠意。⑳支遁　東晉時僧人。本書卷四有傳。㉑澄寂　清靜；靜寂。㉒淵美　深厚之美；俊美。㉓今　金陵刻經處本作「令」。是。㉔穹谷　深谷。㉕邈　遙遠。㉖弘懿　弘大美善。㉗傾拔　領而標舉。㉘玄致　玄妙旨趣。㉙精勤　專心刻苦。㉚德化　化人之德。㉛晉惠西奔　晉惠帝即位後，八王為亂，持續十六年之久。永安元年七月，王浚入鄴，惠帝及太弟穎奔洛陽。晉惠帝司馬衷，西元二九〇至三〇六年在位。㉜關中　地名。古時以函谷、武關、散關、蕭關四關之內為關中。約相當於今之陝西省。㉝避地　謂避亂而擇地自全。㉞澠池　地名。即今河南省澠池縣。㉟遘疾　得病。遘，逢；遇。㊱孫綽　參見本卷〈康僧會傳〉注釋。㊲天竺七僧　孫綽《道賢論》中所讚譽的七位僧人，謂竺法護、帛遠、竺法乘、竺道潛、支遁、于法蘭。㊳竹林七賢　謂魏晉間嵇康、阮籍、山濤、向秀、阮咸、王戎、劉伶。七人相與友善，遊於竹林，號為七賢。㊴山巨源　即山濤，西晉時人，字巨源。為「竹林七賢」之一。㊵物宗　眾人所景仰之人。㊶論道　闡明道理。㊷風德　道德風範。㊸流輩　同流之人。㊹清信士　即「信士」，亦即優婆塞。在家修行佛教之男子。參見本卷〈支婁迦讖傳〉注釋。㊺明解　參見本卷〈康僧會傳〉注釋。㊻參正　參酌校正。㊼煩重　繁瑣厚重。㊽比辭　比綴文辭。㊾雅便　參見本卷〈康僧會傳〉注釋。㊿無累於古　謂不為古法所拘累。(51)手目　猶手眼。此謂譯文中謀篇布局的安排與謀略。(52)綱領　大綱與要領。(53)辯妙婉顯　謂辭理機辯且委婉。(54)宏達欣暢　謂辭理深閎而暢達。(55)無生　佛教語。謂萬物之實體無生無滅。(56)慧　即實智慧。依於實智慧可以解脫而涅槃。(57)化道　布道。(58)周洽　周遍；普遍。

【語　譯】竺曇摩羅剎，漢語稱作「法護」，他的先祖是月支國人，本來姓支，世代都居住在燉煌郡。竺法護八歲時出家，宗奉外國沙門竺高座為師，每日誦經萬言，過目即能。竺法護天性完美，砥礪操行精峻刻苦，好學之志深篤，不惜萬里尋師。因此博覽儒家六經，泛觀百家之言。儘管世間之人對他頗有詆毀，但他從不介意。

其時乃晉武帝之世，京都之地雖大崇寺廟佛像，但《方等泥洹經》等大乘經典，一直深藏在外國而未行於漢地。竺法護於是慷慨發憤，立志弘通佛教大乘之道，由此跟隨其師來到西域，遊歷各國。當時西域之地各不相同的外國語言有三十六種，書寫文字也有三十六種，竺法護全部學遍，並能貫通其字義解釋，至於文字音韻字體之學，無不備曉。於是他便攜帶了大量梵文經典，回到中國。從燉煌到長安，一路上傳布翻譯，把這些經典譯為漢語。他所獲得的佛教經典有《賢劫》、《正法華》、《光讚》等一百六十五部。竺法護孜孜所求之事，就是弘通佛教。終其一生，勞而不倦。佛教經法之所以在中國廣泛流行，正是由於竺法護的努力所致。

竺法護在晉武帝末年，隱居在深山中，山中有一道清澈澗水，竺法護常取以洗漱。後來有採薪的人弄髒了溪岸，不一會兒澗水就乾涸了。竺法護徘徊在水邊，歎道：「人由於無德，使得清泉之水輟流，澗水如果永遠枯竭，那我就無以取水自給，也就該當移居他處了。」他的話剛說完，泉水便奔湧而出溢滿山澗，竺法護的精誠所感於此可見。所以支遁為他寫了一篇像贊道：「護公是這樣的高尚而完美，在深山之谷稍稍發令，枯泉就能夠復而噴吐。影響深遠的護公呵，天資賦予他弘大美善之德，能夠超凡拔俗，高標玄妙之致。」竺法護後來在長安城青門外建立了一座寺廟，專心勤奮地修行佛教。由此其化人之德廣為流布，聲華被於四方荒遠之地，僧徒數千人，都宗奉他為師。

到了八王之亂中晉惠帝被迫西奔洛陽之時，關中地區紛亂不已，百姓流離失所，竺法護也與門徒避亂東去，來到澠池後，得病而終，享年七十有八。後來孫綽寫了一篇《道賢論》，將天竺七僧比之竹林七賢，便以竺法護比諸山濤。《道賢論》中說：「護公的德行眾所崇仰，山濤則能夠闡明道理，二公操行高尚而深遠，完全算得上是同一流的人。」竺法護就是如此為後代所稱美。

當時有一位信士叫聶承遠，專心於崇奉佛法。竺法護譯經時，聶承遠經常參酌校正文句。《超日明經》第一次翻譯時，譯文頗為繁瑣厚重，承遠刪繁正義，使其成為今天流行的二卷本。聶承遠所參與的詳細審定工作，大多與此類似。承遠有一個兒子叫道真，也擅長梵文學問。這父子倆比綴文辭優雅平和，不為古之成法所拘累。另外又有竺法首、陳士倫、孫伯虎、虞世雄等人，一同稟承竺法護的意旨，執筆詳細審校經典譯文。

道安說：「在竺法護所譯出的經典中，如果能辨明他在譯文中謀篇布局的心思，就能發現其譯文的大綱與要領是十分端正的。他所譯出的經典，雖然算不上是機辯而委婉，但卻無疑是深閎而暢達的，因而尤能表達大乘學說。依於佛智慧則無須文采，樸實無華方能接近於本來。」竺法護就是如此為人所稱道。竺法護一直住在燉煌，布道周遍，當時的人都稱他為「燉煌菩薩」。

晉長安帛遠

帛法祚　衛士度

帛遠，字法祖，本姓萬氏，河內❶人。父威達以儒雅❷知名，州府辟命❸皆不行。祖少發道心，啟❹父出家，辭理❺切至❻，父不能奪❼，遂改服從道❽。祖才思俊徹❾，敏朗❿絕倫，誦經日八九千言，研味⓫《方等》⓬，妙入幽微⓭。世俗墳素⓮，多所該貫⓯。乃於長安造築精舍⓰，以講習⓱為業，白黑⓲宗稟⓳，幾且千人。晉惠之末，太宰⓴河間王顒㉑鎮關中㉒，虛心敬重，待以師友之敬，每至閑辰靖㉓夜，輒㉔談講道德㉕。于時西府㉖初建，俊乂㉗甚盛，能言之士，咸服其遠達㉘。

祖見群雄交爭，干戈方始，志欲潛遁㉙隴右㉚，以保雅操。會張輔為秦州㉛刺史㉜，鎮隴上，祖與之俱行。輔以祖名德顯著，眾望所歸，欲令反服㉝，為己僚佐㉞。祖固志不移，由是結憾㉟。先有州人管蕃，與祖論議㊱，屢屈於祖，蕃深銜恥恨，每加讒構㊲。祖行至汧縣㊳，忽語諸道人及弟子云：「我數日對㊴當至。」使辭別，作素書㊵，分而經像及資財都訖。明晨詣輔共語，忽忤輔意，輔使收之行罰。眾咸怪惋㊶，祖曰：「我來此畢對，此宿命㊷久結，非今事也。」乃呼十方佛祖[43]，前身罪緣[44]，歡喜畢對，願從此以後，與張輔為善知識[45]，無令受殺人之罪。遂便鞭之五下，奄然命終。輔後具聞其事，方[46]大惋恨[47]。初，祖道化之聲，被於關隴[48]，崤函之右，奉之若神，戎晉[49]嗟慟，行路流涕。隴上羌胡[50]，率精騎五千，將欲迎祖西歸，中路聞其遇害，悲恨不及，眾咸憤激，欲復祖之讎，輔遣軍上隴，羌胡率輕騎[51]逆戰，時天水[52]故帳下督富整，遂因忿斬輔，群胡既雪怨恥，稱善[53]而還，共分祖屍，各起塔廟。

輔字世偉，南陽[54]人，張衡[55]之後。雖有才解[56]，而酷不以理[57]，橫殺天水太守[58]封尚，百姓疑駭，因亂而斬焉。管蕃亦卒以傾險[59]致敗。後少時[60]有一人，姓李名通，死而更穌云：「見祖法師在閻羅王[61]處，為王講《首楞嚴經》，云：『講竟，應往忉利天[62]。』又見祭酒[63]王浮[64]，一云道士基公，次被鎖械，求祖懺悔。」昔祖平素之日，與浮每爭邪正，浮屢屈，既瞋不自忍，乃作《老子化胡經》[65]，以誣謗佛法，殃有所歸[66]，故死方思悔。孫綽《道賢論》[67]以法祖匹嵇康[68]，論云：「帛祖釁[69]起於管蕃，中散[70]禍作於鍾會[71]，二賢並以俊邁之氣，昧[72]其圖身之慮[73]，棲心事外[74]，輕世招患，殆[75]不異也。」其見稱如此。

祖既博涉多閑，善通梵漢之語，嘗譯《惟逮》、《弟子本》、《五部僧》等三部經，又注《首楞嚴經》。又言：別譯數部小經，值亂零失，不知其名。

祖弟法祚，亦少有令譽[76]，被博士[77]徵，不就。年二十五出家，深洞[78]佛理，關隴知名。時梁州[79]刺史張光，以祚兄不肯反服，輔之所殺，光又逼祚令罷道，祚執志堅貞，以死為誓，遂為光所害，春秋五十有七。注《放光般若經》及著《顯宗論》等。光字景武，江夏[80]人，後為武都[81]氐[82]楊難敵所圍，發憤而死。

時晉惠之世，又有優婆塞衛士度，譯出《道行般若經》二卷。士度本司州[83]汲郡[84]人，陸沉[85]寒門[86]，安貧樂道[87]，常以佛法為心。當其亡日，清淨澡漱，隱几[88]誦經千餘言，然後引衣屍臥[89]，奄然[90]而卒。

【注釋】❶河內　郡名。漢高帝二年置。相當於今河南黃河南北岸一帶地區。亦泛指黃河以北地區。❷儒雅　風度溫文爾雅。❸辟命　徵召未仕之士人為官。❹啟　稟告。❺辭理　謂文章、話語之內容與形式。❻切至　切直盡理。❼奪　強去。❽改服從道　改變服色從奉佛教。此謂出家為僧。❾俊徹　俊逸通達。❿敏朗　聰明清朗。⓫研味　研究體會。⓬方等　參見本卷〈竺曇摩羅剎（竺法護）傳〉注釋。⓭幽微　隱微。⓮墳素　墳典；典籍。⓯該貫　綜通；貫通。⓰精舍　參見本卷〈攝摩騰傳〉注釋。⓱講習　講論研習。⓲白黑　世俗之人與僧徒。眾庶衣白，僧人衣黑，故云。⓳宗稟　宗奉。⓴太宰　官名。晉因避司馬懿長子司馬師諱，置太宰以代太師。晉時為三公之一，地位尊崇但不掌實權。㉑河間王顒　河間王司馬顒，字文載。晉惠帝元康九年，為平西將軍，鎮關中。河間，地名。位於黃河與永定河之間地區。㉒關中　地名。見本卷〈竺曇摩羅剎（竺法護）傳〉注釋。㉓靖　安靜；安閑。㉔輒　原作「輕」，據大正藏本改。㉕道德　此謂道理、教義及修行工夫等。㉖西府　謂河間王司馬顒所開王府。㉗俊乂　俊傑之士。俊，原誤作「後」。㉘遠達　高遠豁達。㉙潛遁　悄悄而去。

㉚隴右　隴山以西至黃河以東地區。隴山，今六盤山南段的別稱。㉛秦州　西晉泰始五年置，屢有廢移，太康七年移治上邽縣（在今甘肅天水）。㉜刺史　魏晉時為州郡長官，多由都督兼任，掌一州軍政大權。㉝反服　脫僧衣而穿常服。此謂還俗。㉞僚佐　屬官；屬吏。㉟感　通「憾」。怨恨。㊱論議　品評人與事的好壞、是非。㊲讒構　誹謗陷害。㊳汧縣　地名。春秋時秦國曾建都於此。在今陝西隴縣東南。㊴對　對手。參見本卷〈安世高傳〉注釋。㊵素書　書信。古人書信寫在白絹之上，故云。㊶怪惋　責怪歎息。㊷宿命　參見本卷〈安世高傳〉注釋。㊸十方佛祖　大乘佛教認為，一切自己覺悟並使眾生覺悟，覺行圓滿者，都可成佛。所謂三世十方，到處是佛，多如恒河沙數。但具體說法不盡一致。十方，謂東南西北及四維上下。㊹罪緣　罪業之緣。佛教謂身、口、意三者所犯罪為罪業。三生因緣相報，惡業為招苦果之因緣，故稱罪緣。參見本卷〈安清傳〉注釋。㊺善知識　參見本卷〈安清傳〉注釋。㊻方　方纔。㊼惋恨　悵恨。㊽關隴　函谷關以西、隴山以東地區。㊾戎晉　胡人與漢人。㊿羌胡　謂西北少數民族羌族。51輕騎　輕裝之騎兵。52天水　郡名。晉時治所在今甘肅天水。53稱善　以為善事。54南陽　郡名。晉時治所在今河南南陽。55張衡　（西元七八至一三九年）字平子，東漢時人。曾官太史令，精天文曆算，並撰〈二京賦〉、〈四愁詩〉等。56才解　參見本卷〈康僧會傳〉注釋。57酷不以理　謂暴酷而不可理喻。58太守　一郡長官。秦設郡守，漢改為太守。魏晉時州設刺史，郡設太守。59傾險　狡詐險毒。60少時　不久。61閻羅王　即「閻羅」。梵語 Yamaraja 的略譯。佛教稱主管地獄的神。62忉利天　佛教語。梵語 trayastrimsa 的音意兼譯。即三十三天。欲界六天之第二天。在須彌山頂，其四方各有八天城，合中央帝釋所居，共三十三處，故亦稱三十三天。63祭酒　本為官職名，晉時設國子祭酒，掌國子監。漢末五斗米道起，亦設祭酒，各領部眾。64王浮　西晉道士，撰《老子化胡經》。65老子化胡經　西晉道士王浮撰。鋪敘老子西入天竺變身為佛，佛教由此而起之事。本一卷，後人增廣為十卷。此書為後來道教徒貶斥佛教之法寶，歷朝屢被禁毀，現已亡佚，敦煌遺書中存有殘卷。66殃有所歸　謂災禍歸於其所。殃，災禍；禍害。67孫綽道賢論　參見本卷〈竺曇摩羅剎（竺法護）傳〉注釋。68嵇康　（西元二二四至二六三年）字叔夜，三國時魏人，與魏宗室通婚，官中散大夫。為「竹林七賢」之一，與阮籍齊名。有《嵇中散集》。69釁　破綻。70中散　此指嵇康。嵇康曾官中散大夫，故云。中散，中散大夫之省稱。王莽時置，魏晉相沿，為閑散官職，掌顧問應對，議論朝政得失。無固定員額。71鍾會　字士孝，三國時魏人，累官至司徒。與鄧艾等領兵分道伐蜀，後謀反為亂兵所殺。72昧　蒙蔽。73圖身之慮　身家性命的考慮。74棲心事外　謂優遊於世外，不以世事為意。75殆　一定。76令譽　美好聲名。77博士　六國時有博士，秦漢相承，凡諸子、詩賦、術數、方技等皆立博士。西漢屬太常。漢武帝曾立五經博士。晉置國子博士，為教授之官。78洞　透徹深入。

❼❾梁州　三國魏置，西晉時移治南鄭縣（今陝西漢中東），後屢有遷徙。❽⓿江夏　郡名。三國魏置，西晉移治安陸縣，即今湖北雲夢。❽❶武都　郡名。西漢置，治所在今甘肅西和縣南。西晉末廢。❽❷氐　原作「互」，據《出三藏記集》改。❽❸司州　三國魏時通稱地方監察官司隸校尉所統之州司州，西晉時始定為正式名稱。治所在今河南洛陽東北。❽❹汲郡　西晉置，治所在今河南汲縣西南。❽❺陸沉　語出《莊子》。無水而沉。此比喻隱居。❽❻寒門　寒微門第。❽❼安貧樂道　謂安於清貧，以追求聖賢之道為樂。❽❽隱几　倚著几案。❽❾屍臥　像屍體一樣僵臥。❾⓿奄然　忽然。

【語　譯】帛遠，字法祖，本來姓萬，河內人。其父威達以風度溫文爾雅而知名，州府屢次徵他做官，他都沒有應召。帛遠很小的時候就有了向道之心，稟告其父說要出家為僧，他的話切直盡理，父親不能強改其志，於是帛遠便改變服色而皈依了佛教。帛遠的才思俊逸通達，聰明清朗超乎常人，每日誦經八、九千言，研習品味《方等經》，能夠通曉其隱微之旨。世間普通的經籍，更是多所通覽。他在長安建造了一處精舍，以講論研習佛學為本業，宗奉他的僧俗之輩，將近有千人。晉惠帝末年，太宰河間王司馬顒出鎮關中時，對帛遠既虛心又敬重，並待以師友之禮，每當閑暇之日或清靜之夜，便與帛遠講談佛學的工夫與修養。其時司馬顒的王府剛剛建立，其間的俊傑義士甚多，所以有見解的士人，都很佩服河間王的高遠豁達。

帛遠眼見當時群雄交相爭鬥，戰火方興，因而想要悄然退居隴右，以保全自己的優良操守。其時正好張輔任秦州刺史，出鎮隴地，帛遠便與其同行。張輔認為帛遠名聲德行都十分顯著，是眾望所歸的人，因此想要他還俗，做自己的幕僚。帛遠志向堅定不為所動，由於這個原因張輔便與他結下了怨恨。之前有一位當地人叫管蕃，與帛遠品評人事是非，屢為帛遠所難倒，管蕃深感恥辱，因此懷恨在心，經常對帛遠進行誹謗陷害。帛遠此次前往隴右走到汧縣時，忽然對僧徒及弟子們說：「數日之後我的對手就要來了。」於是辭別眾人，撰寫書信，將經典、佛像以及資產錢財都分割完成。第二天早晨便拜見張輔，與之談話時忽然間故意忤逆張輔之意，張輔便將他抓起來並予以懲罰。眾人對此都十分詫異驚歎，帛遠道：「我來此是為了結與對手的爭鬥，這是前世早已結下的，不是現世之事。」於是他便吁請十方佛土無所不在的佛祖，說自己很高興將前身結下的罪業之緣與對手進行了結，願從此以後，與張輔共同成為了悟一切的善知識，不要使他將來受報殺人之罪。此後張輔便命人鞭笞了帛遠五下，帛遠頓時死去。張輔後來知道了事情的全部原委，方纔歎息懊恨。當初帛遠的德化之聲，廣泛流傳於關隴及崤、函之右地區，其地之人奉之若神。帛遠死後，胡人與漢人無不嗟歎悲慟，行人都為之流淚。隴地的羌人帶了五千精兵，想要奉迎帛遠西歸，走到中途時聞知帛遠遇害，悲恨己輩沒能及時趕到，大家都十分氣憤激動，要為帛遠復讎。張輔派遣軍隊前赴隴地，羌人以輕裝騎兵迎戰，其時有一位天水太守封尚帳下的故將富整，因為忿怒斬殺了張輔，眾胡人既已雪恨，遂滿意而還，並一起分了帛遠的屍體，分別為之建造塔廟。

張輔字世偉，南陽人，是張衡的後人。此人雖有才智，但暴酷而不可理喻，專橫地殺掉了天水太守封尚，百姓為之疑懼驚駭，富整遂乘亂而將其斬殺。管蕃也因為狡詐險毒而敗亡。後來不久有一個人，姓李名通，此人死後又蘇醒過來，說：「我見到了祖法師在閻羅王那裡為王講解《首楞嚴經》，他說：『講完後，我當前往忉利天。』我還見到了祭酒王浮，有的人說是道士基公，被鎖在那裡，正求祖法師為他懺悔。」當年帛遠在平日常常與王浮論爭佛、道二教孰正孰邪，王浮屢為帛遠所駁倒，既生怨怒而心不能忍，便寫了一部《老子化胡經》，用以誣蔑誹謗佛法，最終災禍得其所歸，所以王浮臨死之時方生悔意。孫綽的《道賢論》將帛遠比配於嵇康，論中說：「帛遠的敗亡由於管蕃而起，嵇康的禍端則因鍾會而生，兩位賢人都是仗恃其俊逸超邁的英氣，而不能考慮一己之身家性命，一心不以世事為意，輕視世事必然會招來禍害，在此方面兩人沒有一點不同。」

帛遠廣收博覽，又多閑暇，且擅長梵、漢語言，曾經翻譯了《惟逮》、《弟子本》、《五部僧》等三部經，又注釋了《首楞嚴經》。另外，據說他又翻譯了數部小經，這些小經恰逢戰亂而散失，因此不知道名目。

帛遠的弟弟名法祚，也是很小就有絕佳的名聲，曾被徵為博士，但沒有應召。法祚二十五歲出家，對佛理的體悟極為透徹，在關隴地區很知名。當時的梁州刺史是張光，因為法祚的兄長帛遠不肯還俗而為張輔所殺，張光便逼迫法祚，命其罷修佛教，法祚保持自己志向的態度極為堅定，以死發誓，於是被張光殺害，享年五十七歲。法祚注釋了《放光般若經》，並撰寫了《顯宗論》等。張光字景武，江夏人，後為武都氐人楊難敵包圍，氣憤而死。

當時為晉惠帝之世，又有一位優婆塞名叫衛士度的，譯出了《道行般若經》二卷。士度本是司州汲郡人，隱居於寒門，安貧樂道，一直將佛法存於心中。當他去世的時候，恬靜沐浴，倚靠著几案誦經千餘言，然後穿衣靜臥，悄然而逝。

晉建康建初寺帛尸梨蜜

帛尸梨蜜多羅，此云吉友，西域人，時人呼為高座。傳云：國王之子，當承繼世❶，而以國讓❷弟，闇軌太伯❸。既而悟心❹天啟❺，遂為沙門。蜜天姿❻高朗❼，風神❽超邁❾，直爾對之，使卓出於物❿。

晉永嘉⓫中，始到中國，值亂，仍⓬過江，止建初寺。丞相⓭王導⓮一見而奇之，以為吾之徒也，由是名顯。太尉⓯庾元規⓰、光祿⓱周伯仁⓲、太常⓳謝幼輿⓴、廷尉㉑桓茂倫㉒，皆一代名士，見之，終日累歎㉓，披衿㉔致契㉕。導嘗詣㉖蜜，蜜解帶㉗偃伏㉘，悟言㉙神解㉚。時尚書令㉛卞望之㉜，亦與蜜致善㉝，須臾望之至，蜜乃斂衿飾容㉞，端坐對之。有問其故，蜜曰：「王公風道㉟期人㊱，卞令軌度㊲格物㊳，故其然耳。」諸公於是歎其精神灑屬㊴，皆得其所。桓廷尉嘗欲為蜜作頌，久之未得，有云：「尸梨蜜可謂卓朗㊵。」於是桓乃咨嗟㊶絕歎，以為標題㊷

之極。大將軍[43]王處仲[44]在南夏[45]，聞王周諸化皆器重蜜，疑以為失鑒[46]，及見蜜，乃欣振[47]奔至，一面盡虔[48]。周顗為僕射[49]領選[50]，臨入，過造[51]蜜，乃歎曰：「若使太平之世，盡得選此賢，真令人無恨也。」俄而顗遇害，蜜往省[52]其孤，對坐作胡唄[53]三契，梵響陵[54]雲；次誦呪[55]數千言，聲音高暢，顏容不變；既而揮涕收淚，神氣自若。其哀樂[56]廢興[57]，皆此類也。王公嘗謂蜜曰：「外國有君，一人而已耳。」蜜笑曰：「若使我如諸君，今日豈得在此。」當時為佳言。蜜性高簡[58]，不學晉語[59]，諸公與之語言[60]，蜜雖因傳譯[61]，而神領意得[62]，頓盡言前，莫不歎其自然天拔[63]，悟得非常[64]。

蜜善持呪術，所向皆驗。初，江東[65]未有呪法，蜜譯出《孔雀王經》，明諸神呪。又授弟子覓歷高聲梵唄，傳響于今。晉咸康中卒，春秋八十餘。諸公聞之，痛惜流涕。桓宣武[66]每云少見高座，稱其精神著出當年。瑯琊[67]王珉[68]師事於蜜，乃為之序[69]曰：「《春秋》[70]吳楚[71]稱子，傳者[72]以為先中國而後四夷[73]，豈不以三代[74]之胤[75]，行乎殊俗之禮，以戎狄貪婪，無仁讓[76]之性乎？然而卓世之秀，時生於彼，逸群之才，或侔[77]乎茲，故知天授英偉，豈俟於華戎[78]。自此以來，唯漢世有金日磾[79]，然日磾之賢，盡於仁孝忠誠，德信[80]純至，非為明達足論[81]。高座心造峰極，交俊[82]以神，風領朗越[83]，過之遠矣。」蜜常在石子岡[84]東行頭陀[85]，既卒，因葬于此。成帝[86]懷其風[87]，為樹剎[88]冢[89]所。後有關右[90]沙門來遊京師，迺於冢處起寺，陳郡[91]謝混[92]贊成[93]其業，追旌[94]往事，仍曰高座寺也。

【注釋】❶繼世　繼承先世。❷讓　讓位。❸太伯　亦作「泰伯」。周太王長子。有弟仲雍、季歷。季歷有賢子昌（即文王），太王欲立季歷為後，泰伯仲雍奔避荊越，斷髮文身。❹悟心　悟性。❺天啟　猶天開。上天之啟示。❻天姿　天賦資質。❼高朗　高超美善。❽風神　風采；神態。❾超邁　卓越而不同凡俗。❿直爾對之二句　謂率爾與之相對，便覺其卓立物表。⓫永嘉　晉懷帝司馬熾年號（西元三〇七至三一二年）。⓬仍　乃；於是。⓭丞相　官名。輔佐帝王，綜理全國政務的最高長官。春秋齊景公時始設相，嗣後各國陸續置相、相國、丞相等。統稱宰相。魏晉南北朝時或稱丞相，或稱司徒、大丞相、相國等，廢置無常，多為權臣所任。⓮王導　字弘茂。東晉元帝為琅邪王時，導知天下已亂，勸王收賢俊與共事，深見委仗，朝野號曰仲父。及即位，以為丞相。歷事元帝、明帝、成帝三朝，咸康五年（西元三三九年）薨，諡曰文獻。⓯太尉　官名。魏晉時以太尉、司徒、司空為三公，皆為優容有功大臣的榮銜，並無實權。⓰庾元規　庾亮，字元規，東晉明帝明穆庾皇后兄。東晉初拜中書郎，明帝時以功封永昌縣公，成帝初徙中書令。咸康六年（西元三四〇年）薨，追贈太尉，諡曰文康。⓱光祿　官名。即光祿卿。晉時稱光祿勳，掌祭祀及膳食、飲宴等。⓲周伯仁　周顗，字伯仁。少有重名。隨元帝渡江，太興初拜太子少傅，轉尚書左僕射。王敦構逆，或勸帝盡除諸王，王導詣闕待罪，周顗申救甚至，而王導不知。王敦得志，問導周顗何如，導不答，顗遂被殺，時年五十四。後王導得見其申救之表，悲不自勝，告其諸子曰：「吾雖不殺伯仁，伯仁由我而死。幽冥之中，負此良友！」⓳太常　官名。掌宗廟祭祀、禮樂及教育等。⓴謝幼輿　謝鯤，字幼輿。少知名，通簡有高識。大將軍王敦引為長史，鯤知不可以道匡弼，乃優遊寄遇，不屑政事。後為豫章太守，百姓愛之。追贈太常，諡曰康。㉑廷尉　官名。最高司法長官。南北朝以後改稱大理。㉒桓茂倫　桓彝，字茂倫。早獲盛名，少與庾亮深交，雅為周顗所重。元帝時累遷至中書郎、尚書吏部郎。明帝將伐王敦，引為散騎常侍。蘇峻為亂，彝固守孤城經年，城陷而死。追贈廷尉，謚曰簡。後改贈太常。㉓累歎　長歎。㉔披衿　亦作「披襟」。猶披心。謂推誠相與。㉕致契　志意相合。㉖詣　去；到。㉗解帶　解衣。㉘偃伏　躺臥；伏臥。㉙悟言　晤談；對談。悟，通「晤」。㉚神解　謂理解力極強。㉛尚書令　官名。尚書省（臺）長官。魏晉時總任機衡。㉜卞望之　卞壺，字望之。晉人。永嘉中為著作郎，明帝時為尚書令，成帝時與庾亮同輔政。蘇峻作亂，率軍拒之，力疾戰死。謚忠貞。㉝致善　相善。㉞斂衿飾容　整理衣襟，修飾顏容。表示敬服。㉟風道　風範道德。㊱期人　期望於他人。㊲軌度　規範法度。㊳格物　糾正事物之不正。㊴灑屬　屬，大正藏本作「厲」。是。灑厲，灑脫與峻厲。㊵卓朗　高超清朗。㊶咨嗟　讚歎；歎息。㊷標題　此處謂對某人精賅的品題與標目。㊸大將軍　武官名。漢至魏晉時地位尊寵，位在三公上，並得預朝政。㊹王處仲　王敦，字處仲，王導堂兄，尚晉武帝女襄城公主。性情殘忍。元帝立，以功進位征南大將軍、侍中、大將軍，權位日重。元帝畏王氏勢力，信用劉隗，王敦等意不平之。永昌元年（西元三二二年），起兵於武昌，攻陷石頭城，元帝憂憤而死。敦自為丞相、都督中外諸軍、錄尚書事，仍還武昌。明帝立，用王導伐之，敦兵敗，以疾卒。㊺南夏　南方之泛稱。㊻失鑒　失察。㊼欣振　欣喜振奮。㊽一面盡虔　見過一面便對之大生恭敬。㊾僕射　官名。兩晉時廢置不常，凡置一員稱尚書僕射，置二員則稱左右僕射，為尚書省（臺）副長官。尚書令缺，則以左僕射為省主。㊿領選　謂兼管薦舉選拔官吏之事。領，兼領。(51)造　拜訪。(52)省　看望。(53)胡唄　梵唄。見本卷〈安清傳〉注釋。(54)陵　通「淩」。超越。(55)呪　同「咒」。見本卷〈安清傳〉注釋。(56)哀樂　悲哀與快樂。(57)廢興　衰與盛、止與起等。(58)高簡　清高簡約。(59)晉語　漢語。(60)語言　猶言語。談話。(61)傳譯　轉譯；翻譯。(62)神領意得　形容領悟透徹。(63)自然天拔　天然而成，卓然超絕。(64)悟得非常　謂體悟能力非同尋常。(65)江東　參見本卷〈安清傳〉注釋。(66)桓宣武　即桓溫，字元子，桓彝長子。選尚南康長公主。明帝時，以功進位征西大將軍。後加大司馬、都督中外諸軍事，封南郡公，獨操內外大權數十年。因征燕兵敗，乃廢帝奕而立簡文帝，威勢益赫。以不得受禪，甚忿怨。簡文帝崩，入朝時遇疾卒。其子桓玄於元興二年（西元四〇三年）代晉自立，稱帝，追尊其父桓溫為宣武皇帝。(67)瑯琊　亦作「琅邪」。郡名。秦置，漢以後屢有遷徙，隋廢，地在今山東膠南諸城一帶。東晉南渡，又於白下僑置琅邪郡。琅琊為王氏郡望。(68)王珉　字季琰，小字僧彌，王導孫。少有才藝，善行書，好佛學。官至中書令。太元十三年（西元三八八年）卒，追贈太常。(69)序　文體之一。(70)春秋　五經之一。相傳為孔子據魯史修訂而成。所記起魯隱公元年，迄魯哀公十四年西狩獲麟，凡十二公二百四十二年史事。為編年體史書，敘事極簡，以用字為褒貶。(71)吳楚　謂春秋時吳、楚二諸侯國。(72)傳者　謂為《春秋》作傳者。傳《春秋》者有左氏、公羊、穀梁三家。(73)四夷　古代中國對四方少數民族的蔑稱。謂東夷、西戎、南蠻、北狄。後亦泛指外國。(74)三代　謂夏、商、周。75亂　後代。76仁讓　仁愛謙讓。77侔　相等。78華戎　漢族與少數民族。79金日磾　西元前一三四至前八四年在世。漢朝人，字翁叔。本為匈奴王太子，武帝時歸漢，賜姓金。甚為武帝所信愛。卒諡敬侯。後代七世為漢朝內侍。80德信　恩德與威信。81明達足論　謂明達於富贍厚實之深論。82交俊　謂與俊賢交往。83風領朗越　謂獨領清朗超邁之風采。84石子岡　地名。在今江蘇南京西南。85頭陀　梵語 dhuta 的音譯。修習苦行；在衣食住行等方面盡量克制的寡欲生活。亦指能苦行的僧人。86成帝　晉成帝司馬衍，西元三二六至三四二年在位。87風　遺風；流風餘韻。88刹　梵語 **Ksetra** 的音譯。佛塔頂部所立的柱。引申為佛塔。89冢　墳。90關右　謂潼關以西地區。古人在地理上以西為右。91陳郡　秦置。西晉初廢，惠帝時復置。治所在今河南淮陽。92謝混　謝安孫。少有美譽，善屬文。歷中書令、中領軍、尚書左僕射、領選。93贊成　襄助促成。94追旌　事後旌表。

【語譯】帛尸梨蜜多羅，漢語稱為「吉友」，當時人稱呼他為「高座」。傳記說：他原是國王之子，本當繼承先世之業，但他卻把國家讓與其弟，暗中效仿當年周太王長子太伯讓賢其弟的做法。後來上天使他開悟，於是出家為僧。梨蜜天資高超美善，風采卓越不凡，率爾與其相對，便覺他卓出於物表之外。

晉永嘉年中，帛尸梨蜜方來到中國，恰逢動亂，便渡江來到南方，居住在建初寺。丞相王導一見便認為他十分奇特，把梨蜜看作是與自己同一類的人，由此梨蜜的名聲大顯。太尉庾亮、光祿周顗、太常謝鯤、廷尉桓彝四人，都是一代名士，見到梨蜜後，無不終日長歎，與他推誠相與，十分投合。王導曾經有一次去拜訪梨蜜，梨蜜解衣倒臥，晤談之間，理解洞徹。當時尚書令卞壼也和梨蜜相善，不久卞壼也來拜訪，梨蜜則整衣修容表示敬服，並端坐而對。有人問梨蜜何故如此，梨蜜道：「王公的風範道化是期望於他人，卞令的規範法度則是修矯人之不正，所以我這樣做。」於是諸人歎服其精神之灑脫與峻厲，都能各得其所。桓廷尉曾有一次想要為梨蜜作一篇評贊，很長時間未能完成，有人說：「尸梨蜜可以稱得上是卓朗。」桓彝對此讚歎不已，認為是對梨蜜恰如其分的標目。大將軍王敦在南方，聽說王、周諸公都器重梨蜜，懷疑他們可能有失察之處，直至見到梨蜜，竟然欣喜振奮之情俱至，一下就對他十分敬服。周顗為尚書僕射負責官吏舉薦，臨入朝時，拜訪了梨蜜，竟也歎道：「假使能夠回到太平之世，把這些賢才都選拔上來，就不會令人再有遺憾了！」不久周顗遇害，梨蜜前去探望周顗遺留下來的孤兒，首先他面對著孤兒創作了三篇梵唄，梵唄特有的音色響遏淩雲；接著梨蜜又唱誦了數千言的咒語，其聲音高昂暢快，而他的面容不變；此後梨蜜又先是放聲痛哭，接著便抹去眼淚，神色自若。在他身上悲哀與快樂的來去變化，基本上都與此類似。王導曾對梨蜜說：「外國也就是僅僅有一個你這樣的人而已。」梨蜜笑道：「假如我與你們諸人一樣，今天我哪還能待在這裡！」這番話在當時被認為是絕妙之語。梨蜜性格清高簡約，不願學漢語，諸公與他的談話雖然要通過翻譯，但梨蜜仍能透徹領悟，在人說話之前就可以盡知其意，沒有人不歎服他卓然超絕，體悟能力非同尋常。

梨蜜善於咒術，所施皆能靈驗。早先，江東之地尚沒有咒法，梨蜜便譯出了《孔雀王經》，闡明諸種神咒之術。又傳授給弟子覓歷一種高聲調的梵唄，至今這種梵唄仍在流傳。梨蜜於晉咸康年中去世，享年八十餘歲。諸公聽說他的死訊，皆為之悲痛惋惜而流淚。桓溫每每說少年時候曾見到梨蜜，稱讚他的精氣神態要比當年還要好。瑯琊人王珉奉梨蜜為師，遂為他作序說：「《春秋》中把吳、越的人稱為『子』，傳《春秋》的人認為這是先中國而後四夷的提法，其實這難道不是三代的後人奉行了不同的禮儀，而戎狄之輩貪婪成性，毫無仁愛謙讓之天性的緣故嗎？然而卓異於世的秀花，也時常生在外國，超群拔萃的人才，亦或能與外國相似，由此可知上天授予英華，並不是在等待著中國、外國來擇取的。自《春秋》時代以來，祇有漢代的金日磾，但是日磾的賢明，不過是盡於仁孝忠誠，擁有仁德威望而已，尚談不上明敏通達。梨蜜之心智登峰造極，以神識交往眾賢，獨領清朗超邁的風采，超過金日磾太多了。」

梨蜜經常在石子岡以東修習苦行，既死之後，便葬在該地。晉成帝追懷他的風采，為他建造了佛塔和墓冢。此後有一位關右的僧人遊化來到京師，便在梨蜜墓冢旁蓋了一座寺廟，陳郡人謝混襄助他完成其事，他們追懷旌表往事，遂稱其寺為高座寺。

晉長安僧伽跋澄　佛圖羅剎

僧伽跋澄，此云眾現，罽賓❶人。毅然❷有淵懿❸之量❹，歷❺尋名師，備❻習三藏❼，博覽眾典，特❽善數經，闇誦❾《阿毗曇毗婆沙》，貫其妙旨。常浪志❿遊方⓫，觀風⓬弘化⓭。苻堅⓮建元⓯十七年，來入關中⓰。

先是，大乘⓱之典未廣，禪數之學⓲甚盛，既至長安，咸稱法匠⓳焉。苻堅秘書郎⓴趙正，崇仰大法，嘗聞外國宗習㉑《阿毗曇毗婆沙》，而跋澄諷誦，乃四事禮供㉒，請譯梵文，遂共名德㉓法師㉔釋道安等，集僧宣譯㉕。跋澄口誦經本，外國沙門曇摩難提筆受㉖為梵文，佛圖羅剎宣譯，秦沙門敏智筆受為晉本，以偽秦㉗建元十九年譯出，自孟夏㉘至仲秋㉙方訖。初，跋澄又賚《婆須蜜》梵本自隨，明年，趙正復請出之，跋澄乃與曇摩難提及僧伽提婆三人共執㉚梵本，秦沙門佛念宣譯，慧嵩筆受，安公、法和對共校定，故二經流布，傳學㉛迄今。跋澄戒德整峻㉜，虛靖㉝離俗，關中僧眾則而象之㉞，後不知所終。

佛圖羅剎，不知何國人，德業㉟純粹，該覽經典。久遊中土，善閑㊱漢言，其宣譯梵文，見㊲重苻世㊳。

【注　釋】❶罽賓　西域國名。約在今喀布爾河下游流域喀什米爾一帶。❷毅然　堅韌果斷貌。❸淵懿　淵深美好。❹量　氣量；胸襟。❺歷　逐一。❻備　全部。❼三藏　見本卷〈安清傳〉注釋。❽特　尤其。❾闇誦　熟讀成誦；背而誦之。❿浪

志　見本卷〈曇柯迦羅傳〉注釋。⓫遊方　僧人修行問道，周遊四方。⓬觀風　觀察民風。⓭弘化　弘揚德化。⓮苻堅　氐族人，字永固。苻洪孫。永興元年（西元三五七年）稱大秦天王，西元三五七至三八四年在位。⓯建元　前秦苻堅年號（西元三六五至三八四年）。⓰關中　見本卷〈竺曇摩羅剎傳（竺法護）〉注釋。⓱大乘　見本卷〈攝摩騰傳〉注釋。⓲禪數之學　佛教語。定學之禪法與慧學之數法。禪，梵語 dhyana 的音譯。其意為冥想，漢語譯作定、靜慮、思惟修。又稱禪定。禪法是通過一種方式來使心念安定下來的實踐。此謂早期小乘禪法，主要是坐禪數息。數法，指小乘阿毗曇的學問。這種學問建立在對小乘主要經典《阿含》經中「法」的分析上，提出種種法數之說，以解釋自我與世界的構成。據載，首發中土禪數之學者為安（清）世高。⓳法匠　佛法精深之人。⓴秘書郎　官名。東漢始置。魏晉南北朝相沿。間或稱秘書郎中。掌校閱圖書，為清逸之官。㉑宗習　尊奉而研習。㉒禮供　供奉以禮。㉓名德　有名望與德行之人。㉔法師　佛教語。精通佛經並能講解佛法之高僧。㉕宣譯　口讀原文而翻譯之，由他人用筆記錄。㉖筆受　用筆記錄。㉗偽秦　氐族人苻洪於東晉永和七年（西元三五一年）於長安稱天王，建立政權，國號大秦。為區別後起的姚萇之秦，史家稱為「前秦」。前秦是氐族建立的政權，當時南渡的漢人政權不以其為中國正朔，故稱偽秦。《高僧傳》作者慧皎是南朝梁人，當然也沿襲了這種觀念。㉘孟夏　夏季第一個月，亦即農曆四月。㉙仲秋　秋季當中一月，亦即農曆八月。㉚執　計執的省稱，有「分析判斷」之意。㉛傳學　謂學問傳授相承。㉜戒德整峻　謂持守戒律端莊嚴正。㉝虛靖　清虛恬靜。㉞則而象之　取法而仿效。㉟德業　德行與功業。㊱善閑　精通。㊲見　用在動詞前，表示被動。㊳苻世　謂苻堅前秦之世。

【語　譯】僧伽跋澄，漢語稱作眾現，罽賓國人。跋澄為人堅韌果斷，有淵深美好的胸襟，他逐一尋求名師，盡習三藏之學，博覽各種經典，尤其擅長數部佛經，背誦《阿毗曇毗婆沙》，能夠貫通其玄妙的旨趣。跋澄常常專心致力於周遊問道，觀察民風，弘揚德化，於苻堅建元十七年，來到中國關中地區。

在此之前，大乘佛教的經典尚未廣泛流行，禪法、數法的學問非常興盛，跋澄既來到長安，人們都稱讚他是佛法精深的高僧。苻堅的秘書郎趙正崇奉信仰佛教大法，曾經聽說外國非常尊奉對《阿毗曇毗婆沙經》的研習，而跋澄正好能背誦此經，於是趙正四次以禮供奉，請他譯為梵文，並又請了有名望德行的士人以及精通佛經的高僧如道安等，集合眾僧進行宣講翻譯。跋澄照經本口誦，由外國僧人曇摩難提用筆記錄為梵文，再由佛圖羅剎翻譯，前秦僧人敏智用筆記錄為漢語本，於前秦建元十九年譯出，自孟夏至仲秋歷時四個月方告完成。早先跋澄隨身攜帶了一部《婆須蜜》的梵文本，第二年趙正請他譯出，於是跋澄便與曇摩難提以及僧伽提婆等三人一起分析判斷梵文，由前秦僧人佛念，慧嵩用筆記錄，而由道安、法和二人互相對勘共同校定，所以這兩部經典纔能流傳相承直到今天。跋澄秉持戒律端莊嚴整，清虛恬靜而遠離世俗之習，關中地區的僧人們都以他為取法效仿的對象，跋澄後來下落不明。

佛圖羅剎，不知是哪一國人，他的德行功業純淨不雜，並能通覽經典。佛圖羅剎遊歷中國時間很長，精通漢語，他對梵文的宣講翻譯，在苻堅的前秦時代甚為人所重。

晉長安曇摩難提　趙正

曇摩難提，此云法喜，兜佉勒❶人。齠年❷離俗，聰慧❸夙成❹，研諷❺經典，以專精致業❻。遍觀三藏，闇誦❼《增一阿含經》，博識洽聞❽，靡所不綜，是以國內遠近，咸共推服❾。少而觀方❿，遍涉諸國，常謂弘法之體，宜宣布⓫未聞，故遠冒流沙，懷寶東入，以苻氏建元⓬中，至於長安。

難提學業既優，道聲⓭甚盛，苻堅深見禮接。先是，中土群經，未有四《含》⓮，堅臣武威⓯太守⓰趙正，欲請出經。時慕容沖⓱已叛，起兵擊堅，關中擾動，正慕法情深⓲，忘身⓳為道，乃請安公等，於長安城中，集義學⓴僧，請難提譯出《中》、《增一》二《阿含》，並先所出《毗曇心》、《三法度》等，凡一百六卷。佛念傳譯㉑，慧嵩筆受，自夏迄秋，綿涉㉒兩載，文字方具㉓。及姚萇㉔寇逼關內，人情危阻㉕，難提乃辭還西域，不知所終。

其時也，苻堅初敗，群鋒㉖互起，戎妖㉗縱暴，民流四出㉘，而猶得傳譯大部，蓋由趙正之力。

正字文業，洛陽清水㉙人，或曰濟陰㉚人。年十八為偽秦著作郎㉛，後遷㉜至黃門侍郎㉝，武威太守。為人無鬚而瘦，有妻妾而無兒，時人謂閹㉞。然而情度敏達㉟，學兼內外㊱，性好譏諫㊲，無所迴避㊳。苻堅末年，寵惑鮮卑㊴，惰於治政㊵，正因歌諫㊶曰：「昔聞孟津河㊷，千里作一曲㊸，此水本自清，是誰攪令濁。」堅動容曰：「是朕也。」又歌曰：「北園有一棗，布葉垂重陰，外雖饒㊹棘刺，內實有赤心㊺。」堅笑曰：「將非趙文業耶。」其調戲㊻機捷㊼，皆此類也。後因關中佛法之盛，乃願欲出家，堅惜而未許，及堅死後，方遂其志，更名道整。因作頌曰：「佛生何以晚，泥洹㊽一何早，歸命㊾釋迦文，今來投大道㊿。」後遁迹(51)商洛山(52)，專精經律。晉雍州(53)刺史(54)郗恢，欽其風尚，逼共同遊，終於襄陽(55)，春秋六十餘矣。

【注釋】❶兜佉勒　即「兜勒」。古國名。東漢永元三年（西元九一年），與東漢建立交通關係。或以為即「吐火羅」的異譯。吐火羅(Tukhara)，中亞細亞古國，當即巴克特亞或大夏。地在興都庫什山與阿姆河上游之間。自西元前三世紀起，先後臣服於大月氏、嚈噠、突厥諸族。西元八世紀為阿拉伯人所併。❷齠年　童年。❸聰慧　聰明而有智慧。❹夙成　早成；早熟。❺研諷　研習諷誦。❻致業　謂完成某業，並使達到某種高度的成就。❼闇誦　見本卷〈僧伽跋澄傳〉注釋。❽洽聞　多聞博識。❾推服　推重佩服。❿觀方　謂觀察四方風俗民情。⓫宣布　宣揚。⓬建元　前秦苻堅年號（西元三六五至三八四年）。⓭道聲　道行高深之譽。⓮四含　見本卷〈維祇難傳〉注釋。⓯武威　郡名。西漢置。治所在今甘肅武威。⓰太守　見本卷〈帛遠傳〉注釋。⓱慕容沖　前燕皇帝慕容暐之弟。苻堅滅燕，慕容沖年十二，與姊清河公主俱為苻堅寵幸。出為平陽太守，尋起兵叛堅。此後稱帝，在位一年。⓲慕法情深　原誤作「慕去請深」，據大正藏本改。⓳忘身　見本卷〈安清傳〉注釋。⓴義學　佛教教義之學。㉑傳譯　轉譯；翻譯。㉒綿涉　歷經。㉓文字方具　謂譯文方初具規模。㉔姚萇　西元三三〇至三九三年。羌族。字景茂。初事前秦苻堅，後自稱秦王，太元十一年稱帝於長安，建立政權。史家稱為「後秦」。㉕人情危阻　謂人心動盪不安。人情，人心；眾人情緒。㉖鋒　鋒刃、兵器。此指代戰爭。㉗戎妖　謂當時之少數民族部落。㉘民流四出　謂百姓流離失所，四處逃難。㉙清水　地名。㉚濟陰　郡名。西漢置。治所在今山東定陶西北。㉛著作郎　史官名。三國魏始置。魏晉南北朝時掌修國史及起居注。㉜遷　提昇官職。㉝黃門侍郎　給事黃門侍郎之省稱。宮廷近署官，掌侍從左右。㉞閹　閹人。㉟情度敏達　謂性情氣度聰明通達。㊱內外　佛教與其他學問。㊲譏諫　勸諫。㊳迴避　避忌。㊴寵惑鮮卑　寵惑，惑於所寵。此指苻堅惑於鮮卑人清河公主、慕容沖姊弟事。參見前注。鮮卑，古族名。漢初居於遼東，後漢時勢力漸盛。晉初分為數部，以慕容、拓跋二氏為著。慕容氏曾建國號燕，拓跋氏後建國號魏。㊵治政　治理政事。㊶歌諫　以歌諷諫。㊷孟津河　謂孟津處的黃河。孟津，古黃河渡名。在今河南孟津東北、孟縣西南。㊸曲　河水彎曲處。㊹饒　多。㊺赤心　棗核色赤，故云。㊻調戲　戲弄嘲謔。㊼機捷　機智敏捷。㊽泥洹　涅槃。㊾歸命　梵語 namas，佛教語。音譯為「南無」。歸順於佛教，即把生命奉獻給佛教。㊿大道　謂佛教。(51)遁迹　猶隱跡。隱居。(52)商洛山　一名「商山」。在今陝西商縣東南。(53)雍州　東晉太元中僑置，治所在襄陽縣（今湖北襄樊）。(54)刺史　見本卷〈帛遠傳〉注釋。(55)襄陽　地名。即襄陽縣。治所在今湖北襄樊。

【語　譯】曇摩難提，漢語稱作「法喜」，兜佉勒國人。難提童年時就能遠離世俗，很早就有了聰明的智慧，研習諷誦佛教經典，因為專心勤奮而達到了相當的程度。難提年輕時就周遊四方觀察風物，走遍了附近的國家，他常說弘揚佛法之根本，在於宣傳人們所不知道的東西，所以他不畏艱險跨越沙漠，身懷寶物東入中國，在前秦苻堅時代建元年中到達長安。

難提的學問既很優秀，其道行高深的聲譽又非常隆盛，苻堅對他深為禮遇。在此之前，中國的佛經中尚沒有四部《阿含經》，苻堅的大臣武威太守趙正想要譯出這四部經。當時慕容沖已經叛亂，起兵攻打苻堅，關中地區騷擾動盪，但趙正欽慕佛法之情極為誠摯，修奉佛教奮不顧身，遂請來道安等人，由他們在長安城中，集合了很多擅長於佛教教義之學的僧侶。趙正請難提譯出了《中阿含》、《增一阿含》兩部經典，加上此前譯出的《毗曇心》、《三法度》等經，共一百零六卷。在翻譯過程中，由佛念轉譯，慧嵩筆錄，從夏天到秋天，歷經兩年，譯文方初具規模。到了姚萇侵犯關內時，人心動盪不安，難提因此辭歸西域，後來下落不明。

當時，苻堅剛被打敗，各地戰爭紛起，少數民族部落恣睢暴虐，百姓流離失所，在這種情況下猶能完成大部分翻譯，完全是有賴於趙正的努力。

趙正字文業，洛陽清水人，有的人說是濟陰人。十八歲時就做了苻堅偽秦政權的著作郎，後來昇為黃門郎武威太守。趙正面都沒長鬍鬚，家有妻妾但沒有兒女，所以當時人稱他為閹人。然而趙正的性情氣度聰明通達，兼通佛教與其他學問，為人好於勸諫，無所顧忌。偽秦末年，苻堅曾經對鮮卑人清河公主姊弟很寵幸，並為其所迷惑，而使朝政敗壞，趙正因此而唱歌勸諫道：「曾經聽說孟津地方的黃河，歷經千里方在此處拐彎，它的水本來是清澈的，是誰把它攪渾？」苻堅聽後動容，說：「是我呵！」趙正又唱道：「北園裡面有一棵棗樹，枝頭布滿樹葉而垂下重重蔭翳，棗子外面雖然有很多棘刺，但裡面卻有一顆赤誠的心。」苻堅聽罷笑道：「這不就是你趙文業嗎！」趙正對君主的戲弄嘲謔，大率如此。後來因為關中地區佛法很盛，趙正便想出家為僧，苻堅認為可惜便沒有同意，直到苻堅死後，趙正纔滿足了自己的志願，並改名「道整」。他為此作了一篇頌道：「佛為什麼出生得那麼晚，涅槃又是那麼早？我今天歸順釋迦文佛，投奔大智度脫這一條大道。」後來趙正隱居在商洛山，專心精修佛教經律。晉朝的雍州刺史郄恢欽佩趙正的道德風尚，逼他與自己來往，趙正最後死在襄陽，享年六十多歲。

晉廬山僧伽提婆　僧伽羅叉

僧伽提婆，此言眾天，或云提和，音訛❶故也。本姓瞿曇氏，罽賓❷人。入道修學，遠求明師，學通三藏，尤善《阿毗曇心》，洞其纖旨❸。常誦《三法度論》，晝夜嗟味❹，以為入道之府❺也。為人俊朗❻有深鑒❼，而儀止❽溫恭❾，務在誨人，恂恂❿不怠。苻氏⓫建元⓬中，來入長安，宣流法化⓭。

初僧伽跋澄出《婆須蜜》及曇摩難提所出二《阿含》、《毗曇》、《廣說》、《三法度》等，凡百餘萬言。屬⓮慕容之難⓯，戎敵紛擾⓰，兼譯人造次⓱，未善詳悉⓲，義旨句味⓳，往往不盡。俄而⓴安公棄世，未及改正。後東山㉑清平㉒，提婆乃與冀州㉓沙門法和俱適㉔洛陽。四五年間，研講㉕前經，居華稍積㉖，博明漢語，方知先所出經，多有乖失㉗。法和慨歎未定，乃更令提婆出《阿毗曇》及《廣說》眾經改之㉘。姚興王秦㉙，法事甚盛，於是法和入關，而提婆度江。先是，廬山慧遠㉚法師翹懃㉛妙典㉜，廣集經藏㉝，虛心側席㉞，延望㉟遠賓，聞其至止㊱，即請入廬岳。以晉太元㊲之中，請出《阿毗曇心》及《三法度》等。提婆乃於般若臺㊳手執梵文，口宣晉語，去華存實㊴，務盡義本㊵，今之所傳，蓋其文也。

至隆安元年[41]，來遊京師，晉朝王公[42]及風流名士，莫不造席[43]致敬。時衛軍[44]東亭侯琅瑘王珣[45]，淵懿[46]有深信[47]，扶持正法，建立精舍，廣招學眾[48]。提婆既至，珣即延請，仍於其舍講《阿毗曇》，名僧畢集。提婆宗致[49]既精，詞旨[50]明析，振發[51]義理[52]，眾咸悅悟[53]。時王僧珍[54]亦在座聽，後於別屋自講，珣問法綱道人[55]：「僧珍所得云何？」答曰：「大略[56]全是[57]，小未精覈[58]耳。」其敷析[59]之明，易啟人心如此。其年冬，珣集京都義學沙門釋慧持等四十餘人，更請提婆重譯《中阿含》等，罽賓沙門僧伽羅叉執梵本，提婆翻為晉言，至來夏方訖。其在河洛[60]左右所出眾經百餘萬言。歷遊華梵[61]，備悉風俗，從容[62]機警[63]，善於談笑，其道化[64]聲譽，莫不聞焉。後不知所終。

【注釋】❶音訛　發音錯誤。❷罽賓　見本卷〈僧伽跋澄傳〉注釋。❸纖旨　猶微旨。細微深入的意含。❹嗟味　猶歎賞。❺入道之府　謂佛法之淵藪。入道，謂皈依佛教。府，比喻匯集之地。❻俊朗　傑出朗悟。❼深鑒　洞察的識見。❽儀止　儀表舉止。❾溫恭　溫良恭順。❿恂恂　勤勞貌。⓫苻氏　見本卷〈僧伽跋澄傳〉注釋。⓬建元　前秦苻堅年號（西元三六五至三八四年）。⓭宣流法化　謂宣揚弘布佛教教化。⓮屬　恰好；適值。⓯慕容之難　謂慕容沖起兵叛苻堅事。參見本卷〈曇摩難提傳〉注釋。⓰紛擾　混亂；動盪不寧。⓱造次　輕率。⓲未善詳悉　謂翻譯未能詳細審核。詳悉，詳細周全。⓳義旨句味　謂整個經典的旨意及每個句子的具體所指。⓴俄而　不久。㉑東山　大正藏本作「山東」。㉒清平　太平。㉓冀州　西漢置。西晉時移治房子縣（今河北高邑西南）。㉔適　去。㉕研講　研究講論。㉖居華稍積　謂在中國的時間稍長以後。㉗乖失　失當。㉘改之　大正藏本作「頃之」。㉙姚興王秦　謂姚興於太元十九年（西元三九三年）繼姚萇為後秦皇帝。姚興，字子略，姚萇長子。姚萇死後，繼位，在位二十二年。㉚慧遠　東晉高僧。本書卷六有傳。㉛翹懃　奮發刻苦。㉜妙典　指佛教經典。㉝經藏　經藏方面的佛經。㉞虛心側席　謂虛心以待賢明。側席，自己待於席側，表示謙恭。㉟延望　引頸而望；延請。㊱至止　來到並住下。㊲太元　東晉孝武帝司馬曜年號（西元三七六至三九六年）。㊳般若臺　當在廬山東林精舍內，為慧遠所起。臺，堆土而成的建築。㊴去華存實　去除華采文辭，保存真實。㊵務盡義本　謂力求確切表達意旨的根本。㊶隆安元年　年，原誤作「生」。隆安，東晉安帝司馬德宗年號（西元三九七至四〇一年）。㊷王公　泛指王侯公卿及達官貴人。㊸造席　拜望。㊹衛軍　應作「衛將軍」。東晉將軍戎號。㊺王珣　字元琳，王導孫，東晉時人。初為桓溫掾，後為尚書右僕射，累至散騎常侍。以才學文章見稱。封東亭侯，卒謚獻穆。㊻淵懿　淵深美好。㊼深信　極度誠實。㊽學眾　學僧。㊾宗致　宗旨。㊿詞旨　話語意思。(51)振發　顯揚；發揚。(52)義理　經義名理。(53)悅悟　高興並體悟。(54)王僧珍　據湯用彤考證，應作「王僧彌」（《漢魏兩晉南北朝佛教史》頁二五二）。僧彌，王珣弟王珉小字。參見本卷〈帛尸梨蜜傳〉注釋及《世說新語．文學》。(55)法綱道人　未詳何人。《高僧傳》全書僅此一見。據文意推測，或即僧伽提婆。(56)大略　大概；大要。(57)是　正確。(58)精覈　精到；詳核。覈，核實；考核。(59)敷析　敷陳分析。(60)河洛　指黃河、洛水一帶地區。(61)華梵　中國、印度。(62)從容　安逸舒緩。(63)機警　機敏警覺。(64)道化　化人之道。

【語　譯】僧伽提婆，漢語稱作「眾天」，也有人稱為「提和」，乃發音錯誤所致。提婆本來姓瞿曇氏，是罽賓國人。他皈依佛教修持學問，去很遠的地方尋求名師，因而學問貫通經、律、論三藏，特別精通《阿毗曇心》經，能透徹理解其幽微之旨。提婆常常諷誦《三法度論》經，日夜歎賞玩味，認為此經乃佛法淵藪，是入門之要。提婆此人傑出朗悟，具有高明的識鑑，同時儀表舉止溫和恭順，致力於教誨別人，勤苦不怠。苻堅建元年中，來到長安，宣揚弘布佛教教化。

早先僧伽跋澄譯出了《婆須蜜經》，加上曇摩難提所譯出的二《阿含》、《毗曇》、《廣說》、《三法度》等經，共百餘萬字。恰逢慕容沖叛亂之難，北方少數民族之間動亂不安，加上翻譯者工作輕率，未能詳細審核，以致原文的義理句意有很多沒能充分體現。不久道安去世，沒有來得及改正。後來因為東山地區很太平，提婆便與冀州僧人法和一起去了洛陽。四、五年間，兩人不斷研究講論此前翻譯的經典，由於在中國時間漸長，更為精通漢語，纔知道以前所翻譯出來的經典，有很多失當之處。法和感歎譯文尚未定稿，便再請提婆重譯《阿毗曇》以及《廣說》等並對舊譯進行改正。姚興稱王建立後秦，佛教法事甚為興盛，於是法和進入關中地區，提婆則渡江來到南方。在此之前，廬山的慧遠法師對佛教經典進行了刻苦的研究，廣泛收集經藏方面的佛經，又懷著虛心的態度以待高人，延請遠方的賓客，聽說提婆到南方居住，立即請他來到廬山。在晉太元年中，慧遠請提婆翻譯《阿毗曇心》以及《三法度》等經。提婆在般若臺上手拿梵文經本，口中念著漢語，去除了其中的浮華而保存真實，力求充分體現經典的本義，現在所流傳的本子，就是他當年的譯文。

到了隆安元年，提婆遊歷來到晉朝首都，晉朝的王侯公卿以及風流名士，無不前去拜望致敬。其時的衛將軍東亭侯瑯琊人王珣，為人淵深佳美而極為誠實，護持佛教正法，建立精舍，廣為招徠學僧。提婆既來，王珣立即延請，請他在精舍中講解《阿毗曇》，有名的僧人全都到場。提婆對經義的宗旨十分精通，因而講解的意旨非常明白透徹，並能發揚經義名理，大家都能欣然而悟。當時王珣的弟弟王珉也在座聽講，稍後他在另外一個房間中自己開講，王珣問法綱道人：「僧彌理解得如何？」法綱道人回答：「大要全部正確，但小的地方尚未精到。」於此可見提婆敷陳分析經義是多麼的明達，輕易就能啟發人心。這年冬天，王珣召集京城研究佛教義理的僧侶慧持等四十餘人，再一次請提婆重譯《中阿含》等經，由罽賓國僧人僧伽羅叉手執梵文本，提婆譯為漢語，一直到來年夏天方告完成。提婆在黃河、洛水一帶時，譯出經典共百餘萬字。他歷經中國、印度，很了解風俗民情，為人安逸舒緩而又機敏警覺，善於談笑。其化人之道所擁有的聲望讚譽，沒有人不知道的。後來下落不明。

晉長安竺佛念

竺佛念，涼州❶人，弱年❷出家，志業清堅❸，外和內朗❹，有通敏之鑒❺。

諷習眾經，粗涉外典❻，其《蒼》、《雅》❼詁訓，尤所明達。少好遊方❽，備貫風俗，家世西河❾，洞曉方語❿，華梵音義⓫，莫不兼釋，故義學⓬之譽雖闕，洽聞⓭之聲甚著。

苻氏建元中，有僧伽跋澄、曇摩難提等入長安，趙正⓮請出諸經，當時名德莫能傳譯，眾咸推念，於是澄執梵文，念譯為晉。質斷⓯疑義，音字方明。至建元二十年正月，復請曇摩難提出《增一阿含》及《中阿含》，於長安城內，集義學沙門，請念為譯，敷析⓰研覈⓱，二載乃竟。二《含》之顯，念宣譯之功也。自世高、支謙已後，莫踰於念，在苻、姚二代⓲，為譯人之宗，故關中僧眾，咸共嘉⓳焉。其後續自出《菩薩瓔珞》、《十住斷結》及《出曜》、《胎經》、《中陰經》等，始就治定⓴，意多未盡，遂爾㉑遘疾，卒于長安，遠近白黑㉒，莫不歎惜矣。

【注釋】❶涼州　西漢置。三國魏時移治姑臧縣（今甘肅武威）。❷弱年　幼年。❸清堅　清明有力。❹外和內朗　謂外表和氣、內心高朗。❺通敏之鑒　謂通達聰明的鑑識。❻外典　佛教以外經典。❼蒼雅　《蒼頡篇》與《爾雅》。為古代字詞之書。此指文字詞義之學。❽遊方　僧人修行問道，周遊四方。❾西河　地區名。當在今山西境內黃河左右。西晉時曾改西河郡為西河國，治所在今山西離石。❿方語　地方語言；方言。⓫華梵音義　中印文字語言。⓬義學　見本卷〈曇摩難提傳〉注釋。⓭洽聞　多聞博識。⓮正　原作「政」，據前文改。⓯質斷　評量斷定。⓰敷析　見本卷〈僧伽提婆傳〉注釋。⓱研覈　研究考核。⓲苻姚二代　謂前秦苻堅、後秦姚萇二朝。⓳嘉　讚美。⓴治定　疏理審定。㉑遂爾　竟爾。㉒白黑　見本卷〈帛遠傳〉注釋。

【語譯】竺佛念，涼州人，幼年出家，志向清明堅韌，外表和氣而內心高朗，具有通達聰明的識鑑。竺佛念諷誦研習各種佛經，稍稍涉及了佛典以外的經籍，對《蒼頡篇》、《爾雅》二書的文字詞義之學，特別明曉通達。他少年時喜歡周遊各地修行問道，得以周全地觀察民俗風情，因為世代居住在西河地區的緣故，又精通當地方言，對中國、印度文字音義之學，無所不解，所以他雖然缺乏在佛教義理方面的讚譽，但在博聞多識方面的名聲則很著稱。

苻堅建元年中，有僧伽跋澄、曇摩難提等人來到長安，趙正請他們把許多佛經譯成梵文，但當時有名望德行的人都無法轉譯成漢語，所以大家都推舉竺佛念，於是由僧伽跋澄手執梵文本，由竺佛念譯為漢語。竺佛念評量斷定了有疑義之處，譯文的發音字義方纔正確無誤。到了建元二十年正月，又請曇摩難提翻譯《增一阿含》以及《中阿含》，在長安城中廣召研究佛教義理的僧人，並請竺佛念翻譯成漢語，數人敷陳分析、研究審核，兩年纔完成。兩部《阿含經》得以顯現於世，正是竺佛念翻譯宣揚的功勞。從安世高、支謙以後，譯僧沒有能超過竺佛念的，在苻堅、姚興二代，竺佛念是譯人中的宗匠，所以關中的僧眾們都極為稱讚他。此後竺佛念獨自接續譯出了《菩薩瓔珞》、《十住斷結》、《出曜》、《胎經》、《中陰經》等經典，剛剛開始疏理定稿，文意多有未盡之處時，竟然得了疾病，死於長安，遠近周圍的僧人士子，無不歎惜。

晉江陵辛寺曇摩耶舍

竺法度

曇摩耶舍，此云法明，罽賓人。少而好學，年十四為弗若多羅❶所知。長而氣幹❷高爽❸，雅有神慧❹，該覽經律，明悟❺出群。陶思❻八禪❼，遊心❽七覺❾，時人方之浮頭婆馱❿。孤行山澤，不避虎兕⓫，獨處思念⓬，動移宵日⓭。嘗於樹下每自剋責⓮：年將三十，尚未得果⓯，何其懈哉！於是累日不寢不食，專精苦到[16]，以悔先罪。乃夢見博叉天王[17]語之曰：「沙門當觀方[18]弘化[19]，曠濟[20]為懷，何守小節[21]獨善[22]而已。道假眾緣[23]，復須時熟[24]，非分[25]強求，死而無證[26]。」覺自思惟[27]，欲遊方授道，既而踰歷[28]名邦，履踐[29]郡國。以晉隆安[30]中，初達廣州[31]，住白沙寺。

耶舍善誦《毗婆沙律》，人咸號為「大毗婆沙[32]」，時年已八十五，徒眾八十五人。時有清信女[33]張普明，諮受[34]佛法，耶舍為說《佛生緣起》，並為譯出《差摩經》一卷。至義熙[35]中，來入長安。時姚興[36]僭號[37]，甚崇佛法，耶舍既至，深加禮異[38]。會有天竺沙門曇摩掘多，來入關中，同氣相求[39]，宛然若舊。因共出《舍利弗阿毗曇》，以偽秦弘始[40]九年初書梵文，至十六年，翻譯方竟，凡二十二卷。偽太子姚泓[41]親管[42]理味[43]，沙門道標為之作序。

耶舍後南遊江陵[44]，止于辛寺，大弘禪法[45]，其有味靖[46]之賓，披榛而至[47]者，三百餘人。凡士庶造[48]者，雖先無信心[49]，見皆敬悅。自說有一師一弟子修業，並得羅漢[50]，傳者失其名。又嘗於外門[51]閉戶[52]坐禪[53]，忽有五六沙門來入其室。又時見沙門飛來樹端者，往往非一。常交接[54]神明[55]，而俯同矇俗[56]，雖道迹[57]未彰，時人咸謂已階[58]聖果[59]。至宋元嘉[60]中，辭還西域，不知所終。

耶舍有弟子法度，善梵漢之言，常為譯語。度本竺婆勒子，勒久停廣州，往來求利(61)，中途於南康(62)生男，仍名南康，長名金迦，入道名法度。度初為耶舍弟子，承受經法。耶舍既還外國，度便獨執矯異(63)，規(64)以攝物(65)，乃言專學小乘(66)，禁讀《方等》(67)，唯禮釋迦，無十方佛(68)，食用銅鉢(69)，無別應器(70)。又令諸尼(71)相捉而行(72)，悔罪之日，但伏地相向。唯宋故丹陽(73)尹顏竣女法弘尼、交州(74)刺史張牧女普明尼，初受其法。今都下(75)宣業、弘光等諸尼，習其遺風，東土(76)尼眾，亦時傳其法。

【注釋】❶弗若多羅　後秦時僧人。本書卷二有傳。❷氣幹　氣魄與才幹。❸高爽　高潔豪爽。❹雅有神慧　謂極有高超的識鑑與智慧。雅，很；甚。❺明悟　聰慧；覺悟。❻陶思　融會而思。❼八禪　佛教語。疑指四禪與四無色定，二者合稱「八等至」。此乃小乘禪定的基本方法。❽遊心　心神專注；留心。❾七覺　佛教語。能增長覺悟智慧的七種修行。又稱七聲覺、七覺分、七覺支等。即擇法覺分（判別真偽）；精進覺分（努力不懈）；喜覺分（行善而喜）；輕安覺分（身心安適）；捨覺分（捨棄執著）；定覺分（心意專一）；念覺分（憶念不忘）。❿浮頭婆馱　僧人名。生平不詳。⓫兕　犀牛一類的獸。⓬思念　思考。⓭宵日　一晝夜。⓮剋責　嚴厲責備。⓯得果　佛教語。謂學佛而得到證悟。果，正果。⓰專精苦到　謂專心一志，刻苦不懈。⓱博叉天王　不詳何指。天王本謂四天王，四天王乃天東南西北之守護者。博叉本羅漢名，或譯作「半託迦」、「般陀」等。又地名。⓲覲方　見本卷〈曇摩難提傳〉注釋。⓳弘化　見本卷〈安清傳〉注釋。⓴曠濟　佛教語。謂普渡眾生。㉑小節　瑣細而不足道的品德操守。㉒獨善　「獨善其身」之略語。語出《孟子》。㉓眾緣　各種緣。緣，此謂一般意義上的條件。㉔時熟　時機成熟。㉕非分　不合本分；非本分應有。㉖證　佛教語。即證成道理。佛教理念與現實生活中的現象相契合，從而使自己的覺悟得到提高。㉗思惟　思量、考慮。㉘踰歷　遍歷；經歷。㉙履踐　猶踐履。親身經歷；

親自走過。㉚隆安　東晉安帝司馬德宗年號（西元三九七至四〇一年）。㉛廣州　見本卷〈安清傳〉注釋。㉜毗婆沙　梵語 vibhasa 的音譯。漢譯為廣解、廣說。意思為注解。特別指對律、論的注釋。㉝清信女　即「信女」。梵語「優婆夷」(upasika) 的義譯。信奉佛教而未出家為尼的婦女。㉞諮受　請教；承受。㉟義熙　東晉安帝司馬德宗年號（西元四〇五至四一八年）。㊱姚興　見本卷〈僧伽提婆傳〉注釋。㊲僭號　謂與正統王朝對立而自己稱王稱帝。㊳禮異　特殊禮遇。㊴同氣相求　語出《易・乾》：「同聲相應，同氣相求。」本謂天地之間共相感應。後比喻志趣相同或氣質相類者互相吸引。㊵弘始　後秦姚興年號（西元三九九至四一五年）。㊶姚泓　後秦皇帝姚興之子。早為太子，姚興死後，於晉義熙十二年（西元四一六年）繼位。不久為劉裕擊敗，在建康被殺，在位僅一年餘。㊷親管　猶親筆。㊸理味　謂疏理文意。㊹江陵　縣名。治所在今湖北江陵。㊺禪法　禪定之法。參見本卷〈僧伽跋澄傳〉注釋。㊻味靖　意謂味淨，佛法中，能淨即是如來。體味精深。㊼披榛而至　謂不畏辛苦而至。㊽造　到；來。㊾信心　虔誠信仰之心。㊿羅漢　佛教語。梵語 Arhat（阿羅漢）的省稱。謂已斷煩惱，超出三界輪迴，應受人天供養的尊者。為小乘佛教的最高果位。中國寺廟中有十六、十八、五百、八百之別。(51)外門　本指大門。此處疑當是指近於大門之室。(52)戶　門。古時單扇稱戶，雙扇稱門。(53)坐禪　以靜坐方式修習禪定。此乃早期小乘禪法的主要方式。(54)交接　交往；結交。(55)神明　神靈。(56)矇俗　蒙昧無知之眾俗。(57)道迹　道化之跡。(58)階　上達；達到。(59)聖果　佛教語。猶正果。佛教修行所達到的圓滿境界。(60)元嘉　南朝宋文帝劉義隆年號（西元四二四至四五三年）。(61)往來求利　謂來往經商。(62)南康　縣名。晉時治所在今江西南康。(63)矯異　有意立異以標榜不同。(64)規　謀劃。(65)攝物　收攝眾物。(66)小乘　見本卷〈攝摩騰傳〉注釋。(67)方等　見本卷〈竺曇摩羅剎（竺法護）傳〉注釋。(68)唯禮釋迦二句　小乘佛教認為祇有釋迦牟尼是佛，眾生難以修行成佛。法度專學小乘，故不承認十方佛。參見本卷〈帛遠傳〉注釋。(69)鉢　梵語「鉢多羅」的省稱。僧人食器。(70)應器　梵語「鉢多羅」的意譯。又稱「應量器」。即「鉢」。(71)尼　梵語「比丘尼」的省稱。出家女子。(72)相捉而行　相互執手而行。(73)丹陽　郡名。南朝宋時治所在今江蘇南京。(74)交州　西漢始置。南朝時治所在今廣東廣州。(75)都下　首都；京師。(76)東土　古時謂今陝西以東地區。也代指中國。此處意思為前者。

【語　譯】曇摩耶舍，漢語稱作「法明」，是罽賓國人。他年少時很好學，十四歲時被弗若多羅所知重。耶舍長大以後氣魄才幹豪爽高明，極富高超的識鑑與智慧，通覽經律之典，聰慧覺悟出於眾人之上。他能夠深入思考八種禪定的方法，十分專注於研究七覺的修持，當時人把他比之於浮頭婆馱。耶舍常常獨自一人行走在高山水澤中，從不躲避虎、兕等野獸，一個人靜處思考，動輒就是一整天。耶舍經常在樹下打坐時嚴厲責備自己：年齡業已接近三十，卻尚未得到證悟，真是太懈怠了！於是連續數日不睡不吃，專心致志，刻苦不懈，以懺悔先前的罪過。後又夢見博叉天王對他說：「僧侶應當周遊四方觀察民風弘揚道化，以普渡眾生為懷，怎麼可以僅僅固守細微末節而獨善其身。佛教道化所成依靠的是種種因緣，又必須等待時機成熟，不按本分的強求，到死也無法證悟。」耶舍明白過來後自我思考，便想周遊四方傳授佛法，不久便走遍了各個有名的地方，親身遊歷了許多大小國家。於晉隆安年中，第一次來到廣州，住在白沙寺。

耶舍擅長誦讀《毗婆沙律》，人們都稱呼他為「大毗婆沙」，當時他的年紀已有八十五歲，而他的學徒也正好有八十五人。其時有一位清信女叫張普明，向他請教佛法，耶舍為她解說《佛生緣起》，並且為其翻譯出了《差摩經》一卷。到了義熙年中，耶舍來到長安。當時姚興僭偽稱帝，特別尊崇佛教，耶舍來到長安後，姚興給予了特殊的禮遇。此時恰逢天竺僧人曇摩掘多來到關中，兩人志趣氣質相同而互相吸引，就像是有著老交情一樣。由此曇摩掘多便與耶舍共同譯出了《舍利弗阿毗曇》，在後秦弘始九年首先寫成梵文，到弘始十六年方纔完成翻譯，共有二十二卷。偽太子姚泓親筆疏理文意，僧人道標為此作了序文。

耶舍後來南遊到江陵，居住在辛寺，大規模地弘揚禪法，對清淨佛法體悟不捨、不畏艱險而來的賓客，共有三百餘人。凡是士人或普通民眾來訪，雖然先前對佛教並無虔誠信仰之心，但一見耶舍都欣然敬重。耶舍自己說過一位師傅與一位弟子修持此業，都修成正果而成為羅漢，作史傳的人沒有記下這兩人的姓名。耶舍曾有一次在室中閉門坐禪，忽然就有五六個僧人進入到他的房間。人們又常常見到有僧人從天空中飛到樹端上，這樣的事情每次都有不同。耶舍常常能與神靈交往，然而轉過來又與普通人沒有兩樣，雖然他的道化之跡尚未顯明，但當時人都說他已經達到了圓滿的境界。到了南朝宋元嘉年中，耶舍辭別中國返回西域，後來下落不明。

耶舍有一位弟子叫法度，擅長梵、漢語言，常替人翻譯。法度本是竺婆勒的兒子，竺婆勒在廣州長時間地停留，來往各地經商求財，在經商途中於南康生下了一個男孩，由此命名為南康，長大後名為金迦，皈依佛教後起名為法度。法度起初是耶舍的弟子，從耶舍承受佛教經法。耶舍既返回外國，法度便獨自有意立異，規劃收攝萬物，便宣揚專學小乘佛法，禁止讀《方等》等大乘佛教經典。法度本人唯對釋迦牟尼尊崇，不承認十方佛，進食唯用銅鉢，別無其他食器。法度又命尼姑們出行須得互相執手，懺悔罪過之時，祇要相向伏地即可。因此祇有南朝宋以故丹陽尹顏峻的女兒尼姑法弘、交州刺史張牧的女兒尼姑普明二人，首先接受了法度的教法。當今首都的宣業、弘光等尼姑，沿習了他的遺風，陝西以東地區的尼姑們也時常傳布他的教法。

卷二

譯經中　正傳七人　附見六人

晉長安鳩摩羅什

鳩摩羅什，此云童壽，天竺人也，家世國相❶。什祖父達多，倜儻不群❷，名重於國。父鳩摩炎，聰明有懿節❸，將嗣相位，乃辭避出家，東度葱嶺❹。龜茲❺王聞其棄榮❻，甚敬慕之，自出郊迎，請為國師❼。王有妹，年始二十，才悟明敏，過目必能，一聞則誦。且體有赤黶❽，法生智子❾，諸國娉❿之，並不肯行。及見摩炎，心欲當之⓫，乃逼以妻焉⓬，既而懷什。什在胎時，其母慧解倍常。聞雀梨大寺⓭名德⓮既多，又有得道之僧⓯，即與王族貴女，德行諸尼⓰，彌日⓱設供，請齋聽法⓲。什母忽自通天竺語，難問⓳之辭，必窮淵致⓴，眾咸歎異。有羅漢[21]達摩瞿沙曰：「此必懷智子。」為說舍利弗[22]在胎之證。及什生之後，還無前言[23]。頃之，什母樂欲出家，夫未之許[24]，遂更產一男，名弗沙提摩。後因出城遊觀[25]，見塚間枯骨異處縱橫[26]，於是深惟苦本[27]，定求離俗，誓志落髮[28]，不咽飲食。至六日夜，氣力[29]綿乏[30]，疑不達旦，夫乃懼而許焉。以未剃髮故，猶不嘗進[31]。即勅[32]人為除髮，乃下飲食。次日受戒[33]，仍業禪法[34]，專精匪懈[35]，學得初果[36]。

什年七歲，亦俱出家，從師受經，日誦千偈[37]，偈有三十二字，凡三萬二千言。誦《毗曇》既過，師授其義，即自通達，無幽不暢[38]。時龜茲國人，以其母王女，利養甚多[39]，乃攜什避之。什年九歲，隨母渡辛頭河[40]，至罽賓，遇名德法師槃頭達多，即罽賓王之從弟也。淵粹[41]有大量[42]，才明[43]博識[44]，獨步當時[45]，三藏九部[46]，莫不該博[47]。從旦至中[48]，手寫千偈，從中至暮，亦誦千偈。名播諸國，遠近師之。什至，即崇以師禮，從受《雜藏》、中長二《含》，凡四百萬言。達多每稱什神俊[49]，遂聲徹[50]於王，王即請入，集外道[51]論師[52]，共相攻難[53]。言氣始交[54]，外道輕其年幼，言頗不遜。什乘隙而挫之，外道折伏[55]，愧惋[56]無言。王益敬異[57]，日給鵝腊[58]一雙，粳米麪[59]各三斗，蘇[60]六升。此外國之上供也。所住寺僧乃差[61]大僧[62]五人，沙彌[63]十人，營視掃灑[64]，有若弟子，其見尊崇如此。

至年十二，其母攜還龜茲，諸國皆聘[65]以重爵[66]，什並不顧[67]。時什母將什至月氏[68]北山，有一羅漢見而異之，謂其母曰：「常當守護此沙彌，若至三十五不破戒[69]者，當大興佛法，度無數人，與優波毱多[70]無異。若戒不全，無能為也，止可才明儁藝法師而已。」什進到沙勒國[71]，頂戴佛鉢，心自念言：「鉢形甚大，何其輕焉？」即重不可勝，失聲下之。母問其故，答云：「兒心有分別[72]，故鉢有輕重耳。」遂停沙勒一年。其冬誦《阿毗曇》，於〈十門〉、〈修智〉諸品，無所諮受[73]，而備達其妙，又於〈六足〉諸問，無所滯礙[74]。沙勒國有三藏沙門[75]名喜見，謂其王曰：「此沙彌不可輕，王宜請令初開法門[76]，凡有二益：一國內沙門恥其不逮[77]，必見勉強[78]；二龜茲王必謂什出我國，而彼尊之是尊我也，必來交好。」王許焉，即設大會[79]，請什升座[80]，說《轉法輪經》，龜茲王果遣重使[81]酬其親好[82]。什以說法之暇，乃尋訪外道經書，善學《圍陀含多論》[83]，多明文辭製作問答等事，又博覽《四圍陀》[84]典及五明[85]諸論。陰陽星算，莫不必盡，妙達吉凶，言若符契[86]。為性率達[87]，不厲小檢[88]，修行者頗共疑之，然什自得於心[89]，未嘗介意。

時有莎車王子、參軍王子兄弟二人，委國請從而為沙門[90]。兄字須利耶跋陀，弟字須耶利蘇摩。蘇摩才伎絕倫，專以大乘為化，其兄及諸學者，皆共師焉，什亦宗而奉之，親好彌至[91]。蘇摩後為什說《阿耨達經》，什聞陰界諸入皆空無相[92]，怪而問曰：「此經更有何義，而皆破壞諸法。」答曰：「眼等諸法非真實有[93]。」什既執有眼根，彼據因成無實[94]，於是研覈大、小[95]，往復移時[96]。什方知理有所歸，遂專務《方等》[97]。乃歎曰：「吾昔學小乘，如人不識金，以鍮石[98]為妙。」因廣求義要，受誦《中》、《百》二論，及《十二門》等[99]。

頃之，隨母進到溫宿國[100]，即龜茲之北界。時溫宿有一道士[101]，神辯英秀[102]，振名[103]諸國，手擊王鼓[104]而自誓曰：「論勝我者，斬首謝之。」什既至，以二義[105]相檢[106]，即迷悶自失[107]，稽首[108]歸依[109]。於是聲滿蔥左，聲宣河外[110]。龜茲王躬往溫宿，迎什還國，廣說諸經，四遠[111]學宗，莫之能抗。時王女[112]為尼，字阿竭耶末帝，博覽群經，特深禪要，云已證二果[113]。聞法喜踊[114]，迺更設大集[115]，請開《方等》經奧。什為推辯[116]「諸法皆空無我[117]」，分別[118]「陰界假名非實[119]」，時會聽者莫不悲感追悼[120]，恨悟之晚矣。至年二十，受戒於王宮，從卑摩羅叉學《十誦律》。

有頃，什母辭往天竺，謂龜茲王白純曰：「汝國尋衰[121]，吾其去矣。」行至天竺，進登三果[122]。什母臨去謂什曰：「《方等》深教，應大闡真丹[123]，傳之東土[124]，唯爾之力。但於自身無利，其可如何[125]。」什曰：「大士[126]之道，利彼忘軀。若必使大化[127]流傳，能洗悟[128]矇俗，雖復身當爐鑊[129]，苦而無恨。」於是留住龜茲，止于新寺。後於寺側故宮中，初得《放光經》，始就披讀。魔來蔽文，唯見空牒[130]，什知魔所為，誓心踰固[131]，魔去字顯，仍習誦文。復聞空中聲曰：「汝是智人[132]，何用讀此。」什曰：「當是少魔，宜時速去，我心如地，不可轉也[133]。」停住二年，廣誦大乘經論，洞其秘奧[134]。龜茲王為造金師子座[135]，以大秦[136]錦褥鋪之，令什昇而說法。什曰：「家師猶未悟大乘，欲躬往[137]仰化[138]，不得停此。」俄而大師槃頭達多不遠而至。王曰：「大師何能遠顧？」達多曰：「一聞弟子所悟非常，二聞大王弘贊佛道，故冒涉艱危，遠奔神國[139]。」什得師至，欣遂本懷[140]，即為師說《德女問經》，多明因緣空假[141]，昔與師俱所不信，故先說也。師謂什曰：「汝於大乘見何異相[142]，而欲尚[143]之？」什曰：「大乘深淨，明『有法皆空[144]』，小乘偏局[145]，多滯名相。」師曰：「汝說一切皆空，甚可畏也，安捨有法而愛空乎？如昔狂人，令績師[146]績線，極令細好，績師加意，細若微塵，狂人猶恨其麁[147]，績師大怒，乃指空示曰：『此是細縷。』狂人曰：『何以不見。』師曰：『此縷極細，我工之良匠，猶且不見，況他人耶？』狂人大喜，以付織師。師亦效焉，皆蒙上賞，而實無物。汝之空法[148]，亦由此也。」什乃連類[149]而陳之，往復苦至[150]，經一月餘日，方乃信服。師歎曰：「師不能達，反啟其志，驗於今矣。」於是禮什為師，言：「和上是我大乘師，我是和上小乘師矣。」西域諸國，咸伏什神俊，每至講說，諸王皆長跪座側，令什踐而登焉，其見重如此。

什既道流[151]西域，名被東國[152]，時苻堅僭號關中，有外國前部[153]王及龜茲王弟並來朝堅，堅於正殿引見，二王因說堅云：「西域多產珍奇，乃請兵往定，以求內附[154]。」至苻堅建元[155]十三年歲次丁丑[156]正月，太史[157]奏云：「有星見外國分野[158]，當有大德[159]智人，入輔中國。」堅曰：「朕聞西域有鳩摩羅什，襄陽[160]有沙門釋道安，將[161]非此耶？」即遣使求之。至十七年二月，鄯善[162]王、前部王等，又說堅請兵西伐。十八年九月，堅請驍騎將軍[163]呂光[164]、陵江將軍[165]姜飛，將前部王及車師[166]王等，率兵七萬，西伐龜茲及烏耆[167]諸國。臨發，堅餞光於建章宮，謂光曰：「夫帝王應天而治，以子愛蒼生為本，豈貪其地而伐之？正以懷道之人[168]故也。朕聞西國有鳩摩羅什，深解法相[169]，善閑[170]陰陽，為後學之宗，朕甚思之。賢哲[171]者，國之大寶，若剋龜茲，即馳驛[172]送什。」光軍未到，什謂龜茲王白純曰：「國運衰矣，當有勍[173]敵。日下[174]人從東方來，宜恭承之，勿抗其鋒[175]。」純不從而戰，光遂破龜茲，殺純，立純弟震為主。光既獲什，未測其智量[176]，見年齒向少，乃凡人戲之[177]，強妻以龜茲王女，什拒而不受，辭甚苦到[178]。光曰：「道士[179]之操，不踰先父，何可固辭。」乃飲以醇酒，同閉密室。什被逼既至，遂虧其節。或令騎牛及乘惡馬[180]，欲使墮落。什常懷忍辱，曾[181]無異色，光慚愧而止。光還中路，置軍於山下，將士已休，什曰：「不可在此，必見狼狽[182]，宜徙軍隴上。」光不納。至夜果大雨，洪潦[183]暴起，水深數丈，死者數千，光始密而異之。什謂光曰：「此凶亡之地，不宜淹留。推運揆數[184]，應速言歸，中路必有福地可居。」光從之，至涼州[185]，聞苻堅已為姚萇所害，光三軍縞素，大臨城南，於是竊號關外[186]，稱年太安[187]。

太安元年正月，姑臧[188]大風，什曰：「不祥之風，當有姦叛，然不勞自定也。」俄而梁謙、彭晃相繼而反，尋皆殄滅[189]。至光龍飛[190]二年，張掖[191]臨松[192]盧水胡[193]沮渠[194]男成及從弟蒙遜[195]反，推建康[196]太守[197]段業[198]為主，光遣庶子[199]秦州[200]刺史太原公纂率眾五萬討之。時論[201]謂業等烏合，纂有威聲[202]，勢必全尅。光以問什此行，未見其利。」既而纂敗績於合梨[203]。俄而郭麐作亂，纂委大軍輕還，復為麐所敗，僅以身免[204]。光中書監[205]張資，文翰溫雅[206]，光甚器[207]之，資病，光博營[208]救療。有外國道人羅叉云：「能差[209]資疾。」光喜，給賜甚重。什知叉誑詐[210]，告資曰：「叉不能為，蓋徒煩費耳，冥運[211]雖隱，可以事試也。」乃以五色絲作繩結之，燒為灰末，投水中，灰若出水還成繩者，病不可愈。須臾，灰聚浮出，復繩本形。既而叉治無效，少日資亡。頃之，光又卒，子紹襲位。數日，光庶子纂殺紹自立，稱元咸寧[212]。

咸寧二年，有豬生子，一身三頭，龍出東廂[213]井中，到殿前蟠臥[214]，比[215]旦失之，纂以為美瑞，號大殿為龍翔殿。俄而有黑龍昇於當陽[216]九宮門，纂改九宮門為龍興門。什奏曰：「比日潛龍出遊[217]，豕妖表異[218]。龍者陰類，出入有時，而今屢見，則為災眚[219]，必有下人謀上之變，宜剋己修德，以答天戒[220]。」纂不納，與什博戲[221]，殺棊[222]，曰：「斫胡奴[223]頭。」什曰：「不能斫胡奴頭，胡奴將斫人頭。」此言有旨[224]，而纂終不悟。光弟保有子名超，超小字胡奴，後果殺纂斬首，立其兄隆為主，時人方驗什之言也。

什停涼積年[225]，呂光父子既不弘道，故蘊其深解[226]，無所宣化，苻堅已亡，竟不相見。及姚萇僭有關中，聞其高名，虛心要請[227]，諸呂以什智計多解[228]，恐為姚謀[229]，不許東入。及萇卒，子興襲位，復遣敦請[230]。興弘始三年三月，有樹連理[231]，生于廣庭，逍遙園[232]蔥變為茞[233]，以為美瑞，謂智人應入。至五月，興遣隴西公碩德西伐呂隆，隆軍大破。至九月，隆上表歸降，方得迎什入關，以其年十二月二十日至于長安。興待以國師之禮，甚見優寵。語言相對，則淹留[234]終日，研微造盡[235]，則窮年[236]忘倦。

自大法東被，始于漢明[237]，涉歷魏晉，經論漸多，而支、竺[238]所出，多滯文[239]格義[240]。興少崇三寶[241]，銳志[242]講集[243]。什既至止，仍請入西明閣[244]及逍遙園，譯出眾經。什既率多諳誦，無不究竟，轉能漢言，音譯流便[245]。既覽舊經，義多紕謬[246]，皆由先譯失旨，不與胡本相應。於是興使沙門僧䂮、僧遷、法欽、道流、道恒、道標、僧叡、僧肇等八百餘人，諮受什旨，更令出《大品》。什持胡本，興執舊經，以相讎校[247]，其新文異舊者，義皆圓通[248]，眾心愜伏，莫不欣讚[249]。興以佛道沖邃[250]，其行唯善，信為出苦之良津[251]，御世之洪則[252]。故托意九經[253]，遊心十二[254]，乃著《通三世論》，以勗示[255]因果，王公已下，並欽讚厥風。大將軍[256]常山公顯，左將軍[257]安城侯嵩，並篤信緣業[258]，屢請什於長安大寺講說新經，續出《小品》、《金剛般若》、《法華》、《維摩》、《思益》、《首楞嚴》、《持世》、《佛藏》、

《菩薩藏》、《遺教》、《菩提無行》、《呵欲》、《自在王》、《因緣觀》、《小無量壽》、《新賢劫》、《禪經》、《禪法要》、《禪要解》、《彌勒成佛》、《彌勒下生》、《十誦律》、《十誦戒本》、《菩薩戒本》、《釋論》、《成實》、《十住》、《中》、《百》、《十二門》諸論，凡三百餘卷。並暢顯神源[259]，揮發幽致[260]。于時，四方義士[261]，萬里必集，盛業久大，于今式仰。

龍光[262]釋道生[263]慧解[264]入微，玄構文外[265]，每恐言舛[266]，入關請決。廬山釋慧遠學貫群經，棟梁[267]遺化，而時去聖久遠，疑義多端，乃封以諮什，語在〈遠傳〉。

初沙門慧叡，才識高明，常隨什傳寫。什每為叡論西方辭體，商略同異，云：「天竺國俗，甚重文製，其宮商體韻，以入弦為善。凡覲國王，必有讚德，見佛之儀，以歌歎為貴，經中偈頌，皆其式也。但改梵為秦，失其藻蔚，雖得大意，殊隔文體。有似嚼飯與人，非徒失味，乃令嘔噦也。」什嘗作頌贈沙門法和云：「心山[268]育明德[269]，流薰[270]萬由延[271]。哀鸞孤桐上，清音徹九天。」凡為十偈，辭喻[272]皆爾。什雅好大乘，志存敷廣[273]，常歎曰：「吾若著筆作大乘《阿毗曇》[274]，非迦旃延子[275]比也。今在秦地[276]，深識者寡，折翮[277]在此，將何所論。」乃悽然而止。唯為姚興著《實相論》二卷，並注《維摩》。出言成章，無所刪改，辭喻婉約[278]，莫非玄奧[279]。

什為人神情[280]鑒徹[281]，傲岸[282]出群，應機[283]領會，鮮有其疋。且篤性[284]仁厚，汎愛[285]為心，虛己善誘[286]，終日無倦。姚主[287]常謂仁曰：「大師聰明超悟，天下莫二，若一旦後世[288]，何可使法種無嗣。」遂以伎女[289]十人，逼令受之。自爾以來，不住僧坊，別立廨舍[290]，供給豐盈。每至講說，常先自說譬，如「臭泥中生蓮花，但採蓮花，勿取臭泥也」。

初什在龜茲，從卑摩羅叉律師[291]受律[292]，卑摩後入關中，什聞至欣然，師敬盡禮。卑摩未知被逼之事，因問什曰：「汝於漢地，大有重緣[293]，受法弟子，可有幾人？」什答云：「漢境經律未備，新經及諸論等，多是什所傳出，三千徒眾，皆從什受法，但什累業障深[294]，故不受師敬耳。」又杯度[295]比丘在彭城[296]，聞什在長安，乃歎曰：「吾與此子戲別三百餘年，杳然未期，遲[297]有遇於來生耳。」

什未終日，少覺四大不愈[298]，乃口出三番神呪，令外國弟子誦之以自救，未及致力，轉覺危殆。於是力疾與眾僧告別曰：「因法相遇[299]，殊未盡伊心，方復[300]後世，惻愴[301]何言。自以闇昧[302]，謬充傳譯，凡所出經論三百餘卷，唯《十誦》[303]一部，未及刪煩，存其本旨，必無差失[304]。願凡所宣譯，傳流後世，咸共弘通。

今於眾前發誠實誓[305]，若所傳無謬者，當使焚身之後，舌不燋爛。」以偽秦弘始十一年八月二十日卒於長安，是歲晉義熙[306]五年也。即於逍遙園，依外國法，以火焚屍，薪[307]滅形碎，唯舌不灰。後外國沙門來云：「羅什所譯，十不出一。」

初什一名鳩摩羅耆婆。外國製名，多以父母為本。什父鳩摩炎，母字耆婆，故兼取為名焉。然什死年月，諸記不同，或云弘始七年，或云八年，或云十一。尋[308]七與十一，或訛誤[309]，而譯經錄中，猶有十一年者。恐雷同[310]三家，無以正焉。

【注釋】❶國相　宰相；輔政大臣。❷倜儻不群　卓越豪邁，與常人不同。❸懿節　美好的節操。❹葱嶺　見卷一〈竺曇摩羅剎（竺法護）傳〉注釋。❺龜茲　西域古國名。位於天山南麓，是古代中國西北溝通中外交通北道的中心。魏晉以後兼有姑墨、溫宿、尉頭三國之地。唐初內附。❻棄榮　放棄追逐世俗榮利。此謂出家為僧。❼國師　帝王賜予高僧的尊號。❽黶痣。❾智子　智慧之子。❿娉　通「聘」。送財禮定親。⓫心欲當之　謂欲為之妻而承當之。⓬乃逼以妻焉　謂逼迫摩炎娶之為妻。妻，用作動詞。⓭雀梨大寺　《水經注》卷二引釋道安《西域志》：「（龜茲）國北四十里山上有寺，名雀梨大清寺。」⓮名德　有名望德行之僧侶。⓯得道之僧　修持佛法而得證悟之僧侶。⓰德行諸尼　謂有德行之尼姑。⓱彌日　整天。⓲請齋聽法　謂祈請齋潔身心而得以聽講說法。⓳難問　發問詰難。⓴淵致　精深之旨趣。㉑羅漢　見卷一〈曇摩耶舍傳〉注釋。㉒舍利弗　梵語音譯。漢語稱為鶖鷺、百舌鳥。身黑，頸部微黃，據說能通人話語。佛教傳說，舍利弗在胎，其母言辭辯捷。㉓前言　指其母先前突然自通的梵語。㉔夫未之許　丈夫沒有同意。古漢語語法，否定句中的人稱代詞作賓語時，賓語提前。㉕遊觀　遊覽。㉖異處縱橫　謂雜亂散布在不同地方。㉗深惟苦本　深刻體會出執著的五蘊無非是苦的道理。參見卷一〈安清傳〉注釋。㉘落髮　剃髮出家。㉙氣力　體力；力氣。㉚綿乏　軟弱乏力。㉛進　進食。㉜勅　吩咐。㉝受戒　佛教徒從師傅承受佛所制定戒條的儀式，具體各有不同。主要是就服從戒條而發誓願。㉞禪法　見本卷〈僧伽跋澄傳〉注釋。㉟專精　謂專一求精而不懈怠。㊱初果　即須陀洹果（預流果）。小乘佛教認為，見道證悟以後的果位有四階：初果須陀洹果（預流果)、二果斯陀含果(一來果)、三果阿那含果(不還果)、四果阿羅漢果(無學果)。(37)偈　梵語、巴利語為gatha。漢譯為詩、頌。在佛教經典中，本有散文與詩句兩種形式，講唱結合，講用散文，唱用韻語，韻語部分就是偈。也稱偈頌。(38)無幽不暢　謂對經中的幽微之處皆能通曉徹悟。(39)時龜茲國人三句　謂因其母是國王之妹的緣故，龜茲國人對其供養甚豐。利養，猶養育、供養。(40)辛頭河　梵語Sindhu之音譯，即今印度河。(41)淵粹　精深純粹。(42)大量　寬宏之度量。(43)才明　見卷一〈曇柯迦羅傳〉注釋。(44)博識　謂學問廣博。(45)獨步當時　謂一時無雙。(46)三藏九部　泛指佛教經典。九部，又稱九分教。佛祖釋迦逝世後，由其弟子大迦葉主持，舉行集會諷誦佛典，共同審定了由阿難憶誦的經、律。後佛教徒為便於記憶傳誦，又按內容和形式分自古相傳的佛經為九種，稱為「九部經」或「九分教」。後又發展為十二種。(47)該博　博通熟練。(48)從旦至中　從早晨至中午。(49)神俊　謂天姿傑出。(50)聲徹　猶聲通。傳達聲訊。(51)外道　佛教稱其他宗教或思想流派為外道。(52)論師　能解說論藏經典的僧人。又稱阿毗曇師。(53)攻難　攻擊責難。(54)言氣始交　謂雙方剛開始爭論。言氣，指爭吵。(55)折伏　佩服；信服。(56)愧惋　慚愧歎惋。(57)敬異　以其為異而敬重。(58)鵝腊　由鵝腌製的食品。(59)粳米麨　稻米、粳稻、麵粉。麨，亦作「麵」。(60)蘇　酥；酥油。(61)差　派遣。(62)大僧　年長僧人。(63)沙彌　巴利語音譯。指初受十戒的由七歲至二十歲間的出家男子。(64)營視掃灑　謂供職掃地除塵等事。掃灑，灑水掃地。(65)聘　聘請。(66)重爵　崇高的爵位。(67)顧　考慮。(68)月氏　見卷一〈支樓迦讖傳〉注釋。(69)破戒　破壞、違犯戒律。(70)優波毱多　《出三藏記集》卷二作「漚波掬多」，為釋迦後之第五代宗師，改治律藏為《十誦論》。玄奘《西域記》卷四、卷八亦載其事跡。(71)沙勒國　即疏勒國。古西域國名。其故地何在，眾說紛紜，參見卷三〈釋智猛傳〉注釋。(72)心有分別　心對事物生起種種相對性的區別，同時又執取這些區別。(73)諮受　承受。(74)滯礙　阻塞不通。(75)三藏沙門　通曉經、律、論三藏的僧人。(76)法門　入佛法之門。(77)不逮　不及。(78)勉強　盡力而為。(79)大會　謂人數眾多的集會。(80)升座　登座。(81)重使　負有全權重任的使臣。(82)酬其親好　謂實現雙方的友好結交。親好，友好。(83)圍陀含多論　或即《吠檀多》(*Vedanta*)，為《奧義書》之別名。古印度宗教哲學文獻。(84)四圍陀　即《梨俱吠陀》、《娑摩吠陀》、《夜柔吠陀》、《阿闥婆吠陀》。(85)五明　古印度佛教以外的五種學藝：語言文學的聲明，醫學的醫方明，工藝技術的工巧明，呪術明，符印明。(86)言若符契　謂其預言就像符契那樣能夠最後相合。符契，符節與契約。皆為古代雙方各存一半以使最終相合的憑證物。(87)率達　坦率豁達。(88)不厲小檢　謂不注重小節。小檢，猶小節。小的操守。(89)自得於心　謂一己心中自有所得。(90)時有莎車王子二句　語意不明。湯用彤以為二句大意似謂兄弟二人棄王位出家。莎車，西域古國名。三國時併於疏勒。(91)親好彌至　謂友情特深。親好，此處的意思是友誼、友情。(92)陰界諸入皆空無相　謂一切實在皆空，皆無差別。陰，五陰，亦譯作五蘊。存在的五種要素（色、受、想、行、識）的結合。界，十八界。生命存在的十八種構成要素，即六根、六境與六識。諸入，十二處。六根與六境。陰、界、諸入即構成客觀世界存在的基本要素，亦代表客觀世界。空，表示萬法都由因緣和合而生，並無固定的實體和自性。無相，指一切存在都不具有相對的形相，都無差別而平等如一。空與無相的原理雖淵源有自，但到了大乘佛教方發展成為般若系統的根本義理。93眼等諸法非真實有　眼中所感覺到的諸法並不存在著實體和自性。諸法，現象界的一切事物、概念、事象。94什既執有眼根二句　謂羅什既以視覺之「眼根」說明並非一切虛幻，於是蘇摩也根據「眼根」說明無實的結論。眼根，眼中感覺的依據。眼根是五根之一。根是機能、能力，有「能生」的意思。五根即是五種能生起感覺的機關，即眼、耳、鼻、舌、身。95研覈大小　謂研究、考核大、小乘教義。96往復移時　謂長時間地來回討論。97方等　方是廣之義，等是均之義，佛於第三時，廣說藏通別圓之教，均益利鈍之機，故名方等。此代指一切大乘經典。98鍮石　黃銅。99中百二論二句　即《中論》、《百論》與《十二門論》，皆為印度大乘中觀學派的基本經典。100溫宿國　古西域國名。故地在今新疆溫宿境內。101道士　此指信奉某種外道之士。102神辯英秀　謂辯才傑出優秀。103振名　謂名聲顯揚。104王鼓　當為國王設在宮門外的大鼓。105二義　兩條義理。106檢　考問。107迷悶自失　謂迷茫而無措。108稽首　古時的一種跪拜禮。109歸依　佛教語。對佛法表示歸順。110河外　春秋時晉人稱黃河以西、以南為河外；趙人則稱黃河以南；梁人指黃河以西；秦人指黃河以東。此處當指黃河以南、以東地區。111四遠　四方遠處。112王女　湯用彤認為「王女」即指羅什之母。未確。當指溫宿國王之女。113二果　見上文「初果」注釋。114喜踊　歡喜跳躍。形容極度欣喜。115大集　大型集會。116推辯　推闡辯說。117諸法皆空無我　參見上文注釋。無我，否定自我的實體、概念。這是佛教的基本觀念，並有一個逐漸發展的過程。初期佛教主張人無我，諸法實有。後期大乘佛教則認為人無我，法亦無我，事物不具有永遠不變滅的本體。118分別　分析辯別。119陰界假名非實　參見上文注釋。120追悼　追念哀悼。121尋衰　不久即將衰敝。122三果　見前文「初果」注釋。123真丹　梵語 Cinisthana 的音譯。又譯為震旦、神旦等。古印度對中國的稱謂。124東土　指中國。125其可如何　謂如何是好。126大士　泛指菩薩。127大化　佛教道化。128洗悟　洗除愚闇，開悟蒙昧。129身當爐鑊　謂將自己投入到爐火上的大鍋裡去。鑊，古代無足的鼎，即一種大鍋。130空牒　空白竹片；空白書頁。其時書寫文字常用木片或竹片，稱作牒。131誓心踰固　謂心中立定之願愈加鞏固。132智人　有智慧的人。133我心如地二句　佛教認為，三界唯心，心如滋生萬物之大地，能隨緣生一切諸法。我心既如大地，既不可轉捨，而進能於其中求得佛性。134秘奧　猶奧秘。135金師子座　金製獅子樣的座位。136大秦　古時稱羅馬帝國為大秦。137躬往　親自前往。138仰化　度化。因度化對象為其老師，故曰「仰」，以示謙恭。139神國　對龜茲國的尊稱。140本懷　本來的心願。141因緣空假　一切存在都由因緣集合而成，無實在的自體，故其本性為空；一切有為法都以因緣而成立，無實自的自體，故其祇是假有。這是大乘中觀學派奠基者龍樹的主要觀點之一，見其《中論・觀四諦品》，此經即為鳩摩羅什所譯。因緣，因與緣；原因；機緣。也泛指一切有為法。142異相　佛教經典中，此詞有很多意思。主要的意思是指不同的色相，個別的個體物都有其獨特的相狀，與其他個體物不同。相，梵語作laksana。意為表徵，通過表徵決定某物。一般指事物的相狀、特質，亦即現象。143尚　崇尚。144有法皆空　佛教語。謂存在的事物並無實在的自體，本性為空。有法，具有實體、性質，能運作的東西。145偏局　偏狹局促。146績師　緝麻線的工匠。147麁　即「粗」字。148空法　空之理法。149連類　謂聯繫相類的事理。150苦至　謂刻苦之甚。151道流　道化流布。152東國　即指中國。153前部　即車師前部。漢宣帝時，分車師國地為前後兩部，車師前部治交河城，後部治務涂谷。154內附　歸附中國朝廷。155建元　前秦苻堅年號（西元三六五至三八四年）。156歲次丁丑　西元三七七年。古以歲星紀年，歲星十二年繞太陽一周，故分黃道為十二星次。每年歲星所值的星次與其干支稱歲次。157太史　見卷一〈康僧會傳〉注釋。158分野　古時以天文之十二星次劃分地面上的州、國位置與之相應，與星次相對應的地域稱為分野。159大德　喻指品德崇高之人。後佛教尊稱僧人為大德。160襄陽　郡名。東漢始置。東晉時治所在今湖北襄樊。161將　豈；難道。162鄯善　古西域國名。原名樓蘭，漢昭帝時稱鄯善，魏晉相沿。後沒入沙漠。故址在今新疆若羌縣境。163驍騎將軍　武官名。164呂光　字世明，洛陽氐族人。苻堅時嘗從王猛滅前燕，封都亭侯。苻堅死後，於西元三八六年建立後涼。西元三九九年卒。165陵江將軍　武官名。166車師　古西域國名。167烏耆　古西域國名。168懷道之人　謂鳩摩羅什。169法相　在佛教中，法相通常指宇宙間一切事物的形象，亦即現象層面的存在。此處當作「佛法特質」解，代指佛法本體。170善閑　見卷一〈僧伽跋澄傳〉注釋。171賢哲　賢明睿智之人。172馳驛　駕乘驛馬疾行。古時官道設有驛站，備有驛馬，供往來官吏、使節使用。173勍　強；勁。174日下　本指京城。古代以帝王比日，故稱帝王所居為日下。175勿抗其鋒　謂不要對抗來犯者的鋒芒。176智量　智慧與氣度。177乃凡人戲之　《晉書・鳩摩羅什傳》作「以凡人戲之」，即把他當作普通人戲弄。178苦到　謂哀苦至極。179道士　魏晉南北朝時期稱佛教徒為道士，稱道教徒為道人。謂鳩摩羅什。180惡馬　頑劣不馴的馬。181曾　乃；竟。182狼狽　比喻窘迫。183洪潦　多雨後暴發的洪水。184推運揆數　推演世運，揣測氣數。古代陰陽學說認為，世間興衰禍福決定於陰陽運數，非人力所能為。運，命運。數，氣數。185涼州　見卷一〈竺佛念傳〉注釋。186竊號關外　苻堅被姚萇殺死後，呂光於太元十一年（西元三八六年）稱號使持節侍中、中外大都督等，建元太安，史稱後涼。三年後又稱三河王。太元二十一年（西元三九六年），又稱天王，改元龍飛，分封百官。187太

安　後涼呂光年號（西元三八六至三八八年）。(188)姑臧　縣名。西漢始置。十六國前、後涼、北涼皆建都於此。(189)殄滅　消滅；滅絕。(190)龍飛　後涼呂光年號（西元三九六至三九八年）。(191)張掖　縣名。西漢始置。治所在今甘肅張掖西北。(192)臨松　地名。屬張掖縣境。在今甘肅南裕東南馬蹄鎮。(193)盧水胡　漢以來由匈奴、月氏、羌等族融合而成的族群，當時為「雜胡」之一，因居於盧水（今甘肅黑河）而得名。(194)沮渠　匈奴官名。男成、蒙遜其祖世為匈奴沮渠，故取為姓氏。(195)蒙遜　博涉書史，有謀略，西元三九七年與從兄男成起兵反抗呂光，後推段業為主。西元四〇一年，蒙遜殺男成及段業，自稱大都督、大將軍等，改元永安，史稱北涼。(196)建康　郡名。十六國前涼置。治所在今甘肅高臺西南。(197)太守　見卷一〈帛遠傳〉注釋。(198)段業　本為漢人，曾任呂光部下杜進記室，後官至建康太守，為沮渠氏所擁立。稍後為沮渠蒙遜所殺。(199)庶子　非正妻所生之子。(200)秦州　見卷一〈帛遠傳〉注釋。(201)時論　當時的輿論。(202)威聲　威猛之聲譽。(203)合梨　地名。(204)僅以身免　謂僅以隻身逃脫。(205)中書監　中書省長官。三國魏置，位在中書令前。晉南北朝均相沿置。掌贊詔令，記會時事，典作文書。(206)文翰溫雅　謂文書風格溫潤典雅。(207)器　器重。(208)博營　盡力謀求；廣為謀劃。(209)差　通「瘥」。病愈；治病。(210)誑詐　欺騙；欺詐。(211)冥運　冥冥之中深藏的運命氣數。(212)咸寧　後涼呂光年號（西元三九九至四〇〇年）。(213)東廂　城東面靠近城的地區。(214)蟠臥　盤曲而臥。(215)比　及至。(216)當陽　皇宮名。(217)潛龍出遊　潛伏的龍顯現於世。潛龍，語出《易・乾》：「潛龍勿用。」謂小人道盛，聖人雖有龍德，此時唯宜潛藏而勿可施用。此處反用其意。(218)豕妖表異　前文載：「有豬生子，一身三頭。」古代迷信，認為豬的怪異會帶來災禍。(219)災眚　災禍。(220)天戒　上天的儆戒。(221)博戲　以博弈為戲。博，下棋。(222)殺棋　《晉書・呂纂載記》作「殺羅什子」，即吃掉羅什的棋子。(223)胡奴　呂光弟呂保兒子呂超的小名。見下文。(224)旨　意圖；深意。(225)積年　多年。(226)蘊其深解　見卷一〈攝摩騰傳〉注釋。(227)要請　邀請。要，通「邀」。(228)智計多解　謂深謀多智。(229)謀　謀劃。(230)敦請　急切延請。敦，督促。(231)樹連理　異根樹木，枝幹相連。古時認為是吉祥之兆。(232)逍遙園　逍遙園在當時的長安城北，渭水之濱。參閱（宋）宋敏求《長安志》卷五。(233)茝　香草名。即白芷。(234)淹留　挽留；留住。(235)研微造盡　謂窮究精微之理，務達深幽之極。研微，猶研機。(236)窮年　盡年。(237)漢明　漢明帝。(238)支竺　據湯用彤說，此當指支謙、竺法護或竺叔蘭（本書均有傳）。但據下文「格義」云云，「竺」似指竺法雅。(239)滯文　「理滯於文」的略語。謂其譯經由於文辭的雅麗美巧而使佛理不易為人所通曉。滯，疑難；不易明曉。(240)格義　本是竺法雅（本書卷四有傳）創立的一種闡述講授佛教義理的方法，即運用為中土士人易於理解的儒道思想、名詞和概念去比附解釋佛經中的事項、教義和概念等。「格義」之「格」，本是「比量」之義。本傳此段係錄自僧祐《出三藏記集》，僧祐在這裡理解有誤，把「格」理解為「扞格」之格，故與「滯文」連用。而慧皎鈔錄僧祐原文時，又失之精審（參閱湯用彤《漢魏兩晉南北朝佛教史》頁一七〇）。(241)三寶　佛教以佛、法、僧為三寶。此代指佛教。(242)銳志　謂志向堅決，如鋒刃之銳利。(243)講集　講經說法之集會。(244)西明閣　在逍遙園內。(245)音譯流便　謂音譯和意譯的文字都能流暢而不滯澀。(246)紕謬　錯誤。(247)讎校　亦作「校讎」。核對文獻，糾正訛誤。(248)圓通　周密暢達。(249)欣讚　欣喜讚美。(250)沖邃　精深。(251)良津　絕佳的渡口。借指優良的途徑。(252)洪則　宏偉的規範與準則。(253)九經　九分教。泛指佛經。(254)十二　十二禪。泛指小乘禪定之學。(255)勗示　勉力彰示。勗，同「勖」。(256)大將軍　見卷一〈帛尸梨蜜傳〉注釋。(257)左將軍　武官名。(258)緣業　謂萬事萬物的因緣相生理論。這一理論是佛教的基石與核心，並在佛教的發展過程中不斷充實完善。(259)暢顯神源　謂通暢地發明精深佛理。神源，神理之源。指高深的理論。(260)揮發幽致　謂發揚闡述出精微的旨趣。(261)義士　義解之士。即對佛教教義有研究之士人。(262)龍光　寺名。在南朝宋首都建康。(263)釋道生　即竺道生。南朝宋高僧。本書卷七有傳。(264)慧解　佛教語。謂智慧穎悟。(265)玄構文外　謂能於文辭以外構造玄趣。即能超脫於文字的束縛，得意而忘言。(266)舛　差錯。(267)棟梁　房屋大梁。此處用作動詞。(268)心山　猶心靈。(269)明德　高尚德操。(270)流熏　猶流芳。流傳後世的美好名聲。(271)由延　梵語 **yojana** 的音譯。古印度距離單位名。一由延之距離，往往因時因地有不同。《大唐西域記》認為舊有記傳中一由延相當於四十里，印度國俗為三十里，佛教記載為十六里。(272)辭喻　文辭和比喻。(273)敷廣　廣泛傳播。(274)大乘阿毗曇　《阿毗曇》本是小乘說一切有部之學。釋迦牟尼去世約三百年後的部派佛教時期，迦旃延尼子著《阿毗達磨發智論》，成為小乘說一切有部學說的核心經典。羅什所謂大乘《阿毗曇》，即是欲仿效迦旃撰寫一部闡發大乘教義的基本典籍。參見卷一〈安清傳〉注釋。(275)迦旃延子　即迦旃延尼子。參見上注。(276)秦地　謂後秦之地。亦指中國。(277)折翮　翅膀折斷。比喻困頓。翮，翅膀。(278)婉約　柔美。(279)莫非玄奧　謂無不玄秘深奧。(280)神情　謂精神意態。(281)鑒徹　爽朗通脫。(282)傲岸　高傲，不隨和於世俗。(283)應機　隨機應變。(284)篤性　性格惇厚。(285)汎愛　猶博愛。(286)虛己善誘　謂既能虛心，又能善於教導他人。(287)姚主　後秦之主。即姚興。(288)後世　佛教語。謂來世。此謂去世。(289)伎女　歌舞女子。(290)廨舍　官署；官舍。(291)律師　佛教稱善於解說戒律的僧人。(292)受律　受學戒律方面的學說。(293)重緣　重複相續的因緣。(294)累業障深　謂罪業深重。(295)杯度　南朝宋僧人名。本書卷一〇有傳。(296)彭城　地名。即今江蘇徐州。(297)遲　等待；希望。(298)四大不愈　謂身體有病不愈。四大，佛教語。指身體。身體由地、水、火、風四大元素構成，故云。(299)因法相遇　謂彼此因佛法而相遇。(300)方復　將又。(301)惻愴　哀傷。(302)闇昧　蒙昧愚陋。(303)十誦　即《十誦律》。在前文中稱《十誦戒本》。為小乘佛教說一切有部的戒律經典。十誦，猶言十章，其中規定比丘二百五十七條，比丘戒三百五十五條。此經為鳩摩羅什與弗若多羅等合譯。

參見本卷〈弗若多羅傳〉。304差失　差錯；失誤。305發誠實誓　謂許下精誠誓言。306義熙　東晉安帝司馬德宗年號（西元四〇五至四一八年）。307薪　柴；柴火。308尋　探尋；考察。309訛誤　錯誤。310雷同　隨聲附和。

【語　譯】鳩摩羅什，漢語稱作「童壽」，是天竺國人，其家世代都是國家的輔弼大臣。羅什的祖父達多，卓越豪邁而與常人不同，名聲在國內很著稱。其父鳩摩炎，聰明而有美好的節操，在將要繼承宰相官位時，竟然辭謝逃避而出家為僧，東越葱嶺。龜茲國王聽說他拋棄了世俗榮利，對他甚為敬重仰慕，親自出郊迎接，請他做本國的國師。國王有個妹妹，年紀纔二十歲，但見識悟性極為高明，讀書過目不忘，一聽即能成誦。而且她的身體上長有一個紅色的痣，按照佛法所云，該當生一個智慧之子，諸國爭相聘娶，她都概不同意。但當她一見到鳩摩炎後，就願意做鳩摩炎的妻子，因此便逼迫鳩摩炎娶以為妻，不久就懷了羅什。羅什在娘胎時，其母的理解力變得神明高超而倍於常日。當她聽說雀梨大寺不僅有很多名望德行傑出的人，而且還有不少修持佛法得到證悟的高僧，便與王族名門家的貴族女子和有德行的尼姑一起，整日設齋供奉，祈請齋潔身心而聽那些大師們講法。羅什的母親忽然又自我通曉了天竺語言，對她的發難詰問，回答時都能窮盡精深的旨趣，大家對此都十分驚異。有一位羅漢達摩瞿沙說：「她懷的一定是一位智慧之子。」並為人們講說舍利弗在胎中的證明。到了羅什出生以後，其母便忘了先前無師自通的天竺語言。不久，羅什的母親非常想出家，她的丈夫沒有同意，於是又生下了一個男孩，名叫弗沙提婆。後來由於一次出城遊覽，羅什的母親見到墳場裡枯骨遍布四處，於此想透了人生以苦為本的道理，下定決心要棄絕塵俗，於是發誓剃髮出家，為此開始不進飲食。羅什之母絕食到了第六天的夜裡，身體軟弱無力，像要熬不到第二天早晨的樣子，她的丈夫害怕了，便同意她出家。羅什的母親因為還沒有剃髮，仍堅持不進飯食。其夫見狀，便祇得立即吩咐人給她落髮，羅什母親這纔開始進食。第二天早晨就受了戒，此後她仍舊修持禪法，對此專一致志而未嘗鬆懈，由此學到了初果。

羅什七歲的時候，也一起出家為僧，跟從師傅受學佛經，每日諷誦一千首偈詩，每首偈詩有三十二字，則每日共諷誦三萬二千字。他諷誦過《毗曇》後，師傅向他講授經義，羅什自己馬上就能通曉明達，經中的幽微之處沒有不透徹領悟的。因為羅什的母親是國王之女的緣故，當時龜茲國的人對他們一家供養甚豐，為此羅什之母便帶著羅什避開。羅什九歲時，隨同他的母親渡過了辛頭河，來到了罽賓國，在那裡遇到了有名望德行的法師槃頭達多，此人也就是罽賓國王的堂弟。達多為人精深純粹而有豪邁氣量，才智通明識見廣博，獨步於當時，佛教三藏九部的經典，無不博通熟練。他每天從早晨到中午，親手書寫一千首偈詩，從中午到傍晚，也同樣諷誦一千首偈詩。達多的名聲流傳到很多國家，遠近地方的人都以他為師。羅什來到後，馬上就奉他為師，跟從他受學《雜藏》中、長兩部《阿含經》，共四百萬字。達多經常稱讚羅什天姿傑出，於是羅什的名聲也傳到了國王那裡，國王便立即請他入宮，同時會集佛教以外善於辯論的名師，一同對羅什攻擊責難。雙方剛開始交鋒時，外道之士輕視他年幼，出言很不禮貌。羅什則抓住其輩的漏洞而挫敗了他們，這些外道之士為之信服，慚愧歎惋無言以對。罽賓國王由此對羅什更加敬重，下令每日供給羅什腌鵝一雙，粳米、稻米、麵粉各三斗，酥油六升。這是外國最上等的供奉。羅什所居住的寺廟遂派了五名年長的僧人，年輕沙彌十人，供役灑水掃地的事務，就像弟子對待師傅一樣，羅什就是如此為他們所尊崇。

羅什到了十二歲的時候，他的母親又帶著他回到龜茲國，許多國家都以高爵相聘，羅什一概不予理睬。當時羅什之母帶著他到達月氏國的北山，有一位羅漢見到羅什後很驚異，對其母說：「平常應當好好守護這位沙彌，如果他到了三十五歲時不違犯戒律，該當由他大興佛法，超度無數眾生，與優波毱多無異。如果戒律不能保全，那就無所作為，充其量不過是一位才智通明俊秀超群的人而已。」羅什往前走到沙勒國時，他用頭頂著一個佛缽，心中思忖道：「這個缽形狀甚大，怎麼在我頭上那麼輕呢？」心念甫生，那個佛缽馬上變得沉重無比，無法頂住，在羅什失聲大叫時便掉了下來。其母問其緣故，羅什答道：「兒因為心中對事物生起分別之念，所以便感覺到佛缽有重量了。」由於這個緣故，羅什便在沙勒國停留了一年。這年冬天羅什誦讀《阿毗曇》，對於經中的〈十門〉、〈修智〉諸品，儘管沒有老師諮詢承受，也能通達其中的妙處，對於〈六足〉諸問，亦沒有發生疑難障礙。沙勒國有一位通曉經律論三藏的僧人名叫喜見，他對國王說：「這個沙彌不可輕視，吾王應當請他講解進入佛法的門徑。這樣做共有兩個好處：一是國內的僧人恥於自己不及羅什，必然更加勉力發憤；二是龜茲國國王必然認為羅什是出自我國，而他尊重羅什就是尊重我國，也必然會前來與我國結好。」沙勒國王同意了喜見的提議，立即召集了一個大規模的集會，請羅什登上講座，講說《轉法論經》，龜茲國王果真派來全權大使回報兩國的友好交情。羅什在說法的閒暇，注意尋訪佛教以外的經書，較好地學習了《圍陀含多論》，明白了很多有關文辭創作與經義問答等方面的事理，另外又通覽了《四圍陀》經典以及五明方面的論述。羅什對陰陽五行、天文星算之術，無不窮究必盡，並能通達吉凶禍福之理，所作的預言就像符契那樣準確。羅什性格坦率豁達，不注重小節，因而修行佛教的人對他頗有一些疑惑，但羅什心中自有所得，對此從不介意。

其時，有莎車王子、參軍王子兄弟二人棄王位而出家。哥哥字須利耶跋陀，弟弟字須耶利蘇摩。蘇摩才學伎藝無與倫比，專以大乘佛教學說普化眾俗，他的兄長以及很多學者都共同以他為師，羅什也同樣宗奉他，兩人交情極深。蘇摩後來為羅什講說《阿耨達經》，羅什聽他說陰、界、十二入等一切實在皆空、皆無差別，非常奇怪，因而問道：「這部經還有什麼意義，它把一切實在都已經破除了。」蘇摩回答道：「眼睛看到的諸法實在，並不是真實存在的。」羅什既然執著於眼睛所能感覺的依據，蘇摩便以此來證成一切虛幻不實的道理，於是兩人研究考核大、小乘教義，來回辯論頗費時日。此時羅什方明白真理終究是歸於一處的，因而開始專門從事大乘學說。羅什歎道：「我從前學習小乘教義，就像一個人不認識黃金卻以黃銅為妙一樣。」因而羅什便廣泛探求大乘教義的要旨，從蘇摩受學並諷誦《中》、《百》二論以及《十二門》等經典。

不久，羅什又隨母親來到溫宿國，也就是龜茲國的北界。當時溫宿國有一位外道士子，其人辯才傑出優秀，名聲傳播顯揚於很多國家，他曾經敲擊王宮外的大鼓，自我發誓說：「誰要是論辯勝過我，我將斬下自己的頭來感謝他。」羅什既來到溫宿國，便以兩條義理對他進行核問，此人當即迷茫無措，伏地叩首表示皈依佛教。由此羅什的名聲遍布葱嶺以左，讚譽達於黃河以南。龜茲國王親自前往溫宿，迎請羅什回國廣泛講說佛教諸經，四方遠處都十分崇敬仰慕，沒有人能與他抗衡。此時國王的女兒出家為尼，字阿竭耶末帝，她博覽群經，特別精通禪學要理，自稱已經修證成第二果位。她聽羅什說法後十分欣喜，於是又召集了一次大型集會，請羅什開示《方等》的奧秘。羅什為其推闡辯說「諸法皆空無我」，分析辯別「陰界假名非實」的義理，當時會集聽講者無不悲感交集哀悼已往，痛恨自己明白的太晚了。羅什年至二十時，在王宮受了戒，並跟從卑摩羅叉學習《十誦律》。

過了不久，羅什之母辭別龜茲欲往天竺，她對龜茲國王白純說：「你的國家不久將要衰落，我該當離去了。」來到天竺後，她的修行進到了第三果位。羅什的母親臨走時對羅什說：「大乘教義，應該廣泛闡述到中國，但要使其傳播到中國，衹有依靠你的努力。不過這件事情對自身無利可圖，如何是好？」羅什說：「菩薩之道，就是利彼忘己。如果必須要使佛教道化流傳，並能洗除愚闇，開示蒙昧，即使自身投入到爐火上的大鍋裡去，雖痛苦而無恨。」於是羅什停留在龜茲，住於新寺。後來他在寺側的舊宮中，初次得到了《放光經》，開始就此披讀。這時有魔鬼前來遮蔽了文字，衹能見到空白的牒片，羅什知道這是魔鬼所為，心中立定誓願愈加堅固，魔鬼去後文字顯現，羅什照舊研習諷誦。此時又聽到空中有一個聲音說道：「你是智慧之人，何須誦讀此經。」羅什說：「你是一個小魔，趕快抓緊時間離去，我的心如大地一樣，不可轉捨。」羅什在龜茲停留居住了二年，其間廣泛誦讀大乘經、論，透徹地體悟了其中的奧秘。龜茲國王為他製作了一個金獅子座位，用大秦國的錦褥鋪墊其上，命羅什登座而說法。羅什對龜茲國王說：「家師尚還沒有悟會大乘教義，我想要親自去度化他，所以不能停留此處。」過了不久大師槃頭達多從遠方而來。國王對他說：「大師如何能遠道而來看望你的弟子？」達多說：「一是聽說我弟子的體悟非同一般，二是聽說大王弘揚襄贊佛教，所以冒著艱難危險，從遠方投奔貴國。」羅什見到師傅不遠萬里而來，很高興自己本來的心願得到了滿足。於是羅什為其師講說《德女問經》，較多地闡明了所謂一切因緣而生的存在本性皆空、實體假有的義理，因為這個道理羅什自己和師傅先前都不相信，所以羅什首先為其師講說。其師聽後對羅什說：「你在大乘中見到了哪些不同的現象，因而崇奉之？」羅什答道：「大乘教義深邃明淨，闡明了『一切存在本性皆空』；小乘教義則偏狹局促，拘泥於名詞概念。」其師道：「你說一切皆空，這太可怕了，怎麼能捨棄實在而喜愛空無呢？

就像從前有一個狂人，命令製線的工匠搓製麻線，要他把線做得極細極好，工匠非常用心，做出來的線細如微塵，但狂人仍嫌太粗，工匠大為生氣，便指著天空對他說：『這就是細線。』狂人道：『怎麼看不見呢？』工匠說：『這種線極細，我算得上是製線的良匠了，我尚且看不見，又何況他人。』狂人大喜，把錢付給這位工匠，而此工匠也效仿誑騙狂人的做法，結果都受到最高的獎賞，但其實根本就沒有東西。你所謂空的理法，道理也就在此。」羅什便聯繫相類的事理向他陳述，來回往復極其勤苦，經過一個多月的時間，其師方纔信服。其師歎道：「師傅不能通達，弟子反過來啟發其心意，在今天得到驗證了。」於是拜羅什為師，說：「和尚是我大乘教義的老師，我是和尚小乘教義的老師。」西域一帶的諸多國家，都佩服羅什的傑出天姿，每年講說佛法時，諸多國王都長時間地跪在羅什的座位旁，請羅什踏著他們的身體而登座，羅什就是如此為人所推重。

羅什由此道化流布於西域，名聲傳播於中國。當時苻堅在關中稱王，有車師前部國王以及龜茲國王的弟弟一起朝見苻堅，苻堅接見了他們，兩位國王遊說苻堅道，西域地方盛產珍奇寶物，二人並請派兵前往平定，以求西域諸國得以歸附中國朝廷。到了苻堅建元十三年歲次丁丑的正月，太史奏道：「有星在外國分野上出現，該當有德行高深的智慧之人入輔中國。」苻堅道：「朕聽說西域有一個鳩摩羅什，襄陽有一個僧人道安，豈不就是所謂的智人？」因而苻堅立即派使節前往西域求取羅什。到了建元十七年二月，鄯善王、車師前部王等又遊說苻堅，請他發兵西征。十八年九月，苻堅派遣驍騎將軍呂光、陵江將軍姜飛，率領車師前部王及車師王等，領軍七萬，西去討伐龜茲及烏耆諸國。臨出發時，苻堅在建章宮給呂光餞行，對呂光道：「帝王順應天命而治理國家，因為我素以愛護蒼生為本，豈是貪圖其土地而要攻伐西域，確實是因為懷想有道之人的緣故呵。朕聽說西邊的國家有一位鳩摩羅什，深為了解佛法的特質，擅長熟悉陰陽之術，乃是後學的宗師，朕十分想念此人。賢哲之人是國家的大寶，你若克定龜茲，立即用驛馬將鳩摩羅什快速送來。」呂光的軍隊尚未到達龜茲，羅什就對龜茲國王白純說：「國運衰落了，該當遭逢勁敵。帝王所居地方的人從東方前來時，應當恭敬迎接，不要對抗其鋒芒。」白純不聽從勸告，與之開戰，呂光因而擊破龜茲，殺掉了白純，立白純之弟白震為國主。呂光得到羅什後，沒有估量其智慧與氣量，見他年紀尚輕，便把他當作普通人來戲弄，強迫他娶龜茲國王的女兒為妻，羅什拒不接受，言辭十分哀苦懇切。呂光道：「你這位有道之士的操守並未超過你死去的父親，如何可以拒絕？」於是呂光又讓他喝下美酒，把羅什與國王的女兒一起關在密室裡。羅什被逼迫到了這樣的程度，因而違背了自己的節操。呂光有時還命羅什騎牛和頑劣不馴的馬，想要使他從馬上墜落。羅什懷平常心忍受著恥辱，沒有一點異樣的面色，呂光於是很慚愧，停止了這些做法。呂光回軍時走到半路，將部隊駐紮在山下，將士業已休息了，羅什說：「不可在此停留，在此必然會發生困窘，應當轉移至隴上。」呂光不予採納。到了晚上果然下起大雨，洪水陡起，水深數丈，死的人有數千之多，呂光這時方纔暗地裡覺得羅什確實神異。羅什對呂光說：「這是凶險危亡之地，不應滯留。我推算運命揣測氣數，應該趕快返回，中途必有福地可居。」呂光聽從他的建議，到達涼州時，聽到苻堅已被姚萇所害的消息，呂光命三軍將士都身披縞素，全體人馬一起開到涼州城南，呂光於是便在關外稱王，建年號為「太安」。

太安元年正月，姑臧刮起大風，羅什道：「這是不祥之風，理當有姦賊叛亂，但卻不須費力，叛亂自會平定。」不久梁謙、彭晃相繼叛亂，不久即被消滅。到了呂光龍飛二年，張掖縣臨松地方的盧水胡人沮渠成男和他的堂弟沮渠蒙遜反叛，推舉建康太守段業為主，呂光派他的庶子秦州刺史太原公呂纂率軍五萬前去討伐。當時的輿論認為段業等人不過是烏合之眾，而呂纂素有威猛的聲譽，按情勢必然全部平定。呂光以此諮詢羅什，羅什說：「我審視此次出征，沒有看到什麼有利之處。」不久呂纂在合梨被擊敗。稍後郭麐作亂，呂纂命大隊人馬輕率而進，又為郭麐所敗，呂纂本人僅隻身逃脫。呂光的中書監名叫張資，其人文書風格溫潤典雅，呂光很器重他，張資患了重病，呂光便盡力謀求要救治他。此時有一位外國名叫羅叉的有道之士說：「我能治張資的病。」呂光很高興，給了羅叉豐厚的賞賜。羅什心知羅叉是在欺詐，便告訴張資說：「羅叉做不了這件事，不過徒增煩惱和費用罷了，冥冥之中的運數雖然隱藏不見，但可以用事情來試探。」於是羅什便用五色的絲線打了繩結，將它燒成灰末，投進水中，羅什說假如這些灰燼浮出水面復原成為繩結，張資的病就治不好了。片刻工夫，灰末聚起浮出，復原成繩結的本來形貌。不久張資的病經再次治療仍無效果，幾天後就死掉了。過了不久，呂光也去世，其子呂紹繼位。數天後，呂光的庶子呂纂殺掉呂紹自立為王，建元為「咸寧」。

咸寧二年，有頭豬生仔，一個身體三個頭，從城池東廂地區的水井中又出來一條龍，到大殿前盤屈而臥，第二天早晨消失，呂纂認為這是祥瑞，便給大殿起名為龍翔殿。不久又有一黑龍昇騰在當陽宮九宮門上，呂纂便改九宮門為龍興門。羅什奏道：「近幾天來不斷有潛龍出遊，豕妖顯異。龍這個東西屬於陰一類，或出或入是根據時勢而定的，現在屢屢出現，則一定是災禍，必然會有下人犯上作亂的變故，應當克制自身修持德行，以應答上天的儆戒。」呂纂不予採納，在與羅什下棋為戲時，他吃掉了一個羅什的棋子，說：「砍下你這個胡奴的頭。」羅什答道：「無法砍胡奴的頭，胡奴倒將要砍人的頭。」這番話是有深意的，但呂纂終究未能明白。呂光的弟弟呂保有個兒子名叫呂超，呂超的小名便叫胡奴，後來呂超果然殺掉呂纂並斬下了他的頭，立其兄呂隆為主，此時人們方體驗出羅什話中的意思。

羅什在涼州停留了多年，呂光父子既不弘揚佛教，羅什便隱藏自己深奧的見解，沒有做什麼宣化，而苻堅已死，兩人竟也未能相見。直至姚萇竊據關中，因為聽到了羅什的高名，便虛心邀請他，諸多呂氏之人認為羅什足智多謀見解非常，害怕他去為姚萇謀劃計略，遂不許羅什東入關中。姚萇死後，其子姚興繼位，再次遣使懇請。姚興弘始三年三月，發生了樹木異根而連枝相生在大庭之中，逍遙園中的蔥變成了茝的事情，人們都認為這是美好的祥瑞，並說智慧之人應當入關了。到了這年的五月，姚興派遣隴西公碩德率軍西伐呂隆，呂隆軍隊被打得大敗。九月，呂隆上降表投降歸順，這時姚興方纔請得羅什入關，羅什於當年的十二月二十日到達長安。姚興待之以國師之禮，對他甚為優寵。姚興與羅什相對談話，常常終日挽留，兩人研究細微務盡極致，往往盡年忘倦。

從漢明帝時起佛教大法開始東入中國以來，歷經魏、晉二代，翻譯的經、論漸漸多了起來，但是支謙、竺法護等人所譯出的經文，有很多疑問和不通的地方。姚興年少時即通達崇奉佛教，專志於講經說法。羅什既來到長安住下，姚興便請他到西明閣以及逍遙園中，翻譯各種佛經。羅什對經典大多能夠背誦，研究經義無不透徹窮盡，進而又能通曉漢語，因此音譯和意譯都能通暢而不滯澀。羅什博覽舊有的經典後發現，其文義頗多錯誤，而這些錯誤都是由於先前的翻譯丟失了原文的本旨，與梵文本不能相對應的結果。於是姚興和僧人僧䂮、僧遷、法欽、道流、道恒、道標、僧叡、僧肇等八百餘人，共同稟承羅什所宣述出的佛經意旨，並又命他譯出《大品》。羅什手持梵文本，姚興手執舊有的經文，兩人互相校對，凡是羅什譯出的新文與舊有經文相異的地方，其意思無不周密暢達，大家都很心服，沒有人不欣喜讚歎。姚興更認為佛教大道精深厚重，以行善為本，實在是逃脫苦海的津筏，駕御世界的規範。因此他更加屬意於一切佛教經典，同時也留心小乘禪定之學，並撰寫了一部《通三世論》，用以昭示因果循環之理，從王公貴族到平民百姓，皆都欽佩稱讚姚興的風範。大將軍常山公姚顯、左將軍安城侯姚嵩二人，都十分信服萬事萬物相緣相生之理，屢屢請求羅什在長安大寺講解新譯佛經，因而羅什又接續譯出了《小品》、《金剛般若》、《法華》、《維摩》、《思益》、《首楞嚴》、《持世》、《佛藏》、《菩薩藏》、《遺教》、《菩提無行》、《呵欲》、《自在王》、《因緣觀》、《小無量壽》、《新賢劫》、《禪經》、《禪法要》、《禪要解》、《彌勒成佛》、《彌勒下生》、《十誦律》、《十誦戒本》、《菩薩戒本》、《釋論》、《成實》、《十住》、《中》、《百》、《十二門》，共三百餘卷。這些譯經都能通暢地發明精深的理論，發揚闡述出精微的旨趣。在那個時候，四方遠處對佛教義理有研究的士人，即使遠隔萬里也雲集長安，其盛況宏偉而影響深遠，至今仍為人們所景仰。

建康龍光寺僧人竺道生智慧穎悟達於細微，構造玄趣超脫文字束縛，但常常害怕出言有誤，便來到關中請羅什參決。廬山僧人慧遠學貫群經，廓大恢弘前聖的教化，但因為距佛祖時代已遠，疑問太多，因而也寫信諮詢羅什，其語見於〈慧遠傳〉。

早先有一僧人名慧叡，此人才學見識都很高明，常常跟隨羅什傳譯書寫佛經。羅什經常為他論述西方的文辭體式，商討其與中國文辭的同異之處，羅什說：「天竺國的風俗非常看重文章的寫作，文辭的音節韻致，要能伴以音樂為最佳。其人覲見國王，必須歌頌王德，禮見我佛，也以歌唱讚歎為貴，經典中的偈頌，就是那些歌讚的樣式。但是把梵文改為漢文，便失去了原文的美煥，雖然得到了大意，但文體上卻相隔得太遠了。

這就像自己嚼了飯再餵給人一樣，不僅僅是失去了飯的美味，而且是要令人嘔吐的。」羅什曾經作了一首偈頌贈給僧人法和，道：「心山生長出光明的本德，流風餘韻散布到萬里四方。我就像悲哀的鸞鳥棲息在孤桐之上，我清亮的聲音響徹九天。」他一共作了十首偈頌，文辭比喻都與此類似。羅什十分喜好大乘教義，立志要敷演推廣，常常歎息道：「我如果撰寫一部大乘的《阿毗曇》，絕非迦旃延子所能比。但現在身處秦國，有精深見解的人太少，困頓在此，還有什麼可說的呢。」因此很黯然地停止了工作。羅什僅僅為姚興撰寫了《實相論》二卷，並注釋了《維摩》經。羅什撰文出言成章，從來不修改刪節，其文辭比喻柔美雅麗，無處不有玄奧之旨。

羅什為人精神意態爽朗通脫，稟性高傲出於常人之上，其隨機領會的能力，很少有人能與之相匹。羅什性格仁厚，以博愛為心，虛心而善於教人，終日無倦。姚興常常對他說：「大師聰明絕倫而悟性高超，天下沒有第二人，如果一旦去世，怎麼可以使法種無人繼嗣。」因此姚興便找來十位歌舞女伎，逼羅什接受。自此以後，不讓羅什住在僧舍，另外建造了一處官署供其居住，並給予豐厚的供給。因此羅什在每次講經說法之前，都要先講一個比喻說：臭泥中生了一朵蓮花，祇採蓮花即可，不要把臭泥取上來。

當初羅什還在龜茲國的時候，曾跟從卑摩羅叉律師學習律學，卑摩羅叉後來進入關中，羅什聽說後十分高興，對他極盡師道之禮。卑摩還不知道羅什被逼虧節之事，便對羅什說：「你在中國應有很大的重複相續的因緣，不知你的受法弟子有多少人？」羅什答道：「中國境內經、律經典尚未齊備，新出的經、論等，大多是我所翻譯，有三千學徒，都跟從我受學佛法，但是我的煩累和障礙極其深重，因此沒有資格接受老師的尊敬。」另外杯度在彭城，聽說羅什在長安，因而歎道：「我與這個人戲別了三百年的時間，至今音訊不通而不能相見，祇有希望來生相遇了。」

羅什未去世時，已經稍稍覺得身患之病可能無法治愈，便口誦三遍神呪之語，命自己的外國弟子背誦以救性命，弟子們還沒來得及進行，羅什已經覺得病情更加危急了。於是羅什強撐病體與眾僧告別道：「我們因為佛法而相遇，但卻未能彼此盡心，眼見將要身赴來世，心中哀傷不可言說。我自認為很愚昧昏闇，聊且從事經典的翻譯，所譯出的經論共有三百餘卷，其中祇有《十誦》一部沒有來得及刪除煩蕪，但保存了本旨，應該不會有錯誤漏失。我希望我所翻譯的經典能夠流傳後世，大家一起來弘通發揚。今天我在眾人前發下精誠的誓言，如果我所傳譯的經典沒有謬誤，那就讓我身死焚屍之後，舌頭卻並不燋爛。」羅什於偽秦弘始十一年八月二十日卒於長安，這一年是東晉的義熙五年。羅什死後，即在逍遙園按外國方法，以火焚屍，薪火滅後身形爛碎，結果唯有舌頭未成灰燼。此後有一個外國僧人來中國，說道：「羅什所熟悉的經典，翻譯出來的尚不到十分之一。」

起初羅什或名鳩摩羅耆婆，因為外國起名字大多以父母之名為基礎，羅什的父親名鳩摩炎，母字耆婆，所以兼取父母之名為鳩摩羅耆婆。但是羅什去世的時間，各種記載不同，有的說是弘始七年，有的說是八年，有的則稱是十一年。考察七與十一，也許是字誤，但有關譯經的目錄中，也還有十一年的記載，所以如果隨聲附和這三家的說法，那就無所取正了。

晉長安弗若多羅

弗若多羅，此云功德華，罽賓❶人也。少出家，以戒節❷見稱，備通三藏❸，而專精《十誦律》❹部，為外國師宗❺，時人咸謂已階聖果❻。以偽秦❼弘始❽中，振錫❾入關。秦主姚興❿待以上賓之禮。羅什以挹⓫其戒範⓬，厚相宗敬⓭。先是，經法雖傳，律藏未闡，聞多羅既善斯部，咸共思慕⓮。以偽秦弘始六年十月十七日集義學⓯僧數百餘人，於長安中寺，延請⓰多羅誦出《十誦》胡本，羅什譯為晉文。三分獲二⓱，多羅構疾⓲，奄然⓳棄世。眾以大業未卒，而匠人逝往⓴，悲恨之深，有踰常痛㉑。

【注釋】❶罽賓　見卷一〈僧伽跋澄傳〉注釋。❷戒節　持戒不貳之節操。❸三藏　經律論三藏。此泛指佛教經典。❹十誦律　見本卷〈鳩摩羅什傳〉注釋。❺師宗　猶宗師。❻已階聖果　見卷一〈曇摩耶舍傳〉注釋。❼偽秦　見卷一〈僧伽跋澄傳〉注釋。❽弘始　後秦姚興年號（西元三九九至四一五年）。❾振錫　見卷一〈安清傳〉注釋。❿姚興　見卷一〈僧伽提婆傳〉注釋。⓫挹　通「揖」。禮讓；崇禮。⓬戒範　持節之德範。⓭厚相宗敬　謂極為敬重佩服。⓮思慕　仰慕。⓯義學　見卷一〈曇摩難提傳〉注釋。⓰延請　禮請。⓱三分獲二　謂獲得三分之二。⓲構疾　患病。⓳奄然　猶「奄然」。⓴逝往　去世。㉑有踰常痛　謂悲痛極深。

【語譯】弗若多羅，漢語稱作功德華，是罽賓國人氏。多羅很小的時候就出家為僧，以持守戒律的節操為人稱道，他能通曉佛教三藏的經典，特別精通《十誦律》，因此成為外國的宗師，當時的人都說他已經證成正果。多羅在偽秦弘始年中來到關中，後秦皇帝姚興把他視為上賓接待。鳩摩羅什也很崇尚他在持守戒律方面的德範，對他甚為敬重。在此之前，佛教經法雖然已得到傳譯，但律藏方面的經典卻沒有得到闡述，人們聽說多羅很擅長於這方面的經典，於是都非常仰慕他。偽秦弘始六年十月十七日，姚興召集了對佛教義理有研究的僧侶數百人，在長安中寺中，禮請多羅背誦出《十誦律》的梵文，由鳩摩羅什譯成漢語。當完成了三分之二時，多羅得了病，不久去世。因為這件大事尚未完成，而大師竟不幸逝世，所以眾人悲痛之深切，大大超過了一般的程度。

晉長安曇摩流支

曇摩流支，此云法樂，西域人也。棄家入道❶，偏❷以律藏❸馳名，以弘始七年秋，達自❹關中。

初，弗若多羅誦出《十誦》❺，未竟而亡。廬山釋慧遠聞支既善毗尼❻，希得❼究竟❽律部，乃遣書通好❾曰：「佛教之興，先行上國❿，自分流⓫以來，四百餘年，至於沙門律戒，所闕尤多。頃西域道士⓬弗若多羅，是罽賓人，其諷《十誦》胡本。有羅什法師⓭，通才博見，為之傳譯。《十誦》之中，文始過半，多羅早喪，中途而寢⓮，不得究竟大業，慨恨⓯良深。傳聞仁者⓰賫此經自隨，甚欣所遇⓱，冥運⓲之來，豈人事⓳而已耶。想弘道⓴為物，感時而動㉑，叩㉒之有人，必請㉓無所吝。若能為律學之徒，畢此經本，開示梵行㉔，洗其耳目，使始涉之流㉕，不失無上之津，參懷㉖勝業㉗者，日月㉘彌朗，此則惠深德厚㉙，人神同感㉚矣。幸願垂懷㉛，不乖㉜往意一二㉝。悉諸道人所具㉞。」流支既得遠書，及姚興敦請㉟，乃與什共譯《十誦》都畢。研詳考覈㊱，條制㊲審定，而什猶恨文煩未善。既而什化㊳，不獲刪治㊴。流支住長安大寺，慧觀㊵欲請下京師㊶，支曰：「彼土有人有法，足以利世，吾當更行無律教處。」於是遊化餘方㊷，不知所卒。或云終於涼土㊸，未詳。

【注釋】❶棄家入道　謂出家為僧。❷偏　特別。❸律藏　佛教三藏之一。有關戒律方面經典的總稱。❹達自　到達。❺十誦　即《十誦律》。參見本卷〈鳩摩羅什傳〉注釋。❻毗尼　即戒律。梵語、巴利語 Vinaya 的音譯。佛所制定的戒律。❼希

得　希望能。❽究竟　深入研究，通曉。佛教亦指最高境界。❾通好　結交。❿上國　此處是對天竺的尊稱。⓫分流　傳布；傳播。⓬道士　見本卷〈鳩摩羅什傳〉注釋。⓭法師　見卷一〈僧伽跋澄傳〉注釋。⓮寢　停止。⓯慨恨　感慨遺憾。⓰仁者　對曇摩流支的尊稱。⓱甚欣所遇　謂為自己有如此際遇而感到高興。⓲冥運　見本卷〈鳩摩羅什傳〉注釋。⓳人事　人力所能及的事情。⓴弘道　弘揚佛教大道。㉑感時而動　謂與時勢相互感應而發動。㉒叩　叩問。㉓請　大正藏本作「情」，於義為長。㉔梵行　斷除一切欲望的修行。梵，在這裡是清淨的意思。㉕始涉之流　謂初涉佛教之輩。㉖參懷　參與研修、規劃。㉗勝業　指佛教大業。㉘日月　每天每月。猶言時光流逝。㉙惠深德厚　智慧高明，德業深厚。㉚人神同感　謂人與神靈皆為之感動。㉛垂懷　垂念。㉜乖　違背。㉝一二　謂小數量。㉞悉諸道人所具　謂詳情請聽前來拜問的諸位僧人敘說。㉟敦請　見本卷〈鳩摩羅什傳〉注釋。㊱研詳考覈　研究細參，考核審定。㊲條制　為之條例。㊳化　遷化；去世。㊴刪治　刪節整理。㊵慧觀　東晉建鄴道場寺高僧。其生平散見於本書。㊶京師　此指東晉首都建鄴。㊷餘方　其他地方。㊸涼土　指涼州一帶。

【語　譯】曇摩流支，漢語稱作法樂，是西域人。流支出家為僧皈依佛教，尤以律藏之學著稱，在弘始七年秋天，到達關中。

早先弗若多羅背誦出《十誦律》，沒有完成便亡故了。廬山僧人慧遠聽說流支擅長戒律之學，希望能深入研究戒律方面的經典，於是寫信與流支結交，信中說：「佛教興起，先在天竺國流布，自從傳播四方以來，已經有四百餘年的時間，但是關於僧侶戒律規範的傳述，缺漏特別多。近來有一位西域的有道之僧叫弗若多羅，是罽賓國人，他背誦出了《十誦律》的梵文本。另外有一位鳩摩羅什法師，其人才學通明見識廣博，把梵文本翻譯成了漢語。但《十誦律》文本剛剛翻譯了一半，弗若多羅早逝，因此中途停止，不能徹底完成這項大業，真令人深為感慨遺憾。聽說您隨身攜帶了這部經，我為自己能有這樣的際遇而深感欣慰，看來是冥冥定數將它送來，不是人力所能辦到的。我想，弘揚佛教這件事，是與時勢相互感應而發動的，如果有人來請教，想必您一定不會有所吝惜。您如果能為後學的僧徒完成此經的翻譯流布，並為其開示破除欲望的高尚修行，清洗他們的所見所聞，使那些初涉佛教的人，能夠不失無上優良的途徑，使那些參與研修佛教大業的人，每天每月隨著時光流逝而更加通朗，這真稱得上是智慧高明德業深厚，凡人與神靈都為之而感動。真誠希望您能垂念這件事情，盡量不違背我的請託之意。詳情請聽前來拜望的諸位僧人的敘說。」流支既得到慧遠的書信，加上姚興又一再邀請，便與鳩摩羅什共同翻譯完成了全部的《十誦律》。兩人研究細參考核審定，疏理條例刪節整理，但鳩摩羅什仍然不滿意譯文由於煩瑣而造成的不完善。不久鳩摩羅什也去世，譯文沒有得到進一步的刪煩整治。流支住在長安大寺，慧觀想請他南下到東晉首都建鄴，流支答道：「那個地方有人有法，足能有益於世，我應該再到那些沒有戒律教化的地方去。」於是流支便前往其他地方傳化，下落不明。有人說他死在涼州一帶，但沒有進一步的詳情。

晉壽春石磵寺卑摩羅叉

卑摩羅叉，此云無垢眼，罽賓人。沉靖❶有志力❷，出家履道❸，苦節❹成務❺。先在龜茲，弘闡律藏❻，四方學者，競往師之，鳩摩羅什時亦預❼焉。及龜茲陷沒❽，乃避地❾烏纏❿。頃之⓫，聞什在長安大弘經藏，又欲使毗尼⓬勝品⓭，復洽⓮東國⓯，於是仗錫⓰流沙，冒險東渡，以偽秦弘始八年達自關中，什以師禮敬待，叉亦以遠遇欣然。及羅什棄世，叉乃出遊關左⓱，逗⓲于壽春⓳，止石磵寺，律徒⓴雲集，盛闡毗尼。羅什所譯《十誦》本，五十八卷，最後一誦，謂明受戒法，及諸成善法事㉑，逐其義要㉒，名為《善誦》。叉後賫往石磵，開㉓為六十一卷，最後一誦，改為《毗尼誦》，故猶二名存焉。

頃之，南適江陵㉔，於辛寺夏坐㉕，開講《十誦》。既通漢言，善相領納㉖，無作妙本㉗，大闡當時，析文求理㉘者，其聚㉙如林，明條知禁㉚者，數亦殷㉛矣，律藏大弘，叉之力也。道場㉜慧觀深括㉝宗旨，記其所制內禁輕重，撰為二卷，送還京師，僧尼披習，競相傳寫，時聞者諺曰：「卑羅鄙語㉞，慧觀才錄㉟，都人㊱繕寫㊲，紙貴如玉。」今猶行於世，為後生法矣。叉養德好閑㊳，棄諠離俗㊴，其年冬，復還壽春石磵，卒於寺焉，春秋七十有七。叉為人眼青，時人亦號為青眼律師㊵。

【注釋】❶沉靖　沉靜。❷志力　心志才力。❸履道　謂躬行佛教。❹苦節　語出《易・節》，本謂儉約過甚，後以堅守節操，矢志不渝為苦節。❺成務　成就事業。❻律藏　見本卷〈曇摩流支傳〉注釋。❼預　參與。❽龜茲陷沒　前秦苻堅建元十九年（西元三八三年），苻堅命呂光等統兵七萬，以討西域。龜茲王與戰，兵敗投降，自此西域三十餘國皆降。❾避地　見卷一〈康僧會傳〉注釋。❿烏纏　即焉耆。西域古城國名。亦作「阿耆尼」等。故地在今新疆焉耆。⓫頃之　不久。⓬毗尼　見本卷〈曇摩流支傳〉注釋。⓭勝品　殊為妙佳的同類經典。品，佛教稱聚類同者之一段為品，即章節。此處當泛指經典。⓮洽　廣布。⓯東國　指中國。⓰仗錫　猶振錫。見卷一〈安清傳〉注釋。⓱關左　指潼關以東地區。⓲逗　停留。⓳壽春　縣名。東晉時一度改為壽陽縣。治所在今安徽省壽縣。⓴律徒　研究戒律的僧徒。㉑諸成善法事　關於成就善事的諸種法事，如供佛、施僧、誦經、講說、修行等。㉒逐其義要　謂追索經典的要旨。㉓開　擴展；擴充。㉔江陵　見卷一〈曇摩耶舍傳〉注釋。㉕夏坐　亦稱夏安居、雨安居。古印度在雨季的三個月裡禁止僧尼外出，認為此際萬物滋生，外出易傷草木小蟲，應定居一處坐禪修學。在中國，佛教僧尼每年自農曆四月十六日起靜居寺院九十日，不出門行動，謂之夏坐或坐夏。㉖領納　接受。㉗無作妙本　反映真如的無上經典。無作，非人為的作品，順應自然之作。亦即真如之作。㉘析文求理　分析文本求取真理。㉙聚　聚匯。㉚明條知禁　明通戒條，達知禁律。㉛殷　眾多。㉜道場　即道場寺。在東晉首都建鄴，是當時江南地區有名的譯場。㉝深括　概括精深。㉞鄙語　俗語。此謂以俗語講述。㉟才錄　整理記錄。才，通「裁」。㊱都人　首都的人。㊲繕寫　抄寫。㊳養德好閑　修養無為而治的德性，美好而閑雅。㊴棄諠離俗　廢棄喧鬧，遠離世俗。㊵律師　見本卷〈鳩摩羅什傳〉注釋。

【語　譯】卑摩羅叉，漢語的意思是無垢眼，罽賓國人。他性格沉靜而有心志才力，出家為僧躬行佛教，以堅守節操而有所成就。羅叉先是在龜茲國弘揚闡發律藏經典，四方的學者競相以他為師，鳩摩羅什當時也在其中。龜茲國陷落以後，羅叉為避亂而遠去他方。不久，他聽說鳩摩羅什在長安大肆宏揚佛教經藏經典，加上他希望佛教戒律方面的經典也能廣傳中國，於是跨過沙漠，冒著危險東入中國，於偽秦弘始八年到達關中，鳩摩羅什以師禮敬重相待，羅叉也為二人不遠千里能夠相見而感到十分欣然。鳩摩羅什去世後，羅叉便出遊關左地區，逗留於壽春縣，並居住在石磵寺，學習戒律的僧眾們雲集該處，羅叉於此大規模地闡述了戒律的經典。鳩摩羅什所翻譯的《十誦律》文本，共五十八卷，其中的最後一誦，講的是如何清楚地授受戒法以及成就善行的諸種法事，羅叉追索其要旨，起名為《善誦》。羅叉後來把此經攜往石磵寺，擴充為六十一卷，將最後一誦改為《毗尼誦》，因而這最後一誦現在仍保存了兩個名字。

不久，羅叉南渡到江陵，夏天安居期間於辛寺閉門靜居修行時，為僧眾開講《十誦律》。羅叉既能通曉漢語，又善於接受，遂使反映真如的無上經典，在當時得到了廣泛的闡發，那些分析經文求取真理的人，如森林一般聚會到該處，而明通戒條、達知禁律的僧眾，數量也相當之多，律藏經典得以大大弘揚，正是羅叉的努力所致。道場寺僧人慧觀精深地概括了羅叉的宗旨，記錄下他所制訂的各種禁律的輕重程度，撰成了一個二卷的文本，送到京師建鄴，僧人尼姑們學習此本並競相傳抄，當時聽說此事的人編了諺語道：「卑羅以俗語講述，慧觀整理記錄，首都的人競相抄寫，為此紙貴如玉。」慧觀的這個記錄現在仍舊流行於世，成為後學者的準則。羅叉修養自己無為而治的德性，舉止美好而閑雅，廢棄諠鬧而遠離世俗，在這年冬天，又回到壽春石磵寺，最後死在寺中，享年七十七歲。羅叉眼睛白少而黑多，當時人也稱他為「青眼律師」。

晉長安佛陀耶舍

佛陀耶舍，此云覺明，罽賓人，婆羅門❶種，世事外道❷。有一沙門，從其家乞食，其父怒，使人打❸之，父遂手腳攣躃❹，不能行止❺。乃問於座師，對曰：「坐❻犯賢人，鬼神使然也。」即請此沙門，竭誠懺悔，數日便瘳❼，因令耶舍出家，為其弟子，時年十三。常隨師遠行，於曠野逢虎，師欲走避❽，耶舍曰：「此虎已飽，必不侵人。」俄而虎去，前行果見餘殘❾，師密異之。至年十五，誦經日得二三萬言。所住寺，常於外分衛❿，廢於誦習，有一羅漢重其聰敏，恒⓫乞食供之。至年十九，誦大小乘經數百萬言。然性度⓬簡傲⓭，頗以知見⓮自處，謂少堪己師⓯，故不為諸僧所重。但美儀止⓰，善談笑，見者忘其深恨。年及進戒⓱，莫為臨壇⓲，所以向立之歲⓳，猶為沙彌⓴。乃從其舅學五明諸論㉑，世間法術，多所綜習㉒。年二十七，方受具戒㉓。恒以讀誦為務，手不釋牒㉔。每端坐思義，不覺虛過時㉕，其專精如此。

後至沙勒國㉖，國王不悆㉗，請三千僧會，耶舍預㉘其一焉。時太子達摩弗多，此言法子，見耶舍容服端雅㉙，問所從來，耶舍詶對㉚清辯㉛，太子悅之，仍請留宮內供養[32]，待遇隆厚。羅什後至，復從舍受學，甚相尊敬。什既隨母還龜茲，耶舍留止。頃之，王薨，太子即位，時苻堅遣呂光等西伐龜茲，龜茲王急，求救於沙勒，沙勒王自率兵赴之，使耶舍留輔太子，委以後事。救軍未至，而龜茲已敗，王歸，具說羅什為光所執，舍乃歎曰：「我與羅什相遇雖久，未盡懷抱，其忽羈虜[33]，相見何期。」停[34]十餘年，乃東適龜茲，法化[35]甚盛。時什在姑臧[36]遣信要[37]之，裹糧[38]欲去，國人留之，復停歲許。後語弟子云：「吾欲尋羅什，可密裝夜發，勿使人知。」弟子曰：「恐明日追至，不免復還耳。」耶舍乃取清水一鉢，以藥投中，呪數十言，與弟子洗足，即便夜發。比至旦，行數百里，問弟子曰：「何所覺耶？」答曰：「唯聞疾風之響，眼中淚出耳。」耶舍又與呪水洗足，住息[39]。明旦，國人追之，已差數百里，不及。

行達姑臧，而什已入長安，聞姚興逼以妾媵，勸為非法[40]，乃歎曰：「羅什如好錦，何可使入棘林中。」什聞其至姑臧，勸姚興迎之，興未納。頃之，興命什譯出經藏，什曰：「夫弘宣法教，宜令文義圓通[41]，貧道雖誦其文，未善其理，唯佛陀耶舍深達幽致[42]，今在姑臧，願詔徵之，一言三詳[43]，然後著筆，使微言不墜[44]，取信[45]千載也。」興從之，即遣使招迎，厚加贈遺[46]，悉不受，乃笑曰：

「明旨[47]既降，便應載馳[48]，檀越[49]待士既厚，脫如羅什見處[50]，則未敢聞命。」使還具說之，興歎其幾慎[51]，重信敦喻[52]，方至長安。興自出候問[53]，別立新省[54]於逍遙園[55]中，四事供養[56]，並不受，時至分衛，一食而已。于時羅什出《十住經》，一月餘日，疑難猶豫[57]，尚未操筆[58]。耶舍既至，共相徵決[59]，辭理方定，道俗三千餘人，皆歎其當要[60]。舍為人赤髭，善解《毗婆沙》，時人號曰「赤髭毗婆沙[61]」。既為羅什之師，亦稱大毗婆沙。四事供養，衣鉢臥具，滿三間屋，不以關心，姚興為貨之，於城南造寺。耶舍先誦《曇無德律》，偽司隸校尉[62]姚爽請令出之，興疑其遺謬，乃試耶舍，令誦羌籍醫方可五萬言經。二日，乃執文覆之，不誤一字，眾服其強記[63]。即以弘始[64]十二年譯出《四分律》，凡四十四卷，並出《長阿含》等。涼州[65]沙門竺佛念譯為秦言[66]，道含筆受。至十五年解座[67]，興䞋[68]耶舍布絹萬疋，悉不受，道含、佛念布絹各千疋，名德沙門五百人，皆重䞋施。

耶舍後辭還外國，至罽賓得《虛空藏經》一卷，寄[69]賈客[70]，傳與涼州諸僧，後不知所終。

【注　釋】❶婆羅門　印度早期奴隸制時代四個種姓中的最高級，世襲祭祀貴族。❷外道　見本卷〈鳩摩羅什傳〉注釋。❸打　古代俗語。揍。❹攣癖　癖，當從《出三藏記集》作「躄」。攣躄，謂手足蜷曲不能伸展。❺行止　行走坐臥。❻坐　因犯某罪或錯誤。❼瘳　病愈。❽走避　逃避。❾餘殘　謂虎食之殘餘。❿分衛　求取施捨；化緣。參見卷一〈安清傳〉注釋。⓫恒　常常；一直。⓬性度　性情氣度。⓭簡傲　高傲；傲慢。⓮知見　佛教語。知為知識，識為眼識，謂識別事理，判斷疑難之力。⓯少堪己師　謂很少有能做自己老師的人。⓰儀止　儀容舉止。⓱進戒　進達戒律的完備階段。戒分五戒、八戒、十足戒、具足戒四個階級，依次進位至於完備。此處是「受戒」的意思。⓲莫為臨壇　謂無人為之舉行授戒的儀式。佛教授受戒律，須立壇而舉行儀式。⓳向立之歲　謂接近三十歲。⓴沙彌　見本卷〈鳩摩羅什傳〉注釋。㉑五明諸論　見本卷〈鳩摩羅什傳〉注釋。㉒綜習　廣泛練習。㉓具戒　即具足戒。出家者所要遵守的戒律，為小乘律所規定的完整戒律。㉔牒　牒冊。謂經文。㉕不覺虛過時　此句大正藏本作「尚云不覺虛過於時」。義長。㉖沙勒國　見本卷〈鳩摩羅什傳〉注釋。㉗不悆　即不豫。帝王病重的委婉說法。㉘預　參與；參加。㉙端雅　莊重文雅。㉚訓對　應付；對答。㉛清辯　清晰明辯。㉜供養　見卷一〈維祇難傳〉注釋。㉝羈虜　謂被俘虜而羈留。㉞停　留住；留宿。㉟法化　佛教道化。㊱姑臧　見本卷〈鳩摩羅什傳〉注釋。㊲要　邀請。㊳裹糧　謂準備乾糧。㊴住息　謂停住休息。㊵非法　謂佛法所不允許之事。㊶圓通　見本卷〈鳩摩羅什傳〉注釋。㊷深達幽致　謂深切體悟極其幽微的意旨。㊸一言三詳　謂對每一個字或一段話語進行多次的講說。一言，一個字或一句話。詳，細說。㊹微言不墜　謂使精深微妙的言辭義理不致失落。㊺取信　取得信任。㊻贈遺　贈賜。㊼明旨　對帝王旨意的美稱。㊽載馳　語出《詩經・載馳》。「載馳載驅」的省稱。謂車馬疾行。載，句首助詞。㊾檀越　即施主。見卷一〈安清傳〉注釋。㊿脫如羅什見處　謂倘或像對待羅什一樣對待我。脫，倘或。見，用在動詞前，相當於前置賓語「我」。處，對待。(51)幾慎　機警謹慎。(52)重信敦喻　謂再次申明勸勉之意。信，通「申」。敦喻，勸勉曉喻。(53)候問　問候；問安。(54)省　官署。(55)逍遙園　見本卷〈鳩摩羅什傳〉注釋。(56)四事供養　以飲食、衣服、臥具、醫藥供養。(57)猶豫　遲疑不決。(58)操筆　執筆。指寫下來。(59)徵決　求索而決定之。(60)當要　得當而能切中要點。(61)毗婆沙　見卷一〈曇摩耶舍傳〉注釋。(62)司隸校尉　官名。西漢時始置，初為緝捕重犯而設，東漢時已漸變成郡以上的督察官，統河南等七郡，權威特重，除三公外均可糾彈。魏晉時其所統之州稱為司州。東晉罷，變其職為揚州刺史。南北朝後廢。(63)強記　強於記憶。(64)弘始　後秦姚興年號（西元三九九至四一五年）。(65)涼州　見卷一〈竺佛念傳〉注釋。(66)秦言　同「吳語」、「晉言」等。皆指漢語。(67)解座　罷去法座。謂停止講演佛法。(68)嚫　施捨財物給僧人。(69)寄　託付。(70)賈客　商客。

【語譯】佛陀耶舍，漢語的意思是覺明，是罽賓國人，其家為婆羅門種姓，世代奉祀外道。有一次一位僧人至其家乞食，耶舍的父親命人揍打該僧，結果自己的手腳變得蜷曲不能伸展，無法行走坐臥。於是他向他的老師詢問，老師回答說：「此乃冒犯賢人所致，是鬼神讓你變成這個樣子的。」耶舍的父親便禮請那位僧人，自己極為誠懇地進行懺悔，不幾天病就好了，因為這個緣故其父便叫耶舍出家為僧，做此僧人的弟子，當時耶舍十二歲。耶舍經常跟隨師傅出門遠行，有一次在曠野中遭遇老虎，其師想要逃避，耶舍道：「這隻老虎已經吃飽了，肯定不會侵犯人。」一會兒老虎便離開了，他們繼續前進，果然發現有老虎吃剩下的殘餘，他的師傅暗暗地覺得耶舍十分奇異。耶舍年至十五，每日誦經能達二三萬字。他所居住寺廟的僧人由於常常外出求取施捨，因而荒廢了誦讀經文，有一位羅漢看重耶舍的聰慧明敏，一直以自己外出乞食來供養他。耶舍到十九歲的時候，已經能諷誦數百萬字的大、小乘經典。不過耶舍的性情氣度很高傲，頗認為自己具有識別事理、判斷疑難之識見，自稱很少有人能做他的老師，因而耶舍並不為其他僧人所敬重。但是耶舍的儀容舉止美麗優雅，又善於談笑，因而見到他的人都忘記了內心對他的不滿。耶舍到了進受更高戒位的年齡時，沒有人為他登壇舉行儀式，所以他接近三十歲時，猶還是一個衹接受過十足戒的沙彌。於是耶舍便跟從他的舅舅學習五明諸論。耶舍對世間的各種法術，多能熟悉諳習，二十七歲時，方纔接受了具足戒。耶舍一直以讀誦佛經為事，從來也沒有放下過手中的經文。每當他正身而坐思考經義時，猶還說不知不覺間虛度了光陰，他就是如此的專一精誠。

耶舍後來到了沙勒國，該國國王病重，請來三十僧人舉行法會，耶舍也是參與者之一。當時的沙勒國太子名叫達摩弗多，漢語稱為法子，他看到耶舍的儀容服裝莊重文雅，問耶舍從何處來，耶舍的對答清晰明辯，太子很高興，便請他留在宮內接受供養，並給予了很優厚的待遇。鳩摩羅什後來也到了沙勒，又跟從耶舍學習，兩人彼此都很尊敬對方。鳩摩羅什後來隨同其母返回了龜茲國，耶舍則留在了沙勒。不久，沙勒國王去世，太子繼承王位，此時苻堅派遣呂光西伐龜茲國，龜茲王很困窘，便向沙勒求救，沙勒王親率部隊前往救助，命令耶舍留在國內輔助太子，並把後事託付給他。沙勒王的救兵還沒到，龜茲國就已經兵敗，沙勒王返回後，向耶舍和盤講出了鳩摩羅什被呂光俘虜的事情，耶舍歎息道：「雖然我與羅什相處甚久，但未能充分交流彼此的心意，他突然被俘，不知道何時纔能相見。」耶舍在沙勒停留了十餘年後，便東去龜茲，使其地的佛教道化甚為隆盛。此時鳩摩羅什在姑臧寫信邀請他前往，耶舍準備好乾糧正要離開，沙勒國人予以挽留，因而他又在沙勒停留了一年多。後來耶舍對其弟子說：「我想去尋找鳩摩羅什，可以秘密裝扮起來在夜裡出發，不要讓人知道。」弟子道：「祇怕明晨追人趕到，又不免再次返還。」耶舍便取來一鉢清水，往其中投了一些藥，對此念了幾十字的呪語，再用此水給弟子洗腳。當下便在夜裡出發，到了早晨，已經走了數百里，耶舍問弟子道：「有什麼感覺？」弟子回答說：「祇聽到疾風的聲音，風吹得眼睛流淚而已。」耶舍又用念過呪語的水給他洗腳，此後住下休息。到了第二天早晨，沙勒國派人追趕，結果已與他們相差了數百里，無法趕上了。

耶舍到達姑臧時，鳩摩羅什已經東入長安，耶舍聽說姚興逼迫鳩摩羅什娶妾並勸誘他做違背佛法的事情後，為此歎道：「羅什如同絕佳的絲綿，如何能使之落入荊棘叢林中！」鳩摩羅什聽說耶舍到了姑臧，勸說姚興迎請他，姚興沒有採納。不久後，姚興命鳩摩羅什翻譯佛經，鳩摩羅什說：「弘揚傳譯佛法教義，理當使經義周密暢達，貧道我雖然能夠背誦經文，但不擅長義理，祇有佛陀耶舍深切體悟經義的幽微意旨，現在他人就在姑臧，希望能下詔徵召他，請他對每一個字進行反復探求，以使精深微妙的言辭義理不致失落，從而讓譯文在千年之後也能被人所信任。」姚興聽從了這個建議，當即派遣使節徵召迎請耶舍，並重加贈賜，但耶舍全未接受，他笑著說：「皇上既降詔令，本當立即乘車前往，他這位檀越對待佛士是很隆厚的，但如果像對待羅什一樣對待我，那就不敢從命了。」使節回來後詳細地轉述了耶舍的話，姚興對他的機警慎重很歎賞，便再一次向耶舍申述了自己的誠意，耶舍這纔來到長安。姚興親自出來迎候，在逍遙園中另外設置了一處新的官署，供養飲食、衣服、臥具、醫藥，但耶舍全不接受，祇是在施捨的時候，吃一頓飯而已。在這時鳩摩羅什翻譯了《十住經》，過了一個多月，猶感到有很多疑難而遲疑不決，尚還沒有寫出。耶舍既已來到，兩人便一同求索而決定之，文辭義理剛剛確定，三千多僧、俗之人都十分歎服譯文的恰當精要。耶舍的鬍鬚是紅色的，善於注釋《毗婆沙》，當時人稱之為「赤髭毗婆沙」。耶舍既是鳩摩羅什的老師，因此又稱他為「大毗婆沙」。人們供養他的衣食鉢器臥具等物，裝滿了三間房屋，但耶舍從不掛在心上，姚興替他賣掉了這些東西，在城南建造了一座寺廟。耶舍先是背出了《曇無德律》，偽司隸校尉姚爽請他翻譯出來，而姚興懷疑他會留下錯誤，要考他一下，便令他背誦出大約五萬字的羌族人的藥方經文。兩天後，姚興拿著原文覆核，結果一字不誤，大家都歎服耶舍的強記能力。因此在弘始十二年譯出了《四分律》，共四十四卷，此外譯出的經典還包括了《長阿含》等。涼州僧人竺佛念又將此譯為漢語，由道含執筆記錄。到了弘始十五年罷解法座時，姚興施捨給耶舍布、絹一萬匹，但他不予接受；姚興施捨道含、竺佛念各布絹一千匹，對有名望德行的五百位僧人，也都重加施捨。

耶舍後來辭別返回外國，到達罽賓國時得到了《虛空藏經》一卷，託付客商傳給了涼州的僧人，此後下落不明。

晉京師道場寺佛馱跋陀羅

佛馱跋陀羅，此云覺賢，本姓釋氏，迦維羅衛❶人，甘露飯王❷之苗裔❸也。祖父達摩提婆，此云法天，嘗商旅❹於北天竺❺，因而居焉。父達摩脩耶利，此云法日，少亡。賢三歲孤，與母居，五歲復喪母，為外氏❻所養。從祖❼鳩婆利，聞其聰敏，兼悼其孤露❽，乃迎還，度❾為沙彌❿。至年十七，與同學數人，俱以習誦為業，眾皆一月，賢一日誦畢，其師歎曰：「賢一日，敵三十夫⓫也。」及受具戒⓬，修業精勤，博學群經，多所通達。

少以禪律⑬馳名，常與同學僧伽達多，共遊罽賓，同處積載⑭，達多雖伏其才明，而未測其人也。後於密室閉戶坐禪，忽見賢來，驚問：「何來？」答云：「暫⑮至兜率⑯，致敬彌勒⑰。」言訖便隱，達多知是聖人，未測深淺⑱。後屢見賢神變⑲，乃敬心祈問⑳，方知得不還果㉑。常欲遊方弘化，備觀風俗，會有秦沙門智嚴西至罽賓，睹法眾㉒清淨，乃慨然東顧曰：「我諸同輩，斯有道志，而不遇真匠㉓，發悟㉔莫由。」即諮詢國眾㉕，孰能流化東土，僉㉖云：「有佛馱跋陀者，出生天竺那呵梨城，族姓㉗相承，世遵道學，其童齔㉘出家，已通解經論，少受業於大禪師佛大先㉙。」先時亦在罽賓，乃謂嚴曰：「可以振維㉚僧徒，宣授禪法者，佛馱跋陀其人也。」

嚴既要請㉛苦至，賢遂愍㉜而許焉，於是捨眾辭師，裹糧㉝東逝。步驟㉞三載，綿歷寒暑，既度蔥嶺，路經六國㉟，國主矜㊱其遠化㊲，並傾懷資奉㊳。至交趾㊴，乃附船㊵循海而行，經一島下，賢以手指山曰：「可止於此。」船主曰：「客行惜日，調風㊶難遇，不可停也。」行二百餘里，忽風轉吹，船還向島下，眾人方悟其神，咸師事之，聽其進止㊷。後遇便風㊸，同侶皆發，賢曰：「不可動。」船主乃止，既而有先發者，一時覆敗。後於闇夜之中，忽令眾船俱發，無肯從者，賢自起收纜，唯一舶獨發，俄爾賊至，留者悉被抄害[44]。

頃之，至青州[45]東萊郡[46]，聞鳩摩羅什在長安，即往從之，什大欣悅，共論法相[47]，振發玄微，多所悟益。因謂什曰：「君所釋不出人意[48]，而致高名，何耶？」什曰：「吾年老故爾，何必[49]能稱[50]美談[51]。」什每有疑義，必共諮決[52]。時秦太子泓[53]欲聞賢說法，乃要命[54]群僧，集論[55]東宮。羅什與賢數番往復，什問曰：「法云何空[56]？」答曰：「眾微成色，色無自性，故雖色常空[57]。」又問：「既以極微破色空，復云何破[58]一微？」答曰：「群師或破析[59]一微，我意謂不爾[60]。」又問：「微是常耶[61]？」答曰：「以一微故眾微空，以眾微故一微空。」時寶雲譯出此語，不解其意，道俗咸謂賢之所計，微塵[62]是常。餘日長安學僧復請更釋，賢曰：「夫法不自生，緣會故生[63]。緣一微故有眾微，微無自性[64]，則為空矣。寧可言不破一微，常而不空乎[65]？」此問答之大意[66]也。秦主姚興專志佛法，供養三千餘僧，並往來宮闕，盛修人事[67]，唯賢守靜[68]，不與眾同。後語弟子云：「我昨見本鄉，有五舶俱發。」既而弟子傳告外人，關中舊僧，咸以為顯異惑眾。

又賢在長安，大弘禪業，四方樂靖[69]者，並聞風而至[70]。但染學[71]有深淺[72]，得法有濃淡，澆偽[73]之徒，因而詭滑[74]。有一弟子因少觀行[75]，自言得阿那含果[76]，賢未即檢問[77]，遂致流言[78]，大被謗讟[79]，將有不測之禍[80]。於是徒眾或藏名潛去，或踰牆夜走，半日之中，眾散殆盡，賢乃怡然[81]不以介意。

時舊僧䂮、道恒等謂賢曰：「佛尚不聽說己所得法[82]。先言五船將至，虛而無實，又門徒誑惑[83]，互起同異[84]，既於律有違，理不同正[85]，宜可時去，勿得停留。」賢曰：「我身若流萍，去留甚易，但恨懷抱[86]未伸，以為慨然耳。」於是與弟子慧觀等四十餘人俱發，神志從容，初無異色，識真之眾[87]，咸共歎惜，白黑[88]送者千有餘人。姚興聞去悵恨，乃謂道恒曰：「佛賢沙門，協道[89]來遊，欲宣遺教，緘言[90]未吐，良用深慨，豈可以一言之咎，令萬夫無導。」因敕令追之。賢報使曰：「誠知恩旨，無預聞命。」於是率侶宵征，南指廬岳。

沙門釋慧遠，久服風名[91]，聞至欣喜，傾蓋[92]若舊。遠以賢之被擯[93]，過由門人，若懸記[94]五船，止說在同意[95]，亦於律無犯。乃遣弟子曇邕，致書姚主及關中眾僧，解其擯事，遠乃請出禪數諸經。賢志在遊化，居無求安[96]，停山歲許，復西適江陵[97]。遇外國舶至，既而訊訪，果是天竺五舶，先所見者也。傾境士庶，競來禮事，其有奉施，悉皆不受，持鉢分衛，不問豪賤。時陳郡[98]袁豹，為宋武帝太尉[99]長史[100]，宋武南討劉毅[101]，豹隨府居[102]于江陵。賢將弟子慧觀詣豹乞食，豹素不敬信，待之甚薄，未飽辭退。豹曰：「似未足，且復小留[103]。」賢曰：「檀越施心[104]有限，故令所設已罄[105]。」豹即呼左右益飯，飯果盡，豹大慙愧。既而問慧觀曰：「此沙門何如人？」觀曰：「德量[106]高遠，非凡所測。」豹深歎異，以啟太尉。太尉請與相見，甚崇敬之，資供備至。俄而，太尉還都，請與俱歸，安止道場寺。賢儀範[107]率素，不同華俗，而志韻[108]清遠[109]，雅有淵致[110]。京師法師僧弼與沙門寶林書曰：「鬬場禪師[111]，甚有大心[112]，便是天竺王、何[113]風流人也。」其見稱如此。

先是，沙門支法領於于闐[114]得《華嚴》前分三萬六千偈，未有宣譯。到義熙[115]十四年吳郡[116]內史[117]孟顗、右衛將軍[118]褚叔度，即請賢為譯匠。乃手執梵文，共沙門法業、慧義、慧嚴等百有餘人，於道場譯出。詮定[119]文旨，會通[120]華戎，妙得經意，故道場寺猶有華嚴堂焉。又沙門法顯於西域所得《僧祇律》梵本，復請賢譯為晉文，語在《顯傳》。其先後所出《觀佛三昧海》六卷、《泥洹》及《修行方便論》等，凡一十五部，一百十有七卷，並究其幽旨，妙盡文意。賢以元嘉[121]六年卒，春秋七十有一矣。

【注　釋】❶迦維羅衛　梵語 Kapilavastu 的音譯。古地名。即劫比羅伐窣堵國，為佛祖釋迦牟尼誕生地。故址或以為在今尼泊爾境內，或以為在今印度北方邦巴斯底縣的比普拉瓦。❷甘露飯王　梵語名為 Amrtodana。釋迦牟尼的叔父。❸苗裔　子孫後代。❹商旅　此指外出經商。❺北天竺　見卷一〈攝摩騰傳〉注釋。❻外氏　指外祖父家。❼從祖　伯祖父或叔祖父。❽孤露　孤單無所蔭庇，指父母雙亡。❾度　使人出家。❿沙彌　見本卷〈鳩摩羅什傳〉注釋。⓫夫　《出三藏記集》作「天」。是。⓬具戒　見本卷〈佛陀耶舍傳〉注釋。⓭禪律　禪定與戒律。⓮積載　多年。⓯暫　偶然。⓰兜率　即兜率天。是欲界六天中的第四天。此天之內院，為將來成佛的菩薩居住，現在則有彌勒菩薩住此說法。兜率，漢語是妙足、知足的意思。⓱彌勒　梵語 Maitreya 的音譯。菩薩名。⓲深淺　偏義複詞。指深。⓳神變　神奇變化。⓴祈問　求問。㉑不還果　小乘佛教的第三果位。為斷盡欲界煩惱而生於天上，不再還於欲界的階位。參見本卷〈鳩摩羅什傳〉注釋。㉒法眾　皈依佛法之人；出家人。即出家五眾比丘、比丘尼、式叉摩耶（學法女）、沙彌、沙彌尼的總稱。㉓真匠　謂佛教大師。匠，在某一方面有極深造詣的人。㉔發悟　領悟。㉕國眾　猶國人。㉖僉　眾人；大家。㉗族姓　大族；望族。㉘童齔　指童年七、八歲時。㉙佛大先　即佛陀斯那。罽賓高僧，以禪法知名。卷三〈釋智嚴傳〉作「佛馱先」。㉚振維　整頓綱紀。㉛要請　邀請。㉜愍憐憫；哀憐。㉝裹糧　見本卷〈佛陀耶舍傳〉注釋。㉞步驟　緩行和疾走。此指行走。㉟六國　湯用彤曰：「疑即《西域記》卷十所謂東南大海隅之六國。」見其《漢魏兩晉南北朝佛教史》頁二一八。㊱矜　注重；珍惜。㊲遠化　謂遠來布化。㊳資奉　資給供養。㊴交趾　古地名。本指五嶺以南一帶地方。漢置交趾郡。古代傳說其地人臥時頭外向，足在內而相交，故稱交趾。㊵舶　大海船。㊶調風　即條風。東北風。或東風。㊷進止　意旨；命令。㊸便風　順風。㊹抄害　謂被強掠並殺害。㊺青州　西漢武帝設。東晉時治所在今山東益都。後又僑置於廣陵。㊻東萊郡　西漢時置。東晉時治所在今山東黃縣。㊼法相　諸法真實之相。㊽不出人意　謂並無高出一般思惟意識所及之境地。㊾何必　表示反問的語氣，意謂不必、不必要。㊿稱符合。(51)美談　稱讚之語。(52)諮決　謀議決斷。(53)秦太子泓　姚泓。見卷一〈曇摩耶舍傳〉注釋。(54)要命　邀命。(55)集論會集討論。(56)法云何空　法為什麼說是空的。(57)眾微成色三句　謂由微粒的集合而生成物質的形相，而一切物質現象均無實在性，所以被生成的、變化的物質現象便沒有獨立的自性，永遠是空。微，極微，物質的最小單位。色，專指那些具有形相、被生成的、變化的物質現象。空，實質上就是一種否定，否定物質的永久實體、自我實在性，及其持這種見解的說法。參見本卷〈鳩摩羅什傳〉注釋。(58)破　剖；剖析。(59)破析　剖析。(60)我意謂不爾　我的意思不是這樣。(61)微是常耶　謂構成物質的極微是否永久。(62)微塵　微粒。亦即極微。(63)夫法不自生二句　謂宇宙的一切不能自生，乃由因緣和合而生。法，本義為規範，後發展為真理，既可指一般的法則，也指認識論上的本性，存在論上的存在等。在這裡是指宇宙的一切，包括具體和抽象的、物質與精神的、形而下與形而上的一切存在。自生，以自己為原因而生起自身，即能生與所生。緣會故生，即緣起，指宇宙萬法都是由條件和原因的集合而生起，緣集則成，緣去則滅。64自性　存在自身與其他存在相區別的本性，即自我存在的本質。65寧可言不破一微二句　豈能說我不剖析每一個微粒，而稱微粒是永久而非空。66大意　主旨；要意。67人事　此謂交際往來（參見徐復《後讀書雜志》頁一五七，上海古籍出版社）。68守靜　語出《老子》：「致虛極，守靜篤。」謂保持清靜，無所企求。此謂佛馱跋陀羅守持自己的禪法。69樂靖　喜好清靜。70聞風而至　一聽到消息就來。形容行動迅速。71染學　謂感受佛教教化。72深淺　此謂程度高低。73澆偽　澆薄，虛偽。74詭滑　詭詐姦猾。75觀行　觀心修行。即觀照自心本性之修行。此為止觀中觀方面的修行。76阿那含果　即「不還果」。77檢問　查問。78流言　沒有根據的話。79謗讀　怨恨毀謗。讀，通「讟」。80不測之禍　意外之禍。81怡然　坦然貌。82佛尚不聽說己所得法　謂佛祖尚且沒有任意說出自己所證知的事實。聽，任意的意思。83誑惑　欺騙迷惑。84同異　異議。85正　大正藏本作「止」。是。86懷抱　心懷；心意。87識真之眾　了知真實之人。88白黑　見卷一〈帛遠傳〉注釋。89協道　調和合道化。90緘言　閉口不言。91風名　風操名聲。92傾蓋　兩車的傘蓋靠在一起。比喻相逢訂交。93擯　排斥；摒斥。94懸記　本指佛遙記修行者未來證果、成佛的預言。此指預言。95同意　謂意旨相同。96居無求安　語出《論語・學而》。謂居住不要求舒適。97江陵　見卷一〈曇摩耶舍傳〉注釋。98陳郡　秦始置。東晉時治所在今河南淮陽縣。99宋武帝太尉　宋武帝，南朝宋開國皇帝劉裕，西元四二〇至四二二年在位。太尉，見卷一〈帛尸梨蜜傳〉注釋。當時劉裕尚未登基，為東晉太尉，故稱。100長史　官名。官府、軍府屬吏之長。101宋武南討劉毅　東晉義熙七年，大權在握的劉裕率兵討伐不服於自己的荊州刺史劉毅，次年冬，劉毅敗死。102屆至；到達。103小留　稍稍停留。104施心　施捨之心。105罄　盡。106德量　道德涵養和氣量。107儀範　儀表法式。108志韻　志向情操。109清遠　清明，高遠。110淵致　見本卷〈鳩摩羅什傳〉注釋。111鬪場禪師　即覺賢。鬪場，即道場寺。112大心　大菩提心；為眾生得渡而自己求覺悟的偉大心願。113王何　王弼、何晏。皆魏晉時名士，並以老莊之學知名。114于闐　西域古國。故址在今新疆和闐東南。115義熙　東晉安帝司馬德宗年號（西元四〇五至四一八年）。116吳郡　東晉時治所在今江蘇蘇州。117內史　官名。漢初分封王國，設內史，主掌民政。魏晉南北朝沿置。其職位、體制均與地方郡守相同。118右衛將軍　禁軍將領。西晉設，南北朝沿置。掌宿衛禁軍，與左衛將軍輪流宿值。119詮定　闡明。120會通　融會貫通。121元嘉　南朝宋文帝劉義隆年號（西元四二四至四五三年）。

【語　譯】佛馱跋陀羅，漢語稱作覺賢，他本來姓釋氏，迦維羅衛國人，乃甘露飯王的後代。覺賢的祖父達摩提婆，漢語稱作法天，曾到北天竺一帶經商，因此移居到那裡。他的父親叫達摩脩耶利，漢語稱作法日，年輕時就亡故了。覺賢三歲時就成了孤兒，和母親住在一起，五歲時母親又去世，因而被外祖父家收養。覺賢的叔祖父鳩婆利得知他很聰明，加上可憐他父母雙亡無依無靠，便接他回來，讓他出家為僧。覺賢十七歲時，和數位同學皆以學習諷誦為事，大家要一個月時間纔能完成的事情，覺賢一天就完成了，他的老師驚歎道：「覺賢的一天，抵得上別人三十天。」及至受了具足戒後，覺賢修習佛教刻礪勤奮，廣泛學習各種經典，並通曉明達很多東西。

覺賢年輕時便以禪定、律藏方面的學問而知名，經常與同學僧伽多羅一起到罽賓遊化，二人在一起相處了多年，達多雖然佩服他的才智聰明，但卻未能深知其人。達多後來有一次在靜室裡閉門坐禪，忽然見到覺賢進來，達多驚異地問道：「你從哪裡來？」覺賢答道：「偶然去了趟兜率天，向彌勒菩薩致敬。」達多方知覺賢是位聖人，無法估量其道行的深度。此後達多又屢次見到覺賢的神奇變化，於是便崇敬地向他請教，纔知道覺賢已經修成了不還果。覺賢經常想要四處遊方宣化佛教，觀察各地的風俗，其時正好有中國北方的僧人智嚴向西來到罽賓，他看到此地出家人都有清靜之心，不禁回首東方感慨地說：「我們一大批同輩，雖具有向道之志，但沒能遇到大師，因而無從感悟。」於是智嚴便向罽賓國人詢問，請教哪一位大師能讓佛教道化流布到中國去，大家說：「有一位叫佛馱跋陀的，出生在天竺國那呵利城，世代都是大族，一直尊奉佛教，其本人童年出家為僧，已能通曉佛教經典，年輕時又受學於大禪師佛大先。」佛大先當時也在罽賓國，他對智嚴說：「能夠整頓僧徒綱紀，宣化並使人接受禪法，佛馱跋陀正是這樣的人選。」

智嚴既然非常誠懇地邀請覺賢，覺賢憐憫他的苦心便答應下來，於是他離開僧眾辭別老師，準備好乾糧東去中國。在路上走了三年，歷經寒暑，既跨越了葱嶺，又經過東南大海隅之六國，六國國主都很看重他的遠來布化，對他盡心資給供養。到達交趾後，跟隨大海船沿海而行，途經一個海島，覺賢手指島上的山說：「可在此停留。」船主道：「行走在外珍惜時間，東北風很難遇上，不能停留。」船行二百餘里後，風向忽然轉變，船又被吹還到海島，這時大家方纔明白了覺賢的神明，一起把他當作老師對待，聽他的安排。後來遇上順風，同行的船都出發了，覺賢說：「不能動。」船主便停止下來，過了不久先行出發的船隻，在很短時間內便都傾覆了。此後在一個昏暗的夜晚，覺賢突然叫眾船出發，沒有人願意聽從，覺賢親自起來收纜，一條船單獨出發，不久賊人突至，留下的人全被掠奪加害。

不久，覺賢到達青州東萊郡，他聽說鳩摩羅什正在長安，便立即前往拜見，羅什很高興，與他一起討論諸法真實之相，探索玄奧的義理，在很多方面都有體悟和收益。覺賢對羅什說：「您對經義所作的解釋，不出思惟之所及者，結果卻能博得很高的名聲，這是為什麼？」羅什答道：「這祇不過是因為我年紀較長的緣故罷了，其實不必一定能夠符合人家的稱讚之語。」羅什每次有疑義不能解決時，必定與覺賢一同謀議決斷。當時後秦太子是姚泓，他想要聽覺賢講說佛法，便邀命眾僧在東宮會集討論。在集會上羅什與覺賢進行了數番討論，羅什問他：「法為什麼說是空的？」覺賢答道：「由微粒的集合而生成物質的形相，而一切物質現象均無自我存在的本性，所以被生成的、變化的物質現象便沒有獨立的自性，永遠是空。」鳩摩羅什又問：「你既然用微粒的概念來剖析一切現象皆空，那麼又用什麼來剖析微粒皆空呢？」覺賢答：「諸法師中有人剖析每一個微粒，我的意思不是這樣。」鳩摩羅什又問：「構成物質的微粒是永久的嗎？」覺賢回答道：「因為每一個微粒的緣故所以微粒的集合體為空，因為微粒的集合體的緣故所以每一個微粒為空。」當時由寶雲翻譯出這句話，但不理解其中的意思，僧俗之人都以為覺賢的主張是：最小的微粒是永久的。過了幾天，長安學習佛教義理的僧人再一次請覺賢解釋，他說：「宇宙的一切不能自生，乃由因緣和合而生。因為每一微粒的緣故纔有微粒的集合，而每一微粒並無自我存在的本質，所以就是空的。豈能說我不剖析每一個微粒，就是主張微粒是永久而非空的呢？」這就是他與羅什相互問答的主旨。後秦皇帝姚興對佛法專心致志，供養了三千餘名僧人，這些僧人在宮廷中往來行走，崇尚人際交往之事，祇有覺賢不改變常時習靜的生活，與眾僧不同。覺賢後來對弟子說：「我昨天看見我的故鄉有五條大海船一同出發。」不久弟子把這話傳給了外人，關中地區原有的僧人都認為這是炫耀神異而迷惑徒眾。

另外，覺賢在長安大規模地弘揚禪定之業，四方喜好清靜的僧人，都聞風而至。但這些人感受佛教教化的程度有高有低，領悟佛法的程度也有深有淺，淺薄虛偽之輩，就不免詭詐姦猾。有一位徒弟因為從小就開始觀心修行，便自稱已得到了阿那含果位，覺賢沒能來得及查問，因而導致流言四起，從而被人大肆毀謗，說他將會有意外之禍。於是覺賢的徒弟們或匿名遁去，或夜晚翻牆逃走，半天時間，徒眾差不多走光了，但覺賢仍坦然而不介意。

其時，原來就在關中的僧人僧䂮、道恒等對覺賢說：「佛祖尚且不會任意說出自己所證知的事實，而你先前說有五條海船即將來到，虛妄而無實據，另外你的門徒欺詐惑人，彼此又意見不同，你既在戒律方面有所違犯，按道理是不能與我們相處的，應當立即離開，不得停留在此。」覺賢說：「我之一身就像流動的浮萍一樣，或去或留不是難事，衹是遺憾我的心意未得抒發，覺得感慨而已。」於是他和弟子慧觀等四十餘人一同出發，神態意氣十分從容，面色沒有不同之處，了知真相之人都很歎惜，來送他的僧俗之輩有一千多人。姚興得知覺賢離去後感到悵悃遺憾，便對道恒說：「佛賢沙門和合道化而來，想要宣化佛教，結果閉口未言，實在是太令人感慨了，豈能因為一句話的錯誤，就讓萬人失去教導？」於是下詔令人追之。覺賢對來使說：「我知道皇上的恩旨了，但卻無法聽命。」由此便率領同行者連夜出發，直向廬山而去。

僧人慧遠在很久以前就聽說了覺賢的風操名聲，得知他來到後十分欣喜，就像遇到了舊知一樣。慧遠認為覺賢之所以被排斥，其錯在其門人，比如關於五條船的預言，不過是與佛祖預言的意旨相同而已，也沒有觸犯戒律。因此慧遠便派弟子曇邕送信給姚興及關中的僧人，排解覺賢被排斥一事，並請覺賢翻譯禪定、數法方面的經典。覺賢志在四處遊方弘揚佛教，不求安定舒適，在廬山停留了一年多後，又南去江陵。在那裡遇到了外國的船隻，尋訪後得知，這些果然是天竺的五條船，也就是覺賢先前所看到的。江陵境內的士人民眾，競相前來禮奉覺賢，有些人並且有所贈送，但覺賢一概不受，衹是持鉢化緣，不問對方是貴是賤。當時陳郡人袁豹是宋武帝的長史，宋武帝南討劉毅時，隨同軍府到達江陵。覺賢帶著弟子慧觀到袁豹那裡乞討飯食，袁豹此人一向不敬重信仰佛教，因而接待慧觀很不厚重，覺賢尚未吃飽便要辭退，袁豹說：「你們好像尚未吃飽，不妨再停留一些時候。」覺賢道：「施主的施捨之心很有限，所以纔讓飯食用盡。」袁豹立即叫左右的人加飯，果然飯已經沒有了，袁豹大為慚愧。過後他問慧觀道：「這位沙門是什麼樣的人？」慧觀答道：「他的道德涵養和氣量都極為高深，非一般人所能估量。」袁豹深為驚異，稟報給太尉劉裕。劉裕請覺賢來見面，對他甚為崇敬，並資供了很多東西。不久後，劉裕返回都城，便請覺賢一起返歸，將他安頓於道場寺。覺賢儀表法式皆很樸素，不同於中華風俗，而志向情操則清明高遠，甚有精深的旨趣。京城的法師僧弼寫信給僧人寶林說：「鬪場禪師擁有大菩提心，算得上是天竺國的王弼、何晏這樣的風流人物。」他就是如此為人們所稱道。

早先有僧人支法領在于闐國得到《華嚴》經前半部分共三萬六千偈，沒能翻譯。到了義熙十四年，吳郡內史孟顗、右衛將軍褚叔度便請覺賢充當翻譯者。覺賢手執梵文本，與僧人法業、慧義、慧嚴等百餘人，於道場寺譯出此經。覺賢編定譯文的意旨，融通中外的不同，很深刻地領悟了經文的本意，所以道場寺至今仍有一座華嚴堂。另外僧人法顯在西域所求得的《僧祇律》梵文本，也請覺賢譯為漢語，此事記載在〈法顯傳〉中。覺賢先後譯出《觀佛三昧海》六卷、《泥洹》及《修行方便論》等，共十五部，一百一十七卷，他在翻譯中皆能探尋幽微的旨趣，很貼切地表達經文的原意。覺賢於元嘉六年去世，享年七十一歲。

晉河西曇無讖　道進　安陽侯　道普　法盛　法維　僧表

曇無讖，或云曇摩讖，或云曇無讖，蓋取梵音不同也。其本中天竺人，六歲遭父憂，隨母傭❶織氍氀❷為業。見沙門達摩耶舍，此云法明，道俗所崇，豐於利養，其母美之，故以讖為其弟子。十歲，同學數人讀呪，聰敏出群，誦經日得萬餘言。初學小乘，兼覽五明諸論，講說精辯❸，莫能酬抗❹。後遇白頭禪師，共識論議[5]，習業[6]既異，交諍[7]十旬[8]。識雖攻難[9]鋒起，而禪師終不肯屈，識伏其精理[10]，乃謂禪師曰：「頗有經典，可得見不[11]？」禪師即授以樹皮《涅槃經》本。識尋讀驚悟[12]，方自慚恨，以為坎井之識[13]，久迷大方[14]，於是集眾悔過，遂專大乘。至年二十，誦大小乘經二百餘萬言。識從兄[15]善能調象[16]，騎殺王所乘白耳大象，王怒誅之，令曰：「敢有視者，夷三族。」親屬莫敢往者。識哭而葬之，王怒，欲誅識，識曰：「王以法故殺之，我以親而葬之，並不違大義，何為見怒？」傍人為之寒心[17]，其神色自若，王奇其志氣[18]，遂留供養之。

識明解呪術，所向皆驗，西域號為「大呪師」。後隨王入山，王渴須水不能得，識乃密呪，石出水，因讚曰：「大王惠澤所感，遂使枯石生泉。」鄰國聞者皆歎王德。于時雨澤甚調，百姓稱詠，王悅其道術，深加優寵。頃之，王意稍歇，待之漸薄，識以久處致厭，乃辭往罽賓。賷《大涅槃前分》十卷，並《菩薩戒經》、《菩薩戒本》等。彼國多學小乘，不信《涅槃》，乃東適龜茲。頃之，復進到姑臧，止於傳舍[19]。慮失經本，枕之而寢。有人牽[20]之在地，識驚覺，謂是盜者。如此三夕，聞空中語曰：「此如來[21]解脫[22]之藏，何以枕之！」識乃慚悟，別置高處。夜有盜之者，數過提舉[23]，竟不能動，明日識將經去，不以為重，盜者見之，謂是聖人，悉來拜謝。

時河西王沮渠蒙遜㉔僭據涼土，自稱為王，聞讖名，呼與相見，接待甚厚。蒙遜素奉大法，志在弘通，欲請出經本，讖以未參㉕土言㉖，又無傳譯，恐言舛於理，不許即翻，於是學語三年，方譯寫《初分》十卷。時沙門慧嵩、道朗，獨步河西，值其宣出㉗經藏，深相推重，轉易㉘梵文，嵩公㉙筆受。道俗數百人，疑難縱橫，讖臨機釋滯，清辯若流。兼富於文藻，辭制華密㉚，嵩、朗等更請廣出諸經，次譯《大集》、《大雲》、《悲華》、《地持》、《優婆塞戒》、《金光明》、《海龍王》、《菩薩戒本》等六十餘萬言。讖以《涅槃經》本，品數未足，還外國究尋㉛，值其母亡，遂留歲餘。後於于填，更得經本《中分》，復還姑臧譯之。後又遣使于填，尋得《後分》，於是續譯為三十卷。以偽玄始㉜三年初就翻譯，至玄始十年十月二十三日三袠㉝方竟，即宋武㉞永初㉟二年也。讖云：「此經梵本三萬五千偈，於此方減百萬言，今所譯出者止一萬餘偈。」讖嘗告蒙遜云：「有鬼入聚落㊱，必多災疫。」遜不信，欲躬見為驗，讖即以術加遜，遜見而駭怖，讖曰：「宜潔誠齋戒，神呪驅之。」乃讀呪三日，謂遜曰：「鬼已去矣。」時境首有見鬼者云：「見數百疫鬼奔驟而逝。」境內獲安，讖之力也，遜益加敬事。

至遜偽承玄[37]二年，蒙遜濟河伐乞伏暮末[38]於抱罕[39]，以世子興國為前驅[40]，為末軍所敗，興國擒焉。後乞伏失守，暮末與興國俱獲於赫連勃勃[41]，後為吐谷渾[42]所破，興國遂為亂兵所殺。遜大怒，謂事佛無應，即欲遣斥沙門，五十已下皆令罷道。蒙遜先為母造丈六石像，像遂泣涕流淚，讖又格言[43]致諫，遜乃改心[44]且悔焉。

時魏虜[45]拓跋燾[46]聞讖有道術，遣使迎請，且告遜曰：「若不遣讖，便即加兵。」遜既事讖日久，未忍聽去。後又遣偽太常[47]高平公李順，策拜[48]蒙遜為使持節[49]侍中[50]，都督涼州、西域諸軍事，太傅[51]、驃騎大將軍[52]、涼州牧[53]、涼王，加九錫之禮[54]。又命遜曰：「聞彼有曇摩讖法師，博通多識，羅什之流，秘呪神驗，澄公[55]之匹。朕思欲講道，可馳驛[56]送之。」遜與李順讌於新樂門上，遜謂順曰：「西蕃老臣蒙遜，奉事朝廷，不敢違失[57]，而天子信納[58]佞言，苟見蹙迫[59]，前遣表求留曇無讖，而今便來徵索[60]。此是門師[61]，當與之俱死，實不惜殘年[62]。人生一死，詎[63]覺幾時！」順曰：「王欵誠[64]先著，遣愛子入侍，朝廷欽王忠績[65]，故顯加殊禮。而王以此一胡道人，虧山岳之功[66]，不忍一朝之忿，損由來之美，豈朝廷相待之厚，竊為大王不取。主上虛襟[67]之至，弘文所知。」弘文者，遜所遣聘[68]魏使也。遜曰：「太常口美如蘇秦[69]，恐情不副辭耳。」遜既吝讖不遣，又迫魏之強，至遜義和[70]三年三月，讖固請西行，更尋《涅槃後分》，遜忿其欲去，乃密圖害讖，偽以資糧發遣，厚贈寶貨。臨發之日，讖乃流涕告眾曰：「讖業對[71]將至，眾聖不能救矣。」以本有心誓，義不容停。比發，遜果遣刺客於路害之，春秋四十九，是歲宋元嘉[72]十年也。黑白[73]遠近，咸共嗟焉。既而遜左右，常白日見鬼神以劍擊遜，至四月，遜寢疾而亡。

初，讖在姑臧，有張掖[74]沙門道進，欲從讖受菩薩戒[75]，讖云：「且悔過。」乃竭誠七日七夜，至第八日，詣讖求受，讖忽大怒，進更思惟[76]：「但是我業障[77]未消耳。」乃戮力[78]三年，且禪且定。進即於定[79]中，見釋迦文佛[80]與諸大士授己戒法，其夕同止十餘人，皆感夢[81]如進所見。進欲詣讖說之，未至數十步，讖驚起唱言：「善哉[82]！善哉！已感戒矣，吾當更為汝作證。」次第[83]於佛像前為說戒相[84]。時沙門道朗，振譽[85]關西，當進感戒之夕，朗亦通夢[86]。乃自卑戒臘[87]，求為法弟，於是從進受者千有餘人，傳授此法，迄至于今，皆讖之餘則。有別記云，《菩薩地持經》應是伊波勒菩薩傳來此土，後果是讖所傳譯，疑讖或非凡也。

蒙遜有從弟沮渠安陽侯[88]者，為人強志[89]疏通[90]，涉獵書記[91]。因讖入河西，弘闡佛法，安陽乃銳意內典[92]，奉持五禁[93]，所讀眾經，即能諷誦，常以為務學多聞[94]，大士[95]之盛業。少時，常[96]度流沙，至于闐國，於瞿摩帝大寺遇天竺法師佛馱斯那[97]，諮問道義。斯那本學大乘，天才秀發，誦半億[98]偈，明了禪法，故西方諸國號為「人中師子」。安陽從受《禪秘要治病經》，因其梵本，口誦通利[99]。既而東歸向邑，於高昌得《觀世音》、《彌勒》二觀經[100]各一卷。及還河西，即譯出《禪要》，轉為晉文。及偽魏吞併西涼，乃南奔于宋，晦志卑身[101]，不交人世[102]，常遊塔寺，以居士自卑[103]。

初出《彌勒》、《觀音》二觀經，丹陽[104]尹[105]孟顗見而善之，深加賞接。後竹園寺慧濬尼，復請出《禪經》，安陽既通習積久，臨筆無滯，旬有七日，出為五卷。頃之，又於鍾山[106]定林寺譯出《佛父般泥洹經》一卷。安陽居絕妻孥，無欲榮利，縱容法侶[107]，宣通正法，是以黑白咸敬而嘉焉，後遘疾而終。

讖所出諸經，至元嘉中方傳建業。道場惠觀法師，志欲重尋《涅槃後分》，乃啟宋太祖[108]資給[109]，遣沙門道普將[110]書吏[111]十人，西行尋經。至長廣郡[112]，舶破傷足，因疾而卒，普臨終歎曰：「《涅槃後分》與宋地無緣矣！」普本高昌[113]人，經遊西域，遍歷諸國，供養尊影[114]，頂戴佛鉢[115]，四塔道樹，足跡形像[116]，無不瞻覩。善能梵書，備諸國語，遊履異域，別有大傳。時高昌復有沙門法盛，亦經往外國，立傳凡有四卷。又有竺法維、釋僧表，並經往佛國117云。

【注釋】❶傭 受人雇用。❷氍氈 一種細羊毛織成的毛毯。❸精辯 精闢而機辯。❹酬抗 酬對；對答。❺論議 猶議論。❻習業 攻習學業；鑽研學問。❼交諍 互相爭吵。❽十旬 一百天。十日為一旬。❾攻難 詰問發難。❿精理 精微義理。⓫不 句末疑問詞。⓬驚悟 驚異而悟。⓭坎井之識 比喻短淺之見識。坎井，淺井。典出《莊子・秋水》。⓮大方 至正之大道。⓯從兄 堂兄。⓰調象 馴調大象。⓱寒心 擔心；戒懼。⓲志氣 志向與氣量。⓳傳舍 供行人休息住宿的處所。⓴牽 拉。㉑如來 由真理、真如而來的人格，通達於真理之人，亦即佛。㉒解脫 從煩惱中掙脫而臻於自由之境。這是佛教的終極理想，又稱涅槃。㉓提舉 提而舉之。㉔沮渠蒙遜 見本卷〈鳩摩羅什傳〉注釋。㉕參 考察；研究。㉖土言 猶土語。小地區方言。㉗宣出 宣揚出。此處是翻譯出來的意思。㉘轉易 傳播；傳譯。㉙嵩公 即慧嵩。㉚華密 華麗細密。㉛究尋 追查。㉜玄始 北涼沮渠蒙遜年號（西元四一二至四二七年）。㉝袠 用布帛製成包書卷的套子。㉞宋武 南朝宋武帝劉裕。㉟永初 南朝宋武帝劉裕年號（西元四二〇至四二二年）。㊱聚落 村落。㊲承玄 北涼沮渠蒙遜年號（西元四二八至四三〇年）。㊳乞伏暮末 西秦國主。西元三九四年，隴西鮮卑族乞伏部集團首領乞伏乾歸在金城（今在甘肅蘭州西北）稱秦王，史稱後秦。乞伏暮末於西元四二七年繼位。㊴抱罕 地名。㊵前驅 先鋒。㊶赫連勃勃 當作「赫連定」，夏主赫連勃勃第五子。西元四〇六年，匈奴族貴族赫連勃勃自稱天王，國號大夏。赫連勃勃死於西元四二五年，子赫連昌繼位，次年為魏所擒，第五子赫連定繼稱皇帝。㊷吐谷渾 古代鮮卑族建立的政權名。晉末時在今青海和新疆東南部地區。㊸格言 有警戒作用並可為準則的話。此用作動詞。㊹改心 改變態度。㊺魏虜 指鮮卑族拓跋氏建立的政權，西元三八六年建國，史稱北魏。因北魏為外族所建立，故此處稱為「魏虜」。虜，對外族之敵的蔑稱。㊻拓跋燾 即北魏世祖太武帝。道武帝拓跋珪之孫。西元四二四至四五四年在位期間，北敗柔然，西敗夏，滅北燕、北涼、西涼，統一中國北方。㊼太常 見卷一〈帛尸梨蜜傳〉注釋。㊽策拜 策封；任命。㊾使持節 魏晉南北朝時，都督掌地方軍政，為加強事權，朝廷常加「使持節」稱號，以授予特權。次一等稱「持節」，再次一等則稱「假節」。㊿侍中 秦始置。本為丞相屬吏，後地位漸重，魏晉時近於宰相。(51)太傅 古三公之一，帝王輔政之官。後為大臣之加官，有榮銜而無實權。(52)驃騎大將軍 西漢始置。將軍名。位在諸將軍之上。53牧　一州長官。54九錫之禮　古代天子賜給諸侯大臣九種器物，是一種最高禮遇。55澄公　即竺佛圖澄。東晉高僧。本書卷九有傳。56馳驛　見本卷〈鳩摩羅什傳〉注釋。57違失　處事失當；過失。58信納　相信而採納。59蹙迫　逼迫。60徵索　索取。61門師　在家人的佛門老師。62殘年　暮年；晚年。63詎　豈。64欵誠　忠誠。欵，同「款」。65忠績　忠誠之功。66山岳之功　像高山一樣巨大的功勞。比喻蓋世之功。67虛襟　虛懷而能納人。68聘　訪問。69蘇秦　戰國時東周洛陽人。初說秦惠王并吞天下，不用。後遊說六國合縱抗秦，佩六國相印，為縱約之長。張儀破六國縱約，蘇秦至齊為客卿，後被刺死。《史記》有傳。70義和　北涼沮渠蒙遜年號（西元四三一至四三三年）。71業對　由業力而招致的對應。業，行為。尤指行為的前世的、潛在的，並能引起未來果報的力量。即所謂業力，可以在前世、現世以及未來持續生成因果。即相當於卷一〈安清傳〉的「宿世之對」。72元嘉　南朝宋文帝劉義隆年號（西元四二四至四五三年）。73黑白　同「白黑」。見卷一〈帛遠傳〉注釋。74張掖　見本卷〈鳩摩羅什傳〉注釋。75菩薩戒　大乘菩薩所受的戒律，包括止惡、修善、利他三方面。又稱大乘戒、三聚淨戒、佛性戒。76思惟　考慮。77業障　妨礙正道的種種惡行。78戮力　猶努力。79定　禪定；坐禪。止息止念，專心而不散亂。80釋迦文佛　即釋迦牟尼。81感夢　感應於夢中。82善哉　讚美感歎之辭。83次第　頃刻；立刻。84戒相　戒律的具體相狀及差別。85振譽　猶振名。謂名氣甚大。86通夢　猶托夢。87戒臘　僧徒受戒後的年數。一說，戒行的高低。88沮渠安陽侯　名京聲，封安陽侯。89強志　強於記憶。90疎通　通達。疎，同「疏」。91書記　文章、書籍。92內典　指佛教經典。93五禁　即五戒。佛教在家修行的信徒所要遵守的五條禁戒，即不殺生、不偷盜、不邪淫、不妄語、不飲酒。94務學多聞　學習專注，見聞廣博。95大士　菩薩。96常　似當作「嘗」。大正藏本作「求法」。97佛馱斯那　即佛大先。98半億　五萬。億，數詞。十萬。99通利　通暢。100觀世音彌勒二觀經　據《出三藏記集》卷二，此指《觀世音觀經》一卷、《觀彌勒菩薩兜率天經》一卷。101晦志卑身　謂隱藏大志，自卑身世。102不交人世　謂不與世間往來。103自卑　《出三藏記集》作「自畢」。大正藏本作「身畢世」。104丹陽　見卷一〈曇摩耶舍傳〉注釋。105尹　官名。漢唐時一般京都所在郡、府長官稱尹。106鍾山　即今江蘇省南京市東郊之紫金山。107縱容法侶　縱容，猶鼓勵。法侶，猶僧侶。108宋太祖　即南朝宋武帝劉裕，廟號太祖。109資給　資助；供給。110將　率領。111書吏　承辦文書的吏員。112長廣郡　東漢始置。東晉移治於今山東萊西縣西。113高昌　古城國名。故址在今新疆吐魯番東。114尊影　佛祖留影。據載，古印度那竭國城南石室中，有佛留影。去十餘步觀之，如佛真形，金色相好，光明炳著，轉近轉微，彷佛如有。115頂戴佛鉢　謂禮拜佛祖所用之石鉢。頂戴，據載，如無信心，雖用大象亦不能牽挽此鉢；有信心，則可舉而置於頭上。佛鉢，相傳佛祖成道時，四天王來獻石鉢，佛總受之，重疊為一鉢。此鉢後曾流傳諸國，〈法顯傳〉謂其時在弗樓沙國。116 四塔道樹二句　泛指釋迦涅槃前後形神所至之處。四塔，據〈法顯傳〉，謂論名園佛祖生處、菩提樹下得道處、鹿野苑轉法輪處、拘夷那竭城般泥洹處，皆建有塔。道樹，即菩提樹。亦指佛祖開悟之所。釋迦在菩提樹下開悟，故菩提為道場之樹。足跡，相傳佛祖曾留足跡於烏萇國（故址在今巴基斯坦北部）。117 佛國　指佛的出生地天竺。

【語　譯】曇無懺，或稱曇摩懺，或稱曇無讖，這是因為對梵語發音取捨不同的緣故所致。他本是中天竺人，六歲時父親去世，隨同母親以受雇於人編織羊毛細毯為生。曇無懺的母親見到一位僧人達摩耶舍，漢語稱作法明，不僅為僧、俗所敬崇，並且受人們很豐厚的供養，非常傾慕，因而便讓曇無讖做他的弟子。曇無讖十歲時，與諸同學讀習咒語，顯得聰明出群，每日可以讀誦萬餘字的經文。他起初研習的是小乘，兼讀五明諸論，講說經義精闢機辯，沒有人能與之對答。後來遇到了白頭禪師，兩人在一起討論，鑽研結束後，互相爭吵了將近一百天的時間。雖然曇無讖的詰問發難之辭層出不窮，但白頭禪師一直不為所屈，曇無讖對他的精微義理非常佩服，便對他說：「看來你擁有不少經典，我可以見一見嗎？」白頭禪師立即給了他寫在樹皮上的《涅槃經》經本。曇無讖一讀之下便驚異而悟，開始感到慚愧遺憾，認為自己的見識短淺，一直未能辨明正道，於是他召來眾人表示悔過，從此專習大乘。到了二十歲時，能誦讀大、小乘經典二百餘萬字。曇無讖的堂兄擅長馴象，因弄死了一頭國王所乘坐的白耳大象，國王發怒殺掉了他，並下令道：「有誰膽敢去看他的屍體，就誅滅誰的三族。」因此其親屬沒有人敢去。但曇無讖卻哭著把他的堂兄埋葬了，國王十分惱怒並準備殺掉曇無讖，曇無讖說：「大王因為法令的緣故殺掉了我的堂兄，我因為是他親戚的緣故而埋葬了他，並沒有違犯原則，大王為什麼要生氣呢？」旁邊的人都為他擔心，但曇無讖神色自若，國王驚奇於他的大志與氣魄，於是把他留在身邊並予以供養。

曇無讖精通咒術，每次施發都能應驗，西域一帶稱他為「大咒師」。後來有一次隨同國王進山，國王口渴想要喝水卻無處可得，曇無讖便密施咒術，結果石頭中迸出水來，他接著對國王說：「大王恩惠的澤露感化之處，便使枯石生出泉水。」鄰國聽說此事的人都十分歎服國王的德行。其時風調雨順，百姓為之謳歌讚頌，國王對曇無讖的道術很欣賞，便給了他更高的待遇。過了不久，國王的心意有些淡薄，曇無讖想到停留太久便會使人生厭，便辭別了國王前去罽賓國。曇無讖隨身攜帶了《大涅槃前分》十卷，以及《菩薩戒經》、《菩薩戒本》等。那個國家的人民大多學習小乘經典，不崇信《涅槃》，於是曇無讖便向東前往龜茲。後來又到了姑臧，住在傳舍中。因為害怕丟失經本，便頭枕經本而臥。夜裡有人拉引經本而使之落地，曇無讖受驚而有所覺察，認為是偷盜者所為。連續三夜都是這樣，又聽到空中有聲音道：「這是我佛關於解脫的經典，如何可以以頭枕之！」曇無讖慢慢省悟過來，便將經本另外放到高處。當夜有人前來偷盜，幾次提舉經本，竟然都拿不動它，而第二天曇無讖攜經而去時，卻一點也不覺得沉重，偷盜者見了，認為這是一位聖人，都來拜見道歉。

河西王沮渠蒙遜非法占據涼州並自稱為王，聞知曇無讖的名聲，召來相見，對他的禮遇很隆厚。蒙遜此人一向崇奉佛法，有志弘通佛教，便想請曇無讖翻譯經典，但曇無讖認為自己沒有研習過當地方言，又沒人轉譯，擔心譯文與教理相違，便沒有答應馬上翻譯，而是學了三年的土語，這纔翻譯記錄了《初分》十卷。當時，僧人慧嵩、道朗在河西地區是獨一無二的人物，值逢曇無讖翻譯出經藏文獻，彼此之間十分推重，曇無讖又把梵文轉譯為漢語，由慧嵩記錄。數百名僧、俗之人紛紛發出疑問，曇無讖根據情況一一解釋疑難，精妙辯辭如滔滔流水一般。曇無讖還富於詞藻，寫出的文章華麗細密，慧嵩、道朗等人又請他廣譯群經，於是接著譯出了《大集》、《大雲》、《悲華》、《地持》、《優婆塞戒》、《金光明》、《海龍王》、《菩薩戒本》等，共六十餘萬字。曇無讖覺得《涅槃經》的經本章數不足，因此返回外國搜尋，到達本國時正值其母去世，因而停留了一年多。此後在于闐國，又得到了是經的《中分》，便再回姑臧譯出。後來又派人出使于闐，找到了《後分》，於是續譯成三十卷。從偽玄始三年開始翻譯，到玄始十年十月二十三日方完成了共三帙的《涅槃經》，這一年也就是宋武帝的永初二年。曇無讖說：「此經的梵文本原有三萬五千首偈，在此方翻譯時減掉了百萬字，現在譯出的祇有一萬多首偈。」曇無讖告訴蒙遜說：「有鬼來到了百姓村落中，必然會發生很多災疫。」蒙遜不信，要親自驗證，曇無讖便給蒙遜施加呪術，結果蒙遜果真看到了災疫而大為震懼，曇無讖道：「應當真誠地清潔身心設齋禮奉神靈，並用神呪驅趕。」於是讀呪三日，對蒙遜說：「鬼已經離去了。」其時在邊境上看到鬼的人說：「看見數百疫鬼奔竄而去。」一國境內得以獲得安寧，正是曇無讖的努力所致，因此蒙遜對他的宗奉更加敬重。

到了偽承玄二年，蒙遜渡過黃河，於抱罕攻伐西秦乞伏暮末，以世子興國為先鋒，結果被暮末的軍隊擊敗，興國被擒。此後乞伏氏失守，暮末與興國均為赫連定擒獲，赫連定後被吐谷渾擊破，興國因而被亂軍所殺。蒙遜得知大怒，認為侍奉佛教卻沒有果應，即欲遣散排斥僧侶，凡五十歲以下的僧人皆被命令停止修行。蒙遜先前曾為其母建造了一座一丈六尺的石像，石像為此哭泣流淚，加上曇無讖又用格言勸諫，蒙遜這纔改變態度而悔改。

當時魏朝首領拓跋燾得知曇無讖擅於道術，便派遣使節迎請他，並告知蒙遜說：「若不送曇無讖來，便立即興兵討伐。」蒙遜崇奉曇無讖時日已久，捨不得讓他離去。此後拓跋燾又派遣偽太常高平公李順前來策封蒙遜為使持節侍中，都督涼州、西域諸軍事、太傅、驃騎大將軍、涼州牧、涼王，並賜加九錫之禮。同時命令蒙遜說：「聽說你處有一位曇無讖法師，此人在博學多識方面，是鳩摩羅什一流的人物；在施呪而能有神奇驗證方面，則可以與竺佛圖澄匹敵，朕想要讓他來講布佛教，你應當用驛馬盡快將他送來。」蒙遜與李順在新樂門城樓上一起喝酒時，對李順說：「西番老臣蒙遜侍奉朝廷，不敢有所過失，而天子卻相信而採納了諂佞之言，隨便就下令逼迫，前番我上表請求留下曇無讖，而現在立即就派人索取。曇無讖是我的佛門老師，我理當與他一同去死，根本不會憐惜我的暮年之身，人生不過一死，哪裡會覺得時日無多呢！」李順道：「大王的忠誠早已顯著，派遣了愛子入侍，朝廷欽佩大王的忠誠之功，所以加賜了顯赫的禮遇。而大王卻為這樣一位胡僧去毀壞如高山一樣巨大的功勞，以不能忍一時的氣憤去損害長久以來的美譽，這難道是朝廷厚待的報答嗎？連我都為大王感到不值得。主上的謙虛待人之心，弘文很清楚。」弘文，蒙遜所派遣的訪問魏國朝廷的使節。蒙遜道：「太常言語之美如同蘇秦，但恐怕實情與言辭不相符合吧！」蒙遜既貪戀曇無讖而拒不發送，但又受迫於魏國的強取。到了蒙遜義和三年三月，曇無讖堅持要西去進一步尋找《涅槃後分》，蒙遜對他的請去十分憤怒，於是秘密策劃加害曇無讖，表面則假意資助糧食發送他，並重賜寶物。臨出發之日，曇無讖便流著眼淚告知眾人道：「我的業對將要到來，眾多神靈也無法相救了。」但因為心中原本就曾許下誓約，道義上已不允許停留不前了。等到出發後，蒙遜果然派了刺客在路上害死他，享年四十九歲，這一年是宋元嘉十年。遠近周圍的僧、俗之人，都為此感到痛惜。後來在蒙遜身邊的人，經常在大白天看到鬼神用劍擊刺蒙遜，到了四月份，蒙遜病重而死。

早先曇無讖在姑臧的時候，有一位張掖的名叫道進的僧人，想跟從曇無讖受菩薩戒，曇無讖對他說：「暫且先懺悔自己的過失。」於是道進精誠地懺悔了七天七夜，到了第八天，他前去詣見曇無讖請求受戒，曇無讖突然大怒，道進便進一步思忖道：「這恐怕還是我妨礙正道的種種惡行沒有消除的緣故。」因此道進又努力發憤了三年，坐禪入定。在禪定中，他看見了釋迦牟尼與諸菩薩一起授予自己戒法，這一晚與他同住的有十餘人，都在夢中見到了道進所夢的事情。道進找到曇無讖想說出此事，離他還不到十餘步時，曇無讖突然驚詫而起，口中唱道：「善哉！善哉！你已經感受到戒法了，我當進一步為你作證。」接著立刻在佛像前為道進講說戒律的具體相狀及差別。當時，僧人道朗在關西一帶名聲很大，在道進感受戒法的當夜，道朗也在夢中有所感應。於是道朗自降受戒年數，請求做道進的法弟，由此跟從道進領受戒法的有一千餘人，相互傳授並一直延續到今天的這種戒法，都是曇無讖所遺留的規範。另外有記載說，《菩薩地持經》應該是伊波勒菩薩傳到中國的，此後竟然是由曇無讖所翻譯，懷疑曇無讖或許不是一個凡人。

蒙遜有位堂弟叫沮渠京聲，位至安陽侯，為人強於記憶而能通解，又廣閱書籍。因為曇無讖進入河西弘揚闡發佛法，安陽纔開始留意佛典，奉守五戒，看過的經書，立即就能背誦，常常認為學習專注、見聞廣博是菩薩的大事。年輕時曾經越過大沙漠，來到于闐國，在瞿摩帝大寺裡遇見了天竺法師佛馱斯那，安陽向他詢問佛義。斯那本來學的就是大乘佛教，天才茂盛，能誦五萬偈頌，明瞭禪法，所以西方諸國的人都稱他為「人中師子」。安陽跟從他受學了《禪秘要治病經》，就此經的梵文本誦讀，十分通暢。後來東歸返回家鄉時，在高昌得到了《觀世音》、《彌勒》二觀經各一卷。回到河西後，便譯出了《禪要經》，轉為漢語。到了北魏吞併西涼後，他便南奔到宋朝，隱藏大志自卑身世，不與世間往來，以在家修行的居士身分自處。

安陽早先譯出的《彌勒》、《觀音》兩部觀經，丹陽尹孟顗見到後很稱讚，因此十分欣賞並接待了他。此後竹林寺的尼姑慧濬請他再譯《禪經》，安陽既對此經研習已久，所以記錄時渾無滯澀，十七天的時間，就譯出了五卷。過了不久，又在鍾山定林寺譯出了《佛父般泥洹經》一卷。安陽棄絕了妻子兒女，從不貪慕名利，鼓勵僧侶們宣揚闡釋佛法，因此僧、俗之人都敬重而稱讚他，後來得病而終。

曇無讖譯出的經典，到了宋元嘉年中纔傳到建鄴。道場寺的惠觀法師立志要再尋《涅槃後分》，便稟告宋太祖請求資助，派僧人道普率領十名承辦文書的吏員西行尋經。道普一行到達長廣郡時，因海船毀壞而傷了腳，得病而死。臨終時，道普歎道：「《涅槃後分》與宋地無緣了！」道普本是高昌人，遊化西域，遍歷諸國，虔誠供奉佛祖留影，頂禮膜拜佛祖之鉢，至於佛祖形神所至之處，以及其所遺留的足跡形像，更是無不瞻仰。道普擅長梵文書法，通曉各國語言，其遊歷各國事跡，另外有傳記載。高昌後來有一位僧人法盛，也曾遊歷外國並撰有傳記，共有四卷。另外還有竺法維、釋僧表，也都曾到佛國遊歷。

卷三

譯經下　正傳十三人　附見四人

宋江陵辛寺釋法顯

釋法顯，姓龔，平陽❶武陽❷人，有三兄，並髫齔❸而亡，其父恐禍及顯，三歲便度為沙彌。居家數年，病篤欲死，因送還寺，信宿❹便差❺。不肯復歸，其母欲見之不得，為立小屋於門外，以擬❻去來❼。十歲遭父憂❽，叔父以其母寡獨❾不立❿，逼使還俗，顯曰：「本不以有父而出家也，正欲遠塵離俗，故入道耳。」叔父善其言，乃止。傾之，母喪，至性⓫過人，葬事畢，仍即還寺。嘗與同學數十人，於田中刈稻⓬，時有饑賊欲奪其穀，諸沙彌悉奔走，唯顯獨留，語賊曰：「若欲須穀，隨意所取，但君等昔不布施，故致饑貧，今復奪人，恐來世彌甚，貧道⑬預為君憂耳。」言訖即還，賊棄穀而去，眾僧數百人，莫不歎服。及受大戒⑭，志行⑮明敏，儀軌⑯整肅⑰，常慨經律舛闕⑱，誓志尋求。

以晉隆安⑲三年，與同學慧景、道整、慧應、慧嵬等，發自長安。西渡流沙⑳，上無飛鳥，下無走獸，四顧茫茫，莫測所之，唯視日以准東西，人骨以標行路耳。屢有熱風㉑惡鬼，遇之必死，顯任緣委命㉒，直過險難㉓。有頃，至于葱嶺，嶺冬夏積雪，有惡龍吐毒，風雨沙礫，山路艱危，壁立千仞。昔有人鑿石通路，傍施梯道，凡度七百餘所。又躡懸絙㉔過河，數十餘處，皆漢之張騫㉕、甘英㉖所不至也。次度小雪山㉗，遇寒風暴起，慧景噤戰不能前，語顯曰：「吾其㉘死矣，卿可前去，勿得俱殞。」言絕而卒，顯撫之泣曰：「本圖㉙不果，命也奈何。」復自力孤行，遂過山險，凡所經歷三十餘國。

將至天竺，去王舍城㉚三十餘里，有一寺，逼冥過之。顯明旦欲詣耆闍崛山㉛，寺僧諫曰：「路甚艱險阻，且多黑師子㉜，亟經噉人㉝，何由可至。」顯曰：「遠涉數萬，誓到靈鷲㉞，身命不期㉟，出息非保㊱，豈可使積年㊲之誠，既至而廢耶？雖有險難，吾不懼也。」眾莫能止，乃遣兩僧送之。顯既至山，日將曛夕㊳，遂欲停宿，兩僧危懼，捨之而還。顯獨留山中，燒香禮拜，翹感㊴舊跡，如睹聖儀。

至夜有三黑師子，來蹲顯前，舐脣搖尾，顯誦經不輟，一心念佛。師子乃低頭下尾，伏顯足前，顯以手摩之，呪曰：「若欲相害，待我誦竟，若見試者，可便退矣。」師子良久乃去。明晨還返，路窮幽梗[40]，止有一徑通行，未至里餘，忽逢一道人，年可九十，容服麁素[41]，而神氣俊遠[42]。顯雖覺其韻[43]高，而不悟是神人。後又逢一少僧[44]，顯問曰：「向者年[45]是誰耶？」答云：「頭陀[46]迦葉[47]大弟子也。」顯方悔恨。更追至山所，有橫石塞于室口，遂不得入，顯流涕而去。進至迦施國[48]，國有白耳龍，每與眾僧約，令國內豐熟，皆有信効[49]。沙門為起龍舍，並設福食[50]，每至夏坐[51]訖，龍輒化作一小蛇，兩耳悉白，眾咸識是龍，以銅盂盛酪[52]，置龍於中，從上座至下行之遍，乃化去，年輒一出，顯亦親見。

後至中天竺，於摩竭提[53]邑波連弗[54]阿育王塔[55]南天王寺[56]，得《摩訶僧祇律》，又得《薩婆多律抄》、《雜阿毗曇心》、《綖經》、《方等泥洹經》等。顯留三年，學梵語梵書，方躬自書寫，於是持經像，寄附[57]商客，到師子國[58]。顯同旅十餘，或留或亡，顧影唯己，常懷悲慨。忽於玉像前，見商人以晉地一白團絹扇供養，不覺悽然下淚。停二年，復得《彌沙塞律》、《長》《雜》二《含》及《雜藏》本，並漢土所無。

既而附商人舶，循海而還。舶有二百許人，值暴風水，眾皆惶懅，即取雜物棄之。顯恐棄其經像，唯一心念觀世音[59]，及歸命[60]漢土眾僧，舶任風而去，得無傷壞。經十餘日，達耶婆提國[61]，停五月，復隨他商，東適廣州。舉帆二十餘日，夜忽大風，合舶震懼，眾咸皆議曰：「坐[62]載此沙門，使我等狼狽，不可以一人故，令一眾俱亡。」共欲推之[63]，法顯檀越[64]厲聲呵商人曰：「汝若下此沙門，亦應下我，不爾，便當見殺。漢地帝王奉佛敬僧，我至彼告王，必當罪汝。」商人相視失色，僶俛[65]而止。既水盡糧竭，唯任風隨流，忽至岸，見藜藋菜[66]依然，知是漢地，但未測何方，即乘船入浦[67]尋村。見獵者二人，顯問：「此是何地耶？」獵者曰：「此是青州[68]長廣郡[69]牢山[70]南岸。」獵者還，以告太守李嶷，嶷素敬信，忽聞沙門遠至，躬自迎勞。顯持經像隨還。

頃之，欲南歸，青州刺史請留過冬，顯曰：「貧道投身於不反之地，志在弘通，所期未果，不得久停。」遂南造京師，就外國禪師佛馱跋陀，於道場寺譯出《摩訶僧祇律》、《方等泥洹經》、《雜阿毗曇心》，垂有百餘萬言。顯既出《大泥洹經》，流布教化，咸使見聞。有一家失其姓名，居近朱雀門[71]，世奉正化[72]，自寫一部，讀誦供養，無別經室，與雜書共屋。後風火忽起，延及其家，資物皆盡，唯《泥洹經》儼然具存，煨燼73不侵，卷色無改，京師共傳，咸歎神妙。其餘經律未譯。後至荊州74，卒於辛寺，春秋八十有六，眾咸慟惜。其遊履諸國，別有大傳75焉。

【注釋】❶平陽 郡名。三國魏始置，北魏時移治白馬城（今山西臨汾）。❷武陽 疑當為「平陽」之誤。晉及十六國時平陽郡唯有平陽縣而無武陽縣。平陽縣，即平陽郡郡治所在。❸髫齔 童年。❹信宿 謂兩三日。❺差 病愈。❻擬 準備。❼去來 往返。❽父憂 父親去世。❾寡獨 喪偶而孤單。❿不立 不能自立。⓫至性 賦性；品質。⓬刈稻 割稻。⓭貧道 僧人自我謙稱。⓮大戒 即具足戒。使比丘能成為比丘的完全戒法，相對於五戒、十戒等小戒而言。⓯志行 志向操行。⓰儀軌 禮法規矩。此作動詞，謂持禮守法。⓱整肅 嚴肅端莊。⓲舛闕 錯誤缺漏。⓳隆安 東晉安帝司馬德宗年號（西元三九七至四〇一年）。⓴流沙 沙漠。此當指今甘肅燉煌西至新疆羅布泊間的沙漠地帶。又唐以前亦稱「沙河」。㉑熱風 炎熱之風。㉒任緣委命 謂將自己交付給本身的緣分與命運，任由其安排。㉓直過險難 謂勇敢超越艱難險阻而不退卻。㉔緪 同「絙」。粗繩。㉕張騫 西漢時人，曾奉武帝命出使西域，遠達今中亞一帶。事見《漢書》本傳。㉖甘英 東漢時人，和帝時奉西域都護班超之命出使大秦（羅馬帝國東部），至條支，臨西海。事見《後漢書・西域傳》。英，原作「父」，據大正藏本改。㉗小雪山 即今印度賈拉拉巴德城以南之塞費德科山脈。㉘其 將。㉙本圖 本來的意圖；本心。㉚王舍城 地名。即王舍舊城，為約西元前五四四至前四九三年在位之蓱沙王所建，後其子阿闍王又建新城，稱王舍新城。㉛耆闍崛山 亦作「靈鷲山」。在蓱沙王舊城東北。耆，原作「者」，據大正藏本改。㉜師子 即獅子。㉝噉人 吃人。㉞靈鷲 即耆闍崛山。據《水經注》卷一，此山上有青石，頭似鷲鳥，且鷲鳥常居其巔，故稱。㉟身命不期 謂生命無法預料。身命，指生命。㊱出息非保 謂收益得不到保證。㊲積年 多年。㊳曛夕 黃昏。㊴翹感 深為所感。㊵幽梗 幽深而阻隔。㊶麁素 粗糙儉樸。麁，同「粗」。㊷神氣俊遠 謂神態氣度俊逸而不同凡俗。神氣，神態；精神氣度。㊸韻 風雅；風度。㊹少僧 年輕僧人。㊺耆年 老年人。㊻頭陀 苦行者。見卷一〈帛尸梨蜜傳〉注釋。㊼迦葉 釋迦弟子以迦葉為名者共五人。此當指年高德劭的摩訶迦葉婆，稱為大迦葉。釋迦歿後佛教結集三藏時，他是召集人兼首座。48迦施國　即僧迦施國。印度古國之一。國都故址說法不一，一般認為在今印度北方邦西部法魯哈巴德區之桑吉沙村(Sankisa)。49信効　驗證。50福食　供祀神用的食物。51夏坐　見卷二〈佛馱跋陀羅傳〉注釋。52酪　用牛、羊、馬的乳汁製成的食品。53摩竭提　為古印度恒河中游最著名之大國，為釋迦牟尼成佛之地。54邑波連弗　應作「波連弗邑」。摩竭提國首都。55阿育王塔　阿育王最初所建造之大塔，在波連弗邑城南。56南天王寺　疑即《佛國記》所云之摩訶衍僧伽藍。57寄附　猶依附。58師子國　今斯里蘭卡的古稱。59觀世音　梵語 Avalokitesvara 的意譯。即觀自在菩薩。此菩薩聽聞世人聲音，即施救度，使人解除苦惱，故稱觀世音。60歸命　音譯為「南無」。奉獻生命歸依於佛。此處是合掌頂禮以祈禱之意。61耶婆提國　「耶婆提」屢見於中外典籍，如印度史詩《羅摩衍那》、西元二世紀時埃及亞歷山大城地理學家托勒密所撰之地理著作、中國之《後漢書》等，然此地今為何地，諸說不一。或以為即今爪哇，或以為在今蘇門答臘島東部。62坐　因為。63推之　《佛國記》載此事作：「當下比丘置海島邊。」64檀越　見卷二〈佛陀耶舍傳〉注釋。65僶俛　勉力而決的樣子。66藜藿菜　此泛指可供食用之各種植物。67浦　水港；港口。68青州　南朝宋僑置於郁州（今江蘇連雲港東）。69長廣郡　見卷二〈曇無讖傳〉注釋。70牢山　即今山東青島之嶗山。71朱雀門　南朝宋首都建業（今江蘇南京）城門。72正化　正統教化。此指佛教教化。73煨燼　猶灰燼。74荊州　南朝時治所在今湖北江陵。75大傳　即法顯親筆撰寫的遊記。此書現存，歷代著錄有很多名稱，如《佛遊天竺記》、《佛國記》、《歷遊天竺記傳》、《法顯傳》等等，現一般稱為《法顯傳》。為區別於《高僧傳》之〈法顯傳〉，本書姑稱之為《佛國記》。今人章巽有校注本，上海古籍出版社一九八六年版。楊維中有《新譯佛國記》注譯本，三民書局二〇〇四年版。

【語譯】釋法顯，姓龔，平陽郡武陽縣人，他有三個哥哥，都在童年時夭亡，其父害怕禍及法顯，在他三歲時便讓他出家做沙彌。法顯在家中住了幾年，得了重病即將不治，其父因而把他送還寺廟，回到廟中兩三天，病就好了。於是他再不肯回家，其母想見他而又見不到，便在家門外建了一座小屋，以供他往來時居住。法顯十歲時父親去世，他的叔父因為其母寡獨無依不能自立，遂逼迫法顯還俗，法顯道：「我本來並不是因為父親健在而出家，而是真心想遠離塵俗，這纔皈依佛教。」叔父認為他的話不錯，因而不再強迫。不久，其母也亡故了，法顯的賦性品質超過常人，葬事完畢後，便立即回到寺中。他曾有一次與數十位同學在田中割稻，這時有一些饑餓的盜賊要強奪他們的稻穀，眾多沙彌全都逃走，唯有法顯留在原地，他對盜賊說：「你們如果需要稻穀，可隨意而取，可是你們往昔從不施捨，所以纔導致饑貧，現在又來搶奪他人，祇怕來世還要更加饑貧，貧道已經預先為你們感到憂慮了。」說罷即還，結果盜賊丟棄了搶來的稻穀而離去，數百位僧人對法顯無不歎服。法顯領受大戒以後，志向操行明達機敏，持禮守法嚴肅端莊，經常感慨經、律經典有所錯失缺漏，因而決心尋找探求。

晉隆安三年，法顯與同學慧景、道整、慧應、慧嵬等人，從長安出發。往西渡越沙漠，其地上無飛鳥，下無走獸，四顧茫然無所見，因而無法估測自身所在，唯有上看太陽以辨別東西，下望死人枯骨以標識道路。沙漠中屢有炎熱之風與惡厲鬼怪，一旦遇上必死無疑，法顯心中已將自身交付給緣分與命運安排，因而勇敢超越艱難險阻而不退卻。過了不久，到達葱嶺，葱嶺之上終年積雪，且有惡龍吐發毒氣，風雨屢作並伴有沙礫，山中道路艱難險危，峭壁可至千仞。往昔有人在此鑿開石壁以通道路，並在其旁建造梯道，像這樣的石梯法顯一行走過了七百多道。他們又曾輕輕踩著懸空的粗繩渡過河流，像這樣的地方也有十餘處，都是漢朝的張騫、甘英所沒有到過的。接著他們又翻越小雪山，遇到寒風突起，慧景凍得全身戰慄無法前進，他對法顯說：「我快要不行了，你應當繼續往前，不要一起死在這裡。」話剛一說完就死去了，法顯撫摸著他哭著說道：「你的本心未能達到，這是命運的安排，又能怎麼樣呢！」法顯於是勉力孤行，結果越過了雪山天險，一共經歷了三十多個國家。

將要到達天竺國，離王舍城還有三十餘里的地方，有一座寺廟，法顯在臨近日暮時經過這裡。他準備第二天一早去耆闍崛山，寺中的僧人勸阻他說：「上山的道路很艱難，而且還有很多黑獅子，已經屢次吃人，你是沒有辦法到達的。」法顯答道：「我從遠方跋涉數萬里前來，就是立定決心要到這靈峰之山，一路上生命無法預料，收益得不到保證，我又如何能讓這多年的精誠之願，在已經到達的時候被放棄呢？雖然有危險艱難，但我並不懼怕。」眾人不能勸阻，便派兩位僧人護送他前往。法顯到達該山時，天已黃昏，便準備停下過夜，兩位僧人十分害怕，捨棄了法顯獨自返回。法顯一人獨自留在山中，燒香禮拜佛祖，為佛祖留下的遺跡所感動，就如同見到了佛祖的儀容一般。到了晚上，有三隻黑獅子來到法顯面前蹲下，望著他舔唇搖尾，法顯誦經不止，專心念佛。獅子於是低頭垂尾，伏在他的腳前，法顯用手撫摸著獅子，念著呪語道：「若要害我，須待我誦完經後，若祇是試試我的誠心，那就趁早退下罷。」三隻獅子過了很久方纔離去。第二天早晨法顯從山上返還時，道路窮盡阻隔，僅有一條小徑可以通行，法顯走了不到一里，忽然遇到一位道人，年紀大約有九十歲，容貌服裝粗糙儉樸，但神態氣度俊逸而不同凡俗。法顯雖然覺得此人風雅絕高，但也沒能悟出這就是位聖人！此後他又遇見了一位少年僧人，法顯問道：「剛纔那位老年人是誰？」少年僧人回答道：「是佛祖大弟子迦葉頭陀。」法顯這纔感到懊惱遺憾。他返身追趕來到山中的一座洞室前，一塊橫躺的大石塞住了室口，因而無法進入，法顯祇好流著眼淚離去。往前走到迦施國，這個國家中有一條白耳龍，常常與僧眾相約，令國內五穀豐登，每次都能驗證。僧侶們為牠建起了龍舍，並供奉食物，每當夏坐結束後，此龍便化作一條小蛇，因為牠兩耳發白，所以大家都認識牠就是龍的化身，便以銅盂盛滿奶酪，並把龍放在其中，托著銅盂從上座一直傳到下面後，龍便化身而去，此龍每年出來一次，法顯也得以親眼看到。

法顯後來到了中天竺，在摩竭提國首都波連弗邑阿育王塔旁的南天王寺中，得到了《摩訶僧祇律》，並又得到了《薩婆多律抄》、《雜阿毗曇心》、《綖經》、《方等泥洹經》等。法顯在此停留了三年，學習了梵語梵書，並親自將經文書寫下來，此後依附商人到達了師子國。這時與他一同西行的十餘位同伴，有的留在途中的地方，有的已經亡故，法顯環顧左右唯剩獨自一人，常常悲痛感慨不已。有一次他突然在一座玉製佛像前，看到商人用一個中國出產的白團扇子供養佛祖，不覺淒然淚下。法顯在師子國停留了二年，又得到了《彌沙塞律》、《長》《雜》二《含》以及《雜藏》經本，都是中國本土所沒有的。

此後他依附商人海船沿海路回國。船上有二百多人，恰逢暴風狂浪，眾人驚惶不已，趕忙將雜物拋棄到海中。法顯擔心眾人把他的經典佛像也投棄掉，便專心致志地念誦著觀世音菩薩的名字，並向中國眾僧頂禮祈禱，船因此隨風而去，未受損傷。經過十多天後，到達了耶婆提國，在此停留了五個月後，法顯又隨同其他商人，東去廣州。船行二十餘日，在一天夜裡忽遇大風，一船人震動驚懼，大家一起商議說：「正是因為帶了一位僧侶，纔使我等如此狼狽，不能因為他一個人，而使整條船上的人一起死去。」於是眾人都要把法顯放到海島上去，贊助法顯上船的施主厲聲斥責那些商人道：「你們若要放下這位僧人，那就把我也放下去，如果不放，也應當殺掉我。中國帝王是崇奉佛教尊敬僧人的，我到了那裡後告知彼處的皇帝，必然會給你們加罪。」商人們相顧失色，很不情願地放棄了行動。此時船上已經水盡糧竭，衹得隨風飄流，突然到達了一處海岸，見到了藜藋菜等各種植物，法顯明白已到了中國，但不知是什麼地方，便乘船進入港口尋找村落。在那裡他見到了兩位獵人，便問他們此是何地何鄉，獵人答道：「這是青州長廣郡牢山南岸。」獵人回去後，把此事稟告了太守李嶷，李嶷對佛教一向敬奉信仰，突然聞聽說遠方來了僧侶，便親自迎接勞問。法顯於是攜帶著經典佛像與之俱還。

不久，法顯想要南歸，青州刺史要留他過冬，法顯說：「貧道投身於遙遠而近於無法返回的地方，目的是回來後弘通佛教，我的願望尚未完成，不能在此久留。」於是南來京城，與外國僧人佛馱跋陀一起於道場寺譯出了《摩訶僧祇律》、《方等泥洹經》、《雜阿毗曇心》，將近有一百餘萬字。法顯譯出了《大泥洹經》後，流傳廣布此經的教化，使所有的人都得以聞知此道。有一個人家，現在已不知其姓名，居住在京城朱雀門旁，世代都崇奉佛教教化，自己書寫了一部《大泥洹經》，讀誦供養此經，但家中沒有專門的經室，便把此經與其他雜書放在一間屋中。後來由於大風而失火，燒至其家，家中器物資產皆被燒光，唯有《大泥洹經》全部幸存，灰燼亦不能損之，卷帛色澤一點也沒有改變，京城中廣傳此事，都感歎此經的神妙。法顯帶來的其餘經典則未被譯出。

法顯後來到了荊州，死在辛寺，享年八十六歲，眾人對他的死都十分痛惜。法顯遊歷西方諸國的事跡，另外有一部傳記記敘。

宋黃龍釋曇無竭

釋曇無竭，此云法勇，姓李，幽州❶黃龍❷人也。幼為沙彌，便修苦行❸，持戒誦經，為師僧所重。嘗聞法顯等躬踐❹佛國，乃慨然有忘身❺之誓。遂以宋永初❻元年，招集同志沙門僧猛、曇朗之徒二十五人，共齎幡蓋❼供養之具，發跡❽此土，遠適四方。

初至河南國❾，仍出海西郡❿，進入流沙⓫，到高昌郡⓬。經歷龜茲、沙勒諸國，登葱嶺，度雪山⓭，障氣⓮千重，層冰⓯萬里，下有大江，流急若箭。於東西兩山之脅⓰，繫索為橋。十人一過，到彼岸已，舉烟為幟，後人見烟，知前已度，方得更進。若久不見烟，則知暴風吹索，人墮江中。行經三日，復過大雪山⓱，懸崖壁立，無安足處，石壁皆有故杙⓲孔，處處相對，人各執四杙，先拔下杙，右手舉上杙，展轉相攀，經三日方過。及到平地相待，料檢⓳同侶，失十二人。進至罽賓國，禮拜佛鉢⓴。停歲餘，學梵書梵語，求得《觀世音受記經》梵文一部，復西行至辛頭那提河㉑，漢言師子口，緣河西入月氏國㉒，禮拜佛肉髻骨㉓，及睹自沸水船㉔。後至檀特山㉕南石留寺，住僧三百餘人，雜三乘學，無竭停此寺受大戒。天竺禪師佛馱多羅，此云覺救，彼方咸云已證聖果，無竭請為和上㉖，漢沙門志定為阿闍梨㉗，停夏坐㉘三月日，復行向中天竺界。路既空曠，唯齎石蜜㉙為糧，同侶而有十三人，八人於路並死，餘五人同行。無竭雖屢經危棘㉚，而繫念所賚《觀世音經》未嘗暫廢。將至舍衛國㉛，中野逢山象一群，無竭稱名歸命㉜，即有師子從林中出，象驚惶奔走。後渡恒河㉝，復值㉞野牛一群，鳴吼而來，將欲害人，無竭歸命如初，尋有大鷲飛來，野牛驚散，遂得免之。其誠心所感，在險克濟，皆此類也。

後於南天竺隨舶汎海達廣州，所歷事跡，別有紀傳。其所譯出《觀世音受記經》，今傳于京師。後不知所終。

【注釋】❶幽州　西漢武帝始置。東漢時治所在今北京城西南。❷黃龍　地名。前、後燕先後在此建都。故址在今遼寧朝陽。❸苦行　為了獲致最高覺悟而盡量壓抑欲望、摧殘肉體的一種極為痛苦的修行方式，如斷食、屏息、自殘等。佛教以外之外道常修此法，佛陀成佛前亦曾苦行六年，其後乃捨棄之。❹躬踐　親身遊歷。❺忘身　奮不顧身。❻永初　南朝宋武帝劉裕年號（西元四二〇至四二二年）。❼幡蓋　幡幢華蓋。佛教所用旌旗。❽發跡　猶出發。❾河南國　指今河南中部地區。❿海西郡　不詳何地。大約在今河南至甘肅敦煌之間某處。⓫進入流沙　四字原本無。據大正藏本補。流沙，此指敦煌以西至古鄯善國之沙漠地帶。⓬高昌郡　十六國時前涼張駿置。治所在高昌城（今新疆吐魯番東南）。⓭雪山　此處當指葱嶺諸山。⓮障氣　即瘴氣。⓯層冰　猶厚冰。⓰脅　本指肋骨處。此指山腰處。⓱大雪山　即今阿富汗境內之興都庫什山。⓲杙　木樁。⓳料檢　查點；清理。⓴佛鉢　見卷二〈曇無讖傳〉注釋。此處謂佛鉢在罽賓國。㉑辛頭那提河　即辛頭河。見卷二〈鳩摩羅什傳〉注釋。㉒月氏國　大月氏西遷後，大約在西元一世紀上半葉建立貴霜王國，定都富樓沙（今巴基斯坦白沙瓦），擁有西起鹹海，東至葱嶺的大片土地。此後漸衰，西元五世紀初因蠕蠕國之侵西徙，建都薄羅（今阿富汗巴爾赫）。㉓佛肉髻骨　相傳佛祖釋迦牟尼頭頂有肉團隆起如骨。此即謂佛頂骨，應在古印度那竭國醯羅城中。《洛陽伽藍記》卷五載：「方圓四寸，黃白色；下有孔，受人手指，閃然仰似蜂窩。」㉔自沸水船　不詳何物。大約也是佛祖遺留之物。㉕檀特山　梵語為Dantaloka。玄奘《大唐西域記》卷二謂彈多落伽山在跋虜沙城（故址在今巴基斯坦北部）東北二十餘里。㉖和上　見卷一〈維祇難傳〉

注釋。㉗阿闍梨　梵語Acarya的音譯。意譯為「規範師」。可矯正弟子的行為並能為其軌則模範的高僧。㉘夏坐　見卷二〈佛馱跋陀羅傳〉注釋。㉙石蜜　野蜂所釀之蜜。㉚危棘　猶危急。㉛舍衛國　梵語Sravasti。古印度王國。原為拘薩羅(Kosala)國都城名，為區別於南部另一拘薩羅，乃以城名代替國名。㉜稱名歸命　見本卷〈法顯傳〉注釋。㉝恒河　即今印度之恒河。㉞值　逢；遇。

【語　譯】釋曇無竭，漢語稱作法勇，姓李，是幽州黃龍人。他很小時就成了沙彌，開始奉修苦行，在稟守戒法讀誦經典方面，很被他的老師看重。曇無竭聽說法顯等人親身遊歷了佛教發源之國後，便慷慨地立下了奮不顧身西行求法的誓願。於是在宋永初元年，招集了有同樣志向的僧人僧猛、曇朗等二十五人，一同帶著幡幢華蓋等佛教用具，從中國出發，遠去西方。

無竭等先到了河南國，此後從海西郡出發，進入燉煌以西至古鄯善國之間的沙漠地帶，到達高昌郡。此後歷經龜茲、沙勒等國，登上葱嶺，翻越當地雪山，一路上瘴氣千重，萬里厚冰，山谷中大江穿過，江水迅猛如箭。他們在東西兩山的山腰處，連接起繩索作為橋梁。每次過十人，到達彼岸後舉火把為信號，後面的人見到了煙火，知道前面的人已經渡過，這纔可以繼續前進。如果很長時間沒見到煙火，便知道是暴風吹動繩索，前面的人已經墮入江中了。走了三天，又再次翻越大雪山，此山懸崖像石壁一樣聳直，根本沒有下腳的地方，唯有早先路過的人在石壁上留下的木樁洞，每處兩兩相對。無竭一行每人手執四根木樁並插入洞中，然後先拔下身後的木樁，再用右手往前插入並抓住它，如此展轉相攀，經過三天方纔度過。等到了平地停留查點同伴時，發現已經丟失了十二人。他們到達罽賓國後，禮拜了佛祖留下的石鉢。無竭在那裡停留了一年多時間，學習梵書梵文，並求得了一部《觀世音受記經》梵文本。此後一行人再次西行到達辛頭那提河，此地漢語稱作師子口，沿河西入到月氏國，在那裡參拜了佛祖的肉髻骨，親眼看到了自沸木舫。後來又到了檀特山南面的石留寺，此寺住有三百多僧侶，夾雜了三乘的學問，無竭於此接受了具足大戒。有一位天竺國的禪師叫佛馱多羅的，漢語稱作覺救，那裡的人都說他已證成了聖果，無竭便請他做老師，又請漢僧志定做規範師，並在該寺停留夏坐了三個月，然後又繼續前進到了中天竺國界。一路上非常空曠，唯有帶上石蜜作乾糧，出發時同伴尚有十三人，結果八人又在路上死去，祇剩下五人同行。無竭雖然屢經危險，但口中念誦所帶的《觀世音經》，未嘗有一刻暫停。快要到舍衛國的時候，曠野中突然遭遇了一群山象，無竭念誦觀世音的名字並默默祈禱，當即便有獅子從林中走出，大象見到後驚惶而遁。後來渡越恒河時，又遭遇了一群野牛咆哮而來，要加害他們，無竭像往常一樣念誦祈禱，不久便有大鷲飛來，野牛為之驚散，因而得以幸免。無竭精誠之心感動神靈，遇到危險能夠平安度過，其情形都和上面所提到的事情相類似。

無竭後來在南天竺國隨船泛海回到廣州，他所經歷的事跡，另外有一部記傳記載。其翻譯的《觀世音受記經》，現流傳於京師。他後來的下落不明。

宋建康龍光寺佛馱什

佛馱什，此云覺壽，罽賓人。少受業於彌沙塞部❶僧，專精律品❷，兼達禪要❸，以宋景平❹元年七月屆于揚州❺。先沙門法顯，於師子國❻得《彌沙塞律》梵本，未及翻譯，而法顯遷化❼，京邑諸僧聞什既善此學，於是請令出焉。以其年冬十一月集于龍光寺，譯為三十四卷，稱為《五分律》。什執梵文，于闐❽沙門智勝為譯，龍光道生、東安慧嚴共執筆參正❾，宋侍中❿瑯琊王練⓫為檀越，至明年四月方竟。仍於大部⓬抄出戒心⓭及羯磨文⓮等，並行於世。什後不知所終。

【注釋】❶彌沙塞部　即化地部。梵語 Mahisasaka 的音譯。小乘佛教二十部派之一，佛祖入滅後大約三百年由上座部分出的一派。❷律品　戒律經典。❸禪要　禪定之要。❹景平　南朝宋少帝劉義符年號（西元四二三年）。❺揚州　南朝宋時治所在今江蘇南京。❻師子國　見本卷〈釋法顯傳〉注釋。❼遷化　去世。❽于闐　見卷二〈佛馱跋陀羅傳〉注釋。❾參正商議核定。⑩侍中 見卷二〈曇無讖傳〉注釋。⑪王練 王弘從父弟，東晉王珉之子。宋元嘉中任侍中。⑫大部 即大眾部。小乘佛教部派根本二部之一。⑬戒心 持戒清靜之心態，此乃菩薩修行的最初十個階段之一。此指有關戒心的經文。⑭羯磨文 有關羯磨的經文。羯磨，梵語 Karman 的音譯。指佛教修行者在受戒懺悔時的一種行為儀式。這種作法可以發得戒體，滅罪生善。

【語譯】佛馱什，漢語稱作覺壽，是罽賓國人。他年少時受業於小乘佛教彌沙塞部派的僧人，特別精通戒律方面的經典，兼能通達禪定的要義，於宋景平元年七月到達揚州。在此之前有僧人法顯於師子國得到了《彌沙塞律》的梵文本，尚沒來得及翻譯，法顯就去世了，京城的僧眾聽說佛馱什擅長這一學問，因此請他翻譯此經。在這一年冬天十一月大家集合於龍光寺，譯為三十四卷，稱之為《五分律》。佛馱什手執梵文本，由于闐國僧人智勝傳譯，龍光寺僧人道生、東安寺僧人慧嚴共同商議核正，宋侍中瑯琊人王練是他們的施捨人，此次翻譯一直到第二年的四月方纔完成。此後佛馱什又從大眾部經典中抄出有關戒心和羯磨的經文，與《五分律》一起流傳於世。佛馱什後來的下落不明。

宋河西浮陀跋摩

浮陀跋摩，此云覺鎧，西域人也。幼而履操明直❶，聰悟出群，習學三藏，偏善《毗婆沙論》，常誦持此部以為心要❷。

宋元嘉之中，達于西涼❸。先有沙門道泰，志用強果❹，少遊蔥右❺，遍歷諸國，得《毗婆沙》梵本十有萬偈，還至姑臧❻，側席虛衿❼，企待明匠❽，聞跋摩遊心❾此論，請為翻譯。時蒙遜❿已死，子牧犍襲位，以犍承和⓫五年歲次丁丑四月八日，即宋元嘉十四年於涼州城內閑豫宮中，請跋摩譯焉。泰即筆受，沙門慧嵩、道朗與義學⓬僧三百餘人，考正⓭文義，再周⓮方訖，凡一百卷，沙門道挻為之作序。有頃，魏虜拓跋燾⓯西伐姑臧，涼土崩亂，經書什物⓰，皆被焚蕩⓱，遂失四十卷，今唯有六十卷存焉。跋摩避亂西反⓲，不知所終。

【注　釋】❶履操明直　謂操行修明剛正。履操，操行。❷心要　佛教語。心性之精要法義。❸西涼　東晉隆安四年，段業敦煌太守漢人李暠在燉煌（五年後又遷都酒泉）自稱大都督、大將軍、涼公等，建年號庚子，建立政權，史稱西涼。後為沮渠蒙遜所滅。❹志用強果　謂器識高超明斷。志用，器識。❺葱右　葱嶺以西地區。❻姑臧　見卷二〈鳩摩羅什傳〉注釋。❼側席虛衿　謂謙恭以待賢者。側席，不正坐。虛衿，敞開胸懷。❽企待明匠　謂迫切期待有造詣的大師。❾遊心　留心；專注於某方面。❿蒙遜　即沮渠蒙遜。見卷二〈鳩摩羅什傳〉注釋。⓫承和　北涼沮渠茂虔（牧犍）年號（西元四三三至四三九年）。⓬義學　見卷一〈曇摩難提傳〉注釋。⓭考正　考核訂正。⓮再周　謂十二年。歲星繞天一周為十二年。⓯魏虜拓跋燾　見卷二〈曇無讖傳〉注釋。⓰什物　各種物品器具。⓱焚蕩　焚毀蕩盡。⓲西反　西返。

【語　譯】浮陀跋摩，漢語稱作覺鎧，是西域人。幼年時操行修明剛正，聰明慧悟出於常人之上，學習三藏經典，尤擅長《毗婆沙論》，他經常誦讀這部經典，把它當作是有關心性的精要法義。

浮陀跋摩於宋元嘉年中來到西涼地區。早先有一位僧人道泰，此人器識高超明斷，年輕時曾到葱嶺以西遊化，行遍了那裡的每個國家，得到了《毗婆沙經》的梵文本共十萬偈，回到姑臧後，謙恭虛懷以待賢者，迫切期望高明大師的到來，他聽說跋摩專精於此經，便請他翻譯。當時沮渠蒙遜已死，其子牧犍繼位，道泰於承和五年歲次丁丑四月八日，也就是宋元嘉十四年，在涼州城內的豫適宮中，請跋摩翻譯此經。由道泰本人執筆記錄，僧人慧嵩、道朗與三百餘位對佛教義理有研究的僧人一起對譯文進行考核訂正，十二年以後方告完成，共一百卷，由僧人道挻為之作序。不久，魏敵拓跋燾西伐姑臧，涼州政權崩潰敗亂，經書及各種物品器具皆被焚毀蕩盡，此經譯文因此丟失了四十卷，現在祇有六十卷保存下來。跋摩為逃避戰亂返回西方，下落不明。

宋京師枳園寺釋智嚴

釋智嚴，西涼州❶人，弱冠❷出家，便以精懃❸著名，納衣宴坐❹，蔬食永歲❺，每以本域丘墟❻，志欲博事名師❼，廣求經誥❽。遂周流❾西國❿，進到罽賓，入摩天陀羅精舍⓫，從佛馱先⓬比丘諮受禪法，漸染⓭三年，功踰十載，佛馱先見其禪思有緒，特深器異⓮。彼諸道俗聞而歎曰：「秦地⓯乃有求道沙門矣。」始不輕秦類⓰，敬接遠人。

時有佛馱跋陀比丘，亦是彼國禪匠，嚴乃要請⓱東歸，欲傳法中土，跋陀嘉其懇至⓲，遂共東行。於是踰越沙險，達自⓳關中。常依隨跋陀，止長安大寺。頃之，跋陀橫為秦僧所擯，嚴亦分散，憩于山東⓴精舍，坐禪誦經，勵力㉑精學。晉義熙㉒十三年，宋武帝㉓西伐長安，剋捷旋旆，塗步㉔山東。時始興公王恢㉕從駕遊觀山川，至嚴精舍，見其同止三僧，各坐繩床㉖，禪思湛然㉗，恢至，良久不覺，於是彈指㉘，三人開眼，俄而還閉，問不與言。恢心敬精奇，訪諸耆老㉙，皆云：「此三僧隱居求志，高潔法師也。」恢即啟宋武帝，延請還都，莫肯行者。

既屢請慊至，二人推嚴隨行。恢懷道素篤，禮事甚殷，還都，即住始興寺。嚴性愛虛靜，志避諠塵，恢乃為於東郊之際，更起精舍，即枳園寺也。

嚴前還於西域所得梵文本眾經，未及譯寫，到元嘉[30]四年，乃共沙門寶雲譯出《普曜》、《廣博嚴淨》、《四天王》等經。嚴在寺不受別請，常分衛[31]自資，道化所被，幽顯[32]咸伏。有見鬼者云，見西州太社[33]間鬼相語：「嚴公至，當辟易[34]。」此人未之解。俄而，嚴至，聊問姓字，果稱「智嚴」，默而識之，密加禮異。儀同[35]蘭陵[36]蕭思話[37]婦劉氏疾病，恒見鬼來，吁呵[38]駭畏，時迎嚴說法，嚴始到外堂，劉氏便見群鬼迸散，嚴既進，為夫人說經，疾以之瘳，因稟五戒[39]，一門宗奉。嚴清素寡欲，隨受隨施，少而遊方，無所滯著[40]。稟性沖退[41]，不自陳敘，故雖多美行，世無得而盡傳。

嚴昔未出家時，嘗受五戒，有所虧犯，後入道受具足[42]，常疑不得戒[43]，每以為懼。積年禪觀而不能自了，遂更汎海，重到天竺，諮諸明達[44]。值[45]羅漢[46]比丘，具[47]以事問羅漢，羅漢不敢判決，乃為嚴入定[48]，往兜率宮[49]諮彌勒[50]，彌勒答云：「得戒。」嚴大喜，於是步歸。至罽賓，無疾而化，時年七十八。彼國法凡聖，燒身之處，各有其所。嚴雖戒操[51]高明，而實行未辦，始移屍向凡僧墓地，而屍重不起。改向聖墓，則飄然自輕。嚴弟子智羽、智達，故從西來，報此徵瑞(52)，俱還外國。以此推嚴，信是得道人也，但未知果向中間深淺耳(53)。

【注釋】❶西涼州　西魏文帝時置。治所在永平縣（今甘肅張掖西北）。❷弱冠　古時男子二十歲成人，初加冠，因體弱未壯，故稱弱冠。後泛指年少為弱冠。❸精懃　專心勤勉。❹納衣宴坐　謂身著樸素，專心靜坐。納衣，即衲衣。取人棄去之布帛縫納之僧衣。❺永歲　終歲。❻丘墟　形容荒涼殘破。❼博事名師　廣從名師。❽經誥　經典。❾周流　猶周遊。❿西國　西方之國。亦即當時葱嶺以西的佛教國家。⓫精舍　見卷一〈攝摩騰傳〉注釋。⓬佛馱先　即佛大先。見卷二〈佛馱跋陀羅傳〉注釋。⓭漸染　浸淫。⓮器異　猶器重。⓯秦地　關中地區。此指中國。⓰秦類　指中國人。⓱要請　邀請。⓲懇至　懇切。⓳達自　到達。⓴山東　古時一般稱崤山或華山以東為山東。此處具體所指不詳。㉑勵力　專力於某事。㉒義熙　東晉安帝司馬德宗年號（西元四〇五至四一八年）。㉓宋武帝　見卷二〈佛馱跋陀羅傳〉注釋。㉔塗步　路過；取道。㉕王恢　南朝宋時人。王誕兄王嘏之子，襲始興公。㉖繩床　一種可以折疊的輕便坐具。以板為之，並用繩索穿織而成。又稱「胡床」。㉗湛然　清而有實為湛。㉘彈指　彈擊手指。佛教儀式：以手作拳，屈食指，以大拇指捻彈作聲，表示許諾、讚歎、告戒或憤怒之意。㉙耆老　老人。㉚元嘉　南朝宋文帝劉義隆年號（西元四二四至四五三年）。㉛分衛　見卷一〈安清傳〉注釋。㉜幽顯　猶賢愚。㉝太社　古代天子為百姓祈福、報功而設立的祭祀土神、穀神的場所。㉞辟易　退避。辟，通「避」。㉟儀同　官名。即儀同三司，謂儀制同於三公。㊱蘭陵　地名。故址在今山東蒼山西南。㊲蕭思話　南朝宋時人。元嘉中為青州刺史，孝武帝時為尚書左僕射。㊳吁呵　叫喊。㊴五戒　見卷一〈康僧會傳〉注釋。㊵滯著　猶執著。拘牽於物。㊶沖退　謙讓。㊷具足　即具足戒。見卷二〈佛陀耶舍傳〉注釋。㊸得戒　得授戒律後能在自身發成戒體。㊹明達　明白通達之人。㊺值　原本作「真」，據大正藏本改。㊻羅漢　見卷一〈曇摩耶舍傳〉注釋。㊼具　開列；陳述。㊽入定　佛教徒閉目趺坐，不起雜念，使心安定於一處而不昏沉。㊾兜率宮　見卷二〈佛馱跋陀羅傳〉注釋。㊿彌勒　見卷二〈佛馱跋陀羅傳〉注釋。(51)戒操　猶戒德。由持戒而來的德操。(52)徵瑞　祥瑞；吉兆。(53)但未知果向中間深淺耳　此語殊不能解。其大意似謂：但不知其得道果真如此之深否。

【語　譯】釋智嚴，西涼州人，年輕時出家為僧，即以對佛法的專注勤奮而為人所知。他衣著樸素，專心靜坐，終歲吃素，常常因為家鄉荒涼殘破，發憤要博求名師，廣尋經典。因此便周遊西方之國，來到罽賓，進入摩天陀羅精舍，跟從佛馱先比丘受學禪法。他祇鑽研了三年，而所獲卻超過了別人花費十年時間的效果。佛馱先見他已具有禪學思緒，對他十分器重，那裡僧俗之人得知後歎道：「中國從此有真正的求道之僧了！」這些人由此方纔不輕視中國人，從而敬重接待遠方來人。

當時有一位佛馱跋陀比丘，也是罽賓國的禪學宗匠，智嚴便邀請他一起東歸，想邀請他到中國傳法，跋陀讚賞智嚴的懇切態度，便與他一起東行。於是涉踰沙漠越過艱險，到達關中。智嚴一直跟隨著跋陀，住在長安大寺。不久，跋陀無端遭受關中地區僧人的擯斥，智嚴也與他分別，停留於山東某地的一個精舍，坐禪誦經，專致於修行佛學。晉義熙十三年，宋武帝西伐長安，打了勝仗後凱旋，路過山東。當時始興公王恢隨同武帝皇駕出遊當地山川，來到了智嚴所住的精舍，看見其中同住著三位僧人，各坐在繩床上，禪思清湛，王恢到時，三人良久不覺，王恢於是以大拇指捻彈作聲，三人這纔睜開眼睛，但一會又閉上了，對王恢的問話並不答言。王恢心中敬佩他們的奇異，便訪問當地的老人，老人們都說：「這三位僧人隱居此處追求志趣，可稱得上是高尚明潔的法師。」王恢當即稟報宋武帝，請他們隨同還都，但沒有人願意。王恢多次邀請十分懇切，另二人便推舉智嚴隨王恢同行。王恢此人一向慕懷佛教，對智嚴的禮遇甚為隆厚，智嚴隨他們回到京都建康後，便住在始興寺。智嚴本性愛好清靜，志在避開喧鬧塵俗，王恢於是便為他在東郊地帶另外建造了一座精舍，這就是枳園寺。

智嚴先前於西域所求得的數部梵文本經典，一直沒有來得及翻譯記錄，到了元嘉四年，便與僧人寶雲一起譯出了《普曜》、《廣博嚴淨》、《四天王》等經。智嚴住在寺廟時不接受其他邀請，經常是以乞食自給，其道化所及，無論賢愚皆為歎服。有一次一個見到鬼的人說，聽見西州太社間有鬼互相說道：「嚴公來時，應當躲避。」此人十分不解。不久，智嚴來到，此人隨便地問了問他的姓名，回答果真叫「智嚴」，此人默默記住，內心對智嚴十分敬重。儀同蕭思話的夫人劉氏得了疾病，眼中總是看到有鬼前來，於是她大聲叫喚非常驚駭，此時便請智嚴說法，智嚴剛來到外堂，劉氏便看到群鬼一下子就逃散了，智嚴進到屋中，為劉氏講說佛經，劉氏的疾病便因此而愈，由此她便稟受了五戒，蕭氏一門也從此崇奉佛法。智嚴為人清淡少欲，隨時受人禮贈隨時施捨給他人，從小便遊方布道，根本不執著於某事某物。他稟性謙讓，從不自我陳述，因此雖然有很多善行，世間也無法全部獲知而流傳下來。

智嚴早年尚未出家時，曾經領受過五戒，並對戒律有所違犯，後來修行佛教接受具足大戒，他常常懷疑自己不能發成戒體，每每為此而恐懼。因為多年的坐禪返觀也不能自我明瞭，便再一次泛海西行，重到天竺，去向明白通達之人請教。遇到一位羅漢比丘，便陳述此事向他詢問。這位羅漢也不敢判定，便為智嚴靜坐進入禪定靜界，使心神前往兜率宮詢問彌勒菩薩，彌勒答道：「得戒。」智嚴得知大喜，於是步行返歸。到達罽賓國時，無疾而終，享年七十八歲。罽賓國評定一人是凡是聖的方法，是在不同的地方燒化屍體。智嚴雖然持戒德操高尚顯明，但尚未有達成最高真實的行持，因此起初把他的屍體移向普通僧人墓地，結果智嚴的屍體沉重無比無法抬起。改向聖僧墓地時，一下就變得輕飄飄了。智嚴的弟子智羽、智遠因此專程從西域回來報告這個徵兆，此後又一起返回外國。根據此事來推測智嚴，他確實是一位得道的人，祇是不知其得道是否果真有如此之深。

宋六合山釋寶雲

釋寶雲，未詳氏族❶，傳云涼州人。少出家，精懃有學行❷，志韻❸剛潔❹，不偶於世，故少以方直❺純素❻為名。而求法懇惻❼，忘身徇道，志欲躬睹靈跡❽，廣尋經要。遂以晉隆安❾之初，遠適西域，與法顯、智嚴先後相隨，涉履流沙，登踰雪嶺，懃苦艱危，不以為難。遂歷于填、天竺諸國，備睹靈異。乃經羅剎之野⑩，聞天鼓⑪之音，釋迦影迹⑫，多所瞻禮。

雲在外域，遍學梵書，天竺諸國音字詁訓⑬，悉皆備解。後還長安，隨禪師佛馱跋陀業禪⑭進道。俄而，禪師橫為秦僧所擯，徒眾悉同其咎⑮，雲亦奔散。會廬山慧遠解其擯事，共歸京師⑯，安止道場寺。眾僧以雲志力⑰堅猛，弘道絕域，莫不披襟諮問，敬而愛焉。雲譯出《新無量壽》，晚出諸經，多雲所治定。華梵兼通，音訓允正，雲之所定，眾咸信服。初，關中沙門竺佛念善於宣譯，於苻、姚二代⑱，顯出眾經。江左⑲譯梵，莫踰於雲，故於晉宋之際，弘通法藏，沙門慧觀等，咸友而善之。

雲性好幽居⑳，以保閑寂，遂適六合山㉑寺，譯出《佛本行讚經》。山多荒民㉒，俗好草竊㉓，雲說法教誘㉔，多有改悟，禮事供養，十室而九。頃之，道場慧觀臨亡，請雲還都，總理㉕寺任，雲不得已而還。居道場歲許，復還六合，以元嘉二十六年，終於山寺，春秋七十有四。其遊履外國，別有記傳㉖。

【注釋】❶氏族　宗族。❷學行　學問品行。❸志韻　見卷二〈佛馱跋陀羅傳〉注釋。❹剛潔　剛強純潔。❺方直　指人品端方正直。❻純素　純粹而不雜；純樸。❼懇惻　誠懇痛切。❽靈跡　佛祖形神所過之跡。❾隆安　東晉安帝司馬德宗年號（西元三九七至四〇一年）。❿羅剎之野　此泛指天竺國荒郊野外。羅剎，佛經中惡鬼之通稱。在歷史上本為古印度土著民族之一，雅利安人進入印度後，誣其凶惡可畏，遂轉化為惡鬼之義。⓫天鼓　忉利天善法堂中之鼓，擊之能發妙音。⓬釋迦影迹　謂佛祖遺留之影像、蹤跡等。參見本卷〈釋法顯傳〉、〈釋曇無竭傳〉。⓭詁訓　「詁」原作「話」，據大正藏本改。⓮業禪　習禪。「禪」下原衍一「師」字，據大正藏本刪。⓯悉同其咎　謂一起遭到怪罪。咎，歸罪；責怪。⓰京師　謂南朝宋京師建康。⓱志力　心志才力。⓲苻姚二代　指前秦苻堅、後秦姚萇二朝。⓳江左　見卷一〈竺法蘭傳〉注釋。⓴幽居　隱居。㉑六合山　在今江蘇江浦西北。㉒荒民　逃荒之民。㉓草竊　盜竊；強奪。㉔教誘　教育誘導。㉕總理　全面管理。㉖別有記傳　寶雲遊履外國之事，另有記傳。據《出三藏記集》卷一五，徵士豫章雷次宗為之序。今佚。

【語　譯】釋寶雲，其宗族不詳，記傳稱之為涼州人。年少時出家為僧，勤奮而有很好的學問和品行，志向情操剛強純潔，不欲與俗世為伍，所以年輕時即以端方正直、純樸不雜知名。寶雲追求佛法誠懇剴切，甘願為之捨棄生命，立志親到佛國瞻睹佛祖的靈跡，多方尋求佛經的精要。於是在東晉隆安初年，遠去西域，與法顯、智嚴等先後隨行，涉越沙漠，登越雪山，種種艱苦危險，絲毫不以為難事。因而遊歷于填、天竺等國，廣睹佛教靈異，歷經佛國曠野，得聞天鼓之音，佛祖所遺留之影像、蹤跡，多次瞻仰禮拜。

寶雲在外國時，遍學梵文文字，天竺諸國的文字音韻訓詁，全都通解。後來返回長安，跟隨禪師佛馱跋陀學習禪法，進階道行。不久，佛馱跋陀禪師無端被秦地僧侶排斥，其徒眾一起受到怪罪，寶雲也和禪師分散。此時廬山的慧遠排解了此事，寶雲便與他一起來到宋京都建康，住在道場寺。寺中眾僧認為寶雲心志才力堅強剛猛，又曾在邊遠之地弘揚佛法，無不推誠相與求教道法，對他由敬生愛。寶雲譯出了《新無量壽經》，稍後譯出的諸經，大多都是由他整理校定。寶雲兼通漢、梵文字，解釋音義平正公允，因此他所校定的經典，大家都十分信服。早先，關中僧人竺佛念擅長於翻譯，在前秦、後秦二朝，顯揚翻譯了很多經典。而在江左地區翻譯梵文佛經者，則沒有人能超過寶雲，所以在晉、宋之際，弘揚翻譯佛教經典者如僧侶慧觀等，都與寶雲相交並很友善。

寶雲性好隱居，以此保守閑寂清靜之心，因此便前往六合山寺，在那裡譯出了《佛本行讚經》。六合山中多逃荒之民，有著偷盜之習，寶雲為他們講說佛法並進行教育勸誘，這些民眾有很多人都覺悟改正，十家中有九家放棄了偷盜。不久後，道場寺的慧觀得病將亡，請寶雲同京主持寺務，寶雲不得已而還。在道場寺住了一年多時間後，再次返回六合山，於元嘉二十六年死於山寺中，享年七十四歲。其遊歷外國之事，另有記傳記述。

宋京師祇洹寺求那跋摩

求那跋摩，此云功德鎧，本剎帝利❶種，累世為王，治在罽賓國。祖父呵梨跋陀，此言師子賢，以剛直被徙。父僧伽阿難，此言眾喜，因潛隱山澤。跋摩年十四，便機見❷俊達❸，深有遠度❹，仁愛汎博❺，崇德務善。其母嘗須野肉，令跋摩辦之，跋摩啟曰：「有命之類，莫不貪生，夭彼之命，非仁人矣。」母怒曰：「設令得罪，吾當代汝。」跋摩他日煮油，誤澆其指，因謂母曰：「代兒忍痛。」母曰：「痛在汝身，吾何能代？」跋摩曰：「眼前之苦，尚不能代，況三途❻耶！」母乃悔悟，終身斷殺❼。至年十八，相工❽見而謂曰：「君年三十，當撫臨❾大國，南面稱尊❿。若不樂世榮⓫，當獲聖果⓬。」至年二十，出家受戒⓭，洞明九部⓮，博曉四《含》⓯，誦經百餘萬言，深達律品，妙入禪要，時號曰「三藏法師」。至年三十，罽賓國王薨，絕無紹嗣⓰，眾咸議曰：「跋摩帝室之胤⓱，又才明⓲德重，可請令還俗，以紹國位。」群臣數百，再三固請，跋摩不納⓳。乃辭師違眾⓴，林栖谷飲，孤行山野，遁迹人世。

後到師子國[21]，觀風弘教，識真[22]之眾，咸謂已得初果[23]。儀形感物，見者發心[24]。後至闍婆國[25]，初未至一日，闍婆王母夜夢見一道士飛舶入國，明旦，果是跋摩來至。王母敬以聖禮，從受五戒[26]。母因勸王曰：「宿世因緣，得為母子，我已受戒，而汝不信，恐後生之因，永絕今果[27]。」王迫[28]以母勅[29]，即奉命受戒，漸染[30]既久，專精積篤[31]。頃之，鄰兵[32]犯境，王謂跋摩曰：「外賊恃力，欲見侵侮，若與鬭戰，傷殺必多，如其不拒，危亡將至，今唯歸命[33]師尊，不知何計[34]。」跋摩曰：「暴寇相攻，宜須禦捍，但當起慈悲心[35]，勿興害念耳。」王自領兵擬[36]之，旗鼓始交，賊便退散。王遇流矢傷腳，跋摩為呪水[37]洗之，信宿[38]平復[39]。王恭信稍殷，乃欲出家修道，因告群臣曰：「吾欲躬栖法門[40]，卿等可更擇明王。」群臣皆拜伏勸請曰：「王若捨國，則子民[41]無依，且敵國兇強，恃險相對，如失恩覆[42]，則黔首[43]奚[44]處？大王天慈[45]，寧不愍命，敢以死請，伸其悃愊[46]。」王不忍固違，乃就群臣請三願[47]，若許者，當留治國。一願凡所王境，同奉和上[48]；二願盡所治內，一切斷殺；三願所有儲財，賑給貧病。群臣歡喜，僉然[49]敬諾[50]，於是一國皆從受戒。王後為跋摩立精舍，躬自琢材[51]，傷王腳指，跋摩又為呪治，有頃平復。道化之聲，播於遐邇[52]，鄰國聞風，皆遣使要請。

時京師名德沙門慧觀、慧聰等，遠挹[53]風猷[54]，思欲飡稟[55]，以元嘉[56]元年九月面啟文帝[57]，求迎跋摩，帝即勅交州[58]刺史，令泛船延致[59]。觀等又遣沙門法長、道沖、道儁等往彼祈請，並致書於跋摩及闍婆王婆多伽等，必希顧臨[60]宋境，流行[61]道教[62]。跋摩以聖化宜廣，不憚遊方。先已隨商人竺難提船，欲向一小國，會值便風，遂至廣州，故其遺文云：「業行風所吹，遂至於宋境[63]。」此之謂也。文帝知跋摩已至南海[64]，於是復勅州郡，令資發[65]下京[66]。路由始興[67]，經停歲許，始興有虎市山，儀形聳孤[68]，峰嶺高絕，跋摩謂其髣髴耆闍[69]，乃改名靈鷲。於山寺之外，別立禪室，室去寺數里，聲音不聞，每至鳴稚[70]，跋摩已至，或冒雨不沾[71]，或履泥不汙[72]，時眾道俗，莫不肅然增敬。寺有寶月殿，跋摩於殿北壁，手自畫作羅雲[73]像，及定光儒童[74]布髮之形，像成之後，每夕放光，久之乃歇。始興太守蔡茂之，深加敬仰，後茂之將死，跋摩躬自往視，說法安慰，後家人夢見茂之在寺與眾僧講法，實由跋摩化導之力也。此山本多虎災，自跋摩居之，晝行夜住，或時值虎，以杖按頭，抒[75]之而去，於是山旅水賓[76]，去來無梗，感德歸化者，十有七八焉。跋摩嘗於別室坐禪，累日不出，寺僧遣沙彌[77]往候之，見一白師子緣柱而立，亘室[78]彌漫生青蓮華[79]，沙彌驚恐大呼，往逐師子，豁[80]無所見。其靈異無方[81]，類多如此。

後文帝重勅觀等復更敦請，乃汎舟下都，以元嘉八年正月達于建鄴。文帝引見，勞問慇懃，因又言曰：「弟子常欲持齋不殺，迫以身徇物[82]，不獲從志[83]。法師既不遠萬里，來化此國，將何以教之？」䟦摩曰：「夫道在心，不在事，法由己，非由人。且帝王與匹夫所修各異，匹夫身賤名劣，言令不威，若不剋己苦躬[84]，將何為用？帝王以四海為家，萬民為子，出一嘉言，則士女咸悅，布一善政，則人神以和。刑不夭命[85]，役無勞力[86]，則使風雨適時，寒暖應節[87]，百穀滋繁，桑麻鬱茂，如此持齋亦大矣，不殺亦眾矣[88]。寧在闕半日之餐，全一禽之命，然後方為弘濟[89]耶。」帝乃撫机[90]歎曰：「夫俗人迷於遠理，沙門滯於近教，迷遠理者，謂至道[91]虛說；滯近教者，則拘戀篇章[92]。至如法師所言，真謂開悟明達，可與言天人之際[93]也。」乃勅住祇洹寺，供給隆厚，公王[94]英彥，莫不宗奉。俄而於寺開講《法華》及《十地》，法席[95]之日，軒蓋[96]盈衢[97]，觀矚[98]往還，肩隨踵接[99]。䟦摩神府[100]自然，妙辯天逸[101]，或時假譯人，而往復懸悟[102]。

後祇洹慧義請出《菩薩善戒》，始得二十八品，後弟子代出二品，成三十品，未及繕寫，失序品及戒品，故今猶有兩本，或稱《菩薩戒地》。初元嘉三年徐州[103]刺史王仲德，於彭城[104]請外國伊葉波羅譯出《雜心》，至擇品而緣礙[105]，遂輟。至是更請跋摩譯出後品，足成十三卷，並先所出《四分羯磨》、《優婆塞五戒略論》、《優婆塞二十二戒》等，凡二十六卷，並文義詳允[106]，梵漢弗差。

時影福寺尼慧果、淨奇等，共請跋摩云：「去六年，有師子國八尼至京，云宋地先未經有尼，那得二眾[107]受戒，恐戒品不全。」跋摩云：「戒法本在大僧眾發，設不本事，無妨得戒，如愛道之緣[108]。」諸尼又恐年月[109]不滿，苦欲更受，跋摩稱云：「善哉，苟欲增明[110]，甚助隨喜[111]。」但西國尼年臘[112]未登，又十人不滿，且令學宋語，別因西域居士，更請外國尼來足滿十數。其年夏，在定林下寺安居。時有信者，採華布席[113]，唯跋摩所坐，華彩更鮮，眾咸崇以聖禮，夏竟[114]還祇洹。其年九月二十八日，中食[115]未畢，先起還閣，其弟子後至，奄然已終，春秋六十有五。未終之前，預造遺文偈頌三十六行，自說因緣，云已證二果[116]。手自封緘，付弟子阿難沙云：「我終後，可以此文還示天竺僧，亦可示此境僧也。」既終之後，即扶坐繩床[117]，顏貌不異，似若入定。道俗赴者，千有餘人，並聞香氣芬烈，咸見一物，狀若龍蛇，可長一匹[118]許，起於屍側，直上衝天，莫能詺[119]

者。即於南林戒壇前，依外國法闍毗[120]之。四部[121]鱗集[122]，香薪成積[123]，灌之香油，以燒遺陰[124]，五色焰起，氛氳[125]麗空。是時天景[126]澄明，道俗哀歎，仍於其處起立白塔。欲重受戒諸尼，悲泣望斷[127]，不能自勝[128]。

初跋摩至京，文帝欲從受菩薩戒[129]，會虜寇侵疆，未及諮稟[130]，奄而遷化。以本意不遂，傷恨彌深，乃令眾僧譯出其遺文云：

前頂禮三寶，淨戒諸上座[131]，濁世[132]多諂曲[133]，虛偽無誠信，愚惑不識真，懷疾輕有德，是以諸賢聖，現世晦其迹。我求那跋摩，命行[134]盡時至，所獲善功德，今當如實說。不以諂曲心，希有[135]求名利，為勸眾懈怠，增長諸佛法。大法力如是，仁者咸諦聽：我昔曠野中，初觀於死屍，膖脹[136]蟲爛壞，臭穢濃血流，繫心緣彼處，此身性如是。常見此身相[137]，貪蛾不畏火，如是無量種[138]，修習死屍觀，放捨餘聞思，依止林樹間，是夜專精進[139]，正觀[140]常不忘，境界[141]恒在前，猶如對明鏡，如彼我亦然，由是心寂靜。輕身極明淨，清涼[142]止是樂，增長大歡喜[143]，則生無著[144]心。變成骨鎖相[145]，白骨現在前，朽壞肢節離，白骨悉磨滅，無垢智[146]熾然，調伏[147]思法相，我時得如是，身安極柔濡。如是方便[148]修，勝進轉增長，微塵念念滅[149]，壞色正念法[150]，是則身究竟，何緣起貪欲，知因諸受生[151]，如魚貪鉤餌，彼受無量壞[152]，念念觀磨滅，知彼所依處，從心猨猴起，業及業報果[153]，依緣念念滅，心所知種種，是名別相法[154]，是則思慧念，次第滿足脩，觀種種法相，其心轉明了。我於爾炎中，明見四念處[155]，律行[156]從是竟，攝心緣中住，苦若熾燃劍，斯由渴愛轉，愛盡般涅槃[157]，普見彼三界[158]。死焰所熾然，形體極消瘦。喜息[159]樂方便，身還漸充滿。勝妙眾相生，頂忍[160]亦如是。是於我心起，真實正方便。漸漸略境界，寂滅樂增長。得世第一法[161]，一念緣真諦[162]。次第法忍[163]生，是謂無漏道[164]。妄想[165]及諸境，名字悉遠離。境界真諦義，除惱獲清涼。成就三昧[166]畢，離垢[167]清涼緣。不涌亦不沒，淨慧[168]如明月。湛然正安住，純一寂滅相。非我所宣說，唯佛能證知[169]。那波阿毗曇[170]，說五因緣果[171]，實義知修行，名者莫能見，諸論各異端[172]，修行理無二，偏執有是非，達者無違諍。修行眾妙相，今我不宣說，懼人起妄想，誑惑諸世間，於彼修行相，我已說少分，若彼明智者，善知此緣起：摩羅婆國[173]界，始得初聖果，阿蘭若山寺，道迹修遠離，後於師子國，村名劫波利，進修得二果，是名斯陀含[174]，從是名[175]留難[176]，障修離欲道，見我修遠離，知是處空閑，咸生希有心，利養競來集，我見如火毒，心生大厭離，避亂浮于海，闍婆及林邑[177]，業行風所飄，隨緣之宋境，於是諸國中，隨力與佛法。無問所應問，諦[178]實真實[179]觀，今此身滅後，寂若燈火滅。

【注釋】❶剎帝利　梵語 Ksatriya 的音譯。古印度第二族姓，掌握政治和軍事權力，為世俗世界的統治者。❷機見　見識；智謀。❸俊達　俊逸通達。❹遠度　高遠之氣度。❺仁愛汎博　謂廣施仁愛。❻三途　佛教語。即火途（地獄道）、血途（畜生道）、刀途（餓鬼道）。❼斷殺　斷絕殺生。❽相工　相命之術士。❾撫臨　統治；據有。❿南面稱尊　謂君臨一國。⓫世榮　世俗榮利。⓬聖果　見卷一〈曇摩耶舍傳〉注釋。⓭受戒　見卷二〈鳩摩羅什傳〉注釋。⓮九部　見卷二〈鳩摩羅什傳〉注釋。⓯四含　見卷一〈維祇難傳〉注釋。⓰紹嗣　繼承。⓱胤　後代。⓲才明　見卷一〈康僧會傳〉注釋。⓳不納　不予採納；不從。⓴違眾　違背眾人之願。㉑師子國　見本卷〈釋法顯傳〉注釋。㉒識真　見卷二〈佛馱跋陀羅傳〉注釋。㉓初果　見卷二〈鳩摩羅什傳〉注釋。㉔儀形感物二句　謂跋摩風神儀態能感化世俗，見之者無不發起求悟之心。發心，發起向上證悟的菩提智慧心。㉕闍婆國　亦作「闍婆達」、「闍婆婆達」。古國名，地在今印度尼西亞爪哇島或蘇門答臘島。或兼稱此兩島。㉖五戒　見卷二〈曇無讖傳〉注釋。㉗恐後生之因二句　謂擔心此事所生之因，再不生如今天你我母子之果。㉘迫　迫於。㉙勅　帝王之詔命、命令。㉚漸染　漬染；沾染。㉛專精積篤　謂專致篤深。㉜鄰兵　鄰國軍隊。㉝歸命　見本卷〈釋法顯傳〉注釋。㉞不知何計　謂不知計將安出。㉟慈悲心　佛、菩薩對眾生平等一如之深切關懷之心。㊱擬　謀劃；以兵器作殺人狀。此處意謂進擊。㊲呪水　古代巫術。對水行咒作法，據言飲之能治病袪邪。㊳信宿　見本卷〈釋法顯傳〉注釋。㊴平復　痊愈；復原。㊵躬栖法門　謂親自出家為僧。㊶子民　天子之臣民；百姓。㊷恩覆　加恩庇護。㊸黔首　普通百姓。㊹奚　何。㊺天慈　皇帝之慈愛。㊻悃愊　至誠。㊼願　心願。㊽和上　見卷一〈維祇難傳〉注釋。㊾僉然　皆；都。㊿敬諾　恭謹應答之詞。(51)琢材　猶砍材。(52)遐邇　遠近。(53)挹　通「揖」。禮揖；景仰。(54)風猷　人之風采品格。(55)飡稟　猶尊崇供奉。(56)元嘉　南朝宋文帝劉義隆年號（西元四二四至四五三年）。(57)文帝　南朝宋文帝劉義隆，西元四二四至四五三年在位。(58)交州　南朝時治所在龍編縣（今越南北寧境內）。(59)延致　招來；邀請。(60)顧臨　蒞臨。(61)流行　流布；弘揚。(62)道教　指佛教。(63)業行風所吹二句　謂由於業之力量而使風吹我至於宋境。業行，業力。前世留下的一種潛在的、可以召感果報的力量。隨緣，隨順眾緣。(64)南海　此指當時中國的南部邊疆地區。(65)資發　資給發送。(66)下京　前來京城。(67)始興　郡名。南朝時治所在今廣東始興北。(68)儀形聳孤　謂山之形體高聳卓絕。(69)耆闍　即耆闍崛山。見本卷〈釋法顯傳〉注釋。70嗚稚　「稚」字疑當作「椎」。謂用椎敲擊鐘磬以作聲。71冒雨不沾　謂雖冒雨而雨不沾衣。72履泥不汙　謂雖踏泥而泥不汙履。73羅雲　又作「羅睺羅」。佛之嫡子。在胎六年，生於成道之夜。十五歲出家，成阿羅漢果，在十大弟子中為密行第一。74定光儒童　即定光佛。或稱燃燈佛。釋迦牟尼又嘗稱之為「儒童」。75抒　大正藏本作「弄」。76賓　同「濱」。77沙彌　見卷二〈鳩摩羅什傳〉注釋。78亘室　滿室。79青蓮華　青色蓮花。瓣長而廣，青白分明。80豁　消散。81無方　變化無窮；無與倫比。82徇物　曲從世俗。83不獲從志　謂無法滿足自己的志願。84剋己苦躬　謂克制欲望，勞苦身體。85刑不夭命　謂國之刑法不害生靈。86役無勞力　謂國之勞役不苦民眾。87應節　順應時節。88如此持齋亦大矣二句　大正藏本作「如此持齋，齋亦大矣；如此不殺，德亦眾矣」。89弘濟　廣為救助。90撫机　「机」字疑當作「几」。91至道　至要大道。此謂佛教。92拘戀篇章　謂拘泥於經典。93天人之際　天道與人事之間的相互關係。中國古代哲學的重要命題之一。94公王　當作「王公」。95法席　講解佛法的座席。此作動詞，開講佛法。96軒蓋　帶蓬蓋的車，指達官貴人。97盈衢　充斥於道路。98覲矚　觀看。99肩隨踵接　摩肩接踵，形容人口密集。100神府　猶靈府。精神之宅。101妙辯天逸　謂論辯圓融無礙。102懸悟　猶覺悟。103徐州　南朝宋永初二年以北徐州改，治所在彭城縣（今江蘇徐州）。104彭城　縣名。當時治所在今江蘇徐州。105緣礙　因為遇到障礙。106詳允　平正允當。107二眾　猶道俗。道眾與俗眾。道眾，出家修道並受具足戒或十戒者。俗眾，在俗歸於法，受五戒或八戒者。108戒法本在大僧眾發四句　謂戒法本針對於廣大僧眾而發，即使不據前世之事，也無妨得受戒法，就像愛敬大道而得緣一樣。大僧眾，此處指一般的廣大之眾。本事，前世之事。愛，此處表示一種德性意義的愛敬，與表示污染之義的執著愛戀不同。109年月　修行時間。110增明　增長智識。明，梵語vidya的意譯，學問或智明之意。111隨喜　佛教語。謂見他人行善而生歡喜。112年臘　僧人受戒之年限、戒行之高低。113採華布席　採摘花朵布於席上。114夏竟　坐夏結束。115中食　指佛教徒於中午所進齋食。116二果　見卷二〈鳩摩羅什傳〉注釋。117繩床　見本卷〈釋智嚴傳〉注釋。118匹　量詞。四丈為匹。119詺　辨別物名。120闍毗　巴利語jhapeti音譯。火化；火葬。121四部　即四部眾。比丘、比丘尼、優婆塞、優婆夷。出家與在家的佛教徒。122鱗集　雲集。比喻眾多。123香薪成積　謂香木柴薪堆積成聚。積，積聚。124遺陰　遺體。125氛氳　陰陽二氣交會和合時之迷離貌；迷茫貌。126天景　天氣；天色。127望斷　眺望遠處直至不見。128不能自勝　不能自已。129菩薩戒　見卷二〈曇無讖傳〉注釋。130諮稟　請受；受教。131上座　猶言長老。對法臘十年以上比丘的尊稱。132濁世　佛教語。謂五濁惡世。133諂曲　曲意逢迎。134命行　佛教語。在瞬間表現出來的護持生命的潛在力量。135希有　希冀。136臃脹　腫脹。137身相　身之相貌。138無量種　多而不可計量的種子。無量，不可計量。種，佛教語。即種子。世間種種行為留下的一種潛在的、能夠生起或影響未來的某種精神的力量。取植物種子以為名。此乃唯識學說的重要觀念。139精進 佛教語。為「六波羅密」之一。謂堅持修善法、斷惡法，毫不懈怠。140正觀 佛教語。以正智觀照。即能夠正確觀察到一切法皆無自性。141境界 佛教語。主客觀之情狀。尤指主觀內心之情狀；主觀心境。142清涼 佛教語。斷一切愛憎，謂之清涼。143歡喜 佛教語。接於順情之境而身心喜悅。144無著 佛教語。無執念於事物。145骨鎖相 由骨鎖觀而起之相。骨鎖觀，九種不淨觀之一，觀想骨肉離散而得白骨相連之情狀，因之不起貪戀。146無垢智 佛教語。非思惟意識之覺了之心。147調伏 佛教語。調調和身、口、意三業，以制伏諸惡。148方便 佛教語。具體的解脫五蘊煩惱，趨向正智清淨的身口意乃至禪觀的有效力的作為。149微塵念念滅 萌芽狀的色相念頭，剛剛產生，即被滅卻。150壞色正念法 現證色自性空，受想行識自性空。151受生 佛教語。受胎而生者。152壞 猶壞苦。身體四大元素相互侵擾而壞去。153業及業報果 某種緣業與由此而生出的果報。154別相法 即別相。六相之一。對於總相而言，是各有差別之相，即所謂多德非一之相。一心所知種種，意義各別，故稱別相。155四念處 後又譯作「四念住」。為獲致覺悟而進行的四種修行法。即身念住、受念住，心念住、法念住。念，觀想，憶念；以心作用之。156律行 奉行戒律。157般涅槃 梵語 parinirvana 音譯。完全之涅槃；完全之寂滅。158三界 佛教語。眾生所居世界。即欲界、色界、無色界。159息 又稱「息心」、「靜志」等。止息種種罪惡性而向善。160頂忍 頂法與忍法。部派佛教說一切有部認為，在到達聖位之前的準備階段有四個階位，即煖法、頂法、忍法、世第一法。161世第一法 見上注。162真諦 絕對不二的真理。163法忍 在法智生起前的堅忍之心。忍受諸法空無自性的堅定心情。164無漏道 二道之一。謂三乘之人斷離煩惱污垢。165妄想 五法之一。虛妄分別的念想。166三昧 又譯作「三摩地」。即定；等持。參見卷一〈僧伽跋澄傳〉注釋。167離垢 出離污染煩惱。168淨慧 清淨之智慧。169證知 參悟；不是思惟之知。170阿毗曇 見卷二〈鳩摩羅什傳〉注釋。171五因緣果 因緣關係中的五種結果。即異熟果、等流果、土用果、增上果、離繫果。172異端 猶異志。見解不同。173摩羅婆國 印度古國名。在印度納巴達 (Narbuda) 河以北，今馬爾瓦 (Malwa) 一帶地方。174斯陀含 即小乘佛教覺悟境界之第二果，又名一來果。見卷二〈鳩摩羅什傳〉注釋。175名 大正藏本作「多」。176留難 阻撓為難。177林邑 古南海國名。178諦 用如動詞，證知真實。179真實 最高真理。

【語　譯】 求那跋摩，漢語稱作功德鎧，原本是剎帝利種姓，其家累世都是國王，治理罽賓一國。他的祖父名叫呵梨跋陀，漢語稱為師子賢，因為性格剛直而被流放。其父名叫僧伽阿難，漢語稱為眾喜，由於其祖父的緣故而隱居到山澤間。跋摩十四歲時，見識智謀俊逸通達，甚具高遠之氣度，為人廣施仁愛，崇尚德操，致力善行。有一次他的母親想要吃野肉，命跋摩辦理，跋摩稟答道：「具有生命的東西，無不貪戀生命，誰殘害牠們的生命，誰就算不上是仁義之人。」其母生氣地說：「假設因此而遭受罪孽，我自會代你受苦。」此後有一天跋摩在煮油時，誤將油澆在手指上，便對母親說：「請代兒子忍受疼痛。」其母答道：「痛在你的身上，我如何能代？」跋摩便道：「眼前的痛苦尚且無法代替，又何況火血刀三途之苦呢！」跋摩的母親於是悔悟，從此終身不再殺生。到了十八歲時，相命術士對他說道：「君年至三十之時，理當統治一個大國，君臨天下。如果不貪圖此世俗榮利，便當獲取聖果。」跋摩二十歲時，出家為僧從師受戒，能夠明達九部之經，通曉四《含》之典，並誦讀了百餘萬字的經典，而且深刻洞明了律藏之義，巧妙切入到禪定的要理，當時人稱之為三藏法師。到了三十歲時，罽賓國王去世，沒有子嗣繼承王位，大家都議論道：「跋摩乃是帝王後裔，且又才智聰明德行高尚，可請他還俗，以繼承國王之位。」數百位大臣再三懇請，但跋摩並不聽從。於是他便辭別師傅違背眾意，到山林間棲息，獨自行走山野，不再現跡人世。

後來跋摩到達了師子國，考察風俗弘揚佛教，彼處了知真實之人，都稱他已經獲得了初果。跋摩美妙的風神儀態能夠感化世俗，見之者無不發起證悟菩提之心。此後他又來到了闍婆國，在他到達的前一天，闍婆國國王的母親夢見一位僧人乘著大船飛奔而至，翌日早晨，果然就有跋摩前來，於是國王之母待之以崇高之禮，並跟從他接受了五戒。王母還勸說闍婆國王道：「賴於前世因緣，使你我成為母子，我已接受戒位，而你尚未信從佛法，我擔心如此所生之因，再不生如今天你我母子之果。」國王迫於母命，當即遵照母親意旨接受戒法，漬染時間一久，對佛法也稍稍變得專致起來。不久，鄰國軍隊侵犯邊境，國王對跋摩說：「外國賊兵仗恃勢力強大，想要侵侮我國。若與之戰鬥，我方傷亡必重；若不予抵抗，那麼國家就將要滅亡。今天唯有皈依師傅，但不知您有什麼計策？」跋摩道：「暴虐之敵前來侵犯，理須抵抗，祇是應當生起慈悲之心，不要有殘害生靈之念罷了。」闍婆國王親自領兵迎擊，雙方軍隊剛剛交戰，賊兵便即退散，闍婆國王被流矢擊傷了腳，跋摩用行咒作法過的水為他洗傷，第二天就痊愈了。國王由此對佛法更加崇敬信服，便想出家修持佛教，於是告訴眾大臣們說：「我意欲親自出家為僧，卿等可以另外挑選一位賢明之主。」群臣都拜伏在地勸說請願道：「大王如果放棄國家，那麼天下百姓就無所依靠了。況且敵國兇惡強大，我國祇是憑藉著險要地勢方纔與之抗衡，如果失去了陛下的加恩與庇護，那普通百姓還有何處可去呢！大王慈愛充隆，難道會不憐憫生靈嗎？臣等斗膽冒死說出我們的至誠請求。」闍婆國王不忍心堅決違背他們的意願，便向群臣提出他的三個心願，如果群臣答應，便留下來治國。國王的第一願是全國境內，共同尊奉佛教僧侶；第二願是治轄範圍之內，從此不再殺生；第三願是所有儲存財物，賑給貧病之人。群臣非常高興，都恭謹應答表示遵命，於是一國之人都跟從國王而接受了戒法。闍婆國王後來為跋摩建造精舍，親自砍伐木材，結果傷了腳趾，跋摩又用咒水為他治療，一會兒就恢復了。跋摩的德化之聲遠近流傳，鄰近國家的人聽說後，都派遣使節邀請他前往。

當時宋朝京城有名望德行的高僧慧觀、慧聰等人，十分景仰跋摩的風采品格，很想親自崇奉接受教誨，便在元嘉元年九月，面啟文帝，請求派人迎請跋摩前來，文帝當即下令交州刺史，命他派船邀請。慧觀等又派遣僧人法長、道沖、道儁等，前往跋摩所在國延請，並寫信給跋摩以及闍婆國王沙婆加等人，希望跋摩一定要蒞臨宋朝，弘揚流化佛教。跋摩認為佛教的聖明風化應當廣施萬方，傳法者不能害怕四處遊化，因此他早已經隨著一位叫竺難提的商人的海船，準備到一個小國去，其時正逢順風，便來到了廣州，所以他的遺文中所謂：「由於業之力量，而使風吹我至於宋境。」說的就是這件事。文帝得知跋摩已到達了南海地區，因而再一次下令給有關地方州郡，命他們資給護送跋摩前來京城。跋摩取道始興郡，在那裡停留了一年多。始興地方有一座虎市山，山勢尖聳孤立，峰嶺高邁卓絕，跋摩認為其與耆闍崛山彷彿相似，便把它改名為靈鷲。他在山寺之外，另外建了一間禪室，禪室距寺有數里之遙，兩處鐘磬之聲互不相聞，但每次寺中鐘磬聲響起時，跋摩就已經到了，或者雖冒雨而雨不沾溼衣服，或者雖踏泥而泥不沾汙鞋子，當時眾多僧俗之人，對此無不肅然起敬。寺中有一間寶月殿，跋摩在殿北牆壁上親手繪寫了一幅羅雲像以及定光儒童披著頭髮的畫像，畫成以後，每晚圖像都會發出光芒，很久纔消失。始興太守蔡茂之對跋摩更加敬仰，後來在茂之臨終之時，跋摩親自前去探視，為他說法並加以安慰，此後蔡茂之的家人夢見茂之在寺中與眾僧講說佛法，這實在是因為跋摩的化解教導的功勞。虎市山中一向頻繁發生虎患，但自從跋摩來到山中住下後，晝夜在山中來往，有時也遇到虎，跋摩用僧杖按住虎頭，玩弄一番方纔離去，從此人們在山間水濱往來行走便再也沒有阻礙了，其間十之七八的人都感懷跋摩之德並皈依了佛法。跋摩曾經有一次在一間別室入定，連續數日不出，寺中僧人派了一位小沙彌前往探視，小沙彌見到一隻白色獅子繞著柱子攀緣而上，整個禪室中到處開出青色蓮花，小沙彌驚恐大叫，上前追逐白獅，結果一切消散不見。跋摩變化無窮的靈異，往往如此。

後來文帝再次敕命慧觀等人懇切邀請，跋摩於是乘船來京，在元嘉八年正月到達建鄴。文帝召見了他，殷勤慰問之餘，對他道：「弟子常常想要守齋而不殺生，但迫於自己必須曲從世俗，因而無法滿足志願。法師既然不遠萬里來到我國傳化佛教，有什麼可以教導我的嗎？」跋摩道：「道在於心，不在於其他的事，法在於自己，不在於他人。況且帝王與匹夫所修持的東西是不一樣的，匹夫身體卑賤名聲低劣，言論沒有威力，如果再不克制欲望勞苦身體，就不會產生作用。帝王以四海為家，以萬民為子，說出一句佳話，就會使大家欣悅；行使一件善政，便會使人神交和。行使刑法而不傷害生命，興施工役而不勞苦人力，則使風雨合乎時令，寒暖順應節令，百穀滋長而多實，桑麻佳鬱而茂盛。如此持齋，這樣的齋戒就很崇高；如此不殺，這樣的德行便很茂盛。豈在於減去半日的口糧，去保全一隻禽獸，然後纔稱得上是救助生靈嗎？」文帝靠著几案歎道：「俗人迷惑於虛無之理，僧侶拘泥於眼前教義，迷惑於虛無之理者，可以說是把至上之道變成虛空了；拘泥於眼前教義者，便就是為經典文字所束縛。至於像法師所說的，真稱得上是能夠非常通明地開悟旁人，可以去討論天道與人事之間的相互關係了。」於是文帝命跋摩住在祇洹，對他的供給十分隆厚，京城的王公貴族及俊逸之士，無不崇奉跋摩。不久跋摩在寺中開講《法華》及《十地經》，開講之日，達官貴人充斥於道路，往來觀看聽講者摩肩接踵。跋摩精神自然，論辯圓融無礙，雖然有時要假借翻譯，但往復幾遍後便就能曉悟。

後來祇洹寺的慧義請跋摩翻譯《菩薩善戒》，起初譯成了二十八品，稍後由其弟子代翻了二品，共得三十品，因為沒來得及繕寫，佚失了序品與戒品，所以現在猶存有兩個本子，有人稱之為《菩薩戒地》。起初，元嘉三年徐州刺史王仲德在彭城請外國人伊葉波羅翻譯《雜心》，翻至擇品時因為遇到障礙，中途而止。及至此時便再請跋摩譯出後面的章節，圓滿完成了十三卷，加上先前所譯的《四分羯磨》、《優婆塞五戒略論》、《優婆塞二十二戒》等，共二十六卷，所有譯文義理平正允當，梵漢文本意思毫無差失。

當時影福寺的尼姑慧果、淨音等人，一同禮請跋摩道：「六年前，有八位師子國尼姑來到京城，說宋朝境內先前尚沒有經典卻有了尼姑，如何能使道眾與俗眾接受戒法！怕是戒律方面的經典並不周全。」跋摩道：「戒法本針對於廣大僧眾而發，即使不據前世之事，也無妨得受戒法，就像愛敬大道而得緣一樣。」慧果等尼姑又擔心自己的修行時間不滿，苦苦懇求重受戒法。跋摩道：「善哉！你等如真想增長智識，是非常令我高興的。」至於那些外國尼姑則因修行時間不夠，又不滿十人，於是跋摩叫她們先學習漢語，另外請西域的居士，再請外國尼姑前來湊滿十人之數。這一年夏天，跋摩在定林下寺住下。當時有信服跋摩的人，採摘花朵布於坐席之上，但唯有跋摩所坐法席上，花朵的色彩特別鮮豔，大家都對他致以崇高的禮敬，夏坐結束後，跋摩又回到祇洹寺。這一年的九月二十八日，中午進齋食未畢，跋摩先起身回到室內，其弟子稍後來到，此時跋摩已經悄然而逝，享年六十五歲。跋摩未死之前，預先撰就了遺文偈頌共三十六行，自敘其因緣說他已經證成第二果位。寫畢後親自封緘，交付給弟子阿沙羅說：「我死後，可將此文留給天竺僧人觀看，也可以給此地僧人閱讀。」既死之後，跋摩手扶繩床，面部表情毫無異樣，就如同入定一般。前來送葬的道俗有千餘人，皆聞到空中香氣芬芳濃烈，並都看見一個東西，其形狀像條龍蛇，大約長四丈多，從其屍體旁邊生起，直飛衝天，無人能辨別其究為何物。於是眾人當即於南林戒壇之前，按照外國風俗將跋摩火化。僧俗教眾雲集在場，香木柴薪堆積成聚，香油灌澆在柴薪之上，用以焚燒遺體，五色火焰生起，迷茫之氣輝映天空。此時天色澄明朗淨，僧俗無不哀歎，又於其火化處建造起白塔。而想重受戒法的諸位尼姑，更是悲哭眺望，不能自已。

當初跋摩到京城時，文帝想從他受菩薩戒，正值敵寇入侵，沒來得及請受，跋摩就忽然逝去了。文帝由於自己的意願沒能達成，非常傷心懊恨，便命眾僧譯出了跋摩的遺文：

我恭敬地向佛家三寶頂禮膜拜，還有戒體清淨的諸位長老。這個五濁惡世充滿了屈曲逢迎之輩，他們虛偽而缺乏誠信。愚頑困惑而不能識別真知，卻懷著嫉妒看輕有德高人。因此諸多聖賢大德，在當今世界中隱藏行跡。本人求那跋摩，護持生命的力量已快將耗盡。我所獲得的善行和功德，今天在這裡如實訴說。並非是因為逢迎之心，希冀以此來獲得名利。而是想要規勸懈怠的眾人，使他們增長佛法真知。佛陀大法威力如許，賢仁之輩請都來傾聽。昔年我在曠野之中，初次修行死屍觀。腐蟲咬噬腫脹爛壞，惡臭穢污膿血四流。我把整個念慮繫於這一情景，想到我們自身軀體其實就是如此。由此返觀對治我們平常種種身體行為之狀相，簡直就如貪蛾不畏火一般。這樣無數種死屍爛肉等等壞相的觀行，統括來說就叫做修行死屍觀。在這期間我全放棄了其他的聞思所知，就在林樹間作這樣唯一的修行。某一夜裡我正堅持不懈，正智觀照一切。正智觀照境界一直現前，猶如對著一面明淨鏡子。我的心也像鏡中的我一般，由之而漸漸寂靜澄淨。釋去重負的身體輕盈明淨，已斷一切愛憎的清涼心無比快樂。增長出一種由衷的喜悅，這時的心，已經沒有執著什麼的感覺。此時死屍之相變成了骨肉離散之相，整個白骨出現在前。它腐朽而肢節脫離，最後整個白骨全部澌滅。這時候，遠離濁垢的智慧由此熾生，我調和身口意以思惟法相。我此時就是能夠這樣一直深深觀照，於是身體安適無比柔軟。這樣進行依法的修行，因而就更進一步又獲得勝境之增長。萌芽狀的色相念頭剛剛產生，即被滅卻。現證色自性空，受想行識自性空。既然做到徹底了知身體自性空，也就止滅了昇起貪愛欲想的所緣。既然證知了若無諸受則無諸法，就像不貪魚餌的魚兒永遠不會被鉤鉤住。他們因於諸受而遭致了無窮的壞苦，而在我目前的修行中，念念正觀之際，諸受悉歸磨滅，諸法因而寂靜。我明白眾生痛苦的緣起，就在於心如猨猴一般起伏躍動。因此而招致種種業緣與由此而生的果報，現前通通都寂滅於我此時之寂靜之中。一心所知之種種，意義各別，故稱為別相，因此必須思惟智慧，要使各別相次第皆能寂滅滿足。這樣，觀照種種不同的別相，心就愈來愈加澄明不已。我在貪蛾撲向的火焰中，卻明白地見到了獲致覺悟的四種修行。奉行戒律從此完成，將心收攝入於寂滅因緣之中。苦就如同燒紅的利劍，此乃由於心中之愛戀渴望而轉成。

渴愛消盡就是正因之涅槃，由此得洞見眾生所居的三界。死焰又一次復燃，我的形體變得極為消瘦。快樂止息而歡喜於修行，身體漸漸又變回充滿。無比美妙之外觀諸相由此而生，頂法與忍法亦如是成就。它是在我心中生起的，佛陀真實之法之正修行。漸漸地，一切有相之境剎那間消失，於寂滅清淨中法樂增長。由此獲得了世間實智第一法，唯一不二之真實剎那現前。接著生起實智堅忍之心，這就是斷離污垢的無漏之道。遠離虛妄分別以及他境，亦遠離一切言語名相。真諦之不二境界，即是它永除煩惱常處清涼。實智三昧既已成就，一切緣法莫不離垢莫不清涼。它既不湧出，它也不沒入，如同明月一般清淨而無塵染。晏然之正智如此住持，現前純粹完全的寂定之相。我今之所說不如我之所證，我之所證唯佛能夠證知。當年的阿毗曇大師，敘說因緣關係中的五種果報。唯達曉實義者能夠實知修行，而祇知名相者則不可能見證。修行之諸多論點彼此不同，而修行之實理卻永無二致。凡有一端可以執持者（若有無等等），必生是非，達於實理者則永無言語爭執。本人修行的各種微妙的具體的心行諸相，我今天不能明白宣說。因為擔憂他人生起妄想，以此欺騙世間。而我修行有利於佛法之相，則已經說出了一小部分。如果聽者明智通達，便能夠知道我實修之所緣起。在摩羅婆國界內，我始得初聖果位。於阿蘭若山寺中，追尋聖跡離世修行。後來在獅子國，一個名叫劫波利的村莊裡，進一步修得第二果，它的名字叫作斯陀含。從此便有人阻撓為難，阻礙我修行脫離欲望之道。因為他們見我離欲修行，知道我一定身處閒處。於是皆生出希冀利益之心，競相前來供養。而我視此如同毒火，心中大起厭離。所以避亂而浮舟於海，到達闍婆與林邑之國。業力之風吹我飄流，隨順眾緣而來到宋境。我於此諸國之內，隨己之力而興隆佛法。沒有任何是真正應該疑問的，因為一切所疑均已決了，只有唯一真實，即今之所現證證觀者。我今此身若滅，一切業緣也就寂如燈火之滅。

宋京師奉誠寺僧伽跋摩

僧伽跋摩，此云眾鎧，天竺人也。少而棄俗，清峻[1]有戒德，善解律藏，尤精《雜心》。以宋元嘉❷十年，步自流沙，至于京邑。器宇宏肅❸，道俗敬異，咸宗事之，號曰「三藏法師」❹。

初，景平❺元年，平陸❻令許桑捨宅建剎，因名平陸寺，後道場慧觀以跋摩道行❼純備❽，請住此寺。崇其供養，以表厥德。跋摩共觀加塔三層，今之奉誠是也。跋摩行道諷誦，日夜不輟，僧眾歸集，道化流布。初三藏法師明於戒品，將為影福寺尼慧果等重受具戒❾，是時二眾❿未備，而三藏遷化。俄而師子國比丘尼鐵薩羅等至都，眾乃請跋摩為師，繼軌三藏。時祇洹⓫慧義擅步京邑，謂為矯異⓬，執志不同⓭，親與跋摩拒論翻覆⓮。跋摩標宗顯法，理證明允⓯，既德有所歸，義遂迴剛⓰，靡然推伏，今弟子慧基等服膺⓱供事，僧尼受者數百許人。宋彭城王義康崇其戒範，廣設齋供，四眾⓲殷盛，傾于京邑。慧觀等以跋摩妙解《雜心》，諷誦通利，先三藏雖譯，未及繕寫，即以其年九月於長干寺招集學士，更請出焉。寶雲譯語，觀自筆受，考覈研校，一周⓳乃乞。續出《摩得勒伽》、《分別業報》、《略勸發諸王要偈》及《請聖僧浴文》等。

跋摩遊化為志，不滯一方⓴，既傳經事訖，辭還本國，眾咸祈止，莫之能留。元嘉十九年，隨西域賈人舶還外國，莫詳其終㉑。

【注釋】❶清峻　明潔高尚。❷元嘉　南朝宋文帝劉義隆年號（西元四二四至四五三年）。❸器宇宏肅　風度氣概恢弘嚴整。❹三藏法師　對通曉經律論三藏佛典的法師的敬稱。❺景平　南朝宋少帝劉義符年號（西元四二三至四二四年）。❻平陸　縣名。南朝宋置。治所在今山東汶上西北。❼道行　僧人修行之功夫。❽純備　純正完備。❾具戒　具足戒。❿二眾　道眾與俗眾。出家修行受具足戒、十戒者與在家修行受五戒、八戒者。此泛指受戒之眾。⓫祇洹　祇洹寺。⓬矯異　見卷一〈康僧會傳〉注釋。⓭執志不同　謂堅守素志而不欲苟同。⓮翻覆　多次重複。⓯理證明允　道理正當，辯析明了。⓰迴剛　迴其剛褊。謂一改其剛愎之見。⓱服膺　衷心奉從。⓲四眾　即四部眾。見本卷〈求那跋摩傳〉注釋。⓳一周　十二年。⓴不滯一方　謂不留滯於一方之地。㉑莫詳其終　即不知所終。

【語譯】僧伽跋摩，漢語稱作眾鎧，天竺國人。年少時即離棄世俗，為人明潔高尚並具有持守戒律的德操，善於理解三藏經典，特別精於《雜心經》。在宋元嘉十年，從沙漠東來，到達京城。跋摩風度氣概恢弘嚴整，僧俗之人對他非常敬重，都奉其為師，稱他為「三藏法師」。

早先在景平元年時，平陸縣令許桑，出讓自己的住宅建起了一座寺廟，因此命名為平陸寺。此後道場寺的慧觀，因為跋摩的道行純正完備，請他來此寺居住，供奉隆厚，以表彰他的德行。跋摩與慧觀一起加蓋了三層佛塔，就是現在的奉誠塔。跋摩化行佛教諷誦佛經，日夜不停，於是僧眾歸集，佛教得以流行傳播。起初有一位三藏法師擅長於戒律方面的經典，將要為影福寺的尼姑慧果等人重授具足戒，結果授戒尚未完成，這位法師便逝世了。不久，師子國的尼姑鐵薩羅等人也來到京城，眾人便一同禮請跋摩為師，繼承三藏法師未成之事。祇洹寺的慧義在京城獨步當時，認為跋摩故意標新立異，他堅持己見而不欲與跋摩苟同，親自與跋摩多次爭論。跋摩標舉宗旨顯明教法，道理正當平允，既然他所闡明的佛德能夠成立，慧義便一改其剛愎之見，完全為他所折服，命弟子慧基等人衷心師從奉侍跋摩，僧尼之眾接受戒法的有數百餘人。宋彭城王劉義康敬重他守戒德行，大規模地設置齋食，僧俗之人雲集，盛況冠蓋京城。慧觀等人因為跋摩能很好地理解《雜心經》，又能通暢流利地諷誦，先前的三藏法師雖然也曾譯過此經，但尚未來得及繕寫，所以就在這一年的九月，於長干寺招集學士，再一次請跋摩翻譯。由寶雲翻譯跋摩的話，慧觀親自記錄，大家一起校正研究，十二年後方纔完成。跋摩接著譯出了《摩得勒伽》、《分別業報》、《略勸發諸王要偈》以及《請聖僧浴文》等經典。

跋摩以四處周遊教化佛法為志向，不願滯留於一地，既然傳布經典的事情已經完成，便辭歸本國，眾人都勸請他住下不走，但最終沒有人能留下他。元嘉十九年，跋摩隨西域的商船返回外國，後來的下落不詳。

宋上定林寺曇摩蜜多

曇摩蜜多，此云法秀，罽賓人也。年至七歲，神明澄正❶，每見法事，輒自然欣躍❷，其親愛而異之，遂令出家。罽賓多出聖達，屢值明師，博貫群經，特深禪法，所得之要旨，極其微奧❸。為人沉邃❹有慧解❺，儀軌詳正❻，生而連眉，故世號「連眉禪師」。

少好遊方，誓志宣化，周歷諸國，遂適龜茲。未至一日，王夢神告王曰：「有大福德人，明當入國，汝應供養。」明旦，即勅外司❼，若有異人入境，必馳奏聞。俄而蜜多果至，王自出郊迎，乃請入宮，遂從稟戒，盡四事❽之禮。蜜多安而能遷，不拘利養，居數載，密有去心。神又降夢曰：「福德人捨王去矣。」王惕然❾驚覺，既而君臣固留，莫之能止。遂度流沙，進到燉煌，於閑曠之地，建立精舍。植㮈❿千株，開園百畝，房閣池林，極為嚴淨。頃之，復適涼州，仍於公府舊事⑪，更葺堂宇，學徒濟濟，禪業甚盛。

常以江右⑫王畿⑬，志欲傳法，以宋元嘉⑭元年展轉至蜀⑮，俄而出峽，停止荊州，於長沙寺造立禪閣，翹感懇惻⑯，祈請舍利⑰。旬有餘日，遂感一枚，衝器出聲⑱，放光滿室，門徒道俗，莫不更增勇猛，人百其心⑲。頃之，沿流東下，至于京師。初止中興寺，晚憩祇洹。蜜多道聲素著，化洽連邦⑳，至京甫爾，傾都禮訊㉑。自宋文袁皇后㉒及皇太子、公主，莫不設齋桂宮㉓，請戒椒掖㉔，參候之使，旬日㉕相望。即於祇洹寺譯出《禪經》、《禪法要》、《普賢觀》、《虛空藏觀》等。常以禪道教授，或千里諮受，四輩㉖遠近，皆號「大禪師」焉。會稽㉗太守平昌㉘孟顗，深信正法，以三寶為己任，素好禪味，敬心殷重，及臨浙右㉙，請與同遊，乃於鄮縣㉚之山，建立塔寺。東境舊俗，多趣巫祝㉛，及妙化所移，比屋歸正，自西徂東，無思不服㉜。元嘉十年還都，止鍾山定林下寺。蜜多天性凝靜㉝，雅愛山水，以為鍾山鎮岳，埒美嵩華，常歎下寺基構，臨澗低側。於是乘高相㉞地，揆卜㉟山勢，以元嘉十二年斬木刊石，營建上寺，士庶欽風，獻奉稠疊㊱。禪房殿宇，鬱爾層構，於是息心之眾㊲，萬里來集，諷誦肅邕㊳，望風成化。定林達禪師，即神足㊴弟子，弘其風教，聲震道俗，故能淨化，久而莫渝，勝業崇而弗替，蓋蜜多之遺烈㊵也。爰自西域，至彼南土，凡所遊履，靡不興造檀會㊶，敷陳教法。

初，蜜多之發罽賓也，有迦毗羅神王衛送，遂至龜茲，於中路欲反，乃現形告辭蜜多曰：「汝神力通變，自在遊處，將不相隨，共往南方。」語畢，即收影不現。遂遠從至都，即於上寺圖像著壁，迄至于今，猶有聲影之驗，潔誠祈福，莫不享願。以元嘉十九年七月六日卒於上寺，春秋八十有七。道俗四眾，行哭相趨，仍葬于鍾山宋熙寺前。

【注釋】❶神明澄正　精神清正。❷欣躍　歡躍。❸微奧　細密深奧。❹沉邃　深沉而不外露。❺慧解　佛教語。謂智慧穎悟。❻儀軌詳正　謂持守禮法規矩平正不阿。❼外司　疑指地方州郡。❽四事　見卷二〈佛陀耶舍傳〉注釋。❾惕然　憂懼貌。❿榛　果樹名。⓫事　猶廳事。公府辦公之所。⓬江右　大正藏本作「江左」。⓭王畿　王城周圍千里之地。此謂王室所在之地。⓮元嘉　宋文帝劉義隆年號（西元四二四至四五三年）。⓯蜀　地域名。約相當於今四川。⓰翹感懇惻　虔誠懇切。⓱舍利　見卷一〈康僧會傳〉注釋。⓲衝器出聲　見卷一〈康僧會傳〉注釋。⓳人百其心　謂願心百倍增長。⓴連邦　一邦又一邦。很多國家。㉑禮訊　詢問以禮。㉒宋文袁皇后　即宋文帝袁皇后齊媯，卒謚元。㉓桂宮　此指皇宮。㉔椒掖　指后妃所居之宮室。㉕旬日　十天。㉖四輩　佛教語。即四眾。指比丘、比丘尼、優婆塞、優婆夷。㉗會稽　見卷一〈安清傳〉注釋。㉘平昌　地名。即今浙江遂昌一帶。㉙浙右　浙水之右。即今錢塘江以東地區。㉚鄮縣　秦置。治所在今浙江鄞縣東。因鄮山而得名。㉛巫祝　古稱事鬼神者為巫，主祭祀者為祝。此指祭奉鬼神。㉜無思不服　無有不服。思，語助詞。㉝凝靜　寧靜。㉞相　看相；觀察人、物形象以推斷吉凶。㉟揲卜　占卜。㊱稠疊　稠密重疊；很多。㊲息心之眾　即指出家之僧。息心，梵語 sramana（沙門）的意譯。㊳肅邕　莊嚴雍容。㊴神足　佛教語。又稱「神足通」。具有神通之力，一念之間可自由通達任何地方。㊵遺烈　前人遺留之業績。㊶檀會　猶檀林。寺院之尊稱。

【語　譯】曇摩蜜多，漢語稱作法秀，是罽賓國人。蜜多長到七歲時，精神氣度清明端正，每次見到佛教法事，就自然而然地變得歡喜興奮，他的雙親既喜歡又感到奇異，於是命他出家為僧。罽賓這個地方有很多聖明賢達之人，蜜多因而屢屢遇到明師指點，由此廣通群經，特別精於禪定之法，所得到的要旨，極其細密深奧。蜜多為人深沉且智慧穎悟，持守禮法平正不阿，由於生下來時眉毛即連在一起，所以世上的人都稱他為「連眉禪師」。

蜜多年輕時便喜好周遊四處，定誓要宣化佛法，因此歷經諸國，來到了龜茲。在他到達的前一天，龜茲國王夢見神靈相告說：「有一位道德高尚的有福之人明天將進入龜茲國，你應當供奉他。」第二天早晨，國王便下令地方州郡，若有奇異之人入境，一定要盡快奏聞。不久，蜜多果然抵達，國王親自到郊外迎接，請他入宮，並跟從他接受戒法，極盡飲食、衣服、器具、醫藥供奉之禮。蜜多習慣於四處遷徙，不為豐厚供養所拘礙，住了幾年後，便產生去意。此時神靈又降夢給國王道：「有福有德的人要離棄國王而去了。」國王憂懼而驚醒，於是君臣一起固留蜜多，但沒人能留下他。蜜多於是跨越沙漠，來到燉煌，在荒蕪空曠的地方，建立起精舍。又種植了千株棕樹，開墾了百畝園圃，其間的房屋樓閣和大小池塘，都極其清淨。不久，蜜多再一次來到涼州，仍於公府舊所，重修堂宇，前來請益的學徒濟濟一堂，禪定之學非常興盛。

蜜多常常認為江右是王室所在，立志要前往傳法，於是在宋元嘉元年輾轉到達蜀地，不久從三峽出川，停於荊州，在長沙寺建造起禪閣，虔誠懇切地祈請佛祖降賜舍利。十多天後，便感降到一枚，舍利從器具中衝出，聲音響亮，光芒滿室，眾多門徒和僧俗之人，無不勇氣大增，願心百倍增長。不久，蜜多又沿江而下，到達京城。起初住在中興寺，晚年則在祇洹寺棲息。蜜多道德聲譽一向很著名，其教化遍及很多國家，所以剛剛到達京城，整個都城的人便都來參候。從宋文哀皇后到皇太子、公主等，或於皇宮設立齋會，或於後掖請受戒法，派來問候他的使節，每十天就有一批。蜜多即於祇洹寺譯出了《禪經》、《禪法要》、《普賢觀》、《虛空藏觀》等經典。蜜多常常以禪學之道教授學眾，甚至有人不遠千里前來受學，因此遠近的比丘、比丘尼、優婆塞、優婆夷，都稱他為大禪師。會稽太守平昌人孟顗，極信仰佛教正法，以供奉佛、法、僧為己任，且一向愛好禪學之韻味，對禪學敬重深厚，在蜜多蒞臨浙右時，孟顗便請求同遊，於是在鄮縣境內的鄮山之上，建立起塔寺。東部地區的舊有風俗，主要是祭奉鬼神，直到被蜜多的玄妙教化所改變，一家接著一家皈依了佛教正法，從西到東，無有不服。蜜多於元嘉十年返回都城，住在鐘山定林下寺。蜜多天性淡泊寧靜，尤其喜好山水，認為鍾山作為鎮守一方的山岳，可以與嵩山、華山媲美，因此他常常歎息定林下寺的建築基構，臨近山澗而十分低側。於是蜜多便登高觀察地形，占卜山勢，於元嘉十二年伐木開石，營建上寺，當地士庶之人欽佩其風範，獻奉甚多。所建起的禪房殿宇，一層層鬱鬱森森，於是眾多出家之僧，不遠萬里會集此處，諷誦經典莊嚴雍容，遠近之人無不感化。定林寺的達禪師，是一位具有神通之力的弟子，他弘揚蜜多的教化，在道俗中聲譽卓著，故而能廣為教化，歷久而不變，美好的事業隆盛而不衰落，這就是蜜多遺留下的功績。從西域開始，一直到中國南方，凡是遊歷過的地方，蜜多無不在那裡建造寺院，宣揚教法。

早先蜜多從罽賓出發時，有一位迦毗羅神王護送，因此而到達龜茲。此神王在中途想要返回，便現出身形告訴蜜多說：「你的神力變化萬端，可以自由遊歷停留，我將不隨同你一起到南方去了。」說完，便收起身影消失不見。於是蜜多遠達京城後，便在上寺的牆壁上描繪迦毗羅神王的畫像，一直到現在，此像仍有聲音、形影方面的靈驗，齋潔身心虔誠祈禱，沒有不能達成願望的。蜜多於元嘉十九年七月六日在上寺去世，享年八十七歲。眾多僧俗之人，哭著前來哀悼，並把他葬在鍾山宋熙寺之前。

宋京兆釋智猛

釋智猛，雍州❶京兆❷新豐❸人。稟性端明❹，勵行清白❺，少襲法服❻，修業專至，諷誦之聲，以夜繼日。每聞外國道人說天竺國土，有釋迦遺迹及《方等》

眾經，常慨然有感，馳心遐外，以為萬里咫尺，千載可追也。遂以偽秦弘始❼六年甲辰之歲，招集同志沙門十有五人，發迹長安，渡河跨谷三十六所，至涼州城。出自陽關❽，西入流沙，陵危履險，有過前倍。遂歷鄯善、龜茲、于闐諸國，備矚風化。從于闐西南行二千里，始登葱嶺，而九人退還，猛與餘伴進行千七百里，至波倫國❾。同侶竺道嵩又復無常❿，將欲闍毗⓫，忽失屍所在。猛悲歎驚異，於是自力而前。與餘四人共度雪山，渡辛頭河，到罽賓國。國有五百羅漢⓬，常往反阿耨達池⓭，有大德羅漢，見猛至歡喜。猛諮問方土⓮，為說四天子事⓯，具在猛《傳》⓰。猛於奇沙國⓱，見佛文石唾壺⓲，又於此國見佛鉢⓳，光色紫紺⓴，四際畫然㉑。猛香華供養㉒，頂戴發願。鉢若有應，能輕能重。既而轉重，力遂不堪，及下案時，復不覺重，其道心所應如此。復西南行千三百里，至迦惟羅衛國㉓，見佛髮佛牙及肉髻骨㉔，佛影佛迹，炳然具存。又睹泥洹堅固之林㉕，降魔菩提之樹㉖，猛喜心內充，設供一日，兼以寶蓋㉗大衣㉘覆降魔像㉙。其所遊踐，究觀靈變，天梯龍池之事㉚，不可勝數。後至華氏國阿育王舊都㉛，有大智婆羅門，名羅閱宗㉜，舉族弘法，王所欽重，造純銀塔，高三丈。既見猛至，乃問：「秦地有大乘學不？」猛答：「悉大乘學。」羅閱驚歎曰：「希有希有，將非菩薩往化耶？」猛於其家得《大泥洹》梵文本一部，又得《僧祇律》一部，及餘經梵本，誓願流通，於是便反。

以甲子歲發天竺，同行三伴，於路無常，唯猛與曇纂俱還。於涼州出《泥洹》本，得二十卷。以元嘉十四年入蜀，十六年七月造《傳》，記所遊歷。元嘉末，卒於成都㉝。

余歷尋遊方沙門，記列道路，時或不同；佛鉢頂骨，處亦乖爽，將知遊往天竺，非止一路；頂鉢靈迹，時屆異土。故傳述見聞，難以例也。㉞

【注釋】❶雍州　前秦置。治所在蒲坂縣（今山西永濟西南）。❷京兆　古代在京城設府，稱京兆府。❸新豐　縣名。治所在今陝西臨潼東北。❹稟性端明　謂天性神明。❺勵行清白　謂砥礪操行正直純潔。❻少襲法服　謂年少出家為僧。❼弘始　後秦姚興年號（西元三九九至四一五年）。❽陽關　古關名。在今甘肅燉煌西南。❾波倫國　又作「鉢盧勒」、「波路」等。即今克什米爾西北部之巴勒提斯坦（Baltistan）。❿無常　佛教語。謂隨時變異而不具常住性。此處喻指死亡。⓫闍毗　火葬。見本卷〈求那跋摩傳〉注釋。⓬五百羅漢　本指佛滅後參加第一次結集的五百比丘。此處疑即指五百位僧人。⓭阿耨達池　據《水經注》引釋道安《西域記》：「阿耨達大山，其上有大淵水，宮殿樓觀甚大也。」阿耨達（Anavatapta）大山，即古昆侖山。阿耨達水，今新疆車爾成河。所謂阿耨達池者，當為此河之源。參閱《穆天子傳》、《水經注》。⓮方土　鄉土；各地風土人情。⓯四天子事　子，當從金陵刻經處本作「下」。四天下，佛教語。須彌山四方之大陸，意指整個世界。⓰猛傳　指智猛所撰之《遊行外國傳》一卷，見《隋書・經籍志・史部》。現已亡佚。⓱奇沙國　即疏勒國，亦即《佛國記》中之竭叉國。見卷二〈鳩摩羅什傳〉注釋。其國故址何在，眾說非一，或以為在今新疆塔什庫爾干塔吉克自治縣境內（參見章巽《法顯傳校注》頁二一至二三）。⓲佛文石唾壺　佛祖遺留物之一。據《佛國記》記載，該唾壺「以石作，色似佛鉢」。⓳佛鉢　此處記載之佛鉢，與《佛國記》中弗樓沙國之佛鉢相似。參見卷二〈曇無讖傳〉注釋。⑳紫紺　紫，藍紅合成之色。紺，深青透紅之色。㉑四際畫然　謂佛鉢四周有圖案裝飾。畫，《出三藏記集》作「爍」。㉒香華供養　以香、花供奉，示以崇敬。㉓迦惟羅衛國　見本卷〈釋法顯傳〉注釋。㉔佛髮佛牙及肉髻骨　佛髮、佛牙，均為佛祖所遺。肉髻骨，見本卷〈釋曇無竭傳〉注釋。㉕泥洹堅固之林　謂佛涅槃之娑羅雙樹林。在拘尸那城羅拔提河邊，佛在此涅槃。㉖降魔菩提之樹　佛將成正覺坐菩提道場時，欲界第六天現惡魔之相，以誑言、暴威來試佛祖，佛以智力而盡降伏之。此謂佛祖降魔之所在。㉗寶蓋　飾以寶玉之華蓋。㉘大衣　印度僧徒三衣之一，即僧伽梨衣。為正裝之衣，托鉢化緣或出入王庭時用。㉙降魔像　關於佛祖降魔的圖像。㉚天梯龍池之事　又稱「天階」、「三寶階」等。據《西域記》卷四載，在劫比他國城東二十餘里處，南北列，東面下，是如來自三十三天降還之路。龍池，當指釋迦成道處菩提樹南之木真池，又稱目支鄰陀羅王池。據《西域記》載，每至如來涅槃之日，「諸國君王，異方法俗，數千萬眾，不召而集，香水香乳，以溉以洗，於是奏音樂，列香花，燈炬繼日，競修供養。」㉛華氏國阿育王舊都　華氏國即波連弗邑，阿育王曾建都於此。見本卷〈釋法顯傳〉注釋。㉜羅閱宗　此與《佛國記》中所記之「羅沃私婆迷」當為同一人（參見章巽《法顯傳校注》頁一〇六）。㉝成都　郡名。西晉始置，治所在今湖北監利東北。㉞余歷尋遊方沙門十一句　此為慧皎所加案語。乖爽，差異。

【語　譯】釋智猛，雍州京兆府新豐縣人。他天性神明，砥礪操行正直純潔，年少時即出家為僧，修行佛法精誠專一，諷誦佛經，夜以繼日。智猛每次聽到外國修行之人敘說天竺國土尚有佛祖釋迦的遺跡和《方等》等大乘經典，便常常大為感慨，情不自禁地神馳意往，認為雖萬里之遙亦可化為咫尺之近，千載往昔也能追尋而得。於是他便在偽秦弘始六年甲辰之歲，招集了十五位志向相同的人，從長安出發，渡越三十六處河谷，到達了涼州城。此後西出陽關，進入燉煌以西的沙漠，他們所歷經的危難艱險，倍於此前的人。智猛一行經過了鄯善、龜茲、于闐諸國，詳盡了解了當地的風俗。從于闐往西南行進二千里，方纔登越葱嶺，此時有九人退還，智猛與剩下的同伴又前進了一千七百里，到達波倫國。在這裡同伴中的竺道嵩又不幸死去，智猛等正要將他火化時，忽然間竺道嵩的屍體就消失不見了。智猛對此悲哀歎息驚異不已，於是奮力而前，和餘下的四人共同翻越雪山，渡過辛頭河，到達罽賓國。此國有五百位羅漢，經常往返於阿耨達池，其中有一位德操高尚的羅漢，對智猛的到來甚為高興。智猛向他詢問當地的風土人情，這位羅漢為智猛講說了天下四海之事，這一切都記載在智猛所寫的《遊行外國傳》中。智猛在奇沙國曾見到了佛祖所遺留的文石唾壺，又在此國見到了佛鉢，佛鉢光彩呈紫紅之色，四周有圖案裝飾。智猛以香、花供奉，並頂戴著佛鉢許願道：若有靈應，便能輕能重。佛鉢果然變得很重，智猛無法承受，等到把它放到香案上時，方不覺得沉重，智猛的悟道之心就是這樣的能夠得到感應。此後再度往西南行進一千三百里，抵達迦維羅衛國，見到了佛髮、佛牙以及佛祖的肉髻骨，此地佛祖留下的形影之跡，歷歷具存。智猛還親眼目睹了佛祖涅槃之處的娑羅雙樹林，以及佛祖智力降魔所在的菩提道場，智猛歡喜之情充滿心中，在此供奉了一整天，並以寶蓋和大衣覆蓋住佛祖降魔的畫像。智猛遊歷所至，備觀靈異變化，比如佛祖自三十三天降還而走過的天梯以及萬千道俗所洗浴供奉的龍池等等，不可盡數。後來他到了華氏國阿育王舊都，此地有一位智慧廣大的婆羅門種姓之人，名叫羅閱宗，此人舉族弘揚佛法，甚為國王所欽佩看重，他建造了一座純銀的佛塔，高三丈。羅閱宗見到智猛到來，便問道：「中國有大乘學說嗎？」智猛回答：「全都是大乘之學。」羅閱宗驚歎道：「難得難得，難道是菩薩前往教化的嗎？」智猛在他的家裡得到了一部《大泥洹》經的梵文本，又得到了一部《僧祇律》以及其他經典的梵文本，發誓要讓這些經典流行傳播，於是他便返回了中國。

智猛於甲子歲前往天竺，同行者有三人在路上亡故，唯有智猛與曇纂一同返還。他在涼州譯出了《泥洹經》，有二十卷。智猛於元嘉十四年入蜀，十六年七月撰成《遊行外國傳》，記敘其遊歷經過。元嘉末年，死於成都。

我一一探尋遊歷僧人們的記述，他們記載西去的道路，經常會有不同之處，記敘佛鉢和佛祖所遺頂骨等，地點也有差異，因此我猜想去天竺遊歷，可能不止一條路線；而頂骨、佛鉢等靈跡，會隨時而遷移到不同地方。所以人們傳述的見聞，實在是難以規範的。

宋京師道林寺畺良耶舍　僧迦達多　僧伽羅多哆

畺良耶舍，此云時稱，西域人。性剛直，寡嗜欲❶，善誦《阿毗曇》，博涉律部，其餘諸經，多所該綜，雖三藏兼明，而以禪門專業❷。每一禪觀❸，或七日不起，常以三昧正受❹，傳化諸國。以元嘉❺之初，遠冒沙河❻，萃❼于京邑，太祖文皇❽深加歎異。

初止鍾山道林精舍，沙門寶誌崇其禪法，沙門僧含請譯《藥王藥上觀》及《無量壽觀》，含即筆受。以此二經是轉障❾之祕術，淨土❿之洪因⓫，故沉吟嗟味，流通宋國。平昌⓬孟顗，承風欽敬，資給豐厚，顗出守會稽，固請不去，後移憩江陵。元嘉十九年，西遊岷蜀⓭，處處弘道，禪學成群，後還卒於江陵，春秋六十矣。

時又有天竺沙門僧伽達多、僧伽羅多哆等，並禪學深明⓮，來遊宋境。達多嘗在山中坐禪，日時將迫，念欲虛齋⓯，乃有群鳥銜果飛來授之。達多思惟，獼猴奉蜜，佛亦受而食之，今飛鳥授食，何為不可，於是受而進之。元嘉十八年夏，受臨川康王⓰請，於廣陵⓱結居，後終於建鄴。僧伽羅多哆，此云眾濟，以宋景平⓲之末，來至京師。乞食人間，宴坐⓳林下，養素幽閑⓴，不涉當世㉑。以元嘉十年，卜居㉒鍾阜之陽，翦棘開榛㉓，造立精舍，即宋熙㉔是也。

【注　釋】❶嗜欲　嗜好與欲望。❷專業　謂專門從事於某種學業。❸禪觀　猶禪定。謂依禪理參究修行。❹三昧正受　即三昧。見本卷〈求那跋摩傳〉注釋。「三昧」是音譯，「正受」是意譯，此乃梵漢雙舉之稱。❺元嘉　宋文帝劉義隆年號（西元四二四至四五三年）。❻沙河　即「流沙」。指今甘肅燉煌以西至新疆羅布泊附近一帶之沙漠。參見《佛國記》。❼萃　集；止。❽太祖文皇　宋文帝劉義隆，廟號太祖。❾轉障　轉捨煩惱。轉，轉捨；轉得。障，煩惱。❿淨土　佛與菩薩所居住的，完全沒有污染的，遠離五濁與惡道的西方極樂國土。⓫洪因　廣大之因緣。⓬平昌　地名。見本卷〈曇摩蜜多傳〉注釋。⓭岷蜀　指今四川一帶。⓮深明　猶精深。⓯虛齋　謂不用齋飯。⓰臨川康王　即劉義慶。見卷一〈安清傳〉注釋。⓱廣陵　縣名。秦始置。治所在今江蘇揚州西北。⓲景平　宋少帝劉義符年號（西元四二三至四二四年）。⓳宴坐　靜坐。⓴養素幽閑　謂涵養素性，清靜閒適。㉑不涉當世　不願用世。當世，用世；出仕。㉒卜居　選擇定居之地。㉓剪棘開榛　謂開荒闢地。㉔宋熙　宋熙寺。

【語　譯】畺良耶舍，漢語稱作時稱，西域人。他品性剛直，罕有嗜好欲望，擅長背誦《阿毗曇》經，廣為閱讀律部經典，對於其他諸經，也多能貫通，雖然能夠兼曉三藏之學，但以禪學為專業。耶舍每次靜坐禪定，有時七天不起身，常常以三昧等持之學，傳化諸多國家。在元嘉初年，耶舍跨越沙漠不遠萬里來到京城，太祖文皇帝對他的奇異甚為驚歎。

耶舍最初停留於鍾山道林精舍，僧人寶誌很推崇他的禪法，而僧人僧含則請他譯出了《藥王藥上觀》以及《無量壽觀》，僧含本人用筆記錄。因為此二經是轉捨煩惱的秘密之術、達於淨土的廣大因緣，所以耶舍認真斟酌體會，翻譯出來使之流通於宋朝。平昌人孟顗，聞風欽佩，對耶舍資助甚豐，他出任會稽太守時，懇切邀請耶舍，但耶舍並未前往，而是於此後來到江陵居住。元嘉十九年，耶舍西遊岷蜀地區，每到一處都弘揚佛法，使那裡學習禪法的人大為增加。後來耶舍返還江陵並死於該地，享年六十。

當時還有天竺僧人僧伽達多、僧伽羅多哆等人，也都精通禪法，一起遊方來到宋朝。達多曾有一次在山中坐禪，時間已晚，達多正想要放棄用齋了，此際竟有一群鳥銜著果子飛來投給他。達多心想，當年獼猴進奉蜂蜜，佛祖也受而食之，現有飛鳥投食，吃之有何不可，於是便接受果子吃掉了。元嘉十八年夏天，他受臨川康王劉義慶之邀，在廣陵結廬而居，後來死於建鄴。僧伽羅多哆，漢語稱作眾濟，在宋景平年之末，來到京城。他除了在世間乞食化緣，便在山林裡靜坐，涵養素性而清靜閒適，不願用世。他於元嘉十年選擇了鍾山南坡作為定居之地，在此開荒闢地，建造起精舍，這也就是宋熙寺。

宋京師中興寺求那跋陀羅

阿那摩低

求那跋陀羅，此云功德賢，中天竺人，以大乘學，故世號摩訶衍❶。本婆羅門種，幼學五明諸論❷，天文書算，醫方呪術，靡不該博。後遇見《阿毗曇雜心》，尋讀驚悟，乃深崇佛法焉。其家世外道❸，禁絕沙門，乃捨家潛遁，遠求師範❹，即投簪落髮❺，專精志學。及受具足，博通三藏，為人慈和恭恪❻，事師盡禮。頃之，辭小乘師，進學大乘。大乘師試令探取經匣，即得《大品》、《華嚴》，師嘉而歎曰：「汝於大乘有重緣矣。」於是讀誦講宣，莫能訓抗❼，進受菩薩戒法❽。乃奉書父母，勸歸正法，曰：「若專守外道，則雖還無益，若歸信三寶，則長得相見。」其父感其言至，遂棄邪從正。

跋陀前到師子諸國，皆傳送資供，既有緣東方，乃隨舶汎海。中途風止，淡水復竭，舉舶憂惶，跋陀曰：「可同心并力念十方佛❾，稱觀世音❿，何往不感⓫。」乃密誦呪經，懇到禮懺⓬。俄而，信風⓭暴至，密雲降雨，一舶蒙濟，其誠感如此。元嘉十二年至廣州，刺史車朗表⑭聞，宋太祖⑮遣信⑯迎接。既至京都，敕名僧慧嚴、慧觀於新亭⑰慰勞，見其神情朗徹，莫不虔仰，雖因譯交言，而欣若傾蓋⑱。初住祇洹寺，俄而，太祖延請，深加崇敬。瑯瑘顏延之⑲通才碩學，束帶⑳造門㉑，於是京師遠近，冠蓋相望，大將軍彭城王義康㉒、丞相南譙王義宣㉓，並師事焉。頃之，眾僧共請出經，於祇洹寺集義學諸僧，譯出《雜阿含經》，東安寺出《法鼓經》，後於丹陽郡譯出《勝鬘》、《楞伽經》，徒眾七百餘人，寶雲傳譯㉔，慧觀執筆，往復㉕諮析㉖，妙得本旨。後譙王鎮荊州，請與俱行，安止辛寺，更創房殿。即於辛寺出《無憂王》、《過去現在因果經》一卷、《無量壽》一卷、《泥洹》、《央掘魔》、《相續解脫波羅蜜了義》、《現在佛名經》三卷㉗、《第一義五相略》、《八吉祥》等諸經，並前所出凡百餘卷，常令弟子法勇傳譯度語㉘。譙王欲請講《華嚴》等經，而跋陀自忖，未善宋言，有懷愧歎，即旦夕禮懺，請觀世音，乞求冥應㉙。遂夢有人白服持劍，擎一人首來至其前，曰：「何故憂耶？」跋陀具以事對，答曰：「無所多憂。」即以劍易首，更安新頭。語令迴轉，曰：「得無痛耶？」答曰：「不痛。」豁然便覺，心神悅懌。旦起，語義皆通，備領宋言，於是就講。

元嘉將末，譙王屢有怪夢，跋陀答云：「京都將有禍亂。」未及一年，元兇構逆㉚。及孝建㉛之初，譙王陰謀逆節㉜，跋陀顏容憂慘，未及發言，譙王問其故，跋陀諫諍懇切，乃流涕而出曰：「必無所冀，貧道不容扈從㉝。」譙王以其物情㉞所信，乃逼與俱下。梁山㉟之敗，火艦轉迫，去岸懸遠，判無全濟，唯一心稱觀世音，手捉笻竹杖㊱，投身江中，水齊至膝，以杖刺水，水流深駛，見一童子尋後而至，以手牽之，顧謂童子：「汝小兒何能度我。」怳忽之間，覺行十餘步，仍得上岸，即脫納衣欲償童子，顧覓不見，舉身毛豎，方知神力焉。時王玄謨督軍梁山，世祖勅軍中：得摩訶衍，善加料理，驛信送臺㊲。俄而尋得，令舸送都，世祖即時引見，顧問委曲，曰：「企望日久，今始相遇。」跋陀曰：「既染釁戾㊳，分當灰粉㊴，今得接見，重荷生造。」勅問並誰為賊，答曰：「出家之人，不預戎事，然張暢、宋靈秀等，並是驅逼。貧道所明，但不圖宿緣，乃逢此事。」帝曰：「無所懼也。」是日勅住後堂，供施衣物，給以人乘㊵。

初跋陀在荊州十載，每與譙王書疏，無不記錄。及軍敗檢簡，無片言及軍事者。世祖明其純謹㊶，益加禮遇。後因閑談，聊戲問曰：「念丞相㊷不？」答曰：「受供十年，何可忘德。今從陛下乞願，願為丞相三年燒香。」帝悽然慘容，義而許焉。及中興寺成，勅令移住，為開三間房。後於東府讌會，王公畢集，勅見跋陀，時未及淨髮，白首皓然，世祖遙望，顧謂尚書謝莊曰：「摩訶衍聰明機解43，但老期已至，朕試問之，其必悟人意也。」跋陀上階，因迎請之曰：「摩訶衍不負遠來之意，但唯有一在。」即應聲答曰：「貧道遠歸帝京，垂三十載，天子恩遇，銜愧罔極，但七十老病，唯一死在。」帝嘉其機辯，勅近御而坐，舉朝屬目。

後於秣陵44界鳳皇樓西起寺，每至夜半，輒有推戶而喚，視不見人，眾屢厭夢45。跋陀燒香呪願曰：「汝宿緣在此，我今起寺，行道禮懺，常為汝等。若住者，為護寺善神；若不能住，各隨所安。」既而道俗十餘人，同夕夢見鬼神千數，皆荷擔移去，寺眾遂安。今陶後渚白塔寺，即其處也。

大明46六年，天下亢旱，禱祈山川，累月無驗。世祖請令祈雨，必使有感，如其無獲，不須相見。跋陀曰：「仰憑三寶，陛下天威，冀必降澤。如其不獲，不復重見。」即往北湖釣魚臺燒香祈請，不復飲食，默而誦經，密加秘呪。明日晡時47，西北雲起，初如車蓋，日在桑榆，風震雲合，連日降雨。明旦，公卿入賀，勅見慰勞，嚫施48相續。

跋陀自幼以來，蔬食終身，常執持香鑪，未嘗綴手。每食竟，輒分食飛鳥，乃集手取食。至太宗之世，禮供彌隆。到太始四年正月，覺體不悆㊾，便與太宗及公卿等告別。臨終之日，延佇㊿而望，云見天華聖像(51)，禺中(52)遂卒，春秋七十有五。太宗深加痛惜，慰賻(53)甚厚，公卿會葬，榮哀(54)備焉。

時又有沙門寶意，梵言阿那摩低，本姓康，康居人，世居天竺。以宋孝武(55)建(56)中，來止京師瓦官禪房，恒於寺中樹下坐禪，又曉經律，時人亦號三藏。常轉側數百貝子(57)，立知凶吉。善能神呪，以香塗掌，亦見人往事。宋世祖施其一銅唾壺，高二尺許，常在床前，忽有人竊之。意取坐席一領，空卷之，呪上數通，經于三夕，唾壺還在席中，莫測其然。於是四遠道俗，咸敬而異焉。齊文惠(58)、文宣(59)及梁太祖(60)，並敬以師禮焉。永明(61)末，卒於所住。

【注釋】❶摩訶衍　大乘(maha yana)的音譯。❷五明諸論　見卷二〈鳩摩羅什傳〉注釋。❸家世外道　謂其家世代奉行異道。❹師範　學習之模範。此處猶言老師。❺投簪落髮　謂剃髮。投簪，丟下固冠之簪。❻恭恪　恭敬謹慎。❼詶抗　酬對；對答。❽菩薩戒法　見卷二〈曇無讖傳〉注釋。❾十方佛　見卷一〈帛遠傳〉注釋。❿觀世音　見本卷〈釋法顯傳〉注釋。⓫何往不感　謂定能感應菩薩而降靈。⓬懇到禮懺　謂誠懇禮拜佛菩薩，誦念經文，以懺悔罪惡性，請求庇祐。⓭信風　季候風。⓮表　原作「素」，據大正藏本改。⓯太祖　此當從《出三藏記集》等作「文帝」，下同。文帝，南朝宋文帝劉義隆（西元四二四至四五三年在位）。⓰信　使者。⓱新亭　建鄴城壘名。三國吳築，依山近江，為交通要地。故址在今江蘇南京南。⓲傾蓋　見卷二〈佛馱跋陀羅傳〉注釋。⓳顏延之　南朝宋時人。字延年，琅琊臨沂人，官至金紫光祿大夫。少孤貧，好讀書，詩與謝靈運齊名。⓴束帶　整衣。以示恭敬。㉑造門　造訪。㉒彭城王義康　劉義康，南朝宋武帝劉裕子，永初元年封彭城王。《宋書》卷六八有傳。㉓南譙王義宣　劉義宣，南朝宋武帝劉裕子，元嘉九年改封南譙王。後為宋孝武帝（世祖）劉駿所殺。《宋書》卷六八有傳。㉔傳譯　翻譯。此時求那跋陀羅尚未通漢語。㉕往復　相互之間反覆討論。㉖諮析　商討辨析。㉗現在佛名經三卷　原作「現在佛名等經等」，據大正藏本改。㉘度語　猶「傳語」。揣測語義而傳達之。度，揣測；考慮。㉙冥應　神佛庇祐。㉚元兇構逆　元嘉三十年，文帝劉義隆謀廢太子劉劭，反為劉劭所殺，劉劭即位稱帝。㉛孝建　南朝宋孝武帝劉駿年號（西元四五四至四五六年）。㉜逆節　猶叛逆。㉝扈從　隨同君王出巡。㉞物情　眾情；民心。㉟梁山　安徽和縣南長江西岸西梁山。㊱筇竹杖　筇竹做的杖，又名扶老杖。㊲臺　尚書臺。此處指朝廷。㊳釁戾　猶罪過。㊴分當灰粉　生命理當變成灰塵、粉末而消失。㊵人乘　傭人與車乘。㊶純謹　純正謹慎。㊷丞相　指譙王劉義宣。㊸機解　機敏穎悟。㊹秣陵　縣名。治所在今江蘇南京江寧縣秣陵鎮。㊺厭夢　做惡夢。㊻大明　南朝宋孝武帝劉駿年號（西元四五七至四六四年）。㊼晡時　申時。即今之下午三時至五時。㊽䞋施　對僧人的施捨。㊾不悆　不豫。身體病重將死。悆，「豫」的異體字。㊿延佇　久立等候。(51)天華聖像　天花亂墜之像。華，通「花」。(52)禺中　將及正午之時。(53)賻　贈人財物以助喪事。(54)榮哀　語出《論語・子張》：「其生也榮，其死也哀。」後常用以讚頌死者。(55)宋孝武　南朝宋孝武帝劉駿（西元四五四至四六四年在位）。(56)建　此上脫一「孝」字。(57)貝子　即貝葉。菩提樹之葉。(58)齊文惠　南朝齊武帝蕭賾太子蕭長懋，先武帝而死，謚曰「文惠太子」。(59)文宣　南朝齊武帝蕭賾第二子蕭子良，封竟陵郡王，與兄文惠太子蕭長懋同好佛教。(60)梁太祖　南朝梁武帝蕭衍，廟號太祖（西元五〇二至五四九年在位）。(61)永明　南朝齊武帝蕭賾年號（西元四八三至四九三年）。

【語　譯】求那跋陀羅，漢語稱作功德賢，中天竺人，因為學習的是大乘學說，所以人們都稱之為「摩訶衍」。他原本是婆羅門種姓，從小就開始學習五明諸論，對天文、書法、算術以及醫道和各種神呪之術，都無不精通。後來他看到了《阿毗曇雜心經》，讀過以後立刻就覺得震驚而感悟，於是便開始對佛法產生了極深的崇敬。但他的家族卻世世代代崇奉異術，禁止與僧人來往，因此跋陀便離開家庭偷偷逃走，到遠方去尋訪師友，並當即剃髮為僧，刻苦精誠地學習佛教義理，到了稟受具足戒後，他已經博通了三藏之學。跋陀為人恭敬謹慎，對待老師禮節周到，不久後，他辭別了小乘佛教老師，轉學大乘。大乘佛教老師為測試跋羅，命他在經匣中拿取經書，跋陀伸手就拿出了《大品》、《華嚴》，其師極為嘉許地歎道：「你與大乘真是有深重的緣分呵！」

跋陀就此開始讀誦講說有關經典，沒有人能與他對答，進而接受了菩薩戒法。於是他給父母寫信，勸他們皈順佛教正道，信中說：「如果你們還守持異術，我就是回來也沒有益處；如果你們皈順信服佛教，那麼我們就可以長久地相見。」其父為他的至誠之言所感動，便放棄了邪道而歸從了佛法。

跋陀在來中國之前曾到過師子國等國，所到之處都受到資給護送，他覺得自己既然和東方有緣，便隨商船泛海東來。途中因為風止而無法前進，船中淡水復又用盡，整船之人憂慮惶恐不已，跋陀道：「大家可以同心齊力念誦十方佛和觀世音，將一定會感應菩薩降靈。」於是他便暗暗地念誦經呪，誠懇地禮拜懺悔。片刻，季風突至，雲密雨降，一船人賴此而度過了難關，跋陀就是這樣地以至誠感動了菩薩。元嘉十二年他到達了廣州，刺史車朗上表報告給宋文帝，文帝派使者前來迎接。跋陀到達京城時，文帝又勅命當時的名僧慧嚴、慧觀在新亭迎候慰問，慧嚴等見到跋陀神態表情清朗爽徹，無不虔心景仰，雖然要通過翻譯纔能交談，但他們的欣快之情就像早已訂交一樣。跋陀最初安頓在祇洹寺，不久，文帝請他進宮，對他深加崇敬。瑯瑘人顏延之這位通才博學之士，也恭敬造訪跋陀，於是京城遠近來拜訪的名士貴人，絡繹不絕。大將軍彭城王劉義康、丞相南譙王劉義宣，都以跋陀為師。此後，眾多僧人一起請他譯經，跋陀在祇洹寺會集諸多義學僧譯出了《雜阿含經》，在東安寺譯出了《法鼓經》，後來在丹陽郡譯出了《勝鬘》、《楞伽經》，他的徒眾有七百餘人，由寶雲翻譯，慧觀記錄，共同反覆多次地商討辨析，極好地得到了原典的本來意旨。後來南譙王出鎮荊州，請他一起前往，將其安頓在辛寺，又為他另外建造了房屋殿堂。跋陀便於辛寺譯出了《無憂王》、《過去現在因果》一卷、《無量壽》一卷、《泥洹》、《央掘魔》、《相續解脫波羅蜜了義》、《現在佛名經》三卷、《第一義五相略》、《八吉祥》等諸種經典，加上先前所譯出的共百餘卷，常由他的弟子法勇翻譯傳達。譙王想請他講解《華嚴》等經，而跋陀心想自己尚未能熟悉漢語，感到十分慚愧，便當即日夜禮拜懺悔，向觀世音請求庇祐。於是夢見有一人穿著白衣帶著寶劍，拎著一個人頭來到他的面前，說：「何故憂愁？」跋陀告以事情始末，那人答道：「不用再煩惱了。」說完便用劍將跋陀的頭換下，另外安了個新頭。然後叫跋陀迴頭，問道：「該不會疼痛吧？」跋陀回答：「不痛。」此時他一下子便覺得明悟了，心情精神欣快愉悅。一早起來，對漢語的表面意思和內在涵義都能理解無誤，完全領會了漢語，因此便開始為譙王宣講佛經。

元嘉末年，譙王屢屢夜做怪夢，跋陀對此回答說：「京城將要發生禍亂。」一年不到，果真有元凶叛亂，到了孝建初年，譙王陰謀叛逆，跋陀得知後面色憂慮憔悴，還未等他開口說話，譙王便問他原因，跋陀便誠懇地勸諫力爭，以至於流著眼淚道：「如果實在不能像我所希望的那樣，那麼貧道是不會跟從您出行的。」但譙王認為他為眾人所信服，便逼著他一起東下。梁山一戰失敗時，大戰船迴轉急迫，距離江岸十分遙遠，照情形根本無法渡水全命，跋陀便一心一意地稱念觀世音，手拿筇竹杖，縱身跳入江中，水深至膝，跋陀便以杖拄水而行，但水流甚急，此時祇見有一位少年童子從後而至，用手牽引跋陀前行，跋陀轉頭對童子說：「你這位少年人如何能幫我渡江？」然而恍惚之間，跋陀祇覺得走了十餘步，便得以上岸。跋陀當即脫下僧衣要贈給這位童子，但一轉頭童子就不見了，剎時跋陀寒毛直豎，方纔明白這是神靈之力助他脫險。當時率軍在梁山作戰的是王玄謨，世祖曾下命令給軍隊：如果獲得跋陀，要善加對待，派驛使送達朝廷。不久軍隊果真抓到跋陀，王玄謨命用船送至京城，世祖當即引見，並親自安慰問候他，道：「想望您很長時間了，直到今天纔得以相見。」跋陀回答說：「我既然沾染了罪過，理當粉身碎骨，今天得以被皇上接見，重得再生。」世祖又下旨問他還有誰是罪魁禍首，跋陀答道：「出家之人，本不參與軍戎之事，但張暢、宋靈秀等人，一同驅逼我隨軍東下。貧道我對此很清楚，祇是沒有想到前世之因緣，會讓我在今生遇到這件事情。」世祖說道：「不用害怕。」這一天命他就住在後堂，同時布施衣服物件等，並供給傭人和車乘。

當初跋陀曾在荊州住了十年，每次和譙王書信來往，都予以記錄。等到兵敗以後朝廷檢查這些來往信件，卻發現信中沒有片言隻字談及軍事方面的事情。世祖明白跋陀非常純正謹慎，於是對他更加禮貌恭敬。後來有一次因為閑談，世祖開玩笑地問他：「是否想念丞相？」跋陀答道：「受丞相供養十年，如何可以忘其恩德。今天就向陛下請願，請允許我為丞相燒香三年。」世祖聽罷神情也為之淒慘，非常歎賞他的義氣便予以同意。及至中興寺建成後，世祖下詔命跋陀遷住該寺，為他安排了三間房屋。此後有一次在東府舉行宴會，王公貴族齊集會上，世祖下令要見跋陀，當時跋陀新長頭髮還未來得及剃掉，祇見他滿頭銀髮白首皓然，世祖遠處望見，轉頭對尚書謝莊說：「摩訶衍聰明而機敏穎悟，但是已經年老，朕現在試著問他一下，他肯定懂得我們大家的意思。」跋陀走上臺階，世祖便迎上去對他說：「摩訶衍沒有辜負萬里而來的本意，但是如今衹剩下一件事情存在了。」跋陀當時就應聲而答：「貧道我從遠方歸附朝廷，已將近三十年，天子對我如此恩德禮遇，我心中實在是有無限的慚愧，但目前我年已七十既老又病，衹剩下一死存在了。」世祖很欣賞他的機敏，命他靠近御榻而坐，殿上的所有人都為之矚目。

後來跋陀在秣陵縣地界的鳳皇樓之西建造起寺廟，每到夜半時分，便有推門叫喚之聲出現，但又看不到人，寺僧們晚上屢屢做惡夢。跋陀燒香念呪發願道：「你等前世因緣在此，我現在於此處建起寺廟，恭行佛教大道禮拜懺悔，也經常就是為了你們。如果等你願意住下，就要成為護衛寺廟的善神；如不能住下，你等各人可以到自己願意去的地方。」不久十餘位僧俗之人，同一天晚上一起夢見有千餘鬼神，一起挑擔遷走。眾人於是獲得了安寧。今天的陶後渚白塔寺，就是跋陀當年所在之處。

大明六年，天下大旱，朝廷祈禱山川，連續好幾個月都沒有應驗。世祖便請來跋陀命他祈雨，要他務必感應神靈，如果無驗，以後就不必再相見了。跋陀道：「憑藉佛教的神力和陛下的天威，必定要上天降澤。如果無所收穫，我就再也不見陛下。」跋陀即時就前往北湖釣魚臺燒香祈禱，並且不再進食，衹是默默地念誦佛經，暗中加以秘呪。第二天申時時分，西北方向生起像蓬蓋一樣的密雲，到了傍晚，風聲震動濃雲合布，一連下了很多天的雨。次日早晨，公卿大員入朝賀喜，世祖親自召見慰勞跋陀，施捨不斷。

跋陀從小以來，終生以蔬菜為食，常常手執香爐，未嘗有一天停止。每次吃完飯，便餵食飛鳥，並親自用雙手捧出食物。到了太宗之世，對跋陀的禮遇供養更為隆厚。至泰始四年正月，跋陀覺得病重將死，便與太宗及朝廷公卿們告別。臨終之日，跋陀久立而望，見到了空中天花亂墜之象，將及正午之時便去世了，享年七十五歲。太宗對他的逝世深為悲痛歎息，所贈助喪財物甚為豐厚，公卿大員們一同前來送葬，跋陀真可以稱得上是生榮死哀了。

當時又有一位僧人名叫寶意，梵語稱作阿摩那低，本姓康，是康居國人，世代居住在天竺。在宋孝武帝孝建年中，來到京城瓦官禪房住下，一直在寺中樹下坐禪。寶意又通曉經律，當時人也稱之為三藏。他經常翻動身邊數百片貝葉，便能馬上知道事情凶吉，又擅長神呪之術，用香水塗於手掌中，也能夠看見一個人過去的事情。宋世祖曾施捨他一個銅唾壺，此壺高二尺多，寶意常把它放在床前，但忽然一天有人把它偷走了。寶意用一張席子，往空中一捲，再加以數通秘呪，過了三天，唾壺便回到了席子中，沒有人能猜度出這是什麼原因。由於此事，四方遠近的僧俗之人，都對他敬仰稱異。南齊武帝文惠太子、武帝第二子蕭子良以及梁太祖，也都把他當作老師敬重。永明末年，寶意逝世於所住之處。

齊建康正觀寺求那毗地

僧伽婆羅

求那毗地，此言安進，本中天竺人。弱年❶從道，師事天竺大乘法師僧伽斯，聰慧強記，懃於諷誦，諳究❷大小乘，將二十萬言。兼學外典❸，明陰陽❹，占時驗事，徵兆非一❺。齊建元❻初，來至京師，止毗耶離寺。執錫從❼徒，威儀端肅❽，王公貴勝❾，迭相供請。

初，僧伽斯於天竺國，抄《修多羅藏》中要切❿譬喻，撰為一命⓫，凡有百事，教授新學。毗地悉皆通誦，兼明義旨，以永明⓬十年秋，譯為齊文，凡有十卷，謂⓭《百喻經》。復出《十二因緣》及《須達長者經》各一卷。自大明⓮已後，譯經殆絕，及其宣流，世咸稱美。毗地為人弘厚⓯，故萬里歸集，南海⓰商人咸宗事之，供獻皆受，悉為營法⓱。於建業淮⓲側，造正觀寺居之，重閣層門，殿堂整飾。以齊中興⑲二年冬，終於所住。

梁初有僧伽婆羅者，亦外國學僧，儀貌謹潔⑳，善於談對。至京師，亦止正觀寺，今上㉑甚加禮遇，勅於正觀寺及壽光殿古雲館中，譯出《大阿育王經》、《解脫道論》等，釋寶唱、袁曇允等執筆受，現行於世。

【注釋】❶弱年　年少；弱冠之年。❷諳究　熟悉。❸外典　佛教以外的經典、學問。典，原誤作「興」。據大正藏本改。❹陰陽　此謂陰陽五行等預測未來之學。❺占時驗事二句　謂占卜時運推撰事理，皆能得到驗證。❻建元　南朝齊高帝蕭道成年號（西元四七九至四八二年）。❼從　身後跟從著。❽端肅　端正嚴肅。❾貴勝　地位尊貴而有權勢者。❿要切　重要；緊要。⓫命　大正藏本作「部」。⓬永明　南朝齊武帝蕭賾年號（西元四八三至四九三年）。⓭誦　大正藏本作「調」。⓮大明　南朝宋孝武帝劉駿年號（西元四五七至四六四年）。⓯弘厚　寬大忠厚。⓰南海　見本卷〈求那跋摩傳〉注釋。⓱營法　謂做法事。⓲淮　指今流經南京的秦淮河。相傳秦始皇於方山掘流，西入江，亦曰淮，故稱秦淮。⓳中興　南朝齊和帝蕭寶融年號（西元五〇一至五〇二年）。⑳謹潔　虔敬而整潔。㉑今上　此指南朝梁武帝蕭衍。

【語譯】求那毗地，漢語稱作安進，原本是中天竺人。弱冠之年便信從佛教，師從天竺大乘法師僧伽斯，他聰明有智慧，強於記憶，諷誦經典勤奮刻苦，熟悉的大小乘佛經將近二十萬字。毗地又兼學佛教以外的經典學問，通解陰陽五行之學，占卜時運推驗事理，所得到的徵兆甚多。齊建元初年，來到京城，住在毗耶離寺。毗地手執錫杖徒眾跟從，儀表端正嚴肅，王公貴族們對他競相供奉禮請。

早先僧伽斯曾於天竺國抄錄《修多羅藏》中的重要譬喻，撰寫成一部書，書中共收錄一百個故事，以此教導初學者。毗地對此書既很通達，又兼能明解其中的義旨，因而在永明十年秋天，將其譯成漢語，共有十卷，稱之為《百喻經》。另外他又譯出了《十二因緣》以及《須達長者經》各一卷。自大明年以後，譯經之事差不多全停止了，直至他重新宣講流布佛經，世上之人對此皆為稱道。毗地為人寬大忠厚，所以萬里之外的人也都聚集在他的門下，南海地區的商人都宗奉他，毗地對供奉之事全都接受，把它用於為供奉者營做法事。他在建鄴秦淮河畔建造了一座正觀寺並住在其中，此寺樓閣重重，殿堂整齊美觀。毗地於中興二年冬天，逝世於所住之處。

梁朝初年有一位名叫僧伽婆羅的人，也是外國的學僧，他儀貌虔敬整潔，擅長對談。到了京城後，也住在正觀寺，當今皇上對他禮遇甚厚，下詔命他於正觀寺以及宮中壽光殿占雲館中，譯出了《大育王經》、《解脫道論》等，由釋寶唱、袁曇允等記錄。

論❶曰：傳譯之功尚矣，固無得而稱焉。昔如來滅後，長老迦葉❷、阿難❸、末田地❹等，並具足住持❺八萬法藏❻，弘道❼濟人，功用彌博，聖慧日光，餘暉未隱。是後迦旃延子❽、達磨多羅❾、達摩尸梨帝❿等，並博尋異論，各著言說，而皆祖述四《含》，宗軌三藏。至若龍樹⓫、馬鳴⓬、婆藪盤豆⓭，則於《方等》深經，領括⓮樞要⓯。源發般若⓰，流貫雙林⓱，雖曰化洽⓲窪隆⓳，而亦俱得其性。故今三寶⓴載傳，法輪㉑未絕，是以五百年中，猶稱正法在世。夫神化㉒所接，遠近斯屆，一聲一光，輒震他土；一臺一蓋，動覆恒國。振丹㉓之與迦維㉔，雖路絕蔥河㉕，里踰數萬，若以聖之神力，譬猶武步㉖之間，而今聞見限隔㉗，豈非時也。及其緣運將感，名教潛洽㉘，或稱為浮圖之主，或號為西域大神㉙。故漢明帝㉚詔楚王英㉛云：「王誦黃老之微言，尚浮圖之仁祀㉜。」及通夢金人，遣使西域，迺有攝摩騰、竺法蘭懷道來化。協策㉝孤征，艱苦必達，傍峻壁而臨深，躡飛絙而渡險。遺身為物，處難能夷，傳法宣經，初化東土，後學而聞，蓋其力也。爰至安清、支讖、康會、竺護等，並異世一時，繼踵弘贊㉞。然夷夏不同，音韻殊隔，自非精括㉟詁訓，領會良難。屬㊱有支謙、聶承遠、竺佛念、釋寶雲、竺叔蘭、無羅叉等，並妙善梵漢之音，故能盡翻譯之致。一言三復，詞旨分明，然後更用此土宮商㊲，飾以成製㊳。論云：「隨方俗語，能示正義，於正義中，置隨義語㊴。」蓋斯謂也。其後鳩摩羅什，碩學鉤深㊵，神鑒㊶奧遠，歷遊中土，備悉方言。復恨支、竺所譯，文製㊷古質，未盡善美，迺更臨梵本，重為宣譯，故致今古二經，言殊義一。時有生、融、影、叡、嚴、觀、恒、肇㊸，皆領悟言前，詞潤珠玉，執筆承旨，任在伊人，故長安所譯，鬱為稱首。是時姚興竊號，跨有皇畿，崇愛三寶，城塹㊹遺法。使夫慕道來儀㊺，遐邇烟萃㊻，三藏法門，有緣必睹，自像運東遷，在茲為盛。其佛賢比丘，江東所譯《華嚴》大部，曇無讖河西所翻《涅槃》妙教，及諸師所出四《含》、五部㊼、犍度㊽、婆沙㊾等，並皆言符法本，理愜三印㊿。而童壽有別室之愆，佛賢有擯黜之迹，考之實錄，未易詳究。

或以時運澆薄[51]，道喪人離，故所感見，爰至於此。若以近迹而求，蓋亦珪璋[52]之玷也。又世高、無讖、法祖、法祚等，並理思淹通[53]，仁澤成霧[54]，而皆不得其死，將由業有傳感[55]，義無違避[56]，故羅漢雖諸漏已盡[57]，尚貽貫腦[58]之戹，比干雖忠蹇竭誠，猶招賜劍之禍[59]，匪其然乎！間有竺法度者，自言專執小乘，而與三藏乖越，食用銅鉢，本非律儀所許，伏地相向，又是懺法所無。且法度生本南康[60]，不遊天竺，晚值曇摩耶舍，又非專小之師，直欲谿壑[61]其身，故為矯異。然而達量君子，未曾迴適[62]，尼眾易從，初稟其化。夫女人理教難愜，事迹易翻，聞因果則悠然扈背[63]，見變術則奔波傾飲[64]，隨墮之義，即此謂也。竊惟正法淵廣[65]，數盈八億，傳譯所得，卷止千餘。皆由踰越沙阻，履跨危絕，或望烟渡險，或附杙前身，及相會推求，莫不十遺八九。是以法顯、智猛、智嚴、法勇等，發趾則結旅成群，還至則顧影唯一，實足傷哉！當知一經達此，豈非更賜壽命，而頃世學徒，唯慕鑽求一典，謂言廣讀多惑，斯蓋隋學[66]之辭，匪曰通方[67]之訓。何者？夫欲考尋理味，決正[68]法門，豈可斷以胸衿而不博尋眾典，遂使空勞傳寫，永翳箱匣，甘露[69]正說，竟莫披尋，無上寶珠，隱而弗用，豈不惜哉！若能貫採禪律，融洽經論，雖復祇樹[70]息蔭，玄風尚扇，娑羅[71]變葉，佛性猶彰。遠報能仁[72]之恩，近稱傳譯之德，儻獲身命，寧不勗歟！

贊曰：頻婆揜唱，疊教攸陳[73]，五乘竟轉，八萬彌綸[74]。周星[75]曜魄，漢夢通神。騰、蘭、讖、什，殉道來臻，慈雲徙蔭，慧水傳津，俾夫季末[76]，方樹洪因。

【注釋】❶論　慧皎《高僧傳》共分十篇，每篇都有總結性的論述。以下文字為「譯經」篇的總論。❷迦葉　見本卷〈釋法顯傳〉注釋。❸阿難　Ananda，釋迦牟尼叔父斛飯王之子。侍從釋迦二十五年，為十大弟子之一。長於記憶，被稱為「多聞第一」。佛教第一次結集時，由他誦出經藏。❹末田地　Madhyantika，阿難弟子之一。受阿難法藏而布化罽賓。❺具足住持　謂全力護持正法。具足，具備滿足；完全。❻八萬法藏　八萬四千法藏。眾生有八萬四千煩惱之病，佛因之而說八萬四千經典而退治之。❼弘道　弘揚正道。❽迦旃延子　見卷二〈鳩摩羅什傳〉注釋。❾達磨多羅　Dhasmatrata，阿羅漢名。佛教經典中有四人，此或指佛滅三百年出世，作《無常品》等。❿達摩尸梨帝　人名。不詳何人。⓫龍樹　Nagarjuna，大乘佛教中觀學派創始人。作有《中論》、《十二門論》、《大智度論》等。⓬馬鳴　Asvaghosa，大乘佛教著名論師。因為沙門外道說法時，馬匹亦垂淚聽法，無念食想，故名之為「馬鳴」。作有《佛所行贊》、《大乘莊嚴經論》等。⓭婆藪盤豆　Vasubandhu，意譯「世親」。無著之弟，大乘瑜珈行派理論建立者之一。作有《俱舍論》、《唯識二十論》、《佛性論》等。⓮領括　領會概括。⓯樞要　關鍵。⓰般若　梵語 prajna 的音譯。一種覺悟的智慧。特指大乘佛教觀照空理的超然智慧。⓱雙林　本指拘尸那城阿夷羅跋提河邊娑羅雙樹，佛在此涅槃。此代指佛祖教義精髓。⓲化洽　使教化普沾。⓳窪隆　高下不平。⓴三寶　佛、法、僧。此為佛教構成的基本要素。㉑法輪　佛教真理之輪。法輪之轉，能使眾生轉捨執迷而覺悟。㉒神化　神靈教化。㉓振丹　即指中國。㉔迦維　即迦維羅衛國。㉕葱河　葱嶺、黃河。泛指天竺、中國間的廣闊地域。㉖武步　半步。㉗限隔　阻隔。㉘潛洽　暗合。㉙或稱為浮圖之主二句　兩漢之際，佛教已漸漸傳入中國，當時人或稱之為「浮圖」（與佛陀 Buddha 同音），或稱之為「西域大神」。《牟子理惑論》、《後漢書》等均有記載。㉚漢明帝　東漢明帝劉莊（西元五七至七四年在位）。㉛楚王英　劉英，東漢明帝異母弟，封楚王。少好游俠，晚年「更喜黃老，學為浮屠，齋戒祭祀」。㉜王誦黃老之微言二句　東漢明帝永平八年，詔令天下有死罪者可以縑贖罪。楚王劉英派人奉黃縑白紈三十匹求贖過惡。明帝下詔曰：「楚王誦黃老之微言，尚浮屠之仁祀，潔齋三月，與神為誓。何嫌何疑，當有悔吝？其還贖，以助伊蒲塞、桑門之盛饌。」慧皎引此事旨在說明早在東漢初年，上層階級即有奉佛者。黃老，黃帝、老子之學。亦即道家之學，主清靜無為。仁祀，佛教祭祀。(33)協策　此處當是「挾策」之意。齎帶經典。(34)弘贊　大力襄助。(35)精括　精通。(36)屬　適值。(37)宮商　宮、商本都是五音之一。此指漢語發音、聲調等特質。(38)製　文章。(39)隨方俗語四句　意謂運用各種方言、俗語，來表述佛經正確的思想；佛經玄奧的思想，須用確切的語言來傳導。(40)鉤深　能探索深奧之義。(41)神鑒　英明之鑑察力。(42)文製　文章；作文。(43)時有生融影叡嚴觀恒肇　鳩摩羅什門下號稱有三千徒眾，其中僧肇、僧叡、道生、道融、道恒、曇影、慧觀、慧嚴八人最為有名，稱為「八宿」。(44)城塹　本指城池。此處當是崇興之意。(45)來儀　謂鳳凰來舞而有容儀。比喻人才降臨。(46)烟萃　如煙來集。(47)五部　四諦與修道合稱為五部。四諦，佛教所謂四條神聖真理，即苦諦、集諦、滅諦、道諦。此乃佛教的基本義理之一。修道，在見道以後對具體事象不斷觀照、修習。(48)犍度　梵語 sksndha 的音譯。篇、章、品。此指佛教經典的某章某節，亦即小品經。(49)婆沙　即毗婆沙。本義為廣說、解說。此指小乘論釋之書如《大毗婆沙論》等。(50)三印　即三法印。佛教的基本義理之一，表示真理的三個面向，即諸行無常、諸法無我、涅槃寂靜。(51)澆薄　淺薄。(52)珪璋　皆為朝會所用之玉器。(53)淹通　精通；貫通。(54)仁澤成霧　謂仁德恩澤廣大。(55)業有傳感　謂眾生善惡行為之原因，可以召感苦樂之果報。業，見卷二〈曇無讖傳〉注釋。(56)違避　違反逃避。(57)諸漏已盡　謂生命中的煩惱盡已消除。漏，梵語 asrava 的意譯。流注漏泄之意。是煩惱的異名。(58)貫腦　裂腦。(59)比干雖忠謇竭誠二句　比干，殷末紂王叔伯父（一說為紂王兄）。紂淫亂無道，比干犯顏直諫，紂怒，剖其心而死。參閱《史記・宋世家》。(60)南康　見卷一〈曇摩耶舍傳〉注釋。(61)谿壑　本謂谿谷溝壑。後喻無厭之欲。(62)迴適　猶迴避。(63)扈背　違背改變。(64)傾飲　痛飲。此謂貪戀。(65)淵廣　深廣。(66)墮學　荒廢學業。(67)通方　通曉道術。此謂不限於一經一論的研究方法。參閱呂澂《中國佛教源流略講》。(68)決正　認為正確而決定依從。(69)甘露　梵語 amrta 之意譯。本謂諸天常用、飲之常生不死之靈液。此喻佛教。(70)祇樹　地名。祇陀太子之樹林，又稱為祇園。波斯匿王太子曾於此供佛。(71)娑羅　即娑羅雙樹。(72)能仁　即釋迦牟尼的音譯。(73)頻婆拚唱二句　謂唱贊億兆法數，傳布深沉之教。頻婆，即頻婆羅，梵語 vimvara 的音譯。十兆。拚唱，唱導；宣唱。疊教，深沉之教。攸陳，傳布。(74)五乘竟轉二句　謂五乘教法長轉不已，八萬法藏併包一切。五乘，五種教法。將眾生載乘到理想境地。一般以聲聞、緣覺、菩薩的三乘加上人乘、天乘而成五乘。彌綸，包羅；統括。(75)周星　歲星。(76)季末　季世之末。

【語　譯】論說：翻譯的功績太偉大了，確實是沒法來稱讚它。當年如來逝世後，長老迦葉、阿難以及末田地等，都能全力護持八萬四千經典，弘揚正道以度濟世人，產生的功用廣泛博大，發揚的神聖智慧與日俱增，至今餘暉不隱。此後迦旃延子、達磨多羅、達摩尸梨帝等，皆能廣尋不同的經論，各著學說，而都能師法四《含》以陳說，尊奉三藏而承受。至於龍樹、馬鳴、婆藪盤豆，則能就深奧的《方等》經典，領會概括其關鍵。他們從般若超然智慧而來，通達佛祖教義之精髓，雖然是使佛教教化普沾世上的高下不平，但也都能得到各自的本性。所以使佛、法、僧三寶代代相傳，佛教真理之輪長轉不絕，因此在佛滅五百年後，猶可稱佛教正法尚存世間。神靈教化所澤被，無論遠近都能承受，它的一聲一光，就能震動其他地域；一臺一蓋，便能覆祐萬千國家。中國與迦維羅衛國，雖然有葱嶺、黃河之險而阻絕，相距數萬餘里，但若以聖靈之神力，也不過就好像是半步之間，之所以兩處見聞阻隔，也就是因為時勢罷了。到了因緣將要感發之時，便與中國禮儀之教暗合，有人稱之為浮圖之主，有人稱之為西域大神。所以漢明帝下詔楚王劉英便說過：「你諷誦黃老學說的微妙之言，崇尚浮圖的仁惠祭祀。」及至明帝在夢中見到金人，派遣使節前往西域，便有了攝摩騰、竺法蘭抱佛道來化中國。他們攜帶經典獨自長征，不因艱難險阻而止步，橫過峻壁而臨深淵，腳踩飛繩而渡險灘，死後丟下遺體權當棄物，身處凶禍而能排除萬難，傳布佛法宣揚經典，佛教得以初次流化東方地域，後學之人能聞知大道，正是他們的努力所致。直至安清、支讖、康僧會、竺法護等人，雖時代有先後但時世則相同，都能繼承先輩襄助盛業。但是中國外族有不同，文字音韻有睽隔，若不能精通雙方的語言文字之學，要想領會佛教是很困難的。此時適值有支謙、聶承遠、竺佛念、釋寶雲、竺叔蘭、無羅叉等人，皆都擅長梵、漢語言，所以能很好地進行翻譯。他們往往對每個字都經過反覆商討，直至文詞義旨清晰明瞭，然後根據中國本土語言的發音、聲調等特質，將所譯修飾成文。有人論述道：「掌握不同俗語方言的內蘊後進行翻譯，能夠宣示出正確的意旨，在正確的意旨中，再加以能夠傳達意旨的語言。」指的就是他們的翻譯。此後有鳩摩羅什，學問極高而能探索微奧之義，鑑察英明而能達致淵深之境，他歷遊中國，通曉各地方言，又不滿於支讖、竺法護等人的譯文過於古樸素質，沒有能盡善盡美，於是便再度根據梵文本，重新翻譯，所以纔使得今古有不同的經典譯本，文字不同但意旨實一。當時有道生、道融、曇影、僧叡、慧嚴、慧觀、道恒、僧肇八人，都能領會羅什的言論，所寫文字圓潤美妙，承接意旨執筆記錄的重任，由他們承擔確是非常恰當的，所以在長安所譯出的經典，可稱第一。當時姚興僭號稱帝，據有長安皇畿地區，他崇尚喜好佛、法、僧三寶，繼承佛祖遺法，使得愛慕佛法的人才不斷來臨，四方遠近的人士如煙聚集，無論經律論三藏經典，都能一一閱讀，自佛教東傳以來，這是最為興盛的時期。佛賢比丘在江東所翻譯的大部《華嚴》、曇無讖在河西所翻譯的美妙《涅槃》，以及諸位經師所譯出的四《含》、五部、犍度、婆沙等經，都能符合佛法本旨，契合三印真理。而童壽曾經犯過娶妻的錯誤，佛賢曾有過被擯斥的事跡，但考證有關記載，很不容易得出其中究竟。有人認為這是由於當時氣運淺薄浮華，大道淪喪人心分離，所以人們纔會有這樣的所感所聞。如果嚴格從具體事實去考察，這不過是白玉微瑕而已。另外安世高、曇無讖、法祖、法祚等，都是義理精通思緒貫達之士，仁德恩澤廣被天下，但卻死不得其所，這是因為業力可以召感後果，而不容違反逃避的緣故，所以羅漢雖然斷除了一切煩惱，但尚有裂腦的苦厄，比干儘管忠直竭誠，仍招來賜死的禍難，不就是這個道理嗎！其間還有竺法度，自稱專致於小乘學說，而與佛教三藏不同，他用銅鉢進食，本來不是律儀所允許的，而懺悔之時令尼眾相向而伏，也是懺法中所沒有的。而且法度原本生在南康，未去天竺遊歷，後來遇到的曇摩耶舍，又不是專門奉從小乘的經師，他祇是想滿足無厭之欲，所以纔這樣故作不同。但是器量廣大的君子，並未迴避法度，尼姑之眾很快地就跟他學習，初步接受了他的教化。女人對於義理很難滿意，其行事極易反覆，聽說了因果之理便輕易改變初衷，見到變化之術則奔走貪戀，所謂荒廢學業，說的就是她們。我個人認為正統教法深廣無垠，數目有八億之眾，翻譯所得，不過千餘卷而已，這是由於僧人西去求經必須度越沙漠，跨過艱難，或者望煙火而渡險，或者附杙柱而攀壁，直至相會後推求各自所得，無不十遺八九。正是因為求經艱難之故，法顯、智猛、智嚴、法勇等人，出發時無不成群結伴，返還時卻人單影孤，這實在是值得感傷的。所以我們可以知道每一部經書能夠傳達到這裡，豈不是再度賜予了它新的壽命，而世上的學徒們，祇是鑽研探求一部經典，說廣泛閱讀會產生很多疑惑，這是荒廢學業之說，而非通曉道術之論。為何這樣說呢？要想考究義理之妙味，斷定正確之依從，怎麼可以單憑己意而不廣尋眾典？這樣就會使傳布翻譯的工作徒然浪費，使經典永遠深藏在箱匣，佛教正統的學說，竟不予披讀，無上的寶珠，卻隱而不用，那不是太可惜了嗎！如果能貫通博採禪、律，融會研治經、論，就算祇園之林蔭翳不再，玄教仍然昌盛，娑羅雙樹改變形象，佛性依舊彰然。遠可以報答釋迦之恩典，近可以稱說翻譯之功績，儻能從中獲得我們的身命所在，難道不應該努力嗎！

贊曰：唱贊億兆法數，傳布深厚之教，五乘教法長轉不已，八萬法藏併包一切。歲星光耀心魄，漢帝夢中通神，騰、蘭、讖、什，獻身大教遠來集臻，慈祥之雲送來蔭翳，智慧之水傳致渡津，就在這季世之末，廣大的救度因緣正要出現於世間。

卷四

義解一　正傳十四人　附見二十二人

晉洛陽朱士行　竺叔蘭　無羅叉

朱士行，潁川❶人，志業❷方直，歡沮❸不能移其操。少懷遠悟，脫落塵俗，出家已後，專務經典。

昔漢靈之時，竺佛朔譯出《道行經》，即《小品》之舊本也，文句簡略，意義未周。士行嘗於洛陽講《道行經》，覺文意隱質❹，諸未盡善，每嘆曰：「此經大乘之要，而譯理不盡。」誓志捐身，遠求大本，遂以魏甘露❺五年，發迹雍州❻，西渡流沙。既至于闐，果得梵書正本凡九十章，遣弟子弗如檀，此言法饒，送經梵本還歸洛陽。未發之頃❼，于闐諸小乘學眾，遂以白王云：「漢地沙門欲以婆羅門書[8]，惑亂正典。王為地主[9]，若不禁之，將斷大法，聾盲[10]漢地，王之咎也。」王即不聽賚經。士行深懷痛心，乃求燒經為證，王即許焉。於是積薪殿前，以火焚之。士行臨火誓曰：「若大法應流漢地，經當不然[11]，如其無護，命也如何！」言已，投經火中，火即為滅，不損一字，皮牒如本[12]。大眾駭服，咸稱其神感，遂得送至陳留[13]倉垣[14]水南寺。

時河南居士竺叔蘭，本天竺人，父世避難，居于河南。蘭少好遊獵，後經暫死[15]，備見業果。因改勵專精，深崇正法，博究眾音，善於梵漢之語。又有無羅叉比丘，西域道士，稽古多學，乃手執梵本，叔蘭譯為晉文，稱為《放光般若》。皮牒故本，今在豫章。至太安[16]二年，支孝龍就叔蘭一時寫五部，校為定本。時未有品目，舊本十四匹縑，今寫為二十卷。

士行遂終於于闐，春秋八十。依西方法闍維[17]之，薪盡火滅，屍猶能全，眾咸驚異，乃呪曰：「若真得道，法當毀敗。」應聲碎散，因斂骨起塔焉。後弟子法益，從彼國來，親傳此事，故孫綽[18]〈正像論〉云：「士行散形於于闐。」此之謂也。

【注　釋】❶潁川　見卷一〈安清傳〉注釋。❷志業　見卷一〈安清傳〉注釋。❸歡沮　歡樂與痛苦。❹隱質　隱微粗陋。❺甘露　三國魏高貴鄉公曹髦年號（西元二五六至二五九年）。❻雍州　見卷三〈釋智猛傳〉注釋。❼未發之頃　臨近出發之時。❽婆羅門書　謂古印度婆羅門經書，如波儞尼仙所著《聲明論》等，被佛教視為外道之書。❾地主　當地主人。❿聾盲　使人耳目閉塞。⓫然　同「燃」。⓬皮牒如本　謂經本如舊。皮牒，皮製經書。本，《出三藏記集》作「故」。⓭陳留　地名。即今河南開封。⓮倉垣　地名。⓯暫死　大約指死後復又蘇醒。⓰太安　西晉惠帝司馬衷年號（西元三〇二至三〇三年）。⓱闍維　即闍毗。火化。⓲孫綽　見卷一〈康僧會傳〉注釋。

【語　譯】朱士行，潁川人，志向與學業端方正當，無論是歡樂還是痛苦都不能改變他的操守。年少時即有深遠的悟性，擺脫了塵俗的趣味，出家為僧以後，專心研習佛教經典。

早在漢靈帝之時，竺佛朗即譯出了《道行經》，也就是《小品經》的舊譯本，但其譯文詞句簡略，意旨不確。士行曾於洛陽講解《道行經》，發覺譯本的文句意旨隱微粗陋，很多地方沒能盡善，常常歎道：「此乃大乘佛教的重要經典，然而譯文文理有不盡之處。」便決心要捐棄生命，遠去西方尋求大乘經典的原本，於是他在魏甘露五年，從雍州出發，往西渡越了沙漠。到達于闐後，果真得到了梵文書寫的經典原本，共九十章，派弟子弗如檀，漢語稱作法饒，將此梵本送回洛陽。在弗如檀臨出發之前，于闐的很多小乘學者，就此事稟告國王說：「漢地的僧人想要用婆羅門書來擾亂迷惑佛教正統典籍。大王是本地之主，如不禁止，將會斷送大法，而使漢地之人耳目閉塞，便成了大王的過錯。」于闐國王因此便不許弗如檀攜經返回。士行極為痛心，便請求以燒經為證，于闐國王當即便答應了。於是在殿堂前堆積柴薪，用火焚燒這些經典。士行在火焰前發誓道：「如果佛教大法理當流傳漢地，此經當不會被燃燒，如果神靈不予庇護，便是運命使然，也就無可奈何了！」言罷，便把經書投入火中，烈火當即熄滅，而經書一字未損，皮製書本一如舊貌。大家驚駭歎服，都稱讚他能感動神靈，這纔使得弗如檀能將經書送至陳留倉垣水南寺。

當時河南有一位居士名叫竺叔蘭，本是天竺人，在他父親一輩時因避難而來河南居住。竺叔蘭少年時喜好遊觀畋獵，後來在一次死後復又蘇醒的經歷中，完全見知了因果之理。因此便改變行為勵志專致，極其崇尚佛教正法，並廣泛探究了各種音義之學，因而非常擅長於梵、漢語言。另外又有一位無羅叉比丘，是西域的有道之士，此人博識古事學問深廣，便手執這部由弗如檀帶回的梵文原本，由竺叔蘭譯為漢語，稱作《放光般若》，書寫於皮牒的舊本，現在還保存在豫章。到了太安二年，支孝龍就竺叔蘭所譯同時抄寫了五部，並作了校勘寫成定本。當時還沒有各章的名目，舊本的數量原為十四匹縑，竺叔蘭命支孝龍抄寫成二十卷。

士行最終死在于闐，享年八十歲。按照西方風俗火化，柴薪燒盡火焰熄滅時，屍體猶還絲毫不損，大家都十分驚異，便念呪語道：「如果大師真正得道，按佛法屍體是應當被燒毀的。」結果屍體應聲而碎，眾人便收斂遺骨在當地建造了一座佛塔。後來他的弟子法益從于闐國來，親口傳述了這件事情，所以孫綽的〈正像論〉稱：「士行散形碎體於于闐。」說的就是此事。

晉淮陽支孝龍

支孝龍，淮陽❶人。少以風姿❷見重，加復神彩❸卓犖❹，高論適時。常披味❺《小品》，以為心要❻。陳留阮瞻、潁川庾凱，並結知音之友，世人呼為「八達❼」。時或嘲之曰：「大晉龍興❽，天下為家，沙門何不全髮膚，去袈裟，釋梵服，被綾羅？」龍曰：「抱一❾以逍遙，唯寂以致誠。剪髮毀容，改服變形，彼謂我辱，我棄彼榮。故無心於貴而愈貴，無心於足而愈足矣。」其機辯適時，皆此類也。

時竺叔蘭初譯《放光經》，龍既素樂無相❿，得即披閱，旬有餘日，便就開講。後不知所終矣。孫綽為之讚曰：「小方⓫易擬，大器⓬難像，盤桓⓭孝龍，尅邁⑭高廣。物競宗歸⑮，人思效仰，雲泉彌漫，蘭風肹響⑯。」

【注　釋】❶淮陽　地名。西漢高帝時曾置淮陽國。在今河南淮陽一帶。❷風姿　風度儀態。❸神彩　即神采。❹卓犖　卓絕出眾。❺披味　閱讀體會。❻心要　見卷三〈浮陀跋摩傳〉注釋。❼八達　據湯用彤考證，陶潛《群輔錄》載董昶、王澄、阮瞻、庾凱、謝鯤、胡毋輔之、沙門于法龍、光逸為八達。按《晉書・光逸傳》則謂時人稱胡毋輔之、謝鯤、阮放、畢卓、羊曼、桓彝、阮孚、光逸為八達，無阮瞻、庾凱、支孝龍。而據《晉書》阮瞻、胡毋輔之等傳，瞻與王承、謝鯤、鄧攸俱在許昌東海王府；輔之與王澄、王敦、庾凱號為「四友」。可見「八達」所指非一。❽龍興　龍飛騰上天。喻指王者興起。❾抱一　道家理論。謂專精固守不失其道。一，道，語出《老子》：「少則得，多則惑，是以聖人抱一以為天下式。」❿無相　見卷二〈鳩摩羅什傳〉注釋。⓫小方　小的方面；簡單之處。⓬大器　大才；大才之處。⓭盤桓　盤旋貌。支孝龍名「龍」，故云。喻指廣大。⓮剋邁　達到。⓯宗歸　宗奉歸從。⓰肹響　當作「肸蠁」。散布；彌漫。指聲響及氣味的傳播。

【語　譯】支孝龍，淮陽人。年少時即以風度儀態為人所知重，而且神氣光采卓絕出眾，所發議論也合乎時宜。他經常閱讀體會《小品》經，認為此乃心性之精要法義。陳留人阮瞻、潁川人庾凱，都和他結成了知音之友，世人稱他們八位放達之士為「八達」。當時有人嘲諷他說：「大晉興起，天下一家，僧侶為什麼不保全頭髮皮膚，除去袈裟，放棄胡服而改穿綾羅呢？」支孝龍回答道：「唯有專精守道纔能獲得閑適，獨持清寂纔能達致誠意。至於剪除頭髮毀傷容顏，變易服色改換形貌，你們認為我們這樣做是恥辱，而我們則認為是放棄了你們的榮華。所以說無心於富貴的人往往更富貴，無心於滿足的人往往更滿足。」其合乎時宜的機敏論辯，大都如此。

當時竺叔蘭剛開始翻譯《放光經》，支孝龍既一向喜好無相之說，遂得以閱讀此經，十多天後，便開始講解。他後來下落不明。孫綽為他作讚頌道：「簡單之處可以比擬，大端之處難以效仿，盤旋廣大的支孝龍，達到了崇高博大的境界。人們競相崇奉歸從，又無不效仿敬仰，他就像雲氣飛泉一般到處彌漫，像芝蘭香風一樣久遠傳散。」

晉豫章山康僧淵 康法暢 支敏度

康僧淵，本西域人，生于長安。貌雖梵人，語實中國，容止❶詳正❷，志業弘深，誦《放光》、《道行》二《般若》，即大小《品》也。晉成❸之世，與康法暢、支敏度等俱過江。

暢亦有才思，善為往復❹，著《人物始義論》等。暢常執麈尾❺行，每值名賓❻，輒清談❼盡日。庾元規❽謂暢曰：「此麈尾何以常在？」暢曰：「廉者不求，貪者不與，故得常在也。」敏度亦聰哲有譽❾，著傳《譯經錄》，今行於世。淵雖德愈暢、度，而別以清約❿自處，常乞匃⓫自資，人未之識。後因分衛⓬之次，遇陳郡殷浩⓭，浩始問佛經深遠之理，卻辯俗書性情之義，自晝至曛，浩不能屈，由是改觀。瑯琊王茂弘⓮以鼻高眼深戲之，淵曰：「鼻者面之山，眼者面之淵，山不高則不靈，淵不深則不清。」時人以為名答。

後於豫章山立寺，去邑數十里。帶江傍嶺，林竹鬱茂，名僧勝達⓯，響附⓰成群。常以《持心梵天經》空理幽遠，故偏加講說，尚學之徒，往還填委⓱。後卒於寺焉。

【注　釋】❶容止　形貌舉止。❷詳正　安詳端正。❸晉成　東晉成帝司馬衍（西元三二六至三三四年在位）。❹往復　見卷三〈求那跋陀羅傳〉注釋。❺麈尾　古人閑談時執以拂蟲、撣塵的工具。後古人清談必執麈尾，形成風氣。❻名賓　名流之賓。❼清談　高雅談論。魏晉時清談崇尚老莊玄理，重在有無、本末之辨等，形成一時風尚。❽庾元規　即庾亮。見卷一〈帛尸梨蜜傳〉注釋。❾聰哲有譽　明察多知而有聲譽。❿清約　清靜自守。⓫乞匃　乞討。匃，「丐」的本字。⓬分衛　見卷一〈安清傳〉注釋。⓭殷浩　東晉時人。字深源。弱冠即有盛名，為風流談論者所宗。後因征姚襄軍敗，廢為庶人。永和中卒。⓮王茂弘　即王導。見卷一〈帛尸梨蜜傳〉注釋。⓯勝達　名達之人。⓰響附　響應歸附。⓱填委　紛集。

【語　譯】康僧淵，原本是西域人，生於長安。他雖然是西域人的相貌，但說的卻是中國話，其形貌舉止安詳端正，志向學業弘遠深廣，能背誦《放光》、《道行》兩部《般若經》，亦即《大品》、《小品》經。晉成帝之世，他與康法暢、支敏度等一同過江南來。

康法暢也很有才思，善於反覆商討學問義理，著有《人物始義論》等。他經常手執麈尾行走於路，每次遇到名流之士，便與之清談盡日。庾元規問他說：「此麈尾為何得以常在你手中？」康法暢道：「清廉者不來向我求取，貪戀者我又不贈送予他，所以纔得以常在我的手中。」支敏度同樣也是明察多知而享有聲譽，著有《譯經錄》，現在仍流行於世。康僧淵雖然德行超過康法暢、支敏度二人，但仍以清靜自守處世，經常以乞討自給，人們並未能知道他。後來因為在化緣的路上，遇到了陳郡人殷浩，殷浩開始問他佛經的深遠之義，接下來卻向他辯說俗世之書的性情之理，從白天一直辯到黃昏，殷浩不能使他屈服，殷浩由此而改變了觀點。瑯瑘人王茂弘以康僧淵鼻高眼深的相貌來戲弄他，康僧淵回答道：「鼻子是臉面上的大山，眼睛是臉面上的深淵，山不高則不靈，淵不深則不清。」當時人都認為這是一個絕妙的回答。

康僧淵後來在豫章山建起了一座寺廟，離城邑有數十里，所在之處臨江傍嶺，樹木竹子鬱森繁茂，名僧高士，成群歸附。他認為《持心梵天經》有關空的義理幽遠深廣，所以特別對此經加以講說，崇尚學問的學徒們，往來不斷地雲集此地。康僧淵後來即死於此寺。

晉高邑竺法雅

毗浮 曇相 曇習

竺法雅，河間❶人，凝正❷有器度❸，少善外學，長通佛義，衣冠仕子❹，咸附諮稟❺。時依雅門徒，並世典❻有功，未善佛理，雅乃與康法朗等，以經中事數❼，擬配外書❽，為生解❾之例，謂之格義❿。及毗浮、曇相等，亦辨格義，以訓門徒。

雅風彩灑落⓫，善於樞機⓬。外典佛經，遞互講說。與道安、法汰每披釋湊疑，共盡經要。後立寺於高邑⓭，僧眾百餘，訓誘⓮無懈。雅弟子曇習，祖述⓯先師，善於言論。為偽趙⓰太子石宣所敬云。

【注釋】❶河間　郡名。西漢始置，一度改為國。西晉時又改為國。治所在樂城縣（今河北獻縣東南）。❷凝正　穩重端正。❸器度　才能氣度。❹衣冠仕子　指搢紳士夫。❺諮稟　見卷三〈求那跋摩傳〉注釋。❻世典　世間典籍。意謂中國之入世典籍；中國原有之典籍。❼事數　即法數，如五陰、十二入、四諦、十二因緣、五根、五力、七覺等佛教概念。❽外書　佛教徒謂佛教經典以外者為外書、外典。這裡主要是指當時流行的《老》、《莊》典籍。❾生解　達成理解。❿格義　比配概念。即以中國原有之觀念比配於佛教觀念，進行比較分析，以助於對佛教的理解。⓫風彩灑落　謂神情意態瀟灑飄逸。⓬樞機　喻指言語。⓭高邑　縣名。東漢始置。治所在今河北柏鄉北。⓮訓誘　教誨誘導。⓯祖述　師法前人，加以陳說。⓰偽趙　指羯族人石勒於西元三一九年建立的政權，後為冉魏所滅。

【語譯】竺法雅，河間人，為人穩重端正，很有才能氣度，年少時即擅長佛教以外的學問，長大後通解佛法之義，搢紳士夫都無不來向他請教。當時依從他的學徒，都在中國原有的入世典籍上用功，並不擅長於佛教義理，於是法雅便與康法朗等人，把佛經中的法數概念，比配於中國固有典籍中的有關概念，作為使他們達成理解的例子，這一方法被稱之為「格義」。後來毗浮、曇相等人，同樣以講辯格義來訓導門徒。

法雅神情意態瀟灑飄逸，擅長言語，遞相講解佛經和佛教以外之書，並與道安、法汰等人經常披覽講說共解疑難。此後他在高邑建立寺廟，對寺中的百餘位僧人，教誨誘導毫不鬆懈。法雅的弟子曇習師法其道並予以繼承，同樣也擅長於言論，甚為偽趙太子石宣所敬重。

晉中山康法朗　今詔

康法朗，中山人，少出家，善戒節。嘗讀經，見雙樹鹿苑之處❶，鬱而歎曰：「吾已不值❷聖人，寧可不睹聖處。」於是誓往迦夷❸，仰瞻遺迹。乃共同學四人，發趾張掖❹，西過流沙。行經三日，路絕人蹤，忽見道傍一故寺，草木沒人，中有敗屋兩間，間中各有一人，一人誦經，一人患痢，兩人比房，不相料理，屎尿縱橫，舉房臭穢。朗謂其屬曰：「出家同道，以法為親，不見則已，豈可見而捨耶。」朗乃停六日，為洗浣供養。至第七日，見此房中皆是香華❺，乃悟其神人。因語朗云：「比房是我和上❻，已得無學❼，可往問訊。」朗往問訊，因語朗云：「君等誠契❽，皆當入道，不須遠遊諸國，於事無益。唯當自力行道，勿令失時。但朗功業小未純，未得所願，當還真丹國作大法師❾。」於是四人不復西行，仍留此專精道業。唯朗更遊諸國，研尋經論。後還中山⑩，立徒數百，講法相係。後不知所終。孫綽為之讚曰：「人亦有言，瑜瑕弗藏，朗公冏冏⑪，能韜其光。敬終慎始，研覈微章，何以取證，冰堅履霜⑫。」

朗弟子令韶，其先鴈門⑬人，姓呂，少遊獵，後發心⑭出家，事朗為師。思學有功，特善禪數，每入定，或數日不起。後移柳泉山，鑿穴宴坐。朗終後刻木為像，朝夕禮事。孫綽〈正像論〉云：「呂韶凝神⑮於中山。」即其人也。

【注　釋】❶雙樹鹿苑之處　泛指佛祖成道及說法之處。雙樹，見卷三〈釋智猛傳〉注釋。鹿苑，即鹿野苑，佛成道後說法之地。❷值　逢；遇。❸迦夷　當即《佛國記》中之伽耶城。在舊王舍城西南，即今之Gaya。❹張掖　見卷二〈鳩摩羅什傳〉注釋。❺香華　香花。❻和上　見卷一〈維祇難傳〉注釋。❼無學　學業已經達成的階段，指阿羅漢果。此為聖者之階位，亦即無學位。❽誠契　謂心意真誠。❾但朗功業小未純三句　謂：法朗功業尚淺，不能達成所願，當返還中國作大法師。語譯姑從此意。真丹國，即中國。❿中山　西漢景帝以中山郡改置中山國。治所在今河北定縣。⓫冏冏　明亮貌。⓬冰堅履霜　即「履霜堅冰」之倒裝。語出《易・坤》：「履霜堅冰至。」謂行於霜上即知堅冰將至。此謂如行於霜而知堅冰至一般，見法朗之言行可知其德操。⓭鴈門　郡名。三國魏移治廣武縣（今山西代縣西南）。⓮發心　發願。⓯凝神　聚精會神。此處即指禪定。

【語　譯】康法朗，中山人，年少時出家，善於稟持戒律。他有一次讀經，讀到雙樹鹿苑之處時，不禁黯然而歎道：「我已經不逢聖人，豈能再不瞻仰聖跡！」於是發誓要前往迦夷城，去觀瞻佛祖遺跡。康法朗遂與四位同學，從張掖出發，往西跨過沙漠。走了三天後，路上再也沒有人跡，忽然間看到道旁有一座業已荒廢的寺廟，草木叢生可沒人頂，其中有兩間破敗之屋，每間屋中各有一人，其中一人在誦讀佛經，另一位則正患痢疾，兩人鄰屋而居，卻相互不予照料打理，因此屋中屎尿遍布，滿室惡臭穢污。康法朗對同伴說：「出家人都是同道，因為佛法而彼此相親，我們不見則已，既然見到豈可捨棄而去？」法朗便停留了六天，為他們洗浣供食。到了第七天，見房屋中忽然間布滿了香氣、鮮花，才明白過來此二位原是神人。其中一人對法朗說：「鄰屋居住的人是我的老師，已經得到了無學果位，你可去向他詢問。」法朗便遵囑前去請教，那位神人便對他道：「你等心意真誠，都應該入道，不需要遠遊西方諸國，因為遠遊對於修道並無益處。唯有自我努力修行大道，切不可失之於時。但法朗功業尚很淺弱不純，不能達成願望，理當返歸中國作一個大法師。」於是四人便不再西行，仍留在該處專致修道，唯有法朗再度西行遍遊諸國，研究尋求佛教經論。後來他返回了中山，跟他學習的門徒有數百人，法統相傳不絕。此後便下落不明。孫綽為他作讚道：「人們也曾有過這樣的說法，美玉與瑕疵都不用隱藏，然而光輝的朗公，卻能韜晦他的光芒。謹慎小心從始至終，研尋幽微辯講明朗，用什麼來證明？行於霜上就知道寒冰將到。」

法朗的弟子令韶，其祖先是鴈門人，姓呂。他年少時好於畋獵，後來發願出家，拜法朗為師。令韶在思辨、研學上皆能有得，特別擅長於禪數之學，每次進入禪定，經常是數天都不起來。後來移居柳泉山，在山上開鑿洞穴靜坐其間。法朗去世後他雕刻了一座老師的木像，朝夕禮拜侍奉。孫綽的〈正像論〉說：「呂韶在中山凝神禪定。」說的就是此人。

晉燉煌竺法乘　竺法行　竺法存

竺法乘，未詳何許人。幼而神悟超絕，懸鑒❶過人，依竺法護為沙彌，清真❷有志氣，護甚嘉焉。護既道被關中，且資財殷富，時長安有甲族❸，欲奉大法，試護道德，偽往告急，求錢二十萬。護未及答，乘年十三，侍在師側，即語客曰：

「和上意已相許矣。」客退後，乘曰：「觀此人神色，非實求錢，將以觀和上道德何如耳。」護曰：「吾亦以為然。」明日此客率其一宗❹百餘日，詣護請受戒具❺，謝❻求錢之意，於是師資❼名布遐邇。

乘後西到燉煌，立寺延學，忘身為道，誨而不倦。使夫豺狼❽革心❾，戎狄知禮，大化西行，乘之力也。後終於所住。孫綽〈道賢論〉以乘比王濬沖❿，論云：「法乘、安豐少有機悟之鑒，雖道俗殊操，阡陌⓫可以相准⓬。」高士⓭季顒為之贊傳。

乘同學竺法行、竺法存，並山棲履操⓮，知名當世矣。

【注釋】❶懸鑒　深切之認識力。❷清真　純正樸素。❸甲族　世家大族。❹一宗　舉族之人。❺戒具　受戒之用具。此即指受戒。❻謝　道歉。❼師資　師生；師徒。❽豺狼　豺與狼。喻指凶殘之惡人。❾革心　改正惡心。❿王濬沖　王戎，字濬沖，琅琊人。晉初累遷荊州刺史，以平吳功，封安豐侯。故下文又稱「安豐」。沖，原作「仲」，據《晉書・王戎傳》改。⓫阡陌　猶言途徑、方法。⓬准　比照。⓭高士　高潔之士。⓮山棲履操　謂居於山中修踐德操。

【語　譯】竺法乘，不知是哪裡人。他幼小時便悟性超絕，有過人的認識力，依從竺法護為學僧，為人純正樸素甚有志氣，竺法護很讚賞他。當時竺法護的道化已遍布關中地區，長安有一位世家大族之人，準備奉從佛教大法時，想試一試竺法護的德行如何，便假裝到他那裡告急，向他求取二十萬的金錢。竺法護還沒來得及回答，當時竺法乘纔十三歲，正好侍奉在老師身旁，便對來人說：「和上的意思已經答應了。」來客退下後，竺法乘道：「我觀察此人的神色，並非是真的要錢，不過是以此來觀察老師道德如何罷了。」竺法護道：「我也是這樣認為的。」第二天此人便率領其一族共百餘人，到竺法護處請求授予受戒用具，並為求錢之事道歉。由於此事，他們師徒二人的名聲遍布遐邇。

竺法乘後來往西來到燉煌，建立寺廟接受學徒，為弘布佛教不惜身命，誨人不倦。使當地的凶殘之人改正惡心，戎狄之輩知曉禮儀，並使佛教道化得以西行，正是他的努力所致。後來死於所住之處。孫綽的〈道賢論〉以竺法乘比之於王戎，論說道：「法乘、安豐從少便有機敏神悟的見識，雖然一為佛僧一為世俗操守不同，但他們各自所採取的途徑卻可以互相比照。」高潔之士季顒為竺法乘作了讚傳。

竺法乘的同學法竺行、竺法存，皆都居於山中修踐德操，知名於當時。

晉剡東仰山竺法潛　竺法友　竺法蘊　康法識　竺法濟

竺道潛，字法深，姓王，瑯琊人，晉丞❶相武昌郡公敦❷之弟也。年十八出家，事中州❸劉元真❹為師。元真早有才解之譽，故孫綽讚曰：「索索虛衿❺，翳翳閑沖❻，誰其體之，在我劉公。談能雕飾❼，照足開曚❽，懷抱之內，豁爾❾每融。」潛伏膺❿已後，剪削浮華，崇本務學，微言興化，譽洽西朝⓫，風姿容貌，堂堂⓬如也。

至年二十四，講《法華》、《大品》，既蘊深解，復能善說，故觀風味道⓭者，常數盈五百。晉永嘉⓮初，避亂過江。中宗元皇⓯，及肅祖明帝⓰、丞相王茂弘⓱、太尉庾元規⓲，并欽其風德，友而敬焉。建武⓳太寧⓴中，潛恒著屐㉑至殿內，時人咸謂方外之士㉒，以德重故也。中宗、肅祖昇遐㉓，王、庾又薨，乃隱迹剡山㉔，以避當世㉕，追蹤問道者，已復結侶山門。潛優游講席三十餘載，或暢《方等》，或釋《老》《莊》。投身北面㉖者，莫不外兼洽。至哀帝㉗好重佛法，頻遣兩使㉘慇懃徵請，潛以詔旨之重，暫遊宮闕，即於御筵㉙開講《大品》，上及朝士並稱善焉。于時簡文㉚作相，朝野以為至德，以潛是道俗標領㉛，又先朝友敬，尊重挹服，頂戴㉜兼常，迄乎龍飛㉝，虔禮彌篤。潛常於簡文處遇沛國㉞劉惔㉟，惔嘲之曰：「道士何以遊朱門㊱？」潛曰：「君自睹其朱門，貧道見為蓬戶。」司空何次道㊲，懿德純素㊳，篤信經典，每加祇崇，遵以師資㊴之敬，數相招請，屢興法禮㊵。

潛雖復從運東西㊶，而素懷不樂，乃啟還剡㊷之仰山，遂其先志，於是逍遙林阜，以畢餘年。支遁㊸遣使求買仰山之側沃洲小嶺，欲為幽棲之處，潛答云：「欲來輒給，豈聞巢、由㊹買山而隱？」遁後與高麗㊺道人書云：「上坐㊻竺法深，中州劉公之弟子，體德貞峙㊼，道俗綸綜㊽。往在京邑，維持法綱㊾，內外俱瞻，弘道之匠也。頃以道業靖濟㊿，不耐塵俗，考室(51)山澤，脩德就閑。今在剡縣之仰山，率合同遊，論道說義，高栖皓然(52)，遐邇有咏(53)。」以晉寧康(54)二年卒於山館，春秋八十有九。烈宗孝武[55]詔曰：「深法師理悟[56]虛遠，風鑒[57]清貞，棄宰相之榮，襲染衣之素。山居人外，篤懃匪懈，方賴宣道，以濟蒼生，奄然遷化，用痛于懷。可賻錢十萬，星馳驛送。」孫綽以深比劉伯倫[58]，論云：「深公素淵重[59]，有遠大之量；劉伶肆意放蕩，以宇宙為小。雖高栖之業，劉所不及，而曠大之體同焉。」

時仰山復有竺法友，志業強正，博通眾典，嘗從潛受《阿毗曇》，一宿便誦。潛曰：「經目則諷，見稱昔人，若能仁[60]更興大晉者，必取汝為五百[61]之一也。」年二十四，便能講說。後立剡縣城南臺寺焉。

竺法蘊悟解入玄，尤善《放光般若》。康法識亦有義學之功，而以草隸知名。嘗遇康昕[62]，昕自謂筆道[63]過[64]識，識共昕各作王右軍草[65]，傍人竊以為貨，莫之能別。又寫眾經，甚見重之。竺法濟幼有才藻[66]，作《高逸沙門傳》。凡此諸人，皆潛之神足[67]，孫綽並為之讚，不復具抄。

【注釋】❶丞　原作「承」，據大正藏本改。❷敦　王敦。見卷一〈帛尸梨蜜傳〉注釋。❸中州　中原地區。所指當為今河南一帶。❹劉元真　不詳何人。❺索索虛衿　謂清靜虛心。❻翳翳閑沖　謂韜晦而沖淡。❼雕飾　謂美化言辭。❽開矇　開啟蒙昧。❾豁爾　開闊、開朗貌。❿伏膺　謂從學、師事。⓫西朝　此指西晉朝廷。⓬堂堂　容貌宏偉。⓭觀風味道　謂觀瞻道風體察道理。⑭永嘉　西晉懷帝司馬熾年號（西元三〇七至三一二年）。⑮中宗元皇　東晉元帝司馬睿，西元三一七至三二二年在位。⑯肅祖明帝　東晉明帝司馬紹，西元三二三至三二五年在位。⑰王茂弘　王導。見卷一〈帛尸梨蜜傳〉注釋。⑱庾元規　庾亮。見卷一〈帛尸梨蜜傳〉注釋。⑲建武　東晉元帝司馬睿年號（西元三一七年）。⑳太寧　東晉明帝司馬紹年號（西元三二三至三二五年）。㉑屐　一種木底有齒，可在泥地行走的鞋子。㉒方外之士　不涉塵世或不拘禮法之士。㉓昇遐　帝王死去之委婉說法。㉔剡山　在今浙江新昌境內。㉕當世　見卷三〈畺良耶舍傳〉注釋。㉖投身北面　此謂師從學習。㉗哀帝　東晉哀帝司馬丕（西元三六二至三六五年在位）。㉘兩使　宮廷所派出之使節。㉙御筵　皇帝命設之酒席。㉚簡文　東晉簡文帝司馬昱，西元三七一至三七二年在位。㉛標領　楷模；表率。㉜頂戴　供奉。㉝龍飛　飛龍在天。喻指大人出世。此謂簡文帝登基。㉞沛國　東漢改沛郡設。西晉時治所在今安徽濉溪西北。㉟劉惔　本作「劉恢」，據《世說新語・言語篇》注改。劉惔，字真長，沛國蕭人。歷司徒左長史、侍中、丹陽尹。又《晉書》卷七五有傳。㊱朱門　朱漆之門。古代豪門之宅均以紅色漆門，故以喻指王侯貴族之家。㊲何次道　何充。見卷一〈康僧會傳〉注釋。㊳懿德純素　德行高尚，純粹而不雜。懿德，美德。純素，見卷三〈釋寶雲傳〉注釋。㊴師資　此謂老師。㊵法禮　猶法事。㊶從運東西　謂竺道潛曾隨晉祚由洛陽遷徙至建鄴。㊷剡　剡縣。西漢始置。治所在今浙江嵊縣西南曹娥江北岸。㊸支遁　東晉高僧。本卷有傳。㊹巢由　巢父、許由。皆為堯時隱士，堯讓位於二人，不受。㊺高麗　亦作「高句麗」。地名。漢武帝時所置，為玄菟郡治所在。故城在今遼寧新賓東北。㊻上坐　猶上座。佛教語。一寺之長。對有道高僧之稱呼。㊼體德貞峙　謂躬行正道堅貞不移。㊽綸綜　猶彌綸。包羅；統括。㊾法綱　佛教語。大法之綱。㊿靖濟　安定有成。(51)考室　本謂宮室落成後舉行之禮。後泛指擇地建屋。(52)皓然　潔白光明貌。(53)遐邇有咏　謂遠近均有歌詠之贊。(54)寧康　東晉孝武帝司馬曜年號（西元三七三至三七五年）。(55)烈宗孝武　東晉孝武帝司馬曜，西元三七三至三九六年在位。(56)理悟　對道理之解悟。(57)風鑒　風度鑑識。(58)劉伯倫　劉伶，字伯倫。「竹林七賢」之一。曾為建威參軍。嗜酒，作〈酒德頌〉。(59)淵重　深重；厚重。(60)能仁　釋迦別名。(61)五百　指五百羅漢。見卷三〈釋智猛傳〉注釋。(62)康昕　生平不詳。(63)筆道　操筆之道；書法。(64)過　原作「遇」，據大正藏本改。(65)王右軍草　謂王羲之所作草書。王羲之（西元三〇三至三六一年），琅琊臨沂人，居於會稽山陰。字逸少，官至右軍將軍、會稽內史，習稱王右軍。精於書法，自成一家，世稱「書聖」。(66)才藻　才思文采。(67)神足　猶高足。

【語　譯】竺道潛，字法深，俗姓王，琅琊人，是晉丞相武昌郡公王敦的弟弟。十八歲時出家為僧，事奉中州人劉元真為師。元真很早就享有才智之譽，所以孫綽曾為之讚道：「清靜而虛心，韜晦而沖淡，誰能真正地體會到這兩點？正是我們的劉公。其言論談吐足稱文辭美妙，其光芒所照能夠開啟蒙昧，進入他的內心世界，便能頓悟而與之相融。」竺道潛師事元真之後，擯棄了世間的浮華，崇尚根本之道而刻苦學習，其微小的言語便能興起教化，聲譽隆盛於西晉朝廷，而他的風采容貌，又非常的明亮壯偉。

到了二十四歲之時，講解《法華》、《大品經》，既能在心中蘊育深切的理解，又能善於講說，所以前來觀瞻道風體察佛理的人，數目經常達到五百。晉永嘉初年，竺道潛因避難而渡江南來。中宗元皇帝以及肅祖明帝、丞相王敦、太尉庾亮，都欽佩他的風采道德，與他結交並十分敬崇。建武帝太寧年中，竺道潛一直是穿著木屐前往宮殿，當時人都稱他為不涉塵世之士，這是因為他德操極高的緣故。中宗肅祖駕崩後，王敦、庾亮也先後去世，竺道潛便到剡山隱居，以躲避出仕，但即使這樣，追蹤而來向他問道的人，在山門之外已經結成了隊伍。竺道潛從容宣講了三十餘年，或暢言《方等》，或解釋《老》《莊》。師從學習之人，莫不兼通內外之學。哀帝時愛好尊崇佛法，屢屢派遣使節誠懇徵請，竺道潛因為詔命難違，便暫時來到宮中，即在皇帝命設的宴會上講解《大品經》，皇上以及朝士對此都十分稱道。此時簡文帝方做宰相，朝野都認為他是德行高尚之士，而簡文帝認為竺道潛是僧俗楷模，又是先朝皇帝友愛尊敬之人，所以對他十分尊重推服，供奉超過以往，及至登基以後，禮敬更篤。竺道潛曾經在簡文帝處遇見沛國人劉惔，劉惔嘲笑他說：「修道之士為什麼在朱門之家走動？」竺道潛道：「在君看來這是朱漆豪門，在貧道看來此不過是蓬戶而已。」司空何充德行高尚，純粹不雜，特別信服佛教經典，對竺道潛常加崇敬，尊以老師之禮，數次邀請他營做法事。

竺道潛雖然隨著朝廷運祚的遷移從西到東，然而心中常常不樂，因此便上書告退回到剡縣的仰山，以順從他先前的志向，從此他便在山林間悠然自得，以盡其餘生。支遁派人向他求購仰山之側的沃洲小嶺，想以此作為幽居之地。竺道潛回答說：「你要來的話便贈送給你，誰聽說過巢父、許由買了山嶺後纔隱居？」支遁後來在給高麗僧人的信中說道：「上座竺法深，是中州劉公的弟子。躬行正道堅貞不移，是僧俗的綱領之士。往年居住於京城，維繫佛法之綱，精通內外之學，誠乃弘布道化的宗匠。不久因為佛教大業安定有成，且無法忍耐世間塵俗，便到山澤間相地築屋，修煉德行清閑自處。現在他居住在剡縣的仰山，集合著從他遊學的生徒，談論佛道講說教義，高雅而棲潔白純粹，四方遠近多有歌詠之贊。」竺道潛於晉寧康二年死於山館，享年八十九歲。烈宗孝武皇帝下詔書道：「深法師對佛理的明悟清虛幽遠，其鑑識清白純正，放棄了宰相的榮華，而承襲了緇衣的素樸，居於塵世之外的山中，勤於修道從不鬆懈。正要依賴他宣化大道，以度濟天下蒼生，不料卻悄然化去，實在是令人痛心於懷。特贈助喪金十萬，由驛使星夜送達。」孫綽以竺道潛比之於劉伶，論說道：「深公為人一向厚重，具有遠大志向；劉伶則肆意放蕩，以宇宙為小物。雖然深公的高雅幽棲為劉伶所不及，但他們二人胸懷曠大的特質則是相同的。」

當時仰山還有一位僧人名竺法友，志向學業堅強純正，博通各種經典，曾跟從竺法深學受《阿毗曇》，一夜之後便能背誦。竺道潛說：「過目就能背誦，此事曾被昔人所稱道，假如釋迦再一次於大晉國興盛佛法，必定會選取你作為五百羅漢之一。」竺法友二十四歲時便能講說佛經。後來在剡縣城南建立了臺寺。

竺法蘊則能悟解玄妙，特別擅長於《放光般若經》。康法識也具有理解教義的功夫，而以草、隸書法知名。他曾經有一次遇到康昕，康昕自稱自己的書法超過他，於是二人各作了一幅王右軍草書，結果被旁人偷去賣掉，但誰也無法區分。康法識又書寫了很多經典，甚為人所推重。竺法濟幼時即有才氣文采，撰寫了《高逸沙門傳》。凡此諸人，都是竺道潛的高足，孫綽皆為他們寫了讚，這裡不再一一具抄。

晉剡沃洲山支遁　支法虔　竺法仰

支遁，字道林，本姓關氏，陳留人，或云河東❶林慮❷人。幼有神理❸，聰明秀徹❹。初至京師，太原王濛❺甚重之，曰：「造微❻之功，不減輔嗣❼。」陳郡殷融❽嘗與衛玠❾交，謂其神情俊徹，後進莫有繼之者。及見遁，歎息以為重見若人。家世事佛，早悟非常之理。隱居餘杭山，深思《道行》之品，委曲⑩《慧印》之經，卓焉獨拔，得自天心。年二十五出家，每至講肆⑪，善標宗會⑫，而章句或有所遺，時為守文者⑬所陋。謝安⑭聞而善之，曰：「此乃九方歅之相馬也，略其玄黃，而取其駿逸⑮。」王洽⑯、劉惔⑰、殷浩⑱、許詢⑲、郄超⑳、孫綽、桓彥表㉑、王敬仁㉒、何次道、王文度㉓、謝長遐㉔、袁彥伯㉕等，並一代名流，皆著塵外之狎㉖。

遁嘗在白馬寺與劉系之㉗等談《莊子．逍遙》篇，云：「各適性以為逍遙。」遁曰：「不然，夫桀跖㉘以殘害為性，若適性為得者，彼亦逍遙矣。」於是退而注〈逍遙〉篇。群儒舊學，莫不歎服。後還吳，立支山寺。晚欲入剡，謝安為吳興㉙，與遁書曰：「思君日積，計辰傾遲㉚，知欲還剡自治㉛，甚以悵然。人生如寄耳，頃風流得意之事，殆為都盡㉜。終日戚戚，觸事㉝惆悵，唯遲㉞君來，以晤言㉟消之，一日當千載耳。此多山縣閑靜，差可養疾，事不異剡，而醫藥不同，必思此緣，副其積想也。」王羲之時在會稽，素聞遁名。未之信，謂人曰：「一往之氣㊱，何足可言。」後遁既還剡，經由于郡，王故往詣遁，觀其風力㊲。既至，王謂遁曰：「〈逍遙〉篇可得聞乎？」遁乃作數千言，標揭㊳新理，才藻驚絕。王遂披衿解帶，留連39不能已。仍請住雲嘉寺，意存相近。

俄又投迹剡山，於沃洲小嶺立寺行道，僧眾百餘，常隨稟學。時或有惰者，遁乃著〈座右銘〉以勗之。曰：「勤之勤之，至道非彌40，奚為淹滯41？弱喪42神奇。茫茫三界43，眇眇長羈44，煩勞外湊45，冥心內馳46。殉赴欽渴47，緬邈48忘疲，人生一世，涓49若露垂。我身非我，云云誰施50，達人懷德，知安必危。寂寥清舉，濯累禪池51，謹守明禁，雅翫玄規。綏心52神道，抗志無為53，寥朗三蔽54，融冶六疵55。空同五陰56，豁虛四肢57，非指喻指，絕而莫離58。妙覺59既陳，又玄其知，婉轉乎任，與物推移60，過此以往，勿思勿議。敦之覺父，志在嬰兒61。」時論以遁才堪經濟62，而潔己拔俗，有違兼濟之道，遁乃作〈釋矇論〉。

晚移石城山，立棲光寺。宴坐山門，遊心禪苑，木食澗飲，浪志無生63。乃注《安般》、《四禪》諸經及〈即色遊玄論〉、〈聖不辯知論〉、〈道行旨歸〉、〈學道誡〉等。追蹤馬鳴64，躡影龍樹65，義應法本，不違實相66。晚出山陰67，講《維摩經》，遁為法師，許詢為都講68，遁通一義，眾人咸謂詢無以厝69難，詢每設一難，亦謂遁不復能通，如此至竟，兩家不竭。凡在聽者，咸審得遁旨，迴令自說，得兩，三反便亂70。

至晉哀帝即位，頻遣兩使，徵請出都，止東安寺，講《道行般若》，白黑欽崇，朝野悅服。太原王濛，宿構精理[71]，撰其才辭，往詣遁，作數百語，自謂遁莫能抗。遁乃徐曰：「貧道與君別來多年，君語了不長進。」濛慚而退焉，乃歎曰：「實緇鉢[72]之王、何[73]也。」郗超問謝安：「林公談何如嵇中散？」安曰：「嵇努力裁得去耳[74]。」又問：「何如殷浩？」安曰：「亹亹論辯，恐殷制支，超拔直上淵源，實有慚德。」郗超後與親友書云：「林法師神理所通，玄拔[75]獨悟。實數百年來，紹明大法，令真理不絕，一人而已。」

遁淹留京師，涉將三載，乃還東山。上書告辭曰：「遁頓首言：敢以不才，希風世表[76]，未能鞭後[77]，用愆靈化[78]。蓋沙門之義，法出佛之聖，彫淳反朴，絕欲歸宗。遊虛玄之肆，守內聖之則，佩五戒之貞，毗外王之化[79]。諧無聲之樂，以自得為和。篤慈愛之孝，蠕動[80]無傷；銜撫恤[81]之哀，永悼[82]不仁。秉未兆之順[83]，遠防宿命[84]；挹無位[85]之節，履亢不悔[86]。是以哲王[87]御南面之重，莫不欽其風尚，安其逸軌[88]，探其順心，略其形敬，故令歷代彌新矣。陛下天鍾聖德，雅尚不倦，道遊靈模[89]，日昃忘御[90]，可謂鐘鼓晨極，聲滿天下。清風既劭[91]，莫不幸甚。上願陛下，齊齡二儀[92]，弘敷[93]至化，去陳信之妖誣，尋丘禱[94]之弘議，絕小塗[95]之泥，奮宏轡於夷路[96]。若然者，太山不婬季氏之旅，得一以成靈[97]；王者非員丘而不禋，得一以永貞[98]。若使貞靈各一，人神相忘[99]，君君而下無親舉，神神而咒不加靈[100]，玄德交被，民荷冥祐，恢恢六合[101]，成吉祥之宅；洋洋大晉，為元亨[102]之宇。常無為而萬物歸宗，執大象而天下自往[103]。國典刑殺，則有司存焉，若生而非惠，則賞者自得[104]；戮而非怒，則罰者自刑[105]。弘公器[106]以厭神意，提銓衡[107]以極冥量[108]。所謂天何言哉，四時行焉[109]。貧道野逸東山，與世異榮，菜蔬長阜，漱流清壑，繿縷[110]畢世，絕窺皇階。不悟乾光[111]曲曜[112]，猥被蓬蓽，頻奉明詔，使詣上京，進退惟谷，不知所厝。自到天庭，屢蒙引見，優以賓禮，策以微言。每愧才不拔滯[113]，理無拘新[114]，不足對揚玄模[115]，允塞視聽，踧踖[116]侍人，流汗位席。曩四翁赴漢[117]，干木蕃魏[118]，皆出處有由，默語適會。今德非昔人，動靜乖理，遊魂禁省[119]，鼓言[120]帝側，將困非據，何能有為。且歲月僶俛[121]，感若斯之嘆，況復同志索居[122]，綜習遼落[123]，迴首東顧，孰能無懷。上願陛下，特蒙放遣，歸之林薄[124]，以鳥養鳥，所荷為優。謹露板[125]以聞，伸其愚管，裹糧望路，伏待慈詔。」詔即許焉，資給發遣，事事豐厚，一時名流，並餞離於征虜。蔡子叔[126]前至，近遁而坐，謝安石後至，值蔡暫起，謝便移就其處。蔡還，合褥舉謝擲地[127]，謝不以介意。其為時賢所慕如此。

既而收迹剡山，畢命林澤。人嘗有遺遁馬者，遁受而養之，時或有譏之者，遁曰：「愛其神駿，聊復畜耳。」後有餉鶴者，遁謂鶴曰：「爾沖天之物，寧為耳目之翫乎？」遂放之。遁幼時，嘗與師共論物類，謂雞卵生用，未足為殺，師不能屈。師尋亡，忽現形，投卵於地，殼破雛行，頃之俱滅，遁乃感悟，由是蔬食終身。

遁先經餘姚塢山中住，至於明辰猶還塢中。或問其意，答云：「謝安在昔數來見就，輒移旬日，今觸情舉目，莫不興想。」後病甚，移還塢中，以晉太和元年閏四月四日終于所住，春秋五十有三。即窆[128]于塢中，厥塚存焉。或云終剡，未詳。遁善草隸。郄超為之序傳，袁宏為之銘讚，周曇寶為之作誄。孫綽〈道賢論〉以遁方向子期，論云：「支遁、向秀雅尚《莊》《老》。二子異時，風好玄同矣。」又〈喻道論〉云：「支道林者，識清體順，而不對於物。玄道沖濟，與神情同任。此遠流之所以歸宗，悠悠者所以未悟也[129]。」後高士戴逵[130]行經遁墓，乃歎曰：「德音未遠，而拱木已繁，冀神理綿綿，不與氣運[131]俱盡耳。」

遁有同學法虔精理入神，先遁亡，遁歎曰：「昔匠石廢斤於郢人[132]，牙生[133]

輟弦於鍾子，推己求人，良不虛矣。寶契[134]既潛，發言莫賞，中心蘊結，余其亡矣。」乃著〈切悟章〉，臨亡成之，落筆而卒。凡遁所著文翰集有十卷盛行於世。

時東土復有竺法仰者，慧解致聞，為王坦之所重。亡後猶見形詣王，勗以行業[135]焉。

【注釋】❶河東　郡名。治所在今山西夏縣西北禹王城。❷林慮　縣名。治所即今河南林縣。❸神理　猶神道。此謂佛教無上之道。❹秀徹　清秀明達。❺王濛　字仲祖，晉陽人。少時放縱不羈，晚節始克己勵行。善書畫，美姿容，喜慍不形於色，以清約見稱。初辟司徒掾，官至左長史。❻造微　謂臻致精妙之程度。❼輔嗣　王弼字。❽殷融　殷浩之叔。❾衛玠　字叔寶，姿容佳美，好言玄理，當時享有盛名。❿委曲　詳盡探尋。⓫講肆　講堂。⓬宗會　總合；集大成之合。⓭守文者　墨守成規之輩。⓮謝安　（西元三二〇至三八五年），字安石。少時神識沉敏。累辟，以疾辭官，寓居會稽，漁弋山水，言詠屬文。四十餘歲時，隨桓溫北征。歷吳興太守、侍中、吏部尚書，進中書監，錄尚書事。以淝水大捷，封建昌縣公，拜太保。卒贈太傅，謚文靖。⓯此乃九方歅之相馬三句　九方堙即九方皋，相傳為春秋時人，伯樂推薦其為秦穆公求馬，九方皋不辨毛色雌雄，而注重馬之駿逸內神，因得天下良馬。⓰王洽　字敬和，王導第三子。於兄弟中最知名。歷官吳郡內史。穆帝時徵拜中書令，固讓。⓱劉惔　本作「劉恢」。見本卷〈竺道潛傳〉注。⓲殷浩　（西元二八六至三七四年）字淵源，陳郡長平人。穆帝時任中軍將軍，都督揚徐豫兗青五州軍事。後免官為庶人。初善《老》《易》，晚好佛經。⓳許詢　字元度，高陽人。辭不就官，隱居永興西山等地。曾捨宅以建寺院。⓴郄超　（西元三三六至三七七年），字景興，一字嘉賓，高平金鄉人。幼善談論，交遊士林。官至中書侍郎。崇信佛教，常與僧人講論佛法。著有《奉法要》等。㉑桓彥表　人名。生平不詳。㉒王敬仁　王脩，字敬仁，王濛子。明秀有美稱，善隸書。㉓王文度　王坦之，字文度。弱冠即有重名，與郄超並為桓溫長史。官至中書令，與謝安同輔朝政。㉔謝長遐　湯用彤認為或即謝朗，長遐為「長度」之訛。謝朗，字長度，《晉書》有傳。參見《漢魏兩晉南北朝佛教史》頁一二七。㉕袁彥伯　袁宏，字彥伯。㉖塵外之狎　謂作為塵世之外的朋友而相親熱。㉗劉系之　生平不詳。㉘桀跖　夏桀、商紂。中國歷史上最大的暴君。㉙吳興　郡名。治所在今浙江湖州吳興南。㉚計辰傾遲　計算時辰，殷切期待。㉛自治　修養德性。㉜都盡　完畢。㉝觸事　猶遇事。㉞遲　等待。㉟晤言　當語交話。㊱一往之氣　謂一逞其氣而已。㊲風力　氣概魄力。㊳標揭　使顯明。㊴留連　反覆不捨。㊵彌　盡。㊶淹滯　沉淪。㊷弱喪　本謂幼遭喪亂，失其故居。此謂因事而喪失。㊸三界　見卷三〈求那跋摩傳〉注釋。㊹長羈　長為拘禁。㊺煩勞外湊　謂煩惱困苦攪擾於身外。㊻冥心內馳　謂昏暗不明馳騁於內心。㊼殉赴欽渴　謂因渴愛貪戀而喪身。㊽緬邈　謂追求虛無而不知疲倦。㊾涓　露珠。形容細小、微末。㊿我身非我二句　謂我的身軀並非是我的本體，誰又能施予我這些煩惱。我身非我，佛教的「我」有多種含義，但作為自身實體、本體而言，佛教多持否定，即不承認永遠不變的本體自我。這裡支遁的「我身非我」不完全是這個意思，尚帶有點玄學的意味。(51)濯累禪池　謂於禪定中蕩滌種種障累。(52)綏心　安心。(53)抗志無為　高尚其志而專致於無為。(54)寥朗三蔽　排除種種蔽覆，使心靈空闊疏朗。蔽，蔽覆。(55)融治六疵　治理種種疾病，使本心融會通達。(56)空同五陰　謂認識到真空之中，五蘊俱在。(57)豁虛四肢　謂認識到四大空虛之理。四肢，疑即指四大，由地、水、火、風構成的身體。(58)非指喻指二句　非指喻指，語出《莊子・齊物論》：「以指喻指之非指，不若以非指喻指之非指也；以馬喻馬之非馬，不若以非馬喻馬之非馬也。」《莊子》的大意是：站在馬是馬的立場，要懂得馬非馬的真義，不若站在馬非馬的立場懂得馬非馬的真義。舉個例子：在生物學的立場，白馬是馬，而在邏輯學的立場，白馬非馬。如果堅持生物學的立場，又怎能懂得「白馬非馬」的邏輯真義呢？(59)妙覺　清淨覺了之心，空有不二，謂之妙覺。(60)與物推移　猶與世推移。隨世道之變而變化，以適合時宜。(61)敦之覺父二句　謂在慈愛的覺悟之父殷切敦促下，像柔順的嬰兒般立定志向。覺父，義同「覺母」，覺悟之父。(62)經濟　經世而濟民。(63)浪志無生　謂專致於遠離種種生滅變化。無生，佛教語，謂事實上並無真實之生滅，生滅變化皆是相對現象，並非絕對存在。(64)馬鳴　見卷三末〈譯經篇總論〉注釋。(65)龍樹　見卷三末〈譯經篇總論〉注釋。(66)實相　大乘佛教的重要義理之一。謂本源的、真實的本體、真相、本性；一切事物真實不變的本性。亦指最高真理。真如、法如、實性、涅槃等，都是此義。(67)山陰　縣名。治所即今紹興。(68)都講　魏晉以後佛僧開講佛經，由一人唱經，一人釋義，釋義者稱「法師」，唱經者為「都講」。(69)厝　通「措」。置；放置。(70)得兩二句　《世說新語・文學第四》有曰：「三乘佛家滯義，支道林分判，使三乘炳然。諸人在下坐聽，皆云可通。支下坐，自共說，正當得兩，入三便亂。」當以此為是。謂諸弟子不得盡傳，唯能分判二乘而已，辨三乘則發生錯亂。然《高僧傳》與《世說》所據不同，而慧皎合兩事為一，故亦難辨孰是孰誤。(71)精理　精微之義理。(72)緇缽　緇衣、食缽，皆為僧侶用物。此借指佛僧。(73)王何　王弼、何晏。(74)嵇努力裁得去耳　余嘉錫認為，此謂嵇康須努力向前，方可比及支遁。參見《世說新語箋疏》頁五三三。(75)玄拔　謂冥通玄理而能標示奧義。(76)希風世

表　謂希望能在世外歌詩逍遙。風，通「諷」。歌唱。世表，人世之外。(77)鞭後　緊隨其後。(78)靈化　神聖之教化。(79)守內聖之則三句　謂以內聖、五戒之德而成就王者之化。內聖外王，古代修身的最高理想，謂內備聖人之德，施之於外而為王者之政。(80)蠕動　指爬蟲之類。(81)撫恤　體恤愛護。(82)悼　擔心；害怕。(83)未兆之順　對尚未顯示出來的跡象的謹慎。未兆，尚未明顯的跡象。順，通「慎」。(84)宿命　前生注定的命運。(85)無位　沒有界限和位置。(86)履亢不悔　謂固守高傲剛直而不悔。亢，高傲剛直。(87)哲王　賢明睿哲之君王。(88)逸軌　高潔之軌範。(89)靈模　神靈之儀範。(90)日昃忘御　謂太陽已偏西而顧不上治事。此是對「日昃忘食」的化用。(91)邵　美好而高尚。(92)齊齡二儀　與天地同壽。二儀，天地。(93)弘敷　大力敷陳發揚。(94)丘禱　語出《論語・述而》。後指祈求神靈以消災祛病。(95)小塗　小路。(96)夷路　平坦之路。(97)太山不婬季氏之旅二句　《論語・八佾》：「季氏旅於泰山。子謂冉有曰：『女弗能救與？』對曰：『不能。』子曰：『嗚呼！曾謂泰山不如林放乎？』」案唯有天子和諸侯有資格祭祀泰山，季氏為魯大夫，故孔子以為僭禮。此處支遁認為泰山並沒有為季氏之祭祀所惑亂，故能成為神靈。太山，泰山。婬，惑亂。旅，祭祀。(98)王者非員丘而不禋二句　謂王者非於合禮之圓丘而不祀，故能致正。圓丘，古代天子祭天的圓形高臺。禋，燃柴昇煙以祭。貞，正。(99)貞靈各一二句　謂人、神各得其所，互不干擾。(100)君君而下無親舉二句　以君為君而天下再無唯親是舉之事，以神為神而神靈再不為禱呪加靈。(101)六合　天地四方。(102)元亨　美善通泰。(103)執大象而天下自往　語出《老子》第三十五章：「執大象，天下往。」大象，喻指大道。(104)若生而非惠二句　謂若使某人還生而並非是施惠予他，這種結果是受賞者自己應該得到的。(105)戮而非怒二句　謂若殺戮某人而並非是遷怒於他，這種結果就是受罰者自己造成的。(106)公器　公用之器。(107)銓衡　衡器。比喻公正之器。(108)冥量　玄奧廣深之量。(109)天何言哉二句　語出《論語・陽貨》：「子曰：『予欲無言。』子貢曰：『子如不言，則小子何述焉？』子曰：『天何言哉？四時行焉，百物生焉，天何言哉？』」(110)繿縷　破爛衣服。(111)乾光　日光。比喻君王恩澤。(112)曲曜　遍照。(113)拔滯　解決疑難。(114)拘新　考定新義。拘，通「句」。查考。(115)玄模　玄妙之謀劃。(116)踧踖　局促不安貌。(117)四翁赴漢　秦末隱居商山之東園公、甪里先生、綺里奇、夏英公四人，因鬚髮皆白，稱為商山四皓，亦稱四翁。四人曾應呂后詔，入輔太子，故云「赴漢」。(118)干木蕃魏　段干木，戰國初魏人。姓段干，名木。魏文侯曾加以爵祿官職，段干木堅辭不受。魏文侯以禮事之，過其門必伏軾致敬。蕃，通「藩」。護衛。(119)禁省　禁中；宮中。(120)鼓言　扇言。(121)僶俛　須臾。(122)索居　獨處一方。(123)遼落　遼闊疏朗。(124)林薄　叢生草木。(125)露板　奏章。(126)蔡子叔　蔡系，字子叔，濟陽人。有文理。官至撫軍長史。(127)合褥舉謝擲地　謂合褥裏舉謝安而擲之於地。參閱余嘉錫《世說新語箋注》頁三七一。(128)窆　下棺安葬。(129)支道林者七句　見語譯。沖濟，沖，沖淡而充滿。同任，同能；同善。悠悠，當作「荒唐無據」解。又參見方立天《魏晉南北朝佛教論叢》頁四五。130戴逵（西元？至三九五年）字安道，譙國人。少博學，好談論，善著文，並能鼓琴，工書畫。善鑄佛像。131氣運 氣數，命運。132昔匠石廢斤於郢人 《莊子·徐无鬼》：「郢人堊慢其鼻端若蠅翼，使匠石斲之。匠石運斤成風，聽而斲之，盡堊而鼻不傷，郢人立不失容。宋元君聞之，召匠石曰：『嘗試為寡人為之。』匠石曰：『臣則嘗能斲之。雖然，臣之質死久矣。』」133牙生 即伯牙。134寶契 默契投合之友。寶，《世說新語·傷逝》作「冥」，是。135行業 佛教語。修行。

【語譯】支遁，字道林，本來姓關，是陳留人，也有人說他是河東郡林慮縣人。他幼年時即能具備佛教之道，聰明而清秀明達。剛來到晉朝京城時，太原人王濛對他甚為看重，說：「支遁臻致精妙的程度，不在王弼之下。」陳郡人殷融曾經與衛玠交往過，稱衛玠的精神體態俊朗清澈，後來之人沒有能夠承續他的。但當他見到支遁後，感歎地認為就像重新見到了衛玠一樣。支遁家世代奉事佛教，很早就體悟到了不同尋常的道理。他隱居在餘杭山，深入思考了《道行》的章節，詳盡探尋了《慧印》的經文，能卓然超拔於凡人之上，完全來自於天道的啟迪。二十五歲時出家為僧，每到一處講堂，他都能善於標舉綜合之理，但對於具體的文字章句有時則有所遺漏，在當時被一些墨守成規之輩所輕視。謝安聽說後非常讚賞他，說：「這就如同九方皋相馬一樣，忽略其毛色雌雄，而注重馬之駿逸內神。」王洽、劉惔、殷浩、許詢、郄超、孫綽、桓彥表、王敬仁、何次道、王文度、謝長遐、袁彥伯等一代名流，都成為他塵世之外的朋友而與他十分親近。

支遁曾在白馬寺與劉系之等人談論《莊子·逍遙》篇，劉系之道：「每個人能夠迎合本性就是逍遙。」支遁道：「並非如此。比如桀、跖以殘暴傷害為其本性，如果說迎合性情就是逍遙，那麼他們也能算得上是逍遙了。」由此支遁回去後便對〈逍遙〉篇進行了注釋，眾多儒士和對舊有學問有研究的人，對此無不佩服感歎。後來支遁返回吳地，建立支山寺，稍後又想進入剡山。謝安做吳興太守時，寫信給支遁道：「對您的思念與日俱增，計算著時辰殷切期待，得知您想返還到剡山修養德性，我感到十分悵然。人生不過是如同寄居世間而已，以前的風流得意之事，差不多都散失殆盡了。現在我終日憂愁悲傷，遇事每每惆悵不已，唯有等待您的到來，以相互交談來排遣，這樣的一日就可以抵得上一千年。我這裡有很多山嶺之縣，十分閑靜，頗可以居此養病。到此居住雖然與到剡山沒有什麼區別，但治病的方法卻有不同，希望您一定要考慮這一緣分，滿足我對您深切的想念。」王羲之當時在會稽，經常聽到人們對支遁的讚美，他對此並不相信，對人說：「這不過是一逞其氣而已，有什麼可以稱道的。」後來支遁返回剡山，經過會稽郡，王羲之特地前往詣見，觀察他的氣概魄力。來到後，王羲之對支遁道：「我可以聽聽您關於〈逍遙〉篇的講解嗎？」支遁便為他寫了數千字，標明嶄新的理論，才智詞藻使人驚絕。王羲之興奮得寬帶解衣，留連忘返而不能捨。王羲之便請支遁前往靈嘉寺居住，想與他相互親近。

不久支遁便來到剡山，在沃洲小嶺建立寺廟弘行佛道，有一百餘位僧徒，經常跟隨著他學習。當時有一位學徒較為懈怠，支遁便創作了一篇〈座右銘〉以鼓勵他。〈座右銘〉說：「勤奮再勤奮，至大之道沒有盡頭，為什麼會沉淪止步？是因為失其所在而喪失了神奇。茫茫的眾生世界，就是遼闊的拘禁之地，煩惱困苦攪擾於身外，昏暗不明馳騁於內心。為渴愛貪戀而喪身，為追求虛無而不倦，這樣的人生在世間，邈小得就像一顆水珠。我的身軀並非是我的本體，誰又能施予我這些煩惱！一個通達的人自然擁有高尚德行，他知道安逸必然就是一種危險。所以堅守清靜寂寥，在禪定中蕩滌種種障累，嚴格守持清明的戒律，優雅地翫習高妙的規範。安心於神明的大道，高尚其志而專致於無為，排除種種蔽覆使心靈空闊疏朗，治理種種疾病使本心融會通達。認識五蘊即空之道，體察四大空虛之理，反覆之相喻比照，既須棄絕而不可或離。既已將無上絕妙之覺悟體會陳述，復又能使感知玄深致幽。和順於自己的性情，隨世道之變而變以適合時宜，經歷過事情以後，就不再思議考慮。由慈愛的覺悟之父殷切敦促，我們像柔順的嬰兒般立定志向。」當時的議論認為支遁的才能足以經世濟民，但他潔身而脫俗的行為卻有悖於普濟天下的道義，因此支遁便為此作了一篇〈釋矇論〉。

支遁晚年移居到石城山，又在此建立了棲光寺。他在寺中靜坐修行，體會禪道，食草木而飲澗水，專致於遠離種種生滅變化。他在此注釋了《安般》、《四禪》等經典以及撰寫了〈即色遊玄論〉、〈聖不辯知論〉、〈道行旨歸〉、〈學道誡〉等。這些著述比擬馬鳴，模仿龍樹，意義與佛法之本相應，不違真如之理。後來又出山來到山陰縣，講解《維摩經》，他擔任法師釋義，由許詢為都講唱經，支遁每次通解一個意思，眾人都認為許詢無以置難，而許詢每次提出一個疑難，大家也認為支遁無法再次通解，如此這般直至結束，兩人都不能使對方窮竭。凡是在場聽講的人，都自稱能體會支遁的意旨，但回頭請他們自己講說，諸人卻祇能分判二乘而已，辨三乘則發生錯亂。

到了晉哀帝即位後，頻頻派遣宮中使節前往徵召，請他出山來到都城，住在東安寺，講解《道行般若經》，僧俗之人對他無不欽佩崇敬，朝野上下也都心悅誠服。太原人王濛，預先創構了精妙的義理，並撰就富於才藻的文詞，前去拜訪支遁，說了數百句話，自以為支遁無法對答。支遁徐徐而說道：「貧道我與您相別多年，但您的言論卻一點也沒有長進。」王濛慚愧而退，並歎道：「支遁實在就是佛僧中的王弼、何晏啊！」郗超問謝安道：「支遁的談吐與嵇康相比如何？」謝安答道：「嵇康須進一步努力方可比及支遁。」郗超又問：「與殷浩相比如何？」謝安說：「在勤勉不倦的議論方面，恐怕殷浩能夠制服支遁，但在冥通玄理而能標示奧義追溯淵源方面，殷浩就應該感到慚愧了。」郗超後來在與親友的書信中說：「支遁法師能夠自通神理，獨悟玄妙，實在是數百年繼承發明佛教大法，令真理不至於滅絕的第一位有功之人。」

支遁在京城逗留了將近三年後，便返回了東山。他上書皇帝說：「支遁頓首上言：我冒昧以不才之身，希望能在塵世之外歌唱逍遙，但卻未能緊隨先聖之後，因而違背了佛教的神聖教化。佛教的宗旨，出於佛祖的教法，應該返樸事真，斷絕欲望而歸於宗本。在清虛玄妙處遨遊，堅守內備聖德之修身原則，秉持五戒之清貞，輔成施之於外的王者教化。使沒有聲音的音樂和諧，以自我相得為和美；讓慈愛孝順之道深沉厚重，連爬蟲都不受傷害。懷著體恤愛護的哀憐之心，永遠擔心做出不仁之舉；堅持對尚未明顯之跡象的謹慎態度，提早防範前生注定的命運；崇尚無邊無際的節操，堅持高傲剛正而不悔。因為這個緣故，所以擔負著統御天下重任的賢明的君主，無不欽佩佛教的風尚，護衛它的軌範，探求其謹慎的心靈，省略它對外在形骸的禮敬，故而使佛教歷經朝代而更新。陛下有上天賜予的神聖之德，對佛教崇尚而不倦，專致於神靈的儀範，甚至忘記了去上朝，可以說是像早晨報時的鐘鼓，聲音響徹於天下。清靜平和之風既臻美好，天下人無不幸甚。我祝願陛下與天地同壽，敷陳發揚至上教化，摒除以往隨意的妖魔妄言，探尋禱求神靈的廣大議論，棄絕泥濘的小路，揚鞭於平坦大道。就像泰山不為季氏之祭祀所惑亂，故能成為神靈；王者非於合禮之圓丘而不祀，故能致正貞。若使人、神各得其所，互不干擾，以君為君而天下再無唯親是舉，以神為神而神靈再不為禱呪加靈，玄應與德行交被天下，天下民眾得以承受神靈的暗中保祐，那麼廣闊的天地四方，便成為了吉祥所在之地；盛大的大晉王朝，即是美善通泰的天下。經常以無為治國則世間萬物便能順應其宗，秉執大道則天下萬民自會前來歸順。至於國家典制刑罰，則有政府存在，若使某人還生而並非是施惠予他，這種結果是受賞者自己應該得到的；若殺戮某人而並非是遷怒於他，這種結果就是受罰者自己造成的。弘揚公用之器以滿足神靈的意旨，持公正之器以達致玄奧廣深之量。這就是所謂的『天不必說些什麼，只是四季一直運行』。貧道我在東山野居，與世俗榮辱完全不同，茹素於高聳的山阜，洗漱於清谷的溪流，終生穿著破爛衣服，從來不曾得睹皇宮。沒有想到君王恩澤無處不及，竟然枉顧到我的蓬屋，頻頻賜下聖明之詔，命我晉京，這使我進退維谷，不知所措。自從來到天庭之後，又屢蒙接見，待我以優隆之禮，向我詢問有關建議。我每每慚愧自己才能上不能解決疑難，見識上無法考定新義，實在不足以提出高妙之謀劃，滿足陛下的需要，因此侍奉時局促不安，在位席上流汗不已。昔時秦末四翁應詔赴漢，段干木護衛魏國，都是出現於特定的時勢，議論於適當的機會。我在德行上無法與昔人相比，一舉一動又與自己的初衷相背，在宮禁中遊蕩，在帝王邊扇言，沒有根據而勢將困乏，如何能有所作為！而且時光短暫，常為此感歎不已，何況我的同志們獨處一方，研習於空闊孤寂之中，我引頸東望，怎能不有所感傷！因此希望陛下特許放我回去，讓我歸於山林，以適應鳥本性的方式來對待鳥，就是對我的最好優渥。謹上此奏章稟知，中發我微不足道的心懷，我已經準備好了乾糧遙望著歸路，俯首期待著陛下的恩詔。」皇帝當即下詔准許了他的請求，資給他上路，各樣物事十分豐厚，當時的名流之士，一起在征虜亭為他餞別。蔡系先到，靠近支遁而坐，謝安後到，正好這時蔡系有事站起來，謝安便移坐到他的座位以靠近支遁。蔡系返回，便合褥裹舉起謝安而擲之於地，謝安卻並不介意。支遁就是這樣被當時的名賢們所仰慕。

不久支遁返回了剡山，在山林間終其餘生。曾經有一個人送了一匹馬給支遁，支遁很喜歡便留下豢養，當時有人因此而譏諷支遁，支遁說：「我喜歡牠的神逸駿邁，姑且飼養而已。」後來又有人送了一隻鶴給他，支遁對這隻鶴說：「你是沖天之物，怎能可以甘當人之耳目玩物呢？」因此便將鶴放飛了。支遁年幼時，曾經與他的老師一起討論生物問題，認為雞蛋如果生吃，算不上是殺生，其師當時未能脫服他。老師不久便亡故了，支遁忽然有一天見到了老師的身形，但見老師把一個雞蛋扔到地上，蛋殼破碎後雞雛走了出來，一會兒老師和雞雛的形體都消失不見。支遁於是感懷而悟，從此以後終身以蔬菜為食。

支遁先是在餘姚塢所在的山上居住，次日再返回塢中。有人問他這樣做的用意，他回答道：「謝安在過去曾數度來訪，一來就是十多天，現在我舉目觸情，心中便不能不有所思念。」後來病重，方移居塢中，在晉太和元年閏四月四日逝世於住所，享年五十三歲。當即就下棺安葬於塢中，其墓冢至今尚在。有人說他死於剡山，這種說法的具體情況不詳。郄超為支遁寫了序傳，袁宏寫了銘贊，周曇寶寫了誄。孫綽的〈道賢論〉把支遁比作向秀，論道：「支遁、向秀都十分崇尚《莊》、《老》，二人時代不同，但愛好卻十分契合。」他的〈喻道論〉說：「支遁的見識清遠而身體和順自然，不與事物相應對。其玄妙之道沖淡而充滿，與其精神意態一樣優秀。這就是為什麼遠方之輩紛紛歸順，而荒唐之人不能體悟的原因。」後來高士戴逵經過支遁的墳墓，歎道：「支遁的至德之音尚未消逝，而墓上的樹木卻已枝葉繁盛，希望他的精神義理永遠流傳，不要與氣數一起消亡。」

支遁有一位同學法虔，精妙的義理出神入化，他先於支遁而亡，支遁歎息道：「昔日匠石在鎮靜的郢人之後不再運斧，伯牙在鍾子期死後不再彈琴，從自己的感受推想他們的心情，真是一點都不假呵！默契投合之友既已逝去，言論再沒有人欣賞，憂思鬱結於心中，我就等於也死去了。」於是便撰寫一篇〈切悟章〉，在逝世前寫成，擱下筆便死去了。支遁所著的文字匯集起來一共有十卷盛行於世。

當時東土一帶還有一位叫竺法仰的，以聰慧善解聞名，為王坦之所看重。他在死後猶現形來見王坦之，勉勵他努力修行。

晉剡山于法蘭 竺法興 支法淵 于法道

于法蘭，高陽❶人，少有異操。十五出家，便以精懃為業，研諷經典，以日兼夜，求法問道，必在眾先。迄在冠年，風神❷秀逸，道振三河❸，名流四遠。性好山泉，多處巖壑。嘗於冬月在山，冰雪甚厲，時有一虎來入蘭房，蘭神色無忤，虎亦甚馴，至明旦雪止方去。山中神祇❹，常來受法。其德被精靈，皆此類也。

後聞江東山水，剡縣❺最奇，乃徐步東甌❻，遠矚嶀、嵊❼，居于石城山足，今之元華寺也。時人以其風力比庾元規❽，孫綽〈道賢論〉以比阮嗣宗❾，論云：「蘭公遺身❿，高尚妙迹⓫，殆至人⓬之流；阮步兵傲獨不群，亦蘭之儔⓭也。」居剡少時，愴然歎曰：「大法雖興，經道多闕，若一聞圓教⓮，夕死可也。」乃遠適西域，欲求異聞，至交州⓯遇疾，終於象林⓰。沙門支遁追立像讚曰：「于氏超世⓱，綜體玄旨，嘉遁山澤，馴洽⓲虎兕。」別傳云：「蘭亦感枯泉漱水，事與竺法護同。」未詳。

又有竺法興、支法淵、于法道與蘭同時比德⓳，與以洽見知名，淵以才華著稱，道以義解馳聲矣。

【注　釋】❶高陽　地名。西晉置高陽國，治所在今河北蠡縣。❷風神　風采神態。❸三河　謂漢河內、河南、河東三郡。此指今河南洛陽黃河南北一帶地區。河，原作「何」，據大正藏本改。❹神祇　天地之神。天曰神，地曰祇。❺剡縣　西漢始置。晉時治所在今浙江嵊縣。❻東甌　本古城名。古越族東海王之都城，故址在今浙江永嘉西南。此泛指越中地區。❼嶀嵊　二山名。嶀山位於浙江嵊縣北，剡山位於嵊縣東，兩山參差相對，峰嶺相連。❽庾元規　庾亮。見卷一〈帛尸梨蜜傳〉注釋。❾阮嗣宗　阮籍（西元二一〇至二六三年），字嗣宗，陳留尉氏人。曾為步兵校尉，世稱阮步兵。與嵇康齊名，同為「竹林七賢」之一。有〈詠懷詩〉八十一首傳世。後人輯有《阮步兵集》。❿遺身　謂身處世外。⓫高尚妙迹　謂行跡神妙高尚。⓬至人　與道合一之人。語出《莊子》。⓭儔　同類。⓮圓教　圓滿無缺、不偏不倚之教。此謂佛教真諦。⓯交州　晉時治所在龍編縣（今越南北寧仙游東）。⓰象林　縣名。西漢始置，治所即今越南維川南茶橋。東晉後廢。⓱超世　超出當世。⓲馴洽　馴服。⓳比德　謂德行相等。

【語　譯】于法蘭，高陽人，年少時操行獨特。十五歲出家為僧，便以勤奮精誠致力修行，研讀諷誦經典，日以繼夜，探求詢問佛法要道，每每都在其他人之先。到二十來歲時，風采神態俊美秀麗，道聲嚮徹三河地區，名氣遍布四方遠近。他天性愛好山水林泉，因此多在山岩深壑居住。曾經有一次冬天住在山裡時，雪大冰深，當時有一隻老虎來到于法蘭的住房中，于法蘭神色不變，而那隻虎也十分馴順，一直到第二天早晨方纔離去。山中的天地之神，常到他那裡受法。于法蘭的德行能夠流化於天地神明，這些都是例子。

後來于法蘭聽說江東地區的山水風景以剡縣最為奇絕，於是便悠然前來東甌之地，觀賞嶀、嵊二山，他就住在石城山下，也就是今天的元華寺。當時人認為他的風骨氣節可與庾亮相比，孫綽的〈道賢論〉把他比作阮籍，論道：「蘭公身處世外，行跡神妙高尚，可稱得上是道德修養高尚臻於極致的人，阮籍孤傲獨立不與世俗為伍，也就是于法蘭的同類。」于法蘭在剡山住了一段時間後，很感傷地歎道：「佛教大法雖然勃興，但經典之要道還有很多遺闕，若能聽到圓滿無缺、不偏不倚的真諦，我就是立即死去也心甘情願。」於是他便遠去西域，想要獲致不同的見聞，到達交州時得病，死於象林縣。僧人支遁後來為他立像，並寫像讚道：「于氏超出了當世，完全體達了玄妙之旨，優雅地遁入山林，使虎兕也為之馴服。」有別傳說：「于法蘭也曾感動枯泉使之出水，事跡與竺法護相同。」對此事的具體情況不詳。

另外還有竺法興、支法淵、于法道三人與于法蘭同時且德行相若，竺法興以博聞廣見知名，支法淵以才華著稱，而于法道則以對佛教義旨的理解馳譽當時。

晉剡白山于法開　于法威

于法開，不知何許人。事蘭公為弟子，深思孤發，獨見言表。善《放光》及《法華》，又祖述耆婆❶，妙通醫法。嘗乞食投主人家，值婦人在草❷危急，眾治不驗，舉家遑擾❸，開曰：「此易治耳。」主人正宰羊，欲為淫祀❹，開令先取少肉為羹，進竟，因氣針之❺，須臾羊膜裹兒而出。晉升平❻五年，孝宗❼有疾，開視脈，知不起❽，不肯復入，康獻后❾令曰：「帝小不佳，昨呼于公視脈，但到門不前，種種辭憚❿，宜收付廷尉⓫。」俄而帝崩，獲免。還剡石城⓬，續修元華寺，後移白山靈鷲寺。每與支道林爭「即色空」義⓭，廬江⓮何默⓯申明開難，高平⓰郗超⓱宣述林解，並傳於世。

開有弟子法威，清悟有樞辯⓲，故孫綽為之贊曰：「《易》曰翰白⓳，《詩》美蘋藻⓴。斑如在場，芬若停潦㉑。于、威明發，介然遐討㉒。有潔其名，無愧懷抱。」開嘗使威出都，經過山陰，支遁正講《小品》。開語威言：「道林講，比汝至，當至某品中。」示語攻難數十番，云：「此中舊難通。」威既至郡，正值遁講，果如開言，往復多番，遁遂屈，因厲聲曰：「君何足復受人寄載來耶㉓！」故東山喭云：「深量，開思，林談，識記㉔。」至哀帝時，累被詔徵，乃出京講《放光經》，凡舊學抱疑，莫不因之披釋，講竟，辭還東。帝戀德慇懃，賜錢絹及步輿，並冬夏之服，謝安㉕、王文度㉖悉皆友善。或問：「法師高明剛簡㉗，何以醫術經懷㉘？」答曰：「明六度㉙以除四魔㉚之病，調九候㉛以療風寒之疾，自利利人，不亦可乎？」年六十卒於山寺，孫綽為之目曰：「才辯縱橫，以數術㉜弘教，其在開乎！」

【注釋】❶耆婆　傳說中與釋迦同時的名醫。❷在草　謂婦女分娩。❸遑擾　驚恐慌亂貌。❹淫祀　見卷一〈康僧會傳〉注釋。❺因氣針之　謂因其氣息而針灸之。❻升平　東晉穆帝司馬聃年號（西元三五七至三六一年）。❼孝宗　東晉穆帝司馬聃，廟號孝宗。❽不起　不治。❾康獻后　東晉康帝皇后，姓褚。穆帝即位，尊為皇太后，臨朝稱制幾四十年。❿辭憚　因膽怯而推辭。⓫收付廷尉　謂收繫治罪。廷尉，秦置九卿之一，掌刑獄。後稱大理寺卿。⓬石城　即石城山。⓭即色空義　即色論是支遁的主要思想之一，也是當時般若學學派「六家七宗」之一。對此各家記述有所不同，據《世說新語．文學》注引《妙觀章》云，即色論的主旨是：「夫色之性也，不自有色。色不自有，雖色而空。故曰色即為空，色復異空。」其大意謂：因為物質現象不是來自物質的本體，所以儘管它是物質的現象，實際也是空的，因而物質現象就是空，但作為現象存在，又與絕對之空不同（參見湯用彤《漢魏兩晉南北朝佛教史》頁一八四；方立天《魏晉南北朝佛教論叢》）。⓮盧江　郡名。晉時治所在今安徽舒城。⑮何默　人名。⑯高平　郡名。晉時治所在今山東巨野縣南。⑰郄超　見本卷〈支遁傳〉注釋。⑱樞辯　謂富於機辯。⑲翰白　比喻品質純潔。《易・賁》：「白馬翰如。」⑳蘋藻　比喻美德。《詩・召南・采蘋》：「于以采蘋，南澗之濱；于以采藻，于彼行潦。」㉑斑如在場二句　謂斑白之品質如立定操場的白馬，芬芳之德操如停在水上的蘋藻。承接上句而來，亦出自《易》《詩》。㉒于威明發二句　謂法開、法威二人思深而聰慧，孜孜於探尋源流。明發，語出《詩・小雅・小宛》：「明發不寐，有懷二人。」後指孝思。此處當是深思不寐之意。介，通「黠」。聰慧。遐討，探尋源流。㉓君何足復受人寄載來耶　謂法威何必要受他人之託，傳載言論。㉔深量四句　謂竺法深以遠大之量見稱，于法開以深思孤發著名，而支道林（遁）則善於清談，康法識則能書記。㉕謝安　見本卷〈支遁傳〉注釋。㉖王文度　王坦之。見本卷〈支遁傳〉注釋。㉗剛簡　剛強率直。㉘經懷　縈心；煩心。㉙六度　即六波羅蜜。大乘菩薩為獲致涅槃而進行的六種修習：布施、持戒、忍辱、精進、禪定、智慧。㉚四魔　使人產生苦惱的四種魔：煩惱魔、陰魔、死魔、他化自在天魔。㉛九候　泛指諸般病徵。㉜數術　又作「術數」。天文曆法占卜之學問。

【語　譯】于法開，不知是哪裡人。奉事于法蘭為師，其思緒之深沉見解之謹慎，獨見於言語議論之中。法開擅長《放光》及《法華經》，又傳承了醫祖耆婆之術，精通於醫道。他曾經因乞討而來到一戶人家，正逢這家婦人分娩時難產，多人醫治毫無效果，一家人極其驚慌，此時法開說：「這很容易治。」主人正在宰羊，想要作那些旁門左道的祭祀禱告，法開便命他先取一些羊肉做湯，叫婦人喝下後，自己便因其氣息而針灸之，片刻羊膜便裹著胎兒出來了。晉朝升平五年，孝宗生病，法開診脈後，判斷已經不治，便再也不肯入宮治療，康獻皇后下令道：「皇帝不過是小有不適，昨日傳呼于公診脈，他祇到宮門不肯進入，因膽怯而極盡推辭之事，理當收繫治罪。」不久孝宗駕崩，方纔獲免。此後他返回剡中石城山，繼續修治元華寺，後來又移居到白山靈鷲寺。法開每每與支道林爭辯「即色空」論的義旨，廬江人何默對法開的攻難作了申述闡明，高平人郄超則對支道林的解說進行了宣講敘述，這些都流傳於世。

法開有一位弟子于法威，清明聰悟而富於機辯，所以孫綽為他們二人作了讚頌道：「《易》稱說純潔之品質，《詩》讚美高尚之德操，斑白之品質如立定操場的白馬，芬芳之德操如停在水上的蘋藻。于法開、于法威二人深思而至於不寐，聰慧而孜孜於探求。故得以高潔其名聲，而無愧於其理想。」法開曾經派法威出京經過山陰，其時支遁正在彼處講解《小品》經。法開對法威道：「支道林正講《小品》，等你到時，他應當講到了某某品。」於是便為法威擬出數十道攻難之語，並對法威說：「這一品過去很難通解。」法威到達山陰時，正逢支遁講經，果真如法開所言，支遁正好講到了某一品。於是法威便與支遁往復辯論，支遁理屈，便大聲說道：「您實在不必要這樣為他人傳話了！」所以東山一帶流傳著這樣一句話：「竺法深以遠大之量見稱，于法開以深思孤發著名，支遁則善於清談，康法識擅長書記。」至哀帝時，法開屢為皇帝徵召，便離開京城去講《放光經》，凡是對先前學習中有疑問的人，法開無不為他們講解釋疑，講經結束後，又辭別返還東山。哀帝極其賞識他的德操，布施給他很多錢財布帛、步輿以及冬夏服裝，而謝安、王坦之都與他十分友善。有人問法開：「法師見識高明，剛強率直，為什麼以行醫來煩擾自己呢？」法開回答道：「明識六波羅蜜之修習以祛除四魔之病，調理諸般病徵以治療風寒之疾，既利己又利人，難道不可以嗎？」法開六十歲時死於山寺中，孫綽為他作品題道：「才氣機辯縱橫恣睢，以數術弘廣佛教者，大概就是開公了吧！」

晉燉煌于道邃

于道邃，燉煌人，少而失蔭❶，叔親養之，邃孝敬竭誠，若奉其母。至年十六出家，事蘭公❷為弟子。學業高明，內外❸該覽，善方藥❹，美書札❺，洞諳❻殊俗❼，尤巧談論。護公❽常稱邃高簡雅素，有古人之風，若不無年方❾，為大法梁棟矣。後與蘭公俱過江，謝慶緒❿大相推重。性好山澤，在東多遊履名山。為人不屑毀譽⓫，未嘗以塵迹⓬經抱⓭。後隨蘭適西域，於交阯⓮遇疾而終，春秋三十有一矣。郄超圖寫其形，支遁為著銘贊曰：「英英⑮上人⑯，識通理清。朗質玉瑩，德音蘭馨。」孫綽以邃比阮咸⑰，或曰：「咸有累騎之譏⑱，邃有清冷⑲之譽，何得為匹？」孫綽曰：「雖迹有窪隆⑳，高風一也。」〈喻道論〉云：「近洛中有竺法行，談者以方樂令㉑；江南有于道邃，識者以對勝流㉒。」皆當時共所見聞，非同志之私譽也。

【注　釋】❶失蔭　謂失去父母。❷蘭公　于法蘭。見本卷〈于法蘭傳〉。❸內外　內外典。❹方藥　醫方藥劑。借指醫術。❺書札　書信。❻洞諳　通曉。❼殊俗　不同之風俗；異俗。❽護公　竺法護。見卷一〈竺曇摩羅剎（竺法護）傳〉。❾若不無年方　大正藏本無「年」字。此語殊不可解，大約為「若假以天年」之意。❿謝慶緒　謝敷，字慶緒。會稽人。性澄靖寡欲，入太平山十餘年，徵召皆不就。《晉書》卷九四有傳。⓫毀譽　批評讚譽；評論。⓬塵迹　世俗之事。⓭經抱　猶經心。⓮交阯　即交趾。見卷二〈佛馱跋陀羅傳〉注釋。⓯英英　奇偉傑出。⓰上人　佛教稱德智善行之人。⓱阮咸　字仲容。與叔父阮籍同為竹林七賢之一。任達不拘，縱情越禮，每以得意為歡。⓲累騎之譏　《晉書‧阮咸傳》：「（阮咸）素幸姑之婢，姑當歸于夫家，初云留婢，既而自從去。時方有客，咸聞之，遽借客馬追婢，既及，與婢累騎而還，論者甚非之。」⓳清冷　風神俊秀貌。⓴窪隆　高低。㉑樂令　樂廣，字彥輔，南陽人。清夷沖淡，加有理識。累遷侍中、河南尹。在朝廷用心虛淡，時人重其貞貴，代王戎為尚書令，故稱樂令。《晉書》卷四三有傳。㉒勝流　名流。據《弘明集》卷三宗炳〈答何衡陽難釋白黑論〉，此指庾文秉。又按：此處所引不見於《弘明集》卷三所載之〈喻道論〉。

【語　譯】于道邃，燉煌人，年少時便失去了父母，由其叔撫養長大，因此道邃對叔叔極為孝敬，像侍奉母親一樣侍奉他。到了十六歲時出家為僧，拜于法蘭為師。道邃的學業高明優秀，內外學典籍無不盡覽，擅長醫方藥劑之術，書信寫得極好，又通曉各地風俗，尤其專長於談吐辯論。竺法護經常稱讚道邃高明率直，優雅樸素，有古人的風采，若天假以長壽，當會成為佛法的棟梁之材。道邃後來與其師于法蘭一同渡江南來，謝敷對他十分推重。道邃天性愛好山水林澤，在江東地區遊歷了很多名山。他為人很不在意別人的評論，從不以世俗之事煩心。後來隨于法蘭遠去西域，在交阯得病去世，享年三十一歲。郄超繪製了他的畫像，支遁並為他作銘讚道：「奇偉傑出的德智上人，見識通明義理清朗。明朗本質晶瑩如玉，德操言論馨香如蘭。」孫綽把道邃比做阮咸，有人說：「阮咸曾有與婢女同騎而受人之譏的行為，于道邃卻有著風神俊秀的美譽，兩人如何能相提並論？」孫綽道：「雖然二人的行跡有高低不同，但他們高尚的風操卻沒有差別。」〈喻道論〉中說：「近來洛中有一位竺法行，談論者把他比作樂廣；江南則有一位于道邃，有見識的人也把他比作是士人名流。」這些都是當時人共同的所見所聞，並非是志趣相同者私下的讚譽。

晉剡葛峴山竺法崇　道寶

竺法崇，未詳何許人。少入道，以戒節❶見稱，加又敏而好學，篤志經呪❷，而尤長《法華》一教。嘗遊湘州❸麓山，山精❹化為夫人，詣崇請戒，捨所住山以為寺，崇居之，少時，化洽湘土。後還剡之葛峴山，茅菴❺澗飲，取欣❻禪慧❼，東甌❽學者，競往湊❾焉。與隱士魯國❿孔淳之相遇，每盤遊⓫極日，輒信宿⓬忘歸，披衿領契⓭，自以為得意之交也。崇迺歎曰：「緬想人外⓮三十餘年，傾蓋⓯于茲，不覺老之將至。」後淳之別遊，崇咏曰：「浩然之氣，猶在心目，山林之士，往而不反。其若人之謂乎！」崇後卒於山中，著《法華義疏》四卷云。

時剡東仰山，復有釋道寶者，本姓王，瑯琊人，晉丞相導⓰之弟。弱年信悟，避世辭榮，親舊諫止，莫之能制。香湯澡浴，將就下髮，乃詠曰：「安知萬里水，初發濫觴⑰時。」後以學行顯焉。

【注　釋】❶戒節　見卷二〈弗若多羅傳〉注釋。❷經呪　經文、咒文。❸湘州　西晉始置。治所在今湖南長沙。❹山精　山間怪獸。❺菴　「庵」的異體字。❻取欣　得到欣快。❼禪慧　禪定與智慧。同屬六波羅蜜之實踐。❽東甌　見本卷〈于法蘭傳〉注釋。❾湊　聚集。❿魯國　西周古國名。故都在今山東曲阜。⓫盤遊　遊樂。⓬信宿　連宿兩夜。⓭披衿領契　謂坦誠相交。⓮人外　猶世外。⓯傾蓋　見卷三〈求那跋陀羅傳〉注釋。⓰導　王導。⓱濫觴　謂江河之源往往窄淺，可浮酒觴。喻事物之始。

【語　譯】竺法崇，不知是哪裡人。年少時皈依佛教，以持戒不貳著稱，並且又聰明好學，對經呪文十分專致，特別擅長《法華經》的教義。他曾經有一次到湘州麓山遊覽，山中怪獸化身為婦人前來向他請求授戒，此山獸還捨棄自己所住的麓山作為寺廟，讓竺法崇居住，不久，竺法崇的教化便遍布了湘州一帶。此後竺法崇返還剡中的葛峴山，身住茅庵飲食澗水，從禪定與智慧的實踐中獲得欣快，東甌一帶學習佛教的人，競相前往該處聚集。竺法崇在此與隱士魯國人孔淳之相遇，二人經常遊樂盡日，在外過夜而忘記歸返，他們坦誠相合，都認為這是自己非常滿意的知交。竺法崇為此感歎道：「我在世外沉思緬想了三十餘年，在此與他相逢訂交，連年老將至也絲毫感覺不到了。」後來淳之前往他處，竺法崇唱道：「皓然之氣，猶還停留在心目之中，而山林隱士卻已前往他處，再也沒有歸返。這說得不就是他嗎！」竺法崇後來死於山中，曾著有《法華義疏》四卷。

當時剡東的仰山，還有一位釋道寶。他本姓王，是瑯琊人，乃晉丞相王導之弟。道寶二十歲左右便覺悟而信從佛教，辭避塵世鄙屑榮利，親戚故舊都勸他放棄，但沒人能阻止他。道寶於是用芳香熱水沐浴，準備剃髮，此時他唱道：「怎麼知道萬里江水，不是起源於一條小溪呢！」道寶後來以學業著名。

晉始寧山竺法義

竺法義，未詳何許人。年十三，遇深公❶，便問：「仁利是君子所行，孔丘何故罕言❷？」深曰：「物尠能行，是故寡言❸。」深見其幼而穎悟，勸令出家。於是棲志❹法門，從深受學。遊刃❺眾典，尤善《法華》。後辭深出京，復大開講席，王導、孔敷並承風敬友❻。至晉興寧❼中，更還江左，憩于始寧❽之保山，受業弟子常有百餘。至咸安❾二年，忽感心氣疾病❿，常存念觀音⓫，乃夢見一人，破腹洗腸，覺便病愈。傅亮⓬每云：「吾先君與義公遊處⓭，每聞說觀音神異，莫不大小肅然。」

晉寧康⓮三年，孝武皇帝⓯遣使徵請出都講說，晉太元⓰五年卒於都，春秋七十有四矣。帝以錢十萬，買新亭崗⓱為墓，起塔三級，義弟子雲爽於墓所立寺，因名新亭精舍。後宋孝武⓲南下伐凶，鑾旆⓳至止，式宮此寺⓴。及登禪㉑，復幸禪堂，因為開拓，改曰「中興」。故元嘉㉒末童謠云：「錢唐出天子㉓。」乃禪堂之謂。故中興禪房，猶有龍飛殿焉，今之天安是也。

【注釋】❶深公　竺道潛。本卷有傳。❷仁利是君子所行二句　《論語・子罕》：「子罕言利，與命與仁。」即孔子很少談論利、命、仁。歷來對此有不同解釋。而竺法義所問，乃就其本義而發。❸物尠能行二句　謂普通之人鮮能實行仁利，故孔子極少談及。物，人；眾人。尠，少。❹棲志　謂靜心專致。❺遊刃　語出《莊子・養生主》。形容技藝純熟，精通某事。❻承風敬友　謂承受風教而敬重相交。❼興寧　東晉哀帝司馬丕年號（西元三六三至三六五年）。❽始寧　縣名。東晉治所在今浙江上虞西南曹娥江東岸。❾咸安　東晉簡文帝司馬昱年號（西元三七一至三七二年）。❿心氣疾病　中醫謂心臟疼痛或胃病。此當指後者。⓫觀音　觀世音菩薩。又譯觀自在菩薩。此菩薩能聽聞世間疾苦之聲音而施救度。⓬傳亮　字季友，北地靈州人，生於晉孝武帝寧康二年（西元三七四年），卒於宋文帝元嘉三年。亮博涉經史，尤善文辭。進爵始興郡公，加散騎常侍，開府儀同三司。然卒因廢立事被元帝所殺。⓭遊處　遊憩。⓮寧康　東晉孝武帝司馬曜年號（西元三七三至三七五年）。⓯孝武皇帝　東晉孝武帝司馬曜（西元三七三至三九六年在位）。⓰太元　東晉孝武帝司馬曜年號（西元三七六至三九六年）。⓱新亭崗　地名。在今江蘇南京南。⓲宋孝武　南朝宋孝武帝劉駿（西元四五四至四六四年在位）。⓳鑾旆　此指皇駕。⓴式宮此寺　謂以此寺為行宮。㉑登禪　謂登基。㉒元嘉　南朝宋文帝劉義隆年號（西元四二四至四五三年）。㉓錢唐出天子　錢唐，與「禪堂」音近。孝武帝劉駿為文帝第三子，本不當繼位，故有此讖。

【語　譯】竺法義，不知是哪裡人。十三歲時，遇到竺道潛，竺法義便問道：「仁德和功利都是君子應當實行的，為什麼孔子很少談論呢？」竺道潛回答道：「普通之人鮮能實行仁利，故孔子極少談及。」竺道潛見他年紀輕輕就如此聰穎覺悟，便勸他出家為僧。於是竺法義靜心專致於佛教，跟從竺道潛學習。他精通各種經典，特別擅長《法華》，後來辭別竺道潛離開了京城，大量地講解經典，王導、孔敷等都承受風教而敬重相交。到了晉興寧年中，竺法義再度回到江左，憩息於始寧縣的保山，跟從他學習的弟子經常有百餘人。至咸安二年，竺法義忽然感到胃痛，便經常在心中細想觀世音菩薩，於是在夢中看到有一人為他破腹洗腸，一覺醒來病就痊愈了。傳亮經常說：「先父與義公遊憩相處之時，每次聽他說觀世音菩薩的神通奇異，無不感到肅然。」

晉寧康三年，孝武皇帝派遣使者徵請他出京講說佛經，晉太元五年，竺法義死於京城，享年七十四歲。晉帝用十萬金錢買了新亭山崗為他建墓，並建造了一座三級佛塔，竺法義的弟子曇爽在墓地所在建造了一座寺廟，起名為新亭寺。後來宋孝武帝南下討伐凶逆，皇駕所止，便以此寺為行宮。及至登基之時，又再度駕幸此寺禪堂，並進行了拓展，改名為「中興禪堂」。所以元嘉末年流行童謠說：「錢唐出天子。」「錢唐」指的就是「禪堂」。舊中興禪堂中猶有一座龍飛殿，也就是今天的天安殿。

晉東莞竺僧度　竺慧超

竺僧度，姓王名晞，字玄宗，東莞❶人也。雖少出孤微，而天姿秀發。至年十六，神情爽拔❷，卓爾異人，性度溫和，鄉鄰所羨。時獨與母居，孝事盡禮。求同郡楊德慎女，亦乃衣冠之家人❸，女字苕華，容貌端正，又善墳籍，與度同年，求婚之日，即相許焉。未及成禮，苕華母亡，頃之，苕華父又亡，度母亦卒。度遂睹世代無常❹，忽然感悟，乃捨俗出家，改名僧度。抗迹❺塵表，避地❻遊學。

苕華服畢，自惟三從❼之義，無獨立❽之道，乃與度書，謂「髮膚不可傷毀，宗祀❾不可頓廢」，今其「顧世教，改遠志，曜翹爍之姿❿，於盛明之世，遠休⓫祖考⓬之靈，近慰人神之願」。並贈詩五首，其一篇曰：「大道自無窮，天地長且久。巨石故叵⓭消，芥子⓮亦難數。人生一世間，飄若風過牖。榮華豈不茂，日夕就彫朽。川上有餘吟，日斜思鼓缶⓯。清音可娛耳，滋味可適口，羅紈可飾軀，華冠可曜首。安事自翦削⓰，耽空以害有。不道妾區區⓱，但令君恤後。」

度答書曰：「夫事君以治一國，未若弘道以濟萬邦；事親以成一家，未若宏道以濟三界⑱。髮膚不毀，俗中之近言耳。但吾德不及遠，未能兼被，以此為愧。然積簣成山⑲，亦冀從微之著也。且披袈裟，振錫杖，飲清流，詠《般若》。雖公王之服，八珍⑳之膳，鏗鏘之聲，暐曄㉑之色，不與易也。若能懸契㉒，則同期於泥洹矣㉓。且人心各異，有若其面，卿之不樂道，猶我之不慕俗矣。楊氏，長別離矣！萬世因緣，於今絕矣！歲聿云暮㉔，時不我與，學道當以日損㉕為志，處世者當以及時㉖為務。卿年德並茂，宜速有所慕㉗，莫以道士經心㉘，而坐失盛年也。」又報詩五篇，其一首曰：「機運無停住，倏忽歲時過。巨石會當竭，芥子豈云多。良由去不息，故令川上嗟。不聞榮啟期，皓首發清歌。布衣可暖身，誰論飾綾羅。今世雖云樂，當奈後生何。罪福良由己，寧云己恤他。」度既志懷匪石㉙，不可迴轉，苕華感悟，亦起深信。度於是專精佛法，披味群經，著《毗曇旨歸》，亦行於世，後不知所終。

時河內㉚又有竺慧超者，亦行解兼著，與高士雁門㉛周續之友善，注《勝鬘經》焉。

【注釋】❶東莞　郡名。晉時治所在今山東莒縣。❷爽拔　豪爽出眾。❸衣冠之家人　搢紳士大夫之家。❹世代無常　謂人生生世世隨時變異而無常性。❺抗迹　高尚其志行。❻避地　見卷一〈康僧會傳〉注釋。❼三從　古之婦德，謂幼從父兄，嫁從夫，夫死從子。❽獨立　不依他人而自立。❾宗祀　祭祀祖宗。❿曜翹爍之姿　謂光顯其高標閃爍之美姿。翹，高出；傑出。爍，閃爍光明貌。⓫烋　通「休」。美；慶善。⓬祖考　祖先。⓭叵　不可。⓮芥子　芥（一種蔬菜）之種子。極細之物。⓯川上有餘吟二句　上句用孔子川上歎逝者如斯之典，說明時不我待；下句用莊子喪妻鼓缶而歌之典，謂不必為喪親而傷生。⓰翦削　此謂落髮出家。⓱區區　固執；執著。⓲三界　見卷三〈求那跋摩傳〉注釋。⓳積簣成山　謂積簣土可以成高山。喻積少成多。簣，盛土之竹器。⓴八珍　本指古代八種烹飪法或八種珍貴食品。此泛指珍饈美味。㉑暐曄　光明。㉒懸契　猶默契、冥契。㉓同期於泥洹矣　謂期望能共同臻於涅槃。㉔歲聿云暮　語出《詩・小雅・小明》：「曷云其還，歲聿云莫。」即歲暮。㉕日損　語出《莊子・知北遊》：「故曰：為道者日損，損之又損之，以至於無為。」謂修道者日去華偽，以歸於純樸無為。㉖及時　得時；合乎時世。㉗宜速有所慕　謂應當盡快愛戀他人。㉘經心　掛在心上。㉙匪石　語出《詩・邶風・柏舟》：「我心匪石，不可轉也。」喻意志堅定。㉚河內　郡名。晉時治所在今河南沁陽。㉛雁門　郡名。晉時治所在今山西代縣西南。

【語　譯】竺僧度，姓王名晞，字玄宗，東莞人。雖然他年少時喪父而家世式微，但天賦之姿英氣獨發。到了十六歲時，神態意氣豪爽出眾，與常人顯著不同，而性情氣度又平易溫和，為鄉親四鄰所羨慕。其時竺僧度一個人與母親同住，侍奉母親極其孝順，所求娶之同郡人楊德慎家的女兒，也出身於搢紳士大夫之家。楊家之女名苕華，容貌端莊，又善於典籍，與竺僧度同年。求婚的當天，楊家立即就同意了這門親事。但還沒來得及成婚，苕華的母親忽然亡故，不久，苕華的父親也去世了，而竺僧度的母親亦不幸過世。竺僧度由此目睹了人之生生世世隨時變異而無常性，忽然感悟了空無之理，於是捨棄世俗出家修道，改名為僧度。高尚一己之志行而蹈足於塵世之外，離家出走四處遊學。

苕華為雙親服喪期滿後，自忖婦女之德當幼從父兄、嫁從夫、夫死從子，沒有自立的道理，於是寫信給竺僧度道：「人之毛髮皮膚不可以毀傷，祖宗之祀不可以就此停廢」，勸他「顧忌世俗之道，改變遠離之志，在此盛明的時代，光顯自己高標閃爍的美姿，遠可以增善祖宗的在天之靈，近可以告慰人神共同的希願。」並且贈詩五首，其中的一首這樣寫道：「天下大道本自無窮無盡，天地也同樣亙古長久沒有盡頭。所以巨石不會消失，極細之芥難以細數。人生一世之間，如同輕風飄然吹過戶牖。榮華之時雖然茂盛，可日夜之間便凋謝枯朽。大河之上有孔子歎惜時光的吟唱，黃昏之時也可隨意地擊缶。清妙之音可以娛耳，美妙滋味可以適口，綾羅綢紈可以裝飾身軀，華美冠帽可以光耀頭顱。又何必自己落髮出家，沉緬於空無以傷實有！不要說我固執不化，實在是想讓您體念留後。」竺僧度回覆道：「侍奉君主以治理一個國家，不如弘揚大道以安濟萬邦；奉安雙親以成就一個小家，不如宏大佛教以救助眾生。不毀傷毛髮皮膚，這祇不過是俗世的短淺之言罷了。但我的德行尚不足以及乎久遠，不能兼顧到兩個方面，我為此而感到慚愧。然而積簣土可以成高山，我也希望能從細微處著手。況且身披袈裟，手執錫杖，飲吸清流，歌詠《般若》，即使給我王公之服、八珍美味、鏗鏘之聲、光明之色，我也不願意交換。若能與我默契此道，那我就期望能與你共同臻於涅槃了。不過人心互有差異，就像人之面容各有不同一樣，你不喜歡佛教，也就與我不貪慕世俗相同。楊氏，你我從此就長別離了，萬世的姻緣，從今就斷絕了！歲歲年年朝朝暮暮，我的時間並不很多，學道之人理當日去除華偽以歸於純樸，身處俗世者則應當以合乎時世為要務。你的年華婦德均當茂盛，應當盡快去愛戀他人，不要把我這個道人掛在心上，從而失去自己的青春年華。」竺僧度同時又答詩五篇，其中的一首寫道：「時世氣運從來不會停息止住，倏忽之間時光已過。巨石也會從中消竭，細微芥子又怎能說是很多！實在是因為流水去而不息，所以纔會有孔子的川上之嗟；你怎麼沒有想到榮啟期呢？他一頭白髮地唱出了清越的歌聲。布衣可以暖身，誰又去管綢紈綾羅。今生今世雖然快樂，但下一個人生又當如何！罪孽或是福祿固是由自己決定，又何必去顧念其他！」竺僧度既然心如匪石，不可迴轉，苕華便由此感動而悟道，對佛教也生發崇信。竺僧度從此便專精佛法，研讀群經，所著《毗曇旨歸》，亦流行於世，後來的下落不明。

當時河內郡又有一位竺慧超，同樣在行為、義解兩方面都很著稱，與高雅之士雁門人周續之友誼很深，並曾注解《勝鬘經》。

卷五

義解二　正傳十五人　附見九人

晉長安五級寺釋道安　王嘉

釋道安，姓衛氏，常山[1]扶柳[2]人也。家世英儒[3]，早失覆蔭[4]，為外兄[5]孔氏所養。年七歲讀書，再覽能誦，鄉鄰嗟異。至年十二出家。神性聰敏，而形貌甚陋，不為師之所重。驅役田舍[6]，至于三年，執勤就勞，曾無怨色，篤性精進，齋戒無闕。數歲之後，方啟師求經，師與《辯意經》一卷，可五千言。安齎經入田，因息就覽，暮歸，以經還師，更求餘者，師曰：「昨經未讀，今復求耶？」答曰：「即已闇誦。」師雖異之，而未信也。復與《成具光明經》一卷，減一萬言，齎之如初，暮復還師。師執經覆之，不差一字，師大驚嗟而敬異之。

後為受具戒[7]，恣其遊學。至鄴[8]，入中寺，遇佛圖澄[9]，澄見而嗟歎，與語終日。眾見形貌不稱[10]，咸共輕怪，澄曰：「此人遠識，非爾儔也。」因事澄為師。澄講，安每覆述，眾未之愜，咸言：「須待後次，當難殺崑崙子[11]。」即安後更覆講，疑難鋒起，安挫銳解紛，行有餘力，時人語曰：「漆道人[12]，驚四鄰[13]。」後避難潛于濩澤[14]。太陽[15]竺法濟、并州[16]支曇講[17]《陰持入經》，安後從之受業。頃之，與同學竺法汰俱憩飛龍山，沙門僧先、道護已在彼山，相見欣然，乃共披文屬思，妙出神情。安後於太行恒山創立寺塔，改服從化者中分河北。時武邑[18]太守盧歆，聞安清秀，使沙門敏見苦要之。安辭不獲免，乃受請開講，名實既符，道俗欣慕。

至年四十五，復還冀部[19]，住受都寺，徒眾數百，常宣法化。石虎[20]死，彭城王[21]嗣立，遣中使竺昌蒲請安入華林園，廣修房舍。安以石氏之末，國運衰危，乃西適牽口山。迄冉閔之亂[22]，人情蕭素[23]，安乃謂其眾曰：「今天災旱蝗，寇賊縱橫，聚則不立，散則不可。」遂復率眾入王屋、女林山。頃之，復渡河依陸渾[24]，山栖木食，修學。俄而慕容俊[25]逼陸渾，遂南投襄陽[26]，行至新野[27]，謂從眾曰：「今遭凶年，不依國主，則法事難立。又教化之體，宜令廣布。」咸曰：

「隨法師教。」乃令法汰詣揚州㉘，曰：「彼多君子，好尚風流。法和入蜀，山水可以修閑。」安與弟子慧遠等四百餘人渡河，夜行值雷雨，乘雷光而進。前行得人家，見門裏有二馬，梮㉙之懸一馬篼㉚，可容一斛，安便呼「林伯升」。主人驚出，果姓林，名伯升。謂是神人，厚相接待。既而弟子問何以知其姓字，安曰：「兩木為林，篼容伯升也。」

既達襄陽，復宣佛法。初經出已久，而舊譯時謬，致使深義，隱沒未通，每至講說，唯敘大意轉讀㉛而已。安窮覽經典，鉤深致遠㉜，其所注《般若道行》、《密迹》《安般》諸經，並尋文比句，為起盡㉝之義，乃析疑甄解，凡二十二卷。序致淵富，妙盡深旨，條貫㉞既敘，文理會通，經義克明，自安始也。自漢魏迄晉，經來稍多，而傳經之人，名字弗說，後人追尋，莫測年代。安乃總集名目，表其時、人，詮品新舊，撰為《經錄》㉟。眾經有據，實由其功。四方學士，競往師之。時征西將軍桓朗子㊱鎮江陵，要安暫往，朱序㊲西鎮，復請還襄陽㊳。安以白馬寺狹，乃更立寺，名曰「檀溪」，即清河張殷宅也。大富長者，並和㊴贊助，建塔五層，起房四百。涼州刺史楊弘忠送銅萬斤，擬為承露盤㊵。安曰：「露盤已託汰公營造，欲迴此銅鑄像，事可然乎？」忠欣而敬諾。於是眾共抽捨，助成佛像，光相丈六，神好明著[41]。安既大願果成，謂言：「夕死可矣。」

苻堅遣使送外國金箔倚像[42]，高七尺，又金坐像、結珠彌勒像、金縷繡像、織成像各一尊。每講會法聚，輒羅列尊像，布置幢幡[43]，珠珮迭暉，烟華亂發。使夫升階履闥[44]者，莫不肅焉盡敬矣。有一外國銅像，形製古異，時眾不甚恭重。安曰：「像形相致佳，但髻形未稱。」令弟子爐冶其髻，既而光焰煥炳，耀滿一堂。詳視髻中，見一舍利，眾咸愧服。安曰：「像既靈異，不煩復治。」乃止。識者咸謂安知有舍利，故出以示眾。

時襄陽習鑿齒[45]鋒辯天逸[46]，籠罩[47]當時。其先籍[48]安高名，早已致書通好，曰：「承應真[49]履正，明白內融，慈訓所兼照，道俗齊蔭。自大教東流，四百餘年，雖蕃王居士，時有奉者。而真丹[50]宿訓，先行上世，道運時遷，俗未僉悟。自頃道業之隆，咸無以匹，所謂月光[51]將出，靈鉢[52]應降。法師任當洪範[53]，化洽深幽，此方諸僧，咸有思慕。願慶雲[54]東徂，摩尼[55]迴曜，一躡七寶[56]之座，暫現明哲[57]之燈。雨甘露於豐草，植栴檀[58]於江湄。則如來之教，復崇於今日；玄波溢漾，重蕩於一代矣。」文多不悉載。及聞安至止，即往修造。既坐，稱言：「四海習鑿齒。」安曰：「彌天釋道安。」時人以為名答。齒後餉梨十枚，正值眾食，便手自剖分，梨盡人遍，無參差者。高平郄超遣使遺米千斛，修書累紙，深致慇懃。安答書云：「損米千斛，彌覺有待之為煩[59]。」習鑿齒書與謝安書云：「來此見釋道安，故是遠勝，非常道士，師徒數百，齊講不倦。無變化伎術，可以惑常人之耳目；無重威大勢，可以整群小之參差。而師徒肅肅，自相尊敬，洋洋濟濟[60]，乃是吾由來所未見。其人理懷簡衷，多所博涉，內外群書，略皆遍睹，陰陽筭數，亦皆能通，佛經妙義，故所游刃。作義乃似法蘭[61]、法道[62]，恨足下不同日而見，其亦每言思得一敘。」其為時賢所重，類皆然也。

安在樊沔[63]十五載，每歲常再講《放光般若》，未嘗廢闕。晉孝武皇帝，承風欽德，遣使通問，並有詔曰：「安法師器識倫通，風韻[64]標朗，居道訓俗，徽績[65]兼著。豈直規濟當今，方乃陶津[66]來世。俸給一同王公，物出所在。」時苻堅素聞安名，每云：「襄陽有釋道安，足[67]神器[68]，方欲致之以輔朕躬。」後遣苻丕南攻襄陽，安與朱序俱獲於堅，堅謂僕射權翼曰：「朕以十萬之師取襄陽，唯得一人半。」翼曰：「誰耶？」堅曰：「安公一人，習鑿齒半人也。」既至，住長安五重寺，僧眾數千，大弘法化。初魏晉沙門依師為姓，故姓各不同，安以為大師之本，莫遵釋迦，乃以釋命氏。後獲《增一阿含》，果稱四河入海，無復河名，四姓為沙門，皆稱釋種。既懸與經符，遂為永式。

安外涉群書，善為文章。長安中，衣冠子弟為詩賦者，皆依附致譽。時藍田縣得一大鼎，容二十七斛。邊有篆銘，人莫能識，乃以示安，安云：「此古篆書，云魯襄公所鑄。」乃寫為隸文。又有人持一銅斛於市賣之，其形正圓，下向為斗，橫梁昂者為升，低者為合[69]，梁一頭為籥[70]，籥同黃鍾[71]，容半合，邊有篆銘。堅以問安，安云：「此王莽自言出自舜，皇龍戊辰，改正即真[72]，以同律量，布之四方，欲小大器鈞，令天下取平焉。」其多聞廣識如此。堅敕學士內外有疑，皆師於安。故京兆為之語曰：「學不師安，義不中難[73]。」

初堅承石氏之亂[74]，至是民戶殷富，四方略定，東極滄海，西併龜茲，南苞襄陽，北盡沙漠，唯建鄴[75]一隅，未能抗[76]伏。堅每與侍臣談話，未嘗不欲平一江左，以晉帝為僕射，謝安為侍中。堅弟平陽公融及朝臣石越、原紹等，並切諫，終不能迴。眾以安為堅所信敬，乃共請曰：「主上將有事[77]東南，公何不為蒼生致一言耶？」會堅出東苑，命安升輦同載，僕射權翼諫曰：「臣聞天下法駕，侍中陪乘，道安毀形[78]，寧可參廁[79]。」堅勃然作色曰：「安公道德可尊，朕以天下不易，輿輦之榮，未稱其德。」即敕僕射扶安登輦。俄而顧謂安曰：「朕將與公南遊吳越，整六師而巡狩，涉會稽以觀滄海，不亦樂乎。」安對曰：「陛下應天御世，有八州之富。居中土而制四海，宜棲神無為，與堯舜比隆。今欲以百萬之師，求厥田下下之土。且東南區地，地卑氣厲，昔舜禹遊而不反[80]，秦皇適而不歸[81]，以貧道觀之，非愚心所同也。平陽公懿戚，石越重臣，並謂不可，猶尚見距。貧道輕淺，言必不允，即荷厚遇，故盡丹誠耳。」堅曰：「非為地不廣，民不足治也，將簡天心，明大運所在耳。順時巡狩，亦著前典，若如來言，則帝王無省方[82]之文乎？」安曰：「若鑾駕必動，可先幸洛陽，枕威蓄銳，傳檄江南，如其不服，伐之未晚。」堅不從，遣平陽公融等精銳二十五萬為前鋒，堅躬率步騎六十萬。到頃，晉遣征虜將軍謝石、徐州刺史謝玄拒之。堅前軍大潰於八公山西，晉軍逐北三十餘里，死者相枕。融馬倒殞首，堅單騎而遁，如所諫焉。

安常注諸經，恐不合理，乃誓曰：「若所說不甚[83]遠理，願見瑞相[84]。」乃夢見梵道人，頭白眉毛長，語安云：「君所注經，殊合道理。我不得入泥洹[85]，住在西域，當相助弘通，可時時設食。」後《十誦律》至，遠公[86]乃知和上所夢賓頭盧[87]也。於是立座飯之，處處成則。安既德為物宗[88]，學兼三藏，所制《僧尼軌範》、《佛法憲章》，條為三例：一曰行香定座上經上講之法[89]；二曰常日六時行道飲食唱時法[90]；三日布薩差使悔過等法[91]。天下寺舍，遂則而從之。

安每與弟子法遇等，於彌勒前立誓，願生兜率[92]。後至秦建元二十一年正月二十七日，忽有異僧，形甚庸陋，來寺寄宿。寺房既窄，處之講堂。時維那直殿，夜見此僧從窗隙出入，遽以白安，安驚起禮訊，問其來意。答云：「相為而來。」安曰：「自惟罪深，詎可度脫。」彼答云：「甚可度耳，然須更浴聖僧，情願必果。」具示浴法。安請問來生所之處，彼乃以手虛撥天之西北，即見雲開，備睹兜率妙勝之報。爾夕，大眾數十人悉皆同見。安後營浴具，見有非常小兒，伴侶數十，來入寺戲。須臾就浴，果是聖應也。至其年二月八日，忽告眾曰：「吾當去矣。」是日齋畢，無疾而卒，葬城內五級寺中。是歲晉太元十年也[93]。

未終之前，隱士王嘉[94]往候安，安曰：「世事如此，行將及人，相與去乎？」嘉曰：「誠如所言，師且前行，僕有小債未了，不得俱去。」及姚萇之得長安也，嘉時故在城內，萇與苻登相持甚久，萇乃問嘉：「朕當得登不？」答曰：「略得。」萇怒曰：「得當言得，何略之有！」遂斬之，此嘉所謂負債者也。萇死後，其子興方殺登。興字子略，即嘉所謂「略得」者也。嘉字子年，洛陽人也，形貌鄙陋，似若不足。本滑稽，好語笑，然不食五穀，清虛服氣，人咸宗而事之。往問善惡，嘉隨而應答，語則可笑，狀如調戲，辭似讖記，不可領解，事過多驗。初養徒於加眉谷中，苻堅遣大鴻臚[95]徵不就。及堅將欲南征，遣問休否，嘉無所言，乃乘使者馬，佯向東行數百步，因落靴帽，解棄衣服，奔馬而還，以示堅壽春之敗，其先見如此。及姚萇正害嘉之日，有人於壠上見之，乃遣書於萇。安之潛契神人，皆此類也。

安先聞羅什在西國，思共講析，每勸堅取之。什亦遠聞安風，謂是東方聖人，恒遙而禮之。初安生而便左臂有一皮，廣寸許，著臂，捋可得上下也，唯不得出手[96]，時人謂之印手菩薩。安終後十六年，什公方至，什恨不相見，悲恨無極。

安既篤好經典，志在宣法，所請外國沙門僧伽提婆、曇摩難提及僧伽跋澄等，譯出眾經百餘萬言。常與沙門法和詮定音字，詳覈文旨，新出眾經，於是獲正。孫綽為〈名德沙門論目[97]〉云：「釋道安博物多才，通經名理。」又為之贊曰：「物有廣贍，人固多宰，淵淵[98]釋安，專能兼倍。飛聲汧隴[99]，馳名淮海[100]。形雖草化，猶若常在。」

有別記云：「河北別有竺道安，與釋道安齊名，謂習鑿齒致書於竺道安。」道安本隨師姓竺，後改為釋。世見其二姓，因謂為兩人，謬矣。

【注　釋】❶常山　郡名。治所在今河北正定縣南。❷扶柳　縣名。治所在今河北冀縣境內。❸英儒　碩儒。❹覆蔭　父母之庇護。❺外兄　表兄。❻驅役田舍　謂為人指派做農田家舍之役。❼具戒　見卷二〈佛陀耶舍傳〉注釋。❽鄴　故址在今河北臨漳西南。時為後趙首都。❾佛圖澄　當時鄴中的名僧。本書卷九有傳。❿不稱　不顯揚。⓫須待後次二句　謂稍後將起疑難而使之不能答。崑崙子，當即指道安。⓬漆道人　即指道安。道安膚色黝黑，故云。⓭鄰　原作「憐」，據大正藏本改。大正藏本此後多「于時學者多守聞見，安乃歎曰：『宗匠雖邈，玄旨可尋，應窮究幽遠，探微奧，令無生之理宣揚季末，使流遁之徒歸向有本。』於是遊方問道，備訪經律」五十六字。⓮濩澤　地名。在今山西陽城。⓯太陽　應作「大陽」。縣名。治所在今山西平陸西南。⓰并州　西漢始置。治所在今山西太原西南。⓱支曇講　湯用彤據《出三藏記集》卷六《陰持入經序》認為：「講」不作動詞，「支曇講」係人名。是。此下當脫「注」等字。⓲武邑　郡名。西晉置。治所在今河北武邑。⓳冀部　湯用彤認為：冀部當「冀都」之誤。指冀州治所，亦即鄴都（據《漢魏兩晉南北朝佛教史》頁一三八）。冀州，晉時在今河北高邑西南，石虎時移治鄴。⓴石虎　後趙國建立者羯人石勒之養子。西元三三四年，廢石勒子而自立，即位後窮驕極侈，殘忍濫殺。㉑彭城王　即石遵。西元三四九年殺石世自立。㉒冉閔之亂　冉閔，石虎養子，漢人。石虎死後，冉閔廢殺石鑒，殺胡羯人二十餘萬。於西元三五〇年自稱魏皇帝，後趙境內大亂。後為鮮卑慕容部所滅。㉓蕭素　淡漠。㉔陸渾　縣名。西漢置。治所在今河南嵩縣東北。㉕慕容俊　誤，時慕容俊已死，其子慕容暐在位。慕容暐，繼其父慕容俊為前燕王，西元三六四年，派兵攻拔許昌、汝南等地，東晉守兵奔陸渾。翌年，燕軍又克洛陽。㉖襄陽　郡名。東漢置。治所在今湖北襄樊。㉗新野　地名。在今河南西南。㉘楊州　東晉時治所在今江蘇南京。㉙㭿　繫牛馬的柱子。㉚馬篼　吊在馬背上的可存物的兜子。㉛轉讀　朗誦漢譯佛經。在誦讀時須照顧到梵文經典的悠揚聲韻，故有一定的法式。㉜鉤深致遠　謂能鉤取招致深藏與幽遠之物。語出《易・繫辭上》：「探賾索隱，鉤深致遠。」㉝起盡　起訖；始末。㉞條貫　使有條理。㉟經錄　道安所編的佛經目錄。後人或稱《道安錄》、《綜理眾經目錄》。此錄雖佚，然大部內容保存在梁釋僧祐所編之《出三藏記集》中。㊱桓朗子　桓豁，字朗子，東晉時人。桓溫之弟。㊲朱序　東晉時人。時為南中郎將、梁州刺史，監沔中諸軍，鎮襄陽。㊳復請還襄陽　大正藏本此後多「深相結納。序每歎曰：安法師道學之津梁，澄治之鑪肆矣」二十二字。㊴和　大正藏本作「加」。㊵承露盤　承接甘露之銅盤。漢武帝初造，立銅人舒掌捧舉之。見《漢書・郊祀志上》。㊶神好明著　大正藏本此後多「每夕放光，徹照堂殿。像後又自行至萬山，舉邑皆往瞻禮，遷以還寺」二十六字。㊷倚像　見卷一〈竺法蘭傳〉注釋。㊸幢幡　佛教寺廟道場之旌旗。幢指竿柱，幡指所垂長帛。㊹闉　門。㊺習鑿齒　東晉時人，字彥威，襄陽人。宗族富盛，世為鄉豪。

博學洽聞，以文章著稱。曾從桓溫北伐，又曾任滎陽太守。(46)鋒辯天逸　謂辯才機鋒天然超絕。(47)籠罩　超越；淩駕。(48)籍　大正藏本作「聞」，金陵本作「藉」。(49)應真　值得尊敬之人，即阿羅漢。見卷一〈曇摩耶舍傳〉注釋。此當即指道安。(50)真丹　中國。(51)月光　佛教以月代教法。此指代佛法。(52)靈鉢　鉢是僧人的食器。此當指代比丘。(53)洪範　大法；楷模。(54)慶雲　五色祥雲。亦指尊貴之人。此即指道安及其道法。(55)摩尼　梵語「寶珠」的音譯。此指道安及其道法。(56)七寶　佛教所稱七種珍寶。(57)明哲　智慧睿哲。(58)栴檀　見卷一〈竺法蘭傳〉注釋。(59)損米千斛二句　謂郗超送米千斛，使自己更加覺得「生命必須有待於衣食而充滿煩惱」之理的正確。有待，語出《莊子．齊物論》（案：此據任繼愈《中國佛教史》第二冊。余嘉錫對此有不同的解釋。見余嘉錫箋注《世說新語．雅量》）。(60)洋洋濟濟　眾多盛大貌。(61)法蘭　于法蘭。本書卷四有傳。(62)法道　于法道。本書卷四〈于法蘭傳〉附傳。(63)樊沔　即指襄陽。(64)風韻　風度韻致。(65)徽績　偉績。(66)陶津　化育引導。(67)足　大正藏本作「是」。(68)神器　神物。(69)合　容量單位，一升的十分之一。(70)籥　一種樂器，形狀像笛，有三孔、六孔或七孔。(71)黃鍾　古樂十二律之一，聲音最洪大響亮。(72)皇龍戊辰二句　王莽代漢，時在西元八年十二月戊辰。王莽初稱攝皇帝、假皇帝，此年十二月即真天子位，並改本月為建國元年正月。改正，改定正朔。正，正月。朔，初一。(73)義不中難　謂對佛經的義解未可破解疑難。(74)石氏之亂　羯人石勒於咸和五年稱趙天王，都鄴。史稱後趙。石勒死，石弘繼之，為石虎廢殺。石虎於咸和九年自稱皇帝。石虎死，子石世立，另一子石遵殺石世自立。石鑒又殺石遵。永和六年冉閔殺石鑒，殺諸胡數萬人，後趙亡，歷時三十一年。(75)建鄴　東晉首都。此謂東晉。(76)抗　大正藏本作「抏」。(77)有事　發動、遭逢戰爭的諱稱。(78)毀形　謂僧人剃髮毀膚。(79)參廁　參與；置身。(80)舜禹遊而不反　舜、禹皆曾南巡，舜崩於蒼梧之野；禹崩於會稽。(81)秦皇適而不歸　秦始皇亦曾出巡東南，死於返歸途中。(82)省方　巡視四方以觀民俗。(83)甚　大正藏本作「合」。(84)瑞相　象徵吉瑞之兆的相貌。(85)泥洹　見卷一〈曇摩難提傳〉注釋。(86)遠公　慧遠。道安弟子。本書卷六有傳。(87)賓頭盧　十六羅漢之第一尊者。全名為「賓頭盧頗羅墮誓」，略曰「賓頭盧」或「賓頭」。永住於世，現白頭長眉之相。(88)物宗　見卷一〈竺曇摩羅剎（竺法護）傳〉注釋。(89)行香定座上經上講之法　講經說法的儀式、方法。(90)常日六時行道飲食唱時法　日夜六時的修行、食住的規定。(91)布薩差使悔過等法　每半月舉行一次的說戒懺悔儀式以及夏坐結束時舉行的檢舉懺悔集會的規定。布薩，梵語 Upavasatha 的音譯。為出家僧尼每半月一次的集會，進行說戒、懺悔。差使，差使有德之僧舉他人之過。悔過，自己進行懺悔。（以上據任繼愈《中國佛教史》第二冊。）(92)兜率　見卷二〈佛陀跋馱羅傳〉注釋。(93)是歲晉太元十年也　大正藏本此後多「年七十二」四字。(94)王嘉　《晉書》卷九五有傳。(95)大鴻臚　官名。掌朝賀慶弔之贊導相禮。(96)出手　大正藏本此後多「又附有方肉，上有通文」九字。97論目 猶題目、品題。目，原作「自」，據《出三藏記集》改。98淵淵 很深的樣子。99汧壟 汧，春秋時秦都之一。此指今陝西地區。壟，當依大正藏本作「隴」。指今甘肅一帶。100淮海 淮，淮水。海，東海。此指東南地區。

【語譯】釋道安，俗姓衛，常山郡扶柳縣人。其家世代碩儒，但道安很早就失去了父母，由表兄孔氏撫養長大。七歲時，讀書讀到第二遍就能夠背誦，鄉鄰們都很驚異。十二歲時出家為僧。道安天資聰慧，但形貌卻很醜陋，因此不被師傅看重，被派去種田以及做雜活，共有三年的時間，在這期間道安勤奮勞苦，未曾有一點怨恨，同時堅守本性而不自放逸，保持齋戒之儀。數年之後，他方纔啟稟師傅求讀經典，其師給了他一部《辯意經》，大約有五千餘字。道安持經入田，在休息時披覽，天晚歸來，就把經還給了師傅，並求取其他經典。其師道：「昨天給你的經文尚且未讀，如何今天又來索要？」道安答道：「昨天的經典已能背誦。」其師雖很驚異，但卻不相信他，於是又給了他《成具光明經》一卷，近於一萬字，道安像前次一樣帶到田中，暮歸時又還給師傅。其師當即持經覆核，結果他背誦經文一字不差，師傅大為驚歎，從此對他十分器重。

此後師傅為道安授與了具足戒，聽憑他自由外出遊學。道安來到鄴城，入中寺，遇到了佛圖澄，佛圖澄見到道安後讚歎不已，終日和他交談。僧眾們見道安的形貌很不顯揚，都很看輕他，佛圖澄道：「此人器識宏遠，不是你們所能比得上的。」道安由此而奉佛圖澄為師。佛圖澄每有講授，道安皆能覆述，眾人不太高興，都說：「待下一次，一定提出疑問而難倒他。」此後道安覆述時，眾人提出各種疑難，道安析難解疑，十分輕鬆，當時的人說：「黑漆漆的道人，一語驚動四鄰。」

後來道安為避難逃到濩澤。大陽人竺法濟、并州人支曇講注《陰持入經》，道安便隨之受業。不久，與同學竺法汰一起到飛龍山居住，僧人僧先、道護已經先在此山，大家相見後都十分高興，於是共同讀書思考，精神意趣煥發迭出。道安後來又在太行恒山創建寺塔，改易服色而出家受其教化者，遍布河北。當時武邑太守盧歆聽說道安清明俊秀，派遣僧人敏見苦苦邀請，道安推辭不過，便受其邀請開講佛經，他的名聲與實質既能相符，於是僧俗之人無不欣然仰慕。

到了四十五歲時，道安再次返還鄴都，住在受都寺，有徒眾數百人，道安常常為他們宣講教法。當時石虎已死，彭城王石遵殺石世自立，派遣內使竺昌蒲請道安入住華林園，並為他廣修房舍。道安認為石氏已盡末世，其國運將危，便西去牽口山。到冉閔作亂之時，人情淡漠，道安便對其徒眾說道：「方今旱蝗天災不斷，寇賊到處肆虐，聚在一起不能成事，而分散又萬萬不可。」於是率眾再入王屋、女林山。不久，又渡河前往陸渾縣，居於山中修研學問。稍後慕容暐兵逼陸渾，道安又南往襄陽。行至新野，他對徒眾們道：「方今遭遇凶年，若不依附一國君王，那麼佛法大事則很難興立，而且佛教教化，也應該廣為傳布。」徒眾都說：「我們聽隨法師的教誨。」於是道安命法汰前往楊州，法和前往蜀地，並道：「彼處有很多君子，崇尚風流俊逸。而蜀地多山水，也可以修養清靜。」道安自己與弟子慧遠等四百餘人渡河南下，夜晚行走時正值雷雨，一行人乘著電光前進，不久見到一戶人家，見門裡有兩個栓馬柱，兩柱之間懸掛著一個軟兜，可以容納一斛，道安見了便呼叫「林伯升」。主人驚奇而出，果然正是姓林，名伯升。林伯升稱道安是神人，接待甚厚。後來弟子問道安如何知道此人姓名，道安道：「兩木為林，篼容佰廾。」

道安來到襄陽後，仍然宣揚佛法。佛教經典譯出已經很久，但是舊日所譯時有錯誤，致使經典的深義，隱約埋沒而未能通解，每至講經說法之時，也就是敘述大意且加以朗誦而已。道安博覽經典，能夠取深藏幽遠之意，他所注解的《般若道行》、《密迹》、《安般》諸經，都盡力比較前後的字詞文句，以達致完整的意義，同時分析疑難甄辨隱義，共成二十二卷。文字敘述豐富閎博，極好地反映出經典的深藏之旨，既富有條理，文字義理又能會通，而經典之義最終得以顯明，能做到這一切正是從道安開始的。自漢、魏至於晉朝，傳來的經典漸多，但傳經之人的名字則不得而知，後人追尋訪求，也無法估計他們的時代。道安於是總集經典的名目，標明時代與譯者，品評新、舊譯文，撰成一部《經錄》，佛教眾經能有所依據，正是道安的功勞。四方學人士子，競相前往襄陽師從道安。當時征西將軍桓朗子鎮守江陵，邀請道安前往江陵暫住時日，而朱序出鎮襄陽後，又邀請他再還襄陽。道安因為白馬寺狹小，於是另建寺廟，起名為「檀溪寺」，該處就是清河人張殷的宅地。富家大戶和德高望重之人，齊加贊助，共建塔五層，起房四百間。涼州刺史楊弘忠送來萬餘斤銅，準備建造承露盤，道安說：「承露盤已請法汰營造，我想回鎔此銅以鑄佛像，不知是否可以？」楊弘忠非常愉快地同意了。於是大家或化緣或施捨，助成佛像，此像有一丈六高，光相明亮顯著。道安的宏願終能達成，於是他對人說：「我就是今晚死去也無所謂了。」

苻堅派遣使節送來外國金箔倚像，高七尺，又送有金坐像、結珠彌勒像、金縷繡像、織成像各一尊。每至講經時法眾聚集，便列出眾像，布置旌旗，珠珮掛飾光亮輝映，香煙燈花裊裊不盡，使那些昇階入門者，無不肅然禮敬。有一座外國送來的銅像，形狀樣式非常古怪，當時眾人對此都不甚恭敬。道安說：「此像形相極佳，祇是髮髻的形狀不大完善。」便命弟子用爐火重新燒冶銅像的髮髻部分，完成後銅像光彩煥發，照耀了整個佛堂。再詳視銅像的髮髻，但見其中含有一顆舍利，於是眾人皆都慚愧而佩服。道安說：「此像既然靈異，就不必再冶製了。」於是重冶此像的建議便不再有人提起。高明的人都說道安已經知道像中含有舍利，所以用此辦法來使它顯現於眾人之前。

當時襄陽人習鑿齒辯才機鋒天然超絕，淩駕於當時。他在道安來到之前就聽說了道安的高名，很早就寫信給道安表示友好，信中說：「承蒙您履行正道，內心圓融明白，慈愛之訓所普照，僧俗俱得其蔭。自從佛之大教東流四百餘年，即使是勤王之士，亦常有奉行者。而中國舊有之訓，已經先在前世流行，因為道運隨時而遷變，所以俗眾不能全都領悟。近來佛教隆盛，無與倫比，此所謂大法將出之時，高明之比丘理當降臨。法師堪當楷模，教化普澤，此地諸僧，無不嚮往仰慕。如果您這位尊貴之人東來此地，靈光迴照，踏上七寶之座，顯現睿哲之燈，降甘露於豐草，植栴檀於江岸，那麼如來之大教，就能再度被崇奉於今日；而其高玄之流波洋溢，又能激盪於一代了。」信的文字很多，此不具載。當習鑿齒聽說道安來到襄陽住下後，立即前去拜訪。坐下後，他稱自己道：「四海習鑿齒。」道安則回答說：「彌天釋道安。」當時的人認為這是極妙的對答。習鑿齒稍後送來十枚梨，恰逢眾人正在進食，道安便親手剖分，梨子盡時，眾人也都全部分到，沒有一點差別。高平人郄超派人送來一千斛米，並寫了一封好幾張紙的信，深致殷勤之意。道安回信道：「送米千斛，使我更加覺得『生命必須有待於衣食所以充滿煩惱』之理的正確。」習鑿齒在給謝安的信中說：「來此見到釋道安，他確實是一位極為高明不同一般的僧人，師徒數百人，一同講經不倦。他們沒有那些變化的奇異之術，用來迷惑常人的耳目；也沒有威重的權勢，用來整治小人的良莠不齊。然而師徒嚴肅認真，相互尊敬，濟濟一堂，乃是我從來所沒有見到過的。道安其人心懷樸素之理，而多所博涉，內外典群書，已基本遍覽，陰陽算數之學，也全都能通解，解釋佛經妙義，則更是游刃有餘，在義解方面可比擬於于法蘭、于法道。可惜您不能和我一同見到他，而道安也常說想和您會面一敘。」道安為當時賢人所推重的程度，都與此情形相同。

道安在襄陽居住了十五年，每年都要講解兩次《放光般若經》，未嘗間斷。晉孝武皇帝承受其風而欽佩他的德行，派遣使節前來問候，並曾下詔道：「安法師器量見識通明，風度韻致明朗顯著，守持大道訓教眾俗，偉績顯著。豈止於匡正度濟當今時代，定當會化育引導未來之世。他的俸祿當與王公相同，由其居住地給付。」其時苻堅也素聞道安的聲名，經常說：「襄陽有釋道安，可稱神物，正想獲致此人，以輔助朕躬。」後來派遣苻丕進攻襄陽，道安與朱序俱為所獲，苻堅對僕射權翼道：「朕以十萬軍隊攻取襄陽，衹得到了一個半人。」權翼問：「是誰？」苻堅道：「安公一人，習鑿齒半人。」道安既至長安，住在五重寺，此寺有僧眾數千，於是大法弘布。早先魏晉僧人依其師為姓，所以姓各不相同，道安認為佛教大師，沒有比釋迦更應尊奉的，因此以「釋」命姓。後來獲得了《增一阿含經》，經中果然說：四河入海，就再也不稱河的名字，而四姓為僧侶，都是釋迦之種。既然與經典暗合，遂以此為永久之式。

道安博覽佛經以外的各種書籍，擅長撰寫文章。長安城中，能寫作詩賦的士家子弟，都依附於道安而獲致聲譽。當時藍田縣獲得了一座大鼎，有二十七斛的容積，鼎邊有篆文銘刻，沒有人認識，便拿給道安看，道安說：「此是古篆書，意思是說此鼎為魯襄公所鑄製。」並把它寫成隸書。又曾有人持一銅斛在市場上出賣，該銅斛形狀正圓，朝下形成一個斗，橫梁抬起的地方又形成一升的容量，低的地方則是一合的容量，橫梁的一頭是籥，籥之聲音響若黃鐘，容量半合，邊上有篆文銘刻。苻堅以此問道安，道安道：「這就是王莽自稱出於舜的東西，戊辰之日，王莽改正朔而即真皇帝位，為了統一器量律度而頒布四方，想要以此來擴大或縮小各種器具，使天下從中獲到均等。」他就是如此多聞廣識。苻堅下令：學士們若在內外學上有疑問，都要向道安請教。所以京城為此而流行一句話說：「學問上不以道安為師，創撰的釋義就不能破解疑難。」

當初苻堅承受了後趙石氏所帶來的戰亂，但到了此時，百姓之家十分富足，四方疆域基本安定，領土東極滄海，西併龜茲，南包襄陽，北盡沙漠，祇有建鄴一隅，未能順服。苻堅每次與侍臣們談話，都想要平定江左，以晉皇帝為自己的僕射，以謝安為侍中。苻堅之弟平陽公苻融以及朝中大臣石越、原紹等人，都懇切勸阻，但終不能改變苻堅的意向。大家認為道安是苻堅所敬重相信的人，於是一同懇請道安說：「主上將要攻伐東南，您難道不能為天下蒼生說一句話嗎？」後來有一天苻堅到東苑遊玩，命道安昇輦同車而行，僕射權翼諫止道：「臣聽說天子的駕乘，乃由侍中陪同，道安是位剃髮毀膚的僧人，豈可參與皇輿！」苻堅聞此勃然變色道：「安公之道德為當世所尊敬，就是以天下交換，朕亦不許。給予他陪乘輿輦的榮幸，尚還不足以彰顯他的德操。」於是當即命令僕射扶道安登輦。片刻後苻堅回顧道安說：「朕將要和您南遊吳越，整治大軍而行巡狩，遠涉會稽而觀滄海，豈不是一件樂事嗎！」道安回答說：「陛下應順天意而御極天下，擁有八州貢奉之富足，居於中原而統制四海，理當安守神志而無作無為，與堯舜比肩隆盛。而陛下現在卻想要用百萬大軍，求取下下之土地。況且東南區域土地卑濕瘴氣惡癘，當年舜、禹巡而未歸，秦始皇也去而不返，以貧道我看來，實在是不敢苟同。平陽公作為高貴的皇戚，石越作為重臣，都認為不可，而陛下猶且沒能採納。貧道我低賤浮淺，意見肯定不會被聽從，但我既然蒙受厚遇，所以極盡我的忠誠而已。」苻堅說：「並非是因為治地不廣，民眾不足以治理，我這是要檢視天意，表明天下大運到底在何方而已。順應時令而巡狩，也曾著於古代典籍，如果照你的奏言，那難道就沒有帝王巡視四方以觀民俗的記載嗎？」道安說：「如果皇駕一定要行動，可以先出幸洛陽，憑藉軍威而積蓄銳氣，傳發檄文至江南，如果彼尚且不來歸服，再伐之不晚。」苻堅未能聽從，遂派遣平陽公苻融等人率領精銳二十五萬為前鋒，自己親率步騎兵六十萬繼之。大軍到達時，東晉派遣征虜將軍謝石、徐州刺史謝玄抵擋。結果苻堅的前軍在八公山西徹底潰敗，晉軍追擊三十餘里，死者相枕藉。苻融馬倒首殞，苻堅單騎逃脫，一如道安所勸諫的那樣。

道安經常注解各種經典，因擔心所注不合於義理，遂發誓願道：「若我所說無法承當深遠之理，願能得見吉瑞之人，有以教我。」於是夢見了一位外國僧人，頭髮盡白，眉毛很長，對道安說：「你所注解的經典，非常合於佛教義理。我不得涅槃，住在西域，理當幫助你弘通佛法，你可經常為我提供食物。」後來《十誦律》傳到，慧遠纔知道老師所夢見到的是賓頭盧。於是道安便為賓頭羅漢設立座位供奉飯食，後來處處都以此為則而成為制度。道安既是眾所景仰之人，學問又通兼三藏，所制定的《僧尼軌範》、《佛法憲章》等，歸納起來有三個方面：一是行香定座上經上講之法；二是常日六時行道飲食唱時法；三是布薩差使悔過等法。天下寺廟精舍，皆都取法實行。

道安經常與弟子法遇等人，在彌勒像前立下願誓，願意來生前往兜率天。後來到了秦建元二十一年正月二十七日，忽然有一位奇怪的僧人，形像長得很醜陋，前來寺中住宿。因為寺中房屋非常狹窄，於是將他安置在講堂。當時維那在殿上值班，夜晚見到這位奇僧從窗隙中出入，於是立即稟報道安，道安驚異而起，對此僧人施禮問候，詢問他的來意，奇僧回答道：「為你而來。」道安道：「我自認罪孽深重，豈可以輕易解脫！」奇僧答道：「極可超度，但須加以洗浴，則情願必能得到果報。」並向道安示範洗浴的方法。道安詢問自己來生所往的地方，此僧便以手虛撥天之西北，當即浮雲為之所開，可以從中看到兜率天美妙殊勝之果報，這一天晚上，數十人一起看到了這一情景。道安後來準備浴具，見到有一個極不尋常的小孩子，帶著十多個伴，來到寺中戲耍。不久道安就浴，果然發現這就是神聖的徵應。到了這一年的二月八日，道安忽對大家說：「我該當去了。」這一天齋戒完畢，道安無疾而終，葬於城內五重寺。這一年是晉太元十年。

道安未死之前，隱士王嘉前往道安處問候，道安說：「世事已經如此不堪，馬上就要波及世人，你和我一起走嗎？」王嘉道：「確實如您所說，法師可以前往。我有小債未了，不能與您俱去。」及至姚萇攻取長安時，王嘉故意留在城內，當時姚萇與苻登之爭相持已久，姚萇便問王嘉：「朕能否得到苻登？」王嘉回答：「略得。」姚萇怒道：「得就當說得，何『略』之有！」遂將王嘉斬首，此也就是王嘉所說的負債。姚萇死後，其子姚興方纔殺掉了苻登。姚興字子略，即是王嘉所說的「略得」。王嘉字子年，洛陽人，形貌非常鄙陋，好像缺了些東西似的。他為人本就十分滑稽，喜歡說笑話，但卻不食人間五穀，代之以服食清虛之氣，人們都宗奉侍從他。前往他那裡詢問事之善惡，王嘉隨問隨答，出語都很可笑，就像調戲一樣，而用辭就像讖記一般，使人無法領會明白，但事過以後皆多應驗。早先他在加眉谷中招收徒弟，苻堅派遣大鴻臚徵召他，但王嘉沒有就召。及至苻堅將要南征時，遣人去問王嘉吉凶如何，王嘉沒有說話，他騎上使者的馬，假裝向東走了數百步，其間丟落了靴帽，然後解衣棄之，奔馬而還，以表示苻堅壽春之敗，他就是如此具有先見。後來姚萇殺害王嘉之日，有人於田壠上看到了他，還留了一封信給姚萇。道安與神人相互投契暗合，情形皆都與此相同。

道安先聽說鳩摩羅什在西域，很想與他共同講析佛理，經常勸說苻堅邀請羅什來。羅什也聞說了道安的風韻，稱他是東方聖人，一直遙遙禮拜。當初道安出生時左臂上就有一塊皮，寬有一寸多，捋之可以上下移動，但就是無法把它從手臂上拿下來。當時人便稱道安為「印手菩薩」。道安死後十六年，羅什方至長安，羅什痛惜不能與道安相見，悲恨不已。

道安既然篤愛經典，志在宣化佛法，於是請來外國僧人僧伽提婆、曇摩難提及僧伽跋澄等，譯出各種經典百餘萬字。他常和法和詮品審定譯經的文字音義，詳細校核譯文的義旨，新譯出的經典，於此而意正。孫綽撰〈名德沙門論目〉，品題道安說：「釋道安博聞多才，通解經典的名物義理。」他又為道安作贊道：「物有泛廣豐贍，人則多能主宰，深厚的道安，獨能同時具備。聲譽飛播於汧隴，名望馳騁於淮海。他的形體雖然如草化去，但精神猶若常在一般。」

有另外的記載說：「河北另外還有一位竺道安，與釋道安齊名，稱習鑿齒是給竺道安寫信。」道安本來跟隨師傅姓竺，後改為以釋為姓。世上的人見到他有兩個姓，遂稱之為兩個人，實在是大錯。

晉蒲坂釋法和

釋法和，滎陽❶人也。少與安公同學，以恭讓❷知名。善能標明論總❸，解悟疑滯。因石氏之亂❹，率徒入蜀，巴、漢❺之士，慕德成群。聞襄陽陷沒，自蜀入關，住陽平寺。後於金輿谷設會，與安公共登山嶺，極目周睇❻，既而悲曰：「此山高聳，遊望者多。一從此化，竟測何之。」安曰：「法師持心有在，何懼後生❼！若慧心❽不萌，斯可悲矣。」後與安公詳定新經，參正文義。頃之，偽晉王姚緒❾請往蒲坂❿講說。其後少時，勅語弟子：「俗網⓫煩惱，苦累非一。」乃正衣服，繞佛禮拜，還坐本處，以衣蒙頭，奄然而卒，時年八十矣。

【注　釋】❶滎陽　郡名。西晉復置。治所在今河南滎陽。❷恭讓　恭敬謙讓。❸論總　猶綱目。總，大正藏本作「綱」。❹石氏之亂　見本卷〈釋道安傳〉注釋。❺巴漢　巴，四川東部。漢，漢水。泛指今四川地區。❻周睇　猶周覽。❼後生　佛教語。來生；未來世。❽慧心　佛教語。十信之一。菩薩修行的最初十個階段，即為十信，亦即所要具備的十種心態。了知一切事物現實之空寂本性，謂之慧心。❾姚緒　後秦皇帝姚興之叔父。❿蒲坂　縣名。治所在今山西永濟西南。⓫俗網　猶塵網。俗世有種種拘束，如魚在網中，故云。

【語　譯】釋法和，是滎陽郡人。法和年少的時候與道安是同學，以恭敬謙讓而知名。他善於標明綱目，能通解領悟疑難問題。由於石氏之亂，他率領徒眾進入蜀地，四川地區的士人，仰慕其道德而前來匯聚的有很多。法和聽說襄陽陷沒後，從蜀地進入關中，住在陽平寺。後來又在金輿谷開設法會，並曾與道安共同登山，極目遠眺，周覽過後法和悲歎道：「此山極為高聳，前來遊玩眺望者甚多。但若一旦從此遷化，又豈知道會投生到哪裡去！」道安說：「法師能夠守持禪心，又何必懼怕來生！如果果真慧心不起，那就太可悲了。」法和後來與道安詳細審定了新譯經典，共同參酌校正譯經文字。不久，偽晉王姚緒請他到蒲坂去講經說法。就在此後不久他對弟子們說：「俗世塵網令人煩惱，痛苦拘累繁多非一。」於是整理衣服，繞佛像而禮拜，然後回到原坐處，用衣蒙頭，悄然而卒，時年八十歲。

晉泰山崑崙巖竺僧朗

支僧敦

竺僧朗，京兆❶人也。少而遊方，問道❷長安，還關中，專當講說。嘗與數人同共赴請，行至中途，忽告同輩曰：「君等寺中衣物，似有竊者。」如言即反，果有盜焉，由其相語❸，故得無失。朗常蔬食布衣，志耽人外❹。以偽秦皇始❺元年移卜❻太山❼，與隱士張忠❽為林下之契❾，每共遊處。忠後為苻堅所徵，行至華陰山而卒。朗乃於金輿谷崑崙山❿中別立精舍，猶是太山西北之一岩也。峰岫高險，水石宏壯。朗創築房室，製窮山美，內外屋宇數十餘區⓫。聞風而造⓬者百餘人，朗孜孜訓誘，勞不告倦。

秦主苻堅欽其德素，遣使䞋遺。堅後沙汰⓭眾僧，乃別詔曰：「朗法師戒德冰霜，學徒清秀，崑崙一山，不在搜例。」及後秦姚興，亦佳歎重。燕主慕容德欽朗名行，給以二縣租稅，其為時人所敬如此。此谷中舊多虎災，人常執仗結群而行，及朗居之，猛獸歸伏，晨行夜往，道俗無滯，百姓咨嗟，稱善無極，故奉高⑭人至今猶呼金輿谷為朗公谷也。凡有來詣朗者，人數多少，未至一日，輒已逆知⑮。使弟子為具飲食，必如言果至，莫不歎其有預見之明矣。後卒於山中，春秋八十有五。

時太山復有支僧敦者，本冀州⑯人，少遊汧隴⑰，長歷荊雍⑱。妙通大乘，兼善數論⑲，著《人物始義論》，亦行於世。

【注　釋】❶京兆　此指西晉京兆府洛陽。❷問道　謂尋求佛教教法。❸相語　占視預卜之語。❹人外　世外。❺皇始　前秦苻健年號（西元三五一至三五四年）。❻卜　卜居。❼太山　即泰山。❽張忠　《晉書》卷九四有傳。❾契　投契之友。❿崑崙山　《魏書・釋老志》作「琨瑞谷」。⓫區　量詞。所；座。⓬造　到；來到。⓭沙汰　汰斥；整頓。⓮奉高　縣名。治所在今山東泰安。⓯逆知　猶預知。⓰冀州　見卷一〈僧伽提婆傳〉注釋。⓱汧隴　見本卷〈釋道安傳〉注釋。⓲荊雍　荊、雍皆古九州之一。此泛指今兩湖地區與甘肅、陝西地區。⓳數論　指注重法數之說一切有部及其學說。即小乘阿毗曇學。參見卷一〈安世高傳〉注釋。

【語　譯】竺僧朗，是京兆府人。年輕時四處雲遊，並到長安尋求佛教教法，從關中返回後，專以講經說法為事。他曾經與數人一同赴人邀請，行至中途，僧朗忽然告訴同伴們說：「君等留在寺廟中的衣物，好像有人在偷竊。」大家聽從他的話馬上返回，果然有人正在偷盜，由於僧朗的占視之語，所以纔不至於遺失。僧朗時常食蔬衣布，篤志於處身世外。在偽秦皇始元年，移居到泰山，與隱士張忠成為山林之交，經常在一起遊覽相處。張忠後來被苻堅徵召，行至華陰山時去世。僧朗於金輿谷崑崙山中另外建造了一處精舍，此處乃泰山西北的一座險峻之山，奇峰峻巒高聳艱險，流水怪石宏壯奇偉。僧朗創置房屋，其造製與美麗山色融為一體，共成內外屋宇十餘座。聞知其風采而前來的人有百餘位，僧朗對他們孜孜教導，勞而不倦。

秦主苻堅欽佩其道德誠篤，派遣使節徵請他前往。苻堅後來整頓僧眾，遂另外下詔說：「朗法師稟持戒律如冰霜般純潔，他的學徒都十分清明英秀，因此崑崙一山，不在搜索清理之列。」後秦姚興之時，對他也十分歎服。燕主慕容德欽佩僧朗的高名佳行，給之以兩個縣的租稅，他就是如此為當時人所敬重。僧朗所住山谷中原來多有虎災，過往之人常常手執刀劍結伴而行，及至僧朗入住後，猛獸無不歸服，道俗之人晨行夜往，從無滯礙，百姓嗟歎此事，都極為稱善，所以奉高縣人至今猶稱金輿谷為朗公谷。凡有前來詣見僧朗的人，無論其人數多少，在他們到來的前一天，僧朗就已經預先知道。他命弟子們準備好飲食，而來人必如其所言如期而至，大家都歎服他有預見之明。僧朗後來死於山中，享年八十五歲。

當時泰山還有一位支僧敦，原本是冀州人，年輕時遊方於汧、隴，成年後又遊歷於荊、雍。他極為通解大乘學說，兼又擅長於小乘的法數之學，著有《人物始義論》，也流傳於世。

晉京師瓦官寺竺法汰　曇壹　曇貳

竺法汰，東莞❶人。少與道安同學，雖才辯不逮，而姿貌過之。與道安避難行至新野，安分張❷徒眾，命汰下京。臨別謂安曰：「法師儀軌西北，下座❸弘教東南，江湖道術，此焉相忘矣❹。至於高會淨國❺，當期之歲寒❻耳。」於是分手，泣涕而別。乃與弟子曇壹、曇貳等四十餘人，沿沔❼東下，遇疾停陽口❽。時桓溫❾鎮荊州，遣使要過，供事湯藥，安公又遣弟子慧遠下荊問疾，汰病小愈。詣溫，溫欲共汰久語，先對諸賓，未及前汰，汰既疾勢未歇，不堪久坐，乃乘輿歷廂迴出❿。相聞與溫曰：「風痰⓫忽發，不堪久語，比當更造⓬。」溫忽忽⓭起出，接輿循[14]焉。

汰形長八尺，風姿可觀，含吐[15]蘊藉[16]，詞若蘭芳。時沙門道恒，頗有才力，常執「心無」義[17]，大行荊土。汰曰：「此是邪說，應須破之。」乃大集名僧，令弟子曇壹難之。據經引理，析駁[18]紛紜。恒拔[19]其口辯，不肯受屈，日色既暮，明日更集。慧遠就席，設難數番，關責[20]鋒起。恒自覺義途差異，神色微動，麈尾扣案，未即有答。遠曰：「不疾而速，杼軸何為[21]？」座者皆笑。「心無」之義，於此而息。

汰下都止瓦官寺，晉太宗簡文皇帝深相敬重，請講《放光經》。開題[22]大會，帝親臨幸，王侯公卿，莫不畢集。汰形解[23]過人，流名四遠，開講之日，黑白觀聽，士庶成群。及諮稟門徒，以次駢席，三吳負袠[24]至者千數。瓦官寺本是河內山玩墓為陶處[25]，晉興寧[26]中，沙門慧力啟乞為寺，止有堂塔而已。及汰居之，更拓房宇，修立眾業，又起重門[27]，以可[28]地勢。汝南世子司馬綜第去寺近，遂侵掘寺側，重門淪陷，汰不介懷。綜乃感悟，躬往悔謝，汰臥與相見，傍若無人。領軍王洽[29]、東亭王珣[30]、太傅謝安，並欽敬無極。臨亡數日，忽覺不悆[31]，乃語弟子：「吾將去矣。」以晉太元[32]十二年卒，春秋六十有八。烈宗孝武詔曰：「汰法師道播八方，澤流後裔，奄爾喪逝，痛貫于懷。可賻錢十萬，喪事所須，隨由備辦。」孫綽為之贊曰：「淒風拂林，鳴弦映壑。爽爽㉝法汰，校德無怍㉞。」

汰弟子曇壹、曇貳，並博練經義，又善《老》《易》，風流趣好，與慧遠齊名。曇貳少卒，汰哭之慟，曰：「天喪回也㉟。」汰所著義疏，並與郄超書論「本無」義，皆行於世。或有言，曰汰是安公弟子，非也。

【注釋】❶東莞　郡名。東漢始置。晉時治所在今山東莒縣。❷分張　猶分散；分布。❸下座　竺法汰自稱。❹江湖道術二句　意出《莊子・大宗師》：「泉涸，魚相與處于陸，相呴以濕，相濡以沫，不如相忘于江湖。」原謂同處困境而相助，不如各適所生而相忘。此謂分手相忘，各適所志而傳揚佛教。❺淨國　淨土。遠離汙濁與惡道，完全無汙染之境地。尤指阿彌陀佛之西方極樂國土。❻歲寒　暮年；一定時間以後。❼沔　沔水。❽陽口　地名。《水經・沔水注》：「揚水北注于沔，謂之揚口。」（此據湯用彤《漢魏兩晉南北朝佛教史》）❾桓溫　據湯用彤考，此當作桓豁。桓豁，字朗子。❿乃乘輿歷廂迴出　謂乘輿經廂房而出。廂，廂房。正房兩邊的房子。⓫風痰　外感風寒而咳嗽。⓬比當更造　謂稍後再來造訪。⓭怱怱　即匆匆。⓮輿循　大正藏本作「與歸」。⓯含吐　含納吐發。⓰蘊藉　含蓄深沉。⓱心無義　當時對《般若經》「空」義的一種解釋，主張「無心于萬物，萬物未嘗無」，心不留於萬物之上，於物上不起執心。此說首創者是支敏度，為道恒所推重。⓲析駮　分析批駁。⓳拔　大正藏本作「仗」。⓴關責　猶責問。㉑不疾而速二句　謂真心不疾而速，還要構思什麼？杼軸，比喻組織、構思。㉒開題　佛教謂提示解釋經論標題的意義。㉓形解　此當謂形體清癯鬆散。㉔袠　書套；小囊。㉕瓦官寺本是河內山玩墓為陶處　此句據大正藏本校記，宋元明三本作「瓦官寺本是河內山玩墓，王公為陶處」。山玩，人名。事跡不詳。王公，當指王導。㉖興寧　東晉哀帝司馬丕年號（西元三六三至三六五年）。㉗重門　多層的門。㉘可　宜；適宜於。㉙王洽　字敬如，王導第三子，官至中領軍。㉚東亭王珣　司馬珣，東晉宗室，封東亭王。㉛不悆　即不豫。見卷三〈求那跋陀羅傳〉注釋。㉜太元　東晉孝武帝年號（西元三七六至三九六年）。㉝爽爽　俊朗出眾貌。㉞怍　愧。㉟天喪回也　謂賢弟子早逝。回，顏回，孔子弟子。早逝，孔子哭之。

【語　譯】竺法汰，東莞人。年少時與道安是同學，雖然在才學與機辯上不如道安，但體姿容貌卻超過他。法汰與道安避難來到新野之時，道安分散徒眾，命法汰前往東晉首都。法汰臨別時對道安說：「法師在西北樹立典範，而本人則去東南弘布大教，使佛教流布江湖，唯有就此分手相忘而各適所志。至於在極樂世界相會，就待之於一定時間以後吧。」於是二人在此分手，灑淚而別。法汰遂與弟子曇壹、曇貳等四十餘人，沿沔水東下，因為生病停在陽口。當時桓溫鎮守荊州，派遣使節邀請法汰前來，為他治病，而道安也派弟子慧遠下荊州問候。法汰病情稍好後便去詣見桓溫，當時桓溫因想要和法汰作長時間深談，於是就先接待其他賓客，所以未來得及請法汰到面前來。而法汰因疾病尚未痊愈，不能久坐，便乘輿經廂房而出。祇聽他對桓溫道：「突發咳嗽，不能久談，稍後再來造訪。」桓溫匆匆起身追出，法汰的車駕已經回去了。

法汰身長八尺，風度姿貌非常可觀，含納吐發蘊藉深沉，出語就像蘭花一般馨香。當時有僧人道恒，亦頗有才氣風力，一直堅持「心無」之說，在荊州一帶極力推行。法汰說：「此是邪說，應當破除。」於是大規模地召集眾僧，命弟子曇壹攻難。曇壹引經據理，在很多方面進行了分析批駁。但道恒倚仗其辯才，不願屈服，其時天色已暮，祇得明日再集。第二天慧遠出席，幾度攻難，屢屢責問。道恒自感「心無」之說在義理上有差距，神色有些輕微變化，手執麈尾按住几案，沒能立即回答。慧遠道：「心不疾而速，還要構思什麼？」一座之人皆笑。「心無」之說，從此銷息。

法汰來到東晉首都後住在瓦官寺，東晉太宗簡文皇帝對他十分敬重，請他講解《放光經》。在解釋標題的大會上，簡文帝親自駕臨，王侯公卿，無不畢集。法汰形體之清癯鬆散超絕他人，名聲流布四遠，開講此經之時，僧俗之人皆來觀聽，士人淑女成群而至。至於那些前來諮詢的門徒，則依次排布席位，三吳地區負笈而來者有千人之多。瓦官寺本是河內人山玩的墓地，王導曾在這裡製作陶器，晉興寧年中，僧人慧力啟請改造為寺，但當時祇有堂、塔而已。及至法汰入住後，再度拓建房宇，修造產業，又起造了多層寺門，以適其地勢。汝南世子司馬綜的宅第距寺很近，其家侵掘寺側之基，導致寺門陷塌，但法汰一點也不介意。司馬綜於是感動而悟，親來懺悔道歉，法汰躺臥著與他相見，旁如無人。領軍王洽、東亭王司馬珣、太傅謝安，都對他無限欽佩。在法汰臨死前數日，他忽感不豫，便對弟子道：「我將要去了。」遂於晉太元十二年逝世，享年六十八歲。烈宗孝武皇帝下詔說：「汰法師之道法播於八方，恩澤流於後世。忽然喪逝，沉痛貫懷。可賜助喪金十萬，其他喪事所須，隨時備辦。」孫綽為法汰作贊道：「淒婉之風拂過叢林，哀鳴弦音映於山壑。俊朗出眾之法汰，無愧於其高德。」

法汰的弟子曇壹、曇貳，皆都博通經義，又擅長於《老》、《易》，其風流氣度與趣味追求，與慧遠相齊名。曇貳早卒，法汰非常沉痛，哭道：「真是天喪顏回呵！」法汰所著的義疏，及其與郗超往來論說「本無」義的書信，都流行於世。有人說法汰是道安的弟子，這是錯誤的。

晉飛龍山釋僧光

道護

釋僧光❶，冀州❷人，常山淵公❸弟子。性純素，有貞操。為沙彌時，與道安相遇於逆旅❹，安時亦未受具戒，因共披陳志慕❺，神氣慷慨。臨別相謂曰：「若俱長大，勿忘同遊。」光受戒已後，勵行精苦，學通經論。值石氏之亂❻，隱於飛龍山，遊想巖壑，得志禪慧。道安後復從之，相會欣喜，謂：「昔誓始從，因共披文屬思，新悟尤多。」安曰：「先舊❼格義❽，於理多違。」光曰：「且當分析❾逍遙，何容是非❿先達⓫！」安曰：「弘贊理教，宜令允愜，法鼓⓬競鳴，何先何後。」光乃與汰等南遊晉平⓭，講道弘化。後還襄陽，遇疾而卒。

又有沙門道護，亦冀州人，貞節有慧解，亦隱飛龍山。與安等相遇，乃共言曰：「居靜離俗，每欲匡正大法，豈可獨步山門，使法輪⑭輟軫⑮。宜各隨力所被，以報佛恩。」眾僉曰：「善。」遂各行化。後不知所終。

【注釋】❶僧光　大正藏本作「僧先」。本卷〈釋道安傳〉中各本亦作「僧先」。❷冀州　見本卷〈釋道安傳〉注釋。❸常山淵公　僧名。生平不詳。❹逆旅　旅店。❺志慕　猶志向。❻石氏之亂　見本卷〈釋道安傳〉注釋。❼先舊　先輩舊賢。❽格義　見卷四〈竺法雅傳〉注釋。❾分析　此謂按舊有「格義」之法分析比較中印名數。❿是非　非議。⓫先達　先賢。⓬法鼓　扣擊法鼓而誡人。⓭平　湯用彤認為乃「土」字之訛。是。⓮法輪　佛教真理之輪。法輪常轉而使眾生轉迷成悟。⓯輟軫　停轉。軫，轉。

【語譯】僧光，冀州人，是常山淵公的弟子。本性純潔素樸，有堅貞的德操。當他還是一個小沙彌的時候，與道安在一個旅店相遇，其時道安也還未受具足戒，因此二人共同坦誠志向，神情意貌慷慨激昂。臨別時相語道：「若都能長大成人，不要忘了一起遊從。」僧光受戒之後，砥礪行為精勤刻苦，學問通貫三藏。因遭逢石氏之亂，隱居於飛龍山，在山巖間遊處冥想，於禪定中得到真趣。道安後來又一次與他相從，相會之際十分欣喜，稱當年的誓願終於實現，因而一同披覽經文構思文章，有很多新的覺悟。道安說：「先輩舊賢們的格義方法，有很多違背理義的地方。」僧光道：「姑且盡情地分析比較，怎麼可以非議先賢呢！」道安說：「弘布襄贊義理教法，應當使之允正適宜，扣擊法鼓而教人，又何分先後！」僧光後與法汰等南遊東晉國土，講解經法弘化佛教。此後返回襄陽，因病而卒。

當時還有一位僧人道護，也是冀州人，節操堅貞而有明慧之理解力，亦曾隱居在飛龍山。他與道安等相遇時，一同認為：「身居清靜而棄絕塵俗，無時不欲匡正佛教大法，怎麼可以在山寺中稱大，使真理之輪停息。理當各隨所賦之行力，以報答佛祖的恩賜。」眾人皆都稱善，於是各行弘化。道護後來的下落不明。

晉荊州上明寺竺僧輔

竺僧輔，鄴❶人也。少持戒行，執志貞苦，學通諸論，兼善經法，道振伊洛❷，一都宗事。值西晉饑亂，輔與釋道安等隱于濩澤，研精辯析，洞盡幽微。後憩荊州上明寺，單蔬❸自節，禮懺翹懃❹，誓生兜率❺，仰瞻慈氏❻。時瑯琊王忱❼為荊州刺史，籍❽輔貞素，請為戒師❾，一門宗奉。後未亡二日，忽云：「明日當去。」至于臨終，妙香滿室，梵響相係，道俗奔波，來者萬數。是日後分❿，無疾而化，春秋六十，因葬寺中，僧為起塔。

【注釋】❶鄴　見本卷〈釋道安傳〉注釋。❷伊洛　伊水、洛水。❸單蔬　單衣蔬食。❹翹懃　誠至勤奮。❺兜率　見卷二〈佛馱跋陀羅傳〉注釋。❻慈氏　即彌勒菩薩。❼瑯琊王忱　司馬忱。東晉宗室。❽籍　憑藉。❾戒師　授戒的老師。又稱羯磨師。❿後分　後半。

【語譯】竺僧輔，鄴都人。年少時即守持戒行，秉執志向堅貞刻苦，學問通貫諸論，兼能擅長經法，其道化聲振伊、洛地區，整個鄴都無不宗奉。恰逢西晉饑荒災亂，僧輔與釋道安等隱居於濩澤，研究精義辯論分析，通達幽深細微之理。後來住在荊州上明寺，以單衣蔬食自我節持，禮拜懺悔誠至精勤，誓願往生兜率，瞻仰彌勒。當時瑯琊王司馬忱為荊州刺史，因想要憑藉他的名望，因而請僧輔為自己充當授戒之師，一家人都對他極為宗奉。僧輔臨死前一天，忽然說：「明日我當要離去了。」到了臨終之日，精妙香氣充溢室中，梵唄聲響相為映襯，僧俗之人奔波而來者有萬數之多。當天後半日，僧輔無疾而化，享年六十，遂葬在寺中，寺僧為之立塔。

晉京師瓦官寺竺僧敷

竺僧敷，未詳氏族。學通眾經，尤善《放光》及《道行般若》。西晉末亂，移居江左，止京師瓦官寺，盛開講席，建鄴舊僧莫不推服。時同寺沙門道嵩，亦才解相次，與道安書云：「敷公研微秀發❶，非吾等所及也。」時異學之徒，咸謂心神有形，但妙於萬物❷。隨其能言，互相摧壓。敷乃著《神無形論》，以有形便有數❸，有數則有盡，神既無盡，故知無形矣。時狀❹辯之徒，紛紜交諍，既理有所歸，愜然信服。後又著《放光》、《道行》等義疏。

後終於寺中，春秋七十餘矣。竺法汰與道安書云：「每憶敷上人周旋❺如昨，逝沒奄復多年，與其清談之日，未嘗不相憶。思得與君共覆疏❻其美，豈圖一旦永為異世。痛恨之深，何能忘情。其義理所得，披尋之功，信難可圖矣。」汰與安書，數述敷義，今推尋失其文製，湮沒可悲。

【注釋】❶秀發　謂闡述所出秀美茂盛。❷咸謂心神有形二句　神，精神；觀念主體。形，形體；形狀。形、神之論，中華本土思想亦自有淵源，而佛教東來後，晉末宋初爭論尤亟，此即其早期爭論之一端。謂精神亦有形狀，即表現為萬物之妙。❸數　氣數；命運。亦即一種規律性的東西。❹狀　大正藏本作「仗」。❺周旋　謂應接交際。❻覆疏　猶復述。

【語譯】竺僧敷，俗姓不詳。其人學貫眾經，特別擅長《放光》及《道行般若經》。西晉末年世道動亂，僧敷移居江左，住在東晉首都的瓦官寺，在那裡大開講席，原在建鄴的僧人們對他無不推重欽服。當時有一位同寺的僧人道嵩，在才學見解上與僧敷相當，他在給道安的書信中說：「敷公精研細微，闡述秀美，不是我等能夠比得上的。」其時守持異學的僧眾，都認為心神是具有形體的，但它的表現，卻不如一般事物呈現出可見的形相。其輩逞其所能言，互相攻擊譏毀。僧敷於是撰寫了《神無形論》，根據「有形體則有氣數，有氣數則有窮盡」的道理，指出：精神既然沒有窮盡，所以不可能有形體。當時的逞辯之人，互相爭論不休，僧敷之說能使理辯安然，因此眾人都欣然信服。僧敷此後又撰寫了《放光》、《道行》等經的義疏。

僧敷後來死於寺中，享年七十多歲。竺法汰在給道安的書信中說：「每次回憶敷上人交接來人的情形，如在昨日，而他卻已經逝歿多年了，與其相互清談的日子，亦未嘗不出現在我的記憶中。我曾想要和您一起共論他的秀美，豈料一旦分別竟永處異世。痛恨如此之深，又怎能忘懷！他在義理研究方面的所得，在披覽搜尋方面的功績，將是很難獲得了！」法汰在給道安的書信中，數次稱述了僧敷的義理，但今天我在考尋中卻沒有發現這些文字，如果確已湮沒的話那真是太可悲了。

晉荊州長沙寺釋曇翼 僧衛

釋曇翼，姓姚，羌人也，或云冀州人。年十六出家，事安公為師。少以律行見稱，學通三藏，為門人所推。經遊蜀郡，刺史毛璩深重之，為設中食，躬自瞻奉。見翼於飯中得一粒穀，先取食之，璩密以敬異，知必不辜信施。後餉米千斛，翼受而分施。

翼嘗隨安在檀溪寺，晉長沙太守滕含之，於江陵捨宅為寺。告安求一僧為綱領❶，安謂翼曰：「荊楚士庶，始欲師宗，成其化者，非爾而誰！」翼遂杖錫南征，締構❷寺宇，即長沙寺是也。後互賊越逸❸，侵掠漢南❹，江陵閫境，避難上明❺，翼又於彼立寺。群寇既蕩，復還江陵，修復長沙寺。丹誠祈請，遂感舍利，盛以金瓶，置于齋座。翼乃頂禮立誓曰：「若必是金剛❻餘蔭❼，願放光明。」至乎中夜，有五色光彩從瓶漸出，照滿一堂。舉眾驚嗟，莫不挹翼神感。當于爾時，雖復富蘭等見，亦回偽歸真也❽。

後入巴陵❾君山❿伐木，《山海經》⓫所謂洞庭山也。山上有穴，通吳之苞山⓬。山既靈異，人甚憚之，翼率人入山，路值白蛇數十，臥遮行轍⓭，翼退還所住，遙請山靈為其禮懺。乃謂神曰：「吾造寺伐材，幸願共為功德。」夜即夢見神人告翼曰：「法師既為三寶須用，特相隨喜⓮，但莫令餘人妄有所伐。」明日更往，路甚清夷，於是伐木，沿流而下，其中伐人不免私竊。還至寺上，翼材已畢，餘人所私之者，悉為官所取。其誠感如此。

翼常歎寺立僧足，而形像⓯尚少。阿育王所造容儀⓰，神瑞皆多，布在諸方，何其無感，不能招致。乃專精懇惻，請求誠應。以晉太元十九年甲午之歲二月八日，忽有一像現于城北，光相衝天，時白馬寺僧眾，先往迎接，不能令動。翼乃往祇禮⑰，謂眾人曰：「當是阿育王像，降我長沙寺焉。」即令弟子三人捧接，飄然而起，迎還本寺，道俗奔赴，車馬轟填。後罽賓禪師僧伽難陀從蜀下，入寺禮拜，見像光上有梵字，便曰：「是阿育王像，何時來此？」時人聞者方知翼之不謬。年八十二而終，終日，像圓光⑱奄然靈化，莫知所之。道俗咸謂翼之通感焉。

時長沙寺復有僧衛沙門，學業甚著，為殷仲堪⑲所重，尤善《十住》，乃為之注解。

【注釋】❶綱領　猶綱維。佛寺中管理事務之僧。❷締構　締建；構造。❸互賊越逸　互，大正藏本作「丕」。苻丕，苻堅庶長子。太元中為苻堅尚書令，率軍攻襄陽，晉桓沖退保上明。❹漢南　漢水之南地區。今湖北襄陽一帶。❺上明　城名。在今湖北松滋縣西北長江南岸。東晉桓沖所築。❻金剛　如金剛般堅固。❼餘蔭　祖先恩澤。此謂佛祖所遺之舍利。❽雖復富蘭等見二句　謂即使如富蘭等外道見之，亦必棄偽而向真也。富蘭，疑指富蘭那迦葉，六師外道之一。謂一切法無所有，如虛空不生滅。❾巴陵　地名。即今湖南岳陽。❿君山　位於今湖南岳陽西南，洞庭湖中。⓫山海經　書名。古代地理神話筆記，約成書於周秦之間。今本存十八篇。⓬苞山　一作包山。即今太湖中洞庭西山。⓭行轍　行路。⓮隨喜　佛教語。因認同他人某種行為而生起愉悅之心。參與布施之事。⓯形像　此謂佛像。⓰阿育王所造容儀　阿育王曾廣造佛像。參見卷一〈竺法蘭傳〉注釋。⓱祇禮　敬禮。⓲圓光　佛教語。佛或菩薩頭頂四周之光明。⓳殷仲堪　東晉時人。少奉天師道。太元十七年受任都督荊、益、梁三州諸軍事、荊州刺史。《晉書》有傳。

【語　譯】釋曇翼，俗姓姚，羌族人，或謂冀州人。十六歲時出家為僧，拜道安為師。曇翼年輕時以律學方面的造詣著稱，學問兼通經律論三藏，為道安門人所推重。他遊方經過蜀郡時，刺史毛璩對他甚是敬重，為他設置了一次午飯，並親自禮接供奉。他見曇翼從飯中挑出一粒稻穀並把它先吃掉了，心中暗自敬佩，知道曇翼絕不會辜負自己對他的信從和布施。此後毛璩又送了他一千斛米，果然曇翼接受後就分施給眾人。

曇翼曾隨同道安住在檀溪寺，晉長沙太守滕含之曾捨棄了自己在江陵的住宅以作佛寺。他請求道安為此寺找一位管理之僧，道安便對曇翼道：「荊楚一帶的士人百姓，開始想要尊崇佛法，能夠在彼地成就教化的人，則非你莫屬。」曇翼於是前往南方，建造佛寺，也就是長沙寺。後來苻丕率眾奔逸，侵掠襄陽，江陵境內之人，全都避難上明，曇翼便又在該地建立起寺廟。群寇蕩盡之後，又回到江陵，修復了長沙寺。經過誠摯的祈請，感降了一枚舍利，用金瓶盛裝，放置在齋座上。曇翼於是對舍利禮拜立誓道：「如果確實是像金剛般堅固的佛祖恩澤之物，請放出光明。」到了夜半，五色光彩從瓶中漸漸而出，照滿整個佛堂。全部僧眾敬奇嗟歎，都認為是曇翼感動了神明。當於此時，就是如富蘭等外道見之，亦必從此棄偽而向真。

曇翼後來到巴陵的君山採伐樹木，君山也就是《山海經》中所說的洞庭山，山上有一個洞穴，直通吳地太湖中的苞山。此山既屬靈異，人們都很懼怕，曇翼率人入山時，路遇數十條白蛇，臥躺盤桓擋住去路，曇翼便退還住處，遙請山靈並向祂禮拜懺悔，遂對山神說：「我為造寺而伐木材，願您能共同做此功德之舉。」當夜便夢見神人告曰：「法師既然為僧事所用而伐木，特此讚許而參與布施，但不要讓其他人隨意亂伐。」明日再去時，一路清靜平坦。於是他們開始伐木，將木材順流漂下，但其中有些砍伐者也不免私自偷竊。回到寺中，曇翼的木材全部到齊，而其他人私藏的部分，皆為官府沒收。曇翼就是如此的以誠摯感動神明。

曇翼經常慨歎：寺廟已建，僧人亦足，但是佛像卻很少。阿育王所造的佛像，散布在四方各地，有極多的感應，衹是無法招致。於是曇翼便專門為此精誠懇切，請求佛祖的神應。在晉太元十九年甲午之歲二月八日，忽然有一尊佛像出現在長沙城北，妙相光華直衝天際，而當時的白馬寺僧人，首先趕去迎接，但卻無法使其移動。曇翼於是前去致禮，他對眾人說：「此當為阿育王所造之佛像，是降給我長沙寺的。」隨即命三位弟子捧接，結果佛像飄然而起，被迎還到寺中。僧俗之人奔赴而來，車馬填於道路。後來罽賓禪師僧伽難陀從蜀地東下，來長沙寺禮拜，見佛像圓光上有梵文字樣，便道：「這是阿育王所造佛像，何時來到此地的？」此時聞語之人方悟知曇翼之話確實不錯。曇翼八十二歲而逝，臨終之日，佛像圓光忽然遷化，不知去向，僧俗之人都說曇翼能與之相互通感。

其時長沙寺還有一位僧衛沙門，學業上也很著稱，為殷仲堪所敬重，他特別擅長《十住經》，並為此作了注解。

晉荊州長沙寺釋法遇

釋法遇，不知何許人。弱年好學，篤志墳素❶，而任性誇誕❷，謂傍若無人。後與安公相值❸，忽然信伏，遂投簪❹許道，事安為師。既沐玄化，悟解非常，折挫本心❺，謙虛成德。義陽❻太守阮保，聞風欽慕，遙結善友，脩書通好，施遺❼相接。

後襄陽被寇，遇乃避地東下，止江陵長沙寺，講說眾經，受業者四百餘人。時一僧飲酒，廢夕燒香，遇止罰而不遣。安公遙聞之，以竹筒盛一荊子❽，手自緘封，以寄遇，遇開封見杖❾，即曰：「此由飲酒僧也，我訓領不懃，遠貽憂賜。」即命維那❿鳴槌集眾，以杖筒置香橙上，行香畢，遇乃起，出眾前，向筒致敬。於是伏地，命維那行杖三下，內⓫杖筒中，垂淚自責。時境內道俗莫不歎息，因之厲業者甚眾。既而與慧遠書曰：「吾人微闇短⑫，不能率眾，和上雖隔在異域，猶遠垂憂念，吾罪深矣。」後卒於江陵，春秋六十矣。

【注釋】❶墳素　經典。❷任性誇誕　放縱性情恣意而為，行為多荒誕不經。❸值　逢；遇。❹投簪　謂落髮出家。❺本心　舊心。❻義陽　郡名。東晉時治所在今河南信陽。❼施遺　施贈。❽荊子　荊樹枝。❾杖　荊杖。❿維那　佛寺中的職稱，為三綱之一。負責僧眾內外事務。⓫內　放入。⓬人微闇短　地位低微，見識短淺不明。

【語譯】釋法遇，不知是哪裡人。年少時非常好學，專志於研讀經典，但卻放縱性情恣意而為，從來不管旁人如何看他。後來與道安相遇，頓時變得非常信服，於是落髮出家以身許道，並奉從道安為師。法遇既已沐受佛教道化，遂有不同尋常的明悟，於是改棄舊有之念，修成了謙虛美德。義陽太守阮保，聽說了他的風名後極為欽佩仰慕，想與他結成善友，便寫信給他表示友好，並不斷地施贈物品。

後來因襄陽遭受寇侵，法遇避難東下，住到江陵長沙寺，講說各種經典，受業者有四百餘人。當時有一位僧人因飲酒而沒有在傍晚上香，法遇祇是予以懲罰而沒有將其遣走。遠方的道安知道後，用竹筒裝了一枝荊條，親手封好，寄給法遇，法遇收到後打開竹筒看見荊杖，便道：「這是因為飲酒僧的事情，我訓導不勤，以致安公憂慮而賜我荊杖。」於是當即命令維那鳴鼓集眾，將杖筒放置在香橙上，行香完畢，法遇起身，走到眾人前面，向竹筒致敬，然後伏於地上，命維那杖罰三下，再將荊杖放回筒中，流著眼淚責備自己。當時境內的僧俗之人對此無不歎息，因為這件事情而更加刻苦修道的人甚多。此後法遇給道安去信道：「我這個人微不足道而且見識不明，不能率領僧眾，老師您雖遠在異域，猶且表示了憂慮和掛念，我的罪過實在是太深重了。」法遇後來死於江陵，享年六十。

晉荊州上明寺釋曇徽

釋曇徽，河內人。年十二，投道安出家，安尚其神彩❶，且令讀書，二三年中，學兼經史，十六方許剃髮。於是專務佛理，鏡測幽凝❷，未及立年❸，便能講說。雖志業高素，而以恭推❹見重。後隨安在襄陽，苻丕寇境❺，乃東下荊州，止❻上明寺。每法輪一轉❼，則黑白奔波。常顧❽解有所從，乃圖寫安形，存念禮拜。於江陵士女，咸西向致敬印手菩薩❾。或問：「法師道化，何如和上？」徽曰：「和上內行深淺，未易可測；外緣❿所被，多諸應驗。在吾一渧⓫，寧比江海耶！」

以晉太元⓬二十年卒。臨亡之日，體無餘患，上堂同眾中食，因而告別。食竟還房，右脇⓭而化，春秋七十三矣。著《立本論》九篇、《六識旨歸》十二首，並行於世。

【注　釋】❶神彩　猶神采。❷鏡測幽凝　謂探究幽深滯凝之義。❸立年　而立之年。❹恭推　謂恭敬推讓。❺苻丕寇境　參見本卷〈釋道安傳〉，及〈釋曇翼傳〉注釋。❻止　原作「正」，據大正藏本改。❼法輪一轉　佛宣說其教法，謂之轉法輪。此謂曇徽宣講佛法。❽顧　念。❾印手菩薩　即道安。參見本卷〈釋道安傳〉。❿外緣　佛教語。外在之原因條件。⓫渧　同「滴」。水滴。⓬太元　東晉孝武帝年號（西元三七六至三九六年）。⓭右脇　謂面向右而臥。

【語　譯】釋曇徽，河內人。十二歲時，投奔道安要出家為僧，道安讚賞其神采不凡，便令他讀書，二三年中，曇徽的學問遍該經史，到十六歲時道安才允許他剃髮。從此他專心於佛理，探究幽微滯凝之義，未及而立之年，便能講說佛經。雖然他的志趣學業高潔素樸，但仍以恭敬推讓著稱。後來隨道安到襄陽，苻丕之賊侵犯疆界，於是東下荊州，住在上明寺。每次曇徽開講佛法，僧俗之眾無不奔波而來。他常常想自己的見解是來自於道安，於是繪製了道安的圖像，以存想禮拜。由此江陵一帶的士人仕女，都對西面的道安遙拜致敬。有人曾問曇徽：「道安法師的道行教化，與和尚相比如何？」曇徽道：「道安和上的內在道行，不可測量；他的外在因緣，更是多所應驗。我祇不過是一滴水而已，怎麼能與江海相比！」

曇徽於晉太元二十年逝世。臨終之日，身體並無疾患，猶還上堂與眾人會食，與大家告別。食畢回房，右臥而化，享年七十三歲。所著《立本論》九篇、《六識旨歸》十二首，都流行於世。

晉長安覆舟山釋道立

釋道立，不知何許人。少出家，事安公❶為師，善《放光經》❷。又以《莊》《老》三玄❸，微應佛理，頗亦屬意❹焉。性澄靖❺，不涉當世。後隨安入關，隱覆舟山，巖居獨處，不受供養。每潛思入禪，輒七日不起，如此者數矣。後夏初忽出山，鳩集眾僧，自為講《大品經》❻。或問其故，答云：「我止可至秋，為欲令所懷粗訖❼耳。」自恣❽後數日，果無疾而終，時人謂知命者矣。

【注　釋】❶安公　指晉長安五級寺釋道安。見本卷〈釋道安傳〉。❷放光經　為《放光般若波羅蜜多經》之略名。該經二十卷，無羅叉譯。❸三玄　魏晉南北朝時以《周易》、《老子》、《莊子》為三玄。玄，即玄學；道家之學。❹屬意　注意。❺澄靖　心情平靜。❻大品經　佛經名。為《大品般若經》的略稱。該經是印度佛教般若空宗經典的總集。又東晉鳩摩羅什所譯《摩訶般若婆羅經》二十七卷，也稱《大品般若經》或《大品經》。至唐玄奘譯出全部，計有六百卷。❼粗訖　大概的了結。

❽自恣　指「自恣日」。佛教徒夏季安居三月，禁止外出，致力坐禪修學。至農曆七月十六日夏安居終之日，稱「自恣日」，也稱「夏能日」。

【語　譯】釋道立，不知道他俗姓什麼，也不知道他是哪裡人。他年輕時就出家當了和尚，拜道安為師。他擅長於《放光般若波羅蜜多經》。又因《莊子》、《老子》與《周易》等道家著作，其所述道理與佛教有些應合，因此，他對道學也較為注意。他的品性通明，心情平靜，不關心世俗之事。後來，他隨道安進入玉門關，隱居於覆舟山，一個人生活於洞穴之中，不接受檀越的施捨。每當他靜心寂慮，進入心無雜念的境界時，就會連續七天不起身，像這種情況有好多次。後來於夏初的一天，忽然走到山外，將和尚們聚集起來，親自為他們講解《大品般若經》。有人驚訝地詢問他為什麼會這樣做，他回答說：「我祇能活到秋天，因此，我想對自己一生佛學思考與研究做一個粗略的總結。」自恣日結束以後沒幾天，道立果然無病而亡，當時人們都說他能知天命。

晉長沙寺釋曇戒

釋曇戒，一名慧精，姓卓，南陽❶人，晉外兵部東陽❷令潛之弟也。居貧務學，遊心《墳》《典》❸。後聞于法道❹講《放光經》❺，乃借衣一聽，遂深悟佛理，廢俗從道，伏事安公為師。博通三藏，誦經五十餘萬言，常日禮五百拜佛，晉臨川王甚知重。後篤疾，常誦彌勒佛名不輟口，弟子智生侍疾，問何不願生安養❻，戒曰：「吾與和上等八人，同願生兜率❼。和上及道願等皆已往生，吾未得去，是故有願耳。」言畢，即有光照于身，容貌更悅，遂奄爾遷化❽，春秋七十，仍葬安公墓右。

【注釋】❶南陽　郡名。秦置。包括河南舊南陽府，湖北舊襄陽府之地，治所在宛地，即今河南南陽。❷棗陽　縣名。在今湖北。❸墳典　相傳為古書名。《左傳》昭公十二年：「是能讀《三墳》、《五典》、《八索》、《九丘》。」❹于法道　見卷四〈于法蘭傳〉。❺放光經　佛經名。為《放光般若波羅蜜多經》之略名。❻安養　西方極樂國之異名。《無量壽經》下：「諸佛告菩薩，令覲安養佛。」❼兜率　指「兜率天」，佛教用語。為欲界六天中的第四天。兜率，是妙足、知足的意思。❽奄爾遷化　悄然死去。遷化，指人死。《漢書》卷九七上〈李夫人傳〉：「忽遷化而不反兮，魄放逸以飛揚。」

【語譯】釋曇戒，又名慧精，俗姓卓，南陽地方人。為晉朝外兵部棗陽縣令卓潛的弟弟。他生活窮困，但學習極為專心，閱覽了許多古籍。後來，他聽說名僧于法道講解《放光般若波羅蜜多經》，便向他人借了一件衣服去聽講。經過這一次聽講，他深深地領會到了佛教的教理，於是，斷絕塵緣，出家當了和尚，拜道安為老師。最後，他對經、律、論有著精深的理解，並能背誦出五十多萬字的經文。他經常每天向佛像作五百多拜。由於他有著高深的佛教造詣，晉朝臨安王視他為知己並很敬重他。在他病得很厲害的時候，他不住口地誦念著「彌勒佛」。徒弟智生侍候他時，問他為什麼不托生於西方極樂世界，他告訴智生說：「我和大和尚等八人，約好同生於欲界六天中之第四天，大和尚與道願等人都已經往生此天了。我未能去，是因為還有其他的願望。」說完以後，有光芒照在他的身上，他的容貌更加和顏悅色，就在這時，悄然死去，死時七十歲，葬在道安墳墓的右邊。

晉潛青山竺法曠

竺法曠，姓睾，下邳❶人，寓居吳興❷，早失二親，事後母以孝聞。家貧無蓄，常躬耕壟畔，以供色養。及母亡，行喪盡禮，服闋❸出家，事沙門竺曇印為師。印明叡有道行，曠師事竭誠，迄受具戒。棲風立操，卓爾殊群，履素❹安業，志行淵深。印嘗疾病危篤，曠乃七日七夜祈誠禮懺，至第七日，忽見五色光明照印房戶，印如覺有人以手按之，所苦遂愈。

後辭師遠遊，廣尋經要❺，還止於潛青山石室。每以《法華》為會三之旨❻，《無量壽》為淨土之因，常吟詠二部，有眾則講，獨處則頌。謝安❼為吳興守，故往展敬❽，而山棲幽阻，車不通轍，於是解駕山椒❾，陵峰步往。晉簡文帝遣堂邑太守曲安遠詔問起居，並諮以妖星，請曠為力。曠答詔曰：「昔宋景❿修福，妖星移次，陛下光輔以來，政刑允輯⓫，天下任重，萬機事殷，失之毫釐，差以千里。唯當勤修德政，以塞天譴⓬，貧道必當盡誠上答，正恐有心無力耳。」乃與弟子齋懺，有頃災滅。

晉興寧⓭中，東遊禹穴，觀矚山水。始投若耶之孤潭，欲依巖傍嶺，棲閑養志，郄超、謝慶緒並結居塵外。時東土多遇疫疾，曠既少習《慈悲》⓮，兼善神呪。遂遊行村里，拯救危急，乃出邑止昌原寺，百姓疾者，多祈之致効。有見鬼者，言曠之行住，常有鬼神數十，衛其前後。時沙門竺道鄰，造無量壽像，曠乃率其有緣，起立大殿。相傳云，伐木遇旱，曠呪令至水。晉孝武帝欽承風聞，要請出京，事以師禮，止於長干寺。元興元年卒，春秋七十有六。散騎常侍顧愷之為作贊傳云。

【注　釋】❶下邳　地名。南朝宋置郡，梁改武州，北魏仍為郡，至隋廢。故地在江蘇宿遷。❷吳興　地名。三國吳寶鼎元年分丹陽設吳興郡，即今浙江湖州。❸服闋　古喪禮規定，父母死後，服喪三年，期滿除服，稱服闋。闋，終了。蔡邕《蔡中郎集》卷二：「除郎中君、萊蕪長，未出京師，喪母行服。故事，服闋後，還郎中君。」❹履素　一貫的行為。❺經要　經典要籍。❻會三之旨　三乘之法的要旨。佛於《法華經》中說：「爾前所說三乘之法，為一佛乘之方便，所歸者，一佛乘耳。三乘，佛教以車乘喻佛法，學佛之人接受能力不一，分三種情況，稱三乘。即聲聞乘、緣覺乘、菩薩乘。悟諸諦而得道的為聲聞乘；悟十二因緣而得道的為緣覺乘；因六度而得道的為菩薩乘。❼謝安　（西元三二〇至三八五年）晉陽夏人。字安石。尚之從弟。少有重名，多次召他做官，都不應聘。四十歲以後，方出仕。太元八年苻秦攻晉，任安為征討大都督。安遣侄子謝玄等大破苻堅於淝水，以總統功，拜為太保。卒贈太傅。❽展敬　表達敬意。❾山椒　山陵。《漢書》卷九七上〈李夫人傳〉：「釋輿馬於山椒兮，奄修夜之不陽。」❿宋景　即春秋時宋景公。⓫允輯　公允和諧。⓬天譴　上帝的懲罰。⓭興寧　晉哀帝司馬丕之年號（西元三六三至三六五年）。⓮慈悲　當為《啟運慈悲道場懺法》，據此懺法說，行禮燒香，念誦懺文，可減輕災難給予人的痛苦。

【語　譯】竺法曠，俗姓睪，下邳郡人，後客居江南的吳興。他很小的時候就失去了雙親，對待母竭盡孝道，在當地因孝親而聞名。他家庭貧窮而無積蓄，以親自種田來供養後母。後母去世時，他按照禮教的規定舉辦喪事。服喪三年後，他便出家當了和尚，拜沙門竺曇印為師傅。竺曇印有才智，而且品德高尚，法曠對他極為尊重，並誠心誠意地向他學習，直到受了具足圓滿的二百五十戒為止。他堅守操行，在眾人中顯得非常突出。其一貫的行為表現了他對事業的專心致志，與品質的高潔。曇印曾經有過病危的時候，法曠則對佛行禮懺告祈求了七天七夜，到了第七天，忽然見到五彩光芒照在曇印的房門上，曇印覺得有人用手撫摸了他，他的病也隨即好了。

法曠後來辭別了師傅，到了許多很遠的地方。遊歷時，廣泛地搜集經典要籍。回來後，居住在於潛青山的石室中。他常常認為，《法華經》為三乘之法的要旨，《無量壽經》則為進入淨土世界的橋梁。因此，他經常吟詠這二部經文。有了聽眾，就進行講解；沒有聽眾，便一人讀誦。謝安在任吳興太守期間，曾經拜訪他，以表達崇敬之意。然而，由於山高谷深，車不能行，謝安祇好棄車於山腳下，步行爬山而往。晉簡文皇帝派遣堂邑太守曲安遠向他問安，並請教妖星出現的問題，要求法曠在消災避難上出力。法曠在回答皇帝的詔令時說：「古代宋景公為民造福，妖星也照樣移動，陛下當政以來，政治清明，刑法公允，社會穩定和諧。但是，一個人承擔天下，任務很重，又日理萬機，難免有失誤的地方。由於您握有全國的大權，一個小小的決定，都會發生重大的影響，一點微不足道的失誤，也會帶來嚴重的後果。因此，祇有勤勉地工作，處處想著社稷百姓，才能避免上帝的懲罰。我這個道業不精的出家人，自然盡心竭力地為陛下服務，但祇怕有這份忠心卻沒有那一份力量。」於是與弟子做齋會，念懺文。不久，災星就消失了。

晉朝興寧中，他往東到了山陰，遊覽了大禹的葬處，觀賞了山水風光。之後，便來到了若耶山之孤潭邊，想住在山巖峰嶺的旁邊，以修養心性，過閑適的生活。郄超、謝慶緒也和他一起結廬於潭畔，遠離紅塵。這時，東方流行病疫，法曠既懂得一些《啟運慈悲道場懺法》的法事做法，又善於請神降福的咒語，便走村過莊，拯救危難中的百姓，後出了吳興郡來到了昌原寺。百姓有了疾苦，他祈求後大多有效。有一個能見到鬼的人說，法曠無論行走還是住宿，常有數十個鬼神，護衛在他的前後。當時有個叫竺道鄰的和尚，鑄造了一座無量壽佛像，法曠領著善男信女建立了一座大殿。相傳說，伐木後，河中因乾旱而水淺，無法放排，法曠便用咒語喚來大水。晉孝武帝聽說了他的德行與神異的本領，便請他到京城來，拜他為老師，讓他住在長干寺。他死於元興元年，活了七十六歲，散騎常侍顧愷之為他作了贊傳。

晉吳虎丘東山寺竺道壹　帛道猷　道寶

竺道壹，姓陸，吳人也。少出家，貞正❶有學業，而晦迹隱智，人莫能知，與之久處，方悟其神出❷，瑯瑘王珣兄弟深加敬事❸。晉太和中出都，止瓦官寺，從汰公❹受學，數年之中，思徹淵深，講頃都邑。汰有弟子曇壹，亦雅有風操，時人呼曇壹為大壹，道壹為小壹，名德相繼，為時論所宗，晉簡文皇帝❺深所知重。

及帝崩汰死，壹乃還東，止虎丘山❻。學徒苦留不止，乃令丹陽尹移壹還都，壹答尹曰：「蓋聞大道之行，嘉遁❼得肆其志。唐虞之盛，逸民不奪其性。弘方❽由於有外，致遠待而不踐。大晉光熙❾，德被無外，崇禮佛法，弘長彌大。是以殊域之人，不遠萬里，被褐振錫，洋溢天邑。皆割愛棄欲，洗心清玄。遐期曠世，故道深常隱；志存慈救，故遊不滯方❿。自東徂西，唯道是務。雖萬物惑其日計，而識者悟其歲功。今若責其屬籍，同役編戶，恐遊方之士，望崖⓫於盛世，輕舉之徒，長往而不反，虧盛明之風，謬主相之旨。且荒服之賓⓬，無關天臺⓭；幽藪之人，不書王府。幸以時審讞⓮，而後集也。」壹於是閑居幽阜⓯，晦影窮谷。

時若耶山有帛道猷者，本姓馮，山陰人，少以篇牘著稱。性率素，好丘壑，一吟一詠，有濠上之風⓰。與道壹經有講筵之遇，後與壹書云：「始得優遊山林之下，縱心孔釋之書，觸興為詩，陵峰採藥，服餌蠲痾，樂有餘也。但不與足下同日，以此為恨耳。因有詩曰：連峰數千里，修林帶平津。雲過遠山翳，風至梗荒榛。茅茨隱不見，雞鳴知有人。閑步踐其徑，處處見遺薪。始知百代下，故有上皇民。」壹既得書，有契心抱，乃東適耶溪，與道猷相會，定於林下。於是縱情塵外，以經書自娛。頃之，郡守瑯琊王薈於邑西起嘉祥寺，以壹之風德高遠，請居僧首。壹乃抽六物⑰遺於寺，造金牒千像。壹既博通內外，又律行清嚴，故四遠僧尼，咸依附諮稟，時人號曰「九州都維那」。後暫任吳之虎丘山，以晉隆安中遇疾而卒，即葬於山南，春秋七十有一矣。孫綽為之贊曰：「馳詞說言，因緣不虛，惟茲壹公，綽然⑱有餘。譬若春圃，載芬載譽，條被猗蔚，枝幹森疎。」

壹弟子道寶，姓張，亦吳人。聰慧素成，尤善席上。張彭祖、王秀琰皆見推重，並著莫逆之交焉。

【注釋】❶貞正　忠直公正。❷神出　行為神異。❸敬事　敬重，聽命。❹汰公　即竺法汰。其傳見本卷〈晉京師瓦官寺竺法汰〉。❺簡文皇帝　名司馬昱，在位年號為咸安，在位時間為西元三七一至三七二年。❻虎丘山　山名。在蘇州，山上有虎丘寺。❼嘉遁　逃避紅塵之人。❽弘方　尊語，指晉朝廣闊的疆域。❾光熙　光明遠照。《三國志・魏書・高堂隆傳》：「德教光熙，九服慕義。」❿滯方　滯留於一個地方。⓫望崖　仰望而不可及。意同「望洋興歎」。⓬荒服之賓　從荒遠之地來作客的人。荒服，古五服之一。指離王畿二千五百里的地區，為五服中最遠之地。⓭天臺　朝廷。⓮審讞　審定議罪。

⑮幽阜　不知名的山丘。⑯濠上之風　《莊子・秋水》記述了莊子與惠施遊於濠梁之上，見儵魚出游從容，因辯論魚之知樂與否。後因以濠上指逍遙閑遊之所，寄情玄言為濠上之風。⑰六物　佛教名數。為僧人所備之物。一為僧伽梨，為九條乃至二十五條之大衣也。二是鬱多羅僧，七條之中衣也。三是安陀會，五條之下衣也。四是鐵多羅，鐵鉢也。五是尼師壇，坐具也。六是漉水囊，護水中蟲命之具也。⑱綽然　寬裕的樣子。

【語　譯】竺道壹，俗姓陸，蘇州人。年輕時出家當了和尚，品性忠貞而正直，懷有佛學的專業知識，然而，他在平常生活中，把自己的智慧與學識都隱藏了起來，無人知道其聰明才智。祇有與他相處時間長了，才了解他有神異不凡之處。瑯琊王司馬珣兄弟倆人對他十分敬重，並以學生的態度聽命於他。晉太和中，他來到都城，居住在瓦官寺，跟從竺法汰學習佛學。經過幾年的學習，他對佛理有深刻的領悟，他講解經文，整個京城為之傾倒。竺法汰還有個弟子叫曇壹，也是個風儀不俗，節操堅貞之人。當時的人便呼曇壹為「大壹」，道壹為「小壹」，名與德能前後相繼，得到時人的讚揚，晉簡文帝司馬昱也賞識他們。

等到晉簡文帝與師傅竺法汰去世，道壹便離開京城回到東邊的家鄉吳地，居住在虎丘山上。跟他學習的人苦苦地挽留他卻始終未能改變他東去的決定，於是便要丹陽郡尹將道壹帶回都城。道壹對郡尹說：「我聽說一個朝廷運行治國安民的大道，逃避世俗之人就會自由地追求自己的理想。堯舜之時，社會繁盛，然而不強迫山野之人放棄自己的本性。疆域廣袤的國家，想讓域外之族歸附，但是採用等待的方式，而不是用踐踏他人國土的方式。大晉朝光明遠照，其恩德澤被天下，崇尚佛法，使佛教在中土得到弘揚光大。因此，距此遙遠的國家之人，不懼萬里之遠，穿著粗陋的褐衣，拿著錫杖，到此偉大的國家裡來，廣泛地布道宣教。他們都能做到割捨世俗之愛，捐棄物質之欲，洗滌內心，除去雜念，讓精神世界清澈無塵。在這無限的時間長河與繁富的人世間中，一些道業高深者因不願揚名而常常隱匿不顯，但他們始終持有仁慈的救世之心，為了普渡眾生，他們不滯留於一地。我從東到西，目的是弘揚佛法。在京城的這一段時間裡，雖然萬千的事務掩蓋了我日常的主要工作，但有眼光的人還是了解我的貢獻的。現在如果要求我們出家之人像普通的世俗之人那樣，編入戶籍，恐怕遊方和尚，對聖明的大晉朝，祇能空懷仰望之心了，而率性而行之人，則會一去不復返了。這樣的結果，顯然對這聖明的社會有所不利，也與明君賢相的治國之道相違背。況且，荒涼偏遠之地方的人，與朝廷的政治沒有多少關係；隱居於窮谷深山之僧人，名籍不隸於王府。我懇求根據實際情況來審察評議我不到京都的罪行，然後再召集我們這些人。」於是，丹陽尹不再要求道壹到京城。從此以後，他以閑適的心情居住於僻靜的山丘，藏身於深谷之中。

彼時若耶山有個叫帛道猷的和尚，俗姓馮，山陰地方人，年輕時以會寫短文書信聞名。他性格直爽，愛好山水，所吟詠之詩歌，表現了他對閑適逍遙生活的追求，時人說他的言行有莊子濠上之風。他曾與道壹在講經的場所相遇，後來他在寫給道壹的信上說：「我開始過起了悠閑地遊於山林的生活，把整個心力都集中在閱讀儒學與佛教的著作上，外界引發了詩興便吟詩，爬上了山峰則採藥，服食藥餌，排出糞便，這種生活有著很多的快樂。但也有遺憾之事，即不能與足下在一起生活。為此我作了一首詩：山峰相連綿延數千里之長，高聳的樹林環繞在渡口之旁。空中的飛雲給遠山蓋上陰影，強勁的山風被荒野榛林所阻擋。茅草小屋隱蔽而不見，然而雞的鳴叫告知這裡有住房。我心情閒逸在小路上漫步，處處見到昔時砍下的柴禾堆在山上。由此我知道人民代代相續，百代之下這裡也受化於帝王。」道壹接到這封書信之後，也有心與他深交。於是東移到耶溪，與道猷會合，居住在林中。從此，二人遠離紅塵，恣意遊玩，以讀誦經書作為自我娛樂的方式。不久，郡太守瑯琊王司馬薈在城西建了一所嘉祥寺，因道壹品德高尚，影響更大，便讓他做了寺的主持。道壹於是向寺廟捐贈了衣鉢等六物，鑄造了千座金屬佛像。由於道壹有著教內教外的廣博知識，又奉佛虔誠，嚴守戒律，因而四面八方的和尚尼姑，都來依附請教，當時人稱他為「九州都維那」，即全國的僧尼領袖。後來他往蘇州的虎丘山，臨時住在那裡，竟在那裡於晉隆安中得病死去。於是，就葬在山南，活了七十一歲。孫綽作的一首頌詞說：「他用生動而豐富的語言，證明世間的因緣不是虛話。這位道壹的高僧，他的知識與精神世界，廣博而深邃。他對佛教的宣揚，好像園丁之於春天的花圃。花香濃郁，樹木繁茂，都是園丁澆灌培植的結果。」

道壹的徒弟道寶，俗姓張，也是吳地人。天生聰明，擅長於在經筵上講解。張彭祖、王秀琰都很推重他，並與他建立了深厚的友誼。

晉山陰嘉祥寺釋慧虔　淨嚴

釋慧虔，姓皇甫，北地❶人也。少出家，奉持戒行，志操確然❷，憩廬山中十有餘年。道俗有業志勝途者❸，莫不屬慕風彩。羅什新出諸經，虔志存敷顯❹，宣揚德教。以遠公在山，足紐振玄風❺，虔乃東遊吳越，矚地弘通。以晉義熙之初，投山陰嘉祥寺。剋己❻導物，苦身率眾，凡諸新經，皆書寫講說。涉將五載，忽然得病，寢疾少時，自知必盡，乃屬想安養，祈誠觀世音。

山陰北寺有淨嚴尼，宿德有戒行，夜夢見觀世音從西郭門入。清暉妙狀，光映日月，幢幢華蓋，皆以七寶❼莊嚴。見便作禮，問曰：「不審大士今何所之？」答云：「往嘉祥寺迎虔公。」因爾無常。當時疾雖綿篤，而神色平平，有如恒日。侍者咸聞異香，久之乃歇。虔自審必終，又覩瑞相。道俗聞見，咸生歎羨焉。

【注釋】❶北地　地名。春秋時為義渠戎國之地，秦置北地郡。漢、三國魏、隋均有北地郡。轄地約在今甘肅東南部和寧夏南部一帶。❷確然　堅固的樣子。《漢書》卷八六〈師丹傳〉：「關內侯師丹端誠於國，不顧患難，執忠節，據聖法，分明尊卑之制，確然有柱石之固，臨大節而不可奪，可謂社稷之臣矣。」❸業志勝途者　具有獻身佛教志向的人。勝途，此指佛教。❹敷顯　傳布；宣揚。❺玄風　本指論述道家精微道理的風氣。這裡指佛教教義。❻剋己　即克己。抑制自己的欲望。❼七寶　七種寶物。佛教經籍解說不同。《法華經・受記品》曰：「金、銀、瑠璃、硨磲、碼碯、真珠、玫瑰七寶合成。」

【語　譯】釋慧虔，俗姓皇甫，北地地方人。年輕時出家當了和尚，堅守戒律，行為都按教規去做，表現了他堅定地崇尚佛教的節操。他住在廬山有十多年，名聞遠近。有志於佛教事業者，沒有一個不來拜訪，以一睹風采。鳩摩羅什新譯出的諸種經文，慧虔都決心將它們傳布宣揚，以擴大佛教的影響。由於慧遠居住在廬山，以他的聲望與能力足夠可以在此地弘揚佛教，於是，他便往東遊歷吳、越之地，希望在那裡布道宣教。在晉朝義熙年之初，他投奔山陰嘉祥寺。在寺期間，他為了引導眾人專心崇佛，苦身修煉，克制自己世俗的欲望，以做眾人的榜樣。對於各種新譯出的經文，他都抄寫一遍並對眾人講解。這樣的生活過了將近五年，他忽然得病，剛病倒在牀上，他就知道此次生病是壽盡之時，於是希望轉生於西方極樂世界，便祈求觀世音的幫助。

山陰的北寺有一位法名叫淨嚴的尼姑，一直有大德並嚴守戒律。她夜裡夢見觀世音菩薩從西城門入城。祇見觀世音面如月色，放出清輝，其美麗端莊的形象不可言狀。她的隨從所舉的幢幡華蓋，都裝飾著七種寶貝，顯得無比莊嚴。淨嚴一見到她，便行了禮，並問道：「不知大士現在往什麼地方去？」觀世音答道：「往嘉祥寺去迎接虔公。」因而裝飾打扮不比平常。當時慧虔雖然處於病危狀態，但臉色還像平常的樣子，似乎生命還會持續下去。突然，侍候他的人聞到了一股撲鼻的異香，而且，這香味經過很長時間才散去。慧虔能揣測到自己的壽命終日，觀音大士又現出了美麗的本相，這兩件事被僧俗之人聽說或親眼見到之後，都感歎不已。

卷六

義解三　正傳十三人　附見十四人

晉廬山釋慧遠

釋慧遠，本姓賈氏，雁門樓煩❶人也。弱❷而好書，珪璋❸秀發，年十三，隨舅令狐氏遊學許、洛❹。故少為諸生❺，博綜六經，尤善《莊》《老》，性度弘偉，風鑒朗拔❻，雖宿儒英達❼，莫不服其深致❽。年二十一，欲渡江東❾，就范宣子❿共契⓫。值石虎已死⓬，中原寇亂，南路阻塞，志不獲從。

時沙門釋道安⓭立寺於太行恒山，弘贊像法⓮，聲甚著聞，遠遂往歸之。一面盡敬，以為「真吾師也」。後聞安講《般若經》，豁然而悟，乃歎曰：「儒道九流⓯，皆糠秕耳。」便與弟慧持⓰投簪落發，委命受業。

既入乎道⑰，厲然不群，常欲總攝綱維⑱，以大法⑲為己任，精思諷持，以夜續晝。貧旅無資，縕纊常闕⑳，而昆弟恪恭㉑，始終不懈。有沙門曇翼㉒，每給以燈燭之費。安公聞而喜曰：「道士㉓誠知人矣。」遠藉慧解於前因，發勝心於曠劫㉔，故能神明英越，機鑒遐深㉕。安公常歎曰：「使道流東國㉖，其在遠乎！」年二十四，便就講說㉗。嘗有客聽講，難實相義㉘，往復移時，彌增疑昧㉙。遠乃引《莊子》義為連類㉚，於惑者曉然。是後，安公特聽慧遠不廢俗書㉛。安有弟子法遇㉜、曇徽㉝，皆風才照灼㉞，志業清敏㉟，並推伏焉，後隨安公南遊樊、沔㊱。

偽秦建元九年㊲，秦將苻丕寇斥襄陽，道安為朱序所拘㊳，不能得去，乃分張徒眾，各隨所之。臨路，諸長德㊴皆被誨約，遠不蒙一言。遠乃跪曰：「獨無訓勖㊵，懼非人例㊶。」安曰：「如公者，豈復相憂。」遠於是與弟子數十人，南適荊州㊷，住上明寺。後欲往羅浮山㊸，及屆潯陽㊹，見廬峰㊺清靜，足以息心㊻，始住龍泉精舍。

此處去水本遠，遠乃以杖扣地曰：「若此中可得棲立，當使朽壤抽泉㊼。」言畢清流涌出，浚矣成溪。其後少時，潯陽亢旱，遠詣池側讀《海龍王經》，忽有巨蛇㊽從㊾池上空，須臾大雨，歲以有年，因號精舍為龍泉寺焉。

時有沙門慧永[50]，居在西林[51]，與遠同門舊好，遂要遠同止[52]。永謂刺史桓伊[53]曰：「遠公方當弘道，今徒屬已廣，而來者方多。貧道所棲褊狹，不足相處，如何？」桓乃為遠復於山東更立房殿，即東林[54]是也。遠創造精舍，洞盡山美，卻負香爐之峰，傍帶瀑布之壑，仍石壘基，即松栽構，清泉環階，白雲滿室。復於寺內別置禪林[55]，森樹烟凝，石逕苔合，凡在瞻履[56]，皆神清而氣肅焉。

遠聞天竺有佛影[57]，是佛昔化毒龍所留之影，在北天竺月氏國那竭呵城南古仙人石室中，經[58]道取流沙西一萬五千八百五十里，每欣感交懷，志欲瞻睹。會有西域道士敘其光相[59]，遠乃背山臨流，營築龕室[60]，妙算盡工，淡彩圖寫，色疑[61]積空，望似烟霧，暉相炳曖[62]，若隱而顯，遠乃著銘曰：

廓矣大象，理玄無名[63]。體神入化，落影離形[64]。迴暉層岩，凝映虛亭[65]。
在陰不昧，處闇逾明[66]。婉步蟬蛻，朝宗百靈[67]。應不同方，迹絕而冥[68]。
（其一）

茫茫荒宇，靡勸靡奬[69]。淡虛寫容，拂空傳像[70]。相具體微，衝姿自朗[71]。
白毫吐曜，昏夜中爽[72]。感徹乃應，扣誠發響[73]。留音停岫，津悟冥賞[74]。
撫之有會，功弗由曩[75]。（其二）

旋踵忘敬，罔慮罔識[76]。三光掩暉，萬像一色[77]。庭宇幽藹，歸途莫測[78]。
悟之以靖，開之以力[79]。慧風雖遐，惟塵假息[80]。匪聖玄覽，孰扇其極[81]。

（其三）

希音遠流，乃眷東顧[82]。欣風慕道，仰歸玄度[83]。妙盡毫端，運微輕素[84]。
托采虛淡，殆映霄霧[85]。迹似像真，理深其趣[86]。奇興開襟，祥風引路[87]。
清氣迴軒，昏交未曙[88]。仿佛神容，依稀欽遇[89]。（其四）

銘之圖之，曷營曷求[90]。神之聽之，鑒爾所修[91]。庶茲塵軌，映彼玄流[92]。
漱清靈沼，飲和至柔[93]。照虛應簡，智落乃周[94]。深懷冥記，宵想神遊[95]。
畢命一對，長謝百憂[96]。（其五）

又昔潯陽陶侃[97]經鎮[98]廣州，有漁人於海中見神光，每夕豔發，經旬彌盛。怪以白侃。侃往詳視，乃是阿育王[99]像，即接歸，以送武昌寒溪寺。寺主僧珍嘗往夏口[100]，夜夢寺遭火，而此像屋獨有龍神圍繞。珍覺，馳還寺，寺既焚盡，唯像屋存焉。侃後移鎮[101]，以像有威靈，遣使迎接。數十人舉之至水，及上船，船又覆沒。使者懼而反[102]之，竟不能獲。侃幼出雄武[103]，素薄信情[104]，故荊、楚[105]之間，為之謠曰：「陶惟劍雄[106]，像以神標[107]。雲翔泥宿，邈何遙遙[108]。可以誠致，難以力招[109]。」

及遠創寺既成，祈心奉請[110]，乃飄然自輕，往還無梗。方知遠之神感[111]證在風謠[112]矣。於是率眾行道，昏曉不覺[113]，釋迦餘化[114]，於斯復興。既而謹律息心之士，絕塵清信之賓[115]，並不期而至，望風遙集。彭城劉遺民[116]，豫章雷次宗[117]，雁門周續之[118]，新蔡[119]畢穎之，南陽宗炳[120]、張菜民[121]、張季碩[122]等，並弃世遺榮[123]，依遠遊止。遠乃於精舍無量壽像[124]前建齋立誓，共期西方[125]。乃令劉遺民著其文，曰：

維歲在攝提格[126]，七月戊辰朔[127]，二十八日乙未。法師釋慧遠貞感幽奧，霜懷特發[128]。乃延命同志息心貞信[129]之士，百有二十三人，集於廬山之陰，般若臺精舍阿彌陀像前，率以香華敬薦而誓焉：惟[130]斯一會之眾，夫緣化之理[131]既明，則三世之報[132]顯矣；遷感之數既符[133]，則善惡之報必矣。推交臂之潛淪[134]，悟無常[135]之期切；審三報[136]之相催，知險趣[137]之難拔，此其同志諸賢，所以夕惕宵勤，仰思攸濟者也。蓋神者可以感涉，而不可以迹求[138]。必感之有物，則幽路咫尺[139]；苟求之無主，則眇茫何津[140]？今幸以不謀而僉心西境[141]，叩篇開信，亮情天發，乃機象通於寢夢，欣歡百於子來[142]。於是雲圖表暉，影侔神造，功由理諧，事非人運。茲實天啟其誠，冥運來萃者矣，可不尅心重精疊思，以疑[143]其慮哉？然其景績參差[144]，功德不一，雖晨祈云同，夕歸攸隔。即我師友之眷，良可悲矣。是以慨焉胥命整襟法堂，等施一心，亭懷幽極，誓茲同人，俱遊絕域。其有驚出絕倫，首登神界，則無獨善於雲嶠[145]；忘兼令[146]於幽谷，先進之與後升，勉思彙征[147]之道。然復妙觀大儀，啟心貞照，識以悟新，形由化革。藉芙蓉[148]於中流，蔭瓊柯以詠言，飄雲衣於八極，汎香風以窮年，體忘安而彌穆[149]，心超樂以自怡；臨三塗而緬謝[150]，傲天宮而長辭。紹眾靈以繼軌，指太息以為期[151]。究茲道也，豈不弘哉！

遠神韵嚴肅，容止方棱，凡預瞻睹，莫不心形戰慄。曾有一沙門持竹如意，欲以奉獻，入山信宿[152]，竟不敢陳，竊留席隅[153]，默然而去。有慧義法師，強正不憚，將欲造山，謂遠弟子慧寶曰：「諸君庸才，望風推服，今試觀我如何。」至山，值遠講《法華》，每欲難問，輒心悸流汗，竟不敢語。出謂慧寶曰：「此公定[154]可訝。」其伏物蓋眾如此。

殷仲堪[155]之荊州，過山展敬，與遠共臨北澗論《易》體[156]要，移景[157]不倦。既而歎曰：「識信深明，實難庶幾[158]。」

司徒王謐[159]、護軍王默[160]等，並欽慕風德，遙致師敬。謐修書曰：「年始四十，而衰同耳順[161]。」遠答曰：「古人不愛尺璧，而重寸陰，觀其所存，似不在長年耳。檀越[162]既履順而遊性[163]，乘佛理以御心[164]，因此而推，復何羨於遐齡[165]耶？聊想斯理，久已得之，為復酬來信耳。」

盧循[166]初下據江州城，入山詣遠。遠少與循父嘏[167]同為書生，及見循，歡然道舊，因朝夕音問[168]。僧有諫遠者曰：「循為國寇，與之交厚，得不疑乎！」遠曰：「我佛法中情無取捨，豈不為識者所察？此不足懼。」及宋武[169]追討盧循，設帳桑尾，左右曰：「遠公素王[170]廬山，與循交厚。」宋武曰：「遠公世表之人[171]，必無彼此。」乃遣使賫書致敬，並遺錢米，於是遠近方服其明見。

初，經流江東[172]，多有未備，禪法無聞，律藏殘闕。遠慨其道[173]缺，乃令弟子法淨、法領等，遠尋眾經，逾越沙、雪[174]，曠歲方反[175]，皆獲梵本，得以傳譯。

昔安法師在關，請曇摩難提[176]出《阿毗曇心》[177]。其人未善晉言，頗多疑滯。後有罽賓沙門僧伽提婆[178]，博識眾典，以晉太元十六年[179]，來至潯陽。遠請重譯《阿毗曇心》及《三法度論》，於是二學乃興，並制序標宗[180]，貽於學者。

孜孜為道，務在弘法，每逢西域一賓，輒懇惻諮訪。聞羅什[181]入關，即遣書通好曰：「釋慧遠頓首。去歲得姚左軍[182]書，具承德問。仁者曩絕殊域，越自外境，于時音驛未交，聞風而悅，但江湖難冥[183]，以形乖[184]為歎耳。頃[185]知承否通之會[186]，懷寶來遊，至止有問，則一日九馳，徒情欣雅味，而無由造盡，寓目望途，固已增其勞佇。每欣大法宣流，三方同遇，雖運鍾其末，而趣均在昔。誠未能扣津妙門，感徹遺靈。至於虛衿遺[187]契，亦無日不懷。夫旃檀[188]移植，則異物同熏；摩尼[189]吐曜，則眾珍自積。是惟教合之道，猶虛往實歸，況宗一無像，而應不以情者乎？是故負荷大法者，必以無報[190]為心；會友以仁者，使功不自己。若令法輪不停軫於八正[191]之路，三寶[192]不輟音於將盡之期，則滿願[193]不專美於絕代，龍樹[194]豈獨善於前蹤。今往比量衣裁[195]，願登高座為著之[196]，並天漉之器[197]，此既法物[198]，聊以示懷。」

什答書曰：「鳩摩羅什和南[199]。既未言面，又文辭殊隔，導心之路不通，得意之緣圮絕。傳驛來貺，粗承風德，比復[200]何如，備聞一途，可以蔽百。經言：末後東方當有護法菩薩。勖哉仁者，善弘其事。夫財有五備，福、戒、博聞、辯才、深智，兼之者道隆，未具者疑滯。仁者備之矣。所以寄心通好，因譯傳意，豈其能盡，粗酬來意耳。損所致比量衣裁，欲令登法座時著，當如來意，但人不稱物，以為愧耳。今往常所用鍮石雙口澡罐[201]，可備法物之數也，並遺偈一章曰：『既已捨染樂[202]，心得善攝不？若得不馳散，深入實相不？畢竟空相[203]中，其心無所樂。若悅禪智慧，是法性無照。虛誑等無實，亦非停心處。仁者所得法，幸願示其要。』

遠重與什書曰：「日有涼氣，比復何如？去月法識[204]道人至，聞君欲還本國，情以悵然。先聞君方當大出諸經，故未欲便相諮求，若此傳不虛，眾恨可言。今輒略問數十條事[205]，冀有余暇一二為釋，此雖非經中之大難要，欲取決於君耳。並報偈一章曰：『本端竟何從，起滅有無際。一微涉動境，成此頹山勢。惑相更相乘，觸理自生滯。因緣雖無生，開途非一世。時無悟宗匠[206]，誰將握玄契[207]？來[208]問尚悠悠，相與期暮歲。』」

後有弗若多羅[209]來適關中，誦出《十誦》[210]梵本，羅什譯為晉文，三分始二，而多羅棄世。遠常慨其未備。及聞曇摩流支[211]入秦，復善誦此部，乃遣弟子曇邕[212]致書祈請，今於關中更出餘分，故《十誦》一部具足無闕。晉地獲本，相傳至今。蔥外[213]妙典，關中勝說，所以來集茲土者，遠之力也。外國眾僧，咸稱漢地有大乘道士，每至燒香禮拜，輒東向稽首，獻心廬岳。其神理之迹，故未可測也。

先是，中土未有泥洹常住[214]之說，但言壽命長遠而已。遠乃歎曰：「佛是至極，則無變[215]；無變之理，豈有窮耶！」因著〈法性論〉曰：「至極以不變為性，得性以體極為宗[216]。」羅什見而歎曰：「邊國[217]人未有經，便暗與理合，豈不妙哉！」

秦主姚興[218]欽風名德，歎其才思，致書殷勤，信餉[219]連接，贈以龜茲國細縷雜變像[220]，以申款心[221]，又令姚嵩[222]獻其珠像。釋論新出，興送論並遺書曰：「《大智論》[223]新譯訖，此既龍樹所作，又是方等[224]旨歸，宜為一序，以伸作者之意。然此諸道士，咸相推謝[225]，無敢動手，法師可為作序，以貽後之學者。」

遠答書云：「欲令作〈大智論序〉，以伸作者之意。貧道聞：懷大非小褚所容，汲深非短綆所測[226]。披省之日，有愧高命，又體羸多疾，觸事有廢[227]，不復屬意已來[228]，其日亦久，緣告之重，輒粗綴所懷[229]。至於研究之美，當復寄諸明德。」其名高遠固如此。

遠常謂《大智論》文句繁廣，初學難尋[230]，乃抄其要文，撰為二十卷。序致淵雅[231]，使夫學者息過半之功矣。

後桓玄征殷仲堪[232]，軍經廬山，要遠出虎溪。遠稱疾不堪[233]。玄自入山，左右謂玄曰：「昔殷仲堪入山禮遠，願公勿敬之。」玄答：「何有此理！仲堪本死人耳。」及至見遠，不覺致敬。玄問：「不敢毀傷，何以剪削[234]？」遠答云：「立身行道。」玄稱善，所懷問難，不敢復言，乃說徵討之意。遠不答。玄又問：「何以見願[235]？」遠云：「願檀越安穩，使彼亦復無他。」玄出山謂左右曰：「實乃生所未見。」玄後以震主之威[236]，苦相延致，乃貽書騁說，勸令登仕[237]。遠答辭堅正，確乎不拔，志踰丹石，終莫能迴。俄而玄欲沙汰眾僧[238]，教僚屬曰：「沙門有能伸述經誥，暢說義理，或禁行循整，足以宣寄大化，其有違於此者，悉皆罷道。唯廬山道德所居，不在搜簡之例。」遠與玄書曰：「佛教陵遲[239]，穢雜日久，每一尋至，慨憤盈懷。常恐運出非意，淪湑將及。竊見清澄諸道人教，實應其本心。夫涇以渭分，則清濁殊勢；枉以直正，則不仁自遠。此命既行，必二理斯得，然後令飾偽者絕假通之路，懷直者無負俗之嫌。道世交興，三寶復隆矣。」因廣玄條制，玄從之[240]。

昔成帝幼沖[241]，庾冰[242]輔政，以為沙門應敬王者[243]；尚書令何充[244]、僕射褚昱[245]、諸葛恢[246]等，奏不應敬禮，官議悉同充等[247]。門下承冰旨為駮[248]，同異紛然，竟[249]莫能定。及玄在姑孰[250]，欲令盡敬，乃與遠書曰：「沙門不敬王者，既是情所不了，於理又是所未喻，一代大事，不可令其體不允。近與八座書[251]，今以呈君，君可述所以不敬意也。此便當行，行之事一二，令詳遣，想必有以釋其所疑耳。」

遠答書曰：「夫稱沙門者，何耶？謂能發矇俗之幽昏，啟化表之玄路[252]，方將以兼忘之道[253]，與天下同往。使希高者挹其遺風，漱流者味其余津。若然，雖大業未就，觀其超步之迹，所悟固已弘矣。又袈裟非朝宗之服，鉢盂非廊廟之器[254]，沙門塵外之人，不應致敬王者。」

玄雖苟執先志，恥即外從[255]，而睹遠辭旨，趑趄未決[256]。有頃，玄篡位[257]，即下書曰：「佛法宏大，所不能測，推奉主之情，故興其敬。今事既在己，宜盡謙光，諸道人勿致禮也。」

遠乃著〈沙門不敬王者論〉，凡有五篇。一曰〈在家〉：奉法[258]則是順化[259]之民，情未變俗，迹同方內[260]，故有天屬之愛[261]，奉主之禮[262]，禮敬有本，遂因之以成教[263]。二曰〈出家〉：謂出家者能遁世[264]以求其志，變俗以達其道。變俗則服章[265]不得與世典同禮，遁世則宜高尚其迹[266]。夫然，故能拯溺俗於沉流，拔玄根於重劫[267]，遠通三乘之津[268]，近開人天之路。如令一夫全德，則道洽六親[269]，澤流天下，雖不處王侯之位，固已協契皇極[270]，在宥生民[271]矣。是故內乖天屬之重，而不違其孝[272]；外闕奉主之恭，而不失其敬也[273]。三曰〈求宗不順化〉：謂反本求宗[274]者，不以生累其神[275]；超落塵封者，不以情累其生[276]。不以情累其生，則其生可滅[277]；不以生累其神，則其神可冥。冥神絕境，故謂之泥洹[278]。故沙門雖抗禮萬乘[279]，高尚其事，不爵王侯，而沾其惠者也。四曰〈體極不兼應〉：謂如來之與周、孔，發致雖殊，潛相影響，出處[280]誠[281]異，終期必同[282]。故雖曰道殊，所歸一也。不兼應者，物不能兼受也。五曰〈形盡神不滅〉：謂識、神馳騖，隨行東西也[283]。此是論之大意。自是沙門得全方外之迹矣。

及桓玄西奔[284]，晉安帝自江陵旋[285]於京師[286]，輔國何無忌[287]勸遠候覲[288]。遠稱疾不行。帝遣使勞問，遠修書曰：「釋慧遠頓首：陽月[289]和暖，願御膳順宜。貧道先嬰重疾[290]，年衰益甚，猥蒙慈詔，曲垂光慰，感懼之深，實百于懷。幸遇慶會，而形不自運[291]，此情此慨，良無以喻。」詔答：「陽中感懷，知所患未佳，甚情耿。去月[292]發江陵，在道多諸惡情，遲兼常[293]，本[294]冀經過相見。法師既養素山林，又所患未痊，邈無復因，增其歎恨。」

陳郡謝靈運[295]負才傲俗，少所推崇[296]，及一相見，肅然心服。遠內通佛理，外善群書，夫預學徒，莫不依擬。時遠講《喪服經》，雷次宗、宗炳等，並執卷承旨。次宗後別著義疏[297]，首稱雷氏。宗炳因寄書嘲之曰：「昔與足下共於釋和上[298]間，面受此義，今便題卷首稱雷氏乎？」其化兼道俗，斯類非一。

自遠卜居廬阜三十餘年，影不出山，跡不入俗。每送客遊履[299]常以虎溪為界焉。以晉義熙十二年[300]八月初動散[301]，至六日困篤[302]，大德耆年皆稽顙請飲豉酒[303]，不許；又請飲米汁，不許；又請以蜜和水為漿，乃命律師[304]，令披卷尋文，得飲與不？卷未半而終，春秋八十三矣。門徒號慟，若喪考妣；道俗奔赴，踵繼肩隨。遠以凡夫之情難割，乃制七日展哀，遺命使露骸松下。既而弟子收葬，潯陽太守阮侃於山西嶺鑿壙開冢。謝靈運為造碑文，銘其遺德。南陽宗炳又立碑寺門。

初，遠善屬文章，辭氣清雅，席上談吐，精義簡要。加以容儀端整，風彩灑落，故圖像於寺，遐邇式瞻。所著論、序、銘、讚、詩、書，集為十卷，五十餘篇，見重於世焉。

【注釋】❶雁門樓煩　今山西寧武附近。❷弱　幼年。❸珪璋　比喻人的品德之美。珪與璋都是古代朝會時用作禮器的貴重玉器。❹許洛　河南許昌、洛陽一帶。❺諸生　即儒生。❻性度弘偉二句　謂性情寬宏懷抱偉大，見識卓越出眾。❼宿儒

英達　宿儒，年長博學的學者。英達，年輕有為而名聲卓著的學者。❽深致　學問造詣宏深。❾江東　指長江南岸地區。❿范宣子　名宣，字宣子，陳留（今河南開封東南）人。十歲時即能誦《詩》《書》，家貧隱遁，好學不倦，遂博綜眾書，精於儒學，尤善三《禮》。東晉太尉郗鑒曾連續召他為主簿、太學博士、散騎郎，均予謝絕。他隱居於豫章（今江西南昌），南昌太守殷羨見他住宅破損，欲為他改建住宅，但他固辭不受。庾爰之見他貧寒，又遭遇荒年疾疫，生活艱難，想給予豐厚的饋贈，他仍然不受。終身以講誦為業，為當時學者聞風宗仰。著有《禮》《易》論難，年五十四卒。《晉書》有傳。⓫共契　謂在一起共同切磋。契，契合。⓬石虎已死　石虎，十六國時期後趙國君，死於東晉永和五年（西元三四九年）。⓭釋道安　參見本書卷三〈釋道安傳〉。⓮像法　即佛法。佛教初入中華又稱「像教」，故名。⓯儒道九流　先秦時代流行的九個學術流派，即儒、道、陰陽、法、名、墨、縱橫、雜、農九家。後泛指各種思想、學派。這裡泛指各種世俗的思想、學派。⓰慧持　參見本卷〈釋慧持傳〉。⓱入乎道　這裡指慧遠身入佛門。⓲總攝綱維　謂提綱挈領。當時，佛教各派經典尚處逐漸翻譯傳入的過程中，所譯佛經既不完備，術語、概念、義理也較混亂，其基本教義尚有待中國學者整理、研究以作系統掌握。這是慧遠會產生如是想法的背景，而對於中國佛學來說，他的這一想法實屬是一項宏大的志願。⓳大法　即佛法。佛法自視無邊，所以謂之大。⓴縕纊常闕　縕，做袍子的舊棉絮或麻絮。纊，新棉絮。闕，缺少。縕纊常闕，謂常常穿著破舊的納衣。㉑昆弟恪恭　昆弟，即兄弟。恪，謹慎。恭，恭敬。昆弟恪恭，謂兄弟之間一直保持著互敬互愛之情。㉒曇翼　釋道安的弟子，參見本書卷五〈釋曇翼傳〉。㉓道士　這裡指有道之士。按在兩晉南北朝時期，常稱佛教徒為道人，道教徒為道士，但本書常有例外。㉔藉慧解於前因二句　謂慧遠憑藉前世所積得的善因而對佛理具有敏銳的領悟，懷著前所未有的宏大志願。藉，原本作「籍」，據大正藏本及文意校改。憑藉之義。慧解，指對佛法的智慧穎悟。前因，佛教語，指前世所積之因。這裡指慧遠對佛教義理的智慧穎悟是他前世所積得的善因所致。曠劫，佛教語，即無量劫數，謂無始無盡的世代。勝心，宏大的心。這裡指宏大的志願。㉕機鑒遐深　謂對佛法義理的領悟敏銳識見深遠。機鑒，對玄機或奧秘的洞察覺照。遐深，遠且深。㉖道流東國　道，指佛法。流，傳播。東國，猶東土，指中國，因佛教從西方傳來，而中國在東方，故稱東國。㉗講說　這裡指登臺傳法，講授佛經。㉘難實相義　難，質詢；問難。實相義，佛教語。指「實相」這一概念的涵義。在佛教中，實相指一切事物的本體、本原、終極性的真相，與世俗現象即空相相對。但佛教各宗派對實相的具體見解有異同，總地說來，佛教所指實相即法性、佛性、涅槃，至於它是「空」是「有」，則衍生出空宗與有宗之別。難實相義是對佛教根本義的質詢。㉙彌增疑昧　謂慧遠的講解使聽者反而越聽越增加疑問和糊塗。彌，更加。疑，疑問；懷疑。昧，糊塗；不懂。㉚引莊子義為連類　謂引用《莊子》一書的語言和含義與佛經中的詞句相類比來解釋佛經詞句的意思。連類，互相類比。㉛俗書　世俗之書，如「莊子」、「道德經」等。㉜法遇　參見本書卷五〈釋法遇傳〉。㉝曇徽　參見本書卷五〈釋曇徽傳〉。㉞風才照灼　謂風度才華有如光芒四射。㉟志業清敏　謂修行佛教的志向清純，修業敏銳。㊱樊沔　樊，樊城，即今湖北襄樊的樊城。沔，沔州，治所在今湖北漢川東南，轄境約當今之湖北漢川、漢陽及武漢的漢陽。參見本書卷五〈釋道安傳〉。㊲偽秦建元九年　偽秦指苻秦，史稱前秦，本書作者含有以晉為正統的意識，故以苻秦為偽朝。苻秦建元九年即西元三七三年。按，苻丕進攻襄陽實際是在東晉孝武帝太元三年至四年（西元三七八至三七九年）間。㊳道安為朱序所拘　朱序，字次倫，義陽平氏（今河南桐柏西）人，東晉將領，太元二年（西元三七七年）任梁州刺史，鎮襄陽，曾請道安返襄陽傳教。苻秦將領苻丕進攻東晉襄陽時，朱序率眾固守城池頑強抵抗，其母韓氏也奮身助其抗敵，並率領婦女補築新城，號為「夫人城」，是為東晉戰史著名戰役。此時道安應朱序所請正在襄陽，不得離去。東晉孝武帝太元四年二月，因朱序的部將叛變，苻丕得以攻破襄陽，俘獲朱序。後，道安被苻丕送往苻秦都城長安，事見本書卷五〈釋道安傳〉。則道安「分張徒眾」即遣散弟子當在太元三年。參見本書卷五〈釋道安傳〉。㊴長德　猶大德。是佛教僧人對他人的敬稱。這裡指道安的其他弟子，慧遠的同門師兄弟。㊵訓勖　訓，教導。勖，勉勵。㊶懼非人例　謂因未得和其他弟子一樣受到道安的教誡和勉勵而疑懼自己被道安認為屬不可造就者。人例，同他人一例。㊷荊州　古「九州」之一，西漢武帝時置為十三刺史部之一，轄境約為湖北、湖南及河南、貴州、廣東、廣西的部分地區，東晉時治所在江陵（即今湖北江陵）。㊸羅浮山　在今廣東東江北岸。㊹潯陽　江州潯陽郡，即今江西九江。㊺廬峰　即廬山。㊻息心　猶靜心，這裡指靜心修習佛法。㊼朽壤抽泉　朽壤，乾燥的土壤。抽泉，噴發出泉水。㊽巨蛇　即龍。㊾從　猶縱。飛騰。㊿慧永　道安弟子，先於慧遠到廬山。本書卷六有傳。(51)西林　即西林寺，在廬山西北麓香爐峰下，據陳舜俞《廬山記》卷一引歐陽詢〈西林道場碑〉、《晉書・陶侃傳》，該寺由光祿勛陶範（東晉名將陶侃之子）於太和二年（西元三六七年）為慧永建造。(52)要遠同止　要，即邀。同止，同住。這裡指同住廬山。(53)桓伊　東晉名將，曾參加過反擊苻秦進攻而獲大勝的淝水之戰，太元九年（西元三八四年）繼桓沖之後，始任都督江州荊州十郡、豫州四郡軍事、江州刺史，先駐豫章（今江西南昌），後受詔移駐潯陽，太元十六年（西元三九一年）卒於江州任內。(54)東林　即東林寺，因在西林寺東，故名東林。據《廬山記・十八賢傳》及《佛祖統記・十八賢傳》，東林寺建成於太元十一年（西元三八六年）。(55)禪林　即寺院，僧徒聚居之處。(56)瞻履　謂身臨其境觀瞻。(57)佛影　佛身的影子。《觀佛三昧經》卷六說，有龍王請佛陀如來常住其所，否則他就會發惡心，成不了道，並將七寶殿奉獻給如來。如來祇要了羅剎石窟，縱身入內趺跏而坐。那先訶城王及諸國王又請求如來，使他們能處處見到佛。如來便使滿天花座處處皆顯如來身，以滿足他們的願望。龍王及羅剎女因此而大歡喜，發大誓願：「願我來世得佛如此。」七天後，如來跳出石窟，與眾比丘四處遊歷。龍王也一直跟隨。當如來要返回自己的國家時，龍王痛哭流涕，請求如來不要拋下自己。如來安慰他說：我當在你的石窟中坐一千五百年。如來進入石窟，作「十八變」，然後躍身入石壁中，猶如「明鏡」，身影顯於外，眾人「遠望則見，近視則無」，諸天皆來供養，「佛影」也為他們說法。按，慧遠〈佛影銘〉收入《廣弘明集》卷一五題作〈萬佛影銘〉，序中說：「佛影今在西那迦訶羅國南山古仙石室中，徑道去此一萬五千八百五十里。」法顯《佛國記》則記有法顯到那揭國都城，謂城南有石室，「佛留影此中」。(58)經　原作「住」，大正藏本作「經」，據此及文意校改。(59)光相　對佛像的敬稱，謂佛影的情狀。(60)龕室　供奉佛像的石室。(61)疑　通「凝」。(62)暉相炳曖　暉相，這裡指佛影圖像的「光相」，即樣子。炳，明亮。曖，昏暗不明貌。暉相炳曖，謂佛影圖像若明若暗的樣子。(63)廓矣大象二句　謂這廓然無形的大象，是深奧微妙無可名狀之理的顯現。按，這是指佛影之像而言。廓，大；空曠；遼闊無邊。大象，語出老子《道德經》：「大象無形，道隱無名」，「執大象，天下往」，即「道」的無形之象。「道」之形象於空間無處不在，大而無邊，於時間無始無終，永恒存在，非視聽可見聞，是無形象之象，故謂大象。理，即「道」。玄，深奧微妙，無可名狀。無名，本無名稱，因「道」不待人為而自然存在，隱微不見而充斥於萬有，故無名，也非人為的言說概念所能概括、表述、稱名，即無可名狀之「玄」。理玄無名，猶《道德經》所謂「道隱無名」，「無名天地之始」，「玄之又玄，眾妙之門」。按，這裡表現出慧遠以玄學觀念理解佛教義理的特點，也是理解這篇〈佛影銘〉需要注意的地方。(64)體神入化二句　謂佛陀已徹悟了大象道體，與之化而為一，超越了有限的形和影。體，體悟。神，即道。入化，與之化為一體。落影，所遺落下的形之影。離形，神已脫離形體。這二句是指佛影而言。這個佛影，祇是佛之形所遺落下的影像，遠望則見，近視則無，觸之不得，亦實亦虛，若有若無，故而有靈。參看「佛影」條注釋。(65)迴暉層岩二句　謂日光在山崖岩石間流動回旋，凝照輝映著佛龕石室。迴，回旋。按日光越過層層疊疊的山崖岩石，彷佛流動回旋一樣。暉，日光。虛亭，指空廓的石室。(66)在陰不昧二句　謂佛影處在陰暗之處卻不因此而昏暗，反倒更明亮。(67)婉步蟬蛻二句　謂以蟬蛻一般婉曲的步態和虔誠的心靈來朝拜佛影，沒有不靈驗的。婉步蟬蛻，宛如蟬蛻一般婉曲的步態。按，指朝拜佛影時的情態。(68)應不同方二句　謂佛影對人們的祈求無所不應，但毫無形跡，而是在冥冥中感應使之應驗。應，感應；應驗。不同方，沒有固定的方式和方面，即任何方式和方面。迹絕，沒有形跡。冥，即暗中而無形跡。(69)茫茫荒宇二句　謂（佛影）對於茫茫無垠的大千世界一切眾生無不加以勉勵。(70)淡虛寫容二句　謂用虛淡縹緲的筆法畫出佛的容貌，若隱若現似有若無地顯出其影像。淡虛，淡到彷佛虛幻縹緲的樣子。寫，猶畫。

拂空，如風吹拂一般若有若空；若隱若現。71相具體微二句　謂佛影具有佛陀的形象，佛陀的本體卻隱微不見，然而這虛空縹緲的佛影的姿態卻很明朗。相具體微，佛影之像具有佛陀的形象，然而其本體卻隱微不現。沖，即沖，虛空，《道德經》謂「道沖而用之，或不盈，淵兮似萬物之宗」，「大盈若沖，其用不窮」。72白毫吐曜二句　謂如來眉間的白毫發光，在昏夜中也很明亮。白毫，即白毫之相，佛陀如來的三十二相之一。謂如來眉間有白色毫相，右旋婉轉，如日正中，放之則有光明，當如來初生時它長有五尺，成道時長一丈五尺，名曰白毫相。如《大般若波羅密多經》卷三十一說：「世尊眉間有白毫相，右旋柔軟，如睹羅錦，鮮白光淨逾珂雪等。」《妙法蓮花經．序品第一》說：「爾時世尊放眉間白毫相光，照東方萬八千世界，無不周遍，下至阿鼻地獄，上至阿迦尼吒天，於此世界，盡見彼土六趣眾生，又見彼土現在諸佛，及聞諸佛所說經法」，即是指此。總之，佛陀白毫放光，能遍照三界三世，無不洞見。按，這是大乘佛教的說法。73感徹乃應二句　謂人們祇要心懷真誠，這真誠就立刻會通達於佛，佛則如響斯應，立即予以響應回報。徹，通達；穿透。《莊子．外物》：「目徹為明，耳徹為聰。」應，響應，《大乘義章》卷一一謂：「眾生機感，義如呼喚，如來示化，事同響應」，即謂如來對人們的需求隨時會以各種應報身出現予以響應。扣，敲擊。扣誠發響，形容至誠如金石，一敲即響，喻感應迅速。74留音停岫二句　謂佛的聲音乃無聲之音，停留在峰巒山谷間，淨心滌慮才能領會欣賞。音，聯繫下文，這裡指「大音」，「道德經」謂「大音希聲」。岫，峰巒。津悟，猶領悟。津，渡過，引申為領會。北齊劉晝《劉子新論》一〈崇學〉：「道象之妙，非言不津，津言之妙，非學不得。」冥賞，脫略形跡聲音而會心欣賞。謂心領神會。75撫之有會二句　撫之，指當「津悟冥賞」時之所領會、默契。功弗由曩，謂此種領會默契之獲得，乃此情此境當下所悟，非由過去之功。76旋踵忘敬二句　謂當「撫之有會」之時，剎那間達到忘心的境界，而無思無慮，無有業識分別。按，這就是佛教所稱的「無相」境界。旋踵，一轉足之間，即剎那間。忘敬，忘卻了對佛的恭敬之心，聯繫下文「罔慮罔識」、「萬象一色」，意即達到「忘心」的境界，《莊子．讓王》謂「致道者忘心」。這裡，連對佛的恭敬之心都已忘卻，也即忘心、無心的境界。識，世俗的業識及世俗業識所見之分別相。77三光掩暉二句　謂當撫之有會之時，日、月、星三光也無有分別，而萬象化為一色。三光，日、月、星。《莊子．說劍》謂「上法圓天，以順三光」。《史記．天官書》以日、月、五星為三光，謂「衡、太微，三光之廷」，《史記索引》：「三光，日、月、五星也。」佛教中亦稱日、月、星為三光，或稱日天子、月天子、明星天子為三光。但這裡指日、月、星。掩暉，掩住光輝。這裡指在悟者的心中日、月、星已消弭了各自自具特點的光輝化而為一，無有分別。78庭宇幽藹二句　謂庭院幽暗，連回家的路也已忘卻而茫然不知。庭，庭院。宇，屋檐，即屋宇。幽，幽暗貌。藹，果實繁盛貌，引申為林木茂密。《漢書．揚雄傳》引〈河東賦〉：「鬱蕭條其幽藹兮，滃汎沛以豐隆。」幽藹，即林木森森的幽暗貌。歸途，回家的路。按，「旋踵忘敬，罔慮罔識，三光掩暉，萬象一色，庭宇幽藹，歸途莫測」都是對「撫之有會」時心靈悟境的形容、比喻，這種悟境所達到的即屬「忘心」而「無分別」的心理狀態。(79)悟之以靖二句　謂體悟道體需息心淨慮，而開闢出息心淨慮之心境，則要定力。悟之，指悟得萬象之道體。靖，猶靜，指靜心；息心淨慮。開之，指開闢出息心淨慮的境界。力，指定力。(80)慧風雖遐二句　謂惠風和暢的淨土世界雖然很遠，但我們可以暫時借俗世以棲身，通過在俗世的修行而成佛，達到淨土世界。慧風，即惠風，猶和風。這裡喻指佛教淨土世界。遐，遠。塵，塵世，即現實世界。假，借。息，棲身。(81)匪聖玄覽二句　謂如果不是聖人靜觀悟道，又有誰能知道世界的終極實相呢。匪，不。玄覽，靜觀悟道，語出《道德經》：「滌除玄覽，能無疵乎？」孰，誰。扇，猶煽動；發起。轉義猶今之所謂發現。(82)希音遠流二句　謂佛教之大音遠播，現已眷顧東土。希音，猶無聲之音的大音，語出《道德經》：「大音希聲，大象無形，道隱無名。夫唯道，善貸且成。」這裡指佛教。(83)欣風慕道二句　謂聞風欣慰企慕佛道，而仰歸於佛法圓融。玄度，指月亮，劉向《列仙傳・關令尹》：「尹喜抱關，念德為務，挹漱日華，仰玩玄度。」中國佛教亦常以當頭明月喻證得萬法圓融，這裡即用此意，以圓月喻佛法圓融。(84)妙盡毫端二句　謂運筆輕微素淨，佛影妙像盡於筆端。毫端，即筆端。(85)托采虛淡二句　謂所繪佛影用色輕淡，看上去猶如雲霧縹緲。托，用。殆，庶幾；幾乎；宛如。霄，天上的雲氣。霄霧，即雲霧。(86)迹似像真二句　謂所繪佛影的形象生動，宛如真的佛陀，而所含理趣甚深。迹，形跡。像，指所繪佛影之像。(87)奇興開襟二句　謂佛影具有神奇的感發之力，如祥風引路，令人襟懷頓開。奇，神奇。興，興起；感發。(88)清氣迴軒二句　謂當黃昏到天亮之間，佛龕石室內迴盪著清朗之氣。軒，小室。這裡當指佛龕石室。昏交，時在黃昏。未暑，天尚未亮。(89)仿佛神容二句　謂隱隱約約中彷佛看見如來的容顏。依稀，隱約。欽，猶敬。(90)銘之圖之二句　謂刻畫佛影，究竟是為什麼呢。銘，刻。圖，畫。曷，即何。(91)神之聽之二句　謂面對佛影觀想佛的形象傾聽佛的聲音，以此照察你的修行。神之，即面對佛影觀想佛的形象。按，這是淨土信仰的修行方法，即念佛三昧的方法。慧遠《念佛三昧詩集・序》說：「夫稱三昧者何？專思寂想之謂也。思專，則志一不分；想寂，則氣虛神朗；氣虛，則智恬其照；神朗，則無幽不徹。斯二者，是自然之玄符，會一而致用也。」專思寂想時則面對佛像，觀想佛和淨土。(92)庶茲塵軌二句　謂使在塵世的這一觀佛儀軌，映照出皇帝的恩惠。庶，庶幾，使。茲，這。塵軌，塵世的儀軌。玄流，指皇帝的恩惠。晉・葛洪《抱朴子・勖學》：「玄流沾於九垓，惠風被乎無外。」《文選》晉袁宏〈三國名臣序贊〉：「仰挹玄流，俯弘時務。」(93)漱清靈沼二句　謂用靈沼之清泉漱口，去除俗氣，飽飲虛空和諧之氣，而自得圓滿，達到無欲柔和的境界。漱清，用清泉漱口。喻去除俗穢。

靈沼，有靈性的水池。飲和，《道德經》：「沖氣以為和。」《莊子・則陽》：「故聖人其窮也，使家人忘其貧；其達也，使王公忘爵祿而化卑；其于物也，與之為娛矣；其于人也，樂物之通而保己焉。故或不言而飲人以和，與人並立而使人化。」謂去除私欲，虛心而自滿足的精神狀態，猶如飽飲和氣。至柔，即致柔，語出《道德經》：「載營魄抱一，能無離乎？專氣致柔，能如嬰兒乎？」謂達到嬰兒一般無欲而柔和的精神境界。94照虛應簡二句　謂以無欲虛空的心靈觀照自心和一切，接物簡易單純，需去除機智才得周全。照，心靈觀照、默照。虛，無私欲的虛空，猶忘心。應，應接。簡，簡易；單純。智落，遺落機智，指不動心機，猶如忘心。周，周全而不局限於一隅，猶如《道德經》之所謂「無為而無不為」。95深懷冥記二句　謂默默地記憶、想像，猶如夜間的夢遊。按，這是淨土信仰念佛三昧的憶想法門，即觀想佛和淨土，如自身即佛而處淨土極樂世界。96畢命一對二句　謂虔心對著佛像作觀想，便可永遠遠離世俗的苦難憂患，而入西方極樂淨土。畢命，全心全意地致力。一對，猶對著。這裡指對著佛影。長謝，永遠遠離。97陶侃　潯陽（今江西九江）人，字士行（或作士衡），生於西元二五九年卒於西元三三四年。幼年貧賤，刻苦自勵，曾歷縣吏、郡守，建興三年（西元三一五年）他擊敗杜弢領導的流民起義軍後升任荊州刺史，鎮武昌。旋因遭大將軍王敦所忌，調任廣州刺史。太寧二年（西元三二四年）王敦敗後，他又歸任荊州刺史。咸和二年（西元三二七年）平定蘇峻、祖約之亂後，加封征西大將軍，荊州、江州二州刺史，都督八州軍事。他為官勤慎，四十年如一日，常勉勵人們珍惜時間，愛惜財物，為時人所稱，是東晉著名將領。98經鎮　謂經管；鎮守。99阿育王　古印度摩揭陀國孔雀王朝國王，約西元前二七三至前二三二年在世。他在位期間，曾完成了印度的統一，推崇佛教，並禮請、資助著名和尚目犍連子帝須在華氏城主持佛教第三次集結，整理佛教經、律、論三藏，後又派出許多佛教使團到印度各地和周圍國家傳法，對保護、推進佛教的傳播以至使佛教成為世界性宗教起過重要作用，是佛教史上著名的「大護法」。晉釋安法欽譯有《阿育王傳》。100夏口　即今湖北武漢之武昌，東晉時曾為江夏郡、荊州治所。101移鎮　即調任。102反　謂返回。103侃幼出雄武　謂陶侃係以武勇出身。104素薄信情　這裡指陶侃一向對佛教缺乏信仰。105荊楚　即今湖北、湖南一帶。106陶惟劍雄　謂陶侃僅一介武夫。107像以神標　謂佛像是神的顯現。標，顯現。108雲翔泥宿二句　謂猶如天上之雲和地下之泥，相距非常遙遠。雲翔，雲在天上飛翔。泥宿，泥處於地上。邈，遙遠。何，多麼；很。遙遙，遙遠。109可以誠致二句　謂可以憑心靈的精誠而獲得，不是武力所能強行得到。110祈心奉請　謂在心中誠摯地祈禱阿育王像到來。111神感　謂以心靈虔誠而具有的感應力，是佛教信仰的神力之一種。112證在風謠　謂驗證了民謠所包含的預言的正確。113昏曉不覺　即不覺昏曉，謂專心致志，忘卻了時間，連對天亮、天黑，早晨、晚上都已毫無覺察。114釋迦餘化　即佛陀釋迦牟尼所遺傳之教導，也即佛教。釋迦，即佛陀釋迦牟尼。餘，即遺。化，教化；教導。(115)謹律息心之士二句　謂謹守佛教戒律而靜心修行，毫無世俗欲念而皈依於佛教信仰的人。(116)彭城劉遺民　劉遺民，原名程之，字仲思，彭城（今江蘇徐州）人，生於西元三五二年，卒於西元四一〇年，曾任宜昌、柴桑縣令，約於東晉太元十九年（西元三九四年）丁母憂去職，入廬山，遂生終身隱居廬山之志，改名遺民，在西林澗別立禪房，養志閑處，安貧不營貨利，常與宗炳、張野、周續之、雷次宗等人聚會交遊，一起精研佛理，與慧遠交情深厚。慧遠曾致書於他，勸他勤修念佛三昧說：「六齋日，宜間絕常務，專心空門，然後津寄之情篤，來生之計深矣。」（見《廣弘明集》卷二七慧遠〈與隱士劉遺民等書〉）他曾與慧遠一同研讀同時代的佛教理論家僧肇的《般若無知論》，並致書僧肇諮詢（見僧肇《肇論》所附〈劉遺民致僧肇書〉），事見本卷〈釋僧肇傳〉）。著有《釋心無義》（見《出三藏記集》卷一二）。南朝梁昭明太子蕭統〈陶淵明集序〉稱他和周續之、陶淵明為「潯陽三隱」。慧遠〈與隱士劉遺民等書〉中說他：「在山一十五年，自知亡日，與眾別已，都無疾苦。至期西面端坐，斂手氣絕。」北宋陳舜俞編《廬山記》卷三〈十八賢傳〉有傳，並說慧遠在東林寺發起組織白蓮社，有「十八高賢」，劉遺民即十八賢之一。《隋書・經籍志》著錄有柴桑令《劉遺民集》五卷。按，「十八賢」為慧遠、雷次宗、周續之、宗炳、張野、張詮、慧永、道生、慧持、佛陀耶舍、佛陀跋陀羅、慧叡、曇順、曇恒、道昺、道敬、曇詵、劉遺民。(117)雷次宗　字仲林，豫章（今江西南昌）人，生於西元三八六年，卒於西元四四八年。他年少時即入廬山師事慧遠，篤志好學，而尤其精通三《禮》、《毛詩》。在聽了慧遠所講《喪服經》後，他曾著《略注喪服經傳》。西元四二〇年，劉裕取代東晉建立劉宋王朝，他於元嘉十五年（西元四三八年）應召去京師建康（今江蘇南京），在雞籠山開館講授儒學，著有〈毛詩義序〉。晚年，他住鍾山招隱館，為皇太子及諸王講授《喪服經》。《宋書》有傳。(118)周續之　字道祖，雁門廣武（今山西代縣西南）人，生於西元三七七年，卒於西元四二三年。他的家族在晉室過江後，便移居豫章（今江西南昌）。他八歲喪母。豫章太守范寧設立郡學，招集生徒，他便從范寧就學。數年後通五經、《緯候》，在同學中出類拔萃，被稱為「顏子」。後又研究《周易》、《老子》（即《道德經》），入廬山師事慧遠。他隱逸不仕，終身不娶，布衣素食，與劉遺民、東晉大詩人陶淵明並稱「潯陽三隱」。戴逵（安公）著〈釋疑論〉並致慧遠書，對佛教因果報應論提出懷疑和質難（見《廣弘明集》卷一八晉處士戴安公〈釋疑論〉及〈與遠法師書〉），慧遠即將之示周續之等。周續之即著〈難釋疑論〉予以答辯（見《廣弘明集》卷一八周處士道祖〈難釋疑論〉），並數經往復辯論，後由慧遠著〈三報論〉對佛教因果報應的理論作了全面系統的論述（見《弘明集》卷五遠法師〈三報論〉）。劉宋初年，周續之應詔赴京師建康（今江蘇南京）講授儒學，以通《禮》、《毛詩》、《春秋公羊傳》聞名。《宋書》有傳。(119)新蔡　西晉惠帝時分汝陰郡時建置，治所在今河南新蔡。[120]南陽宗炳　南陽，今河南南陽。宗炳字少文，河南南陽人，生於西元三七五年，卒於西元四四三年。其父曾任湘鄉令，但宗炳一直隱逸不仕。荊州刺史殷仲堪、桓玄都曾聘他為主簿，舉其為秀才，他都婉謝。西元四一四年劉裕任荊州刺史，又多次聘他為官，也遭謝絕。他是虔誠的佛教信徒和居士，精於言理，後入廬山，與慧遠一道修習佛學凡五年，著有〈明佛論〉（一名〈神不滅論〉，見《弘明集》卷二），論證靈魂不滅和三教合一。他與慧遠一樣，是神不滅論者，曾與當時的天文學家何承天（衡陽）就佛存在與否的問題展開激烈的辯論（見《弘明集》卷三〈答何衡陽書〉），並批評慧琳〈白黑論〉（見《弘明集》卷三宗居士炳〈答何承天書難白黑論〉）。《宋書》、《南史》有傳。[121]張菜民　名野，字菜民，一作萊民，南陽人，生於西元三五〇年，卒於西元四一八年，隱逸不仕，曾被徵為散騎常侍，謝絕不就，師事慧遠。他和東晉詩人陶淵明是兒女姻親。慧遠圓寂後，他曾作〈遠法師銘〉（見《世說新語・文學》注引）。《廬山記・十八賢傳》有傳。[122]張季碩　名詮，字季碩，南陽人，是張菜民的族弟，生於西元三五九年，卒於西元四二三年，隱逸不仕，師事慧遠。《廬山記・十八賢傳》有傳。[123]弃世遺榮　謂遺棄世俗生活和世俗榮譽。[124]無量壽像　即無量壽佛之像。無量壽佛是梵語 Amitayus 的意譯，音譯「阿彌多庾斯」，又稱阿彌陀佛，是彌陀信仰或淨土信仰所崇仰的佛。[125]共期西方　謂以西方極樂世界，也即成佛為大家共同追求的理想。[126]維歲在攝提格　謂太歲在寅之年，即寅年。按，本年當是東晉安帝元興元年壬寅（西元四〇二年）。維，發語詞。攝提格，十二地支中「寅」的別名，《爾雅・釋天》：「太歲在寅，曰攝提格。」用於紀年。格，原作秋，大正藏本、金陵刻經處本等諸本均作「秋」，唯弘教藏本作「格」。即據以校改。[127]朔　月球走到太陽之間和太陽同時出沒，而呈新月之相，一般出現於農曆初一前後，故一般以朔日為農曆初一，但這裡指農曆二十八日。[128]貞感幽奧二句　謂慧遠純淨的心地因感應於幽秘玄奧之道，而發出倡導。貞，即正。幽奧，謂幽秘玄奧。霜懷，清白如霜之懷，喻懷想純淨。[129]貞信　謂純正堅定的信仰。貞，純正堅定。[130]惟　原本作「推」，大正藏本作「惟」，據此及文意校改。[131]緣化之理　即因緣和合的道理。[132]三世之報　三世，佛教語，指過去世、現在世、未來世，亦即前生、今生、來生。報，原本作「傳」，大正藏本作「報」，謂三世之報應，據此及文意校改。[133]遷感之數既符　謂世事的變遷與善惡報應的宿命之數相符。遷，指世事之變遷。感，這裡指報應。數，宿命之定數。[134]交臂之潛淪　交臂，這裡指雙臂反縛，即被捕犯人。《莊子・天地》：「則是罪人交臂歷指。」潛淪，猶淪落。[135]無常　變化不定。《荀子・修身》：「趣捨無定，謂之無常。」在佛教中，是梵語 anitya 的意譯，謂世間一切事物都虛幻無實，處於生、住、異、滅遷流不定的變化過程中，而無確定性；又指勾攝活人生魂的無常鬼。在這裏兩種含義均有。[136]三報　三種報應。慧遠〈三報論（因俗人疑善惡無現驗作）〉說：「經說業有三報：一曰現報，二曰生報，三曰後報。現報者，善惡始於此身，即此身受；生報者，來生便受；後報者，或經二生三生百生千生，然後乃受。受之無主，必由於心；心無定司，感事而應。應有遲速，故報有先後；先後雖異，咸隨所遇而為對；對有強弱，故輕重不同，斯乃自然之賞罰，三報之大略也。」總之，惡有惡報，善有善報，遲早必報，這是佛教基本的報應信仰。137險趣　在佛教中又作惡趣，即將會受到惡報的趣向。趣，趣向。138神者可以感涉二句　謂神是可以通過心靈而感應，不能通過形跡強求到的。感涉，即心靈感應。迹，可見可聞之行跡。139幽路咫尺　冥冥中的感應之路很近。幽路，通幽之路。咫尺，喻近。140津　渡口；路徑。141僉心西境　謂全心全意嚮往西方極樂世界。僉心，全心全意。西境，即西天極樂世界。142欣歡百於子來　謂比生了兒子還要高興百倍。143疑　通「凝」。144景績參差　謂各人的條件績修參差不齊。景，處境。績，功業；業績。參差，高低不齊。145雲嶠　即員嶠。古代神話傳說中的海中仙山。《列子・湯問》：「渤海之東不知幾億里，有大壑焉，……其中有五山焉：一曰岱輿，二曰員嶠，三曰方壺，四曰瀛洲，五曰蓬萊。其山高下周旋三萬里，其頂平處九千里，……所居之人皆仙聖之種。」按，這裡用中國固有傳說的仙境代稱西方淨土世界。146兼令　猶兼人之令譽，即勝過、超過別人的美名，也即爭強好勝之心。《論語・子路》：「由也兼人，故退之。」兼人，謂子路好勝，總想勝過別人。147彙征　《易・泰》：「初九：拔茅茹，以其彙，征吉。」孔穎達疏：「彙，類也，以類相從。」「征，行也。」後因以「彙征」謂連類而進。148藉芙蓉　藉，原作「籍」，大正藏本作「藉」，據此及文意校改。芙蓉，原作「扶容」，大正藏本作「芙蓉」，據此及文意校改。在彌陀淨土信仰中認為，信徒祇要虔誠，死後靈魂在冥間「轉生」時，阿彌陀佛（又稱無量壽佛）及其侍者觀世音菩薩、大勢至菩薩就會來將之接引到西方淨土，「皆於七寶水池蓮華中化生」（《阿彌陀經》）而成佛。所以劉遺民此誓詞中有此說。下文「藉芙蓉於中流，蔭瓊柯以詠言，飄雲衣於八極，藹香風以窮年，體忘安而彌穆，心超樂以自怡」等句都是對化生成佛而入淨土世界的「極樂」情景的描述。「藉芙蓉於中流」一句從字面看，謂憑藉芙蓉而浮於中流。但聯繫到他們在無量壽佛前建齋立誓，及上文「形由化革」，下文「蔭瓊柯以詠言，飄雲衣於八極，藹香風以窮年，體忘安而彌穆，心超樂以自怡」等句，則其義謂，憑藉蓮花而化生於中流。語出《阿彌陀經》，即是按彌陀信仰來說的。149體忘安而彌穆　謂忘記了自己的安危反而會更加靜穆安逸。150臨三塗而緬謝　塗，即途。三塗，謂三種惡趣：一火途，屬地獄道，猛火所燒之處；二血途，屬畜生道，互相殘食之處；三刀途，屬餓鬼道，以刀劍逼迫之處。簡稱地獄、畜牲、餓鬼三塗。緬謝，遠遠地謝絕，亦即遠離。此句謂雖身臨三塗而遠離之，即擺脫墮落的危險，超脫輪迴。151指太息以為期　太息，即永久的安息。指太息以為期，謂以永久的安息為期望的目標。按，在這裡實指以成佛而昇入西方淨土為歸宿。152信宿　宿，一天一夜為一宿。信宿，即兩天兩夜。153席隅　席位的角落。154定　這裡指慧遠的定力。155殷仲

堪　東晉陳郡（治所在今河南淮陽）人，係東晉士族，孝武帝時先為黃門侍郎，太元十七年（西元三九二年）任荊州刺史，總督荊、益、梁三州軍事，坐鎮江陵。隆安二年（西元三九八年）與桓玄起兵進攻建康，殺把持朝政的司馬道子。次年，桓玄兼併荊州，他戰敗自殺。《晉書》有傳。殷仲堪深於玄學，信奉天師道，《世說新語・文學》載：「殷仲堪精核玄論，人謂莫不研究。」自述「三日不讀《道德經》，便覺舌本間強」。156易體　《周易》的根本意蘊。《世說新語・文學》載有：「殷荊州曾問遠公：『《易》以何為體？』答曰：『《易》以感為體。』殷曰：『銅山西崩，靈鐘東應，便是《易》耶？』遠公笑而不答。」157移景　景，日光。移景，猶移日。謂日影移動，時間長久，《史記・武安侯列傳》：「當是時，丞相入奏事，坐語移日，所言皆聽。」158實難庶幾　謂實在難以企及。庶幾，幾乎。159王謐　字稚遠，王導之孫，武岡侯王協之子，少有美譽，拜秘書郎，襲父爵，遷秘書丞，歷中軍長史、黃門郎、侍中，深受桓玄器重。元興元年（西元四〇二年）桓玄把持朝政，任他為中書令、領軍將軍、吏部尚書，又遷中書監，加散騎常侍，領司徒。桓玄篡政，又加封他為武昌顯開國公。他曾識劉裕於微賤時，稱之為「卿當為一代英雄」。後劉裕打敗桓玄而主朝政，對他又以本官加侍中，領揚州刺史、錄尚書事。但因他曾參與桓玄篡政，有朝不保夕之懼，受族弟王湛誘使出奔欲謀亂。劉裕將他追回，不但不加罪，還讓他官任原職。義熙三年（西元四〇七年）十二月卒，時年四十八。他篤信佛教，當桓玄提出沙門應當禮敬王者時，他多次予以反對，與慧遠一樣力持沙門不應當禮敬王者。他曾多次致書鳩摩羅什，請教有關般若、涅槃、法身等佛學問題，對慧遠也相當尊重。《晉書》有傳。160王默　王導之孫，建威將軍、吳國內史王劭之子，與王謐為堂兄弟，任吳國內史，加二千石。161耳順　猶耳順之年。《論語・為政》：孔子「六十而耳順」。後遂以「耳順」為六十歲的代稱。162檀越　佛教語。即施主。163履順而遊性　履順，行道順暢。這裡指行動便利。遊性，謂悠然任性，人生適意。164乘佛理以御心　謂以佛理涵養心性。165遐齡　謂高齡。166盧循　字于先，小名元龍，出身士族，是司空從事中郎盧諶的曾孫，東晉范陽涿縣（今河北涿縣）人，他的父親盧嘏與慧遠曾同為儒生。據《晉書・盧循傳》，慧遠在盧循年少時，「見而謂之曰：君雖體涉風素，而志存不軌」。後盧循娶孫恩的妹妹為妻，參加孫恩起義。孫恩死後，眾人推盧循為首，元興二年（西元四〇三年）攻佔永嘉，被朝廷授為永嘉太守。後被劉裕討伐，盧循率兵泛海奔番禺，元興三年（西元四〇四年）佔領廣州，自號平南將軍，次年又向朝廷進貢，得以受任廣州刺史。在此期間，他曾派人贈送嶺南荔枝到廬山給慧遠，慧遠曾致書致謝。義熙六年（西元四一〇年）他趁劉裕北伐南燕的機會，與妹婿劉道覆起兵北上，打敗何無忌，占領豫章、潯陽。他與慧遠重新見面，當即在這時。此後，他又順流而下，進兵都城建康，但多次被劉裕擊敗，且被劉裕襲取廣州，迫使他回師。義熙七年（西元四一一年）他轉戰至交州，被劉裕擊敗而投水自殺。劉裕將他全家擒獲，全部殺死，首級送京師。《晉書》有傳。[167]循父嘏　盧循的父親盧嘏。據《晉書‧盧循傳》，他在義熙七年（西元四一一年）盧循敗亡後，被劉裕擒獲斬首。[168]問　原本作「介」，大正藏本作「問」，據此及文意校改。[169]宋武　即宋武帝劉裕，字德輿，小字寄奴，彭城（今江蘇徐州）人，遷居京口（江蘇鎮江），生於西元三五六年，卒於西元四二二年。他幼年貧窮，以販鞋、種田、捕魚為生，為人果斷勇武而有智謀，後參加京口劉牢之的北府兵為將領，從劉牢之鎮壓孫恩起義。義熙元年（西元四〇五年）因擊敗桓玄有功，封爵晉公，掌握東晉軍事大權。後又北伐，滅南燕，於義熙七年（西元四一〇年）回師攻殺盧循，旋又西進巴蜀，消滅四川的割據勢力。後又出兵關中，消滅後秦。官至相國，受封為宋王。東晉恭帝（司馬德文）元熙二年（西元四二〇年），他以禪讓的方式代晉稱宋，建立劉宋王朝，從此晉朝滅亡，開始了南北朝的南朝時期。他追討盧循，設帳桑尾，向慧遠「遣使賫書致敬」當在義熙六年。《宋書》、《南史》均有傳。[170]素王　猶素主，金陵刻經處本「王」字作「主」字，即一向為廬山之主。[171]世表之人　猶世外之人，謂超然出世，不過問世俗之事的人。[172]經流江東　謂佛經向長江南岸地區傳播。經，指佛經。流，傳播。[173]道　這裡指佛法。[174]逾越沙雪　謂越過沙漠、雪山。[175]反　即返回。[176]曇摩難提　參見本書卷一〈曇摩難提傳〉。[177]阿毗曇心　即《阿毗曇心論》。阿毗曇是梵語 Abhidharma 的音譯，意譯為無比法或對法，原是稱謂佛教三藏中的論藏部分，主要是對小乘佛教經典《阿含經》的論述之學。[178]僧伽提婆　參見本書卷一〈僧伽提婆傳〉。[179]晉太元十六年　即西元三九一年。[180]制序標宗　謂作序並揭示宗旨。按慧遠所作〈阿毗曇心序〉今存《出三藏記集》，揭示了慧遠自己的佛教哲學思想，故謂之「標宗」。其中說：「發中之道，要有三焉：一謂顯法相以明本，二謂定己性於自然，三謂心法之生，必俱遊而同感。」[181]羅什　即鳩摩羅什，參見本書卷二〈鳩摩羅什傳〉。[182]姚左軍　即姚嵩，他是姚秦國君姚興的弟弟，封爵安成侯，任司隸校尉、左將軍，故稱姚左軍。與姚興一樣，他也崇奉佛教。鳩摩羅什的著名弟子僧肇〈百論序〉記載，他「博涉內外，理思兼通，少好大道，長而彌篤」。鳩摩羅什初譯《百論》，因「方言未融」，自己不甚滿意，後由姚嵩邀集沙門和鳩摩羅什考校正本，「陶練覆疏，務存論旨，使質而不野，簡而必詣。」《百論》是大乘中觀學派的基本論著「三論」之一（另二論是《中論》和《十二門論》，亦係鳩摩羅什所譯）。他又曾禮請鳩摩羅什譯《妙法蓮花經》，與沙門一千二百人禮請鳩摩羅什在長安大寺譯《維摩詰所說經》。有〈謝後秦主姚興珠像表〉、〈上後秦主姚興佛義表〉，見《廣弘明集》卷一八。[183]江湖難寘　喻道路阻隔，難以通行。寘，即填。[184]形乖　謂身不由己，力不從心。指慧遠由於道路難行，未能與鳩摩羅什會面。乖，違背。[185]頃　原本作「須」，大正藏本作「頃」，據此及文意校改。[186]否通之會　謂由音訊隔絕到音訊相通之際。否，否隔；隔絕不通。通，通達。[187]遺　原本作「遣」，據大正藏本及文意校改。[188]旃檀　梵語 chandana 的音譯，即檀香。(189)摩尼　梵語，又作末尼，珠的總稱，如珠、寶、如意等。《大般涅槃經》卷九：「如摩尼珠，投之濁水，水即為清。」(190)報　原本作「執」，大正藏本作「報」，據此及文意校改。(191)八正　佛教語。即八正道：正見、正思惟、正語、正業、正命、正精進、正念、正定。(192)三寶　佛教以佛、法、僧為三寶。(193)滿願　即滿願子，又作滿慈子，梵語 Purna Martrayaniputra 的意譯，音譯富樓那彌多羅尼子，又作富樓那或富婁那，如來十大弟子中最善於說法的阿羅漢。《增一阿含經》卷三說：「能廣說法，分別義理，所謂滿願子比丘是。」《法華經·授記品》：「佛告諸比丘，汝等見是富樓那彌多羅尼子？我常稱其於說法人中最為第一。」他初出家即證阿羅漢果，後由小乘轉向大乘佛教，授記未來成佛，佛號法明如來。按慧遠在這裡引用他的名，主要是借指善於宣講佛法。(194)龍樹　印度古代大乘佛教中觀學派創始人，約三世紀時在世。據《龍樹菩薩傳》、《付法藏因緣傳》卷五載，他是南印度人，屬婆羅門種姓，自幼誦四吠陀典各四萬偈，每偈四十二字，並領會其意。他在青年時已是婆羅門教的著名學者，舉凡世間技藝、天文地理、圖緯秘讖及各種道術，無不精通。後來他皈依佛教，精通三藏，入雪山佛塔，遇一老比丘授之以大乘佛經。此後他又周遊諸國，尋求其他經典，並與外道辯論，無有不勝。據說他曾入海龍王宮，受大龍菩薩所贈「方等深奧經典，無上妙法」（按即大乘經典之義，方等一詞參見本篇「方等」條注）。當時南天竺王信奉婆羅門教，攻擊佛教，他前往教化，使國王放棄婆羅門教信仰，皈依佛教。他在印度大力傳教，使大乘般若性空學說風靡全印度。他的著作很多，有「千部論主」之稱，主要有《中論》、《十二門論》、《大智度論》。(195)比量衣裁　謂按照已有衣服的式樣裁製衣服。這裡指慧遠贈送給鳩摩羅什的袈裟。(196)登高座為著之　登高座，即登座講經。著之，穿它。(197)天漉之器　即漉水囊、漉水袋，用於濾去水中的蟲、沙等雜物，因為比丘行路所得飲用水多為天然水，不免多含雜物，有礙健康，故漉水囊成為比丘衣具六物即法物之一。唐道宣《四分律刪繁補闕行事鈔·衣總別》謂：「三，漉水袋法，物雖輕小，所為極大，出家慈濟，厥意在此。」(198)法物　謂比丘隨身必具的衣物器具，如袈裟、澡瓶（參見本篇「澡罐」條注）、漉水囊等等，因為這些衣物器具是僧人的生活必需品，直接與僧人生活和僧人戒律相關，故謂之法物。(199)和南　梵語 Vandana 的音譯，稽首、敬禮之義。劉宋贊寧《僧史略》：「若西域相見則合掌，稱和南。」(200)復　原本作「知」，大正藏本作「復」，據此及文意校改。(201)澡罐　又稱澡瓶，僧人洗滌用的水罐，係僧人法物之一。(202)染樂　佛教將世俗生活對人的心靈的影響稱為「染」，猶如潔淨的布被染上了色。染樂，即指世俗的歡樂，例如聲色之樂。(203)空相　與實相相對的概念，謂不實之假相、幻相，泛指世俗事物，因為佛教認為這一切均屬無常，無常即空相，又稱畢竟空。(204)法識　即康法識，參見本書卷四〈竺法潛傳〉所含康法識事跡。(205)今輒略問數十條事　慧遠與鳩摩羅什的問答，今存《大乘義章》十八章。(206)悟宗匠　謂悟得佛教終極真理的大師，即先知先覺。

慧遠〈沙門不敬王者論・形盡神不滅〉謂：「向使無悟宗之匠，則不知有先覺之明，冥傳之功，沒世靡聞。」宗，指佛教的究竟實相或真理。207 玄契　冥契；默契。這裡指體悟到佛教的究竟實相、終極真理。契，契合。208 來　原作「末」，據大正藏本及文意校改。209 弗若多羅　參看本書卷二〈弗若多羅傳〉。210 十誦　指《十誦律》。參看本書卷二〈弗若多羅傳〉。211 曇摩流支　參見本書卷二〈曇摩流支傳〉。212 曇邕　慧遠的弟子，曾為慧遠給鳩摩羅什送信往返十數年，參見本卷〈釋曇邕傳〉。213 葱外　謂葱嶺以西的外國。葱，即葱嶺之略稱，古代對今帕米爾高原和崑崙山、天山西段的統名，漢代屬西域都護管轄。《漢書・西域傳》：「東則接漢，阸以玉門、陽關，西則限以葱嶺。」214 泥洹常住　謂泥洹這種實相永恆存在。泥洹，梵語Nirvana的音譯，又譯作「泥日」，後通行的譯名為「涅槃」，意為「滅」、「滅度」、「寂滅」、「無為」，是佛教修行所要達到的最高境界，但佛教各派對它的看法存在異同，一般指超脫生死輪迴而後獲得的精神境界。佛教認為人之所以處於不斷的生死輪迴中，原因即在於人有各種世俗欲望和諸如是非善惡利害等等的分別揀擇之心，以及由世俗欲望支配的行為，即「業」。泥洹或涅槃即是斷滅這些欲望煩惱而達到無生死、無是非、無思無慮無為的「寂滅」心境。小乘佛教的泥洹，實際就是擺脫肉體生命這個「臭皮囊」，即死；但大乘佛教則一般以「諸法實相即是涅槃」（《中論・觀法品》）。按，在慧遠的佛教哲學中，它又被稱作「神」。參見本篇下文「冥神絕境，故謂之泥洹」及注。常住，永恒存在。在大乘佛教中即指無生無死。215 佛是至極二句　謂佛是究竟實相，既然如此，便永恒不變。至極，達到終極。這裡指終極實相、究竟實相，猶世界的本原、本體。則無變，大正藏本「則」字前有「無變」二字。216 至極以不變為性二句　謂終極實相具有永恒不變的本性，要悟得這個本性就當以體悟終極實相為宗旨。217 邊國　邊遠之國。這裡指中國，因相對於佛教的發源地和中心，中國屬其邊遠之國。218 姚興　字子略，南安赤亭（今甘肅隴西）人，羌族，生於西元三六六年，卒於西元四一六年，東晉十六國時期後秦（又稱姚秦）高祖，係後秦建立者太祖姚萇的長子，公元三九四年繼位，在位二十二年，都城長安（今陝西西安）。他曾滅前秦、西秦、後涼國，與北魏、東晉相抗衡。在位期間，比較注意發展農業生產，曾釋放自賣為奴的平民，興辦學校。他篤信佛教，曾邀鳩摩羅什入秦，讓他在逍遙園中講經、譯經，並集中了當時許多造詣很高的佛教學者，他本人則經常聽講經義，與鳩摩羅什探討新譯佛經。他的支持對鳩摩羅什的譯經和中國佛教的傳播有重大歷史作用。他本人也有佛教著述，如〈通三世論（諮什法師）〉、〈通不住法住般若〉、〈通聖人放大光明普照十方〉、〈答安成侯姚嵩〉等，見《廣弘明集》。《晉書》、《魏書》皆有傳。219 信餉　謂派遣使者饋贈禮物。信，中國古代稱使者為信。《史記・韓世家》：「發信臣。」《三國志・魏武帝紀》：「(馬)超等屯渭南，遣信求割河西以請和。」餉，饋贈。220 變像　又作變相。變，指描繪佛經故事的圖畫。221 款心　即懇摯尊敬之情。款，真誠；懇摯。[222]姚嵩　姚興的弟弟，參見本篇「姚左軍」條注。[223]大智論　即《大智度論》，龍樹著，鳩摩羅什譯，是般若中觀學派的重要論著。[224]方等　即指佛教大乘。按，在大乘佛教中，方等一詞用於概稱一切大乘教經典。方，謂方正。等，謂平等。[225]推謝　推辭；謝絕。[226]懷大非小褚所容二句　謂所要裝的東西太大，就不是小囊袋可以容得下；所要汲取的井水太深，就不是短繩子所能夠得到。此處所表達的是心有餘而力不足的意思。褚，囊袋。原作「堵」，大正藏本作「褚」。按，此二句原出《莊子・至樂》：「褚小者不可以懷大，綆短者不可以汲深。」據以校改。[227]觸事有廢　謂遇到其他要辦的事情時，不得不把正在進行中的事停下來。這裡指慧遠在寫作〈大智論序〉的過程中，經常因事而停頓。[228]不復屬意已來　謂不再記得清以前所做的事。這裡指慧遠在寫作〈大智論序〉的過程中因事而停頓，再來續寫時，又記不清以前所寫的內容、思路或所看的《大智論》的內容了，必須重新開始，所以花了較長的時間。[229]粗綴所懷　謂祇是粗疏地寫出自己所想到的內容。[230]初學難尋　謂初學者面對卷帙浩繁而又新出的《大智度論》難以尋找到全書的要義所在。按《大智度論》有一百卷之多，的確卷帙浩繁。[231]序致淵雅　謂慧遠為《大智論》所作的序文概括出了原文深廣的含義且文辭準確雅致。淵雅，深廣高雅。[232]桓玄征殷仲堪　東晉隆安二年（西元三九八年）桓玄聯合兗州刺史王恭、荊州刺史殷仲堪起兵討伐專擅朝政的會稽王司馬道子及其子司馬元顯。王恭兵敗被殺。朝廷為穩住桓玄，授予他江州刺史之職。次年，即東晉隆安三年（西元三九九年），桓玄轉而進攻荊州刺史殷仲堪。結果攻殺殷仲堪，奪得荊州。他軍經廬山，拜會慧遠，當在隆安三年。[233]不堪　不能。[234]不敢毀傷二句　謂自己的身體乃至皮膚、毛髮都是父母所給，非但不能而且不敢使之受損，乃是孝道的基始。怎麼竟然把頭髮剃光了呢？這豈不是大不孝嗎？按，這是桓玄據中國固有的《孝經》和孝道倫理，對慧遠也是對佛教所提出的責難，是當時的一種有力的責難，直接關涉到佛教之在中國能否生存的重大問題。不敢毀傷，語出《孝經》：「身體髮膚，受之父母，不敢毀傷，孝之始也。」[235]見願　謂表明願望。見，即現。願，願望。[236]震主之威　震動皇帝的地位使之動搖的權勢威望。[237]勸令登仕　謂勸說慧遠出來做官。[238]玄欲沙汰眾僧　事在元興元年（西元四〇二年）。先是東晉宗室司馬元顯稱詔討伐桓玄，桓玄舉兵東進，於元興元年三月攻入京師建康（今江蘇南京），殺司馬元顯，自命為侍中、丞相，不久又自命為太尉，專斷朝政。他認為「佛所貴無為，殷勤在於絕欲，而比者陵遲，遂失斯道」，下令沙汰僧尼。即為了整頓、清理僧尼，清除不合他要求的僧尼，使之罷道還俗。[239]陵遲　原意為由高向低而呈現的斜而平的樣子，引申為走下坡路，即衰頹。[240]廣玄條制二句　桓玄「與僚屬沙汰僧眾教」（見《弘明集》卷一二）中說，祇有一、「能伸述經誥，暢說義理」，即能講述佛教義理的僧人；二、「禁行修整，奉戒無虧，恒為阿練若者」，即嚴守戒律的僧人；三、「山居養志，不營流俗者」，即隱居山林的僧人，這三種僧人不在沙汰之列，其餘均當「罷道」還俗。如果這樣實行，那麼能保存的僧人在數量上將要大減。慧遠在〈與桓太尉論料簡沙門書〉（見《弘明集》卷一二）基本同意桓玄的主張，但又提出具體建議，說，一、「禪思入微」，即如法修習禪定者；二、「諷味遺典」，即能讀經學佛者；三、「興建福業」，即修建寺塔、營造佛像、祭舍利者，均應保護。同時又提出，應允許「族姓弟子」，即士族子弟自由出家。桓玄採納了慧遠的建議。這樣一來，慧遠也就將桓玄所願保護僧人的範圍擴大了，這就是「廣玄條制」，即擴大了桓玄保護僧人的限制。由此也可以知道慧遠對桓玄政策的影響。241 成帝幼沖　東晉成帝司馬衍，字世根，明帝長子，生於西元三二一年，卒於西元三四二年。太寧三年（西元三二五年）明帝崩，成帝即位，時僅四歲，以皇太后庾氏臨朝稱制，司徒王導錄尚書事，與中書令國舅庾亮參輔朝政。成帝咸康五年至六年（西元三三九年至三四〇年），王導、庾亮先後去世，由庾冰、何充輔政。成帝在位十八年，死時僅二十二歲。幼沖，即年幼。242 庾冰　庾亮之弟，字季堅，潁川鄢陵（今河南鄢陵）人，生於西元二九八年，卒於西元三四四年。歷任秘書郎、吳國內史、振威將軍、揚州刺史、都督揚豫兗三州軍事、征虜將軍，咸康五年（西元三三九年）王導死，其兄庾亮固辭不再輔政，即由庾冰與何充出而輔政，任中書監。據《晉書・庾冰傳》說，他當此重任，經管朝政，不分晝夜，賓禮朝賢，昇擢後進，朝野注目，咸稱「賢相」。他為人清慎，以儉約自律，死後「室無妾媵，家無積私」。243 沙門應敬王者　謂僧人應當像一般人一樣服從朝廷禮法，向王者行禮致敬，諸如跪拜等等。按，庾冰輔政後，於咸康六年（西元三四〇年）曾代成帝擬詔，下令沙門應當禮敬王者，說：「因父子之敬，建君臣之序，制法度，崇禮秩」，故有「名禮之設」，然而「佛」究竟有沒有，卻是令人懷疑，但僧人卻已「矯形骸，違常務，易典禮，棄名教」，則有使「禮棄於一朝」的危險，是不能允許的。同時，即使僧人，也「皆晉民也，論其才智，又常人也」，所以，為了維護朝廷禮法和中國固有儒家倫理的核心，即忠君孝親的「名教」，僧人也應像常人一樣服從朝廷禮法，禮敬王者，不允許借外國傳來的佛教以違背禮法和名教（全文見《弘明集》卷一二，附在〈晉尚書令何充等執沙門不應敬王者〉奏章後）。庾冰的這一政策，受到同樣是輔政大臣的何充的反對，結果未能實行而不了了之。待到桓玄執政後，這個問題便又重新提出。按這是東晉佛教史，也是東晉思想文化史上的一件大事。244 何充　字次道，廬江灊縣（今安徽霍山縣東北）人，生於西元二九二年，卒於西元三四六年。富於文采，歷任會稽內史、侍中、驃騎將軍、揚州刺史、冠軍撫軍、尚書令，受爵都鄉侯，成帝、康帝（司馬岳，西元三四三至三四四年在位，僅兩年，據《晉書》，他五歲薨）時為輔政大臣，與庾冰共同輔政。庾冰死後，則由他一人輔政。穆帝（司馬聃，西元三四五至三六一年在位，即位時年僅二歲）即位後，由他專輔幼主。他篤信佛教，《晉書・何充傳》說他性好釋典，大肆修建寺廟，供給沙門以百數，糜費巨億而毫不吝惜，但是他的親友貧困向他告貸，他卻一毛不拔，「以此獲譏於世」。他的弟弟何準是穆章皇后的父親，但不願做官，閑居在家，「唯誦佛經，修營塔廟而已」（《晉書・何準傳》）。他們兄弟也因此而受到時人「二何佞於佛」的譏刺（見《世說新語・排調》）。庾冰代成帝所擬沙門應敬王者的詔書發出後，何充等人加以激烈反對，曾兩次上奏，認為佛教「五戒之禁，實助王化」，且佛教「興自漢世，迄於今日，雖法有隆衰，而弊無妖妄，神道經久，未有其比也」，佛教的因果報應說可以制約人的操行，不但對王者、名教毫無危害，反而能起到「上俾皇極」即有助於鞏固皇權的作用，因而，應當聽任僧人不敬王者（見《弘明集》卷一二晉何充等〈沙門不應盡敬表〉）。《晉書》有傳。245 褚昱　昱，《弘明集》卷一二晉何充等〈沙門不應盡敬表〉、金陵刻經處本等諸本均作「翌」，大正藏本作「昱」。按，《弘明集》卷一二晉何充等〈沙門不應盡敬表〉寫道：「……散騎常侍左僕射長平伯臣翌……等言」云云。考《晉書》、《世說新語》等書均既無「褚翌」亦無「褚昱」之名，但《晉書》卷七〇有〈褚翜傳〉，記褚翜官銜道：「以功封長平縣伯，遷丹陽尹。時京邑焚蕩，人物凋殘，褚翜收集散亡，甚有惠政，代庾亮為中護軍，鎮石頭（引者按即當時建康門戶石頭城），尋為領軍，徙五兵尚書，加奉車都尉，監新宮事，遷尚書右僕射，轉左僕射，加散騎常侍。久之，代何充為護軍將軍，常侍銜如故。咸康七年（西元三四一年）卒，時年六十七，贈衛將軍，謚曰穆，子希，嗣，官至豫章太守。」按「長平縣伯」即長平伯（爵）。兩相參比，則可推知「褚昱」、「褚翌」應是《晉書》所稱的「褚翜」，否則，像這樣的伯爵和輔政大臣，且死後得「謚」，兒子襲爵者，在《晉書》中不會無傳。自然，這衹是推知，尚待進一步考證，故一仍原本「昱」字，以備再考。246 諸葛恢　字道明，琅邪（一作瑯）陽都（今山東沂南）人，生於西元二八四年，卒於西元三四五年。初任臨沂令，晉室過江後，其名亞於王導、庾亮，東晉元帝（司馬睿，西元三一七至三二二年在位）任會稽（今浙江紹興）太守；明帝（司馬紹，西元三二三至三二五年在位）歷任侍中、尚書右僕射、尚書令；成帝即位後，任侍中、金紫光祿大夫，受爵建安伯；成帝死後，受命為輔政大臣。他支持何充，曾兩次與之聯名上奏反對庾冰，而主張沙門不敬王者。《晉書》有傳。247 官議悉同充等　謂眾官討論的結果一致同意何充等人的主張。按此事實經由禮官詳議，博士們同意何充等人的主張，而中書侍郎則支持庾冰的主張，為此何充等人才兩次上奏反對沙門應敬王者的旨義。雖經反覆辯論，而無結果。248 門下承冰旨為駮　謂庾冰的門下秉承庾冰的意旨加以反駁。駮，即駁，反駁。249 竟　結果。250 姑熟　即姑孰，古城名。晉時置城戍守，因臨姑孰溪而得名，治所在今安徽當塗。251 與八座書　八座，東晉時以吏部、祠部、五兵部、左民部、度支部五部尚書，及尚書左僕射、尚書右僕射和尚書令，共為八座。桓玄〈與八座書〉繼承了庾冰的立場和理由，同時又進一步依據王弼本《道德經》所說「道大，天大，地大，王亦大。域中有四大，而王居其一」的觀念，認為國君猶如天地，孳生萬物，包括僧人在內，故「沙門之所以生生資存，亦曰用於理命，豈有受其德而遺其禮，沾其惠而廢其敬哉？既理所不容，亦情所不安」。從而，沙門禮敬王者，就應是天經地義的事，否則於理於情都是不妥的（見《弘明集》卷一二桓玄〈與八座論沙門敬事書〉）。252 啟化表之玄路　啟，開啟。化表，世俗教化之外。玄路，通玄之路。謂佛教開啟了世俗教化之外的通玄之路。253 兼忘之道　謂物我兩忘之道。254 鉢盂非廊廟之器　廊廟，即朝廷。謂僧人所用的鉢盂本不是朝廷上所用的東西。255 恥即外從　謂以服從他人為恥。256 趑趄未決即猶豫不決。257 玄篡位　東晉安帝（司馬德宗，西元三九七至四一八年在位）元興二年（西元四〇三年）十二月三日，桓玄篡位稱帝，改元永始。此時，他為了取得佛教僧人和世俗信徒的支持，特下詔書允許沙門不禮敬王者（見《弘明集》卷一二桓玄〈許沙門不致禮詔〉）。258 奉法　謂奉行世俗禮法，也即遵奉朝廷王法。259 順化　謂順從世俗教化。這裡指孝親忠君的儒家教化。260 情未變俗二句　謂未出家的人沒有改變自己的習俗，因而形跡與世俗之內的人一樣。261 天屬之愛　謂屬於自然的愛，如父子之愛。按中國古代禮儀原本家族倫理，而家族倫理本於血親關係的天然之情，故有此說。262 奉主之禮　謂尊奉君王的禮儀，如朝見君王時的三跪九拜、口呼萬歲之禮。263 禮敬有本二句　謂儒家禮教有自己的根據和根本，世俗的教化便是根據它而制定。264 遁世　謂逃離俗世。265 服章　謂衣服的樣式。266 高尚其迹　謂在行為上與世俗風尚不同而超越之。高尚，高出世俗的風尚。267 拯溺俗於沉流二句　謂將沉溺於世俗貪欲有如沉於河底眼看就要溺死的人們拯救出來，將大道之根本從重重劫難中超拔出來。玄根，大道的根本。268 通三乘之津　謂通向三乘的途徑。三乘，在佛教中，指引導眾生達到解脫的三種方法或途徑，一般指聲聞、緣覺、菩薩（或佛）。津，途徑。269 道洽六親　謂給家族親屬帶來榮耀，猶光宗耀祖，門第生輝。洽，潤澤。六親，中國古代所認為的六種親屬關係，但所指不一，《新書・六術》以父、昆弟、從父昆弟、從祖昆弟、曾祖昆弟、族昆弟為六親；《漢書・賈誼傳》顏師古注以父、母、兄、弟、妻、子為六親；《道德經》王弼注以父、母、兄、弟、夫、婦為六親；杜預注《左傳》以父子、兄弟、姑姊、甥舅、婚媾、姻婭為六親；《史記》張守節《正義》以外祖父母、父母、姊妹、妻兄弟之子、從母之子、女之子為六親。270 協契皇極　謂與皇帝的標準正相契合。但在本文中含有特殊含義，又指與天、地二儀同為一極（按極猶儀）而相契合。按，桓玄在〈與八座論沙門敬事書〉（見《弘明集》卷一二）中說：「《老子》同王侯於三大。原其所重，皆在於資生通運，豈獨於聖人在位而比稱二儀哉？將以天地之大德曰生，通生理物，存乎王者。敬尊其神器，而禮實惟隆，豈是虛相崇重，義存君御而已哉？沙門之所以生生資存，亦曰用於理命，豈有受其德而遺其禮，沾其惠而廢其敬哉？既理所不容，亦情所不安。」意思是說，皇帝與天地一樣，養育了萬民，沙門也包含在內，受其「資生」，而「沾其惠」。既然如此，沙門就與普通人民一樣，也就必須與普通人民一樣禮敬帝王。按《道德經》有「道大，天大，地大，人亦大。域中有四大，而人居其一焉」的話，但晉・王弼本則寫作「道大，天大，地大，王亦大。域中有四大，而王居其一焉」。桓玄所據即王弼本《道德經》的說法，以此作為「沙門應敬王者」的理由，所以慧遠也用「協契皇極」一語。但慧遠之「協契皇極」一語實指佛教的作用與皇帝的標準一樣，所以佛教應與皇帝平起平坐，分庭抗禮，而這個標準的內容，則是「在宥生民」(詳下「在宥生民」條注)，即人民本身已秉賦了天地之性，理應自適其性，各得其所，而不是以皇帝的標準為標準，這與桓玄借王弼本《道德經》所謂「王亦大」之語而強調「沙門應敬王者」的「皇極」有立論基礎和目標的不同，也就是詞同而意不同。協契，即契合融洽。皇極，極，標準之義，古代帝王以自己所施政教為中正，而立為法式或標準，故稱皇極。《尚書・洪範》：「五、皇極，皇建其有極。」271 在宥生民　謂統治者應由人民按自己的天性和方式生活，而不加干涉，即無為而治，因為人民本身秉賦了天地之性，是天地的兒女，應順乎自然，各適其性，各得其所。語出《莊子・在宥》：「聞在宥天下，不聞治天下也。在之也者，恐天下之淫其性也；宥之也者，恐天下之遷其德也。天下不淫其性，不遷其德，有治天下者哉？」《莊子》認為，不存在可以「治」天下的人，統治者祇是「盜」天下的人。在，猶存在；生存。宥，即寬宥，不加干涉。生民，即人民。272 內乖天屬之重二句　謂在家族內部雖違背了天然的人倫親情之重，但是卻沒有違背孝道。按，這是針對僧人出家而言，據儒家倫理，諸如不能侍奉父母(孝親)、無子(《孟子》說「不孝有三無後為大」)都是罪過，而僧人出家便不能像世俗之人一樣在家侍奉父母、娶妻生子承續香火，以完成天然的倫理之重任，所以慧遠謂之「內乖」。但慧遠認為這並沒有違背孝道，其理由是如果一人出家而能「全德」，也可以光宗耀祖，澤被天下，有助朝廷，這也是「孝」。由此可見，慧遠是在竭力調和佛教和中國倫理之根本的孝道關係，從而也就不得不對中國傳統的「孝」作廣泛的解釋，而使之鬆動。內，這裡指在家族內部。乖，違背。273 外闕奉主之恭二句　謂在家族外部，雖然缺少了對君主的恭敬之禮，但卻並沒有不敬。按其理由類同「內乖天屬之重，而不違其孝」。274 反本求宗　返回本原，尋求佛教的終極實相。反本，即返本還原。求宗，這裡指尋求「宗極」，即佛教之終極實相。275 不以生累其神　謂不因肉體而累及精神，也就是要超越肉體生命和生活的需求，不因之而煩惱。生，即身體；肉體。276 不以情累其生　謂不因為世俗情欲而累及身體，也就是要去除世俗情欲。情，即情欲和世俗情感，諸如因世俗生活中的得失榮辱而生的喜怒哀樂。277 其生可滅　謂肉體生命是可以死亡的。278 冥神絕境二句　謂無思無慮斷絕外境，所以稱作泥洹。冥神，即無思無慮的心理狀態，這種心理狀態在佛教中稱為寂滅。絕境，心斷絕與身所處的環境的聯繫，不被感染，在佛教中這是寂滅的前提和一種內在體驗。冥神絕境，即寂滅。泥洹，即涅槃，參見本篇「泥洹」條注。279 抗禮萬乘　謂佛教僧人與皇帝之間以平等的禮節相對待。這是佛法平等的一種表現。抗禮，亦作亢禮，意為以平等的禮節相對待，即分庭抗禮。萬乘，指皇帝。[280]出處　謂在朝為宦或隱居山林。出，出仕；入世。在朝市任職。處，隱居。《周易・繫辭上》：「君子之道，或出或處。」[281]誠　原本作「成」，《弘明集》卷五所收〈沙門不敬王者論〉作「誠」，據此及文意校改。[282]終期必同　謂最終的期望一定相同。[283]識神馳騖二句　謂業識和神靈各自驅馳，是能各自東西而相分離的。識，這裡指由世俗情欲貪愛所支配的認識能力和認識活動，佛教中又稱之為業識、無明，它的對象是有形有變的世俗現象，因而有精有粗性質各異，是會隨著肉體的死亡而消失的。慧遠〈沙門不敬王者論・形盡神不滅五〉說：「有情則可以感物，有識則可以數求。數有精粗，故其性各異，智有明暗，故其照不同。」這些都是世俗現象，其中「情」指世俗的情欲貪愛，「數」指有形有始終有變化過程的世俗事物，「智」即指業識。慧遠〈明報應論〉又說：「夫因緣之所感，變化之所生，豈不由其道哉！無明為惑網之淵，貪愛為眾累府。」，這裡「無明」也就是業識。神，即神靈，慧遠〈沙門不敬王者論・形盡神不滅五〉說：「夫神者何焉？精極而為靈者也。精極則非卦象之所圖（引者按，即不是八卦或六十四卦所可以畫出，也即無形），故聖人以妙物而為言。雖有上智，猶不能定其體狀，窮其幽致。……神也者，圓應無生，妙盡無名，感物而動，假數而行。感物而非物，故物化而不滅；假數而非數，故數盡而不窮。」所以，這裡的「神」也就是神靈，是不可名狀而永恒存在的「妙物」，它不會隨著形體的死亡而死亡。它本「無生」，「無生」也就無死，即永恒存在，無始無終；它能感應一切（圓應），而感應的方式，則或是「感物而動」，也就是體現為善惡報應；或「假數而行」，即寄託在人的生命和一切事物中。由此可知，中國的神靈觀念，是慧遠理解萬物本原、本體即終極實相，或佛教涅槃的一種基本的前提因素。也由於此，「識」和「神」才「隨行東西」，是兩樣性質不同而會分離的東西。馳騖，即驅馳奔赴。本篇原文僅用這二句來概括慧遠〈沙門不敬王者論・形盡神不滅五〉的大意，表達得不夠全面、清楚，特此說明和引證。[284]桓玄西奔　桓玄篡位後，東晉將領劉裕、劉毅及何無忌起兵討伐。元興三年（西元四〇四年）桓玄撤出建康西奔江陵。[285]旋　原本作「施」，據大正藏本及文意校改。[286]京師　在建康，即今江蘇南京。按，晉安帝由江陵返建康，途經廬山，時在西元四〇四年。[287]何無忌　東海郯（今山東郯城）人，鎮北將軍劉牢之的外甥。劉牢之鎮守京口（今江蘇鎮江）時，每有大事，均與之商討。何無忌少有大志，忠亮任氣，歷任國中尉，加廣武將軍，桓玄篡位時他與劉裕、劉毅起兵討伐，因功受封輔國將軍。元興三年（西元四〇四年）桓玄從京城建康（今江蘇南京）西逃，何無忌乘勝追擊，進據潯陽。不久桓玄被殺。義熙元年（西元四〇五年）三月，何無忌侍衛安帝由江陵返回建康，受封右將軍、豫州刺史。義熙二年遷都督江州、荊州二州及豫州八郡軍事、江州刺史，封守成郡開國，食邑三千戶，後又加散騎侍郎、鎮南將軍。義熙六年（西元四一〇年）一月被盧循所攻殺。他曾親上廬山訪問慧遠和慧永（參見本卷〈釋慧永傳〉〉，與慧遠討論佛教的儀制問題，著有〈難袒服論〉。按中國傳統，表示吉慶原以左邊為上，表示凶喪以右邊為上，但僧人袈裟卻偏袒右肩，他為此提出疑問。慧遠也為此著有〈沙門袒服論〉、〈答何鎮南（難袒服論）〉（均見《弘明集》卷五）。《晉書》有傳。288候覲　等候著準備拜見皇帝。289陽月　原是農曆十月的別稱，《爾雅・釋天》：「十月為陽。」《漢書・律曆志上》：「至於陽月，陰慝害作，百草畢落。」但江南古來相傳還有一種說法，是「三月小陽春」。據慧遠與東晉安帝的信所涉及的時間，及史載安帝由江陵返回建康的時間和本篇上下文，則知慧遠此信所稱「陽月」，當指農曆三月。290嬰重疾　嬰，纏繞。嬰重疾，謂被重病纏身。291形不自運　謂身體不能行動。形，身體。292去月　上個月。按時在元興三年（西元四〇四年）三月。293遲兼常　遲，即慢。遲兼常，謂行進的速度之慢，所費時間是通常的兩倍。294本　原本作「木」，據大正藏本及文意校改。295陳郡謝靈運　陳郡，今河南太康。謝靈運，陳郡夏陽（今河南太康）人，出生於會稽上虞（今浙江上虞），生於西元三八五年，卒於西元四三三年，東晉士族謝玄之孫，世襲康樂公爵位。他博覽群書，工書畫，也是東晉、劉宋之際南方最著名的詩人，以山水詩著名於世，有《謝康樂集》傳世。他篤信佛教，且造詣甚高，有〈與諸道人辯宗論〉等論文，認為「六典之文，本在濟俗為治耳，必求性靈真奧，豈得不以佛經為指南焉！」他發揮道生的「頓悟成佛」說，對後世佛教影響很大。他曾與僧人慧嚴、慧觀等人一起修改過《大般涅槃經》譯文。慧遠除了自己撰寫〈萬佛影銘〉外，還曾特地請他撰寫了一篇〈佛影銘〉（見《廣弘明集》卷一五宋謝靈運〈佛影銘並序〉）。慧遠死後，他又為之撰〈廬山慧遠法師誄〉（《廣弘明集》卷二三題作謝靈運〈釋慧遠誄〉）和碑文。入劉宋以後，他初為太尉參軍，遷太子左衛軍，又貶為永嘉太守，不久辭官歸會稽，終因以行為放縱被流放廣州，旋以謀反罪被殺。296少所推崇　謂自視甚高，很少推崇別人。297別著義疏　即指雷次宗的《略注喪服經傳》，參見本篇「雷次宗」條注。298釋和上　即和尚。299遊履　謂足跡所到。履，鞋子。此處指足跡。300晉義熙十二年　西元四一六年。301動散　散，粉末狀的藥物。動散，謂開始服藥，意味著慧遠病已沉重。302困篤　謂困乏已極，意味著慧遠已非常衰竭。303豉酒　用煮熟的大豆發酵而成豆豉，有鹹淡二種，淡的可以入藥，以之浸酒所成的藥酒謂豉酒。王羲之《王右軍集・豉酒帖》自述因病而「小服豉酒至佳，數用有驗。直以純酒漬豉令汁濃便有，多少任便」。304律師　即佛教僧團中掌管戒律的僧人。

【語　譯】釋慧遠，俗姓賈，山西雁門樓煩人。他在少年時代便喜愛讀書，德性之美就像珍貴的珪璋一樣顯露出來。十三歲時，他隨舅舅令狐氏到許昌、洛陽一帶遊學，原是少年儒生。他博覽貫通儒家六經，又尤其精通《莊子》和老子的《道德經》，而且心胸寬廣，氣度偉岸，見識深邃脫俗，無論是德高望重的博學老者，還是聲名卓著的年輕英才，都佩服他的見識學問深邃透徹。他二十一歲時曾打算去江南，與范宣子一同隱居潛修，可是，因為正逢石虎已死，中原地區戰亂四起，前往南方的路途阻斷，沒能如願。

那時，僧人釋道安正主持太行恒山的寺廟，弘揚佛法，聲譽卓著。慧遠就去投奔他。慧遠初會釋道安，對他就由衷地敬服，認為釋道安正是自己要尋找的真正的老師。後來，他因聽釋道安講解《般若經》，豁然開朗，內心覺悟，於是感嘆道：「儒家、道家，乃至九流學術，都不過是秕糠糟粕而已。」他便與弟弟慧持一起拔去頭上的髮簪，剃掉頭髮，正式拜釋道安為師，出家為僧，把自己的身心無保留地獻給佛教。

慧遠身入佛門以後，在僧人中也卓然超群。他常常想全面系統地掌握佛教綱領，以弘揚佛法為己任。為此，他誦讀佛經，殫精竭慮鑽研佛法精義，按佛教戒律勤謹地修持身心，日以繼夜，從不間斷。因為貧寒，慧遠和慧持在外出的旅途中，常常穿著破損不堪的衲衣，然而他們兄弟二人卻互敬互愛，始終如一，對佛法真理的追求毫無懈怠。有一位名叫曇翼的僧人，常常贈送給他們一些燈火蠟燭的費用，幫他們解決經濟困難。釋道安聽說這件事後，高興地說：「這位有道之士，才真正識人啊。」慧遠憑著前世積得的智慧靈明，懷著前所未有的宏願大志，因而心地明朗，睿智勃發，見識幽深。道安常常感嘆：「要使佛法在中國大地流行開來，興盛於人間，看來要靠慧遠了。」

慧遠二十四歲時便開始登壇講經。曾經有一位聽講的客人，就「實相」這一概念的意義請教慧遠。慧遠為他反覆講解，但那人不但不懂，反而越聽越增加疑問，也越聽越糊塗，反覆向慧遠追問。面對這種情況，慧遠便引用《莊子》中類似的詞句義理，與佛經詞句互相參比，來講解佛法「實相」，這才使那人恍然大悟，終於疑雲頓消。自此以後，道安特意允許慧遠閱讀和運用世俗的書籍。道安的弟子法遇和曇徽，都是風度高雅，才華橫溢，志向清純，修業敏捷而富於智慧的人物，也都對慧遠十分推崇佩服。他們後來跟隨道安到南方的樊城、沔州一帶去了。

偽秦建元九年，偽秦大將苻丕率兵進攻東晉的襄陽。這時候，道安因被東晉將領朱序請在襄陽傳法，不便私自離去。於是，他祇好叫自己的弟子們分散活動，由弟子們自己選擇去向，各奔前程。臨上路分手時，道安對弟子們都有教誨和勉勵，然而對慧遠卻無一言半語。慧遠為此深感不安，就在道安面前跪下，說道：「您惟獨對我一個人既無訓示，又無勉勵，這使弟子我非常恐懼，深深憂慮您視我為不可造就，所以對我另眼看待。」道安這才對他說：「像你這樣的人，難道還需要我擔憂嗎！」慧遠這才明白師傅的心意，於是和其他弟子數十人一起南下，去了荊州。到達荊州後，他們一行住在上明寺。慧遠後來想要去廣東的羅浮山，可是當他走到潯陽的時候，看見廬山清幽寂靜，非常喜愛，覺得這裡是可以超脫塵俗的喧囂，靜心修習佛法的地方，於是就在廬山上的龍泉精舍住了下來。

慧遠所住的這個地方，離水源很遠，生活不便。他於是一邊用手杖扣地，一邊說道：「如果這裡可以使我棲身立寺，就讓這枯瘠的土壤噴出泉水來吧。」他的話音剛落，便有一股清澈的泉水噴湧而出，不久就匯為一道不絕的溪流。此後不久，潯陽發生大旱，慧遠便走到池水邊，虔心誦讀《海龍王經》，便忽然有一條巨龍飛縱於池水的上空，很快便下起了大雨。這場大雨，使潯陽這一年的農業獲得了豐收，因此，人們就稱慧遠所住的精舍為龍泉寺。這就是龍泉寺這一名稱的來歷。

和尚慧永先於慧遠到達廬山，此時已經居住在廬山的西林寺。他與慧遠都是道安的弟子，屬同門舊友，於是他就邀請慧遠來一同居住。慧永對江州刺史桓伊說：「遠公正在弘揚佛法，現在他的弟子已經很多，而且，還將有更多的人來投身他的門下。然而我的居所狹小，不夠居住，您看，該怎麼辦才好呢？」桓伊於是為慧遠在廬山的東面重新修建了房屋寺院。這就是東林寺。慧遠在這裡建造了精舍。他所建造的精舍，充分利用了這裡山形地勢的美妙，背靠香爐峰，旁依瀑布溪壑，用石頭壘起屋基，四周栽種松樹，清澈的泉水環繞著屋階，白雲在房內飄蕩。他又在寺內另外設置了禪林。禪林內樹木蕭森，香煙繚繞，石子鋪成的小徑上長滿了苔蘚。凡是身臨其境觀瞻過的人，在這裡都會感覺到神清氣爽，猶如洗去滿身俗塵，而肅然起敬。

慧遠聽說天竺有佛影，是佛陀以前點化毒龍時留下的身像，在北天竺月氏國那竭呵城城南的古仙人石室中。如果取道流沙向西的路徑，則佛影距此有一萬五千八百五十里的路程。他因此常常欣感交集，很想前去瞻仰，可是路程又太遠。恰巧此時來了一位西域的僧人，向他講述了佛影的情狀。他就根據這位西域僧人的描述，在背靠山峰，面對溪流的地方，修建了一座石室，作為佛龕，畫了佛影的像供奉在裡面。他為修建這個佛龕竭盡才智，巧妙構思，營造精美。佛影圖像採用淡淡的顏色畫出，筆致色彩凝聚著佛教的空相意境，看上去顯得煙霧繚繞，虛無縹緲，若明若暗，若隱若現。慧遠為佛影圖像寫了銘文，銘文寫道：

無邊無形佛影大像，至理幽微玄妙無名；法身大道合而為一，超越形體此處惟影。光明迴旋層岩之間，輝映凝照佛龕石室。置身陰處明朗清晰，處於暗地愈益光明。輕步婉行靜如蟬蛻，虔心朝拜無有不靈。有求必應應不同方，福至心靈冥冥感應。（其一）

無始無終無邊無際，無不勸勉無不獎勵。淡描容顏虛繪身影，凌空蹈虛縹緲傳像。容顏畢具法身幽微，身姿沖虛朗然獨照。眉間白毫噴射光芒，茫茫昏夜燦爛光明。佛心至靈徹感乃應，如叩金石誠至即響。大音繚繞山巒峰巔，默然欣賞靜心領悟。一旦有悟豁然開朗，當下即證無論昔迷。（其二）

凡夫敬心旋踵即忘，覺悟之功不由意識。覺光朗朗日月無光，萬像一色無有分別。庭院幽幽宇棟藹藹，忘身忘家亦忘歸途。六塵不到廓然獨悟，開此悟境全憑心力。淨土慧風雖然遙遠，借途塵世以作暫棲。如無佛陀昭示玄路，世間有誰開此樂土。（其三）

佛法大音廣布寰宇，而今東來到我中國。聞風嚮往欣然慕道，仰歸我佛妙法圓融。圖寫佛影妙盡筆端，運筆幽微著色素樸。色彩清淡妙如虛無，悠然縹緲影如雲霧。動靜神態如佛真容，我佛至理深蘊其中。開我胸襟發我大願，有如祥風在前引路。清氣瀰漫迴繞石室，曙光將現夜色溶溶。我佛慈悲現其神容，若明若暗佛來度我。（其四）

開鑿佛龕圖寫佛影，為何如此究竟何求？知我想佛聽我念佛，我佛慈悲察我修行。如此修行雖在塵世，心靈所感已到淨土。滌除俗氣滅盡貪欲，潔身潔心無欲柔和。心空無欲簡易單純，機心脫落大智周全。深深懷想默默記誦，神遊淨土觀想我佛。終身對佛觀想淨土，超脫輪迴永離憂苦。（其五）

以前，潯陽人陶侃鎮守廣州的時候，曾有一個漁人在海中看見某種神光，每天晚上發出豔麗的光芒，前後有十多天，那神光愈來愈明亮熾烈。漁人深以為怪，就把這件事報告給陶侃。陶侃親自去看了個仔細，才知道那是阿育王像發出的光芒，就立即將它迎接回來，送到武昌寒溪寺供奉。寒溪寺的住持僧珍曾經有一次去了夏口，夜間，夢見寒溪寺廟失火，到處火光衝天，惟獨那間供奉阿育王像的屋子有龍神圍繞，保護著它不被火燒。僧珍醒來後，立即飛快地返回寺廟。當他趕到時，祇見寺廟已焚燒殆盡，惟有供奉阿育王像的屋子完好無損。後來，陶侃調離廣州，鎮守別處，因為他知道這尊阿育王像有威靈，就派遣使者去把阿育王像接到他這邊來。他派去的幾十個人把阿育王像抬到江邊，剛一上船，船就沉沒了。這些人懷著恐懼的心情，空手而回。陶侃也終於沒能得到阿育王像。陶侃原是武人出身，一向缺乏對佛教的信仰和感情。所以在荊、楚一帶，流傳著一首民謠，這首民謠就是針對陶侃的。民謠唱道：「陶侃憑武力，王像含神靈，白雲和爛泥，相差如天地。神須誠心致，武力豈能招？」

等到慧遠建成了寺廟後，誠心祈禱，奉請阿育王像，那尊阿育王像自己便飄然而至，輕得像天上的雲朵，往來自由，毫無阻礙。人們這才知道慧遠如此靈驗的感應力，早已由那首民謠驗證了。於是，慧遠帶領眾人修行佛法，日以繼夜，持續不斷，使釋迦牟尼傳下來的佛法，在廬山復興了。不久，許多恪守佛教戒律，淨心修行，一心超脫塵緣而信奉佛教的人，紛來沓至，望風雲集，集中到廬山慧遠的門下。他們之中有彭城人劉遺民、豫章人雷次宗、雁門人周續之、新蔡人畢穎之、南陽人宗炳、張萊民、張季碩等等，都隱居於此，超脫凡塵，鄙棄世俗的榮華，追隨在慧遠左右。於是，慧遠便集合眾人，在寺廟的無量壽佛像前，虔心禮拜，向佛宣誓，大家將以立地成佛超昇西方極樂淨土為共同的理想。同時，慧遠又讓劉遺民寫了誓詞，誓詞寫道：

太歲在寅之年，七月戊辰朔日，二十八日乙未，有法師慧遠，受神靈所感應，觸動素心澄懷，特發宏願，於此延請志同道合，淨心修道，信仰純真之士，凡一百二十三人，結集於廬山之北，般若臺精舍阿彌陀佛像之前，率領眾人，以花供佛，虔心禮敬，莊嚴宣誓：凡此聚會眾人，既已明瞭佛教因緣和合之理，三世報應便了然於心；既知世事變遷本屬無常，便深明善惡報應無可逃遁；推想罪犯之所以沉淪，則可悟無常不遠；由因果報應之逼人，可知惡趣難以超拔。此理既明，所以有同志諸賢，夜則警惕，日則勤修，仰望佛陀有以拯救。而神明祇能以靈感交涉，不可憑形跡尋求，必從事物中參悟，則通神之路近在咫尺；然無尋求之目標，就渺茫昏沉，找不到途徑。今日，我等有幸，不謀而合，全心全意嚮往西天淨土，撰文宣誓，真情流露於自然，實因神明顯現於夢中，歡欣百倍於有子投胎。因此，彩雲生輝，雲影綽約，如同神靈來到。事功由實理之相扶，非人力所能致，此番結集宣誓，實乃由上天開啟其誠意，而神靈於冥冥中所驅，又怎能不凝聚精神，專注一境？然而，各人處境業績參差不齊，功德造詣或存高低差異，雖晨起渴望同處，但到了晚上，各人的境界業緣，又使得彼此分隔。此情此景，於我輩師友相依難捨之心，實是可悲，所以令人慨然長嘆。因此，我等一起約定，整裝結集於法堂，同心同德，停息俗懷，達到幽然靜極，共同立誓，棄絕凡塵，同往西方淨土之絕域。若有驚妙絕倫，超然出眾，先登神界者，絕不可獨自享樂於聖境而不顧他人，既已同於幽谷以求道，則無論先進還是後進，都須心存一念，提攜互勉，連類而行，共同前進於西天之路。進而，澄心滌慮，妙觀我佛大像，啟動自心，神遊淨土，業識因覺悟而翻新，形體因佛至心靈而改變。於是乎，憑藉蓮花而化生於七寶水池中央，從此得以在玉樹蔭下歌以詠言，以雲為衣，自由逍遙於天涯海角，香風和暢無有窮期，身體忘卻安危而愈益悠然靜穆，心靈超越苦樂而怡然自得；面對生死輪迴，遠遠謝絕；天宮神仙雖好，對他們也祇好傲然長辭，而欲普度眾生，接引來者，以登西天極樂世界為歸宿。探求此道，豈不高尚宏偉！

慧遠神情嚴肅，舉止肅穆莊嚴，凡參與法會而觀瞻過他的人，無不頓生敬畏。曾經有一位沙門，拿著一個竹如意，想要獻給慧遠，上山後，連住了兩天兩夜，結果也沒敢直接對慧遠說，祇好偷偷把竹如意放在慧遠坐席的角落裡，悄悄離開了廬山。有一位叫慧義的法師，性格剛強，無所畏懼，將要造訪山寺。他對慧遠的弟子慧寶說：「你們這些人，都是平庸之輩，都被他的風度攝服，望風崇拜，現在請看看我的吧！」到了山上，正逢慧遠開講《法華經》。慧義每想發難詰問，卻不料自己先緊張得發慌，直冒冷汗，最終還是沒敢開口。出來以後，他心悅誠服地對慧寶說：「此公的定力威儀確實令人敬畏。」慧遠的神態威儀竟能如此蓋物服眾，於此可見一斑。

殷仲堪去荊州，路過廬山，曾上山來拜會慧遠。他與慧遠在北山的溪水邊討論《周易》的意旨體要，興趣盎然，不知不覺間過了很長時間，也毫無倦意。後來，殷仲堪向人感嘆道：「他的學識淵博，見解深刻，信仰明晰，實在難以企及。」

司徒王謐、護軍王默等人，都欽佩仰慕慧遠的學問人品，把慧遠視為師長，以師生之禮向他致敬。王謐曾給慧遠寫信說：「我才四十歲，卻已經衰老得如同六十歲的人了。」慧遠回信道：「古人不愛尺璧而重寸陰，由此可知古人之意，並不在追求長壽。施主既然行動便利，悠然任性，無不適意，且以佛理涵養心性，據古人不愛尺璧而重寸陰之理來看，高壽有什麼可以值得羨慕的呢？我想，這個道理，您早已明白，現在姑且寫上，衹是為感謝您來信的美意而已。」

盧循初次占據江州城時，曾上山來拜望慧遠。慧遠年輕時曾與盧循的父親盧嘏一起讀書，他見盧循來拜，便很高興地同他敘舊。盧循因此天天早晚都要派人來問候慧遠，非常親密。有一位僧人因此很為慧遠擔憂，便規諫慧遠說：「盧循是國家的盜賊，同他往來，又如此親密，會引起別人的疑心。」慧遠答道：「我佛法平等，一視同仁，皆無取無捨，這是人所盡知的，你不必擔心。」待到後來成為宋武帝的東晉大將劉裕為討伐盧循，在桑尾設立大帳時，他的左右部下說：「遠公這人素來住持廬山，他與盧循交情深厚，似有可疑。」劉裕便對他們說：「遠公是超然世外之人，他對世俗的人，肯定是不分彼此，一視同仁的，你們不必懷疑。」於是，他就派遣使者給慧遠送信，向慧遠致以敬意，贈送錢糧。由此，無論遠近，大家便佩服慧遠的見識高明。

當初，傳到江南一帶的佛經不多，很多經都還沒有傳來，至於禪法，江南人尚聞所未聞，律藏也很稀少，戒律殘缺不全。慧遠感嘆道法缺而不全，於是命弟子法淨、法領等人，到遠方去尋求各種佛經。他們越過沙漠和雪山，一年後才返回，都獲得了梵文佛經，才得以據此翻譯流傳。

在這以前，道安法師在關中時，曾請曇摩難提譯出《阿毗曇心》。但由於曇摩難提尚未熟悉漢語，譯文中有許多模糊不清和不通的地方。後來，有罽賓僧人僧伽提婆，博覽精通眾多佛經，在晉太元十六年來到潯陽。慧遠請他重新譯出《阿毗曇心》和《三法度論》。由此，阿毗曇和三法度之學才興盛起來，慧遠曾為《阿毗曇心》和《三法度論》作序，揭示其要義以貽學者，推動了阿毗曇和三法度之學的興盛。

慧遠孜孜不倦地修行，一心弘揚佛法，每逢西域來的客人，他就誠懇地向他們諮詢請教。當他聽說鳩摩羅什到了關中，便立即派人給羅什送信致意，表示要建立友好的關係。他在信中寫道：「釋慧遠在此致敬：去年我得到姚左軍的信，承蒙您的問候，非常感謝。您先前在遙遠的外國，後來又來到中國，但那時音信不通，我祇能聞風歡欣，卻無法向您致意，心中祇恨江湖難填，身不由己，難以如願而仰天長嘆。我剛剛得知，現在有了交往的機會，因為我已打聽清楚，您懷著佛法寶藏來到中國，現已有了確定的住址。我這心裡，不由得意往神馳，一日九往，然而也祇能在心裡高興，在想像中瞻仰品味您的大雅，終究不能盡意，惟有時時佇立路旁，引頸張目，眺望遠方的路，連腿都站疲了。常聽說您宣講佛法，吸引了四面八方的俊賢，會聚一堂，便欣慰不已。我雖然祇是遠遠地追隨您的宣講，為之撞鐘播鼓而已，但志趣卻一如您的原意；雖然我未能直接向您請教佛法妙門，未得徹悟佛陀遺教的神髓，至於虛懷以求佛陀遺教的志願，則無一日不存於心中。因此，教與學相合之道，猶如空手出門滿載而歸，何況佛法的真諦本無形像，而不可以凡情相應呢？因而，承檀香易地種植，則此地的其他東西就會受到香氣的熏染；摩尼發出燦爛光豔，則其他寶物自然積集而來。擔了解說佛法之才的人，必然不是為了回報而傳法；以仁愛之心交友的人，也不會使仁愛之功因自己而停止，而是要使仁愛之心廣被天下。若能使法輪在八正道上永不停轉，佛、法、僧三寶的祥音綿延不絕，永無盡期，那麼，以善於說法而號稱第一的滿願，也就不會孤單地獨享絕代美名，以入龍宮取經而使大乘教義普傳天下的龍樹菩薩，也不能獨受千古善譽。現在，我的使者就要上您那兒去，茲奉上袈裟一領，願您昇座講經時穿上，另外再奉上一只漉水囊，這些都是弘法所用之物，藉此表達我的心意。」

羅什回信說：「鳩摩羅什致敬：我們以前未能見面交談，又因文字不同，心靈交流之路便因此不通，無緣獲悉尊意。收到您的來信，感承您的問候，使我初步領略到您的美德，也知道了您的近況，雖僅窺一斑，也可以推知全豹了。佛經上說：以後東方當會有護法菩薩。這是多麼令人振奮啊！有志的人，努力吧！佛經上的預言，會由您來實現而發揚光大。弘揚佛法，需要具備五種才能德性：即福分、持戒、博聞、辯才和大智慧。五者兼備者，其道業必然興盛；若不具備，就會招來疑惑和滯礙。您已五者具備，所以寄上此信，為您祝福，獻上我的敬意，然而這封信卻是經過翻譯的，豈能完全表達我的心意，祇是藉以粗略地報答您的情意罷了。勞您送給我袈裟，並要我登座講經時穿上，我一定按您的意思去做，祇是我這個人實在配不上您這麼貴重的禮物，深感慚愧。今送上平時所用的鍮石雙口澡罐，可以充作法物。同時送您偈頌一章如下：『既已捨去世俗之樂，自心善自攝持嗎？如果心神不散亂，能否深入實相嗎？在畢竟空相之中，心亦寂淨而無所樂。如果喜愛禪智慧，那麼就應該知道，這智慧有能所兩忘之功，一切有相，虛幻非實，也非可以住心處。您已悟得什麼法，尚望告訴我要領。」

慧遠又寫信給羅什道：「天氣寒冷，不知近況如何？上個月法識道人來到這裡，聽他說，您想要回國去。這使我非常惆悵。先前聽說您正準備翻譯很多的佛經，為了不打擾您，所以未便向您諮詢請教，如果法識道人的話果然確實，眾人的遺憾那是不言而喻的。現在我簡略地列出幾十個問題，向您請教，萬望您閑暇時予以解答一二。這些問題雖然不是佛經中特別難和特別重要的問題，但我還是想取決於您的論斷。同時奉上偈頌一章：『此心之本來，到底在哪裡？豈不就在有無起滅之中而自不動？自從一涉及動境，難以攝持如山倒。加上各種迷惑之相狀乘機到來，於空理未免自生疑滯。因緣雖無生無滅，佛理也非一時可了。若無悟宗大師出，誰來掌握佛真諦？對於你給我的偈意，今天仍未親切領悟，但願年終能和你相見。』」

後來，有一位名叫弗若多羅的來到關中，背誦出《十誦律》的梵文本。他一面背誦，羅什便一面將之譯為漢文。可是，當弗若多羅背誦到三分之二的時候，就去世了。慧遠因此而常常慨歎《十誦律》尚未完備。待他聽說曇摩流支到了後秦國，而且善於背誦《十誦律》，就派遣弟子曇邕送信給他，恭請他在關中譯出其餘的部分。因此，《十誦律》這才完整無缺，東晉地區所獲得的《十誦律》全文譯本，一直流傳到現在。西域美妙的經典，和關中精審的譯文，之所以集中到這個地區，正有賴於慧遠的努力。

外國的僧人都說中國有大乘道人，每到中國來燒香禮拜，總是面向東方的廬山虔心行禮祈禱。慧遠的神理跡像，真是無法測度。

從前，中國沒有泥洹常住的學說，祇不過有長死不老之說而已。慧遠於是感歎道：「佛是萬物本原，終極實相，所以永恒不變；永恒不變之道，哪裡會有窮盡的時候呢！」他便因此寫了〈法性論〉，論道：「萬物的本體以不變為本性，要獲得這一不變的本性，當以體悟終極實相為宗旨。」羅什見到此論後，讚歎道：「中國人雖然沒有佛經，但想法卻能與佛理相合，真是太妙了！」

後秦國君主姚興仰慕慧遠的聲名和美德，讚嘆他的才華和思想，致信向慧遠表示敬意，不斷派遣使者給慧遠送信和饋贈財物。他曾將龜茲國用細絲織成的佛教故事圖像贈送給慧遠，以表達自己的誠意，又令姚嵩將他那尊用珠寶做成的佛像獻給慧遠。《大智度論》剛譯出，姚興就給慧遠送去，並致書說：「《大智度論》新近譯完。這既然是龍樹所作，又是佛教大乘宗旨所歸，應該為它作一個序，以闡發作者的意圖。可是，這裡的諸位道人全都敬謝不敏，婉言推辭，沒有人敢動筆。法師您可以為之作序，以留給後來的學者。」

慧遠回信說：「您要我作〈大智度論序〉，以闡發作者的意圖。然而我聽說，要裝的東西太大，就不是小囊袋能裝下；井水太深，就不是短繩子所能及，我在閱讀《大智度論》時，深感自己才力不夠，有愧於您的厚望和囑託，再加上自己體弱多病，又常因事打斷閱讀，待繼續閱讀時，可又記不清前面的內容了，必須從頭重新開始，所以拖了這麼久，祇因想到您殷切的重託，才勉力寫出粗略的意見。至於精研窮究的高論，還有待於高明。」慧遠的名望高遠，由此可見。

慧遠常說《大智度論》的文句浩繁，初學者難以看出它的要義，尋到悟入的門徑，就抄出其中主要的文句，撰寫成二十卷，並為之作序，用雅致的文辭概括出它的深文大意，使學習的人節省了一大半的功夫。

後來，桓玄征討荊州殷仲堪，行軍經過廬山時，邀請慧遠出虎溪下廬山來會面。慧遠以身體有病為由，不能出虎溪。桓玄便親自進山。他的左右部下對他說：「從前殷仲堪曾進山拜見慧遠，望您不必禮敬他。」桓玄答道：「哪裡有這樣的道理！仲堪是個死人，他懂什麼！」待見到慧遠時，桓玄不知不覺間便向慧遠行禮致敬。桓玄問道：「《孝經》上說：身體髮膚，受之父母，不敢毀傷。可是您為什麼要把頭髮剃光呢？」慧遠答道：「這是為了立身行道。」桓玄見他答得這麼好，心裡早已準備好的質難，也就不敢再提出來了，就向慧遠說起自己此行是要去征討殷仲堪。慧遠直當沒聽見，不搭腔。桓玄又問：「不知您有什麼高見？」慧遠說：「我希望施主您安穩，殷仲堪也是如此。」桓玄出山後對左右的人說：「慧遠真是我平生不曾見過的高人。」桓玄後來憑藉專擅朝政連皇帝也為之恐懼的權威，苦苦邀請慧遠到自己的麾下，致信向慧遠說了許多大道理，勸說慧遠出山為官。慧遠予以嚴詞拒絕，態度堅定不移。其意志堅強有逾丹石，最終毫不為之所動。不久，桓玄欲整頓清理僧人，命令他的下屬說：「沙門中能講述經典、闡發義理，或者謹守戒律者，足以有助教化，凡有違於這三條者，統統罷道還俗。不過，唯有廬山因屬道德高深的慧遠所居，不在搜查清理的範圍之內。」慧遠寫信給桓玄說：「因僧人中久已混雜了汙穢之徒，致使佛教受到嚴重的損害，我一見到這種汙穢之徒，就滿懷憤慨，時常擔憂，被這些汙穢之徒連累而使佛教遭受沒頂之災。看到您清理僧人的命令，深感與我的想法不謀而合。涇渭之所以分明，是因為清濁懸殊；彎曲的東西須用直的東西來加以矯正，正如《論語》所說『舉直措諸枉』，那麼，那些不仁不義者自然存不住身而自動遠離。這個命令既已執行，就表明您已經明白這兩個道理，然後就可以斷絕那些飾偽者假冒的途徑，使胸懷正直的僧人不致遭受世俗的嫌棄。由此，則佛教和世道便會交相興盛，佛、法、僧三寶就會重新繁榮。」因此，慧遠擴大了桓玄制定的保護僧人的條例，桓玄聽從了他的建議。

以前，成帝年幼的時候，由庾冰任輔政大臣。庾冰認為，沙門應當像普通人一樣遵循朝廷禮法，禮敬君王。但尚書何充、僕射褚昱、諸葛恢等反對，上書論述沙門不應當禮敬君王。朝廷就把這個問題交給眾官討論。官員們都贊同何充等人的主張，但庾冰門下的人秉承庾冰的意旨加以反駁，贊同者和反對者議論紛紛，眾說不一，結果是不了了之，無法決定。待到桓玄在姑孰的時候，欲令沙門都得禮敬君王，於是寫信給慧遠說：「沙門不禮敬君王，既不合人情，在道理上也是說不過去的。這是一代大事，不能讓它的事理不當。我最近寫信給八座大臣，講了這件事，現在把這封信呈給您看，您可以論述沙門之所以不應禮敬君王的理由。

如若沙門理當不對君王致禮，則按此實行。請就一二具體事例詳盡論述，以排除沙門應當禮敬君王的理由，想必您能夠消解大家的疑問。」

慧遠回信答覆道：「所謂沙門，究竟是什麼呢？沙門是指能啟發人們的智慧，使人們知道蒙昧世俗的昏沉無知，開啟超越世俗的通玄之路，以物我兩忘之道，與天下人共同向前。這可以使嚮往高尚的人獲得表率，來學習他們所遺留的風範，使潔身自好者品味他們之所以潔身自好的源泉。雖然沙門這種理想的大業尚未完成，但是，祇要看一看沙門超然於世俗的形跡，所能悟得的就已很廣大了。另外，沙門所穿的袈裟，本來就不是朝拜君王的官服；沙門所用的鉢盂，也不是朝廷所需要的器具，沙門本來就是超越了世間的人，自然不應當對世俗的君王行世俗的禮儀。」

桓玄雖固執他以前的主張，恥於服從世俗之外的出家人，但當他看了慧遠的來信，也開始動搖而猶豫不決了。不久，桓玄就篡奪了帝位，於是下詔說：「佛法廣大無邊，非世俗所能管窺蠡測，照沙門懷有對君王的崇奉之情看來，對君王還是尊敬的。現在，君王既然已經就是我自己了，就應該盡謙德之光，諸位道人就不要致禮了。」

慧遠於是著〈沙門不敬王者論〉，共由五篇組成。第一篇的題目是〈在家〉，說：奉行朝廷王法的人，便是順從世俗禮教教化的在家的民眾。他們遵循世俗之情，沒有改變自己的習俗，形跡與世俗相同，所以懷有天然的倫理之情，孝親忠君，尊奉君主的禮儀。禮儀所包含的尊敬有自己的根本，並因此而成為世俗的教化。第二篇的題目是〈出家〉，說：出家人逃離俗世以追求他自己的志向，改變自己的習俗以通達他的道。既然改變習俗，他服裝的樣式就不會與世俗服裝的樣式相同；既然逃離俗世，其行為就應當超越世俗，而不帶俗氣。正因為這樣，才能拯救那些沉溺於世俗，如同沉於河底眼看就要喪命的人，將大道之根本從世俗的重重劫難中超拔出來。就遠大理想而言，以之指引人們走上三乘解脫的道路；就眼前而言，則在於開啟由人昇天的道路。如果能使一個人成為全德之人，那麼，這樣的道，也就給他所有的親屬帶來了無上榮耀，而潤澤天下；這樣的出家人，雖然不處在王侯的地位，卻與養育萬民的皇帝契合無間，雖無為而治卻使萬民自適其性各得其所。因此，就家族內部而言，出家人雖然違背了天然倫理所賦予的重大責任，但卻並沒有違背其孝親之道；就家族外部而言，出家人雖缺少了忠君的禮儀，但卻並不缺少忠君的恭敬。第三篇的題目是〈求宗不順化〉，說：返本還原而尋求佛法實相的人，不會因為身體而使精神煩惱；超然於塵世之外的人，不會因為情欲連累身體。不因情欲連累身體，則身體就可以滅亡；不因身體而使精神煩惱，則他的精神就可以無思無慮而寂滅。精神寂滅斷絕外境，就是所謂泥洹。所以，沙門雖然與君主分庭抗禮，超然於世外，沒有王侯的封爵，卻受到君王的恩惠。第四篇的題目是〈體極不兼應〉，說：如來與周公、孔子的出發點和所致力的眼前目標雖然不同，但彼此還是在暗中相互影響；他們之間誠然存在著出仕和出家隱居的差別，但最終拯救世界的期望卻是一致的。所以，他們之間的道雖然殊異，但殊途同歸，歸根到底的終極歸宿還是一樣的。所謂「不兼應」，是說一物不能兼受兩種性質，出仕者不能既做官又出家，僧人不能既出家又做官。第五篇的題目是〈形盡神不滅〉，說：人的業識和神靈驅馳奔赴，各自東西，方向不同而可以分離。這是〈沙門不敬王者論〉的大意。從此以後，沙門得以保全自己出家人的形跡了。

到桓玄向西逃奔，晉安帝從江陵返回京師時，輔國大臣何無忌勸說慧遠在途中等候覲見皇帝。慧遠以自己有病為由，沒有去。相反地，倒是晉安帝派遣使者犒勞慰問了慧遠。慧遠在給晉安帝的信中寫道：「釋慧遠有禮：陽春三月天氣溫暖，祝您龍體安康，飲食和順適意。我先是患有重病，年紀大後病更重了，承蒙您下詔慰問，實不敢當，驚喜感愧之情，銘刻於心。有幸獲得能與您相見的機會，可是我因身體不便，不能前往，遺憾之至，實在難以用言語表達。」晉安帝下詔回答說：「陽春感懷已經得悉，知您患病，身體不佳，十分掛念。上個月我從江陵出發返京師，因途中多有險情，行進遲緩，一天的路程竟需走上兩天。本想在途經廬山時與您相見，然而法師既隱居山林不出，又加上病體沒有痊愈，看來是無緣相見，並無他因，益發令人遺憾長歎。」

陳郡謝靈運一向自負才高而傲視世俗，很少有被他推崇的人，但他與慧遠一見面，便肅然起敬，心悅誠服。慧遠於內典則深通佛理，又精研世俗群書，他所教的弟子，無不依循他的教化而傳其統緒。當時慧遠講授《喪服經》時，雷次宗、宗炳等人都捧著書卷聽他解說。後來，雷次宗另外著有一部解釋《喪服經》的著作，在卷首稱雷氏所著。宗炳因此寫信嘲笑他說：「從前我與您一起在慧遠和尚處所學的就是這個義理，現在您可以在卷首署上雷氏所著嗎？」慧遠的教化兼及僧人和俗家弟子，類似雷次宗這樣的情況遠不止一個。

慧遠隱居廬山三十多年，從來沒有離開過廬山，也從未再到過俗世。他每次送客出山，足跡也止於虎溪為界。他於東晉義熙十二年八月初開始服藥，六日臨危，困乏已極不能支持。他周圍的大德高齡之人，都懇切莊重地行禮懇請他飲用藥用豉酒，他不肯；又懇請他飲些米湯，他也不肯；又懇請他飲用蜜和水摻成的蜜漿，他才叫掌管戒律的僧人查閱戒律，看能否飲用，可是還未查閱到一半，慧遠就去世了，終年八十三歲。他的門徒因此號哭悲慟，如同自己的父母去世一樣。僧俗之人接踵而至，前來奔喪。慧遠早已知道，人世的感情難以割捨，就制定了哀悼七天的辦法，遺命弟子，在他死後將他的屍體露天置於松樹下供人哀悼。七天之後，他的弟子將他安葬。潯陽太守阮侃為他在廬山西峰開鑿墓穴，謝靈運為他寫了碑文，記錄他的品德，南陽宗炳又在寺門前立碑。

當初，慧遠很善於寫文章，文辭清麗氣勢俊雅，昇座講經，簡明扼要，加上他容儀端莊整潔，風度灑脫俐落，所以人們畫了他的像，供奉於寺內，以供遠近的人瞻仰其遺容。慧遠的著作有論、序、銘、贊、詩、書各種文體，集結編成十卷，有五十多篇，為世人所重視。

晉蜀龍淵寺釋慧持

慧嚴　僧恭　道泓　曇蘭

釋慧持者，慧遠之弟也。沖默❶有遠量。年十四學讀書，一日所得，當他一旬❷。善文史，巧才制。年十八出家，與兄共伏事道安法師。遍學眾經，遊刃三藏❸。及安在襄陽遣遠東下❹，持亦俱行。初憩荊州上明寺，後適廬山，皆隨遠共止。持形長八尺，風神雋爽，常躡草屣，納衣半脛⑤。廬山徒屬，莫匪英秀，往反三千⑥，皆以持為稱首。

持有姑為尼，名道儀，住在江夏⑦。儀聞京師盛於佛法，欲下觀化。持乃送姑至都⑧，止于東安寺。晉衛軍瑯瑘王珣⑨，深相器重。時有西域沙門僧伽羅叉⑩，善誦四《含》⑪，珣請出《中阿含經》。持乃校閱文言⑫，搜括詳定後還山。少時，豫章太守范寧⑬請講《法華》、《毗曇》，於是四方雲聚，千里遙集。王珣與范寧書云：「遠公、持公孰愈？」答書云：「誠為賢兄弟也。」王重書曰：「但令如兄，誠未易有，況弟復賢耶。」兗州刺史瑯瑘王恭⑭致書於沙門僧檢曰：「遠、持兄弟至德何如？」檢答曰：「遠、持兄弟也，綽綽焉信有道風矣。」羅什在關⑮，遙相欽敬，致書通好，結為善友。

持後聞成都地沃民豐，志在傳化，兼欲觀瞻峨嵋⑯，振錫岷岫⑰，乃以晉隆安三年⑱辭遠入蜀。遠苦留，不止。遠歎曰：「人生愛聚，汝獨樂離，如何？」持亦悲曰：「若滯情愛聚者，本不應出家。今既割欲求道，正以西方為期耳。」於是兄弟收淚，憫默而別。

行達荊州，刺史殷仲堪⑲禮遇欣重。時桓玄⑳亦在彼。玄雖涉學功疎㉑，而一往神出，見持有鄰幾獨絕，尤歎是今古無比，大欲結歡㉒。持既疑其為人，遂棄而不納。殷、桓二人苦欲留之。持益無停意，臨去與玄書曰：「本欲棲病峨嵋之岫，觀化流沙之表㉓，不能負其發足之懷㉔，便束裝首路㉕。」玄得書惆愴，知其不可止。遂乃到蜀，止龍淵精舍，大弘佛法，并絡四方，慕德成侶。刺史毛璩㉖雅㉗相崇挹。

時有沙門慧巖、僧恭，先在岷蜀，人情傾蓋㉘。及持至止，皆望風推服。有升持堂者，皆號登龍門。恭公幼有才思，為蜀郡僧正㉙；巖公內外多解㉚，素為毛璩所重。後蜀人譙縱㉛，因鋒鏑之機㉜，攻殺毛璩，割璩蜀土，自號成都王。乃集僧設會，逼請巖公。巖公不得已而赴。璩既宿昔檀越㉝，一旦傷破，睹事增悲，痛形顏色，遂為譙縱所忌，因而被害。舉邑紛擾，白黑㉞危懼。持避難郪陴縣中寺。縱有從子道福，凶悖尤甚，將兵往陴，有所討戮。還過入寺，人馬浴血，眾僧大怖，一時驚走。持在房前盥洗，神色無忤。道福直至持邊，持彈指灑水，淡然自若。福愧悔流汗，出寺門謂左右曰：「大人故與眾異。」後境內清怗，還止龍淵寺，講說齋懺㉟，老而愈篤，以晉義熙八年㊱卒於寺中，春秋七十有六㊲。臨終遺命，務勗律儀㊳，謂弟子曰：「經言：戒如平地，眾善由生㊴。汝等行住坐臥㊵，宜其謹哉。」以東間經籍，付弟子道泓；在西間法典，囑弟子曇蘭。泓業行清敏，蘭神悟天發，並係軌師蹤焉。

【注釋】❶沖默　謂淡泊靜默。❷一旬　即十天。❸遊刃三藏　謂精通經、律、論三藏典籍。遊刃，喻技藝熟練。原出《莊子・養生主》庖丁解牛故事。三藏，即佛教經、律、論三部分。❹及安在襄陽遣遠東下　道安在襄陽遣散弟子一事，見本書卷五〈釋道安傳〉及本卷〈釋慧遠傳〉。安，指道安。遣，原文作「道」，據大正藏本此文意校改。❺納衣半脛　謂納衣的下襬齊及小腿肚處。脛，小腿。❻往反三千　謂廬山上來來往往的僧人有三千人。反，通「返」。❼江夏　江夏郡，晉時治所在安陸（今湖北雲夢）。❽都　指東晉都城建康，即今江蘇南京。❾瑯琊王珣　瑯琊又寫作琅琊、琅邪，秦代所置郡名，治所在琅琊，後屢遷，地處今山東膠南諸城一帶，晉時治所在臨沂（今山東臨沂）。王珣，字元琳，琅琊臨沂（今山東臨沂）人，晉士族出身，係王導之孫，生於西元三四九年，卒於西元四〇〇年。初為桓溫辟為掾，受器重，隨桓溫經略中夏，掌軍中機要，後受封東亭侯，轉大司馬參軍、琅琊王友、中軍長史、給事黃門侍郎。桓溫死後，又被桓溫之子桓玄所器重。謝安死後，王珣受孝武帝器重，任輔國將軍、吳國內史，為士庶所讚賞，旋徵為尚書右僕射，領吏部，轉左僕射，加征虜將軍，復領太子詹事，與殷仲堪、徐邈、王恭、郗恢等以才學文章見稱於世，稱為「大手筆」。東晉安帝隆安元年，任尚書令，次年加散騎侍常侍，隆安四年（西元四〇〇年）以病辭職，年底病死，時年五十二。追贈車騎將軍、開府，諡曰獻穆。桓玄哀悼說：「神情朗悟，經史明徹，風流多美，公私所寄。雖逼嫌謗，才用不盡，然君子在朝，弘益自之，時事艱難，忽爾喪失，歎懼之深，豈但風流相悼而已！其崎嶇九折，風霜備經，雖賴明公神鑒，亦識會居之故也。卒以壽終，殆無所哀，但情發去來，置之未易耳」。待桓玄輔政，改贈他司徒名號。王珣與弟弟王珉均深好佛學，曾迎請僧伽提婆講《阿毗曇心論》和《三法度論》，與僧伽羅叉一起重譯《中阿含經》，事已見〈僧伽提婆傳〉。《晉書》有傳，《世說新語》多有記載。❿僧伽羅叉　參見本書卷一〈僧伽提婆（僧伽羅叉）傳〉。⓫四含　即四部《阿含經》，包括《長阿含經》、《中阿含經》、《雜阿含經》和《增一阿含經》四部。這是早期佛教經典的集成。⓬持乃校閱文言　謂慧持校閱《中阿含經》的漢文譯本。此事參見本書卷一〈僧伽提婆傳〉。據該傳所記：僧伽提婆於隆安元年（西元三九七年）入京師，王珣請他講說《阿毗曇心論》，「其冬，珣集京都義學沙門釋慧持等四十餘人，更請提婆重譯《中阿含》等，罽賓沙門僧伽羅叉執梵本，提婆譯為晉言，至來夏方訖」，可知慧持在建康校閱

《中阿含經》譯本當在東晉隆安二年夏季後。⑬范寧　字武子，《世說新語・言語》注引〈中興書〉說他是慎陽縣人，博學通覽，累遷中書郎、豫章太守。《晉書・范宣傳》記載他於太元中（西元三七六至三九六年）為豫章太守，「亦儒博通綜，在郡立鄉校，教授恒數百人。由是江州人士並好經學，化二范（按指范宣、范寧）之風也。」慧遠的俗家弟子周續之於八歲時入豫章郡學從范寧學，那時郡學剛開辦，則范寧辦郡學當在西元三八五年左右。⑭王恭　字孝伯，晉陽（今山西太原）人，出身士族，是光祿大夫王蘊之子，東晉孝武帝定皇后法惠之兄，少年時就有美譽，懷有宰相之志。歷任吏部郎、建威將軍、丹陽尹、中書令、領太子詹事，孝武帝太元十五年（西元三九〇年）任都督兗青幽燕并徐州諸軍事、平北將軍、兗州刺史。東晉隆安二年（西元三九八年）起兵反對司馬道子，失敗被殺。他不善用兵，但篤信佛教，修建寺廟，務求壯麗。臨刑時，尚口誦佛經，神無懼容。《晉書》有傳。⑮羅什在關　關，即關中，謂鳩摩羅什在關中。⑯峨嵋　即四川峨嵋山。⑰振錫岷岫　振錫，拄著僧人所用的錫杖行走。岷岫，即岷山。振錫岷岫，謂到岷山去。⑱晉隆安三年　即西元三九九年。⑲殷仲堪　參見本卷〈釋慧遠傳〉「殷仲堪」條注釋。⑳桓玄　參見本卷〈釋慧遠傳〉「桓玄」條及相關注釋。㉑涉學功疎　謂僅涉及學業，但不夠用功，而學業生疏。㉒大欲結歡　謂很想結為好友。㉓觀化流沙之表　流沙，泛指中國西北沙漠地區，今新疆境內白龍堆沙漠一帶稱流沙，古時為中西交通的主要路線所經。觀化流沙之表，謂去觀光流沙之外的地方，即遊歷西域。㉔不能負其發足之懷　負，違背。發足，開始出發。不能負其發足之懷，謂不能違背此行的初衷和目的。㉕首路　猶首途，即上路之義。㉖毛璩　據《晉書・譙縱傳》，時任東晉益州刺史。義熙元年（西元四〇五年）他令譙縱、侯暉等率領諸縣氐兵東下，侯暉不樂東進，遂逼譙縱為首謀反，攻破涪城。毛璩遣兵進攻譙縱失敗，反被譙縱攻破成都而死。㉗雅　原本作「推」，據大正藏本及文意校改。㉘人情傾蓋　謂深得人心，人人與之一見如故。傾蓋，途中相遇，停車交談，車蓋因此而傾斜，喻初交即一見如故。《史記・魯仲連鄒陽列傳》引鄒陽〈獄中上書〉：「諺曰：『有白頭如新，傾蓋如故。』何則？知與不知也。」㉙僧正　即僧官。《大宋僧史略》卷中：「言僧正者何？正，政也，自正正人，克敷政令，故云也。蓋以比丘無法，如馬無轡勒，牛無貫繩。漸染俗風，將乖雅則，故設有德望者，以法繩之，令歸於正，故曰僧正也。」僧正起源於後秦姚興命僧䂮為統攝管理全國僧人之職（參見本卷〈釋僧䂮傳〉），在本篇中，指蜀郡僧正，即掌管一郡佛教事務的僧官。㉚內外多解　謂對於佛經和世俗之書都懂。內，指內典，即佛經。外，指外典，即世俗之書。㉛譙縱　十六國時期後蜀國君，西元四〇五至四一三年在位，巴西南充（今四川南充）人。初任東晉安西府參軍。義熙元年（西元四〇五年）攻破益州，殺益州刺史毛璩，遂率眾據白帝城，自稱成都王，次年向後秦姚興稱藩屬。義熙九年（西元四一三年），劉裕率軍討伐後蜀，以朱齡石為益州刺史，由江陵入蜀，攻殺譙縱。《晉書》有傳。㉜鋒鏑之機　鋒鏑，指刀箭，即兵器。鋒鏑之機，謂戰鬥之中。㉝宿昔檀越　謂素來關係密切的施主。宿昔，從前；以往。㉞白黑　謂世俗之人和僧人。白，指世俗之人，因世俗無功名的普通人著白衣。黑，指僧人，因僧人著黑衣。㉟講說齋懺　謂講說佛教齋法和懺法。齋，即佛教齋戒之法。懺，即佛教懺悔之法。㊱晉義熙八年　即西元四一二年。㊲春秋七十有六　七，原本作「八」，大正藏本作「七」。按，據〈釋慧遠傳〉，慧遠於義熙十二年（西元四一九年）卒，「春秋八十三」，慧持是慧遠的弟弟，卒於義熙八年（西元四一二年），而「春秋八十有六」，反比慧遠年長，則知兩傳所記顯然矛盾。有關慧遠的享年，《世說新語・文學》注引慧遠的俗家弟子張野〈遠法師銘〉也記：「年八十三而終。」則慧持卒年不當為八十六歲。㊳務勖律儀　勖，自勵之義。律儀，即佛教戒律。勖勉律儀，謂務必謹守佛教戒律，不能稍有懈怠。㊴戒如平地二句　謂佛教戒律猶如大地，正如萬物生於大地一樣，各種善行都是由謹守戒律生發出來的。㊵行住坐臥　佛教以行（行動）、住（靜止）、坐（趺坐）、臥（睡覺）來概稱僧人的一切日常行為。

【語　譯】釋慧持，是慧遠的弟弟。他淡泊沉靜，胸懷遠大，十四歲時開始學習讀書，一天獲得的知識，抵得上別人十天所學。他擅長文史，且心靈手巧。他十八歲出家，與哥哥慧遠一起師事道安法師。他遍學多種佛經，兼通經、律、論三藏而遊刃有餘。道安在襄陽遣散弟子而讓慧遠東下時，慧持也與慧遠同行。起初他住在荊州上明寺，後來到廬山，都與慧遠在一起。慧持身高八尺，風度俊逸神氣清爽，常常穿著草鞋，衲衣長及小腿肚。廬山上的僧人，來來去去約有三千人，無不聰明雋秀，但都推慧持首屈一指。

慧持有一位姑母是尼姑，法名道儀，住在江夏。道儀聽說京師佛法很盛，想去觀光。慧持就送她到京師，住在東安寺。晉朝衛軍瑯琊人王珣對慧持非常器重。當時有從西域來的沙門僧伽羅叉，擅長背誦四部《阿含經》，王珣請他譯出《中阿含經》。慧持為之校閱經文，待全部校閱完成而定稿後，他才返回廬山。不久，豫章太守范寧請慧持講《法華經》和《毗曇心論》，四面八方的人便雲集而至，千里之外也遠遠地趕來。王珣寫信給范寧，問道：「遠公與持公相比，您覺得誰更強些？」范寧回信說：「實在是一對賢兄弟，難分高下。」王珣又寫信說：「這樣的兄長已屬世上難得，何況又有這樣更賢的弟弟呢。」兗州刺史瑯琊人王恭寫信給沙門僧檢說：「慧遠和慧持兄弟的德行如何？」僧檢回信答道：「慧遠和慧持是兄弟，他倆都風姿飄逸確有得道者的風度。」羅什在關中時，也對慧持遙相佩服而尊敬，曾寫信給他互通友好，結為好友。

慧持後來聽說成都土地肥沃百姓富裕，便立志要去那裡傳播佛法，並且想觀光峨嵋山和岷山。於是他在晉隆安三年辭別慧遠去蜀地。慧遠苦苦挽留他，終於留不住。慧遠哀嘆道：「人生在世都喜愛相聚，你卻要分離，這是為什麼呢？」慧持也感傷地說：「如果沉溺於世俗的情感，被情絲所縛而廝守在一起，難捨難分，原本就不需要出家。我們遺棄了世俗情欲，而出家求道，本是為脫離塵網，期待著昇入西方極樂世界。」於是，兄弟倆擦乾眼淚，傷心不語，默默地分別了。

慧持到達荊州，刺史殷仲堪非常高興，以隆重的禮節款待他。當時桓玄也在那裡。桓玄雖然對佛法有所涉獵而造詣不深，但一見之下便不由自主地對慧持十分神往。他見慧持坐在案几邊那種超然獨立的神態，嘆賞不置，以為古今無人可比，很想與慧持結交通好。但慧持對他的為人存有懷疑，便沒有接納，繼續北行入蜀。殷、桓二人苦苦挽留他，慧持反而益發要走。臨行時，慧持給桓玄寫了一封信，信中說道：「我此行的本意是要棲息於峨嵋山，還要越過流沙去西域觀光。現在，實在難以違背此行的初衷，所以就此告別，收拾行裝上路了。」桓玄看到他的信後，惘然若失，很是惆悵，知道慧持是留不住的了。慧持到了蜀郡，住在龍淵精舍，大力弘揚佛法，與四面八方的人取得聯絡，欽慕其德行的人於是結伴而來，益州刺史毛璩對他也很推崇。

當時，有沙門慧巖和僧恭二人，先於慧持到了岷蜀之地，頗得眾人好感。但慧持來到後，大家聞風崇敬，對他十分推崇，以能登上慧持的法堂聽講為榮耀，稱之為登龍門。僧恭年少時就很有才學，當上了蜀郡的僧正。慧巖則博覽通達佛經和世俗之書，一向為益州刺史毛璩所推重。後來，蜀人譙縱在戰爭中攻殺了毛璩，佔據了毛璩的蜀土，割據為王，號稱「成都王」。他稱王後，招集眾僧舉行法會，逼請巖公出來主持。慧巖不得已赴會。但毛璩曾是慧巖昔日的施主，突然間兵敗身亡，令慧巖面對這次法會時，不由得徒增悲哀，痛苦之情在臉上表現出來，因此而被譙縱所忌恨，結果被譙縱害死。這件事引起全城的恐慌，僧俗之人均人人自危，非常恐懼。慧持也因此住到郫縣的中寺避難。譙縱有一個侄兒，名叫道福，尤其凶惡妄為。一次他率兵前往陴縣，進行討伐殺戮，返回途中經過中寺，就進去了。他的人馬都渾身是血，突然闖進寺中，寺中僧眾見了，驚慌恐懼，嚇得四處奔逃。這時，慧持正在房前洗漱，但神態安詳，一如平常，就像是無事一樣。道福一直走到他身邊，慧持照常張著手漉水，繼續盥洗，平靜自若。道福見了，反倒羞愧得冒汗。走出寺門後，他對手下的人說：「大人物確實與眾不同。」後來，境內的局勢平穩下來，慧持便又回到龍淵寺居住。他在這裡講說齋法和懺法戒律，年紀愈老而傳戒說法之情愈篤。晉義熙八年，他在龍淵寺去世，享年七十六歲。他臨終遺命，務必謹守戒律。他對弟子們說：「佛經上說，戒律猶如平坦的大地，正如萬物都從土地裡生長出來一樣，各種善行都是由謹守戒律產生的。你們在日常，無論行住坐臥一切時地一切行為，都不能放鬆，必須謹守戒律。」他將東面房間裡存放的經籍交付給弟子道泓，西面房間裡的法典囑託給了弟子曇蘭。道泓的學業純淨而敏慧，曇蘭悟性高，有如天啟，兩人都秉承了先師的遺範。

晉盧山釋慧永　僧融

釋慧永，姓鄱，河內❶人也。年十二出家，伏事沙門竺曇現為師，後又伏膺道安法師，素與慧遠共期，欲結宇羅浮之岫❷。遠既為道安所留，永乃欲先踰五嶺❸。行經潯陽，郡人陶範❹苦相要留，於是且停廬山之西林寺。既門徒稍盛，又慧遠同築，遂有意終焉。

永貞素自然，清心克己，言常含笑，語不傷物，耽好經典，善於講說，蔬食布衣，率以終歲。又別立一茅室於嶺上，每欲禪思，輒往居焉。時有至房者，並聞殊香之氣。永屋中常有一虎，人或畏者，輒驅❺出令上山，人去後，還復循伏。

永嘗出邑，薄晚還山，至烏橋。烏橋營主醉，騎馬當道，遮永不聽去❻。日時向晚，永以杖遙指馬，馬即驚走。營主倒地，永捧慰還營，因爾致疾。明晨往寺，向永悔過。永曰：「非貧道本意，恐戒神❼所為耳。」白黑聞知，歸心者眾矣。

後鎮南將軍何無忌❽作鎮潯陽，爰集虎溪，請永及慧遠。遠既久持名望，亦雅足才力，從者百餘，皆端整有風序。及高言華論，舉動可觀。永恬然獨往，率爾後至，納衣草屣，執仗提鉢，而神氣自若，清散無矜，眾咸重其貞素，翻更多之。遠少所推先，而挹永高行❾，身執卑恭，以希冥福❿。

永厲行精苦，願生西方。以晉義熙十年⓫遇疾危篤，而專謹戒律，執志愈勤，雖枕痾懷苦⓬，顏色怡悅。未盡少時，忽斂衣合掌，求屣欲起，如有所見。眾咸驚問，答云：「佛來。」言終而卒，春秋八十有三。道俗在山，咸聞異香，七日乃歇。

時盧山又有釋僧融，亦苦節通靈，能降伏鬼物云。

【注釋】❶河內　晉時河內郡，治所在野王（今河北沁縣）。❷羅浮之岫　即羅浮山，在今廣東東江北岸。❸五嶺　即越城、都龐、萌渚、騎田、大庾等五嶺的總稱，在今湖南、江西、廣西、廣東邊境。按，慧永欲去廣東羅浮山，步行得越過五嶺。❹陶範　陶侃之子，潯陽（今江西九江）人，《晉書・陶侃傳》載他「太元初（西元三七六至三九六年）為光祿卿」。陳舜俞《廬山記》卷一引歐陽詢〈西林道場碑〉說他建造西林寺成於晉太和二年(西元三六七年)。❺駈　驅的異體字。❻遮永不聽去　謂擋住慧永的去路,不讓他過去。❼戒神　掌管懲戒的神靈。❽何無忌　參見本卷〈釋慧遠傳〉「何無忌」條注釋。❾挹永高行　謂推服尊崇慧永的行為高尚。挹,獎挹;推崇。❿以希冥福　冥,即閻羅王所掌管的冥間。佛教認為,人死後靈魂就脫離肉體進入冥間經受審查,以決定去向。以希冥福,即希求冥間的福分,也即來生福。按文中寫慧遠對慧永謙卑禮敬是為「希冥福」,意在表明慧遠已知道慧永已通靈,將來會被無量壽佛(阿彌陀佛)接引成佛昇淨土。文中所提到的奇異「香」氣,按佛教信仰都是慧永成佛的徵兆。⓫晉義熙十年　西元四一四年。⓬枕痾懷苦　謂病倒臥床,身受病痛折磨的痛苦。

【語　譯】釋慧永,姓郗,河內人,十二歲出家,師事沙門竺曇現,後來師事道安法師。慧永曾與慧遠約定,要到羅浮山上去立寺,因為慧遠被道安留住,他就想先越過五嶺。但途經潯陽時,潯陽人陶範苦苦請他留下,於是他就暫時留居於廬山的西林寺。不久,他的門徒漸漸多了起來,又因為慧遠也同在廬山立了寺,他也就決意永久住在這裡了。

慧永貞淨樸素,平和自然,清心寡欲,嚴於克己,言談時常面帶笑容,話語謙和,從不損物傷人。他深好經典而沉浸於其中,又善於講解,終年吃素食穿布衣。他在山上另外修建了一間茅屋,每當他要坐禪淨慮時,就住到那裡去。到他那間茅屋去過的人,都聞得到特殊的香氣。慧永的屋中常常有一隻老虎,有人因此感到害怕,慧永就令牠出屋上山,等客人離開後,老虎又照常回來,重新伏在屋內。慧永曾經外出,離開潯陽,回山時已傍晚。他走到烏橋時,烏橋營主喝醉了酒,騎著馬故意擋住他的路,不讓他過去。當時天已快黑了,慧永用手杖遠遠地指著馬,馬立即受驚而奔跑起來,把營主摔倒在地。慧永一邊扶起一邊撫慰著營主,將他送回營地,營主因此得了病。第二天早晨,營主來到寺裡,向慧永道歉懺悔。慧永說:「這不是我的本意,恐怕是戒神所為。」俗人和僧徒聽說這件事後,歸依他的人很多。

後來,鎮南將軍何無忌鎮守潯陽,就在虎溪集會,請慧永和慧遠前來。慧遠已經久享高名,聲望卓著,又很有才能,他的隨從一百多人,也都是衣飾端正整潔而有風度。等到他們高談闊論起來,一舉一動都很可觀。但慧永卻是很恬靜地單身前往,沒什麼經心準備,很隨意地悠然而至,最後一個到達。他穿著納衣草鞋,拄著手杖，手拿鉢盂，神態自然隨意，清朗蕭散毫不矜持。敬重他樸素真摯的人反而更多。慧遠這人，很少推崇別人，但卻敬仰慧永的高尚德行，在慧永面前很是謙卑恭敬，想以此積得來生福。

慧永修行刻苦，期望昇入西天極樂世界。由於他在晉義熙十年身患重病，很是危險，便專心謹守戒律，修行更加勤苦。他雖然重病纏身，強忍痛苦，但面容卻溫和愉悅。不多久，他忽然整理好衣裳，雙手合掌，要來鞋子，想要起身，好像看見了什麼東西。眾人都驚奇地問他，他回答說：「佛來了。」說完這句話，他就去世了，享年八十三歲。當時，在廬山上的僧俗人等都聞到特別的香氣。這香氣持續了七天才消失。

當時，廬山上還有釋僧融，也因刻苦地謹守戒律而通神靈，能降伏鬼物。

晉廬山釋僧濟

釋僧濟，未詳何許人。晉太元❶末入廬山，從遠公受學。大小諸經及世典書數，皆遊練心抱❷，貫其深要。年始過立❸，便出邑開講，歷當元匠❹。遠每謂曰：「共吾弘佛法者，爾其人乎！」

後，停山少時，忽感篤疾，於是誠要西國，想像彌陀❺。遠遺濟一燭曰：「汝可以運心安養，競諸漏刻❻。」濟執燭憑机❼，停想無亂，又請眾僧夜集，為轉《無量壽經》❽。至五更中，濟以燭授同學，令於僧中行之。於是暫臥，因夢見自秉一燭，乘虛而行，睹無量壽佛，接置于掌，遍至十方❾，不覺欻然❿而覺，具為侍疾者說之。且悲且慰，自省四大了無疾苦⓫。至于明夕，忽索屣起立，目逆虛空⑫，如有所見。須臾還臥，顏色更悅，因謂傍人云：「吾其去矣。」於是轉身右脅⑬，而言氣俱盡，春秋四十有五矣。

【注釋】❶晉太元　東晉孝武帝太元年間，係從西元三七六至三九六年。❷遊練心抱　謂在心中溫習品味已學習過的內容，和加以練習，而爛熟於心。遊，這裡指在心中溫習已學過的內容，有如遊覽。練，習練。心抱，即心懷。❸過立　謂過了三十歲。立，指而立之年，即三十歲。❹元匠　原意為為首的匠人。這裡指主持講經的人，即法堂上的主講。❺想像彌陀　彌陀信仰基本的修行方法。其法有二：一是「口稱念佛」，即一天、兩天不斷地念著阿彌陀佛的名字；另一種就是「觀念念佛」，即在禪定的過程中，想像彌陀，也就是在心裡想像阿彌陀佛的形象和淨土世界的景象。彌陀淨土信仰認為，這樣的虔誠能感動阿彌陀佛，到時候就會來接引了。彌陀，阿彌陀佛的省稱，意譯為無量壽佛，是佛教彌陀淨土信仰的佛主。按，彌陀淨土信仰屬大乘佛教的範疇。在大乘佛教中，無量劫（無始無終）和十方世界（東南西北和四維上下）到處都有佛，其數如恒河沙數，也即無數佛，每個佛都有自己的國土。阿彌陀佛國土又稱彌陀淨土或西方極樂世界。在這個淨土裡，人人都是成了佛的，這裡的一切都是由寶物做成，沒有煩惱，祇有快樂，「無有諸痛癢，亦無復有諸惡臭處，亦復無有勤苦，亦無淫泆瞋怒愚癡，亦無有憂思愁毒。生於阿彌陀佛國，欲壽一劫、十劫、百劫、千劫、萬劫、億劫，自恣意欲住止壽無央數劫，恣汝隨意皆可得之」（《大阿彌陀經》卷下）。總之，一切皆隨意而滿意，所以稱為「極樂」。按照彌陀信仰，任何信徒祇要虔誠，感動了阿彌陀佛，死後，靈魂在冥間「轉生」時，阿彌陀佛及其侍者觀世音菩薩和大勢至菩薩就會來把他的靈魂接引到西方淨土世界，在淨土世界的七寶水池中借蓮花而化生成佛。所以，阿彌陀佛又稱「接引佛」。❻運心安養二句　謂要把握時間用心安靜地休養。運心，用心。競，競爭。漏刻，古代以漏滴計時，漏刻即借指時間，與漏刻競爭即抓緊時間。按，慧遠對僧濟如此說，意味著他已經預見到僧濟快要死了，也就是他的靈魂在冥間「轉生」的時刻已迫在眉睫，同時，他能否得到阿彌陀佛的接引，也已迫在眉睫，所以，他要僧濟用心休養，心不能亂，抓緊時間。下文「睹無量壽佛，接置于掌，遍至十方」等句，就是對僧濟在夢中看到阿彌陀佛來接引的情景的描述，這表明僧濟就要成佛了，也表明慧遠的預見有驗。❼机　即几，指几案。❽轉無量壽經　轉，轉讀的省稱，即誦經。《無量壽經》是彌陀淨土信仰的三部基本經典（佛教淨土宗又稱「淨土三經」或「淨土三大部」，即《阿彌陀經》、《無量壽經》和《觀無量壽經》）之一。❾十方　佛教稱東西南北四維上下為十方，也即中國語所稱四面八方。❿欻然　突然。⓫四大了無疾苦　謂僧濟覺悟到四大皆空，根本沒有什麼生老病死的疾苦。不但如此，解脫了肉體的束縛，讓靈魂去接受阿彌陀佛的「接引」，才可以昇入極樂世界。這是彌陀信仰的歸宿。四大，古印度哲學認為，世界是由地、水、火、風四種元素構成，將這四種元素合稱為四大。佛教繼承了這種看法，但有所偏重，認為地性堅、水性濕、火性暖、風性動，也合稱為四大。佛教認為，一切「色法」或稱「色相」、「色」，即一切自然和世俗現象，包含人身在內，都是由四大這些性質「和合」而成。由「四大所造」的一切「色」，包含人身在內，都必經聚散生滅的過程，都必經生住異滅，見之於人，則必有生老病死，輪轉不息，總之，一切都是變化著的，缺乏永恒性和確定性，佛教稱之為「無常」、「虛妄」，也稱之為「空」。「空」不是沒有之義，而是指無常、虛妄不實。例如《圓覺經》說：「我今此身，四大和合。……四大各離，今者妄身當在何在？」這妄身就是指人身，四大各離後，這「妄身」滅，滅了也即「空」，不但如此，即使人身尚存，因為其為「無常」、「虛妄」，也屬「空」。更進一步，人因有生老病死，而有生老病死之苦，有此苦，也有貪生怕死榮辱得失之情欲，因情欲而生煩惱等等。佛教認為，因為自然和世俗現象均是「無常」、「虛妄」，均屬「空」，這些情欲煩惱也是「空」，不能執著。而從根本上看，由「四大所造」的「色」，一切皆「空」，這也就是「四大皆空」。這是佛教的基本認識和基本「覺悟」。既然「四大皆空」，則一切生老病死苦，自然也就「空」了，即完全、根本、終究「空」之義。參見本篇「想像彌陀」條注釋及本卷〈釋慧遠傳〉「共期西方」條注釋。⓬目逆虛空　謂眼望天空。逆，迎著。⓭轉身右脅　謂轉過身，以右脅著床。這是釋迦牟尼圓寂時的姿勢，後為僧人沿用。

【語　譯】釋僧濟，尚未詳細知道他的出身履歷。他於晉太元末年上廬山，跟隨慧遠公學習佛法。大小各種佛經及世俗的經籍、術數，他都博覽而爛熟於心，常在心中回味、習練，領會其要旨而融會貫通。剛過三十歲時，他就出城開設講席，歷來都是由他主講。慧遠常常說：「與我一道弘揚佛法的人，就是這個人吧！」

後來，他在廬山上住了沒多久，忽然染上很重的疾病，於是一心要昇入西方極樂世界，而在心中想像阿彌陀佛的形象。慧遠送給僧濟一支蠟燭，對他說：「你可以用心安養，抓緊時間。」僧濟拿著蠟燭，靠著几案，停止思想，心緒平靜，又請眾僧夜間來他這裡會集，為他誦讀《無量壽經》。到五更時，僧濟把蠟燭遞給同學，請他們各人傳接，讓蠟燭在眾僧手中不停地運行。於是，他自己便暫時躺下，因而夢見自己拿著一支蠟燭，在虛空中行走，看見無量壽佛把自己接引過去，放在手掌中，行遍十方世界。不知不覺間，他忽然醒來，把剛才所見到的一切，全部說給照料他疾病的眾僧聽。他既悲傷又欣慰，省悟到四大皆空，本無什麼生老病死苦。到了第二天晚上，他忽然索取鞋子，起身站立，眼睛望著天空，好像看見了什麼東西。不多時，他重又躺下，面容神色更加和悅，便對身邊的人說：「我去了。」然後，他就轉過身體，右脅向下，話語與氣息都停止了，享年四十五歲。

晉新陽釋法安

釋法安，一名慈欽，未詳何許人，遠公之弟子也。善持戒行，講說眾經，兼習禪業❶，善能開化愚曚，拔邪歸正❷。

晉義熙中❸，新陽縣❹虎災。縣有大社樹❺，下築神廟。左右居民以百數，遭虎死者夕有一兩。安嘗遊其縣，暮逗❻此村。民以畏虎，早閉門閭❼。安徑之樹下，通夜坐禪。向曉，聞虎負人而至，投之樹北。見安，如喜如驚，跳伏安前。安為說法授戒，虎踞地不動，有頃而去。旦，村人追虎至樹下，見安大驚，謂是神人。遂傳之一縣，士庶宗奉。虎災由此而息，因改神廟，留安立寺，左右田園皆捨為眾業。

後欲作畫像，須銅青❽，困不能得。夜夢見一人，近其床前云：「此下有銅鐘。」覺即掘之，果得二口，因以青成像。後以一鐘助遠公鑄佛，餘一，武昌❾

太守熊無患借視，遂留之。安後不知所終。

【注　釋】❶禪業　禪，一譯思維修，或淨慮。禪業，即坐禪，通過靜坐來達到無思無慮的境界。❷拔邪歸正　拔，通「撥」，撥正之義。拔邪歸正，即改邪歸正。❸晉義熙中　即東晉安帝義熙年間，當西元四〇五至四一八年間。❹新陽縣　西晉惠帝時置，治所在今湖北京山縣。❺社樹　古代壘土為社，用於祭祀地神，各隨其地所宜種植樹木，稱社樹。❻逗　逗留。❼門閭　門閭，居民聚居的里巷，文中即指「村」。門閭，包括居民自家的門和里巷的大門。❽銅青　即銅器表面所生的銅綠。❾武昌　武昌郡，治所在武昌縣，即今湖北鄂城。

【語　譯】釋法安，又名慈欽，未能詳知他的出身履歷。他是慧遠公的弟子，謹守佛教戒律，能講說多部佛經，又兼修坐禪。他善於開化那些愚昧的人，使他們改邪歸正。

東晉義熙年間，新陽縣鬧虎災。縣裡有一棵大社樹，樹下築有神廟，附近的居民有幾百人，每晚都有一兩個人因遇老虎而喪生。法安曾遊方到新陽縣，那晚就在這個村子逗留。但百姓們因為害怕老虎，已早早關閉了村子的大門。法安進不了村子，就逕直走到社樹下，這一整夜就在樹下坐禪。快到拂曉的時候，他聽見老虎叼著人來，又把人扔在樹的北面。老虎看見法安時，顯出又驚又喜的樣子，跳躍著來到法安面前，靜靜地伏在那裡。法安為牠講說佛法，又為牠授戒。老虎恭敬地伏在地上不動，過了一會兒，就悄悄離去了。天亮時，村裡的居民因追趕老虎來到社樹下。當他們看見法安在那裡時，非常吃驚，都說他一定是神人。於是，這件事便在全縣傳開了，士人和庶民都像供奉神人一般供奉法安，虎災也由此而消失。人們因此將神廟改建為佛寺，留法安在那裡住持，又將附近的田園都捐給寺廟，作為眾人奉佛的法業。

後來，法安想要作畫像，需要銅綠，但因貧窮，總不能得到。一天夜裡，他夢見一個人走近他的床前，對他說：「這下面有銅鐘。」法安醒來後，就挖地查找，果然得到兩口銅鐘。於是，他就用銅鐘上的銅綠作成了畫像。後來，他將一口銅鐘給慧遠鑄佛像，剩下的一口，被武昌太守熊無患借去觀賞，被他留下了，再未歸還。至於法安最終的歸宿，則無人知曉。

晉廬山釋曇邕

釋曇邕，姓楊，關中❶人。少仕偽秦❷王，為衛將軍。形長八尺，雄武過人。太元八年❸，從苻堅南征❹，為晉軍所敗，還至長安，因從安公❺出家。安公既往❻，乃南投廬山，事遠公為師。內外經書❼，多所綜涉，志尚弘法，不憚疲苦。後為遠入關，致書羅什，凡為使命，十有餘年，鼓擊風流，搖動峰岫❽，強悍果敢，專對不辱❾。

京師道場❿僧鑒，挹其德解，請還揚州⓫，邕以遠年高，遂不果行。然遠神足高抗者，其類不少⓬，恐後不相推謝⓭，因以小緣託擯邕出⓮。邕奉命出山，容無怨忤⓯，乃於山之西南營立茅宇，與弟子曇果澄思⓰禪門。

嘗於一時，果夢見山神求受五戒，果曰：「家師在此，可往諮受。」後少時，邕見一人著單衣帢⓱，風姿端雅，從者二十許人，請受五戒。邕以果先夢，知是山神，乃為說法授戒。神嚫以外國匕筯⓲，禮拜辭別，儵忽不見。至遠臨亡之日，奔赴號踴，痛深天屬⓳。後往荊州，卒於竹林寺。

【注釋】❶關中　一般泛指函谷關以內的地區，或指戰國時代秦地，漢朝時亦有稱國都長安為關中的，本書常以關中代稱長安，這或者與長安是前秦和後秦的國都有關。據下文知曇邕曾是前秦軍官，則此處所稱關中，大約也是指長安（今陝西西安）。❷偽秦　偽秦一詞在本書中既稱前秦，也用於稱後秦，這裡指前秦，或稱苻秦。❸太元八年　即東晉孝武帝太元八年（西元三八三年）。❹苻堅南征　苻堅，十六國時期前秦皇帝，參見相關各篇及注釋，他此次南征指太元八年（西元三八三年）或前秦建元十九年（西元三八三年）的南征，也即指淝水大戰，以慘敗而告終。據此則知曇邕參加過淝水大戰。他師從道安出家，則應在西元三八三年後。此時慧遠已在廬山。❺安公　即釋道安，參見本書卷五〈釋道安傳〉。❻安公既往　往，死之諱稱。既往，死後。按據本書卷五〈釋道安傳〉記載，道安卒於前秦建元二十一年（西元三八五年）。知曇邕當在這之後入廬山師從慧遠。慧遠已於太元四年（西元三七九年）入廬山。❼內外經書　即內典與外典，也即佛經和俗書。內，原本作「師」。按，「師外經書」一語難通，因為慧遠本人「不廢俗書」，故對於曇邕而言，即其師所講之書就已兼有內外，故「師外經書」無從所指。大正藏本作「內」。佛教以佛經為內典，以佛經以外的世俗經書如儒、道經書為外典。故據此及大正藏本校改。❽鼓擊風流二句　喻指曇邕的應答論戰使那些名望崇高有如山峰的著名人物也被動搖、駁倒。鼓擊，擂鼓搏擊。此處喻指曇邕為應答而進行的論戰。風流，風流人物；著名人物。❾專對不辱　專對，為完成某種使命而進行的遊說和應答。不辱，即不辱使命或成功地完成使命。❿京師道場　即京師道場寺，參見本書卷二〈佛馱跋陀羅傳〉。⓫楊州　楊，金陵刻經處本作「揚」。按，這裡應作「揚州」，但因不影響理解，保留原樣。又按，東晉時京師建康（今江蘇南京）主要含有四城：中為臺城，是臺省即中央政府和宮殿所在處；西為石頭城，屬建康軍事重鎮，一向由重臣所鎮；又有西州城，為揚州刺史治所；東為東府城，是宰相兼揚州刺史府邸所在處。因而，下文京師道場寺僧鑒和尚請曇邕「還楊州」，實即去京師建康。明乎此，則不難理解。⓬然遠神足高抗者二句　謂然而慧遠的弟子中性情高傲者，為數不少。神足，此處即指弟子，如常言所謂「高足」。足，原本作「色」，難通。大正藏本作「足」。釋迦牟尼十大弟子中有號稱「神足」的弟子大目犍蓮（在目連戲中改稱為目連）。故據此及大正藏本校改。高抗，謂性情高傲，剛直不阿。抗，即亢。按，正因為如此，所以有下文，慧遠「恐後不相推謝，因以小緣託擯邕出」，把曇邕遣出山門，以免與其他性情高傲的弟子發生衝突，這還由於曇邕也屬「強悍果敢」的性格，且「雄武過人」的高足或稱「神足」。⓭推謝　互相推許謙讓。⓮因以小緣託擯邕出　謂慧遠因而以一個小小的緣由為託詞，命曇邕退出山門。小緣，小小的緣由。託，託詞；藉口。擯，擯退。⓯容無怨忤　謂沒有埋怨違拗的神情。容，神情；態度。忤，違拗不從。⓰澄思　心神澄清，無思無慮。⓱帢　古代士人所戴的一種絲織的便帽，以不同的顏色區別品級。⓲䞋以外國匕筯　䞋，贈送。匕，勺、匙之類的餐具。筯，筷子。⓳痛深天屬　謂深切的悲痛發自內心自然誠摯的感情。天屬，屬於自然。

【語　譯】釋曇邕，俗姓楊，關中人。他年輕時做過偽秦王的官，任職衛將軍。曇邕身高八尺，身材雄偉而勇武過人。太元八年，他隨苻堅征戰南方，被晉朝的軍隊打敗，回到長安後，他便師從釋道安出家。安公去世後，曇邕前往南方投奔廬山，師事釋慧遠。他對內、外典均進行了廣泛的學習，立志弘揚佛法，不懼疲憊、勞苦。後來，他為慧遠去關中，送信給鳩摩羅什，為完成這項使命，歷時十多年。他因此應對一些名流的問難，而與之論戰，使那些名望崇高猶如山峰的名流也為之動搖。曇邕堅強而又果斷，他的應對接答，總使他成功完成慧遠所交付他的使命。

京師道場寺的僧鑒和尚仰慕曇邕的德行和才識，便請他返還揚州。但曇邕因為慧遠已經年老，終未成行。然而，慧遠的弟子中性情高傲者為數不少，慧遠擔心以後他們與曇邕之間不會互相推許謙讓，難以和睦相處，於是就借一個小小的緣由為託詞，把曇邕打發出山門。曇邕奉師命出山，心平氣和，毫無不滿和違拗的表情。他在廬山的西南修建了茅屋，與弟子曇果一起在那裡清靜地修行禪業。

曾經有一次，曇果夢見山神來向自己請求受五戒，便對山神說：「我的老師在這裡，您可以向他詢問，請求受戒。」不久後，曇邕看見一個人穿著單衣戴著便帽，風度姿容端莊俊雅的人，後面跟隨著二十多個隨從，來向自己請求受五戒。他因知道曇果以前曾經歷的夢中情境，知道這是山神來了，就向他講說佛法，為之授戒。山神以外國的勺子和筷子為禮物，獻給曇邕，然後辭別，忽然間就不見了。慧遠臨終時，曇邕趕到他身邊，頓足號啕，他深切的哀痛，發自內心的摯情。曇邕後來去了荊州，在竹林寺去世。

晉吳臺寺釋道祖　慧要　曇順　曇詵　法幽　道恒　道授

釋道祖，吳國❶人也，少出家，為臺寺支法濟弟子。幼有才思，精勤務學。後與同志僧遷、道流等，共入廬山七年，並山中受戒，各隨所習，日有其新。遠公每謂祖等易悟，盡如此輩，不復憂後生❷矣。遷、流等並年二十八而卒，遠歎曰：「此子並才義英茂❸，清悟日新❹，懷此長往❺，一何❻痛哉。」道流撰諸經目❼未就，祖為成之，今行於世。祖後還京師瓦官寺講說，桓玄每詣觀聽，乃謂人曰：「道祖後發，愈於遠公，但儒博不逮❽耳。」及玄輔政，欲使沙門敬王者❾，祖乃辭還吳之臺寺。有頃，玄篡位❿，勅郡送祖出京⓫。祖稱以疾不行，於是絕迹人事⓬，講道終日，以晉元熙元年⓭卒，春秋七十三矣。

遠有弟子慧要，亦解經律，而尤長巧思。山中無刻漏，乃於泉水中立十二葉芙蓉⓮，因流波轉，以定十二時，晷景⓯無差焉。亦嘗作木鳶⓰，飛數百步。

遠又有弟子曇順、曇詵，並義學⓱致譽。順本黃龍⓲人，少受業什公⓳，後還師遠，蔬食有德行。南蠻校尉劉遵，於江陵立竹林寺，請經始⓴。遠遣從焉。詵亦清雅有風則，注《維摩》㉑及著《窮通論》等。

又有法幽、道恒、道授等百有餘人，或義解深明，或匡極眾事㉒，或戒行清高，或禪思深入，並振名當世，傳業于今。

【注釋】❶吳國　即吳縣，今江蘇蘇州。東晉以吳縣為吳國，設吳國內史（相當於太守）。❷後生　這裡指後繼傳法的人。❸才義英茂　謂德才兼備，風華正茂。❹清悟日新　謂悟性日日有進步。清悟，即覺悟；悟性。佛教因超絕塵俗，故自稱清淨。日新，這裡指日日有進步。❺長往　即長逝，死之代稱。❻一何　感歎詞。多麼。❼經目　著錄佛經目錄的書籍。❽儒博不逮　謂在儒雅和廣博方面有所不及。儒博，儒雅與學問廣博。不逮，不及。❾玄輔政二句　輔政，即輔助皇帝行政，任此職者即為輔政大臣，操朝廷行政實權。有關桓玄輔政及其要沙門禮敬王者一事，參見本卷〈釋慧遠傳〉及注釋。❿玄篡位　桓玄篡奪帝位，時在東晉元興二年（西元四〇三年）十二月三日。⓫出京　謂出現於京師，指到京師來。⓬絕迹人事　斷絕與俗世的人際交往。人事，指世俗的人際交往。⓭晉元熙元年　即東晉安帝元熙元年，西元四〇二年。⓮於泉水中立十二葉芙蓉　據下文，這是人工製作成芙蓉（蓮花）模樣的器具，安裝有十二個葉片，放在泉水中，借水的流動使之旋轉，十二個葉片標誌十二個時辰，以它旋轉的角度與日影對比，以確定所代表的時辰。我國古代以十二個時辰為一晝夜，一個時辰相當於現在的兩小時。⓯晷景　即日影，這裡指用晷影所測出的時間。晷，測日影以定時刻的儀器。⓰木鳶　即木製的老鷹。鳶，鳥名，俗稱老鷹。⓱義學　佛教經典的內容相當廣泛，僧人對這些內容往往各有專攻，對專攻佛教義理而加以解說、闡發、論說的僧人，一般稱為義學沙門。義學，即佛教義理之學。⓲黃龍　指黃龍城，一名龍城、和龍城、龍都，即今遼寧朝陽。⓳什公　指鳩摩羅什。⓴經始　謂經營其始，也即經管主持開辦事宜。㉑維摩　即《維摩詰經》。㉒匡極眾事　謂在許多事情中匡扶正義。匡，匡正；匡扶。極，標準，引申為正義。眾事，眾人的事或許多事。

【語　譯】釋道祖，吳國人，年少時出家，為臺寺支法濟的弟子。道祖從小就有才華，治學刻苦勤奮。後來，他與志向相同的僧遷、道流等人一起入廬山共七年，並一起在山中受戒。在廬山，他們各自按自己的心願修習，每天都有新的收穫。慧遠公常常說：道祖等人悟性高，如若僧徒都像他們這樣，我就不用為佛法的傳人擔憂了。僧遷、道流等人都是在二十八歲時死去的。慧遠因此感歎道：「他們都是德才兼備，風華正茂的人才，悟性日新，天天進步，他們懷著如此才德而英年早逝，令人多麼悲痛噢！」道流編撰了佛經目錄，但還沒有完成，是道祖替他完成的，至今流傳於世。後來，道祖回到京師瓦官寺講經。桓玄常常去瓦官寺觀看聽講，他曾對別人說道：「道祖實是後起之秀，超過了慧遠公，祇是不及慧遠公的儒雅廣博。」等到桓玄輔政時，想要沙門禮敬君王，道祖於是辭別瓦官寺，返回吳國的臺寺。不久，桓玄篡位，敕令郡守送道祖到京師來，道祖以身體有病為由，沒有去，於是他就斷絕人事交往，終日講經論道。道祖於晉元熙元年去世，享年七十二歲。

慧遠有弟子慧要，也懂得經義和戒律，而尤其心靈手巧。山中沒有計時的漏刻，他就在泉水中立了一株有十二片葉子的芙蓉模樣的東西，借助流水之力，推動它旋轉，來定十二個時辰，結果與晷影所測的時刻一致無差。他又曾用木頭做過一隻老鷹，能飛幾百步遠。

慧遠還有弟子曇順、曇詵，都是以擅長佛教義理獲得聲譽的。曇順原本是黃龍人，年少時師從什公學習，後來又以慧遠為師。他食蔬而有德行。南蠻校尉劉遵在江陵創立竹林寺，請曇順來主持經管，慧遠也就派遣他去了那裡。

曇詵也清俊文雅有風度，曾經注釋《維摩詰經》，撰寫了〈窮通論〉等著作。

又有法幽、道恒、道授等一百多人，他們中或是因深明佛教義理，或是因在各種事情中匡扶正義，或是因謹守戒律而道行清高，或是因禪悟精深，都在當時名聞遐邇。他們的法業也一直流傳到今天。

晉長安大寺釋僧䂮　弘覺

釋僧䂮，姓傅氏，北地泥陽❶人，晉河間郎中令遐之元子也。少出家，止長安大寺，為弘覺法師弟子。覺亦一時法匠❷。䂮初從受業，後遊青、司、樊、沔❸之間。通六經及三藏，律行清謹，能匡振佛法。姚萇、姚興早挹風名，素所知重，及僭有關中❹，深相頂敬。興既崇信三寶，盛弘大化，建會設齋，烟蓋重疊❺，使夫慕道捨俗者，十室其半。

自童壽❻入關，遠僧復集，僧尼既多，或有愆漏，興曰：「凡夫學僧，未階苦忍❼，安得無過？過而將極❽，過遂多矣，宜立僧主，以清大望。」因下書曰：「大法東遷，於今為盛，僧尼已多，應須綱領，宣授遠規，以濟頹緒。僧䂮法師學優早年，德芳暮齒，可為國內僧主。僧遷法師，禪慧兼修❾，即為悅眾❿。法欽、慧斌共掌僧錄⓫。給車輿吏力⓬。」

䂮資侍中秩⓭，傳詔羊車各二人⓮，遷等並有厚給。供事純儉，允怯⓯時望，五眾⓰肅清，六時無怠⓱。至弘始七年⓲，勅加親信仗身⓳、白從⓴各三十人。僧正㉑之興，䂮之始也。䂮躬自步行，車輿以給老疾，所獲供卹，常充眾用，雖年在秋方㉒，而講說經律，勖眾無倦。以弘始之末㉓，卒於長安大寺，春秋七十三矣。

【注釋】❶北地泥陽　北地，即北地郡，治所在富平（今寧夏吳忠縣南）。泥陽，元本、明本及金陵刻經處本《高僧傳》均作「潯陽」，大正藏本作「泥陽」。按，潯陽即今江西九江，不在北方；泥陽，在今陝西耀縣東南。❷法匠　即法高之匠，這裡是對精通佛法之人的美稱。❸青司樊沔　青，青州，東漢時治所在臨菑（今山東臨淄），晉時移至東陽城（今山東益都）。司，司州，晉時治所在洛陽（今河南洛陽）。樊，有南北二處，據僧䂮是北方人，這裡的樊當指古樊邑之地（今河南濟源附近）。沔，沔水流域，當指其北源即陝西留壩一帶所稱之沔。此青、司、樊、沔一帶當時屬前秦和後秦的地區。❹僭有關中　僭，非分；超越本分。僭有關中，謂非分占有關中，這裡是以晉為正統的觀念，指姚萇占領長安而建立後秦。西元三八三年前秦國君苻堅進攻東晉，在淝水大戰中失敗，次年（西元三八四年）姚萇率羌人獨立，稱萬年秦王，西元三八六年稱帝，國號大秦，建都長安，史稱後秦。西元三九三年姚萇死後，由他的兒子姚興繼位，滅前秦。❺烟蓋重疊　謂騰騰的香煙在擁擠的車蓋上繚繞，形容法會的盛大，燒的香多和所參與的人多車多。烟，指舉行佛教法會時所燒的香煙。蓋，車蓋。❻童壽　即鳩摩羅什，參見本書卷二〈鳩摩羅什傳〉。❼未階苦忍　未階，沒有經歷過。苦，這裡指用佛教戒律來自律而自苦其身，即磨滅自己的世俗情欲，以使精神得以昇華，久而久之便以無欲為自然。忍，初時以苦來磨練自己的忍耐性，以達到對一切世俗誘惑，乃至世俗之所謂侮辱不動心、無視的境界。❽過而將極　謂以過錯為正確，猶習非為是。將極，大正藏本作「不翊」。極，標準。❾禪慧兼修　謂禪定和智慧兩樣都修習。禪，禪定。慧，智慧。按，佛教修行，一般有戒、定、慧三學，其中戒即戒律，定即禪定，即靜坐澄思以達到專注一境的境界。慧，即佛法智慧，從開始的明白到深悟的徹覺。直到唐代慧能提出「定慧不二」之前，這三項一般是分開修行的，定和慧兩項都修習，就叫做禪慧兼修，或定慧兼修。❿悅眾　姚興所定的僧官名。⓫僧錄　姚興所定的僧官名。⓬車輿吏力　謂車轎差役。吏，為官府和官員服役的胥吏、差役。吏力，即吏。⓭資侍中秩　謂資格官階的級別屬於侍中這一等級。秩，官階等級。⓮傳詔羊車各二人　謂僧䂮作為僧主享有羊車，每輛羊車各配備二人，即兩名差役。至於享有多少羊車，文中沒有表達。羊車，古代宮廷裡所乘的一種小車，有多種說法，一說「羊」通「祥」，是吉祥之義，《周禮・考工記・車人》說：「羊車二軻。」注：「羊，善也，善車若今之定張車。」一說是小孩子乘坐的小車，《隋書・禮儀志五》說：「羊車，一名輦，其上如軺，小兒衣青布褶，五辮髻，數人引之，時名羊車小史。漢氏或以人牽，或駕果下馬。」一說是用羊拉，供宮廷或小孩子乘坐的小車，《釋名・釋車》說：「羊車，……以所駕名之也。」《晉書・胡貴嬪傳》說：「（武帝）並寵者眾，帝不知所適，常乘羊車，恣其所之，至便宴請。」而《晉書・衛玠傳》則說：「總角乘羊車入世，見者皆以為玉人，觀之者傾都。」據「傳詔羊車」一語，則知大約是宮廷內所乘坐的車子，比較珍貴，也許是用羊牽，也許是用人牽。⓯允怯　允，誠信而恰當、公平，如允當。怯，膽怯，引申為小心謹慎，如《梁書・馮道根傳》：「初到阜陵，修城隍，遠斥候，有如敵將至者，眾頗笑之。道根曰：「怯防勇戰」，此之謂也。」此「怯」字即小心謹慎之義。⓰五眾　佛教語。出家的五眾：比丘、比丘尼、式叉摩那、沙彌、沙彌尼。⓱六時無怠　佛教分一晝夜為六時：晨朝、日中、日沒、初夜、中夜、後夜。⓲弘始七年　後秦高祖姚興弘始七年，即西元四〇五年。⓳仗身　帝、王或高官的隨身衛士。⓴白從　謂白衣隨從。㉑僧正　即僧官。㉒年在秋方　謂年老力衰的暮年。㉓弘始之末　弘始共十八年，由西元三九九至四一六年，弘始之末約西元四一六年。

【語　譯】釋僧䂮，俗姓傅，北地泥陽人，是晉朝河間郎中令傅遐的長子。他少年時出家，住在長安大寺，是弘覺法師的弟子。弘覺也曾是一代法匠，僧䂥起初師從於他學習，後來遊歷於青、司、樊、沔一帶。他精通儒家六經和佛教三藏經書，謹守戒律，品行清純，能夠匡扶振興佛法。姚萇、姚興很早就仰慕他的風範名望，素來賞識看重他，到姚氏越禮占據了關中後，對他更是頂禮崇敬。姚興既然推崇信仰佛教佛、法、僧三寶，便極力地弘揚佛法，舉行法會，設齋供佛。每當舉行法會，總是香煙縈繞，人車如潮，使得十戶人家就有一半遺棄俗世而慕道出家。

自從鳩摩羅什進入關中後，遠方的僧人不斷向這裡匯聚，越集越多。僧人和尼姑既然多了，難免魚龍混雜，其中就不免有人行為不檢點而犯有過錯。面對這種情況，姚興說：「俗人和剛學習佛法的僧徒，沒有經受過嚴守佛教戒律的苦忍磨練，怎能不犯過錯呢？有了過錯而不自知為過錯，反而以錯為對，所以過錯就多了。因而，應該設立管理僧人的官員，按佛門的清規來管理佛教，以體現佛門清淨的聲望。」他因此下達詔書說：「佛法向東方遷移，至今已經很興盛了，僧人和尼姑已為數眾多，所以就需要有統領，來宣講傳授那從遠方傳來的佛教戒律，以此整治佛教中的頹敗現象。僧䂥法師早年就已學業優秀，現在則是德高望重，聲名遠播，可以作為國內的僧人主管；僧遷法師同時兼修禪定和佛教智慧，可以擔任悅眾；法欽和慧斌可以一起擔任僧錄之職。賜給車轎和差役。」

僧䂥的資格官階是侍中，有傳達詔令的羊車，每輛羊車各配備兩名差役。僧遷等人都有優厚的供給。他們任職供事專心而又節儉，符合了當時處理事情時小心謹慎公平允當的期望，使得各種僧人都能嚴於律己，奉行佛教清規，任何時候都不再懈怠。到弘始七年時，朝廷又敕令加贈僧䂥貼身親信衛士和白衣隨從各三十人。僧正的興起，也就是從僧䂥開始的。他那時雖有車卻不自用，而是仍然步行，把車轎讓給老年和有疾病的人，所得到的僧官俸祿，常常拿出來給眾人公用。他雖然年老力衰，但講說經文、戒律，勉勵眾人，卻毫不厭倦。弘始末年，他在長安大寺去世，享年七十三歲。

晉彭城郡釋道融

釋道融，汲郡林慮❶人，十二出家。厥❷師愛其神彩，先令外學❸，往村借《論語》。竟不賫歸，於彼已誦。師更借本覆❹之，不遺一字，既嗟而異之，於是恣其遊學。迄至立年，才解英絕，內外經書，闇遊心府❺。聞羅什在關，故往諮稟。什見而奇之，謂姚興曰：「昨見融公，復是大奇聰明釋子。」興引見歎重，敕入逍遙園，參正詳譯。因請什出《菩薩戒本》，今行於世。後譯《中論》，始得兩卷，融便就講，剖析文言，預貫終始。什又命融令講《新法華》。什自聽之，乃歎曰：「佛法之興，融其人也。」

俄而師子國❻有一婆羅門❼，聰辯多學，西土俗書，罕不披誦，為彼國外道❽之宗。聞什在關大行佛法，乃謂其徒曰：「寧可使釋氏之風獨傳震旦❾，而吾等正化不洽❿東國？」遂乘駝負書來入長安。姚興見其口眼便辟⓫，頗亦惑之。婆羅門乃啟興曰：「至道無方，各遵其事，今請與秦僧捔其辯力⓬，隨有優者，即傳其化。」興即許焉。時關中僧眾，相視缺然⓭，莫敢當者。什謂融曰：「此外道聰明殊人，捔言必勝，使無上大道，在吾徒而屈，良可悲矣。若使外道得志，則法輪摧軸⓮，豈可然乎？如吾所睹，在君一人。」融自顧才力不減，而外道經書未盡披讀，乃密令人寫婆羅門所讀經目，一披即誦⓯。後剋日⓰論義，姚興自出，公卿皆會闕下，關中僧眾四遠必集。融與婆羅門擬相詶抗⑰，鋒辯飛玄，彼所不及。婆羅門自知辭理已屈，猶以廣讀為誇。融乃列其所讀書，并秦地經史名目卷部，三倍多之。什因嘲之曰：「君不聞大秦廣學，那忽輕爾遠來。」婆羅門心愧悔伏，頂禮融足，旬日之中，無何而去。像運⑱再興，融之力也。

融後還彭城⑲，常講說相續，聞道至者千有餘人，依隨門徒數盈三百。性不狎諠⑳，常登樓披翫㉑，殷勤善誘，畢命弘法，後卒於彭城，春秋七十四矣。所著《法華》㉒、《大品》㉓、《金光明》㉔、《十地》㉕、《維摩》㉖等義疏，並行於世矣。

【注　釋】❶汲郡林慮　汲郡，西晉泰始二年（西元二六六年）置，治所在汲縣（今河南汲縣）。林慮，林慮縣，即今河南林縣。❷厥　代詞。他的。❸外學　佛教指佛經以外的典籍為外學。❹覆　檢驗；核查。❺闇遊心府　在心中暗暗遊動，形容爛熟於心。❻師子國　即斯里蘭卡。❼婆羅門　梵語 Brahmana，印度古代宗教名。此處指信奉這個宗教的一位信徒。❽外道　佛教徒稱本教以外的宗教和思想為外道。❾震旦　古代印度稱中國為震旦。❿洽　周遍；全面。這裡指傳布、潤澤中國。⓫便辟　原意為偏僻、不常見，這裡指相貌古怪。⓬捔其辯力　謂舉行辯論比賽。捔，角鬥。辯力，辯論的能力。⓭相視缺然　謂相互衡量而都覺得自己有所不足。缺然，不足的樣子。⓮法輪摧軸　法輪的軸摧折。比喻佛法的傳播受到挫折而不再流行。⓯一披即誦　將書祇翻一遍就能背誦。⓰剋日　制定、約定時間。⓱擬相詶抗　謂兩人在辯論中互相擬題辯難相抗。擬，這裡指辯論時擬題問難。詶，即酬，回報。⓲像運　即佛教的命運。⓳彭城　即今江蘇徐州。⓴性不狎諠　謂性格不喜歡喧嘩熱鬧，即好獨處安靜。狎，親近。諠，猶喧，喧嘩；熱鬧。㉑披翫　即讀書。㉒法華　即《妙法蓮華經》，簡稱《法華經》。㉓大品　即《摩訶般若波羅蜜經》，簡稱《大品般若經》，又簡稱《大品》。㉔金光明　即《金光明經》。㉕十地　即《十住毗婆沙論》，十住又作十地，簡稱《十住論》。㉖維摩　即《維摩詰所說經》，簡稱《維摩詰經》。

【語　譯】釋道融，是汲郡林慮人，十二歲出家。他的老師喜愛他的神采，讓他先學習世俗學問，到村裡去借《論語》。他借了《論語》後，竟然不立即拿回去，而是在那裡就已經看完，能背誦了。待他回去後，老師又借了一本《論語》，一邊自己看，一邊讓他背誦，檢查他究竟背得怎樣，結果道融竟然一字不漏地背出《論語》。老師這才很驚訝地發現他不同於一般人，於是就由他自己隨意出去遊學。到三十歲時，道融已才華橫溢，見識超群，對佛教經典和世俗經書都已爛熟於心。後來他聽說鳩摩羅什在關中，就到那裡去請教學習。羅什和他見面後，就察覺出他是一個奇才，便對姚興說：「昨天看見的融公，又是一位非常優秀聰明的釋家弟子。」姚興讓人帶僧融來面見後，也大為讚歎，對他非常敬重，下令請他進入逍遙園，參與校閱和審訂佛經譯文。道融因此而請羅什譯出《菩薩戒本》，如今仍流傳於世。後來，羅什又譯《中論》，剛譯了兩卷，道融便能講解經義，剖析譯文的措詞文句，預先貫通了整部《中論》內容的首尾始末。羅什又讓僧融講說《新法華經》，並親自聽講。聽後，羅什讚歎道：「道融真是個能使佛法興盛的人啊！」

不久，師子國有一位婆羅門，聰明善辯學問廣博，西方的世俗書籍他很少沒有讀過，也很少不能背誦，是師子國外道的宗主，聽說羅什在關中大力推行佛法，就對弟子說：「難道我能眼看著唯獨釋迦牟尼的教化傳播中國，而我們的正道反而不能浸潤這個國家嗎？」於是，他就騎著駱駝，背著書籍，來到長安。姚興見他相貌古怪，也差不多被他迷惑了。婆羅門啟奏姚興說：「大道本無任何限制，可以各行其道，今天，我想請秦國的僧人來論辯較量一番，如果誰勝了，就傳播誰的教化。」姚興當即同意了。當時，關中的僧人彼此相互掂量，總覺得學問不足，不是對手，沒有人敢出來承當。羅什便對道融說：「這個外道聰明過人，在辯論中必定獲勝，使我無上佛法，由我的弟子輸掉，實在令人痛心悲哀。但是，如果這個外道一旦得志，那麼佛法就會像車輪被打斷了軸，使法輪不轉，這難道是可以允許的嗎？在我看來，成敗就取決於你一個人了。」

道融自認為自己的才力並不差，祇是那位婆羅門所讀過的經書自己還沒有都讀遍，於是就暗中請人寫出那位婆羅門所讀過的經書目錄，自己祇看了一遍，就可以背誦了。之後，就約定了舉行辯論的日期。那天，姚興親自到場，公卿官僚都在宮殿門前會集，關中所有的僧人，哪怕再遠，也都從四面八方趕來了。道融與婆羅門互相擬題問難答辯，道融辭鋒如箭，答辯流利，反應敏捷，說理玄奧，為婆羅門所不及。婆羅門自知已理屈辭窮，還拿自己讀書多來誇口。道融也就一一列出他所讀過的書，再加上秦地的經書史書的書名目錄卷數和部數，數量超過婆羅門所讀書的三倍。羅什因此嘲諷婆羅門說：「您沒有聽說過大秦國的人學問廣大，要不然，您就不會那麼輕率地從大老遠的地方趕來了。」婆羅門心中又愧又悔又是歎服，於是就將頭頂在道融的腳上，作頂禮拜伏。於是，他就在十天之內，無可奈何地離去了。佛法的又一次興盛，全是道融的功勞啊。

道融後來回到彭城，常常連續講說佛法，為聽他講道而來的有一千多人，一直跟隨著他的門徒滿三百人。他性格好靜，不喜歡接近熱鬧的場所，常常一個人在樓上讀書，玩味經籍。他諄諄善誘，孜孜不倦，用了畢生的精力弘揚佛法，後來在彭城去世，享年七十四歲。道融為《法華經》、《大品般若經》、《金光明經》、《十地論》、《維摩詰經》等所作的義疏一起在世上流傳。

晉長安釋曇影

釋曇影，或云北人，不知何許郡縣。性虛靖❶，不甚交遊，而安貧志學，舉止詳審，過似淹遲❷，而神氣駿捷，志與形反❸。能講《正法華經》及《光讚般若》，每法輪一轉❹，輒道俗千數。

後入關中，姚興大加禮接。及什❺至長安，影往從之。什謂興曰：「昨見影公，亦是此國風流標望❻之僧也。」與勅住逍遙園，助什譯經。初出《成實論》，凡諍論問答，皆次第往反。影恨其支離，乃結為五番❼，竟以呈什。什曰：「大善。深得吾意。」什後出《妙法華經》❽，影既舊所命宗❾，特加深思，乃著《法華義疏》四卷，并注《中論》。後山棲隱處，守節塵外，修功立善，愈老愈篤。以晉義熙中❿卒，春秋七十矣。

【注釋】❶虛靖　謙虛恭敬；謙卑。❷淹遲　緩慢；遲緩。❸志與形反　謂曇影的內在精神與形象正好相反。❹法輪一轉　即指說一次佛法。法輪，佛教語，比喻佛法，認為佛所說法，像戰車的車輪一樣運轉不息，能摧破一切障礙（喻眾生的煩惱）。❺什　指鳩摩羅什。❻風流標望　風流，這裡指傑出不凡。標望，為眾人所仰望。在這裡也就是標宗立教而為眾人仰望之義。❼結為五番　謂將那譯文歸結為五項。結，歸結。五番，即五項。番，量詞，猶項。按，《成實論》鳩摩羅什譯本二十卷，據僧祐《出三藏記集》卷一一〈成實論記〉和〈略成實論記〉，這部經是鳩摩羅什應後秦尚書令姚顯所請譯出，由鳩摩羅什手執胡本（即原本），口自傳譯（即口譯說出），由曇䂮筆受（即記錄），由曇影正寫（即校訂修飾定稿），所以，才發生了由曇影「結為五番」的做法。由此也可以知道，當時譯經的大概情況，以及在鳩摩羅什譯經的過程中，中國僧人參與其事和在譯文定稿過程中所產生的作用。❽妙法華經　即鳩摩羅什所譯《妙法蓮華經》，僧祐《出三藏記集》記載作《新法華經》，通常略稱為《法華經》。❾舊所命宗　謂過去曾以之為宗奉的經典。舊，過去；原來。命宗，即宗奉。按，上文已說，曇影在師從鳩摩羅什之前就已能講《正法華經》，這部《正法華經》係由竺法護所譯，現在鳩摩羅什實是聽從了姚嵩的請求重新翻譯出這部經，題作《妙法蓮華經》，又作《新法華經》，與竺法護的舊譯本為同本異譯。曇影既然以前就能講竺法護所譯的《正法華經》，現在鳩摩羅什的新譯本出來，所以說是他的「舊所命宗」，並且引起了他的特別興趣和對新譯本的深入研究。❿晉義熙中　即東晉安帝義熙年間，當西元四〇五至四一八年間。

【語譯】釋曇影，有人說他是北方人，不知道是何郡何縣。他性情謙虛沉靜，不甚與人交遊，安心於清貧而立志於學業。他的舉動似乎過於安詳審慎，看起來好像行動遲緩，然而思維敏捷，精神與外像正相反。曇影能講《正法華經》和《光讚般若》。他每次開堂講經，來聽講的僧人俗人都有上千人。

曇影後來到了關中，姚興以隆重的禮節接待了他。待鳩摩羅什到長安後，曇影便師從於他。鳩摩羅什曾對姚興說：「昨天見到影公，他也是這個國家一位傑出不凡大有宗師氣象的僧人。」姚興便下令請他住進逍遙園，協助羅什翻譯佛經。《成實論》譯出初稿時，譯文中涉及論爭的問難和答辯，都採用了一問一答，一次接著一次按序進行的譯法，曇影嫌這樣的譯法支離破碎，就把它歸結為五項。他如此寫完後，呈給羅什，羅什說：「很好。你這樣做，我很滿意。」羅什後來譯《妙法蓮華經》，這部經原有舊譯本，是曇影過去所宗奉的經典，他就對羅什所譯出的新譯本特別加以深入的思考，并將思考的結論寫成《法華義疏》四卷。另外，他又注釋了《中論》。後來，他到山中隱居，堅守自己的節操，超脫俗世，積德行善，修行功德廣做善事，年紀愈老愈是堅持不懈。他在東晉義熙年間去世，享年七十歲。

晉長安釋僧叡

僧楷

釋僧叡，魏郡長樂❶人也。少樂出家，至年十八，始獲從志，依投僧賢法師為弟子。謙虛內敏，學與時競。至年二十二，博通經論。嘗聽僧朗法師講《放光經》❷，屢有譏難❸。朗與賢有濠上之契❹，謂賢曰：「叡比格難❺，吾累思不能通，可謂賢賢弟子也。」

至年二十四，遊歷名邦，處處講說，知音之士，負袠成群❻，常歎曰：「經法雖少，足識因果，禪法❼未傳，厝心無地。」什後至關，因請出《禪法要》三卷，始是鳩摩羅陀❽所制，末是馬鳴❾所說，中間是外國諸聖共造，亦稱「菩薩禪」❿。叡既獲之，日夜脩習，遂精練五門⓫，善入六靜⓬，偽司徒公姚嵩深相禮貴。姚興問嵩：「叡公何如？」嵩答：「實鄴衛之松栢⓭。」興勑見之，公卿皆欲集觀其才器。叡風韵窪隆⓮，含吐彬蔚。興大賞悅，即勑給俸卹吏力人輿。興後謂嵩曰：「乃四海之標領，何獨鄴衛之松栢⓯。」於是美聲遐布，遠近歸德。

什所翻經，叡並參正。昔竺法護出《正法華經・受決品》云：「天見人，人見天。」什譯經至此乃言曰：「此語與西域義同，但在言過質⓰。」叡曰：「將非人天交接，兩得相見？」什喜曰：「實然。」其領悟標出皆此類也。後出《成實論》，令叡講之。什謂叡曰：「此諍論中有七處文破《毗曇》⓱，而在言小隱⓲，若能不問而解，可謂英才。」至叡啟發幽微，果不諮什，而契然懸會⓳，什歎曰：「吾傳譯經論，得與子相值，真無所恨矣。」著《大智論》、《十二門論》、《中論》等序，并注大小《品》⓴、《法華》、《維摩》、《思益》㉑、《自在王禪經》等序，皆傳於世。

初，叡善攝威儀㉒，弘讚經法，常迴此諸業㉓，願生安養。每行住坐臥，不敢正背西方。後自知命盡，忽集僧告別，乃謂眾曰：「平生誓願，願生西方，如叡所見，或當得往，未知定免，狐疑城不㉔，但身口意業㉕，或相違犯，願施以大慈，為永劫法朋也。」於是入房洗浴，燒香禮拜，還座向西方，合掌而卒。是日同寺咸見五色香烟從叡房出，春秋六十七矣。

時又有沙門僧楷，與叡同學，亦有高名云。

【注釋】❶魏郡長樂　魏郡，漢高帝時置，治所在鄴（今河北臨漳）。魏郡長樂，在今河南安陽東。❷放光經　竺法護譯「放光般若經」的簡稱。❸譏難　謂僧叡向僧朗法師提出問題並追根究底。譏，在這裡是查問、盤查之義，如《孟子・公孫丑上》：「關譏而不征。」（關卡查問但不徵稅）。難，即問難；質詢。❹濠上之契　謂別有會心，即各有自己見解的朋友。濠上，即濠水之濱。《莊子・秋水》寫道：莊子曾與惠子一起在「濠梁之上」遊玩，莊子說，水中的魚自由從容地游來游去，是魚的快樂。但惠子反問道，你不是魚，怎麼知道魚的快樂？莊子也反問道，你不是我，怎麼知道我不知魚的快樂？後來，這段對話便成為一個典故，用於表明兩個人對同一件事具有不同的感受，別有會心而自得其樂。契，在這裡是友誼之義。❺叡比格難　謂僧叡近來所提出的問題。比，近來。格難，猶所提出的問題。❻負袠成群　謂從僧叡學習的人很多。袠，即帙，古代用於封裝書籍的書套。這裡代指經籍。負袠，即帶著經籍。❼禪法　禪定的方法，參見本卷〈僧䂮傳〉「禪慧兼修」條注釋及本篇「五門」條注釋。❽鳩摩羅陀　又譯作鳩摩羅馱、鳩摩羅多，意譯童受，印度佛教說一切有部的著名學者，約三世紀時在世，據《付法藏因緣傳》卷二、《大唐西域記》卷一二等載，他生於古印度坦叉始羅國，出家後從僧伽耶舍受法，精通佛教經籍義理，能「日誦三萬二千言，兼書三萬二千字」，受到全印度的敬仰。《成實論》的作者訶梨跋摩即曾師從他學《發智論》。❾馬鳴　古印度佛教詩人、哲學家和大乘佛教的著名論師，約西元一、二世紀人。據《馬鳴菩薩傳》等載，他是中天竺國人，原為婆羅門外道，後受脅尊者教化，改信佛教，「博通眾經，明達內外」，受到國王的禮遇。後來，北天竺小月氏國王率兵征討中天竺國，中天竺國屈服，將馬鳴送給小月氏國。小月氏國王便請他對沙門和外道宣講佛法，結果「諸有聽者，莫不開悟」，甚至連馬也「垂淚聽法，無念食想」。以後便以馬也能聽懂他的話而稱他為馬鳴。他的主要著作有《佛所行贊》、《大乘莊嚴經論》。另外梁代真諦譯有《大乘起信論》，也說是馬鳴所撰，不過學術界對此有不同看法，有人認為這部著作是中國人托名馬鳴所作。按，無論《大乘起信論》是否馬鳴所作，它都是了解中國大乘佛教最基本的必讀書之一，在中國大乘佛學史上非常重要。⑩菩薩禪　《菩薩禪法經》的略稱，這部經又稱作《坐禪三昧經》、《禪經》、《禪法要》，據僧祐《出三藏記集》卷九僧叡〈關中出禪經序〉說，這部經是鳩摩羅什抄撰《眾家禪要》而譯成。⑪五門　五門禪的略稱，也即小乘禪法的五停心觀，包括：不淨觀、慈悲觀、因緣觀、界分別觀和數息觀五門。不淨觀專治貪欲，慈悲觀專治瞋恚，因緣觀專治愚痴，界分別觀專治我見，數息觀專治散亂之心。修行的目的在於去除世俗心緒和欲念，也即六根清淨而專注一境的境界。依照這種禪法，這祇是修行「四念處」的基礎。⑫六靜　謂捨去六種業識而達六種靜定的境界，其前提是六根清淨。六根指「心所依者」的人體器官和心理的功能，即眼、耳、鼻、舌、身、意，它們各能取相應的六境：眼能觀色，耳能聽聲，鼻能辨香，舌能嘗味，身有所觸，意能識法（即意識的對象）。色、聲、香、味、觸、法六境都能使人心與世俗相聯繫，從而產生世俗的心緒和欲求，使心不定不淨，這也是世俗之所以為世俗的基本原因，是成佛的障礙。五門禪的一大作用就是通過五停心觀（見本篇「五門」條注釋），主要是不淨觀，屏除世俗欲念，穩定心緒，使心專注一境，使六根清淨，而進入靜定的境界。例如，眼能取色，而婦人色美，但以不淨觀觀之，美色的表皮之下實是膿血充斥，肚子裡面是屎，數年以後又會化為死屍枯骨，被餓鷹啄食等等，其餘聲、香、味、觸四種亦復如此來觀（其實是想），心也就厭惡這些世俗的存在，以至屏棄它，從而擺脫世俗的欲念，六根於是乎便因「淨」而「靜」了。⑬鄴衛之松栢　謂僧叡猶如鄴衛一帶的松柏，品德高潔堅韌。鄴、衛，古鄴地、衛地，即僧叡家鄉那一帶地方，參見本篇「魏郡長樂」條注釋。栢，即柏。松柏，用以比喻人的品德高潔堅韌，出自《論語》子曰：「歲寒，然後知松柏之後凋也。」⑭風韵窪隆　窪隆，即凹凸；高低不平。在美術上用於形容曲折多姿，用於形容人的風韻則表示既深沉又敦厚，既文雅又質直，猶文質彬彬。⑮何獨鄴衛之松栢　何獨，即何止；不止於。栢，原本作「相」，大正藏本作「栢」，據此及文意校改。⑯在言過質　謂用語行文過於質直而不文雅。在言，猶用語。質，質直而不文雅。按，鳩摩羅什自己的漢文修養較好，譯經比較注意中國行文的習慣，講究「文質彬彬」，故有此說。⑰此諍論中有七處文破毗曇　謂《成實論》這部論爭性的「論」中有七處文字是反駁《毗曇論》的。諍，即爭論，亦通「爭」。破，猶反駁、駁論。按，《成實論》的基本思想宗「空」，《毗曇論》的基本思想宗「有」。⑱在言小隱　謂行文中用語不多而且隱晦。在言，即用語。小，指用語不多，不是長篇大論。隱，即隱晦之義。按，正是因為如此，鳩摩羅什才要以這個部分來考一考僧叡讀書是否細心和周密，以及他的理解力和悟性。⑲契然懸會　謂僧叡不問鳩摩羅什便預先領會了經義而且理解得與經義契合無間。契然，即契合無間的樣子。懸，預先之義。按，佛教中常用「懸記」一詞，即預言之義，這裡的用法與此相同。會，理解、領會。⑳大

小品　即《摩訶般若所問經》（又稱《大品般若經》）和《小品般若波羅蜜經》（又稱《新小品經》）的略稱。㉑思益　即《思益梵天所問經》或稱《思益義經》的略稱。㉒善攝威儀　謂善於攝持心身而儀態莊嚴。攝，攝持心身。威儀，即莊嚴的儀態。㉓常迴此諸業　謂僧叡經常圍繞著這幾件事做，也即經常做這幾件事。迴，環繞；圍繞。諸業，這幾件事。㉔狐疑城不　謂心裡還在懷疑究竟能成不能成。城，通「成」。大正藏本即作「成」。狐疑，猶心存懷疑。㉕身口意業　謂身業、口業、意業三業。都有障，衹有徹覺者之清淨業行，為無障。業，按佛法，業是活動、造作，有善業、惡業、無記業（即不善也不惡）之分。

【語　譯】釋僧叡，是魏郡長樂人，他少年時就很想出家，但直到十八歲時才實現出家的志願，跟隨僧賢法師，成為他的弟子。他既謙虛又聰明，學業進步很快，到二十二歲時，已博通佛教經論。他曾去聽僧朗法師講解《放光般若經》，多次提出一些尖銳的問題。僧朗法師和僧賢法師是一對經常討論佛法，又各有見解的朋友。僧朗法師對僧賢法師說：「僧叡近來提出的問題，也是我反覆思考而沒有想通的問題，他真是你這位賢法師的賢弟子呢。」

到二十四歲時，僧叡開始遊歷名邦上國，每到一處就宣講佛法。受到他的教化，而成為佛法知音，跟隨他負笈學佛的人成群結隊。他常歎道：「現在經書雖然少，但已足以知道因果報應之理了，可是禪定之法沒有傳來，令人心無處安放。」後來，鳩摩羅什到了關中，僧叡就請他譯出《禪法要》三卷。這部書，開頭的部分是鳩摩羅陀所作，末尾是由馬鳴菩薩所說，中間的部分則是由許多外國聖人共同造出，又稱作「菩薩禪」。僧叡獲得這部經後，就按照它日以繼夜地學習、練習，從而精練五門禪，善於進入六根清淨的禪定境界，後秦司徒公姚嵩對他非常敬重。姚興曾問姚嵩：「你看叡公這人怎麼樣？」姚嵩回答說：「叡公這人，實在可以說是鄴、衛一帶的松柏。」於是姚興就下令召見僧叡。公卿大臣們聽說後，都想見識一下他的才華風采。僧叡的風度深沉敦厚而有高致，談吐文質彬彬。姚興對他大加讚賞，非常喜歡，當即下令賜予俸祿、差役和車轎。後來，姚興對姚嵩說：「僧叡這人，何止是鄴、衛一帶的松柏，他堪稱四海佛子的領袖人物。」於是，僧叡的聲譽大噪，傳遍四方，遠近宗仰。

鳩摩羅什所翻譯的佛經，僧叡都曾參與潤飾定稿。以前，竺法護所譯出的《正法華經・受決品》中有一句譯文說：「天見人，人見天。」鳩摩羅什在新譯《法華經》的過程中，譯到這裡時，說道：「竺法護這句譯文的意思，和西域原本的意思是相同的，可是用語過於質直，不甚雅致。」僧叡就說：「是不是可以譯成『天人交接，兩得相見』？」鳩摩羅什聽了，高興地說：「對，對，對，譯得好！」僧叡的領悟力出眾，類似於此。鳩摩羅什後來又譯出《成實論》，叫僧叡解說它。他對僧叡說：「在這部論的論爭中，有七處是反駁《毗曇論》的，但用語不多，而且表達得比較隱晦，你如果不問我就能獨力解說，就可以稱得上是英才了。」等到僧叡揭示《成實論》中的這七處駁論，闡發出它的微言大義，果然沒有問鳩摩羅什，就已先行領會，而且和《成實論》的論旨契合無間。鳩摩羅什讚歎道：「我翻譯佛教經論，得與你相會，真是一件幸事，可以終身無憾了。」僧叡自己著有《大智度論》、《十二門論》、《中論》、《大品般若經》、《小品般若經》、《法華經》、《維摩詰經》、《思益義經》和《自在王禪經》等經的序文，都流傳於世。

起初，僧叡善於攝持心身，儀態莊嚴，讚揚佛法。這是他經常做的事，因為他一心想要往生西方淨土安養。他日常的行住坐臥，都不敢以背正對著西方。後來，他自知快要死了，有一天，忽然把眾位僧人召集來，向他們告別，說：「我的平生志願，就是往生西方淨土世界。照我自己看來，這差不多是可以實現的，不過也不能確定到底怎樣，能成不能成，心裡不免藏有狐疑。我平常的身、口、意業，如果有違背戒律之處，但願佛主慈悲，接引我為永久的法友。」然後，他就到房中沐浴，燒香禮拜，又回到座位上，面向西方，合掌而死。當天，同寺的人都看見五色的香煙從僧叡的房間裡飄出來，那年，僧叡六十七歲。

當時還有一位沙門叫僧楷，和僧叡是同學，也享有高名。

晉長安釋道恒　道標

釋道恒，藍田❶人。年九歲戲于路，隱士張忠見而嗟曰：「此小兒有出人之相，在俗必有輔政之功，處道必能光顯佛法。恨吾老矣，不得見之。」恒少失二親，事後母以孝聞，家貧無蓄粒❷，常手自畫繢❸，以供贍奉❹，而篤好經典，學兼宵夜。至年二十，後母又亡，行喪盡禮，服畢❺出家。又遊刃佛理，多所通達，學該內外，才思清敏。羅什入關，即往修造❻。什大嘉之，及譯出眾經，並助詳定。

時恒有同學道標，亦雅有才力，當時擅名，與恒相次❼。秦主姚興以恒、標二人神氣俊朗，有經國❽之量，乃勅偽尚書令姚顯❾，令敦逼恒、標罷道，助振王業。又下書恒、標等曰：「卿等皎然之操，實在可嘉，但君臨四海，治急須才，今勅尚書令顯，令奪卿等法服❿，助翼贊時世⓫。苟心存道味，寧系白黑⓬？望體此懷，不以守節⓭為辭也。」

恒、標答曰：「奉去月二十八日詔，今奪恒、標等法服，承命悲懷，五情失守⓮。恒等才質闇短，染法未深，緇服之下，誓畢身命⓯，並習佛法，不閑世事⓰，徒廢非常之業⓱，終無殊異之功。昔光武尚能縱嚴陵之心⓲，魏文容管寧之操⓳，抑至尊⓴之高心，遂匹夫㉑之微志。況陛下以道御物㉒，兼弘三寶，願鑒元元㉓之情，垂曠通物之理㉔也。」

興又致書於什、䂮㉕二法師曰：「別已數旬，每有傾想，漸暖，比休泰耳㉖。小虜遠舉㉗，更無處分㉘，正有憒然㉙耳。頃萬事之殷，須才以理之，近詔恒、標二人，令釋羅漢之服㉚，尋大士之蹤㉛，然道無不在，願法師等勖以諭之。」

什、䂮等答曰：「蓋聞太上㉜以道養民，而物自是，其復有德而治天下，是以古之明主，審違性之難御，悟任物㉝之多因。故堯放許由於箕山㉞，陵讓放杖於魏國㉟，高祖縱四皓於終南㊱，叔度辭蒲輪於漢岳㊲，蓋以適賢之性為得賢也。今恒、標等德非圓達，分在守節，少習玄化㊳，伏膺佛道，至於敷析妙典㊴，研究幽微，足以啟悟童稚，助化功德。願陛下放既往之恩，縱其微志也。」

興後頻復下書，闔境救之，殆而得免。恒乃歎曰：「古人有言：益我貨者損我神，生我名者殺我身。」於是竄影巖壑，畢命幽藪，蔬食味禪㊵，緬迹人外。晉義熙十三年㊶卒於山舍，春秋七十二。

恒著〈釋駁論〉㊷及〈百行箴〉，標作〈舍利弗毗曇序〉并〈弔王喬文〉㊸，並行於世。

【注釋】❶藍田　藍田縣，戰國秦獻公六年（西元前三七九年）置，治所在今陝西藍田西灞河西岸。❷蓄粒　粒，穀粒；米粒。蓄粒，儲存的糧食。❸畫繢　繢，即繪。畫繢，即繪畫。❹瞻奉　謂贍養侍奉。瞻，在這裡應作贍，即贍養之義。奉，侍奉。❺服畢　即服喪期滿。服，喪服。古代喪禮按死者與服喪者關係的親疏遠近有斬衰、齊衰、大功、小功、緦麻五種不同的喪服，表示不同的喪期。❻修造　修，學習；修習。造，拜訪。❼相次　依為次第，在這裡是齊名之義。❽經國　謂治理國家。經，經理。❾姚顯　後秦大臣，羌族人，曾任後秦常山公，任大將軍、尚書令等職。《晉書．姚興傳》中有零星涉及。僧祐《出三藏記集》卷八〈自在王經後序〉、卷一一〈成實論記〉和〈略成實論記〉記載，鳩摩羅什譯《自在王菩薩經》和《成實論》都是應姚顯所請而譯。❿法服　指僧服。⓫翼贊時世　即輔佐治理國家的事務。翼贊，輔佐。⓬苟心存道味二句　謂如果心裡懷有佛道，這佛道難道會是由所穿的衣服是白是黑來決定的嗎？也就是說，祇要心存佛道，與出家不出家沒有直接關係。道味，即道，這裡指佛理。白黑，世俗所穿的白衣和僧人所穿的黑衣，此借指世俗之人和出家人。按，這句話依據了大乘佛教「菩薩行」的觀念，是很有力的一個理由。參見本篇「羅漢之服」和「尋大士之踪」條注釋。⓭守節　堅持節操，這裡指堅持僧人的節操，不願出來做官。⓮五情失守　謂感情失去控制，不能自持，即因悲傷過度而失魂落魄。五情，喜怒哀樂怨五種情感。失，原本作「夫」，金陵刻經處本、大正藏本作「失」，據此及文意校改。⓯緇服之下二句　謂立誓終生穿著黑色的僧服。緇，黑色。緇服，僧人所穿的黑衣僧服。⓰不閑世事　謂不熟悉世俗的事情。閑，通「嫻」。嫻熟之義。⓱非常之業　謂不同於世俗平常的事業，這裡指佛教事業。⓲光武尚能縱嚴陵之心　謂東漢光武帝劉秀尚能縱容嚴子陵的隱居之心。光武，即東漢光武帝劉秀。嚴陵，即嚴子陵，名嚴光，字子陵，東漢初會稽餘姚（今浙江餘姚）人。他曾與劉秀是同學。劉秀即位後，他改名隱居。後被召至京師洛陽，任諫議大夫，他拒絕不受，歸隱於浙江富春山，後人將他所隱居的住處稱為嚴灘，又叫嚴陵瀨。這是一個著名的隱士。⓳魏文容管寧之操　謂魏文帝尚且能容得了管寧堅守自己的操守。魏文，即三國時代魏文帝曹丕。管寧，三國時魏國人，生於西元一五八年，卒於西元二四一年，年少時他曾與華歆同席讀書，專心致志。東漢末年天下大亂，他避亂居遼東隱居，聚徒講學三十七年。魏文帝拜他為大中大夫，他謝絕不受；後來魏文帝又拜他為光祿勳，他也謝絕不受。⓴至尊　至高無上之尊，指皇帝。㉑匹夫　古代指平民中的男子，亦泛指平民百姓。㉒以道御物　御，駕御，這裡也是治理之義。以道御物，謂按照一定的道理來處理事情。㉓元元　平民、小民、子民之義，如《戰國策．秦策》：「制海內，子元元。」㉔垂曠通物之理　謂請開恩，讓事物固有之理得以通行。垂，指由上施之於下。曠，廣開。通物之理，即順從萬物的自具之理，讓它自行其是，實即無為而治。㉕什䂮　指鳩摩羅什和僧䂮。㉖比休泰耳　謂近來吉祥安泰，是問候語。比，近來。休，吉祥之義，如休咎之休。泰，安泰；安詳。㉗小虜遠舉　謂小小的賊寇在遠處作亂。小虜，小群的賊寇，指作亂反對姚興的人。舉，舉事；作亂。㉘處分　處理；處置。㉙正有憒然　憒然，昏亂的樣子，這裡指心裡忙亂得令人發昏。正有憒然，謂我現在心裡非常忙亂。㉚羅漢之服　羅漢穿的衣服，這裡指僧服。㉛尋大士之踪　謂去追尋那大乘菩薩普度眾生的蹤跡。大士，又稱菩薩，如「觀音大士」即「觀音菩薩」，《弘明集》卷一一後秦主〈與鳩摩羅耆婆書〉「大士」二字作「菩薩」。菩薩是菩提薩埵的略稱，意譯即為「覺有情」、「道眾生」、「道心眾生」，舊譯除菩薩外，尚有開士、始士、大士、超士、力士、無雙、大聖、法臣等譯名，是大乘的「三乘」（即聲聞、緣覺和菩薩）之一。大乘佛教所追求的目標是成佛，而要得成佛需修「菩薩行」。菩薩行的內容很多，也有很多宗派，但對於理解姚興的意思，需注意它與小乘佛教的兩項基本區分：一是小乘祇管自度，屬「自利」，而「菩薩行」則要「覺有情」、「道眾生」，也即普度眾生，自利利他；二是小乘沒有「在家居士」，必須出家修行；但大乘則可以在家修行，作為「在家居士」，即根本不出家而也可以是大慈大悲的菩薩，不妨礙成佛，在這一點上屬不拘形跡。這兩點區別，就是姚興給鳩摩羅什等人的信中依據的佛理，所以他在下文緊接著便說：「然道無不在」，可以不拘形跡；這與他在給道恒、道標的命令中所說「苟心存道味，寧系白黑」是同樣的意思。姚興這麼說，用意在於先用佛理堵住道恒、鳩摩羅什等人的嘴，使他們沒法據佛理不服從他的命令。也正是因為此，鳩摩羅什等人祇好用行其是、自得其樂而不加干涉、逼迫。按，僧䂮和鳩摩羅什等人給姚興的信，全文收在《弘明集》卷一一中，本篇對之作了節錄，原信中直接運用了《莊子．在宥》的思想，要姚興「在宥生民」，不要逼迫道恒他們還俗。關於「在宥生民」，請參見《莊子．在宥》即「無為而治」的道理要求姚興。㉜太上　最上、最高之義，這裡指上天。㉝任物　任由萬物自適其性、自本卷〈釋慧遠傳〉「在宥生民」條注釋。㉞堯放許由於箕山　許由，「由」又寫作「繇」。傳說中堯時代的隱士。相傳堯要把天下讓他，他不肯接受，便隱居躬耕於箕山下；堯又要封他為九州長，他連聽也不要聽，認為這樣的話弄髒了自己的耳朵，就用潁水洗耳朵。堯放許由於箕山，謂堯那樣的聖君尚且能放任許由在箕山隱居。㉟陵讓放杖於魏國　謂魏文侯尚且以隆重的禮讓放任自己的老師段干木隱居在魏國，沒有硬逼他出來做官。陵，原義為山，引申為登高位。讓，禮讓。杖，《禮．王制》：「五十杖於家，六十杖於鄉，七十杖於國。」這是古代一種敬老的制度，杖即借指被敬重的老人，這裡指段干木。段干木原為晉人，後師從孔子的學生子夏，魏文侯以他為師，屢次要封給他爵位官職，他都謝絕不受，而隱居於魏國。魏文侯每次乘車經過他的住處門口，都要將身子伏在車子前面的橫木欄杆上，以表示對段干木的尊重和敬意。《呂氏春秋．期賢》、《史記．魏世家》有載。㊱高祖縱四皓於終南　謂漢高祖劉邦放任四皓隱居於終南山。高祖，即漢高祖劉邦。四皓，指秦末隱居商山的東園公、甪里先生、綺里季、夏黃公。四人鬚眉皆白，故稱商山四皓。漢高祖曾禮聘他們出來為官，均被謝絕。按，四皓所隱居的地方據史載不在終南（秦嶺山峰之一，又名南山，在今陝西西安南），而在商山（今陝西商縣東，亦名商嶺）。㊲叔

度辭蒲輪於漢岳　謂黃叔度於漢世辭謝官府的禮聘。叔度，即東漢黃憲，字叔度，生於西元七五年，卒於西元一二二年，汝南慎陽人。他的父親是一位牛醫，家世貧賤，他以品學超群聞名於世，被譽為顏子，「太守王龔在郡，以禮進賢達，多所降致，卒不能屈」，「憲初舉孝廉，又辟公府，友人勸其仕，憲亦不拒之，暫到京師而還，竟無所就，年四十八終。」（《後漢書》卷八三〈黃憲傳〉）辭蒲輪，辭謝朝廷或官府禮聘。蒲輪，指用蒲草裹輪的車子，以使車子不震動，東漢時常用於迎接賢士，以示禮敬，這裡作禮聘賢士之義。漢岳，《弘明集》卷一一僧䂮、僧遷、法服、法支、鳩摩耆婆等〈答秦主書〉作「漢世」。按，據《後漢書‧黃憲傳》黃叔度並不是隱士，而是在後來想做官已沒有了機會。㊳少習玄化　少習，這裡是再稍稍學習，或再稍稍進一步學習之義。玄化，玄妙的教化，這裡指佛教。㊴至於敷析妙典　謂讓道恒他們再稍稍學習，以達到能夠講解佛經妙典的程度。至於，在這裡是達到之義。敷，敷陳；陳述，在這裡可以理解為講說，即講說經義。析，分析。㊵味禪　體味禪，即參禪悟道。㊶晉義熙十三年　西元四一七年。㊷釋駮論　駮，原本作「馭」，誤，《弘明集》卷六收有釋道恒〈釋駮論〉，金陵刻經處本、大正藏本等諸本均作〈釋駮論〉，駮，即駁。據此及〈釋駮論〉文意校改。㊸弔王喬文　弔，原本作「子」，大正藏本、金陵刻經處本等諸本均作「弔」，王喬乃是傳說中的仙人，當係「弔王喬文」，據此校改。

【語　譯】釋道恒，是藍田人。他九歲那年曾在路邊玩耍，隱士張忠見到他後，不由得感嘆道：「這個孩子有超出凡人的面相，將來，他如果生活於俗世的話，必定會成為輔助皇帝的大臣，建立輔政的功勞；如果出家，就必定能使佛法發揚光大。祇可惜我已老了，不能親眼看見他將來的這些成就了。」道恒少年時就父母雙亡，以侍奉後母孝順而聞名。他家中一貧如洗，粒米無存。他就靠繪畫謀生，來贍養後母。儘管如此，道恒仍深愛佛典，日以繼夜地學習。到二十歲時，他的後母又去世了。他為後母服喪，恪盡孝道，喪事的各種禮儀都很完備。服喪結束後，他就出家了。道恒自由地研究佛理，都能融會貫通。他學遍佛經和世俗書籍，才華橫溢，思維清晰而又敏捷。鳩摩羅什來到關中後，道恒立即前往關中拜訪，師從鳩摩羅什學習。鳩摩羅什對他大加讚賞。待鳩摩羅什譯出佛經，道恒便參與協助校閱審定。

當時，道恒有一位同學名叫道標，也很有才華，在當時的名氣，與道恒相當。秦國君主姚興看中道恒、道標二人的才智俊逸，氣度爽朗，有治理國家的才能度量，於是命令尚書令姚顯敦促道恒、道標還俗，到朝廷任職，幫助他辦理國家大事。姚興又下詔書給道恒和道標說：「你們的操守貞潔，實在值得讚美，但是君王統治天下，治理國家的事業急迫地需要人才，現在我已命令尚書令姚顯，來收走你們的法服，請你們來輔佐我治理國家。你們都知道，祇要心存佛道，就與穿世俗的白衣還是僧人的黑衣沒有直接關係。希望你們能體會我的心意，不要用持守僧人的操節為理由來推辭。」

道恒、道標回答說：「奉讀上個月二十八日的詔書，命令收去道恒、道標的法服。接到這個命令後，我們心中十分悲痛，失魂落魄不知怎麼辦才好。我們才疏學淺，資質愚鈍，學習佛法還不深入，立誓穿著黑色的僧服，直至終身。況且，我們祇研習佛法，並不熟悉世俗事務，如果還俗的話，也是徒勞無益，既白白地廢棄了我們已學習的佛法，終究也還是不能為朝廷建立什麼特別的功勳。從前，東漢光武帝尚能放縱嚴子陵自由隱居的志向，三國時的魏文帝也容忍管寧堅守自己隱居的操行，他們都抑制自己作為至尊的帝王那崇高的心願，使平民得以實現自己微小的志向，何況陛下您乃是按照大道治人御物，同時又正在弘揚佛、法、僧三寶，望您鑑諒小民的情懷，廣施恩典，讓萬物按照這個事理自行其是吧。」

姚興又寫信給鳩摩羅什和僧䂮二位法師，說：「分別已經數十天了，常常想念你們，天氣已漸漸暖和，祝你們吉祥安泰。有一小群賊寇在遠方作亂，我還沒有加以處置，心裡很煩亂。最近，千頭萬緒，急著要辦的事很多，急需人才來辦理。近日下了詔書給道恒、道標二人，讓他們脫去小乘羅漢的僧服，復歸俗世，去追尋那普度眾生的菩薩的行蹤。既然佛道無所不在，就不是由穿不穿僧服決定的。請你們將這個道理告訴他們，並加以勉勵。」

鳩摩羅什、僧䂮等人回答說：「聽說上天以道養民，而萬物得以自行其是，其中也包含了按照德行治理天下，所以，古代英明的君主都知道，如果違背了萬物的本性，則萬物就難以駕馭。從這裡可以悟出他們之所以任由萬物按照自己的本性而自行其是的多方面原因。正是因為如此，堯才放任許由在箕山隱居，魏文侯以國君之尊而任由他的老師段干木隱居於魏國，並對他禮讓尊敬，漢高祖聽任四皓隱居於終南山，而黃叔度則在漢代謝絕了官府派來恭請他的蒲輪車，這是因為他們都明白，任由賢人自適其性，按照他們自己的意願行事，也就是得到了賢人的支持輔助啊。然而現在，道恒、道標等人的德性尚未圓滿通達，他們現在的本分就是持守僧人的節操，祇要再讓他們繼續稍稍學習玄妙的教化，將佛法牢記在心，直到能夠講說分析佛典，研究其微言大義，就足以啟發開悟兒童，完成輔助朝廷教化的功德。望陛下您繼續施以從前的恩典，放任他們這微小的心願吧。」

姚興後來又頻繁地下達詔書，要他們還俗，但全國的人都救援他們，才終於使他們得以免除還俗的命令。道恒因此感歎道：「古人有句話說：增加我財物的便損害我的精神，給予我聲譽的便殺害我的身體。」於是，道恒就逃到山巖深壑中，終其一生一直隱居在幽深的山林裡面，吃素食，參禪悟道，遠離於人世。晉義熙十三年道恒在山中的茅舍裡去世，享年七十二歲。

道恒著有〈釋駮論〉和〈百行箴〉，道標著有〈舍利弗毗曇序〉和〈弔王喬文〉，這些著作都流傳於世。

晉長安釋僧肇

釋僧肇，京兆❶人。家貧以傭書❷為業，遂因繕寫，乃歷觀經史，備盡《墳籍》❸。志好玄微❹，每以莊老為心要❺。嘗讀老子《道德》章，乃歎曰：「美則美矣，然棲神冥累之方❻，猶未盡善。」後見舊《維摩經》❼，歡喜頂受❽，披尋翫味，乃言「始知所歸矣」，因此出家。學善方等，兼通三藏。及在冠年❾，而名振關輔❿。時競譽之徒，莫不猜其早達⓫，或千里負糧，入關抗辯。肇既才思幽玄，又善談說，承機挫銳⓬，曾不流滯。時京兆宿儒，及關外英彥，莫不挹其鋒辯，負氣摧衄⓭。

後羅什至姑臧⑭，肇自遠從之。什嗟賞無極。及什適長安，肇亦隨入。及姚興命肇與僧叡等入逍遙園⑮，助詳定經論，肇以去聖久遠，文義舛雜⑯，先舊所解，時有乖謬⑰，及見什諮稟，所悟更多，因出《大品》⑱之後，肇便著〈般若無知論〉，凡二千餘言，竟以呈什。什讀之稱善，乃謂肇曰：「吾解不謝子，辭當相挹⑲。」

時廬山隱士劉遺民⑳見肇此論，乃歎曰：「不意方袍㉑，復有平叔㉒。」因以呈遠公。遠乃撫几歎曰：「未嘗有也。」因共披尋翫味，更存往復。

遺民乃致書肇曰：「頃餐徽聞㉓，有懷遙仰，歲末寒嚴，體中何如？音寄壅隔，增用抱蘊。弟子沉痾草澤，常有弊瘵，願彼大眾康和，外國法師休悆㉔不？去年夏末，見上人〈般若無知論〉，才運清雋，旨中沉允。推步聖文㉕，婉然有歸，披味殷勤，不能釋手，真可謂浴心方等之淵，悟懷絕冥之肆，窮盡精巧，無所間然。但闇者難曉，猶有餘疑一兩，今輒條之如別，願從容之暇，粗為釋之。」

肇答書曰：「不面在昔，佇想用勞。得前疏並問，披尋反覆，欣若暫對，涼風戒節㉖，頃常何如？貧道勞疾每不佳，即此大眾尋常，什師休勝。秦王㉗道性自然，天機邁俗，城塹三寶，弘通是務。由使異典勝僧，自遠而至，靈鷲之風㉘，萃乎茲土。領公遠舉㉙，乃是千載之津梁，於西域還得方等新經二百餘部。什師於大石寺出新至諸經，法藏淵曠，日有異聞。禪師㉚於瓦官寺教習禪道，門徒數百，日夜匪懈，邕邕肅肅㉛，致自欣樂。三藏法師㉜於中寺出律部，本末精悉，若睹初制。毗婆沙法師㉝於石羊寺出《舍利弗毗曇》梵本，雖未及譯，時問中事，發言新奇。貧道一生猥參㉞嘉運，遇茲盛化，自不睹釋迦祇桓之集㉟，餘復何恨？但恨不得與道勝君子同斯法集耳。稱詠既深，聊復委及㊱，然來問婉切，難為郢人㊲。貧道思不關微，兼拙於筆語，且至趣無言，言則乖至，云云不已，竟何所辯。聊以狂言，示詶來旨也。」

肇後又著〈不真空論〉、〈物不遷論〉等，並注《維摩》㊳及制諸經論序，並傳於世。及什亡之後，追悼永往，翹思彌厲，乃著〈涅槃無名論〉。其辭曰：「經稱有餘、無餘涅槃。涅槃者，秦言無為，亦名滅度。無為者，取乎虛無寂漠，妙絕於有為。滅度者，言乎大患永滅㊴，超度四流㊵。斯蓋鏡像之所歸㊶，絕稱之幽宅㊷也。而曰有餘、無餘者，蓋是出處之異號㊸，應物之假名㊹。余嘗試言之，夫涅槃為道也，寂寥虛曠，不可以形名得；微妙無相，不可以有心知㊺。超群有以幽昇，量太虛而永久，隨之弗得其蹤，迎之罔眺其首，六趣不能攝其生㊻，力負無以化其體，眇漭惚恍，若存若往。五目莫睹其容，二聽不聞其響，冥冥窈窈，誰見誰曉。彌綸[47]靡所不在，而獨曳於有無之表[48]。然則言之者失其真，知之者返其愚，有之者乖其性，無之者傷其軀。所以釋迦掩室於摩竭[49]，淨名杜口於毗耶[50]。須菩提唱無說以顯道[51]，釋梵絕聽而雨花[52]，斯皆理為神御[53]，故口為緘嘿[54]。豈曰無辯？辯所不能言也。經曰：『真解脫者，離於言數[55]。寂滅永安，無終無始，不晦不明，不寒不暑，湛若虛空，無名無證。』論曰：『涅槃非有，亦復非無。言語路絕，心行處滅[56]。』尋夫經論之作也，豈虛構哉？果有其所以不有，故不可得而有；有其所以不無，故不可得而無耳。何者？本之有境，則五陰永滅[57]，推之無鄉，則幽靈不竭[58]。幽靈不竭，則抱一湛然[59]；五陰永滅，則萬累都捐[60]。萬累都捐，故其與道通同[61]；抱一湛然，故神而無功；神而無功，故則至功常存[62]；與道通同，故沖而不改[63]；沖而不改，不可為有。至功常存，不可為無。然則有無絕於內[64]，稱謂淪於外[65]，視聽之所不暨，四空之所昏昧。恬兮而夷[66]，怕焉而泰[67]，九流於是乎交歸[68]，眾聖於此乎冥會。斯乃希夷之境[69]，太玄之鄉[70]。而欲以有無題榜，標其方域，而語神道者，不亦邈哉。」其後「十演九折」[71]，凡數千言，文多不載。

論成之後，上表於姚興曰：「肇聞天得一以清，地得一以寧，君王得一以治天下。伏惟陛下叡哲欽明，道與神會，妙契寰中[72]，理無不曉，故能遊刃萬機[73]，弘道終日，威被蒼生，垂文作範[74]。所以域中有四大，王居一焉。涅槃之道也，蓋是三乘之所歸[75]，方等之淵府。渺茫希夷，絕視聽之域，幽致虛玄，非群情之所測。肇以人微，猥蒙國恩，得閑居學肆[76]，在什公門下十有餘年。雖眾經殊趣，勝致[77]非一，然涅槃一義，常以聽習為先。但肇才識闇短，雖屢蒙誨諭，猶懷漠漠，為竭愚不已[78]，亦如似有解，然未經高勝先唱[79]，不敢自決。不幸什公去世，諮參無所，以為永恨。而陛下聖德不孤，獨與什公神契，目擊道存，決其方寸[80]，故能振彼玄風[81]，以啟末俗。一日遇蒙答安成侯嵩問無為宗極[82]，頗涉涅槃無名之義[83]。今輒作〈涅槃無名論〉，有『十演九折』，博採眾經，託證成喻[84]，以仰述陛下『無名』之致[85]，豈曰關詣神心[86]，窮究遠當，聊以擬議玄門[87]，班諭[88]學徒耳。若少參聖旨[89]，願敕存記[90]，如其有差，伏承旨授。」興答旨殷勤，備加贊述。即敕令繕寫，班諸[91]子姪。其為時所重如此。晉義熙十年[92]卒於長安，春秋三十有一矣。

【注 釋】❶京兆 西漢太初元年（西元前一〇四年）改右內史置京兆尹，治所在長安縣（今陝西西安西北），三國魏改置為郡。❷傭書 受雇為人抄書，也泛指為人做文書工作。❸備盡墳籍 謂僧肇已完全窮盡了典籍，也即讀遍了所有的典籍。備，完備。盡，窮盡。墳籍，即典籍，傳說上古有三墳五典八索九丘之書，後世即常以墳典、墳籍指稱典籍，原出《左傳》昭公十二年：「是能讀三墳五典八索九丘。」西晉杜預注：「皆古書名。」孔穎達疏：「孔安國〈尚書序〉云：伏羲、神農、黃帝之書謂之三墳，言大道也；少昊、顓頊、高辛、唐、虞之書謂之五典，言常道也。」❹玄微 指玄學的微妙。❺心要 謂思想要義，或思考、看待事物的基本法則。❻棲神冥累之方 謂既可作為精神寄託又可以解脫世俗負累的方法。棲神，思想、精神的寄託。冥累，謂在心理、精神上消解世俗的負累，也即精神解脫之義。❼舊維摩經 這裡實指舊譯《維摩詰經》。在鳩摩羅什重譯《維摩詰所說經》之前，三國時代吳國支謙曾譯過此經。❽頂受 即頂禮拜受，在這裡喻傾心服膺，完全接受。頂，即頭頂，這裡是頂禮之義。❾冠年 即弱冠之年，也即二十歲。❿關輔 即關中地區（今陝西一帶）。輔，古代指京畿一帶地方，長安是當時前秦、後秦的都城，故關中在當時有三輔之稱。⓫猜其早達 謂那些追逐名譽的人對僧肇這麼年輕就已出了名既嫉妒又懷疑。猜，猜疑；既嫉妒又懷疑。早達，指很年輕就已出了名。⓬承機挫銳 謂僧肇承受問難者尖銳的機鋒而擊敗其咄咄逼人的鋒芒。承，承受。機，機鋒，這裡指問難的機鋒。挫銳，擊敗其咄咄逼人的鋒芒。⓭負氣摧衄 謂對僧肇不服氣者在辯論中都遭到了失敗。負氣，心中有氣而憤憤不平，猶如今之所謂不服氣。摧衄，猶摧刃，原義為摧折兵刃，這裡喻失敗。⓮姑臧 姑臧縣，治所即今甘肅武威。關於鳩摩羅什在姑臧之事，參見本書卷二〈鳩摩羅什傳〉。⓯逍遙園 這是後秦所建譯經說法的場所，同時也是傳授佛法的學校，參見本書卷二〈鳩摩羅什傳〉。⓰去聖久遠二句 謂距離佛陀釋迦牟尼的時代已經久遠，佛經的文義因此有謬誤和錯雜。去，離開。聖，這裡指佛陀釋迦牟尼。舛，謬誤。雜，錯雜。⓱乖謬 乖，違背。謬，錯誤。⓲大品 即鳩摩羅什譯〈摩訶般若所問經〉又稱〈大品般若經〉的略稱。⓳吾解不謝子二句 謂我對佛經含義的理解和解說並不遜色於您，但書面譯文的文辭運用和表達則不如您，當向您學習。解，對佛經原典意義的理解和解說。謝，讓；遜色。辭，文辭或書面表達，這裡指譯文的書面文辭。按，鳩摩羅什在翻譯佛經的過程中，比較重視文體，關於這一點，參見本卷〈釋僧叡傳〉中他對僧叡所說的關於文體的話。⓴劉遺民 參見本卷〈釋慧遠傳〉中的記載及「劉遺民」條注釋。㉑方袍 僧人所穿的袈裟。因袈裟平攤為方形，故稱。此處代指僧人。㉒平叔 即何晏，字平叔，生於西元一九〇年，卒於西元二四九年，三國時代魏國人。他是東漢末大將軍何進的孫子，後隨母被曹操收養，娶曹魏的公主為妻，官至尚書，最終被司馬懿所殺。他少年時即以才華著稱，好老莊，又以老莊思想摻入儒學，倡說「天地萬物以無為本」。他與夏侯玄、王弼倡導玄學，競尚清談，是著名的玄學家，兼善詩文，著有〈道德論〉、〈無名論〉、《論語集解》等。㉓頃餐徽聞　謂剛剛聽說您的美名。徽，美。徽聞，即美名。㉔外國法師休悆　外國法師，指鳩摩羅什等由西域到長安的法師。休，在這裡是吉祥之義。悆，即愉悅。㉕推步聖文　推步，即推論。聖文，這裡指佛經。推步聖文，謂以佛經為根據加以推演論說。㉖涼風戒節　謂涼風又起，通知人們秋天到了，在這裡即指秋天已到。戒節，即告知某節候或節令到了，如「一葉落而知天下秋」即是「落葉」彷彿在通知人們秋天到了。戒，僧肇《肇論・答劉遺民書》作「屆」。按，據僧肇《肇論・答劉遺民書》，僧肇給劉遺民回信時，所署時間為「八月十五日釋僧肇疏答」，確是秋天。㉗秦主　秦國君主，指姚興。關於姚興，參見本書卷二〈鳩摩羅什傳〉及本卷〈釋慧遠傳〉「姚興」條注釋。㉘靈鷲之風　謂佛陀在靈鷲山的教化，也即佛教。例如鳩摩羅什譯《妙法蓮華經》開頭說：「如是我聞，一時佛住王舍城耆闍崛山中，與大比丘眾萬二千人俱」云云，這裡的耆闍崛山即是靈鷲山。靈鷲，山名。又稱為鷲頭山、靈山或鷲峰，梵名耆闍崛，在古印度摩揭陀國王舍城之東北，山中多鷲，故名，也有說是山形像鷲頭而得名。如來曾在此講《法華經》等經，故佛教以為聖地。㉙領公遠舉　謂支法領跋涉遠方。領公，指支法領，本卷〈釋慧遠傳〉曾記：慧遠「乃令弟子法淨、法領等，遠尋眾經，逾越沙、雪，曠歲方反，皆獲梵本，得以傳譯」。又，本書卷二〈佛馱跋陀羅傳〉記有「先是，沙門支法領於于闐得《華嚴》前分三萬六千偈，未有宣譯」，後由佛馱跋陀羅即覺賢譯出。按，實即指支法領遠去西域，他此行帶回大乘經典二百多部，又請來佛馱跋陀羅、佛陀耶舍等大德，惜本書未專門立傳。㉚禪師　指佛馱跋陀羅，即覺賢，參見本書卷二〈佛馱跋陀羅傳〉：佛馱跋陀羅到長安後，「大弘禪業，四方樂靖者，並聞風而至」。又，「秦主姚興專志佛法，供養三千餘僧，並往來宮闕，盛修人事，惟賢（即佛馱跋陀羅）守靜，不與眾同」可證。㉛邕邕肅肅　謂氣氛和睦而又敬穆。邕邕，和睦的氣氛。肅肅，敬穆的氣氛。按，這是形容眾人一起坐禪時的氣氛。㉜三藏法師　指佛陀耶舍，僧祐《出三藏記集》卷九載僧肇〈長阿含經序〉記：「以弘始十二年歲在上章掩茂，請罽賓三藏沙門佛陀耶舍出律藏四分四十卷，十四年訖。十五年歲在昭陽奮若，出此《長阿含》訖。涼州沙門佛念為譯，秦國道士道含筆受。」又《出三藏記集》卷二、卷三均稱佛陀耶舍為三藏法師，並譯出《四分律》，另參見本書卷二〈佛陀耶舍傳〉，記佛陀耶舍「即以弘始十二年譯出《四分律》，凡四十四卷，並《長阿含》等，涼州沙門竺佛念譯為秦言，道含筆受」。㉝毗婆沙法師　指曇摩耶舍和曇摩掘多，參見本書卷一〈曇摩耶舍傳〉「人咸號為『大毗婆沙』，時年已八十五，……至義熙中，來入長安。時姚興僭號，甚崇佛法，耶舍既至，深加禮異。會有天竺沙門曇摩掘多，來入關中，同氣相求，宛然若舊。因共出《舍利弗阿毗曇》，以偽秦弘始九年初書梵文，至十六年，翻譯方竟，凡二十二卷。偽太子姚泓親管理味，沙門道標為之作序。」本卷〈釋道恒傳〉（附道標）也記道標作〈舍利弗阿毗曇序〉。僧祐《出三藏記集》卷二〈經錄〉：「《舍利弗阿毗曇》二十二卷，外國沙門毗婆沙為姚興於長安石羊寺譯出。」同書卷一〇道標〈舍利弗阿毗曇序〉所說與之相同。㉞猥參　謂我有幸參與。猥，猥瑣之義，在這裡是自謙之詞。㉟釋迦祇桓之集　釋迦，指佛陀釋迦牟尼。祇桓，即祇桓精舍，又作祇洹精舍、祇園精舍。法顯《佛國記》、唐玄奘述、辯機編《大唐西域記》、《大般涅槃經》均有記載：古印度憍薩羅國舍衛城富商給孤獨長者在王舍城聽佛陀說法，大受感動，深為欽慕，回國後即購祇陀太子的園林欲建立精舍獻給佛陀，後來祇陀太子和須達又與他同心建立精舍並在精舍布滿黃金，供佛陀在這裡講說佛法。此園即稱祇陀園林須陀精舍，佛經中常簡稱祇園精舍，有時又稱為（在漢文佛經中實即譯為）祇樹給孤獨園。釋迦祇桓之集，謂佛陀釋迦牟尼在祇桓精舍會集眾人講說佛法。按，例如《金剛經》一開頭即說：「如是我聞：一時佛在舍衛國祇樹給孤獨園，與大比丘眾千二百五十人俱」，這裡的「祇樹給孤獨園」，也是指祇桓精舍。而「與大比丘眾千二百五十人俱」即集會說法。㊱稱詠既深二句　謂您如此深切地稱頌我，所以我才說及上面所說的事（意思是，我之所以像您所稱頌的那樣，是由於我適逢那麼好的機會）。按，這不是僧肇原信的意思，而是本傳作者「撮合」所致。本傳所引僧肇給劉遺民的信是節錄，在這句話之前，據僧肇《肇論・答劉遺民書》有一段話為本篇未引：「生上人（按指道生）頃在此，同止數年，至於言語之際，常相稱詠。中途還南，君得與相見，未更近問，惘悒何言。……什法師以午年出《維摩經》，貧道時預聽次，參承之暇，輒復條記成言，以為注解。辭雖不文，然義承有本。今因信持一本往南。君閑詳，試可取看。來問婉切，難為郢人……。」本傳即摘取此「稱詠」二字（「既深」二字為原信所無），再另加上「聊復委及」四字（此四字在原信中沒有），以接上下文，從而改變了主語。也就是說，這是本篇作者「撮合」而成，以便連接被節錄出來的上下文，並非僧肇原信的意思。在原信中，是指道生在與僧肇相處的時候，常常在僧肇面前稱頌劉遺民，這與僧肇、遺民通信一事毫無關係。然而經本傳作者的「撮合」而改變了「稱詠」者和被稱詠者，則讀起來就顯得突兀，文氣不暢，也顯得僧肇不甚謙虛。㊲難為郢人　郢，春秋戰國時代楚國的都城設於郢（今湖北江陵西北），後楚國國都多次遷移，凡國都所在地也均稱郢。郢人，原義即為郢地之人，《莊子・徐无鬼》有一則故事說：一位郢人用白粉搽在自己的鼻子上，白粉搽得薄如蒼蠅的翅翼。他讓一位名叫石的匠人用斧頭斫去他鼻子上的白粉，匠人不用眼睛看，就揮動斧頭如飛一般地斫去了他鼻子上的白粉，鼻子絲毫沒有受傷，郢人站著由他斫也面不改色。在這裡，郢人對匠人非常信任和了解，從而便成為「知己」的代名詞。《世說新語・傷逝》記載支道林在友人祝法虔死後，有喪失知己之痛，常對人說：「昔匠石廢斤（即斧頭）於郢人，牙生輟弦於鍾子。」牙生即伯牙，古代的著名樂師。鍾子即鍾子期，是伯牙的知音。郢人在這裡便用於喻知己。在本篇，「郢人」是僧肇針對劉遺民所提出的問題而言的，則又引申為能夠解答這些問題的人，即解人。難為郢人，謂我難為解人，即我難以解答這些問題。這是僧肇的自謙，現存《肇論》一書有他的〈答劉遺民書〉，信較長，簡直是一篇論文（在佛學史上，它也的確被當作了解僧肇思想的重要資料），可知他是很認真地回答了劉遺民的問題。㊳注維摩　即僧肇注釋《維摩詰經》。維摩，這裡指鳩摩羅什所譯的《維摩詰所說經》。按，在僧肇的《肇論》中保存有他給劉遺民的原信，其中寫道：「什法師以午年出《維摩經》，貧道時預聽次，參承之暇，輒復條記成言，以為注解。辭雖不文，然義承有本。今因信持一本往南。君閑詳，試可取看。」由此可知，他的確曾注《維摩詰經》，並在當時寄送一本給廬山劉遺民。又按，今存僧肇注《維摩詰所說經》的注文已包括鳩摩羅什、道生的注文。現在一般認為，在當時他們三人應各有注本，現存僧肇注《維摩詰所說經》是由後人將三家注本合併起來的。㊴大患永滅　謂永遠斷滅生死輪迴。大患，《道德經》說：「吾所以有大患者，為吾有身，及吾無身，吾有何患？」這裡借用此意，指身體，同時也加入佛教的思想，即包含了生死輪迴。㊵超度四流　謂超度三界四種（即一切）眾生，也即普度眾生之義。四流，即見流、欲流、有流、無明流。之所以稱為「流」，是因為由四類迷惑生成的四法流動不息，也即無常，所以稱為「流」。佛教將一切有情眾生及其所居的世俗世界又分為三界，依一切有情眾生的功行而逐次上昇，即由欲界（有食欲、淫欲的眾生，和地獄、畜牲、餓鬼、六欲天和人所居的世界）而昇到色界（已離食、淫二欲的眾生所居），由色界昇入無色界（無形色眾生所居），其中各界又各有若干重天。「見流」屬三界之見惑，「欲流」屬欲界之一切諸惑，「有流」屬上二界之一切諸惑，「無明流」屬三界之無明，無明即愚昧無知之義。總起來說，四流均在無常之中，因為有「欲」未盡，尚未擺脫生死輪迴。㊶鏡像之所歸　謂「鏡像」這一比喻的含義。鏡像，原指鏡中的影像，似有而實無，大乘般若學以它來比喻虛幻不實，假有實空。如《大智度論》卷六說：「如鏡像，實空，不生不滅，誑惑人眼，一切諸法亦復如是，空不實，不生不滅，誑惑凡夫人眼，……諸法因緣生，無自性，如鏡中像。」《維摩詰經・觀眾生品》：「維摩詰言：……如智者見水中月，如鏡中見其面像，……菩薩觀眾生為若此。」鳩摩羅什《維摩詰經》注文有一段說得最清楚：「如一痴人行路，遇見遺匣，匣中有大鏡，開匣視鏡，自見其影，謂是匣主，稽首歸謝，捨之而走。眾生入佛法珍寶鏡中，取相計我，弃之而去，亦復如是。」歸，宗旨；含義。㊷絕稱之幽宅　謂斷絕言說的境界。絕稱，斷絕言說之義，即本身無名而又不可以用言語概念來表達稱名。㊸出處之異號　謂無餘涅槃和有餘涅槃實是「出」和「處」的另一種稱呼。出，原義為出來在朝市任職。處，原義為隱居。出處，在這裡被賦予了「有為」和「無為」之義。㊹應物之假名　謂我們無從稱呼它，但為了表明它的存在，人為地給它安了個名稱，但這個名稱是虛假不實的。應物，應接外物。假名，人為造出的名稱，虛假不實。㊺不可以有心知謂涅槃是不能以有為之心得以感知的。有心，即有為之心。按，這是大乘空宗（般若中觀學派）的觀點，因為涅槃既非有也非無，如《中論‧觀涅槃品》便說：涅槃「非有，非無，非亦有亦無，非非有非無」，因此不能憑有為之心而知。㊻六趣不能攝其生　謂從四方上下也不能觸及到它的身體。六趣，據上下文，在這裡不是佛教之所謂六惡道的六趣，而是指四方上下。攝，統攝；握住。生，指身體。按，這是因為涅槃無形。㊼彌綸　統攝；總括。㊽獨曳於有無之表　謂涅槃不在有無之內，而是逸出於有無之外。按，這是因為涅槃非有亦非無。㊾釋迦掩室於摩竭　謂釋迦牟尼在摩竭陀國掩室不語，以示佛法非言語可說。釋迦，即佛陀釋迦牟尼。掩室，掩閉住室，這裡喻指佛陀於覺悟得道之時，在三個七日內（這是《法華經》的說法。另，或說七日，或說五十七日）沉默不語，不開口說法。至於對這事的解釋則分歧頗大，《祖庭事苑》說：「掩室，言世尊禪定普光法堂也，《西域記》云：昔如來於摩竭國初成正道，梵王建七寶堂，帝釋建七寶座，佛坐其上，於七日中思惟是事，義同掩室。」《諸佛要集經》上則又說：佛在摩竭陀國說法，有眾生不肯聽聞奉行，就在因沙舊室坐夏九旬（即九十天），而以神力變化，到東方普光國天王如來那裡講說諸佛之要集法。另外，還有種種解釋。按，僧肇在這裡引用這個典故，據上下文可知，是按照般若性空的觀念來運用的。按照般若性空的觀念，如鳩摩羅什譯《金剛經‧無得無說分第七》所說：「無有定法如來可說。何以故？如來所說法，皆不可取，不可說，非法非非法。所以者何？一切聖賢，皆以無為法而有差別。」所以，如來「無得無說」。《大智度論》卷三一說得也很明白：「語言度人皆是有為虛誑法」，「除非不說，一說即有可破」，「若有所說，皆是可破，可破故空」。因此，掩室，在這裡喻釋迦牟尼以沉默顯示非言語可以表達，本無一法可傳。這與下文所引用的「淨名杜口於毗耶」是同樣的意思。摩竭，即摩竭陀國，是古代中印度的一個國家，王舍城即在這個國家，傳說佛陀就是在摩竭陀國覺悟而成佛的。㊿淨名杜口於毗耶　謂維摩詰在毗耶離城閉口沉默，以示入不二法門。淨名，即維摩詰的意譯，鳩摩羅什譯《維摩詰所說經》卷一僧肇注說：「維摩詰，秦言淨名。」唐代玄奘法師則譯為「無垢稱」。他是《維摩詰經》的主講者，原是東方無垢世界的金粟如來，於釋迦牟尼在世時，化身為居士，住在中印度毗耶離城。那時，釋迦牟尼應五百長者子的請求在城內庵羅樹園說法，維摩詰以生病為由不去，釋迦牟尼就派自己的弟子及諸菩薩文殊師利等前往問疾（即探病），維摩詰就在自己的住室（即後來在中國詩文中常常說到的「維摩丈室」）裡，隨機應答，而辯才無礙，成此《維摩詰經》。這部經屬般若性空類經典，也是中國大乘佛教所依據的一部重要經典，要義在於「心淨則佛土淨」、「一切法皆是佛道」、「一切煩惱皆是佛種」。杜口，即閉口沉默。在《維摩詰所說經》卷八〈入不二法門品〉中，維摩詰問何為菩薩入不二法門，並請來問疾的如來弟子和諸菩薩各自談一談。他們各人談完後，「於是文殊師利問維摩詰：『我等各自說已，仁者當說何等是菩薩入不二法門？』是時維摩詰默然無言。文殊師利歎曰：『善哉，善哉！乃至無有文字語言，是真入不二法門。』說是入不二法門品時，於此眾中，五千菩薩皆入不二法門，得無生法忍。」僧肇在這裡加注說：「有言於無言，未若無言於無言，所以默然也。」其義在於，維摩詰的默然不語，才是真入了不二法門，也即入不二法門無可言說。這在《維摩詰所說經・方便品》中已明說：「法無名字，言語斷故；法無有說，離覺觀故。」毗耶，即古代中印度的毗耶離城。[51]須菩提唱無說以顯道　謂須菩提倡言以沉默無說以顯示佛法。須菩提，許多佛經中都說他是佛陀的十大弟子之一，以「解空第一」，但在有些經典中又說他是「長者」，即居士。唱，即倡，提倡。無說，即無可言說。顯道，顯示道，道即佛法。按，鳩摩羅什譯《金剛經・無得無說分第七》：「須菩提言：『如我解佛所說義，無有定法，名阿耨多羅三藐三菩提，亦無有定法如來可說。何以故？如來所說法，皆不可取，不可說，非法非非法。所以者何？一切聖賢，皆以無為法而有差別。』」僧肇此語的出典大約即此。不過，這在《維摩詰所說經》卷八〈入不二法門品〉中，文殊師利也曾如是說：「如我意者，於一切法無言、無說、無示、無識，離諸問答，是為入不二法門。」[52]釋梵絕聽而雨花　釋梵，用以概稱欲界和色界護法之神。釋，釋帝天（也作帝釋天）的略稱，指欲界三十三天（又譯作忉利天）之神。欲界三十三天以帝釋為主，又稱為釋帝，音譯釋提桓因，住在須彌山頂。梵，梵天的略稱。梵天又分為三天，即梵眾天、梵輔天和大梵天，梵天已離欲界的淫欲，寂靜清淨，所以稱梵天，即色界諸天之神。在佛經中，天即神之義，如天女即神女。絕聽，斷絕聽聞。雨花，即落花如雨，如《妙法蓮花經・譬喻品第三》說，眾人在聽佛法後：「釋提桓因、梵天王等無數天子，亦以天妙衣、天曼陀羅華、摩訶曼陀羅華等供養於佛。所散天衣，住虛空中而自迴轉，諸天伎樂百千萬種，於虛空中一時俱作，雨眾天華。」在《維摩詰所說經・觀眾生品第七》中，有一個天女散花的故事，天女也即釋梵神女。當維摩詰講「從無住本，立一切法」這一結論後：「時維摩詰室有一天女，見諸大人聞所說法，便現其身，即以天華散諸菩薩、大弟子上。華至諸菩薩即皆墮落，至大弟子便著不墮。」之所以如此，是由於大弟子們心中尚有「分別相」，沒有達到「一切平等智」的境界，所以「天曰：……其有釋梵四天王諸天龍、鬼神等人入此室者，聞斯上人講說正法，皆樂佛功德之香，發心而出，……吾止此室，十有二年，初不聞說聲聞辟支佛法，但聞菩薩大慈大悲不可思議諸佛之法。」這裡，天即天女，辟支佛即指「緣覺」之義。這也就是說，天女在維摩詰室已經「絕聽」，故「不聞說聲聞辟支佛」，「但聞菩薩大慈大悲不可思議諸佛之法」。「釋梵絕聽而雨花」一語即出於此，謂帝釋、梵天諸神因斷絕聲聞而從天散花，以示一切平等智。[53]理為神御　謂涅槃不可思議，唯可以覺悟。理，在這裡不是指一般世俗的道理之理，而是指非有非無、非法非非法的涅槃，它是不可思議之理。神，在這裡也不是指人的理性之神，而是不可思議的，處於「寂滅」境界的悟性。(54)口為緘嘿　謂閉口沉默。緘嘿，即緘默。(55)離於言數　謂離開言語文字和世俗諸相。言，即言語文字。數，指一切有形而有變化的事物，在這裡與「相」是同義語。按，在佛教般若學中，這也就是「離相」或「無相」的意思。(56)言語路絕二句　謂在涅槃面前言語表達的道路已經斷絕，內心一思量它，它就消失得無影無蹤。按，這就是不可思議的意思。(57)五陰永滅　謂永遠斷滅色、受、想、行、識這五陰。五陰，佛教以色（四大和合而成而可為眼、耳、鼻、舌、身、意所入的一切色相）、受（感覺）、想（思慮）、行（意志、欲望）、識（一切認識）為五陰，又稱五蘊。佛教認為這是一切世俗愚昧和世俗苦難的根源。(58)幽靈不竭　謂人的五陰粗相雖然斷滅，但存在著超越五陰和人體的覺性卻永恆不滅。幽靈，寂滅中之覺性。(59)抱一湛然　謂覺性澄淨無思無慮無為。抱一，即幽靈（覺性）抱持自己的道。《道德經》：「聖人抱一為天下式。」一，指道。湛然，澄清而不虛乏的樣子。(60)萬累都捐　謂捐棄了各種世俗負累。萬累，指由欲望而產生的各種世俗負累。捐，捐棄；拋棄。(61)與道通同　謂與「道」相通而同為一體。(62)神而無功二句　無功，無功勞可稱，猶自然無為，也就沒有功勞可稱。至功，猶無為而無不為之功，因為無不為，所以功勞無可限量。《道德經》說：「道常無為而無不為。」又說：「大道泛兮，其可左右。萬物恃之以生而不辭，功成而不有；衣養萬物而不為主，可名於小；萬物歸焉而不為主，可名為大。以其終不自為大，故能成其大。」二句的論述方式即是從《道德經》生發而來，謂幽靈無為而無不為，所以有無可限量的功效永遠長存。(63)沖而不改　謂沖虛而永遠不變。沖，沖虛。不改，不變。(64)有無絕於內　謂就幽靈和道本身而言，它既非有也非無。內，指幽靈和道本身。(65)稱謂淪於外　謂幽靈和道喪失了可以從外部給予稱謂的可能，即無法給予命名，也即無名。淪，喪失。外，指幽靈和道之外，也即指人而言。(66)恬兮而夷　恬，靜。夷，《道德經》：「視之不見名曰夷。」這裡指無形。(67)怕焉而泰　恬淡而安然。怕，通「泊」。恬淡、淡泊之義。泰，安然。(68)九流於是乎交歸　謂除佛以外一切有情眾生於是一起歸宿於此。九流，猶九界，指十界中除卻第十界佛界後的菩薩、二乘（聲聞界、緣覺界）和六道（天、人、阿修羅、畜牲、餓鬼、地獄）一切有情眾生。交歸，共同歸宿。(69)希夷之境　《道德經》：「視之不見名曰夷，聽之不聞名曰希。」後因以「希夷」指謂虛寂玄妙，或虛寂玄妙的境界。(70)太玄之鄉　玄之又玄的境界，這裡指一切無差別的境界。(71)十演九折　僧肇《肇論·涅槃無名論》原作「九折十演」，這篇論文的正文共十九節。本傳所引祇是節錄了此文的第一折「開宗第一」。(72)妙契寰中　謂與宇宙人生相契合有不可思議的微妙。妙，微妙，即不可思議。契，契合。寰中，宇宙之內；天下。(73)遊刃萬機　謂姚興處理紛繁的國家大事而能遊刃有餘。萬機，指帝王常處理的紛繁的事務。(74)垂文作範　謂姚興作為帝王給國家萬民垂示文章典禮以為規範。垂，垂示。文，文章典禮。範，規範。(75)三乘之所歸　謂聲聞、緣覺、菩薩三種開示眾生方法的共同指歸。

三乘，大乘佛教指三種通向覺悟的方法，即聲聞、緣覺、菩薩（或稱佛）。(76)學肆　即學校，這裡指逍遙園。(77)勝致　即高明之處。(78)竭愚不已　謂竭盡心力。(79)未經高勝先唱　謂尚沒有高明的人先行倡說。高勝，即高明者。唱，即倡；說。(80)決其方寸　謂在自己心中作出決定。方寸，心中。(81)玄風　這個詞在當時原指玄學之風，姚興在提倡佛教的同時也提倡玄學，但在這裡實指佛教而冠以玄學之名。(82)蒙答安成侯嵩問無為宗極　蒙，承蒙。安成侯嵩，指安成侯姚嵩，參見本卷〈釋慧遠傳〉有關「姚嵩」條注釋。問無為宗極，指姚嵩〈上後秦主姚興佛義表〉一文（見《廣弘明集》卷一八），在這篇「表」中，姚嵩說：「不審明道之無為，為當以何為體？若以妙為宗者，雖在帝先而非極；若以無有為妙者，必當有不無之因。因稱俱未冥，詎是不二之道乎？……由臣闇昧，未悟宗極，唯願仁慈，重加誨喻。」宗極，原是玄學概念，即萬物之終極本體。在當時這是個有不同看法的問題，即萬物的終極本體，究竟是「有」還是「無」。般若性空理論傳來之後，對這個問題的看法，又有了新的理論根據而益發複雜了，姚嵩所問的，就是這個有關「宗極」究竟是「無」還是「有」的問題。蒙答安成侯嵩問無為宗極，謂承蒙回答安成侯姚嵩所問「無為宗極」的問題。按即姚興〈答安成侯姚嵩書〉一文（見《廣弘明集》卷一八）。(83)頗涉涅槃無名之義　謂姚興〈答安成侯姚嵩書〉一文已經涉及到「涅槃無名」這一思想了。涉，涉及到。按，僧肇的〈涅槃無名論〉一文，既是僧肇一生學問的結晶，也是他對姚興〈答安成侯姚嵩書〉基本思想的發揮。在〈答安成侯姚嵩書〉中，姚興論道：「夫眾生之所以流轉於生死者，皆著欲故也。若欲止於心，即不復生死，既不生死，潛神冥漠，與空合其體，是名涅槃耳。既曰涅槃，復何容有名於其間哉。」可見，姚興的確已涉及「涅槃無名」之義了。按，「涅槃無名」即涅槃不可思議。(84)託證成喻　謂僧肇依據佛經為論據而寫成自己的論文。託，即按、據之義。證，這裡指佛經所證的內容。成喻，即成論文。(85)仰述陛下無名之致　謂我的文章祇是陳述發揮陛下您〈答安成侯姚嵩書〉中所論述的「涅槃無名」這一題旨。仰，這裡是表示對姚興的尊敬之詞。致，論文所要達到的題旨或指歸。(86)關詣神心　謂關涉和達到陛下您的神思。關詣，關涉和達到。神心，這裡指姚興的思想。(87)擬議玄門　謂在佛門內的學術討論。擬議，討論；議論。玄門，原義指玄學，這裡指佛門。(88)班諭　頒布諭旨。(89)若少參聖旨　參，這裡是符合之義。若少參聖旨，謂我的文章如果還有一點能符合皇上您的旨意的話。(90)願敕存記　謂請下令留存記錄我的文章。願，請。敕，下令。存記，留存記錄。(91)班諸　班之於，即頒發給。(92)晉義熙十年　西元四一四年。

【語　譯】釋僧肇是京兆人。他因家中貧困，受雇於人，以抄書為業謀生。因為不斷地為人抄書，他也得以遍讀經史書籍。他喜好玄理微言，每每把莊子、老子的思想作為自己的思想要義。他曾讀老子的《道德經》，歎息道：「美是很美，然而將它作為自己的思想寄託，而欲超脫世俗之累，卻並不盡善盡美。」後來，他見到舊譯本「維摩詰經」，歡喜地頂禮拜受。閱讀玩味有所體會後，他說：「我的心總算找到了歸宿之所。」他便因此出家。在學業上，僧肇擅長大乘經典，同時也兼通經、律、論三藏。到二十歲時，他的名聲已大噪於關中一帶。當時，那些追逐名譽的人莫不對他如此年輕而享大名懷有猜疑，有人背著乾糧不遠千里趕到關中來，專門找他辯論。僧肇不僅才識幽深玄奧，而且善於言談論說。在辯論中，他承受那些人問難的機鋒，總能挫敗他們，而且言辭流利，從不遲鈍打楞。當時京兆一帶的宿儒和關外的英才，無不佩服他敏銳的辯才，那些因不服氣而與之論辯的人，也在他摧枯拉朽一般的辯才之下敗北。

後來，鳩摩羅什到了姑臧。僧肇長途跋涉到他那裡去，師從於他。鳩摩羅什對僧肇十分讚賞。鳩摩羅什到長安，僧肇也隨他去了長安。在長安，姚興讓僧肇和僧叡等人進入逍遙園，協助鳩摩羅什翻譯佛經，校閱審定經論譯文。僧肇認為，當時距離佛主釋迦牟尼的時代已經很久遠，傳來的佛經經文紛雜混亂甚至含有錯誤，以往對經文的解釋也時有違背佛經原義或存有謬誤的地方，自己師從鳩摩羅什後，向他請教詢問，對經義的領悟更多了，因此，在鳩摩羅什譯出《大品般若經》後，就撰寫了〈般若無知論〉一文，共二千多字。寫完後，他便將這篇論文呈送給鳩摩羅什看。鳩摩羅什讀了以後，稱讚他寫得很好，並對他說：「我對經文含義的理解不遜色於您，但譯文文辭的表達運用卻不如您，應當汲取您的講法。」

當時廬山的隱士劉遺民見到僧肇的這篇論文，感歎說：「沒有想到僧人中也有像何平叔這樣的高人。」他把這篇論文呈給慧遠公看。慧遠看完後，拍案驚歎道：「這樣的好文章，真是前所未有。」於是他就和劉遺民尋章逐句，一同玩味研討，還與僧肇就這篇文章加以討論，有書信往返。

劉遺民致書僧肇說：「近聞大名，心中遙相景仰，現已到了年終時節，天氣嚴寒，您身體可好？山川阻隔，通信不易，令人更增思念。弟子棲身於民間草澤，身體不佳，常患疾病，但願大家都康泰和順。外國法師一向安適愉快嗎？去年夏末，見到大作〈般若無知論〉，文才清秀，運筆雋雅，論說深刻恰當。您據佛經加以推論，有根有據，又有自己的旨歸結論。反覆閱讀玩味，令人十分佩服，愛不釋手，真可謂是心靈沐浴於大乘淵海，胸懷沉浸於超絕之境，精深巧妙已達到極致，天衣無縫。但我才疏學淺，難以洞曉其中的全部奧妙，還有一二疑惑之處想向您請教。現將這些問題列出來，抄於另紙，望您在閑暇的時候，略為解答。」

僧肇回信說：「與您不曾見過面，有勞您的掛念。收到您的來信和問題，我反覆研讀，十分高興，就像與您欣然面談一樣。涼風四起，秋季已到，您近來身體如何？我身體不佳，時常生病，但這裡大家都很好，鳩摩羅什法師非常安適。秦國國君傾慕佛道出於天性自然，他悟性超越常人，城內供奉佛、法、僧三寶，以弘揚佛教為己任。從而使異域經典高僧，不遠千里而來，靈鷲山佛主教化風傳而至，集中到這裡。支法領跋涉遠方，溝通了佛法傳播的千年途徑，從西域歸來，獲得新的大乘經典二百多部。鳩摩羅什法師在大石寺譯出新到的諸多經典。佛法寶藏淵深廣闊，令人每天都能聽到聞所未聞的新理。禪師在瓦官寺傳授禪法，門徒有數百人之多，日以繼夜從不懈怠，氣象祥和靜穆，自得其樂。三藏法師在中寺譯出律部經籍，本末完備，精彩絕倫，如同原始的版本。毗婆沙法師在石羊寺背誦出《舍利弗毗曇》的梵文本，雖然還沒有來得及譯出，我已時常向他請問其中的內容，得到的回答也令人深感新奇。我一生有幸遇到這麼好的機會，趕上這樣的盛會，雖然無緣親眼看見佛主釋迦牟尼在祇桓精舍舉行的法會，也沒有遺憾了，所遺憾的祇是不能與您這樣道行高深的名流大德一同置身於這樣的盛會。承蒙您如此掛念稱頌，所以說及如上情況，然而您信中所提的問題周到深切，而我才疏學淺，實在難為解人。我的見解實在還說不上能夠涉及大道的幽微，又不善於寫文章，況且，大道的極致本無可言說，一說就與大道相背離，絮絮叨叨說個不停，最後也不知自己究竟說了些什麼。我試著回答您的問題，其實也祇不過是些狂言亂語，聊以酬答您的來信罷了。」

僧肇後來又撰寫了〈不真空論〉、〈物不遷論〉等，又注釋了《維摩詰經》，撰寫了各種經論的序言。這些著作都流傳於世。鳩摩羅什去世後，僧肇追悼從前與他的交往，思念之情更加強烈，於是就撰寫了〈涅槃無名論〉。這篇文章寫道：「佛經中有有餘涅槃和無餘涅槃兩個概念。涅槃一詞，用秦地語言表達，就是無為，也叫作滅度。無為，是虛無寂寞，玄奧微妙超絕於有為。滅度，是說永遠斷滅生死輪迴的大煩惱，而超絕無常。這是鏡像比喻的指歸，無可名狀的幽玄所在，佛教的最高境界，不是通常言語概念所可以言說表達的。而所謂有餘、無餘，其實衹是無為、有為的另一種名稱，是為應對世俗事物時虛設的假名。我曾經嘗試著來論說它，涅槃這個道，寂寞虛幻而無處不在，既無形也無名，因而不能據形狀和名稱而獲得；它微妙無相，因而不能用世俗的有為之心去認識。它幽深玄虛而超絕萬有，充斥於無邊無際的虛空而永恒存在；如果想追尋尾隨它，根本找不到它的蹤跡；如果想要迎著它，也根本看不到它的開頭；想從四方上下包抄統攝它，也根本摸不著抓不住它的身子；即便用盡了力氣，也無從改變它的形體。它縹緲恍惚，若有若無，若止若動，五目不能看到它的容顏，雙耳聽不到它的聲音，它在冥冥中存在，但誰又能見到它、知道它呢？它無所不在而彌漫充斥於一切，卻又獨自超越於有與無之外。因而，用言語來說它，一說就失真；自以為知道它的，正好表明了自己的愚蠢；說它存在，是違背了它的本性；說它不存在，便損傷了它的本體。所以，釋迦牟尼這才在摩竭陀國掩門閉室不開口，以示大道無可言說；維摩詰居士在毗耶離城沉默不語，以示不二法門；須菩提宣講無說無得來顯示道，帝釋、梵天以閉絕聽聞而天降花雨，這都是因為涅槃之理衹能由神靈悟得，所以他們閉口緘默。然而，難道說他們對涅槃就無從思量論辯嗎？不是，而是說，這種思量論辯無從用言語表達，不是一般世俗的思量。佛經中說：『真正獲得解脫的人，就已遠離了言語和變化無常的形跡，斷滅了生死輪迴的大煩惱而得以寂滅，永恒安樂，既無始也無終，既不在陰間也不在陽世，既無寒冬也無暑夏，澄淨得如同虛空但又存在，不可名狀不可思議，也無所徵驗。』《大智度論》說：『涅槃既不是有，也不是無。如果用語言來說它，則言語之路到此斷絕；如果在心中思量它，它就消失得無影無蹤。』然而，佛教經論不也是說出來和寫出來的嗎？這豈不是虛構的胡編亂造而顯得多餘嗎？也不是，佛教經論並非虛構。如果果然存在著通常之所謂不存在的虛無，那麼就不能以得到虛無而為有；反過來說，如果存在著通常之所謂好像不存在的實在，那麼就不能以得到它而為無。為什麼呢？如果站在『有』的立場上說，一切世俗的有為法，一切有情眾生的色、受、想、行、識即『五陰』都已斷滅後，就譬如人已死了，放大了說，一切有形的東西都會消滅，原來的『有』就成了『無』，然而，幽靈仍然存在而未衰竭；幽靈既然沒有衰竭，它就以無形無聲在澄淨虛空中持守著它自己，也就是『湛然抱一』；一切世俗的有為法和『五陰』都已斷滅，則世俗的各種負累和煩惱自然也就都損棄得無影無蹤，從而就和『道』通同為一，也都一樣地『湛然抱一』了。『湛然抱一』的幽靈有『神』，卻無世俗所可見可聞可知可說的功能，不是世俗的知識所能認識、思量和言說；正因為這樣，所以它超越世俗的有限性和相對性，而有著無始無終無處不在大到極致的『至功』永恒存在，即『至功常存』；它與『道』通同為一，所以也就與『道』一樣沖虛靜默而永恒不變；它沖虛靜默而永恒不變，不可以說它是世俗之所謂『有』；然而它『至功常存』，卻也不可以說它是世俗之所謂『無』。那麼，它本身就既不是『有』，也不是『無』，所以對於世俗而言，也就根本無法用世俗之所謂『有』、『無』來稱謂它。它是視聽所不能見聞，四面八方混然不分。它恬靜而無聲，能淡泊而永遠通泰。這是九界天人的共同歸宿，無數聖人在這裡於冥冥中相會。這是無聲無色無見無聞的境界，是玄之又玄泯滅一切差別而一切平等的境界，如果用世俗之所謂『有』、『無』來區分稱謂它，用方向區域來標誌它，實在是風馬牛不相及，相距太遙遠了。」在這後面，還寫有「十演九折」十九章，共數千言，因文章太長，就不引錄了。

這篇論文寫成之後，僧肇上表給姚興說：「我聽說，天得到道才得以清明，地得到道才得以寧靜，君王得到道才得以治理天下。陛下您睿智明哲，您的道與神靈相通，與天地寰宇契合無間。您對大道義理無所不知，所以能日理萬機而遊刃有餘，終日弘揚佛法大道，您的權威廣被天下蒼生，又垂示文章典禮作為天下人的規範。因此，老子《道德經》裡說，天下有四大，君王像天地一樣占居著其中之一大。涅槃之道，原是佛教度脫眾生三種基本辦法的共同歸宿，大乘佛教的根源。它玄妙渺茫，無形無聲，不是世俗的耳目可以見聞；它在冥冥中自行其道而又虛無玄奧，不是世俗之心所能推測。我祇是個微不足道的人，有幸承蒙您的恩典，得以閑居在學堂中，在羅什公門下學習了十多年時間。雖然各種經典的意趣宗旨有很大差異，奧妙優長之處各有不同，但涅槃之道，則是我優先聽講和修習的對象。然而，遺憾我資質愚鈍，見識短淺，雖然多次承蒙教誨，心中還是渺茫模糊，不甚了了。為此，我竭盡心力學習研究它，好像有所領會解悟，然而因為還沒有經高明的人先行說過，我的領會對不對，卻不敢自行決斷。羅什公不幸去世，我失去了請教諮詢的老師，這是我的終身遺憾。然而陛下您的聖德廣大，獨有您能和羅什公心神契合，看見涅槃之道的確存在，又憑自心加以決斷，所以您能夠振興佛教玄妙的教化，來啟發世俗眾生。有一天，我有幸拜讀了承蒙您回答安成侯姚嵩所問『無為宗極』問題的信（即〈答安成侯姚嵩書〉），其中已經涉及了『涅槃無名』問題。我現在所寫的〈涅槃無名論〉，有『十演九折』十九章，博採眾經，引證闡發，論證涅槃無名，不可思議。這衹不過是闡述陛下已涉及的『涅槃無名』之宗旨，但不敢說已領會了陛下您的神心聖意，而能窮究極致，精確恰當，衹不過聊以作為佛門中的討論，用來曉喻學徒而已。如果拙作還能有一點合您的聖意旨趣，望您能下令將它記錄留存；如果有錯，望您指教。」姚興殷勤地回答了他，並在旨意中對他備加讚賞，又當即下令繕寫此文，頒發給自己的子姪學習。可見，僧肇在當時是多麼被看重。東晉義熙十年，僧肇在長安去世，享年三十一歲。

卷七

義解四　正傳三十二人　附見四十五人

宋京師龍光寺竺道生　寶林　法寶　慧生

竺道生，本姓魏，鉅鹿❶人，寓居彭城❷。家世仕族，父為廣戚❸令，鄉里稱為善人。生幼而穎悟，聰哲若神。其父知非凡器，愛而異之。後值沙門竺法汰❹，遂改俗歸依，伏膺受業。既踐法門，雋思奇拔，研味句義，即自開解。故年在志學❺，便登講座，吐納問辯，辭清珠玉，雖宿望學僧，當世名士，皆慮挫詞窮，莫敢詶抗❻。年至具戒❼，器鑒❽日深，性度機警，神氣清穆。初入廬山，幽栖七年，以求其志。常以入道之要，慧解為本，故鑽仰群經，斟酌雜論，萬里隨法❾，不憚疲苦。後與慧叡❿、慧嚴⓫同遊長安，從什公⓬受業。關中僧眾，咸謂神悟。

後還都⑬，止青園寺。寺是晉恭思皇后褚氏⑭所立，本種青處⑮，因以為名。生既當時法匠，請以居焉。宋太祖文皇⑯深加歎重。後太祖設會，帝親同眾御于地筵，下食良久，眾咸疑日晚，帝曰：「始可中耳。」生曰：「白日麗天，天言始中，何得非中。」遂取鉢便食，于是一眾從之，莫不歎其樞機⑰得衷。王弘⑱、范泰⑲、顏延之⑳，並挹敬風猷，從之問道。

生既潛思日久，徹悟言外，迺喟然歎曰：「夫象以盡意，得意則象忘；言以詮理，入理則言息。自經典東流，譯人重阻㉑，多守滯文，鮮見圓義㉒。若忘筌取魚㉓，始可與言道矣。」於是校閱真、俗㉔，研思因果，迺言「善不受報」，「頓悟成佛」㉕。又著〈二諦論〉、〈佛性當有論〉、〈法身無色論〉、〈佛無淨土論〉、〈應有緣論〉等，籠罩舊說，妙有淵旨。而守文之徒，多生嫌嫉，與奪之聲，紛然競起。又六卷《泥洹》㉖先至京都，生剖析經理，洞入幽微，迺說「一闡提人皆得成佛㉗」。于時大本㉘未傳，孤明先發，獨見忤眾。於是舊學以為邪說，譏憤滋甚，遂顯大眾㉙，擯而遣之。生於大眾中正容誓曰：「若我所說反於經義者，請於現身即表癘疾；若與實相不相違背者，願捨壽㉚之時，據師子座㉛。」言竟拂衣而遊。

初投吳之虎丘山㉜，旬日之中，學徒數百。其年夏，雷震青園佛殿，龍昇于天，光影西壁，因改寺名號曰「龍光」。時人歎曰：「龍既已去，生必行矣。」俄而投迹廬山，銷影巖岫，山中僧眾咸共敬服。後《涅槃》大本至于南京㉝，果稱闡提悉有佛性，與前所說合若符契㉞。

生既獲斯經，尋即講說，以宋元嘉十一年㉟冬十一月庚子，于廬山精舍升于法座。神色開朗，德音俊發，論議數番，窮理盡妙。觀聽之眾，莫不悟悅。法席將畢，忽見麈尾㊱紛然而墜，端坐正容，隱几而卒，顏色不異，似若入定。道俗嗟駭，遠近悲泣。于是京邑諸僧內慙自疚，追而信服。其神鑒之至徵瑞㊲如此。仍葬廬山之阜。

初生與叡公及嚴、觀同學齊名，故時人評曰：「生、叡發天真㊳，嚴、觀窪流得㊴，慧、義憉楟進㊵，寇、淵于嘿塞㊶。」生及叡公獨標天真之目，故以秀出群士矣。

初關中僧肇始注《維摩》，世咸翫味。生乃更發深旨，顯暢新典及諸經義疏，世皆寶焉。王微㊷以生比郭林宗㊸，乃為之立傳，旌其遺德。時人以生推闡提得佛，此語有據。頓悟不受報等，時亦憲章㊹。宋太祖嘗述生頓悟義，沙門僧弼㊺

等皆設巨難。帝曰：「若使逝者可興，豈為諸君所屈。」

後龍光又有沙門寶林，初經長安受學，後祖述生公諸義，時人號曰「遊玄生」。著《涅槃記》及注《異宗論》、《檄魔文》等。林弟子法寶，亦學兼內外，著《金剛後心論》等，亦祖述生義焉。近代又有釋惠生者，亦止龍光寺。蔬食，善眾經典，兼工草隸。時人以同寺相繼，號曰大小二生也。

【注釋】❶鉅鹿　又作巨鹿，秦始皇時置巨鹿郡，治所在巨鹿縣（今河北省平鄉縣西南）。❷彭城　即今江蘇徐州。❸廣戚　西漢置為侯國，東漢為廣戚縣，治所即今江蘇省沛縣東南廣戚鄉。❹竺法汰　參見本書卷五〈竺法汰傳〉。❺年在志學　專心求學的年齡，指十五歲。❻詶抗　詶，酬的異體字。酬抗，即酬對，這裡指在佛法造詣上的相當、對等之義。❼年至具戒　具戒，具足戒的略稱，意謂戒條圓滿充足。年至具戒，謂受具足戒的年齡，指二十歲。❽器鑒　謂度量見識。❾隨法　跟隨著佛法，意即求法。❿慧叡　參見本卷〈釋慧叡傳〉。⓫慧嚴　參見本卷〈釋慧嚴傳〉。⓬什公　即鳩摩羅什。⓭還都　回到京城，指南朝劉宋京城建康（今江蘇南京）。⓮晉恭思皇后褚氏　即東晉安帝司馬德宗的皇后褚靈媛，義熙元年（西元四〇五年）立。《晉書》有傳。⓯種青處　這裡指皇家種植花草、蔬菜的地方。⓰宋太祖文皇　即宋文帝劉義隆，宋武帝劉裕的第三個兒子，繼其兄少帝（劉義符）位為帝，西元四二四至四五三年在位。《宋書》有傳。⓱樞機　《易・繫辭上》：「言行，君子之樞機。」後用「樞機」比喻言行。⓲王弘　字休元，晉氏族王導的曾孫，王珣之子，琅琊臨沂（今山東臨沂）人，少年好學，以清恬知名於世，在東晉時歷為吳國內史、吏部侍郎，曾隨劉裕北伐，任彭城太守。入劉宋後，官至尚書僕射。謝靈運曾因僕人桂興淫其嬖妾，而將桂興拋屍江面，引起大嘩，王弘力加彈劾，致使謝靈運罷官。宋文帝元嘉三年（西元四二六年）任司徒，五年因天大旱，引咎辭職，降為衛將軍，九年（西元四三二年）昇任太保領中書監，當年病故，時年五十四歲。《宋書》有傳。王弘曾與竺道生討論佛學問題，今存竺道生〈答王衛軍書〉（見《廣弘明集》卷一八），便是回答他的。范泰〈與王司徒諸公論沙門踞食書〉（見《弘明集》卷一二）之王司徒，也是指王弘。⓳范泰　字伯倫，南陽順陽（今河南淅川東）人，豫章太守范寧（參見卷六〈釋慧持傳〉「范寧」條注釋）之子。東晉時，曾為太學博士、天門太守，因助劉裕滅盧循，累遷至振武將軍、侍中、度支尚書，又隨劉裕北伐，深為相得，但不諳政事。入劉宋後，拜為金紫光祿大夫加散騎常侍，領國子監祭酒。他博覽篇籍，好為文章，愛獎勵後生，孜孜不倦，撰有《古今善言》二十四篇，有文集傳世於當時。至暮年則事佛甚勤，曾在自家宅西設立祇洹精舍。宋文帝元嘉五年（西元四二九年）卒，享年七十四，追贈車騎將軍，侍中特進王師。《宋書》有傳。今存范伯倫〈與生觀二法師書〉、〈論沙門踞食書〉、〈與王司徒諸公論沙門踞食書〉等，是他的佛學文章，另釋慧義〈答范伯倫諸檀越書〉則是回答他有關僧人儀軌的信（均見《弘明集》卷一二）。⑳顏延之　字延年，琅琊臨沂（今山東臨沂）人，生於東晉孝武帝太元九年（西元三八四年），卒於南朝宋孝武帝孝建三年（西元四五六年），曾做過始安太守、永嘉太守、國子監祭酒、金紫光祿大夫等官，所以常被稱顏光祿。他是南朝著名文學家，東晉、劉宋之際的詩人，與謝靈運並稱「顏謝」，有《顏光祿集》傳世（收入明代張溥輯《漢魏六朝百三家集》中）。他推崇佛教，著有《釋達性論》等佛學論著。《宋書》、《南史》均有傳。㉑譯人重阻　謂翻譯佛經者有重重局限。譯人，指翻譯佛經的人。重阻，指重重局限。㉒圓義　謂圓融之義，也即融會貫通周遍圓滿的義理。㉓忘筌取魚　比喻得意忘言，猶如忘掉捕魚的器具而專意於取魚，實指學佛不要拘泥於文字章句，而應直接悟入佛理。這是道生「頓悟成佛」說的一個基本觀念。筌，竹製的捕魚器具。比喻手段。此指文字章句。㉔校閱真俗　謂重新審察、認識「真諦」和「俗諦」之深微關係。真，指「真諦」。俗，指「俗諦」。佛法般若學有「真諦」和「俗諦」二諦，「真諦」指佛法真理，「俗諦」指世俗真理。㉕善不受報二句　善不受報，是竺道生所提出的一個論點，意思是出家本屬無為法，出家人當以無為之心修習佛法，而不是為貪圖名利的報償，否則就成了與世俗一樣的有為法了。他在《維摩詰所說經》的注文中說：「貪報行禪，則有味於行矣。既於行有味，報必惑焉。夫惑報者，縛在生矣。」這裡「味」指貪欲，即圖報之心。有圖報之心行禪，即屬執著，不能解脫，也即不能成佛。所以他又說：「無為是表理之表，故無實功德利也。」「若能不望功德之報，捨之極也。」這裡所謂「捨」，是指慈悲喜捨，即四無量心之一，意為無愛憎之心，一切平等。頓悟成佛，也是竺道生所提出的一個重要論點和影響極大的佛性理論，在他之前一般認為成佛需要經過多種等級的修行，如《十住論》提出要經過十個階段，也即經過「十地」，循序漸進，這也叫做漸修。道生提出佛教的一切修行，目的在於參悟終極之理（佛性），獲得終極的覺悟，這可以直接悟入，且一旦覺悟，也就成佛，這是因為「佛」就是覺悟。竺道生的「頓悟」說後來成為唐代禪宗「頓悟」的重要淵源。㉖六卷泥洹　即法顯所譯六卷本《泥洹經》（全稱《大般泥洹經》）。在這部經裡，已經提到一切眾生皆有佛性，但排除了「一闡提」可以成佛。㉗一闡提人皆得成佛　一闡提，佛教語。又譯為「一闡提迦」，略稱「闡提」。意為「不具信」，或稱「斷善根」。佛教用以稱呼不信佛教，斷了成佛善根的人。㉘大本　指大本《涅槃經》，即北涼曇無讖譯四十卷本《大般涅槃經》，又稱《大本涅槃經》。這部經主要闡述佛身（或稱法身）常住不滅、涅槃「常、樂、我、淨」，一切眾生悉有佛性，一闡提、聲聞、辟支佛均得成佛等大乘教義。㉙顯大眾　指僧人犯戒者按佛法在僧人共住處懺悔和受罰。㉚捨壽　謂捨去壽命，即死亡。㉛師子座　原指佛陀釋迦牟尼的坐席。後泛指寺院中佛、菩薩的臺座以及佛教高僧說法時的坐席。㉜吳之虎丘山　即今江蘇蘇州的虎丘山。㉝南京　指南朝劉宋的都城建康（即今江蘇南京）。㉞合若符契　謂猶如兩半符契相吻合一致。符契，即符節，古代的一種符信，以金玉竹木等製成，上刻文字，分為兩半，使用時以兩半相合為驗。㉟宋元嘉十一年　即宋文帝（劉義隆）元嘉十一年，西元四三四年。㊱麈尾　古代常以駝鹿的尾巴作拂塵，因以稱拂塵為麈尾。魏晉名士清談，常手持麈尾，成為風氣，影響到佛教，法師講經也常手持麈尾。㊲徵瑞　祥瑞的徵兆。㊳生叡發天真　生，指竺道生。叡，指慧叡，參見本卷〈釋慧叡傳〉。發天真，謂對佛法的造詣發自自己的天性，具有原創性。㊴嚴觀窪流得　嚴，指慧嚴，參見本卷〈釋慧嚴傳〉。觀，指慧觀，參見本卷〈釋慧觀傳〉。窪流得，謂對佛法如池塘蓄積流水一樣善於吸納而集大成，即善於吸收別人的智慧成果，但不屬原創。㊵慧義憉悙進　謂慧義飽有所得地進身。慧義，參見本卷〈釋慧義傳〉，其中即主要寫了他的三次所得。憉悙，大正藏本作「彭亨」。彭亨，脹滿之義。東魏高湛《養生論》說：「尋常飲食，每令所得，多餐令人彭亨氣短。」㊶寇淵于嘿塞　寇淵，指釋道淵，俗姓寇，參見本卷〈釋道淵傳〉。嘿塞，沉默而名聲不顯。〈釋道淵傳〉說他：「眾經、數論，靡不通達。而潛光隱德，世莫之知。」即是此意。㊷王微　字景玄，琅琊臨沂（今山東臨沂）人，生於西元四一五年，卒於西元四五三年。他是王弘的侄兒，少年好學，博學通覽，是南朝著名的文學家，又擅長書畫及卜筮醫術，十六歲時，舉秀才，多次謝絕徵聘，以為「生我名者殺我身」，被稱「徵君」。他居住於門面屋一間，尋書畫古玩，前後十多年。他的弟弟僧謙出家，也享盛名，但因服藥過量致死，從此王微自己有病便不再自治，於劉宋元嘉二十年卒，時年二十九歲。《隋書・經籍志》載王微集十卷。今僅存文九篇，詩五首，收錄於《全上古三代秦漢三國六朝文》和《先秦漢魏晉南北朝詩》中。《宋書》有傳。㊸郭林宗　即郭泰，字林宗，東漢太原（今山西太原）人，生於西元一二八年，卒於西元一六九年。是東漢太學生的首領。他家世貧賤，幼年喪父，但好學不倦。東漢桓帝時宦官專權，他不與同流合污，拒絕官府的徵聘，而與李膺等及太學生們聯合抨擊宦官集團。西元一一六年，李膺等人被誣告為「訕謗朝政」，遂發生中國歷史上有名的第一次「黨錮之禍」，二百多名「黨人」被捕，後又釋放。禍發後，郭泰在家鄉閉門教書，生徒達數千人。「黨人」之一的范滂說他：「隱不違親，貞不絕俗，天子不得臣，諸侯不得友。」郭泰死後，他的同志為他刻石立碑，著名文學家蔡邕為之作碑文，並說：「吾為碑銘多矣，皆有慚德，唯郭有道無愧色耳。」這大約就是王微讚歎道生為郭泰的意思。《後漢書》有傳。㊹憲章　原意為典章制度。這裡是遵從效法之義。如《中庸》：「仲尼祖述堯舜，憲章文武。」㊺僧弼　參見本卷〈釋僧弼傳〉。

【語　譯】竺道生，原本姓魏，鉅鹿人，寄居在彭城。他家世代為仕族，父親做過廣戚縣令，鄉里都稱他為善人。道生年幼時就有很好的悟性，聰明靈智彷彿神人一般。他的父親看出他不是個平凡的人，對他非常喜愛，又認為他很奇異。後來，道生遇上了沙門竺法汰，於是就出家歸依佛門，師從竺法汰學習。道生自投身佛門後，思維清雋奇特，研讀佛經，自己就能理解那些章句包含的意義，而有所悟得。因此，他在尚屬志學之年的十五歲時就已昇座講經。他的談吐、辯難和闡發經義，言辭清麗有如珠玉。就連那些飽學而眾望所歸的義學僧人，以及當時的名士，與他論辯，也都被駁得理屈詞窮，沒有人敢與他相抗論難。到了受具足戒之年的二十歲時，道生的度量才識更加深厚，且性格機靈敏銳，神情清俊嚴肅。起初，他到廬山隱居了七年，研習佛法，希望實現自己的志向。他認為，深入佛法的關鍵，是以智慧領悟為根本，所以他鑽研博覽群經，比較、斟酌各種論說，為獲取佛法真諦，他跋涉萬里，不辭勞苦。後來，他和慧叡、慧嚴一同去了長安，師從鳩摩羅什學習。關中的僧人，都讚歎他的妙悟如神。後來，他又回到都城建康，居住在青園寺。青園寺原是東晉恭思皇后褚氏所建，原本是皇家種植花草蔬菜的地方，青園寺便因此得名。道生當時已經是有名的高僧，所以就請他來居住。宋太祖文皇帝對道生很是讚歎器重。一次，太祖設立法會，親自與眾僧人一起席地而坐，在地面上就餐。筵席進行很長時間後，眾人都懷疑時間已近傍晚，但太祖卻說：「不過剛剛日中而已。」道生接著說：「大太陽正當空，天（皇帝）也說了剛剛日中，怎麼會不是日中呢。」於是，拿過鉢盂便吃。其餘的人於是都跟著他繼續吃起來。大家莫不讚歎他的應答巧妙而得體。王弘、范泰、顏延之這些飽學的達官名人，都敬慕他的風範，向他請教佛法。

道生潛心思考了很久，透徹地覺悟到，對佛法的領悟，不是靠拘守佛經章句、言語文字而得，因此感歎說：「聖人畫出卦象，是用來表達其意義的，一旦明白了卦象所包含的意義，卦象的作用就盡到了，也就不必拘守於卦象，而應忘記它；言語文字是用來說明道理的，明白了其中所包含的道理，言語文字的作用就盡到了，也就不必拘守言語文字。自佛經流傳到中國來，都經過翻譯，翻譯佛經的人自己就面臨種種局限和阻礙，而讀經的人也都尋章逐句，拘守文辭，很少有人能透過文辭，融會貫通，領悟佛法的圓融。祇有懂得不拘守文辭章句，猶如忘筌而直接取魚一樣，來直接領悟佛法的人，才配和他談論佛法。」於是，道生重新比較、研究了已有的真諦、俗諦之說，重新研究思考了因果的內涵後，提出「善不受報，頓悟成佛」的論點。他為此又寫了〈二諦論〉、〈佛性當有論〉、〈法身無色論〉、〈佛無淨土論〉、〈應有緣論〉等論文。他的這些論說，籠罩涵蓋了已有的學說，有著佛法的淵源根據和自己新奇的論旨。那些祇知死守文辭章句的人，便對道生產生了嫌惡和嫉恨，一時間掀起軒然大波，紛紛批駁他，要把他壓倒。還有一件事，是法顯所譯的六卷本的《泥洹經》先行傳到京師建康，道生就剖析這部經的義理，洞察了它的微言大義，據此提出，「不信佛、斷了善根的一闡提人皆得成佛」。這時候，大本《涅槃經》尚未傳到京師，道生率先發表了他的獨立發現的先見之明，他的獨特見解違背了大家信守的觀念。於是，那些信奉舊學說的人都把道生的說法視為一種邪說，對他傾泄了強烈的譏諷和憤怒。道生便因此而被作為違背佛教戒律的犯戒者，罰他在大眾中公開懺悔和自責，然後將他逐出京師。道生在大眾中很莊重地發誓說：「如果我所說的話違反了經義，那麼，讓我現在就得惡疾；如果與經義不相違背，希望在我死去之時，坐在講經的師座上。」說完，他就拂衣而去，遠遊他方。

道生被逐出京師後，起初投奔吳地虎丘山。他到這裡僅僅十天之內，聞風而至跟他學佛的生徒就達到數百人。那一年夏天，雷電震擊了青園寺的佛殿，有龍飛昇天空，光影留在了西面的牆壁上。因此，人們便將青園寺改名為龍光寺。當時有人感歎說：「龍既然已經離去，道生是一定要走的了。」不久，道生投奔到廬山，隱居在山巖峰林之間，廬山上的僧人對他都很尊敬佩服。後來，大本《涅槃經》傳到了京師，經中果然說到「不信佛、斷了善根的一闡提人都得成佛」，與道生從前所說過的話完全相同。

道生得到這部大本《涅槃經》後，立即開始宣講它。他在宋元嘉十一年冬十一月庚子這一天，在廬山精舍登上師子座。他神色開朗，語音激昂明快，對經義作了幾番闡發評論，充分揭示出經中的奧妙義理。來聽講的眾人，無不當下覺悟而大歡喜。就在這堂講經的法會快要結束的時候，聽眾忽然看見道生手中麈尾上的毛紛紛脫落，道生則端坐席上面容嚴正莊重，靠著椅子去世了。此時，他的臉色與平日無異，好像是入定一樣。僧俗聽眾莫不十分驚異，遠近的人們也無不為他悲泣。這件事傳到京師後，京城裡的僧人都為自己從前的做法深深感到慚愧和內疚，追思往事，他們都轉而信服道生了。道生的預見有如此神靈和準確，於此可得到驗證。道生死後，仍舊葬在廬山上。

當初道生與慧叡以及慧嚴、慧觀是齊名的同學，那時就有人評論說：「道生、慧叡的領悟見解發自天性自然，屬自己的原創；慧嚴、慧觀像凹塘蓄水一樣，善於吸收和集大成；慧義有福，左右逢源，飽得好處而進身；寇淵沉默而名不顯。」其中，祇有道生與慧叡被稱為發自天性自然，富有原創性，所以他們能夠脫穎而出，一枝獨秀。

當初，關中的僧肇先行注釋《維摩詰經》，世人都喜歡研讀翫味。待到道生又進一步揭示這部經中更深的義旨，通暢地闡發許多新的經典和為許多經典作出注疏，世人都奉為至寶。王微把道生比作東漢太學生的首領，那位受過「黨錮之禍」的郭林宗，為他立傳，表彰他的德行。當時的人，也都接受了道生僅據六卷本《泥洹經》推論出「一闡提人皆得成佛」的理論，肯定他的這個理論有依據。道生所提出的「頓悟」、「不受報」等理論，也都被當時的人遵行效法，奉為憲章。宋太祖曾經重申道生的「頓悟」說，有沙門僧弼等人對此進行了嚴厲的責難。太祖說：「如果能使死去的道生活轉過來，我怎麼會被你們問住！」

後來，龍光寺又有一位沙門寶林，他起初在長安學習，後來宗奉道生，申述道生的思想義理。當時的人稱他為「遊玄生」。寶林著有《涅槃記》，注釋了《異宗論》、《檄魔文》等等。寶林的弟子法寶，也是學兼內典和外典，著有《金剛後心論》等著作。他也宗奉道生，申述道生的思想義理。近代又有一位釋慧生，也居住在龍光寺。他食素，擅長多部經典，又擅長草書和隸書。當時的人因為他們與道生相繼居住在同一寺廟，稱他倆為「大小二生」。

宋京師烏衣寺釋慧叡

釋慧叡，冀州❶人。少出家，執節精峻❷，常遊方而學。經行蜀之西界為人所略❸，常使牧羊。有商客信敬者，見而異之，疑是沙門，請問經義，無不綜達。商人即以金贖之。既還襲染衣❹，篤學彌至。遊歷諸國，迺至南天竺界。音譯詁訓，殊方異義❺，無不必曉。後還息廬山。俄入關，從什公❻諮稟，後適京師，止於烏衣寺。講說眾經，皆思徹言表，理契環中。

宋大將軍彭城王義康❼請以為師，再三乃許。王請入第受戒，叡曰：「禮聞來學，不聞往教。」康大以為愧，乃入寺虔禮，祇奉戒法❽，後以貂裘奉叡。叡不著，嘗坐之。王密令左右求買，雇三十萬❾。叡曰：「雖非所服，既大王所施，聊為從用耳。」

陳郡謝靈運❿篤好佛理，殊俗之音多所達解。迺諮叡以經中諸字，並眾音異旨，於是著《十四音訓敘》，條例梵漢，昭然可了，使文字有據焉。叡以宋元嘉中⓫卒，春秋八十有五矣。

【注釋】❶冀州　漢代所置十三刺史部之一，轄境相當於今河北及河南北端、山東西端，晉時治所在房子（今河北高邑西南）。❷執節精峻　執節，指持守佛教戒律。精，明本、金陵刻經處本作「清」，精峻，亦如清峻，形容嚴格、嚴厲，一絲不苟。❸略　在這裡通「掠」。即劫掠之義。❹染衣　即僧衣，因僧衣染為黑色，故稱。❺音譯詁訓二句　謂對天竺語文的語音詞義加以詁訓，以查明和解釋它們在各種方言中的不同意義。按，這也就是指學習研究天竺的語文。音譯，即語音和語義。音，語音。譯，金陵刻經處本、大正藏本均作「義」，古代解釋經義也稱作譯。詁訓，查明及解釋古文的文義。殊方異義，謂各處方言的不同含義。❻什公　指鳩摩羅什。❼彭城王義康　即彭城王劉義康，宋武帝劉裕的兒子，宋文帝劉義隆的弟弟。入劉宋後，他於永初元年（西元四二〇年）被封為彭城王，都督南徐州、兗州二州軍事，南徐州刺史。宋文帝即位後，調他還朝輔政。元嘉九年王弘死後，由他獨輔朝政。元嘉十三年，宋文帝患重病，由劉義康執政。他怕文帝一死，范道濟不聽命令，矯詔召其入朝，將范道濟及其八個兒子全部殺死。道濟臨刑說：「乃復壞汝萬里之長城！」元嘉十六年（西元四三九年）進位大將軍，領司徒。他拜慧叡為師受戒，應在這之後。劉義康權傾一時，他所寵信的劉湛、劉斌等人與宋文帝所寵信的殷景仁等互相傾軋。劉湛等借宋文帝重病之機瞞著劉義康暗中結為朋黨，指望宋文帝一死就擁戴劉義康為帝。元嘉十七年宋文帝殺劉湛等，劉義康引咎辭職，被貶為江州刺史，出鎮豫章。劉義康博識強記，交遊廣泛，無論貴賤，他均予接見聽取他們的意見，擁戴者頗多，其中也包括許多僧尼，如僧人法略、尼姑法靜也都曾為他所供養。元嘉二十二年孔熙先、范曄謀反，欲迎立劉義康。劉義康遂被朋黨罪下獄，免死而廢為庶人。二十四年豫章胡誕世、吳平令袁惲等謀反，襲殺豫章太守桓隆，又打出擁戴劉義康的旗號，朝臣及諸王奏請殺劉義康。二十八年（西元四五一年）正月，宋文帝遣使攜毒藥賜劉義康服毒自殺。劉義康不肯服藥，說：「佛教自殺不復得人身。」於是活埋致死，時年四十三歲。其實，所有這些朋黨、謀反之事，都是瞞著劉義康而利用他的名義進行的。他初與宋文帝弟兄關係極為親密，因權傾一時，他所信任重用的手下人開始傾軋，致使弟兄出現嫌隙。這是個複雜而涉及很多人的案件，《宋書》的相關人物傳中有詳細生動的記載。另參見本卷〈釋慧義傳〉「晏弟曄後染孔熙先謀逆」條注釋。❽祇奉戒法　謂安適地奉行佛教戒律。祇，安適、安定。❾雇三十萬　謂付出三十萬的價格。雇，大正藏本作「酬」，以「酬」為宜。❿謝靈運　參見本書卷六〈釋慧遠傳〉「謝靈運」條注釋。⓫宋元嘉中　宋文帝元嘉年間，西元四二四至四五三年。

【語　譯】釋慧叡是冀州人，少年時就已出家。他持守戒律一絲不苟，常常在各處遊歷學習佛法。他遊方到巴蜀的西界處時，曾遭人擄掠，常被命令去牧羊。有一個敬信佛教的客商看見了他，覺得很詫異，疑心他是一位僧人，就向他請問佛經的經義，他無不完全地給予解答。這位客商就出錢將他從擄掠者那裡贖了出來。慧叡被解救出來後，又重新穿上了僧服，學習佛教更加誠篤而專心致志。他遊歷了許多國家，到了南天竺。在這裡，他廣泛地學習研究了各地方言語文的音義詁訓和不同的意義，對那裡的方言語文無不通曉。後來，他回到中國，棲息於廬山。不久，他又去了關中，師從鳩摩羅什學習。以後，他又到了京師建康，住在烏衣寺，在這裡講說眾多的經典。他的講說，皆能透過經文言詞闡發出他對佛理的透徹領悟，而與宇宙大道相契合。

宋朝的大將軍、彭城王劉義康請求拜他為師，經過一而再再而三地懇請，他才應允。劉義康請他到自己的府第裡來，為自己授戒。慧叡對他說：「我聽說，通常祇有『來學』的話，沒聽過還有『往教』一說。」劉義康這才深感慚愧，就自己到烏衣寺裡來虔誠地禮拜，虔敬地奉行佛教戒律。後來，劉義康奉送給慧叡一件貂裘大衣。但慧叡不穿，祇是曾拿它墊著坐。劉義康曾密令手下人，出三十萬的高價，向慧叡要求買回這件貂裘大衣。慧叡對來人說：「這件貂裘大衣雖然不是我所應穿的衣服，但它既然是大王所施捨，那我還是留著，聊以使用吧。」

陳郡人謝靈運篤好佛理，懂得很多種外國的語言，便向慧叡請教佛經中許多字的字義，以及許多不同語音的不同含義。於是，慧叡便寫了《十四音訓敘》。在這部書中，他整理歸納，條分縷析而加以列目，使梵文和漢文的語義關係清晰有序，一目了然，從而使中外文字有據可查了。慧叡在宋元嘉年間去世，享年八十五歲。

宋京師東安寺釋慧嚴　法智

釋慧嚴，姓范，豫州❶人。年十二為諸生❷，博曉詩書，十六出家，又精練佛理。迄甫立年❸，學洞群籍，風聲四遠，化洽殊邦❹。聞什公在關，復從受學，訪正音義，多所異聞。後還京師，止東安寺。宋高祖❺素所知重。高祖後伐長安，要與同行，嚴曰：「檀越此行，雖伐罪不勞而獲弔民❻，貧道事外之人，不敢聞命。」帝苦要之，遂行。及文帝在位，情好尤密，每見弘讚問佛法。

先是帝未甚崇信，至元嘉十二年，京尹蕭摹之上啟，請制起寺及鑄像❼。帝迺與侍中何尚之❽、吏部郎中羊玄保❾等議之，謂尚之曰：「朕少來讀經不多，比日彌復無暇，三世因果未辯厝懷，而復不敢立異者，正以卿輩時秀，率所敬信故也。范泰❿、謝靈運⓫常言六經典文，本在濟俗為治，必求靈性真奧，豈得不以佛經為指南耶？近見顏延之⓬〈推達性論〉、宗炳⓭〈難白黑論〉，明佛汪汪⓮，尤為名理並足，開獎人意。若使率土之賓⓯，皆敦此化，則朕坐致太平，夫復何事。近蕭摹之請制，未全經通，即以相示，委卿增損。必有以遏戒浮俗⓰，無傷弘獎者，迺當著令耳。」

尚之對曰：「悠悠之徒⓱，多不信法，以臣庸蔽，獨秉愚懃⓲，懼以闕薄，貽點大教⓳。今乃更荷褒拂⓴，非所敢當。至如前代群英，則不負明詔矣。中朝㉑已遠，難復盡知。度江㉒以來，則王導㉓、周顗㉔、庾亮㉕、王蒙㉖、謝尚㉗、郗超㉘、王坦㉙、王恭㉚、王謐㉛、郭文㉜、謝敷㉝、戴逵㉞、許詢㉟，及亡高祖兄弟㊱、王元琳昆季[37]、范汪[38]、孫綽[39]、張玄[40]、殷顗[41]，或宰輔之冠蓋，或人倫之羽儀[42]，或置情天人之際[43]，或抗迹烟霞之表[44]，並稟志歸依，厝心崇信。其間比對[45]，則蘭[46]、護[47]、開[48]、潛[49]、淵[50]、遁[51]、崇[52]、邃[53]，皆亞迹黃中[54]，或不測人也。近世道俗，較談便爾。若當備舉夷、夏，爰逮漢、魏，奇才異德，胡可勝言。惠遠法師嘗云：『釋氏之化，無所不可。適道固自教源，濟俗亦為要務。』竊尋此說，有契理奧。何者？若使家家持戒，則一國息刑。故佛澄適趙[55]，二石[56]減暴；靈塔放光，苻健[57]損虐。故神道助教，有自來矣。而蕭摹[58]所啟，亦不謂全非。但傷蠹道俗者，本在無行僧尼，而情貌難分，袪取[59]未易。金銅土木，雖縻費滋深，必福業所寄，復難得頓絕。臣比思為斟酌，進退難安，今日親奉德音，實亦用夷泰[60]。」

羊玄保進曰：「此談蓋天人之際，豈臣所宜預。竊恐秦、楚論強兵之術，孫吳[61]盡吞併之計，將無取于此耶？」

帝曰：「此非戰國之具，良如卿言。」

尚之曰：「夫禮隱逸則戰士怠，貴仁德則兵氣衰。若以孫吳為志，苟在吞噬，亦無取堯舜之道，豈唯釋教而已耶？」

帝悅曰：「釋門有卿，亦猶孔氏之有季路[62]，所謂惡言不入於耳。」帝自是信心迺立，始致意佛經。及見嚴、觀[63]諸僧，輒論道義理。

時顏延之著〈離識觀〉及〈論檢〉，帝命嚴辨其同異[64]，往復終日，帝笑曰：「公等今日，無愧支、許[65]。」嚴後著〈無生滅論〉及《老子略注》等。東海何承天[66]以博物著名，乃問嚴佛國將用何曆。嚴云：「天竺夏至之日，方中無影，所謂天中，於五行土德，色尚黃，數尚五，八寸為一尺，十兩當此土十二兩，建辰之月為歲首[67]。」及討覈分至[68]，推校薄蝕[69]，顧步光影[70]，其法甚詳，宿度年紀[71]，咸有條例。承天無所厝難。後婆利國人來，果同嚴說。帝勅任豫受[72]焉。

《大涅槃經》[73]初至宋土，文言致善，而品數疏簡，初學難以厝懷。嚴迺共慧觀、謝靈運等依《泥洹》本加之品目[74]。文有過質，頗亦治改，始有數本流行。嚴迺夢見一人，形狀極偉，厲聲謂嚴曰：「《涅槃》尊經，何以輒加斟酌[75]！」嚴覺已惕然，迺更集僧，欲收前本。時識者咸云：「此蓋欲誡厲後人耳，若必不應者，何容即時方夢。」嚴以為然。頃之，又夢神人告曰：「君以弘經之力，必當見佛也。」

嚴以宋元嘉二十年卒于東安寺，春秋八十有一矣。帝詔曰：「嚴法師器識淵遠，學道之匠，奄而遷神，痛悼于懷。可給錢五萬，布五十匹。」

嚴弟子法智，幼有神理。年二十四往江陵，值雅公⑯講，便論議數番，雅厝通無地⑰。雅顧眄四眾曰：「小子斐然成章。」智笑曰：「迺變風變雅⑱作矣。」於是聲布楚郢⑲，譽洽京、吳⑳。善《成實》及大小《品》焉。

【注釋】❶豫州　漢代置十三州刺史部之一。晉時治所在陳縣（今河南淮陽）。❷諸生　即儒生。❸立年　而立之年的略稱，即三十歲。❹化洽殊邦　洽，潤澤，這裡即影響之義。化洽殊邦，謂慧嚴的思想觀念影響了外國。❺宋高祖　指南朝宋的開國皇帝宋武帝劉裕，參見本書卷六〈釋慧遠傳〉「宋武」條注釋。❻伐罪不勞而獲弔民　謂討伐有罪的人不用費太大力氣卻能獲安撫百姓之功。❼元嘉十二年三句　元嘉十二年，即宋文帝元嘉十二年（西元四三五年）。京尹蕭摹之上啟，《弘明集》卷一一有何尚之〈答宋文帝讚揚佛教事〉，寫作「元嘉十二年五月乙酉，有司奏丹陽尹蕭摹之上言」，《宋書》卷九七〈夷蠻傳〉也作「丹陽尹蕭摹之」，按東晉、南朝宋時，丹陽（又作丹楊）治所在建康（今江蘇南京），丹陽尹相當於京尹，即京城的地方長官。制，皇帝的詔旨或命令。請制，即啟請皇帝下詔。如下文「近蕭摹之請制，未全經通」，即其詞例。起寺及鑄像，指起造寺廟和鑄造佛像。請制起寺及鑄像，此語照字面解有雙重含義：一即謂啟請皇帝下詔起造寺廟和佛像，但這既不合本傳下文的意思，也不合何尚之〈答宋文帝讚揚佛教事〉（這是本傳所依據的資料）和《宋書》所述的意思；二即謂啟請皇帝就起造寺廟和鑄造佛像一事下詔。按，據何尚之〈答宋文帝讚揚佛教事〉一文，蕭摹之的意思是，許多年來，所造「寺塔形象數在千計」，佔去了大量的土地，以致「申（《宋書》作「甲」）地顯宅，於茲殆盡」，連建造官署和住宅的地段已經沒有了；又「材竹銅綵糜費無極」，無窮消耗建築材料；再次，「舊宇頹圮，曾莫之修，而各造新構，以相誇尚」，甚至「以奢競為重」，也即舊寺廟壞了不修，而是競相建造新寺廟，並以豪華奢侈互相誇耀。蕭摹之對這種風氣深感憂慮，所以他向皇帝提出警告：「不為之防，流遁未已。」他自己所提出的辦法是，應當制定章程，凡欲建寺造像者，「必須報許，然後就功」。即必須先行申報地方官批准，然後才能動工，違者「皆以不承用詔書律論，銅宅材瓦，悉沒入官」。結果是「奏可」，也即被宋文帝採納了。這一件事，也見於《宋書》卷九七〈夷蠻傳〉，結果寫作「詔可」，與《弘明集》本意思相同。「請制起寺及鑄像」一語，不見於《弘明集》本和《宋書》所引蕭摹之奏文，而是本傳作者所撮取，表達得不如《弘明集》本和《宋書》清楚。❽何尚之　字彥德，廬江灊縣（今安徽省霍山縣東北）人，東晉外戚何準（參見本書卷六〈釋慧遠傳〉「何充」條注釋）的曾孫。他曾於東晉末年隨劉裕北伐長安，因從征之勞賜爵都鄉侯，入劉宋後，任尚書吏部郎、左衛將軍。他好研究文義，為宋文帝所喜愛，元嘉十二年（西元四三五年）昇任侍中，也就在這一年，發生了本傳中的故事。次年，宋文帝命他任丹陽尹，並設立玄學館，教授諸生。元嘉二十八年遷尚書令、司空，居宰相之職，於宋孝武帝大明二年（西元四五八年）卒於任上，時年七十九歲。他研究文義，終生不衰，立身簡約，生活樸素，妻亡不續娶，不蓄姬妾，任尚書令執掌朝政期間，於親戚故舊一無薦舉，因此而得罪不少人，也因此而享廉潔的美譽。《宋書》、《南史》均有傳。❾羊玄保　太山南城（今山東省費縣西南）人，在東晉時初為太常博士，後任劉裕大軍的太尉參軍，入劉宋後，於少帝景平二年（西元四二四年）任尚書左丞，為王弘所器重，薦為黃門侍郎。他擅長弈棋，宋文帝即位後，曾與他賭賽下棋，羊玄保因賭棋得勝，而得任宣城太守，一年後遷尚書吏部郎。他因廉潔寡欲而得宋文帝信任，派往富裕的地方為官，遂遷吳郡太守。宋孝武帝大明五年遷散騎常侍特進，八年（西元四六四年）卒，時年九十四歲。《宋書》有傳。❿范泰　參見本書卷六〈竺道生傳〉「范泰」條注釋。⓫謝靈運　參見本書卷六〈釋慧遠傳〉「謝靈運」條注釋。⓬顏延之　參見本卷〈竺道生傳〉「顏延之」條注釋。⓭宗炳　參見本書卷六〈釋慧遠傳〉「宗炳」條注釋。⓮汪汪　恣意；廣闊。在這裡是形容文章寫得洋洋灑灑，汪洋恣肆之義。⓯率土之賓　指四海之內。語出《詩經·小雅·北山》：「率土之濱，莫非王臣。」賓，《弘明集》本作「濱」。⓰浮俗　浮華的習俗。按，蕭摹之所以提出需要限制建寺造像的一個主要理由，是他認為民間建寺和鑄造佛像「情敬浮末，不以精誠為至，更以奢競為重」（見何尚之〈答宋文帝讚揚佛教事〉），也就是競相奢華，所以宋文帝要遏制這種「浮俗」。⓱悠悠之徒　猶芸芸眾生。悠悠，即路人，或一般人，如《世說新語·賞譽》引〈晉安帝紀〉：「悠悠之論，頗有同異。」⓲獨秉愚懃　謂自己竭盡心力地努力。獨秉，獨自秉持。愚，謙詞，指自己的。懃，即勤，努力之義。⓳貼點大教　謂給佛教帶來玷汙，即玷汙佛教之義。按，這是何尚之對佛教表示恭敬和自謙，含有自己不甚懂得佛理之義。貼，大正藏本作「貽」。點，金陵刻經處本作「玷」。貼點，當為貽玷之義。大教，指佛教。⓴更荷褒拂　更，又。荷，承擔。褒拂，即評論褒貶。按，這是指何尚之承擔了增損修改蕭摹之奏摺的任務，因而就必須對之加以評論，所以他才這麼說。㉑中朝　晉室渡過長江到江南，重建京都於建康（今江蘇南京），史稱東晉，這時東晉的人稱西晉為中朝，因為西晉的都城洛陽在中原。㉒度江　猶渡江，指西元三一六年西晉被匈奴建立的漢國所滅，晉室渡過長江，於西元三一七年在建康重建東晉朝廷。㉓王導　字茂弘，琅琊臨沂（今山東臨沂）人，生於西元二七六年，卒於西元三三九年，東晉士族的領袖人物。西晉末年他曾為琅琊王司馬睿獻策，渡江移鎮建康。經過他的勸導，西元三一七年南方士族始擁戴司馬睿在建康稱帝（東晉元帝）。由王導任宰相，他的堂兄王敦掌握兵權。他連任三朝（元帝、明帝、成帝）宰相，領導南遷士族和聯合江南士族，為穩定東晉在江南的偏安局面起了重要作用。西晉末年北方戰亂，晉室渡江後，北方僧人紛紛南遷（實際上這也是中國文化中心南遷過程的一個部分），王導的歡迎和推崇，例如他對竺法潛的推崇，為東晉佛教的興盛起了重要作用。《晉書》有傳。㉔周顗　字伯仁，汝南安成（今河南平輿）人，生於西元二六九年，卒於西元三二二年，在西晉末已任鎮軍將軍長史，晉室渡江後，官至尚書左僕射。王敦謀反，攻入建康，他被殺。周顗風流有才氣，年少時即已知名當時，尚玄學，善清談。《晉書》有傳。㉕庾亮　字元規，潁川鄢陵（今河南鄢陵）人，東晉士族和外戚，他的妹妹是東晉明帝司馬紹（西元三二三至三二五年在位）的皇后。晉室渡江後，他的地位僅次於王導，官至中書令，歷元帝、明帝、成帝三朝。成帝即位時，他和王導一同輔政。曾聯合溫嶠、陶侃一同平定蘇峻、祖約之亂。咸和九年（西元三三四年）陶侃死後，他代鎮武昌，任征西將軍，掌握重兵。他死後由他的弟弟庾翼繼任。庾亮也尚清談，崇佛教。《晉書》有傳。㉖王濛　《弘明集》、《世說新語》、《晉書》、大正藏本均作「王濛」。王濛，字仲祖，太原人，東晉士族和外戚。他的女兒是東晉哀帝司馬丕（西元三六二至三六五年在位）的皇后（哀靖皇后）。王濛少年放縱，為鄉里不齒，但成年後克己寡欲，而享風流美譽，年三十九病卒。官至司徒左長史。《晉書》有傳。㉗謝尚　字仁祖，陳郡夏陽（今河南太康）人，出身士族。他是豫章太守謝鯤之子，東晉名相謝安的堂兄，名將謝玄的伯父，少年時即以善於言談知名，有異常童。他崇老莊，好清談，官至鎮西將軍、豫州刺史。五十歲時卒。《晉書》有傳。㉘郄超　字景興，一字嘉賓，高平金鄉（今山東金鄉）人，生於西元三三六年，卒於西元三七七年。他少年時便善清談，喜與名士交遊。桓溫對他極為器重，任他為征西大將軍掾，後又轉為參軍、散騎侍郎，掌握軍中機要。太和四年（西元三六九年）他隨桓溫北伐，攻入關中，後以軍糧不繼而退。北伐失敗後，他又給桓溫獻策，廢海西公而改立簡文帝，「鎮壓四海，震服宇內」。後郄超官至中書侍郎，位尊權重，令許多朝臣望而生畏。桓溫死後，他被撤職。他的父親會稽內史郄愔信奉天師道，而他則信奉佛教。郄超好施捨，與道安、支遁、竺法汰等許多名僧有廣泛的交遊，自己也通佛理，是東晉大臣中崇佛的主要人物之一。據僧祐《出三藏記集》載，他寫有許多佛教論文和有關佛教的通信，今存〈奉法要〉一文（《弘明集》卷一三），是一篇較為全面論述佛教基本教義的簡要論文。《晉書》有傳。㉙王坦　即王坦之，字文度，晉陽太原（今山西太原）人，二十歲時即與郄超一同聞名於世，有「江東獨步王文度」之譽。他尚玄學，好清談，東晉簡文帝任撫軍將軍時任他為參軍從事，又遷散騎常侍，後累遷侍中、中書令，領徐、兗二州刺史。他與支遁係好友（參見卷四〈支遁傳〉）。四十六歲卒，時間不詳。《晉書》有傳。㉚王恭　參見本書卷六〈釋慧持傳〉「王恭」條注釋。㉛王謐　參見本書卷六〈釋慧遠傳〉「王謐」條注釋。㉜郭文　字文舉，河內軹縣（今河南濟源）人，東晉著名隱士。他酷愛山水，十三歲遊歷山林即樂而忘返，尚崇隱遁，父母死後，離家遊歷，隱居於吳郡餘杭大滌山叢林中十餘年，不避群獸，靠耕種砍柴生活。東晉道教領袖葛洪曾拜訪過他。餘杭縣令顧颺送他皮衣，他不拒也不穿，直到皮衣爛掉。王導慕名請他住進自己的西園，因園內有叢林野獸，他才肯居住。溫嶠曾問他：「饑而思食，壯而思室，自然之性，先生安獨無情乎？」他回答說：「思由憶生，不憶故無情。」他在王導園中生活七年，從不出門，後又回到餘杭大滌山中，直到死去。葛洪曾為他作傳。《晉書》有傳。㉝謝敷　字慶緒，會稽人，東晉居士，崇信佛教。他起初在餘姚縣東七十八里處的太平山隱居十多年，長齋供佛，招引同事，後因母親年老還鄉，經會稽內史郗愔舉薦，朝廷徵他為博士，但他謝絕不就。他與郗愔、郗超父子關係極好，清代嚴可均輯《全晉文》卷一一〇有郗超的〈與謝慶緒書論三幡義〉，是他們討論佛教問題的記錄。本書卷四〈于道邃傳〉記有他對于道邃非常推重。《晉書》有傳。㉞戴逵　字安道，譙郡銍縣（今安徽宿縣）人，東晉學者、著名雕塑家、畫家和隱士。他年少時已表現出美術、音樂天才，對世道不滿，而好以琴書自娛，曾師事范宣（參見本書卷六〈釋慧遠傳〉「范宣子」條注釋）。范宣器重他，將自己兄長的女兒嫁給他。太宰武陵王司馬晞慕名請他為自己鼓琴，他一怒之下把琴砸碎，說：「戴安道不為王門伶人！」為避迫害，他便隱居會稽。以後，他多次謝絕朝廷徵召。他曾為會稽山陰靈寶寺作木雕無量壽佛像、脅侍菩薩，反覆修改，三年始成。又為京師瓦官寺塑五世佛。這件作品與顧愷之的著名壁畫「維摩詰像」和師子國（今斯里蘭卡）贈送的玉佛並稱「三絕」。戴逵的人物和山水畫，被南齊評論家謝赫評為「情韻綿密，風趣巧發」。戴逵反對佛教的因果報應說，著有〈釋疑論〉，並致信慧遠，與之反覆辯論（存於《廣弘明集》卷一八）。《晉書》有傳。㉟許詢　字玄度，高陽（今河北蠡縣）人，生卒年不詳，是東晉玄言詩的代表性作家，晉簡文帝曾說：「玄度五言詩，可謂妙絕時人。」（《世說新語・文學》）他與王羲之、孫綽、支遁等皆以文章冠世，好遊山水，又常與謝安、王羲之等人遊宴、吟詠，曾參預著名的蘭亭雅集。他多年隱居於永興南幽穴中，而「每致四方諸侯之遺。」（《世說新語・棲逸》）他善析玄理，是當時清談家的領袖人物之一。同時也崇尚佛教，曾將山陰、永興的私宅改建為寺院。許詢遺留下來的作品極少，且多係殘篇，嚴可均《全上古三代秦漢三國六朝文》輯有他的〈墨麈尾銘〉及〈白麈尾銘〉。㊱亡高祖兄弟　即指何充、何準兄弟，兩人均崇佛教，參見本書卷六〈釋慧遠傳〉「何充」條注釋。何尚之是何準的曾孫，故有此說。㊲王元琳昆季　指王珣、王珉兄弟，兩人均崇佛教。王珣，參見本書卷六〈釋慧遠傳〉「王珣」條注釋。王珉，曾師事帛尸梨蜜，參見本書卷一〈帛尸梨蜜傳〉。㊳范注　《弘明集》本、《世說新語》、《晉書》、大正藏本均作「范汪」。范汪，字玄平，南陽順陽（今河南淅川東）人，他的祖父曾是西晉雍州刺史，但他幼年喪父，家境清貧，六歲時隨晉室渡江，隨母投靠外祖母家（即士族庾氏），十三歲又遭母喪。范汪刻苦用功，博覽群書，二十歲時到京師，適逢蘇峻、祖約之亂，遂西逃，又適逢庾亮大軍，因提供情報而有功，後賜爵都鄉侯，任庾亮的平西參軍十多年，何充（參見本書卷六〈釋慧遠傳〉注釋）輔政時，提拔他為長史。後因不得意於桓溫，而遭革職，閑居於吳郡，六十五歲卒，時間不詳，朝廷追贈他為散騎常侍。他是范寧（參見本書卷六〈釋慧持傳〉「范寧」條注釋）的父親，范泰（參見本卷〈竺道生傳〉「范泰」條注釋）的祖父。《晉書》有傳。㊴孫綽　字興公，太原中都（今山西平遙）人，生於西元三一四年，卒於西元三七一年。東晉著名文學家和玄學清談的領袖人物之一，與支遁、許詢齊名。少年時即以文才著稱，歷任太學博士、著作郎、散騎常侍、廷尉卿。他深好老、莊玄學，好清談，其《遂初賦敘》自述：「余少慕老莊之道，仰其風流久矣。」是東晉有代表性的玄言詩人，玄學清談與許詢齊名。同時他也深好佛理，與支遁交往密切，他的〈喻道論〉提出：「周孔即佛，佛即周孔，蓋內外名之耳。」「周孔救時弊，佛教明其本耳。」（見《弘明集》卷三）這種觀點在當時調和儒佛的思潮中有很大影響。他的著作集為《孫廷尉集》（已佚），張溥《漢魏六朝百三家集》有輯本。㊵張玄　又作張玄之。按，徐震堮《世說新語校箋》（北京中華書局一九八四年四月第一版頁六十二）引丁國鈞《晉書校文》四說：「《謝安傳》之張玄之，亦即《謝道蘊傳》之張玄，晉人單名多加『之』字，錢竹汀《養新錄》疑非一人，失之。」徐案：「顧悅亦作顧悅之，袁悅亦作袁悅之，此例頗多。」確實如此，本篇「蕭摹」和「蕭摹之」並用，即為一例。張玄，字祖希，少年時即以才學著名，歷吏部尚書、冠軍將軍、吳興太守、會稽內史。與名將謝玄有「南北二玄」之稱。《世說新語》中有許多記載。㊶殷顗　字通伯，陳郡（治所在今河南淮陽）人。殷仲堪（見本書卷六〈釋慧遠傳〉「殷仲堪」條注）的從兄，官至東晉南蠻校尉。隆安二年（西元三九八年）殷仲堪與桓玄起兵攻京城建康，邀殷顗一同起兵，殷顗竭力反對並勸阻，仲堪一孤行，殷顗憂憤而死。《晉書》有傳。㊷人倫之羽儀　謂人倫的模範。《易・漸》：「鴻漸於陸，其羽可用為儀。」孔穎達疏：「處高而能不以位自累，則其羽可用為物之儀表，可貴可法也。」後因以「羽儀」比喻居高位而有才德，被人尊重或堪為楷模。㊸置情天人之際　謂用心探究天道人事的相互關係，即探究世界的終極真理。置情，猶用心於。天人之際，天道與人事的相互關係。㊹抗迹烟霞之表　謂超脫於紅塵之外。抗，猶亢；高。抗迹，謂高尚其跡，也即脫俗。烟霞，指紅塵俗世。㊺其間比對　比對，可比而相當之義，這裡指同一類型者。按，本傳在這裡衹是撮取何尚之〈答宋文帝讚揚佛教事〉原文，而非原文本身。原文為：「……渡江以來，則王導、周顗，宰輔之冠蓋；王濛、謝尚，人倫之羽儀；郗超、王坦、王恭、王謐，或號絕倫，或稱獨步，韶氣貞情，又為物表；郭文、謝敷、戴逵等，皆置心天人之際，抗身烟霞之間，亡高祖兄弟以清識軌世，王元琳昆季以才華冠朝。其餘范汪、孫綽、張玄、殷顗，略數十人，靡非時俊。又，炳論所列諸沙門等，帛、曇、邃者，其下輩也，所與比對，則庾元規。自邃已上，護、蘭諸公，皆將亞烟黃中，或不測人也。……」這裡「炳論」，指宗炳的〈明佛論〉（見《弘明集》卷二）。由此可見，何尚之的原文已將東晉以來的這些人物分了類，但本傳在引用時，改變了原文而突出了僧人，又加進了許多僧人的名字。在原文中「比對」一詞的原義，是指可歸於同一時代的人。但在本傳中，「其間比對」，謂其中屬同一類型者。㊻蘭　指于法蘭，參見本書卷四〈于法蘭傳〉。㊼護　指竺法護，參見本書卷一〈竺曇摩羅剎（竺法護）傳〉。㊽開　指于法開，參見本書卷四〈于法開傳〉。㊾潛　指竺法潛（又作竺道潛），參見本書卷四〈竺法潛傳〉。㊿淵　指康僧淵，參見本書卷四〈康僧淵傳〉。51遁　指支遁，參見本書卷四〈支遁傳〉。52崇　指竺法崇，參見本書卷四〈竺法崇傳〉。53邃　指于道邃，參見本書卷四〈于道邃傳〉。54亞迹黃中　謂掩形跡於自己的內心，也即隱居而志心求道。亞迹，猶掩跡。黃中，道家修煉之語，指心。古代以五色配五行五方，土居中，故以黃為中央正色，心居五臟之中，故稱黃中。55佛澄適趙　佛澄，指佛圖澄，參見本書卷九〈佛圖澄傳〉。適，到。趙，指十六國時期的趙國。56二石　指石勒、石虎。石勒，十六國時期後趙的建立者，生於西元二七四年，卒於西元三三三年。石虎，後趙國君，石勒的侄兒，他在石勒死後廢去石勒的兒子石弘自立為君，窮兵黷武，以暴虐著稱。《晉書》有傳。57苻健　字建業，十六國時期前秦國君，生於西元三一七年，卒於西元三五五年，西元三五一至三五五年在位。《晉書》有傳。58蕭摹　即蕭摹之。晉人單名，在名後有時加「之」字，參見本篇「張玄」條注釋。59袪取　即去取；取捨。袪，即去，這裡指刪汰。60實亦用夷泰　謂實是平允穩妥。夷，平坦之義。泰，穩妥、通暢之義。按，這是針對宋文帝的旨意而言。61孫吳　指三國時的吳國。62孔氏之有季路　孔氏，指孔子。季路，即子路，孔子的學生。63觀　指慧觀，參見本卷〈釋慧觀傳〉。64同異　即指不同；異議。在魏晉南北朝時代，常取偶詞偏義和後一個字的意義。如《宋書・顏延之傳》：「徐羨之等疑延之為同異，意甚不悅。」參見徐震堮《世說新語校箋》所附〈世說新語詞語簡釋〉。65支許　支，指支遁。許，指許詢。這兩人都是著名的玄言詩人和清談中的領袖人物。參見本書卷四〈支遁傳〉、本篇「許詢」條注釋。66東海何承天　東海，即東海郡，治所在郯（今山東郯城縣附近）。何承天，東海郯人，生於西元三七○年，卒於西元四四七年，劉宋時期的思想家和天文學家、無神論者。歷官衡陽內史、御史中丞、廷尉、國子學博士，故常稱為何衡陽。何承天博通經史，尤精天文曆算。曾考訂元嘉曆，訂正舊曆所定的冬至時刻和冬至時日所在的位置；又精通音律，擅長彈箏，曾發明十二平均律的新律；曾奉命撰《宋書》，未成而卒。他的著作可考者有十六種，但大多佚失。在劉宋，他是反對佛教的主要學者之一，著有〈達性論〉、〈與宗居士書〉、〈答顏光祿〉、〈報應問〉等，是與宗炳、顏延之等人的辯論文章。這些文章對佛教的「神不滅」、「因果報應」、「三世輪迴」和世界「空無」論都進行了批判。宋文帝在京師設立四學：儒學、玄學、史學和文學，以雷次宗掌儒學，何尚之掌玄學，謝元掌文學，何承天則掌史學。《宋書》有傳。67建辰之月為歲首　謂以辰月為每年開始的正月。辰月在中國夏曆中指五月。68分至　指二十四節氣中的「分」和「至」的時間，如春分、秋分、冬至、夏至的時間。69推校薄蝕　推校，即推算校核。薄蝕，指日食和月食。推校薄蝕，謂推測校核日食和月食發生的時間。70顧步光影　顧步，即步測，古代用步作為測量長度的單位。顧步光影，謂測量光影長度的辦法。71宿度年紀　宿，指星宿。度，度量；測量。年紀，即紀年。宿度年紀，謂根據星宿運行的方位來確定紀年。72豫受　僧官名。73大涅槃經　指曇無讖在北涼所譯《大般涅槃經》。74依泥洹本加之品目　謂依照法顯所譯六卷本《泥洹經》，給曇無讖所譯《大涅槃經》加上每品的題目。《泥洹》本，指法顯譯《大般泥洹經》六卷（今存大正藏本分為十二卷）。品目，指每一品的題目，如今存《大般涅槃經》卷第一〈壽命品〉、卷第三〈金剛身品〉、卷第四〈如來性品〉等等。按，經慧嚴、慧觀和謝靈運修飾過的《大般涅槃經》，又稱南本《涅槃經》，分三十六卷二十五品。75斟酌　這裡指潤飾修改。76雅公　指竺法雅，參見本書卷四〈竺法雅傳〉。77厝通無地　厝，置之義，這裡指置之不答。通，通達，這裡指應答。厝通無地，謂置之不答和應答兩皆無餘地，形容在辯論中處於張口結舌的窘境。78變風變雅　相對於正風正雅而言，謂不符合正風正雅，在這裡用於諷刺「雅公」不雅，而是變雅。變風，原指《詩經．國風》中邶至豳等十三國的作品。變雅，《詩經》中《小雅》、《大雅》的部分內容。〈詩大序〉：「至於王道衰，禮儀廢，政教失，國異政，家殊俗，而變風變雅作矣。」79楚郢　郢，春秋戰國時代楚國的都城設於郢（今湖北江陵西北），後楚國國都多次遷移，凡國都所在地也均稱郢。楚郢，即楚都。80京吳　京，京師，即建康（今江蘇南京）。吳，指吳地，即今江蘇、浙江一帶。

【語　譯】釋慧嚴，俗姓范，豫州人。他十二歲時成為儒生，博覽通曉詩書，十六歲出家，又修習精通佛理。剛到三十歲時，他就已經學遍各種經籍，聲名遠傳四方，澤被異邦。他聽說鳩摩羅什到了關中，又師從他學習，從他那裡學到佛經的音訓釋義，大多是他聞所未聞的知識。回到京師建康後，他住在東安寺。宋高祖素來對他有所知曉也很器重。後來高祖攻伐長安，邀請他同行，慧嚴說：「您這次出行，討伐罪人並不困難又能獲安撫百姓之功，但我卻是世事之外的人，不敢遵從您的命令。」高祖苦苦地要求他，他這才應允隨行。

到宋文帝即位後，他與慧嚴的情義更加友好親密，每次看見他時，都大大地讚揚他，向他詢問佛法。

起先，宋文帝對佛法本不甚推崇和信仰。元嘉十二年，京尹蕭摹之啟奏，請求皇帝就建立寺廟和鑄造佛像的事下詔，加以規定。文帝於是和侍中何尚之、吏部郎中羊玄保等人商議此事。他對何尚之說：「我年少時讀經不多，現在更是沒有空閑時間來讀了。三世因果報應的道理，我未曾留意考慮過。然而我之所以未敢與佛教立異，正是因為你們這些當今的英才都信仰佛教的緣故。范泰、謝靈運常說，六經之文，本是為了助益於對世俗的治理，但若尋求性靈的真相和奧秘，怎能不以佛經為指南呢？近來，我又見到了顏延之的〈推達性論〉（應即《弘明集》卷四〈釋達性論〉）、宗炳的〈難黑白論〉（應即《弘明集》卷三〈答何衡陽書〉），文章寫得洋洋灑灑，闡明佛理，尤其顯得概念清楚理由充足，既有啟發性又有鼓動性。如果天下人都敦行佛教，我就可以坐享太平，天下無事了。近日，蕭摹之奏請我發布詔書，我還沒有完全考慮好，現在就把他的奏摺給你們看，委派你們作增添削減，加以修改。一定要既能遏止和戒除浮華的習俗，又不會傷害那些弘揚佛教和勸人信佛的人，這樣才能作為法令公布。」

何尚之應對道：「芸芸眾生中，多半不信奉佛法。以臣的庸碌蒙昧，獨自竭盡心力來講佛法，已唯恐因自己孤陋寡聞，才識淺薄，而玷污佛教。現在還要加以批評褒貶之任，實在不敢當。若是能像前代的英傑們那樣，就不會辜負聖上的詔令了。朝廷尚在中原的時候，距今已經很久了，很難知道當時的詳情。至於渡江以來，則有王導、周顗、庾亮、王濛、謝尚、郄超、王坦、王恭、王謐、郭文、謝敷、戴逵、許詢、我的去世的高祖兄弟二人，王珣、王珉兄弟二人，范汪、孫綽、張玄、殷顗，他們有的身居宰相之位，有的屬人倫楷模，有的潛心探尋天道和人道關係的究竟，有的超然於塵世之外，都一意歸依佛法，誠心信仰佛教。其間可以比並而相近的，則有于法蘭、竺法護、于法開、竺法潛、康僧淵、支遁、竺法崇和于道邃，他們或斂跡於自己心中，或是神秘莫測的人。近世的僧俗人等，不言而喻，不必多說，如果要全部列舉出夷人和中國人中上及漢、魏時代有奇才異德的高人，真是數不勝數。慧遠法師曾經說過：「佛教的教化，無所不可，按照佛法出家修行，固然是佛教的本分之事，但助益於世俗教化，也是重要的職責。」我尋思他這番話，確實合乎事理。為什麼呢？如果能家家戶戶都持守佛教戒律，則全國就不會有犯罪的現象，刑罰就成為多餘的了。所以，佛圖澄到趙國後，石虎、石勒這樣的暴君便收斂了暴行；由於靈塔放光，苻健便減少了肆虐。所以神道有助於教化，不是沒有根據的。而蕭摹之所奏，也不能說是全部不對。但損害佛教和世俗的，原本祇是沒有操行的僧人和尼姑所為，而且僧人、尼姑從情態衣著這些表面上看，真假難分，取捨不易。建造佛寺和鑄造佛像所用的金銅土木，雖然花費很多，但這是祈福的寄託，實屬必需，而且這也很難一下子就把它斷絕。臣近來反覆思量斟酌，進退為難，難以安妥。今天親耳聽到皇上的旨意，深感所採取的辦法實是平正穩妥。」

羊玄保進言道：「這個問題屬於天道人道關係的究竟，豈是臣子所能參預？不過我想，秦國、楚國所討論的恐怕是怎樣才能強兵的辦法，孫吳竭盡心力考慮的是吞併天下的計策。他們恐怕是不會從佛教中來找這些辦法的。」

文帝說：「佛教不是國家用於戰爭的工具，確實像你所說的那樣。」

何尚之說：「如果從禮法上講，大家都想隱逸，則士卒也就懶得打仗了，大家都以仁愛之德為可貴，則士氣就會衰落。如果人人都以孫吳的志向為志向，一心想吞噬別人，就是堯舜之道他也不要，哪裡僅僅不要佛教呢？」

文帝高興地說：「佛門中有了你，就好比孔門中有個子路，正所謂不能聽到一點點惡言。」從此，文帝才誠心信仰佛教，開始研讀佛經。等到他看見慧嚴、慧觀等僧人時，就和他們談論佛理了。

當時，顏延之撰寫了《離識觀》和《論檢》，文帝要慧嚴同他就這兩篇文章發表不同見解來進行辯論。反覆論辯了一整天，文帝笑道：「你們今天，真無愧於支遁和許詢那樣善於清談。」慧嚴後來著有《無生滅論》和《老子略注》等。東海的何承天以博物著名，就問慧嚴，佛國用什麼曆法？慧嚴回答說：「天竺的夏至那一天，正午時刻地上沒有物體的影子時，稱作天中。在五行中他們崇尚土德，於顏色中崇尚黃色，數字中崇尚五，八寸為一尺，十兩等於我們此地的十二兩，以辰月為每年開始的正月。」他們又討論到核定節氣，推算日食月食，測算光影的方法。這些方法都很詳盡。還有據星宿的運行來測算紀年，都很有條理。這樣一來，何承天也就沒有什麼好發難的了。後來有婆利國的人來到中國，他的說法果然與慧嚴所說的相同。文帝便下令任命慧嚴為豫受。

《大涅槃經》剛傳到江南宋朝地區時，文辭譯得非常好，但品數疏亂簡陋，使初學者難以看懂。慧嚴於是與慧觀、謝靈運等人一起，依據法顯所譯的六卷本《泥洹經》給它分了品，每品又加了題目。其中文字過於質直的地方，也進行了潤飾修改。這樣才有了幾個本子開始流傳。慧嚴因此夢見一個人，形狀極其魁偉，對慧嚴厲聲說道：「對《涅槃》尊經，你為什麼要修改？」慧嚴醒來後很惶恐，就召集僧人，想要收回以前修改過的本子。當時一些有見識的人都說：「這大概是想要勸誡後人，如果一定不能修改，怎麼會容得了你此時才有此夢。」慧嚴認為這話不錯。不久，他又夢見神人對他說：「你為弘揚《涅槃經》出了力，必定能見到佛祖。」

慧嚴於宋元嘉二十年在東安寺去世，享年八十一歲。文帝下詔說：「慧嚴法師度量見識淵深，是學習佛法的一代宗匠，忽然神靈遷移，令我心中悲悼不已。可賜他五萬錢，五十匹布。」

慧嚴的弟子法智，年幼時便聰慧如神。他二十四歲時去江陵，正遇上竺法雅講說佛經。他便與雅公辯論了幾回，弄得雅公很窘，置之不答不行，要答又答不出，進退無地。衹好看了看四面的眾人，說：「這小子很有文采，出口成章。」法智笑著說：「衹是變風變雅而已。」於是，法智的名聲傳遍楚都一帶和京師、吳地。法智擅長於《成實論》、《大品般若經》和《小品般若經》。

宋京師道場寺釋慧觀

僧馥　法業

釋慧觀，姓崔，清河❶人。十歲便以博見馳名，弱年出家，遊方受業，晚適❷廬山，又諮稟惠遠❸。聞什公入關，乃自南徂北❹，訪覈❺異同，詳辨新舊。風神秀雅，思入玄微。時人稱之曰：「通情則生、融上首，精難則觀、肇第一❻。」迺著〈法華宗要序〉以簡什❼，什曰：「善男子❽所論甚快，君小❾卻當南遊江、漢❿之間，善以弘通為務。」

什亡後，迺南適荊州。州將司馬休之甚相敬重，於彼立高悝寺，使夫荊、楚之民迴邪歸正⓫者，十有其半。宋武⓬南伐休之，至江陵與觀相遇，傾心待接，依然若舊。因勑與西中郎遊，即文帝⓭也。俄而還京，止道場寺。觀既妙善佛理，探究《老》《莊》，又精通《十誦》，博採諸部，故求法問道者，日不空筵⓮。元嘉初三月上巳⓯，車駕臨曲水⓰讌會，命觀與諸朝士賦詩。觀即坐先獻，文旨清婉，事適當時。琅琊王僧達⓱、廬江何尚之⓲，並以清言⓳致款，結賞塵外。

宋元嘉中卒，春秋七十有一。著〈辨宗論〉、〈論頓悟漸悟義〉及〈十喻序〉、讚諸經序等，皆傳於世。

又有僧馥者，本醴泉⓴人，專精義學，注《勝鬘經》。又有法業，本長安人，善大小《品》及《雜心》㉑。蔬食節己，故晉陵公主㉒為起南林寺，後遂居焉。

【注釋】❶清河　清河縣，三國魏置，治所在今山東臨清東北。❷滴　大正藏本作「適」。到之義。以「適」字為宜。❸惠遠　即慧遠，參見本書卷六〈釋慧遠傳〉。❹自南徂北　謂由南方到北方。徂，前往之義。❺訪覈　謂訪學和將所學到的學說加以比較核對。覈，核的異體。❻通情則生融上首二句　謂深通心性以道生和道融首屈一指，精到則數慧觀和僧肇為天下第一。通情，謂深知人的心性。生，指道生，參見本卷〈竺道生傳〉。融，指道融，參見本書卷六〈釋道融傳〉。精難，謂於佛理精到和辯難無礙。觀，即本傳慧觀。肇，指僧肇，參見本書卷六〈釋僧肇傳〉。❼簡什　謂慧觀將自己的文章呈給羅什看。簡，通「諫」，上呈給某人之義。❽善男子　佛教稱出家和在家的人為善男子、善女人，善男子是對男子的稱呼。善，含有對願聽佛法者的稱善之義。❾君小　謂你還年輕。❿江漢　江，長江，這裡指江南的江、浙一帶。漢，漢水，這裡指今湖北一帶。⓫迴邪歸正　謂由不信佛教而轉為信奉佛教。佛教將不信佛教者視為「邪」。⓬宋武　指宋武帝劉裕。⓭文帝　指宋文帝劉義隆。⓮日不空筵　謂每天的講席都無虛席，形容聽講的人多而不斷。筵，講席。⓯三月上巳　中國古代的一個重要民俗節日，即上巳節。漢以前以農曆三月上旬巳日為「上巳」；魏晉以後，定為三月三日，不必取巳日。⓰曲水　古代風俗，於夏曆三月上巳日親朋好友們會聚於水濱宴飲，認為可袚除不祥，後人因以溪水或河水環曲成渠，流觴取飲，相與為樂，稱為曲水。⓱王僧達　劉宋時期著名文學家，琅琊臨沂（今山東臨沂）人，生於西元四二三年，卒於西元四五八年。他是王弘（參見本卷〈竺道生傳〉「王弘」條注釋）的小兒子，因早慧，擅長文辭，為宋文帝所喜愛，將宗室臨川王劉義慶的女兒嫁給他。宋文帝元嘉年間官至宣城太守，但惟以遊獵為務。元嘉三十年宋文帝之子劉劭弒父自立，王僧達助孝武帝（劉駿）推翻劉劭奪得帝位有功，歷遷征虜將軍、護軍將軍、吳郡太守。但他自負高門華胄，又在討劉劭之役中有功，希圖獲得更高的官職，未能如願，因此頗多怨艾，兼輕視皇太后路氏家族，被孝武帝藉故賜死。劉義慶因聽說王僧達好「鬥鴨」，就要他「周旋沙門」，本意在希望他有所收斂。但慧觀去拜訪他時，「僧達陳書滿席，與論文義，慧觀酬答不暇，深相稱美。」（《宋書．王僧達傳》）慧觀與王僧達的結識，《宋書》所載與本傳不同。《隋書．經籍志》錄有《王僧達集》十卷，已佚，今存詩文可見於嚴可均輯《全上古三代秦漢三國六朝文》和逯欽立輯錄《先秦漢魏晉南北朝詩》。⓲何尚之　參見本卷〈釋慧嚴傳〉「何尚之」條注釋。⓳清言　即清談。這個詞在兩晉時很流行，南朝時仍如此，《世說新語》裡有很多詞例，如〈文學〉所記：「樂令善于清言，而不長于手筆。」「殷中軍為庾公長史，下都，王丞相為之集，桓公、王長史、王藍田、謝鎮西並在。丞相自起解帳帶麈尾，語殷曰：『身今日當與君共談析理。』既共清言，遂達三更。」「謝鎮西少時，聞殷浩能清言，故往造之。」這是當時的風氣，也是顯示才學和文雅的一種標誌。清言的內容起先主要是「析理」，而所「析」之「理」主要是玄學；後來，又加進了佛理，再後來漸漸變得以言辭機智為尚，玄學也就衰落了。《世說新語》是當時人劉義慶集門下客所編著，很典型地體現了當時的語言習慣和風氣，也是《晉書》、《宋書》和《高僧傳》所依據的資料之一。⓴醴泉　指醴泉苑，北周置，在今陝西永壽縣東北。㉑雜心　《雜阿毗曇心論》的簡稱。㉒晉陵公主　東晉孝武帝的女兒，嫁文學家、玄言詩人謝混（卒於西元四一二年）。

【語　譯】釋慧觀，俗姓崔，清河人。他十歲時就以見聞廣博聞名於世。二十歲時，慧觀出家為僧，以到處遊方的方式學習佛法。後來，他到了廬山，師從慧遠學習。當他聽說鳩摩羅什到了關中，就從南方前往北方。他廣泛地訪學，比較各種不同的說法，詳細辨別新知和舊聞。慧觀儀態清秀，神情雅致，思想深邃透徹。當時的人評論說：「深通情性者以道生和道融首屈一指，析理辯難者則以慧觀和僧肇為天下第一。」慧觀曾著《法華宗要序》呈給鳩摩羅什，羅什看後，對他說：「你的論說甚是透徹明快。你年紀尚小，應當再遊歷江南，以弘揚佛法為己任。」

羅什逝世後，慧觀便又遊歷南方，到了荊州。荊州的將領司馬休之對他很是敬重，為他建立了高悝寺。慧觀在這裡弘揚佛法，使荊、楚一帶的人民有一半改邪歸正，信奉了佛教。宋武帝劉裕討伐司馬休之時，在江陵和慧觀不期而遇，還是像過去一樣，熱情接待了他，並要他與西中郎相處。西中郎就是劉裕的兒子，後來的宋文帝。不久，慧觀來到京師，住在道場寺。慧觀擅長佛理，深究老子《道德經》和《莊子》，又精通《十誦律》。他博採多部經典，所以向他求法問道的人絡繹不絕，他的講席天天座無虛席。元嘉初年的三月上巳節，宋文帝駕臨曲水宴會時，命慧觀和朝廷大臣一起賦詩。在滿座之中，慧觀先行獻詩。他的詩旨意清純，文辭委婉，述事正合當時情致。琅琊人王僧達、廬江人何尚之都與他清談，以此向他致意通好，和他結為世外之交。

慧觀卒於宋元嘉年間，享年七十一歲。他著有〈辨宗論〉、〈論頓悟漸悟義〉以及〈十喻序〉、讚諸經的序文等等，都流傳於世。

還有一位僧馥。他本是醴泉人，專精佛教義理之學，曾注釋了《勝鬘經》。另外還有一位法業，本是長安人，擅長於《大品般若經》、《小品般若經》和《雜阿毗曇心論》。他素食克己。已故的晉陵公主為他建造了南林寺，後來他就住在這裡了。

宋京師祇洹寺釋慧義

僧睿

釋慧義，姓梁，北地❶人。少出家，風格秀舉，志業強正。初遊學於彭、宋❷之間，備通經義。後出京師❸，迺說云：「冀州有法稱道人，臨終語弟子普嚴云：嵩高❹靈神云，江東有劉將軍❺，應受天命❻，吾以三十二璧，鎮金一鉼❼為信。」遂徹宋王❽。宋王謂義曰：「非常之瑞，亦須非常之人，然後致之。若非法師自行，恐無以獲也。」義遂行。以晉義熙十三年七月往嵩高山，尋覓未得。便至心燒香行道，至七日夜，夢見一長須老公，拄杖將義往璧處指示云：「是此石下。」義明便周行山中，見一處炳然如夢所見，即於廟所石壇下，得璧大小三十二枚，黃金一鉼。此瑞詳之《宋史》。義後還京師，宋武加接尤重迄乎踐祚❾，禮遇彌深。

宋永初元年❿，車騎范泰⓫立祇洹寺，以義德為物宗⓬，固請經始。義以泰清信⓭之至，因為指授儀則。時人以義方身子⓮，泰比須達⓯。故祇洹之稱，厥號存焉。後西域名僧多投止此寺，或傳譯經典，或訓授禪法。

宋元嘉初⑯，徐羨之⑰、檀道濟⑱等，專權朝政，泰有不平之色，嘗肆言罵之。羨等深憾⑲。聞者皆憂泰在不測⑳，泰亦慮及於禍，迺問義安身之術。義曰：「忠順不失，以事其上，故上下能相親也，何慮之足憂。」因勸泰以果竹園六十畝施寺，以為幽冥之祐㉑。泰從之，終享其福。及泰薨，泰第三子晏謂義昔承厥父之險，說求園地，追以為憾，遂奪而不與。義秉泰遺疏，紛雜紜紜，彰于視聽。義迺移止烏衣，與慧叡同住。宋元嘉二十一年終于烏衣寺，春秋七十三矣。

晏後少時而卒。晏弟暐後染孔熙先謀逆㉒，厥宗同潰㉓。

後祇洹寺又有釋僧睿，善三《論》㉔，為宋文㉕所重。

【注釋】❶北地　即北地郡，治所在富平（今寧夏吳忠南）。❷彭宋　彭，東漢置彭城國，治所在彭城（今江蘇徐州）。宋，三國魏時改宋公國為縣，治所在今安徽太和縣北。❸出京師　出，在這裡是出現，即來到之義。出京師，謂到了京師（建康）。❹嵩高　即中嶽嵩山，在今河南登封。❺劉將軍　指劉裕。❻應受天命　即當上皇帝。按，中國古代認為君權出於神授，人間的帝王之所以成為帝王，是由於應天承命，也即是天命所賦。應受天命，在這裡意為將要成為皇帝。❼鎮金一鉼　鎮金，即黃金（單獨的金字，往往作為金屬的通稱，如金人其實是銅人）。一鉼，即一片。鎮金一鉼，謂黃金一片。❽宋王　指劉裕，他在東晉時封爵宋王。❾迄乎踐祚　迄，時至之義。踐祚，即登基為皇帝。❿宋永初元年　即西元四二〇年。永初，宋武帝劉裕的年號。⓫范泰　參見本卷〈竺道生傳〉「范泰」條注釋。⓬物宗　即眾望所歸的楷模之人。物，在這裡指人、人們，這是當時的語言習慣，如《世說新語・方正》：「預少賤，好豪俠，不為物所許。」影響至今者如「物議」，實即「人議」，即輿論。⓭清信　即對佛教的信仰。⓮義方身子　謂慧義被比作釋迦牟尼弟子中的第一智者身子。義，指慧義。方，比作。身子，梵語人名「舍利弗多羅」的意譯。「舍利」，意為「身」，「弗多羅」意為「子」。他是佛陀釋迦牟尼的弟子，號稱釋迦牟尼弟子中的「第一智者」。⑮泰比須達　謂將范泰比作施捨祇桓精舍給佛陀的大施主須達多。泰，指范泰。須達，即梵語人名的音譯「須達多」的略稱，意譯為「善與」、「善給」、「善授」等，即古印度憍薩羅國舍衛城富商給孤獨長者，他在王舍城聽佛陀說法，大受感動，回國後即購祇陀太子的園林建立祇桓精舍（又稱祇樹給孤獨園），供佛陀在這裡講說佛法，是佛陀的施主。參見本書卷六〈釋僧肇傳〉「釋迦祇桓之集」條注釋。按，《宋書．范泰傳》記載，范泰至暮年事佛甚勤，曾在自家宅西設立祇洹精舍。據本篇知，他將祇洹精舍施捨給了慧義。這大約是他獲得這樣評價的原因。⑯宋元嘉初　應指元嘉元年到二年。元嘉，即宋文帝的年號，西元四二四至四五三年。⑰徐羨之　字仲文，東海郯（今山東郯城附近）人，在東晉時即隨劉裕轉戰南北，官至尚書僕射，入宋後，劉裕封開國功臣，徐羨之為南昌縣公，任尚書令、揚州刺史加散騎常侍，領司空，相當於宰相。他雖起自布衣，但當政有法度，「朝野推服，有宰臣之望」。劉裕在位僅三年即病故，由長子劉義符繼位（時年十七歲），以徐羨之、傅亮、檀道濟等為顧命大臣。劉義符即位後一味縱情享樂，敗壞法度，甚至在皇宮華林園開店自己賣東西，胡亂姦淫宮娥，乃至到宮外嫖宿，史稱「失德」。徐羨之等人即通過太后決定廢掉劉義符，改立新帝，在這一過程中殺掉企圖謀取帝位的皇子劉義恭、劉義真，又派人殺掉了劉義符，然後立劉義隆為宋文帝。宋文帝即位後，仍以徐羨之、傅亮等輔政。元嘉二年，徐羨之、傅亮上表要求退職，歸政於宋文帝，第三次上表才得允許。次年（西元四二六年），宋文帝以「暴蔑求專」等罪名誅殺徐羨之、傅亮等。徐羨之逃出京城，在建康（今江蘇南京）郊外陶庵自刎而死，時年六十三歲。至檀道濟被殺時，一批曾跟隨劉裕的開國元勳，基本上都被宋文帝殺光。⑱檀道濟　劉宋名將，高平金鄉（今山東金鄉北）人，世居京口（今江蘇鎮江）。年幼喪父，東晉元興三年（西元四〇四年），跟從劉裕起兵京口討伐桓玄，又轉戰各地，英勇善戰，任太尉參軍。義熙十二年（西元四一六年）劉裕北伐，進攻後秦，以他任前鋒，收復洛陽，釋放應戮俘囚四千餘人，一時歸附者眾多，為中原人士所稱道。不久，進兵潼關，平長安。入宋後，以元勳封永修縣公，後又出為鎮北將軍、南兗州刺史。宋文帝討平謝晦後，任他為江州刺史。元嘉七年（西元四三〇年）右將軍到彥之北伐，與北魏交戰，先勝後敗，黃河以南土地盡失。遂由檀道濟部督征討諸軍事，與魏軍激戰三十餘次，多獲勝利，至歷城（今山東濟南）糧盡，不敢進擊，設計阻延魏軍追逼，領全軍而返，進位司空，還鎮潯陽（今江西九江）。因他功高，部下諸將都身經百戰，他的兒子又都富有才氣，為朝廷所疑忌。元嘉十三年（西元四三六年），宋文帝患重病，彭城王劉義康執政。劉義康怕文帝一死，道濟不聽命令，矯詔騙他率諸子入朝，結果全被殺戮於建康。檀道濟臨刑怒吼：「乃復壞汝萬里之長城！」北魏統治者聽到後，說：「道濟已死，吳子輩不足復憚。」

元嘉二十七年，魏軍南侵，兵臨瓜步（今江蘇六合東南），宋文帝登石頭城北望，歎道：「若道濟在，豈至此！」《宋書》有傳。⑲羨等深憾　謂徐羨之等人深為痛恨。憾，在這裡是恨的意思。⑳泰在不測　謂范泰處於將會遭遇到難以預測的巨大災禍之中。不測，不測之禍；難以預測的巨大災禍。按，這是指徐羨之等人的報復。㉑幽冥之祐　謂陰間鬼魂的保祐。幽冥，指陰間。㉒晏弟曄後染孔熙先謀逆　晏，指范晏，范泰的兒子。曄，指范曄，字蔚宗，范泰的小兒子，生於東晉安帝隆安二年（西元三九八年），元嘉二十二年（西元四四五年）遇害，劉宋時期著名史家，今存《後漢書》的作者。范曄精於史學和音樂，先任彭城王劉義康的參軍，後累遷至尚書吏部郎。元嘉九年，朝廷在為彭城太后治喪期間，范曄以聽挽歌作樂，劉義康大怒，將之貶為宣城太守。范曄鬱鬱不得志，遂以著述為事，撰《後漢書》。染，參與、牽連之義。孔熙先，《宋書》說他博學多才，文史星算，無不兼善，任員外散騎侍郎，但不為人知，多年不得提昇。他的父親孔默之曾任廣州刺史，因貪污罪交廷尉審理，由於彭城王劉義康的保護，得以免死。孔熙先因自己不得提昇而早已不滿，對劉義康又懷報恩之心，到劉義康被貶時，孔熙先便開始策劃謀反，想推戴劉義康做皇帝，於是便聯絡受過劉義康之恩的人。這事本與范曄無關，但孔熙先知道范曄不得志，便設計拉攏范曄。范曄見他年輕慷慨而又有文才，也就從瞧不起他變為與他交往，殊不料這個年輕人比老年人更富心機，使范曄聽他擺布，謀反的策劃出於孔熙先，而文件則出於范曄之手。到元嘉二十二年，孔熙先將一切布置停當又以為時機已到，正開始發難時，被他當作重要同志的徐湛之向宋文帝告密，結果被宋文帝一網打盡。這就是范曄、孔熙先謀逆案。結果孔熙先弟兄數人及子侄，及眾多參與者均遭正法。其中也包括參與其間的僧人和尼姑。范曄及其兒孫、外甥也是如此，其中唯有一個孫子魯連，因是昭公主的外孫，由公主求情得以免死。宋文帝對孔熙先說：「以卿之才，而滯于集書省，理應有異志。此乃我負卿也。」他又詰責吏部尚書何尚之說：「使孔熙先年將三十作散騎郎，那不作賊？」（《宋書・范曄傳》）可謂意味深長。由此知孔熙先當時年將三十。㉓厥宗同潰　謂他的一姓宗族（指范氏宗族）一起崩潰。㉔三論　即大乘般若學中觀學派的三部論書：《中論》、《十二門論》和《百論》。㉕宋文　指宋文帝。

【語　譯】 釋慧義，俗姓梁，北地人，少年時出家。他相貌清秀，儀態出眾，信仰堅定，學佛的態度端正。起初，他在彭、宋一帶遊學，就已完全通達了佛經經義。以後，他又到了京師建康，曾說：「冀州有一位法稱道人，在臨終時對自己的弟子普嚴說：嵩山的靈神曾經預言，江東有一位劉將軍，注定了應天承命，登上皇位，我以三十二塊璧和黃金一片作為信物。」於是，他就去見了宋王劉裕。宋王對慧義說：「不平常的祥瑞徵兆，必須有不平常的人，然後才能得到。如果法師您不親自去找，恐怕無人能夠得到它。」慧義聽了，也就親自去了。他於東晉義熙十三年七月前往嵩山，尋覓了一番，但沒有找到，便誠心地燒香祈禱。這樣，直到第七天的夜間，他夢見一長鬚的老者，拄著杖，領他到了藏璧的地方，指著告訴他：「就在這塊石頭下面。」第二天天亮，慧義就滿山尋找，看到一個地方，發出明亮的光，就和夢中所見到的一樣，他就在這座廟的石壇下面，找到了大小不等的三十二璧，和一片黃金。這個祥瑞的徵兆，詳細地記載於《宋史》內。慧義後來回到京師建康，劉裕特別隆重地接待了他。直到劉裕登基當上了皇帝，對他的禮遇就更深了。

宋武帝永初元年，車騎將軍范泰建了祇洹寺。他認為，慧義具備了當今眾望所歸的德性，就非常執著地請他來住持，掌管祇洹寺的開光典禮。慧義覺得范泰信仰佛教已達精誠之至，所以指點了他儀式規則。當時的人，因此把慧義比作釋迦牟尼弟子中的第一智者身子，將范泰比作施捨祇桓精舍給佛陀的大施主須達多，由於這個緣故，「祇洹」這個名稱，一直保存了下來。後來，西域到中國來的著名高僧，大多來到這個寺，有的在這裡傳譯經典，有的在這裡傳授禪法。

宋元嘉初年，徐羨之、檀道濟等人專擅朝政，范泰對之感到不平，曾破口大罵他們，引起徐羨之等人痛恨。聽說了這件事的人，都替范泰擔憂，恐怕他將發生不測之禍。范泰自己也深為憂慮，恐怕大禍臨頭。於是，他就請教慧義避禍安身的辦法。慧義對他說：「忠誠順從，小心謹慎而無過失地事奉上級，上下級之間就能親密。如果這樣，也就沒有什麼可以值得憂慮的了。」於是，他就叫范泰把自己的果竹園六十畝地施捨給寺廟，以期得到陰間鬼魂的保祐。范泰聽從了他的話，果然終生享福，沒有發生意外之禍。到了范泰死後，他的第三個兒子范晏說，慧義從前是在他父親身陷險境時，乘人之危要去了那塊園地，如今回想起來心裡就恨，於是就奪回了那塊園地，不肯再施捨給寺裡了。慧義就拿著范泰生前所寫的施捨文書，在大庭廣眾中到處宣傳，讓大家都知道這件事的真相，自己也離開祇洹寺，遷住到烏衣寺，和慧叡一起住了。宋文帝元嘉二十一年，慧義在烏衣寺去世，享年七十三歲。

慧義死後不久，范晏也死了。范晏的弟弟范曄後來牽連到孔熙先的謀逆案，結果他一氏宗姓全崩潰了。

這以後，祇洹寺又出現過一位釋僧睿，他擅長《中論》、《十二門論》和《百論》三論，受到宋文帝的器重。

宋京師彭城寺釋道淵　慧琳

釋道淵，姓寇，不知何許人，出家止京師東安寺。少持律撿❶，長習義宗❷，眾經、數論❸，靡不通達。而潛光隱德❹，世莫之知。後於東安寺開講，剖析玄微，洞盡幽賾❺，使終古積滯❻，渙然冰解。于是學徒改觀❼，翕然附德。後移止彭城寺。宋文帝以淵行為物軌❽，勅居寺任❾。後卒於所住，春秋七十有八。

淵弟子慧琳，本姓劉，秦郡❿人。善諸經及《莊》《老》，俳諧好語笑，長於製作⓫，故集有十卷。而為性傲誕，頗自矜伐⓬。淵嘗詣傅亮⓭，琳先在坐，及淵至，琳不為致禮。淵怒之，彰於顏色。亮遂罰琳杖二十。宋世祖⓮雅重琳，引見常昇獨榻⓯，顏延之⓰每以致譏，帝輒不悅。後著〈白黑論〉，乖於佛理。衡陽太守何承天⓱與琳比狎⓲，雅相擊揚⓳，著〈達性論〉，並拘滯一方，詆呵⓴釋教。顏延之及宗炳難駮二論㉑，各萬餘言。琳既自毀其法，被斥交州㉒。世云淵公見麻星者，即其人也。

【注　釋】❶少持律撿　謂年少時即嚴格持守佛教戒律。撿，通「檢」。檢點之義。❷義宗　即義理。❸數論　小乘佛教說一切有部（薩婆多部）論藏的別稱。❹潛光隱德　將光芒和德行都隱藏起來，指道淵雖精通經法卻默默無聞並不顯露自己。❺洞盡幽賾　謂窮盡了佛經幽深難見的深奧含義。洞盡，窮盡。賾，幽深難見的奧義。❻終古積滯　謂一向沒有人能解答的疑難問題。終古，久遠。積滯，積存的滯礙。❼學徒改觀　謂學徒們改變了對道淵的看法。改觀，改變了看法。❽物軌　謂眾人的楷模。物，指人們；世俗。軌，規範；楷模。❾寺任　即寺主，主管寺院事務的僧人。❿秦郡　東晉安帝時以堂邑郡改名，治所在堂邑縣（今江蘇六合縣北）。⓫製作　這裡指寫作。⓬為性傲誕二句　謂性格傲慢，自以為能而好自誇。傲誕，即傲慢。矜，自以為能。伐，自誇。⓭傅亮　字季友，祖籍北地泥陽（今陝西省耀縣東南），傅咸的玄孫，生於西元三七四年，西元四二六年被害，晉宋間文學家。他在東晉末年歷任員外散騎侍郎、中書黃門侍郎等職。擁戴劉裕為帝，劉裕登基時的詔冊均出於傅亮之手，是劉宋的開國元勳之一。入劉宋後封建城縣公，入值中書省，專典詔命。宋武帝劉裕臨死前，命他與徐羨之、檀道濟、謝晦等為顧命大臣，輔佐少帝劉義符。元嘉元年（西元四二四年），因劉義符「失德」，他和徐羨之等通過太后發詔，廢少帝，迎立宋文帝劉義隆，進爵始興郡公，和徐羨之同為輔政大臣。元嘉二年，他和徐羨之三次共同上表要求退職，元嘉三年被宋文帝所殺。傅亮博涉經史，尤善文詞，表策文誥多出其手。他的《奉迎大駕道路賦詩》作於迎立宋文帝時，寫他在政治風險中惴惴不安的心情，流露出對前途的深重憂慮，較為真實。《隋書・經籍志》錄有《傅亮集》三十一卷，已佚。明人張溥輯有《傅光祿集》，收入《漢魏六朝百三家集》。參見本卷〈釋慧義傳〉「徐羨之」條注釋。⓮宋世祖　即宋孝武帝劉駿，西元四五四至四六四年在位。⓯獨榻　又作檎榻，也即既可坐又可臥的榻椅。⓰顏延之　參見本卷〈竺道生傳〉「顏延之」條注釋。⓱何承天　參見本卷〈釋慧嚴傳〉「東海何承天」條注釋。⓲比狎　比，近。狎，親密。比狎，謂親密。⓳擊揚　揄揚。⓴詃呵　詃，引誘、欺騙之義。呵，斥責。詃呵，即詆毀。㉑顏延之及宗炳難駮二論　指顏延之的〈釋達性論〉（見《弘明集》卷四）和宗炳的〈明佛論〉（見《弘明集》卷二）。㉒交州　西漢元鼎六年（西元前一一一年）置交州刺史部。治所在龍編縣（今越南北寧仙遊東）。

【語　譯】釋道淵，俗姓寇，不知他的出生履歷。他出家後住在京師建康的東安寺，少年時就謹守戒律，成人後，則學習佛教義理，對眾多的佛經和數論，他無不通曉。但他不事張揚，默默無聞，所以世上的人也都不了解他。後來，他在東安寺開堂講經，條分縷析，剖析透徹，充分闡發佛經的深奧含義，使得一向積存的疑難，都煥然消解。從此學徒們才改變對他的看法，一起心悅誠服地跟從他學習。道淵後來遷到彭城寺住。宋文帝認為他的行為可以成為大家的楷模，就下令任命他為寺主，住持彭城寺。道淵最後便是在他所住的這個寺去世，享年七十八歲。

道淵的弟子慧琳，本姓劉，是秦郡人。他擅長許多佛經，以及《莊子》、《老子》。他為人詼諧，好說笑話，又擅長於寫作，所以他的文集有十卷之多。但是，他性格傲慢，自以為能而好自誇。一次，道淵到傅亮的府裡去，慧琳已先在座，道淵到的時候，慧琳卻不向道淵致禮。道淵為此很是氣憤，而且怒形於色。傅亮一看，便責罰了慧琳，打了他二十杖。宋世祖孝武帝很器重慧琳，引見他的時候，常常請他坐到榻椅上。顏延之常對這件事加以譏刺。孝武帝聽了，心裡不高興。慧琳後來寫了〈白黑論〉，違背佛理。但衡陽太守何承天卻和慧琳非常親密，為他揄揚，寫了〈達性論〉，偏袒慧琳一方，詆毀佛教。為此，顏延之和宗炳寫了兩篇論文反駁他，每篇論文各有萬餘言。慧琳既自己毀壞自己信奉的佛法，也就被斥逐到交州去了。世人傳說，道淵所見到的麻星，就是慧琳其人。

宋京師彭城寺釋僧弼

釋僧弼，本吳人，性度虛簡，儀止方直。少與龍光曇幹同遊長安，從什❶受學。愛日惜力，竭有深思，什加賞特深，使預❷參譯。後遊歷名邦，備矚風化。時有請弼為寺主，弼曰：「至道不弘，淳風日緬❸，自非定、慧兼足，無以鎮立風猷❹。且當隨緣致益，何得獨善一寺。」後南居楚郢❺，十有餘年。訓誘經戒，大化江表。河西王沮渠蒙遜❻遠挹風名，遣使通敬，覿遺相續❼。後下都止彭城寺。文皇器重，每延講說。宋元嘉十九年卒，春秋七十有八矣。

【注釋】❶什 指鳩摩羅什。❷傾預 參與。❸日緬 緬，遠。日緬，本義謂越來越遠，這裡指日益消退。❹風猷 風俗教化，這裡指佛教教化的風氣。❺楚郢 又作紀郢或南郢。即今湖北江陵西北紀南城。古時凡為楚國都城皆稱郢。❻沮渠蒙遜 十六國時期北涼的建立者，生於西元三六八年，卒於西元四三三年，臨松（治所在今甘肅張掖南）盧水人，屬盧水胡沮渠部，龍飛二年（西元三九七年）擁後涼太守段業建立北涼政權，天璽三年（西元四〇一年）殺段業，自稱張掖公，後改稱涼王。玄始九年（西元四二〇年）攻滅西涼，佔領涼州全境。《晉書》有傳。❼賙遺相續 謂連續贈送。賙，贈送。遺，贈送。

【語譯】釋僧弼，原本是吳地人。他心性謙虛簡樸，儀態端方，為人直率。僧弼年少時與龍光寺的曇幹一起遊長安，跟從鳩摩羅什學習。他珍惜時間，從不浪費精力，竭盡心力深入思考。羅什對他的賞識特別深厚，讓他參與翻譯佛經的工作。後來他又遊歷名邦，飽覽了各地的風俗教化。當時有些寺院想請他擔任寺主，他則說：「佛教的大道沒有得到弘揚，淳正的風尚日益消退，若不能達到定、慧具足的程度，是不足以作出楷模而規範風尚的，我今日正要隨緣盡力，多做些有益於教化的事，怎麼能獨善在一個寺廟之中呢？」後來，他到了南方的楚都，住了十多年，循循善誘，傳授經義和戒律，教化了江南。河西王沮渠蒙遜在遙遠的北方得知了他的名聲，對他非常仰慕，就派遣使者向他表示敬意，連續給他贈送禮物。後來，他到了都城建康，住在彭城寺。宋文帝對他很器重，常常請他講經。他於宋元嘉十九年去世，享年七十八歲。

宋東阿釋慧靜

釋慧靜，姓王，東阿❶人。少遊學伊、洛❷之間，晚歷徐、兗❸。容貌甚黑，而識悟清遠。時洛中❹有沙門道經，亦解邁當世，與靜齊名，而耳甚長大，故時人語曰：「洛下長大耳，東阿黑如墨。有問無不訓❺，有訓無不塞❻。」靜至性虛通，澄審有思力，每法輪一轉，輒負帙千人，海內學賓，無不必集。誦《法華》、

《小品》，注《維摩》、《思益》，著〈涅槃略記〉、〈大品旨歸〉及〈達命論〉，並諸法師誄❼。多流傳北土，不甚過江。宋元嘉中卒，春秋六十餘矣。

【注釋】❶東阿　東阿縣，秦置，治所即今山東陽谷縣東北阿城鎮。❷伊洛　即今河南一帶。伊，指伊川，即今河南洛水支流伊水。洛，指洛水。❸徐兗　指徐州和兗州。❹洛中　洛，洛陽的略稱。洛中，即洛陽。❺訓　即酬。❻塞　原意是指滿，引申為滿足、滿意。❼誄　誄文，敘述死者生平德行以哀悼死者的文體。

【語譯】釋慧靜，俗姓王，東阿人。他少年時在伊川、洛水一帶遊學，晚年走遍徐州、兗州一帶。他面容很黑，而見解清徹深遠。當時洛中有一位沙門道經，也是以見解深遠聞名當世，與慧靜齊名，而耳朵又長又大，所以當時的人說：「洛下長大耳，東阿黑如墨。有問無不答，答則滿人意。」慧靜心性澄淨通脫，觀察深入又善於思考，每次講經，都有上千人來聽，海內的學者無不集中而來。慧靜講誦《法華經》、《小品般若經》，注釋了《維摩詰經》、《思益經》，撰寫了〈涅槃略記〉、〈大品旨歸〉和〈達命論〉，以及為各位法師所作的誄。這些文章大多在北方流傳，沒有傳過長江。慧靜在宋元嘉年間去世，享年六十多歲。

宋京師祇洹寺釋僧苞　法和

釋僧苞，京兆人，少在關受學什公。宋永初中遊北徐❶，入黃山精舍。復造靜、定二師❷進業，仍於彼建三七普賢齋懺❸。至第一七日，有白鵠❹飛來，集普賢座前，至中行香畢乃去。至二十一日將暮，又有黃衣四人，繞塔數匝，忽然不見。苞少有志節，加復祥感，故匪懈之情，因之彌厲。日誦萬餘言經，常禮數百拜佛。

後東下京師，正值祇洹寺發講，法徒雲聚，士庶駢席❺。苞既初至，人未有識者，迺乘驢往看。衣服垢弊，皃❻有風塵，堂內既迮，坐驢韉❼于戶外。高座❽舉題適竟，苞始欲厝言，法師便問：「客僧何名？」答云：「名苞。」又問：「盡何所？」苞答曰：「高座之人，亦可苞耳。」迺致問數番，皆是先達思力所不逮，高座無以抗其辭，遂遜退❾而止。時王弘❿、范泰⓫聞苞論議，歎其才思，請與交言。仍屈住祇洹寺，開講眾經，法化相續。及陳郡謝靈運⓬聞風而造焉，及見苞神氣，彌深歎伏。或問曰：「謝公何如？」苞曰：「靈運才有餘，而識不足，抑不免其身矣⓭。」

苞嘗於路行見六劫被錄⓮，苞為說法，勸念觀世音。群劫以臨危之際，念念懇切。俄而送吏飲酒洪醉⓯，劫解枷得免焉。宋元嘉中卒。

時瓦官寺又有釋法和者，亦精通數論⓰，致譽當時，為宋高祖所重，勅為僧主焉。

【注釋】❶北徐　北徐州，東晉置，治所在彭城縣（今江蘇徐州）。❷靜定二師　靜，指慧靜，參見本卷〈釋慧靜傳〉。按，本書記載有兩個釋慧靜，一個俗姓王，曾活動於徐、兗一帶。還有一個慧靜俗姓吳，在建康治城寺。定，不詳。❸三七普賢

齋懺　謂舉行二十一天以普賢菩薩為主持的齋懺法會，在這個會上眾僧向普賢菩薩懺悔，以求普賢菩薩顯靈，保祐超度。三七，即三七二十一天。普賢，即普賢菩薩，佛教中說他是釋迦牟尼的右脅侍，專司「理」德，也是中國佛教所信奉的主要菩薩之一，顯靈說法的道場相傳在四川峨嵋山。齋懺，設立齋會懺悔。懺，是梵語音譯，意譯即是悔，往往懺悔連稱。❹白鵠　白色的天鵝。❺駢席　席位相連，形容人多。❻皃　貌的古體。❼驢韉　驢鞍的墊子。❽高座　即高坐於講席上的人，這裡指講經的法師。❾遜退　謂退讓，屬同義複詞。❿王弘　參見本卷〈竺道生傳〉「王弘」條注釋。⓫范泰　參見本卷〈竺道生傳〉「范泰」條注釋。⓬謝靈運　參見本書卷六〈釋慧遠傳〉「謝靈運」條注釋。⓭抑不免其身矣　指其身難免有禍，暗指有殺身之禍。抑，或者。按，在這裡是作為預言。⓮六劫被錄　謂六個強盜被逮捕。劫，指強盜。被錄，猶被逮捕。⓯送吏飲酒洪醉　謂押送犯人的吏役喝得大醉。送吏，指押送犯人的吏役。洪醉，大醉。⓰數論　參見本卷〈釋道淵傳〉「數論」條注釋。

【語譯】釋僧苞，京兆人，少年時曾在關中師從鳩摩羅什學習。宋武帝永初年間，他到了北徐州，住進黃山精舍，又師從靜、定二位法師學習。他曾在那裡設立了一次三七普賢齋懺。齋懺進行到第一個七日時，便有白天鵝飛來，會集在普賢菩薩的像座前，直到日中敬香禮畢才飛走。到第二十一日黃昏時，又出現了四個黃衣人，圍繞著佛塔轉了幾周，便忽然不見了。僧苞少年時就有志向佛，持守戒律，再加上這樣禎祥的感應，所以他對佛教的信仰之情，愈加堅定。他每天念誦一萬多字的佛經，日常的禮拜，也要對佛像作一百拜。

他後來東下京師建康。他剛到那裡的時候，正逢祇洹寺開堂講經，法師僧徒雲集，士人百姓座無虛席。僧苞是初次到這裡，沒有人認識他。他騎著驢子去看法會。他的衣服又髒又破，臉上風塵僕僕，法堂內比較窄，他就坐在驢子的鞍韉上，在門外聽法師講經。坐在講席上的法師剛剛講完，僧苞剛想發問，就聽到法師問他：「這位外來的僧人叫什麼名字？」僧苞說：「名苞。」法師又問：「包到哪裡？」僧苞回答道：「這個坐在高座講經的人，照樣可以包起來。」就這樣，他們互相問答了幾個回合，都是以前哪怕很高明通達的人也未曾想到過的話。那位講經的法師無力回答僧苞，敗下陣來，祇得從講席上退了下來。當時，王弘和范泰聽見僧苞的議論，讚歎他的才思，請他交談，僧苞也就住進了祇洹寺。他在祇洹寺講授多部佛經，連續不斷地教化人們。陳郡人謝靈運聽說後，就來拜訪他。等到他看見僧苞的神態氣度，不禁深深歎服。有人問僧苞：「謝公這個人怎麼樣？」僧苞說：「靈運這人才能有餘，但見識不足，將來恐怕難免殺身之禍。」

僧苞曾經在路上看見六個被押的囚犯，就對他們講說佛法，勸他們念大慈大悲觀世音菩薩。這些囚犯因為都處在臨危之際，所以念得非常懇切。不久，押送他們的吏役便喝得酩酊大醉，囚犯們就解開枷鎖逃脫了。僧苞於宋文帝元嘉年間去世。

當時，瓦官寺還有一位名叫釋法和的僧人，也因精通數論而享譽當時，被宋高祖所器重，下令任他為僧主。

宋餘杭方顯寺釋僧詮

釋僧詮，姓張，遼西海陽❶人。少遊燕、齊❷，遍學外典，弱冠方出家。復精練三藏，為北土學者之宗。後過江止京師，鋪筵大講，化洽江南。吳郡張恭請還吳講說，姑蘇❸之士，並慕德歸心。初止閑居寺，晚憩虎丘山。詮先於黃龍國❹造丈六金像，入吳又造人中❺金像，置于虎丘之東寺。詮性好檀施，周贍貧乏，清確❻自守，居無縑幣❼。後平昌❽孟顗，於餘杭❾立方顯寺，請詮居之。率眾翹懃❿，禪禮無輟，看尋苦至⓫，遂迺失明。而策厲彌精，講授不廢。吳國⓬張暢⓭、張敷⓮，譙國戴顒、戴勃，並慕德結交，崇以師禮。詮後暫遊臨安縣⓯，投董功曹家，功曹者清信弟子也。詮投止少時，便遇疾甚篤，而常見所造之像，來在西壁，又見諸天童子⑯皆來侍病。弟子法朗，夢見一臺，數人捧之，問何所去，答云迎詮法師。明日果卒。縣令阮尚之，使葬白土山郭文舉⑰之塚右，以擬梁鴻⑱之附要離⑲也。特進⑳王裕及高士戴輅，至詮墓所，刻石立碑，唐思賢造文，張敷作誄。

【注釋】❶遼西海陽　遼西郡，戰國燕置，秦時治所在陽樂縣（今遼寧義縣西）。十六國前燕移治令支城（今河北遷安縣西南）。海陽縣，西漢置，治所在今河北灤縣西南。❷燕齊　燕，古國名。境在今河北北部和遼寧西端。齊，古國名。境在今山東泰山以北黃河流域和膠東半島地區。❸姑蘇　今江蘇蘇州。❹黃龍國　即黃龍城，故址在今遼寧朝陽。❺人中　人之中間，即半人之高。❻礭　同「確」，堅定。❼縑幣　縑，原指絲織的絹。幣，錢幣。縑幣，在這裡借指金錢財物。❽平昌　平昌縣，西漢置，治所在今山東臨邑東北。❾餘杭　餘杭縣，秦置，治所在今浙江餘杭（臨平鎮）西南餘鎮南之苕溪南岸。❿翹懃　發憤勤苦；極端努力。⓫看尋苦至　看尋，指閱讀。苦至，喻看書極端用功以致眼睛失明了。⓬吳國　吳郡吳國，即今江蘇蘇州，當時稱國，相當於縣。⓭張暢　字少微，吳郡吳國（今江蘇蘇州）人，歷官沛郡太守。元嘉二十七年北魏南侵，劉裕的兒子江夏王劉義恭準備棄彭城而逃，經張暢力阻，保住彭城。孝建二年張暢任會稽太守，大明元年（西元四五七年）卒於任上，時年五十。張暢有文采，時稱「奇才」，佛學著作有《若耶山釋法靜誄》、《續光世音應驗記》（此書久佚，在日本發現手抄本，見牧田諦亮《六朝古逸觀世音應驗記的研究》，平樂寺書店，一九七〇年版）。《宋書》有傳。⓮張敷　字景胤，吳郡吳（今江蘇蘇州）人，劉宋時著名孝子。他是張暢的侄兒，張邵（參見本卷〈釋道溫傳〉「張邵」條注釋）的兒子，從小即以孝聞名，好玄學，擅長文學。他的父親張邵曾要他和宗炳（參見本書卷六〈釋慧遠傳〉「宗炳」條注釋）交遊，受到宗炳歎服，於是名聲大噪。孝武帝因此聘他為太子中軍參軍。張邵死後（卒年不詳），他守孝數十日，水米不進，以致重病，第二年即去世。孝武帝即位後，旌表他的孝道，追贈侍中。《宋書》有傳。⓯臨安縣　西晉太康元年（西元二八〇年）以臨水縣改名，治所在今浙江臨安北。⓰諸天童子　諸天，指護法眾天神，佛經言欲界有六天，色界有四禪十八天，無色界之四處有四天，其他尚有日天、月天、韋馱天等諸天神，總稱之曰諸天，即諸天神之義。諸天童子，即諸天神的兒童。⓱郭文舉即郭文，字文舉，參見本卷〈釋慧嚴傳〉「郭文」條注釋。⑱梁鴻　字伯鸞，東漢隱士。他家貧博學，與妻子孟光隱居在霸陵山中。曾因事出關，過洛陽，見宮室侈麗，作〈五噫之歌〉有所諷刺，而為朝廷所忌，他遂改換姓名，東逃齊魯。後在吳（今江蘇蘇州）依皋伯通，居廊下小屋內，為人作傭工舂米，每天回家後，孟光為他做飯，必「舉案齊眉」以示敬愛。不久病死。他著書十餘篇，今皆失傳。⑲要離　春秋時代的刺客。吳國人。相傳是伍子胥把他推薦給吳王，去謀刺衛國的公子慶忌。為了能取得慶忌的信任，他請吳王砍斷了他的右臂，殺死他的妻子，假裝得罪出逃。到衛國時，又假意向慶忌獻策，謀求親近慶忌。在他和慶忌同舟過江時，他將慶忌殺死，然後自殺。⑳特進　官名。西漢末年始設置，授予列侯中有特殊地位的官員，享有特進待遇的官員可以自己「辟」僚屬，如「掾」、「參軍」之類。但在東晉和南北朝時，「特進」是對某一具體官位的加官，沒有專設的特進。如范泰為「車騎將軍，侍中特進王師」（參見本卷〈竺道生傳〉「范泰」條注釋）、羊玄保為「散騎常侍特進」（參見本卷〈釋慧嚴傳〉「羊玄保」條注釋）。

【語　譯】釋僧詮，姓張，遼西海陽人。他少年時曾遊歷燕、齊一帶，遍學了世俗經典。他二十歲時才出家，又精通佛教經、律、論三藏，為北方的學者所宗仰。後來，他過了長江住在京師建康，開席講經，教化了江南。吳郡的張恭請他到蘇州去講經，蘇州的讀書人也都仰慕他的德性而歸依於他。他起初住在閑居寺，過了些時候，又遷住虎丘山。以前，僧詮曾在黃龍城造過一尊一丈六尺高的金塑佛像，入吳後又造了一尊半身金塑佛像，安置在虎丘山的東寺。僧詮性好施捨，賙濟窮人，他自己則安於清貧，毫無積蓄。後來，平昌的孟顗在餘杭建立了方顯寺，請僧詮去住。僧詮在方顯寺帶著眾人極端努力，坐禪禮拜從不間斷。他因讀書太多，用功過勤，致使眼睛失明。眼睛失明後，他更加嚴厲地鞭策自己精益求精，繼續講經。吳國人張暢、張敷，譙國人戴顒、戴勃，都仰慕他的德性，和他結為朋友，對他以師禮相待。僧詮後來曾短暫遊歷臨安縣，投住在董功曹家。董功曹是一位信佛的居士。僧詮在他家住了不久便生了重病。在病中，他常常看見自己所造的佛像出現在西邊的牆壁上，又看見天上的神童都來侍候自己的病體。他的弟子法朗，在夢中又看見一個臺子，有幾個人捧著，就問他們到哪裡去，那些人回答說，是去迎接僧詮法師。第二天天亮，僧詮果然死了。臨安縣令阮尚之將他葬在白土山郭文舉墓的右邊，取意為以梁鴻比附要離。特進王裕和高士戴軺，來到僧詮的墓旁，為他刻石立碑，唐思賢為此撰寫碑文，張敷撰寫了誄。

宋江陵辛寺釋曇鑒　道海　慧龕　慧恭　曇泓　道廣　道光

釋曇鑒，姓趙，冀州❶人。少出家，事竺道祖為師。蔬食布衣，律行精苦，學究群經，兼善數論。聞什公在關，杖策❷從學。什常謂鑒為一聞持❸人。後遊方宣化，達自荊州，止江陵辛寺。年登耳順❹，厲行彌潔，常願生安養❺，瞻覲彌陀❻。後弟子僧濟，辭往上明❼，鑒云：「汝去迺住，恐不復相見。」因委曲疏受❽付囑。至夜與諸耆老共敘無常，言甚切至。既夜，各各還房，鑒獨留步廊下。至三更，沙彌僧願請還房，鑒曰：「汝但眠，不須復來。」至明旦，弟子慧嚴依常問訊，見合掌平坐，而口不言，迫就察之，實迺已卒。身體柔軟，香潔倍常，因伸❾而殮焉。春秋七十。

吳郡張辯作傳并讚，讚曰：「披荔逞芬，握瑾表潔。渾渾❿法師，弗緇弗涅⓫。煒曄初辰，條蔚暮節⓬。神遊智往，豈伊實訣⓭。」

時江陵又有釋道海、北州釋惠龕、東州釋惠恭、淮南釋曇泓、東轅山釋道廣、弘農釋道光等，並願生安養，臨終祥瑞焉。

【注　釋】❶冀州　漢代所置十三刺史部之一，轄境相當於今河北及河南北端、山東西端，晉時治所在房子（今河北高邑西南）。❷杖策　原義為手杖和書策，學生為老師拿手杖、書策跟隨左右，故杖策又喻為師從。❸聞持　又稱為「聞陀羅尼」，即聞佛法而憶持不忘，佛教「總持」（音譯為陀羅尼）之一。鳩摩羅什《大乘義章》十一說：「教法名法，於佛教法聞持不忘，名法陀羅尼，聞不忘，故經中亦名聞陀羅尼。」如《華嚴經》卷三三說：「聞持無量諸佛正法。」《法華經・分別功德品》說：「菩薩摩訶摩得聞持陀羅尼門。」❹年登耳順　即年已六十。耳順，《論語》說「六十而耳順」，後世遂以耳順為六十歲的代稱。❺願生安養　希望投生到安養之處，即佛教的理想國度、西方極樂世界。❻瞻覲彌陀　謂虔敬地對著阿彌陀佛像觀看。瞻、覲，均是對著看的意思。按，這是彌陀淨土信仰的一種修行方式，即觀想彌陀，看著阿彌陀佛的像，想像阿彌陀佛的形象和神遊淨土世界的情景，以期被阿彌陀佛所感知，在自己死後幽靈到陰間時，阿彌陀佛就會來接引自己的靈魂往生淨土而成佛。參見本書卷六〈釋慧遠傳〉「藉芙蓉於中流」條注釋、〈僧濟傳〉「想像彌陀」條注釋。❼上明　指上明城，在今湖北松滋西北長江南岸。❽委曲踈受　謂將所有事物的底細原委全部交代清楚，給別人接受。委曲，事情的底細原委，這裡指全部事物。踈，同「疏」。在這裡是陳列交給之義。❾伸　將身體伸展開。❿渾渾　完整合一；渾然一體的樣子。⓫弗緇弗涅　不受環境的熏染。弗，同「不」。緇，黑色。涅，也是黑色。⓬煒曄初辰二句　謂曇鑒如初昇的星辰曄曄放光，如暮春的枝條蔚然茂盛。煒曄，曄曄放光。初辰，初昇的星辰。條蔚，枝條茂盛。暮節，暮春時節。⓭神遊智往二句　謂曇鑒已經神遊淨土去了，哪裡是永遠死了呢。神遊智往，指人雖死了但其實是神智已去西方淨土。豈伊，豈是；哪裡是，即並非。實訣，真實的永遠訣別，這裡指死。

【語　譯】釋曇鑒，俗姓趙，冀州人。他少年時出家，拜竺道祖為師。他食素，穿布衣，謹守戒律，磨勵苦忍，學習研究眾多的佛經，又兼擅長數論。他聽說鳩摩羅什在關中，就前往師從鳩摩羅什學習。鳩摩羅什常說，曇鑒是個一聽到佛法就憶持不忘的聞持之人。後來，曇鑒四處遊方宣講佛法，到了荊州，住在江陵的辛寺。他到六十歲時，更加厲行潔淨，一心想要往生西方淨土，常對著阿彌陀佛像作觀想。後來，他的弟子僧濟辭別他到上明去，曇鑒就對他說：「你這一去固然好，不過我們恐怕是不得再相見了。」於是，他就向僧濟把一切都交代清楚，託付給他，又作了最後的囑咐。到夜裡，他與諸位老人一起談論世事無常的道理，話說得很懇切。他們一直談到深夜，便各自回房休息，祇有曇鑒一個人獨自留在走廊下。到三更的時候，寺裡的沙彌僧願請他回房休息，曇鑒對他說：「你自己去睡吧，不要再來叫我了。」第二天天剛亮，他的弟子慧嚴還像往常一樣，來向曇鑒請安問候，祇見他合掌平坐，但不說話，就靠近前去細看，這才發現他已經往生了。他的身體柔軟，比平常更加潔淨，發出的香味也比平常更濃。於是，慧嚴就把他的身體放平收殮。那年，曇鑒七十歲。

吳郡人張辨為曇鑒寫了傳記，又為他作讚：「就像茂盛的荔草，芳香四溢；有如純潔的美玉，潔淨無瑕。渾然淨定的法師，近墨不黑，在塵不染。如初昇的星辰曄曄放光，像暮春的枝條蔚然茂盛，你祇是神智往生淨土，並非和我們永別。」

當時，江陵還有釋道海，北州的釋慧龕，東州的釋慧恭，淮南的釋曇泓，東轅山的釋道廣，弘農的釋道光等人，都期望往生淨土，他們臨終時都有祥瑞出現。

宋廬山凌雲寺釋惠安

釋惠❶安，未詳是何人。蔬食精苦，學通經義，兼能善說，又以專戒見稱。誦經三十餘萬言。止廬山凌雲寺，學徒雲聚，千里從風。常捉❷一杖，云是西域僧所施。杖光色炯徹，亦頗有香氣。上有梵書，人莫能識。後入關詣羅什，捉杖自隨。什見大驚曰：「此杖迺在此間耶！」因譯其字云：「本生天竺娑羅林，南方喪亂草付❸與，後得羅什道教隆。」安後以杖嚫❹外國僧波沙那，那賫❺還西域。安以宋元嘉中卒於山寺。

【注釋】❶惠　大正藏本作「慧」。❷捉　拿著；持著。❸草付　雜草，喻指佛教外的宗教信仰。❹嚫　贈送。❺賫　帶著；送。

【語譯】釋惠安，不知道他的出身。他食素，謹守戒律非常刻苦，在佛學上，他通達經義，兼擅長講說，又以專精於戒律而聞名，能背誦三十多萬言的經文。惠安住在廬山的凌雲寺。聽說他在這裡，僧徒們都雲集於此，不遠千里聞風而來。他常常拿著一支手杖，說這是西域的僧人贈送給他的。手杖清亮有光，還發出香氣，杖上刻有梵文，沒有人能認識。後來，他到關中見鳩摩羅什，隨身帶著這支手杖。羅什見到手杖後，非常驚奇，說：「這支手杖原來在這裡啊！」他因而翻譯了手杖上面的文字，說：「原本出生在天竺娑羅林，南方兵荒馬亂，外道興盛，以後由於羅什來到，佛教便會興隆。」惠安後來把這支手杖贈給了一位外國僧人波沙那。波沙那帶著它返回了西域。宋元嘉年間，惠安在山寺中去世。

宋淮南中寺釋曇無成　曇冏

釋曇無成，姓馬，扶風❶人。家世避難，移居黃龍❷，年十三出家。履業清正，神悟絕倫，未及具戒❸，便精往復❹。聞什公在關，負笈從之。既至見什，什問：「沙彌何能遠來？」答曰：「聞道而至。」什大善之。於是經停❺務學，慧業❻愈深。姚興❼謂成曰：「馬季長❽碩學高明，素矯❾當世，法師故當不爾。」答曰：「以道伏心，為除此過。」興甚異之，供事殷厚❿。姚祚⓫將亡，關中危擾，成迺憩於淮南中寺。《涅槃》、《大品》常更互講說，受業二百餘人。與顏延之⓬、何尚之⓭共論實相，往復彌晨⓮。成迺著〈實相論〉，又著〈明漸論〉。宋元嘉中卒，春秋六十有四。

時中寺復有曇冏者，與成同學齊名，為宋臨川康王義慶⑮所重焉。

【注釋】❶扶風　西晉以扶風郡改置扶風國，治所在池陽縣（今陝西涇陽西北）。❷黃龍　即黃龍城，故址在今遼寧朝陽。❸未及具戒　具戒，具足戒的略稱。未及具戒，謂尚未受具足戒。❹往復　指互相交談或辯論。❺停　猶靜，指靜心學習鑽研。❻慧業　指佛教戒、定、慧三學中的智慧之學。❼姚興　後秦國君，參見本書卷六〈慧遠傳〉「姚興」條注。❽馬季長　指馬融，字季長，右扶風茂陵（今陝西興平）人，生於西元七九年，卒於西元一六六年，東漢著名經學家，曾任校書郎、議郎、南郡太守等職，遍注《周易》、《尚書》、《毛詩》、三《禮》、《論語》、《孝經》、《老子》、《淮南子》。從而使古文經學得以成熟。他的學生有一千多人，著名經學家鄭玄、盧植也出自他的門下。馬融講學，坐在高堂上，前施絳紗帳，後列女樂，而且往往由早來的弟子教授新弟子。《世說新語・文學》中記載：「鄭玄在馬融門下，三年不得相見，高足弟子傳授而已。」這大約是姚興說馬融態度倨傲的原因和根據。❾矯　大正藏本作「驕」。二義可通。矯，本義為匡曲使直，如矯世。但也同時含有雙重意思，一是為世俗樹立楷模；一是傲視世俗，這裡是後一義，謂倨傲。❿供事殷厚　供，指供給。事，指服侍。殷厚，殷勤富足。供事殷厚，謂供給服侍殷勤而又富足。⓫姚祚　指姚氏的國基，也即後秦國。⓬顏延之　參見本卷〈竺道生傳〉「顏延之」條注釋。⓭何尚之　參見本卷〈釋慧嚴傳〉「何尚之」條注釋。⓮往復彌晨　謂交談通宵直到第二天早晨。⓯臨川康王義慶　即臨川王謚號康王劉義慶。劉義慶，生於西元四〇三年，卒於西元四四四年。他原是宋武帝劉裕的弟弟長沙王劉道憐的二兒子，因劉裕的小弟臨川王劉道規死後無子，宋文帝劉義隆就將他過繼給劉道規為嗣，繼承臨川王的封號。他歷任荊州刺史、江州刺史，元嘉十七年，又任都督南兗州、徐、兗、青、冀、幽六州諸軍事，南兗州刺史，加開府，儀同三司。但他性格儉樸，清心寡欲，愛好文學，喜招聚文人。《宋書・宗室傳》說他「唯晚節奉養沙門，頗致費損」。元嘉二十一年劉義慶死於京師，時年四十二歲，追贈為侍中司空，謚康王。他也是劉宋時期的著名文學家，著有《徐州先賢傳贊》九卷及《典敘》、志怪小說《幽明錄》等。特別是《世說新語》，屬南北朝時期的名著，千百年來受人喜愛，也保存了從漢代到東晉的許多歷史資料。

【語譯】釋曇無成，俗姓馬，扶風人。他家因為避禍移居到黃龍城。曇無成十三歲時出家。他學佛的態度清純端正，悟性如神，無與倫比，還沒到受具足戒的年齡，就已經很精於與人講說論辯經義了。他聽說鳩摩羅什在關中，就前往師從他學習。他到了關中，見到鳩摩羅什時，羅什問他：「沙彌為什麼從遠方來？」曇無成回答說：「我因聽說佛法在這裡，就來了。」羅什對他很是讚許。於是，曇無成經過靜心學習鑽研，在佛法智慧之學方面，愈益深厚。後秦國君姚興對曇無成說：「馬季長這個人學問淵博，非常高明。然而，他也因此傲視當世之人。法師您可不要像他那樣驕傲才好。」曇無成回答說：「我用佛法來制服自己的心，本也有除滅這種過失的意思。」姚興因此覺得他有異常人，很不一般，給他的供給和照料特別豐厚。姚氏後秦國將要滅亡時，關中危機四伏，常生擾亂，於是，曇無成就遷住到淮南的中寺。他在這裡經常交替著講說《涅槃經》和《大品般若經》，跟隨他學習的有二百多人。他曾和顏延之、何尚之在一起討論佛教中的實相問題，交談通宵，直到第二天早晨。曇無成著有〈實相論〉和〈明漸論〉。他在宋元嘉年間去世，享年六十四歲。

當時，淮南中寺裡還有一位曇冏，是曇無成的同學，與他齊名，被劉宋臨川康王劉義慶所器重。

宋京師靈味寺釋僧含 道含

釋僧含，不知何許人。幼而好學，篤志經史，及天文、算術。長通佛義，數論兼明，尤善《大涅槃》，常講說不輟。元嘉七年，新興❶太守陶仲祖，立靈味寺。欽含風軌❷，請以居之。含勖眾清謹，三業無虧❸。後西遊歷陽❹，弘讚正法，江左道俗，嚮術如林❺。時任彭城函❻著〈無三世論〉，含迺作〈神不滅論〉以抗之。使夫見聞之者，莫不將墜而更興❼矣。又著〈聖智圓鑒論〉、〈無生論〉、〈法身論〉、〈業報論〉及〈法華宗論〉等，皆傳于世。頃之，南遊九江❽，大闡經法。瑯瑘顏竣時為南中郎記室參軍，隨鎮潯陽，與含深相器重，造必終日。含嘗密謂竣曰：「如今讖緯❾不虛者，京師尋有禍亂。真人應符❿，屬在殿下⓫，檀越善以緘之。」俄而元凶構逆⓬，世祖龍飛⓭，果如其言也。後平康無疾，忽告眾辭別。至于明晨，奄然已化⓮，時人謂之知命。

時又有釋道含者，亦學解有功，著〈釋異十論〉云云。

【注釋】❶新興　新興郡，東漢置，治所在九原縣（今山西忻縣），西晉元康中改為晉昌郡，後仍復舊名。❷風軌　猶風範。❸三業無虧　三業，指身業、口業、意業。虧，過錯。三業無虧，謂身、口、意均沒有違背佛教戒律，也即沒有過錯，於心無愧。❹歷陽　歷陽郡，西晉置，治所在歷陽縣（今安徽和縣）。❺響術如林　謂傳述僧含說法的人很多，猶紛紛響應。術，通「述」。響術，猶響述，因響而述。❻任彭城函　指彭城人任函，世稱任彭城。❼將墜而更興　將要墜落而又興起。指看了〈無三世論〉而開始懷疑佛法的人因為僧含的〈神不滅論〉又重新信仰佛法。❽九江　九江郡，秦置，治所在壽春縣（今安徽壽縣）。❾讖緯　讖，原本作「纖」，大正藏本作「讖」。讖，原是預言之義，在漢代讖緯大盛時及以後，通常由巫師或方士制作的含有預言的隱語，作為吉凶的符驗和徵兆。緯，相對於「經」而言，原是指織物的橫線，漢代讖緯興起，出現緯書，即將「讖」的觀念用來解釋經書，如「七緯」（《詩緯》、《尚書緯》、《禮緯》、《樂緯》、《易緯》、《孝經緯》、《春秋緯》），儒學被神學化了。在漢代，讖緯盛行，也就是以圖讖、符命作為預言，以示「天命」的徵兆。讖緯觀念自漢以後，在中國文化中影響很大很深，佛教入華，也與之相結合。本卷〈慧義傳〉所記：「冀州有法稱道人，臨終語弟子普嚴云：嵩高靈神云，江東有劉將軍，應受天命，吾以三十二璧，鎮金一鉼為信。」就是一種典型的讖緯觀念和作法。本篇所記「含嘗密謂竣曰：『如今讖緯不虛者，京師尋有禍亂。真人應符，屬在殿下，檀越善以緘之。』」與之在實質上是一樣的。按讖緯說直到隋煬帝下令禁止，且以誰再造讖緯便定斬不饒的強令，才禁止住。❿真人應符　真人，即應「受天命」的人，這裡就是真命天子之義。

應符，指承受符命的預言。⓫殿下　對太子、皇子的稱呼，這裡暗指宋文帝的第三子劉駿。⓬元凶構逆　元凶，指宋文帝的長子劉劭。構逆，即指元嘉三十年（西元四五三年）劉劭弒宋文帝，奪取帝位自立一事，《宋書》稱之為「元凶」，本傳也這麼稱呼。⓭世祖龍飛　世祖，指劉宋孝武帝劉駿。龍飛，即登基當皇帝。按，劉劭弒宋文帝後，劉駿舉兵討伐劉劭，宋室內戰頓起，一時政局紊亂，西元四五四年劉駿勝，殺劉劭，得自立為皇帝，即為宋孝武帝，又稱世祖，西元四五四至四六四年在位。⓮奄然已化　奄然，忽然。化，指僧人的死亡。

【語　譯】釋僧含，尚不知他出身履歷。他年幼時就好學，專心學習經學、史學，和天文、算術。年長後，他又通曉佛義，懂得數論，尤其擅長《大本涅槃經》，經常講經。元嘉七年，新興太守陶仲祖修建了靈味寺，因欽慕僧含的風範，就請他居住到那裡。僧含總是勉勵大家清心寡欲，謹守戒律，身、口、意三業無過，後來他又到歷陽弘揚佛法，江東道人俗士都紛紛響應。當時彭城的任函撰寫了〈無三世論〉，僧含便寫了〈神不滅論〉反駁他，使那些因受〈無三世論〉影響開始懷疑佛法的人，又都重新堅定了佛教信仰。僧含又撰寫了〈聖智圓鑒論〉、〈無生論〉、〈法身論〉、〈業報論〉及〈法華宗論〉等文章，都流傳於世。不久，僧含南遊到九江，在這裡大力講述佛法。琅琊人顏竣當時為南中郎記室參軍，隨南中郎鎮守潯陽。僧含與他互相很是器重，祇要他來訪，一坐必定是一整天。僧含曾經秘密地對顏竣說：「如今讖緯預兆不虛，京師很快就會發生禍亂，也將會有真人出世，應受符命，這位真人應在殿下身上，請你千萬不要說出去。」不久，元凶犯上謀逆，宋世祖平亂後，龍飛昇天，登基即位，果然像僧含所說的那樣。後來，僧含平安健康，沒有任何疾病，卻忽然向眾人告辭訣別。到第二天早晨就忽然去世了。當時人都說他是知曉天命的人。

當時還有一位釋道含，在學問、義解上都有功力，撰寫了〈釋異十論〉。

宋江陵琵琶寺釋僧徹　僧莊

釋僧徹，姓王，本太原晉陽❶人。少孤，兄弟二人寓居襄陽。徹年十六，入廬山造遠公。遠見而異之，問曰：「寧有出家意耶？」對曰：「遠塵離俗，固其本心。繩墨鎔鈞❷，更唯匠者。」遠曰：「君能入道，當得無畏法門❸。」于是投簪委質，從遠受業。遍學眾經，尤精《般若》。又以問道之暇，亦厝懷篇牘，至若一賦一詠，輒落筆成章。嘗至山南扳松而嘯❹，於是清風遠集，眾鳥和鳴，超然有勝氣❺。退還諮遠：「律禁管弦，戒絕歌舞。一吟一嘯，可得為乎？」遠曰：「以散亂❻言之，皆為違法。」由是迺止。

至年二十四，遠令講《小品》。時輩未之許。及登座，辭旨明析❼，聽者無以折其鋒。遠謂之曰：「向者勍對，並無遺力，汝城隍嚴固❽，攻者喪師❾。發軫能爾，良為未易。」由是門人推服焉。遠亡後，南遊荊州，止江陵城內五層寺，晚移琵琶寺。彭城王義康❿、儀同蕭思話⓫等，並從受戒法。延請設齋，躬自下饌⓬。宋元嘉二十九年卒，春秋七十。刺史南譙王劉義宣⓭為造墳壙。

時荊州上明有釋僧莊者，亦善《涅槃》及數論，宋孝武初，被敕下都，稱疾不赴。

【注釋】❶太原晉陽　太原，太原郡，治所在晉陽。晉陽，今山西太原。❷繩墨鎔鈞　比喻按照一定規矩造就。繩墨，木工畫直線用的工具，比喻規則、準則。鎔鈞，熔鑄金屬的模具。❸無畏法門　佛法中的無畏法門，如眾中獅子吼之類。❹嘯嘯口長久地呼叫。按，這在魏晉南北朝是一種時興而有特別意義的活動，以「嘯」聲響亮、長久、和悅為一種特別才能和娛樂，這與玄學流行有關。史書、詩文和《世說新語》中多有記載，如《世說新語・棲逸》記：「阮步兵（按即阮籍，世稱阮步兵）嘯，聞數百步。蘇門山中，忽有真人，樵伐者咸共傳說。阮籍往觀，見其人擁膝巖側，籍登嶺就之，箕踞相對。籍商略終古，上陳黃農玄寂之道，下考三代盛德之美以問之，仡然不應。復敘有為之教、棲神道氣之術以觀之，彼猶如前，凝矚不轉。籍因對之長嘯。良久，乃笑曰：『可更作。』籍復嘯，意盡，退。還半嶺許，聞上𠯑然有聲，如數部鼓吹，林谷傳響，顧看，乃向人嘯也。」❺勝氣　指不平凡的善「嘯」之氣。參見「嘯」條注釋。❻散亂　指使心散而不聚，亂而不靜。佛教修行，需要靜、定、專心，所以不許有使心散亂的活動。❼辞旨明析　謂所說的話意思清楚，主題明白。辞，即辭、詞。旨，主題；意義。析，通「晰」。❽城隍嚴固　喻在進行辯難時由於佛理通達，能守住自己的理論不被駁倒。城隍，原義指城牆和護城河，這裡引申為對答時的防衛。❾攻者喪師　喻在辯難時，進攻的一方遭到失敗。喪師，喪失軍隊，喻失敗。❿彭城王義康　參見本卷〈釋慧叡傳〉「彭城王義康」條注釋。⓫儀同蕭思話　儀同，開府儀同三司的略稱，是一種官銜的待遇。蕭思話，原作「蕭思詁」，《宋書》卷七八作「蕭思話」，有傳。蕭思話死後，追贈鎮西將軍開府儀同三司，所以有「儀同蕭思話」之稱。他是宋武帝劉裕孝懿皇后的侄兒，承襲封陽縣侯，擅長音律、書法，官至鎮西將軍、郢州刺史，持節常侍，鎮守夏口。孝武帝孝建二年（西元四五五年）卒，時年五十歲。⓬躬自下饌　躬自，猶親自。下饌，到下面去安排食物。躬自下饌，謂親自到下面去安排齋飯。按，彭城王等人均身居高位，他們親自安排食物是為了表示對僧徹的尊敬。⓭刺史南譙王劉義宣　刺史，這裡指荊州刺史。南譙王劉義宣，宋武帝劉裕的兒子，元嘉元年封竟陵王，八年改封南譙王，長期鎮守京師石頭城，元嘉二十一年出任荊州刺史。他魁梧能戰，但天生「舌短澀於言論」。鎮守荊州是劉宋極其重要的職務（因為要防止北魏的進攻），劉裕臨終遺囑，這項職務由王子輪流擔任，但劉義宣「後房千餘，尼媼（即尼姑）數百」。元嘉三十年宋文帝之子劉劭弒父自立，劉義宣發兵討伐有功，孝武帝得以即位，改封他為南郡王。劉義宣以功高震主，臧質勸誘他謀自立，再加上孝武帝與他的幾個兒女在宮內淫亂，致使他興兵要推翻孝武帝自立，於孝建元年（西元四五四年）兵敗被殺，時年四十歲。

【語　譯】釋僧徹，俗姓王，本是太原晉陽人。他少年時就成了孤兒，兄弟二人寓居在襄陽。僧徹十六歲時上廬山拜訪慧遠。慧遠初次看見他時，就覺得他很不平常，問他：「你是不是有出家為僧的意思？」他回答說：「遠離紅塵，原是我的心願。至於造就成才，則要靠大師的教導。」慧遠說：「你如果出家為僧，當得佛法無畏法門。」於是，僧徹就棄簪落髮，師從慧遠學習了。僧徹遍學了眾多的佛經，尤其精通《般若經》。他又在學佛之暇，留意於篇章文學，以至於作賦吟詩，能落筆成章。他曾到山南扳著松樹嘯吟。他的嘯聲猶如清風悠悠，傳送很遠；音聲悠揚，引得林中的眾鳥也伴著他的嘯聲一同鳴唱，有著超塵絕俗的不盡之氣。他嘯吟過後，回來問慧遠說：「佛教戒律中規定禁止吹拉彈唱，不許唱歌跳舞。但是吟詩長嘯，是否可以呢？」慧遠說：「若就這些事都會使人心散而不聚，亂而不靜而言，都是違反戒律的。」從此，僧徹也就不再做這些事了。

到二十四歲時，慧遠叫僧徹開堂講《小品般若經》。當時，人們對他不讚許。等到他登座講經時，他的講解意思清楚，主題明白，聽講的人向他發難，都難不倒他。慧遠便對僧徹說：「剛才和你強力對陣的人，對你的問難已經是不遺餘力了，但你的防守嚴密堅固，使問難者都喪師敗北。你第一次登座講經便能如此，實在難得。」由此，慧遠的門人對僧徹也就推崇佩服了。慧遠死後，僧徹南遊，到了荊州，住在江陵城內的五層寺，過了些時候，又移住到琵琶寺。彭城王劉義康、儀同蕭思話等王公貴族，都師從他受了戒。他們設齋請他赴筵，都親自為他到下面去安排飲食。僧徹卒於宋元嘉二十九年，享年七十歲。荊州刺史南譙王劉義宣為他建造了墳墓。

當時，荊州上明寺有一位釋僧莊，也擅長《涅槃經》和數論。宋孝武帝初年，皇帝下詔要他入京師，但他以有病為由，沒有去。

宋吳虎丘山釋曇諦

釋曇諦，姓康，其先康居❶人，漢靈帝時移附中國❷，獻帝末亂移止吳興。諦父彤，嘗為冀州別駕❸。母黃氏晝寢❹，夢見一僧呼黃為母，寄一麈尾，並鐵鏤書鎮❺二枚，眠覺見兩物具存，因而懷孕生諦。諦年五歲，母以麈尾等示之。諦曰：「秦王所餉。」母曰：「汝置何處？」答云：「不憶。」

至年十歲出家，學不從師，悟自天發。後隨父之樊、鄧❻，遇見關中僧䂮❼道人，忽喚䂮名。䂮曰：「童子何以呼宿老名？」諦曰：「向者忽言阿上❽，是諦沙彌，為眾僧採菜，被野豬所傷，不覺失聲耳。」䂮經為弘覺法師弟子，為僧採菜，被野豬所傷。䂮初不憶此，迺詣諦父。諦父具說本末，並示書鎮、麈尾等。䂮迺悟而泣曰：「即先師弘覺法師也。師經為姚萇❾講《法華》，貧道為都講❿，姚萇餉師二物，今遂在此。」追計弘覺捨命，正是寄物之日，復憶採菜之事，彌深悲仰。

諦後遊覽經籍，遇目斯記⓫，晚入吳虎丘寺，講《禮》、《易》、《春秋》各七遍，《法華》、《大品》、《維摩》各十五遍。又善屬文翰，集有六卷，亦行於世。性愛林泉，後還吳興，入故章崐山，閑居澗飲⓬二十餘載。以宋元嘉末卒於山，春秋六十餘。

【注　釋】❶康居　古西域國名，約在今巴爾喀什湖和鹹海之間。❷中國　這裡指中原地區。❸別駕　官名。在晉宋，州的刺史設有別駕，屬刺史的佐吏，總理庶務。❹晝寢　睡午覺。❺書鎮　用來壓住書頁的物品。❻樊鄧　樊，古邑名，在今河南濟源西南。鄧，古邑名，在今河南郾城東南。❼僧碧　參見本書卷六〈釋僧碧傳〉。❽阿上　阿，本意為迎合，引申為相合、相同。上，指長輩。阿上，即為與長輩的名字相同。❾姚萇　後秦的建立者，羌族人，生於西元三三〇年，卒於西元三九三年，於西元三八六年建立後秦稱帝，國號大秦，都城長安。他是姚興的父親，姚興繼他而後為後秦國君。❿都講　指講經時負責發問的僧人。魏晉南北朝時佛教學者講經，採取一問一答的方式，由都講發問，然後由講經者詳加解說闡發。《大宋僧史略》卷上記有：「支遁至會稽王內史請講《維摩》，許詢為都講。許發一問，眾謂支無以答。支答一義，眾謂詢無以難。如是問答，連環不盡。」⓫遇目斯記　遇目，眼睛看到。遇目斯記，謂一看就能記住，即過目不忘。⓬閑居澗飲　即悠閑無事，渴了就飲澗中的水。閑居，悠閑地居住。飲澗，飲澗中的水。按，這是對隱居生活的一種形容和表達，也即指隱居。

【語　譯】釋曇諦，俗姓康，他的祖先是康居國人，在漢靈帝時移居到中原；漢獻帝末年，天下大亂，又移居到吳興縣。曇諦的父親名叫彤，曾經出任過冀州別駕一職。他的母親黃氏在一次睡午覺時，夢見一個僧人呼喚她為母親，又留下一柄麈尾和鐵鏤書鎮二枚。她醒來時，見這兩樣東西都還在，因而就懷孕生了曇諦。曇諦五歲時，他的母親把麈尾和書鎮拿出來給他看。曇諦說：「這是秦王贈送給我的東西。」母親說：「這些東西送給你以後，你把它放在什麼地方了？」曇諦回答道：「忘了。」

曇諦十歲時出家為僧，但沒有師從任何人，他對佛教的悟解，全憑自己天生的悟性。後來，他隨父親到了樊邑、鄧邑一帶，遇見了關中的僧碧和尚。曇諦忽然叫了僧碧的名字，僧碧就問他：「你這個小小兒童，為什麼直呼老年人的名字呢？」曇諦回答道：「剛才我喊的和您老名字相同的人，原是我從前的沙彌。他曾給眾位僧人採菜，被野豬咬傷了。我想起這事，就不由得失聲喊出了他的名字。」僧碧曾是弘覺法師的弟子，曾經為給眾僧採菜，被野豬咬傷。這件事，起初他已想不起來了，於是他就去拜訪曇諦的父親。曇諦的父親就把曇諦出生的前前後後告訴了僧碧，又把書鎮、麈尾拿出來給僧碧看。僧碧這才明白是怎麼回事，就哭了起來，說：「原來他就是我的先師弘覺法師啊。先師曾經為後秦國君姚萇講《法華經》，當時我在旁邊擔任都講。姚萇贈送了先師這兩樣東西，今天這些東西竟然在這裡。」他回想起弘覺法師死的時候，也正是姚萇贈送他這兩樣東西的日子，又想起自己為眾僧採菜的往事，更加深了悲傷和對先師的敬仰。

曇諦後來瀏覽經書，過目不忘。後來他去了吳虎山的丘寺。在這裡他講授《禮》、《易》、《春秋》各七遍；講授《法華經》、《大品般若經》、《維摩詰經》各十五遍。他還擅長於寫文章，結集為六卷之多，也都流行於世。他天性愛好山林泉水，後來就回到吳興縣，住進了故章崐山，在這裡隱居了二十多年。宋元嘉末年，曇諦在山中去世，享年六十多歲。

宋壽春石礀寺釋僧導 僧因 僧音 僧威

釋僧導，京兆人。十歲出家，從師受業，師以《觀世音經》授之。讀竟諮師：「此經有幾卷？」師欲試之，乃言：「止有此耳。」導曰：「初云『爾時無盡意』，故知爾前已應有事。」師大悅之，授以《法花》❶一部。於是晝夜看尋，粗解文義。貧無油燭，常採薪自照。

至年十八，博讀轉多。氣幹雄勇，神機秀發，形止方雅，舉動無忤。僧叡見而奇之，問曰：「君於佛法且欲何願？」導曰：「且願為法師作都講。」叡曰：「君方當萬人法主，豈肯對揚小師❷乎？」迄受具戒，識洽愈深，禪律經論，達自心抱。姚興欽其德業，友而愛焉。入寺相造，迺同輦還宮。及什公譯出經論，並參議詳定。導既素有風神，又值關中盛集，於是謀猷❸眾典，博採真俗，迺著《成實》、三《論》義疏及〈空有二諦論〉等。

後宋高祖西伐長安，擒獲偽主，蕩清關內❹，既素籍❺導名，迺要與相見，謂導曰：「相望久矣，何其留滯殊俗❻？」答曰：「明公盪一九有，鳴鑾河、洛，此時相見，不亦善乎？」高祖旍旆❼東歸，留子桂陽公義真鎮關中，臨別謂導曰：「兒年小留鎮，願法師時能顧懷。」義真後為西虜勃人赫連❽所逼，出自關南。中塗擾敗，醜虜乘凶追騎將及。導率弟子數百人遏於中路，謂追騎曰：「劉公以此子見託，貧道今當以死送之，會不可得，不煩相追。」群寇駭其神氣，遂迴鋒而反❾。義真走竄于草，會其中兵段宏，卒以獲免，蓋由導之力也。高祖感之，因令子姪內外師焉。後立寺於壽春，即東山寺也。常講說經論，受業千有餘人。會虜滅佛法❿，沙門避難投之者數百，悉給衣食。其有死於虜者，皆設會行香，為之流涕哀慟。至孝武帝昇位，遣使徵請，導翻然應詔，止于京師中興寺，鑾輿降蹕⓫，躬出候迎。導以孝建之初，三綱更始⓬，感事懷惜，悲不自勝。帝亦哽咽良久，即敕於瓦官寺開講《維摩》。帝親臨幸，公卿畢集。導登高座曰：「昔王宮託生⓭，雙樹現滅⓮，自爾以來，歲逾千載，淳源永謝，澆風不追。給苑丘墟⓯，鹿園蕪穢⓰。九十五種⓱以趣下為升高；三界群生，以火宅⓲為淨國。豈知上聖流涕，大士⓳棲惶者哉？」因潸然泫淚，四眾為之改容。又謂帝曰：「護法弘道，莫先帝王。陛下若能運四等心⑳，矜危勸善，則此沙土瓦礫，便為自在天宮。」帝稱善久之。坐者咸悅。後辭還壽春，卒於石磵，春秋九十有六。

時有沙門僧因，亦當世名匠，與導公相次。或問因云：「法師與導公孰愈？」答云：「吾與僧導同師什公，準之孔門，則導公入室，吾可升堂㉑。」

導有弟子僧音、僧威等，並善《成實》。

【注釋】❶法花　即指《法華經》。花，通「華」。❷對揚小師　謂都講祇不過是通過對答來張揚主講法師的小小法師而已。對揚，通過對答而得到發揚。小師，小法師，這是與主講法師相比較而言的，因為僧導說自己願做「都講」（參見本卷〈釋曇諦傳〉「都講」條注釋），也就是由都講發問，來引出主講者的解釋闡發，這樣，學問名聲得以張揚的是主講法師，都講祇不過是一個配角，所以僧叡這麼說。❸謀猷　計謀，即有計畫地尋求。❹宋高祖西伐長安三句　宋高祖，指劉裕。偽主，指後秦國君姚泓。蕩清關內，指後秦國滅亡。按東晉義熙十二年，後秦國君主姚興病卒，他的兒子姚泓繼位，但兄弟間互相殘殺，爭奪王位，關中大亂。東晉劉裕乘機率大軍兵分四路北伐後秦，進攻關洛。途經黃河，擊敗北魏軍，第二年進克洛陽，至潼關，命大將王鎮惡直趨長安，姚泓投降，後秦亡。❺籍　原作「藉」，大正藏本作「籍」。記得、知道之義，以「籍」為宜。❻殊俗　異俗；不同的風俗。按因為後秦是羌族所建的國家，風俗與漢族不同，所以有此說。❼旍旆　旍，同「旌」。即旌旗。旆，大旗。旍旆，代指大軍車駕。❽西虜勃人赫連　西虜，實際指西夏，《高僧傳》作者慧皎本人站在以漢人和晉為正統的立場上，對非漢族的少數民族蔑稱為「虜」。勃人赫連，即西夏主赫連勃勃。他是十六國時期夏國的建立者，屬匈奴族鐵弗部，字屈孑，起初屬於後秦姚興，於始九年（西元四〇七年）擁兵自立，稱大夏天王、大單于，年號龍昇。又於鳳翔元年（西元四一三年）築都城，名為統萬（在今陝西靖邊北白城子）。劉裕佔領長安，後秦滅亡後，這時因在東晉朝廷坐鎮的尚書左僕射劉穆之病故，劉裕怕政權旁落他人之手，便留自己的次子劉義真鎮守長安，王修、王鎮惡等率兵萬餘輔佐，自己倉猝返回建康。但長安的東晉留守軍內部發生內訌，夏主赫連勃勃乘機奪取關中，劉義真被迫撤出長安。❾迴鋒而反　即調轉馬頭返回。

迴，原作「𢌞」，「𢌞」的異體字，大正藏本作「迴」。以「迴」字為宜。❿虜滅佛法　指北魏太武帝拓跋燾滅佛一事。北魏太平真君七年（西元四四六年）太武帝幾次下令滅佛，說「諸有佛圖形象及胡經（按即指佛經），盡皆擊破焚燒，沙門無少長悉坑之」（《魏書・釋老志》）。結果，據《南齊書・魏虜傳》記載：「初，佛狸（按即太武帝）討羯胡於長安，殺道人且盡。」長安的寺廟焚盡僧人殺光。本書卷一〇〈釋曇始傳〉也記載「偽太平七年，遂毀滅佛法。分遣軍兵，燒掠寺舍，統內僧尼，悉令罷道。其有竄逸者，皆遣人追捕，得必梟斬。一境之內，無復沙門。」⓫鑾輿降蹕　謂皇帝從車駕裡出來步行迎接僧導。這是最尊重的禮節。鑾輿，皇帝的車駕。蹕，皇帝所走的路。⓬三綱更始　三綱，指君為臣綱、父為子綱、夫為妻綱，這裡用以代表朝廷和社會秩序。更始，重新開始。劉宋從宋文帝三十年到孝武帝元年連續發生太子劉劭弒殺宋文帝和諸王子內戰、南郡王劉義宣要推翻孝武帝自立的戰亂，這用古人的眼光看，就是三綱紊亂。劉義宣失敗後，孝武帝才算開始建立起自己的統治，這就是三綱更始，謂朝廷和社會的秩序又重新開始建立起來。⓭王宮託生　指佛陀釋迦牟尼出生於王宮。釋迦牟尼是飯淨王的太子，所以有此說。託生，即托生，佛教認為，人的出生，衹是靈魂轉世，母腹衹是藉以轉生的地方，所以稱出生為托生。⓮雙樹現滅　謂佛陀在娑羅雙樹間顯示寂滅。雙樹，即娑羅雙樹，又作娑羅林，佛陀釋迦牟尼快要死的時候，進入拘尸那城阿夷羅跋提河邊的娑羅樹林中，在一處四面各有二株連生的娑羅樹間死去。佛教視佛陀的死為涅槃，也就是寂滅，所以雙樹又用於指佛陀涅槃的地方。⓯給苑丘墟　謂講經說法的地方已經變成了廢墟，喻佛教被蹂躪後的殘況。給苑，即給孤獨園，佛陀釋迦牟尼傳授佛法的地方之一，參見本書卷六〈釋僧肇傳〉「釋迦祇桓之集」條注釋，這裡有泛指佛寺之義。丘墟，即廢墟。⓰鹿園蕪穢　謂佛陀釋迦牟尼說法度人的地方已經荒蕪而充滿了穢物。鹿園，即鹿野苑，釋迦牟尼成道後，到中天竺波羅奈國的鹿野苑，向他的侍從阿若憍陳如等五人說法，使他們覺悟，代稱佛陀說法度人的地方。蕪穢，即荒蕪而充滿了穢物。⓱九十五種　即九十五種外道。佛陀釋迦牟尼活動時期印度約有九十五種外道，後即以此代稱佛教以外的一切邪說。⓲火宅　即失火了的房子，裡面的人面臨被燒死的危險。這是一個比喻。《法華經》、《維摩詰經》都將世俗世界比作「火宅」。火指人的欲望，欲望如火能燒死人。後來漢語中如欲火中燒、淫火之類的詞語，均出於這個比喻。⓳大士　即菩薩。⓴四等心　又譯為四梵住、四梵堂、四無量心，是菩薩普度眾生所具的四種心，也即四種精神，即慈無量心，思維如何為眾生做好事而給予歡樂；悲無量心，思維如何才能拯救眾生於苦難中；喜無量心，見到眾生有人離苦得樂而心中歡喜；捨無量心，對眾生無憎無愛，平等對待。如此修行後，可以往生大梵天為神。四無量心之所以又稱四等心，是因為其中貫注了一切平等智，視眾生平等沒有差別。簡稱即慈悲喜捨。㉑導公入室二句　謂僧導的造詣很深，已悟得佛法真諦，我則可以算是已經入門，尚比不上僧導。入室，原指進入內室。升堂，原指登上客廳。《論語・先進》：「子曰：『由也升堂矣，未入於室也。』」後世即以入室比喻學問或技藝已得師傳，造詣高深；升堂比喻學問技藝已入門，比入室差一等。

【語　譯】釋僧導，京兆人。他十歲時出家，跟隨師傅學習。師傅向他傳授《觀世音經》。他讀完後，問師傅：「這部經有幾卷？」師傅想要試探他，就說：「就這麼多了。」僧導說：「經文開始時說『爾時無盡意』，無盡意是一位菩薩的名字，因此，這一句的前面應該有其他的事情。」師傅聽了很高興，傳授給他一部《法華經》。於是僧導日日夜夜地閱讀研究《法華經》，能夠大略了解經義。因為貧窮，他沒有燈油蠟燭，就常採樹枝來點燃作照明用。

到十八歲時，僧導閱讀的經書愈來愈多。他身軀雄壯，氣概威武，聰明機智，儀態文雅，舉動溫順。僧叡看見僧導時，覺得他是一個奇人，便問他：「您對佛法有什麼心願？」僧導說：「我祇希望能為法師您作個都講。」僧叡說：「您將來能成為萬眾法主，怎麼肯為我做對答的小法師呢？」僧導受具足戒後，才識學問愈發深厚，對禪法、戒律、經、論，都通達於心。姚興欽慕他的德行，對他友好而又敬愛，若到寺院去拜訪他，就和他同乘一輛車子回宮。鳩摩羅什翻譯出經論後，僧導也參與對譯文的推敲審訂。僧導素有文采，又正遇上關中名僧大德聚集，人才濟濟，他就有計畫地尋求各種典籍，博採真諦、俗諦，著《成實論義疏》、《三論義疏》和〈空有二諦論〉等論文。

後來，宋高祖西伐長安，擒獲後秦國君，占領了關中。他久聞僧導大名，就邀請僧導來相見。他對僧導說：「我盼望您已經很久了，您為何滯留在這異俗之邦呢？」僧導回答說：「明公您現在蕩平一方而擁有一切，車駕的鈴佩迴響在這黃河、洛水之間，正是您大獲全勝的時候，我們此時相見，不是很好嗎？」宋高祖的車駕兵馬東歸，他留下自己的兒子桂陽公劉義真鎮守關中，臨分別時，他對僧導說：「我的兒子年紀尚小，留下來鎮守這裡，望法師時常關懷。」劉義真後來被西夏赫連勃勃所逼，從關中南部撤出，中途他被襲擊而失敗。凶惡的胡人趁著氣焰強盛騎馬追擊，快要趕上時，僧導率領弟子幾百人在半路上擋住他們的去路。僧導對追擊的騎兵說：「劉公把他的這個兒子託付給我，我今天就是死也要把他送還給他，你們見不到他了，不必再追了。」群寇被他的氣勢所震攝，便調轉馬頭返回去了。劉義真在草叢中奔走逃竄，遇到他的中兵段宏，終於得以逃脫。這都是由於僧導的相助。宋高祖非常感激僧導，就命令自己的子姪們作為俗家弟子拜他為老師。僧導後來在壽春修立了一座寺院，這就是東山寺。他在這裡常常講說佛教經論，跟隨他學習的有一千多人。當北魏太武帝滅佛法時，沙門避難投奔他的有數百人之多，僧導都贈給他們衣服食物。其中有死在胡虜手中的，則都為他們設立法會燒香，為他們哀慟地痛哭流涕。到宋孝武帝登基稱帝時，他曾派遣使者來請僧導。僧導立即應詔前往，住在京師的中興寺。孝武帝從他乘坐的鑾車中走下來，親自迎接他。僧導因為孝建初年經過內訌，發生大亂，朝廷和社會秩序剛開始重新建立，不由得觸景生情，感懷往事，悲哀之情無法抑止。孝武帝也哽咽傷心了很久，當即下令，請僧導在瓦官寺開堂講授《維摩詰經》，孝武帝親自駕臨，公卿大臣全部來聽。僧導登上講座，說：「從前佛祖托生於王宮，在娑羅雙樹間顯示寂滅。從那以來，時光已過千年，淳厚之源已經永遠消逝，如今世情浮薄，以致寺廟變成荒墟，法堂荒蕪，穢物叢生。九十五種外道，把墮落當作高尚；三界眾生，視火宅為淨土，哪裡知道上智聖人為此傷心流淚，菩薩慈悲為此惶惶不安呢？」說完，不禁淒然落淚，周圍的眾人也因此悲哀。僧導又對孝武帝說：「保護寺廟和僧人，弘揚佛法，最有力的莫過於帝王。陛下您如果能發四無量心，在此艱難時刻，大力勸善，即此沙土瓦礫，就是自在天堂了。」孝武帝連連稱好，在座的人都很高興。僧導後來辭別京師，回到壽春，在石磵寺去世，享年九十六歲。

當時有一位沙門僧因，也是當世著名的高僧，僅次於僧導。有人問僧因：「法師您與導公誰更強些呢？」僧因說：「我和僧導一同師從鳩摩羅什，如果借用孔門的標準來說，則導公已經入室，我則可以說已經升堂。」

僧導有弟子僧音、僧威等人，都擅長《成實論》。

宋蜀武擔寺釋道汪　普明　道闇

釋道汪，姓潘，長樂❶人。幼隨叔在京，年十三投廬山遠公出家。研綜經律，雅善《涅槃》，蔬食數十余年。嘗行梁州❷，道汪為羌賊所圍，垂失衣鉢。汪與弟子數人，誓心共念觀世音。有頃，覺如雲霧者覆汪等身。群盜推索不見，於是獲免。後聞河間玄高法師，禪慧深廣，欲往從之。中路值吐谷渾之難❸，遂不果行，於是旋于成都。

徵士❹費文淵初從受業，乃立寺於州城西北，名曰祇洹。化行巴蜀，譽洽朝野。梁州刺史申坦與汪有舊，坦後致故，汪將往省之，仍欲停彼。費文淵乃上書刺史張悅曰：「道汪法師，識行清❺白，風霜彌峻，卓爾不群，確焉難拔。近聞梁州遣迎，承教旨許去，闔境之論，僉曰非宜。鄙州邊荒，僧尼出萬，禪戒所資，一焉是賴，豈可水失其珠，山亡其玉。願鑒道俗之誠，令四輩❻有憑也。」悅即敦留，遂不果行。悅還都，具向宋孝武述汪德行。帝即勅令，迎接為中興寺主。汪迺因悅固辭以疾，遂獲免。於是謝病下帷❼，絕窺人世❽。

後劉思考臨州，大設法祀，請汪講說，迺應請。或問：「法師常誓守靖，何以虧節？」答曰：「劉公篤信，方欲大法憑之，何辭小勞耶？」先是峽中人，每於石岸之側，見神光夜發。思考以大明❾之中，請汪於光處起寺。即崖鐫像，因險立室。行途瞻仰，咸發淨心。後王景茂請居武擔寺為僧主，勵眾清謹，白黑歸依。以宋泰始元年❿卒於所住，顧命令闍維⓫之。劉思考為起塔於武擔寺門之右。景和元年⓬，蕭惠開西鎮成都，承汪高譽，思共講道。行至中途，聞汪已逝，迺歎曰：「惜也，吾不及其人。文舉⓭之追康成⓮，曾何足道？」其為時賢所惜如此。

時蜀江陽寺釋普明、長樂寺釋道闇，並戒德高明。明蔬食誦經，苦節通感。闇學兼內外，尤善談吐，吳國張裕請為戒師云。

【注　釋】❶長樂　長樂縣，南朝宋置，治所在今山東高青東南。❷梁州　三國時魏國置，南朝宋時治所在南鄭縣（今陝西漢中東）。❸吐谷渾之難　吐谷渾，當時西北的一個少數民族。魏太平真君六年（西元四四五年）北魏攻擊吐谷渾，吐谷渾首領慕利延西被迫率族走于闐，遠征罽賓。次年返回故土。《魏書・吐谷渾》有載。❹徵士　指曾被朝廷徵召為官，而推辭不就的人。❺清　原作「漬」，大正藏本作「清」。以「清」為宜。❻四輩　指佛教的戒外四聖，即佛、菩薩、聲聞、緣覺，合稱四輩。❼下帷　放下帷帳。這裡指不再講經說法。❽絕窺人世　不再窺視人世。指斷絕與世俗的來往。❾大明　劉宋孝武帝的年號。按孝武帝有兩個年號，一是孝建（西元四五四至四五六年）共三年，一是大明（西元四五七年至四六四年）共七年。❿宋泰始元年　泰始，劉宋明帝年號。泰始元年，即西元四六五年。⓫闍維　指僧人死後火化、火葬。⓬景和元年　景元，劉宋前廢帝年號，景和元年即西元四六五年。按，也就在這一年前廢帝被廢，明帝即位，故景和元年與泰始元年是同一年。⓭文舉　似應指孔融。孔融字文舉，東漢名儒兼文學大家，生於西元一五三年，卒於西元二〇八年。《後漢書・孔融傳》記他曾「立學校，表顯儒術，薦舉賢良鄭玄……等。郡人甄子然、臨孝存知名早卒，融恨不及之。」〈鄭玄傳〉記：「孔融深敬於玄，屣履造門。」玄即鄭玄。但孔融「恨不及之」者並非鄭玄，而是甄子然、臨孝存。⓮康成　指鄭玄，字康成，東漢著名經學家，生於西元一二七年，卒於西元二〇一年，北海高密（今山東高密）人。他曾入太學學習今文《周易》和《公羊》學，又師從張恭祖學習《古文尚書》、《周禮》、《左傳》，最後師從馬融學習古文經書。遊學回鄉後，聚徒講學，弟子上千，因黨錮之禍被禁止講學後，他潛心著述，遍注群經，是東漢經學的集大成者。他的學問，史稱鄭學。《後漢書》有傳，稱「孔融深敬於玄，屣履造門」。

【語譯】釋道汪，俗姓潘，長樂人。他幼年時隨叔父住在京城，十三歲時投廬山慧遠出家，研習佛經和戒律，擅長《涅槃經》，素食幾十年。道汪到梁州的時候，被羌族人包圍，失去了衣鉢。他就和弟子數人，一起虔誠地念觀世音。過了一會兒，就好像有雲霧覆蓋在他們幾人身上，以致那群強盜無論怎樣也找不到他們，終於逃脫了一場災難。後來，道汪聽說了河間玄高法師的禪法和智慧均很深廣，就想去師從他學習，但走到半路，正逢吐谷渾族發生戰亂，結果沒有去成，於是他就轉向成都。

在成都，起初有徵士費文淵師從於他學習，為他在城西北建立了寺廟，寺廟名為祇洹寺。在這裡，他的教化流傳於巴蜀，聲譽遍及朝野。梁州刺史申坦和他是舊交，後來向他致以故舊之情，他就前往梁州拜訪申坦，打算留在那裡。但這時費文淵上書刺史張悅說：「道汪法師的見識透徹，德行純潔，猶如松柏，經歷風霜而更加挺拔，卓爾不群，堅挺不拔。近日，聽說梁州刺史派遣使者來迎接他去，已經承您同意，允許他前往。成都境內的人議論這件事，都說不宜讓他離去。我們州處於邊陲荒蠻之地，僧人尼姑超過萬人，禪法、戒律全靠他一人傳授，怎麼可以讓河水失去珍貴的明珠，山峰失去所藏的美玉？望您明鑑佛門與世俗眾人的誠意，留下他，使佛、菩薩、聲聞、緣覺四輩留有憑據。」張悅於是當即誠懇地挽留他，結果，道汪也就沒有走。張悅回到京城，向宋孝武帝講述了道汪的德行。孝武帝當即下令，迎接道汪到京師中興寺來當寺主。道汪請張悅以生病為由堅決推辭，終於得以免除了這項任命。這之後，道汪也就以生病為由，停止講經，斷絕了與世俗的交往。

後來，劉思考出任益州刺史，大設法會祭祀，請道汪講經，道汪承允了。有人便問他：「法師您常常發誓說要嚴守清淨，不再進入俗世，為什麼現在肯損害自己的節操？」道汪回答說：「劉公篤信佛教，正想憑藉佛教的教化，我又怎能推辭這麼一點點小事呢？」先前，山峽中的人經常看見江水石岸一側在夜間發出神奇的光。劉思考便在大明年間，請道汪在發光處修建佛寺。於是他就在山崖上雕刻了佛像，在險峻處修建了廟宇。行人路過這裡，觀瞻朝拜，都得以發生信仰之心。後來，王景茂請道汪到武擔寺任僧主。道汪在這裡勉勵眾人修淨持戒。僧俗莫不心悅誠服，都歸依於他。宋泰始元年，道汪在他所住的寺廟中去世。他在臨終時遺命，將他的屍體火化。劉思考為他在武擔寺門的右側建了塔。景和元年，蕭惠開西來鎮守成都，聽說了道汪的高名，想和他一同論說佛法，在途中聽到道汪已經去世的消息，不禁長歎道：「可惜啊，我沒有趕上與他相見。孔文舉對鄭康成敬慕至深，然而與我對道汪的敬慕之情相比，簡直微不足道。」道汪之死，引起當時賢人的如此痛惜。

當時，蜀郡江陽寺的釋普明、長樂寺的釋道闇，都是戒行品德高尚的人。普明食素，誦讀佛經，以苦守戒律而感通神靈。道闇兼學內典、外典，尤其擅長論說，吳國的張裕曾請他做自己受戒的法師。

宋山陰天柱山釋慧靜

釋慧靜，姓邵，吳興餘杭人。居貧履操，厲行精苦，風姿秀整，容止可觀。始遊學廬山，晚還都進業。解兼內外，偏善《涅槃》。初住治城寺，顏延之、何尚之並欽慕風德。顏延之每嘆曰：「荊山之玉，唯靜是焉。」及子竣❶出鎮東州，攜與同行，因栖于天柱山寺。及大明之中，又遷居剡❷之法華臺。後憩東峁❸山，處處磐遊，並以弘法為務。年過知命❹，志節彌堅。宋太始❺中卒，春秋五十有八。所著文翰❻，集為十卷。

【注釋】❶竣　指顏竣，字士遜，顏延之的兒子，劉宋孝武帝初年，他因參與孝武帝軍機，打敗劉劭，為孝武帝登基建有大功，官至右將軍、丹陽尹、東揚州刺史，後因他進讒言謀害王僧達一案被揭破，革職下廷尉審判，處死。《宋書》有傳。❷剡　即剡縣，西漢時置，在今浙江嵊縣。❸岬　大正藏本作「仰」。❹年過知命　謂過了五十歲，《論語》：「五十而知天命。」後世即以五十歲為知命之年。❺太始　太，應作「泰」。劉宋無「太始」年號而有「泰始」年號，即宋明帝泰始年號，當西元四六五年至西元四七一年。❻文翰　即文章、文辭。

【語譯】釋慧靜，俗姓邵，吳興餘杭人。他安於貧寒，謹守戒律，堅持守戒的苦忍。慧靜相貌清秀，身姿修整，儀態出眾。起初，他曾到廬山學習，後來又到京師進修。他兼通內典、外典，而偏好《涅槃經》。在京師他起初住在治城寺。顏延之、何尚之都欽佩、仰慕他的美德。顏延之常讚歎道：「荊山的美玉，祇有慧靜才是。」顏延之的兒子顏竣出鎮東州時，帶著慧靜同行，慧靜因而住進了天柱山寺。到孝武帝大明年間，他又遷住到剡縣的法華臺。後來，他又住在東岬山。他來回遷移，都必以弘揚佛法為己任。到了年過五十歲時，他弘揚佛法的志向益發堅定。慧靜於宋明帝泰始年間去世，享年五十八歲。他所寫的文章，共結集為十卷。

宋長沙麓山釋法愍　僧宗

釋法愍，北人，弱年慕道，篤志經籍，十八出家，便遊踐州國，觀風味道❶。《般若》、數論，及諸經律，皆所遊刃。後憩江夏郡五層寺。時沙門僧昌，於江陵城內立塔。刺史謝晦❷欲壞之，愍聞故往諫晦。晦意不止，愍於是隱迹於長沙麓山，終身不出。晦迺率儀❸至寺，厚賜酒肉，嚴鼓振威，斬斫形像❹。俄而雲霧暗天，風塵四起，晦驚懼而走，後以叛逆誅滅。隊人丁法成、史僧雙見身癩病❺，餘多犯法而死。愍迺著〈顯驗論〉，以明因果，並注《大道地經》。後卒於山中，春秋八十有三，弟子僧道立碑頌德。

時始興郡❻靈化寺有比丘僧宗，亦博涉經論，著〈法性〉、〈覺性〉二論云。

【注　釋】❶觀風味道　觀風，考察、觀覽風俗。味道，體味道；悟道。❷謝晦　字宣明，陳郡夏陽（今河南太康）人，東晉時任劉裕大軍太尉主簿，後遷右將軍，加侍中。謝晦淵博有文采，多才多藝，文武雙全，儀容出眾，為劉裕所喜愛。他和族叔謝混一同跟隨劉裕，劉裕曾高興地說自己：「一時頓有兩玉人。」入劉宋後，謝晦因輔佐劉裕開國有功，封武昌縣公。劉裕在位三年，臨終，命徐羨之、傅亮、檀道濟、謝晦等為顧命大臣，輔佐少帝（太子劉義符）即位。少帝失德荒政，景平二年（西元四二四年）徐羨之等輔政大臣共擬通過太后廢少帝，由謝晦出任荊州刺史，迎劉裕第三子劉義隆即位。劉義隆即位為宋文帝後，不能容忍大臣擅自廢立，於元嘉三年（西元四二六年）殺徐羨之、傅亮。又派兵討伐謝晦。謝晦屢上奏章以自己跟隨劉氏十七年轉戰南北，忠誠不二，但為宋文帝不容，終被逼反。宋文帝親率六軍進攻荊州，謝晦兵敗被誅，時年三十七歲。《宋書》有傳。❸率儀　儀，儀衛的略稱。率儀，謂率領衛隊。❹形像　指寺廟中供奉的佛像。❺見身癩病　謂報應現身為癩病。見身，猶現身。見，即現。❻始興郡　三國時吳國置，治所在曲江縣（今廣東韶關東南蓮花嶺下）。

【語　譯】釋法愍，是北方人。他少年時就傾慕佛法，一心想學習佛教經籍。法愍十八歲出家，便遊歷各州郡邦國，觀覽風俗參悟佛法。《般若經》、數論，以及諸多佛經戒律，他都精通。他後來住在江夏郡的五層寺。當時有一沙門僧昌，在江陵城內修建了一座佛塔。荊州刺史謝晦要將塔毀掉，法愍聽說後，前去勸諫謝晦。謝晦不聽。法愍於是隱居到長沙的麓山，終生不出山門。謝晦率領衛隊來到寺院，賜給他們豐厚的酒肉，嚴令他們擂鼓振威，砍斫佛像。不一會兒，雲霧籠罩，天昏地暗，風沙四起，漫天飛揚。謝晦大驚，恐懼地奔逃出寺院。後來，謝晦終因謀反叛亂被誅殺。他的部下丁法成、史僧雙則全身生出癩瘡，其餘的人也都犯法被殺。於是，法愍就撰寫了〈顯驗論〉，用這件事來說明因果報應，並注釋了《大道地經》。他後來在山中去世，享年八十三歲。他的弟子僧道為他立碑，頌揚他的德行。

當時始興郡靈化寺有一位比丘，名叫僧宗，也是廣博地學習佛經法論，撰寫了〈法性論〉和〈覺性論〉二篇論文。

宋京師北多寶寺釋道亮 靜林 慧隆

釋道亮，不知何許人，住京師北多寶寺。神悟超絕，容止可觀，而性剛忤物❶，遂顯於眾❷。元嘉之末，被徙南越，時人或譏其不能保身，亮曰：「業理所之❸，特非人事。」於是命侶宵征❹，南適廣州。弟子智林等十二人隨之。停南六載，講說眾經，化陶嶺外。至大明中，還止京兆，盛開法席。著《成實論義疏》八卷。宋太始中卒，春秋六十有九。

時多寶寺復有靜林、慧隆。林善《大涅槃》，為宋孝武所器敬。隆亦善眾經及數論，又苦節通靈。隆患心氣積時，夜有非人送藥，云秣陵令所送。授器已，奄然不見，隆取一服，所苦即瘳。

【注　釋】❶性剛忤物　謂性格剛直常會觸犯、惹惱別人。忤物，觸犯人；與人不合。❷顯於眾　指僧人犯戒者按佛法在僧人共住處懺悔和受罰。❸業理所之　謂因果報應之理在何時何地以什麼方式顯現。業理，即因果報應之理。所之，到某處去。❹命侶宵征　在夜間行路。侶，伴侶；同伴。宵征，夜間趕路。

【語　譯】釋道亮，尚不知他的出身履歷，他住在京師北多寶寺。他的悟性超絕如神，儀態出眾，而性格剛直，不隨波逐流，常會得罪人，因而曾被責罰在大眾中自責懺悔，元嘉末年，被逐往南越。當時有人曾諷刺他尚不能自保其身。道亮說：「因果報應之理的顯現，不是人力所能及的。」於是，他就要同行的人連夜趕路，前往南方，到了廣州，他的弟子智林等十二人跟隨著他。他在南方住了六年，講說多部經典，教化陶冶了嶺南。到大明年間，他回到京兆，大開講席。他著有《成實論義疏》八卷。道亮卒於宋太始年間，享年六十九歲。

時多寶寺還有靜林、慧隆。靜林擅長《大本涅槃經》，受到宋孝武帝的器重禮敬。慧隆也擅長多部經典及數論，又持律苦忍而能通靈。慧隆患心氣積痛時，夜裡曾有神靈給他送藥，告訴他，這藥是秣陵縣令所送，然後把東西都交給他，就忽然不見了。慧隆取這藥一服，病立即就痊愈了。

宋丹陽釋梵敏　僧籥

釋梵敏，姓李，河東❶人。少遊學關隴❷，長歷彭泗❸，內外經書，皆闇遊心曲。晚憩丹陽，頻建講說。謝莊、張永、劉虬、呂道惠皆承風欣悅，雅相歎重。數講《法華》、《成實》，又序《要義百科》，略標綱紐❹，故文止一卷，屬辭省詣❺，見重當時。後卒於丹陽，春秋七十餘矣。

時又有釋僧籥者，本上黨❻人，善《涅槃經》，為張暢所重。

【注釋】❶河東　河東郡，秦置，治所在安邑縣（今山西夏縣西北禹王城）。❷關隴　泛指關中和隴山地區，即今陝西一帶。❸彭泗　泛指彭城（今江蘇徐州）和泗州（今江蘇宿遷）地區。❹綱紐　猶綱要。❺屬辭省詣　屬辭，猶遣詞。詣，主旨。屬辭省詣，文章寫得簡約而題旨明白。❻上黨　上黨郡，戰國韓置，西晉時治所在治潞縣（今山西黎城南古城）。

【語　譯】釋梵敏，俗姓李，河東郡人。他少年曾遊學於關、隴一帶，成年後又到過彭城、泗州一帶，佛經和世俗經書，他都熟記於心。後來，他又住在丹陽，多次開堂講經。謝莊、張永、劉虯、呂道惠等人聽了他的講說，都欣然接受，對他大加嘆賞推重。他多次講授《法華經》、《成實論》，又曾為《要義百科》作序。他的序文衹是簡略地標舉綱要，所以文章衹有一卷，但文辭簡約主題明白，為當時的人所看重。梵敏後來卒於丹陽，享年七十多歲。

當時還有一位釋僧籥，本是上黨人，擅長《涅槃經》，為張暢所器重。

宋京師中興寺釋道溫　僧慶　慧定　僧嵩

釋道溫，姓皇甫，安定朝那❶人，高士謐❷之後也。少好琴書，事親以孝聞。年十六入廬山，依遠公受學。後遊長安，復師童壽❸。元嘉中還止襄陽檀溪寺。善大乘經，兼明數論，樊、沔學徒並師之。時吳國張邵❹鎮襄陽，子敷❺隨之，敷聽溫講還，邵問溫何如，敷曰：「義解足以析❻微，道心未易可測。」邵躬往候之，方挹其神俊。後從容❼謂曰：「法師儻能還俗，當以別駕相處。」溫曰：「檀越乃以桎梏誘人。」即日辭往江陵，邵追之不及，歎恨。

孝建初被勅下都，止中興寺。大明中，勅為都邑僧主❽。路昭皇太后大明四年十月八日造普賢像成，於中興禪房設齋，所請凡二百僧，列名同集，人數已定。于時，寺既新構，嚴衛甚肅❾。忽有一僧，晚來就座，風容都雅❿，舉堂矚目。

與齊主共語百餘許言，忽不復見。檢問門防，咸言不見出入，眾迺悟其神人。

遁時既為僧主，迺列言秣陵⑪曰：「皇太后睿鑒沖明，聖符幽洽，滌思淨場，研衿至境⑫。固以聲藻宸內⑬，事靈梵表⑭。迺創思鎔斵⑮，抽寫神華，摸造⑯普賢，來儀盛像⑰。寶傾宙珍，妙盡天飾。所設齋講，訖今月八日。覸會有限，名簿素定。引次就席，數無盈減。轉經⑱將半，景及昆吾⑲。忽睹異僧，預于座內。容止端嚴，氣貌秀發。舉眾驚嗟，莫有識者。齋主問曰：『上人何名？』答曰：『名惠明。』『住何寺？』答云：『來自天安。』言對之間，倏然不見。闔席悚愧，遍筵肅慮。以為明祥所貴⑳，幽應攸闡㉑。紫山可覿，華臺不遠㉒。蓋聞至誠所感，還景移緯㉓。澄心所徇，發石開泉。況帝德滔運，皇功懋洽。仁洞乾遐，理暢冥外。故上王盛士，尅表大明之朝；勸發妙身，躬見龍飛之室㉔。適若因陛下惠燭海隅，明華日月，故以『惠明』為人名。繼天興祚，式垂無疆，故以『天安』為寺稱。神基彌遠，道、政方凝㉕。九服咸泰㉖，萬寓齊悅。謹列言屬縣，以顯天休㉗。」「縣」即言「郡」。

時京兆尹孔靈符以事表聞，詔仍㉘改禪房為天安寺，以旌厥瑞焉。

遁後累當講任。稟味之賓㉙，填委相屬㉚，精懃導物㉛，數感神異。帝悅之，賜錢五十萬。時人為之語曰：「帝王傾財，溫公率則。上天懷感，神靈降德。」宋太始㉜初卒，春秋六十有九。

時中興寺復有僧慶、惠定、僧嵩，並以義學顯譽。慶善三《論》，為時學所宗。定善《涅槃》及《毗曇》，亦數當元匠。嵩亦兼明數論，末年僻執，謂佛不應常住。臨終之日，舌本先爛焉。

【注釋】❶安定朝那　安定，安定郡，西漢置，治所在高平縣（今寧夏固原），西晉移治安定縣（今甘肅涇川縣北涇河北岸）。朝那，朝那縣，西漢置，治所在今寧夏固原東南。❷謐　皇甫謐，魏、西晉之際的著名學者，皇甫嵩之子，字士安，二十多歲時，有感於亂世，產生隱逸的願望，發憤讀書，自耕自種維持生活而帶經耕讀，西晉武帝多次請他出來做官，均予謝絕。他反倒上表向武帝借書，武帝送他一車書。他後來患風疾，仍手不釋卷，所著詩賦甚多，又撰《帝王世紀年曆》、《高士傳》、《逸士傳》、《列女傳》、《甲乙經》、《玄宴春秋》等。❸童壽　指鳩摩羅什。❹張邵　字茂宗，吳郡吳（當時稱吳國，即今江蘇蘇州）人，東晉時曾任劉裕大軍太尉參軍。入宋後，劉裕因他有輔佐之功，封為臨沮伯，從荊州分出湘州，以張邵為湘州刺史，他鎮襄陽當在此時。元嘉五年，轉征虜將軍、領軍南蠻校尉、雍州刺史加都督，坐鎮雍州，後因營私舞弊，獲贓二百四十五萬，撤職查辦削爵，後又起用為吳興太守，卒於任上，生卒年不詳。❺敷　指張敷，參見本卷〈釋僧詮傳〉「張敷」條注釋。❻[木片]　析的異體字。❼從容　即慫恿、勸誘之義。❽都邑僧主　都邑，即京師；京城。僧主，即僧官。都邑僧主，即京師僧主。按，從東晉到南朝，僧官制度開始形成，但官名不統一。❾嚴衛甚肅　謂守衛很嚴密而且嚴肅。本傳之所以要特別突出這一點，是為了表明那個「神人」來無影無去蹤，在這樣嚴密的守衛之下也看不見他進出寺門。❿都雅　都，指相貌、面容美麗。雅，文雅。都雅，謂相貌美麗儀態文雅。⓫列言秣陵　列言，猶記錄。按道溫是京師僧主，有責任記錄所轄地區僧史大事。秣陵，原指秣陵縣，秦始皇時置，治所即今江蘇江寧（東山鎮）南秣陵鎮（今屬江蘇南京郊），東晉元熙元年（西元四一九年）移治揚州府禁防參軍署（今南京中華門外報恩寺附近），在當時屬晉、宋京師範圍之內，據本傳可知當時京師僧主道溫即住在秣陵。⑫研衿至境　研，尋之義。衿，即襟，喻心懷。至境，極境，這裡指佛國淨土。⑬聲藻宸內　謂聲譽傳遍皇宮之內。聲藻，即聲譽。宸內，皇宮之內。⑭事靈梵表　謂此事已通靈於天外。梵表，天外。⑮創思鎔斲　謂發心構思，熔鑄雕琢佛像。創思，創意構思。鎔，熔金鑄造。斲，雕琢。⑯摸造　即模造，猶如今之所謂塑造。摸，通「模」。⑰來儀盛像　謂皇太后贈送普賢菩薩像慶賀太平盛世。來儀，《尚書‧益稷》有「鳳凰來儀」一說，古人以為是瑞應，後略稱來儀，謂太平盛世即有鳳凰來儀（鳳凰飛來翱翔飛舞），在這裡喻指贈送普賢菩薩像一事。盛像，興旺繁榮的太平景象。⑱轉經　即誦經。⑲景及昆吾　謂太陽快要走到天空正中，即日中。昆吾，古丘名。中國神仙傳說，這是太陽正午所經之處。⑳賁　賁臨；光臨。㉑幽應攸闡　謂幽冥的感應如此分明。幽應，指幽冥、陰間鬼神的感應。攸闡，分明；明顯。㉒紫山可覿二句　謂仙人可以目睹，而佛主就在眼前。紫山，即紫臺，大約是為了避免重複用臺字，故換臺字為山字。紫臺，漢代神仙傳說，這是神仙所居之處，漢班固《漢武帝內傳》：「上元夫人語帝曰：『阿母今以瓊笈妙韞，發紫臺之文，賜汝八會之書，可謂至珍且貴。』」這裡代喻仙人。華臺，即蓮花臺，佛主的坐臺，這裡代喻佛主。㉓還景移緯　謂能使太陽倒轉，大地移動。景，即太陽。緯，經緯的略稱，指大地。古人以為「天圓地方」，大地是不動的。㉔龍飛之室　指帝王所在之室，這裡的「龍」指太后，這裡的「室」即中興寺禪室。因為路氏皇太后捐贈普賢菩薩像儀式在中興寺進行，她在禪室辦齋。㉕道政方凝　道，指佛道。政，指政治。道、政方凝，謂佛道政治合而為一，也即政教合一。㉖九服咸泰　謂天下太平。九服，相傳古代天子所居除京師以外的地方，按遠近分為九等，又稱九服，依次為京畿、侯服、甸服、男服、采服、衛服、蠻服、夷服、鎮服、藩服，這裡代指當今皇上所統治的天下。咸泰，都太平。㉗天休　天賜福祐。㉘仍　即今「乃」，按這是本書和當時的寫法，如《世說新語‧黜免》：「桓宣武既廢太宰父子，仍上表曰：『應割近情，以存遠計。若除太宰父子，可無後憂。』」簡文手荅表曰：『所不忍言，況過于言？』」宣武又重表，辭轉苦切。」這類寫法，在《晉書》、《宋書》、《世說新語》等當時的書籍中均是一樣，茲不多舉。㉙稟味之賓　稟，稟承；接受。味，體悟之義。稟味之賓，謂聽講經學佛道的人。㉚填委相屬　填委，堆積之義，這裡喻成群結隊。填委相屬，謂人們成群結隊連續而來。㉛導物　教導眾人。㉜太始　應作泰始，劉宋明帝年號（西元四六五至四七一年）。

【語　譯】釋道溫，俗姓皇甫，安定郡朝那縣人，是東漢高士皇甫謐的後代。他少年時愛好彈琴讀書，侍奉雙親以孝聞名。十六歲時，他入廬山師從慧遠學習。後來，他去長安，又師從鳩摩羅什學習。宋元嘉年間，他住在襄陽的檀溪寺。他擅長大乘佛經，也通達數論，樊州、沔州一帶的僧徒都師從於他。當時吳國人張邵鎮守襄陽，他的兒子張敷跟隨著他。一次，張敷聽完道溫講經回來，張邵問他，道溫這人怎麼樣。張敷回答說：「他對佛經義理的解釋，可以說細致透徹，不過他本人的道心，卻不易揣測。」張邵就親自去拜訪道溫，這才佩服他的神思俊雅。後來，張邵慫恿道溫說：「法師您如果能還俗，我一定聘任您為別駕。」道溫說：「施主您是在拿桎梏誘人呢。」當天，道溫就辭別檀溪寺，前往江陵。張邵沒有追上他，非常遺憾。

孝建初年，皇帝敕令道溫到都城去，住在中興寺。大明年間，皇帝又下令任他為京師僧主。路昭皇太后於大明四年十月八日造成普賢菩薩像，在中興禪房設齋，所請的僧人有二百人，都列出名單，人數已定。這時中興寺已裝修一新，寺門設有嚴格的守衛。忽然有一個晚來的僧人入席就座。他相貌美麗，儀態文雅，滿堂的人都為之矚目。他與齋主一起談了百來句話，就忽然不見了。查問門衛，門衛都說沒有看見人出入。與會眾人這才省悟剛才來的是一位神人。

道溫當時既然是僧主，就在秣陵作文記錄這件事，他寫道：「皇太后睿哲虛明，聖心與幽靈相通，在佛寺淨心滌慮，尋思佛國淨土，這聲譽早已遍傳宮內，而通靈於天外。如今又創出新意，構思熔鑄，精心雕琢，描繪菩薩神容，塑造普賢菩薩寶像，慶賀太平盛世，用盡天下珍寶，巧奪天工。又於本月八日，特設齋會講經。所請出席者有限，名單早已預定，大家依次入席，人數不多不少。誦經將到一半，時間將及日中，忽然出現異樣僧人，入席就座。他儀態端正，舉止嚴肅，相貌清秀，氣度軒昂。滿座無不為之驚嘆，卻無一人認識。齋主問他：『請問高僧何名？』他答道：『名惠明。』又問：『住在何寺？』他答道：『來自天安寺。』對答之間，他就忽然消失不見。滿席大眾盡皆惶悚愧悔，無不嚴肅思慮，以為是青天白日有祥瑞降臨，幽靈感應如此分明。這真是仙人可以親眼看見，佛主蓮臺就在眼前啊！聽說至誠可以通靈，使太陽倒轉，大地移動；遵循澄心滌慮，可以使石頭開裂湧出清泉。更何況帝王至德包涵海內，運行天下，與帝王事功渾然契合，仁愛之心洞悉天上，而義理暢達於幽冥之外。所以天上帝王的大德高士，特來表揚孝武帝大明之朝，而顯現神奇微妙之身，親身來到帝王所在的禪室。正是因為陛下的慈惠燭照海角，光明有甚於日月，所以他才以『惠明』為人名；正是因為當今皇帝繼天承命，皇室興旺，皇圖永固，萬世無疆，所以他才以『天安』為寺名。大明之朝從此神基更加深遠，佛道與王政凝而為一，天下九服統統安泰，萬姓億民一起開心。謹此記錄，留存縣裡，以見上天所顯示的福祐。」其中，「縣」也就是「郡」。

當時，京兆尹孔靈符將這件事上表奏聞皇帝。皇帝下詔，改禪房為天安寺，以與那個祥瑞相應。

後來，道溫多次承擔講經之任。學佛悟道聽他講經的人，成群結隊而來。道溫總是盡心盡力地教導人們，發生過好幾次神異的感應。皇帝知道後，非常高興，賜給五十萬錢。當時有人說道：「帝王傾財給錢，溫公來做表率；上天受到感動，神靈降下福祐。」道溫在宋太始初年去世，享年六十九歲。

當時，中興寺還有僧慶、惠定、僧嵩，都以佛學義理聞名於世。僧慶擅長《中論》、《十二門論》和《百論》三論，為當時的學人所宗仰。惠定擅長《涅槃經》和《毗曇心論》，也多次擔任主講法師。僧嵩還兼通數論，但晚年時他變得偏執了，說佛身不應常住永存，所以到了他臨終的時候，舌根先爛了。

宋京師莊嚴寺釋曇斌　曇濟　曇宗

釋曇斌，姓蘇，南陽❶人。十歲出家，事道禕為師。始住江陵辛寺，聽經論，學禪道，覃思❷深至，而情未盡達❸。夜夢神人謂斌曰：「汝所疑義，遊方自決。」

於是振錫挾衣，殊邦問道。初下京師，仍往吳郡。值僧業講《十誦》，飡聽少時，悟解深入。後還都，從靜林法師諮受《涅槃》，又就吳興小山法瑤研訪《泥洹》、《勝鬘》，晚從南林法業，受《華嚴》、《雜心》。既遍歷眾師，備聞異釋，洒潛思積時，以窮其妙。融冶百家，陶貫諸部。於是還止樊、鄧，開筵講說，四遠名賓，負袠皆至。

及孝建之初，勅王玄謨❹資發出京。初止新安寺，講《小品》、《十地》，並申頓悟漸悟之旨。時心競之徒❺，苦相讎校❻，斌既辭愜理詣，終莫能屈。陳郡袁粲❼，令望當時，而嘉斌行解，嘗令中書舍人巢尚介意欲試之，斌不為屈，粲迺躬自往候。粲每勸斌數覲天子，斌曰：「貧道方外之人，豈宜與天子同遊。」粲益以高之，後請為母師。宋建平王景素❽亦諮其戒範。宋元徽❾中，卒於莊嚴寺，春秋六十有七。

時莊嚴復有曇濟、曇宗，並以學業才力見重一時。濟述《七家論》，宗著《經目》及《數林》。

【注釋】❶南陽　南陽郡，戰國秦置，治所在宛縣（今河南南陽）。❷覃思　深思。❸情未盡達　情，即心。情未盡達，謂心裡還沒有弄懂。❹王玄謨　字彥德，太原祁（今山西祁縣）人，生於西元三八八年，卒於西元四六八年，宋文帝時任汝陰太守，元嘉二十七年（西元四五三年）宋軍伐魏，他率主力圍滑臺（今河南滑縣東南），幾個月攻不下，自己倒先行乘機搜刮，以致大失人心，為魏軍所敗。孝武帝時，官至車騎將軍、南豫州刺史，領司空。至孝武帝崩，他任顧命大臣，後出任青、冀二州刺史。❺心競之徒　謂有心爭強逞辯之徒。❻讎校　原義為校對、校勘，這裡指辯論。❼袁粲　字景倩，初名愍孫，陳郡夏陽（今河南太康）人，好學而富有才華，少年時即以操行聞名於世，明帝即位，與褚淵等人同受顧命，任尚書令。順帝即位，遷中書監，出鎮石頭城（這是當時京師要塞，在今江蘇南京清涼山）。當時蕭道成（即南齊開國君主齊高帝）準備推翻劉宋，取而代之，他試圖在朝堂逮捕蕭道成，但由於褚淵洩密，袁粲父子全部遇難。當時人為之編歌唱道：「可憐石頭城，寧願袁粲死，莫作褚淵生。」❽宋建平王景素　即劉宋建平王劉景素，宋文帝第七子建平王劉宏的兒子。劉宏於大明二年卒，後以劉景素繼承封號，宋文帝的孫子一輩中以他為年長。他好文章書籍，招引才義之士，禮賢下士，為當時眾望所歸，擁戴他即位，但於元徽三年（西元四七五年）被後廢帝劉昱的母親陳氏及親戚所忌，以謀反罪害死，時年二十五歲。❾元徽　劉宋後廢帝劉昱年號（西元四七三至四七七年）。

【語　譯】釋曇斌，俗姓蘇，南陽人。他十歲時出家為僧，拜道禕為師。起初他住在江陵的辛寺。曇斌聽習佛教經、論，學習禪道，竭盡心力加以深思，但心裡還是沒有完全弄懂。一天夜裡，他夢到神人對他說：「你所弄不懂的地方，需要出去遊方靠自己解決。」於是，他就拄著錫杖，挾了衣服，到外地去訪師問道。起初，他到了京師建康，又去了吳郡。在吳郡，正值僧業在講《十誦律》，他聽不久，悟解就得以深入。後來，他又回到京都，師從靜林法師學習《涅槃經》，又師從吳興小山的法瑤研習《泥洹經》和《勝鬘經》。過了些時候，又師從南林的法業學習《華嚴經》和《雜心論》。他經過遍訪眾師學習，遍聞各種解釋，於是就自己獨立地深入思考了好些時候，來窮究眾家各自的妙義，融洽百家之說於一爐，融會貫通多部經典。這以後，他到樊州、鄧州一帶開堂講經，四方的名人，都負笈而來，向他學習。

到了孝建初年，皇帝敕令王玄謨給他資助，讓他到京師來。曇斌到了京師，起初住在新安寺，講《小品般若經》和《十地論》，並闡發頓悟和漸悟的旨意。當時的爭強好勝之徒，都對曇斌苦苦相逼，想要駁倒他而和他辯論。曇斌措詞恰當，闡發的佛理深刻，終於沒有被駁倒。陳郡的袁粲，在當時享有美譽，為眾望所歸。他讚許曇斌的品行和義解，曾令中書舍人巢尚向他致意，意欲試他一試，也沒有駁倒曇斌。袁粲於是就親自前來拜訪曇斌，幾次勸說曇斌去覲見天子。但曇斌說：「我是方外之人，怎麼能和天子同遊呢。」袁粲因此益發把他看得更高尚了。後來，他請曇斌當自己母親的老師。宋建平王劉景素也曾向曇斌請教戒律規範。宋元徽年間，曇斌卒於莊嚴寺，享年六十七歲。

當時，莊嚴還有曇濟、曇宗，他們都因學業、才力見重於一時。曇濟曾述《七家論》，曇宗則著有佛經《經目》和《數林》。

宋京師何園寺釋慧亮

釋慧亮，姓董，先名顯亮，為東阿靖公❶弟子。少有清譽，時人呼靖為大師，亮為小師。雖年望未逮，而風軌繼之。後立寺於臨淄，講《法華》、大小《品》、《十地》等，學徒雲聚，千里命駕。後過江止何園寺，顏延之、張緒眷德留連，每歎曰：「安、汰❷吐珠玉於前，斌、亮❸振金聲於後，清言妙緒，將絕復興❹。」太始之初，莊嚴大集，簡閱義士上首❺千人，勑亮與斌遞為法主，當時宗匠無與競焉。

宋元徽中卒，春秋六十三矣。著〈玄通論〉，今行於世。

【注釋】❶東阿靖公　指慧靜，東阿人，參見本卷〈釋慧靜傳〉。❷安汰　安，指道安，參見本書卷五〈釋道安傳〉。汰，指竺法汰，參見本書卷五〈竺法汰傳〉。❸斌亮　斌，指曇斌，參見本卷〈釋曇斌傳〉。亮，即慧亮。❹清言妙緒二句　謂玄學清談的微妙思緒，將要斷絕而又由佛理復興起來了。清言，即玄學清談，參見本卷〈釋慧觀傳〉「清言」條注釋。妙緒，微妙的思緒。按，這是中國佛學在晉宋之間的一個重要特色，許多人，例如本傳所引顏延之，就是從玄學的眼光看待佛理的。❺義士上首　義士，舊指出錢贊助刻碑的人，此處指出資給法會的施主。上首，佛家語。指一座大眾中的主位，後亦用指寺院中的首位。

【語譯】釋慧亮，俗姓董，原先的名字叫顯亮。他是東阿靖公的弟子。慧亮年少時就有好名聲，當時人稱呼靖公為大師，稱呼慧亮為小師。慧亮雖然年齡和聲望都趕不上靖公，但風範繼承了靖公。後來，慧亮在臨淄建立了寺院，講說《法華經》、《大品般若經》、《小品般若經》和《十地論》等經，跟隨他學習的人像雲一樣聚集而來，無法計數，雖在千里之外，聽了他的名聲就立即趕來。後來，慧亮渡過長江，住在何園寺，顏延之和張緒都眷慕他的德行，在他這裡留連忘返，並感歎說：「以前，道安和竺法汰講經，猶如口吐珠玉，現在曇斌和慧亮又繼之於後，猶如金鼓振響，清談的微妙思緒眼看將要斷絕，現在又復興了。」泰始初年，莊嚴寺開設大型的法會，寫信來表示要參加的義士和上首法師有千人之多，但皇上敕令慧亮和曇斌輪流擔任法主，當時的宗匠大師，也沒有人能與他們競爭。

慧亮在宋元徽年間去世，享年六十三歲。慧亮撰寫了〈玄通論〉，如今在世上流傳。

宋下定林寺釋僧鏡　曇隆

釋僧鏡，姓焦，本隴西人，遷居吳地。至孝過人，輕財好施。家貧母亡，太守賜錢五千，苦辭不受。迺身自負土，種植松栢，廬于墓所，泣血三年。服畢出家，住吳縣華山寺。後入關、隴，尋師受法，累載方還。停止京師，大闡經論，司空東海徐湛之❶，重其風素，請為一門之師。

後東反姑蘇，復專當法匠。臺寺沙門道流，請停歲許。又東適上虞徐山，學徒隨往百有餘人。化洽三吳，聲馳上國。陳郡謝靈運，以德音致款。宋世祖藉其風素，勅出京師，止定林下寺。頻建法聚，聽眾雲集。著《法華》、《維摩》、《泥洹義疏》，並《毗曇玄論》。區別義類，有條貫焉。宋元徽中卒，春秋六十有七。

上虞徐山，先有曇隆道人。少善席上，晚忽苦節過人，亦為謝靈運所重，常共遊嵊❷。亡後，運迺誄焉。

【注　釋】❶徐湛之　字孝源，東海郯（今山東郯城附近）人。他是劉裕長女會稽公主的外孫，封枝江縣侯，食邑五百戶。歷任太子詹事、散騎侍郎、丹陽尹，雖牽連於孔熙先、范曄謀反案（參見本卷〈釋慧義傳〉「晏弟曄後染孔熙先謀逆」條注釋），但由於會稽公主的保護，未被治罪，旋任南兗州刺史，遷尚書僕射，元嘉三十年宋文帝的太子劉劭謀反，欲刺殺宋文帝時，將他殺死，時年二十三歲，後追贈為侍中、司徒。《宋書》有傳。據《宋書》，劉湛之沒有任過司空。❷遊嵊　即遊覽嵊山。嵊，浙江嵊縣，東面有嵊山。

【語　譯】釋僧鏡，俗姓焦，本是隴西人，遷居到吳郡地區。他至孝過人，看輕錢財而樂於施捨。他家中貧困，母親去世時，太守賜給他五千錢，他苦苦推辭不受，而是親自負土，種植了松柏，在亡母的墳墓邊蓋了小屋，悲泣三年，以至淚中帶血。守孝三年期滿後，他便出家為僧，住在吳縣的華山寺。後來，他前往關、隴一帶，尋師學習，幾年後才回還。僧鏡到京師後，大力闡述佛教經法。東海人司空徐湛之敬重他的風範，請他作為他們整個家族的老師。

僧鏡後來返回姑蘇，又專當法匠講經。臺寺的沙門道流，請求停止一年，他便東去上虞的徐山寺，跟隨他一同前往的有一百多人。僧鏡的教化，潤澤了三吳之地，名聲傳到了京師。陳郡人謝靈運向他殷勤致意。宋世祖知道了他的風範，下令請他前來京師，住在定林下寺。在這裡，僧鏡多次開設法會，聽講的人雲集而來。他著有《法華義疏》、《維摩義疏》、《泥洹義疏》，以及《毗曇玄論》。他的論著，將各類義理加以分類，條理分明。僧鏡在宋元徽年間去世，享年六十七歲。

上虞的徐山寺先前有一位曇隆道人。他年少時便擅長講經，晚年忽然修持戒律，苦行過人，也為謝靈運所敬重，常常和他同遊嵊山。曇隆去世後，謝靈運為他撰寫了誄文。

宋京師靈根寺釋僧瑾

曇度 玄運

釋僧瑾，姓朱，沛國❶人。隱士逵之第四子也。少善《莊》《老》及《詩》《禮》。後行至廣陵❷，見曇因法師，遂稽首一面，伏膺為道，遊學內典，博涉三藏。後至京師，值龍光道生，復依憑受業，初憩冶城寺。宋孝武敕為湘東王❸師，苦辭以疾，遂不獲免。王從請五戒，甚加優禮。先是智斌沙門，初代曇岳為僧正。斌亦德為物宗，善三《論》及《維摩》、《思益》、《毛詩》、《莊》、《老》等。後義嘉構釁❹，時人讒斌，云為義嘉行道，遂被擯交州。時湘東踐祚，是為明帝，仍敕瑾使為天下僧主，給法伎一部❺，親信二十人，月給錢三萬，冬夏四賜，並車輿吏力。凡請外鎮，皆敕與瑾辞，四方獻奉，並問僧正得未。其見重如此。瑾性不蓄金，皆充福業，起靈根、靈基二寺，以為禪、慧棲止。

及明帝末年，頗多忌諱，故涅槃滅度之翻❻，於此暫息。凡諸死亡、凶禍、衰白等語，皆不得以對。因之犯忤而致戮者，十有七八。瑾每以匡諫，恩禮遂薄。時汝南周顒❼入侍帷幄，瑾嘗謂顒曰：「陛下比日所行，殊非人君舉動。俗事諷諫，無所復益，妙理深談，彌為賒緩。唯三世苦報，最切近情。檀越儻因機候，正當陳此而已。」帝後風疾，數加針灸，痛惱無聊，輒召顒及殷洪等，說鬼神雜事，以散胸懷。顒洒習讀《法句》、《賢愚》二經，每見談說，輒為言先。帝往往驚曰：「報應真當如此，亦寧可不畏？」因此犯忤之徒，屢被全宥。蓋瑾之所因，為得人也。瑾以宋元徽中卒，春秋七十有九。

後有沙門曇度，續為僧主。度本瑯琊人，善三藏及《春秋》、《莊》、《老》、《易》等，世祖、太宗❽並加欽賞。及少帝❾乖禮，度亦行藏❿得所，舉動無忤。止于新安寺。同寺又有釋玄運者，亦精通大小乘，張永、張融並升堂問道。

【注釋】❶沛國　東漢改沛郡置，治所在相縣（今安徽濉溪西北）。❷廣陵　廣陵郡，治所在廣陵（今江蘇揚州）。❸湘東王　即宋明帝劉彧在即位之前的封號，他是宋文帝的第十一個兒子，元嘉二十九年封湘東王，前廢帝劉子業景和元年（西元四六五年）即位為明帝，以同一年為泰始元年。❹義嘉構釁　義嘉，孝武帝第三子晉安王劉子勛的年號。構釁，本義造成戰爭。按，劉宋孝武帝的長子劉子業（十七歲）即位（西元四六五年）後，荒淫敗政，濫殺大臣，甚至納新蔡公主於後宮。新蔡公主是宋文帝的女兒，是劉子業的嬸嬸，已嫁何邁。劉子業納新蔡公主後，深忌何邁。何邁因而準備發動兵變，迎立劉子勛為帝，但事泄被殺。劉子業又勒令劉子勛自殺，劉子勛的長史鄧琬便擁劉子勛在潯陽起兵反抗。劉子業被廢後，明帝即位，封劉子勛為車騎將軍、開府儀同三司，但鄧琬不受，於「泰始二年正月七日，奉子勛為帝，即偽位于潯陽城，年號義嘉元年，備置百官，四方並響應，威震天下」。明帝便發兵討伐，當年鄧琬兵敗，劉子勛被殺，時年十一歲。《宋書》有傳。❺法伎一部　伎，演奏鼓樂的藝人。一部，猶一班、一隊，即由伎人所組成的演奏隊。據《晉書》、《宋書》，常有贈送王公大臣「鼓樂一部」的記載。這種待遇也給了僧主，故稱法伎一部。大約是演奏幢旛鼓鈸等佛教樂器的演奏隊。❻翻　翻譯。❼周顒　字彥倫，汝南人安城（今河南平興）人，擅長隸書、文學和佛理，初為劉宋益州主簿，因宋明帝好玄理，將他引入殿內陪侍自己解悶。宋明帝晚年好鬼神，多忌諱，殺罰無常。周顒不敢直言，就誦讀佛經中的禍福報應故事加以勸諫，使明帝有所收斂。宋亡後入齊，他任國子監博士。他的佛學觀念，是重視般若學而輕視《成實論》，著有〈三宗論〉、〈四聲切韵〉等。《南齊書》有傳。❽太宗　即宋明帝。❾少帝　指劉宋後廢帝劉昱，宋明帝的長子。明帝死後，由太子劉昱即位，在位五年（元徽元年至五年，即西元四七三至四七七年），後被廢。❿行藏　古人以用之則行，不用則藏；能行則行，不能則止為行藏，又稱行止。

【語　譯】釋僧瑾，俗姓朱，沛國人，是隱士朱逮的第四子。他少年時擅長《莊子》、《老子》和《詩》、《禮》。後來，他到了廣陵，見到曇因法師，剛見一面，他就對曇因非常服膺，拜他為師。他學習佛經，廣泛地涉獵經、律、論三藏。以後他又去了京師，遇到龍光寺的竺道生，又師從於他學習，起初住在治城寺。宋孝武帝敕令他擔任湘東王的老師，他苦苦地以生病為由加以推辭，但推辭不掉。湘東王從他受了五戒，對他甚是優待有禮。先前，有智斌沙門初代曇岳任僧正。智斌的德行，也是眾望所歸，擅長《中論》、《十二門論》和《百論》三論，及《維摩詰經》、《思益經》、《毛詩》、《莊子》、《老子》等。後來，發生了義嘉叛逆之難，當時就有人進讒言，誣陷智斌，說他曾為偽朝義嘉行道，於是他就被驅逐到交州。待湘東王登基，也就是明帝，便下令任命僧瑾為天下僧主，贈送法伎一部，親信二十人，每月給俸祿三萬錢，冬夏兩季有四次賞賜，以及車輛和供差遣的役吏。凡請求調任外地地方官而出京的官員，都被敕令要向僧瑾告辭；四方給朝廷的貢品，都要問一問僧正是否也得到了。明帝對僧瑾的器重，竟達到如此程度。但僧瑾的秉性不愛財，不儲蓄金錢，他所獲得的東西，都被他捐獻出來，用作佛教的事業，建造了靈根、靈基兩座寺院，作為修行禪、慧者的住處。

宋明帝末年，有許多忌諱，所以涅槃滅度之學的翻譯，到此暫停了。凡是諸如死亡、凶禍、衰白等等一類詞語，都不能對明帝說起。因為這樣而犯忤逆罪的，十有七八要被殺戮。僧瑾常常勸諫明帝，想要他改正，卻使明帝對他的感情、禮遇疏遠變薄了。當時，汝南的周顒在宮廷裡陪侍明帝。僧瑾曾對他說：「陛下近日的所作所為，很不像一個君王應有的舉動。如果用世俗的事理來勸諫他，是不會有什麼用的，至於微妙的道理和深刻的言談，更是應當暫緩。唯有三世因果報應之苦，是最切合他近來的情況了。施主您如果能相機行事，正應當向他陳說這些。」明帝後來患了風疾，經幾次針灸治療，又痛又惱，心裡煩悶無聊，就召周顒、殷洪等人進宮，給他說些鬼神雜事，以排解苦惱。周顒於是就熟讀《法句經》、《賢愚經》這兩部通俗經書，明帝每次想要和他談話解悶，他就先開口說這些經裡的因果報應故事。明帝往往吃驚地說：「因果報應當真如此，豈能不令人畏懼？」因此，犯了忤逆罪的人，屢屢被寬赦而得以保全性命。僧瑾之所以能成功，是因為他用人得當。僧瑾在宋元徽年間去世，享年七十九歲。

後來，有沙門曇度繼僧瑾之後任僧主。曇度本是瑯琊人，擅長佛教經、律、論三藏，以及《春秋》、《莊子》、《老子》、《周易》等，世祖、太宗對他都欽佩讚賞。等到少帝即位後，違背禮法，曇度能行則行，不行則止，行止得當，舉動沒有忤犯他的地方。曇度住在新安寺。同寺還有一位釋玄運，也精通大乘和小乘佛學。張永、張融都曾到他的法堂上來請教佛法。

宋京師興皇寺釋道猛

道堅　慧鸞　慧敷　僧訓　道明

釋道猛，本西涼州❶人。少而遊歷燕、趙，備矚風化。後停止壽春，力精勤學，三藏、九部、大小數論❷，皆思入淵微，無不鏡徹。而《成實》一部，最為獨步。於是大化江西❸，學人成列。至元嘉二十六年，東遊京師，止於東安寺，復續開講席。宋太宗為湘東王時，深相崇薦，及登祚，倍加禮接，賜錢三十萬，以供資待。太始之初，帝創寺于建陽門外，敕猛為綱領❹。帝曰：「夫人能弘道，道藉人弘。今得法師，非直道益蒼生，亦有光於世望，可目寺為興皇。」由是成號。及創造工畢，敕猛於寺開講《成實》。序題❺之日，帝親臨幸，公卿皆集，四遠學賓，負袠齊至。猛神韵無忤，吐納詳審。帝稱善久之，因有詔曰：「猛法師風道多濟，朕素賓友。可月給錢三萬，令史❻四人，白簿吏❼二十人，車及步輿❽各一乘。乘輿車至客省❾。」猛隨有所獲，皆賑施貧乏，營造寺廟。以宋元徽三年卒于東安寺，春秋六十有五。

後有道堅、慧鸞、慧敷、僧訓、道明，並止興皇寺。義學之譽，抑亦次焉。

【注釋】❶西涼州　西魏文帝時置，治所在永平縣（今甘肅張掖西北）。❷三藏九部大小數論　在這裡，泛指一切佛教經籍和學問、智慧。三藏，佛教典籍分經（佛所說的教義）、律（戒律）、論（對經和律的論說、闡發）三大部，合稱三藏。九部，即九部經的略稱，這是針對佛經的內容和所傳授的對象而言的分類，具體所指有多種說法，如《大般涅槃經》說：「能獅子吼廣說妙法：修多羅、祇夜、受記、伽陀、優陀那、伊帝目多伽、闍多伽、毗佛略、阿浮陀達摩。以如是等九部經典，為他廣說。」《法華經・方便品》則說：「或說修多羅、伽陀、本事、本生、未曾有，亦說於因緣、譬喻並祇夜、優波提舍經契經」，「我此九部經，隨順眾生說，入大乘為本，以故說是經。」數論，參見本卷〈釋道淵傳〉「數論」條注釋。❸江西　隋、唐以前，習慣上稱長江下游北岸淮水以南為江西，有時又稱長江以北包括中原地區在內為江西。❹綱領　首領，此處即僧主。❺序題　即序分。佛教經論，分序、正、流通三分。初為序分，述其經發生的因由，即緣起部分。❻令史　官名。漢代蘭臺尚書屬官，居郎之下，掌文書事務，歷代因之。❼白簿吏　聽差及作記錄的小吏。❽步輿　即轎子，用人抬的代步工具。❾客省　朝廷賜宴、接受朝供、會見外國信使等等事務的地方和機構，劉宋時設有客省使一職負責這些事務。

【語譯】釋道猛，本是西涼州人。他少年時曾遊歷燕、趙一帶，飽覽了世俗民風。後來，他住在壽春，專心學習，對佛教的三藏、九部、大乘、小乘和數論，都有廣泛而深入的思考，無不透徹明瞭於心，而對《成實論》造詣最高，獨步於一時。於是他弘揚佛法，教化了江西地區，向他學習的人難以計數。到元嘉二十六年，他東遊京師，住在東安寺，又繼續開堂講經。宋太宗仕湘東王的時候，就對道猛非常推崇。等到他登基當了皇帝，對道猛更是倍加禮遇，賜給他三十萬錢，作為對他的資養供奉。泰始初年，宋太宗明帝在建陽門外創建了寺院，下令任道猛為僧主。明帝說：「人能夠使佛法弘揚，佛法也需要人來弘揚。今天，由於有了道猛法師，不但能使佛道有益於天下蒼生，也使朝廷增光，更能滿足世俗的願望，可將這座寺院視為興皇之寺。」興皇寺的名稱由此而成。等到寺院建成後，明帝下令道猛在這興皇寺開講《成實論》。剛開始講序題的那一天，明帝親自駕臨，公卿大臣全都集中到寺裡聽講，四方的學人，也都負笈趕到。道猛神情安詳和藹，談吐詳細審慎。明帝為此稱揚他很久，因而又下詔書說：「道猛法師傳道，對國家社稷多有助益，一向是朕的堂上客和朋友。當每月供給三萬錢，再配給他令史四人，白簿吏二十人，車子和步輿各一乘，可以乘著步輿到客省辦事。」道猛則將自己得到的東西，都隨時施捨出來，用於賑災濟貧和營造寺廟。宋元徽三年，道猛在東安寺去世，享年六十五歲。

後來又有道堅、慧鸞、慧敷、僧訓、道明等人，也都住在興皇寺。他們在佛教義理之學上所獲得的聲譽，幾乎是相近的。

宋山陰靈嘉寺釋超進　曇機　道憑

釋超進，本姓顓頊氏，長安人。篤志精懃，幼而敦學，大小諸經，並加綜採。神性和敏，戒行嚴潔，故年在未立，而振譽關中。及西虜孛孛赫連❶寇❷陷長安，人情危擾，法事罷廢，進避地東下，止于京師。更精尋文旨，開暢講說。頃之，進適姑蘇，復弘佛法。時平昌孟顗，守在會稽，藉甚風猷，迺遣使迎接，安置山陰❸靈嘉寺。於是停止浙東，講論相續。邑野僧尼，及清信男女，並結菩薩因緣，伏膺式範。

至宋太始中，被徵出都，講《大法鼓經》。俄而旋于稽邑❹，還紹法化。以《大般涅槃》是窮理之教，每留思踟躕❺，累加講說。凡經齋會者，無不必請，若值他許，則為移日。後年衰腳疾，不堪外赴，並送食于房，以希冥益❻。進為性篤好經典，看尋苦至，及年老失明，猶使弟子唱《涅槃經》，旬中一遍。其耽好若此。以宋元徽中卒，春秋九十有四。

時有曇機法師，本姓趙氏，亦長安人。值關中冦亂，避地東下，遊觀山水，至於稽邑。善《法華》、《毗曇》。時世宗奉，與進相次。郡守琅琊王琨請居邑西嘉祥寺。寺本琨祖薈所創也。

時又有釋道憑者，亦是當世法匠。而執性剛忤，論者少之。

【注　釋】❶西虜孛孛赫連　即西夏主赫連勃勃（又作孛孛），參見本卷〈釋僧導傳〉「西虜勃人赫連」條注釋。❷冦　「寇」的異體，大正藏本作「寇」。❸山陰　山陰縣，秦置，治所即今浙江紹興。❹稽邑　會稽城。❺留思踟躕　猶反覆思考。❻以希冥益　謂用以希求死後的來生福。冥益，猶死後幽靈（鬼魂）在冥中（陰間）的好處，又稱冥福，這與活著時的「積德」相關，也決定在冥中「轉生」和「來世」的去向，是「報應」的主要內容之一。

【語　譯】釋超進，本姓顓頊，長安人。他專心而又用功，年幼時就用功學習，大大小小的諸多經書，他都加以博覽。超進頭腦聰明，性情和藹，嚴守戒律，潔身自好，所以在二十歲之前，他就已名聞關中。西夏主孛孛赫連攻陷長安時，長安人心惶惶，佛事也就停止了，於是超進為避亂東下，到了京師建康。在這裡，他又精研經文旨意，又能暢快地開堂講經了，不久，超進到了姑蘇，在這裡他又弘揚佛法。當時平昌的孟顗任會稽太守，久聞超進的大名，就派人來迎接他到會稽去，把他安置在山陰的靈嘉寺。於是，超進就在浙江的東部，連續不斷地講授佛教經論。浙江東部城鄉的僧人尼姑，以及善男信女，都和他因佛教而結下了菩薩因緣，也都伏膺他的教化和風範。

到了宋泰始年間，超進被皇帝詔令到京都，講授《大法鼓經》。不久，他又回到會稽城，繼續弘揚佛法。他認為，《大般涅槃經》是窮盡了佛理的經典，便反覆思考研究它，又多次加以講解。凡有人舉辦齋會，無不非請到他出席不可，如果超進於事前已經許諾別處，舉辦齋會的主人，就會為他而改期。後來，超進年老力衰，患有腳疾，不能再應邀到外面赴會了，舉辦齋會的人就把食物送到他的房裡來，以此希求積陰德，獲來生福。超進的性情，十分愛好經典，看經看得太苦，以致年老時失明。但他仍然要弟子為他誦讀《涅槃經》，每十天就誦讀一遍。他對經典的沉浸愛好，有如此之深。超進在宋元徽年間去世，享年九十四歲。

當時有一位曇機法師，本姓趙，也是長安人。在關中遭受戰亂時，他為避亂東下，一路遊覽，觀賞山水，到了會稽城。他擅長《法華經》、《毗曇心論》，為當時的人所宗奉，與超進差不多。會稽郡太守瑯琊王琨請他住在會稽城西的嘉祥寺。這座寺院本是王琨的祖父王薈創建的。

當時又有一位釋道憑，也是當代高僧。但他性情剛直，常會有違人情，論及他的人很少。

宋吳興小山釋法瑤 曇瑤

釋法瑤，姓楊，河東人。少而好學，尋問萬里。宋景平❶中，來遊兗、豫。貫極眾經，傍通異部❷。後聽東阿靜公講，眾屢請覆述，靜歎曰：「吾不及也。」

元嘉中過江，吳興沈演之特深器重，請還吳興武康❸小山寺，首尾十有九年。自非祈請法事，未嘗出門。居于武康，每歲開講，三吳❹學者負笈盈衢。乃著《涅槃》、《法華》、《大品》、《勝鬘》等義疏。大明六年，勅吳興郡禮致上京，與道猷同止新安寺，使頓、漸二悟，義各有宗。至便就講，鑾輿降蹕，百辟❺陪筵。瑤年雖栖暮❻，而蔬苦弗改，戒節清白，道俗歸焉。宋元徽❼中卒，春秋七十有六。

時宋熙❽有曇瑤者，善《淨名》❾《十住》及《莊》《老》，又工草隸，為宋建平宣簡王宏❿所重。

【注　釋】❶景平　劉宋少帝劉義符的年號，共二年（西元四二三至四二四年）。❷傍通異部　猶旁通外典之義。❸武康　武康縣，西晉太康元年將永康縣改名為武康縣，治所即今浙江德清西千秋鎮（武康舊縣）。❹三吳　古地名。說法較多，但東晉、南朝時以吳郡、吳興和丹陽為三吳。❺百辟　即百官。按，東晉、南朝時，凡王公大臣常被特許自行招收所屬官吏，稱「辟」，如辟為掾、參軍、主簿、長史等等，甚至派為郡、縣太守，朝廷則再封以官銜。❻栖暮　棲息於暮年，即年老。❼元徽　劉宋後廢帝劉昱年號（西元四七三至四七七年）。❽宋熙　宋熙郡，南朝宋元嘉十八年（西元四四一年）置，治所在平興縣（今廣東高要東南）。❾淨名　即《維摩詰經》，因維摩詰意譯即為淨名，所以又有這一名稱。❿宋建平宣簡王宏　即劉宏，宋文帝的第七子，元嘉二十一年封為建平王，又謚宣簡王，少愛文藝，但多病，大明二年（西元四五九年）卒，時年二十五歲。《宋書》有傳。

【語　譯】釋法瑤，俗姓楊，河東人。他少年時便好學，萬里遊學，尋師問道。宋景平年間，他遊歷到兗州、豫州一帶。法瑤貫通多部佛經，又旁通外典。後來，他聽了東阿的慧靜講經，眾人又請他覆述。慧靜讚歎道：「我不及他啊。」法瑤於元嘉年間渡過長江，到了江南。吳興的沈演之對他特別器重，請他到吳興郡武康縣的小山寺來住。法瑤在小山寺住，前後一共住了十九年。除了人家親自上門來請求他去辦法事以外，他從來沒有出過寺門。他住在武康縣，每年都要開堂講經，三吳一帶的學者，都負笈接踵而至，連街道都因此而擁擠。他為《涅槃經》、《法華經》、《大品般若經》、《勝鬘經》等經作了義疏。大明六年，皇上敕令吳興郡郡守把法瑤送到京師，與道猷一同住在新安寺，以便將頓悟和漸悟二義講清楚，使大家好各有宗奉。法瑤一到京師，便開堂講經，皇上親自駕臨，走下鑾車來聽，百官也都來陪聽。法瑤雖然到了年老力衰的時候，仍然堅持素食的清苦生活，始終不改。他持守戒律嚴格，節操高潔，僧人和俗眾都歸心於他。他在宋元徽年間去世，享年七十六歲。

當時，宋熙郡有一位僧人曇瑤，擅長《淨名經》、《十住論》及《莊子》、《老子》，又工於草隸，為宋建平宣簡王劉宏所器重。

宋京師新安寺釋道猷　道慈　慧整　覺世

釋道猷，吳人。初為生公❶弟子，隨師之廬山，師亡後，臨川郡山❷，乃見新出《勝鬘經》，披卷而歎曰：「先師昔義，闇與經同。但歲不待人，經集義後，良可悲哉！」因注《勝鬘》，以翌宣❸遺訓，凡有五卷，文煩不行。宋文簡問❹慧觀：「頓悟之義，誰復習之？」答云：「生弟子道猷。」即敕臨川郡發遣出就京。既至，即延入宮內，大集義僧❺，令猷申述頓悟。時競辯之徒，關責❻互起。猷既積思參玄，又宗源有本，乘機挫銳，往必摧鋒。帝乃撫几稱快。及孝武升位，尤相歎重，乃敕住新安，為鎮寺法主。帝每稱曰：「生公孤情絕照❼，猷公直轡獨上❽，可謂克明師匠❾，無忝徽音❿。」宋元徽中卒，春秋七十有一。

後有豫州沙門道慈，善《維摩》、《法華》。祖述猷義，刪其所注《勝鬘》，以為兩卷，今行於世。時比⓫多寶慧整、長樂覺世，並齊名比德。整特精三《論》，為學者所宗。世善於《大品》及《涅槃》諸經，立「不空假名」義⓬。

【注釋】❶生公　指竺道生，參見本卷〈竺道生傳〉。❷臨川郡山　據大正藏本為「隱臨川郡山」。原文不通。❸翌宣　翌，通「翼」。輔助之義。翌宣，謂借此以助宣揚。❹宋文簡問　簡，猶信。宋文簡問，謂宋文帝寫信問慧觀。❺義僧　即義學僧人，也即擅長佛教義理之學的僧人。❻關責　猶如過關審查一般的嚴厲責難。❼孤情絕照　孤情，即孤獨而毫無依傍的心。絕照，猶獨自當下覺悟，如明月孤懸。❽直轡獨上　拉直轡繩獨自奔突而上，與「孤情絕照」精神內涵一致，都強調毫無依傍的獨立性和直接性。❾克明師匠　謂道生和道猷是能使人覺悟的大師。這是專指直接悟入的「頓悟」而言。克，能夠。明，明白，這裏指對佛性的覺悟。師匠，能傳法的大師。❿無忝徽音　謂不辱沒、無愧於美名。忝，辱沒。徽音，德音；美名。⓫比　宋本、元本「比」作「北」，金陵刻經處本作「有」，以「有」為宜。⓬立不空假名義　謂建立「不空假名」的理論，即以「不空假名」為宗。《名僧傳鈔》的《覺世傳》說：「覺世京兆人，善《泥洹》、《大品》，立二義諦，以不空假名為宗。」按，「空」是般若的基本思想，「不空」是《涅槃經》（《泥洹經》）的基本思想，自竺道生以來，般若與涅槃的結合成為一種趨向。

【語譯】釋道猷，吳縣人。他起初是竺道生的弟子，隨他的老師到了廬山。他的老師死後，他就隱居到臨川郡的山中。在這裡，他看見了新出的《勝鬘經》。他讀著這部經時，便感歎道：「先師過去所說的旨意，已與這部經不謀而合。可惜歲月不等人，這部經出得晚了，已在先師先行講說它的旨意之後，實在教人覺得悲哀。」因此，他就注釋了《勝鬘》，以此來助益於宣揚先師的遺訓，一共寫有五卷，但因文字繁多，沒有流傳開來。宋文帝寫信問慧觀：「什麼人熟諳頓悟的旨意？」慧觀回答說：「道生的弟子道猷。」宋文帝當即下令，要臨川郡郡守請道猷到京師來。道猷到了京師，當即被皇帝請到皇宮內。宋文帝又廣泛地召集了義學僧人，令道猷當眾講述頓悟的旨意。當時那些爭強好勝而愛辯論的人，此起彼落地向道猷發起嚴厲的責難。這時的道猷，既已深思熟慮了很久，參悟有獲，在佛理上又有淵源所本，便乘機挫敗那些尖銳的責難。他每往必勝，摧折了那些責難者的鋒芒。宋文帝不由得拍案叫好。到孝武帝即位時，他對道猷更加敬重，下令請他住到新安寺，做主持新安寺的法主。孝武帝常稱揚說：「生公一無依傍，以自心直接悟人，而當下覺照；猷公如快馬振轡，獨自奔突而上，真正是能使人覺悟的大師，名不虛傳。」道猷在宋元徽年間去世，享年七十一歲。

後來，又有豫州沙門道慈，擅長《維摩詰經》、《法華經》。他祖述道猷的教義，刪削了道猷對《勝鬘經》的注文，編為兩卷，至今在世上流行。當時又有多寶寺的慧整、長樂寺的覺世，德行名聲都與他相當。慧整特別精通《中論》、《十二門論》和《百論》三論，為學者們所宗仰。覺世擅長《大品般若經》和《涅槃經》等經，以「不空假名」為宗。

宋京師治城寺釋慧通

釋慧通，姓劉，沛國人。少而神情爽發，雋氣虛玄，止于治城寺。每麈尾一振❶，輒軒蓋盈衢❷。東海徐湛之❸、陳郡袁粲❹，敬以師友之禮。孝武皇帝厚加寵秩❺，勅與海陵、小建平二王❻為友。袁粲著〈蘧顏論〉示通，難詰往反，著文于世。又製《大品》、《勝鬘》、《雜心》、《毗曇》等義疏，並〈駁夷夏論〉、〈顯證論〉、〈法性論〉及〈爻象記〉等，皆傳於世。宋昇明❼中卒，春秋六十三矣。

【注 釋】❶麈尾一振　謂揮動拂塵，這裡喻開堂講經。參見本卷〈竺道生傳〉「麈尾」條注釋。❷軒蓋盈衢　軒蓋，車上的車蓋、篷蓋，這指代車子。軒蓋盈衢，謂車子滿街，形容車多人多。❸徐湛之　參見本卷〈釋僧鏡傳〉「徐湛之」條注釋。❹袁粲　參見本卷〈釋曇斌傳〉「袁粲」條注釋。❺厚加寵秩　寵愛而授以官秩。❻海陵小建平二王　海陵，海陵王劉休茂，宋文帝第十四子。小建平，指建平宣簡王劉宏的兒子劉景素。《宋書》均有傳。❼昇明　劉宋順帝劉準的年號，共三年，西元四七七至四七九年。

【語　譯】釋慧通，俗姓劉，沛國人。他少年時就性情爽朗，聰明靈秀，氣度英俊玄奧，住在治城寺。每當他麈尾一揮，開堂講經，就車馬滿街，聽眾紛紛趕來。東海的徐湛之、陳郡的袁粲都很敬重他，向他致以師友之禮。孝武帝對他十分寵愛，授予他官秩，要他與海陵王、小建平王為友。袁粲著〈蘧顏論〉，給慧通看，於是兩人互相往復論辯，所寫的文章都流傳於世。慧通又為《大品般若經》、《勝鬘經》、《雜心論》和《毗曇心論》等作了義疏，又著有〈駮夷夏論〉、〈顯證論〉、〈法性論〉及〈爻象記〉等論文，也都流傳於世。慧通卒於宋昇明年間，享年六十三歲。

卷八

義解五　正傳二十七人　附見七十五人

齊偽魏濟州釋僧淵　慧記　道登

釋僧淵，本姓趙，潁川❶人，魏司空儼之後也。少好讀書。進戒之後，專攻佛義。初遊徐州，止白塔寺，從僧嵩受《成實》、《毗曇》❷二論。學未三年，功逾十載，慧解之聲，馳於遐邇。淵風姿宏偉，腰帶十圍，神氣清遠，含吐灑落。隱士劉因之捨所住山給為精舍。

曇度、慧記、道登並從淵受業。慧記兼通數論，道登善《涅槃》、《法華》，並為魏主元宏❸所重，馳名偽國。

淵以偽太和五年卒，春秋六十有八，即齊建元三年也。

【注 釋】❶潁川 郡名。戰國秦時置，因潁水而得名，治所在陽翟（今河南禹縣）。❷毗曇 原作「曇毗」大正藏本作「毗曇」，即《大毗曇心論》或毗曇學。❸魏主元宏 這裡指北魏孝文帝元宏。元宏，生於西元四六七年，卒於西元四九九年，原名拓跋宏，廟號高祖，鮮卑族，在位二十九年。皇興五年（西元四七一年）魏獻文帝拓跋弘傳位太子拓跋宏（當時五歲），國政由其祖母馮太后主持。曾於太和九年（西元四八五年）頒行均田令。次年以後，元宏開始親自草擬詔策，較多參預政事。十四年馮太后死，元宏獨攬朝政。他的漢文化修養很深，十分器重出身江南高門的王肅。認為鮮卑族必須漢化才能鞏固政權，統一南北。他改變鮮卑姓氏，如改拓跋為元；禁止使用鮮卑語言和服飾；一些鮮卑貴族依地位高低規定為姓或族，使成為與漢族高門盧、崔、鄭、王等相等的門閥；為諸弟聘娶漢族高門之女為妃；選拔人才時專重人望。元宏因為首都平城（今山西大同東北）無漕運之路，而且僻處北邊，不利於控制中原，便向南發展，十八年遷都洛陽。漢化與遷都遭到鮮卑族人的反對，太子恂便因反對其政策，終於被廢、被殺。遷洛以後，元宏更加親近中州儒士，拓跋氏宗室和代北舊人益加不滿，在平城發動叛亂，被鎮壓下去。遷都的次年，元宏即以齊明帝蕭鸞篡奪政權為藉口，親率大軍南伐，從東路渡淮水向壽春進軍。他有意南臨長江，但淮南三大重鎮壽春、盱眙、淮陰都未攻克，祇得遣使臣臨江責罵蕭鸞。二十一年又從西路南下攻南陽、新野，親自率軍攻懸瓠（今河南汝南），沔北大震。次年蕭鸞死，元宏以禮不伐喪而退軍。二十三年再從西路南伐，進到馬圈城（今河南省鄧縣北），因病班師，死於軍中。元宏本人好讀書，五經、史傳，百家之書無不涉獵，「善談《老》《莊》，尤精釋義」（《魏書‧高祖紀》）。承明元年（西元四七六年）於永寧寺「度良家男女為僧尼百有餘人」為獻文帝祈福，自己則尊徐州僧嵩的弟子僧登為師，聽他講《成實論》，又為西域沙門跋陀在少室山建少林寺。北魏從他開始，講經、研究佛教義理逐漸興盛。《魏書》有傳，《魏書‧釋老志》有記。

【語 譯】釋僧淵，本姓趙，潁川人。他是魏國司空趙儼的後代。僧淵少年時就愛好讀書。受戒之後，專攻佛教義理。起初，他到了徐州，住在白塔寺，師從僧嵩學習《成實論》、《毗曇論》二論。學習尚未滿三年，但成績卻已超過別人十年的功夫。他智慧穎悟的名聲，遠近皆知。僧淵身材雄偉，腰闊十圍，氣度清秀，見識深遠，談吐灑脫。隱士劉因之施捨出自己所住的山莊給他作為精舍。

曇度、慧記、道登都師從僧淵學習。慧記兼通數論，道登擅長《涅槃經》、《法華經》。他們都為魏國國君元宏所器重，而馳名魏國。

僧淵在魏孝文帝太和五年去世，享年六十八歲，即齊建元三年。

齊偽魏釋曇度

釋曇度，本姓蔡，江陵人。少而敬慎威儀，素以戒範致稱。神情敏悟，鑒徹過人。後遊學京師，備貫眾典。《涅槃》、《法華》、《維摩》、《大品》並探索微隱，思發言外。因以腳疾西遊，乃造徐州，從僧淵法師更受《成實論》。遂精通此部，獨步當時。魏主元宏❶聞風餐挹，遣使徵請。既達平城❷，大開講席。宏致敬下筵，親管理味❸。於是停止偽都❹，法化相續，學徒自遠而至，千有餘人。以偽太和十三年卒於偽國，即齊永明六年也。撰《成實論大義疏》八卷，盛傳北土。

【注　釋】❶魏主元宏　參見本卷〈釋僧淵傳〉「魏主元宏」條注釋。❷平城　今山西大同東北。❸致敬下筵二句　謂元宏像學徒一樣向老師致敬然後就座聽講，又親自為曇度料理膳食。筵，指講經的講席。親管理味，指親自料理膳食。按，這是為向曇度表示尊敬。❹偽都　指北魏的首都，這時在平城。

【語　譯】釋曇度，俗姓蔡，江陵人。他少年時就恭敬謹慎而富有威儀，一向以謹守戒律著稱。曇度思想敏銳，見識透徹過人。後來，他到京師建康遊學，融會貫通大量經典。他對《涅槃經》、《法華經》、《維摩詰經》、《大品般若經》的微言深意都進行了深入的研究，領悟其言外之義。他因患有腳疾而西行，到了徐州，又師從僧淵法師學習《成實論》，從而以精通此經在當時獨領風騷。魏國國君元宏聽說了他的名聲，對他十分仰慕，就派遣使者來請他去。曇度到了平城，就大開講席。元宏恭敬地在席間聽講，又親自為他料理膳食。於是，曇度就在魏國都城住下了。他在這裡連續講經，教化不斷，自遠方而來的學徒，有一千多人。

北魏太和十三年，曇度在北魏去世，也就是齊永明六年。他撰有《成實論大義疏》八卷，盛傳於北方。

齊京師莊嚴寺釋道慧

玄趣 僧達

釋道慧，姓王，餘姚人，寓居建業[1]。十一出家，為僧遠弟子，止靈曜寺。至年十四，讀廬山《慧遠集》，迺慨然歎息，恨有生之晚，遂與友人智順泝流[2]千里，觀遠遺迹，於是憩廬山西寺。涉歷三年，更還京邑。時王彧[3]辯「三相」義，大聚學僧。慧時年十七，便發問數番，言語玄微，詮牒有次[4]。眾咸奇之。

後受業於猛、斌二法師。猛嘗講《成實》。張融[5]構難重疊。猛稱疾不堪多領，乃命慧令荅之。融以慧年少，頗協輕心。慧乘機挫銳，言必詣理，酬酢往還，綽有餘裕。善大乘，明數論，講說相續，學徒甚盛。區別義類，始為章段焉。褚澄[6]、謝超宗[7]名重當時，並見推禮。

慧以母年老，欲存資奉，迺移憩莊嚴寺。母憐其志，復出家為道，捨宅為福，不遠精舍。慧以齊建元三年[8]卒，春秋三十有一。臨終呼取麈尾授友人智順。順慟曰：「如此之人，年不至四十，惜矣。」因以麈尾內棺中而殯焉。葬於鍾山之陽。陳郡謝超宗為造碑銘。

時莊嚴復有玄趣、僧達，並以學解見稱。趣博通眾經，兼精內外，而尤善席上，風軌可欣。達少而頭白，時人號曰「白頭達」，亦博解眾典，尤精往復。而性剛忤物，被擯長沙。

【注　釋】❶建業　即今江蘇南京。東漢建安十六年（西元二一一年）東吳孫權由京口（今江蘇鎮江）遷治於秣陵，次年改名為建業。至西晉太康元年（西元二八〇）滅吳，又改回原名秣陵，三年，又分淮水（今名秦淮河）以南為秣陵，以北為建業，旋又改「業」為「鄴」，建興三年（西元三一三年）因避愍帝司馬鄴諱，改名為建康，此後南朝（宋、齊、梁、陳）一直用此名且為都城。這裡按釋道慧生活的年代，應稱建康。❷泝流　即溯流。❸王或　未詳，《南史》卷二三《王彧傳》云：「王彧字景文……名與明帝諱同，故以字行。」「王彧好言理……。」湯用彤先生疑王或係王彧（湯用彤《高僧傳校注》，北京，中華書局一九九二年版）。❹詮牒有次　謂闡述經文詳盡清楚而有條理。詮，詳盡解釋。牒，牒籍的略稱，猶典籍，這裡指經文。有次，清楚而有條理。❺張融　字思光，吳郡吳縣（今江蘇蘇州）人，張暢（參見卷七〈釋僧詮傳〉「張暢」條注釋）之子，生於西元四四四年，卒於西元四九七年。宋孝武帝劉駿時，他曾任新安王劉子鸞北中郎參軍，出為封溪令，後為儀曹郎。後改入蕭道成幕府。蕭道成代宋建齊，他累遷至司徒右長史。他兼好儒、釋、道，臨終遺命要在死後「左手執《孝經》、《老子》，右手執《小品》、《法華經》」（《南齊書・張融傳》）。其言行詭異狂放，「見者驚異」（《南史・張融傳》）。他是南齊著名文學家，文章也與其為人一樣「詭激」而「獨與眾異」（《南齊書・張融傳》），〈海賦〉是他的文學代表作，也是一篇名作。佛學著作則有〈門律〉（見《弘明集》卷六）。《隋書・經籍志》記載張融有集二十七卷，又有《玉海集》十卷，《大澤集》十卷，《金波集》六十卷，均佚。明人張溥輯有《張長史集》，收在《漢魏六朝百三家集》中。《南齊書》、《南史》均有傳。❻褚澄　字彥道，在東晉時，被宋文帝為廬江公主招為駙馬，拜駙馬都尉。他歷官清顯，擅長醫術，吳郡太守、豫章王生重病，宋文帝召他來治療，被他很快治好，不久就昇任左民尚書。入南齊後，於永明元年（西元四八三年）任侍中，領右軍將軍，當年去世。他的女兒是東昏皇后。《南齊書》有傳。❼謝超宗　陳郡陽夏（今河南太康）人，謝靈運（參見本書卷六〈釋慧遠傳〉「謝靈運」條注釋）的孫子。劉宋元嘉八年，謝靈運以叛逆罪被流放廣州，他的兒孫一起隨同流放，謝超宗也包含在內。元嘉十年，謝靈運在廣州被殺，不久謝超宗的父親謝鳳也死去。元嘉末年謝超宗得以從嶺南返回京師。他好學而擅長文學，名氣很大，為劉宋孝武帝的寵子新安王劉子鸞所器重，聘為常侍，遂又入仕途。新安王的母親去世，謝超宗為之作誄，為孝武帝大為歎賞，說「超宗殊有鳳毛，恐靈運復出」（《南齊書・謝超宗傳》）。後歷任新安王撫軍參軍、建安王司徒參軍事，尚書殿中郎。泰始三年，謝超宗在秀才考試中，經五問都得分為上，遷司徒主簿、丹陽丞。蕭道成（後來代宋建齊而為齊高帝）器重他的文才，入齊後，歷任黃門郎、長史、臨淮太守。但由於他「為人仗才使酒，多所陵忽」，降為南郡王中軍司馬。謝超宗不樂，對人說：「我今日政應為司驢。」結果被省司所奏，以怨望免官，禁錮十年。齊武帝即位後，又起用他掌國史，任竟陵王征北諮議參軍，領記室。齊武帝於永明元年（西元四八三年）殺張敬兒。張超宗對丹陽尹李安民說：「往年殺韓信，今年殺彭越，尹欲何計？」這話被李安民奏報朝廷，結果張超宗被判流放越州。他走到豫章時，齊武帝又命令豫章內史，要他在豫章自盡。❽齊建元三年　即西元四八一年。

【語　譯】釋道慧，俗姓王，餘姚人，寓居在建業。他十一歲時出家，是僧遠的弟子，住在靈曜寺。到十四歲時，他讀了廬山慧遠的《慧遠集》，便遺憾自己出生太晚，無緣與慧遠同時。於是他和友人智順溯流而上，千里跋涉，去觀看慧遠的遺跡。到了廬山，他就棲息於廬山的西寺。他在這裡住了三年，又回到京城。他回到京城時，正值王或在為「三相」的旨意聚集義學沙門進行辯論。這時的道慧祇有十七歲，便向王或發問了幾次。他的論說義理深奧透徹，解釋經典詳細清楚而富於條理。大家都驚奇地發現他是一個奇才。

以後，道慧又從道猛、曇斌二位法師學習。道猛曾講解《成實論》，受到張融的連續問難。道猛說自己身體有病，不能和張融辯論，就要道慧來答辯。張融看道慧年輕，頗為輕視他。道慧便乘機挫敗了他。他言必有理，應對答辯顯得輕鬆而綽綽有餘。道慧擅長大乘佛教，通曉數論，連續不斷地開堂講經，跟從他學習的生徒很多。他按照佛教的不同義理加以分類，開始了對佛教義理的整理分類，使之井井有條。褚澄和謝超宗都是當時的著名人物，都對他很推崇和尊敬。

道慧因自己的母親已經年老，打算積存些錢來奉養母親，便移住到莊嚴寺。他的母親也愛惜他的志向，就出家當了尼姑，並把自己的住宅施捨出去，作為奉佛的福業，而住到離莊嚴寺不遠的地方。道慧在齊建元三年去世，享年三十一歲。臨終時，他還叫人取來他的麈尾，送給他的朋友智順。智順悲慟地說：「像他這樣的人，竟然沒有活到四十歲，太可惜了。」因而他就把這麈尾放在道慧的棺材裡一同收殮了。道慧葬在鍾山的南面。陳郡的謝超宗為他造了墓碑，寫了墓誌銘。

當時，莊嚴寺還有玄趣和僧達，他們都以對佛學的見解著稱。玄趣博通眾經，又兼精通內典和外典，尤其擅長登座講經，而風範宜人。道僧年輕而頭髮白，當時的人就給他取了個外號，叫「白頭達」。他也博通眾經，尤其精通談論。但他性情剛直，不能隨和忍讓而會觸犯別人，被逐到長沙去了。

齊京師中興寺釋僧鍾　曇讖　曇遷　僧表　僧最　敏達　僧寶

釋僧鍾，姓孫，魯郡❶人。十六出家，居貧履道。嘗至壽春，導公見而奇之。譙郡❷王鄴重其志操，供以四事❸。後請講《百論》，導往聽之，迺謂人曰：「後生可畏，真不虛矣。」鍾妙善《成實》、三《論》、《涅槃》、《十地》等。後南遊京邑，止于中興寺。永明❹初，魏使李道固來聘，會于寺內。帝以鍾有德聲，勅令酬對。往復移時，言無失厝。日影小晚，鍾不食。固曰：「何以不食？」鍾曰：「古佛道法，過中不飡。」固曰：「何為聲聞耶？」鍾曰：「應以聲聞得度者，故現聲聞。」時人以為名荅。爾後盤桓講說，稟聽成群。齊文惠太子❺、竟陵文宣王❻數請南面❼。齊永明七年卒，春秋六十。

時與鍾齊名比德者，曇讖、曇遷、僧表、僧最、敏達、僧寶等，並各善經論，悉為文宣所敬，迭興講席矣。

【注　釋】❶魯郡　西漢時置魯國，治所在今魯縣（今山東曲阜），晉時改為郡，轄境相當於今山東曲阜、滕縣、泗水間。❷譙郡　郡名。東漢置，治所在今安徽亳縣，轄境相當於今安徽、河南間的靈壁、蒙城、太和、鹿邑、永城間。❸供以四事　即以飲食、衣服、臥具、醫藥供養。❹永明　齊武帝蕭賾的年號，共十一年，西元四八三至四九三年。❺文惠太子　即蕭長懋，字雲喬，齊武帝蕭賾的長子。齊高帝蕭道成代宋建齊，於建元元年（西元四七九年）封他為南郡王、征虜將軍。齊武帝即位後，立之為太子。《南齊書‧文惠太子傳》說他與竟陵王蕭子良都好佛教，曾設立六疾館收養貧民，自己「風韻甚和，而性頗奢麗」。他身體多病，而生活豪奢，於永明十一年（西元四九三年）病故，時年三十六。後來他的兒子蕭昭業即位為鬱林王（西元四九四年），追尊他為文帝，廟號世宗。《南齊書》有傳。❻竟陵文宣王　即蕭子良，字雲英，齊武帝蕭賾的第二子，文惠太子的同胞弟弟，生於西元四六〇年，卒於西元四九四年。蕭道成取代劉宋建齊時，對他就頗為倚重。齊武帝即位，封他為竟陵王，官至司徒。他敦義愛古，素性仁厚，不樂世務，和文惠太子弟兄親密，又均好佛教，而以他尤為誠篤，曾設「六疾館」救濟窮人，又多次開倉救災濟貧，凡貧病不能自立者，他於自己府第北面建屋收養，給衣給藥，一生勸人為善，未曾厭倦，也以此享有盛名。他曾移居建康雞籠山邸（西邸），常邀集當時著名文學之士沈約、謝朓、王融、范雲、任昉、陸倕、蕭衍（即後來的梁武帝）聚會，號為「八友」。他常在邸園邀集名僧講經，舉辦齋戒，大集朝臣眾僧，賦食行水，躬親其事。曾召集學者抄五經、百家，依《皇覽》體例編成《四部要略》千卷。他的佛教著作《齊太宰竟陵文宣王法集》一百一十六卷。南齊王室崇佛，以他最為突出。《南齊書》有傳。❼南面　指登座講經。

【語　譯】釋僧鍾，俗姓孫，魯郡人。他十六歲時出家，安貧行道。僧鍾曾到過壽春，僧導一見到他，就看出他是一個奇才。譙郡的王鄴敬重他的志向操守，予以四事供養。後來便請他講《百論》。他講經時，僧導也前來聽了。僧導聽後，就對人說：「後生可畏，這話真是一點不假。」僧鍾擅長《成實論》、《中論》、《十二門論》和《百論》三論、《涅槃經》、《十地論》等經。以後，他又南遊京城，住在中興寺。齊永明初年，魏國的使者李道固前來聘請他，與他在寺內相會。齊明帝知道僧鍾的德行名望，就下令要他和李道固應酬對答。僧鍾與李道固交談了很長時間，言語得體，毫無失當之處。當日影略偏時過正午，僧鍾就不吃了。李道固說：「為什麼不吃了呢？」僧鍾說：「古佛的戒律規定，過了日中便不能進餐。」李道固又問：「什麼叫做聲聞？」僧鍾說：「因聲聞而得以超度的人，所以顯現為聲聞。」當時的人都以僧鍾的這一回答為著名的回答。這以後，僧鍾就逗留於京城講經，來聽的人成群結隊。齊文惠太子、竟陵文宣王曾好幾次請他去做主講。僧鍾在齊永明七年去世，享年六十歲。

當時，與僧鍾齊名而德行相當的，還有曇纖、曇遷、僧表、僧最、敏達、僧寶等人。他們都擅長經論，也都為竟陵文宣王所敬重，相繼更迭著登座講經。

齊京師天保寺釋道盛

釋道盛，姓朱，沛國❶人。幼而出家務學，善《涅槃》、《維摩》，兼通《周易》。始住湘州❷，宋明❸承風，敕令下京，止彭城寺。謝超宗一遇，遂敬以師禮。迺著〈述交論〉及〈生死本無源論〉等。後憩天保寺，齊高帝敕代曇度為僧主。丹陽尹沈文季❹素奉黃、老❺，排嫉能仁❻。迺建義符僧局，責僧屬籍，欲沙簡僧尼，由盛綱領❼有功，事得寧寢❽。後沈文季故於天保設會，令陸修靜❾與盛論議。盛既理有所長，又辭氣雋發，嘲謔往還，言無暫屈❿。靜意不獲申，恧焉而退。盛以齊永明中卒，春秋六十餘矣。

【注釋】❶沛國　東漢改沛郡置，治所在相縣（今安徽濉溪縣西北）。❷湘州　晉永嘉元年（西元三〇七年）分割荊州、廣州兩州所置，治所在臨湘（今湖南長沙），轄境相當於今湖南湘水、資水流域，廣西桂江、廣東北江流域大部分及湖北陸水流域。❸宋明　指宋明帝。❹沈文季　字伯達，吳興武康人，少年時以寬雅正直聞名，劉宋孝武帝孝建二年（西元四五五年）徵為主簿、秘書郎，大明五年封為山陽縣五等伯。劉宋景和之亂中他全家被殺，唯他殺出重圍免於難。宋明帝即位後，起用他為寧朔將軍，後屢因戰功昇職，官至征虜將軍，封略陽縣侯。宋順帝昇明二年（西元四七八年）任丹陽尹。入齊後，封為封西縣侯，任侍中，領秘書監。旋昇為征虜將軍，在平定富陽唐宇之亂後轉都官尚書，加散騎常侍，出為持節、郢州刺史、領軍將軍。後沈文季告病遷金紫光祿大夫、中護軍、尚書僕射，以家為府。他是南齊抵抗北魏侵擾的重要將領。齊明帝建武二年，北魏進攻壽春。壽春危急，以沈文季率兵出擊獲勝，使百姓無所傷損，加護軍將軍。永元元年（西元四九九年）東昏侯即位後，始安王蕭遙光謀反，有賴於沈文季和尚書令徐孝嗣守衛宮城，使之未能得逞。但東昏侯其時開始濫殺大臣，在毒死徐孝嗣的同時，也將沈文季召進華林園殺害，時年五十八。史載「朝野冤之」。至齊和帝中興元年（西元五〇一年），追贈他為侍中、司空，謚忠憲。《南齊書》有傳。❺黃老　黃帝和老子。這裡指道教。❻能仁　釋迦牟尼的另一譯名。此指佛教。❼綱領　謂領導；措置。❽寧寢　平息。❾陸修靜　字元德，吳興東遷（今浙江吳興東）人，生於西元四〇六年，卒於西元四七七年，南朝宋、齊著名道士，又篤好文籍，旁窮象緯。他早年棄家修道。劉宋元嘉末年（西元四五三年）在建康（今江蘇南京）賣藥，宋文帝命左僕射徐湛之請他入宮講道，他固辭不就，後入廬山修道。宋明帝泰始三年（西元四六七年）他又奉命到建康，居崇虛館，廣收道經，加以整理甄別，集經戒、方藥、符圖等一千二百二十八卷，分為三洞，奠定了道藏的初步基礎。他所撰《三洞經書目錄》，是最早的一部道藏書目；又編纂了道教齋戒、儀範等書一百餘卷，道教儀式因而初備。卒後謚簡寂先生。至宋徽宗（西元一一〇〇至一一二五年在位）尊崇道教，封他為丹元真人。《南齊書》有傳。❿蹔　「暫」的異體。

【語　譯】釋道盛，俗姓朱，沛國人。他幼年時便出家學佛，擅長《涅槃經》、《維摩詰經》，又兼通《周易》。他起初住在湘州時，宋明帝聽說了他的名聲，就下令請他到京師來，住在彭城寺。謝超宗與他剛一相遇，就對他以師禮相敬。道盛便因此寫了〈述交論〉及〈生死本無源論〉等文。道盛後來住在天保寺。齊高帝下令由他代替曇度擔任僧主。丹陽尹沈文季一向崇奉道教，排斥佛教，就上奏請求設立符僧局，責令僧人登記註冊，打算裁汰僧人尼姑。由於道盛處理得當，這事才得以平息。後來，沈文季又故意在天保寺設會，特令陸修靜與道盛對陣辯論。道盛的道理既優於陸修靜，又理直氣壯，對陸修靜加以嘲謔反駁，無一言不在理，使得陸修靜理屈詞窮，達不到自己的意圖，祇好慚愧地退下去了。道盛在齊永明年間去世，享年六十多歲。

齊京師湘宮寺釋弘充　法鮮

釋弘充，涼州人。少有志力，通《莊》《老》，解經律。大明末❶過江，初止多寶寺。善能問難，先達多為所屈。後自開法筵，鋒鏑互起。充既思入玄微，口辯天逸，通疑釋滯，無所間然。每講《法華》《十地》，聽者盈堂，宋太宰江夏文獻王義恭❷雅重之。明帝踐祚❸，起湘宮寺，請充為綱領，於是移居焉。

于時湘宮又有法鮮比丘，亦聰哲有思力，與充齊名。充以齊永明中卒，春秋七十有三。注《文殊問菩提經》及注《首楞嚴經》。

【注　釋】❶大明末　大明，劉宋孝武帝年號（西元四五七至四六四年）。大明末年為西元四六四年。❷太宰江夏文獻王義恭　即宋武帝劉裕的兒子劉義恭。他因容貌體態美麗，特受劉裕寵愛。宋文帝元嘉元年（西元四二四年）封他為江夏王；孝武帝即位，又加封太宰，為宰輔之臣。廢帝劉子業即位，橫行無道。劉義恭謀廢立。永光元年（西元四六五年）八月，廢帝率羽林軍殺進劉義恭府中，將他及全家殺害，又將他分屍，挑出眼珠用蜜浸漬號為「鬼目精」，時年五十三歲。《宋書》有傳。

❸明帝踐祚　劉宋明帝登基即位，時在西元四五四年。

【語　譯】釋弘充，涼州人。他少年時就有毅力，通曉《莊子》、《老子》、佛經和佛教戒律。大明末年，他渡過長江到了京師，起初住在多寶寺。他擅長提問論辯，那些年高通經者，都被他所難倒。後來，他自己開堂講經，人們和他相互間展開了激烈的論辯。弘充思想透徹，深通佛理的玄奧，又富於論辯的天才，疏通解釋疑難，流暢貼切。他每次講《法華經》、《十地論》，來聽講的人都座無虛席。宋太宰江夏文獻王劉義恭對他非常敬重。宋明帝即位時，建造湘宮寺，便請弘充出任寺主，於是他就移居到那裡去了。

當時，湘宮寺還有法鮮比丘，也聰明而善於思考，與弘充齊名。弘充在齊永明年間去世，享年七十三歲。他注解了《文殊問菩提經》和《首楞嚴經》。

齊高昌郡釋智林

釋智林，高昌❶人，初出家，為亮公弟子。幼而崇理好學，負裘長安，振錫江、豫❷，博採群典，特善《雜心》。及亮公被擯，弟子十二人皆隨之嶺外❸。林迺憩踵番禺，化清海曲❹。

至宋明❺之初，勅在所資給，發遣下京，止靈基寺。講說相續，稟服成群，申明二諦義有三宗不同。時汝南周顒又作〈三宗論〉❻，既與林意相符，深所欣慰，迺致書於顒曰：「近聞檀越敘二諦之新意，陳三宗之取捨，聲殊恒律❼，雖進物不速，如貧道鄙懷，謂天下之理，唯此為得焉。不如此，非理也。是以相勸，速著紙筆。比見往來者，聞作論已成，隨喜充遍，特非常重。又承檀越恐立異當時，干犯學眾，製論雖成，定不必出，聞之矍然不覺興悲❽。此義旨趣，似非初開，妙音中絕，六十七載，理高常韻，莫有能傳。貧道年二十時，便忝得此義。

常謂藉此微悟，可以得道。竊每歡喜，無與共之。年少見長安耆老，多云關中高勝，迺舊有此義。當法集盛時，能深得斯趣者，本無多人。既犯越常情，後進聽受，便自甚寡。傳過江東，略無其人。貧道捉麈尾⑨以來，四十餘年，東西講說，謬重一時，其餘義統，頗見宗錄，唯有此途，白黑無一人得者。貧道積年，迺為之發病，既痾衰末命，加復旦夕西旋，顧唯此道從今永絕不言。檀越天機發緒，獨創方寸，非意此音，猥來入耳。且欣且慰，實無以況。建明斯義，使法燈有種，始是真實行道第一功德。雖復國城妻子施佛及僧，其為福利，無以相過。既幸以詮述，想便宜廣宣，使賞音者見也。論明法理，當仁不讓，豈得顧惜眾心，以夭奇趣耶？若此論已成，遂復中寢，恐檀越方來，或以此為巨障。往之懇也，然非戲論矣。想便寫一本惠貧道，賫以還西，使處處弘通也。比小可牽⑩，故入山取敘，深企付之。」顒因出論焉。故三宗之旨，傳述至今。

林形長八尺，天姿瓌雅，登座震吼，談吐若流。後辭還高昌。齊永明五年⑪卒，春秋七十有九。著〈二諦論〉及〈毗曇雜心記〉，並注《十二門論》、《中論》等。

【注　釋】❶高昌　古城名。故址在今新疆吐魯番東里哈拉和卓堡東南。❷江豫　江州、豫州。❸嶺外　猶嶺南。參見本書卷七〈釋道亮傳〉：道亮被逐往廣州，「南適廣州。弟子智林等十二人隨之。停南六載，講說眾經，化陶嶺外」。❹海曲　猶海角。❺宋明　即宋明帝。❻周顒又作三宗論　周顒，參見本書卷七〈釋僧瑾傳〉「周顒」條注釋。三宗論，據《南齊書・周顒傳》載：周顒「長於佛理，著〈三宗論〉：立空假名，立不空假名；設不空假名難空假名，設空假名難不空假名。假名空難二宗，又立假名空」。❼聲殊恒律　謂這聲音與向來的音律不同，喻指思想議論與大家一貫信守的觀念殊異。恒律，向來的音律。❽悲　原作「臥」。《廣弘明集》卷二四所收智林〈與汝南周顒書〉作「悲」，以「悲」為宜。❾捉麈尾　喻指登座講經。捉，拿著。麈尾，參見本書卷七〈竺道生傳〉「麈尾」條注釋。❿比小可牽　《廣弘明集》本文「牽」字後有一「曳」字。牽曳，即牽掛、牽扯，也即耽擱。比小可牽曳，謂近來還有短時間的耽擱。⓫齊永明五年　西元四七八年。

【語　譯】釋智林，高昌人。他剛出家時，是道亮的弟子。智林年幼時就崇尚理性又好學，曾負帙長安，又遊歷江州、豫州一帶，博覽眾經，特別擅長《雜心論》。到道亮被逐出京師，他的十二個弟子都跟隨他到了嶺南。智林住在番禺，教化了海隅。

至宋明帝初年，皇上下令當地地方官給予智林資助，把他請到京師，住在靈基寺。智林在這裡不斷地講經，來聽他講經而服膺於他的人成群結隊。他中說闡明「二諦」的旨意有三宗不同。當時，汝南周顒又在寫作〈三宗論〉，旨意與智林的意思相符。智林非常欣慰，就致信周顒說：「近日聽說檀越闡發了二諦的新意，陳述了三宗取捨，與一直以來的看法不同，雖然貧道遲鈍，也要說天下之理唯有您的這個說法為正確，因為不這樣，就是不合理的。因此，我勸您，趕快把它寫出來。近日，據與您來往的人說，您的論文已經寫成，真為您感到滿心歡喜，完成了這樣特別重大的事。但我又聽說，檀越擔心自己的立論與時論大相歧異，會觸怒時下的學者們，論文雖已寫成，已決定不公布出來，這使我不由得悲從中來。這個理論，似乎並非現在才初次提出，而是在六十七年前就已有人說過，但也有六十七年沒有人說它了。它的義理太高，不是常人所能理解接受，也就沒有能傳述它的人。貧道二十歲時，便已懂得這個理論，常說憑藉對這個理論的領悟，就可以得道，然而也衹是自己心裡歡喜，卻沒有能與我共享的人。我在年輕時，曾見長安的耆宿老者，他們都說關中的高僧大德過去就有這個理論，然而，當很多高僧大德會集長安，佛法興盛的時候，能夠深入理解它的意義的人，本也不多。這個理論既然超越又觸犯了常情，去聽講學習的新學者，也就很少，自然也就無人把這個理論傳到江南。貧道開堂講經以來，已有四十多年，四處講說，謬承大家看重於一時，其他的理論，頗有被作為一宗加以記錄的，然而唯有這個理論，無論在家出家者，無一人能懂。貧道多年來因此事而鬱積於心，以至於為之發病。現在，我已到了疾病纏身，年老力衰的晚年，再加上這早晚間我就要回到西邊去，心中遺憾的也就僅僅是這個理論將從此永遠斷絕而失傳。檀越您天機發露，由自己一心獨創此理論，我意外地聽到您的這個佳音後，既高興又感到莫大的快慰，這種心情實在難以表達。您建立並闡明這個理論，打下了根基，使佛法之燈就像埋下了種子，可以生長發榮，代代相傳，這才是真實行道的第一等功德，就是將國家、城池、妻兒施捨給佛和僧人這樣的做法，所能給予人們的福利，也比不上這個功德。您既有幸闡述這個理論，想來就應當在適當的時候廣為宣傳，使能夠欣賞它的人都能見到。闡明佛法義理，原是當仁不讓的事，豈能因為顧慮大家的想法而使這奇偉的理論夭折呢。如果您的論文已經寫好，卻又中途停止不公布出來，我怕檀越您將來或者就是由於顧慮大家的想法，而成為您公布它的巨大障礙。我的這些話都是發自本心的誠懇之言，絕非隨便說說的戲論。我想請您將您的論文抄寫一本惠贈於我，我將帶著它到西邊去，使它得以弘揚，流行開來。近來我還將有短時間的耽擱，所以將入山拜訪您，來取您的論文並同您敘談，深望屆時您能將論文惠贈於我。」周顒便因此將他的論文公布了出來，所以「三宗」的旨意一直傳述至今。

智林身長八尺，身姿像玉環一樣白淨雅潔。他登座講經，談吐就像河流一般滔滔不絕。後來，他辭別了京師回到高昌。他於齊永明五年去世，享年七十九歲。他著有〈二諦論〉和〈毗曇雜心記〉，又注解了《十二門論》、《中論》等。

齊京師靈根寺釋法瑗 法愛 法常 智興

釋法瑗，姓辛，隴西❶人，辛毗之後。長兄源明，仕偽魏為大尚書。第二兄法愛，亦為沙門。解經論兼數術，為芮芮國❷師，俸以三千戶。瑗幼而闊達，倜儻殊群，路見貧寒，輒脫衣為惠。初出家，事梁州沙門竺慧開。開懿德通神，時人謂得初果❸。開謂瑗曰：「汝情悟若此，必能綱揔末化❹，宜競力博聞，無得獨善。」於是辭開遊學，經涉燕、趙❺，去來鄴、洛❻。值胡寇縱橫，關、隴鼎沸，瑗冒險履危，學業無怠。

元嘉十五年還梁州，因進成都，後東適建業，依道場慧觀❼為師。篤志大乘，傍尋數論。外典墳索❽，頗亦披覽。後入廬山，守靜味禪，澄思五門，遊心三觀❾。頃之，刺史庾登之❿請出山講說。後文帝訪覓述生公頓悟義者，迺勑下都，使頓悟之旨，重申宋代。何尚之⓫聞而歎曰：「常謂生公沒後，微言永絕。今日復聞象外之談，可謂天未喪其文也。」帝勑為南平穆王鑠⓬五戒師。及孝武即位，勑為西陽王子尚⓭友。辭疾不堪，久之獲免。因廬於方山⓮，注《勝鬘》及《微密持經》。論議之隙，時談《孝經》、《喪服》。後天保改構，請瑗居之，因辭山出邑，綱維寺網⓯。刺史王景文⓰往候，正值講《喪服》，問論數番，稱善而退。及明帝⓱造湘宮新成，大開講肆，妙選英僧，勑請瑗充當法主。帝乃降蹕法筵，公卿會座，一時之盛，觀者榮之。後齊文惠⑱又請居靈根，因移彼寺。太尉王儉⑲，門無雜交，唯待瑗若師，書驛盡敬。以齊永明七年⑳卒，春秋八十一矣。

時靈根寺又有法常、智興，並博通經論，數當講說。常迺尤能劇談，為時匠所憚。而性甚剛梗，不偶人俗。

【注釋】❶隴西　郡名。戰國秦時置，因在隴山之西而得名，治所在狄道（今甘肅臨洮南），北魏時轄境相當於今甘肅隴西附近。❷芮芮國　芮芮，今稱柔然，北朝譯為「蠕蠕」（《魏書》有〈蠕蠕傳〉），南朝譯為「芮芮」（《南齊書》有〈芮芮虜傳〉），古代遊牧民族，本為東胡族的支屬，屬拓跋部。南北朝時有木骨閭遷居漠北，他的兒子鬱久閭車鹿會將各部合併，勢力漸強。至鬱久閭車鹿會的五世孫社崙始稱豆伐可汗，政權中心在敦煌張掖北部，但隨水草而遊牧，活動地區廣大，與北朝、南朝均有交往。其後由於高車部的分離獨立，內亂頻仍，於西魏廢帝時（西元五六〇年）被突厥所滅。❸初果　即最初的階段或程度，舊譯須陀洹果，是聲聞乘四果（須陀洹果、斯陀含果、阿那含果、阿羅漢果）中的第一果，新譯為預流果，《俱舍論》二三說：「言初果者，謂預流果，此於一切沙門果中必初得故。」實質也就是斷滅凡夫的迷惑，即斷滅「見惑」而開始運用佛教看待事物的方法。按，這是小乘佛教的觀念。果，在佛教中將人的修習進步程度或階段稱為果、或果位。❹綱揔末化　謂總攝對世俗的教化。綱揔，總攝之義。揔，「總」的異體。末化，猶末俗，指未經佛教教化的世俗。❺燕趙　燕，古國名。戰國時以武陽（今河北易縣）為都城，境在今河北北部和遼寧西端。趙，古國名。都城晉陽（今山西太原），境在今山西中部及陝西東北部和河北西南一帶。❻鄴洛　鄴，古邑名。故址在今河北臨漳。洛，古邑名。故址在今河南洛陽洛水北岸。❼道場慧觀　道場，即京師道場寺。慧觀，參見本書卷七〈釋慧觀傳〉。❽墳索　墳，墳籍的略稱。索，八索九丘的略稱。墳索，即典籍。❾澄思五門二句　澄思五門，謂靜心參五門禪，參見本書卷六〈釋僧叡傳〉「五門」條注釋。遊心，即用心思考。三觀，佛教有多種「三觀」，如三密觀、三義觀、三假觀等，這裡當指三假觀之略稱，即一、法假虛實觀，二、受假虛實觀，三、名假虛實觀。謂法（一切世俗世界即色陰）、受（受、想、行、識四陰）、名（一切文字言說），凡夫認為是「實」，佛教皆虛假不實，即因緣于合而成，依他因而有，但無自性。❿庾登之　字元龍，潁川鄢陵（今河南鄢陵）人，庾冰（參見本書卷九〈釋慧遠傳〉「庾冰」條注釋）的曾孫。在東晉時，他曾任會稽王司馬道子太傅參軍，後又任劉裕鎮軍參軍，因討伐桓玄有功，封曲江縣五等男。入劉宋後，歷任長史、南郡太守，元嘉十八年遷江州刺史，二十年（西元四三三年）病故，時年六十二歲。《宋書》有傳。⓫何尚之　參見本書卷七〈釋慧嚴傳〉「何尚之」條注釋。⓬南平穆王鑠　即劉鑠，字休玄，宋文帝的第四子，封南平王，曾戍守石頭城，因宋文帝長子（太子）劉劭弒父自立時，劉鑠出任劉劭的錄尚書事，孝武帝平定劉劭叛亂，於太初元年（西元四五三年）劉鑠則被孝武帝毒死，時年二十三歲。⓭西陽王子尚　即劉子尚，劉宋孝武帝的第二子，孝建三年（西元四五六年）六歲時被封為西陽王，五年，改封為豫章王。前廢帝即位，由太后下令，前廢帝將他毒死，時年十六歲。⓮方山　在今江蘇南京東郊鍾山南麓。⓯綱維寺網　綱維，掌管之義。寺網，一寺的各種關係。綱維寺網，即任寺主。⓰王景文　琅琊臨沂（今山東臨沂）人，劉宋外戚，他的妹妹王貞風是孝武帝的皇后，承襲父爵建陵子。王景文姿容美麗，長於談理，少年時即與謝莊齊名，深受宋文帝所推重，曾想將自己的第五女新安公主嫁給他，被他謝絕。初為太子太傅主簿，後歷任長史、宣城太守、吏部尚書、右僕射、左衛將軍、中書令、江州刺史。宋明帝病篤臨死前，恐自己死後王皇后臨朝，王景文自然將成為宰相，而王氏一族勢力強盛，或有不測，故於泰豫元年（西元四七二年）春遣使送給他毒藥賜死，並有手詔對他說：「與卿周旋，欲全卿門戶，故有此處分。」死後追贈車騎將軍，開府儀同三司，時年六十歲。《宋書》有傳。⓱明帝　指劉宋明帝。按，劉宋有明帝，南齊也有明帝，本卷〈釋弘充傳〉：「明帝踐祚，起湘宮寺。」即指宋明帝。⓲文惠　文惠太子，參見本卷〈釋僧鍾傳〉「文惠太子」條注釋。⓳王儉　字仲寶，祖籍琅琊臨沂（今山東臨沂），生於西元四五二年，卒於西元四八九年。他是東晉名相王導的五世孫，其父王僧綽在王儉一歲時被害，王儉由叔父王僧虔扶養成人。王儉自幼勤學，手不釋卷。宋明帝時，將陽羨公主嫁與他，拜駙馬都尉。十八歲時任秘書郎，歷任秘書丞、義興太守、太尉右長史等職。齊太祖蕭道成代宋立齊，王儉曾多所輔佐，禮儀詔策，都出其手。齊高帝（蕭道成）以佐命之功封他為南昌縣公，昇尚書左僕射，領吏部、兼丹陽尹。齊武帝時任侍中、尚書令，領國子祭酒、太子少傅、衛軍將軍、中書監，死後諡文憲。他是南朝著名目錄學家，很有貢獻，曾校勘古籍，依劉歆《七略》撰《七志》，其中〈圖譜志〉屬王儉首創；又始創「文翰」一目，收錄詩賦文集，即後世所謂集部，另有《宋元徽元年四部書目錄》。史稱王儉「手筆典裁，為當時所重」（《南齊書・王儉傳》），是齊初文壇的領袖人物，曾主持學士館，以他自己的家為館舍。他大力倡導、殷勤獎掖後進，「雖單門後進，必加善誘」（〈王文憲集序〉）。《南史・王諶傳》說：「王儉嘗集才學之士，總校虛實，類物隸之，謂之隸事，自此始也。」對齊、梁文風影響很大。《隋書・經籍志》有《王儉集》五十一卷，已散佚。今存他的詩八首，歌辭五首，文四十多篇。明人張溥輯有《王文憲集》，收入《漢魏六朝百三家集》。《南齊書》、《南史》均有傳。⑳齊永明七年　西元四八九年。

【語　譯】釋法瑗，俗姓辛，隴西人，他是辛毗的後人。他的長兄辛源明官任北魏大尚書。他的二兄法愛也是沙門。法瑗懂得佛教經論，兼通數術，曾是芮芮國的國師，食祿三千戶。法瑗幼年時性情闊達，倜儻不群，在路上看見貧寒之人，就脫下自己的衣服送給他。他初出家時，師從梁州沙門竺慧開。慧開有美德，能通神，當時的人說他已經獲得了初果。慧開對法瑗說：「你的悟性如此，將來一定能總攝對世俗的教化，現在應當努力廣博地學習，不要祇圖獨善自身。」法瑗於是就辭別慧開，外出遊學。他遊歷了燕、趙一帶，又在鄴、洛之間往來。當時正值胡人縱橫，關中、隴西一帶戰亂頻仍，擾攘不寧。法瑗冒著危險往來於這些危險地區，但學業卻一點也沒有懈怠。

元嘉十五年，法瑗回到梁州，又進入成都，後來又到了建業。在建業他拜京師道場寺的慧觀為師。法瑗專心於大乘佛教，旁學數論，對世俗典籍，也時時閱讀。後來，他上了廬山。在這裡他安靜地體味禪道，靜心修習五門禪，參悟三觀。不久，江州刺史庾登之請他出山講經。後來，宋文帝尋訪講述竺道生公頓悟旨意的人，下令請法瑗進京，使頓悟的旨意在宋代得以重新申說。何尚之聽了法瑗的宣講後，讚嘆道：「我常說，竺道生死後，他的微言大義就永遠斷絕了。想不到今天又能聽到象外之談，頓悟之說，真可謂上天並未使他的教化喪失。」宋文帝又下令，請法瑗擔任南平穆王劉鑠的五戒師。到宋孝武帝即位時，也下令請法瑗與西陽王劉子尚交遊為友。法瑗以身體有病為由，說自己不堪此任，推辭了很久，才得以獲免。這之後，法瑗就在方山造了草廬住下。在這裡，他注解了《勝鬘經》和《微密持經》。平時，他在講經說法的餘暇，也講說《孝經》和《喪服經》。後來，天保寺改建，請法瑗去住，法瑗也就離開方山，去天保寺擔任寺主。刺史王景文曾來拜訪法瑗，當時正值法瑗在講《喪服經》。王景文向法瑗請教，法瑗就為他作了講解，經過幾次交談，王景文連聲稱善，滿意而歸。到宋明帝建造的湘宮寺剛剛完成時，大開講席，要選擇傑出的僧人，就下令請法瑗去擔任主講的法主。屆時，明帝親自駕臨，步入法堂，王公大臣也都會聚就座，當時的盛況，使旁觀者都深加讚歎。以後，齊朝的文惠太子又請法瑗住到靈根寺去，法瑗因此移居那裡。太尉王儉擇友很嚴，從不與雜七雜八的人相交，而唯獨對法瑗好像對待老師一樣，常寄信給他竭盡敬意。齊永明七年法瑗去世，享年八十一歲。

當時，靈根寺還有法常、智興。他們都博通經論，多次登座講經。法常尤其能暢談，為當時的學者所懼，但他性格剛強梗直，不能隨順人情。

齊蜀齊后山釋玄暢

釋玄暢，姓趙，河西金城❶人。少時家門為胡虜所滅，禍將及暢，虜帥見暢而止之曰：「此兒目光外射，非凡童也。」遂獲免，仍往涼州出家。本名慧智，後遇玄高❷，事為弟子。高每奇之，事必共議，因改名玄暢，以表付囑之旨。其後虐虜剪滅佛法，害諸沙門，唯暢得走。以元嘉二十二年閏五月十七日發自平城，路由代郡❸、上谷❹，東跨太行，路經幽❺、冀❻南轉，將至孟津❼。唯手把一束楊枝，一扼蔥葉。虜騎追逐，將欲及之，乃以楊枝擊沙。沙起天闇，人馬不能得前。有頃沙息，騎已復至，於是投身河中，唯以蔥葉內鼻孔中通氣度水，以八月一日達于揚州❽。

洞曉經律，深入禪要，占記吉凶，靡不誠驗。墳索子氏❾，多所該涉。至於世技雜能，罕不必備。初，《華嚴》大部，文旨浩博，終古以來，未有宣釋。暢乃竭思幽尋，提章比句。傳講迄今，暢其始也。又善於三《論》，為學者之宗。宋文帝深加歎重，請為太子⑩師。再三固讓。弟子謂之曰：「法師方欲弘道濟物，廣宣名教。今帝王虛己相延，皇儲蓄禮思敬，若道揚聖躬，則四海歸德。今矯然高讓，將非聲聞耶？」暢曰：「此可與智者說，難與俗人言也。」及太初事故⑪，方知先覺。自爾遷憩荊州，止長沙寺。時沙門功德直⑫出《念佛三昧經》等，暢刊正文字，辭旨婉切。又舒手出香，掌中流水，莫之測也。迄宋之季年⑬，乃飛舟遠舉，迺適成都。初止大石寺，乃手畫作金剛密迹等十六神像。至昇明三年，又遊西界，觀矚岷嶺，乃於岷山郡⑭北部廣陽縣界，見齊後山，遂有終焉之志。仍倚岩傍谷，結草為菴。弟子法期見神人乘馬，著青單衣，繞山一帀，還示造塔之處。以齊建元元年四月二十三日建剎立寺，名曰齊興。正是齊太祖受錫命⑮之辰。天時人事，萬里懸合。

時傅琰⑯西鎮成都，欽暢風軌，待以師敬。暢立寺之後，乃致書於琰曰：「貧道棲荊累稔，年衰疹積，厭毒人諠，所以遠託岷界，卜居斯阜。在廣陽之東，去城千步。逶迤長亙，連壘疊嶺。嶺開四澗，亙列五峰，抱郭懷邑，迴望三方，負巒背岳，遠矚九流，以去年四月二十三日創功覆簣。前冬至此，訪承爾日，正是陛下龍飛之辰⑰。蓋聞道配太極者，嘉瑞自顯，德同二儀⑱者，神應必彰⑲，所以河、洛昞有周之兆⑳，靈石表大晉之徵㉑。伏謂茲山之符驗，豈非齊帝之靈應㉒耶？檀越奉國情深，至使運屬時徵㉓，不能忘心，豈能遺事？輒疏〈山讚〉一篇，以露愚抱。讚曰：『峨峨齊山，誕自幽冥㉔。潛瑞幾昔，帝號乃明㉕。岑載聖字，兆祚休名㉖。巒根雲坦，峰岳霞平。規巖擬刹，度嶺締經㉗。創工之日，龍飛紫庭㉘。道侔二儀，四海均清。終天之祚，岳德表靈。』」

琰即具以表聞。勅蠲百戶以充俸給。齊驃騎豫章王嶷㉙作鎮荊陝㉚，遣使徵請。河南吐谷渾主，遙心敬慕，迺馳騎數百，迎於齊山。值已東赴，遂不相及。至齊武升位㉛，司徒文宣王㉜啟自江陵，旋于京師。文惠太子㉝又遣徵迎，既勅命重疊，辭不獲免。於是汎舟東下，中途動疾，帶恙至京，傾眾阻望，止住靈根。少時而卒，春秋六十有九。是歲齊永明二年㉞十一月十六日，即窆于鍾阜獨龍山前。臨川獻王㉟立碑，汝南周顒㊱文。

【注釋】❶河西金城　河西，古地區名。漢時泛指今甘肅、青海黃河以西河西走廊及湟水流域。金城，古縣名。西漢置，治所在今甘肅蘭州西南，十六國前涼為金城郡治所，西秦建都於此。❷玄高　參見本書卷一一〈釋玄高傳〉。❸代郡　古郡名。戰國時趙武靈王所置，治所在代縣（今河北蔚縣），東漢移治所於高柳（今河北陽高），晉未變。代郡北鄰匈奴、烏桓等族，為北方戰略要郡，有五原、常山等關。❹上谷　郡名。戰國時燕國置，秦代治所在沮陽（今河北懷來），轄境相當於今河北張家口、小五臺山以東，赤城、北京、延慶以西，及內長城和昌平以北一帶。❺幽　即幽州，古九州之一，漢置十三州之一，轄境相當於今北京、河北北部、山西小部分、遼寧大部分、天津海河以北及朝鮮大同江流域。❻冀　古邑名。春秋時代晉地，在今山西冀城南。❼孟津　古黃河渡名。在今河南孟津、孟縣間。❽揚州　商、周時代的九州及漢置十三州之一，南朝在長江下游的命脈之州和經濟基地。原先轄境廣闊，幾乎包括今之蘇、皖、浙、贛、閩五省。西晉時，分西部置江州。東晉南渡，分江北、江西置僑州郡。宋初，分江南部分郡縣隸南徐州和南豫州。孝建元年（西元四五四年），又分東南置東揚州，轄境減小。大明三年（西元四五九年）廢揚州，以其地為「王畿」，以東揚州為揚州。八年改回。永光元年（西元四六五年）省東揚州，梁、陳時又置。最多時包含十八個郡，最少時僅三郡。東晉、南朝時代，治所在建康（今江蘇南京）。為使大權不旁落，東晉、南朝的揚州刺史多由宰相、王子兼領。玄高到達揚州，據文意，當是到達建康。❾墳索子氏　墳索，墳籍和八索的略稱，均指經典典籍。子氏，即子氏之書，如《論語》、《孟子》、《莊子》、《老子》之書。❿太子　指劉劭，宋文帝的長子，立為太子。⓫太初事故　宋文帝元嘉三十年（西元四五三年），太子劉劭弒父自立，改元為太初元年（西元四五三年）。這事引起皇室內戰。宋文帝第三子劉駿起兵討伐劉劭（史稱「元凶」），劉劭兵敗被殺，劉駿即位為孝武帝。⓬沙門功德直　即沙門所得功德錢。直，即物資、金錢。⓭宋之季年　即宋順帝昇明三年（西元四七九年）。⓮岷山郡　古無此郡名，《宋書．地理志》亦無岷山郡，西魏大統年間（西元五三五至五五一年）置有岷山州，因岷山而得名，治所在溢樂（今甘肅省岷縣）。《南齊書．祥瑞志》載：「益州齊後山父老相傳，其名亦不知所起，昇明三年，有沙門玄暢於山丘立精舍，其日，太祖受禪日也。」則當時史家也不知「齊後山」之名，且祇是據父老相傳，沒有報告朝廷的記錄。《南齊書．祥瑞志》有另一條「祥瑞」的記載比本傳所記更重要，而且有報告朝廷的記錄：「嵩高山昇明三年四月，滎陽人尹午於山東南澗見天雨石，墜地石開，有璽在其中，方三寸，其文曰『戊丁之人與道俱，蕭然入草應天符』，又曰『皇帝興運』。午奉璽詣雍州刺史蕭赤斧，斧表獻之。」這是典型的符讖。⓯齊太祖受錫命　齊太祖，即蕭道成，劉宋末代皇帝順帝時為輔政大臣，封齊王，操縱軍政大權，昇明三年（西元四七九年）以禪讓的形式代宋建齊。錫，即賜。齊太祖受錫命，謂齊太祖受賜命為帝。按，宋順帝（時年十一歲）被迫讓位時，哭著說：「願後身世世勿復生帝王家。」（《通鑑》卷一三五齊建元元年）自漢末曹丕逼漢獻帝劉協禪讓以後，西晉司馬昭又逼魏元帝曹奐禪讓，劉裕再逼東晉恭帝司馬德文禪讓，現在蕭道成復演此劇。⓰傅琰　字季珪，北地靈州（今寧夏武寧）人，劉宋時官至山陰令，有良政之譽，昇明二年（西元四七八年）由輔政大臣蕭道成擢為建威將軍、益州刺史，入齊於建元元年（西元四七九年）進號寧朔將軍，建元五年卒。《南齊書》有傳。⑰龍飛之辰　指蕭道成代宋建齊的時刻。《周易》有「飛龍在天，大人造也」，「飛龍在天，上治也」，「飛龍在天，乃位乎天德」等語，後世即以飛龍代稱皇帝。⑱德同二儀　謂德性與天地一樣。按，這裡指蕭道成。二儀，即天地。⑲神應必彰　謂對天命神授的承應必定會大白於天下。神應，人間對天命神授的承應。彰，彰明昭著。⑳河洛昞有周之兆　謂《河圖》、《洛書》是表明周朝將興的徵兆。河，即《河圖》。洛，即《洛書》。昞，同「炳」。明之義。有周，指周朝。兆，徵兆。按，《周易》有「河出圖，洛出書，聖人則之」一語，《尚書・顧命》篇有「天球，河圖」一語。後世對《河圖》、《洛書》有種種解釋，漢朝時或認為《河圖》就是八卦，《洛書》就是《尚書・洪範》篇的來源，但讖緯說興起後，則又將之說成是帝王聖者將受天命的祥瑞，如《尚書・洪範》漢孔安國傳說：「天與禹，洛出書，神龜負文而出，列於背，有數至於九，禹遂因而第之以成九類常道。」三國時魏國曹丕〈冊孫權太子登為東中郎封侯文〉說：「蓋河、洛寫天意，符讖述聖心。」（《藝文類聚》卷五一）即是用《河圖》、《洛書》作為改朝換代的符讖的根據。南齊時也是如此，《南齊書・祥瑞志》說：「讖曰：周文王受命千五百歲，河、洛出，聖人受命。」另參見本書卷七〈釋僧含傳〉「讖緯」條注釋。㉑靈石表大晉之徵　謂靈石符讖是表明晉朝將代魏而興的徵兆。㉒齊帝之靈應　謂齊帝（蕭道成）對神授符瑞的應驗。㉓運屬時徵　謂傳琰的命運與當時的徵兆正相合。㉔峨峨齊山二句　謂巍峨的齊山，是從陰間誕生的。幽冥，陰間。按，玄暢不能滿足僅用《河圖》、《洛書》作為讖緯的根據，而將這個根據按陰陽兩界和因果報應說賦予陰間的護祐，意為陰間生出了齊山，以預示和保祐蕭道成當上了皇帝。㉕潛瑞幾昔二句　謂過去潛伏的祥瑞和隱微的徵兆，已經表明了現在的皇帝的名號。潛瑞，潛伏的祥瑞。幾，隱微的徵兆，《周易》「聖人所以極深而研幾也」。幾昔，即過去隱微難見的徵兆。按，這是指「齊」，齊後山含有「齊」字，齊朝名「齊」。㉖岑載聖字二句　謂齊後山含有著聖字，這個聖字預示了皇統的吉祥之名。岑，即齊後山。聖字，即指「齊」字，這是齊朝的名，所以是聖字。兆，徵兆；預示。祚，皇統。休名，美名。㉗規巖擬剎二句　謂按照山岩加以規劃來擬定所要建造的寺廟，又測量山嶺加以經營建造。規，規劃。剎，寺廟。度，測量。締經，締造經營。㉘創工之日二句　謂寺廟開工之日，正是蕭道成受禪讓為帝之時。紫庭，皇宮的代稱。㉙齊驃騎豫章王嶷　即蕭嶷，字宣儼，齊高帝蕭道成第二子。史稱他寬仁弘雅，有大成之量，蕭道成對他特別鍾愛。宋時，起初為太學博士、長城令，又遷尚書左民郎、錢唐令，起初賜爵賜為晉壽縣侯，官至寧朔將軍，領兵衛從。宋順帝即位後，蕭道成坐鎮京師，蕭嶷則出任荊州刺史，都督荊、湖、雍、益、梁、寧、南北秦八州諸軍事，領鎮西將軍。他在荊州組織生產、多方濟貧、設立學校，多有善政，受到當地百姓的擁戴，成為蕭道成最得力的助手。入齊後，建元元年蕭道成加封他為豫章郡王，出任侍中、尚書令，領揚州刺史。史載蕭嶷離開江陵城時有數千人立於江岸涕泣相送。蕭嶷帶病回到京師，蕭道成極為憂慮，為此而大赦天下為之積德。蕭道成曾打算改立他為太子，但無結果，由於蕭嶷的謙讓，一直保持了與兄長太子蕭賾之間和睦的關係。永明十年（西元四九二年）蕭嶷卒，臨終對諸子說：「人生在世，本自非常，吾年已老，前路幾何？居今之地，非心期所及。性不貪聚，自幼所懷，政以汝兄弟累多，損吾暮志耳。無吾後，當共相勉勵，篤睦為先。才有優劣，位有通塞，運有富貧，此自然理，無足以相陵侮。」喪事從簡，不以遺財為累，「棺器及墓中，勿用餘物為後患也。朝服之外，唯下鐵環刀一口，作冢勿令深，一一依格，莫過度也。後堂樓可安佛，供養外國二僧，餘皆如舊。與汝遊戲後堂船乘，吾所乘牛馬，送二宮及司徒，服飾衣裘，悉為功德。」《南齊書》有傳。㉚荊陝　即荊州，《南齊書・州郡志・荊州》說：「江左大鎮莫過荊、揚。弘農郡陝縣周世二伯總諸侯，周公主陝東，召公主陝西，故稱荊州為陝西也。」這是將西周時的陝東、陝西比作南朝時揚州和荊州，故有此稱，據《南齊書・豫章文獻王嶷傳》，豫章王蕭嶷於宋末齊初任荊州刺史。㉛齊武升位　謂齊武帝即位，時在西元四八三年。㉜司徒文宣王　即蕭子良，參見本卷〈釋僧鍾傳〉「竟陵文宣王」條注釋。㉝文惠太子　即蕭長懋，參見本卷〈釋僧鍾傳〉「文惠太子」條注釋。㉞齊永明二年　西元四八四年。㉟臨川獻王　即蕭映，字宣光，齊高帝第三子，劉宋時歷任著作左郎、宣城太守、兗州刺史，入齊後封臨州王，歷任揚州刺史、荊州刺史，史稱他擅長騎射，解音律，好文學，左右手均擅長書法，儒雅好客，卒於齊永明七年（西元四八九年），時年三十二歲。《南齊書》有傳。㊱周顒　參見本書卷七〈釋僧瑾傳〉「周顒」條注釋。

【語譯】釋玄暢，俗姓趙，河西金城人。他少年時，家族遭到胡人的剿滅。就在他即將遭害時，胡人的統帥看見了他，加以制止，說：「這個小孩的目光外射，不是一個凡童。」玄暢因此而免遭殺害。然後，他就去了涼州，出家為僧。他本名慧智，後來遇到了玄高，便師事玄高，成為他的弟子。玄高每每覺察出玄暢是一個奇人，凡事總是和他一同商量。他因此改名為玄暢，以此來表示老師對他所咐囑的意旨。這以後，胡人消滅佛法，殺害沙門，唯有玄暢得以逃脫。他於元嘉二十二年閏五月十七日從平城出發，經代郡、上谷，向東翻越太行山，又經幽州、冀邑，然後向南，前往孟津。這期間，他身邊唯有手中拿著的一束楊樹枝和一把蔥葉。胡人的騎兵在後面追逐他，即將追上他的時候，玄暢就用楊樹枝掀沙。飛騰的沙石遮蔽了天日，使得追逐他的人馬不能前進。一會兒，沙石落定，追逐他的人馬又追來了。於是他就跳入河中，唯用一根蔥葉插在鼻孔裡用於呼吸，渡過了河。他於八月一日達於揚州。

玄暢通曉佛經和戒律，深悟禪定的要義，占卜吉凶預測未來，無不應驗。他對世俗的經籍和諸子之書，也多有涉獵，至於世間的各種技藝，也很少不會。起初，大部的《華嚴經》由於篇幅很大，旨意廣博，從來沒有人加以宣講解釋。玄暢便竭盡心力對《華嚴經》進行了深入的研究，逐章逐句加以比較研讀，來探尋它的旨意，講解傳習，直到如今。對《華嚴經》的講解，是從玄暢開始的。他又擅長《中論》、《十二門論》和《百論》三論，為學者所宗仰。宋文帝對他深為讚賞敬重，請他做太子的老師。但玄暢再三推辭，堅決不肯。他的弟子對他說：「法師您正想要弘揚佛法，普濟眾生，廣為宣講佛教，現在皇帝如此謙虛地請您，太子也對您是禮敬而準備接受您的教誨，如果佛道能夠通過帝王來宣揚，就會天下歸心。然而您卻如此矯情地推辭，這不是放棄了聲聞教化嗎？」玄暢對他說：「這裡面的深意，祇可以對明智者說，卻難對俗人講啊。」等到太初事件發生，他的弟子才知道他的先知先覺，明白他為何不肯當太子老師的緣故。自那以後，玄暢就遷徙到了荊州，住在長沙寺。當時，沙門用自己所獲的功德錢出版《念佛三昧經》等經，玄暢為他們校對刊正文字，文辭旨意都委婉恰切。他又能張開手就發出香氣，手掌中流出水來。他的奇才異能，令人莫測。到宋朝末年時，玄暢乘船遠行，到了成都。起初，他住在大石寺，手繪了十六幅金剛密跡神像。宋順帝昇明三年，玄暢又遊歷了益州的西界，觀覽了岷山，在岷山郡北部的廣陽縣邊界，看見了齊後山，便打算在這裡長久住下去。於是他依傍岩石和山谷，蓋了一座草屋。他的弟子法期看見有神人騎著馬，穿著青色的單衣，繞山一周，又回轉來指示了建造佛塔的地方。於是，玄暢就在齊建元元年四月二十三日這一天開始建造寺廟，起名為齊興寺。這一天正是齊太祖受命稱帝的時候。天時人事，相隔萬里而完全吻合。

當時，傅琰任益州刺史坐鎮成都，他欽慕玄暢的風範，對玄暢以師禮相敬。玄暢建寺之後，就致信給傅琰說：「貧道在塵世棲息了許多年，後來年老力衰身纏疾病，十分厭倦人世的喧囂，所以遠遠地托身於岷山之界，選擇居住在這裡。這裡處於廣陽縣的東面，離縣城有千步之遠，起伏綿延，山嶺重疊。山凹間有四條溪流，綿延排列著五座山峰。山峰環抱著城邑，近可以瞭望三方；背依峰巒山岳，則可以遠眺九流。我以去年四月二十三日開工動土，建造寺廟。去年冬季，我來到這裡，訪得這個日子，正是當今皇上今年該受命登基的時刻。我聽說，其人之道能與太極之道一致，就會有祥瑞顯現；其人之德與天地之德相同，神授天命必然昭彰，所以《河圖》、《洛書》出現表明了周朝興起的徵兆，靈石符命顯示了晉朝興起的徵兆。我所說的這座山的符命，豈不由齊朝皇帝登基來應驗了嗎？檀越您一心為國，致使命運在此時的事實得以證驗，您既不能忘心，豈能遺忘這樣的大事？現在，我就呈上一〈山讚〉，以顯露我的懷抱。〈山讚〉如下：『巍峨的齊山，誕生於陰間。往昔它隱微的徵兆，已經表明了今日的帝號。山名載有新朝的聖字，預兆了新朝吉祥的名稱。山根牢固，白雲舒卷，峰巒連綿，霞光如鏡。規劃山岩，擬造寺廟，測度峰嶺，締造經營。開工之日，正是皇上登基之時。道同天地，四海清平。皇祚萬年，此山早顯符命。』」

傅琰當即上表啟奏朝廷。朝廷下令，撥出一百農戶歸玄暢所有，作為給他的俸祿。齊驃騎將軍豫章王蕭嶷當時鎮守荊州，便派使者來請玄暢。河南的吐谷渾族首領，也遙相敬慕，派遣了數百人快馬趕來，到齊山迎接他去。可惜他們趕到時，正值玄暢已經東去荊州，來不及相見了。到齊武帝登基即位時，司徒文宣王蕭子良離開江陵，回返京師後，文惠太子蕭長懋又派遣使者來迎接玄暢，而且皇帝也不斷下令，請他前往京師。玄暢一再推辭，怎麼也推辭不掉，於是就乘船東下京師。他在途中得了病，帶著病到達京師時，人民傾城而出，前來看他，人群擁擠得連道路也被阻塞了。到京師後玄暢住在靈根寺，不久就圓寂了，享年六十九歲。時在齊永明二年十一月十六日，葬於京師鐘山的獨龍山前。臨川獻王蕭映為他立了碑，汝南周顒寫了碑文。

齊上定林寺釋僧遠

道憑　法令　慧泰

釋僧遠，姓皇，勃海重合❶人。其先北地皇甫氏，避難海隅，故去「甫」存「皇」焉。遠幼而樂道，年十六欲出家，父母不許。因蔬食懺誦，曉夜不輟，年十八方獲入道。時有沙門道憑❷，高才秀德，聲蓋海岱。遠從受學，通明數論，貫大小乘。宋大明中度江，住彭城寺。昇明中，於小丹陽牛落山立精舍，名曰龍淵。

遠年三十一，始於青州❸孫秦寺南面講說。言論清暢，風容秀整，坐者四百餘人，莫不悅服。瑯琊王僧達❹才貴當世，藉遠風素，延止眾造寺。遠周貧濟乏，身無留財。有玄紹比丘，每給以金貝。遠讓而弗受。嘗一時行青園，聞里中得時氣病者，惘而造之。見駢尸侶病者數人，人莫敢近，遠深加痛惋，留止不忍去。因為告乞，斂死撫生，恩加骨肉。宋新安孝敬王子鸞❺，為亡所生母殷貴如造新安寺❻，勅選三州，招延英哲。遠與小山法瑤❼、南澗顯亮❽，俱被徵召，皆推遠為允舉之首。

大明六年九月，右司奏曰：「臣聞邃拱凝居，非期宏峻❾；拳跪槃伏，豈止敬恭？將以昭張四維，締制八寓❿。故雖儒、法枝派，名、墨條流，至於崇親嚴上，厥繇靡爽⓫。唯浮圖為教⓬，逷自龍裒⓭。宗旨緬邈，微言淪遠⓮，拘文蔽道，在末彌扇⓯。遂迺凌越典度，偃居尊戚⓰。失隨方之妙迹，迷製化之淵美。夫佛法以謙儉自牧，忠虔為道。不輕比丘⓱，遭人必拜。目連桑門⓲，遇長則禮。寧有屈膝四輩[19]，而簡禮二親；稽顙耆臘[20]，而直骸萬乘[21]者哉？故咸康創議[22]，元興載述[23]，而事屈偏黨[24]，道挫餘分。今鴻源遙洗，群流仰鏡，九仙盡寶[25]，百神聳職。而畿輦之內，含弗臣之氓；階席之間，延抗禮之客。懼非所以澄一風範，詳示景則[26]者也。臣等參議，以為沙門接見，皆當盡虔禮敬之容。依其本俗，則朝徽有序，乘方兼遠矣。」帝雖頗信法，而尤自驕縱，故奏上之日，詔即可焉。

遠時歎曰：「我剃頭沙門，本出家求道，何關於帝王！」即日謝病，仍隱迹上定林山。及景和之中，此制又寢，還遵舊章。

宋明[27]踐祚，請遠為師，竟不能致。其後山居逸迹之賓，傲世陵雲之士，莫不策踵山門，展敬禪室。廬山何默[28]、汝南周顒[29]、齊郡明僧紹[30]、濮陽吳苞[31]、吳國張融[32]，皆投身接足，諮其戒範。後宋建平王景素[33]謂栖玄寺是先王經始，既寺是人外[34]，欲請遠居之。殷懃再三，遂不下山。

齊太祖將升位，入山尋遠。遠固辭老疾，足不垂床[35]。太祖躬自降禮，諮訪委悉。及登禪，復鑾駕臨幸，將詣遠房。房閣狹小，不容輿蓋。太祖欲見遠，遠持操不動。太祖遣問臥起，然後轉蹕而去。遠曾不屑焉。至于寢疾，文惠[36]、文宣[37]伏膺師禮，數往參候。時貴卿士，往還不絕。

遠蔬食五十餘年，澗飲二十餘載。遊心法苑，緬想人外，高步山門，蕭然物表。以齊永明二年正月，卒于定林上寺，春秋七十有一。帝致書於沙門法獻㊳曰：「承遠上無常㊴，弟子夜中已自知之。遠上此去，甚得好處。諸佳作非一，不復增悲也。一二遲見法師，方可敘瑞夢耳。今正為作功德，所須可具疏來也。」竟陵文宣王又書曰：「遠法師一代名德，志節清高。潛山樹美，四海飡風。弟子闇昧，謬蒙師範。方欲仰稟仁化，用洗煩慮，不謂此疾，奄成異世。悲痛之心，特不可忍。遠上即既業行圓通，曠劫希有。弟子意不欲遺形影迹，雜處眾僧墓中。得別小餘地，是所願也。方應樹剎表奇，刻石銘德矣。」即為營墳於山南，立碑頌德。太尉瑯琊王儉㊵制文。

時定林上寺又有法令、慧泰，並善經論，繼譽於遠焉。

【注釋】❶勃海重合　勃海，郡名。西漢置，轄境相當於今天津、河北南部和山東北部之間，東漢時治所移在南皮（今河北南皮）。重合，縣名。西漢置，治所在今山東樂陵西北，兩漢到晉屬勃海郡，北魏改屬安德郡，北齊天寶七年（西元五五六年）廢。❷道慿　本書卷七〈釋超進傳〉附記：「時又有釋道慿者，亦是當世法匠。而執性剛忤，論者少之。」此處「道慿」當是他。❸青州　古九州之一及漢置十三刺史部之一，轄境相當於今山東德州、齊河縣以東，馬頰河以南，濟南、萊陽一線以北，東晉時治所在東陽（今山東益都）。❹王僧達　參見本書卷七〈釋慧觀傳〉「王僧達」條注釋。❺宋新安孝敬王子鸞　即劉子鸞，字孝羽，宋孝武帝第八子，於大明四年五歲時封襄陽王，任東中郎將、吳郡太守，同年又改封新安王，遷北中郎將、南徐州刺史，領琅琊太守。他的生母殷淑儀是孝武帝的寵妃，史稱「寵傾後宮」，而子鸞則被孝武帝「愛冠諸子」。大明六年殷淑儀卒，孝武帝十分悲傷，追贈她為貴妃、班亞皇后，又在劉子鸞本官之外，進號撫軍司徒，都督南徐州諸軍事。大明八年，加中書令。前廢帝劉子業即位（西元四六五年），因嫉妒他一向受寵，在濫殺大臣的同時，也將他及幾個兄弟賜死，死時才十歲。劉子鸞臨死對左右說：「願身不復生王家。」宋明帝即位後，為他伸冤，改封始平王。❻為亡所生母殷貴如句　所生母，即生母，指殷貴妃。貴如，大正藏本作「貴妃」。《宋書》未載殷貴妃名諱，大約「貴如」係「貴妃」之誤。按，《宋書・蠻夷志》載新安寺係由孝武帝所造：「世祖寵姬殷貴妃薨，為之立寺。貴妃子鸞封新安王，故以新安為寺號。前廢帝殺子鸞，乃毀廢新安寺，驅斥僧徒，尋又毀中興、天寶諸寺。太宗定亂，下令曰：『先帝建中興及新安諸寺，所以長世垂範，弘宣盛化。頃遇昏虐，法像殘毀，師徒奔迸。甚以矜懷。妙訓淵謨，有扶名教，可招集舊僧，普各還本，並使材官，隨宜修復。』」❼法瑤　參見本書卷七〈釋法瑤傳〉。❽顯亮　後改名慧亮，參見本書卷七〈釋慧亮傳〉。❾邃拱凝居二句　謂建造邃密的房宅以使闔家集中居住，不是以房宅的高大雄偉為目的。邃拱，深邃的拱門，這裡喻房宅。凝居，闔家集中居住。宏峻，高大雄偉。❿昭張四維二句　謂昭彰禮義廉恥，以此來締結人心治理天下。四維，即禮義廉恥。締，結合而不可解開。制，治理。八寓，即八宇、八方，這裡指天下。⓫崇親嚴上二句　謂儒、法、名、墨各家雖然有分歧，但對於尊崇父親和皇上，毫無相違之處。崇親，尊崇父親。嚴上，尊崇皇上。厥，其。繇，由。靡爽，無違。⓬浮圖為教　謂佛陀所進行的教化，即佛教。浮圖，佛陀一詞的譯名（後世曾有將「萃堵坡」即佛塔誤譯為「浮圖」，以致誤以浮圖為佛塔）。⓭逷自龍哀　當作逷自龍堆，謂佛教遠自西域龍堆沙漠而來，本非中原所固有。逷，遠。哀，宋、元、明三本、大正藏本、金陵刻經處本均作「裔」，《宋書・蠻夷傳》載有司奏文「哀」作「堆」。龍堆，沙漠名，即白龍堆的簡稱，在今羅布泊以東至甘肅玉門關間。《漢書・匈奴傳》引揚雄諫書：「豈為康居、烏孫能踰白龍堆而寇西邊哉？」注曰：「孟康曰：龍堆形如土龍身，無頭有尾，高大者二三丈，埤者丈餘，皆東北向，相似也，在西域中。」《漢書・西域傳》記：「樓蘭國最在東垂，近漢，當白龍堆，乏水草，常主發導，負水儋糧，送迎漢使。」南朝梁沈約〈白馬〉詩：「赤坂途三折，龍堆路九盤。」則「哀」當作「堆」。⓮宗旨緬邈二句　謂佛教的宗旨遙遠而渺茫，其深文大義淪於遙遠而與治理國家不著邊際。緬邈，遙遠而渺茫。淪遠，淪於遙遠而不著邊際。⓯拘文蔽道二句　謂有些僧人拘守佛經文句而遮蔽了國家倫理之道，其末流於是愈益煽動張揚。拘文，拘守文句，這裡指拘守佛經文句。蔽道，遮蔽了道，這裡指儒學之道和治理國家之道。末，末流。彌扇，更加張揚煽動。⓰凌越典度二句　謂凌駕於典章法度，昂然居於尊長戚屬之前，不行世俗的敬禮。⓱不輕比丘　是「常不輕比丘」的簡稱，本名「常不輕」，又稱「常不輕菩薩」。鳩摩羅什譯《妙法蓮花經》第二十品有〈常不輕菩薩品〉，說「有一比丘名常不輕，得大勢。以何因緣名常不輕？是比丘凡有所見，若比丘、比丘尼、優婆塞、優婆夷，皆悉禮拜贊歎，而作是言：我深敬汝等，不敢輕慢，所以者何？汝等皆行菩薩道，當得作佛。而是比丘不專讀誦經典，但行禮拜，乃至遠見四眾，亦復往禮拜贊歎。」⑱目連桑門　目連，全稱摩訶目犍連，又稱大目犍連，《佛本行集經・舍利目連因緣品》、《增一阿含經》卷三等說他是古印度揭摩陀國人，原屬婆羅門種姓，後皈依佛陀釋迦牟尼，是佛陀十大弟子之一，侍候於佛陀的左邊，神通很大，能飛上兜率天，後被反佛教的婆羅門用杖擊死。但目連在中國的傳說很多，其中最重要的便是目連救母故事。桑門，是沙門的另一譯音。⑲四輩　謂僧、尼、男女居士。⑳稽顙耆臘　謂向年老的比丘行禮。稽顙，即行禮。耆臘，指年長的比丘。㉑直骸萬乘　謂在皇帝面前竟然直著身體，不跪下敬禮。《南齊書・蠻夷志》所載有司奏文「骸」作「體」，二字義可通。萬乘，即皇帝。㉒咸康創議　指東晉咸康六年（西元三三一年）庾冰首次提出沙門應當禮敬王者一事。參見本書卷六〈釋慧遠傳〉及「沙門應敬王者」條注釋。按，《南齊書・蠻夷志》載這次重提沙門應敬王者一事說：「世祖大明二年，有雲標道人與羌人高闍謀反，上因是下詔曰：『佛法訛替，沙門混雜，未足扶濟鴻教，而專成逋藪。加奸心頻發，凶狀屢聞，敗亂風俗，人神交怨，可付所在，精加沙汰，後有違犯，嚴加誅坐。』于是設諸條禁，自非戎行精苦，並使還俗。而諸寺尼出入宮掖，交關妃後，此制竟不能行。先是晉世庾冰始創議，欲使沙門敬王者，後桓玄復述其義，並不果行。大明六年，世祖使有司奏曰」云云。㉓元興載述　指東晉元興元年（西元四〇二年）桓玄專斷朝政時所提出的沙門應當禮敬王者和沙汰沙門一事。參見本書卷六〈釋慧遠傳〉及「與八座書」條注釋。㉔事屈偏黨　事屈，即事情失敗。偏黨，偏於一派的意見。事屈偏黨，謂沙門應敬王者事失敗於一派反對者之手。按，這裡指從庾冰到桓玄提出沙門應敬王者一事後來沒有行得通，倒是桓玄篡政後，於元興二年同意了慧遠沙門不敬王者的建議。參見本書卷六〈釋慧遠傳〉及「玄篡位」條注釋。㉕九仙盡寶　《南齊書・蠻夷傳》所錄奏文「盡」作「贐」，二字可通，謂各路仙人都向朝廷貢獻寶物。㉖詳示景則　景，大。詳示景則，謂詳盡地示知朝廷禮法。㉗宋明　指宋明帝。㉘何默　默，大正藏本作「點」，以「點」為宜。何點，宋、齊、梁三朝隱士，字子晰，廬江灊縣（今安徽霍山縣東北）人，劉宋何尚之（參見本書卷七〈釋慧嚴傳〉「何尚之」條注釋）的孫子。其父何鑠任宜都太守，但素患風疾，因無故殺害自己的妻子而被正法。當時何點十一歲，長大後因有感於家禍，遂絕意於婚宦。何尚之強為他娶親，何點終日涕泣，堅決不從，遂作罷。何氏家族是江南大族，從東晉何充、何準（參見本書卷六〈釋慧遠傳〉「何充」條注釋）以來至何點（以及何點之兄弟何求、何胤），已七世奉佛。史載何點容貌方雅，博通群書，擅長談論。他不入城府，而遨遊人世，不簪不帶，或駕柴車，躡草屐，恣心所之，又常在所居園內招引僧人講經說法，時人號為「通隱」。宋泰始末年（西元四七一年），朝廷徵召他為太子洗馬，齊初，又累徵中書郎、太子中庶子，他都謝絕不就。梁武帝蕭衍和他友誼頗深，徵請他出任侍中，也予謝絕。天監三年（西元五〇四年）卒，時年六十八歲。《南齊書》、《梁書》均有傳。㉙周顒　參見本書卷七〈釋僧瑾傳〉「周顒」條注釋。㉚齊郡明僧紹　字承烈，齊郡平原（今山東平原縣）人，劉宋元嘉年間曾舉秀才，擅長儒術。曾隱居廣郡嶗山，聚徒講學。後過江至建康，隱居長江邊攝山（即今江蘇南京棲霞山棲霞寺所在處）。宋明帝曾徵召他為徵通直郎，謝絕不就。入齊後，齊高帝多次徵召，他也謝絕。與定林寺僧遠交情甚厚，臨終將所居攝山棲霞精舍贈法度居住。《南齊書》有傳。㉛吳苞　字天蓋，濮陽鄄城人，擅長儒學，精通三《禮》及《老子》、《莊子》，於劉宋泰始年間（西元四六五至四七一年）過江後，聚徒教學，素食二十餘年。入齊後，鬱林王隆昌元年（西元四九三年）朝廷徵召他為太學博士，謝絕不就。齊始安王蕭遙光為他在建康蔣山南建立學館，為一時學者所宗。後以年老而卒。《南齊書》有傳。㉜張融　參見本卷〈釋道慧傳〉「張融」條注釋。㉝宋建平王景素　即劉宋建平王劉景素，參見本書卷七〈釋曇斌傳〉「宋建平王景素」條注釋。㉞寺是人外　謂寺廟尚存而它的主人已經死了。人外，人間之外，即已經死了，到了另一個非人間的世界。㉟足不垂床　謂躺著不起來。床，在東晉南朝，指可臥可坐的躺椅，人坐在床上，足便下垂於地。按，這裡表示若無其事，不因為齊太祖的來到而為之所動。㊱文惠　即文惠太子蕭長懋，參見本卷〈釋僧鍾傳〉「文惠太子」條注釋。㊲文宣　即竟陵文宣王蕭子良，參見本卷〈僧鍾傳釋〉「竟陵文宣王」條注釋。㊳法獻　本書卷一三載有兩篇〈釋法獻傳〉，這裡當指上定林寺俗姓徐的法獻。㊴遠上無常　遠上，即遠和尚，是對僧遠的尊稱。無常，即指死去。㊵王儉　參見本卷〈釋法瑗傳〉「王儉」條注釋。

【語　譯】釋僧遠，姓皇，勃海重合人。他的祖先原是北地郡的皇甫氏，因避難而遷居到海邊，所以將姓中「甫」字去掉，而留下「皇」字為姓。僧遠年幼時就愛好佛道，十六歲時就想出家，但他的父母不允許。他因此而食素，日夜懺悔，到十八歲才得以出家。當時有一位沙門名叫道憑，才高德美，是海濱到泰山一帶聲譽最高的僧人。僧遠便師從他學習，通曉數論，又貫通了大乘和小乘佛教。宋大明年間，僧遠渡過長江，到了建康，住在彭城寺。昇明年間，他在小丹陽的牛落山建立精舍，取名「龍淵」。

僧遠三十一歲時，開始在青州的孫秦寺登座講經。他的言論清晰流暢，容貌清秀，儀態端正，坐在下面聽講的人，對他無不心悅誠服。瑯琊王僧達以才學著名於當世，知道僧遠的聲名後，就請他住到眾造寺去。

僧遠總是濟貧扶困，自己不留財物。有一位叫玄紹的比丘，常贈送給他金貝，他總是推辭不受。有一次僧遠經過青園，聽說這一帶有人得了時疫，便起了憐憫之心，前往拜訪。他看見這裡有並排躺著的屍體和幾個病人，別人都不敢靠近他們。僧遠既悲痛又哀惋，就留住在病人這裡，不忍離開。僧遠為他們向人乞討，來收殮屍體，撫養尚活著的病人，照料他們的親人。宋新安孝敬王劉子鸞為自己的生母殷貴妃建造了新安寺，下令在三個州召請傑出的高僧。僧遠和小山的法瑤、南澗的顯亮都被徵召，大家都推舉僧遠為這三人之首。

大明六年九月，右司向朝廷上奏說：「臣聽說，建造邃密的房宅，使闔家集中居住，原不是為了追求房宅的高大雄偉；蜷曲了身體下跪俯伏，哪裡僅僅是為了表示恭敬，而是為了昭彰禮義廉恥，締結人心，治理天下。所以，雖然儒家、法家分為兩派，名家、墨家各自分流，至於尊崇父親和君上，卻是毫無分歧而完全一致的。唯有佛教，來自遙遠的西域沙漠，宗旨既遙遠而又縹緲，其微言教義也淪於迂遠而不著邊際，使人們拘守經文而實遮蔽了治國之道。其末流則借此大加煽揚，竟凌駕於朝廷的典章法度，昂然居於尊長戚屬之前，毫無禮敬，有失隨鄉入俗形跡的奧妙，不識制定教化的淵深美意。佛法本以謙恭節儉來約束自己，以忠誠為道。不輕比丘遇到人時，必定恭敬禮拜；目連沙門遇到長者，就要行禮。哪有要人向比丘、比丘尼、男女居士屈膝敬禮，反倒簡省了對父母的禮節；對年高的比丘尚且要行禮，反倒在皇上面前直立而不跪拜的道理呢？所以咸康年間創議，元興年間再次提出，可見於記載。然而，結果卻屈從了那些偏執的反對派，使正道終於遭到挫折。現在，正本清源大道復興，三教九流無不仰望而以此自鑑，各路仙人奉獻自家寶物，眾神也恪盡職守。然而，京畿之內，皇輦所到之處，竟然還有不臣服於皇上的流民；階前席上，竟然請來與皇上分庭抗禮的客人。令人深深擔憂這實在不是澄清禮義統一風範，而詳細示知於人禮儀大法的現象。臣等經過商議，參奏陛下，以為朝廷接見沙門時，沙門應當向皇上虔誠恭敬地行禮。依從朝廷原有的風俗禮儀，則朝廷之上各按等級徽號禮儀有序，便可以此為模範而兼及四方了。」皇帝雖然頗信佛法，然而個性實在驕傲，所以有司上奏的當天，他下詔同意了。

僧遠當時曾歎息道：「我是個剃光了頭的沙門，出家原是為了求道，這與帝王毫無相干。」當天，他就以生病為由，辭別眾造寺，隱居到上定林寺中去了。直到景和年間，沙門必須禮敬帝王的制度又停止，而恢復舊時的章法。

宋明帝即位後，請僧遠為師，結果卻請不到僧遠。在這之後，那些遁跡山林的隱士，傲世而超凡脫俗的人們，無不相繼來到僧遠的寺廟，向他致敬。廬山何點、汝南周顒、齊郡明僧紹、濮陽吳苞、吳國張融，都接踵而至，向僧遠請教佛法戒律。後來，宋建平王劉景素說，棲玄寺是他的先父所創建經管，現在既然寺在而他的先父已離開人間，便想請僧遠來住。經他殷懃地再三懇請，僧遠纔承允，此後也就不下山了。

齊太祖將要受禪讓登基時，曾到山裡來尋找僧遠。但僧遠以自己又老又病為由，堅決推辭，甚至躺著連坐也不坐起來。齊太祖衹好親自來向他致禮，問長問短。等到齊太祖接受禪讓登基後，又坐著鑾車親自駕臨，將要到達僧遠的禪房時，因房屋狹小，容不下他的車。太祖想見僧遠，但僧遠堅持自己的節操，動也不動。太祖就派人前來向僧遠問候起居，然後就掉轉車頭而去。僧遠曾對此表示不屑一顧。僧遠生病時，文惠太子、竟陵文宣王都恭敬地向他致以師禮，來探望問候過他好幾次。當時的貴人達官，在僧遠這裡往還不絕。

僧遠食素五十多年，隱居二十餘載。他潛心於佛法，遙想於人間之外，昂然獨步於佛門，超越於世俗之外。他於齊永明二年正月在定林上寺去世，享年七十一歲。齊武帝致書沙門法獻說：「僧遠和尚之死，弟子我在夜半已經知道了。遠和尚此去，對他很有好處。這些好處不止一樁，我也就不再為他悲哀了。還有一兩位尚未看到這一點的法師，也將會從祥瑞的夢中得知。現在，你們正為他作功德法事，需要什麼，可以上疏告訴我。」竟陵文宣王又寫信來說：「僧遠法師是一代著名高僧，他的心志節操清高，隱居山中，樹立了美德，天下四海都聞風仰慕。弟子我蒙昧無知，謬承他的教導。當我正想秉稟他的仁德和教化，用以洗滌自己的煩惱思慮，想不到他所得的這個病，竟使他忽然去世。我心中的悲痛，實在無法忍受。僧遠和尚既然佛法圓通，曠世希有，弟子我不願讓他的遺骸混雜在眾僧的墓群之中。我的願望，是另找一小塊空地，給他建廟來顯示他的奇特，為他樹碑以銘刻他的德行。」他當即為僧遠在山南營造了墳墓，又樹碑歌頌他的美德。碑文是太尉瑯瑘王儉所寫。

當時，定林上寺還有法令、慧泰，都擅長經論，繼僧遠之後而享有美譽。

齊荊州竹林寺釋僧慧 曇順 慧敞 僧岫

釋僧慧，姓皇甫，本安定朝那❶人。高士謐❷之苗裔，先人避難寓居襄陽，世為冠族❸。慧少出家，止荊州竹林寺，事曇順❹為師。順，廬山慧遠弟子，素有高譽。慧服膺已後，專心義學。至年二十五，能講《涅槃》、《法華》、《十住》、《淨名》、《雜心》等。性強記，不煩都講❺，半日而文句辯析，宣暢如流。又善《莊》《老》，為西學所師，與高士南陽宗炳❻、劉虬❼等，並皆友善。炳每歎曰：「西夏法輪不絕，其在慧公乎！」吳國張暢❽經遊西土，迺造慧而請交焉。齊初，勅為荊州僧主。風韵秀然，協道匡世，補益之功，有譽遐邇。年衰，常乘輿赴講。觀者號為「禿頭官家」。與玄暢❾同時，時人謂「黑衣二傑」。齊永明四年❿卒，春秋七十有九。

後有釋慧敞者，亦志業貞正，代慧為僧主，續有功效焉。慧弟子僧岫，亦以學顯，力精致血疾而終。

【注釋】❶安定朝那　安定，安定郡，西漢置，治所在高平縣（今寧夏固原），西晉移治安定縣（今甘肅涇川縣北涇河北岸）。朝那，朝那縣，西漢置，治所在今寧夏固原東南。❷謐　即皇甫謐，魏、西晉之際的著名學者和隱士，參見本[illegible]二〈釋道溫傳〉「謐」條注釋。❸世為冠族　冠族，衣冠之族，也即非平民的士宦家族，一般稱士族。世為冠族，謂世代都是士宦的家族。❹曇順　本書卷六〈釋道祖傳〉附記：「(慧)遠又有弟子曇順、曇詵，並義學致譽。順本黃龍人，少受業什公，後還師遠，蔬食有德行。南蠻校尉劉遵，於江陵立竹林寺，請經始。遠遣從焉。」❺不煩都講　謂不用都講。都講，參見本書卷七〈釋曇諦傳〉「都講」條注釋。❻宗炳　參見本書卷六〈釋慧遠傳〉「宗炳」條注釋。❼劉虬　字靈預，南陽涅陽（今陝西耀縣東南）也。東晉士族出身，過江後移家荊州江陵。劉宋泰始年間（西元四六五至四七一年）曾出任當陽令。後辭官歸家，隱居於江陵偏僻的西沙洲內辟穀修道。後朝廷多次徵召禮聘，他都予以謝絕。入齊後，朝廷又多次禮聘，仍不出。劉虬又精通佛理，布衣素食，長齋禮佛。他自謙佛義，闡發竺道生「善不受報」、「頓悟成佛」之義。竟陵王蕭子良在「西邸」廣請高僧大德講經，寄書相招，他是座上客之一，講《涅槃經》、《大品般若經》和《小品般若經》，又注解了《法華經》。齊明帝建武二年（西元四九五年），又徵聘他為國子博士，再予謝絕。當年冬，劉虬去世，時年五十八歲。❽張暢　參見本書卷七〈釋僧詮傳〉「張暢」條注釋。❾玄暢　參見本卷〈釋玄暢傳〉。❿齊永明四年　西元四八六年。

【語　譯】釋僧慧，俗姓皇甫，本是安定郡朝那縣人，高士皇甫謐的後裔。他的祖先因避難而遷居到襄陽，世代都是士族。僧慧在少年時出家，住在荊州竹林寺，以曇順為師。曇順是廬山慧遠的弟子，一向享有很高的聲譽。僧慧師從他以後，就專心於佛教義理之學。到二十五歲時，他就能講《涅槃經》、《法華經》、《十住心論》、《淨名經》、《雜心論》等經論。他天生記性好，不用都講，半天連續地辨析文句仍滔滔不絕非常流暢。他又擅長於《莊子》、《老子》，被西域來的學者尊為老師。他和高士南陽宗炳、劉虬等人都很友善。宗炳常讚嘆說：「中夏西部的佛法不絕，全有賴於僧慧啊！」吳國張暢因任官而到西部，便來拜訪僧慧，請求與他相交。齊朝初年，皇帝下令，請僧慧出任荊州僧主。僧慧風韻清秀，以佛法匡正世俗，他對朝廷治世的助益之功，遠近聞名。他年老時常乘轎車前往講經，旁觀者給他起了個別號，叫他「禿頭官家」。他和玄暢是同時的人，當時的人都說他們兩人是「黑衣二傑」。僧慧於齊永明四年去世，享年七十九歲。

後來，有一位釋慧敞，心志法業也都很純正，繼僧慧之後而為僧主。他續任僧主後也很有功效。僧慧的弟子僧岫，也以佛學義理聞名，後來因過於用功，得血疾而死。

齊上定林寺釋僧柔 弘稱 僧拔 慧熙

釋僧柔，姓陶，丹陽❶人。少而耿潔，便有出塵之操。年九歲，隨叔遊學。家世貧迫，藜藿❷不充，而篤志彌堅，履窮無改。後出家為弘稱弟子。稱姓呂，洛陽臨渭人，學通經論，聲譽早彰。柔服膺已後，便精懃戒品，委曲禪慧。方等眾經，大小諸部，皆徹鑒玄源，洞盡宗要。年過弱冠，便登講席。一代名賓，並投身北面❸。後東遊禹穴❹，值慧基❺法師，招停城傍，一夏講論。後入剡❻白山靈鷲寺。未至之夜，沙門僧緒夢見神人，彩旗素甲，滿山而出。緒問其故，答云：「法師當入，故出奉迎。」明日待人，果是柔至。既而掃飾山門，有終焉之志。敷經導學，有士如林。

齊太祖創業之始，及世祖襲圖❼之日，皆建立招提❽，傍求義士。以柔耆素有聞，故徵書歲及。文宣❾諸王再三招請，乃更出京師。止于定林寺，躬為元匠。四遠欽服，人神讚美。文惠❿、文宣並服膺入室。柔秉德居宗⓫，當之弗讓。

常誓生安養國⓬。每至懸輪西次⓭，輒嚬容合掌。至臨亡之日，體無餘患，唯語弟子云：「吾應去矣。」仍鋪席于地，西向虔禮，奄然而卒。是歲延興元年⓮，春秋六十有四。即葬於山南。沙門釋僧祐與柔少長山栖，同止歲久，亟挹道心，預聞法味，為立碑墓所。東莞劉勰⓯製文。

柔有弟子僧紹，亦貞正有學業。時鍾山山茨精舍，又有僧拔、慧熙，皆弱年英邁，幼著高名。並美業未就，而相繼早卒。拔撰〈七玄論〉，今行於世。

【注釋】❶丹陽　即丹陽郡，南朝時治所在建康（今江蘇南京）。❷藜藿　藜，似藿而顯紅色。藿，豆葉。藜藿，喻指粗劣的飯菜。❸投身北面　謂投身門下而拜師學習。❹禹穴　在今浙江紹興會稽山，傳說大禹巡狩到這裡時死去，便葬在這裡。❺慧基　參見本卷〈釋慧基傳〉。❻剡　即剡縣，西漢時置，在今浙江嵊縣。❼世祖襲圖　世祖，指齊武帝蕭賾，他原是齊高帝蕭道成的長子，立為太子，齊高帝卒後，由他繼位，稱武帝，廟號世祖。襲圖，承襲皇圖，也就是即位。❽招提　梵語音譯拓斗提奢，義為四方，略稱拓提，後誤為招提，招提僧即為四方僧人，招提禪房即為四方僧人的禪房。這裡作寺廟的代稱。❾文宣　即竟陵文宣王蕭子良，參見本卷〈釋僧鍾傳〉「竟陵文宣王」條注釋。❿文惠　即文惠太子蕭長懋，參見本卷〈釋僧鍾傳〉「文惠太子」條注釋。⓫秉德居宗　秉德，所具備的德行，這裡指德高望眾，眾望所歸。居宗，居於宗師的地位。⓬誓生安養國　謂發願死後往生極樂淨土佛國。⓭懸輪西次　懸輪，猶飛輪。西次，即西向，到西方。懸輪西次，即彌陀淨土信仰的觀想彌陀，也即想像自己身入西方淨土，看到西方淨土的情景。⓮延興元年　西元四九四年。⓯東莞劉勰　東莞，縣名。西漢置，治所在今山東沂水，劉宋時移至今莒縣。劉勰，字彥和，東莞人。他的先人在晉永嘉之亂後渡江，世居京口（今江蘇鎮江）。劉勰是南朝齊、梁間著名文學理論家，《文心雕龍》的作者。劉勰家境清貧，終身不婚娶。年輕時曾入上定林寺依靠名僧僧祐，居處十餘年。這一時期，劉勰「篤志好學」，深研佛理，又飽覽經史百家之書和歷代文學作品，「深得文理」。從三十歲開始，他又經過五、六年的努力，於齊和帝中興元、二年（西元五〇一至五〇二年）間，寫成了不朽名著《文心雕龍》。梁武帝天監初年，劉勰先後擔任和兼任過中軍臨川王蕭宏、南康王蕭績的記室，車騎倉曹參軍，太末（今浙江衢州）令，步兵校尉，東宮通事舍人等。在兼任東宮通事舍人期間，與昭明太子蕭統交好，共同「討論篇籍，商榷古今」。蕭統選錄的《文選》，與《文心雕龍》「選文定篇」多有相合之處。中大通三年（西元五三一年）四月，昭明太子死後，劉勰奉命與沙門慧震於上定林寺撰經。經成以後，他便棄官為僧，法名慧地。出家後不到一年便去世了。劉勰在上定林寺期間，寫過不少佛學著作。《梁書・劉勰傳》說他：「為文長于佛理，京師寺塔及名僧碑志，必請勰制文。」本傳所記高僧僧柔、僧祐以及超辯等的墓碑都出自他的手筆。可惜他的文集在唐初便已失傳，流傳至今的，除《文心雕龍》以外，祇有〈滅惑論〉（《弘明集》卷八）和〈梁建安王造剡山石城寺石像碑〉（《會稽掇英總集》卷一六）兩篇。他大約生於西元四六六年左右，於西元五三九年左右去世。《梁書》、《南史》均有傳。

【語　譯】釋僧柔，俗姓陶，丹陽人。他少年時耿直而潔淨，已有了出家人的性情操守。九歲時，他隨叔父外出遊學。他的家世清貧，饑寒交迫，連極為粗劣的食物也吃不飽，但他意志堅定，雖然貧窮也不改變自己的志向。後來，他出家為僧，成為弘稱的弟子。弘稱俗姓呂，是洛陽臨渭人。他在佛學上精通經論，早已聲譽卓著。僧柔師從他學習以後，便精心努力地學習戒律，仔細鑽研禪定和智慧，對大乘的眾多經典，大乘、小乘的諸部經書，都加以徹底的研究，追尋其微妙的根源，而透徹掌握其宗旨要義。僧柔過了二十歲時，就已經登上了講席。當時的一代著名人物，都拜他為師。後來，他去東方遊歷，到會稽時，正值慧基法師在城門邊貼了招貼，招請人來講經一個夏季。後來，僧柔去了剡縣的白山靈鷲寺。還沒到夜間的時候，沙門僧緒就在夢中見到了神人。那些神人多得滿山皆是，他們打著彩旗，穿著白色的甲冑，從山上湧來。僧緒問他們為何如此？神人答道：「法師就要進寺了，所以我們都出來奉迎他。」第二天清早，僧緒便等待著看誰會來到，果是僧柔來到了。僧柔來後，寺裡便將寺廟打掃修飾一新。僧柔也產生了在這裡終身住下去的打算。他在這裡講經，教導大家佛學，聽講受教的人多得數不清。

齊太祖創業之始，和齊世祖繼位之日，都建立寺廟，向各處招請深通佛理的人。因僧柔屬於耆宿而素有聲譽，所以每年都有徵請他的書信。竟陵文宣王等等諸王，再三地招請他，他便又來到京師，住在定林寺。在這裡，他身為一寺的主講法師，四方的人對他很欽佩服膺，而人神讚美。文惠太子、竟陵文宣王都拜他為師。僧柔因德行崇高而居宗師之位，自然當仁不讓。

僧柔常常發願要在死後往生西方淨土佛國。他每次觀想彌陀，想像自己身入西方淨土時，就皺著頭，合著手掌。直到他臨死的那一天，他的身體也毫無疾病，祇是對他的弟子說：「我該去了。」於是他就將席子鋪在地上，席地而坐，面向西方，虔誠地行禮，忽然間就死了。那一年是齊海陵恭王延興元年，他享年六十四歲。他死後葬於鍾山南面。

沙門釋僧祐和僧柔一少一長棲息於山間，因為同住的時間長久，便很受僧柔道心的熏陶，比別人更早地聽到他的佛法。僧祐在他的墓地為他立了碑。東莞劉勰寫了碑文。

僧柔有一個名叫僧紹的弟子，也純正而有學問。當時鍾山的山茨精舍，還有僧拔、慧熙，都年幼而傑出不凡，年紀幼小，而名氣很大。他二人都在法業尚未成就時，相繼過早地死了。僧拔著有〈七玄論〉，至今流行於世。

齊山陰法華山釋慧基

僧行　慧旭　道恢　慧永　慧深　法洪

釋慧基，姓呂，吳國錢唐❶人。幼而神情儁逸，機悟過人。初依隨祇洹慧義❷法師。至年十五，義嘉其神彩，為啟宋文帝求度出家。文帝引見，顧問允愜，即敕於祇洹寺為設會出家。輿駕親幸，公卿必集。基既栖志法門，厲行精苦，學兼昏曉，解洞群經。

後有西域法師僧伽跋摩❸弘讚禪律，來遊宋境。義乃令基入室供事。年滿二十，度蔡州❹受戒。跋摩謂基曰：「汝當道王江東，不須久留京邑。」於是四五年中，遊歷講肆，備訪眾師。善《小品》、《法華》、《思益》、《維摩》、《金剛般若》、《勝鬘》等經。皆思探玄賾，鑒徹幽凝。提章比句，麗溢終古。

基師慧義既德居物宗，道王京土，士庶歸依，利養❺紛集，以基懿德可稱，乃攜共同活。及義之亡後，資生雜物，近盈百萬。基法應獲半，悉捨以為福，唯取麁故衣鉢❻，協以東歸，還止錢唐顯明寺。頃之，進適會稽，仍止山陰法華寺。尚學之徒，追蹤問道。於是遍歷三吳，講宣經教，學徒至者千有餘人。宋太宗❼遣使迎請，稱疾不行。元徽❽中，復被徵詔。始行過浙水❾，復動疾而還，乃於會邑❿龜山立寶林精舍。手壘塼石，躬自指麾，架懸乘險，製極山狀。初立三層，匠人小拙，後天震⓫毀壞。更加修飾，遂窮其麗美。基嘗夢見普賢，因請為和尚。及寺成之後，造普賢並六牙白象之形，即於寶林設三七齋懺⓬，士庶鱗集，獻奉相仍。後周顒⓭莅剡，請基講說。顒既素有學功，特深佛理，及見基訪覈，日有新異。劉瓛⓮、張融⓯並申以師禮，崇其義訓。司徒文宣王⓰欽風慕德，致書慇懃，訪以《法華》宗旨。基乃著《法華義疏》，凡有三卷。及製《門訓義序》三十三科，並略申方便旨趣，會通空、有二言⓱；及注《遺教》等，並行於世。

基既德被三吳，聲馳海內，乃勅為僧主，掌任十城。蓋東土僧正之始也。於是從容講道，訓厲禪慧，四遠從風，五眾⑱歸伏。基性烈而能溫，氣清而且穆，故預在門人，莫不兢戰。以齊建武三年⑲冬十一月卒于城傍寺，春秋八十有五。初，基寢疾，弟子夢見梵僧數人，皆踞砌坐。問所從來，答云：「從大乘國來，奉迎基和尚。」後數日而亡，因窆于法華山南。特進廬江何胤⑳為造碑文於寶林寺，銘其遺德。

基弟子僧行、慧旭、道恢並學業優深，次第敷講，各領門徒，繼軌前轍。後有沙門慧諒接掌僧任。諒亡，次沙門慧永。永風姿環雅，德行清嚴，亦遊刃眾經，時當講說。永後次沙門慧深，亦基之弟子。深與同學法洪，並以戒潔見重。深後次沙門曇輿，亦沉審有氣局。

【注釋】❶吳國錢唐　吳國，即吳郡。錢唐，錢唐縣，即今之浙江杭州。唐代後「唐」始改為「塘」。❷慧義　參見本書卷七〈釋慧義傳〉。❸僧伽跋摩　參見本書卷三〈僧伽跋摩傳〉。❹蔡州　州名。治所在今河南汝南。❺利養　供養僧人的財物。❻麁故衣鉢　謂粗疏的舊衣舊鉢。麁，粗疏。❼宋太宗　即宋明帝劉彧，西元四六五至四七一年在位。❽元徽　劉宋後廢帝劉昱年號，共五年，從西元四七三至四七七年。❾浙水　即浙江，又稱錢塘江。❿會邑　即會稽城。⓫天震　即指遭雷擊。⓬三七齋懺　指三七二十一天的懺悔齋會。⓭周顒　參見本書卷七〈釋僧瑾傳〉「周顒」條注釋。⓮劉瓛　字子珪，沛國相（今安徽濉溪縣）人，宋、齊二朝儒學學者。初，州辟祭酒主簿，宋大明四年舉秀才，篤學而博通五經，聚徒講學而無意做官，為丹陽尹袁粲所器重。入齊後，梁武帝邀他入華林園晤談，知他為方正之士，意欲拜為中書郎，劉瓛以老母需要贍養，辭謝不就，重拜彭城郡丞，後為竟陵王蕭子良請為征北司徒記室。後朝廷多次欲予加官，劉瓛都予以謝絕。劉瓛以儒學冠於當時，性情謙和，不以高名自居，四十方婚，娶王氏女。旋因王氏女為劉母所不悅，被劉瓛遣出。劉瓛甘於清貧淡泊，所居屋漏而不顧。竟陵王蕭子良親往拜訪後，贈以華屋。劉瓛說：「室美為人災。」而將之改用為學堂。永明七年（西元四八九年）卒，時年五十六歲。《南齊書》有傳。⑮張融　參見本卷〈釋道慧傳〉「張融」條注釋。⑯文宣王　即竟陵文宣王蕭子良，參見本卷〈釋僧鍾傳〉「竟陵文宣王」條注釋。⑰會通空有二言　謂融會空、有二宗之說。按鳩摩羅什在關中傳般若中觀學說，為大乘空宗，盛行於東晉南北朝；《涅槃經》主要說大乘有宗，論佛性為有，涅槃常住，有「常樂我淨」四要義。《涅槃經》傳到南方後，佛性論成為當時佛學的一大主要問題，而佛性是「有」是「空」則成為義學爭論的焦點。從而融會「空」、「有」而貫通之，也成為中國佛學的一種理論創造。竺道生的「頓悟」說，便是融會「空」、「有」的重要結果之一。它的進一步發展，促進了唐代禪宗的形成。⑱五眾　即出家五眾：比丘、比丘尼、式叉摩耶（學法女）、沙彌、沙彌尼。⑲齊建武三年　西元四九六年。⑳何胤　字子季，廬江灊縣（今安徽霍山縣東北）人，劉宋何尚之（參見本書卷七〈釋慧嚴傳〉「何尚之」條注釋）的孫子，隱士何點（參見本卷〈釋僧遠傳〉「何默」條注釋）的弟弟。何胤精通儒學，深於禮儀，又精佛學，好學不倦。初任齊秘書郎，又屢遷太子舍人、建安太守、司徒主簿、中書郎、員外散騎常侍、太尉從事中郎、司徒右長史、給事黃門侍郎、太子中庶子、領國子博士、丹陽邑中正。尚書令王儉受詔撰述《新禮》，未就而卒，又由特進張緒繼續，張緒未成而卒，再由司徒竟陵王蕭子良繼續，蕭子良請何胤完成了這項工作。齊永明十年（西元四九四年）何胤昇任侍中，領步兵校尉，轉為國子祭酒。鬱林王繼位（隆昌元年，西元四九四年）何胤任左民尚書，領驍騎，中書令，領臨海、巴陵王師。何胤雖身為顯貴，但常懷隱居之念，於齊明帝（高宗蕭鸞）建武初年（西元四九四或四九五年）在建康城郊築室，號稱小山，後又賣掉園宅，上表辭職，不待批准便辭職隱居起來。從此他一家兄弟三人（兩個哥哥何求、何點）全成隱士。梁武帝蕭衍對何胤很器重且有深交，代齊建梁後，親筆致信何胤，詔請為特進、右光祿大夫。何胤辭不受。梁武帝又派人入東山問禮，盡採何胤之說，下令發給何胤白衣尚書俸祿，何胤又固辭。再給山陰庫錢每月五萬，何胤又不受。最後祇好派遣六人入東山師從何胤學習。後卒於梁武帝中大通三年（西元五三一年），享年八十六歲。注有《百法論》、《十二門論》各一卷，注《周易》十卷、《毛詩總集》六卷、《毛詩隱義》十卷、《禮記隱義》二十卷、《禮答問》五十五卷。《南齊書》、《梁書》均有傳。

【語　譯】釋慧基，俗姓呂，吳國錢唐人。他年幼時就儀容俊秀，性情飄逸，聰明過人。起初，他跟隨祇洹寺慧義法師一道生活。到十五歲時，慧義讚賞他的神采出眾，就向宋文帝要求為他剃度出家。宋文帝接見慧基時，見他應對允當，大為滿意，當即下令，在祇洹寺設會，為慧基剃度出家。屆時，宋文帝御駕親臨，王公大臣齊集。慧基既已專志於佛門，便勵精求道，持身刻苦，日以繼夜地努力學習，以遍讀群經，解悟佛義。

後來，西域法師僧伽跋摩為弘揚禪法和戒律，來到宋朝國境。慧義就叫慧基到僧伽跋摩那裡去，師從他學習。慧基年滿二十歲時，到蔡州受了戒。僧伽跋摩對慧基說：「你將來會成為江南佛教的宗主，不能長久地留在京城。」於是，慧基在四、五年中，到各處的講席聽講，遍訪眾師學習。他擅長《小品般若經》、《法華經》、《思益經》、《維摩詰經》、《金剛般若經》、《勝鬘經》等經典。對這些經典，他都加以徹底的研索，思考其玄妙的旨意，透徹地掌握它們的奧義，能提綱挈領，通解其章句。他對這些經典的領悟掌握之深，超越了古今。

慧基的老師慧義既以其德行高尚而為一代人倫楷模，以其佛道精深而為京師佛教的宗主，從士大夫到普通百姓，對他無不心悅誠服，於是便紛紛奉送財物供養他。慧義認為慧基的美德可與自己相稱，就帶著他和自己一起生活。等到慧義死後，他遺留下來的各種資生財物，價值將近百萬。按照規矩，慧基可以獲得慧義遺產的一半。但他將自己所應得的這一半，全部作為福業施捨出去了，自己僅僅拿了粗陋的舊衣服和舊鉢盂，隨身帶著東歸，返回錢唐顯明寺住下。不久，慧基又到了會稽郡，住在山陰縣的法華寺。那些崇尚學問的人，都跟隨著他，向他問道學習。於是，慧基走遍了三吳，宣講佛經教義，跟隨他學習的有一千多人。宋太宗派遣使者前來迎請慧基去京師，他以生病為由，沒有去。宋後廢帝元徽年間，慧基又被朝廷徵召。他剛渡過浙水，又因生病而回。他在會稽城的龜山建立寶林精舍。建造精舍時，慧基親手壘疊磚石，又親自指揮工匠，在險峻的地方懸空架設構築建材，依山造屋，竭盡山勢之妙。起初，精舍建造為三層，由於工匠手藝有點笨拙，後來遭雷擊而被毀壞。慧基又對精舍進行了修飾，於是更為盡善盡美。慧基曾在夢中見到普賢菩薩，就請普賢菩薩來當和尚。等到寶林寺建成之後，慧基就塑造了普賢菩薩和六牙白象的像，在寶林寺設了三七齋懺。屆時，士大夫和普通百姓都一齊聚集而來，連續不斷地奉獻財物。後來，周顒到剡縣來，請慧基講經。周顒是飽學之人，功力深厚，於佛理又特別精深，等到他訪問了慧基，校覈了所學的佛理，也就日日有進步變化了。劉瓛和張融兩人，也都向慧基致以師禮，崇奉慧基對經義的解釋。司徒竟陵文宣王蕭子良欽佩慧基的風範德行，殷勤地向慧基致書通好，向他請教《法華經》的宗旨。慧基於是就寫了《法華義疏》，共有三卷之多。慧基又制定了《門訓義序》三十三科，對方便的旨意略加解說，會通了空宗、有宗兩種宗旨，又注解了《遺教經》等經典。他的這些著作都流行於世。

慧基的德行浸潤了三吳之地的人民，他的聲譽傳遍了海內。朝廷於是下令，封慧基為僧主，掌管十城的僧尼。這便是中國僧正制度的開端。慧基任僧正之後，便大力鼓勵講經論道，加強對禪定和智慧的教習，全國四方聞風而動，出家僧眾無不心悅誠服。慧基的性格剛烈而又溫和，氣質清純而又莊嚴肅穆，所以，凡是他的門人，無不戰戰兢兢，小心謹慎。齊建武三年冬季十一月，慧基在城傍寺去世，享年八十五歲。

起初，慧基臥病在床時，他的弟子在夢中見到幾位印度僧人，都作踞砌坐。問他們從何處來，他們回答道：「從大乘國來，奉迎慧基和尚。」此後數日，慧基就圓寂了。慧基死後葬於法華山南。特進廬江何胤於寶林寺為他寫了碑文，銘記他的德行。

慧基的弟子僧行、慧旭、道恢都學業優秀，造詣宏深。他們依次登座講經，各有門徒，繼承了慧基的軌範前轍。後來，沙門慧諒繼慧基之後擔任僧主。慧諒死後，又由沙門慧永接任。慧永的容貌儀態像玉環一樣白淨雅潔，德行清純嚴整，也博通眾經，時時登座講經。慧永死後，又由沙門慧深接任僧主。慧深也是慧基的弟子。慧深和同學法洪，都以謹守戒律和持身潔淨見重於世。慧深死後，又由沙門曇興接任僧主。曇興沉穩審慎而有氣度。

齊京師謝寺釋慧次

僧寶　僧智　法珍　僧響　僧猛　法寶　慧淵

釋慧次，姓尹，冀州❶人。初出家，為志欽弟子。後遇徐州釋法遷，解貫當世，欽乃以次付囑。隨遷南至京口❷，止竹林寺。至年十五，隨遷還彭城❸。雖復年在息慈❹，而志學無勸。清鑒倫通，超然孤拔。至年十八，解通經論，名貫徐土。迄稟具戒，業操彌深。頻講《成實》及三《論》等。大明中出都，止于謝寺。迄宋季齊初，歸德稍廣，每講席一鋪，輒道俗奔赴。沙門知藏、僧昇、法雲等，皆幼年俊朗，慧悟天發，並就次請業焉。文慧❺、文宣❻悉敬以師禮，四事❼供給。永明八年❽，講《百論》至〈破塵品〉，忽然從化，春秋五十七矣。

時謝寺又有僧寶、僧智，長樂寺法珍、僧響、僧猛、法寶、慧淵，並一代英哲，為時論所宗。

【注釋】❶冀州　漢代所置十三刺史部之一，轄境相當於今河北及河南北端、山東西端，晉時治所在房子（今河北高邑西南）。❷京口　今江蘇鎮江。❸彭城　今江蘇徐州。❹年在息慈　即年在子母，謂尚處於需要母親照料的孩子的年齡，也即未成年。息，子息；孩子。慈，母親。❺文慧　慧，當作「惠」，即文惠太子，參見本卷〈釋僧鍾傳〉「文惠太子」條注釋。❻文宣　即竟陵文宣王蕭子良，參見本卷〈釋僧鍾傳〉「竟陵文宣王」條注釋。❼四事　即飲食、衣服、臥具、醫藥。❽永明八年　西元四九〇年。

【語譯】釋慧次，俗姓尹，冀州人。他初出家時，是志欽的弟子。後來，他遇到徐州的釋法遷。法遷對佛法的解悟名揚當世，志欽就將慧次託付給了法遷。慧次跟隨法遷南遷到了京口，住在竹林寺。到十五歲時，他又跟隨法遷回到了彭城。慧次雖然年幼，但專心學習，毫不倦怠。他思維清晰，見識通達，超然傑出。到十八歲時，慧次便已對佛教經、論的解悟而名揚徐州。等到他受具足戒後，學業造詣和操守更加宏深，多次講授《成實論》及《中論》、《十二門論》、《百論》三論等經論。大明年間，慧次到了京師，住在謝寺。直到宋末齊初，皈依他的人才稍有增加。每當他開席講經，僧人和俗眾便奔赴而來。沙門知藏、僧昇、法雲等人，都年幼而英俊朗拔，天性聰明，富有悟性。他們相繼前來師從慧次學習。文惠太子、竟陵文宣王都以師禮對待慧次，給予他四事供奉。齊永明八年，慧次講解《百論》，講到〈破塵品〉時，忽然去世，享年五十七歲。

當時，謝寺還有僧寶、僧知，長樂寺則有法珍、僧響、僧猛、法寶、慧淵，他們都是一代精英哲人，為時論所宗奉。

齊京師何園寺釋慧隆　智誕　僧辯　僧賢　道慧　法度

釋慧隆，姓成，陽平❶人。少而居貧，學無師友，卓然自悟，年二十三方出家。十餘年中，凝心佛法，貫通眾典。宋太始中出都，止何園寺。隆既思徹詮表❷，善於清論，乘機抗擬，往必折關。宋明帝請於湘宮寺開講《成實》，負袠問道八百餘人。其後，王侯貴勝屢招講說。凡先舊諸義盤滯之處，隆更顯發開張，使昭然可了，乃立「實法」、「斷結」義等。汝南周顒❸目之曰：「隆公蕭散森疏，若霜下之松竹。」以永明八年❹卒，春秋六十有二。

時江西有釋智誕，亦善於經論，與隆比德齊時，各馳名兩岸。時何園寺復有僧辯、僧賢、道慧、法度，並研精經論，功業可稱。

【注　釋】❶陽平　郡名，三國時魏國分魏郡置陽平郡，治所在元城（今河北大名）。❷思徹詮表　謂思考解悟能穿透言語文字。詮，言詮。❸周顒　參見本書卷七〈釋僧瑾傳〉「周顒」條注釋。❹永明八年　西元四九〇年。

【語　譯】釋慧隆，俗姓成，陽平人。他年少時生活貧寒，學習上既無師也無友，全憑自己獨自解悟。直到二十三歲時，他才出家。出家後的十多年中，他專心於佛法，融會貫通眾多經典。宋太始年間，慧隆到了京師建康，住在何園寺。他對佛經的解悟既穿透言語文字之外，又擅長清談，凡有向他發難者，他都能乘機駁論，而且每往必勝。宋明帝請他在湘宮寺開講《成實論》，負笈前來向他請教問道的有八百多人。這以後，王侯貴人們屢屢招請他講經。凡是以前疑難盤結的地方，慧隆就特別加以啟發闡釋，使之可以昭然明瞭。他創立了「實法」和「斷結」的義理等等。汝南周顒看到後說：「隆公蕭灑超逸，正真通脫，就像是經受嚴霜而傲然挺拔的松竹。」慧隆於永明八年去世，享年六十二歲。

當時，江西有釋智誕，也擅長於經論，與慧隆同時而齊名，兩人各馳名於長江兩岸。當時，何園寺還有僧辯、僧賢、道慧、法度。他們都精研佛教經論，功力業績值得稱頌。

齊京師太昌寺釋僧宗　曇准　法身　法真　慧令　法仙　法最　僧敬　道文　僧賢

釋僧宗，姓嚴，本雍州馮翊❶人。晉氏喪亂，其先四世祖移居秦郡❷。年九歲，為瑗公❸弟子，諮承慧業。晚又受道於斌、濟❹二法師。善《大涅槃》及《勝鬘》、《維摩》等。每至講說，聽者將近千人。妙辯不窮，應變無盡，而任性放蕩，亟越儀法，得意便行，不以為礙。守檢專節者，咸有是非之論。文惠太子❺將欲罪擯徙逐，通夢有感，於是改意歸焉。魏主元宏❻遙挹風德，屢致書並請開講。齊世祖不許外出。宗講《涅槃》、《維摩》、《勝鬘》等，近盈百遍。以從來信施，造太昌寺以居之。建武三年卒於所住，春秋五十有九。

先是北土法師曇准，聞宗特善《涅槃》，迺南遊觀聽。既南北情異，思不相參。准乃別更講說，多為北土所師。准後居湘宮寺，與同寺法身、法真並為當時匠者。

時有安樂寺慧令、法仙、法最，中興寺僧敬、道文，天竺寺僧賢，並善數論，振名上國云。

【注　釋】❶雍州馮翊　雍州，古九州之一，三國時治所在長安（今陝西西安），轄境相當於今陝西中部、甘肅東南部、寧夏南部及青海、黃河以南一部分。馮翊，馮翊郡，三國時魏國改左馮翊為馮翊郡，治所在臨晉（今陝西大荔），北魏時治所移到高陸（今陝西高陵）。按東晉時曾僑置雍州，治所在襄陽縣（今湖北襄樊）。這裡的雍州非僑置雍州。❷秦郡　東晉安帝時將堂邑郡改名秦郡，治所在堂邑縣（今江蘇六合縣北）。❸瑗公　指法瑗，參見本卷〈釋法瑗傳〉。❹斌濟　斌，指曇斌，參見本書卷七〈釋曇斌傳〉。濟，當指竺道潛弟子竺法濟，參見本書卷四〈竺道潛傳〉附記竺法濟。❺文惠太子　參見本卷〈釋僧鍾傳〉「文惠太子」條注釋。❻魏主元宏　參見本卷〈釋僧淵傳〉「魏主元宏」條注釋。

【語　譯】釋僧宗，俗姓嚴，原籍雍州馮翊，在西晉喪亂時，他的四世祖移居到秦郡。僧宗九歲時，師從法瑗學習佛法。後來，他又從曇斌、竺法濟二位法師學習。他擅長《大涅槃經》、《勝鬘經》、《維摩詰經》等等。他每次講經，聽眾將近千人。僧宗辯論起來，滔滔不絕妙義無窮，其應變之方靈活多樣，無窮無盡。他任性開放，大大越出了儀軌戒法可允許的範圍，但他自己認為當行則行，不以儀軌戒法來約束自己。因而，謹守戒律專注節操的人，對他都有非議。文惠太子想要向他問罪，將他驅逐出京而加流徙，但因獲得夢中感應，才回心轉意。魏國的國君元宏在遙遠的北方風聞了僧宗的德行，屢次致書來邀請僧宗去講經。但齊世祖不許他外出。《涅槃經》、《維摩詰經》、《勝鬘經》等經，僧宗講了近百遍。由他到京師建康後的信徒施捨，建造了太昌寺讓他居住。建武三年，僧宗在他所住的太昌寺去世，享年五十九歲。

前此，北方法師曇準聽說僧宗特別擅長《涅槃經》，就到江南來觀聽。然而，由於南方和北方的情況不同，思想不能互相參和，曇準就另外講解。他的講解多為北方人所師法。曇準後來居住在湘宮寺，與同寺的法身、法真都是當時的高僧。

當時，還有安樂寺的慧令、法仙、法最，中興寺的僧敬、道文，天竺寺的僧賢，他們都以擅長數論而名揚京師建康。

齊京師中寺釋法安

慧光　敬遺　光贊　慧韜　道宗

釋法安，姓畢，東平❶人。魏司隸校尉軌之後也。七歲出家，事白馬寺慧光為師。光幼而爽拔，博通內外，多所參知。安年在息慈❷，便精神秀出。時張永請斌公❸講，並屈召名學。永問斌云：「京下復有卓越年少不？」斌答：「有沙彌道慧、法安、僧拔、慧熙。」永即要請。令道慧覆《涅槃》，法安述佛性，神色自若，序瀉無遺。永問並年幾。慧答十九，安答十八。永歎曰：「昔扶風朱勃❹年十二能讀書壁詩，時人號才童。今日二道士，可曰義少也。」於是顯譽京朝，流名四遠。迄至立年，專當法匠。

王僧虔❺出鎮湘州❻，攜共同行。後南遷番禺❼，正值彼公講《涅槃》。安問論數番，彼心愧讓席。停彼兩周❽，法事相繼。永明中還都，止中寺，講《涅槃》、

《維摩》、《十地》、《成實論》，相繼不絕。司徒文宣王❾及張融❿、何胤⓫、劉繪⓬、劉瓛⓭等，並稟服文義，共為法友。永泰元年卒於中寺，春秋四十有五。著《淨名》、《十地》義疏，並《僧傳》五卷。

時有靈基寺敬遺、光贊、慧韜，瓦官寺道宗，亦皆當時名流，為學者所慕。

【注釋】❶東平　郡名。西漢置，治所在無鹽（今山東東平）。❷年在息慈　息，子息；孩子。慈，母親。年在息慈，即年在子母，謂尚處於需要母親照料的孩子的年齡，也即未成年。❸斌公　指曇斌，參見本書卷七〈釋曇斌傳〉。❹朱勃　字叔陽，東漢扶風茂陵（今陝西興平）人，幼與馬援（西元前四至四九年）為友，官至雲陽令。馬援被讒，朱勃為之陳情，漢明帝即位後，賜朱勃之子穀二千斛以旌揚朱勃。朱勃十二歲時就能背誦詩書，言辭嫻雅。見《後漢書・馬援傳》。❺王僧虔　琅邪臨沂（今山東臨沂）人，東晉司徒王珣（參見本書卷六〈釋慧持傳〉「王珣」條注釋）的孫子，南齊王儉（參見本卷〈釋法瑗傳〉「王儉」條注釋）的叔父。王儉的父親王僧綽遇害後，王僧虔專心扶養王儉而無意仕宦，為當時人所稱道。王僧虔二十歲時即以擅長隸書聞名，宋文帝以為不但其書法造詣超過王獻之，即人品度量也為王獻之所不及。劉宋時期，他歷任秘書郎、太子舍人、豫章內史、侍中，領驍騎將軍，直至輔國將軍、吳興太守，食祿二千石。入齊後，歷任湘州刺史，又改授侍中、特進、左光祿大夫。卒於永明三年（西元四八五年）。《南齊書》有傳。❻湘州　晉永嘉元年（西元三〇七年）分割荊州、廣州兩州所置，治所在臨湘（今湖南長沙），轄境相當於今湖南湘水、資水流域，廣西桂江、廣東北江流域大部分及湖北陸水流域。❼番禺　縣名。秦置，故址即今廣東廣州。❽兩周　周，周月的簡稱。兩周，即兩個月整。❾文宣王　即竟陵文宣王蕭子良，參見本卷〈釋僧鍾傳〉「竟陵文宣王」條注釋。❿張融　參見本卷〈釋道慧傳〉「張融」條注釋。⓫何胤　參見本卷〈釋慧基傳〉「何胤」條注釋。⓬劉繪　字士章，彭城（今江蘇徐州）人，曾歷任著作郎，豫章王蕭嶷幕府左軍主簿，隨鎮江陵，又轉鎮西外兵曹參軍、驃騎主簿，出為南康相，轉中書郎，掌詔誥，受命助國子祭酒何胤撰治禮儀。齊永明末年，由於竟陵王蕭子良在鐘山西邸廣集文學之士和高僧，故而在京師人士中盛行文學、講經。劉繪機悟多能，擅長文學和隸書，為其中的後進領袖，豫章王蕭嶷誇他的文才超過三國時的彌衡。劉繪重孝道有孝行，且擅長騎射，為人豪俠，朝議任他為平北將軍、雍州刺史，詔書已出，但劉繪好文不好武，厭惡戰爭，固辭不受。齊末東昏侯失德，梁王蕭衍起兵謀廢立，朝廷又命劉繪為持節督率雍、梁、南北秦四州、郢州諸軍事、輔國將軍，領寧蠻校尉、雍州刺史。他又固辭不就。因朝廷失德，劉繪為之寒心，也謀廢去東昏侯。東昏侯死後，他和國子博士范雲等人一起將其首級送給駐軍石頭城的蕭衍。事平後，轉任大司馬從事中郎。旋即於中興二年（西元五〇二年）卒，時年四十五歲。史載劉繪著有《能書人名》，記歷代書法家，自詡「善飛白」。《南齊書》有傳。⑬劉瓛　見本卷〈釋慧傳〉「劉瓛」條注釋。

【語　譯】釋法安，俗姓畢，東平人。他是魏國司隸校尉畢軌的後裔。法安七歲時出家，拜白馬寺慧光為師。慧光年幼時便爽朗而傑出，博通佛經和世俗經書，見聞廣博，而多有參悟知解。法安年少時，便聰明卓越。當時張永請曇斌講經，又欲召請著名學者。張永問曇斌：「京師還有卓越的青年嗎？」曇斌回答他說：「有沙彌道慧、法安、僧拔、慧熙。」張永當即邀請了他們。他叫道慧講解《涅槃經》，叫法安講述佛性。他們都神色自若，滔滔不絕圓滿地加以講解而毫無遺漏。張永問他們的年齡有多大。道慧答道：「十九歲。」法安答道：「十八歲。」張永讚嘆說：「過去扶風的朱勃僅僅十二歲，就讀題寫在牆壁上的詩，當時的人都稱他為才童。今日你們二位有道之士，真可以稱為義學少年了。」於是，他們的聲譽便顯揚於京師，流傳於四方。到三十歲時，法安便專門登座講經。

王僧虔出任湘州刺史，帶著法安同行。後來，法安南還番禺，到那裡時，正值彼處法師講解《涅槃經》。法安向他問難，又辯論了幾個回合，那位講師自知不如，慚愧地讓出講席。法安在那裡停留了整整兩個月，法事不斷，連續舉行。永明年間，法安回到京師，住在中寺。在這裡，他連續不斷地講授《涅槃經》、《維摩詰經》、《十地論》、《成實論》。司徒竟陵文宣王及張融、何胤、劉繪、劉瓛等人，都稟承服膺他的講解，一起和他成為佛法之友。永泰元年，法安在中寺去世，享年四十五歲。他著有《淨名義疏》、《十地義疏》，及《僧傳》五卷。

當時，靈基寺的敬遺、光贊、慧韶，瓦官寺的道宗，也都是當時的名流，為學者們所仰慕。

齊京師中興寺釋僧印　慧龍

釋僧印，姓朱，壽春❶人。少而神思沉審，安苦務學。初遊彭城，從曇度❷受三《論》。度既擅步一時，四遠依集，印稟味鑽研，窮其幽奧。後進往廬山，從慧龍諮受《法華》。龍亦當世著名，播於《法華》宗旨。印偏功構徹，獨表新異。於是東適京師，止中興寺，復陶思《涅槃》及其餘經典。宋大明中，徵君何默❸招僧大集，請印為法匠。聽者七百餘人。司徒文宣王❹、東海徐孝嗣❺，並挹敬風猷，屢請講說。

印戒行清嚴，稟性和穆，含恕安忍，喜慍不彰。時壯氣之徒，問論中間，或厝以嘲謔。印神彩夷然，曾無介意。雖學涉眾典，而偏以《法華》著名，講《法華》凡二百五十二遍。以齊永元元年❻卒，春秋六十有五矣。

【注釋】❶壽春　縣名。東晉時一度改為壽陽縣，治所在今安徽壽縣。❷曇度　參見本卷〈釋曇度傳〉。❸何默　「默」係「點」之誤，參見本卷〈釋僧遠傳〉「何默」條注釋。❹文宣王　即竟陵文宣王蕭子良，參見本卷〈釋僧鍾傳〉「竟陵文宣王」條注釋。❺徐孝嗣　字始昌，東海剡（今浙江省嵊縣）人，是劉宋司空徐湛之的孫子，八歲承襲世爵枝江縣公，為宋孝武帝所喜愛，將康樂公主嫁給他，拜駙馬都尉、著作郎。在劉宋時曾任齊王蕭道成幕府驃騎從事中郎，帶南彭城太守，隨府轉為太尉諮議參軍。入齊後，初任寧朔將軍、尚書吏部郎、太子右衛率，轉長史。徐孝嗣有治國方略，富涵養，而儀容俊美，與南朝著名美男子南齊太宰褚淵齊名，為齊武帝所寵愛，也為尚書令王儉所器重，曾預言：「徐孝嗣將來必為宰相。」王儉死前，齊武帝問他誰可繼任，即回答，當是徐孝嗣。後徐孝嗣出任吳興太守，果然有政績。王儉死後，他昇任五兵尚書。齊武帝臨死，遺詔徐孝嗣昇任右僕射。到齊明帝即位，加侍中、中軍大將軍，定策勳，進爵為公，加中書監，成了宰相。徐孝嗣在抑制南齊帝王的奢侈、抵禦北魏的入侵等方面起過許多作用，提出過屯田方略以謀在江南發展生產，但南齊自齊武帝死後過於奢侈腐敗，內亂頻仍，而未能實行。東昏侯即位（永元元年，西元四九九年）後，賜毒藥將他毒死。《南齊書》有傳。

❻齊永元元年　西元四九九年。

【語　譯】釋僧印，俗姓朱，壽春人。他少年時即神情深沉，思想審慎，安於清苦，專心學習。起初，他到了彭城，師從曇度學習《中論》、《十二門論》和《百論》三論。曇度既獨步於當時，四方學者都結集到他的門下，依從他學習。僧印稟承曇度的指導而加以鑽研，窮盡了他幽深的奧義。

後來，僧印又前往廬山，師從慧龍學習《法華經》。慧龍也是當世的著名人物，其聲譽得自他對《法華經》宗旨的講解傳播。但僧印從另外的角度對《法華經》進行了透徹的鑽研，構成和表達了自己獨特的新見解。於是，他就東走京師建康，住在中興寺。在這裡，僧印又潛心鑽研了《涅槃經》和其他經典。宋大明年間，徵君何點招集僧人舉行盛大的法會。他請僧印為講師，聽眾達七百多人。司徒竟陵文宣王、東海的徐孝嗣，都讚賞敬佩他的風範教化，屢次請他講經。

僧印的戒行純潔而嚴格，稟性和藹而又莊嚴肅穆，能包涵寬恕別人的過錯，又能安詳隱忍，喜怒不形於色。當時那些氣壯好勝的人，在和僧印進行問難論辯時，便有時夾雜著對他的嘲笑戲謔。但僧印的神采平靜坦然，毫不介意。僧印雖然學習了眾多經典，但僅以講解《法華經》著名。他一共講了二百五十二遍《法華經》。他在齊永元元年去世，享年六十五歲。

齊瑯琊攝山釋法度　法紹　僧朗　惠開　法開　僧紹

釋法度，黃龍❶人。少出家，遊學北土，備綜眾經，而專以苦節成務。宋末遊于京師，高士齊郡明僧紹❷，抗迹人外，隱居瑯琊之攝山❸，挹度清真，待以師友之敬。及亡，捨所居山為栖霞精舍，請度居之。先有道士欲以寺地為館，住者輒死，及後為寺，猶多恐動。自度居之，群妖皆息。

經歲許，忽聞人馬鼓角之聲，俄見一人持紙名，通度曰「靳尚」。度前之，尚形甚都雅❹，羽衛亦嚴。致敬已，乃言：「弟子王有此山七百餘年，神道有法，物不得干。前諸栖託，或非真正，故死病繼之，亦其命也。法師道德所歸，謹捨以奉給，並願受五戒，永結來緣。」度曰：「人神道殊，無容相屈。且檀越血食世祀，此最五戒所禁。」尚曰：「若備門徒，輒先去殺。」於是辭去。明旦，度見一人送錢一萬，香燭刀子❺，疏云：「弟子靳尚奉供。」至月十五日，度為設會。尚又來，同眾禮拜，行道受戒而去。

攝山廟巫❻夢神告曰：「吾已受戒於度法師，祠祀勿得殺戮。」由是廟用薦止菜脯而已。

度嘗動散❼寢於地，見尚從外來，以手摩頭足而去。頃之復來，持一琉璃甌，甌中如水以奉度，味甘而冷，度所苦即間❽。其徵感若此。

時有沙門法紹，業行清苦，譽齊於度，而學解優之。故時人號曰「北山二聖」。

紹本巴西人，汝南周顒❾去成都，招共同下，止于山茨精舍。度與紹並為齊竟陵王子良❿、始安王遙光⓫恭以師禮，資給四事⓬。度常願生安養⓭，故偏講《無量壽經》，積有遍數。齊永元二年⓮卒於山中，春秋六十有四。

度弟子僧朗，繼踵先師，復綱山寺。朗本遼東人，為性廣學，思力該普。凡厥經律，皆能講說，《華嚴》、三《論》最所命家。今上⓯深見器重，勅諸義士受業于山。

時有彭城寺惠開，幼而神氣高朗，志學淵深，故早彰令譽，立年便講。又餘杭縣法開者，亦清爽雋發，善為談論。出京，止禪崗寺，與同寺僧紹有聞當時。

【注　釋】❶黃龍　即黃龍城，故址在今遼寧朝陽。❷齊郡明僧紹　郡，原本作「邪」，本卷〈釋僧遠傳〉作「郡」，大正藏本也作「郡」。按，明僧紹是齊郡平原（今山東平原）人，參見本卷〈釋僧遠傳〉「齊郡明僧紹」條注釋。❸瑯琊之嶠山　瑯琊，《晉書》、《南齊書》、《梁書》、《南史》寫作琅琊或琅邪。瑯琊，即琅琊，原在山東。晉室喪失中原後過江，大批中原士族也隨之到江南。為了沖淡喪失家園離鄉背井的感傷，東晉朝廷將中原的許多地名移置到江南，史稱僑置。琅琊即其中之一。東晉時在江南僑置琅琊郡，治所在金城（今江蘇南京郊縣句容縣北）；劉宋時，將之改稱為南琅琊郡；南齊時又將治所改在白下（今江蘇南京北部長江南岸幕府山西南），因而這裡所說的瑯琊，其實在今江蘇南京北部長江南岸。嶠山，今仍古名，在今江蘇南京北部長江南岸幕府山西南，即今棲霞山棲霞寺所在地。❹都雅　謂美麗而文雅。都，美麗。❺刀子　即紙錢，因紙錢以「刀」為單位，故稱。❻廟巫　寺廟中的巫祝。❼動散　謂開始服藥，意味著生病了。散，粉末狀的藥物。❽所苦即

間　調病體的痛苦當即停止了。間，這裡是停止之義。❾周顒　參見本書卷七〈釋僧瑾傳〉「周顒」條注釋。❿齊竟陵王子良　即竟陵文宣王蕭子良，參見本卷〈釋僧鍾傳〉「竟陵文宣王」條注釋。⓫始安王遙光　字元暉，南齊宗室，是齊高帝蕭道成次兄始安王蕭道生之子，生而跛足，承襲父爵。齊高帝之子武帝死後，由文惠太子的長子蕭昭業即位為鬱林王，由蕭道生之子蕭鸞輔政。蕭遙光出謀，與蕭鸞一起推翻鬱林王。鬱林王之後由其弟蕭昭文即位海陵恭王，又被他們推翻。在一年不到的時間內連續推翻兩任帝王，而由蕭鸞即位為明帝（在位五年）。蕭遙光設謀大肆屠殺齊高帝、齊武帝的子孫。蕭鸞死後，由其子蕭寶卷即位為東昏侯，由蕭遙光輔政。東昏侯永元元年（西元四九九年）蕭遙光又圖謀殺東昏侯篡政自立，事未成，被捉住斬首，時年三十二歲。⓬資給四事　謂供給飲食、衣服、臥具、醫藥。⓭願生安養　即發願死後往生西方淨土佛國。⓮齊永元二年　西元五〇〇年。⓯今上　即當今皇上。據本書卷一四作者自序說，該書「始于漢明帝永平十年，終至梁天監十八年」，又所附僧果題記說：本書作者慧皎「梁末承聖二年，太歲癸酉，避侯景難，來自湓城（按即今江西九江），少時講說，甲戌歲（按即承聖三年，西元五五四年）二月捨化，春秋五十有八」。知此處「今上」當指梁武帝。

【語　譯】釋法度，黃龍人。他少年時出家，在北方遊學，遍覽了眾多經典，而專以謹守戒律和苦忍磨礪心志為務。宋朝末年，法度到了京師建康。隱士齊郡明僧紹，超越凡塵俗世，隱居在瑯琊郡的嶓山。他仰慕法度的清淨真誠，以師友的禮敬對待他。明僧紹臨死之前，將自己所居住的山地施捨出來，建造了棲霞精舍，請法度居住。先前，曾有道士欲以棲霞寺的地建為道觀，但是，凡住進去的人都死了。等到後來建成寺廟時，人們尚懷有許多恐懼。然而，自從法度在這裡面居住以後，群妖都平息不作怪了。

一年多後，一天法度忽然聽到人馬鼓角的聲音，緊接著便看見一個人手裡拿著名帖，來向自己通報姓名，說他名叫靳尚。法度走上前去，才看清楚靳尚的容貌儀態俊美文雅，跟隨他的儀仗也很嚴整。靳尚向法度行禮致敬後，說道：「弟子在這座山為王，已有七百多年了，神道有法規，人不能來侵擾干犯。以前的幾個人住到這裡來，或者他們都不是真正的仙佛，所以都相繼病死了，這也是他們命該如此。法師您是道與德集於一身，所以我謹將此山施捨奉送，另外，願受五戒，與您永結來生緣。」法度說：「人與神殊途，請不要強迫我答應您。而且，檀越您享用的是世俗祭祀的肉食，這是最為五戒所嚴禁的。」靳尚說：「如果您接受我做您的門徒，我就馬上戒止殺生。」說完，他就告辭離去。第二天早晨，法度看見一個人送來了一萬錢，以及香煙、蠟燭和紙錢，又向法度上疏，上面寫著：「弟子靳尚奉供。」到了這個月的十五日，法度就為靳尚設立了法會。靳尚又來了，和眾人一同做了禮拜，按照佛教儀軌受了戒，然後他就離去了。

嶧山廟的巫祝做了一個夢，夢到神告訴他說：「我已經從法度法師那裡受了戒，以後給我祠祀，不得殺生。」從此，凡廟中用來上供祠祀的東西，便僅止於蔬菜果脯了。

法度曾因病服藥，睡在地上。他看見靳尚從外面走進來，用自己的手撫摸了他的頭和腳，然後就又離開了。過了一會兒，靳尚又回來了，手裡拿著一只琉璃甌，甌中的東西和水一樣。靳尚將它獻給法度，法度吃了，覺得這東西味道甘甜而又很冷，病當即好了。法度的感應徵驗，就是如此。

當時，還有一位沙門法紹，他的戒行非常清苦，聲譽和法度一樣高，但他對佛學的解悟高於法度。所以當時的人就稱他們為「北山二聖」。

法紹原是巴西人。汝南周顒去成都時，招請他和自己一同東來，住在山茨精舍。法度和法紹一起被齊竟陵王蕭子良、始安王蕭遙光以師禮恭敬地對待，供給他們飲食、衣服、臥具和醫藥四事。法度常發願死後要往生西方淨土，所以他總是專講《無量壽經》，反覆講了許多遍。他於齊永元二年在山中去世，享年六十四歲。

法度的弟子僧朗，繼承他的先師，住持這座山寺。僧朗本是遼東人，他的性情是愛好廣博地學習，廣闊地思考，而不僅限於一兩部佛經。凡是佛教經律，他都能講解，而以《華嚴經》和《中論》、《十二門論》、《百論》三論最為擅長，且以此為名家。當今皇上對他深為器重，下令義學僧人到山中來向他學習。

當時，還有一位彭城寺的僧人惠開，年幼而神氣高朗，立志向佛，佛學造詣淵深，所以早早地就美譽昭彰，三十歲便昇座講經了。

還有一位餘杭縣的僧人法開，也是清爽雋發，擅長談論。他到京師後，住在禪崗寺，和同寺的僧紹都是當時著名的法師。

梁京師冶城寺釋智秀　僧若　僧璿　道乘

釋智秀，本姓裘，京兆人，寓居建業。幼而穎悟，早有出家之心。二親愛而不許，密為求婚。將剋娶日，秀乃間行避走。投蔣山靈曜寺，剃髮出家。及年滿具戒❶，業操愈堅。稟訪眾師，搜檢新異。於是大、小兼明，數論精熟，尤善大、小《涅槃》、《淨名》、《般若》。及講筵一建，輒王侯接駕，負袠肩隨。為人神彩細密，思入玄微。其文句幽隱，並見披釋。以天監❷之初，卒於冶城寺，春秋六十有三。會葬之日，黑白奔赴，街巷填闉❸，士庶含酸❹。榮哀❺以備。

時冶城又有僧若、道乘。並當時令聞，若與兄僧璿並善諸經及外書。若誦《法華》，工草隸，後為吳國僧正。乘亦志業明敏，而特善《毗曇》。

【注　釋】❶年滿具戒　謂已到受具足戒的年齡，代稱二十歲。❷天監　梁武帝蕭衍的第一個年號，共十八年，西元五〇二至五一九年。❸闉　大正藏本作「闉」。文義可通，均堵塞之義。❹含酸　謂心酸悲痛。❺榮哀　即哀榮，指人死後殯葬追悼隆重。

【語　譯】釋智秀，俗姓裘，京兆人，寓居在建業。他年幼時便聰明穎悟，早已懷有出家之心。但他的父母疼愛他，不許他出家，就秘密地為他求婚。將要到預訂娶親的日子時，智秀卻暗中避開而出走了。智秀出走後，投奔到蔣山的靈曜寺，在這裡剃髮出了家。到了年滿受具足戒的二十歲時，智秀對佛法的信念和僧人的操守愈發堅定了。他遍訪眾師求學，尋找各種新的經典和講解。於是，他對大乘、小乘佛教都已明瞭，對數論也學得精熟，而尤其擅長大、小本《涅槃經》、《維摩詰經》和《般若經》。等到他一開講席，昇座講經，就有王侯貴人來接駕，而負笈前來聽講的人，則摩肩接踵，緊隨其後。智秀為人心思風格細密，思想透徹，能夠直達隱微奧妙之處。他自己的文句則也幽隱深奧，可以看到有人閱讀和加以解釋它。天監初年，智秀在治城寺去世，享年六十三歲。在安葬他的那一天，僧人和俗眾都奔赴而來，大街小巷都擠滿了人，人多得連街巷都堵塞不通了。士人和普通老百姓都為他的去世而心酸哀痛。智秀真可謂死享哀榮，受到人們如此隆重的送葬和追悼。

當時治城寺還有僧若和道乘二人，他們都有美譽著稱於當時。僧若和他的兄長僧璿，都擅長眾多佛經和世俗經書。僧若能誦《法華經》，又工於草隸，後來出任吳國的僧正。道乘也是專心於佛法，聰明而進業敏銳。他特別擅長於《毗曇心論》。

梁荊州釋慧球

釋慧球，本姓馬氏，扶風❶人，世為冠族❷，年十六出家，住荊州竹林寺，事道馨為師，稟承戒訓，履行清潔。後入湘州❸麓山，專業禪道。頃之，與同學慧度俱適京師，諮訪經典。後又之彭城，從僧淵受《成實論》。至年三十二，方還荊土，專當法匠。講集相繼，學侶成群，荊、楚之間，終古稱最。使西夏❹義僧，得與京邑抗衡者，球之力也。中興元年敕為荊土僧主。訓勖之功，有譽當世。天監三年❺卒，春秋七十有四。遺命露骸松下，弟子不忍行也。

【注釋】❶扶風　郡名。三國時魏國改右扶風為扶風郡，治所在槐里（今陝西興平東南），西晉改扶風郡為扶風國，治所在池陽縣（今陝西省涇陽縣西北）。❷冠族　衣冠之族，也即非平民的士宦家族，一般稱士族。兩晉南朝均特別講究出身門第，本書作者也受其影響。❸湘州　晉永嘉元年（西元三〇七年）分割荊州、廣州兩州所置，治所在臨湘（今湖南長沙），轄境相當於今湖南湘水、資水流域，廣西桂江、廣東北江流域大部分及湖北陸水流域。❹西夏　這裡指中國（夏）之西部，因荊州一帶屬南朝的西部，故有此稱。❺天監三年　西元五〇四年。

【語譯】釋慧球，俗姓馬，扶風人。他的家族，原為世代士族之家。慧球十六歲時出家，住在荊州竹林寺。他師從道馨，稟承道馨的訓戒和教導，行為操守清純潔淨。後來，他進入湘州的麓山寺，專門修習禪法。不久，他和同學慧度一起到了京師建康，在這裡尋訪和學習經典。後來，他又去了彭城，師從僧淵學習《成實論》。直到他三十二歲時，才又回到荊州，專心講經。他在這裡連續不斷地設席講經，跟隨他學習的人成群結隊。他在荊、楚一帶地方，要算是古今第一了。能使南朝西部地區的義學僧人得以和京城相抗衡，全靠慧球的努力。中興元年朝廷下詔，命慧球出任荊州僧主。他對僧人的勉勵和教導之功，享譽於當世。慧球於天監三年去世，享年七十四歲。他曾在生前遺命，將自己的屍骸置於露天松樹下。但他的弟子心中不忍，沒有照他的遺命辦。

梁京師靈曜寺釋僧盛　法欣　智敞　法冏　僧護　僧韶

釋僧盛，本姓何，建業人。少而神性聰敏，加又志學翹懃❶，遂大明數論，兼善眾經，講說為當時元匠。又特精外典，為群儒所憚。故學館諸生❷，常以盛公相脅。天監中，卒于靈曜寺，春秋五十餘。

時有宋熙寺法欣、延賢寺智敞、法冏、建元寺僧護、僧韶，皆比德同譽。欣、敞並善經論，法冏兼精律部，韶、護以《毗曇》著名。

【注釋】❶翹懃　謂發憤努力。❷學館諸生　指官辦學校的學生，據文意這裡的諸生指儒生。

【語譯】釋僧盛，俗姓何，建業人。他少年時便秉性聰明，再加上專心學習，發憤努力，便透徹地明瞭數論，又兼擅長眾多經典。他的講經，是當時的宗主翹楚。他又特別精通世俗經典，連那些儒學學者都畏懼於他而自認不如。所以，學館裡的儒生們，就常常借僧盛之名來威脅學館裡的老師。天監年間，僧盛在靈曜寺去世，享年五十多歲。

當時，還有宋熙寺的法欣、延賢寺的智敞和法冏、建元寺的僧護和僧韶，他們都德行相當而享有同樣的聲譽。法欣、智敞擅長於經論，法冏還兼精通律部，僧韶和僧護則以精通《毗曇心論》著名。

梁山陰雲門山寺釋智順

釋智順，本姓徐，瑯琊臨沂人。年十五出家，事鐘山延賢寺智度為師。少而聰穎，篤志過人。故雖年在息慈，而學功已績❶。及受具戒，秉禁無疵❷。陶練眾經，而獨步於《涅槃》、《成實》。講說徒眾，常數百餘人。嘗以事生非慮，頗致坎折，而貞素確然，其徽無點❸。齊竟陵文宣王❹特深禮異，為修治城寺以居之。司空徐孝嗣❺亦崇其行解，奉以師敬。及東昏失德❻，孝嗣被誅，子緄逃竄避禍，順身自營護，卒以獲免。緄後重加資俸，一無所受。嘗有夜盜順者，淨人❼

追而擒之。順留盜宿于房內，明旦遣以錢絹，喻而遣之。其仁洽篤恕如此。後東遊禹穴❽，止于雲門精舍。法輪之盛，復見江左。

順為人虛靖恭恪，形器若神，風軌清嚴，動無失厝。故士庶瞻禮，當有懼焉。以天監六年❾卒于山寺，春秋六十一。

初順之疾甚，不食多日，一時中竟忽索齋飲。弟子曇和以順絕穀日久，密以半合米雜煮以進順。順咽而還吐，索水洗漱。語和云：「汝永出雲門，不得還往。」其執節清苦皆此之類。臨終之日，房內頗聞異香，亦有見天華、天蓋❿者。遺命露骸空地，以施蟲鳥。門人不忍行之，乃窆于寺側。弟子等立碑頌德，陳郡袁昂⓫製文，法華寺釋慧舉又為之墓誌。順所著〈法事讚〉及〈受戒〉、〈弘法〉等記，皆行於世。

【注　釋】❶學功已績　謂已積蓄了學問功底。❷秉禁無疵　謂秉承戒律沒有瑕疵。❸其徽無點　謂其美德沒有汙點。徽，美德。點，猶玷。汙點。❹齊竟陵文宣王　即竟陵文宣王蕭子良，參見本卷〈釋僧鍾傳〉「竟陵文宣王」條注釋。❺徐孝嗣　參見本卷〈釋僧印傳〉「徐孝嗣」條注釋。❻東昏失德　東昏，齊朝皇帝東昏侯蕭寶卷，字智藏。他是齊明帝第二子，建武元年立為皇太子。永泰元年（西元四九八年）七月，齊明帝崩，由他即位，在位三年。他嗜殺成性，濫殺大臣，寵信小人，荒淫無道，窮奢極欲，單射雉場就置有二百九十六處。他大肆搜括商民黃金，起仙華、神仙、玉壽諸殿，刻畫雕彩，窮極綺麗。又曾雕刻金蓮花鋪地，要他的寵妃潘貴妃在上行走，說是「步步生蓮花」。又於閱武堂起芳樂苑，山石皆塗以五彩，跨池水建造紫閣諸樓觀，壁上畫男女私褻之像。宮內窮奢極欲尚嫌不足，他又與潘貴妃遊樂民間，大肆騷擾，弄得民不聊生，「郊郭四民皆廢業，樵蘇路斷，吉凶失時，乳婦婚姻之家，移產寄室，或輿病棄尸，不得殯葬。有棄病人於青溪邊者，吏懼為監司所問，推置水中，……須臾便死，遂失骸骨」，怨聲載道，史稱「失德」。大臣欲廢掉他的呼聲很高，永元三年（西元五一〇年）大臣王珍國率兵入殿，其時東昏侯尚在「含德殿吹笙」，即被斬首。齊和帝即位後，追封他為東昏侯。《南齊書》有傳。❼淨人　即僧人。❽禹穴　參見本卷〈釋僧柔傳〉「禹穴」條注釋。❾天監六年　西元五〇七年。❿天蓋　又稱華蓋，即由天花所組成的遮蓋，佛、菩薩常坐蓮臺而上有華蓋。⓫袁昂　字千里，陳郡陽夏（今河南太康）人。在齊朝時曾歷任王儉鎮軍府功曹史、秘書丞、黃門侍郎、衛軍武陵王長史，受到王儉的器重。袁昂恪守儒家道德，為人正直敢言，不憚權豪，「當時號為正直」，累遷為建武將軍、吳興太守。永元年間齊朝皇室內亂頻仍，東昏侯失德，雍州刺史蕭衍（後為梁武帝）於永元三年（西元五〇一年）自襄陽起兵圍攻京師建康，各州牧郡守皆望風歸降，唯袁昂困守京師，拒絕招降。蕭衍占領京師後，看重袁昂的德行，不予追究。入梁後，於天監二年（西元五〇三年）起用袁昂為黃門侍郎，當年又昇為侍中。次年，出任潯陽太守，六年，昇吏部尚書，兼右僕射。七年，任國子祭酒，八年，昇任仁威將軍、吳郡太守。十一年，入為五兵尚書，復兼右僕射。普通三年（西元五二二年），任中書監、丹陽尹，進號中衛將軍，復為尚書令，開府儀同三司，又進位司徒。梁武帝大同六年（西元五四〇年）卒，時年八十歲。《梁書》有傳。

【語　譯】釋智順，俗姓徐，瑯琊臨沂人。他十五歲時出家，師從鐘山延賢寺的智度。智順年少時就聰明穎悟，專心致志過人。所以，他雖然年幼，但學業的功底已經有了很深的積蓄。等他受了具足戒時，品行毫無瑕疵。他潛心修習眾經，而以擅長《涅槃經》、《成實論》獨步於一時。他講經時，來聽講的人常常達到數百人。他曾因在一件事情上打錯了主意而導致了挫折，但他素性純潔確然不移，沒有給他的美德帶來任何污點。齊竟陵文宣王對他懷有特別深厚的敬意，也給予他特殊的禮遇，為他修繕了治城寺，請他居住。司空徐孝嗣也崇敬他的德行和見解，對他奉以老師的禮敬。待到東昏侯失德，誅殺了徐孝嗣，徐孝嗣的兒子徐緄為避殺身之禍而逃竄，智順不顧自己的生命危險來營救和保護徐緄，使徐緄終於免遭殺身之禍。徐緄後來對智順重加酬謝和供奉，但智順一概不受。曾經有賊在夜間來偷盜，被僧人們發現，追上他將他捉住。智順將這個盜賊留在自己房裡住了一夜，第二天早晨，又送給他錢和絹，向他曉喻一番道理後就讓他走了。智順這人的仁德和寬恕，就是如此。後來，智順東行會稽，住在雲門精舍。他到這裡後，才使得講經論道的盛況，再度復興於江南。

智順為人虛心沉靜，恭敬而又謹慎，他的身材體貌有如神人，舉止儀態清純而又莊嚴，從無舉動失當之處。所以士人和普通老百姓前來觀瞻，在向他致禮時，對他都懷有敬畏。天監六年，智順在山寺中去世，享年六十一歲。

起初，智順的病很嚴重，多日沒有吃飯。有一天他忽然索要齋飯。他的弟子曇和考慮到智順已經多日沒有吃飯了，就暗自用一半米和另一半別的東西攪合起來一道煮成齋飯，送給智順吃。智順嚥了下去，又吐了出來，還索要清水來洗漱。他對曇和說：「你永遠離開雲門寺吧，不許再回來了。」他謹守戒律，堅持清淨和苦忍，都有如此類。在他臨終的那一天，有人在他的房內聞到奇異的香味，也有人見到有天花和華蓋出現。智順遺命，將自己的屍骸露天置放在空地裡，施捨給蟲鳥來吃。他的弟子們不忍心照此辦理，便在寺的一側築墓將他安葬了。他的弟子為他立了碑來頌揚他的德行，陳郡袁昂寫了碑文，法華寺的釋慧舉又為之寫了墓誌銘。智順所著的〈法事讚〉及〈受戒記〉、〈弘法記〉等著作，都流行於世。

梁京師靈味寺釋寶亮　道明　僧成　僧寶

釋寶亮，本姓徐氏，其先東莞❶胄族❷，晉敗，避地于東萊弦縣❸。亮年十二出家，師青州道明法師。明亦義學之僧，名高當世。亮就業專精，一聞無失。及具戒之後，便欲觀方弘化❹。每惟訓育有本，未能遠絕緣累❺。明謂曰：「沙門去俗，以宣通為理，豈可拘此愛網，使吾道不東乎。」亮感悟，因此客遊。

年二十一至京師，居中興寺。袁粲❻一見而異之。粲後與明書曰：「頻見亮公，非常人也。比日聞所未聞，不覺歲之將暮。珠生合浦，魏人取以照車❼，璧在邯鄲，秦王請以華國❽。天下之寶，當與天下共之，非復上人貴州所宜專也。」自是學名稍盛。及本親❾喪亡，路阻不得還北，因屏居禪思，杜講說，絕人事。齊竟陵文宣王❿躬自到房，請為法匠，亮不得已而赴。文宣接足恭禮，結菩薩四部因緣⓫。後移憩靈味寺，於是續講眾經，盛于京邑。講《大涅槃》凡八十四遍，《成實論》十四遍，《勝鬘》四十二遍，《維摩》二十遍，其大小《品》六遍。《法華》、《十地》、《優婆塞戒》、《無量壽》、《首楞嚴》、《遺教》、《彌勒下生》等，亦各近十遍。黑白弟子三千餘人，諮稟門徒常盈數百。

亮為人神情爽岸，俊氣雄逸，及開章命句，鋒辯縱橫。其有問論者，或豫蘊重開，及亮之披解，便覺宗旨渙然，忘其素蓄。今上龍興⓬，尊崇正道，以亮德居時望，亟延談說。亮任率性直，每言輒稱貧道，上雖意有間然⓭，而挹其神出。天監八年初，勅亮撰《涅槃義疏》十餘萬言。上為之序曰：「非言無以寄言，言即無言之累⓮；累言則可以息言，言息則諸見競起。所以如來乘本願以託生⓯，現慈力以應化⓰，離文字以設教⓱，忘心相以通道⓲，欲使珉玉異價，涇渭分流，制六師而止四倒[19]，反八邪而歸一味[20]。折世智之角，杜異人之口，導求珠之心[21]，開觀象之目[22]，救燒灼於火宅[23]，拯沉溺於浪海。故法雨降而燋種受榮，慧日升而長夜蒙曉。發迦葉[24]之悱憤，吐真實之誠言。雖復二施[25]等於前，五大[26]陳於後，三十四問[27]，參差異辯。方便勸引，各隨意荅。舉要論經，不出兩途：『佛性』開其本有之源，『涅槃』明其歸極之宗。非因非果，不起不作，義高萬善，事絕百非。空空不能測其真際，玄玄不能窮其妙門。自非德均平等，心合無生，金墻玉室，豈易入哉？有青州沙門釋寶亮者，氣調爽拔，神用俊舉，少貞苦節，長安法忍，耆年愈篤，齔齒[28]不衰，流通先覺，孳孳如也。後進晚生，莫不依仰。以天監八年五月八日敕亮撰《大涅槃義疏》，以九月二十日訖。光表微言，贊揚正道。連環既解，疑網云除。條流明悉，可得略言。朕從容暇日，將欲覽焉。聊書數行，以為記莂云爾。」

亮福德招感，供施累積，性不蓄金，皆散營福業，身沒之後，房無留財。以天監八年十月四日卒于靈味寺，春秋六十有六。葬鍾山之南，立碑墓所。陳郡周興嗣[29]、廣陵高爽，並為製文，刻于兩面。弟子法雲等又立碑寺內，文宣圖其形像於普弘寺焉。

時高座寺僧成、曠野寺僧寶，亦並齊代法匠。寶又善「三玄」㉚，為貴遊所重。

【注釋】❶東莞　縣名。西漢置，治所在今山東沂水，劉宋時移至今莒縣。❷冑族　即貴族。❸東萊弦縣　東萊，西漢時置為郡，治所在掖縣（今山東掖縣），東漢後治所屢變。西晉時改為國，東晉時治所在今山東黃縣。弦，原本作「榌」，宋、元、明三本、大正藏本、金陵刻經處本均作「弦」。❹觀方弘化　謂在各地觀察民情風俗而弘揚教化。❺緣累　佛教指世俗因緣之累，也即尚未完全超脫世俗情感，尚懷有世俗的私人感情和欲望，如父母、兄弟、師友、家室之愛等等而為之所牽累。在這裡，由「每惟訓育有本，未能遠絕緣累」二句可知，是指僧亮對道明法師的報恩、依戀之情。❻袁粲　參見本書卷七〈釋曇斌傳〉「袁粲」條注釋。❼珠生合浦二句　謂南方合浦所產的珠寶，北方魏地的人取來用於夜間照明行車。合浦，漢代郡名。治所在徐聞（今廣東海康），傳說這裡不產穀實而海產珠寶，即古代著名的合浦珠，但這裡的郡守多貪鄙，刻意搜括百姓，致使珠寶移到別處，後孟嘗出任合浦太守，禁止搜括，改革前弊，珠寶復又回還，典出《後漢書・孟嘗傳》。這裡屬活用典故。❽璧在邯鄲二句　謂和氏璧在趙國的都城邯鄲，秦王欲將它弄到秦國來，以此光耀自己的國家。璧，指和氏璧。邯鄲，戰國時趙國的國都，故址在今河北邯鄲。秦王，指秦昭王。華國，光耀國家。典出《史記・廉頗藺相如列傳》完璧歸趙的故事，這裡衹用了這個典故的前因：和氏璧到了趙國，秦昭王向趙國提出，願以十五城與趙國交換和氏璧（後來趙國派藺相如完成了這項外交，即完璧歸趙）。按，這種修辭方法屬於活用典故，其意在於以此證明美好的事物人人都得以共享，不當據為私有而使之深藏不露。但這個典故本身的意義不是這樣，而是秦王欲借交換和氏璧為名，作為吞併趙國的藉口，後來沒有得逞。❾本親　這裡指生身父母。❿齊竟陵文宣王　即蕭子良，參見本卷〈釋僧鍾傳〉「竟陵文宣王」條注釋。⓫結菩薩四部因緣　菩薩四部，即大乘四部經。結菩薩四部因緣，謂（竟陵文宣王與寶亮）結下講說大乘四部經的因緣，也即互相講定由寶亮講解四部大乘經典。⓬今上龍興　今上，當今皇上，指梁武帝。龍興，指新皇帝登基。這裡指梁武帝蕭衍於西元五〇二年代齊建梁。⓭意有間然　間，間隔；不通。意有間然，謂心中不滿意而有所不滿。⓮非言無以寄言二句　謂如果不用語言文字，則無法寄託和傳達要說的話；但是，所說的話卻又會傷害無關於語言文字的佛教實相。按，這是因為，大乘佛教無論空宗（如般若學說）還是有宗（如《涅槃經》）的實相義，都屬無相、寂滅，無思無慮，自然也就「無言」。在本卷的慧皎「論」中，對這一點表達得更清楚明白，他說：「言語路絕，則有言傷其旨；心行處斷，則作意失其真。」這兩者是同一意思。⑮如來乘本願以託生　謂佛陀如來是為了自己本來（拯救眾生）的願望才投胎到他母親的懷裡而出生的。按，這是大乘佛教的觀點，另一種表達是「佛為一大事因緣而出世」，這個大事因緣就是為普度眾生。這個觀點與小乘佛教完全不同。小乘佛教的佛，是由父母所生的一個歷史人物，然後因不滿於人間的污穢，才出家修行。他經過六年的修行，悟出了「四諦」、「十二因緣」而「覺悟」，是一個因後天的修行而獲得「覺悟」的人。但大乘佛教的佛，正如這一句所包含的意思，已經不再是歷史人物。⑯現慈力以應化　即謂佛陀以其慈悲力而隨時隨地顯示各種身相來呼應和拯救眾生。慈力，即慈悲心的力量。應化，即佛陀釋迦牟尼根據各種具體情況，顯示出相應的化身，實行方便有效的教化。按，在小乘佛教（主要經典是四部《阿含經》）中，佛陀釋迦牟尼基本上是一個歷史人物，所以佛陀祇是一個人。但在大乘佛教中，則有「恒河沙數」即無窮多而分布於四面八方的佛陀，佛陀成了佛性、法身、涅槃、實相、覺悟的代名詞，而且它是實「有」還是虛「空」，也存在不同見解。無論是實「有」還是虛「空」，在大乘佛教的經典中，都說佛有「三身」或是「三身佛」：一是法身（或法身佛），二是報身（或報身佛），三是化身（或化身佛）。這「化身」或「化身佛」便具有「應化」之感應力和方便力，《大乘義章》卷一九說：「眾生機感，義如呼喚，如來示化（即變化以應呼喚），事同響應，故名為應。」許多大乘佛經中又經常說，佛有「三十二相，八十種好」，其意思之一是指，佛陀能神通變化，有時現男人身，有時現女人身，有時現老人身，有時現少年身，有時現各種動物「身」等等各種各樣的「身」或「相」，即根據各種具體情況而「現」各種「身」，來教化和拯救眾生。這就叫「應化」，且正是因為認為佛有如此「應化」的「神力」或「慈悲力」，便無所不知而能對一切眾生「有求必應」了。⑰離文字以設教　謂佛陀之教本離諸言語文字。文字，指語言和文字。按，既離文字以設教，那怎麼會有佛經呢？這在大乘佛教中，視為一種「方便」法門，屬三乘之一的聲聞乘。乘，是車子的意思，用於「度人」。⑱忘心相以通道　謂祇有寂滅，才能體悟「道」。忘心相，即忘心，也就是無思無慮無欲無相的寂滅。⑲制六師而止四倒　謂制止外道六師邪說和四顛倒。這是梁武帝對《大般涅槃經》要點的概括之一。制，制服。六師，即外道六師的略稱：一、富蘭那迦葉，他所創之法屬斷滅性空，無君臣、父子、忠孝之道；二、末伽利梨拘賒梨子，他所創之法認為眾生之苦樂不是由於因緣，而是由於自然的條件和際遇所造成；三、刪闍夜毗羅胝子，他所創之法認為不需求道，祇要隨順自然，經受生死的劫數，自盡苦際，猶如一個線團，線放完了（相當於人死了），苦也就自動終止；四、阿耆多翅舍欽婆羅，他所創之法，是以苦行為道，猶如身穿蔽衣，五熱炙身，祇需堅守苦忍即是為道；五、迦羅鳩馱迦旃延，他所創之法，認為諸法亦有相亦無相，人的見解本屬人在其人具體環境之中應物而生，若說有相，則也無相，若說無相，則也有相；六、尼犍陀若提子，他所創之法，認為人的苦樂罪福全由前世所定，前世的善惡今世必定償還，不是由修道所能改變和消除的。參見《維摩詰經》、《大般涅槃經》。按，佛教將一切不屬佛教的思想學說都看作是「外道」、「邪見」，據佛經上講，與佛陀同時的有九十五種外道或九十六種外道，又有十三外道、十三外論等等多種說法，現在一般認為，這其實是古印度與佛陀同時代的不同思想學派，猶如中國的三教九流諸子百家。「外道」一詞相當於中國所謂「異端邪說」，被認為是需要加以「制服」而達於消滅的對象。四倒，四顛倒的略稱。佛教認為，世俗世界有四種特性：無常、苦、無我、不淨。但是「凡夫」不明白此理，而是將「無常」視為「常」、「苦」視為「樂」、「無我」視為「我」、「不淨」視為「淨」，這就是所謂四顛倒。《大智度論》和《涅槃經》都這樣說。但《涅槃經》又提出，在這種「凡夫」的四顛倒之外，還有涅槃四德，即「大涅槃」的四種特性，是真正的「常、樂、我、淨」，這裡的「常」指涅槃永恒不變而常在；「樂」又稱「大樂」，即涅槃之樂或寂滅之樂，也就是毫無痛苦充滿歡樂；「我」又稱「大我」，指法身真實存在而有我，即與《般若經》所講的「法性空」不同；「淨」又稱「大淨」，即斷滅一切煩惱。⑳反八邪而歸一味　八邪，反八正道的八種邪見。佛教有「八正道」：正見、正思惟、正語、正業、正命、正精進、正念、正定；八邪也就是：邪見、邪思惟、邪語、邪業、邪命、邪方便、邪念、邪定。歸一味，即歸於一個正道，這裡指佛教的正道。㉑導求珠之心　啟發引導人們的求道之心。按，這裡指的道實指佛道。珠，玄珠的略稱。求珠，即求道，語出《莊子・天地》：「黃帝遊乎赤水之北，登乎昆侖之丘而南望。還歸，遺其玄珠。使知索之而不得，使離朱索之而不得，使喫詬索之而不得也。乃使象罔，象罔得之。黃帝曰：『異哉！象罔乃可以得之乎？』」

㉒開觀象之目　謂開啟觀察天道人事以悟道的眼睛。按，這裡實指佛教的教化功能，能教給人以正法眼藏。觀象，原義是觀察天象以明天道，語出《周易》，如《周易・繫辭上》：「聖人設卦觀象，繫辭焉而明吉凶，剛柔相推而生變化。」《周易・繫辭下》又說：「古者，包羲氏之王天下也，仰則觀象於天，俯則觀法於地，觀鳥獸之文，與地之宜，近取諸身，遠取諸物，於是始作八卦，以通神明之德，以類萬物之情。」㉓救燒灼於火宅　謂拯救正在火宅中被燒灼的人們。按，佛教（如《維摩詰經》、《法華經》、《大般涅槃經》）將世俗世界比作失了火的住宅，即「火宅」，住在裡面的人正在被「燒灼」，眼看就要燒死，但「凡夫」因為「顛倒見」，不以為苦而以為樂，不知自救。佛陀慈悲，發大誓願，以「三乘」（聲聞、緣覺、菩薩）各視具體因緣（機緣）無數方便法門加以拯救。它的實際涵義，就是要大力傳播佛教來普度眾生。㉔迦葉　即摩訶迦葉，他是佛陀的四大弟子（又稱四大聲聞：舍利佛、目連、須菩提、迦葉）之一，他的特點是行十二頭陀，為頭陀第一。曇無讖譯《大般涅槃經》卷三三至三八是《迦葉菩薩品》，可以參見其詳。㉕二施　即《大般涅槃經》所說的「二施果報」的略稱。這部經所

描述的背景，是佛陀如來於二月二十五日入拘尸那城阿利跋提河邊娑婆雙樹林間，即將入「涅槃」（即入滅，也即臨死）接受「最後供養」時對大眾的說法，一開始所提出的問題，就是「二施果報」問題（見卷一〈壽命品第一之二〉），所以梁武帝蕭衍在他的序文中說「二施等於前」。「二施果報」的法理對傳統佛教最根本的理論前提即「果報」或「業報」論提出了新的解釋，又是契入全經的問題，所以這部經就從討論這個問題開始，而且貫穿了全經，也貫穿於佛性和涅槃觀念中。所謂「二施果報」，指施捨可能產生兩種果報，佛陀對純陀說：「施食有二果報，無差。何等為二：一者受已得阿耨多羅三藐三菩提，二者受已入於涅槃。」純陀不明此意，說：「如佛所說，二施果報無差別者，是義不然。何以故？先受施者，煩惱未盡，未得成就一切種智，亦未能令眾生具足檀波羅蜜；後受施者，煩惱已盡，已得成就一切種智，能令眾生普得具足檀波羅蜜。先受施者，直是眾生；後受施者，是天中天。……」這種「二施果報」或「二施果報等無差別」的觀念，以《涅槃經》所提出的二種施為方法即「有餘義」和「無餘義」為前提。〈一切大眾所問品第五〉說：「一切契經說有餘義、無餘義。」例如：「一切江河，必有迴曲；一切叢林，必名樹木；一切女人，必懷諂曲；一切自在，必受安樂。」這種肯定的說法，都稱作「有餘義」，也就是不能作絕對的理解，也不絕對正確（按《大般涅槃經》對於一切都認為「不定」），它還有「餘義」，所以，緊接著又說：「非一切河，必有迴曲；非一切林，必名樹木；非一切女，必懷諂曲；一切自在，不必安樂。」也就是說一切都「不定」，而可能存在二種結果，從而對傳統的佛教基本教理（如二諦、五陰、實相、涅槃、般若、業報等等觀念）產生很大的衝擊，就「業報」或「果報」而言，就變成了「非一切業悉得定果，非一切眾生定受報」（〈師子吼菩薩品第十一之五〉）。㉖五大　「五大利益」的略稱，又稱「五智三昧」，《大般涅槃經》卷三〇〈獅子吼菩薩品第十一之五〉說：「大利益復有五種，所謂五智三昧。何等為五？一、無食三昧，二、無過三昧，三、身意清淨一心三昧，四、因果俱樂三昧，五、常念三昧。」㉗三十四問　這是指《大般涅槃經》中〈迦葉菩薩品〉中迦葉的三十四問，參看無讖譯《大般涅槃經》卷三三至三八。㉘齯齒　指老年人在牙齒脫落後又長出的細牙，古人認為這是長壽的徵兆。㉙周興嗣　梁朝文學家，世居姑孰（今安徽當塗），十三歲時遊學京師建康，歷十餘年，博通經史，擅長文學，齊朝時，與吳興太守和文學家謝朏為友，得謝朏舉薦，而被舉為秀才，任桂陽郡丞。入梁朝後，他奏頌〈休平賦〉，為梁武帝蕭衍所欣賞，拜安成王國侍郎，入直華林省（即宮）。後所作〈銅表銘〉、〈柵塘碣〉、〈北伐檄〉、〈次韵王羲之書千字〉，皆為梁武帝蕭衍所賞識，歷任新安郡丞、員外散騎侍郎，佐撰國史，臨川郡丞。梁武帝普通二年（西元五二一年）卒。著有《皇帝實錄》、《皇德記》、《起居注》、《職儀》等百餘卷，文集十卷。《梁書》有傳。㉚三玄　指《周易》、《老子》、《莊子》三部書。這是魏晉玄學所提倡的三部典籍。南朝梁顏之推《顏氏家訓‧勉學》說：「《老》、《莊》、《周易》，總謂三玄。」

【語　譯】釋寶亮，俗姓徐。他的祖先原是東莞的貴族，晉朝滅亡後，為避亂而移居到東萊弦縣。寶亮十二歲時出家，師從青州道明法師。道明也是專精佛教義理之學的僧人，在當時名氣很大。寶亮學習專心，精益求精，而且一聽就能記住，從無遺忘。待到受具足戒後，他便想外出遊歷，觀看各地的風俗民情和弘揚佛法。但又總是因為想到父母的養育之恩，未能超絕世俗的感情負累，不忍離開。道明對他說：「沙門離塵去俗，原是以宣揚佛法教化眾生為務，怎能因拘束於世俗的感情之網，而使我們的佛法不傳播到東土去呢。」寶亮由此覺悟，因而就外出遊歷了。

他在二十一歲時到了京師建康，住在中興寺。袁粲一見到他就覺驚異。袁粲後來在給道明的信中說：「我經常看到亮公，他實在不是個平常的人。每每聽他談論，實在是我聞所未聞，以致不知不覺間已快到年終了。古時珠寶生於合浦，而魏人取來用以在夜間作車燈；和氏璧在趙國的邯鄲，秦王則想把它弄來用以光耀自己的國家。天下之寶，應當與天下人共享，不應再是您一州所宜專有的。」從此以後，寶亮學問的名氣便漸漸大了。等到寶亮的父母去世，他因路途阻隔不能返回北方服喪，就閉門坐禪，杜絕講說，斷絕人事交往。齊朝竟陵文宣王親自到他的房中來，請他出來任講師說法，寶亮才不得已而赴任。竟陵文宣王以恭敬的禮儀迎接了他，和他結了講說四部大乘經典的因緣。寶亮後來移住到靈味寺，在這裡他繼續講說眾經，在京城享有盛名。他講《大涅槃經》共達八十四遍，《成實論》十四遍，《勝鬘經》四十二遍，《維摩詰經》二十遍，《大品般若經》和《小品般若經》各六遍，《法華經》、《十地論》、《優婆塞戒》、《無量壽經》、《首楞嚴經》、《遺教經》、《彌勒下生經》等，也各將近十遍。他的出家和在家弟子達三千多人，平時跟從他學習的門徒達到數百人。

寶亮為人神情豪爽，氣度恢宏。每當他講解經義和遣詞命句，總是議論縱橫，辨析入微，而詞鋒銳利。當有人向他發問，或者懷著自以為是的義理來聽他講經，一經寶亮講解，便覺寶亮所說的佛理煥然一新，而忘記了自己一向所崇奉的義理。當今皇上登基後，尊崇佛教，因為寶亮在當時屬眾望所歸，便立即請他去談論。寶亮性格直率，每當和皇上談論時，總是自稱「貧道」，而不稱「臣」，皇上對此雖然心中有些不滿，但仍然對寶亮的悟性論說很欽佩。天監八年初，皇帝命寶亮撰寫《涅槃義疏》，寶亮寫了十多萬言。皇帝為這部書寫了序言，說：「不用言語文字，便無從寄託和傳達所要說的話，但是，言語文字又會損害本無以言說的宗旨；經過反覆陳述後則可以不必再說，然而，不說時則又會有各種見解紛紛揚揚莫衷一是。所以，如來佛為了實現普度眾生的本願而託生出世，顯現他的慈悲之力，因時因地因人而化為各種身相，不用言語文字來設教，而是以忘心寂滅顯示佛道。這是要使美石與真玉顯出不同的價值，使涇渭清濁分明，來制止外道六師沒完沒了的邪說和眾生的四種顛倒，從而使八邪道返歸於佛的正道。這樣可以折斷世俗機智的犄角，杜絕外道邪說之口，啟發人們的求道之心，打開人們觀象悟道的正法眼藏，拯救身處火宅的眾生，將沉溺於海浪的人們挽救上岸。所以佛教的法雨普降，使燒焦的種子得以再生而繁茂；智慧的太陽昇起，而使長夜得到光明。在《大涅槃經》中，迦葉菩薩以蓄積滿懷的問題，吐露了真實的至誠之言。雖然『二施果報』已在前面說過，後面還再陳述五大利益，但是迦葉菩薩仍然有三十四問，從各種角度各個方面提出問題和不同見解，以方便法門引導啟發，對他的問題加以解答。如果要對《大本涅槃經》加以提綱挈領而舉其大要，其實它不出兩途：即以『佛性』為本源，而以『涅槃』為終極旨歸。既不是因，也不是果；既不是發起，也不是有為而作。其義理高於一切佛經，而可以杜絕一切錯誤。它空空而令人不能測其邊際，玄玄而令人不能窮盡其妙門。如果不是以一切平等智而體悟無生無死，則它就如金牆玉室，怎麼能悟入呢？現有青州沙門釋寶亮，氣度豪爽，悟性傑出，從小就經歷過堅貞苦忍的磨礪，長久安於對佛法的體悟，老來更加堅定專心，而煥發更新，精神不衰。他是佛經流通的先覺，孜孜不斷地講經說法。後學晚生，對他莫不依從而景仰。天監八年五月八日，朕命寶亮法師撰寫《大涅槃義疏》，他在九月二十日寫成。他的義疏闡發此經微言，發揚正道，使經文中的疑難得以解釋，而條理分明，從此使人們可以領略經文詞句的含義。朕等到閑暇的時候，也將要來讀它。現在寫上以上的幾行文字，不過是為有助於將來的記憶罷了。」

因寶亮在弘揚佛法中高尚的德行所感召，人們對他的供奉和施捨日積月累。但他的性情原不喜積蓄錢財，這些東西也都被他散發出去，用於奉佛的福業了。寶亮死後，在他的房中沒有留存的財物。天監八年十月四日，寶亮在靈味寺去世，享年六十六歲。他被葬在鍾山的南面，在他的墓地立有墓碑。陳郡周興嗣、廣陵高爽，都為他寫了碑文，刻於碑的兩面。他的弟子法雲等人又在寺內為他立碑。竟陵文宣王則在普弘寺為他畫了像。

當時，高座寺的僧成、曠野寺的僧寶，也都是齊代的高僧。僧寶還擅長《周易》、《老子》、《莊子》三玄，而為貴人所敬重。

梁上定林寺釋法通　智進

釋法通，本姓褚氏，河南陽翟❶人，晉安東將軍揚州都督䂮之八世孫也。家世衣冠❷，禮義相襲。通幼而岐穎，聰悟絕倫。年十二出家，遊學三藏，專精方等，《大品》、《法華》尤所研密。年未登立，便為講匠，學徒雲聚，千里必集。後踐迹京師，初止莊嚴，後憩定林上寺。栖閑隱素，履道唯勤。希風影附者，復盈山室。齊竟陵文宣王❸、丞相文獻王❹，皆紆貴慕德，親承頂禮。陳郡謝舉❺、吳國陸杲❻、尋陽張孝秀❼，並策步山門，禀其戒法，白黑弟子七千餘人。晦迹鍾阜三十餘載，坐禪誦念，禪懺精苦。

至天監十一年六月十日便覺不悆，語弟子云：「我正可至九月二十日間耳。」

到九月十四日，見兩居士皆執白拂，來向牀前，便次第出。至十七日忽謾語云：「檀越不相識，何處來耶？」弟子曇智問意故，答云：「有一人著朱衣戴幘❽，擎木箱底在牀前。」至二十日，見佛像作兩行來，通合掌良久。侍疾者但聞異香，竟不測意。通乃密向同意慧彌說之。至二十一日，索香湯洗浴竟，仍作禮還臥，叉手當胸，正中時卒，春秋七十。仍葬于寺南。弟子靜深等立碑墓側，陳郡謝舉、蘭陵蕭子雲，並為製文，刻于兩面。

時定林上寺復有沙彌聖進，本閹人。清信篤至，遂出家苦節。嘗頭陀❾至東山，宿于樹下。有虎來摩其頭，見進端坐無擾，跪之而去。後每獨行獨坐，常見青馬一匹，衛其左右。

【注釋】❶陽翟　古縣名。秦置，治所在今河南禹縣，相傳夏禹曾建都於此。東魏時改為郡。❷家世衣冠　謂世代讀書禮義之家，即士族。❸竟陵文宣王　即竟陵文宣王蕭子良，參見本卷〈釋僧鍾傳〉「竟陵文宣王」條注釋。❹文獻王　即齊豫章文獻王蕭嶷，參見本卷〈釋玄暢傳〉「齊驃騎豫章王嶷」條注釋。❺謝舉　字言揚，陳郡（今河南太康）人，幼年好學，擅長玄言清談，與其兄中書令謝覽著名於梁朝。他在十四歲時曾贈詩給當時的文壇泰斗沈約，為沈約所賞識。初任秘書郎，遷太子舍人、太子庶子，掌東宮管記，又深為昭明太子所賞識，後一直得到提昇，官至侍中、尚書令、開府儀同三司。梁武帝蕭衍太清二年（西元五四八年），在侯景之亂中他被困致死，文集也在亂中亡佚。謝舉博覽多通，尤其長於玄理及佛理，常常和義學僧人聚會，一起講經說法，隱士何胤也常從虎丘山趕來赴會，在當時享有盛名。《梁書》有傳。❻陸杲　原作「陸果」，誤，今據《梁書》、《南史》改。陸杲，少年時好學，工書畫，他是張融（參見本卷〈道慧傳〉「張融」條注）的外甥，與張融同享高名，思想行為也相似，時有「無對日下，惟舅與甥」之稱。歷任宋朝中軍法曹行參軍、太子舍人。入齊朝後於天監元年起歷任撫軍長史，拜建威將軍、中軍臨川王諮議參軍，又昇任黃門侍郎、右軍安成王長史、御史中丞。陸杲為官正直無畏，敢於直言，多次當面揭發貪官，為梁武帝蕭衍所賞識，天監六年，昇任秘書監，後又昇任光祿卿，出任義興太守，頗有政績，為百姓所稱頌。天監十四年，昇任散騎侍郎、散騎常侍、司徒左長史，直到仁威將軍、臨川金紫光祿大夫，又領揚州大中正，加特進。梁武帝蕭衍普通四年（西元五二三年）卒，時年七十四歲，謚質子。陸杲信仰佛教，謹守戒律，著有《沙門傳》三十卷。《梁書》、《南史》均有傳。❼張孝秀　字文逸，史載屬南陽宛縣（今河南南陽）人，本傳說是潯陽人。他是齊、梁間著名隱士，年輕時曾任州治中從事史、建安王別駕。不久就辭職隱居，住在東林寺。他有田數十頃，部曲數百人，一起隱居耕種，令遠近歸慕，赴之如市。他性情通脫直率，不好浮華，常戴穀皮巾，穿蒲鞋，手執櫚皮麈尾，服寒食散，嚴冬能睡在石頭上。又博覽群書，而專精佛典，擅長談論，工隸書，多才多藝。梁武帝蕭衍普通三年（西元五二二年）卒，時年四十二歲。《梁書》有傳。❽戴幘　謂戴著包頭髮的頭巾。❾頭陀　梵語音譯，又譯作杜多、杜荼，意為抖擻，即去掉塵垢煩惱之義，係佛教苦行之一。《大乘義章》卷一五、《十二頭陀經》載，有十二種修行規範，稱為頭陀行：著糞掃衣（穿用被遺棄的破布縫做的衣服）、著三衣（即三種用不正色布做的袈裟）、常乞食、不作餘食（每天祇吃一頓午飯）、一坐食（除午飯外不許吃零食）、節量食（缽中祇許受一團飯）、住阿蘭若（即住在遠離人家的空閑處）、冢間坐（即坐在墳地裡）、樹下坐（即住在樹下）、露天坐（坐在露天不許有遮蔽的地方）、隨地坐（不拘地方坐）、常坐不臥。照此修行，即修頭陀行者。

【語　譯】釋法通，俗姓褚，河南陽翟人。他是晉朝安東將軍、揚州都督褚䂮的八世孫，出身於世代士族，禮義相傳之家。法通年幼時就與眾不同，聰明穎悟而超群絕倫。他在十二歲時出家，遍學經、律、論三藏，而專精大乘經典，尤其是對《大品般若經》和《法華經》進行了精密的研究。他沒到三十歲時，就已經登座講經，學徒雲聚，不遠千里而來。後來，他到了京師，起初住在莊嚴寺，後又住到定林上寺。他居閑隱遁，唯對佛法孜孜勤求。聞風而來跟從他學習的人，擠滿了山寺。齊竟陵文宣王、丞相豫章文獻王，都仰慕他的道德而降尊紆貴，親自來向他頂禮膜拜，承受教誨。陳郡謝舉、吳國陸杲、尋陽張孝秀都來到寺內，聽受秉承他的戒法。他有居家和出家弟子七千多人。他隱居建康鍾山三十多年，坐禪誦經，守戒懺悔專誠而又清苦。

至天監十一年六月十日這一天，他覺得身體不適，就對弟子說：「我祇能活到九月二十日這一天。」到九月十四日時，他看見兩位居士都手拿白色的拂塵，來到他的床前，然後又一前一後走了出去。到十七日時，他忽然說道：「檀越與我本不相識，您是從哪裡來的呢？」他的弟子曇智問他所說的是什麼意思，他回答說：「有一個人穿著朱紅色的衣服，戴著頭巾，拿著一個木箱底在我的床前。」至二十日，他又看見許多佛像排成兩隊而來，便對著佛像合掌敬禮了許久。服侍他病的人祇聞到奇異的香氣，但不知是什麼原因。法通就暗中對和他志同道合的慧彌說了這事。到二十一日這一天，他索要了香湯，洗浴過後，便作了禮拜，又睡到床上去，將雙手交叉，置於胸前。到正中午的時候，他便去世了，享年七十歲，葬在定林上寺的南面。他的弟子靜深等人為他在墓的一側立了碑，陳郡謝舉、蘭陵蕭子雲都為他寫了碑文，刻在碑的兩面。

當時，定林上寺還有一位沙彌，名叫聖進。他本是一個閹人，因對佛教的信仰虔誠之至，便出了家，而能苦守戒律。他曾以頭陀行到東山去。一天，當他在夜間宿於樹下時，有老虎來撫摩他的頭。老虎見聖進端坐不動，就向他跪了跪，然後離開了。後來，他每次獨行獨坐，就看見一匹青馬在他的左右護衛著他。

梁京師招提寺釋慧集

釋慧集，本姓錢，吳興於潛人。年十八於會稽樂林山出家，仍隨慧基法師受業。為性慤實❶，言無華綺，而學勤昏曉，未嘗懈息。後出京，止招提寺。復遍歷眾師，融冶異說，三藏、方等並皆綜達。廣訪《大毗婆沙》及《雜心》、犍度❷等，以相讎校，故於《毗曇》一部，擅步當時。凡碩難堅疑，並為披釋，海內學賓無不必至。每一開講，負袠千人。沙門僧釭、法雲並名高一代，亦執卷請益。今上❸深相賞接，每請開講。以天監十四年還至烏程❹，遘疾而卒，春秋六十。

著《毗曇大義疏》十餘萬言，盛行於世。

【注釋】❶慤實　誠實。❷犍度　梵語 Skandha 的音譯，意為「蘊」或「聚」，即分類編集之意。佛教律藏中將關於僧團修法儀式和僧尼衣食住行等規定按類編集，稱「犍度品」，簡稱犍度。《四分律》含有二十類犍度，稱「二十犍度」，亦簡稱犍度，如「受戒犍度」、「說戒犍度」、「安居犍度」等。這裡應指「二十犍度」。❸今上　當今皇上，指梁武帝蕭衍。❹烏程　古縣名。秦置，治所在今浙江吳興南，東晉義熙年間治所在今之吳興。

【語譯】釋慧集，俗姓錢，吳興郡於潛縣人。他十八歲時在會稽樂林山出家，師從慧基法師學習。他為人誠實，說話質直毫不華麗，但學習勤奮，夜以繼日從未懈怠。後來，他到了京城建康，住在招提寺。在這裡他又遍訪眾師，合名家之說而融會貫通。對經、律、論三藏和大乘經典，他都能綜合通曉。他又廣泛訪求《大毗婆沙論》和《雜心論》、犍度部戒律等等，加以互相比較。所以他對《毗曇心論》，在當時最為擅長。凡是那些大難題和難解的疑問，他都加以研讀解釋，以致海內學者無不到他這裡來求教。他每次開堂講經，負笈而來者都達千人。沙門僧缸、法雲都是一代享有盛譽的高僧，也都拿著書向他請教。當今皇上對他深為贊賞，經常請他講經。他在天監十四年回到烏程，因病去世，享年六十歲。他著有《毗曇大義疏》十多萬言，盛行於世。

梁剡法華臺釋曇斐　法藏　明慶

釋曇斐，本姓王，會稽剡❶人。少出家，受業於惠基法師。性聰敏，素著領牒❷之稱。其方等深經❸，皆所綜達，《老》、《莊》、儒、《墨》頗亦披覽。後東西稟訪，備窮經誥之旨。居于鄉邑法華臺寺，講說相仍，學徒成列。斐神情爽發，志用清玄，故於《小品》、《淨名》尤成獨步。加又談吐蘊藉，辭辯高華，席上之風❹，見重當世。梁衡陽孝王元簡❺及隱士盧江何胤❻，皆遠挹徽猷❼，招延講說。吳國張融❽、汝南周顒❾、顒子捨❿等，並結知音之狎⓫焉。以天監十七年⓬卒于寺，春秋七十有六。其製作文辭，亦頗見於世。初斐有譽江東，被敕為十城僧主，符旨適行，未拜便化。厥土僧尼，倍懷戀德。

斐同縣南巖寺有沙門法藏，亦以戒素見稱，喜放救生命，興立圖像。時餘姚縣有明慶比丘，與斐同時致譽。慶本姓鄭氏，戒行嚴潔，學業清美。本師事炎公，又弘實弟子，師資三業⓭，並見重東南。

【注　釋】❶會稽剡　會稽郡剡縣，今浙江嵊縣。❷領牒　謂對經文的領悟迅捷。領，領悟。牒，牒籍的略稱，猶典籍，這裡指經文。❸方等深經　謂大乘佛教經典中那些深奧的經典。❹席上之風　謂講席上講經的風格。❺梁衡陽孝王元簡　即梁朝衡陽嗣王蕭元簡，字熙遠，他是梁朝宗室，係梁武帝蕭衍四弟蕭暢之子。蕭暢在齊朝官至太常，封江陵縣侯，卒於齊朝。入齊後於天監元年，追贈封衡陽郡王，謚曰宣。蕭元簡於天監三年承襲其父封號，出任中書郎、會稽太守。天監十三年，任持節都督廣、交、越三州諸軍事、平越中郎將、廣州刺史。後昇任持節都督郢、司、霍三州諸軍事、信武將軍、郢州刺史。天監十八年（西元五一九年）正月卒於任上。謚曰孝，故稱衡陽孝王。《梁書》有傳。❻何胤　參見本卷〈釋慧基傳〉「何胤」條注釋。❼徽猷　美德和風範。❽張融　參見本卷〈釋道慧傳〉「張融」條注釋。❾周顒　參見本書卷七〈釋僧瑾傳〉「周顒」條注釋。❿顒子捨　周顒之子周捨。周捨幼年時即非常聰穎，周顒臨終時對他說：「汝不患不富貴，但當持之以道德。」周捨長大後，博學多才，尤精義理，在齊朝時初任太學博士，後官至梁王蕭衍奉常丞。入梁後蕭衍博求奇才異能之士，周捨得以重用，拜尚書祠部郎。當時梁朝肇建，禮儀的制定，多出自周捨之手。後歷任中書通事舍人、太子洗馬、散騎常侍、中書侍郎、鴻臚卿、尚書吏部郎、太子右衛率、右衛將軍，雖然職位屢昇，但常留朝廷內，國史詔誥、儀體法律、軍旅謀謨，都由他兼掌，參與蕭衍國政機密二十多年未曾離開。周捨擅長辯論，而好談謔，終日不絕口，但從未漏泄機密，為蕭衍所器重。梁武帝普通五年，南津截獲武陵太守白渦的一封信，信上說要送給周捨百萬金錢，告發之後，周捨遭免職。後又被起用，任右驍騎將軍，知太子詹事，而於這年去世，時年五十六歲。周捨素性儉樸，衣服器用，居處床席，猶如窮人，「每人官府，雖廣廈華堂，閨閣重邃，捨居之則塵埃滿積」。梁武帝蕭衍知道他蒙冤，在他死後，親臨慟哭，下詔說他：「義該玄、儒，博窮文史，奉親能孝，事君盡忠，歷掌機密，清貞自居，食不重味，身靡兼衣。終亡之日，內無妻妾，外無田宅，兩兒單貧，有過古烈。往者，南司白渦之劾，恐外議謂朕有私，致此黜免，追愧若人，一介之善。外可量加褒異，以旌善人。」謚曰簡子，追贈太子詹事、豫州大中正。《梁書》有傳。⓫知音之狎　謂兩相知音者之間的親密關係。狎，親密。⓬天監十七年　西元五一八年。⓭三業　身業、口業（或語業）和意業。

【語　譯】釋曇斐，俗姓王，會稽郡剡縣人。他少年時出家，師從惠基法師學習。曇斐賦性聰明敏捷，一向享有領悟經義敏捷的名聲。他對大乘經典中那些艱深難解的經典，都能通曉，對《老子》、《莊子》、儒學經書和《墨子》，也都學習。後來，他又四處尋訪學習，窮盡佛經的旨意。他居住在家鄉剡縣的法華臺寺，持續不斷地講經說法，跟隨他學習的學徒成群結隊。曇斐神情爽朗，志向清純而通達玄奧，所以對《小品般若經》和《淨名經》尤為擅長而獨步一時。再加上他的談吐含蓄，意味深長，而言辭華麗義解高深，他的講經被世人所看重。梁朝衡陽孝王蕭元簡和隱士廬江何胤，都在遙遠的地方聞風而仰慕他的美德和風範，招請去講經。吳國張融、汝南周顒、周顒之子周捨等人，都和他結下了相互知音的親密關係。天監十七年，曇斐在法華臺寺去世，享年七十六歲。他所著的文章，流傳於世，也時時可以見到。起初，曇斐享譽江東，被朝廷封為十城僧主，但是在聖旨剛下發時，曇斐尚未拜受就死去了。當地的僧尼，因此而倍加懷念他的德行。

曇斐的同縣南巖寺有一位沙門法藏，也以持戒素潔著稱於世。他喜歡放生救命，興造佛圖佛像。當時餘姚縣有一位明慶比丘，和曇斐同時著名。明慶俗姓鄭，持守戒律嚴格而潔淨，學業清純完美。他原先師從炎公，後又是弘實的弟子。他的講經教學和身、口、意三業，都享譽於東南一帶。

論曰：夫至理無言，玄致幽寂❶。幽寂故心行處斷❷，無言故言語路絕❸。言語路絕，則有言傷其旨❹；心行處斷，則作意失其真❺。所以淨名杜口於方丈❻，釋迦緘嘿於雙樹❼。將知理致淵寂，故為無言。但悠悠夢境，去理殊隔；蠢蠢之徒，非教孰啟？是以聖人資靈妙以應物❽，體冥寂以通神❾，借微言以津道❿，託形像以傳真。故曰：兵者不祥之器，不獲已而用之；言者不真之物，不獲已而陳之。故始自鹿苑⓫，以四諦為言初⓬；終至鶴林⓭，以三點為圓極⓮。其間散說流文，數過八億。象馱負而弗窮⓯，龍宮溢而未盡⓰，將令乘蹄以得兔⓱，藉指以知月⓲。知月則廢指，得兔則忘蹄。經云：「依義莫依語。」此之謂也。而滯教者謂至道極於篇章，存形者謂法身定於丈六。故須窮達幽旨，妙得言外，四辯莊嚴，為人廣說⓳，示教利喜，其在法師乎！

故士行⓴尋經於于闐，誓志而滅火，終令般若盛於東川，忘相傳乎季末㉑。爰次竺潛㉒、支遁㉓、于蘭㉔、法開㉕等，並氣韻高華，風道清裕，傳化之美，功亦亞焉。中有釋道安㉖者，資學於聖師竺佛圖澄㉗，安又授業於弟子慧遠㉘。惟此三葉㉙，世不乏賢。並戒節嚴明，智寶成就。使夫慧日餘暉，重光千載之下；香吐遺芬，再馥閻浮之地；涌泉猶注，寔賴伊人。遠公既限以虎溪，安師反，更同輦㉚，與夫高尚之道，如有忒焉㉛。然而語默動靜㉜，所適唯時。四翁赴漢，用之則行㉝也；三閭辭楚，捨之則藏㉞也。經云：「若欲建立正法，則聽親近國王，及持杖者。」安雖一時同輦，迺為百民致諫，故能終感應真，開玄顯報。

其後荊、陝著名，則以翼㉟、遇㊱為言初；廬山清素，則以持㊲、永㊳為上首。融㊴、恒㊵、影㊶、肇㊷，德重關中；生㊸、叡㊹、暢㊺、遠㊻，領宗建業；曇度㊼、僧淵㊽，獨擅江西之寶；超進㊾、惠基㊿，乃擅浙東之盛。雖復人世迭隆，而皆道術懸會。故使像運(51)餘興，歲將五百，功效之美，良足羨焉。

贊曰：遺風眇漫(52)，法浪遷迴。匪伊釋哲，孰振將頹(53)？潛安比玉，遠叡聯環。鏺斧曲戾(54)，彈沐斜埃(55)。素絲既染(56)，永變方來。

【注釋】❶玄致幽寂　謂佛道的至極在於寂滅。玄，即道，這裡指佛道、涅槃。致，至於。幽寂，即寂滅。❷幽寂故心行處斷　心行處，內心起了念頭思慮，且就在這念頭思慮之處。斷，指心行處當下自體通流，通流故心行處斷。❸無言故言語路絕　無言，指佛道涅槃本是寂滅無言，也非言語所可言說表達。言語路絕，指寂滅的路並非是思惟心識言語文字之路。❹有言傷其旨　謂言說有傷於所要說的宗旨。按，佛道涅槃本無可言說，一說就遠離了涅槃，所以言說本身反而傷害了所要說的宗旨。❺作意失其真　謂心中起思惟分別之意識，此意便屬前塵妄想。作意，即起意用心。❻淨名杜口於方丈　謂維摩詰在方丈內以杜口沉默以顯示入不二法門。參見本書卷七〈釋僧肇傳〉「淨名杜口於毗耶」條注釋。淨名，即維摩詰。杜口，即沉默。方丈，僧人的居室，這裡指維摩詰的居室。❼釋迦緘嘿於雙樹　謂佛陀釋迦牟尼在娑婆雙樹林間以閉口沉默顯示涅槃。參見本書卷七〈釋僧肇傳〉「釋迦掩室於摩竭」條注釋。緘嘿，閉口沉默。雙樹，娑婆雙樹林，即佛陀釋迦牟尼入滅（涅槃）處，參見本書卷七〈釋僧導傳〉「雙樹現滅」條注釋。❽資靈妙以應物　謂佛陀以心之靈妙而化身響應眾生的祈求。參見本卷〈釋寶亮傳〉「現慈力以應化」條注釋。資，用。應物，這裡指佛陀化身而方便度世。❾體冥寂以通神　謂悟入寂滅以達於神化莫測的境界。體，體悟。冥寂，即寂滅。❿借微言以津道　謂借用微妙的言語文字作為指引眾生通達於道的津梁。津道，通達於道的津梁。⓫始自鹿苑　謂佛陀是在鹿苑最初開始講說佛法的。鹿苑，即鹿野園（或苑）的略稱，佛教聖地，在古印度中天竺波羅奈國（今瓦臘納西城西北約十公里處），本義是「仙人論處」、「仙人住處」、「仙人鹿園」。佛教傳說，這是佛陀釋迦牟尼成道後最初說法的地方。佛陀在尼連禪河（今法爾古河）畔苦行六年，不得「解脫」，後在菩提伽耶覺悟成道，即來到鹿野園，對阿若憍陳如、額鞞、跋提、十力迦葉、俱利太子五個侍者說覺悟到的「四諦」（參見本篇「以四諦為言初」條注釋），使他們成為佛陀最早的弟子和佛教徒。⓬以四諦為言初　謂佛陀釋迦牟尼最初以四諦論傳法。四諦，指四種真理，又名四聖諦，即苦諦、集諦、滅諦、道諦。苦諦，是對一切自然和世俗社會的價值判斷，認為其本性是「苦」（「苦」包含八苦：生苦、老苦、病苦、死苦、怨憎會苦、愛別離苦、求不得苦和五盛陰苦）。集諦，即造成「苦」的原因（如「業」、「惑」、「十二因緣」）。滅諦，即斷滅一切「苦」和「集」（原因），這是佛教修行所要達到的目標。這個目標也即是「涅槃」（原義是寂滅，也即肉體的死亡而唯存已解脫的精神或靈魂，不過後來佛教對它的解釋發生了很大的變化，如大乘涅槃便放棄了肉體死滅的含義）。道諦，指超越（或解脫）「苦」和「集」的世俗因果，而達到「出世間」的「涅槃」的一切理論和修行方法（諸如「八正道」，以及保證施行「八正道」的「戒律」等等）。⓭終至鶴林　謂佛陀如來入滅於鶴林。鶴林，佛陀如來的入滅處，據《大般涅槃經》卷一，佛陀如來二月二十五日入拘尸那城阿夷羅跋提河邊娑婆雙樹林間「般涅槃」（即入滅），樹都為此開花，樹林變成白色，猶如白鶴群棲，故又稱鶴林。所以佛教中又將佛陀入滅處稱為鶴林，如隋智顗《摩訶止觀》說：「大覺世尊（即佛陀如來）積劫行滿，涉六年以伏見，舉一指而降魔，始鹿苑，中鷲嶺，後鶴林。」這裡「鶴林」義同「雙樹」，參見本書卷七〈釋僧導傳〉「雙樹現滅」條注釋。⓮以三點為圓極　佛陀如來以伊字三點（法身、般若、解脫三法的不一不異）為圓滿的終極指歸（即涅槃）。三點，伊字三點的略稱。梵文∴（音伊）的字形，有不縱不橫非前非後的三角關係，《涅槃經》將之喻為法身、般若、解脫三法的不一又不異的關係，說：「何等名為秘密之藏？猶如伊字三點，若並則不成伊，縱亦不成，……

若別亦不得成，我亦如是。解脫之法亦非涅槃，如來之身亦非涅槃，摩訶般若亦非涅槃，三法各異亦非涅槃。」這裡所謂「三法」即指「法身、般若、解脫」，它們的關係猶如伊字三點，既不能「並」（即不一），也不能「分」（即不異）。⑮象馱負而弗窮　象馱負，指象馱負佛法或佛經而來。印度本尊象，佛教中常以象喻佛性，《涅槃經》中有盲人摸象的故事，即以象喻佛性，而以盲人喻無明眾生而自以為是。《華嚴玄談》則又以象馱經比喻佛法東來，說「鷲巖西峙，象駕東驅」。鷲巖即鷲嶺，象駕即象馱負經典東來。象馱負而弗窮，謂象馱負佛法東來而源源無窮盡。⑯龍宮溢而未盡　謂龍宮中所溢出的經典尚未窮盡。龍宮，即龍王以神力在海底所造的宮殿。在佛教中，龍王屬六趣中的畜牲道。據《龍樹菩薩傳》，龍樹出家以後，入靈山，山中有塔，塔中有一老年比丘，傳授給他大乘經典。龍樹歡喜踴躍，誦持愛樂。然而他雖已通達經義，但覺得此經義尚未通達。於是他又周遊列國，再尋求其他經典，然而始終尋不到。龍樹想，佛經雖妙，但尚有未盡之處，我應就佛經未盡之處加以推演，以悟後學。於是他就另做了衣服，設立新的教戒，附於佛法而與之小異，獨自在水精房中苦思冥想，考慮這件事。大龍菩薩看到了，對他起了憐憫心，便將他接入海中龍宮。大龍菩薩在龍宮打開七寶華函，將所藏方等（即大乘）深奧經典無窮妙法給他。龍樹讀了九十天，通解頗多。大龍菩薩問他，是否已將所有的經都看遍？龍樹回答說：「汝函中經典無量，我所讀已十倍閻浮提（即人世）。」大龍菩薩就將他送出南天竺。從此龍樹菩薩大力弘揚大乘佛法，摧伏外道。佛教還有一個傳說，《摩訶摩耶經》說：一千五百年前，有惡魔波旬及諸外道摧殘佛教，殺害比丘，破壞寺塔。一切經藏全都移到鳩尸那竭國，被阿耨達龍王持入海中，於是佛法盡滅。《蓮華面經》說：佛告阿難：此閻浮提及餘十方所有佛鉢及佛舍利，皆在娑伽羅龍王宮中。⑰乘蹄以得兔　謂使用繩網是為了捕兔，目的在兔而不在繩網。這一句和下句的「得兔則忘蹄」，合喻「得意忘言」。蹄，捕兔用的繩網之類。《莊子・外物》：「荃者所以在魚，得魚而忘荃；蹄者所以在兔，得兔而忘蹄；言者所以在意，得意而忘言。吾安得夫忘言之人而與之言哉！」⑱藉指以知月　謂借用手指之指而知道月亮所在。指，用手指著。月，月亮。在這裡「指」是手段，「月」是目標。佛教認為世俗之人的認識是「顛倒」的（參見本卷〈釋寶亮傳〉「制六師而止四倒」條注釋），其表現之一是將「指」誤認為是「月」，猶如將「言」誤認為是「意」一樣，所以用「指月」來比喻「指」非「月」，來說明借用的手段和目標的關係，這與「得意忘言」是同一道理。⑲四辯莊嚴二句　謂用莊嚴的四答來向人們辨析佛義，而對人們作廣泛的宣傳。四辯，又作四答、四記，《大智度論》卷二六說：「佛有四答：一者定答，二者分別義答，三者反問答，四者置答。」所謂置答，實即對於發問者問題的否棄。⑳士行　指朱士行，參見本書卷四〈朱士行傳〉。㉑忘相傳乎季末　謂忘相即無相之智在漢朝末年傳入了中國。相，佛教將一切色、聲、香、味、觸、法均稱為相，認為「凡所有相皆是虛妄」（鳩摩羅什譯《金剛經》，猶如「色即是空」。《金剛經・究竟無我分第十七》說：「若菩薩有我相、人相、眾生相、壽者相，則非菩薩。」又說：「若以色見我，以音聲求我，是人行邪道，不能見如來。」這也就是要「忘相」，即「無相」。這是佛法的共同處。季末，即漢朝末年。季，即漢高祖劉邦，又稱劉季。按據本書卷四〈朱士行傳〉所記，朱士行去于闐所得是《大品般若經》，所以本篇說「忘相傳乎季末」。㉒竺潛　指竺法潛，參見本書卷四〈竺法潛傳〉。㉓支遁　參見本書卷四〈支遁傳〉。㉔于蘭　指于法蘭，參見本書卷四〈于法蘭傳〉。㉕法開　指于法開，參見本書卷四〈于法開傳〉。㉖釋道安　參見本書卷五〈釋道安傳〉。㉗竺佛圖澄　即佛圖澄，參見本書卷九〈竺佛圖澄傳〉。㉘慧遠　參見本書卷六〈釋慧遠傳〉。㉙三葉　謂三世，在這裡指三傳，即由佛圖澄傳道安，由道安傳慧遠。㉚安師反二句　反，即返，指東晉孝武帝太元三年（西元三七八年）苻丕率兵攻打襄陽，次年俘獲東晉襄陽守將朱序，又將道安送回前秦都城長安，受到前秦國君苻堅的特別禮遇。同輦，指前秦國君苻堅欲攻打東晉，受到大臣反對，他便邀道安坐在自己的輦輿上，一同商討這件事。這在〈釋道安傳〉中有記載，但祇是說結果正如道安所諫。在這裡，作者慧皎又提到道安與苻堅「同輦」一事，目的是為道安作辯護，即下文所謂「與夫高尚之道，如有忒焉」。㉛與夫高尚之道二句　謂道安和苻堅「同輦」一事與僧人所應去塵絕俗的行為規範，似乎不相符合而有過錯。高尚之道，指僧人去塵絕俗的行為規範。如有，似乎存在。忒，誤差；過錯。㉜語默動靜　謂人的言行舉止。按，這在中國古代，被視為人生樞機，而關係著人生的禍福。語，說話。默，沉默。動，行動而有所進取。靜，靜止。㉝四翁赴漢二句　謂商山四皓赴漢朝宮廷之召，是因為去了後有具體的作用，他們才去。四翁，指漢朝初年的商山四皓，即隱居於商山的東園公、甪里先生、綺里季、夏黃公。四人鬚眉皆白，故稱商山四皓。漢高祖劉邦曾禮聘他們出來為官，均被謝絕。後來，漢高祖欲廢太子，呂后恐慌，便用張良的計策，請四皓來輔助太子，四皓便來了。來到後，四皓和太子一同去見漢高祖。漢高祖看四皓竟然都來輔助太子，便說：「羽翼成矣。」遂放棄了廢太子的打算。見《史記・留侯世家》。㉞三閭辭楚二句　謂三閭大夫屈原辭別楚國，是因為楚國捨棄了他，他就深藏不露。三閭，指屈原，戰國時期楚國人，曾任三閭大夫，故又稱三閭。他因楚國政治腐敗，遭讒去職，在楚頃襄王時被放逐，長期流浪於今湖南的沅、湘一帶。後因楚國都城郢被秦國攻破，自己既無力挽救楚國的危亡，又絕望於理想不能實現，投汨羅江自盡。屈原是中國最早的偉大詩人。據《史記・屈原賈生列傳》和屈原自己的作品，用這二句話來概括屈原的為人，不甚準確，因為屈原不屬於「捨之則藏」的乖巧人物，他即使在被放逐以後，仍欲竭力挽救楚國，祇是力不從心罷了。他的悲憤白盡，便很典型地表明他不是「捨之則藏」。捨之則藏，原義為若被捨棄不用時，我就深藏不露，係從《周易》所化出。《周易》說：「艮，止也。時止則止，時行則行，動靜不失其時，其道光明。」又曰：「蓍之德，圓而神；卦之德，方以知；六爻之義，易以貢。聖人以此洗心，退藏於密，吉凶與民同患。……古之聰明睿知神武而不殺者夫？」意思是，人於進退行止的選擇要謹慎識「時」。在歷史上，屈原若是如此乖巧而明哲保身，就既不會有〈橘頌〉、〈問天〉、〈國殤〉、〈離騷〉，也不會因被讒以致自盡了。㉟翼　指曇翼，參見本書卷五〈釋曇翼傳〉。㊱遇　指法遇，參見本書卷五〈釋法遇傳〉。㊲持　指慧持，參見本書卷六〈釋慧持傳〉。㊳永　指慧永，參見本書卷六〈釋慧永傳〉。㊴融　指道融，參見本書卷六〈釋道融傳〉。㊵恒　指道恒，參見本書卷六〈釋道恒傳〉。㊶影　指曇影，參見本書卷六〈釋曇影傳〉。㊷肇　指僧肇，參見本書卷六〈釋僧肇傳〉。㊸生　指竺道生，參見本書卷七〈竺道生傳〉。㊹叡　指慧叡，參見本書卷七〈釋慧叡傳〉。㊺暢　指玄暢，參見本卷〈釋玄暢傳〉。㊻遠　指僧遠，參見本卷〈釋僧遠傳〉。㊼曇度　參見本卷〈釋曇度傳〉。㊽僧淵　參見本卷〈釋僧淵傳〉。㊾超進　參見本書卷七〈釋超進傳〉。㊿惠基　即慧基，參見本卷〈釋慧基傳〉。(51)像運　指佛教的運命。(52)遺風眇漫　謂佛陀遺風已經遙遠，而眇茫漫漶不清了。(53)孰振將頹　謂有誰來振奮即將頹敗的佛教。(54)鐇斧曲戾　加以斧鑿，猶精雕細刻。鐇，即鏟。曲戾，曲折。(55)彈沐斜埃　即彈斜沐埃，謂像木工彈線一樣使斜者得以校正，像洗去塵埃一樣使世俗得以清淨。(56)素絲既染　謂無色的素絲被染過，這裡指僧人的黑衣，即僧服，喻身為僧人歸依佛門。

【語　譯】論曰：終極之理本無聲無息，佛法玄妙至極於寂滅。正因為寂滅，所以心念一動，大道即須通流；正因為無聲無息，所以寂滅之道必能出離言語之粗相。既然言語本身不能通達佛道，所以發言釋義必定傷害所要表達的宗旨；既然意念之動並非寂滅之道，因此單憑意識祇有虛妄分別，這才有維摩詰在自己的方丈內杜口沉默，以示入不二法門；佛陀釋迦牟尼在雙樹林閉口沉默，以顯示涅槃寂滅。他們知道佛理所至乃是淵深無極的寂滅，所以都沉默無言。但眾生顛倒於無盡的夢境，與佛理遙遙隔絕。對這些蒙昧而蠢動不安的眾生，如果不靠佛法來啟發教化，又能靠誰呢？實在沒有。所以，佛陀才憑其靈妙的神通變化，顯示種種化身，來承應世俗的各種祈求，加以教化和拯救，悟入寂滅以達於神靈莫測，借用微妙的言說文字作為指引眾生通向佛道的津梁，託身於形像借以傳神悟真。所以說：兵器原是不祥之器，祇有不得已時才用它；言語文字原是虛妄不真的東西，祇有不得已時才借用它來陳說。所以，佛陀如來開始在鹿苑傳道時，最初所講的是苦、集、滅、道四諦，但最後在鶴林入滅時，則以伊字三點不一不異為圓融至極之法，究竟涅槃。其間，佛陀隨時所說而流傳下來的言語文字，超過八億個字。佛法無盡，正如大象馱負東來的經文源源不斷，龍宮溢出的經典沒有窮盡，這是為了指引眾生，猶如用繩網來捉兔子，猶如借用手指指著月亮，以使人們知道月亮在哪個方向。人們一旦知道了月亮，也就不需要再指；捉住了兔子，就應當忘卻繩網。佛經所說：「應當依從的是旨意，不是言語文字。」便是這個意思。然而，拘守經教的人，卻說佛法的究竟之道終止於經文的篇章詞句；拘守於形象的人，卻說佛陀法身就是一丈六尺高。這真是匪夷所思。所以，要想窮究而通達佛法的究竟旨意，悟妙義於言語文字之外，回答疑難，莊嚴地向眾生廣為宣講，以傳教而利益眾生令生歡喜，其重任所寄，正在於法師啊！

所以朱士行才不遠萬里跋涉，到于闐去尋找經典，又在于闐發下誓言，結果經文投火不燃，反滅了火，終於使般若之學盛行於東土，忘相之智在漢朝末年傳到了中國。其次則有竺法潛、支遁、于法蘭、于法開等法師，都屬才華卓越，風範清純而道行高深，他們的傳教之美，功勞之大，僅次於朱士行。這中間則有釋道安師從於聖師天竺佛圖澄學習，道安又傳授佛法給自己的弟子慧遠。由於這一枝三葉，三傳師徒，使得世上不再缺少賢人。他們都持守戒律非常嚴明，又在佛學智慧上獲得了成就。他們智慧的光輝，照耀於千載之後；他們所噴吐的芳香，遺留於後世，又使人世煥發出馥鬱芬芳。佛法像湧泉噴注，源源不斷，實是有賴於他們。遠公將自己的活動範圍限定在廬山虎溪之內，安師返回前秦，又和前秦國君同輦談論國家政治，這種做法，與佛法去塵絕俗的高尚之道，似乎不大吻合而存在差錯。然而，是開口還是沉默，是行動還是靜伏，衹要適時就行。商山四皓應漢朝宮廷之召，屬於用之則行；三閭大夫屈原離開楚國，則又屬捨之則藏。佛經上說：「如果要想建立正法，就要由他去親近國王，和受國王尊重的老者。」道安法師雖然一時與前秦國君坐在同一駕輦輿上，乃是為了老百姓才向國君做出勸諫，所以就能在最後顯示他神感的靈驗，開示玄奧而呈現出明顯的報應。

繼他們之後，在荊州一帶著名的，則以曇翼、法遇為首創者；廬山的僧人中，要以慧持、慧永為上首。

道融、道恒、曇影、僧肇，則在關中德高望重；竺道生、慧叡、玄暢、僧遠，則在京師為眾望所歸；曇度、僧淵，於長江以西獨步於三寶；超進、惠基，則在浙東傳法興盛。雖然人世更替而各有所興隆，但都與佛法道術暗合，所以佛教在中國興起將近五百年來，其功效之美，實在叫人羨慕啊！

作贊一首，如下：佛陀的遺風已眇茫漫漶，東土的法浪卻綿延浩蕩。如果不是這些佛教哲匠，誰能振起頹風發揚光大？竺法潛釋道安猶如美玉，慧遠慧叡如聯環珮相繼。深研探究猶如精雕細刻，沐浴俗塵使之改邪歸正。素絲已染而為黑衣僧人，從凡夫到佛的路才開始。

卷九

神異上　正傳四人　附見一人

晉鄴中竺佛圖澄　道進

竺佛圖澄者，西域人❶也，本姓帛氏❷。少出家，清真務學，誦經數百萬言，善解文義。雖未讀此土儒、史，而與諸學士論辯疑滯，皆闇若符契，無能屈者。自云：「再到罽賓受誨名師，西域咸稱得道。」以晉懷帝永嘉四年來適洛陽，志弘大法。善誦神呪，能役使鬼物，以麻油雜胭脂塗掌，千里外事，皆徹見掌中，如對面焉，亦能令潔齋者見。又聽鈴音以言事，無不効驗。欲於洛陽立寺，值劉曜❸寇斥洛臺❹，帝京擾亂，澄立寺之志遂不果。迺潛澤草野，以觀事變。

時石勒❺屯兵葛陂❻，專以殺戮為務❼，沙門遇害者甚眾。澄憫念蒼生，欲以道化勒，於是杖策到軍門。勒大將軍郭黑略素奉法，澄即投止略家。略從受五戒，崇弟子之禮。略後從勒征伐，輒預剋勝負。勒疑而問曰：「孤不覺卿有出眾智謀，而每知行軍吉凶，何也？」略曰：「將軍天挺神武，幽靈所助。有一沙門術智非常，云將軍當略有區夏❽，已應為師。臣前後所白，皆其言也。」勒喜曰：「天賜也。」召澄問曰：「佛道有何靈驗？」澄知勒不達深理，正可以道術為徵。因而言曰：「至道雖遠，亦可以近事為證。」即取應器盛水，燒香呪之。須臾生青蓮花，光色曜目。勒由此信服。澄因而諫曰：「夫王者德化洽於宇內，則四靈❾表瑞。政弊道消，則彗孛❿見於上。恒象著見，休咎隨行⓫。斯迺古今之常徵，天人之明誡。」勒甚悅之。凡應被誅餘殘，蒙其益者十有八九，於是中州胡、晉略皆奉佛。時有痼疾世莫能治者，澄為醫療，應時瘳損。陰施嘿益⓬者，不可勝記。

勒自葛陂還河北，過枋頭⓭。枋頭人夜欲斫營。澄語黑略曰：「須臾賊至，可令公知。」果如其言，有備故不敗。勒欲試澄，夜冠冑衣甲，執刀而坐，遣人告澄：「夜來不知大將軍所在。」使人始至，未及有言，澄逆問曰：「平居無寇，何故夜嚴？」勒益敬之。勒後因忿欲害諸道士，並欲苦澄。澄迺避至黑略舍，告弟子曰：「若將軍信至問吾所在者，報云不知所之。」信人尋至，覓澄不得。使還報勒。勒驚曰：「吾有惡意向聖人，聖人捨我去矣。」通夜不寢，思欲見澄。澄知勒意悔，明旦造勒。勒曰：「昨夜何行？」澄曰：「公有怒心，昨故權避。公今改意，是以敢來。」勒大笑曰：「道人謬耳。」

襄國⓮城塹⓯水源在城西北五里團丸祀下，其水暴竭。勒問澄何以致水。澄曰：「今當勑龍。」勒字世龍，謂澄嘲己，答曰：「正以龍不能致水，故相問耳。」澄曰：「此誠言，非戲也。水泉之源，必有神龍居之。今往勑語，水必可得。」迺與弟子法首等數人至泉源上。其源故處，久已乾燥，坼如車轍。從者心疑，恐水難得。澄坐繩床，燒安息香，咒願數百言，如此三日，水泫然微流。有一小龍長五六寸許，隨水來出。諸道士見競視之，澄曰：「龍有毒，勿臨其上。」有頃，水大至，隍塹皆滿。

澄閑坐歎曰：「後二日當有一小人驚動此下。」既而襄國人薛合有二子，既小且驕，輕弄鮮卑奴。奴忿，抽刃刺殺其弟，執兄于室，以刀擬心。若人入屋，便欲加手。謂合曰：「送我還國，我活汝兒，不然，共死於此。」內外驚愕，莫不往觀。勒迺自往視之，謂薛合曰：「送奴以全卿子，誠為善事。此法一開，方為後害。卿且寬情，國有常憲。」命人取奴，奴遂殺兒而死。

鮮卑段波攻勒⑯，其眾甚盛。勒懼問澄，澄曰：「昨寺鈴鳴云：明旦食時，當擒段波。」勒登城望波軍，不見前後。失色曰：「軍行地傾，波豈可獲？是公安我辭耳。」更遣夔安問澄。澄曰：「已獲波矣。」時城北伏兵出，遇波執之。澄勸勒宥波，遣還本國。勒從之，卒獲其用。

時劉載已死，載從弟曜篡襲偽位⑰，稱元光初。光初八年，曜遣從弟偽中山王岳，將兵攻勒。勒遣石虎⑱率步騎拒之。大戰洛西，岳敗，保石梁塢，虎堅柵守之。澄與弟子自官寺至中寺。始入寺門，歎曰：「劉岳可憫！」弟子法祚問其故，澄曰：「昨日亥時岳已被執。」果如所言。至光初十一年，曜自率兵攻洛陽。勒欲自往拒曜，內外僚佐無不必諫。勒以訪澄。澄曰：「相輪鈴音云：『秀支替戾岡，僕谷劬禿當。』此羯語⑲也。秀支，軍也；替戾岡，出也；僕谷，劉曜胡位也；劬禿當，捉也。此言軍出捉得曜也。」時徐光聞澄此旨，苦勸勒行。勒乃留長子石弘，共澄以鎮襄國，自率中軍步騎，直詣洛城。兩陣纔交，曜軍大潰。曜馬沒水中，石堪生擒之送勒。澄時以物塗掌觀之，見有大眾，眾中縛一人，朱絲約其肘。因以告弘。當爾之時，正生擒曜也。曜平之後，勒迺僭稱趙天王，行皇帝事，改元建平。是歲晉成帝咸和五年也。

勒登位已後，事澄彌篤。時石蔥將叛。其年澄戒勒曰：「今年蔥中有蟲，食必害人，可令百姓無食蔥也。」勒班告境內，慎無食蔥。到八月，石蔥果走。勒益加尊重，有事必諮而後行，號「大和尚」。

石虎有子名斌，後為勒兒，愛之甚重，忽暴病而亡，已涉二日。勒曰：「朕聞虢太子死，扁鵲能生。大和上，國中之神人，可急往告，必能致福。」澄迺取楊枝呪之，須臾能起，有頃平復。由是勒諸稚子，多在佛寺中養之。每至四月八日⑳，勒躬自詣寺灌佛㉑，為兒發願。

至建平四年四月，天靜無風，而塔上一鈴獨鳴。澄謂眾曰：「鈴音云：『國有大喪，不出今年矣。』」是歲七月勒死。子弘襲位。

少時，虎廢弘自立，遷都于鄴㉒，稱元建武。虎傾心事澄，有重於勒。下書曰：「和尚國之大寶，榮爵不加，高祿不受，榮祿匪及，何以旌德？從此已往，宜衣以綾錦，乘以雕輦。朝會之日，和尚升殿，常侍以下，悉助舉輿。太子諸公，扶翼而上。主者唱大和尚，眾坐皆起，以彰其尊。」又勅偽司空李農：「旦夕親問，太子諸公五日一朝，表朕敬焉。」

澄時止鄴城內中寺，遣弟子法常北至襄國。弟子法佐從襄國還，相遇在梁基城下共宿，對車夜談。言及和尚，比旦各去。法佐至，始入覲澄。澄逆笑曰：「昨夜爾與法常交車，共說汝師耶？先民有言：不曰敬乎，幽而不改；不曰慎乎，獨而不怠。幽獨者，敬慎之本，爾不識乎？」佐愕然愧懺。於是國人每共相語：「莫起惡心，和尚知汝。」及登㉓之所在，無敢向其方面涕唾便利者。

時太子石邃有二子在襄國。澄語邃曰：「小阿彌比當得疾，可往迎之。」邃即馳信往視，果已得病。大醫㉔殷騰及外國道士自言能治，澄告弟子法牙㉕曰：「正使聖人復出，不愈此病，況此等乎？」後三日果死。

石邃荒酒，將圖為逆，謂內豎㉖曰：「和尚神通，儻發吾謀，明日來者，當先除之。」澄月望㉗將入覲虎，謂弟子僧慧曰：「昨夜天神呼我曰：『明日若入，還勿過人。』我儻有所過，汝當止我。」澄常入必過邃。邃知澄入，要候甚苦。澄將上南臺，僧慧引衣。澄曰：「事不得止。」坐未安便起。邃固留不住，所謀遂差。還寺歎曰：「太子作亂，其形將成。欲言難言，欲忍難忍。」迺因事從容箴虎，虎終不解。俄而事發，方悟澄言。

後郭黑略將兵征長安北羌，墮羌伏中。時澄在堂上坐。弟子法常在側。澄慘然改容曰：「郭公今厄。」唱云：「眾僧呪願。」澄又自呪願。須臾更曰：「若東南出者活，餘向則困。」復更呪願。有頃曰：「脫矣。」後月餘日，黑略還，自說墮羌圍中，東南走馬乏，正遇帳下人推馬與之，曰：「公乘此馬，小人乘公馬，濟與不濟，任命也。」略得其馬，故獲免。推檢日時，正是澄呪願時也。

石虎兒，偽大司馬燕公石斌。虎以為幽州牧鎮㉘，群凶湊聚，因以肆暴。澄誡虎曰：「天神昨夜言，疾收馬還，至秋齊當癰爛。」虎不解此語，即勅諸處收馬送還。其秋有人譖斌於虎，虎召斌，鞭之三百，殺其所生齊氏。虎彎弓捻矢，自視行斌罰，罰輕，虎乃手殺五百。澄諫曰：「心不可縱，死不可生，禮不親殺，以傷恩也。何有天子手行罰乎？」虎乃止。

後晉軍出淮泗，隴北凡城皆被侵逼，三方告急，人情危擾。虎乃瞋曰：「吾之奉佛供僧，而更致外寇，佛無神矣。」澄明日早入，虎以事問澄，澄因諫之曰：「王過去世經為大商主，至罽賓寺，嘗供大會。中有六十羅漢，吾此微身亦預斯會。時得道人謂吾曰：『此主人命盡當受雞身，後王晉地。』今王為王，豈非福耶？疆埸軍寇，國之常耳。何為怨謗三寶，夜興毒念乎？」虎迺信悟，跪而謝焉。

虎常問澄：「佛法不殺。朕為天下之主，非刑殺無以肅清海內，既違戒殺生，雖復事佛，詎獲福耶？」澄曰：「帝王事佛，當在體恭心順，顯暢三寶㉙，不為暴虐，不害無辜。至於凶愚無賴，非化所遷，有罪不得不殺，有惡不得不刑。但當殺可殺，刑可刑耳。若暴虐恣意，殺害非罪，雖復傾財事法，無解殃禍。願陛下省欲興慈，廣及一切，則佛教永隆，福祚方遠。」虎雖不能盡從，而為益不少。

虎尚書張良、張離等家富事佛，各起大塔。澄謂曰：「事佛在於清靖無欲，慈矜為心。檀越雖儀奉大法，而貪恡未已，游獵無度，積聚不窮，方受現世之罪，何福報之可希耶？」離等後並被戮滅。

時又久旱，自正月至六月，虎遣太子詣臨漳西釜口祈雨，久而不降。虎令澄自行，即有白龍二頭降於祠所。其日大雨，方數千里，其年大收。戎貊之徒㉚，先不識法，聞澄神驗，皆遙向禮拜，並不言而化焉。

澄嘗遣弟子向西域市香。既行，澄告餘弟子曰：「掌中見買香弟子，在某處被賊垂死。」因燒香呪願，遙救護之。弟子後還云：「某月某日於某處為賊所劫，垂當見殺，忽聞香氣，賊無故自驚曰：『救兵已至。』弃之而走。」

虎於臨漳修治舊塔，少承露盤。澄曰：「臨淄城內有古阿育王塔，地中有承露盤及佛像，其上林木茂盛，可掘取之。」即畫圖與使。依言掘取，果得盤、像。

虎每欲伐燕。澄諫曰：「燕國運未終，卒難可尅。」虎屢行敗績，方信澄誡。

澄道化既行，民多奉佛，皆營造寺廟，相競出家，真偽混淆，多生愆過㉛。虎下書問中書曰：「佛號世尊，國家所奉，里閭小人無爵秩者，為應得事佛與不？又沙門皆應高潔貞正，行能精進，然後可為道士。今沙門甚眾，或有奸宄避役，多非其人，可料簡㉜詳議真偽。」偽中書著作郎王度奏曰：「夫王者郊祀天地，祭奉百神，載在祀典，禮有嘗饗。佛出西域，外國之神，功不施民，非天子諸華所應祀奉。往漢明感夢，初傳其道㉝。唯聽西域人得立寺都邑，以奉其神，其漢人皆不得出家。魏承漢制，亦修前軌。今大趙受命，率由舊章，華戎制異，人神流別。外不同內，饗祭殊禮，華夏服禮，不宜雜錯。國家可斷，趙人悉不聽詣寺燒香禮拜，以遵典禮。其百辟㉞卿士，下逮眾隸，例皆禁之。其有犯者，與淫祀㉟同罪。其趙人為沙門者，還從四民之服㊱。」偽中書令王波同度所奏。虎下書曰：「度議云：佛是外國之神，非天子諸華所可宜奉。朕生自邊壤，忝當期運，君臨諸夏。至於饗祀，應兼從本俗。佛是戎神㊲，正所應奉。夫制由上行，永世作則，苟事允無虧，何拘前代。其夷趙百蠻有捨於淫祀，樂事佛者，悉聽為道。」於是慢戒之徒，因之以厲。

黃河中舊不生黿，忽得一，以獻虎。澄見而歎曰：「桓溫其入河不久。」溫字元子，後果如言也。

時魏縣有一流民，莫識氏族，恒著麻襦布裳，在魏縣市中乞丐。時人謂之麻襦㊳。言語卓越，狀如狂病，乞得米穀不食，輒散置大路，云飼天馬。趙興太守籍拔收送詣虎。先是，澄謂虎曰：「國東二百里，某月某日當送一非常人，勿殺之也。」如期果至。虎與共語，了無異言，唯道：「陛下當終一柱殿下。」虎不解此語，令送以詣澄。麻襦謂澄曰：「昔在光和中會，奄至今日㊴。西戎受玄命，絕曆終有期㊵。金離消于壤，邊荒不能遵㊶。驅除靈期迹，莫已已之懿㊷。裔苗葉繁，其來方積。休期於何期，永以歡之㊸。」澄曰：「天迴運極，否將不支㊹。九木水為難，無可以術寧㊺。玄哲雖存世，莫能基必頹。久遊閻浮利，擾擾多此患㊻。行登陵雲宇，會於虛游間㊼。」澄與麻襦講語終日，人莫能解。有竊聽者唯得此數言，推計似如論數百年事。虎遣驛馬送還本縣。既出城外，辭能步行，云：「我當有所過，未便得發，至合口橋可留見待。」使如言馳去。未至合口，而麻襦已在橋上。考其行步，有若飛也。

澄有弟子道進，學通內外，為虎所重，嘗言及隱士事。虎謂進曰：「有楊軻者，朕之民也。徵之十餘年，不恭王命。故往省視，傲然而臥。朕雖不德，君臨萬邦，乘輿所向，天沸地涌。雖不能令木石屈膝，何匹夫而長傲耶？昔太公之齊，先誅華士㊽。太公賢哲，豈其謬乎？」進對曰：「昔舜優蒲衣㊾，禹造伯成㊿，魏軾干木(51)，漢美周黨(52)，管寧不應曹氏(53)，皇甫不屈晉世(54)。二聖四君(55)，共加其節，將欲激厲貪競，以峻清風。陛下遵舜、禹之德，勿斆(56)太公用刑。君舉必書(57)，豈可令趙史遂無隱遁之傳(58)乎？」虎悅其言，即遣軻還其所止，差十家供給之。進還，具以白澄。澄莞然笑曰：「汝言善也，但軻命有所懸矣。」後秦州(59)兵亂，軻弟子以牛負軻西奔。戍軍追擒，並為所害。

虎嘗晝寢，夢見群羊負魚從東北來。寤以訪澄。澄曰：「不祥也，鮮卑其有中原乎！」慕容氏後果都之(60)。澄常與虎共昇中臺(61)。澄忽驚曰：「變變幽州(62)當火災。」仍取酒灑之。久而笑曰：「救已得矣。」虎遣驗幽州，云：「爾日火從四門起，西南有黑雲來，驟雨滅之，雨亦頗有酒氣。」

至虎建武十四年七月，石宣、石韜(63)將圖相殺。宣時到寺與澄同坐，浮圖一鈴獨鳴。澄謂宣曰：「解鈴音乎？鈴云胡子洛度。」宣變色曰：「是何言歟？」澄謬曰：「老胡為道，不能山居無言。重茵美服，豈非洛度乎？」石韜後至。澄熟視良久。韜懼而問澄，澄曰：「怪公血臭[64]，故相視耳。」至八月，澄使弟子十人齋于別室。澄時暫入東閣。虎與后杜氏問訊澄，澄曰：「脅下有賊，不出十日，自佛圖[65]以西，此殿以東，當有流血。慎勿東行也。」杜后曰：「和尚耄耶？何處有賊？」澄即易語云：「六情所受，皆悉是賊[66]。老自應耄，但使少者不悖遂便。」寓言不復彰的。後二日，宣果遣人害韜於佛寺中，欲因虎臨喪，仍行大逆。虎以澄先誡，故獲免。及宣事發被收，澄諫虎曰：「既是陛下之子，何為重禍耶？陛下若含恕加慈者，尚有六十餘歲。如必誅之，宣當為彗星下掃鄴宮也。」虎不從，以鐵鎖穿宣頷，牽上薪積而焚之。收其官屬三百餘人，皆轘裂支解，投之漳河。澄迺勅弟子罷別室齋也。

後月餘日，有一妖馬，髦尾皆有燒狀，入中陽門，出顯陽門。東首東宮，皆不得入，走向東北，俄而不見。澄聞而歎曰：「災其及矣。」至十一月，虎大饗群臣於太武前殿。澄吟曰：「殿乎殿乎，棘子成林，將壞人衣。」虎令發殿石下視之，有棘生焉。澄還寺視佛像曰：「悵恨不得莊嚴。」獨語曰：「得三年乎？」自答：「不得不得。」又曰：「得二年、一年、百日、一月乎？」自答：「不得。」迺無復言。還房謂弟子法祚曰：「戊申歲[67]禍亂漸萌，己酉石氏當滅[68]。吾及其未亂，先從化矣。」即遣人與虎辭曰：「物理必遷[69]，身命非保。貧道炎幻[70]之軀，化期[71]已及。既荷恩殊重，故逆以仰聞。」虎愴然曰：「不聞和尚有疾，迺忽爾告終。」即自出宮，詣寺而慰喻焉。澄謂虎曰：「出生入死，道之常也。脩短分定，非人能延。夫道重行全，德貴無怠。苟業操無虧，雖亡若在。違而獲延，非其所願。今意未盡者，以國家心存佛理，奉法無吝。興起寺廟，崇顯壯麗，稱斯德也，宜享休祉。而布政猛烈，淫刑酷濫，顯違聖典，幽背法戒[72]，不自懲革，終無福祐。若降心易慮，惠此下民，則國祚延長，道俗慶賴，畢命就盡，沒無遺恨。」虎悲慟嗚咽，知其必逝，即為鑿壙營墳。至十二月八日卒於鄴宮寺。是歲晉穆帝永和四年也。士庶悲慟，哀號赴傾國。春秋一百一十七矣。仍窆於臨漳西紫陌，即虎所創塚也。

俄而梁犢作亂[73]，明年虎死，冉閔篡殺[74]，石種都盡。閔小字棘奴，澄先所謂「棘子成林」者也。

澄左乳傍先有一孔，圍四五寸，通徹腹內。有時腸從中出，或以絮塞孔。夜欲讀書，輒拔絮，則一室洞明。又齋日輒至水邊，引腸洗之，還復內中。

澄身長八尺，風姿詳雅。妙解深經，傍通世論。講說之日，止標宗致[75]，使始末文言，昭然可了。加復慈洽蒼生，拯救危苦。二石凶強，虐害非道，若不與澄同日，孰可言哉？但百姓蒙益，日用而不知耳。佛調、須菩提等數十名僧，皆出自天竺、康居[76]。不遠數萬之路，足涉流沙[77]，詣澄受訓。樊沔釋道安[78]、中山竺法雅[79]並跨越關、河，聽澄講說。皆妙達精理，研測幽微。澄自說生處去鄴九萬餘里，棄家入道一百九年。酒不踰齒，過中不食，非戒不履，無欲無求。受業追隨者，常有數百，前後門徒，幾且一萬。所歷州郡，興立佛寺八百九十三所，弘法之盛，莫與先矣。

初虎殮澄，以生時錫杖及鉢內棺中。後冉閔篡位，開棺唯得鉢杖，不復見屍。或言澄死之月，有人見在流沙。虎疑不死，開棺不見屍。後慕容儁[80]都鄴，處石虎宮中，每夢見虎嚙其臂，意謂石虎為祟。迺募覓虎屍，於東明館掘得之，屍殭不毀。儁蹋之罵曰：「死胡，敢怖生天子。汝作宮殿成，而為汝兒所圖，況復他耶？」鞭撻毀辱，投之漳河。屍倚橋柱不移。秦將王猛[81]乃收而葬之。麻襦所謂「一柱殿」也。後苻堅征鄴[82]，儁子暐[83]為堅大將郭神虎所執。實先夢之驗也。

田融《趙記》云：「澄未亡數年，自營冢壙。」澄既知冢必開，又屍不在中，何容預作？恐融之謬矣。

澄或言佛圖蹬，或言佛圖橙，或言佛圖澄，皆取梵音之不同耳。

【注釋】❶西域人　佛圖澄究竟是何處人，還有不同的記載：《魏書・釋老志》載：「石勒時，有天竺沙門浮圖澄，少於烏萇國就羅漢入道，劉曜時到襄國。」稱他是天竺人。《晉書・佛圖澄傳》記載：「佛圖澄，天竺人也，本姓帛氏。」也說他是天竺人。《世說新語・言語》注引《澄別傳》說：「道人佛圖澄，不知何許人，出於敦煌。」唐封演《封氏聞見錄》卷八記載：「荊州內邱縣西，古中邱城寺有碑，後趙石勒光初五年所立也。碑云：『太和上佛圖澄願者，天竺大國附賓小王之元子，本姓濕。』按，《高僧傳》、《名僧傳》、《晉書・藝術傳》佛圖澄無此姓。今云姓濕，亦異聞也。大曆中，予因行縣，憩於此寺，讀碑見之，寫寄陸長源。長源大喜，復書謝之。」又說是「天竺附賓」國人。❷本姓帛氏　佛圖澄的姓氏除本篇、《晉書・佛圖澄傳》記為「帛氏」外，又有石勒所立碑，記為「本姓濕」，參見本篇「西域人」條注釋引。按，本篇沒有提到石勒為佛圖澄立碑的事。❸劉曜　十六國時期前趙的建立者和皇帝。字永明，匈奴族，新興（今山西忻縣）人。他是匈奴漢國皇帝劉淵的族子，劉聰的堂弟，也是漢國的主要將領。他文武雙全，深受漢文化影響，曾被其堂兄劉聰譽為劉秀、曹操一流的人物。西晉永嘉五年（西元三一一年）夏，劉曜率漢國兵攻克洛陽，俘虜晉懷帝司馬熾，縱兵大肆燒掠，殺洛陽王公士民三萬多人，史稱「永嘉之亂」。西元三一六年，他又攻破長安，俘虜晉愍帝司馬鄴。西晉至此滅亡。劉曜則被劉聰任為相國，都督中外諸軍事，鎮守長安。西元三一八年劉聰卒，以太子劉粲嗣位。不久，劉聰的部將匈奴貴族靳準起兵殺劉粲。劉曜自長安發兵攻占漢國都城平陽（今山西臨汾），殺靳氏，於當年十月自立，次年遷都城於長安，改國號為趙，史稱前趙。劉曜在位十一年，實行胡、漢分治政策，大量向長安移民，最多的一次竟達二十幾萬人。在眾國林立的環境中，他要向東擴張，主要的競爭對手則是石勒（石勒原是漢國將領），兩者間一直進行激烈的爭鬥，互有勝負。西元三二八年，劉曜進攻洛陽，與石勒軍大戰於洛陽城西，在大敗石虎之後，他驕傲輕敵，飲酒過量，被石勒俘虜，不久被殺。石勒軍乘勝西進，劉曜的太子劉熙棄長安逃奔上邽（今甘肅天水）。西元三二九年石勒攻殺劉熙，前趙滅亡。《晉書》載記有傳（在《晉書》中，對北方「五胡十六國」史事的記載另歸類為「載記」）。❹寇斥洛臺　洛臺，即京師洛陽，彼時稱朝廷為臺、省或臺省，洛陽係西晉都城，故稱洛臺。按劉曜這一次進攻洛陽，在西晉懷帝永嘉四年（西元三一〇年）十月。❺石勒　字世龍，原名匐勒，上黨武鄉（今山西榆社北）人，羯族，後趙的建立者和皇帝。西晉羯人高鼻深目而多鬚，信奉祆教。學界或認為來源於隨匈奴入關的羌渠部後裔，或認為來源於中亞石國（今烏茲別克塔什干一帶）。他青年時從事農耕，曾被并州刺史司馬騰捕捉，賣到山東茌平（今山東東阿）給人為奴。他被主人師懽釋放後，因會相馬而結識牧率（管理牧人的小官）汲桑。由於被晉軍所迫，石勒招集王陽、夔安、郭敖、郭黑略（即本篇常提到的石勒部下大將郭黑略）等十八人劫掠為盜，號稱「十八騎」。西元三〇五年他和汲桑率領牧人投奔趙魏的公師藩。公師藩失敗後，汲桑自稱大將軍，以石勒為前鋒攻下鄴城，殺司馬騰。西元三〇七年汲桑失敗後，石勒又投奔劉淵。石勒作戰英勇多謀，胸懷廣闊，尊重漢族士人而用為謀士，能聽取他們的建議，好讀《漢書》，曾自比劉邦，而瞧不起曹操、司馬懿欺負東漢朝廷的孤兒寡母，胡漢各族歸附於他的人很多。劉淵、劉聰向山東、河南的擴張便主要依賴石勒的力量。西元三一八年劉曜建立前趙而自稱帝後，石勒脫離前趙。西元三一九年，石勒自稱大單于、趙王，定都襄國（今河北邢臺），史稱後趙。此後石勒攻滅鮮卑段氏，進據皖、魯，至西元三二八年俘殺劉曜，次年消滅前趙，已占有中原的大部分地區。西元三三〇年石勒改稱趙天王，行皇帝事，同年又改稱為皇帝。西元三三三年石勒病死，時年六十歲，由其子石弘繼位。石勒死前，遺囑不要厚葬，告誡石弘從司馬氏家族內訌中吸取教訓，勸石虎學習周公、霍光輔佐幼主。但他一死，石虎便廢了石弘。《晉書》載記有傳。❻葛陂　今河南新蔡。❼務　大正藏本作「威」。❽區夏　即諸夏之地，也即指中國。區，區域。夏，華夏。《尚書・康誥》：「用肇我區夏。」❾四靈　指麟、鳳、龜、龍。按，中國古代以此四物為吉祥的靈物。❿彗孛　彗，掃帚之義，這裡指彗星，中國俗稱彗星為掃帚星。孛，彗星，《公羊傳》昭公十七年：「冬，有星孛於大辰。孛者何？彗星也。」按，中國古代視彗星為妖星，以為彗星出現就意味著有災害或天譴。⓫恒象著見二句　謂一定的天象總是有人世的吉凶互相呼應著出現。恒象，一定的天象。著見，顯著地顯現。休咎，吉凶。⓬陰施嘿益　謂毫無聲張地施予利益。陰，暗中。嘿，緘默，這裡指暗中不聲張。⓭枋頭　即今河南汲縣東北。⓮襄國　即今河北邢臺，石勒曾建都於此。⓯城壍　即環繞著城牆的護城河，在古代它一般有兩種作用，一是護城，一是城內的飲用水源。⓰鮮卑段波攻勒　《晉書・石勒載記》「段波」作「末柸」。據《晉書・王浚傳》和〈石勒載記〉，西晉司空、幽州刺史王浚乘「八王之亂」，與鮮卑聯姻（將自己的兩個女兒嫁給鮮卑貴族），擁兵自重，圖謀篡位自立，於西晉永嘉六年（西元三一二年）曾派部將王昌和遼西鮮卑族段氏部段就六眷、末柸率五萬大軍進攻石勒。石勒用奇兵擒獲末柸，眾將都勸石勒殺末柸，但被石勒將之放歸。此後鮮卑段氏部歸附石勒，王浚的勢力從而開始減弱，最後被石勒消滅。⓱劉載已死二句　劉載，又名劉聰，十六國時期匈奴所建漢國的國君。據《晉書》之〈劉元海載記〉、〈劉聰載記〉和〈劉曜載記〉，劉元海名淵，匈奴族酋長。他的祖父為匈奴單于，已歸附漢朝。西晉「八王之亂」時，他率領匈奴五部參與晉室內戰，又於西元三〇四年在左國城（今山西離石）建立漢國，自稱漢王，石勒也率部歸順。後劉淵又於西元三〇八年即皇帝位，建都平陽（今山西臨汾），自稱是漢朝外孫，冒姓劉。西元三一〇年，劉淵卒，以其子劉和繼位。劉聰殺死自己的兄長劉和自立為帝，改元光興。他派遣族弟劉曜、大將王彌率四萬大軍出洛陽，轉戰於梁、陳、汝、潁之間，攻佔堡壁。西晉永嘉五年（西元三一一年）夏，劉曜、王彌攻克洛陽，俘虜晉懷帝司馬熾，又縱兵燒掠，殺王公士民三萬餘人，史稱「永嘉之亂」。西元三一六年，劉聰又遣劉曜攻破長安，俘晉愍帝司馬鄴。西晉至此滅亡，中原地區均歸匈奴漢國統治。劉聰實行胡、漢分治的政策，又沉湎酒色，廣建宮殿，生產荒廢，人民紛紛逃離，其所屬將領也紛紛形成各自的割據勢力。麟嘉三年（西元三一八年）劉聰卒，以太子劉粲嗣位。匈奴貴族、國丈（劉聰皇后的父親）靳準任大將軍、錄尚書事輔政。不久，靳準殺劉粲，自立為趙天王，置百官，又遣使向東晉稱藩。鎮守長安的劉曜聞訊即發兵攻破平陽，滅靳氏，於當年十月自立，次年改國號為趙，遷都長安。⑱石虎　十六國時期後趙皇帝，字季龍，上黨武鄉（今山西榆社北）人，羯族，生於西元二九五年，卒於西元三四九年，石勒的從子，幼時由石勒的父親收養，因而也被認為是石勒之弟。石虎性情殘暴，但驍勇善戰，跟隨石勒屢立戰功。西元三一九年石勒稱趙王、大單于，任石虎為單于元輔。石勒稱帝後，則以石虎為太尉、尚書令，又進封為王。西元三三四年，石虎廢石勒的太子和繼位人石弘，自立為趙天王，次年又自襄國遷都於鄴。西元三三七年改稱大趙天王，西元三四九年稱帝。石勒統一北方後，政治比較穩定，經濟也比較繁榮。石虎享此成果而窮奢極侈，大興土木，濫奪民女，荒淫暴亂。他在位期間，多次與遼東的前燕慕容氏、河西的前涼張氏作戰，互有勝負。又幾次聚集水師，大造船艦，準備渡江進攻東晉，也都沒有成功。由於石虎的暴虐統治，境內不斷發生起義，特別是流民乞活部隊和梁犢領導的起義軍，給予石虎統治以沉重打擊。石虎原立石邃為太子，但石邃欲謀害石虎，未遂被殺。虎又立石宣為太子。石宣與弟石韜爭寵，殺石韜，欲謀殺石虎，事情敗露，石虎殺石宣，又立石世為太子。西元三四九年石虎死，他的兒子們互相爭鬥，大臣火併。石世繼位僅三十三天，又被其兄石遵所殺。石遵繼位僅一百八十三天，又被其兄石鑒所殺。石鑒繼位僅一百零三天，則被部將冉閔所殺。剩下在原都城襄國稱帝的石祇，次年（西元三五〇年）也被冉閔消滅，後趙亡。《晉書》載記有傳。⑲羯語　指古羯族語。⑳四月八日　佛教傳說這一天是佛誕日，故佛教以這一天為佛誕節。㉑灌佛　即在佛誕日這一天舉行的洗沐佛像的儀式。據佛教觀念，這種儀式功德廣大，所以在佛教中這是一個隆重的節日和儀式。屆時由佛寺住持主持，對各種佛像用香湯或淨水灌沐、擦淨，伴以法樂和伎女歌舞，相當隆重。據晉朝陸翽《歲中記》記載，後趙石虎曾命當時著名的巧匠，即製造過司南車的解飛，製造了一種十分精巧的檀車運送佛像。這種檀車，「廣丈餘，長二丈，四輪作金佛像，坐於車上，九龍吐水灌之。又作木道人，恒以手摩佛心腹之間。又十餘木道人，長二尺餘，皆披袈裟繞佛，行當佛前，輒揖禮佛，又以手撮香投爐中，與人無異。車行則木人行，龍吐水，車止則止」，可見其壯觀、隆重和熱鬧。㉒鄴　故址在今河北臨漳，是魏晉南北朝時期中原地區富庶繁盛的大都市之一。原為東漢末年冀州治所，魏王曹操、後趙、前燕、東魏、北齊先後在此建都。曹操所建著名的銅雀臺就在這裡。㉓登　此字誤，應作「澄」。㉔大醫　即為皇室治病的太醫。㉕牙　大正藏本作「雅」。㉖內豎　即太監。㉗月望　每月的十五日。望，望日，月亮圓的日子，即十五。㉘幽州牧鎮　謂以幽州牧的官職鎮守薊（今北京西南）。大正藏本後有「薊」字。㉙顯暢三寶　謂使佛、法、僧得以公開合法地暢行。佛教以佛、法、僧為三寶。按，在這裡佛圖澄是要石虎以國家的名義給佛、法、僧以合法而崇高的地位，從而使佛、法、僧得到國家的公開保護而通行無阻。這是中國佛教史上的一件大事，因為在中國境內和文化史上以國家的合法形式保護佛、法、僧，使之暢行便是從後趙開始的。這與佛圖澄的努力和成效有直接關係。㉚戎貊之徒　謂中原以外西方和北方（未經中原禮樂教化）的人。戎，先秦時期，指中原以外的西北方民族，又稱西戎。在春秋時期戎人相當活躍，有允姓之戎、姜氏之戎、犬戎等等，如西周幽王即被犬戎攻殺於驪山。周平王繼位，遷都洛邑，便是為了「避戎寇」。其時戎人已大量進入關中地區。有學者認為秦國便屬戎族。西晉時期，向西攻取驪戎，而關中的戎族遂東西遷徙，於是有揚拒、泉皋、伊洛之戎共同攻伐京師洛陽，陸渾之戎遷於伊川，更有向南方擴展進入江、淮一帶的戎族。入居中原的戎人，經春秋戰國長時期的民族交往，已逐漸與華夏民族融合，到兩晉十六國時期，戎已用於泛稱西北的少數民族。貊，對中原以外的東北方少數民族的一種稱謂，如《中庸》說：「聲名洋溢乎中國，施及蠻貊。」蠻，指中原以外的南方民族。古代「中原」或「中國」觀念含有「天下之中」和雅正的意思，故對中原以外的周邊民族懷有輕蔑的態度，認為他們沒有禮樂教化，即沒有文化，所以不懂道理，本書的用語就體現了這種意識。㉛僁過　即過錯。僁，「愆」的異體。過失。㉜料簡　又寫作料揀，品評選擇之義。㉝漢明感夢二句　漢明，指東漢明帝劉莊（西元五八至七五年在位）。感夢，指夢到神人，因而派人到西域尋求佛法一事。初傳其道，指佛教開始傳入中國。按，這個說法現在可知的最早資料當是寫於東漢的《四十二章經・序》。其中寫道：「昔漢孝明皇帝夜夢見神人，身體有金色，項有日光，飛在殿前。意中欣然，甚悅之。明日問群臣，此為何神也？有通人傅毅曰：『臣聞天竺有得道者，號曰佛，輕舉能飛，殆將其神也。』於是上悟，即遣使者張騫、羽林中郎將秦景、博士弟子王遵等十二人，至大月支國，寫取佛經四十二章，在十四石函中，登起立塔寺。於是道法流布，處處修立佛寺……。」後來，東漢末年的牟融〈理惑論〉、《魏書・釋老志》、唐太宗〈三藏聖教序〉，甚至韓愈的〈諫佛骨表〉等等，都延續這一說法，即認為佛教傳入之始，起於漢明帝夢見神人，派遣使臣到西域去尋找佛法，結果是摘抄了《四十二章經》。㉞百辟　即百官，參見本書卷七〈釋法瑤傳〉「百辟」條注釋。㉟淫祀　謂不合禮制的祭祀，即祭祀不當祭祀的對象。淫，過度、濫，不合禮制之義。按，祭祀在古代中國華夏民族有重大的民族精神意義，滲透於華夏文化的各個層面，體現了後來孔子所說的「慎終追遠」的精神原則，包含了祖先崇拜的歷史和現實民族精神歸依的內涵，所以祭祀不當祭祀的對象，在古代華夏民族內就是一種屬於背叛祖先的罪過。例如《禮記・曲禮》下：「非其所祭而祭之，名曰淫祀。」《漢書・郊祀志》：「各有典禮，而淫祀有禁。」本篇所說：「其有犯者，與淫祀同罪。」即將拜佛等同於淫祀，是一種罪過，當科以淫祀罪。㊱四民之服　四民，古代中國以士農工商為四民。四民之服，謂世俗的服裝。㊲佛是戎神　戎，泛指中原以外的西北邊陲地區的少數民族。石虎屬羯族人，也包含在內。佛是戎神，謂佛是戎人的神。按石虎如是說，是為了排除大臣以「佛出西域，外國之神」，從而據儒家「華夷之辨」的觀念來反對奉佛，而不是歷史事實。㊳麻襦　《晉書・藝術傳》有傳，與本篇所記大略相同，疑是當時傳說，恐非信史。㊴昔在光和中會二句　謂從前我們在東漢靈帝光和年間曾經相會，轉眼間到今日已是一百多年過去了。光和，東漢靈帝年號，光和中，即光和年間，即西元一七八至一八三年。按，本篇所記，麻襦這次和佛圖澄相會，是在石虎稱帝之後。石虎於西元三三四年稱帝，距光和年間至少已一百五十一年。而據本篇所記，佛圖澄於西元三四八年去世時，是一百一十七歲。照此推算，所謂麻襦與佛圖澄在「光和中會」，大約屬前世相會了。奄，不知不覺；轉眼間。㊵西戎受玄命二句　謂西戎受天命而稱王於中原，終結之期快要到了。按，這是預言。西戎，這裡泛指中原以外的西北少數民族。受玄命，猶受天命，即受命稱王稱帝。絕歷，終結之期。終有期，謂快要到時候了。㊶金離消于壞二句　謂西方金火將消失於中央之土，邊疆蠻荒之人已將不能維持原有的權威或情狀，即西戎在中原所建的國家將要滅亡於中原。金，五行之金，性肅殺，屬西方。離，八卦之離卦，離為火，火剋金。壞，即土，五行之土，土居中央。按，聯繫下文佛圖澄所說：「天迴運極，否將不支，九木水為難，無可以術寧。」知這裡所用為陰陽五行之說和命理（算命術）的語言。金，代指西方，喻西戎。壞之土，代指中原。㊷驅除靈期迹二句　謂驅除西戎在中原的統治之跡，不要停止自己的懿行美德。靈期，據上文「西戎受玄命」一語，靈期應指「玄命」尚靈之期，當指西戎稱王中原的時期。已已，本書「已、己、巳」刻印三字不分，全寫作「已」，大正藏本也作「已已」。按，前一「已」字，應是停止之義，後一「已」字，當係「己」字。莫已己之懿，謂不要停止了自己的懿行美德。㊸休期於何期二句　謂吉祥之期在何時，才可以得到永久的歡樂。休期，吉慶、吉祥之期。㊹天迴運極二句　謂天道循環，否極泰來，現在否已到了不能支持而將盡的時候了。否，八卦之否卦。按，其意大約也是指西戎在中原建立的王國快要完結。㊺九木水為難二句　謂東北方民族已到極盛之時，將要發難，然而沒有辦法來平息。九，極陽之數，在《周易》中凡爻在九位，便將盛極而衰，即發展到頂點就要向相反的方向轉。木，五行之木，在東方。水，五行之水，在北方。為難，發難。按，前、後趙國均為羯人之國，為西北方民族所建，屬戎，如石虎所說：「佛是戎神，正所應奉。」後趙國為前燕所滅，前燕（以及後燕）是鮮卑族所建之國，屬東北方民族（參見本篇「慕容儁」條注釋）。石虎於西元三三三年又將氐、羌族遷徙到關東，而氐族建立前秦，前秦滅燕（參見本篇「苻堅征鄴」條注釋）。由此可以推測，「九木水為難」喻指東北方民族（即前燕）將要發難消滅後趙。按，以上麻襦和佛圖澄所談的話，都是用中國至魏晉時期已經相當發展了的陰陽五行說和命理術的神秘語言所表達的預言，而非佛教語彙，按照《晉書・藝術傳》所載〈麻襦傳〉來看，這是一個術士或方士。對這些神秘語言，本書作者慧皎也說「澄與麻襦講語終日，人莫能解。有竊聽者唯得此數言，推計似如論數百年事」，即他也不甚明白是什麼意思。這裡勉為其注，衹是想勉力有助於讀者理解，也衹是一種大約的推測。㊻久遊閻浮利二句　謂我久遊於人世間，所遇多是擾攘不寧互相爭鬥的禍患戰亂。閻浮利，當是閻浮提，佛教語。指人間世。多此患，指不斷發生互相爭鬥和戰亂。按，佛圖澄來到中原，正是中原五胡十六國時期，也正是互相爭鬥戰亂頻仍的時期，可參見本篇相關中原各國的注釋。㊼行登陵雲宇二句　陵雲宇，指天宇，喻超脫擾攘不寧的人間世。會，相會，這裡指與麻襦再相會。虛遊間，虛無世界，也喻指超脫人世間的世界。㊽太公之齊二句　謂姜太公到了齊國，先把隱士華士殺了不允許隱士存在。太公，指西周姜尚，名望，一說字子牙，又稱姜太公，在西周時任太師，輔佐周武王滅殷商，封於齊，是齊國的始祖。事見《史記・齊太公世家》。華士，與姜太公同時的隱士。姜太公封於齊，他住在齊國。事見《韓非子・外儲說右上》，略謂姜太公封於齊，齊東海上有居士狂矞、華士兄弟二人，他們議定不做天子的臣子，也不做諸侯的官，衹靠自己耕作而食，掘井而飲，無求於人，這樣就可以既沒有在上者來統治自己，自己也不去享受做官而得的俸祿，而是憑自己的勞動來養活自己，自由自在。姜太公一到齊國，聽說了他們的思想和選擇，就立即派官吏將他們逮捕殺掉，作為自己上任的「首誅」。《韓非子・外儲說右上》又寫了另一種情形，略謂姜太公到了齊國，聽說了狂矞的事，就派人去請他出來做官，可是去請了三次，狂矞都不予理睬，姜太公就將他殺了，作為自己上任的「首誅」。這時周公旦封於魯國，聽說姜太公要殺狂矞，連忙騎快馬趕到齊國來加以制止。周公旦問姜太公：「狂矞是天下的賢人，你為什麼要殺他？」姜太公回答說：「他既不肯做天子的臣子，也不肯做諸侯的官。這樣的人，會亂了國家的法度和教化，所以我首先要殺掉他。比如說，現在有一匹馬，看起來好像千里馬，可是牠不讓你騎，也不聽你使喚，留著牠有什麼用呢？」韓非子講這個故事，是同意姜太公的做法，以表達他「法家」的觀念，即不允許不服從官吏調度的「居士」存在，所有的人都必須服從「吏治」。這個故事在中國後來成為一個典故，和有爭議的問題。漢朝王充《論衡・非韓》即對此提出了系統的批評，反對韓非子的論點，說：「齊有高節之士，曰狂譎、華士。二人，昆弟也，義不降志，不仕非其主。太公封於齊，以此二子解沮齊眾，開不為上用之路，同時誅之。韓子善之，以為二子無益而有損也。狂譎、華士，段干木之類也，太公誅之，無所卻到（即既不能得到什麼也不能排除什麼之義，也即毫無作用），魏文侯式之，卻強秦而全魏，功孰大者？」又引《孟子・萬章下》的話：「聞伯夷、叔齊風者，貪夫廉，懦夫有立志」、「聞柳下惠風者，薄夫敦，鄙夫寬」為據，以為狂譎、華士這樣的人可以感化人民，使人民向善。又按，本書所記「高僧」是從漢以來到南朝梁武帝期間的人，對這個問題的爭議，直接關係到官府能否允許佛教在中國存在，以及僧人出處的問題，典型的事例可參見本書卷六〈釋道恒傳〉，姚興要收回道恒等人的僧服，令他出來做官的事。㊾舜優蒲衣　即謂虞舜優禮於得道的隱士蒲衣。舜，傳說中的上古聖王虞舜。蒲衣，又作被衣，傳說中的得道高人和隱士，《莊子・天地》說，他是王倪的老師，王倪又是齧缺的老師，齧缺又是許由的老師，許由則是堯的老師。《莊子・應帝王》說：「齧缺問于王倪，四問而四不知。齧缺因躍而大喜，行以告蒲衣子。蒲衣子曰：『而乃今知之乎？有虞氏不及泰氏。有虞氏其猶藏仁以要人，亦得人矣，而未始出于非人。泰氏其臥徐徐，其覺于于。一以己為馬，一以己為牛。其知情信，其德甚真，而未始入于非人。』」有虞氏即虞舜，泰氏又稱為伏羲。這段話是說：齧缺向王倪請教，四次請問，而王倪四次都說不知道。齧缺領悟了這「不知」的奧妙，便高興地跳了起來，將自己的心得告訴蒲衣。蒲衣對他說：「你現在明白這個道理了嗎？虞舜不及伏羲。虞舜這個人心裡藏著用仁德來籠絡人心的想法，也算是得人心的了，但是這樣的想法存在著人與我、是與非的分別。伏羲就不是這樣。伏羲睡覺時氣息平靜，醒來時無思無慮，別人說他是牛、是馬，他則一任其便，毫無關心。他的這種智慧才是真正可靠的智慧，他的這種德性才是出於自然真實，沒有陷入人與我、是與非的分別之中。」蒲衣又說，人應當這樣：「形若槁骸，心若死灰，真其實知，不以故自持。」㊿禹造伯成　謂大禹這樣的聖王還去拜訪隱士伯成。禹，即曾經治水的上古聖王大禹。造，拜訪。伯成，傳說中為古代高人隱士，複姓伯成，名子高。《莊子・天地》：「堯治天下，伯成子高立為諸侯。堯授舜，舜授禹，伯成子高辭為諸侯而耕。禹往見之，則耕在野。禹趨就下風，立而問焉，曰：『昔堯治天下，吾子立為諸侯。堯授舜，舜授予，而吾子辭為諸侯而耕。敢問其故何也？』子高曰：『昔者堯治天下，不賞而民勸，不罰而民畏。今子賞罰而民且不仁，德自此衰，刑自此立，後世之亂自此始矣！夫子闔行邪？無落吾事！』侶侶乎耕而不顧。」這是說：當堯治理天下的時候，伯成子高曾出任諸侯。等到堯將天下傳給舜，舜又將天下傳給禹時，伯成子高辭去了諸侯之職而回家耕地種田去了。禹去拜訪伯成子高，看見他在田裡耕種，禹就從下方快步上前，問伯成子高說：「從前堯治理天下時，您被立為諸侯。堯將天下傳給舜，舜又將天下傳給了我，您辭去諸侯而隱居耕種，這是為什麼呢？」伯成子高回答說：

「從前堯治理天下時，不用賞賜，人民也知道自己努力，不用刑罰，人民也知道有所畏懼。現在有賞有罰，而人民還是不能自善，道德自此衰落，刑罰自此建立，後世的大亂也就從此開始了！您怎麼還不趕快走開呢？不要耽誤了我的事！」說完，伯成子高就衹管做自己的事，對禹連看也不看了。(51)魏軾干木　即謂魏文侯每次經過隱士段干木的閭巷，都向他施禮表示致敬。魏，指戰國時代的魏文侯。軾，原本作「飾」，大正藏本作「軾」，以「軾」為宜。軾，古代車廂前的橫木，人立在車廂上，以手扶著這橫木，身體向前傾，是表示敬禮，稱為「軾」。史載魏文侯每次經過段干木的閭巷，都行此禮以示對段干木的尊敬。干木，即段干木，戰國時代魏國的著名隱士。他隱居於魏國，魏文侯以他為師，屢請他出來為官，都被他謝絕，但他也經常為魏文侯出謀劃策，魏文侯對他仍然十分尊敬。每次經過他所住的閭巷都「軾」以敬禮。《呂氏春秋・期賢》、《史記・魏世家》均有載。漢王充《論衡・非韓》說：「魏文侯式段干木之閭，秦兵為之不至，非法度之功。」便是說秦國畏懼段干木的謀略。參見本書卷六〈釋道恒傳〉「陵讓放杖於魏國」條注釋。(52)漢美周黨　謂東漢的人都讚美周黨。漢，指漢朝。周黨，字伯況，太原廣武（今河南滎陽東北）人。家產千金，幼年喪父母，為宗人所養，家產為宗人所奪。周黨長大後，據理索回家產，又散發予宗族，便去長安遊學，著名於當時。王莽篡位時，周黨託疾杜門，以後天下大亂，「賊暴縱橫，殘滅郡縣，唯至廣武，過城不入」。東漢光武帝劉秀登基，徵召他出任議郎，後他又託病辭職，移家黽池（今河南澠池）。朝廷再次徵召他為官，他不得已而穿著短布單衣，以穀皮裹頭，對光武帝表示不願為官，得到允許。博士范升上奏詆毀周黨「大不敬」。光武帝說：「自古明王聖主，必有不賓之士。伯夷、叔齊不食周粟，太原周黨不受朕祿，亦各有志焉。其賜帛四十匹。」從此周黨在黽池著書立說，當地的人視之為賢人，在他死後為他立廟紀念。《後漢書・逸民列傳》有傳。(53)管寧不應曹氏　即謂管寧不承應曹氏的徵召。管寧，三國時魏國人，著名學者和隱士，生於西元一五八年，卒於西元二四一年。他年少時曾與華歆同席讀書，專心致志，東漢末年天下大亂，他避亂居遼東隱居，聚徒講學三十七年。魏文帝拜他為大中大夫，他謝絕不受；後來魏文帝又拜他為光祿勳，他也謝絕不受。曹氏，即指魏文帝曹丕。《三國志・魏志》有傳。參見本書卷六〈釋道恒傳〉「魏文容管寧之操」條注釋。(54)皇甫不屈晉世　謂皇甫謐不屈從於晉朝朝廷的徵召。皇甫，指皇甫謐，西晉的著名學者和隱士，字士安，安定朝那（今甘肅平涼）人，生於西元二一五年，卒於西元二八二年。他是漢朝太尉皇甫嵩的曾孫。二十歲後始發憤讀書，家中貧窮，靠自己耕種謀生，史稱「帶經而農，遂博綜典籍百家之言」。沉靜寡欲，始有高尚之志，以著述為務，自號玄晏先生」。後來患有風痺症，猶手不釋卷。著有《帝王世紀年曆》、《高士傳》、《逸士傳》、《列女傳》、《甲乙經》、《玄晏春秋》等，及許多詩賦。同鄉勸他應結交仕宦，他著〈玄守論〉以答之，說：「食人之祿者懷人之憂，形強猶不堪，況吾之弱疾乎！且貧者士之常，賤者道之實，處常得實，沒齒不憂，孰與富貴擾神耗精者乎！又生為人所不知，死為人所不惜，至矣！」屬一代名言。他讀書達到廢寢忘食的程度，被時人稱為「書淫」，而以「朝聞道，夕死可矣」自期。當時魏郡將他舉孝廉，相國辟他為幕僚，朝廷徵召他為賢良文學，他均以謝絕。鄉親勸令應命出仕，他又寫了〈釋勸論〉表達隱遁和讀書求道的志向。晉武帝司馬炎數次下詔敦逼他出仕，他不得已上表堅決謝絕，卻又向晉武帝要求借書。晉武帝給了他一車書，而他仍終不出仕，直到病死。《晉書》有傳。[55]二聖四君　二聖，指堯和舜，他們都是公認的上古聖王。四君，即指上文提到的戰國時代的魏文侯、東漢光武帝劉秀、三國時代魏國的魏文帝曹丕、西晉武帝司馬炎。[56]敩　學習。[57]君舉必書　謂君王的一舉一動，史官必有記錄。按，這是中國古代的制度和傳統。[58]隱遁之傳　即史書列傳中所寫隱士的傳記。[59]秦州　西晉泰始五年（西元二六九年）置，轄境相當今甘肅的定西、靜寧以南，清水以西，陝西鳳縣、略陽，四川平武，及青海的黃河以南，貴德以東地區，治所先在冀縣（今甘肅甘谷），後移到上邽（今甘肅天水）。[60]慕容氏後果都之　慕容氏，指前燕慕容氏。都之，指前燕占領後趙都城鄴，而以鄴為都城。按，前燕係由鮮卑貴族慕容皝所建。早在魏晉之際，鮮卑慕容氏自遼西遷到遼東北。西元二九四年，其酋長慕容廆又移居到大棘城（今遼寧義縣西北），開始了定居的農業生活。西元三〇七年，慕容廆自稱鮮卑大單于。西晉亡後，慕容廆得漢族士人輔佐，以大棘城為中心，據有遼水流域，受東晉官爵。慕容廆死後，其子慕容皝於西元三三七年稱燕王，建燕國，史稱前燕。西元三四二年慕容皝遷都龍城（今遼寧朝陽），成為東北地區的強大國家。西元三四八年慕容皝死，其子慕容儁繼位。西元三四九年前燕進攻後趙，奪得幽州。此後遷都薊（今北京西南）。西元三五二年，前燕攻殺冉閔（參見本篇「冉閔篡殺」條注釋），消滅冉魏，占領鄴城和河北。當年慕容儁拋棄東晉封號，自稱燕皇帝，又於西元三五七年遷都鄴城，成為北方的一個強大國家。西元三六〇年慕容儁病死，由十一歲的太子慕容暐繼位。西元三七〇年，前燕被前秦消滅。參見本篇「慕容儁」、「儁子暐」條注釋。[61]中臺　臺，彼時稱朝廷或宮廷為臺、臺省、省。中臺，即中宮。[62]幽州　古九州及漢十三刺史部之一，東漢時，治所在薊縣，故址在今北京市城區西南部的廣安門附近。魏晉以後，幽州轄境日漸縮小，至北魏時僅領燕、范陽、漁陽三郡，原是河北平原北端陸路交通的樞紐。[63]石宣石韜　這兩人都是石虎的兒子，其中石宣繼其兄石邃之後，被石虎立為太子。石宣企圖謀殺石虎篡位，培養個人武力，單他的太子東宮衛隊就達十多萬之眾，而且都選擇身強力壯武藝高強者作為自己的侍衛。石韜不服，與之爭寵。石宣欲借殺石韜之機，進一步謀殺石虎。建武十四年（西元三四八年），石宣在殺掉石韜後，陰謀敗露，被石虎所殺。石虎將石宣滿門殺滅後，又將他的東宮衛隊十多萬官兵全部謫戍涼州，而引發了梁犢起義（參見本篇「梁犢作亂」條注釋）。[64]臯　臭的異體，大正藏本作「臭」。[65]佛圖　指佛塔。

[66]六情所受二句　謂六根接受世俗迷惑所產生的世俗情欲，都是破壞心性的賊。六情，佛教所說六根的舊譯名，因六根（眼耳鼻舌身意）會生情欲，故稱六情：眼之於色、耳之於聲、鼻之於香、舌之於味、身之於觸、意之於識。這些情都會引誘人人迷而難以解脫，所以，對佛教寂滅而言，都是「賊」。[67]戊申歲　指石虎建武十四年戊申（西元三四八年）。[68]己酉石氏當滅　己酉，指後趙石虎太寧元年己酉（西元三四九年），這一年石虎死。[69]物理必遷　物理，事物的固有之理。必遷，必定會變遷。這裡實係指佛教所說生、住、異、滅的必然變化之理。[70]炎幻　謂猶如火光一樣虛幻。這裡是形容肉體如油盡燈滅，必定死亡。炎，火光。[71]化期　形化之期，即死期。[72]顯違聖典二句　謂既違背了世俗儒家經典的道德規範，也違背了佛教的戒律，即陽德、陰德兩者都違背。顯，這裡指顯然的世俗。聖典，指儒家經典，因為儒家經典所說的是關於世俗教化的內容，屬世典，故稱其為「顯」。幽，指幽冥，即陰間。法戒，指佛教戒律，因為佛教經典是關於心性超越和人死後「轉生」的教化，故稱「幽」。[73]梁犢作亂　指梁犢起義。西元三四八年石虎殺太子石宣，把石宣的東宮衛士十餘萬人謫戍涼州。次年石虎稱帝，舉行大赦，但這些被謫戍的士兵卻不包含在內。其中有萬餘人到達雍城（今陝西鳳翔南）時，在高力督（石宣挑選身強力壯者守衛東宮，號稱高力，設置督將率領，稱高力督）梁犢領導下發動起義。梁犢自稱晉征東大將軍。義軍起初所向披靡，打到長安時已達十萬之眾，擊敗後趙平樂王石苞，東出潼關，又在新安（今河南澠池）、洛陽大敗大司馬李農所統率的十萬大軍。石虎傾全國的兵力，以燕王石斌為大都督，又聯合氐族貴族苻洪和羌族姚弋仲的軍隊阻遏起義軍東進。梁犢終於在河南滎陽戰敗被殺，義軍也旋即失敗。[74]冉閔篡殺　冉閔，字永曾，魏郡內黃人（今河南內黃），漢族。他是石虎的養孫，曾改姓名石閔，也是後趙的重要將領，以勇敢善戰著稱。西元三四九年石虎死，他的兒子們為爭奪帝位互相殘殺，冉閔乘政局混亂之機，於西元三五〇年殺石鑒，自稱為皇帝，國號大魏，又恢復原姓冉氏，仍建都鄴城，史稱冉魏。石鑒死後，石虎的另一個兒子石祇在襄國稱帝，與冉閔常相攻伐。西元三五一年石祇為其部將劉顯所殺。次年冉閔攻占襄國，殺劉顯，消滅了後趙的殘餘勢力。冉閔在建立魏國的過程中煽動民族仇根，對胡羯不論貴賤男女老少一律誅殺，共殺死二十多萬人，自己也因此非常孤立。也就在他消滅後趙的同一年，前燕慕容儁率兵南下攻冀州，冉閔率軍抵抗，兵敗被俘，旋被殺，前燕軍攻入鄴城，冉魏亡。[75]止標宗致　謂佛圖澄講經僅僅揭示經文宗旨大意而不細細講解。宗致，即宗旨。[76]康居　古西域國名。故址在今巴爾喀什湖和鹹海之間。[77]流沙　古代以今新疆境內白龍堆沙漠一帶為流沙，是當時中西交通主要路線所經處。[78]釋道安　佛圖澄的弟子，其生平參見本書卷五〈釋道安傳〉。[79]竺法雅　佛圖澄的弟子，其生平參見本書卷四〈竺法雅傳〉。[80]慕容儁　十六國時期前燕皇帝，字宣英，昌黎棘城（今遼寧義縣西北）人，鮮卑族，生於西元三一九年，卒於西元三六〇年。

西元三四八年慕容皝死後，由他繼位為燕王。他乘後趙內亂和冉閔滅趙的機會，進攻黃河流域，消滅冉閔。又將都城由龍城（今遼寧朝陽）遷到薊（今北京西南）。西元三五二年他正式稱帝，年號元璽。後又於西元三五七年遷都鄴城（今河北臨漳西南）。他在位期間，是前燕的極盛時期。曾大規模徵兵，準備進攻東晉，事未成而病死。《晉書》載記有傳。(81)秦將王猛　秦，指前秦。王猛，字景略，北海劇縣（今山東昌樂）人，居家於魏郡，生於西元三二五年，卒於西元三七五年，十六國時期前秦國的丞相，也是十六國時期的著名政治家。他出身貧寒，隱居山中，以販畚箕為業，博學好讀兵書，厭惡浮華風尚，善於謀略和用兵。西元三五四年，東晉大將桓溫進兵關中，王猛前往拜會，捫虱而談天下大勢，察覺桓溫北伐祇是想借此提高個人威望，實無收復關隴失地的雄心。他因此拒絕桓溫的聘請。後來，他和苻堅談論天下大勢，倒非常契合。苻堅即位後，任他為中書侍郎，一年之中五次提昇，官至丞相、中書監、尚書令，封清河郡侯，以他為自己的主要軍師。在王猛任職十八年中，政治清明，經濟得以發展，「關隴清晏，百姓豐樂」。他在臨終曾勸苻堅不要進攻東晉，但未被苻堅採納。《晉書》載記有傳。(82)苻堅征鄴　指西元三七〇年，苻堅命王猛率大軍進攻前燕都城鄴城，結果破鄴城，俘虜前燕國君慕容暐，前燕至此滅亡。苻堅，十六國時期前秦皇帝，字永固，一名文玉，氐族。原籍略陽臨渭（今甘肅天水東北），生於鄴城。其祖父苻洪原係氐族酋長，西元三三三年，後趙石虎將關中豪傑及氐、羌族人遷徙到關東，仕命苻洪為流民都督。苻洪率氐、漢各族百姓徙居枋頭（今河南省汲縣東北）。石虎死後，苻洪降東晉，東晉任命他為征北大將軍。西元三五〇年，冉閔誅殺胡羯，關隴流民紛紛投奔苻洪。苻洪擁兵十多萬，自稱大單于、三秦王。在準備率眾返回關中時，被他的軍師麻秋毒死。苻洪死後，他的兒子苻健率眾由枋頭西入潼關，關中氐人紛紛響應。此後苻健攻占長安，據有關隴，於西元三五一年自稱大秦天王、大單于，國號大秦，史稱前秦。西元三五二年苻健改稱皇帝，以長安為都城。西元三五五年苻健死，由其子苻生繼位。苻生暴虐無道，苻堅在氐、漢官僚的支持下，殺苻生，自立為大秦天王。苻堅博學多才，漢文化修養較深，擅長謀略，即位後用人唯賢，勵精圖治，重用王猛，委以「軍國內外萬機之務」，在十幾年內使前秦成為北方最強大的國家，在西元三八三年淝水大戰之前，完成了對北方的統一，國力強盛。淝水大戰失敗之後，前秦分裂，慕容垂和姚萇先後背叛，分別建立後燕和後秦。西元三八五年，西燕慕容沖攻入長安，苻堅出走，被姚萇俘虜縊死。此後北方再度陷入眾國林立的狀態。(83)儁子暐　指前燕國君慕容儁的兒子慕容暐。按，西元三六〇年慕容儁病死後，太子慕容暐繼位，當時慕容暐年僅十一歲，由他的叔父慕容恪輔政。西元三七〇年，前秦國君苻堅命王猛率大軍攻燕，破鄴城，俘虜慕容暐，前燕亡。

【語譯】竺佛圖澄，西域人，本姓帛。他少年時出家，專心於學業，能背誦經文數百萬言，又善解文義。他雖沒有讀過漢地的儒學經書和史書，但當他和諸位學士論辯經史中的疑難時，卻又都能與經史所述暗中若合符契，沒有人能勝過他。他曾自述：「我再到罽賓從名師學習，西域的人都會稱我是已經得道之人。」他於晉懷帝永嘉四年來到洛陽，立志弘揚佛法。他善於念誦神咒，能驅使鬼神；他用麻油調和胭脂塗在手掌上，能使千里之外的事，清楚地歷現於掌心，就好像發生在面前一樣，而且也能使那些齋戒潔淨的人看見。他又能聽鈴音以預言物事，無不靈驗。他本打算在洛陽創立寺廟，但正值劉曜進犯都城洛陽，京師騷動，惶惶不安，他立寺的願望因而落空。於是他便隱身於民間，靜觀事變。

當時，石勒屯兵於葛陂，專以殺戮為務，很多沙門因此而被殺害。佛圖澄憐憫蒼生，想以佛道感化石勒，於是他就來到石勒的軍營。石勒的大將軍郭黑略一向奉佛，佛圖澄就投住到他家中。郭黑略從佛圖澄受了五戒，拜他為師，對他執弟子禮。郭黑略後來跟隨石勒四處征戰，都能預先料定勝負。石勒不明其故，就問他：「我看不出你有什麼出眾的智謀，卻又每次都能預知行軍打仗的吉凶，這是什麼原因呢？」郭黑略對他說：「這全是因為將軍您威武神勇，使幽靈在暗中相助。有一位沙門，懷有非凡的智慧和術數，他說，將軍您當一統華夏，他已答應給您做軍師。臣前前後後所說的預言，其實都是他的話。」石勒聽了，高興地說：「這真是天賜福祐啊。」於是，石勒就召見了佛圖澄。他問佛圖澄：「佛道有什麼靈驗？」佛圖澄知道他不明深奧的佛理，祇能用道術的靈驗為證，來使他信服。因而佛圖澄對他說：「佛法雖然深遠，但也可以用眼前的事來驗證。」他當即取來一個容器，在裡面盛上水，然後燒香祝禱，口念咒語。一會兒功夫，容器裡就生出青色蓮花，光彩奪目。石勒由此才信服了佛法靈驗。佛圖澄便乘機勸諫石勒說：「如果用王道的仁義道德來化育天下，則麟、鳳、龜、龍這四種靈物就會顯現，這是祥瑞的徵兆。如果政治衰弊而治國無道，則會有掃帚星在天空出現。這是彰明較著的永恒法則，它隨人事德行的善惡，而隨時出現各種天象，昭示吉凶禍福。這是古今不易的天象徵兆，是天人感應明白無誤的譴告和教誡。」石勒聽了，甚是歡喜。因而，那些已被他下令將要誅殺而尚未行刑的人，十有八九獲益於佛圖澄，而被赦免。於是，中原的胡人和晉人，差不多都奉佛了。當時，對患上不治之症的病人，佛圖澄就為他們治療，無不起死回生。受到佛圖澄暗中幫助的人，更是不可勝數。

石勒從葛陂回返河北，經過枋頭。枋頭的人打算在夜間偷襲石勒的軍營。佛圖澄便對郭黑略說：「不一會兒賊人就會來偷襲營寨，你去告訴石勒，使他知道。」結果，果然像佛圖澄所講的那樣。石勒因為事先已有準備，所以沒有蒙受失敗。石勒想試探一下佛圖澄。他在夜間全身披掛，穿著盔甲，手中握刀坐著，派人去告訴佛圖澄說：「今夜大將軍失蹤了。」那個使者剛剛來到佛圖澄這裡，還沒有來得及開口，佛圖澄就反問他說：「平平安安地住在這裡，又沒有敵寇，大將軍為什麼全身披掛嚴陣以待的樣子呢？」使者回來報告了石勒，石勒對佛圖澄益發信服敬佩了。石勒後來因忿恨而想要殺害僧人，也想要給佛圖澄吃點苦頭。佛圖澄就避居到郭黑略的家裡。他對自己的弟子說：「如果石將軍派人來問我在哪裡，你們就說不知他到哪裡去了。」不久，石勒所派的人到了，尋找不到佛圖澄，就回去報告石勒。石勒大驚，說：「我對聖人懷有惡意，聖人捨我而去了。」他徹夜不眠，很想見到佛圖澄。佛圖澄知道石勒已有悔過之意，第二天早晨，就前來拜訪石勒。石勒問他：「您昨夜為何離開呢？」佛圖澄說：「您心懷怒意，所以我昨夜暫且避一避。現在您已改變了主意，所以我才敢來。」石勒大笑道：「道人您誤會了。」

襄國城的護城河水源在離城西北五里的團丸祀下面，水源已經乾涸。石勒問佛圖澄，有什麼辦法可以弄到水。佛圖澄說：「現在應當命龍來生水。」石勒字世龍，他聽了佛圖澄的話，以為佛圖澄是在嘲笑自己，就回答說：「正因為龍弄不來水，我才問你啊。」佛圖澄說：「我說的是老實話，絕非戲言。凡在水泉的源頭，必定有神龍居住。現在前往下令，命令神龍降水，必能得到水。」於是，他就和自己的弟子法首等幾個人來到水源處。原先的水源，已經乾涸了很久，河床乾裂得如同車轍。跟隨佛圖澄來的人，心裡都不由得懷疑，恐怕實在難以得到水。佛圖澄坐在繩床上，燃起安息香，念咒祈禱數百言。如此進行了三天，出現了細微的水流。有一條五、六寸長的小龍，隨著水流了出來。僧人們都爭先恐後地前去觀看。佛圖澄說：「這龍有毒，不能站在牠的上方。」一會兒，水洶湧而來，護城河裡便注滿了水。

一天，佛圖澄閑坐時歎道：「兩天後，當有一個小兒會驚動這個地方。」後來，果然有一個名叫薛合的襄國人，他有兩個兒子，年紀小卻個性驕縱，侮慢戲弄一個鮮卑奴。這個鮮卑奴憤慨發怒，抽刀殺掉了其中的弟弟，又在室內把那個兄長抓住，用刀抵住他的心窩，假如有人進屋，就要下手將他殺掉。他對薛合說：「你送我回國，我就不殺你的兒子，如若不然，我們就一起死在這裡。」裡裡外外的人，都因此大為驚愕，一齊前來觀看。石勒也親自前來觀看了。他對薛合說：「把鮮卑奴送回他的國家，而得以保全你的兒子，這誠然是一件好事，但是，這種做法開了頭，就會留下後患。你且寬心，國家自有法律。」他便下令部下捉拿那個鮮卑奴。鮮卑奴殺了那個小兒，自己也死了。

鮮卑人段波進攻石勒。他的人馬眾多，來勢頗盛。石勒恐慌地問佛圖澄，佛圖澄對他說：「昨天寺裡的鈴鳴響說：明天吃早飯的時候，就會擒獲段波。」石勒登上城頭，看見段波的軍隊多得望不到邊，大驚失色，說：「這麼多的軍隊，行動起來連大地都要被傾動，怎麼能捉得住段波呢？看來，那不過是佛圖澄安慰我的話罷了。」於是他就派夔安去問佛圖澄。佛圖澄對夔安說：「已經拿獲段波了。」那時埋伏在城北的伏兵出動，正好遇上段波，將他捉住了。佛圖澄勸石勒寬恕段波，把他釋放回國。石勒聽從了佛圖澄的話。後來，段波終於為石勒所用。

那時劉載已經死了，他的堂弟劉曜篡奪了漢國的帝位，建年號光初。光初八年，劉曜派遣自己的堂弟中山王劉岳率兵進攻石勒。石勒派石虎率領步兵和騎兵前往抵拒。石虎和劉岳在洛陽西邊展開了激戰。劉岳兵敗，退守於石梁塢。石虎結下堅固的營寨將他包圍。佛圖澄和弟子們從官寺到中寺去，剛走進中寺寺門，佛圖澄便歎道：「劉岳真可憐啊！」他的弟子法祚問他這是什麼緣故。佛圖澄說：「昨天亥時劉岳已經被捉住了。」事實也果然像他所講的那樣。到光初十一年，劉曜親自率兵進攻洛陽。石勒打算親自前往抵拒。他的內外官吏無不加以諫阻。石勒因此拜訪佛圖澄。佛圖澄對他說：「相輪寺的鈴音說道：『秀支替戾岡，僕谷劬禿當。』這是羯族語。『秀支』，義為『軍』；『替戾岡』，是『出』的意思；『僕谷』，含義是『劉曜胡位』，『劬禿當』是『捉』之義。這句話的意思是：軍隊出動就能捉住劉曜。」當時，徐光明白了佛圖澄的意思，就苦苦勸說石勒親自率兵出戰。石勒就留下自己的長子石弘和佛圖澄一起鎮守襄國，親自率領中軍步兵和騎兵，直抵洛陽城。他和劉曜兩軍剛一交戰，劉曜軍便潰敗了。劉曜的坐騎淹沒在水中，石堪生將他擒獲，送給了石勒。佛圖澄當時用藥物塗在手掌上，觀看這次戰鬥。他從手掌上見到一群人，人群中有一人被縛，用紅色的繩索縛住肘臂，就把這事告訴了劉弘。佛圖澄從手掌上觀看的時候，正是石堪生擒獲劉曜之時。劉曜被平定之後，石勒便僭稱趙天王，做起了皇帝，改年號為建平。那一年是東晉成帝咸和五年。

石勒登上帝位之後，對佛圖澄更加崇信了。那時，石蔥圖謀叛變。也就在那一年，佛圖澄告誡石勒說：「今年蔥中有蟲，吃了必定會於人有害，應下令百姓不要吃蔥。」石勒就頒布告示，凡境內之人，都當謹慎，不能吃蔥。到了那年八月，石蔥果然逃走了。這事以後，石勒對佛圖澄更加尊重，凡事都必定先請問了佛圖澄後才施行。他給佛圖澄加了封號，稱作大和尚。

石虎有個兒子，名叫石斌，後來給石勒做了兒子。石勒很愛石斌。石斌忽然得暴病而死。兩天後，石勒說：「朕聽說春秋時的虢國太子死後，扁鵲還能將他救活治好。大和尚是我們國家的神人，應趕快去告訴他，他必定能帶來福氣。」佛圖澄便取來楊柳枝，念動呪語，拯救石斌。石斌當即就能起身，一會兒功夫就康復了。從此以後，石勒的幾個年幼的兒子都被送到佛寺中扶養。每到四月八日佛誕日這一天，石勒就親自到寺裡來灌佛，為他的兒子發願祈福。

建平四年四月，天空平靜無風，但佛塔上卻獨有一個鈴響了起來。佛圖澄對眾人說：「這鈴音說道：『國家將要發生大喪，時間不出今年。』」那年的七月，石勒果然死了，由他的兒子石弘繼位。

不久，石虎廢掉石弘，自立為王，又將都城遷移到鄴城，改年號為建武。石虎傾心奉事佛圖澄，比石勒還要隆重。他下詔說：「和尚是國家的大寶，但是他既不接受榮耀的爵位，又不接受高官的俸祿，爵位和俸祿都沒有，又怎麼能表彰他崇高的德性和尊貴呢？從此以後，應給他穿綾羅錦緞，乘坐雕輦。凡上朝會議，當和尚昇殿時，常侍以下的官員，都須在一邊扶他下車，太子和諸位公卿，得在一邊攙扶著他走上大殿。這時，應由一個主持儀式的人先呼叫一聲『大和尚』，眾人都一齊起立，以彰顯他的尊貴。」石虎又敕令司空李農：「早上和晚間，都須親自去問候，太子和諸位公卿則每隔五天去朝拜一次，以表示朕對他的崇敬。」

當時，佛圖澄住在鄴城內的中寺。一次，他派遣弟子法常到北邊的襄國去。他的弟子法佐剛好從襄國返回，和法常在途中相遇，兩人就在梁基城下同宿。他們兩人車對車，在夜間談心，交談中說到了佛圖澄。天一亮，他們就分手各自而去。法佐返回後，剛進門覲見佛圖澄，佛圖澄反而向他笑道：「昨天夜裡，你和法常在途中相遇，一起議論你的老師了吧？先民有言：『不是說尊敬嗎？即使在幽居無人知曉的暗中，也不改尊敬之心；不是說謹慎嗎？即使在一人獨處時，也不懈怠。』幽居獨處之時，實是衡量自心究竟是否尊敬和謹慎的根本，你不知道這一點嗎？」法佐不禁大為驚愕，既愧又悔。於是，國中的人常常在一起說：「千萬不要起惡意，一起惡意，和尚就會知道。」凡佛圖澄所到之處，無人敢向著他所在的方向流涕吐痰和大小便。

當時，太子石邃有兩個兒子在襄國。佛圖澄對石邃說：「你的小阿彌近來生病了，應去把他們接回來。」石邃當即派使者快馬趕去看望，他的兩個兒子果然已生了病。太醫殷騰以及外國來的道士都說自己能治。但佛圖澄告訴自己的弟子法牙說：「就是聖人復出，也治不了這病，何況這些人！」三天後，石邃的兩個兒子果然死了。

石邃沉溺於酒，圖謀弒父叛逆。他對侍候自己的太監說：「佛圖澄和尚有神通，會揭發我的圖謀。他明天來的時候，應當先除掉他。」佛圖澄每月十五日都要入宮覲見石虎。這一次，他對弟子僧慧說：「昨夜天神呼喚我，對我說：『你明天如果入宮覲見，返回時不要在途中拜訪別人。』如果明天我在途中拜訪別人，你應當制止我。」佛圖澄平常入宮覲見，返回時因路過而必定去拜訪石邃。石邃知道佛圖澄入宮覲見，就等候著，竭力邀請佛圖澄。佛圖澄將要去太子的南宮時，僧慧便拉著佛圖澄的衣服。佛圖澄便對石邃說：「有急事要辦，實在不能停留。」還沒有坐穩，他便起身告辭。石邃竭力挽留，也留不住他。結果，石邃殺害佛圖澄的陰謀沒有得逞。佛圖澄回到寺中後，歎道：「太子叛亂的事，已經準備停當了。這真叫我欲言而又難言，欲忍而又難忍啊。」於是，他就藉著些其他事，從容地用暗示來告誡石虎，但石虎始終不明白他的意思。不久，石邃叛亂的事發生了，石虎纔醒悟佛圖澄早就暗示過他。

後來，郭黑略率兵征討長安北面的羌人，陷入了羌人的埋伏之中。當時，佛圖澄坐在堂上，弟子法常在他的身邊。佛圖澄慘然變色，說道：「郭公現在身處危難。」又高聲說道：「眾僧一齊念呪，為郭公發願。」佛圖澄也自己念動呪語，為郭黑略發願。不一會兒後，佛圖澄又說：「如果向東南方出走，則可活，向其餘的方向走則會受困。」然後，他又念動呪語發願。過了一會兒，他說道：「解脫了。」一個多月後，郭黑略返回。他說自己曾陷入羌人的包圍之中，向東南方突圍時，恰巧遇到帳下的人把馬讓給他，說道：「您騎這匹馬，小人騎您的馬，無論有用無用，衹好任命。」郭黑略得到了他的馬，所以脫了險。照此推算日期時間，郭黑略受困和脫險，正是佛圖澄念呪發願的時間。

石虎的兒子，趙國的大司馬燕公石斌，被石虎委任為幽州牧，鎮守於薊。他和一群凶暴的人湊集一道，為非作歹，暴虐無道。佛圖澄告誡石虎說：「天神昨夜說，得趕快把放出去的馬都收歸回來，否則到了秋季，馬都要癰爛而發生災難。」石虎不明白這話的意思，當即敕令各處將馬收歸送還。這年秋天，有人在石虎面前講了石斌的壞話。石虎召回石斌，將他打了三百鞭子，又殺了石斌的生母齊氏。石虎張弓搭箭，親自看著士兵對石斌施以刑罰。士兵對石斌的鞭打輕了，石虎就親手殺了五百名士兵。佛圖澄勸諫石虎說：「心不可以放縱，人死不能復生，按照禮儀，皇帝不能親手殺人，因為這樣有損於皇帝對人民的恩德。天下哪有天子親手施行刑罰的？」石虎聽了，這纔住手。

後來，晉朝出兵淮水、泗水一帶，隴北各城都遭到晉軍的侵逼，三方告急，人心惶惶。石虎發怒說：「我崇奉佛教，供養僧人，卻遭受外寇入侵，佛沒有神通，不靈驗了。」佛圖澄第二天早晨入覲石虎。石虎以這件事問佛圖澄。佛圖澄因而勸諫他說：「大王前世是一位大商主，一次罽賓寺舉行僧眾大會，您曾給予供奉。那時的僧眾大會中有六十羅漢，我也參與了這次大會。當時就有已得道的僧人對我說：『這位主人死後當轉生為雞，後來會成為晉地的皇帝。』現在，大王您已經為王了，這難道不是應驗了您的福分嗎？疆場上的戰爭廝殺，本是國家的尋常之事，您為何憤恨，誹謗佛、法、僧三寶，而在夜間產生惡毒的念頭呢？」石虎相信了佛圖澄的話，這纔醒悟，向佛圖澄下跪謝罪。

石虎常問佛圖澄：「佛法是什麼？」佛圖澄對他說：「佛法就是不殺生。」石虎說：「朕是天下之主，不用刑罰殺戮就不能肅清海內。我既然已經違背了佛教戒律而殺生，現在雖然奉佛，哪能獲得好處呢？」佛圖澄說：「帝王崇奉佛，當在行為上敬佛，在心裡順從佛，能使佛、法、僧三寶得以顯揚和順利通行，不行暴虐之事，不害無辜之人。至於那些凶惡愚昧的無賴，不是教化所能改變的，有罪時就不得不殺，有惡就不得不對之施於刑罰。但也祇是殺那些應當殺，處罰那些應當處罰的人罷了。如果殘暴肆虐，任意妄為，濫殺無辜，就是用盡全部財產來奉佛，也逃不脫惡報災禍。請陛下節制自己的欲念而發善心，將善心廣施於一切人，則佛教就會永遠興隆，您所受的福報和國運就會長久。」石虎雖然不能完全按照佛圖澄的話去做，但也起了不少有益的作用。

石虎的尚書張良、張離等人家中都很富有，也都信奉佛教。他們都建造了高大的佛塔。佛圖澄對他們說：「事奉佛在於清淨無欲，慈悲為懷。檀越雖然在儀式上事奉佛教，但貪得無厭，遊獵無度，大肆聚斂，這種行為正該受到現世惡報，哪有什麼善報的希望可言呢？」張離等人後來果然都遭到殺戮。

那時又逢上了長久的旱災，從正月直到六月，石虎派遣太子在臨漳的西釜口祈雨，祈求了很久，但天總是不降雨。石虎就要佛圖澄親自去祈雨。佛圖澄去祈雨時，當即有兩頭白龍降到祠堂，降下大雨，遍及方圓數千里，使那年獲得了大豐收。那些戎貊愚昧之人，先前都不識佛法，聽說了佛圖澄的神通靈驗，都對他遙向禮拜。佛圖澄不用言語，便使佛教教化深入人心。

佛圖澄曾派遣弟子到西域去買香。那些去買香的弟子走了以後，佛圖澄告訴其餘的弟子說：「我從手掌中看見那些去買香的弟子，在某處遭遇了賊人，現在生命垂危。」他因而燒香念呪發願，來救護那些身處險境的遙遠的弟子。去買香的弟子返回後，說：「某月某日我們在某處遭到賊人的劫掠，眼看就要被殺害，正在這時，忽然聞到一股香氣，那些賊人便無緣無故地驚慌起來，說：『他們的救兵已到。』於是就放棄我們而逃走了。」

石虎在臨漳修繕舊塔，缺少承露盤。佛圖澄告訴他：「臨淄城內有一座古阿育王塔，地下埋有承露盤和佛像，地上林木茂盛，可以把它掘取出來。」他還畫了地圖給使者。使者按照佛圖澄的話前往掘取，果然得到了承露盤和佛像。

石虎常欲征伐燕國。佛圖澄勸諫他說：「燕國的國運尚未到終結的時候，一時間難以征服。」石虎不聽，前往征伐，果然屢打屢敗，這才相信了佛圖澄的勸誡。

佛圖澄的教化既已流行，人民大多信奉佛教，也都營造寺廟，競相出家。僧人一多，便真偽混淆，而常發生過錯。石虎下詔問中書說：「佛主號稱世尊，為國家所崇奉，那些沒有爵位官秩的市井閭巷平民，是否應當允許他們事奉佛？又，僧人都應當是品德高潔純正，行為能精益求精者，這樣的人才可以為僧人。現在，僧人很多，其中存在著奸邪之徒，本是為逃避官府差役才為僧人，不是真正的僧人。應當加以清查甄別，詳辨真偽。」中書著作郎王度上奏說：「王者郊祀天地，祭奉百神，記載於祭祀的典冊之中。按照禮法，天地百神應當受到祭祀奉饗。然而，佛出自西域，屬於外國的神，其功德本不施於中國之民，所以，天子和華人不應祀奉牠。以前，漢明帝感夢，夢到神佛，才開始傳入佛教，但也祇允許西域人在都市立寺，讓他們祀奉他們的神，凡漢人都不許出家。魏國繼承了漢朝的制度，也按照漢朝的軌則行事。現在，大趙國秉承天命而王天下，應當遵循前朝的規章制度，以顯示華人和戎人的制度不同，其人其神互相區分，而內外有別。祭祀受饗各有不同的禮儀。華夏的服飾禮制，不宜雜亂。天子應頒布命令，凡趙國人都不允許到寺廟去燒香禮拜，以遵守華夏的典則禮制，上自百官公卿士大夫，下至平民役隸，一律禁止。凡有違反律令者，與淫祀同罪。凡趙國人出家為僧者，一律還俗，恢復中國世俗的服飾。」中書令王波上奏，同意王度所奏的主張。石虎下詔說：「王度的意見，說佛是外國的神，不是天子和華人所應尊奉的。然而朕出生於邊陲，現在承應天命，君臨諸夏。至於祭祀，本應當兼從我自己本來的風俗。佛是戎人的神，正是我應當祀奉的。國家的制度應由在上者推行，而作為永久的準則。如果制度恰當而無缺陷，又何必非得拘守前代的規章不可呢。凡夷人、趙人和蠻人有願捨棄淫祀，而樂於奉佛者，都任其出家為僧。」這個命令一下，那些輕慢戒律的人，便愈加肆無忌憚了。

黃河本來不生黿。有人忽然在黃河中捕得一隻黿，將牠獻給石虎。佛圖澄看見後，歎道：「桓溫不久就會下河，像這隻黿一樣被人捕捉。」桓溫字元子，後來果然像佛圖澄所說的那樣。

那時魏縣有一個流民，不知他屬於什麼氏族。他總是穿著麻襦布衣裳，在魏縣市中乞討。當時的人都稱他麻襦。麻襦言語卓越，而行為似有狂病，他乞討到米飯，自己不吃，而是散置於大路上，說是用來餵天馬。趙興縣太守籍拔將他收押，送到石虎這裡來。這事發生之前，佛圖澄曾對石虎說過：「京城東面二百里地方，在某月某日會送一個非凡的人來，不要殺他。」到了這一天，麻襦果然被如期送到了。石虎和他談話，他全無什麼異常的言語，衹是說道：「陛下當終一柱殿下。」石虎不懂這話是什麼意思，就下令將他送到佛圖澄那裡去。麻襦對佛圖澄說：「從前，我們曾在漢靈帝光和年間相會，轉眼間一百多年過去，如今又相會了。西戎秉受天命稱王中原，其完結的時候已為期不遠，西方金火將滅於中央之土，邊疆蠻荒將不能維持原有情狀。驅除了西戎在中原的統治之跡後，也不要停止自己的懿行美德。但其苗裔尚根深葉茂，正積聚著未來的勢力。吉祥之期究竟何時到來？使我們享受那永久的歡樂。」佛圖澄說：「天道循環，否極泰來，現在否運已將不支，眼看就要天翻地覆。東北方已呈極陽之勢，就要發難，沒有辦法加以平息。玄哲雖然存世，但不能打下穩固的基礎則必然頹敗。我已久處人世，所遇多是擾攘不寧互相爭鬥的戰亂禍患。行將超脫人世登入天宇，那時我們再相會於虛無世界。」佛圖澄和麻襦終日談論，他們講的究竟是什麼意思，無人能解。有人竊聽了他們的談話，也僅僅記得這幾句。照這幾句推想起來，好像是談論數百年間注定的事。石虎派遣驛馬將麻襦送歸本縣。剛出城，麻襦就向護送他的使者告辭，說自己能步行，又說：「我現在去拜訪一下別人，不便和你一道走，你到合口橋時，可以見到我已在那裡等待你。」使者便按照他的話，向合口橋急馳而去。可是使者還沒趕到合口橋時，麻襦卻已經在橋上等他了。推算他的行走速度，真有如飛一般快。

佛圖澄有一位弟子，名叫道進。道進精通佛學和世俗經典，為石虎所器重。他們曾談及隱士問題。石虎對道進說：「有一個叫楊軻的人，是我的小民。我想起用他，已徵召了他十多年，可是他對皇帝的命令，居然敢不恭敬從命。所以，我就去看望他，他居然睡在床上，一付傲然不顧的樣子。我雖然沒有什麼德行，但我是皇帝，君臨萬邦，我的車駕無論到哪裡，哪裡就天沸地湧萬民歡呼。我雖然不能使木頭石塊向我屈膝跪拜，但一個小小的平民匹夫怎麼敢對我如此長久地傲然無禮呢？從前，姜太公到了齊國，先把那個隱居不聽調遣的華士給殺了。姜太公是一代賢哲，難道他還會錯嗎？」道進對他說：「從前，虞舜優禮隱士蒲衣，大禹親自拜訪隱士伯成，魏文侯向隱士段干木致敬，漢朝的光武帝讚美隱士周黨，管寧隱居而不肯應允魏文帝曹丕的徵召，皇甫謐對晉武帝硬要徵召他做官而毫不屈服。這兩位上古的聖王，四位國君，對這些隱士堅守自己的節操，都予以嘉獎，是什麼緣故呢？是為了以他們這些隱士的高風亮節為模範，來激勵那些貪得無厭，奔競於官場而投機取巧的人們，整飭人心，提倡清廉純潔的品德。陛下您應當遵從舜和禹的德行，不要學姜太公那樣，靠刑罰來維護自己的權威而濫殺無辜。國君的一舉一動，史官必定予以記錄，怎麼可以使將來趙國的國史中沒有隱士傳呢？」石虎聽了道進的話，覺得很悅耳，當即將楊軻送回到他原來的住處，又分派了十戶人家，作為楊軻的供給。道進回寺後，將這件事告訴了佛圖澄。佛圖澄莞然笑道：「你的話說得很好，但是楊軻的命卻難保了。」後來，秦州發生兵變，楊軻的弟子用牛馱著楊軻向西逃難，被衛戍士兵追上擒獲，一起被殺害。

石虎在一次睡午覺時，夢見一群羊負著魚從東北走來。醒來後，他為了這個夢而拜訪佛圖澄。佛圖澄說：「這是個不祥之夢，鮮卑人將來會統治中原。」後來，鮮卑慕容氏果然以鄴城為國都。佛圖澄常常和石虎一起在中宮大殿。一次，佛圖澄忽然大驚，說：「幽州正有火災。」他連忙取酒來灑了。許久以後，佛圖澄笑道：「火災已經得救了。」石虎派人到幽州去查驗，那裡的人說：「那一天，大火從四個城門燒起，這時從西南來了烏雲，下了一場急雨，將大火滅了。這場雨含有頗濃的酒氣。」

建武十四年七月，石虎的兩個兒子，太子石宣和他的弟弟石韜都圖謀殺掉對方。一次，石宣到寺裡來，與佛圖澄一同坐著談話。這時，佛塔上的一只鈴單獨鳴響起來。佛圖澄對石宣說：「你聽懂這鈴音在說什麼嗎？鈴音是在說：胡子洛度。」石宣大驚失色，說：「這是什麼意思？」佛圖澄騙他說：「我這個老胡人修道，卻不能隱居山中沉默無語，而是踏著重重疊疊的地毯，穿著美麗的衣服，豈不是洛度嗎？」石韜後來也來到寺中。佛圖澄盯著他看了很久，看得石韜膽戰心驚，便問佛圖澄為何如此，佛圖澄對他說：「我因奇怪你身上有一股血腥臭，所以盯著你看。」到了八月，佛圖澄叫弟子十人住到別的房間去，他自己也暫時住進東閣。石虎和他的皇后杜氏來看望問候佛圖澄，佛圖澄對他們說：「時下已出了賊，十天之內，從佛塔以西，這座大殿以東，當有流血事件發生。應當謹慎，不要向東走。」杜皇后說：「和尚老糊塗了，哪裡有賊呢？」佛圖澄當即換了一句話說：「六根所受之境，全都是賊。人老了自然會老糊塗，祇要年輕人不頭腦發昏就好了。」他用的是寓言，不再明白說出指什麼事。兩天後，石宣果然派人在佛寺中殺了石韜，陰謀以此引石虎去弔喪，乘機行弒父大逆，篡位自立。石虎終因有佛圖澄的告誡在先，幸免於難。等到石宣謀逆的事發生，石虎將他收押，佛圖澄勸諫石虎說：「石宣是陛下的兒子，又何必判他重刑呢？陛下如果能原諒他，給他以仁慈，他尚有六十多歲好活。如果一定要殺掉他，他就會變為掃帚星來掃鄴城的皇宮。」石虎不聽，刺穿石宣的雙頷用鐵鎖鎖住，將他牽上柴堆，活活燒死。又將石宣下屬的官員三百多人，全部車裂支解，然後將屍塊拋進漳河。事後，佛圖澄便叫自己的弟子們搬出別室，回到原來的住處。

一個多月後，有一匹妖馬，馬身上的毛和尾巴都有燒灼的狀態，衝入中陽門，又出顯陽門。衝到東宮時，各門都進不去，就轉向東北，忽然不見了。佛圖澄聽說後，歎息道：「災難就在眼前了。」到了十一月，石虎在太武前殿大宴群臣。佛圖澄吟哦道：「大殿啊大殿，已經棘子成林，將撕破人之衣。」石虎下令掘去大殿的石板，查看下面有什麼，果然已經荊棘叢生。佛圖澄回到寺中，望著佛像說：「不能使您顯得莊嚴，實在令人悵恨。」又自言自語地說：「能有三年嗎？」又自己答道：「沒有沒有。」又說：「能有二年、一年、一百天、一個月嗎？」又自己答道：「沒有。」於是，他便不再言語了。他回到自己的房間，對弟子法祚說：「戊申年禍亂就將漸漸發生，到己酉石氏就該滅亡了。還不到禍亂發生時，我就先已死去。」他當即派人與石虎告別，說：「凡物都會變遷，世事無常，肉身之命不會永久保持。貧道之身，亦如火光虛幻，瞬間即逝，現在，我的死期已到了。我因承蒙您的厚恩，所以特此奉告。」石虎悲愴地說：「沒有聽說和尚生病，怎麼會忽然間就要死了呢？」他當即親自出宮，來到寺中慰問佛圖澄。佛圖澄對石虎說：「人皆由生而入死，這是永恒不變的常道。至於人的壽命有長有短，那是這個人前世今生種種行為的一種結果，不是人力所能延長。人生在世，當重道義而追求全德。德性之貴，在於一心向道而無懈怠。如果德行節操沒有污點，則雖死猶存。如果違背道德而能延長壽命，這卻不是我的本心。現在，我所感到未盡滿意的，是皇上您心懷佛理，不惜財產來奉佛，興建的寺廟，也都顯得高大壯麗，您的這一德行，是能獲得福報的。然而，您施政猛烈，濫用酷刑，就人間而言，這違背了世俗的儒家聖典；就陰間而言，也違背了佛教戒律。如果不趕快罪己更新，終究還是不會得到佛祖的福祐。如果能謙虛謹慎，轉變思想，給人民以恩惠，則您的國運就會延長，道人俗人都會歡欣鼓舞地依賴於您，就是為您獻出生命，也毫無遺憾。」石虎聽了，悲慟涕泣，知道佛圖澄肯定要死了，當即為他開挖墳壙，營造墳墓。到了十二月八日，佛圖澄在鄴城宮寺中去世，這一年是晉穆帝永和四年。士人和平民百姓都為此萬分悲慟，全國的人悲痛哀哭。那一年，佛圖澄一百一十七歲，葬於臨漳西面的紫陌，也就是石虎為他所建的墳墓。

不久，梁犢作亂，第二年石虎死，接著是冉閔篡奪趙國帝位，大肆屠殺，石氏種族都被斬盡殺絕。冉閔小字棘奴，也就是佛圖澄以前所說的「棘子成林」所指的人。

佛圖澄的左乳旁有一個孔，周圍有四、五寸大小，直通腹內。有時，他的腸子會從這個孔出來，他有時又將這個孔用棉絮塞住。佛圖澄夜間要讀書時，就將棉絮拔去，這個孔會放出光來，照得滿屋通明。逢到齋戒的日子，佛圖澄就來到水邊，將腸子拿出來洗，洗乾淨後再將它納入腹中。

佛圖澄身高八尺，儀態優雅。他通曉深奧難解的佛教經典，又旁通世俗之論。他講解佛經時，祇是提綱挈領，說明宗旨而已，但聽講者就能將經文詞句貫通始末，而昭然明瞭。他的慈悲之心廣被天下蒼生，拯救萬民於危難困苦之中。石勒、石虎二人都凶狠強悍，暴虐嗜殺，殘酷無道，若不是與佛圖澄在一起，就沒有什麼可言的了。不過，老百姓雖蒙受了佛圖澄帶來的許多利益，卻習以為常而不知道。佛調、須菩提等數十位著名的僧人，都來自天竺、康居，不遠數萬里之路，跋涉流沙，趕來向佛圖澄學習。樊沔的釋道安、中山的竺法雅，也都跨越關中、黃河，來聽佛圖澄講經說法，得以通達佛理的玄秘幽微。佛圖澄曾自述，他出生的地方距離鄴城有九萬多里，出家為僧達一百零九年。這期間，他酒不沾齒，一過了日中就什麼也不吃，不是戒律所許可的事，從來不做，一生無欲無求。追隨他學習的人，平常都有幾百人，前後的門徒，差不多達到一萬人。他在所到過的州郡，興建佛寺達八百九十三所，為弘揚佛法所立下的豐功偉業，無人可以和他相比。

當初，石虎收殮佛圖澄時，曾將佛圖澄生前所用的錫杖和鉢盂放在棺材中。後來，冉閔篡奪了趙國皇位，打開佛圖澄的棺材後，祇得到鉢盂和錫杖，但沒有看到屍體。有人說，佛圖澄死的那個月，有人在流沙見到他。石虎曾懷疑佛圖澄並沒有死。他打開過佛圖澄的棺材，也沒有見到屍體。後來，慕容儁遷都到鄴城，住在石虎的宮中，每夜都夢到有老虎咬自己的臂膀。他認為這是石虎的靈魂在作祟，就下令懸賞尋找石虎的屍體。後來在東明館發掘到石虎的屍體，屍體已經僵硬，但沒有毀壞。慕容儁用腳踏著石虎的屍體罵道：「你這個死胡，竟敢來嚇唬活天子。你剛建成宮殿時，連你的兒子都想殺你，來和你搶，何況其他人呢！」他對石虎的屍體又是鞭撻又是毀壞和侮辱，然後將之投到漳河裡去。石虎的屍體在漳河裡靠上一個橋柱而停在那裡。後來，是秦國的大將王猛將石虎的屍體撈上來埋葬了。這就是麻襦所預言的「一柱殿」啊。後來，苻堅征伐鄴城，慕容儁的兒子慕容暐被苻堅的大將郭神虎捕獲。這其實正是應驗了慕容儁被老虎所咬的那個夢啊。

田融在《趙記》中說：「佛圖澄死前數年，曾為自己營造墳墓。」然而，佛圖澄既然自知將來他的墳墓必定被人挖開，而他的屍體又不在墓中，怎麼會在死前為自己建墓呢？恐怕是田融搞錯了。

佛圖澄，有人說是佛圖蹬，有人說是佛圖橙，有人說是佛圖澄，這都是因為所讀的梵語語音不同的緣故。

晉羅浮山單道開

單道開，姓孟，燉煌人。少懷棲隱，誦經四十餘萬言。絕穀餌栢實。栢實難得，復服松脂，後服細石子。一吞數枚，數日一服，或時多少啗薑椒，如此七年。

後不畏寒暑，冬袒夏溫，晝夜不臥。與同學十人共契服食，十年之外，或死或退，唯開全志。阜陵❶太守遣馬迎開，開辭能步行，三百里路一日早至。山樹神或現異形試之，初無懼色。以石虎❷建武十二年從西平❸來，一日行七百里。至南安❹，度一童子為沙彌，年十四，稟受教法，行能及開。

時太史奏虎云：「有仙人星見，當有高士入境。」虎普勑州郡，有異人，令啟聞。其年冬十一月，秦州❺刺史上表送開。初止鄴城西法綝祠中，後徙臨漳照德寺。於房內造重閣，高八九丈許。於上編菅❻為禪室，如十斛籮大，常坐其中。虎資給甚厚。開皆以惠施。時樂仙者多來諮問，開都不答，迺為說偈云：「我矜一切苦，出家為利世。利世須學明，學明能斷惡。山遠糧粒難，作斯斷食計。非是求仙侶，幸勿相傳說。」

開能救眼疾。時秦公石韜❼就開治目。著藥小痛，韜甚憚之，而終得其效。佛圖澄曰：「此道士觀國興衰，若去者，當有大災。」至石虎太寧元年，開與弟子南度許昌。虎子姪相殺，鄴都大亂。至晉昇平三年來之建業，俄而至南海，後入羅浮山❽。獨處茅茨，蕭然物外。春秋百餘歲，卒于山舍。勑弟子以屍置石穴中，弟子迺移之石室。

有康泓者，昔在北間，聞弟子敘開，昔在山中，每有神仙去來，迺遙心敬挹。及後從役南海，親與相見，側席鑽仰，稟聞備至。迺為之傳讚，讚曰：「蕭哉若人，飄然絕塵。外軌小乘，內暢空身❾。玄象輝曜，高步是臻。飡茹芝英，流浪巖津。」晉興寧元年，陳郡袁宏為南海太守，與弟穎叔及沙門支法防，共登羅浮山。至石室口，見開形骸及香火瓦器猶存。宏曰：「法師業行殊群，正當如蟬蛻❿耳。」迺為讚曰：「物雋招奇，德不孤立。遼遼幽人，望巖凱入。飄飄靈仙，茲焉遊集。遺屣在林，千載一襲。」後沙門僧景、道漸並欲登羅浮，竟不至頂。

【注釋】❶阜陵　縣名。漢朝置，故址在今安徽全椒。❷石虎　十六國時期後趙皇帝，參見本卷〈竺佛圖澄傳〉「石虎」條注釋。❸西平　郡名。東漢置，治所在西都（今青海西寧），十六國時期南涼建都於此。❹南安　古縣名。西漢置，治所在今四川樂山縣。❺秦州　西晉泰始五年（西元二六九年）置，轄境相當今甘肅的定西、靜寧以南，清水以西，陝西鳳縣、略陽，四川平武，及青海的黃河以南，貴德以東地區，治所先在冀縣（今甘肅甘谷），後移到上邽（今甘肅天水）。❻編菅　當是用菅草編織，如下文，編成「如十斛籮大，常坐其中」。菅，原作「管」，大正藏本作「菅」。以「菅」為宜。一種草本植物，葉片呈線形而細長，根堅韌，常用來製作刷帚。❼石韜　後趙皇帝石虎的兒子，參見本卷〈竺佛圖澄傳〉「石宣石韜」條注釋。❽羅浮山　在今廣東東江北岸。❾外軌小乘二句　調身體修持小乘佛教戒律，而心性以萬法性空。外軌小乘，指在行為上守小乘佛教戒律。按小乘佛教戒律嚴格而苦，其苦忍含有折磨肉體令靈魂超昇的意義，大乘佛教戒律則較為寬鬆。內暢空身，即在內在心性持大乘佛教性空觀念。❿蟬蛻　神仙道教名詞，指人死後所留下的屍體如同蟬所蛻下的殼，真身則已「成仙」而「飛昇」。

【語譯】單道開，俗姓孟，敦煌人。他少年時就想隱居，能背誦四十多萬言佛經。他不吃五穀，祇服食柏樹的果實。柏樹的果實難以獲得時，他就又服食松脂。後來，他服食細石子。他一次吞下數枚細石子，隔幾天服食一次，有時多少吃一點薑或椒，如此持續了七年。這樣修煉的結果，使他不畏嚴寒，也不怕暑熱。他在冬季袒露身體而不覺寒冷，夏季酷熱他祇是感覺溫暖，而且可以日夜不臥。他曾和同學十人一起約定這樣服食，但十年以後，其他同學有的死了，有的退出了，祇有單道開一人堅持到底，實現了自己的志向。阜陵太守派人送馬來迎接單道開。但單道開以自己能步行而不騎馬，三百里的路程，他一天內就早早走到了。山樹神有時變化成凶惡的形象，來試探他，他也毫無懼色。趙國石虎建武十二年，單道開從西平到南安，一天行走七百里路。他剃度了一個童子為沙彌。小沙彌十四歲，秉承了單道開所教的道法，行走的速度能趕得上單道開。

那時趙國太史上奏石虎，說：「天上有仙人星出現，當有高人進入趙國國境。」石虎敕令全國州郡，凡遇有異人，立即啟奏朝廷。那年冬季十一月，秦州刺史上表，送單道開到鄴城。單道開起初住在鄴城西法綝祠中，後來遷住臨漳照德寺。他在房內造了八、九丈高的樓閣，又在樓閣用菅草編織了一個禪室，有十斛籮那麼大。他就常常在這編織的禪室內坐禪。石虎對他的供給很是豐厚，但單道開將石虎給自己的東西都施捨出去了。那時，嚮往修行成仙的人，都來向單道開請教。單道開對他們的問題都不作回答，而是說偈道：「我持忍一切苦，出家為利世。利世須學明，學明能斷惡。山遠種糧難，為此我斷食。不是求仙者，請勿對外傳。」

單道開能治療眼病。那時，趙國的秦公石韜曾請他為自己治療眼睛。因為用上藥後有些輕微的疼痛，石韜甚是害怕，但最後還是治好了。佛圖澄說：「這位道士是來觀看國家興衰的，如果他要離開的話，國家就必定會發生大災難。」到了石虎太寧元年，單道開與弟子去了南邊的許昌。果然，石虎的子姪間互相殘殺，趙國的都城鄴城發生了大亂。到晉昇平三年，單道開來到東晉京師建業。不久，他又到了南海，後來住進羅浮山。單道開在山中獨住於茅棚內，超然物外。他一百多歲時，在這個山舍中去世。他曾遺命他的弟子，將他的屍體置於石穴中。他的弟子便遵命而行，將他的屍體移到石室中。

有一個叫康泓的人，以前在北方聽到弟子談起單道開，說單道開從前住在山中，常有神仙和他來往，便對單道開十分敬仰。等到康泓到南海做官時，便親自去拜訪單道開，跟隨在單道開身邊，虔誠地向單道開學習，所以他所學所聽說的最為完備。單道開死後，康泓為他寫了傳讚，他的讚寫道：「蕭然世外，有如此人，棄絕紅塵，飄飄若仙。身軌小乘，持戒謹嚴，內心無物，萬法皆空。大道輝曜，高步向前。饑餐靈芝，渴食花瓣，託身山岩，浪跡溪澗。」晉興寧元年，陳郡袁宏出任南海太守，與弟弟穎叔及沙門支法防一同登羅浮山。來到石室門口，看見單道開的遺體及香火瓦器尚在。袁宏說：「法師的修行特殊，和大家都不同，正該如蟬蛻一般，真身飛昇成仙，屍體像遺蛻一樣長存。」於是，他就作讚道：「人物傑出，便會引來奇人，其道其德萬眾仰慕。那遼遠的幽冥之人，遠望山巖，群英紛至。飄飄然如靈如仙，我輩於此會集，祇見仙人所遺鞋子尚在林中，這真是千載一鞋啊。」後來，沙門僧景、道漸都想登羅浮，然而最終竟沒有爬到山頂。

晉常山竺佛調

竺佛調者，未詳氏族，或云天竺人。事佛圖澄為師，住常山寺積年。業尚純樸，不表飾言，時咸以此高之。常山有奉法者，兄弟二人，居去寺百里。兄婦疾篤，載至寺側，以近醫藥。兄弟奉調為師，朝晝常在寺中諮詢行道。異日調忽往其家。弟具問嫂所苦，並審兄安否。調曰：「病者粗可，卿兄如常。」調去後，弟亦策馬繼往。言及調旦來，兄驚曰：「和上旦初不出寺，汝何容見？」兄弟爭以問調。調笑而不荅，咸共異焉。

調或獨入深山一年半歲，齎乾飯數斗，還恒有餘。有人嘗隨調山行數十里，天暮大雪，調入石穴虎窟中宿，虎還，共臥窟前。調謂虎曰：「我奪汝處，有愧如何？」虎迺弭耳下山。從者駭懼。調後自尅亡日，遠近皆至，悉與語曰：「天地長久，尚有崩壞，豈況人物而求永存。若能蕩除三垢❶，專心真淨，形數雖乖❷，而神會必同契。」眾咸流涕固請。調曰：「生死，命也，其可請乎？」調迺還房端坐，以衣蒙頭，奄然而卒。

後數年，調白衣弟子八人入西山伐木，忽見調在高巖上，衣服鮮明，姿儀暢悅，皆驚喜作禮：「和尚在耶？」調曰：「吾常在耳。」具問知舊可否，良久乃去。八人便捨事還家，向諸同法者說。眾無以驗之，共發冢開棺，不復見屍，唯衣履在焉。

有記云：此竺佛調，譯出《法鏡經》及《十慧》等。按釋道安《經錄》云：漢靈帝光和❸中，有沙門嚴佛調，共安玄都尉譯出《法鏡經》及《十慧》等。語在《譯經傳》。而此中佛調迺東晉中代時人。見名字是同，便謂為一，謬矣。

【注釋】❶三垢　指人的貪、瞋、痴之心。垢，不淨之義。按，《無量壽經》：「消除三垢冥，廣濟眾厄難。」三垢又名三毒、三根。《大智度論》卷三一說：「有利益我者生貪欲，違逆我者而生瞋恚，此結使不從智生，從狂惑生，故是名為痴。三毒為一切煩惱根本。」《大乘義章》卷五說：「此三毒統攝三界一切煩惱，一切煩惱能害眾生，其猶毒蛇，亦如毒龍，是故喻龍名為毒。」即是說，一、人對有利於己的東西會生貪欲，這叫做貪；二、對不利於己的東西會憤恨，這叫做瞋；三、這些情結不是因智慧而產生，而是因對境遇的迷惑而產生，所以，叫做痴。這三種心理是產生一切世俗煩惱的根本原因，所以又稱三毒。❷形數雖乖　形數，指人的肉體、形體。乖，違背，這裡指肉體和靈魂之不同，通常又稱為幽明異途。❸光和　漢靈帝年號，時在西元一七八至一八三年。

【語　譯】竺佛調，不知其氏族，有人說他是天竺人。他事奉佛圖澄為師，在常山寺住了許多年。他對於學業修行，崇尚純樸，不形諸外表的誇飾和言談，當時的人都以此而讚美他。常山有兩個事奉佛教的人，他們是兄弟二人，居住在離寺廟百里遠的地方。其中哥哥的妻子生了重病，就用車子將她載到寺廟附近的一側，以便於就近醫治。哥哥奉竺佛調為師，早晚常在寺中向竺佛調學習修行。第二天，竺佛調忽然到了他家。他的弟弟便向竺佛調詢問嫂嫂的病情，又詢問哥哥是否安康。竺佛調對他說：「病人差不多已快好了，令兄一如往常。」竺佛調離開後，弟弟也繼之快馬前往寺廟。當他向哥哥談到竺佛調早晨到家裡來的事時，哥哥大為驚訝，說：「和尚早晨根本沒有出寺，你何從見到他呢？」兄弟爭論起來，就去找竺佛調對質。竺佛調笑而不答，兄弟倆都感到很詫異。

竺佛調有時獨自住進深山一年半載，祇帶著幾斗乾飯進山，等他從山中返回時，那飯還有剩餘。有人曾跟隨著竺佛調在山裡行走了幾十里，當時正值天黑，又下著大雪，見竺佛調進入一個虎窟石穴中住宿。老虎返回石穴後，和竺佛調一起臥在石窟前。竺佛調對老虎說：「我佔了你的住處，實在對不起，心下有愧，但又怎麼辦呢？」老虎就耷拉著耳朵下山去了。跟隨在竺佛調後面偷偷觀看的人又驚又怕。後來，竺佛調確定了自己的死期，遠近的人都趕來了。竺佛調對大家說：「天地長久，尚有崩壞的時候，人怎麼能夠祈求永存呢？若能蕩滌貪、瞋、痴三垢，專心於純真潔淨，形體雖有生死異途，但精神卻必定相同而契合。」眾人聽了，都痛哭流涕，一再請他不要死。竺佛調說：「人的生死，是命中注定的，大家這樣請求，能夠改變得了什麼呢？」竺佛調說完，就回到房中，端正地坐好，用衣服蒙住頭，忽然間就去世了。

幾年後，竺佛調的八個俗家弟子到西山伐木，忽然看見竺佛調在高高的巖石上，衣服鮮明，儀容歡暢，都又驚又喜地向他施禮，說：「和尚在這裡啊。」竺佛調說：「我一直在啊。」竺佛調又問了過去的熟人朋友現在怎麼樣，談了很久後他纔離去。這八個人便丟下要做的事，不伐木就連忙回家去，將這件事告訴一起學佛的同學。眾人因無法驗證這件事，就一起發掘了竺佛調的墳墓，打開他的棺材，結果果然沒有看到屍體，棺材裡祇有衣服和鞋子。

有記載說：這個竺佛調曾翻譯過《法鏡經》、《十慧》等經。按，釋道安《經錄》中說：漢靈帝光和年間，有沙門嚴佛調和安玄都尉翻譯了《法鏡經》、《十慧》等經。此語記在〈譯經傳〉內。但這個佛調是東晉中期的人。見名字相同，就說是同一個人，這是錯誤的。

晉洛陽耆域

耆域者，天竺人也。周流華、戎，靡有常所，而倜儻神奇，任性忽俗，迹行不恒，時人莫之能測。自發天竺，至于扶南❶，經諸海濱，爰涉交、廣❷，並有靈異。既達襄陽，欲寄載過江。船人見梵沙門衣服弊陋，輕而不載。船達北岸，域亦已度。前行見兩虎，虎弭耳掉尾，域以手摩其頭，虎下道而去。兩岸見者隨從成群。

晉惠之末❸，至于洛陽。諸道人悉為作禮，域胡踞❹晏然，不動容色。時或告人以前身所更❺，謂支法淵從羊中來，竺法興從人中來。又譏諸眾僧，謂衣服華麗，不應素法。見洛陽宮城云：「髣髴似忉利天宮❻，但自然之與人事❼不同耳。」域謂沙門耆闍蜜曰：「匠此宮者從忉利天來，成便還天上矣。屋脊瓦下，應有千五百作器。」時咸云，昔聞此匠實以作器著瓦下。又云，宮成之後，尋被害焉。

時衡陽太守南陽滕永文在洛，寄住滿水寺，得病經年不差❽，兩腳攣屈不能起行。域往看之，曰：「君欲得病差不？」因取淨水一杯，楊柳一枝，便以楊柳拂水，舉手向永文而呪。如此者三。因以手搦永文膝令起，即起行步如故。

此寺中有思惟樹數十株枯死。域問永文，樹死來幾時？永文曰：「積年矣。」域即向樹呪，如呪永文法。樹尋荑發❾，扶踈❿榮茂。

尚方暑中有一人病癥將死。域以應器著病者腹上，白布通覆之，呪願數千言，即有臭⓫氣燻徹一屋。病者曰：「我活矣。」域令人舉布，應器中有若淤泥者數升，臭不可近，病者遂差。

洛陽兵亂，辭還天竺。洛中有沙門竺法行者，高足僧也。時人方之樂令。因請域曰：「上人既得道之僧，願留一言，以為永誡。」域曰：「可，普會眾人也。」眾既集，域昇高座曰：「守口攝身意⓬，慎莫犯眾惡。修行一切善，如是得度世。」言訖便禪默⓭。行重請曰：「願上人當授所未聞。如斯偈義，八歲童子亦已諳誦，非所望於得道人也。」域笑曰：「八歲雖誦，百歲不行，誦之何益？人皆知敬得道者，不知行之自得道。悲夫！吾言雖少，行者益多也。」於是辭去。

數百人各請域中食，域皆許往。明旦，五百舍皆有一域，始謂獨過。後相雠問⓮，方知分身降焉。

既發，諸道人送至河南城。域徐行，追者不及。域迺以杖畫地曰：「於斯別矣。」其日有從長安來者，見域在彼寺中。又賈客胡濕登者，即於是日將暮，逢域於流沙，計已行九千餘里。既還西域，不知所終。

【注釋】❶扶南　為中南半島故國，意為「山地之王」，西元一世紀建國，與中國聯繫密切，三國時吳國曾派康泰、朱應出使其國，此後兩國往來頻繁，朱應撰有《扶南異物志》（已佚），劉宋時竺芝撰有《扶南記》（原書已佚，可散見於《水經注》、《太平御覽》），故址在今柬埔寨。❷交廣　指交州、廣州。交州，東漢置，治所在廣信（今廣西梧州），後移至番禺（今廣東廣州）。廣州，三國時吳國分交州所置，治所在番禺（今廣東廣州）。❸晉惠之末　西晉惠帝，西元二九〇至三〇六年在位。❹胡踞　胡人習慣的坐姿。❺前身所更　指由前世所轉生。如下文，「支法淵從羊中來，竺法興從人中來」，即謂支法淵前世是羊，由羊轉生而來；竺法興前世是人，由人轉生而來。❻忉利天宮　忉利天，即三十三天，欲界六天之第二天。在須彌山頂，其四方各有八天城，合中央帝釋所居，共三十三處，故亦稱三十三天。忉利天宮，即帝釋所居的天宮。❼事　原作「專」，大正藏本作「事」，據以校改。❽差　通「瘥」。疾病痊愈。❾萌發　即發芽。萌，草木開始生出的芽。❿扶踈　又作扶疏，枝葉繁茂的樣子。⓫臰　臭的異體。⓬守口攝身意　攝持身、口、意三業，使不犯過錯。守口，守住自己的嘴，不亂說。攝身意，攝持身和意，使不犯過錯。⓭禪默　即靜默。⓮後相雠問　謂飯後大家互相詢問核對。後，原作「未」，據大正藏本改。

【語譯】耆域，天竺人。他在華夏和西戎之間流動不居，沒有固定的住所。他為人倜儻灑脫而又神奇，任性而為，不顧習俗，行蹤不定，當時的人對他都不甚了解。他從天竺出發，到達扶南，又經過許多海濱，到了交州、廣州一帶，其間都留下了他的靈異事跡。他到達襄陽時，打算乘船過江。船主見這個梵國沙門衣服破舊，瞧不起他，不肯渡他過江。可是，渡船到達江北岸時，耆域卻已過了江。他朝前走時，看見道路上有兩隻老虎。老虎耷拉著耳朵，垂著尾巴，耆域就用手摸了摸老虎的頭，老虎就離開道路走了。兩岸的人成群結隊地尾隨觀看。

西晉惠帝末年，耆域到了洛陽。僧人們都向他致禮，但耆域以胡人的姿勢安然坐著，毫不動容。他時常告訴人前世是什麼，是從什麼轉生而來，他說支法淵是從羊轉生而來，竺法興是從人轉生而來。他又常譏諷眾僧，說他們衣服太華麗，不合佛教素淨的要求。他看見洛陽的宮城，又說：「這宮城彷彿是忉利天宮，祇不過有自然和人造之別。」耆域對沙門耆闍蜜說：「建造這座宮殿的工匠是從忉利天來的，宮殿造好後，他就回到天上去了。宮殿的脊瓦下面，應當留有一千五百個工具。」當時的人也都說：從前聽說這個工匠的確將工具放在瓦下面。又說，宮殿建成之後不久，這個工匠就被殺害了。

那時，衡陽太守南陽滕永文在洛陽，寄住在滿水寺。他因患病多年不愈，兩腳痙攣屈曲，不能起立行走。耆域前去探望他，對他說：「您希望病好嗎？」他取了一杯淨水，一枝楊柳條，用柳條拂水，又舉著手向滕永文念動呪語。這樣反覆進行了三次。然後耆域就用手握著滕永文的膝部，讓他站起來。滕永文當即就能起立，而且可以像無病時一樣步行了。

滿水寺中有幾十株思惟樹枯死了。耆域問滕永文，這些樹死了多久？滕永文說：「這些樹已死了好多年了。」耆域當即對著樹念動呪語，就和對著滕永文念呪一樣。這些已死了的樹隨即發了芽，枝葉繁茂，欣欣向榮了。

那時正值夏季，有一個人已經病得快要死了。耆域將一個容器放在病人的腹部上，又用白布將他全部覆蓋好，念了數千言的呪語和祈願。當即就有熏人的臭氣充斥了滿屋子。病人忽然說：「我活了。」耆域叫人將白布拿掉，容器中有泥渣一般的淤泥好幾升，臭不可聞。由此，病人便痊癒了。

洛陽發生兵亂，耆域便離開洛陽返回天竺。洛陽城中有一位叫竺法行的沙門，是一位高僧。當時的人都把他比作樂令。他請來耆域，對他說：「上人您是得道高僧，請您留下一言，給我作為永久的訓誡。」耆域說：「可以。請把眾人招集來，對大家講一講吧。」大家會集後，耆域就登上高座說：「要守住自己的嘴，攝持好自己的身和意，千萬不要犯了眾惡。要修行一切善，如此就可以度世。」說罷，耆域就靜默不語了。竺法行聽了，再度請求說：「請上人傳授一些我們聞所未聞的話吧。像剛纔這首偈的意思，就是八歲的小孩都早已記得熟透，能夠背得出來，這不是我們希望從您這兒得到的話。」耆域笑道：「雖然八歲時就能背誦，可是，到一百歲的時候也不能做得到，能背誦又有什麼益處呢！人人都知道尊敬得道的人，可就是不知道自己躬行實踐而從中自己去悟道。可悲噢！我的話雖然很少，但照此實行就會知道我說的實在很多很多。」於是，眾人衹好告辭而去。

有好幾百人各自請耆域吃中飯，耆域都允諾前往。第二天早晨，五百戶人家每家都有一個耆域，而且在午飯開始時，每一家的耆域都說自己衹到這一家。後來，大家互相詢問核對，才知道耆域用了分身法，分身到各家去。

耆域動身出發時，諸位僧人為他送行，將他送到河南城。耆域緩步而行，送行的人也追不上他。耆域就用錫杖在地上畫了一下，說：「就在這裡分手吧。」那一天，有從長安來的人，說他在長安的寺廟裡看見了耆域。又有一個叫胡濕登的商者，在那一天太陽快要下山時，與耆域在流沙相遇。推算起來，到他們相遇的時候，耆域已經走了九千多里。耆域回返西域後，就不知下落了。

卷一〇

神異下　正傳十六人　附見十一人

晉洛陽槃鵄山犍陀勒

犍陀勒者，本西域人，來至洛陽積年。眾雖敬其風操，而終莫能測。後謂眾僧曰：「洛東南有槃鵄山，山有古寺廟處，基墌❶猶存，可共修立。」眾未之信，試逐檢視。入山到一處，四面平坦，勒示云：「此即寺基也。」即掘之，果得寺下石基。後示講堂僧房處，如言皆驗。眾咸驚歎，因共修立，以勒為寺主。

寺去洛城一百餘里，朝朝至洛陽諸寺赴中❷，暮輒乞油一鉢，還寺燃燈。以此為常，未曾違失。有人健行，欲隨勒觀其遲疾，奔馳流汗，恒苦不及。勒令執袈裟角，唯聞厲風之響，不復覺倦，須臾至寺。勒後不知所終。

【注　釋】❶基墌　即房屋的基礎、房基。墌，猶礎。❷赴中　謂去洛陽寺廟吃日中的齋飯。中，日中；正午。僧人「過中不食」，這裡「中」指日中齋飯。

【語　譯】犍陀勒本是西域人，來到洛陽已經多年。大家雖然都敬重他的風範操守，但莫測高深。後來，他對眾僧說：「洛陽城的東南有一座槃鵄山，在山上的古寺廟原址，寺廟的屋基還留存著，可以在那裡共同建造一座寺廟。」大家對他的話不相信，懷著試試看的心理到山上去察看尋找，看他說得對不對。他們來到山中的一個地方，這裡四面平坦。犍陀勒指著一處對大家說：「這裡就是古寺廟的屋基。」大家就在他所說的地方發掘，果然找到了寺廟下面的石基。後來，犍陀勒又把寺廟舊址的講堂、僧房所在處一一指給大家看，他的話都被驗證了。大家這才對他深為驚歎，就共同建造了一座寺廟，推舉犍陀勒擔任寺主。

這座寺廟距離洛陽城有一百多里，犍陀勒每天早晨到洛陽城裡去，在洛陽的寺廟中吃一頓日中齋飯，晚上則乞討一鉢油回寺，用於點燈。他天天如此，習以為常，從來沒有例外和錯過時間。有人走路很快，便想跟隨著犍陀勒，看他走路究竟有多快。但他拼命奔跑疾馳，趕得大汗淋漓，也總是追不上犍陀勒。犍陀勒就讓他拽著自己袈裟的一角。結果，他祇聽見耳邊急風呼呼地響，不再感覺疲勞，須臾間便到了寺中。至於犍陀勒的最終下落，則無人知曉。

晉洛陽婁至山訶羅竭

訶羅竭者，本樊陽❶人。少出家，誦經二百萬言。性虛玄，守戒節，善舉厝❷，美容色。多行頭陀❸，獨宿山野。晉武帝太康九年暫至洛陽，時疫疾甚流，死者相繼。竭為呪治，十差❹八九。至晉惠帝元康元年，乃西入，止婁至山石室中坐禪。此室去水既遠，時人欲為開澗。竭曰：「不假相勞。」乃自起以左腳蹍室西石壁，壁陷沒指。既拔足，水從中出，清香軟美，四時不絕。來飲者皆止飢渴，除疾病。

至元康八年端坐從化，弟子依國法闍維❺之。焚燎累日，而屍猶坐火中，永不灰燼，乃移還石室內。後西域人竺定字安世，晉咸和❻中往其國，親自觀視，見屍儼然平坐，已三十餘年。定後至京，傳之道俗。

【注　釋】❶慭陽　地名。大正藏本作「樊陽」，《法苑珠林》作「襄陽」。《正字通》慭：「地名，無稽。」即未詳何地。❷善舉厝　謂舉止優雅。聯繫下文「美容止」，此「善舉厝」當即擅長於舉止步態。如《南齊書・褚淵傳》說：「淵美儀貌，善容止，俯仰進退，咸有風則。每朝會，百僚遠國使莫不延首目送之。宋明帝嘗歎曰：『褚淵能遲行緩步，便持此得宰相矣。』」這裡「遲行緩步」即為時人所認為善舉厝。又《南齊書・徐孝嗣傳》說徐孝嗣：「善趨步，閑容止，與太宰褚淵相埒。」其中「善趨步」與之同義。❸多行頭陀　這裡指修持頭陀行。頭陀，參見本書卷八〈釋法通傳〉「頭陀」條注釋。❹差　通「瘥」。病除；痊愈。❺依國法闍維　大正藏本在「國」字前有一「西」字。闍維，指僧人死後火化、火葬。❻晉咸和　東晉成帝司馬衍年號，西元三二六至三三四年。

【語　譯】訶羅竭，本是慭陽人。他少年時出家，誦讀佛經達二百萬言。他虛懷幽靜，謹守戒律，舉止優雅，容貌美麗。他修持頭陀行，獨宿於山野間。晉武帝太康九年，訶羅竭到了洛陽，暫住這裡。當時有疫疾流行，甚為嚴重，連續有人染病而死。訶羅竭為他們念呪治療，患病者十有八九得以痊愈。到了晉惠帝元康元年，訶羅竭西行，在婁至山的石室中坐禪。這個石室離水源很遠。當時有人要為他開澗引水，訶羅竭說：「不必為此有勞大駕。」他自己抬起左腳踩踏石室西面的石壁，石壁便陷下去有一指深。待訶羅竭拔出腳來時，水便從石壁中流了出來。流出來的水散發著清香，飲用起來甘醇可口，而且四季長流不絕。到這裡來飲用水的人，都既解饑渴，又消除了疾病。

到元康八年，訶羅竭端坐著死去。他的弟子按照他的國家的習俗將他火化。火化時，焚燒了好多天，但訶羅竭的屍體仍端坐在火中，沒燒成灰燼。他的弟子就將屍體移到石室內。後來，有一位名叫竺定，字安世的西域人，於晉咸和年間到訶羅竭的國家去親自觀看。他見到訶羅竭的屍體儼然端坐，已有三十多年。竺定後來到了京城，將這件事在僧人和俗眾中傳揚開了。

晉襄陽竺法慧

竺法慧，本關中人，方直有戒行。入嵩高山❶，事浮圖密為師。晉康帝建元元年至襄陽，止羊叔子寺。不受別請，每乞食，輒齎繩床自隨，於閑曠之路，則施之而坐。時或遇雨，以油帔自覆。雨止，唯見繩床，不知慧所在。訊問未息，慧已在床。每語弟子法昭曰：「汝過去時折一雞腳，其殃尋至。」俄而昭為人所擲，腳遂永疾。後語弟子云：「新野❷有一老公當命過❸，吾欲度之。」仍行於畦畔之間，果見一公，將牛耕田。慧從公乞牛。公不與。慧前自捉牛鼻。公懼其異，遂以施之。慧牽牛呪願，七步而反，以牛還公。公少日而亡。

後征西庾稚恭❹鎮襄陽，既素不奉法，聞慧有非常之迹，甚嫉之。慧預告弟子曰：「吾宿對❺尋至，誡勸眷屬令懃修福善。」爾後二日，果收而刑之，春秋五十八矣。臨死語眾人云：「吾死後三日，天當暴雨。」至期果洪注，城門水深一丈，居民漂沒，多有死者。

【注　釋】❶嵩高山　又稱嵩山，在今河南登封。❷新野　縣名。西漢置，即今河南新野。❸命過　這裡指死亡。❹征西庾稚恭　征西，征西大將軍的略稱。庾稚恭，名翼，字稚恭，庾亮的弟弟。史載庾稚恭風儀秀偉，少有經綸大略，才名冠世。蘇峻作亂時，他當時二十二歲，便奉庾亮之命協助守衛石頭城。庾亮失敗後，他和庾亮一同西逃。陶侃、庾亮、溫嶠聯合平定蘇峻之亂後，庾稚恭始任陶侃府幕參軍，後累遷從事中郎、振威將軍、鄱陽太守，又轉建威將軍、西陽太守，為政甚得民心。後又遷南蠻校尉，領南郡太守，加輔國將軍。他和兄長庾亮都力主北伐，因大多數朝臣反對而未能實現。東晉咸康六年（西元三四〇年）庾亮死後，庾稚恭繼任都督江、荊、司、雍、梁、益六州諸軍事、安西將軍、荊州刺史，鎮武昌，政績卓著，進位征西大將軍。東晉永和元年（西元三四五年）因背疽發作病故，時年四十一歲。《晉書》有傳。❺宿對　按佛教觀念，指前世的對頭、仇人。

【語　譯】竺法慧，本是關中人。他為人方正直率，行為合乎僧人戒律。他曾入嵩高山拜浮圖密為師。晉康帝建元元年，法慧來到襄陽，住在羊叔子寺。他不受別人的宴請。每次乞食，總是隨身帶著繩床，遇到廢棄的荒曠之路，他就鋪開繩床坐在上面。若遇雨，他就用油帔覆蓋自己以避雨。雨停後，則祇能看見繩床，卻不知法慧在哪裡了。但若詢問時，則詢問的聲音還沒停止，法慧卻又已出現在繩床上了。法慧常對弟子法昭說：「你前世曾打折一隻雞的腳，這件禍事馬上就要報應了。」不久，法昭被人擲中，患了永久不癒的腳疾。法慧後來對弟子說：「新野有一位老人應當死了，我要去超度他。」竺法慧在農田畦畔之間行走，果然看見一位老人正在趕牛耕田。他就向這位老人乞討他的牛。老人不肯給。竺法慧就自己強行牽住牛鼻子。老人懼怕他是什麼異人，也就將牛施捨給他了。竺法慧牽著牛，念動咒語發願，祇走了七步就轉身而回，把牛又還給老人。老人沒過幾天就死了。

後來，東晉征西大將軍庾稚恭鎮守襄陽時，他因向來不信奉佛法，聽說了竺法慧的神異事跡，甚是嫉恨。竺法慧就預告自己的弟子說：「我前世的對頭馬上就要來了，你們需勸說自己的眷屬努力行善修福。」此後兩天，竺法慧果然被庾稚恭收監殺掉了，那年，他五十八歲。他臨死時對大家說：「我死之後三天，天將降暴雨。」屆時果然暴雨傾注，城門的水有一丈深，居民遭受洪水，隨水漂流或淹沒，死了很多人。

晉洛陽大市寺安慧則　康慧持

安慧則，未詳氏族。少無恒性，卓越異人，而工正書，善談吐。晉永嘉中❶，天下疫病，則晝夜祈誠，願天神降藥以愈萬民。一日出寺門，見兩石形如甕，則疑是異物。取看之，果有神水在內。病者飲服，莫不皆愈。後止洛陽大市寺，手自細書黃縑，寫《大品經》一部，合為一卷。字如小豆，而分明可識，凡十餘本。以一本與汝南❷周仲智❸妻胡母氏供養。胡母過江，齎經自隨，後為災火所延，倉卒不暇取經，悲泣懊惱。火息後，乃於灰中得之。首軸顏色，一無虧損。于時同見聞者，莫不迴邪改信。此經今在京師簡靖寺❹首尼❺處。

時洛陽又有康慧持者，亦神異通靈云。

【注　釋】❶晉永嘉中　即西晉懷帝永嘉年間，共六年，西元三〇七至三一二年。❷汝南　郡名。西漢時置，治所在上蔡（今河南上蔡），東漢時治所移至平輿（今河南平輿）。❸周仲智　名嵩，字仲智，周顗（參見本書卷七〈釋慧嚴傳〉「周顗」條注釋）的弟弟，汝南安成（今河南平輿）人。周嵩信奉佛教，佛理甚精，史稱他為人狷直果敢，每以才氣傲物，東晉元帝朝，官至御史中丞。元帝曾因王敦勢大而漸漸疏遠王導，由周嵩直諫，才得以感悟，使王導免害。王敦殺害周顗後，又派人前往弔喪，周嵩說，先兄本是天下人，被天下人所殺，有什麼可弔的！後終被王敦誣陷致死。《晉書》有傳。❹簡靖寺　又作「簡靜寺」，寶唱《比丘尼傳》載，簡靜寺是東晉太元十年（西元三八五年）由會稽王司馬道子為妙音尼所建。❺首尼　寶唱《比丘尼傳》載有兩位「首尼」，一為建賢寺安令首尼，一為青園寺業首尼，然安令首與業首都未住過簡靖（或靜）寺，傳中亦未提到這卷《大品經》。則本傳所稱「首尼」，未詳。

【語譯】安慧則，不知是什麼氏族。他少年時沒有恒性，但表現卓越異於常人。他擅長楷書，善於談論。西晉永嘉年間，疫病流行天下，安慧則日夜虔誠地祈禱，請求天神降藥，來治愈萬民的疾病。一天，安慧則走出寺門，看見兩塊石頭，形狀如甕，疑心這是神異之物，取來一看，果然發現裡面盛有神水。病人喝了這水，無不痊癒。後來，他住在洛陽大市寺，在黃縑上用很細的筆畫手寫了一部《大品般若經》，合為一卷。他的字寫得很小，衹有小豆那麼大，然而字跡清楚，可以辨識。他一共寫了十幾本，曾送了一本給汝南周仲智的妻子胡母氏供奉。胡母氏過江時，一直隨身帶著這部經。後來因為發生火災，大火蔓延到胡母氏的家，她在倉卒之間，沒有來得及取出經卷，而為之悲泣懊惱。火災熄滅後，她又從大火燒過的灰燼中找到了這部經。經卷的軸首和顏色竟毫無損壞。那時看見或聽說了這件事的人，無不改邪歸正，信奉了佛教。這部經卷現在尚存於京師簡靖寺的首尼那裡。

當時，洛陽還有一位康慧持，也神異而能通靈。

晉長安涉公

涉公者，西域人也。虛靖服氣，不食五穀❶，日能行五百里。言未然之事，驗若指掌。以苻堅❷建元十二年至長安。能以秘呪呪下神龍，每旱，堅常請之呪龍，俄而龍下鉢中，天輒大雨。堅及群臣親就鉢中觀之，咸歎其異。堅奉為國神，士庶皆投身接足❸，自是無復炎旱之憂。至十六年十二月無疾而化，堅哭之甚慟。

卒後七日，堅以其神異，試開棺視之，不見屍骸所在，唯有殮被存焉。至十七年，自正月不雨，至于六月。堅減膳撤懸❹，以迎和氣，至七月降雨。堅謂中書朱彤曰：「涉公若在，朕豈燋心於雲漢若是哉？此公其大聖乎！」彤曰：「斯術幽遠，實亦曠古之奇也。」

【注　釋】❶虛靖服氣二句　謂不食人所種的五穀糧食，而服食天地之氣。虛靖，即虛靜。按，這是漢末魏晉南北朝道教煉養的「辟穀」法。❷苻堅　十六國時期前秦皇帝，都城長安（今陝西西安），西元三五七至三八五年在位，參見本書卷九〈竺佛圖澄傳〉「苻堅」條注釋。❸投身接足　俯伏身體擁吻腳。按，這不是華夏禮儀，這裡意謂崇拜得五體投地。❹撤懸　謂撤去居處的懸掛遮掩裝飾之物，以示節儉自苦和潔淨，來感動上天。懸，指居處所用的一切懸掛遮掩裝飾之物。按，這與上文「減膳」同一用意，猶如齋戒。中國古代帝王，遭遇天災，一般會齋戒自苦，以示罪己懺悔和潔淨來感動上天，企圖以這種方式來消災免禍。其意識根據是天人感應。

【語　譯】涉公，西域人。他心性虛靜，唯服食天地之氣，而斷絕五穀，不食人間煙火。他一天能行五百里，又能預言未來的事，而了如指掌，應驗無訛。他在苻堅建元十二年到達長安。他能用秘呪召喚神龍下降。每逢旱災，苻堅就請他念呪請龍，神龍就會立即下降，來到他的鉢盂中，而天降大雨。苻堅和眾大臣都親眼觀看鉢盂中的情形，莫不感歎他的神異。苻堅將他奉為國神，全國士人和百姓，也都對他崇拜得五體投地。自涉公來到長安後，人們也就不再擔憂酷熱旱災了。到了建元十六年十二月，涉公無病而亡。苻堅為之哭喪，非常悲慟。在涉公死後的第七天，苻堅因為涉公是神異之人，就打開他的棺材觀看，看他究竟死了還是沒死。結果看到，棺材裡果然沒有屍體，祇有收殮時用以裹屍的被服還在。建元十七年，從正月開始，到六月間，天一直沒有下雨。苻堅就減膳食遵奉齋戒，以此來感動上天。到七月間，終於降了雨。苻堅對中書朱彤說：「涉公如果還在，哪裡用得著我如此焦慮天上的雲漢啊？涉公真是一位大聖人啊！」朱彤說：「他的法術能招喚遙遠的幽冥，實在也是曠古奇術。」

晉西平釋曇霍

釋曇霍者，未詳何許人。蔬食苦行，常居冢間樹下❶，專以神力化物❷。時河西鮮卑偷髮利鹿孤❸僭據西平❹，自稱為王，號年建和。建和二年十一月，霍從河南來至西平，持一錫杖，令人跪之，云：「此是波若眼❺，奉之可以得道。」人遺其衣物，受而輒投諸地，或放之河中。有頃，衣自還本主，一無所污。行疾如風，力者追之，恒困不及。言人死生貴賤，毫厘無爽。人或藏其錫杖，霍閉目少時，立知其處，並奇其神異，終莫能測。然因之事佛者甚眾。鹿孤有弟傉檀❻，假署車騎❼，權傾偽國❽。性猜忌，多所賊害。霍每謂檀曰：「當修善行道，為後世橋梁。」檀曰：「僕先世已來，恭事天地名山大川。今一旦奉佛，恐違先人之旨。公若能七日不食，顏色如常，是為佛道神明，僕當奉之。」乃使人幽守七日，而霍無飢渴之色。檀遣沙門智行密持餅遺霍，霍曰：「吾嘗誰欺，欺國王耶？」檀深奇之，厚加敬仰，因此改信，節殺興慈。國人既蒙其祐，咸稱曰大師。出入街巷，百姓並迎，為之禮。檀有女，病甚篤，請霍救命。霍曰：「死生有命，聖不能轉，吾豈能延壽？正可知早晚耳。」檀固請之。時宮後門閉，霍曰：「急開後門。及開則生，不及則死。」檀命開之，不及而卒。

至晉義熙三年，傉❾檀為勃勃❿所破，涼士兵亂，不知所之。

【注釋】❶常居冢間樹下　這是頭陀行戒律之一，要求「冢間坐（即坐在墳地裡）」，參見本書卷八〈釋法通傳〉「頭陀」條注釋。❷神力化物　謂以神通法術等神異現象來教化世人。化物，即教化世人。❸偷髮利鹿孤　十六國時期南涼國王，鮮卑族，在位三年。他是南涼創立者禿髮烏孤的弟弟。《晉書》載記作禿髮利鹿孤。偷髮、禿髮，均是拓跋的異譯音。按，中原漢、魏之際，拓跋氏的一支由酋長統率，從塞北遷到河西，被稱為河西鮮卑。他們在這裡居住約兩個世紀後，漸漸強盛，主要從事畜牧業和農業。至禿髮烏孤時期，便以廉川堡（今青海民和）為中心不斷擴展。他們起初依附後涼國呂光，至西元三九七年禿髮烏孤與後涼決裂，自稱大將軍、大單于、西平王，第二年又改稱武威王，史稱南涼。西元三九九年禿髮烏孤遷都樂都（今青海樂都）。同年八月，禿髮烏孤死，由其弟禿髮利鹿孤繼位。禿髮利鹿孤繼位後，遷都到西平（今青海西寧），又於西元四〇一年改稱河西王。次年（西元四〇二年）禿髮利鹿孤死，由其弟禿髮傉檀繼位，改稱涼王，又遷回樂都。《晉書》載記有傳。另參見本篇「傉檀」條注釋。❹西平　曾是南涼的國都，即今青海西寧。❺波若眼　智慧之眼。波若，又譯作般若，智慧之義。《晉書・藝術・曇霍傳》作「般若眼」。❻傉檀　即禿髮傉檀，十六國時期南涼王。鮮卑族人，禿髮烏孤之弟，生於西元三六五年，卒於西元四一五年。西元四〇二年南涼王禿髮利鹿孤死，由禿髮傉檀繼位。禿髮傉檀自號涼王，遷都於樂都（今青海樂都），在位約十三年。西元四〇三年，後秦姚興滅後涼，佔領涼州。次年，禿髮傉檀詐降姚興。西元四〇六年，禿髮傉檀接受後秦所封涼州刺史稱號，佔有姑臧。南涼國一直處在後秦、西秦、赫連夏、北涼沮渠氏的包圍之中，屢遭攻擊。西元四一〇年北涼沮渠蒙遜奪取姑臧後，一再南進包圍樂都。南涼連年戰亂，也連年不收，禿髮傉檀為了解決糧食問題，於西元四一四年率兵向西進攻吐谷渾的乙弗部，獲得牛、馬、羊四十多萬頭。但他以為西秦乞伏熾磐「名微眾寡」，又是自己的女婿，因而放鬆了後方的防禦。乞伏熾磐乘虛進攻，十天攻下樂都，禿髮傉檀投降，南涼國亡。一年後，禿髮傉檀被自己的女婿熾磐毒死。本篇所記「晉義熙三年，傉檀為勃勃所破」一事，即指赫連勃勃稱王後，向禿髮傉檀求婚，遭到拒絕，於是赫連勃勃進攻南涼，結果禿髮傉檀大敗。《晉書》載記有傳。❼假署車騎　假，猶偽，本書作者慧皎雖是僧人，但未取佛教「眾生平等」的眼光，而是以晉為正統，視五胡十六國均為「偽國」，故有「假署」即「偽署」之稱。假署車騎，即謂任命為車騎將軍。❽偽國　指南涼國。❾傉　原作「耨」，大正藏本亦作「耨」，誤，應從本篇上文作「傉」，《晉書．藝術．曇霍傳》亦作「傉檀」，見本篇「傉檀」條注釋。❿勃勃　即赫連勃勃，十六國時期夏國的創建者，屬匈奴族鐵弗部人。其父劉衛辰曾率部臣屬前秦苻堅，屯駐於代來城（今內蒙古杭錦旗東部），後為北魏所滅。赫連勃勃逃亡到後秦，受到姚興的寵遇，被任為安北將軍、五原公，鎮守朔方（今陝西延安）。西元四〇七年，赫連勃勃自稱天王、大單于，國號大夏。北魏明元帝曾將他改名為屈孑，意為卑下。他稱王後，認為帝王「徽赫與天連」，因而改姓為赫連氏。夏國據有河套之地，南境抵三城（今陝西延安）和高平（今寧夏固原）。赫連勃勃不建國都，而是流動殺伐。赫連勃勃體格魁偉，英勇善戰，凶暴好殺，多次向西進攻南涼，向南進攻後秦，俘掠大量人口牲畜。西元四一三年，他以十萬民工「蒸土築城」，欲建立國都，所建城牆，如果用鐵錐能刺進一寸，他就將工匠殺死，將之築入牆內。他要統一天下，君臨萬邦，因而定城名為統萬（今內蒙古烏審旗南白城子）。東晉劉裕滅後秦南歸後，赫連勃勃乘機南下，於西元四一八年攻克長安，作為南都，自稱皇帝，關中之地於是統屬夏國。西元四二五年赫連勃勃死，其子赫連昌繼位。西元四二七年，北魏攻取統萬，次年，赫連昌被擒。其弟赫連定率餘眾數萬至平涼（今甘肅平涼西南）稱帝，繼續與北魏作戰。西元四三一年赫連定消滅西秦，擄掠人民十多萬口欲渡黃河西去，六月渡河時遭北魏屬國吐谷渾襲擊，赫連定被俘，夏國亡。

【語　譯】釋曇霍，出身履歷不詳。他素食苦行，常居住在墳地間和樹下，專門以神力靈異來教化大眾。當時，河西鮮卑人禿髮利鹿孤佔據了西平，自稱為王，年號建和。建和二年十一月，曇霍從河南來到西平。他手拿一根錫杖，要人向錫杖跪拜。他說：「這是般若眼，崇奉它就可以得道。」有人贈送衣物給曇霍，他都接受，但然後他又將這些衣物或者投擲於地，或者投入河中。過了一會兒，這些衣物就又回到原來的主人手裡，連一點髒汙也沒沾到。曇霍行走起來，快如疾風，即使很有力的人在後面拼命追他，也總是追不上。曇霍常說，人的死生貴賤，都是人命中注定，一絲一毫也不會錯的。人們有時將他的錫杖藏起來，曇霍祇要閉上眼睛想一會兒，就立即知道錫杖所藏的地方了。大家都驚歎他的神通靈異，而莫測高深，因此信奉佛教的人很多。禿髮利鹿孤有個弟弟，名叫傉檀，官署車騎將軍，權傾全國。他性情多疑而好妒忌，被他所害的人很多。曇霍常對他說：「應當修善行道，為自己的後世留一條路。」傉檀說：「我自祖先以來，一直供奉天地和名山大川。現在一旦改變信仰，轉而信仰佛教，恐怕會違背了祖先的意志。您若能在七天內不吃東西，而面色不變，來證明佛道果然神明，我就信奉佛教。」於是，他就派人讓曇霍住在幽靜之處孤守七天。七天後曇霍毫無饑渴的神色。這期間，傉檀曾派沙門智行秘密地拿了餅去給曇霍，曇霍對他說：「我曾經欺騙過人嗎？你這是要我欺騙國王嗎？」傉檀這纔深感曇霍的神奇，對他非常敬仰，而因此改信了佛教，從此不再濫殺人，而發了慈悲心。南涼國的人因此蒙受了曇霍的福祐，稱他為大師。曇霍在街巷出入，都受到老百姓的歡迎，向他行禮。傉檀有個女兒，生了很重的病，傉檀請曇霍來救女兒的命。曇霍對他說：「人的生死是命中注定的，就是聖人也不能改變，我怎麼能為她延長壽命呢？祇是可以知道她什麼時候死罷了。」傉檀固執地一再請他救命。那時，王宮的後門關閉著，曇霍就說：「趕快打開王宮的後門。如果來得及，就可以活，來不及，就祇有死。」傉檀命令人趕快去打開王宮的後門，結果沒來得及，他的女兒也就死了。

到東晉義熙三年傉檀被赫連勃勃打敗，南涼國內發生戰亂，曇霍失蹤，不知他到哪裡去了。

晉上虞龍山史宗

史宗者，不知何許人。常著麻衣，或重之為納❶，故世號麻衣道士。身多瘡疥，性調不恒。常在廣陵❷白土埭，憑埭❸謳唱，引綽❹以自欣暢，得直❺隨以施人。棲憩無定所，或隱或顯。時高平檀祇❻為江都❼令，聞而召來。應對機捷，無所拘滯，博達稽古，辯說玄儒。乃賦詩一首曰：「有欲苦不足，無欲亦無憂。未若清虛者，帶索披玄裘❽。浮遊一世間，汎若不繫舟。方當畢塵累，棲志且山丘。」檀祗知非常人，遣還所在。遺布二十匹，悉以乞人。

後有一道人，不知姓名，常齎一杖一箱自隨。嘗逼暮來詣海鹽⑨令，云：「欲數日行，暫倩一人，可見給不？」令曰：「隨意取之。」乃選取守鵝鴨小兒形服最醜者將去。倏忽之間，至一山上。山上有屋，屋中有三道人。相見欣然共語，小兒不解。至中許，道人就主人索食，得一小甌食，狀如熟艾，食之飢止。向暝⑩，道人辭欲還去。聞屋中人問云：「君知史宗所在不？其適⑪何當竟？」道人云：「在徐州江北廣陵白土埭上，計其適亦竟也。」屋中人便作書曰：「因君與之。」道人以書付小兒。比曉，便至縣，與令相見云：「欲少日停此。」令曰：「大善。」問箱中有何等，答云：「書疏耳。」

道人常在聽事⑫上眠，以箱杖著牀頭。令使持時人夜偷取，欲看之。道人已知，暮輒高懸箱杖，當下而臥，永不可得。後與令辭曰：「吾欲小停，而君恒欲偷人，正爾便去耳。」令呼先小兒，問近所經。小兒云：道人令其捉杖，飄然而去，或聞足下波浪耳。並說山中人寄書猶在小兒衣帶。令開看，都不解。乃寫取，封其本書，令人送此小兒至白土埭，送與史宗。宗開書大驚云：「汝那得蓬萊⑬道人書耶？」宗後南遊吳會⑭，嘗過漁梁⑮，見漁人大捕，宗乃上流洗浴，群魚皆散。其潛拯物類如此。

後憩上虞⑯龍山大寺。善談《莊》《老》，究明《論》《孝》，而韜光隱迹，世莫之知。會稽謝邵、魏邁之、放之等，並篤論淵博，皆師焉。後同止沙門夜聞宗共語者，頗說蓬萊上事，曉便不知宗所之。陶淵明⑰〈記白土埭遇三異法師〉，此其一也。或云有商人海行，於孤洲上見一沙門，求寄書與史宗。置書於船⑱中，同侶欲看書，書著船不脫。及至白土埭，書飛起就宗，宗接而將去。

【注釋】❶重之為納　謂將之重疊作納衣服。❷廣陵　廣陵郡，東漢、東晉及南朝時期治所在廣陵（今江蘇揚州）。❸埭　堵水的土堤。按，廣陵在長江邊，需築埭以防水患。文中所提到的「白土埭」大約是為此而築。❹引笮　笮，《慧琳音義》作「筰」。筰，即「笮」，竹索，拉船所用的竹製繩索。如謝靈運〈折楊柳行〉：「負笮引文舟，饑渴常不飽。」❺得直　指所得報酬。這裡指史宗為人拉船所得報酬。直，通「值」。即報酬。❻高平檀祇　謂高平人檀祇。高平，即今寧夏固原。祇，大正藏本作「祗」。❼江都　縣名。秦置廣陵縣，漢改為江都縣，以統長江為一都會而名，故址在今江蘇揚州江都。❽帶索披玄裘　謂用繩子索著所穿的黑色衣服，即僧服。❾海鹽　縣名。即今浙江海鹽。❿向瞑　即向晚，黃昏時分。瞑，當是「暝」。大正藏本作「冥」。⓫讁　「謫」的異體。這裡指仙人因罪被罰而降落人間。⓬聽事　即官府辦公的大廳。⓭蓬萊　傳說中的神山仙境。《漢書・郊祀志》：「自威、宣、燕昭使人入海求蓬萊、方丈、瀛洲，此三神山者，其傳在渤海中。」按，慧皎在本篇中將蓬萊視為實有，所記史宗與「蓬萊道人」有聯繫，也竭力暗示史宗是仙人。⓮吳會　東漢時分會稽郡為吳郡和會稽郡二郡，此二郡合稱為吳會。⓯漁梁　圍水捕魚的漁場。⓰上虞　縣名。即今浙江上虞。⓱陶淵明　一名潛，字元亮，潯陽柴桑（今江西九江西南）人，生於西元三六五年，卒於西元四二七年，東晉、劉宋時期的大詩人和著名隱士，有名篇〈桃花源記〉膾炙人口，南朝梁昭明太子蕭統《陶淵明集・序》稱他和慧遠的弟子劉遺民、周續之為「潯陽三隱」。有《陶淵明集》傳世，《晉書》、《宋書》之〈隱逸傳〉中均有傳。本篇所說陶淵明〈記白土埭遇三異法師〉不見於今傳本《陶淵明集》。⓲船原作「舩」，「船」的異體，下文亦作「船」。

【語譯】史宗，不知何許人。他常穿著麻衣，或者將麻衣重疊作為衣服，所以世人都稱他麻衣道士。他身上長滿了瘡疥，又性情多變，常在廣陵的白土埭上，沿著江堤，一邊歌唱，一邊牽引竹索拉船，而自以為歡樂，得到的報酬，就隨時施捨給別人。他居無定所，有時隱藏不見，有時又出現於街市。當時，高平人檀祗任江都令，聽說了他的名聲，就將他召來。史宗對談應答機智敏捷，說話流利，毫不拘謹，又博通古代歷史，能詳辨玄學和儒學的異同，賦詩一首道：「人欲無止境，懷欲便苦惱；不如心清虛，無欲則無憂，帶索穿黑衣，出家為僧人。流浪人世間，泛如不繫舟。將要畢塵累，安心住山丘。」檀柢知道他是一個非凡的人，就將他送回到原來所住的地方，又贈送給他二十匹布。但史宗將這些布都施捨給了乞丐。

後來，又有一個道人，不知他的姓名是什麼。他常常隨身帶著一根杖和一個箱子。他曾在一個傍晚來到海鹽縣令這裡，說：「我將外出幾天，想從您這兒暫時要一個人，不知您肯不肯給？」縣令說：「你隨意挑吧。」他就從放鵝鴨的小孩中選了一個相貌、穿著最醜的帶了去。轉眼之間，他就來到一座山上。這山上有房屋，屋中有三個僧人。他們相見時都很高興地一起談話，所談的話，那小孩都不懂。到了差不多日中的時候，道人為小孩向主人要了食物，得到一小碗食物，那形狀好像煮熟的艾。小孩吃了後，也就止住了饑餓。傍晚時分，道人向眾人辭行，要回去。這時候聽到屋裡有人問：「你知道史宗在哪裡嗎？他受罰被謫的時間到什麼時候結束？」道人說：「史宗在徐州江北廣陵白土埭上，推算起來，他的貶謫期也快結束了。」屋裡的人就寫了一封信，說：「請你將這封信交給他。」道人將這封信交給了小孩。快天亮的時候，道人帶著小孩回到縣裡，來見縣令，說：「我想在您這裡住幾天。」縣令說：「很好。」縣令問道人，箱子有什麼東西。道人答道：「是書信。」

道人常在官廳上睡覺。睡覺時，他把箱子和手杖放在床頭。縣令就派打更的人在夜裡將道人的書信偷來，想看一看寫了些什麼。然而道人預先知道了縣令的心思，到了晚上，他就把箱子和手杖高高地懸掛起來，自己就睡在箱子下面，誰也偷不了它。後來，道人向縣令辭行，說：「我想小住幾日，但您總是想偷我的東西，我這就走了。」縣令叫來先前隨道人去的那個小孩，問他近來的經歷。小孩說：道人叫他握住他的手杖，飛一般而去，有時還聽到腳下有波浪的聲音。又說，山中人要寄的信尚在小孩的衣帶裡。縣令打開信來一看，全都看不懂。於是，縣令就將那信抄了下來，將原信又封好，派人送這個小孩到白土埭去，讓小孩把那封信送給史宗。史宗打開信一看，大驚道：「你怎麼得到蓬萊道人的信的呢？」史宗後來去南方的吳會，經過一個魚場時，看見有漁民在大肆捕魚。史宗就在魚場的上游洗浴，使得魚群都散了。他暗中拯救生物，都有類於此。

史宗後來住到上虞縣的龍山大寺。他善於講《莊子》、《老子》，又深明《論語》、《孝經》。但他斂形隱跡，不事聲張，所以世上的人都不了解他。會稽的謝邵、魏邁之、放之等人，都學問淵博，也都拜史宗為師。後來，和史宗同住的僧人，在夜間聽到史宗和人談話，有很多話談到了蓬萊仙境上的事。天亮後，便不見了史宗的蹤影，不知他上哪裡去了。陶淵明所寫的〈記白土埭遇三異法師〉中，有一個便是史宗。有人說，有商人在海上航行，在一個孤島上看見了一個僧人，要求寄信給史宗。這個商人就把這封信放在船裡，他的同伴想看這封信，可是這封信黏在船上，怎麼也拿不起來。等到了白土埭，信卻自動飛到了史宗手裡。史宗接著信就拿走了。

宋京師杯度　僧佉吒　張奴

杯度者，不知姓名。常乘木杯度水，因而為目❶。初見在冀州❷。不修細行，神力卓越，世莫測其由來。嘗於北方寄宿一家。家有一金像，度竊而將去。家主覺而追之，見度徐行，走馬逐而不及。至孟津河浮木杯於水，憑之度河，無假風棹，輕疾如飛。俄而度岸，達于京師。見時可年四十許，帶索❸襤縷，殆不蔽身。言語出沒，喜怒不均。或嚴冰扣凍而洗浴，或著屐上山，或徒行入市。唯荷一蘆圌子❹，更無餘物。

乍往延賢寺法意道人處，意以別房待之。後欲往瓜步❺江，於江側就航。人告度，不肯載之。復累足杯中，顧眄吟詠，杯自然流，直度北岸。向廣陵❻，遇村舍有李家八關齋❼。先不相識，乃直入齋堂而坐，置蘆圌於中庭。眾以其形陋，無恭敬心。李見蘆圌當道，欲移置墻邊，數人舉不能動。度食竟，提之而去，笑曰：「四天王福於李家。」于時有一豎子，窺其圌中，見四小兒並長數寸，面目端正，衣裳鮮潔，於是追覓，不知所在。後三日，乃見在西界蒙籠樹下坐。李跪拜請還家，月日供養。度不甚持齋，飲酒噉肉，至於辛鱠❽，與俗不殊。百姓奉上，或受不受。

沛國劉興伯為兗州刺史，遣使要之。負圌而來。與伯使人舉視，十餘人不勝。伯自看，唯見一敗納❾及一木杯。後還李家，復得三十餘日。清旦忽云：「欲得一袈裟，中時❿今辦。」李即經營，至中未成。度云暫出，至冥⓫不反。合境聞有異香，疑之為恠⓬。處處覓度，乃見在北巖下，鋪敗袈裟於地，臥之而死。頭前腳後，皆生蓮華。華極鮮香，一夕而萎。邑人共殯葬之。後數日，有人從北來云，見度負蘆圖行向彭城⑬。乃共開棺，唯見鞾履。

既至彭城，遇有白衣⑭黃欣，深信佛法，見度禮拜，請還家。其家至貧，但有麥飯而已。度甘之怡然。止得半年，忽語欣云：「可覓蘆圖三十六枚，吾須用之。」答云：「此間正可有十枚，貧無以買，恐不盡辦。」度曰：「汝但檢覓，宅中應有。」欣即窮檢，果得三十六枚，列之庭中。雖有其數，亦多破敗。比欣次第熟視，皆已新完。度密封之，因語欣令開，乃見錢帛皆滿，可堪百許萬。識者謂是杯度分身他土，所得嚫施，迴以施欣。欣受之皆為功德。經一年許，度辭去。欣為辦糧食。明晨見糧食具存，不知度所在。

經一月許，復至京師。時湖溝有朱文殊者，少奉法。度多來其家。文殊謂度云：「弟子脫捨身沒苦，願見救度。脫在好處，願為法侶。」度不答。文殊喜曰：「佛法默然，已為許矣。」

後東遊入吳郡。路見釣魚師，因就乞魚。漁師施一殪者。度手弄反覆，還投水中，游活而去。又見魚網師，更從乞魚。網師瞋罵不與。度乃拾取兩石子擲水中，俄而有兩水牛鬬其網中。網既碎敗，不復見牛，度亦已隱。行至松江，乃仰蓋於水中，乘而度岸。經涉會稽、剡縣，登天台，數月而反京師。

時有外國道人，名僧佉吒，寄都下長干寺住。有客僧僧悟者，與吒同房，冥於窗隙中，見吒取寺剎捧之入雲，然後將下。悟不敢言，但深加敬仰。時有一人，姓張名奴，不知何許人。不甚見食，而常自肥悅，冬夏常著單布衣。佉吒在路行，見張奴欣然而笑。佉吒曰：「吾東見蔡純，南訊馬生，北遇王年，今欲就杯度，乃與子相見耶？」張奴乃題槐樹而歌曰：「濛濛大象內，照曜實顯彰。何事迷昏子，縱惑自招殃。樂所少人往，苦道若翻囊。不有松柏志，何用擬風霜。閑預紫烟表，長歌出昊蒼。澄虛無色外，應見有緣鄉。歲曜毗漢后，辰麗傳殷王。伊余非二仙，晦迹之九方。亦見流俗子，觸眼致酸傷。略謠觀有念，寧曰盡衿章。」佉吒曰：「前見先生禪思幽岫，一坐百齡。大悲熏心，請念枯骨。」亦題頌曰：「悠悠世事，或滋損益。使欲塵神，橫生悅懌。惟此哲人，淵覺先見。思形浮沫，矚影遄電。累蹟聲華，蔑醜章弁。視色悟空，翫物傷變。捨紛絕有，斷習除戀。青條曲蔭，白茅以薦。依畦啜麻，鄰崖飲洊。慧定計昭，妙真日眷。慈悲有增，深想無倦。」言竟各去。爾後月日，不復見此二人。傳者云，將僧悟共之南岳不反。張奴與杯度相見，甚有所敘，人所不解。度猶停都少時，遊止無定，請召，或往不往。

時南州有陳家，頗有衣食，度往其家，甚見料理。聞都下復有一杯度，陳家父子五人咸不信，故下都看之，果如其家杯度，形相一種。陳為設一合蜜薑，及刀子、熏陸香、手巾等。度即食蜜薑都盡，餘物宛在膝前。其父子五人，恐是其家杯度，即留二弟停都守視，餘三人還家。家中杯度如舊，膝前亦有香、刀子等，但不噉蜜薑為異。乃語陳云：「刀子鈍，可為磨之。」二弟都還，云彼度已移靈鷲寺。其家度忽求黃紙兩幅作書，書不成字，合同其背。陳問：「上人作何券書？」度不答，竟莫測其然。

時吳郡民朱靈期使高驪還，值風船飄，經九日至一洲邊。洲上有山，山甚高大，入山採薪，見有人路。靈期乃將數人隨路告乞。行十餘里，聞磬聲香烟，於是共稱佛禮拜。須臾見一寺，甚光麗，多是七寶莊嚴。見有十餘僧，皆是石人，不動不搖，乃共禮拜，速行步少許，聞唱導聲，還往更看，猶是石人。靈期等相謂：「此是聖僧，吾等罪人不能得見。」因共竭誠懺悔。更往，乃見真人，為期等設食。食味是菜，而香美不同世。食竟，共叩頭禮拜，乞速還至鄉，有一僧云：「此間去都，乃二十餘萬里。但令至心，不憂不速也。」因問期云：「識杯度道人不？」答言：「甚識。」因指北壁，有一囊，挂錫杖及鉢，云：「此是杯度許，今因君以鉢與之。」並作書著函中。別有一青竹杖，語言：「但擲此杖置舫前水中，閉船靜坐，不假勞力，必令速至。」於是辭別，令一沙彌送至門上，語言：「此道去，行七里便至舫，不須從先路也。」如言西轉，行七里許至舫，即具如所示。唯聞舫從山頂樹木上過，都不見水。經三日，至石頭淮⑮而住，亦不復見竹杖所在。舫入淮至朱雀門，乃見杯度騎大航蘭⑯，以箠⑰捶之曰：「馬馬何不行？」觀者甚多。靈期等在舫遙禮之。度乃自下舫取書並鉢。開書視之，字無人識者。度大笑曰：「使我還耶？」取鉢擲雲中，還接之，云：「我不見此鉢四千年矣。」

度多在延賢寺法意處，時世以此鉢異物，競往觀之。一說云：「靈期舫漂至一窮山，遇見一僧來云：是度上弟子，昔持師鉢而死治城寺，今因君以鉢還師，但令一人擎鉢舫前，一人正柂，自安隱至也。期如所教，果獲全濟。」

時南州杯度當其騎蘭之日，爾日早出，至晚不還。陳氏明日見門扇上有青書六字云：「福德門，靈人降。」字劣可識⑱，其家杯度遂絕迹矣。

都下杯度猶去來山邑，多行神呪。時庾常婢偷物而叛，四追不擒，乃問度。

度云：「已死在金城江邊空冢中。」往看，果如所言。

孔寧子時為黃門侍郎，在廨患痢，遣信請度。度呪竟云：「難差。見有四鬼，皆被傷截。」寧子泣曰：「昔孫恩[19]作亂，家為軍人所破，二親及叔，皆被痛酷。」寧子果死。

又有齊諧妻胡母氏病，眾治不愈。後請僧設齋，齋坐有僧聰道人，勸迎杯度。度既至，一呪病者即愈。齊諧伏事為師，因為作傳，記其從來神異，大略與上同也。

至元嘉三年九月，辭諧入東，留一萬錢物寄諧，倩為營齋，於是別去。行至赤山湖，患痢而死。諧即為營齋，並迎屍還葬建業之覆舟山。至四年，有吳興邵信者，甚奉法，遇傷寒病，無人敢看，乃悲泣念觀音。忽見一僧來，云是杯度弟子。語云：「莫憂，家師尋來相看。」答云：「度師已死，何容得來？」道人云：「來復何難？」便衣帶頭出一合許散，與服之，病即差。

又有杜僧哀者，住在南岡下，昔經伏事杯度。兒病甚篤，乃思念恨不得度練神呪。明日忽見度來，言語如常，即為呪，病者便愈。

至五年三月八日，度復來齊諧家。呂道慧、聞人怛之、杜天期、水丘熙等並共見，皆大驚，即起禮拜度。度語眾人言：「年當大凶，可勤修福業。法意道人甚有德，可往就其修立故寺，以禳災禍也。」須臾間，上有一僧喚度。度便辭去，云：「貧道當向交、廣之間，不復來也。」齊諧等拜送慇懃，於是絕迹。頃世亦言時有見者，既未的其事⑳，故無可傳也。

【注釋】❶因而為目　謂因而以此為名。❷冀州　漢代所置十三刺史部之一，轄境相當於今河北及河南北端、山東西端，晉時治所在房子（今河北高邑西南）。❸帶索　代稱衣服。❹蘆圌子　即蘆團，猶蒲團，一種坐具，彼時大約是用蘆葦所編製，故稱蘆團。❺瓜步　在今江蘇南京郊縣六合東南長江邊。瓜，大正藏本作「延」。誤。❻廣陵　即今江蘇揚州，地處長江北岸。❼八關齋　全稱八關齋戒，簡稱八戒，是佛教為在家奉佛男女所制定的戒條。據《中阿含經》卷五五，指不殺生、不偷盜、不淫欲、不妄語、不飲酒、不眠坐高廣華麗之床、不裝飾打扮及觀聽歌舞、不食非時食（即過中不食）。前七項為戒，後一項為齋。這是臨時性的宗教生活，時間可長可短，也不固定。在南北朝時期非常流行。❽辛鱠　用辛辣調味的生魚片。❾敗納　破納衣。❿中時　即日中。⓫冥　應作「暝」。⓬恠　「怪」的異體。大正藏本作「怪」。⓭彭城　今江蘇徐州。⓮白衣　指平民。⓯石頭淮　今江蘇南京石頭城下的淮水（今名秦淮河）。⓰航蘭　即船欄。船的欄杆。大正藏本作「船欄」。⓱箠　馬鞭。大正藏本作「杖」。⓲字劣可識　謂字勉強可以認得。⓳孫恩　字靈秀，東晉道士，農民起義領袖，祖籍山東琅琊（今山東膠南、諸城一帶），後遷居江南琅琊郡（今江蘇句容北）。孫恩家世奉五斗米道。其叔孫泰曾於隆安二年（西元三九八年），自乘討伐南兗州刺史王恭之機起兵，事敗被殺。孫恩因此流亡舟山群島。隆安三年，孫恩率眾登陸攻克會稽（今浙江紹興），自號征東將軍，號其徒眾為「長生人」。浙東八郡，群起響應。後為東晉將領劉牢之所擊敗，孫恩率部二十多萬人回海島。隆安四年至元興元年（西元四〇〇至四〇二年）又先後三次登陸，轉戰各地，歷經數十戰，公元四〇二年終因進攻臨海（今浙江臨海）失敗，投海自殺。徒眾稱他已成「水仙」，投水相殉者有百數人。著有《孫恩集》五卷，已佚。《晉書》有傳。⑳未的其事　謂尚未確證其事。的，確實之義。

【語　譯】杯度，不知姓名。他常乘木杯渡河，所以就以杯度為名了。他初次出現在冀州。他不修邊幅，但神力卓越，世人都不知他的來歷。他曾在北方寄宿於一戶人家。這家有一個金像，杯度將這個金像偷了去。這家的主人覺察後，就追趕了出來。他看見杯度在前面緩緩地行走，但快馬追趕也還是追不上。杯度到了孟津河邊，就把木杯放在河裡，木杯浮在水面上，杯度便乘木杯渡河。他既無需借助於風力，也不用槳划水，而其航行輕快如飛。一會兒功夫，杯度便渡過河，到了對岸，來到京師建康。杯度在京師建康出現時，大約有四十來歲的年紀。他衣衫襤褸，幾乎衣不蔽體，而言談行為，喜怒無常。有時他敲開厚厚的冰凍洗浴，有時他穿著鞋子上山，有時又徒步進入鬧市，隨身祇有一個蘆團子，沒有其他東西。

杯度初次到延賢寺法意道人那裡時，法意道人祇給他住在別房裡。杯度後來想到瓜步過江。他來到江邊，欲乘船，有人告訴他，船主不肯載他。杯度就又將雙腳疊起來，站到木杯中，一邊來回看一邊口中念念有詞，像吟詩一樣，木杯就自己流動，一直渡到長江北岸。杯度前往廣陵，走到一個村子，村裡的李家正在進行八關齋戒。杯度先前和這家人不相識。他直接進入齋堂坐了下來，又把蘆團放在客廳中間。眾人都因為他的形象醜陋，對他毫無恭敬之心。李某見蘆團當道，想把它移到牆邊去，但好幾個人都搬不動它。杯度吃過飯，拿起蘆團就走，又笑著說：「四天王在李家享福了。」那時有一個人，看見蘆團裡有四個小孩，祇有幾寸長，但面目端正，衣裳鮮亮潔淨。於是李家的人就出來追覓杯度，但已不知杯度到哪裡去了。三天後，他們看見杯度坐在西界的蒙籠樹下。李某便向杯度跪拜，請他到自己家去，受他們供養。杯度不怎麼持齋，而是飲酒吃肉，以至於辛辣調味的生魚片，與俗人的飲食沒有不同。百姓敬奉給他的東西，他有時接受有時不受。

沛國人劉興伯任兗州刺史，派人來邀請杯度。杯度就帶著蘆團去了。劉興伯叫人將蘆團舉起來給他看一看，可是十幾個人也抬不動。劉興伯就自己看，祇看到裡面有一件破納衣和一個木杯。後來，杯度回到李家，又住了三十多天。一天清晨，杯度忽然說：「我想要一件袈裟，日中時一定要辦到。」李某當即辦理，但到日中時尚未辦成。杯度說自己要暫時出去一下，但直到晚間也沒回來。全村的人都聞到一股奇異的香氣，就懷疑是杯度在作怪。於是大家就到處尋找杯度，最後在北巖下，看見一件破袈裟鋪在地上，杯度臥在破袈裟上，已經死了。他的頭前腳後都長出了蓮花。蓮花極鮮極香，但祇一晚就枯萎了。當地的人共同殯葬了杯度。幾天後，有人從北方來，說他看見杯度帶著蘆團向彭城去了。於是大家就打開杯度的棺材，果然祇看見鞋子而沒有屍體。

杯度到了彭城，遇到一個平民叫黃欣。黃欣深信佛法，他看見了杯度，就向杯度禮拜，把他請到自己家去供養。黃欣家裡窮極了，所吃的祇有麥飯而已。但杯度卻甘之如飴。杯度住了半年後，一天，忽然對黃欣說：「你去找三十六個蘆團來，我要用。」黃欣答道：「我這裡祇有十個，實在太窮，沒有錢買，恐怕不能全按你的意思辦到。」杯度說：「你祇管去找，你家裡就有。」於是黃欣就把家裡找遍了，果然找到三十六個蘆團。他把這三十六個蘆團都放在客堂裡，雖然數量是夠了，但多半已經破了。等到黃欣又一個一個仔細看時，這些蘆團卻又已經成了全新而完整的了。杯度將這些蘆團都密封好，又叫黃欣把它們打開。黃欣把這些蘆團打開一看，裡面裝滿了錢，差不多有一百多萬。有識者說，這是杯度用分身法到別的地方所得的饋贈，又回來送給黃欣的。黃欣受杯度的這些施捨，都是因為他的功德啊。又經過了一年多，杯度要辭別黃欣。黃欣就為他備辦了糧食。第二天早晨，黃欣見糧食還在，卻不知杯度到哪裡去了。

一個多月後，杯度又回到了京師建康。那時，湖溝有一個叫朱文殊的人。他年少時就信奉佛法，杯度曾多次到他家。朱文殊對杯度說：「弟子想捨身出家，望您救度。如果我能出家到一個好地方，但願能成為您的法友。」杯度不答話。朱文殊高興地說：「佛法默然，您不說話就是答應了。」

後來，杯度又向東到了吳郡。在路上，他看見了釣魚師，就向他乞討魚。釣魚師給了他一條死魚。杯度將死魚拿在手裡反反覆覆地弄來弄去，又將牠投回到水中去，魚又活轉來，游走了。他在路上又看見一個魚網師，又向他乞討魚。魚網師不但不給魚，還將他怒罵一頓。杯度就拾了兩個石子，投到水中，一會兒就有兩頭水牛在魚網師的網中打鬥，網被撕得破碎以後，牛不見了，杯度也隱沒了。杯度走到松江，將一個蓋子仰放在水中，乘著它渡到對岸。他經過會稽、剡縣，又登上天台山，幾個月後，又返回了京師建康。

那時，有一個名叫僧佉吒的外國道人寄住在京都的長干寺。又有一個客僧名叫僧悟，與僧佉吒同住一房。

僧悟晚上在牕戶縫裡，看見僧佉吒將寺廟捧到天上，進入雲裡，然後又將它放下來。僧悟不敢聲張，祇是在心裡深深地敬仰他。那時，還有一個人，姓張名奴，不知何許人。不大看見張奴吃飯，但張奴平常卻特別愉快。冬天和夏季，他都穿著單布衣。僧佉吒在路上走時，看見了張奴，便很高興地笑起來。他對張奴說：「我在東邊見到了蔡麨，在南邊拜訪了馬生，在北邊又遇到了王年，現在想要去找杯度，而又與你相見了。」張奴就在槐樹上題了詩，吟道：「茫茫天地中，大道實分明。為何愚昧人，迷惑自遭殃？樂土不知往，火宅當天堂。胸懷松柏志，何懼風與霜。信步紅塵外，高歌出三界。心淨色即空，佛國是我鄉。歲星毗漢后，辰傳殷王。你我非二仙，隱跡自由翔。常見世俗人，慈悲我心傷。觀有聊數語，豈得盡胸懷。」

僧佉吒說：「從前，我看見先生在深山幽谷裡坐禪，一坐就坐了一百年。您以大慈大悲熏陶自己的心，又以不淨觀看破美人終是一堆枯骨。」於是，他也題了詩，朗誦道：「悠悠世事，有損有益。普度眾生，盡到樂土。惟此哲人，先知先覺。浮華紅塵，如影如電。聲色絆人，難脫塵網。因色悟空，觀物無常。祛一切苦，習淨斷愛。楊柳成蔭，白茅蔽身。耕種自食，住山飲澗。定慧雙修，日契真如。大增慈悲，禪思不倦。」誦罷，他們就各自走了。在以後歲月裡，就再也看不到這兩個人了。有人傳說，是僧佉吒帶著僧悟一起去了南岳，不再返回了。張奴和杯度相見時，對這事說了許多話，祇是人們聽不懂。杯度在京師還停留了一些時候，行蹤不定，有人請他，他有時應召而往，有時則不去。

那時，南州有一戶陳家，家中頗為富裕。杯度前往他家，他家對杯度頗為優待。當時，傳聞京師還有一個杯度，陳家父子五人都不相信，所以就到京師去看個究竟，一看果然和他家的杯度形態相貌一樣。陳某就準備了一盒蜜薑，以及刀子和熏陸香、手巾等物。杯度吃完了蜜薑，但其餘的東西都在膝前。陳家父子五人恐怕這是他家的杯度，就留下兩個弟弟在京師看守著，其餘三個人回家去了。到家後，他家中的杯度一切如舊，膝前也有香、刀子等物，但不吃蜜薑這一點有不同。杯度對陳某說：「刀子鈍，要磨一下。」兩個弟弟從京師回到家，說京師的那個杯度已經移住到靈鷲寺。他家的杯度忽然要兩幅黃紙來寫信。他儘管寫，卻看不出字，紙的正面還和那沒有寫字的背面一樣。陳某問：「上人寫什麼信啊？」杯度不答話。大家都茫然不知。

那時，吳郡人朱靈期出使高驪後返回，遇上了暴風，船舶隨浪飄泊。經過九天後，到了一個洲邊。洲上有山，山很高大。朱靈期就上山去拾柴，看見了供人行走的道路。朱靈期就叫幾個人沿著這路去乞討。他們走了十多里後，聽到敲磬的聲音，看見香煙繚繞，於是就一起口中念佛，朝著那個方向禮拜。一會兒，他們便看見一座寺廟。寺廟鮮明亮麗，有著七寶莊嚴。那裡有十多個僧人，都是石頭人，不動不搖，也和他們一起禮拜。他們又快步走了不多遠，就聽到了唱導的聲音。回頭再看，還是石人。朱靈期等人就互相說道：「這裡的僧人都是聖僧，我們這些罪人是看不見的。」因此，他們就一起竭誠地懺悔。再往前走，他們纔見到真的人。這些人為朱靈期他們備辦了飲食。他們品味這些菜，味道又香又美，與世俗的菜不同。朱靈期等人吃完後，就一起對這些人叩頭禮拜，請求能早日回鄉。其中有一個僧人說：「從這裡到京師建康，相距二十多萬里。祇要你們誠心，不必擔心不能早早到家。」他問朱靈期：「你認識杯度道人嗎？」朱靈期答道：「認識。」那僧人就指著北面的牆壁，牆壁上有一個囊袋，又掛著錫杖和鉢盂，說：「這些東西是杯度的，現在就請您將鉢盂帶給他。」僧人又寫了信，放在信封中。另外又給他一根青竹杖，說道：「祇要把這根青竹杖放到船前的水中，你們就在船中閉門靜坐，不必多費心力，必定能很快到家。」於是僧人就向他們辭別，叫一個沙彌將他們送到門口。沙彌對他們說：「從這條路走，祇要走七里路就到你們的船那兒了，不要再從你們先前來的路走。」他們按照他的話向西轉，走了七里光景便到了船上。然後，他們就按照僧人的話啟程。一路上，他們坐在船裡，看不見水，祇聽到船好像從山頂樹木上飛過的聲音。三天後，到石頭城下的淮水停住，也不再見到那根青竹杖了。船入淮水後到達朱雀門，便看見杯度騎在大船的欄杆上，用馬鞭抽打著欄杆說：「馬啊馬啊，你怎麼不走？」圍觀者很多。朱靈期等人在船上對著杯度遙相敬禮。杯度就自己到船上來取了信和鉢盂。他打開信來看，上面的字別人都不認識。杯度大笑道：「叫我回去啦！」他高興地將鉢盂拋到雲中，又接住，說：「我已有四千年沒有看見這個鉢盂了。」

杯度多半住在延賢寺法意那裡。當時，世人知道他的那個鉢盂是神奇之物，都競相前來觀看。還有一說：

「朱靈期的船漂到了一個荒山，遇見一個僧人走來，僧人自稱是杯度和尚的弟子。從前，他拿著師傅的鉢盂死於京師的治城寺，現在，請他們將這個鉢盂還給師傅。衹要讓一個人拿著鉢盂站在船頭，一個人掌舵，就能安穩地到達。朱靈期按照他的話做了，果然全都得救。」

那時，南州的杯度在京師的杯度騎著大船欄杆的那一天，早上出門，到晚上還沒回去。陳氏在第二天早晨，看見門扇上寫有六個青色的字，這六個字是：「福德門，靈人降。」這些字，勉強能認出來。他家的杯度從此也就絕跡了。

京師的杯度，這時仍然來往於山中和城市，經常念動神呪行善。那時，庾常的婢女偷了東西，叛逃而去。他四處追尋，終究不能擒獲，就問杯度。杯度說：「那婢女已經死在金城江邊的空墳中了。」庾常前往觀看，果然如杯度所說。

孔寧子那時任黃門侍郎，在官廨中得了痢疾。他派人送信去請杯度。杯度念了呪語後，說：「你的病難好了。我看見四個鬼，都被砍傷，身體被截斷了。」孔寧子哭著說：「從前孫恩造反時，我家被軍人所破，我的父母和叔叔都蒙受了酷痛。」後來孔寧子果然死了。

又有齊諧的妻子胡母氏生了病，眾人都治不好。後來，齊諧請來了僧人，設了齋，坐中有一個僧聰道人，勸他請杯度來治。杯度來到後，念動呪語，病人立即痊愈。齊諧於是拜杯度為師，又因此為他作傳，記載了他生平的神異，大略和以上所寫相同。

到了元嘉三年九月，杯度辭別齊諧到東邊去，留下一萬錢物給齊諧，請他為自己辦齋，然後便離去了。他走到赤山湖時，患痢疾而死。齊諧當即為他辦齋，又將他的屍體運回來，安葬於建業的覆舟山。至元嘉四年，有一個吳興人名叫邵信，虔誠奉佛，得了傷寒病，無人敢來治，他悲泣著口念觀音。這時，忽然看見有一個僧人來到，自稱是杯度的弟子，對他說：「不要憂傷，我的師傅馬上就來給你看病。」邵信答道：「度師已經死了，怎麼會來呢？」僧人說：「這有什麼難呢？」說著，便從衣帶頭裡拿出一合左右的藥粉，給他服下。他的病當即痊癒。

又有一個名叫杜僧哀的人，住在南岡下，從前曾服侍過杯度。他的兒子病得很重，就思念起杯度，恨不得杯度來念一通神呪。第二天，他便忽然看見杯度來了。杯度的言語還和從前一樣，當即為他的兒子念動呪語，病人立即痊癒。

到了元嘉五年三月八日，杯度又來到齊諧家。呂道慧、聞人怛之、杜天期、水丘熙等人都看見了他。他們都大為驚訝，當即起身向杯度禮拜。杯度對他們說：「今年當有大禍臨頭，應當勤修福業。法意道人很有德行，可以為他修繕舊寺，以禳除災禍。」一會兒，上面有一個僧人呼喚杯度。杯度便告辭離去，說：「貧道將到交州、廣州一帶去，不再來了。」齊諧等人殷勤地拜送他前往。於是，杯度也就絕跡了。近來有人也說，有時有人看見他。但這些事尚未能確證，所以也就不好再記了。

宋偽魏長安釋曇始

釋曇始，關中人。自出家以後，多有異迹。晉孝武太元之末❶，賫經律數十部，往遼東宣化。顯授三乘，立以歸戒❷，蓋高句驪❸聞道之始也。義熙❹初，復還關中，開導三輔❺。始足白於面，雖跣涉泥水，未嘗沾涅，天下咸稱白足和上。

時長安人王胡，其叔死數年，忽見形還，將胡遍遊地獄，示諸果報。胡辭還，叔謂胡曰：「既已知因果，但當奉事白足阿練❻。」胡遍訪眾僧，唯見始足白於面，因而事之。

晉末朔方凶奴赫連勃勃破獲關中❼，斬戮無數。時始亦遇害，而刀不能傷，勃勃嗟之，普赦沙門，悉皆不殺。

始於是潛遁山澤，修頭陀之行❽。後託跋燾❾復剋長安，擅威關、洛。時有博陵崔皓❿，少習左道⓫，猜嫉釋教。既位居偽輔⓬，燾所仗信，乃與天師寇氏⓭說燾以佛教無益，有傷民利，勸令廢之。燾既惑其言，以偽太平七年，遂毀滅佛法⓮。分遣軍兵，燒掠寺舍，統內僧尼，悉令罷道。其有竄逸者，皆遣人追捕，得必梟斬。一境之內，無復沙門。始唯閉絕幽深，軍兵所不能至。

至太平之末，知燾化時將及，以元會之日⓯，忽杖錫到宮門。有司奏云：「有一道人足白於面，從門而入。」燾令依軍法，屢斬不傷。遽以白燾，燾大怒，自以所佩劍斫之，體無餘異，唯劍所著處有痕如布線焉。時北園養虎于檻，燾令以始餧之。虎皆潛伏，終不敢近。試以天師近檻，虎輒鳴吼。燾始知佛化尊高，黃老所不能及。即延始上殿，頂禮足下，悔其僭⓰失。始為說法，明辯因果。燾大生愧懼，遂感癘疾。崔、寇二人次發惡病，燾以過由於彼，於是誅剪二家，門族都盡。宣下國中，興復正教。俄而燾卒，孫濬⓱襲位，方大弘佛法，盛迄于今。始後不知所終。

【注　釋】❶晉孝武太元之末　指東晉孝武帝太元末年，太元共二十一年，西元三七六至三九六年。❷顯授三乘二句　謂明白傳授聲聞、緣覺、菩薩三乘，而以持守戒律為指歸。❸高句驪　又作高句麗，即朝鮮。❹義熙　東晉安帝年號，共十四年，西元四〇五至四一八年。❺三輔　漢景帝二年（西元前一五五年）分內史為左、右內史，與主爵中尉同治長安城中，所轄皆京畿，故合稱三輔，轄境相當於今陝西中部地區。❻阿練　阿練若的略稱，又譯為阿蘭若，意為樹林、寂靜處、遠離處、空家，指比丘習靜修行的處所，後一般指寺廟。在這裡指比丘，即已受過具足戒的僧人。❼赫連勃勃破獲關中　時在西元四一八年。按西元四一七年東晉大將劉裕北伐滅後秦，留其子劉義真守長安。第二年，赫連勃勃攻下長安，即皇帝位，並追殲義真所率晉軍。參見本卷〈釋曇霍傳〉「勃勃」條注釋。❽頭陀之行　謂按照頭陀的戒律修行，同時，這也意味著四處流浪。參見本書卷八〈釋法通傳〉「頭陀」條注釋。❾託跋燾　即拓跋燾，北魏太武帝，鮮卑族，廟號世祖，西元四二三至四五二年在位，生於西元四〇八年，卒於西元四五二年。他是北魏建立者魏道武帝拓跋珪的孫子，泰常八年（西元四二三年）十六歲時即位。即位後，他即開始南征北戰，先後滅赫連夏國、北燕，至延和元年（西元四三九年）滅北涼，完成了黃河流域的統一，結束了一百多年北方十六國分裂割據的局面。史稱北朝便從此開始。太平真君十年（西元四四九年）他親率大軍擊敗北方的柔然，迫使其向北遷徙，消除了長期以來對北魏的威脅。接著又率軍南下，直抵瓜步（今江蘇六合東南）。此時北魏的疆域北至大漠，西至今新疆東部，東北至遼河，南至江淮，以統一的北方與南朝抗衡。史稱拓跋燾為人勇健，善於指揮，於戰陣之上，親犯矢石，神色自若，將帥凡違背他的指揮者，結果多失敗，因此將士對他相當畏服，也為之盡力。他有知人之明，常從士伍中選拔人才。賞不遺賤，罰不避貴，雖所愛之人亦不寬假。自奉儉樸，而賞賜功臣絕無吝惜。認為功臣勤勞日久，應讓他們以爵歸第，隨時朝見餉宴，百官職務則可另簡賢能，是歷史上一個有建樹的帝王。他注意開闢到西域的交通。太延三年（西元四三七年）曾派遣散騎常侍董琬、高明等多攜金帛，招撫西域九國，成為北魏孝明帝神龜元年（西元五一八年）宋雲、惠生出使西域的先驅。以後西域與北魏保持經常聯繫的，有十六國之多。他受漢族士族和司徒崔浩、道士寇謙的影響，信奉道教，排斥佛教。鎮壓蓋吳過程中，他在長安佛寺中發現大量兵器，認為佛寺與蓋吳通謀，於太平真君七年（西元四四六年）「滅佛」，佛教東來後，在中國歷史上第一次受到沉重打擊。承聖元年（西元四五二年），中常侍（太監）宗愛行為不法，誣陷太子拓跋晃的寵臣，致使拓跋晃憂懼而死。拓跋燾十分哀悼太子，宗愛因懼怕自己被誅，謀殺了拓跋燾。《魏書》有傳。❿博陵崔皓　博陵，北魏時置博陵郡，治所在博陵（今河北蠡縣）。但崔皓（史稱崔浩）不是博陵人。崔浩，字伯淵，清河東武城（今山東武城）人，漢族，出身於當時第一流的高門士族清河崔氏。他歷仕北魏道武、明元、太武帝三朝，官至司徒，參與軍國大計，對促進北魏統一北方起了很大的作用。崔浩博覽經史，善於書法，兼通陰陽術數，處理政務主張先修人事，次盡地利，後觀天時。北魏明元帝時，崔浩從北魏游牧民族初入中原的情況出發，勸阻了遷都鄴的計畫。他認為拓跋氏不立太子的傳統不利於政治上的安定，建議明元帝立長子拓跋燾（即魏太武帝拓跋燾）為副主，從此北魏立太子成為制度。太武帝時，崔浩三次力排眾議，主張攻滅赫連夏（西元四二七年），主動大規模出擊柔然（西元四二九年），攻滅北涼沮渠氏（西元四三九年），打通西域商道，並從河西輸入遺存的中原文化，有利於北魏經濟和文化的發展。崔家世代信奉道教，崔浩也信道甚篤，師事道教寇謙之，促成太武帝廢佛。他主持編纂的國史，因直書拓跋氏皇室一些避諱不願人知的早期歷史，而得罪於太武帝，太平真君十一年（西元四五〇年）被殺。與崔浩宗族有姻親關係的高門士族范陽盧氏、太原郭氏、河東柳氏也因此株連，而被滅族。事後，拓跋燾說：「崔司徒可惜。」有後悔之意。《魏書》有傳。⓫左道　意為歪道，這裡指道教。⓬位居偽輔　指崔浩位居北魏司徒，這個位置相當於宰相，負有輔國之任。⓭天師寇氏　指北魏道士寇謙之，原名謙，字輔真，祖籍上谷昌平（今屬北京），後徙居馮翊萬年（今陝西臨潼北）。他在十八歲時即傾心慕道，初學天師道，無成，傳說他後來遇到仙人成公興（《魏書．釋老志》），先後在華山、嵩山向他學習，修道七年。天師道自東漢張陵以後，農民領袖打著天師道的旗號組織和發動農民起義，深為當時士大夫所不滿。北魏立國初，崇道抑佛，寇謙之便乘機改革天師道。神瑞二年（西元四一五年）寇謙之自稱太上老君親臨嵩岳授以「天師之位」，賜以《雲中音誦新科之戒》二十卷，令他「清整道教，除去三張（指張陵、張衡、張魯）偽法，租米錢稅及男女合氣之術」，「專以禮度為首，而加之以服食閉煉」。泰常八年（西元四二三年），他又自稱得到太上老君的玄孫李譜文臨嵩岳面授，輔佐北方太平真君（北魏太武帝拓跋燾）。始光元年（西元四二四年），他來到北魏都城平城（今山西大同），獻道書給太武帝拓跋燾，又結交了崔浩，得到崔浩的讚揚和支持。太武帝拓跋燾受他們的影響，派遣使者帶著玉帛、牲牢祭嵩岳，又迎請寇謙之的山中弟子到平城，同時尊寇謙之為「天師」。第二年，拓跋燾又在平城東南設立天師道場，集道士一百二十人，每天祈禱六次。太延六年（西元四四〇年），寇謙之聲稱太上老君復降，授太武帝以太平真君之號。拓跋燾信以為真，便改元為太平真君。兩年後，太武帝又親自到道壇受籙，並封寇謙之為「國師」。天師道於是在北魏大盛，一直不衰。寇謙之傳播道教，也利用太武帝崇信道教的心理而大力排斥佛教，但是他不贊成「滅佛」，曾為此與崔浩爭論，說「卿今促年受戮，滅門戶矣」（《魏書．釋老志》）。《魏書》有傳，《魏書．釋老志》也有詳細記載。⓮偽太平七年二句　即北魏太武帝太平真君七年（西元四四六年），太武帝拓跋燾下詔滅佛一事，史稱「太武滅佛」，佛教史上稱為「法難」。北魏最崇尚的實際是儒學，因為這是治國之道，所以重用漢族士族，大力提倡「文教」（即儒學），並據此建立了自己的國家制度。太武帝在位期間銳志武功，南征北戰，要統一北方。他早期也崇尚佛教，後因受道士寇謙之和司徒崔浩的影響，轉奉道教，認為佛教係「西戎虛誕」、「為世費害」。太平真君五年（西元四四四年），就已下詔，禁止王公以下以至庶人私養沙門，當年九月，殺僧領玄高、慧崇等人。七年（西元四四六年），他西征到達長安，看到佛寺內藏有兵器，又查出「釀酒具及州郡牧守富人所寄藏物，蓋以萬計。又為窟室，與貴室女私行淫亂」。這時，司徒崔浩隨行，便上疏請誅滅天下沙門，毀滅寺院經像。三月，帝下詔誅長安沙門，並命留守平城的太子拓跋晃下令廢除全國佛教。詔書中說：「……昔後漢荒唐，信惑邪偽，妄假睡夢，事胡妖鬼（按指佛教），以亂天常，自古九州中無此也。誇誕大言，不本人情，……由是政教不行，禮義大壞，鬼道熾盛，視王者之法，蔑如也。……致使王法廢而不行，蓋大奸之魁也。……有司宣告征鎮諸軍、刺史，諸有佛圖形像及胡經，盡皆擊破焚燒，沙門無少長悉坑之。」可知，拓跋燾滅佛的主要根據，其實是儒學和他自己的政治需要。太子拓跋晃一向崇信佛法，這時再三上表，請求緩發詔書，以便使遠近僧人有所預聞。拓跋燾雖然不聽，但拓跋晃之舉，也為僧人贏得了一些時間，因此四方沙門紛紛逃亡隱匿，金銀佛像及經書被秘密收藏，但沒有逃脫的僧人則被殺，而北魏境內的寺廟全毀。《魏書・釋老志》有詳細記載。⑮元會之日　元會，皇帝於元旦這一天朝見群臣稱元會。元會之日，即元旦這一天。⑯僁　「愆」的異體。過錯。⑰濬　即北魏文成帝拓跋濬，他是孝武帝拓跋燾的孫子。西元四五二年拓跋燾被太監害死，同年拓跋濬即位，時年十三歲。拓跋濬即位的當年就下詔復興佛教，說太武帝滅佛是由於「有司失旨」，說佛教可以「助王政之禁律，益仁智之善性」，下令各州郡縣起造佛寺，允許百姓出家為僧。從此，北魏佛教又立即興盛起來。《魏書》有傳，《魏書・釋老志》有載。

【語　譯】釋曇始，長安人。他自出家以後，有許多神異的事跡。東晉孝武帝太元末年，他帶著佛教經、律幾十部，前往遼東宣傳佛法，教化眾生。他顯揚、傳授聲聞、緣覺和菩薩三乘，而以謹守戒律為旨歸。高句驪人得以聽聞佛教，就是從曇始的傳法開始的。東晉義熙初年，曇始又回到關中，在長安京畿一帶開導教化眾生。曇始的腳比臉還要白。他雖然赤著腳在泥水中行走，也不會沾污而變黑，天下人都稱他為白足和尚。

當時，有一個長安人，名叫王胡，他的叔叔已經死了好幾年，一天忽然又生還了。叔叔帶著王胡，到地獄的各處都遊歷了一遍，給他看了各種因果報應。王胡辭別叔叔返回時，他的叔叔對他說：「你既然已經明白了因果報應，就應當事奉白足和尚。」王胡遍訪眾僧後，見到祇有曇始的腳比臉白，因而就事奉他了。

晉朝末年，北方的匈奴赫連勃勃攻破又佔領了長安，屠戮了無數的人。當時，曇始也被逮捕了。當他要被殺的時候，刀砍不傷他。赫連勃勃因而大為驚歎，就將沙門全部赦免。

曇始從此便隱遁於山林澤國之中，修頭陀行。後來，拓跋燾又攻克了長安。在關中、洛陽一帶作威作福。當時有博陵人名叫崔皓，從小就學習旁門左道，猜疑又妒嫉佛教。他位居魏國的宰輔，被拓跋燾所仰仗信任，於是就和天師道的寇謙之一起游說拓跋燾，說佛教不但無益，還傷損人民利益，勸拓跋燾禁止佛教。拓跋燾被他們的話所迷惑，就在魏國的太平真君七年，下令毀滅佛法。他分派軍兵燒毀、搶掠寺廟，在他所統治的國內，所有僧人尼姑，全部罷道還俗。他還下令，對那些逃脫的僧人，也都派兵追捕，祇要捉住，一律斬首。在魏國境內，於是也就不再存在沙門了。祇有曇始，因為隱藏得很隱密，所以官兵找不到他。

到了太平真君末年，曇始知道拓跋燾死期將到，便在元旦這一天，忽然手拿錫杖到了拓跋燾的宮門處。這時，朝廷司值的人上奏道：「有一個僧人，腳比臉白，從宮門進來了。」拓跋燾下令，依軍法行事。但是，士兵屢次用刀砍殺曇始，卻不能傷害曇始，於是就去報告拓跋燾。拓跋燾大怒，親自用自己的佩劍來砍曇始。但曇始的身體卻絲毫沒有變化，祇有被劍所砍的地方，有點細如棉線的痕跡。當時，北園的圈籠裡養有老虎。拓跋燾就下令，拿曇始餵老虎。可是老虎見曇始來了，卻躲避潛藏起來，不敢靠近曇始。拓跋燾又下令，讓天師寇謙之到虎籠前面試試看怎樣。老虎見到寇謙之來了，就吼叫起來。這一來，拓跋燾纔知道，佛教的尊貴，是道教所不能及的。他當即請曇始上殿，對曇始頂禮膜拜，追悔自己的過失。曇始便為他講說佛法，為他講清楚因果報應。拓跋燾非常慚愧，又非常恐懼，便染上了癘疾。崔皓、寇謙之二人也相繼生了惡病。拓跋燾因為自己的過錯都是由於他們慫恿所致，於是就將崔、寇兩家滿門抄斬，將他們的家族全都殺盡，又下詔命令在國內復興佛教。不久，拓跋燾死了，由他的孫子拓跋濬繼位，纔大事弘揚佛法。從那以後，佛教一直興盛到今天。後來，曇始下落不明。

宋高昌釋法朗 智整

釋法朗，高昌❶人。幼而執行精苦，多諸徵瑞，韜光蘊德，人莫測其所階。朗師釋法進亦高行沙門。進嘗閉戶獨坐，忽見朗在前，問從何處來？答云：「從戶鑰中入。」云：「與遠僧俱至，日既將中，願為設食。」進即為設食，唯聞匕鉢之聲，竟不見人。昔廬山慧遠❷以一袈裟遺進，進即以為襯。朗云：「眾僧已去，別日當取之。」後見執爨者就進取衣，進即與之。訪常執爨者，皆云不取，方知是先聖人權迹❸取也。至魏虜毀滅佛法❹，朗西適龜茲❺。龜茲王與彼國大禪師結約：「若有得道者至，當為我說，我當供養。」及朗至，乃以白王，王待以聖禮。後終於龜茲。焚尸之日，兩眉湧泉直上于天。眾歎希有，收骨起塔。後西域人來此土，具傳此事。

時涼州復有沙門智整，亦貞苦有異行，為立❻主楊難當所事。後入寒峽山石穴中不返。

【注　釋】❶高昌　古城名。故址在今新疆吐魯番東二十多公里的哈拉和卓堡，北朝時期的大都會和重要的譯經地。❷慧遠　參見本書卷六〈釋慧遠傳〉。❸權迹　變化形跡或形體。權，變化。按，本書作者慧皎相信佛教得道者能具備變化形體的神通。❹魏虜毀滅佛法　指北魏孝武帝拓跋燾於太平真君七年（西元四四六年）滅佛事，參見本卷〈釋曇始傳〉「偽太平七年二句」條注釋。❺龜茲　古西域國名。故址在今新疆庫車一帶，魏晉南北朝時期是西域佛教的中心地，自漢以後，與中原一直有密切的交往。❻立　明本、金陵刻經處本作「土」，大正藏本作「壓」。

【語譯】釋法朗，高昌人。他幼年時就嚴守戒律修行艱苦，有許多神異的徵瑞。他隱藏自己的才華和德性，世人都看不出他的道行有多高。法朗的老師釋法進也是高僧。法進曾閉門獨坐，忽然看見法朗在自己的面前，就問他從什麼地方來？法朗回答說：「從門的鑰匙孔裡來。」法進說：「你和遠方的僧人一起來，時間已將到日中，我想為你們設齋。」法進當即為他們備食設齋，可是祇聽到匕匙與鉢盂碰擊的聲音，卻看不見人。以前，廬山的慧遠曾經送給法進一件袈裟，法進就將它送給法朗。法朗說：「眾位僧人已經走了，我明天再來取吧。」後來，法進看見一個燒飯的僧人到他這裡來取袈裟，當即給了他。之後，法進詢問了常燒飯的僧人，他們都說自己沒有從他這裡取過袈裟。方知是先聖人變化了形體來取去了袈裟。到北魏毀滅佛法時，法朗去了西域的龜茲。龜茲國王曾經和他們國家的大禪師約定：「如果有得道的高人來到，請告訴我，我要供養他。」等法朗到達龜茲時，大禪師就報告了國王，國王便以對待聖人的禮儀來款待他。法朗後來死於龜茲。焚屍的那一天，法朗的兩眉湧泉，直衝到天上。眾人都驚歎，這是世上希有，就收殮了法朗的屍骨，為他建造了寶塔。後來有西域的人來到這裡，將這件事廣為宣傳。

當時，涼州還有一位沙門智整，也堅貞苦行而有神異的行為，為立主楊難當所事奉。後來，智整到寒峽山的石穴中去了，沒有再返回。

宋岷山通雲寺邵碩

邵碩者，本姓邵名碩，始康❶人。居無常所，恍惚如狂，為人大口，眉目醜拙。小兒好追而弄之。或入酒肆同人酣飲。而性好佛法，每見形像，無不禮拜讚歎，悲感流淚。碩本有三男二女，大男惠生者亦出家。碩以宋初亦出家入道，自稱碩公。出入行往，不擇晝夜。遊歷益部❷諸縣，及往蠻中，皆因事言謔，協以勸善。至人家眠地者，人家必有死。就人乞細席，必有小兒亡，時人咸以此為讖。至四月八日，成都行像❸，碩於眾中匍匐作師子形。爾日郫縣亦言見碩作師子形，乃悟其分身也。

刺史蕭惠開❹及劉孟明等，並挹事之。孟明以男子衣衣二妾，試碩云：「以此二人給公為左右可乎？」碩為人好韻語，乃謂明曰：「寧自乞酒以清醮，不能與阿夫竟殘年❺。」後一朝，忽著布帽詣孟明。少時明卒。先是孟明長史沈仲玉，改鞭杖之格，嚴重常科。碩謂玉曰：「天地嗷嗷從此起，若除鞭格得刺史。」玉信而除之。及孟明卒，仲玉果行州事。

以宋元徽元年九月一日卒岷山通雲寺。臨亡，語道人法進云：「可露吾骸，急繫履著腳。」既而依之，出屍置寺後。經二日，不見所在。俄而有人從郫縣來，過進云：「晚見碩公在市中，一腳著履，漫語云：『小子無宜適，失我履一隻。』」進驚而檢問沙彌，沙彌答云：「近送尸出時怖懼，右腳一履不得好繫，遂失之。」其迹詭異，莫可測也。後竟不知所終。

【注釋】❶康　康國的略稱，故址在今烏茲別克撒馬爾罕一帶。❷益部　指益州，治所在成都（今四川成都）。❸四月八日二句　四月八日，佛誕日。行像，載著佛像遊行的一種祝禱儀式。據法顯《佛國記》記載，于闐（今新疆和闐）從四月一日到十四日舉行的「行像」儀式，說：「離城三四里，作四輪像車，高三丈餘，狀如行殿。七寶莊嚴，懸繒幡蓋，像立車中，二菩薩侍，作諸天侍從，皆金銀雕瑩，懸於空中。」這種儀式與「灌佛」有直接關繫，是佛誕日祝禱活動的一個部分。參見本書卷九〈竺佛圖澄傳〉「灌佛」條注釋。❹蕭惠開　南蘭陵（今江蘇武進）人，征西將軍思話（參見本書卷七〈釋僧徹傳〉「儀同蕭思話」注釋）的長子。於劉宋孝武帝大明八年（西元四六四年）任輔國將軍、益、寧二州刺史，鎮成都。泰始元年（西元四六五年）號平西將軍。晉安王劉子勛謀反，他予以響應，事平後遭降職，因此不得志，於泰始七年（西元四七一年）吐血而亡，時年四十九歲。史載他家四世奉佛，蕭思話死，蕭惠開曾為之造寺廟四座。❺不能與阿夫競殘年　謂我不能與這二妾已到殘年的丈夫競爭。意為不能接受劉孟明所贈的二妾，同時也意味著邵碩看出了劉孟明所裝扮為男人的二妾其實是女人，以顯示邵碩的先知，不會被瞞住。阿夫，對丈夫的稱呼，這裡是邵碩以劉孟明的二妾的口吻所說。

【語譯】 邵碩，本姓邵名碩，康國人。他居無常所，神情恍惚有如狂人，長相不佳，嘴大而眉目醜陋。小孩子都喜歡追逐戲弄他。他有時到酒店內同別人一起暢飲。但他性好佛法，每當看見佛像時，他總是對著佛像禮拜，又讚歎不止，悲泣感慨而淚流滿面。他已有三兒兩女，長子惠生也已經出家。邵碩在宋初也出家為僧，自稱碩公。他進門出門停居外出，從不管白天黑夜。他在益州各縣遊歷，或者到南蠻之地，都善於用嬉笑諧謔的方式藉著事情傳法，勸人向善。他到別人家裡，如果睡在地上，則這戶人家必定會死人；如果他向人家乞討細席，則這戶人家必定會有小孩死亡。當時的人都把他的這種行為當作是一種天命徵兆。到四月八日佛誕節，成都舉行行像祝禱儀式，邵碩在成都的大眾隊伍中俯伏而行，扮作獅子的樣子表演。就在同一天，郫縣的人也說，他們看見邵碩在郫縣扮成獅子樣子表演。這一來，人們才悟到，原來是邵碩用了分身術，在兩地同時表演。

益州刺史蕭惠開和劉孟明等人，對邵碩都非常敬仰而師事於他。劉孟明給自己的兩個小妾穿上男人的衣服，將她們扮成男人的模樣，要試探邵碩。他對邵碩說：「將這兩人送給您，作您的隨從好不好？」邵碩性好韻語，就對劉孟明說：「我寧可自己久乞討酒來自斟自飲，也不能和這二人已到殘年的丈夫去競爭啊。」第二天，邵碩忽然戴著布帽來到劉孟明這裡。不久，劉孟明就死了。先前，劉孟明的長史沈仲玉修改了刑罰中有關鞭、杖處罰的規定，比過去的規定要嚴格、加重得多了。邵碩就對沈仲玉說：「你這樣一改，從此以後，天地間嗷嗷呻吟的痛苦之聲就要發作。如果你削除鞭、杖刑罰，你將來就會當上刺史。」沈仲玉聽從了他的話，將鞭、杖刑罰削除了。等到劉孟明死後，沈仲玉果然當上刺史。

邵碩於劉宋元徽元年九月一日在岷山通雲寺去世。臨死時，他對道人法進說：「將我的屍體置於露天，趕快把我的鞋子繫在腳上。」法進就照著他的話辦了，把他的屍體放在寺廟後面的空地上。兩天後，邵碩的屍體便無影無蹤了。不久，有人從郫縣來，到法進這裡來對法進說：「有一天晚上，我看見碩公在街市上，祇有一隻腳穿著鞋子。他隨口念著：『小子做事不牢靠，失我鞋一隻。』」法進大驚，就查問沙彌究竟是怎麼回事。沙彌回答說：「快要送屍體出去的時候，我心裡害怕，他右腳上的一隻鞋子沒有繫好，結果丟失了。」邵碩的形跡詭秘神異，真是深不可測啊。後來，便不知他的下落了。

宋江陵琵琶寺釋慧安　僧覽　法衛

釋慧安，未詳何許人。少經被虜，屬荊州人為奴，執役勤緊，主甚愛之。年十八，聽出家，止江陵琵琶寺。風貌庸率，頗共輕之。時為沙彌❶，眾僧列坐，輒使行水。安恒執空瓶從上至下，水常不竭。時咸以異焉。及受具戒❷，稍顯靈迹。嘗月晦夕共同學慧濟上堂布薩❸，堂戶未開，安乃綰❹濟指從壁隙而入，出亦如之。濟甚駭懼，不敢發言。後乃與濟共坐塔下，便語濟云：「吾當遠行，今與君別。」頃之，便見天人伎樂香花，布滿空中❺。濟唯驚懼，竟不得語。安又謂曰：「吾前後事迹，慎勿妄說，說必有咎。唯西南有一白衣，是新發意菩薩，可具為說之。」於是辭去，便附商人入湘、川。中路患痢極篤，謂船主曰：「貧道命必應盡，但出置岸邊，不須器木。氣絕之後，即施蟲鳥。」商人依其言，出臥岸側。夜見火炎從身而出，商人怪懼，就往觀之，已氣絕矣。商人行至湘東，見安亦已先至，俄又不知所之。

濟後至陟屺寺，詣隱士南陽劉虬❻，具言其事。虬即起，遙禮之，謂濟曰：「此得道之人，入火光三昧❼也。」

時蜀中又有僧覽、法衛，並有異迹，時人亦疑得聖果❽也。

【注釋】❶沙彌　意譯為息慈、息惡、行慈、勤策男，佛教中指七歲到二十歲以下受過十戒的男子。有三種情況或進階：七歲至十三歲間，可供驅逐放置食物處的烏鴉，稱驅鴉沙彌；十四歲至十九歲已適應出家生活，稱應法沙彌；過了二十歲尚未受具足戒而仍是沙彌身分，則稱小和尚。沙彌的身分比和尚低，所以慧安當沙彌時要為僧人（即和尚）端茶倒水。❷受具戒　即受具足戒。沙彌到二十歲時，如果修行合格，可以受具足戒。具足戒謂戒行具足圓滿，其中具體規定很多而各說不一。受了具足戒，相當於沙彌合格地畢業，便成為和尚。❸布薩　又譯為布沙他、布灑他、逋沙他、布薩陀婆、優婆沙陀，意譯為淨住、善宿、長養、斷增長。是一種佛教儀式，這裡指出家僧尼每半個月（十五日、二十九日或三十日）集會一次，專誦戒律，稱為說戒，以此來長養善法。❹綰　挽著。❺天人伎樂香花二句　謂梵天的神人伎樂帶著香花在天空中來歡迎慧安。這是對佛的歡迎。這樣的描寫，意味著慧安已經成佛。❻劉虬　南朝宋、齊間的著名隱士，隱居於荊州一帶，參見本書卷八〈釋僧慧傳〉「劉虬」條注釋。❼火光三昧　謂已達到修禪的第四階禪定，又稱火光定。三昧，又譯為三摩地，原義為等持，在這裡僅用其中的入定的意思。按，《本行集經》四十說：「如來爾時，已入如是火光三昧，身出大火。」本篇寫到商人看見慧安「火炎從身而出」，就是按這種觀念來描寫的，所以劉虬說慧安已入火光三昧。❽聖果　佛教大乘修行的最高果位，即成佛。

【語　譯】釋慧安，不知他的出身履歷。他在少年時代曾遭受擄掠，成為一個荊州人的奴隸。他做事勤快，主人對他甚為喜愛。到了慧安十八歲時，他的主人便放他出家為僧了。他出家後住在江陵的琵琶寺。慧安的相貌平庸，人們頗為輕視他。當時，慧安是一個沙彌，每當眾位僧人聚會就座時，就派他端茶遞水。慧安總是拿著一個空水瓶，從上向下朝杯裡倒水，而瓶中的水卻總是倒不完。當時的人都為慧安的靈異神通而驚訝。到了受具足戒後，慧安纔稍稍顯露他的神異本領。他曾在月底沒有月光的晚上和同學慧濟一起上法堂去做布薩，當時法堂的門還沒有開，慧安就挽著慧濟一起從牆壁的縫隙中進了法堂，出來時，也是這樣。慧濟為此又驚又怕，連一句話也不敢說。後來，慧安和慧濟一起坐在佛塔下談話，慧安便對慧濟說：「我將要遠行了，今天就向你告別。」頃刻間，便看見有神人、奏樂的伎女和香花，布滿了天空。慧濟又驚又怕，以致連話也說不出來。慧安又對他說：「我前前後後的事跡，你千萬不要亂說，如果你亂說，就一定會遭殃。唯有西南面的一位平民，他是新發意菩薩，你可以全部告訴他。」於是，慧安就辭別而去。慧安隨附著商人一同進入湖南、四川地區。在途中，他患了極嚴重的痢疾，便對船主說：「貧道的命到此就應完結了，請你將我抬出船去，然後放置在岸邊，不需要用棺木。我氣絕身亡之後，屍體就施捨給蟲鳥啄食。」商人按照他的話，將他抬出船，安放在岸邊。到了夜裡，商人看見火光從慧安的身體裡冒出來。商人又奇怪又害怕，就上前靠近了觀看，看到慧安已經氣絕身亡。可是，商人走到湘東的時候，卻又看見慧安已經先他而到達了那裡，忽然間又不知他到哪裡去了。

慧濟後來到了陟屺寺。他去了隱士南陽人劉虬那裡，把慧安的事跡都告訴他。劉虬立即站起身，對慧安遙相致禮。他對慧濟說：「這是得道之人，已入火光三昧了。」

那時，蜀中還有僧覽、法衛，他們也都有神異的事跡。當時的人也疑心他們達到了聖果，成佛了。

齊京師枳園寺沙彌釋法匱　法楷

釋法匱，本姓阮，吳興於潛❶人。少出家，為京師枳園寺法楷弟子。楷素有學功，特精經史，瑯琊王奐、王肅並共師焉。匱為性恭默，少語言，樸然自守，不涉人事。誦《法華經》一部。寺有上座❷塵勝法師老病，匱從為依止，營護甚多。及勝亡，殯❸葬如法。每齋會得直，聚以造栴檀❹像。像成，自設大會❺。

其本家❻僑居京師大市，是日還家，又至定林，復還枳園。後三處考覆，皆見匱來中食，實是一時而三處赴焉。爾日晚還房臥，奄然而卒。尸甚香軟，手屈二指。眾咸悟其得二果❼。時猶為沙彌❽，而靈迹殊異，遂聞於武帝❾。帝親臨幸，為會僧設供。文惠❿、文宣⓫，並到房頂禮，為營理葬殯。百姓雲赴，嚫施重疊。仍以所得利養，起枳園寺塔。是歲齊永明七年⓬也。

【注　釋】❶於潛　縣名。屬吳興郡，後為浙江於潛縣，西元一九五八年改為浙江省臨安縣于潛鎮。❷上座　有兩個意思，一是對德行學問或年紀高的僧人的尊稱，一是指僧官名，係寺院三綱（上座、寺主、維那）之一，意義為全寺之長，位置在三綱之首。一般由德行學問高者擔任。這裡應指後者。❸殯　原作「擯」，誤，本篇下文即寫作「殯」。埋葬。❹栴檀　栴，又作「旃」。旃檀，即檀香或檀香木。❺大會　指供奉新造成的佛像的開光法會。❻本家　指自己生身父母的世俗之家。❼二果　小乘佛教聲聞乘四果（須陀洹果、斯陀含果、阿那含果、阿羅漢果）之第二果，即斯陀含果，又稱一來果，意為通過悟四諦（苦諦、集諦、滅諦、道諦，參見本書卷八〈論〉篇「以四諦為言初」條注釋），而斷滅與生俱來的一切煩惱所達到的果位。達到這一個果位後，仍需生一次天上，生一次人間，纔能最後解脫。參見本書卷八〈釋法瑗傳〉「初果」條注釋。❽沙彌　尚未受具足戒，相當於學徒性質，而受過十戒的出家人，參見本卷〈釋慧安傳〉「沙彌」條注釋。❾武帝　指南齊武帝蕭賾，西元四八三至四九三年在位。⑩文惠　即南齊文惠太子蕭長懋，參見本書卷八〈釋僧鍾傳〉「文惠太子」條注釋。⑪文宣　即南齊竟陵文宣王蕭子良，參見本書卷八〈釋僧鍾傳〉「竟陵文宣王」條注釋。⑫齊永明七年　西元四八九年。

【語　譯】釋法匱，俗姓阮，吳興於潛人。他少年時出家，是京師枳園寺法楷的弟子。法楷素來學佛的功力甚深，特別精通佛經和歷史。琅琊人王奐和王肅都師從他學習。法匱的性情謙恭而沉默，不怎麼說話，樸素自然又嚴於律己，不涉及人事糾紛。他能背誦一部《法華經》。枳園寺的上座塵勝法師年老有病，法匱便跟隨著他一同居住，對他有很多的照料。等到塵勝法師身亡時，法匱就將他收殮殯葬了，一切都按照佛教的儀式進行。每次舉辦齋會，法匱都將所得到的施捨錢物聚集起來，用於製造栴檀佛像。佛像造成後，他就自己舉辦供奉佛像的開光大會。

他在俗世的本家，僑居於京師的大市。這一天早晨，他回了家，然後又到定林寺，再回到枳園寺。後來，這三處的人都對他這一天的行蹤作了查考復核，三處的人都看見他來到自己這裡吃中飯。他實在是在同一時刻分身在三處赴齋。那天晚上，他回到自己的房間睡下，忽然間死了。他的屍體很香也很軟，兩個手指屈著。眾人都悟到，他已獲得了二果，成了斯陀含。但是，他當時還僅僅是一個沙彌。他的靈異是如此特別，於是這事便上奏了齊武帝。齊武帝親自駕臨，為法匱召集僧人舉行法會，為他設供。文惠太子和竟陵文宣王都親自到他的禪房裡來，向他頂禮膜拜，又為他辦理收殮和安葬的事。百姓如雲湧一般前來，紛紛施捨錢物。寺裡便用這些施捨的錢物，建了枳園寺塔。這一年，是齊永明七年。

齊荊州釋僧慧　慧遠

釋僧慧，姓劉，不知何許人。在荊州數十年。南陽劉虬❶立陟屺寺，請以居之。時人見之已五六十年，終亦不老。舉止趍爾❷，無甚威儀。往至病人家，若瞋者必死，喜者必差❸，時咸以為讖。凡未相識者，並悉其親表存亡。慧嘗至江邊，告津吏❹求度。吏迫以舟小，未及過之。須臾已見慧在彼，兩岸諸人咸歎神異。中山甄恬、南平車曇同日請慧。慧皆赴之。後兩家檢覆，方知分身。

齊永明❺中，文惠❻要下京，行遇保誌❼。誌撫背曰：「赤龍子。」他無所言。慧後還荊，遇見鎮西長史劉景蕤，忽泣慟而捉之。數日，蕤果為刺史所害。後至湘州❽城南，忽云地中有碑。眾人試掘，果得二枚。慧後不知所終。或云永元❾中卒於江陵。

時江陵長沙寺又有釋慧遠者，本沙門慧印之倉頭❿也。印見其有信，因為出家。仍行般舟之業⓫。數歲勤苦，遂有神異，能分身赴請，及預興亡等。

【注釋】❶劉虬　南朝宋、齊間的著名隱士，隱居於荊州一帶，參見本書卷八〈釋僧慧傳〉「劉虬」條注釋。❷舉止趑爾　趑，同「趦」。趦爾，用以形容人的舉止時，指隨和、隨便，無心於刻意的表現或雕琢。❸差　通「瘥」。瘥愈。❹津吏　管理渡口、橋梁的小官。❺永明　南齊武帝蕭賾年號，共十一年，西元四八三至四九三年。❻文惠　即南齊文惠太子蕭長懋，參見本書卷八〈釋僧鍾傳〉「文惠太子」條注釋。❼保誌　參見本卷〈釋保誌傳〉。❽湘州　晉永嘉元年（西元三〇七年）分割荊州、廣州兩州所置，治所在臨湘（今湖南長沙），轄境相當於今湖南湘水、資水流域，廣西桂江、廣東北江流域大部分及湖北陸水流域。❾永元　南齊東昏侯蕭寶卷年號，共三年，西元四九九至五〇一年。❿倉頭　也作蒼頭。倉，大正藏本作「蒼」。蒼頭，即古代私家所蓄的奴隸。《漢書・鮑宣傳》：「蒼頭廬兒，皆用致富。」顏師古注引孟康說：「漢名奴為蒼頭，非純黑，以別於良人也。」《漢書・霍光傳》：「使蒼頭奴上朝謁。」《太平御覽》卷四七二引《風俗通》：「河南平陰龐儉……行求老蒼頭謹信屬任者，年六十餘，值二萬錢，使主牛馬耕種。」《晉書・石崇傳》：「蒼頭八百餘人。」晉南北朝時，寺廟中也往往蓄有奴隸。本卷〈邵碩傳〉所記「（劉）孟明以男子衣衣二妾，試碩云：『以此二人給公為左右可乎？』」實際上就是以將二人送給邵碩為奴隸來試探邵碩。這裡所提到的釋慧遠就屬這種情況。⑪般舟之業　也即學習、修行般舟三昧。般舟，意佛立現前，又稱般舟三昧，是晉南北朝時期很流行的一種大乘禪定，也是頭陀行、彌陀淨土信仰、天台宗的基礎。它在教理上屬於般若學範圍，是般若學和禪定結合的產物。漢末支婁迦讖曾譯《般舟三昧經》，後來西晉竺法護、竺叔蘭，姚秦鳩摩羅什又有重譯本。基本思想是：祇要排除一切欲念，修此禪定，至誠念佛，十方佛就會出現在面前。而佛也無所不在，與普通人一樣現身行菩薩道，隨鄉入俗，但具有無限的神通，可以隨意變化，洞知過去、現在和未來。《般舟三昧經》有三字偈說：「宜一念，斷諸想，立定信，勿狐疑，精進行，勿懈怠。」也即首先堅定信仰、持續不斷、專注一念，這纔能使心「定」，要做到這樣，又必須「避鄉里，遠親族，棄愛欲，履清淨，行無為，斷諸欲，……除三穢，去六入，絕淫色，離眾受，勿貪財，多蓄積，食知足，勿貪味。」也即屏除一切與生俱來的欲望。又說：「菩薩如是持佛威、神力，於三昧中立自在，欲見何方佛，即得見。」以至「所有分身悉遍至諸佛剎，如日照水中，影乘遍見」。本書所記的中國「神異」之僧的神異事跡，如分身法、變化、騰飛、死而復生、預知未來的命運等等，基本上是按照這種禪定的心理效應來描寫的。

【語譯】釋僧慧，俗姓劉，不知何許人。他在荊州住了幾十年。南陽人隱士劉虬建立陟屺寺後，請他來住持。當時的人看著他生活已有五、六十年了，但總是看不出他變老。他的舉止隨便，沒有什麼威儀。他去病人家時，如果他顯出氣憤、發怒的樣子，則病人必死無疑；如果他高興歡喜，則病人必定痊愈。當時的人都以他的喜怒為一種天命的徵兆，凡是尚未與他相識的人，全都來與他結交，想從他的喜怒中來預知未來的生死存亡。僧慧曾經來到江邊，對管理渡口的津吏要求過江。津吏因為正要啟航的這艘船太小，已擠滿了人，沒有來得及讓他及時擠上船過江。可是，頃刻間卻看見僧慧已經到了對岸。兩岸的許多人，都因此感歎他的靈異神通。中山的甄恬、南平的車曇兩人，同一天請僧慧到自己家去。僧慧也都應邀同時去了他們兩家。這兩家後來互相核查，纔知道僧慧是用了分身法同時去了他們兩家。

齊永明年間，文惠太子邀請僧慧到京師去。僧慧在途中遇到了保誌。保誌撫摸著他的背說：「赤龍子。」

僅此一句，別無所言。僧慧後來回到荊州，遇見鎮西將軍的長史劉景蕤，忽然握住劉景蕤的手哀慟地悲泣起來。幾天後，劉景蕤果然被刺史殺了。後來，僧慧到了湘州城南，忽然說地下有碑。眾人就按照他的話發掘，想試試看他的話準不準，果然挖出兩塊碑。僧慧後來下落不明。有人說，他是在永元年間死於江陵了。

那時，江陵的長沙寺還有一位高僧名叫釋慧遠，原是沙門慧印的奴隸。慧印見他信仰佛教，就為他剃度出家了。慧遠修行般舟三昧。經過幾年的辛勤修行，便獲得了神通，而有了靈異。他能分身應邀出席別人的宴請，以及預知天下未來的興亡等等。

齊壽春釋慧通

釋慧通，不知何許人。宋元嘉❶中，見在壽春❷，衣服趨爾❸，寢宿無定，遊歷村里，飲讌食啗不異恒人。常自稱鄭散騎❹，言未然之事，頗時有驗。江陵有邊僧歸者，遊賈壽春。將應反鄉，路值慧通，稱欲寄物。僧歸時自負重擔，固以致辭。遂強置擔上，而了不覺重。行數里，便別去，謂僧歸曰：「我有姊在江陵作尼，名慧緒，住三層寺，君可為我相聞，道尋欲往。」言訖忽然不見。顧視擔上，所寄物亦失。

僧歸既至，尋得慧緒，具說其意。緒既無此弟，亦不知何以而然。乃自往來壽春尋之，竟不相見。通後自往江陵，而慧緒已死。入其房中，訊問委悉，因留江陵少時。路由人家墳墓，無不悉其氏族死亡年月。傳以相問，並如其言。或時懸指❺偷劫，道其罪狀，於是群盜遙見通者，輒間行避走。又於江津路值一人，忽以杖打之，語云：「可馳歸去，看汝家若為？」此人至家，果為延火所及，舍物蕩盡。

齊永元❻初，忽就相識人任漾求酒甚急，云：「今應遠行，不復相見。為謝諸知識❼，並宜精勤修善為先。」飲酒畢，至墻邊臥地。就看已死。後數十日，復有人於市中見之。追及共語，久之乃失。

【注　釋】❶宋元嘉　南朝劉宋文帝年號，共三十年，西元四二四至四五三年。❷壽春　縣名。東晉時一度改為壽陽縣，治所在今安徽省壽縣。❸遢爾　用於形容衣服，指衣衫不整。❹散騎　官名。指皇帝的騎從，晉朝以後，散騎還配有其他具體職銜，有員外散騎常侍、直通散騎常侍、散騎侍郎等等。❺懸指　謂不經耳聞目睹，而是憑感應預知並一一指陳出來。❻齊永元　南朝齊東昏侯蕭寶卷年號，共三年，西元四九九至五〇一年。❼諸知識　即諸善知識，佛教對別人的敬稱，意為了悟一切知識且高明出眾之人。

【語　譯】釋慧通，不知是何處籍貫的人士。宋元嘉年間，有人看見他在壽春。他衣衫不整，沒有一定的住所，在鄉村、里巷遊歷，飲食和世俗的人一樣。他常自稱鄭散騎，能預言未來的事，時時能得到證驗。江陵有一位叫邊僧歸的人，在壽春經商。他要回鄉去，在途中遇到了慧通。慧通要他為自己帶些東西，邊僧歸這時自己正挑著重擔，所以推辭不肯。慧通就強行把自己的東西放在邊僧歸的擔子上。然而，邊僧歸挑著卻又不覺得加重。走了幾里路後，慧通便向邊僧歸告辭而去，他對邊僧歸說：「我有個姊姊在江陵當尼姑，名叫慧緒，住在三層寺。請你為我帶個口信給她，就說不久會去看望她。」言罷，他就忽然不見了。邊僧歸回頭看看自己的擔子上，慧通所放的東西也沒有了。

邊僧歸回到江陵後，找到了慧緒，就把慧通的意思全部告訴了她。然而，慧緒自己既沒有這個弟弟，也不知慧通為什麼要這樣。於是，她就親自來到壽春，尋找慧通，結果沒有找到。慧通後來自己前去江陵時，慧緒已經死了。慧通進了慧緒的房間，詳細詢問了慧緒的情況，因而在江陵停留了一些時候。他在路上經過人家的墳墓，對這些墳墓中的死者，他都知道他們的氏族和死亡的年月。將這些死者活著的親屬叫來詢問查核，他們的回答果然也都和慧通所說的一樣。有時，慧通不用看就能感知誰犯了偷盜搶劫，而將他的罪狀一一說出來。於是，盜賊遠遠地看見慧通時，就趕快改道或是潛藏到人群中避開他。慧通又曾在江邊渡口的路上遇到一個人，忽然用手杖打這個人，說道：「趕快開船回家，看看你家已成什麼樣了！」這人回到家，果然看到自己家已被蔓延過來的火燒著，房子和家裡的東西都已燒光了。

齊永元初年，慧通忽然來到一個相識的人任漾這裡，向他急切地討酒，說道：「我現在就要遠行，以後我們再也不會相見了。為了感謝諸位，我勸大家都應當以精勤修善為重。」飲完了酒，慧通就來到牆邊，在地上臥倒。任漾走上前細看，發現他已經死了。幾十天後，又有人在街市中看見了慧通，就追上他和他一起談了話。談了很久，慧通就不見了。

梁京師釋保誌

道香　僧朗

釋保誌，本姓朱，金城❶人。少出家，止京師道林寺，師事沙門僧儉為和上❷，修習禪業❸。至宋太始❹初，忽如僻異，居止無定，飲食無時，髮長數寸，常跣行街巷，執一錫杖，杖頭掛剪刀及鏡，或掛一兩匹帛。齊建元❺中，稍見異迹。數日不食，亦無飢容。與人言語，始若難曉，後比皆效驗。時或賦詩，言如讖記❻。

京土士庶，皆共事之。

齊武帝謂其惑眾，收駐建康。明旦，人見其入市。還檢獄中，誌猶在焉。誌語獄吏：「門外有兩輿食來，金鉢盛飯，汝可取之。」既而齊文慧太子⑦、竟陵王子良⑧並送食餉誌。果如其言。建康令呂文顯以事聞武帝。帝即迎入，居之後堂。一時屏除內宴⑨，誌亦隨眾出⑩。既而景陽山上，猶有一誌，與七僧俱。帝怒遣推檢失所⑪，閽吏⑫啟云：「誌久出在省⑬，方以墨塗其身。」

時僧正法獻欲以一衣遺誌，遣使於龍光、罽賓二寺求之，並云：「昨宿旦去。」又至其常所造厲侯伯家尋之，伯云：「誌昨在此行道，旦眠未覺。」使還以告獻，方知其分身三處宿焉。

誌嘗盛冬袒行。沙門寶亮欲以衲衣遺之，未及發言，誌忽來引衲而去。又時就人求生魚鱠，人為辦覓，致飽乃去。還視盆中，魚游活如故。

誌後假武帝神力，見高帝⑭於地下⑮，常受錐刀之苦，帝自是永廢錐刀。

齊衛尉胡諧病，請誌。誌往疏云：「明屈。」明日竟不往。是日諧亡，載屍還宅。誌云：「明屈者，明日屍出也。」

齊太尉司馬殷齊之隨陳顯達鎮江州，辭誌。誌畫紙作一樹，樹上有烏，語云：

「急時可登此。」後顯達逆節，留齊之鎮州。及敗，齊之叛入廬山。追騎將及，齊之見林中有一樹，樹上有烏，如誌所畫，悟而登之，烏竟不飛。追者見烏，謂無人而反。卒以見免。

齊屯騎桑偃將欲謀反，往詣誌。誌遙見而走，大呼云：「圍臺城，欲反逆，斫頭破腹。」後未旬事發。偃叛往朱方，為人所得，果斫頭破腹。

梁鄱陽忠烈王恢⑯，嘗屈誌來第會。忽令覓荊子甚急，既得，安之門上，莫測所以。少時，王便出為荊州刺史。其預鑒之明，此類非一。

誌多去來興皇、淨名兩寺。及今上龍興⑰，甚見崇禮。先是齊時多禁誌出入，今上即位，下詔曰：「誌公迹拘塵垢，神遊冥寂，水火不能燋濡，蛇虎不能侵懼。語其佛理，則聲聞以上；談其隱淪，則遁仙高者。豈得以俗士常情空相拘制，何其鄙狹一至於此。自今行來，隨意出入，勿得復禁。」誌自是多出入禁內。

天監五年冬旱，雩祭⑱備至，而未降雨。誌忽上啟云：「誌病不差，就官乞活。若不啟白，官應得鞭杖。願於華光殿講《勝鬘》請雨。」上即使沙門法雲講《勝鬘》，講竟，夜便大雪。誌又云：「須一盆水，加刀其上。」俄而雨大降，高下⑲皆足。

上嘗問誌云：「弟子煩惑未除，何以治之？」答云：「十二。」識者以為十二因緣治惑藥也。又問十二之旨，答云：「旨在書字時節刻漏中。」識者以為書字在十二時中。又問：「弟子何時得靜心修習？」答云：「安樂禁。」識者以為禁者止也，至安樂時乃止耳。後法雲於華林寺講《法華》，至「假使黑風」[20]。誌忽問風之有無。答云：「世諦故有，第一義則無[21]也。」誌往復三四番，便笑云：「若體是假有[22]，許亦不可解，難可解。」其辭旨隱沒，類皆如此。

有陳征虜者，舉家事誌甚篤。誌嘗為其現真形，光相如菩薩像焉。

誌知名顯奇四十餘載，士女恭事者數不可稱。至天監十三年冬，於臺後堂謂人曰：「菩薩將去。」未及旬日，無疾而終。尸骸香軟，形貌熙悅。臨亡然一燭，以付後閤舍人吳慶。慶即啟聞。上歎曰：「大師不復留矣。燭者，將以後事囑我乎？」因厚加殯送，葬於鍾山獨龍之阜。仍於墓所立開善精舍。敕陸倕[23]製銘辭於塚內，王筠[24]勒碑文於寺門。傳其遺像，處處存焉。

初誌顯迹之始，年可五六十許，而終亦不老，人咸莫測其年。有徐捷道者，居于京師九日臺北。自言是誌外舅弟，小誌四年，計誌亡時應年九十七。

時梁初蜀中又有道香、僧朗，亦並有神力云。

【注 釋】❶金城 古縣名。漢置，故址在今甘肅蘭州西北。❷和上 又譯為和社、和闍、烏社，意譯為親教師，在印度原為師父的俗稱，在中國佛教中一般是對佛教師長的尊稱，後來則又演變為對僧人的通稱。在這裡是對老師的尊稱。❸修習禪業 謂學習和修行禪法。❹宋太始 太始，應作泰始，南朝劉宋明帝年號，共七年，西元四六五至四七一年。❺齊建元 南齊太祖蕭道成年號，共四年，西元四七九至四八二年。❻言如讖記 謂保誌詩中所說的言語像體現天命神意的讖言一樣神秘。參見本書卷八〈釋玄暢傳〉「岷山郡」、「河洛昞有周之兆」條注釋。❼文慧太子 即南齊文惠太子蕭長懋，參見本書卷八〈釋僧鍾傳〉「文惠太子」條注釋。❽竟陵王子良 即南齊竟陵文宣王蕭子良，參見本書卷八〈釋僧鍾傳〉「竟陵文宣王」條注釋。❾屏除內宴 謂齊武帝在屏內賜內宴。屏，指皇宮內用於與其他部分隔開而當作門用的小牆。除，賜予之義。內宴，指皇宮之內所設的宴席，這裡設宴的地方即在宮內的屏內。❿隨眾出 謂保誌隨著眾人出席內宴。出，出現，這裡是參加、出席之義。⓫失所 所失之所，指保誌在宮內所住的地方。按，對這一段的描寫，作者是要突出保誌的「分身」之能，即宮內有保誌，宮外也有保誌，武帝聽說宮外有一個保誌，以為保誌不通知自己就出了宮，所以「怒」，於是派人到「失所」來查。查的結果是保誌仍在宮中，而且「方以墨塗其身」。宋、元、明本、金陵刻經處本、大正藏本均作「帝怒遣推檢，失所在」，多一「在」字，誤。因為，若作「失所在」，則與下文「誌久出在省，方以墨塗其身」相矛盾；同時，保誌既「失所在」，也就是表明保誌果然跑出去了，那麼宮外的保誌就可能是宮內跑出去的保誌，不能突出保誌「分身」的「神異」，所以這個「在」字不可能是原本所有，而當屬翻刻時所誤加。⓬閤吏 管理、看守閤的宮內小吏。閤，通「閣」。這裡指宮內的小閣，也是指保誌在宮內所住的那個閣。⓭久出在省 謂一向都在宮內沒有出去。出，出現；在。省，兩晉南朝習慣將皇宮稱為省，臺、臺省。⓮高帝 指齊高帝蕭道成，齊武帝的父親。⓯地下 這裡指陰間、陰曹地府。下文所寫高帝的「常受錐刀之苦」便是指在陰曹地府所受到的「惡報」磨難。⓰梁鄱陽忠烈王恢 即蕭恢，字弘達，梁武帝蕭衍第九子。南齊時官至輔國將軍，入梁後，於天監元年（西元五〇二年）任為侍中、前將軍領石頭戍軍事，封鄱陽郡王。天監二年出為都督南徐州諸軍事、征虜將軍、南徐州刺史。十一年，出任都督荊湘雍益寧南北梁南北秦九州諸軍事、平西將軍、荊州刺史。十七年，徵為侍中、安前將軍、領軍將軍，返回京師。十八年，再度出任都督荊湘雍梁益寧南北秦八州諸軍事、征西將軍、開府儀同三司、荊州刺史。普通七年（西元五二六年）卒於荊州刺史任上，時年五十一。⓱今上龍興 今上，當今皇上，指梁武帝蕭衍。龍興，指梁武帝代齊建梁而即位皇帝。參見本書卷八〈釋法度傳〉「今上」條注釋、〈釋玄暢傳〉「龍飛之辰」條注釋、〈釋寶亮傳〉「今上龍興」條注釋。按，本篇所記的保誌，就是直到現在仍在民間傳說非常多的「誌公」。這些傳說大多與梁武帝有關。梁武帝蕭衍

（生於西元四六四年卒於西元五四九年），字叔達，南蘭陵（江蘇武進，今屬江蘇常州）人，與南齊蕭氏屬同族。在南齊時，他歷任寧朔將軍、雍州刺史。南齊和帝中興二年（西元五〇二年）他以「禪讓」的形式，代齊即皇帝位，建立梁朝，在位四十八年。他統治的大部分時期，經濟較為繁榮，政局也較安定。在他晚年，由於皇子們之間爭奪皇位的繼承權，內部矛盾日趨激化。太清二年（西元五四八年），蕭正德勾結東魏降將侯景叛亂，攻入建康，蕭衍被囚禁在臺城（即皇宮內），於次年活活餓死。他博學能文，工書法，通音樂，又篤信佛教，曾三次捨身佛寺，被大臣請回繼續做皇帝。他年輕時代曾和沈約、謝朓、王融、蕭琛、范雲、任昉、陸倕等著名文人同在竟陵文宣王蕭子良的門下，時人稱為「竟陵八友」。即皇帝位以後，又重用文士，提倡文學創作，也是一個著名文學家。⑱雩祭　求雨的祭祀。雩，古代為求雨而舉行的祭祀。⑲高下　這裡指地勢高和地勢低。⑳至假使黑風　指法雲講到《法華經》的「假使黑風」這裡時。按，「假使黑風」一語可見於鳩摩羅什譯本《妙法蓮華經》的〈觀世音菩薩普門品〉。這一品寫無盡意菩薩問世尊：「觀世音菩薩以何因緣名觀世音？」（即觀世音菩薩為什麼叫觀世音）世尊（即佛祖）對此作了許多比喻性的解說，其中有一段說到「假使黑風」的話，說：「若有百千萬億眾生為求金銀、……真珠等寶，入於大海，假使黑風吹其船舫，飄墮羅剎鬼國，其中若有乃至一人，稱觀世音菩薩名者，是諸人等皆得解脫羅剎之難，以是因緣名觀世音。」所謂「黑風」，也就是海上的暴風，因為它總伴著烏雲，所以稱黑風。這一段是說，有人外出經商或尋寶，在大海中遭遇了暴風，落入了惡鬼國中，祇要一念觀世音菩薩的名字，觀世音菩薩立刻就會變化出相應的形象來搭救。按，在《法華經》中，觀世音菩薩是有無限神通的菩薩，這些神通也就是本書所說的神異。㉑世諦故有二句　謂若從俗諦來講，就有，若從第一義諦來講，則無。世諦，又稱俗諦，意為分別意識所認可的道理；第一義，即第一義諦，也即真諦，這裡指佛教的真理。在本文中，這是針對《法華經・普門品》所說的「黑風」而言。㉒若體是假有　謂如果實相之體是假有真空。體，指佛教所稱謂的「實相」，即終極本體。假有，即從現象看似乎「有」（存在），而其實「空」，即稱為「假有」，又稱「假有真空」、「妙有」。㉓陸倕　字佐公，吳郡吳（今江蘇蘇州）人。梁朝文學家，史稱他少年勤學，與任昉為忘年交，齊朝竟陵文宣王蕭子良開西邸延攬當世英俊，陸倕是其中之一。入梁朝後，歷任參軍、主簿、太子庶子、國子博士、給事中、揚州大中正。於梁武帝普通七年（西元五二六年）卒，享年五十七，有文集二十卷傳世。《梁書》有傳。㉔王筠　字元禮，一字德柔，琅琊臨沂（今山東臨沂）人，生於西元四八一年，卒於西元五四九年，南朝文學家。王筠起初任昭明太子蕭統的幕僚。梁武帝中大通三年（西元五三一年）蕭統死後，出任臨海太守。後又回到京師建康，歷任秘書監、太府卿、度支尚書、太子詹事。侯景之亂發生後，他墜井而亡。王筠是當時著名文學家，勤奮好學，自稱「少好書，老而彌篤，雖偶見瞥觀，皆即疏記」，保誌死後，梁武帝曾要他撰〈開善寺寶誌大師碑文〉，但此文已失傳。《梁書》有傳。

【語譯】釋保誌，俗姓朱，金城人。他少年時出家，住在京師建康的道林寺，拜沙門僧儉為師，學習和修行禪法。到宋太始初年，他忽然變得怪異起來，居處行止不定，也不按一定的時間用齋，頭髮長到幾寸長也不剃，經常赤著腳在大街小巷出沒，手拿一根錫杖，錫杖的頭上掛著剪刀和鏡子，或者掛著一兩匹帛。到了齊建元年間，他纔稍稍顯示出神異的形跡。他能幾天不吃東西而毫無饑色，與人談話，開始時別人都聽不懂，但後來都能應驗。他也賦詩，詩裡所說的話就和天命的讖言徵兆一樣。京師的士人和平民，都供奉他。

齊武帝說他在妖言惑眾，就將他收押在建康的監獄裡。可是，第二天早晨就有人看見他已經上了大街鬧市。再回到監獄裡一查，他又仍然在監獄裡。他對獄吏說：「門外有兩駕轎車送食物來了，是用金鉢盂盛著飯，你去將它取來。」一會兒，果然如他所說，便有文慧太子蕭長懋、竟陵文宣王蕭子良都來送食物給他。建康令呂文顯將這事奏知齊武帝。齊武帝當即將他迎請到皇宮，將他安置在皇宮的後堂。當時，齊武帝在屏內賜宴，保誌也隨同眾人一起參加了。這之後，在景陽山上也有一個保誌，與七位僧人在一起。齊武帝聽說後，氣憤地派人到保誌失蹤的住處來查問。守門的官吏啟奏：「保誌一直在宮裡，現在正在用墨塗他的身子呢。」

那時，僧正法獻要贈送一件衣服給保誌，派遣使者到龍光寺、罽賓寺來找他。這兩個寺廟的人都說：「他昨天夜裡在這裡住宿，今天早晨走了。」使者又到保誌常去的厲侯伯家尋找，厲侯伯說：「保誌昨天在這裡行道，早晨才睡覺，現在還沒有醒呢。」使者回去將這事報告了法獻，這纔知道保誌是分身於三個地方住宿。

保誌曾在隆冬寒冷的天氣光著上身在外行走。沙門寶亮要送他一件衲衣。可是寶亮尚未說出口，保誌就忽然來將衲衣拿去了。保誌有時向別人乞討生魚片，別人便為他找來魚做好給他吃。保誌吃飽後就走了。那人再一看盆子，魚在盆裡還活著游來游去。

後來，保誌又賦予齊武帝神力。齊武帝看見齊高帝在陰間經常被錐刺、刀砍，飽受折磨之苦。齊武帝從此也就永遠廢除了錐刺、刀砍的刑罰。

齊朝的衛尉胡諧生了病，請保誌來治療。保誌來後，寫道：「明屈。」第二天保誌竟沒有再去看胡諧。這一天，胡諧死了，他的屍體便被用車子拖回家去了。保誌說：「明屈這兩字，是明天把屍體拖出去的意思。」

齊朝的太尉司馬殷齊之將隨陳顯達去鎮守江州，來向保誌告別。保誌在紙上畫了一棵樹，樹上畫了一隻烏鴉，又對殷齊之說：「你在危急的時候，就登上這樹。」後來，陳顯達叛變，留下殷齊之鎮守江州。等到陳顯達失敗後，殷齊之叛逃到廬山。追殺他的騎兵快要追上他時，殷齊之看見樹林中一棵樹有烏鴉，和保誌所畫的一樣。他這纔醒悟，便爬上了這棵樹，而樹上的烏鴉竟然並不飛走。追兵趕來時，見這棵樹上有烏鴉，以為這裡沒有人，便返回了。殷齊之便因此而免於難。

齊朝的屯騎桑偃將要謀反，他前往保誌那裡。保誌遠遠地看見時，掉頭就跑，還大呼道：「圍臺城，欲反逆，砍頭破腹。」後來，還沒到十天，桑偃謀反的事便被破獲了。桑偃逃到朱方那裡，被人擒獲，果然被砍了頭又破了腹。

梁朝的鄱陽忠烈王蕭恢曾請保誌到他自己的府第裡來相會。保誌忽然很急地叫人去尋找荊果。荊果找來後，他就把它放在門上，當時大家都不知他為什麼要這麼做。不久，鄱陽忠烈王便出任了荊州刺史。保誌的預見之明，不祇這一件事。

保誌多半在興皇、淨名兩寺間來往。等到當今皇上登基，對保誌甚為崇拜。但先前在齊朝時，他的府第卻是禁止保誌出入的。當今皇上即位後，下詔說：「誌公的形跡雖然尚在俗世，但是他的精神遊於幽冥而已寂滅，所以火不能燒他，水不能濕他，龍虎不能侵犯嚇著他。他的佛理超絕於聲聞之上，他的隱逸則又高出隱遁的仙人。怎能鄙陋褊狹到這種地步，以至於用俗人的常情來要求他呢？從今以後，他如果來，則可以隨意出入宮廷，不得加以禁止。」保誌自此以後也就經常出入皇宮了。

梁武帝天監五年冬季發生乾旱，求雨的祭祀已很完備，但天就是不下雨。保誌忽然上奏道：「保誌的病沒好，現向官員乞命。如果我的話不告訴皇帝，官員將受鞭杖之刑。望在華光殿講《勝鬘經》求雨。」皇上當即要沙門法雲講《勝鬘經》。經講完後，夜裡便下起了大雪。保誌又說：「需要一盆水，在上面加上刀。」不一會兒，天又降了大雨，高處和低窪處都得到了充足的雨水。

皇上曾問保誌說：「弟子的煩惱迷惑尚未除盡，有什麼辦法來治？」保誌答道：「十二。」有識者認為，他的意思是用十二因緣作為治療迷惑的藥。皇上又問十二的旨意。保誌答道：「旨在寫字時的刻漏中。」有識者認為，寫字在十二時中。皇上又問：「弟子何時能靜心修習？」保誌答道：「安樂禁。」有識者認為，禁就是止的意思，到了安樂時，也就是止了。後來，法雲在華林寺講《法華經》。他講到「假使黑風」時，保誌忽然問他，《法華經》所說的「風」，是有還是無？法雲答道：「按俗諦講，是有；照第一義諦講，則無。」保誌和他辯論了三、四個回合，便笑道：「如果『體』是假有，恐怕也不可解，也難以解。」保誌的話含義隱微，都類似於此。

有一個叫陳征虜的人，全家都很虔敬地事奉保誌。保誌曾為他現出真形，形像就和菩薩像一樣。

保誌知名於世，顯示神奇四十多年，供奉他的男女數不勝數。到了梁武帝天監十三年的冬季，他在皇宮的後堂對人說：「菩薩就要走了。」這之後，不到十天，他就無疾而終了。他的屍體又香又軟，顯出安詳而又愉悅的樣子。他臨死時曾點燃了一支蠟燭，交給後閣吳慶。吳慶當即啟奏梁武帝。梁武帝歎道：「大師不再留在人世了。這支蠟燭，是意味著有後事要囑咐我嗎？」梁武帝以隆重的禮儀厚葬了保誌，將他葬在鍾山獨龍阜，又在他的墓地建立了開善精舍，敕令陸倕寫了銘辭置於他的墳內，王筠寫了碑文刻在開善精舍的寺門口，還畫了他的遺像，分存於各處。

起初，保誌開始顯示靈異形跡的時候，大約五、六十歲的年紀，直到臨終，看不出他變老，人們都看不出他的年紀。有一位名叫徐捷道的人，住在京師建康的九日臺北面。他自稱是保誌舅舅的弟弟，比保誌小四歲。照此推算，保誌死的時候，應當是九十七歲。

那時，梁朝初年，在蜀中還有道香、僧朗，他們也都有神力。

論曰：神道之為化也，蓋以抑誇強，摧侮慢，挫兇銳，解塵紛。至若飛輪御寶❶，則善信歸降；竦石參烟❷，則力士❸潛伏。當知至治無心，剛柔在化，自晉惠失政❹，懷、愍播遷❺，中州寇蕩，群羯❻亂交，淵❼、曜❽篡虐於前，勒❾、虎❿僭兇於後。郡國分崩，民遭屠炭。

澄公⓫憫鋒鏑之方始，痛刑害之未央⓬。遂彰神化於葛陂，騁懸記於襄、鄴⓭。藉秘呪而濟將盡⓮，擬香氣而拔臨危⓯。瞻鈴映掌⓰，坐定凶吉，終令二石稽首。荒裔子來⓱，澤潤蒼生，固無以校也。其後佛調⓲、耆域⓳、涉公⓴、杯度㉑等，或韜光晦影，俯同迷俗，或顯現神奇，遙記方兆；或死而更生，或窆後空槨。靈迹怪詭，莫測其然。但典章不同，袪取亦異。至如劉安㉒、李脫㉓，書史則以為謀僭妖蕩，仙錄則以為羽化雲翔㉔。夫理之所貴者，合道也；事之所貴者，濟物也。故權者反常而合道，利用以成務。然前傳所紀，其詳莫究。或由法身應感，或是遁仙高逸。但使一分兼人㉕，便足高矣。至如慧則之感香甕㉖，能致痼疾消瘳；史宗㉗之過漁梁，洒令潛鱗得命㉘；白足㉙臨刃不傷，遺法㉚為之更始。保誌㉛分身員戶㉜，帝王以之加信。光雖和而弗汙其體，塵雖同而弗渝其真㉝。故先代文紀，並見宗錄。若其誇衒方伎，左道亂時；因神藥而高飛㉞，藉芳芝而壽考㉟，與夫雞鳴雲中，狗吠天上㊱；蛇鵠不死，龜靈千年㊲，曾是為異乎？

贊曰：土資水澤，金由火煎。強梁扈化，假見威權㊳。澄照襄土㊴，開導淄川㊵。惠茲兩葉㊶，綏彼四邊。如不緊賴，民命何全？

【注釋】❶飛輪御寶　謂駕飛輪用寶物降妖伏魔。按，這是指佛的威力。❷竦石參烟　竦石，震動山石。參烟，參入煙霞，即騰雲駕霧。按這是指佛的威力。❸力士　《長阿含經》卷四譯為末那，《大般涅槃經》則譯為力士，意為大力之士。❹晉惠失政　即晉惠帝時的政治敗壞。晉惠，指西晉惠帝司馬衷，西晉武帝司馬炎的兒子，西元二九〇至三〇六年在位。他以痴呆著名，曾說：百姓餓死，何不食肉糜？起初由他的皇后賈南風專政，引起皇室內部互相殘殺的八王之亂，而八王又各引「五胡」自助，參加內戰，成為「五胡十六國」分裂狀態的原因之一。❺懷愍播遷　字面義為懷帝和愍帝遷徙，而實指被俘。懷，指西晉懷帝司馬熾，惠帝的弟弟，西元三〇六至三一一年在位。他即位後由東海王司馬越專權，無所作為。永嘉五年（西元三一一年），匈奴族所建漢國的大將劉曜攻破西晉都城洛陽，將他俘虜到平陽（今山西臨汾西南），次年殺死。愍，指西晉愍帝司馬鄴，懷帝的侄兒。懷帝被俘後，他在長安（今陝西西安）被擁立為太子。懷帝死後，由他即位，西元三一三至三一六年在位。建興四年（西元三一六年）劉曜又攻破長安，將他俘虜到平城，次年殺死。至此，西晉亡。❻群羯　羯，原義為羯族人，這裡代指匈奴、羯、羌、氐、戎、鮮卑等少數民族，即史所稱「五胡」（實際不止五個民族）。❼淵　指劉淵，十六國時期漢國的建立者，字元海，新興（今山西忻縣）匈奴族人。他的祖父於扶羅是南匈奴單于，父豹為左賢王。曹操分南匈奴為五部，任豹為左部帥。劉淵早年愛好詩書，尤其愛好《左傳》、《孫子兵法》，漢化程度較深。魏國咸熙年間曾住在洛陽。其父豹死後，由他繼任匈奴左部帥。晉太康十年（西元二八九年），歷任北部都尉、五部大都督。西晉八王之亂時，成都王司馬穎命他返回并州（今山西），調發匈奴五部助成都王參加內戰，被任為北單于、參丞相軍事。他到左國城（今山西離石北）時起兵反晉，稱大單于。西元三〇六年十月在左國城稱漢王，國號為漢。後又進據河東，攻克蒲坂（今山西省夏縣西南）、平陽（今山西臨汾西南），王彌、石勒、汲桑、鮮卑陸逐延相繼率部歸降，聲勢大振。西元三〇八年他即皇帝位，建都平陽。兩年後病死，其子劉和嗣位。❽曜　指劉曜，匈奴族，劉淵的侄兒，前趙的建立者。參見本書卷九〈竺佛圖澄傳〉「劉淵」條注釋。

❾勒　指石勒，羯族，後趙的建立者。參見本書卷九〈竺佛圖澄傳〉「石勒」條注釋。❿虎　指石虎，羯族，後趙的皇帝，參見本書卷九〈竺佛圖澄傳〉「石虎」條注釋。⓫澄公　指佛圖澄，參見本書卷九〈竺佛圖澄傳〉。⓬未央　未盡；沒有停止。⓭騁懸記於襄鄴　謂佛圖澄以預言馳騁於襄國和鄴城。懸記，這裡指預言。襄，指襄國（今河北邢臺），後趙在石勒時期以此為都城。鄴，故址在今河北臨漳，後趙石虎即位後將都城遷至此。佛圖澄後趙時住在這兩地。⓮藉秘呪而濟將盡　謂以神秘的呪術來救濟行將完結的趙國。事見本書卷九〈竺佛圖澄傳〉。濟將盡，指救濟將要完結的趙國（即後趙）。⓯擬香氣而拔臨危　謂用香氣拯救因遭劫而臨危的弟子。事見本書卷九〈竺佛圖澄傳〉。⓰瞻鈴映掌　瞻鈴，明白鈴音的含意。據〈竺佛圖澄傳〉，佛圖澄能聽懂鈴音。瞻，觀瞻、觀看。此引申為了解。映掌，指佛圖澄的手掌能顯現出千里之外的事情而歷歷在目。兩事均見本書卷九〈竺佛圖澄傳〉。⓱荒裔子來　謂佛圖澄等從荒遠的沙漠來到中國。裔，指白龍堆沙漠，參見本書卷八〈釋僧遠傳〉「逷自龍裔」條注釋。子，指佛圖澄等從西域沙漠來的僧人。⓲佛調　指竺佛調，參見本書卷九〈竺佛調傳〉。⓳耆域　參見本書卷九〈耆域傳〉。⓴涉公　參見本卷〈涉公傳〉。㉑杯度　參見本卷〈杯度傳〉。㉒劉安　西漢人，生於西元前一七九年，卒於西元前一二二年。他是漢文帝的侄兒，承襲父爵淮南王。劉安好文學，曾奉命作《離騷傳》，又集門人賓客方術之士千餘人編撰《淮南鴻烈》（即《淮南子》）。元狩元年，有人告發他謀反，劉安遂被捕下獄，在獄中自殺。《史記》有傳。但神仙道教興起後，則又說他好神仙。道士葛洪撰《神仙傳》中，說他修煉成仙飛昇，以致連他的雞犬也因舔食他的藥鼎而成仙飛昇。㉓李脫　東晉道士，生年未詳，據《晉書》卷六載，明帝太寧二年（西元三二四年），「術人李脫造妖書惑眾，斬於建康市。」㉔羽化雲翔　指道教所謂成仙。羽化，神仙道教以成仙為羽化。雲翔，即成仙而飛昇。㉕兼人　過人。㉖慧則之感香甕　謂感應慧則的虔誠而來的含有佛法靈驗的石甕。事見本卷〈安慧則傳〉。香甕，含有佛法靈驗的石甕，指慧則當疾病流行時虔誠祈禱，而在寺外發現的盛有神水的石甕。㉗史宗　參見本卷〈史宗傳〉。㉘令潛鱗得命　謂使死魚轉活。事見本卷〈史宗傳〉。潛鱗，指魚。得命，活命。㉙白足　指白足道人曇始，參見本卷〈釋曇始傳〉。㉚遺法　指佛教。㉛保誌　參見本卷〈釋保誌傳〉。㉜分身員戶　謂保誌分身於三個佛寺。事見本卷〈釋保誌傳〉。員，通「圓」。員戶，指佛寺。㉝光雖和而弗汙其體二句　此二句化用《道德經》「和光同塵」，謂雖然混同世俗，卻不能汙染他們的身體；雖然置身於紅塵，卻不能改變他們的真性，意味著身處世俗而超然物外。㉞因神藥而高飛　謂憑服神藥而成仙。高飛，指神仙道教所說的羽化、飛昇，即成仙。㉟藉芳芝而壽考　謂服食靈芝而長生不老。芳芝，指靈芝，道教認為服食靈芝可以長生。壽考，長壽，這裡指長生不老。㊱雞鳴雲中二句　指道教典故「一人得道，雞犬昇天」，又作「雞犬皆仙」。原出葛洪《神仙傳·淮南王》說：漢朝淮

南王劉安好神仙之道，一天有八公來到他家，「取鼎煮藥，使王服之，骨肉近三百餘人，同日飛去」，就連雞犬舔了藥鼎，「亦同飛去」。㊲蛇鵠不死二句　指神仙道教所常比喻的長生不老。㊳假見威權　謂藉以顯示威力和權威。假，憑藉。見，顯示。㊴澄照襄土　謂佛圖澄照耀了襄國。澄，指佛圖澄。襄土，指後趙都城襄國（今河北邢臺）。㊵開導淄川　謂單道開化導了淄川地區。開，指單道開，參見本書卷九〈單道開傳〉。㊶惠茲兩葉　謂得恩惠於佛圖澄和單道開兩代僧人。兩葉，即兩代，指佛圖澄和單道開。

【語　譯】論說：以神異的力量來進行教化，是為了抑制豪強的氣焰，破除侮慢之心，摧折凶惡的鋒芒，化解人世的紛爭。至於菩薩慈悲而乘飛輪用寶物來降妖伏魔，則是為使善心發露，改邪歸正；以佛法震動高山巨石而騰雲駕霧的威攝力量，則可以使人知道這背後有大力之士潛伏。應當明白，人人無心無欲則天下太平而達於至治，陰陽自然諧調而剛柔相濟。自從西晉時惠帝政治敗壞，懷帝和愍帝被俘，中原便充滿了戰亂，動盪不寧。羯人的叛亂相繼發生，前有劉淵、劉曜篡奪帝位而肆行暴虐；後有石勒、石虎僭稱帝號而行兇殺伐，鬧得國家分崩離析，人民慘遭屠殺。

佛圖澄因憐憫戰亂已經開始，痛心於酷刑殘害沒完沒了，於是在葛陂用神異的力量來進行教化。他以先知預言馳騁於襄國和鄴城，借神秘的呪術救濟行將完結的後趙，用香氣來拯救即將被劫殺的弟子，以能解鈴音和將遙遠的事情在手掌上映現出來，確定千里之外的吉凶，終於使石勒、石虎欽佩禮敬。他從荒遠的沙漠來到中原，恩澤滋潤了中原的蒼生，其德行功業無可比擬。繼他之後，又有竺佛調、耆域、涉公、杯度等僧，他們或是掩蔽隱藏自己的光輝，置身於世俗，就像迷惑而愚昧的俗人；或者顯現神奇的力量，感應天下億兆的人民；或者死而復生，或者殮入棺材而空不見屍。他們的神妙形跡怪誕詭異，神秘莫測，讓人不知所以然。但是規則法度不同，也就棄取選擇不同。例如對劉安、李脫，史書上視之為陰謀篡奪或者妖言惑眾，但道書仙錄卻認為是成仙飛昇。理的可貴，在於合乎大道；事的可貴，在於對人有益。所以通權達變者，雖反常卻合乎道，能有利於運用而成就事功。但是，前面的傳記所記的神異事跡，現在還不能知道它詳細的根由，或者是由法身變化來方便度人，或者是隱遁的仙人飛昇逸去。祇要他們有一分過人之處，便足稱為高僧了。例如慧則的虔誠招致盛有神水的石甕，能使痼疾得以痊愈；史宗經過漁場，而使死魚復活；白足道人被砍而不傷，使佛法得以復興；保誌能分身於寺廟，使帝王因此而信佛。雖然混同世俗，卻不能污染他們的身體；雖然置身於紅塵，卻不能改變他們的真性。所以前代的文字記載，對他們都作記錄。像那些滿口誇耀方術能有助治國，而其實是擾亂天下；或憑吃神藥以成仙飛昇，服靈芝以延年益壽；以及一人得道雞犬昇天，長生不死，猶如蛇鵠龜靈，哪裡能稱得上是神異呢？

贊曰：土壤要靠水來潤澤，真金要用猛火鍛煉。強人要用強力教化，如此才能顯示威權。佛圖澄照耀了襄國，單道開化導了淄川。這兩代高僧的恩惠，安撫遠及四方周邊。如果不是依賴他們，人民生命怎得保全？

卷一一

習禪　正傳二十一人　附見十一人

晉江左竺僧顯

竺僧顯，本姓傅氏，北地❶人。貞苦善戒節，蔬食誦經，業禪為務。常獨處山林，頭陀人外❷。或時數日入禪，亦無饑色。時劉曜❸寇蕩西京❹，朝野崩亂。顯以晉太興之末❺，南逗江左。復歷名山，修己恒業。後遇疾綿篤，乃屬想西方❻，心甚苦至。見無量壽佛❼降以真容，光照其身，所苦都愈。是夕便起澡浴，為同住及侍疾者說己所見，並陳誡因果，辭甚精析。至明清晨，平坐而化。室內有殊香，旬餘乃歇。

【注釋】❶北地　即北地郡，治所在富平（今寧夏吳忠南）。❷頭陀人外　即修頭陀行而超然世外。參見本書卷八〈釋法通傳〉「頭陀」條注釋。❸劉曜　十六國時期前趙皇帝，匈奴族，參見本書卷九〈竺佛圖澄傳〉「劉淵」條注釋。❹西京　指洛陽，是西晉的都城，相對於長安，故稱西京。❺晉太興之末　晉無太興年號，但東晉元帝司馬睿有「大興」年號（西元三一八至三二一年）。太興，係北燕昭成帝馮弘年號（西元四三一至四三六年）。據前句「時劉曜寇蕩西京，朝野崩亂」，可以推斷，「晉太興之末」當係「晉大興之末」之誤。西晉永嘉五年（西元三一一年）夏，劉曜率漢國兵攻克洛陽，俘虜晉懷帝司馬熾，縱兵大肆燒掠，殺洛陽王公士民三萬多人，史稱「永嘉之亂」。西元三一六年，他又攻破長安，俘虜晉愍帝司馬鄴，西晉至此亡。❻屬想西方　即想像西方淨土世界。這是彌陀淨土信仰的修行方式。參見本書卷六〈釋慧遠傳〉「籍扶容於中流」條注釋、〈釋僧濟傳〉「想像彌陀」條注釋。❼無量壽佛　即無量壽佛之像。無量壽佛是意譯，音譯「阿彌多庾斯」，又稱阿彌陀佛，是彌陀信仰或淨土信仰所崇仰的佛。

【語　譯】竺僧顯，俗姓傅，北地人。他堅貞苦忍謹守戒律，素食誦經，以修行禪法為務。他常超然世外，獨處山林，修行頭陀行。有時，他能接連幾天沉入禪定，也毫無饑色。那時，劉曜正進攻西晉的西京洛陽，晉朝面臨崩潰，朝野一片混亂。僧顯便在晉大興末年，南下江南。他在江南遊歷名山，繼續修行禪法。後來，他身染重病，總是不見好轉，於是就觀想西方淨土。他專心想像，用心極苦。他見到了無量壽佛降臨的真容無量壽佛的光華照耀著他的身體，他的一切病苦也就都痊愈了。當天晚上，他就起身沐浴，向與他同住的人和照料他疾病的人講了自己見到無量壽佛的情景，又向他們陳述因果報應，並作出自己的告誡。他說這些話時，言詞清晰。第二天清晨，他便端坐著死去了。他的室內有一股特殊的香氣，十多天後纔消散。

晉剡隱岳山帛僧光

帛僧光，或云曇光，未詳何許人。少習禪業。晉永和❶初，游于江東，投剡❷之石城山。山民咸云此中舊有猛獸之災，及山神縱暴，人蹤久絕。光了無懼色，雇人開翦❸，負杖而前。行入數里，忽大風雨，群虎號鳴。光於山南見一石室，仍止其中，安禪合掌，以為栖神之處。至明旦雨息，乃入村乞食，夕復還中。經三日，乃夢見山神，或作虎形，或作蛇身，競來怖光。光一皆不恐。經三日，又夢見山神，自言移往章安縣寒石山住，推室以相奉。爾後薪採通流，道俗宗事。樂禪來學者，起茅茨於室側，漸成寺舍，因名隱岳。光每入定，輒七日不起。處山五十三載，春秋一百一十歲。晉太元之末，以衣蒙頭，安坐而卒。眾僧咸謂依常入定。過七日後，怪其不起，乃共看之，顏色如常，唯鼻中無氣。神遷雖久，而形骸不朽。至宋孝建二年，郭鴻任剡，入山禮拜，試以如意撥胸，颯然風起。衣服銷散，唯白骨在焉。鴻大愧懼，收之於室，以塼疊其外而泥之，畫其形像，于今尚存。

【注　釋】❶永和　東晉穆帝年號，共十二年，西元三四五至三五六年。❷剡　即剡縣，西漢時置，在今浙江嵊縣。❸開翦　此指剃頭。翦，通「剪」。大正藏本作「剪」。

【語　譯】帛僧光，人又稱作曇光，未知他出身履歷。他年少時就已修習禪法。東晉永和初年，他遊歷到江東，投身到剡縣的石城山。山民們都說：山中原有猛獸之災，又有山神恣意作惡，早已人跡不至了。僧光聽了，毫無懼色。他雇人給自己剃了頭，然後就拄著手杖前往山中。他進入山中幾里路後，忽然風雨大作，又兼群虎吼叫。僧光在山的南邊看見一個石室，便住了進去，在這裡合掌坐禪，以這裡作為自己安神息心的地方。第二天早晨雨停了，他便進村去乞討食物，晚上又回到石室。三天後，他夢到了山神。山神有的顯出老虎的形像，有的顯出蛇的身形，競相前來恐嚇僧光。但僧光對牠們毫無恐懼。經過三天，僧光又夢到了山神。山神說祂將遷移到章安縣的寒石山去住了，將這裡的石室奉送給僧光。這之後，僧光在這裡拾柴、接通了溪流，出家人和俗眾都宗奉於他。又有樂於禪法來向他學習的人，在他的石室旁邊蓋起了茅屋，又漸漸擴建成一座寺廟，並因而為寺廟取名為「隱岳」。僧光每次入定，時間長達七天。他住在山裡五十三年，享年一百一十歲。晉太元末年，他用衣服蒙住頭，安詳地端坐著死去了。但眾僧都說他像往常那樣入定了。過了七天後，大家纔奇怪他怎麼不出定，便一起去看他，發現他的面容就和平常一樣，祇是鼻孔中已沒有了氣息。僧光的神魂遷出肉體雖然已經很久，但他的形骸卻沒有朽壞。到了宋孝建二年，郭鴻出任剡縣縣令。他進入山中來禮拜，試著用如意撥動僧光的胸口。這時候，颯颯地起了風，僧光遺體上的衣服都毀散了，祇剩下了一堆白骨還在。郭鴻心裡又是慚愧又是惶恐，便將白骨收到石室裡面，用磚塊將石室的門壘起來，在外面用泥糊上，又畫了他的像。這像至今尚在。

晉始豐赤城山竺曇猷　慧開　慧真

竺曇猷，或云法猷，燉煌人。少苦行，習禪定。後遊江左，止剡之石城山，乞食坐禪。嘗行到一蠱家❶乞食。猷呪願竟，忽有蜈蚣從食中跳出。猷快食無他。後移始豐赤城山石室坐禪。有猛虎數十，蹲在猷前，猷誦經如故。一虎獨睡，猷以如意扣虎頭，問何不聽經，俄而群虎皆去。有頃，壯蛇競出，大十餘圍，循環往復，舉頭向猷，經半日復去。後一日神現形詣猷曰：「法師威德既重，來止此山，弟子輒推室以相奉。」猷曰：「貧道尋山，願得相值，何不共住？」神曰：

「弟子無為不爾，但部屬未洽法化，卒難制語。遠人來往，或相侵觸。人神道異，是以去耳。」猷曰：「本是何神？居之久近，欲移何處去耶？」神曰：「弟子夏帝之子，居此山二千餘年。寒石山是家舅所治，當往彼住。」尋還山陰廟。臨別執手，贈猷香三奩，於是鳴鞞吹角，陵雲而去。

赤城山山有孤巖獨立，秀出干雲。猷摶石作梯，昇巖宴坐，接竹傳水，以供常用。禪學造者十有餘人。王羲之❷聞而故往，仰峰高挹，致敬而反。赤城巖與天台瀑布、靈溪四明並相連屬。而天台懸崖峻峙，峰嶺切天。古老相傳云：上有佳精舍，得道者居之。雖有石橋跨澗，而橫石斷人，且莓苔青滑，自終古以來，無得至者。猷行至橋所，聞空中聲曰：「知君誠篤，今未得度。卻後十年，自當來也。」猷心悵然，夕留中宿，聞行道唱布薩❸之聲。旦復欲前，見一人鬢眉皓白，問猷所之。猷具答意。公曰：「君生死身，何可得去？吾是山神，故相告耳。」猷乃退還。道經一石室，過中憩息。俄而雲霧晦合，室中盡鳴。猷神色無擾。明日見人著單衣幘來，曰：「此乃僕之所居，昨行不在家中，遂致搔動，大深愧怍。」猷曰：「若是君家，請以相還。」神曰：「僕家室已移，請留令住。」猷停少時。猷每恨不得度石橋。後潔齋累日，復欲更往。見橫石洞開，度橋少許，覩精舍神僧，果如前所說。因共燒香中食。食畢，神僧謂猷曰：「卻後十年，自當來此，今未得住。」於是而返。看顧橫石，還合如初。

晉太元中，有妖星，帝普下諸國：有德沙門，精勤佛事，令齋懺悔禳災。猷乃祈誠冥感。至六日旦，見青衣小兒來悔過云：「橫勞法師，是夕星退。」別說云：「禳星是帛僧光。」未詳。

猷以太元❹之末卒於山室。屍猶平坐，而舉體綠色。晉義熙❺末，隱士神世標入山登巖，故見猷屍不朽。其後欲往觀者，輒雲霧所惑，無得窺也。

時又有慧開、慧真等，亦善禪業。入餘姚靈秘山，各造方丈禪龕，于今尚在。

【注釋】❶蠱家　即培養蠱蟲的人家。蠱，相傳為一種人工培養的毒蟲，《文選》宋鮑明遠（照）〈苦熱行〉：「今沙射流影，吹蠱痛行暉。」注：「顧野王《輿地志》曰：『江南數郡有蓄蠱者，主人行之以殺人，行食飲中，人不覺也。其家絕滅者，則飛遊妄走，中之則斃。』」❷王羲之　字逸少，會稽（今浙江紹興）人，祖籍琅琊（今山東臨沂），生於西元三〇三年，卒於西元三六一年，東晉著名書法家和文學家。初為秘書郎，征西將軍庾亮引為參軍，累遷長史。後拜寧遠將軍、江州刺史。復授護軍將軍，遷右軍將軍、會稽內史。因與揚州刺史王述不和，稱病離郡，放情山水，弋釣自娛。信奉道教。世稱王右軍。《晉書》有傳。❸布薩　僧尼每半月一次集會專誦戒律，稱為布薩。參見本書卷一〇〈釋慧安傳〉「布薩」條注釋。❹太元　東晉孝武帝年號，共二十一年，西元三七六至三九六年。❺義熙　東晉安帝年號，共十四年，西元四〇五至四一八年。

【語譯】竺曇猷，或說是法猷，敦煌人。他少年時即已修行苦忍，學習禪定。後來到了江南，住在剡縣的石城山，在這裡乞食坐禪。他曾走到一戶培養蠱蟲害人的人家乞討。曇猷討得食物，念呪發願後，正準備吃，忽然有蜈蚣從食物中爬出來。曇猷毫不在意，很快地將飯吃完了。後來，他移住到始豐縣赤城山的石室中，在這裡坐禪。有幾十隻猛虎蹲在他的面前，曇猷毫不在意，照常誦經。一隻老虎獨自睡著了。曇猷用如意扣虎頭，問老虎為什麼不聽誦經。一會兒，這群老虎都走了。過了一會兒，又有粗壯的蛇競相出來，有十多圍粗，在曇猷身邊循環往復，又抬著頭望著曇猷，過了半天，蛇又離去了。一天後，有神靈現形來到曇猷這裡，對曇猷說：「法師您德高威重，來住這座山，弟子我要將這間石室奉送給您。」曇猷說：「貧道尋山，很幸運與您相逢，您為什麼不想和我一起住呢？」神靈說：「弟子本無可無不可，但是我的下屬沒有浸潤佛法的教化，一時頗難管制。您從遠方來，他們或許會有所觸犯。人道與神道有異，所以我打算離開這裡了。」曇猷說：「您本是什麼神？居住在這裡已這麼久了，打算遷移到什麼地方去呢？」神靈說：「弟子是夏帝的兒子，居住在這座山裡已經二千多年。寒石山是我舅舅所管轄的，我將到他那裡去住。」神靈說完，立即就去了山背後的廟中了。神靈臨走時，與曇猷告別，贈送給曇猷三盒香。然後就鳴鼓吹號，駕雲而去了。

赤城山中有獨立的孤峰峭巖，挺拔俊秀直插雲霄。曇猷抓住石頭當梯子，爬到高巖上去靜坐，又將竹管連接起來傳送水，以供日常應用。修行禪法的學者，曾有十幾人來拜訪過他。王羲之慕名前來，仰望著高峰，對他十分仰慕，向他致以敬禮後，就回去了。赤城巖和天台瀑布、靈溪四明互相連接。天台山的懸崖高峻雄峙，峰嶺高聳入雲。據故老相傳說：上面有絕妙的精舍，有得道者住在那裡。但是，雖然有石橋跨過山澗可以通達那裡，然而石橋上橫亙著巨石，使人過不去，而石橋上面長著的苔蘚又青又滑，自古以來就沒有人到過。曇猷來到橋所在的地方，聽到空中聲音說：「知道您心誠志篤，但現在還是不得過橋。十年以後，自當能過來。」曇猷心中悵悶，夜晚便在這裡留宿。他聽到了沙彌誦唱布薩的聲音。早晨，曇猷又打算前去過橋。這時候有一位眉毛、頭髮雪白的人，問曇猷到哪裡去。曇猷就把自己的想法全告訴了他。這位老人說：「您肉身凡胎，可生可死，怎麼能過得去呢？我是山神，所以特此相告。」曇猷這纔返回。途中，他經過一個石室，便在裡面憩息。忽然間，雲晦霧合，天昏地暗，石室中充滿了鳴響。曇猷面不改色，毫不在意。第二天早晨，他看見有一個穿著單衣，紮著單頭布頭巾的人前來，對他說：「這個石室是我的住處，昨天我外出了，不在家中，室中有騷動，打擾了您，十分慚愧。」曇猷就對他說：「如果是您的家，現在就還給您。」這位神靈說：「我的家室已經遷移，就請您留在這兒住吧。」曇猷在這裡住了很短的時間。

曇猷常常遺憾沒能過石橋。後來，他連續多日齋戒，然後前往過橋。他看見橫在橋上的巨石洞開，就過了橋。走了一段路，他看見了精舍神僧，果然如前所說。因而他就和神僧一同燒香，吃了中飯。飯後，神僧對曇猷說：「十年以後，你自然會到這裡來，但現在還不能住在這裡。」於是，曇猷就返回了。他回頭看看那塊橫在橋上的巨石，又像以前一樣合起來了。

晉太元年間，出現了妖星。皇帝下詔普告全國：凡有德的沙門，都當精心殷勤地舉辦佛事，齋戒懺悔來禳除災禍。曇猷便虔誠地祈禱，以期冥中的感應。到了第六天的早晨，他看見有穿著青衣的小孩來到他面前悔過說：「無端有勞法師，今晚就退去妖星。」另一種傳說：「是曇猷禳除了妖星。」這是否事實，尚不能確定。

太元末年，曇猷在山室中去世。去世時他的屍體端坐著，全身呈現綠色。到了晉義熙末年，隱士神世標進山攀巖峰，看見了曇猷的屍體未朽。在他之後，還有人想前往觀看，但被雲霧所困，看不到了。

當時，還有慧開、慧真等人，也善於禪法。他們進了餘姚縣的靈秘山，各自建造了方丈和禪龕，至今尚在。

晉長安釋慧嵬

釋慧嵬，不知何許人。止長安大寺。戒行澄潔，多栖處山谷，修禪定之業。有一無頭鬼來，嵬神色無變，乃謂鬼曰：「汝既無頭，便無頭痛之患，一何快哉。」鬼便隱形，復作無腹鬼來，但有手足。嵬又曰：「汝既無腹，便無五藏之憂，一何樂哉！」須臾復作異形，嵬皆隨言遣之。

後冬時天甚寒雪，有一女子來求寄宿。形貌端正，衣服鮮明，姿媚柔雅，自稱天女：「以上人有德，天遣我來，以相慰喻。」談說欲言，勸動其意。嵬厥志堅確，一心無擾，乃謂女曰：「吾心若死灰，無以革囊❶見試。」女遂陵雲而逝，顧而歎曰：「海水可竭，須彌可傾，彼上人者，秉志堅貞。」後以晉隆安三年，與法顯❷俱遊西域，不知所終。

【注釋】❶革囊　皮囊，佛教將人的肉體視為臭皮囊。❷法顯　參見本書卷三〈釋法顯傳〉。

【語譯】釋慧嵬，不知何許人，住在長安大寺。他的戒行純潔澄淨，平常都棲息在山谷之中修習禪定。一次，有一個無頭鬼前來，慧嵬神色不變，對這個鬼說：「你既已沒有頭，便沒有頭痛之患，是多麼快活啊。」這個鬼便隱了形，又變作無腹鬼前來，但是還有手腳。慧嵬又說：「你既已沒有了腹，也就沒有五臟之憂，是多麼快樂啊！」須臾間，鬼又變作其他的形狀，慧嵬也都按它的形狀排遣牠。

後來的一個冬天，天氣很冷，又下著大雪。有一個女子前來向慧嵬要求借宿。這個女子體態容貌端正，衣服鮮豔，姿態嫵媚而又溫柔文雅，自稱是天女。她對慧嵬說：「因為上人您有福，所以天神派我來慰問您。」她盡向慧嵬說些男女情欲的話，來引誘慧嵬的欲念。慧嵬的心志堅確不拔，毫不為之所動。他對那女子說：「我的心已如死灰，妳就不必用臭皮囊來試探我了。」那女子於是駕雲而去，又回過頭來感歎道：「海水可以枯竭，須彌山可以傾倒，那一位上人啊，意志堅貞，不可動搖。」後來，在晉隆安三年，慧嵬和法顯一道去了西域，以後就不知下落了。

晉廣漢閻興寺釋賢護

釋賢護，姓孫，涼州❶人。來止廣漢❷閻興寺，常習禪定為業，又善於律行，纖毫無犯。以晉隆安五年卒，臨亡口出五色光明，照滿寺內。遺言使燒身。弟子行之。既而支節都盡，唯一指不燃，因而埋之塔下。

【注釋】❶涼州　西漢置，三國魏時移治姑臧縣（今甘肅武威）。❷廣漢　縣名。西漢置，故址在今四川射洪。

【語譯】釋賢護，姓孫，涼州人。來到廣漢，住在閻興寺。他修行禪定，又謹守戒律，絲毫沒有犯戒之處。他於晉隆安五年去世。臨死時，他的口內發出五色光明，照滿了寺內。他遺言將自己的遺體焚燒。他的弟子按照他的話辦了。焚燒後，他的肢體都已燒光，祇有一個手指沒有燃燒，因而就將這個手指埋在佛塔下了。

晉始豐赤城山支曇蘭

支曇蘭，青州❶人。少蔬食樂禪，誦經三十萬言。晉太元中遊剡❷，後憩始豐赤城山，見一處林泉清曠而居之。經于數日，忽見一人，而形長數丈，呼蘭令去。又見諸異形禽獸，來以恐蘭。見蘭恬然自得，乃屈膝禮拜云：「珠欺王是家舅，今往韋鄉山就之，推此處以相奉。」爾後三年，忽聞車騎隱隱，從者彌峰。俄而有人著幘稱珠欺王，通既前，從其妻子男女等二十三人，並形貌端整有逾於世。既至蘭所，暄涼訖，蘭問住在何處。答云：「樂安縣韋鄉山。久服風聞，今與家累仰投，乞受戒。」蘭即授之。受法竟，䞋錢一萬，蜜二器，辭別而去。便聞鳴笳動吹，響震山谷。蘭禪眾十餘，共所聞見。晉元熙❸中卒於山，春秋八十有三矣。

【注　釋】❶青州　古九州之一及漢置十三刺史部之一，轄境相當於今山東德州、齊河縣以東，馬頰河以南，濟南、萊陽一線以北，東晉時治所在東陽（今山東益都）。❷剡　即剡縣，西漢時置，在今浙江嵊縣。❸元熙　東晉恭帝年號，共二年，西元四一九至四二〇年。

【語　譯】支曇蘭，青州人。他從少年時代即已素食而樂於禪法，能背誦三十萬言的經文。晉太元年間，他到了剡縣，後來棲憩於始豐的赤城山。他見到一處清曠的林泉，便在那裡住下了。幾天後，他忽然看見一個人，身高數丈，呼叫著曇蘭，要他離開。又有許多奇形怪狀的禽獸，前來恐嚇曇蘭。他們見曇蘭恬然自得的樣子，又都向他屈膝禮拜，說：「珠欺王是我們的舅舅，現在我們就去韋鄉山他那兒住，這個地方就奉送給您了。」這件事發生後的第三年，忽然有隱隱的車騎聲，隨從多得漫山遍野。不一會兒，就有一個戴著頭巾自稱珠欺王的人走到曇蘭面前來，向他通報姓名，跟從在後的他的妻子兒女有二十三人，個個都體態容貌端正，超過世人。他們到了曇蘭的住所，寒暄過後，曇蘭就問他們住在什麼地方。珠欺王答道：「住在樂安縣韋鄉山。因久仰大名，今天帶著全家前來投奔，乞求向您受戒。」曇蘭當即為他們授了戒。珠欺王一行受戒的儀式完成後，就贈送了一萬錢、兩罐蜜給曇蘭，然後就辭別離去了。他們一走，人們便聽到笳聲吹奏，響聲震動山谷。跟隨曇蘭修習禪法的十多人，都一起親身耳聞目睹了。晉元熙年間，曇蘭在山中去世，享年八十三歲。

晉蜀石室山釋法緒

釋法緒，姓混，高昌❶人。德行清謹，蔬食修禪。後入蜀，於劉師塚間頭陀❷，山谷虎兕不傷。誦《法華》、《維摩》、《金光明》。常處石室中，且禪且誦。盛夏於室中捨命，七日不臭。屍左側有香，經旬乃歇，每夕放光，照徹數里。村人即於屍上為起塚塔焉。

【注釋】❶高昌　古城名。故址在今新疆吐魯番東約二十公里哈拉和卓堡西南。❷頭陀　這裡指在墳地中修頭陀行。參見本書卷八〈釋法通傳〉「頭陀」條注釋。

【語譯】釋法緒，俗姓混，高昌人。他德行清純謹嚴，素食修禪。後來，他進入蜀地，在劉師的墳地間修行頭陀，山谷裡的虎兕猛獸都不傷害他。他誦讀《法華經》、《維摩詰經》、《金光明經》，常住在石室中，一邊習禪一邊誦經。他於盛夏時節在石室中死了，屍體經過七天也沒臭。他的屍體左側有香，經過十天纔熄滅。這香每天夜晚放出的光明，能照亮好幾里地方。村裡的人就在他的屍體上為他建了墓塔。

宋偽魏平城釋玄高　慧崇　曇曜

釋玄高，姓魏，本名靈育，馮翊萬年❶人也。母寇氏，本信外道。始適魏氏，首孕一女，即高之長姊。生便信佛，乃為母祈願，願門無異見，得奉大法。母以偽秦弘始三年，夢見梵僧散華滿室，覺便懷胎，至四年二月八日生男。家內忽有異香，及光明照壁，迄旦乃息。母以兒生瑞兆，因為靈育❷。時人重之，復稱世高。

年十二辭親入山，久之未許。異日有一書生寓高家宿，云欲入中常山❸隱。父母即以高憑之。是夕咸見村人共相祖送❹，明旦村人盡來候高。父母云：「昨已相送，今復覓耶？」村人云：「都不知行，豈容已送？」父母方悟昨之迎送乃神人也。

高初到山，便欲出家。山僧未許，云：「父母不聽❺，法不得度。」高於是暫還家，啟求入道。經涉兩旬，方卒先志。既背俗乖世，改名玄高。聰敏生知❻，學不加思。至年十五，已為山僧說法。受戒已後，專精禪律。聞關中有浮馱跋陀禪師❼在石羊寺弘法，高往師之。旬日之中，妙通禪法。跋陀歎曰：「善哉佛子，乃能深悟如此。」於是卑顏推遜，不受師禮。

高乃杖策西秦❽，隱居麥積山❾。山學百餘人，崇其義訓，稟其禪道。時有長安沙門釋曇弘，秦地高僧，隱在此山，與高相會，以同業友善。時乞佛熾槃❿跨有隴西⓫，西接涼土⓬。有外國禪師曇無毗來入其國，領徒立眾，訓以禪道。然三昧正受⓭，既深且妙，隴右⓮之僧稟承蓋寡。高乃欲以己率眾，即從毗受法。旬日之中，毗乃反啟其志。時河南⓯有二僧，雖形為沙門，而權侔偽相。恣情乖律，頗忌學僧⑯。曇無毗既西返舍夷，二僧乃向河南王世子曼⑰讒構⑱玄高，云蓄聚徒眾，將為國災。曼信讒便欲加害，其父不許，乃擯高往河北林陽堂山。山古老相傳，云是群仙所宅。高徒眾三百，往居山舍。神情自若，禪、慧彌新，忠誠冥感，多有靈異。磬既不擊而鳴，香亦自然有氣。應真仙士，往往來遊。猛獸馴伏，蝗毒除害。

高學徒之中，遊刃六門⑲者，百有餘人。有玄紹者，秦州隴西人。學究諸禪，神力自在。手指出水，供高洗漱，其水香淨，倍異於常。每得非世華香，以獻三寶⑳。靈異如紹者，又十一人。紹後入堂術山蟬蛻㉑而逝。

昔長安曇弘法師，遷流岷蜀，道洽成都。河南王藉其高名，遣使迎接。弘既聞高被擯，誓欲申其清白，乃不顧棧道之艱，冒險從命。既達河南，賓主儀畢，便謂王曰：「既深鑒遠識，何以信讒棄賢？貧道所以不遠數千里，正欲獻此一白。」王及太子赧然愧悔，即遣使詣高，卑辭遜謝，請高還邑。高既廣濟為懷，忘忿赴命。始欲出山，風雷忽起，樹木摧折，崩石塞道。呪願曰：「吾誓志弘道，豈得滯方？」乃風息路開，漸還到國。王及臣民，近道候迎。內外敬奉，崇為國師。

河南化畢，進遊涼土。沮渠蒙遜㉒深相敬事，集會英賓，發高勝解。時西海㉓有樊會僧印㉔，亦從高受學。志狹量褊，得少為足，便謂已得羅漢㉕，頓盡禪門。高乃密以神力，令印於定中，備見十方無極世界，諸佛所說法門不同。印於一夏尋其所見，永不能盡，方知定水無底㉖，大生愧懼。

時魏虜託跋燾㉗僭據平城㉘，軍侵涼境。燾舅陽平王杜超㉙，請高同還偽都。既達平城，大流禪化。偽太子拓跋晃㉚事高為師。晃一時被讒，為父所疑，乃告高曰：「空羅枉㉛苦，何由得脫？」高令作金光明齋㉜。七日懇懺，燾乃夢見其祖及父，皆執劍烈威，問汝何故信讒言，枉疑太子？燾驚覺，大集群臣，告以所夢。諸臣咸言，太子無過，實如皇靈降誥。燾於太子無復疑焉。蓋高誠感之力也。燾因下書曰：「朕承祖宗重光之緒，思闡洪基，恢隆萬代。武功雖昭，而文教未暢，非所以崇太平之治也。今者域內安逸，百姓富昌，宜定制度，為萬世之法。夫陰陽有往復，四時有代序。授子任賢，安全相付，所以休息疲勞，式固長久，古今不易之令典也。朕諸功臣，勤勞日久，當致仕歸第，雍容高爵，頤神養壽，論道陳謨而已。不須復親有司苦劇之職。其令皇太子副理萬機，總統百揆㉝，更舉良賢，以備列職，擇人授任，而黜陟之。故孔子曰，後生可畏。焉知來者之不如今？」於是朝士庶民皆稱臣於太子。上書如表，以白紙為別㉞。

時崔皓㉟、寇天師㊱先得寵於燾，恐晃篡承之日，奪其威柄，乃譖云：「太子前事，實有謀心。但結高公道術，故令先帝降夢。如此物論，事迹稍形，若不誅除，以為巨害。」燾遂納之，勃然大怒，即敕收高。

高先時嘗密語弟子云：「佛法應衰，吾與崇公首當其禍乎！」于時聞者莫不慨然。時有涼州沙門釋慧崇，是偽魏尚書韓萬德之門師。德既次於高，亦被疑阻。至偽太平五年九月，高與崇公俱被幽縶。其月十五日就禍，卒於平城之東隅，春秋四十有三。是歲宋元嘉二十一年也。

當爾之夕，門人莫知。是夜三更，忽見光繞高先所住處塔三帀，還入禪窟㊲中。因聞光中有聲云：「吾已逝矣。」諸弟子方知已化，哀號痛絕。既而迎屍於城南曠野，沐浴遷殯。兼營理崇公，別在異處。一都道俗，無不嗟駭。

弟子玄暢㊳時在雲中㊴，去魏都六百里，旦忽見一人告之以變，仍給六百里馬㊵。於是揚鞭而返，晚間至都，見師已亡，悲慟斷絕。因與同學共泣曰：「法今既滅，頗復興不？如脫更興，請和上起坐。和上德匪常人，必當照之矣。」言畢，高兩眼稍開，光色還悅。體通汗出，其汗香甚。須臾起坐，謂弟子曰：「大法應化，隨緣盛衰。盛衰表在迹，理恒湛然。但念汝等不久復應如我耳㊶，唯有玄暢當得南度。汝等死後，法當更興。善自修心，無令中悔。」言已便臥而絕也。

明日遷柩，欲闍維㊷之，國制不許，於是營墳即窆。道俗悲哀，號泣望斷。

有沙門法達，為偽國僧正㊸，欽高日久，未獲受業。忽聞怛化㊹，因而哭曰：「聖人去矣，當復何依？」累日不食，常呼：「高上聖人自在，何能不一現？」應聲見高飛空而至。達頂禮求哀，願見救護。高曰：「君業重難救，當可如何？自今以後，依方等懺悔㊺，當得輕受。」達曰：「脫得苦報，願見矜救。」高曰：「不忘一切，寧獨在君？」達又曰：「法師與崇公並生何處？」高曰：「吾願生惡世，救護眾生，即已還生閻浮提㊻。崇公常祈安養㊼，已果心矣。」達又問：「不審法師已階何地㊽？」高曰：「我諸弟子自有知者。」言訖奄然不見。達密訪高諸弟子，咸云是得忍菩薩。

至偽太平七年，託跋燾果毀滅佛法㊾，悉如高言。

時河西國沮渠牧犍㊿時有沙門曇曜(51)，亦以禪業見稱，偽太傅張潭伏膺師禮。

【注釋】❶馮翊萬年　指馮翊郡萬年縣，故址在今陝西臨潼北。❷因為靈育　謂因而將之視為神靈轉生。❸中常山　當是指中南山，又稱終南山，秦嶺山峰之一，在萬年縣南面。參見湯用彤《漢魏兩晉南北朝佛教史》第十四章《釋玄高》節。❹祖

送　餞行。《文選・荊軻歌序》：「燕太子丹使荊軻刺秦王，丹祖送於易水上。」❺不聽　即不許。❻聰敏生知　聰敏，即聰明。生知，謂生而知之。按，本篇所寫的玄高，是在北朝影響很大也很重要的禪僧，中國北方禪僧僧團出現便是從他開始的。本篇傳記是將他看作神人轉世來描寫，所以生而知之，且下文又說他「學不假思」。❼浮馱跋陀禪師　本書卷二有〈佛馱跋陀羅傳〉，本書作者慧皎在本卷〈論〉中寫道：「及沙門智嚴躬履西域，請罽賓禪師佛馱跋陀更傳業東土。玄高、玄紹等亦並親受儀則。」則知慧皎所謂「浮馱跋陀禪師」就是「佛馱跋陀」，也即本書卷二〈佛馱跋陀羅傳〉（又稱覺賢）所記的佛馱跋陀羅。但這裡存在一些問題和矛盾處，湯用彤《漢魏兩晉南北朝佛教史》第十四章《釋玄高》節謂：「按佛馱跋陀羅在弘始十三年已離長安南下，其時玄高祇十歲。而佛馱跋陀羅亦未聞住石羊寺，則此所謂浮馱跋陀者，不悉指何人。若繫覺賢，則《高僧傳》謂高於弘始四年生，必有誤也。」❽西秦　十六國之一，隴西鮮卑族酋長乞伏國仁所建，興盛時擁有今甘肅西南部和青海的一部分，共歷四主，凡四十七年。鮮卑乞伏氏在漢、魏時期從沙漠以北南出大陰山，遷到隴西定居。前秦苻堅在位時，乞伏鮮卑酋長乞伏司繁被命為鎮西將軍，鎮守勇士川（今甘肅榆中東北）。乞伏司繁死後，由他的兒子乞伏國仁承襲。淝水之戰後苻堅敗亡，乞伏國仁於西元三八五年自稱大將軍、大單于、領秦河二州牧，築勇士城為都（在勇士川內，後即苑川郡城），史稱西秦。西元三八八年六月乞伏國仁死後，由他的弟弟乞伏乾歸繼位，自稱河南王，遷都到金城（今甘肅蘭州西北）。西元三九四年前秦皇帝苻登敗死，乞伏乾歸遂占據隴西全部，改稱秦王。西元四〇〇年乞伏乾歸又遷都苑川（今甘肅榆中東北）。同年乞伏乾歸被後秦姚興擊敗，歸降後秦，成為後秦的屬國。西元四〇七年乞伏乾歸被姚興留居長安，兩年後回到苑川，又稱秦王。西元四一二年乞伏乾歸死後，由他的兒子乞伏熾磐（《魏書》作「磐」而本書作「槃」）繼位，稱河南王，遷都枹罕（今甘肅臨夏）。西元四一四年乞伏熾磐攻滅南涼，又改稱秦王。西元四二八年乞伏熾磐死後，由他的兒子乞伏暮末繼位。乞伏暮末政刑酷濫，人民多有叛逃，又屢為北涼國王沮渠蒙遜侵逼。至西元四三〇年乞伏暮末東走上邽（今甘肅天水）欲歸附北魏，途中被夏主赫連定阻擊，退保南安（今甘肅隴西東南）。西元四三一年夏軍圍攻南安，乞伏暮末投降，西秦亡。《魏書》有《西秦傳》。❾麥積山　又稱麥積崖，在今甘肅天水東南約八十里。北周庾信《庾子山集・秦州天水郡麥積崖佛龕銘序》說：「麥積崖者，乃隴底之名山，河西之靈岳。」有「方之鷲島，遁跡三禪」之譽。麥積山自北魏景明三年（西元五〇二年）開鑿以來，歷代皆有增修，現存龕窟和摩崖雕刻一百九十四處，佛像一千餘尊。❿乞佛熾槃　西秦第三任國主，謚太祖文昭王，鮮卑族人，稱河南王，西元四一二至四二八年在位。參見本篇「西秦」條注釋。⓫隴西　郡名。戰國時秦國置，因在隴山之西而得名，自三國魏國時起治所改在襄武（今甘肅隴西縣南）。⓬涼土　指北涼的國境。北涼都城姑臧（今甘肅武威），屬涼州。⓭三昧正受　屬梵漢並舉，即三昧。三昧，又譯為三摩地，意為定、正定、正受，即排除一切思慮使心神平定靜止，《大智度論》卷七：「善心一處不動，是名三昧。」正受，是三昧又一種意譯。⓮隴右　地區名。泛指隴山以西地區，古代以西為右，故名隴西，相當於今甘肅六盤山以西，黃河以東地區。⓯河南　南北朝時吐谷渾占有今青海省黃河以南一帶地方，宋、齊、梁封之為河南王，遂稱其境為河南。⓰學僧　有二義，一是指義學僧人，一是指勤學和有學問的僧人，這裡用於後一義。⓱河南王世子曼　河南王，指西秦國主乞伏熾槃。世子，即太子。曼，當即乞伏熾槃的太子乞伏暮末。西元四二八年乞伏熾槃死後，由他繼位，西元四二八至四三一年在位，謚後主。參見本篇「西秦」條注釋。⓲讒構　讒言構陷，即說別人的壞話、揑造別人的罪狀。⓳六門　六妙門的略稱，大乘禪定的一種：一數息門、二隨門、三止門、四觀門、五還門、六淨門。具體含義參見本卷末〈論〉「出入盡於數隨」及「往返窮乎還淨」條注釋。⓴三寶　佛教將佛、法、僧稱為三寶。㉑蟬蛻　神仙道教名詞，指人死後所留下的屍體如蟬所蛻下的殼，而真身則成仙飛昇。參見本書卷九〈單道開傳〉「蟬蛻」條注釋。㉒沮渠蒙遜　十六國時期北涼的創建者，臨松郡（今甘肅張掖南）盧水胡人。沮渠氏的祖先曾任匈奴的左沮渠，以官為姓。西元三九七年後涼進攻西秦失敗，後涼王呂光殺死從征的部下沮渠羅仇兄弟，沮渠羅仇的侄兒沮渠蒙遜起兵反抗呂光，並與從兄沮渠男成推後涼建康（今甘肅高臺西北）太守段業為涼州牧、建康公。西元三九九年段業入據張掖，自稱涼王。西元四〇一年段業殺男成，沮渠蒙遜因此起兵，攻破張掖，殺段業，自稱大都督、大將軍、涼州牧、張掖公，建國北涼。此後沮渠蒙遜又屢次出兵擊敗南涼，西元四一〇年南涼王禿髮傉檀被迫放棄姑臧，退回樂都。沮渠蒙遜遂占領姑臧，同年遷都姑臧，自稱河西王。西元四二一年沮渠蒙遜滅西涼，得酒泉、敦煌，據有河西走廊。沮渠蒙遜既愛中原經史，亦崇佛教，在位期間曾與劉宋交聘，輸入書籍，繼前涼、西涼之後，在河西保存和發揚漢文化和佛教起有作用。西元四三三年，沮渠蒙遜死，由其子沮渠牧犍（亦作茂虔）繼位。㉓西海　郡名。東漢置，治所在居延（今內蒙古額濟納旗東南），轄境相當於居延海一帶。㉔樊會僧印　大正藏本作「樊僧印」。樊僧印，《名僧傳鈔》有傳，他是金城榆中人，玄高的弟子。㉕羅漢　又譯為阿羅漢，略稱羅漢，佛教三乘中聲聞乘四果位的最高果位，有三重義：一是殺賊，即斷滅一切煩惱；二是應供，即應受一切天人的供養；三是不生，即永遠進入涅槃，不再生死輪迴。參見本書卷八〈釋法瑗傳〉「初果」條注釋。㉖定水無底　喻禪定之深淵無底。㉗託跋燾　史書作拓跋燾，北魏太武帝，西元四二四至四五二年在位，參見本書卷一〇〈釋曇始傳〉「託跋燾」條注釋。㉘平城　北魏都城，故址在今山西大同。㉙杜超　字祖仁，魏郡鄴（今河北臨漳）人，他的妹妹以平民選入太子拓跋嗣宮中，生拓跋燾。拓跋嗣即位為明元帝，封其妹為貴嬪（泰常五年，西元四二〇年薨，謚密貴嬪），徵杜超為別駕。拓跋燾即位後，追尊生母為密皇后，又思念舅父，封杜超為陽平公，尚南安長公主，拜駙馬都尉，不久又任為征南將軍、太宰，進爵為陽平王，鎮守鄴城。太平真君五年（西元四四四年）四月，被帳下所殺。《魏書》有傳。㉚拓跋晃　北魏太武帝拓跋燾的長子，於延和元年（西元四二三年）正月五歲時被立為皇太子。《魏書》稱他明慧強識，聞則不忘。長大後，好讀經史，皆通大義，為拓跋燾所喜愛，曾數次隨太武帝北伐，「所言軍國大事，多見納用，遂知萬機」，受到拓跋燾的信任。太平真君四年（西元四四三年）底，拓跋燾決定征伐涼州，於同年十一月下詔，命拓跋晃監國，「總統百揆」，百官向拓跋晃言事，一律稱臣，均如呈給皇帝的奏章。《魏書》載太平真君「五年（西元四四四年）春正月壬寅，皇太子始總百揆，侍中、中書監、宜都王穆壽，司徒、東郡公崔浩，侍中、廣平公張黎，侍中、建興公古弼，輔太子以決庶政。諸上書者皆稱臣，與上疏儀與表同」。太平真君六年冬，蓋吳杏城謀亂，次年，太武帝西征到達長安，發現佛寺內藏有兵器，又查出「釀酒具及州郡牧守富人所寄藏物，蓋以萬計」。又為窟室，與貴室女私行淫亂」。太武帝認為僧人與蓋吳通謀，司徒崔浩當時隨行，上疏請誅沙門，毀寺院。三月，太武帝下詔屠殺長安沙門，又命留守平城監國的拓跋晃下令屠殺全國僧人毀滅寺廟。《魏書・釋老志》記載：拓跋晃在監國時期，「素敬佛道」，再三上表拓跋燾，說可以廢除佛教，但不要濫殺僧人，拓跋燾不聽。由於拓跋晃的勸阻，緩發了詔書，「遠近皆豫聞知，得各為計。四方沙門多亡匿獲免，在京邑者，亦蒙全濟，金銀寶像及諸經論，大得秘藏」。正平元年（西元四五一年）六月，拓跋晃死於東宮，時年二十四。他死後，太武帝十分悲傷，謚之為景穆。但拓跋晃的死因，有幾種不同的說法：《宋書》、《南齊書》都說是被殺，但沒有說與佛教有關係。經過釋道宣增刪的〈釋老志〉（載《廣弘明集》卷二）寫道：「崔浩又譖云：『太子前事，實有謀心，但結高公道術，故令先帝降夢如此，勿論事迹難明，若不早除，必為巨害。』帝又納之，即幽太子死之，又收（玄）高於平城南縊之，即宋元嘉二十一年也。」但《魏書・釋老志》沒有這種記載，而是記載了另一種情況。《魏書・宗愛傳》說：宗愛原是宦官，歷任中常侍。拓跋晃監國後，「每事精察。（宗）愛天性險暴，行多非法，恭宗（即拓跋晃）每銜之」。給事中仇尼道盛、侍郎任平城任職東宮，「微為權勢，世祖（拓跋燾）頗聞之」。仇尼道盛、任平城二人與宗愛不睦。宗愛於是在拓跋燾面前，「構告其罪。詔斬道盛等于都街。時世祖震怒，恭宗遂以憂薨」。拓跋晃死後，拓跋燾十分悲傷，宗愛因此恐懼，又將拓跋燾害死。因拓跋晃已死，未再立太子，宗愛將吳王拓跋余攜入宮中，假借皇后之名，立拓跋余即位，而自任大司馬、大將軍、太師，都督中外諸軍事，獨掌朝政。群情視之為趙高，引起拓跋余警惕。宗愛又殺拓跋余。朝臣擁戴拓跋晃的長子拓跋濬即位（文成帝），殺宗愛。拓跋濬即位後追尊拓跋晃為景穆皇帝，廟號恭宗。所以在《魏書》中拓跋晃的傳記附在拓跋燾本紀之末。㉛枉　冤屈。原本作「狂」，據金陵刻經處本改正。㉜金光明齋　即按《金光明經》所規定的齋懺。《金光明經・懺悔品》列有從「不識諸佛及父母恩」到「十種惡業」的懺悔要求可以參看。按，在《金光明經》中，把懺悔視為「早成菩提」、得「吉祥果報」的重要修行，人能懺悔則視為「上善根」。㉝總統百揆　即統一管理國家大事。揆，掌管、管理之義。百揆，即各種管理職司和百官。按，本篇所錄拓跋燾的這則詔書又可見於《魏書・拓跋燾本紀》，時在太平真君四年（西元四四三年）十一月。㉞上書如表二句　謂給太子晃上書就和給皇帝上表一樣，採用給皇帝上表的格式，以與太子晃監國之前相交往的普通文本相區別。表，呈給皇帝的奏章，有特定的格式、稱謂。白，所談的話。白紙，指普通傳達情意、請求等等的書面文本。為別，以示區別。㉟崔皓　皓，《魏書》作「浩」。時任北魏司徒，曾慫恿拓跋燾滅佛，參見本書卷一〇〈釋曇始傳〉「崔皓」條注釋。㊱寇天師　即道士寇謙之，參見本書卷一〇〈釋曇始傳〉「天師寇氏」條注釋。㊲禪窟　用於坐禪的石窟。坐禪需遠離喧囂，山居穴處，故鑿窟作為禪居。㊳玄暢　參見本書卷八〈釋玄暢傳〉。㊴雲中　縣名。秦置，治所在今內蒙古托克托東北，東漢時移至今山西原平西南。㊵六百里馬　謂可以運用驛遞六百里的馬。古代驛遞程程相續，途中在相續各驛站可以換馬。㊶但念汝等不久復應如我耳　這是玄高的預言，謂祇念及你們不久就會和我一樣被害，指太平真君七年（西元四四六年）三月北魏太武帝「滅佛」一事。下文所寫「至偽太平七年，託跋燾果毀滅佛法，悉如高言」，之所謂「悉如高言」即指這一句預言。㊷闍維　指僧人死後火化、火葬。㊸僧正　即僧官，《大宋僧史略》卷中：「言僧正者何？正，政也，自正正人，克敷政令，故云也。蓋以比丘無法，如馬無轡勒，牛無貫繩。漸染俗風，將乖雅則，故設有德望者，以法繩之，令歸於正，故曰僧正也。」僧正起源於後秦姚興命僧䂮為統攝管理全國僧人之職（參見本書卷六〈釋僧䂮傳〉）。據《魏書・釋老志》記載，北魏道武帝拓跋珪皇始年間（西元三九六至三九八年），任沙門法果為「道人統」，「綰攝僧徒」管理全國僧人，是北魏僧官制度的開始。至北魏文成帝時（西元四五二至四六五年在位），對佛教管理機構和僧官制度作過調整。中央改監福曹為昭玄曹、道人統為沙門統，又稱昭玄統，其下設都維那等。南朝宋、齊、梁、陳四代統管全國僧尼事務的最高僧官均稱僧正或僧主。祇管某一寺院事務的為法主或寺主，由皇帝敕授。這裡是按南朝的稱呼稱「僧正」。㊹怛化　原義為驚動垂死的人，如《莊子・大宗師》：「俄而子來有病，喘喘然將死。其妻子環而泣之。子犁往問之，曰：『叱！避！無怛化！』」這裡指死亡。怛，驚動。化，死亡。㊺方等懺悔　謂按大乘佛法的懺悔。方等，即指大乘佛法。㊻還生閻浮提　謂死後轉生為人，回到中華。閻浮提，梵語，意指南贍部洲；在梵文中原指印度，在中國佛教中指中華及東方諸國，實即指世俗人所居的世界。㊼常祈安養　謂常常祈禱往生西方淨土。㊽已階何地　謂玄高已進到菩薩十地的第幾地。參見本卷〈釋法期傳〉「十住觀門二句」條注釋。地，指佛教修行過程的十個階位，稱十地，又稱十住，「住」相當於「因」，有此「因」即有此

「果」，「果」又稱「地」。實際上在大乘佛經中，「住」又稱作「地」，為因果一體。常見的有兩種說法：第一，是三乘十地，也稱「共地」，謂聲聞、緣覺、菩薩共修的階位。據《大品般若經》卷六、一七，《大智度論》卷七五，《大乘義章》卷一四，有：一「乾慧地」，又稱「過滅淨地」、「寂然雜見現入地」，相當小乘的三賢位。自有智慧而「未得理水」，故名「乾慧」。二「性地」，又作「種性地」、「種地」，相當於小乘四善根位，初伏見惑、思惑，始見法性之理。三「八人地」，又作「第八地」。「人」即「忍」，相當於小乘見道十五心之位（已體認四諦、十六心的八忍七智），即「預流向」位。四「見地」，又作「見地」，至修道第十六心「道類智」，達「預流果」（即須陀洹果，也即本書所稱的初果）位，此時已斷三界見惑。五「薄地」，又作「柔軟地」、「微欲地」，已斷「欲界九種煩惱」（即修惑）的一部分，「斷諸煩惱，餘氣亦薄」，達「一來果」（即斯陀含果，也即本書所稱的二果）位。六「離欲地」，又作「離貪地」、「滅淫怒痴地」，已全斷欲界修惑，得「不還果」（即阿那含果，相當於小乘三果）。七「已作地」，又作「所辦地」、「已辦地」，已得「盡智，天生智」，得「阿羅漢果」（即相當於小乘的最高果位）。八「辟支佛地」，以觀十二因緣法，「成道名辟支佛」（即緣覺之義）。九「菩薩地」，是大乘菩薩無數劫修六度萬行之地。十「佛地」，是菩薩修行達到的最後果位。第二，是大乘菩薩十地，即菩薩修行的十個階位。《華嚴經》卷三四《十地品》說：「何等為十？一者歡喜地、二者離垢地、三者發光地、四者焰勝地、五者唯勝地、六者現前地、七者遠行地、八者不動地、九者善慧地、十者法雲地。佛子，此菩薩十地，三世諸佛已說，當說，今說，佛子，我不見有諸佛國土其中如來不說此十地者，何以故？此是菩薩摩訶薩向菩提最上道，亦是清淨法光明門。所謂分別演說菩薩諸地，佛子，此處不可思議，所謂諸菩薩隨證智。」也就是說，這是大乘菩薩行必修的十個階段。一「歡喜地」，又作「極喜地」、「喜地」，初證聖果，悟我、法二空，能益自、他，生大歡喜。二「離垢地」，又作「無垢地」、「淨地」，遠離能起任何犯戒的煩惱，使身心無垢清淨。三「發光地」，又作「明地」、「有光地」，成就殊勝禪定，發出智慧之光。四「焰勝地」，又作「焰慧地」、「焰地」，使慧性增盛。五「唯勝地」，又作「極難勝地」，令「俗智」與「真智」合而相應，極難做到。六「現前地」，又作「現在地」、「目見地」，由「緣起」之智，引生「無分別智」，令「最勝般若」顯現目前。七「遠行地」，又作「保行地」、「深入地」，住於光相行（在禪定中悟空寂無相之理），遠離世間二乘。八「不動地」，此時已獲「無分別智，任運相續」，不為一切煩惱所動。九「善慧地」，又作「善哉意地」、「善根地」，此時能成就「四無礙解」，具足十力、能遍行十方說法。十「法雲地」，成就「大法智」，具足無邊功德，法身如虛空，智慧如大雲。修十地或十住，又分別是用施、戒、忍、精進、靜慮、般若、方便善巧、願、力、智等「十波羅蜜」（十度之義），「對治十障，證十真如」。另《漸備一切智德經》也有相近的說法。《漸備一切智德經》的大意是指：一「豫悅住」（歡喜地）、二「離垢住」（離垢地）、三「興光住」（明地）、四「暉曜住」（焰地）、五「難勝住」（難勝地）、六「目見住」（現前地）、七「玄妙住」（遠行地）、八「不動住」（不動地）、九「善哉意住」（妙善地）、十「法雲住」（法雲地）。另《華嚴經》的《十地品》和《十住品》對此有很詳細的說教，可以參看。㊾託跋燾果毀滅佛法　指太平真君七年（西元四四六年）三月北魏太武帝「滅佛」一事，參見本書卷一〇〈釋曇始傳〉「偽太平七年二句」條注釋。㊿沮渠牧犍　北涼的國王（河西王），沮渠蒙遜之子。盧水胡族，都城姑臧。西元四三三年，沮渠蒙遜死後，由他繼位。西元四三九年北魏攻占姑臧，沮渠牧犍投降，率士民三萬多戶一起被徙到平城（今山西大同），北涼亡。參見本篇「沮渠蒙遜」條注釋。(51)曇曜　《魏書・釋老志》載，「沙門曇曜有操尚，又為恭宗（即拓跋晃）所知禮。佛法之滅，沙門多以餘能自效，還俗求見。曜誓欲守死，恭宗親加勸喻，至於再三，不得已，乃至。密持法服器物，不暫離身，聞者嘆重之」。後來，他成為北魏復興佛教的重要人物。詳見《魏書・釋老志》。

【語譯】釋玄高，俗姓魏，本名靈育，馮翊郡萬年縣人。他的母親寇氏，本來信奉外道。她嫁到魏家時，頭胎孕育了一個女兒，也就是玄高的長姐。長姐天生信佛，就為母親祈禱，祝願家裡沒有不同的信仰，都應當信奉佛教。後秦弘始三年，母親夢見梵僧在室內散滿了花，便感覺自己懷胎了。到弘始四年二月八日，她生了個男孩。孩子出生的夜晚，家裡忽然有一股奇異的香氣，和奇異的光明照耀在牆壁上，直到第二天早晨纔停息。母親因為這孩子的出生有祥瑞的徵兆，也就把他當作是神靈轉世。當時的人也因此很看重他，又稱他為世高。

十二歲時，玄高要辭別父母入山隱居，但他的父母一直沒有允許。一天，有一個書生在玄高家借宿，說他將到中常山隱居。父母便將玄高託付給他。當天晚上，村裡的人共同設宴為玄高餞行。可是第二天早晨，村裡人又來問候玄高。玄高的父母說道：「昨天你們已經為他送行了，怎麼今天又來找他呢？」村裡的人卻說：「我們連他要遠行的事都不知道，怎麼會已經給他送行了呢？」他的父母這纔醒悟，昨天來為玄高送行的都是神人。

玄高一入山隱居，便想出家為僧。山裡的僧人不允許，對他說：「父母不同意你出家，佛法也就不能剃度你。」於是，玄高就暫時回到家，要求父母允許自己出家為僧。經過二十天的交涉，玄高纔得以滿足自己的心願。他既違背了世俗而出家為僧，也就改名為玄高。玄高天生聰明，不加思索就學會了佛法。到十五歲時，他已為山裡的僧人講說佛法了。受戒以後，他專精禪法和戒律。他聽說關中有一位浮馱跋陀禪師在石羊寺弘揚佛法，就前往長安拜他為師。玄高在十天之中便精通了禪法。浮馱跋陀禪師讚嘆道：「好啊，你真是一位佛子，能這樣深地領悟禪法。」於是，他就向玄高謙卑地推讓，不能當玄高的老師。

玄高便去了西秦，隱居在麥積山。麥積山中有一百多人，他們尊崇玄高的教誨，向他學習禪法。當時有一個來自長安的沙門釋曇弘，是西秦國的高僧，也隱居在麥積山。他和玄高相會後，因為見玄高是自己的同道，而與玄高很友好。那時，乞伏熾槃佔據著隴西，西邊與北涼的國境相連。有一位外國禪師曇無毗來到西秦，率領徒眾傳授禪法。然而由於他的禪定之法精深微妙，隴右一帶很少有僧人向他學習。玄高想以自己的行為成為眾人的表率，便拜曇無毗為師，向他學習禪法。十天之中，曇無毗反而向玄高請教了。那時，河南有兩個僧人，雖然外表上是沙門，可是權力比得上西秦的宰相。他們違背戒律，恣意妄為，很嫉妒有學問的僧人。曇無毗返回舍夷以後，這兩個僧人就在河南王的太子曼面前誣陷玄高。他們在太子曼面前編造玄高的罪狀，說玄高聚集徒眾，將會成為西秦的國災。太子曼聽信了他們的讒言，便欲加害玄高，但他的父親不許，他就將玄高擯斥到河北林陽堂山。山裡的故老相傳，說這山是群仙居住的地方。玄高率領三百弟子前往山中，住在山舍裡。他神情自若，禪定和智慧日益更新精進。他的忠誠能感應幽靈，而具有靈異的神通。磬不敲而能自鳴，真香自然有香氣，受到他的誠心所感應，便有許多仙人常常到他這裡來，以致猛獸馴伏溫順，蝗災蟲毒消失殆盡。

玄高的弟子中，修行六妙門禪觀的有一百多人。有一個叫玄紹的弟子，是秦州隴西人。他的修行已達禪境，獲得了神力。他的手指上能夠流出水來。他用這水供玄高洗臉漱口。這水又香又潔淨，與平常的水完全不同。他每次獲得天上的花香，便奉獻給佛、法、僧三寶。在玄高的弟子中，像玄紹這樣具有靈異神通的，還有十一人。玄紹後來進了堂術山，在這裡蟬蛻成仙，飛昇而去了。

以前，長安的曇弘法師遷住到蜀中，教化廣被成都。河南王仰慕他的高名，便派遣使者去迎接他。曇弘聽說玄高遭受擯斥，發誓為他申辯，以張揚他的清白。他不顧棧道的艱險，冒著生命危險實現自己的誓言。他到達河南，前往拜會河南王。賓主相見後，他便對河南王說：「大王您既能深察遠識，為什麼竟然會相信那些讒言，而擯棄賢人呢？貧道之所以不遠幾千里而來，正是要向您辯明玄高的清白。」河南王和太子聽了他的話，都滿面通紅，既羞愧又悔恨。河南王當即派遣使者來拜會玄高，用謙卑的言辭向玄高謝罪，請玄高出山回城。玄高既以普度眾生為懷，不念舊惡，當即答應前往。玄高正欲動身出山時，忽然風雷大作，樹木被摧折，山崩的亂石阻塞了道路。玄高念動咒語發願說：「我的誓願和志向是弘揚佛教，又怎能拘守停留在這一個地方呢？」於是，狂風停息，亂石讓開了道路，玄高便返回到西秦。河南王和他的臣民都夾道候迎玄高的到來。在西秦，玄高受到僧人和世俗的敬奉，被推崇為國師。

他完成了對河南一帶的教化，便進入北涼。北涼王沮渠蒙遜對他非常恭敬，為他招集精英們聚會，由他講說他的高超見解。那時，西海有一位樊僧印，也師從玄高學習。但是樊僧印胸懷褊狹，剛學到一點，就自以為滿足了，以為自己已經證得了阿羅漢果，窮盡了禪門的佛法。玄高就秘密地運用神力，使樊僧印入定，讓他在定中看見十方無極世界，聽到十方諸佛所說的法門其實各有不同。樊僧印有整整一個夏季尋思他在定中的見聞，終不能完全明白，這纔知道禪學無邊無際深不見底，心中又愧又怕。

那時，北魏拓跋燾占據著平城，進軍侵犯北涼國境。拓跋燾的舅舅，陽平王杜超請玄高和他一同回到北魏的都城。玄高到達平城後，便弘揚禪法，使禪法在北魏大為流行。北魏的太子拓跋晃拜玄高為師。拓跋晃因遭到別人的讒言，被他的父親拓跋燾所懷疑，就向玄高訴說：「我平白無辜地蒙受冤枉之苦，有什麼辦法可以獲得解脫呢？」玄高要他舉行金光明齋懺，做七天的誠懇懺悔。於是，拓跋燾的祖父和父親便在拓跋燾的夢中出現，他們都手執寶劍，儀容威嚴，責問拓跋燾為何相信讒言，冤枉懷疑太子？拓跋燾驚醒後纔覺悟到自己錯了。他便召集群臣，將自己在夢中所見到的情景告訴他們。眾位大臣都說：實情正如先皇的靈魂所說，太子本沒有過錯。於是拓跋燾就不再懷疑太子晃了，這都是因為玄高的誠心感應了先皇的靈魂所致啊。

拓跋燾因而下達詔書說：「朕承蒙祖宗光輝的餘緒，想要光大洪業鞏固國基，使之萬代興旺。現在，我國的武功雖已昭彰天下，然而文教尚未暢行，這還不能算是太平盛世。現在我們國內已經安逸，百姓都富裕昌隆，就應該確定制度，使之成為後代萬世的法規。陰陽循環，有往有復，春夏秋冬四季按照固有的順序相替代，所以父親把權力事業傳給兒子，任用賢人，安全地交付給下一代，自己也得以休息而恢復疲勞，使身體健康壽命長久，這是古今不易的法則。曾跟隨我的諸位功臣，經過了長久的努力和辛勞，現在應該退休回家，安逸從容地享受崇高的爵位，頤神養壽，祇需談論大道、陳述自己的見解為國家獻計獻策就可以了，不必再承擔具體職務，再為親自處理官府中那些日常繁瑣的事務而辛苦了。現在，我命令皇太子為我處理國家大事，由他總統百官，再選舉賢良，以充百官之職；百官或昇官或降職，由他來選擇委任。孔子曾說過：後生可畏。我們又怎能知道後來者不如我們做得好呢？」於是，朝中百官和普通百姓，都對太子俯首稱臣，給太子上書就和給皇帝上表奏章一樣，以與以前與太子交往時的普通文本相區別。

那時，崔皓和天師寇謙之已先獲得了拓跋燾的寵信。他們怕拓跋晃繼承皇位時，會奪去他們的權柄，打擊他們的威望，於是便在拓跋燾面前講拓跋晃的壞話，他們說：「太子以前的那件事，的確包含了謀反之心。但是他和玄高相勾結，用了玄高的道術，纔使先帝降臨您的夢境。他們借用先帝靈魂託夢來做輿論，纔使謀反的形跡得以消解。如果不予以誅滅，將來必有大禍。」拓跋燾聽信了他們的話，勃然大怒，當即下令逮捕玄高。

玄高先前就已曾秘密地對自己的弟子說過：「佛法應當衰頹了，我和崇公都會首當其禍。」當時聽了他這話的人，無不慨嘆。那時，有一個涼州沙門名叫釋慧崇，他是北魏尚書韓萬德的老師。他的德行與玄高相當，所以也被懷疑。到了北魏太平真君五年九月，玄高和慧崇都被關押幽禁起來。這個月的十五日玄高被殺，死在平城的東隅，享年四十三歲。這一年是宋元嘉二十一年。

玄高被殺的那天晚上，他的弟子們都不知道這件事。那天夜裡三更，他們忽然看見一道光圍繞著玄高以前所住的佛塔轉了三圈，然後就回到禪窟中去了。他們聽到這道光中有聲音說：「我已死了。」他的弟子們這纔知道他已死了，都哀號痛哭，悲慟欲絕。然後，他們就將玄高的屍體迎到城南的曠野中，為他沐浴，遷地殯葬。同時，他們也料理了慧崇的喪事，將他在另外的地方安葬了。北魏都城的僧人和俗眾，無不為此嗟嘆驚駭。

玄高的弟子玄暢那時尚在雲中，離北魏的都城有六百里遠。當天早晨，他忽然看見一個人前來告訴他所發生的變故，又給了他六百里驛站的快馬。於是，玄暢快馬疾馳趕回。當天晚上，他趕到北魏的都城，看見自己的老師已經死了，悲慟欲絕。他與同學們一起哭著說：「佛法現在既然已遭滅頂之災，還能不能復興？如果能復興，就請和尚起身坐立。和尚的德行不同於常人，必定能明白佛法能否復興。」他們的話音剛落，玄高的兩眼便微微睜開，眼神恢復了原先的和悅，全身出汗，汗的氣味很香。須臾間，玄高便坐了起來。他對弟子們說：「佛法也承應世俗的教化，隨著自己的命運機緣而有盛有衰。但這種盛衰也祇是表面的現象，佛理則是永遠湛然清淨，昭然明白的。我祇是念及你們在不久後也會和我一樣被害，唯有玄暢一人能夠南渡長江，去江南。你們死後，佛法就會復興。你們應好好各自修心，心中不要悔恨。」說罷，他便臥倒氣絕。第二天早晨，弟子們將他的遺體放入靈柩，想將他火化，但國家的制度不允許，於是他們就建墳將他埋葬。僧人和俗眾都悲哀號哭，直到葬儀結束。

有一個名叫法達的沙門，是北魏的僧正。他欽慕玄高已經很久了，但沒有得以師從玄高學習。他忽然聽說玄高在早晨已經死去，便哭著說：「聖人已經去世，又當依賴誰呢？」他天天不吃東西，常常呼喊著：「玄高和尚聖人仍在，為何不現一現身呢？」玄高便回應了他的呼喊，在空中飛來。法達對玄高頂禮膜拜，又向他苦苦哀求，希望得到救護。玄高對他說：「你罪業深重，難以救護，現在，你應當如何呢？從今以後，你應當按照大乘法懺悔，就會減輕你將來的惡報。」法達說：「如果我能解脫惡報，那時還望您能救護。」玄高說：「我不會忘記救護所有的人，怎麼獨獨忘記你一個人呢？」法達又說：「法師您和崇公現在都已轉生何處了？」玄高告訴他說：「我願轉生罪惡的世界，以便救護眾生，現在已經轉生於人世了。慧崇因為常常祈禱，要安住西方淨土，現在他已經實現了這個願望。」法達又問：「不知法師現在已達到什麼果位了？」

玄高說：「我的弟子中自然有人知道。」玄高說完，便忽然消失不見了。法達於是秘密地訪問了玄高的許多弟子，他們都說，玄高已經得忍菩薩果位。

到了北魏太平真君七年，拓跋燾果然毀滅佛法，完全和玄高所預言的一樣。

那時，河西國於沮渠牧犍在位時，有一個沙門名叫曇曜，也以禪法著稱，西秦的太傅張潭伏膺於他，拜他為師。

宋長安寒山釋僧周 僧亮

釋僧周，不知何人。性高烈，有奇志操。而韜光晦迹，人莫能知。常在嵩高山❶頭陀坐禪❷。魏虜將滅佛法❸，周謂門人曰：「大難將至。」乃與眷屬數十人，共入寒山。山在長安西南四百里，谿谷險阻，非軍兵所至，遂卜居焉。俄而魏虜肆暴❹，停者悉斃。其後尋悔，誅滅崔氏❺，更興佛法❻。偽永昌王❼鎮長安，奉旨將更修立，訪求沙門。時有說寒山有僧，德業非凡，王即遣使徵請。周辭以老疾，令弟子僧亮應命出山。周後將殂，告弟子曰：「吾將去矣。」其夕見火從繩床後出燒身，經三日方盡。烟炎漲天，而房不燼。弟子收遺灰，架以塼塔。

弟子僧亮，姓李，長安人，受業於僧周。初永昌王請僧，無敢應者，咸以言佛法初興，疑有不測之慮。亮曰：「像運寄人，正在今日。若被誅剪，自身當之；如其獲全，則道有更振之期。」又僧周加勸，於是隨使至長安。未至之頃，王及民人，掃灑街巷，比室候迎。王親自枉道，接足致敬。亮為陳誡禍福，訓示因果。言約理詣，和而且切。聽者悲喜，各不自勝。於是修復故寺，延請沙門。關中大法更興，亮之力也。

【注　釋】❶嵩高山　即嵩山，所以又稱嵩高山，據東漢班固等編《白虎通》載：「中央之岳，加嵩高字者何？中岳居四方之中而高，故曰嵩高也。」是為五岳之中岳。有高峰三座，東為太室山，中為峻極山，西為少石山。址在河北封登縣南。這裡是道教「第六小洞天」，北魏道士寇謙之即在這裡修道七年；也有著名的嵩岳寺塔，由北魏皇室離宮所改成。❷頭陀坐禪　即按頭陀行在野外或巖居穴處坐禪。❸魏虜將滅佛法　指太平真君七年（西元四四六年）三月北魏太武帝「滅佛」一事將要發生。❹魏虜肆暴　指北魏太武帝「滅佛」暴行。❺誅滅崔氏　崔氏，指崔浩。誅滅崔浩，在太平真君十一年（西元四五〇年）。參見本書卷一〇〈釋曇始傳〉「博陵崔皓」條注釋。❻更興佛法　北魏正平二年（西元四五二年）太武帝拓跋燾被宦官宗愛謀害，當年拓跋晃之子拓跋濬即位為文成帝，下詔復興佛教。參見《魏書・釋老志》。❼永昌王　北魏明元帝之子拓跋健，於泰常七年（西元四二二年）封永昌王。驍勇善戰，常隨拓跋燾征伐而屢建大功，後無疾而薨，年代不詳。《魏書》有傳。

【語　譯】釋僧周，未知他的出身履歷。他性情孤高剛烈，有奇志，重操守，沉默避世，韜光晦跡，所以外人都不了解他。他常在嵩高山按頭陀行坐禪。北魏將要毀滅佛法時，僧周就已有預見。他對自己的門人說：「大難即將來臨。」於是他就率領眷屬數十人，一起遷入寒山。寒山在長安的西南面四百里遠處，山谷險峻，不是軍隊所能進入的，所以他就選擇了這裡居住。不久，北魏毀滅佛法的事果然發生了，他們橫暴肆虐，停留而沒有逃離的僧人都被殺害了。事後不久，北魏孝武帝也後悔了，便將崔氏滿門誅滅，又復興佛法。北魏永昌王拓跋健鎮守長安，奉旨重新建廟立寺，四處尋找沙門。當時，有人說寒山有僧人，其德行佛法非凡，永昌王隨即派遣使者來到寒山徵請僧周出山。僧周以自己又老又病加以推辭，而是叫他的弟子僧亮應命出山。後來，僧周快要死了，便告訴弟子說：「我就要去了。」那天夜晚，便有人看見大火從僧周的繩床後面冒出來，焚燒著僧周的身體，火燒了三天纔熄。當時，火焰衝天，但是僧周所住的房子卻沒有被燒。他的弟子收殮了他的骨灰，又在骨灰上建了磚塔。

僧周的弟子僧亮，姓李，長安人，師從僧周學習。起初，永昌王訪請僧人，沒有人敢出來承應，他們都說佛法初興，還不知究竟會怎樣，都懷有恐懼和顧慮。僧亮說：「佛教的命運本寄託於人為，究竟怎樣，就看現在的努力。如果將來有禍當被斬殺誅滅，那就由我來承當好了。如果事情能成，則佛法就會有復興的時候。」再加上僧周的勉勵，於是僧亮便跟隨來使去了長安。他還沒有到達長安時，永昌王以及長安的人民，便清掃街巷，家家都在等候著歡迎他了。永昌王親自站在路口迎候他，向他致敬。僧亮對大家講了因果禍福的道理。他的話簡單明瞭，道理透徹，溫和而又懇切。聽的人都悲喜交集，激動得不能自持。於是，僧亮就著手修復寺廟，延請沙門。關中佛教的復興，多虧了僧亮的功勞啊。

宋長安太后寺釋慧通

釋慧通，關中人。少止長安太后寺，蔬食持呪，誦《增一阿含經》。初從涼州禪師慧紹諮受禪業，法門觀行，多所遊刃。常祈心安養❶，而欲栖神彼國❷。微疾，乃於禪中見一人來，形甚端嚴，語通言：良時至矣。須臾見無量壽佛光相暉然。通因覺禪，具告同學所見，言訖便化。異香在房，三日乃歇，春秋五十九矣。

【注釋】❶祈心安養　祈心，發願。安養，指往生淨土。❷栖神彼國　指超脫輪迴，靈魂永遠在佛國淨土棲息。

【語譯】釋慧通，長安人。他少年時就已住在長安的太后寺。他素食念咒，誦讀《增一阿含經》。起初，他師從涼州禪師慧紹學習禪法，對法門禪觀多所練習，已經非常熟練。他常發願死後往生西方淨土，超脫輪迴，讓自己靈魂永遠棲息於佛國。他生了輕微的小病，便在禪定中看見有一人前來。那人形體端莊威嚴，對他說：「好時候已經到了。」須臾間，就見無量壽佛像放射出光輝。慧通從禪定中覺醒過來後，將自己在定中所見的一切，都告訴了他的同學，他的話剛說完便死了。他的房中發出奇異的香氣，一直持續了三天纔止歇。那一年，慧通五十九歲。

宋餘杭釋淨度

釋淨度，吳興餘杭人。少愛遊獵，嘗射孕鹿墮胎。鹿母銜痛，猶就地舐子。度乃心悟，因摧弓折矢，出家蔬食。誦經三十餘萬言。常獨處山澤，坐禪習誦。若邑中有齋集，輒身然❶九燈，端然達曙，以為供養，如此者累年。後忽告弟子云：「今辦香湯洗浴，說法數千章，誡以生死因果。」言訖，奄然而化。簫鼓香烟自空而至。同時眷屬數十人，皆所聞見。

【注釋】❶然 通「燃」。

【語譯】釋淨度，是吳興郡餘杭縣人。他少年時愛好打獵，曾射中過一隻懷孕的母鹿。母鹿負傷流產，胎胞墜地。母鹿自己雖然已很疼痛，但卻忍著自己的傷痛，舐著地上的小鹿。淨度由此內心覺悟，就折斷了弓箭，出家為僧，堅持素食。他誦讀經文達三十多萬言，常獨自住在山谷澤國之中，坐禪或誦經。如果城裡有人舉行齋戒法會，他就自己燃起九盞燈，端正地坐一個通宵，作為對佛的供養。像這樣經過了許多年後，一天，他忽然對弟子說：「今天我要用香湯洗浴，講說幾千章佛經，傳授生死因果的教誡。」說完，他就忽然死了。

這時，天空中隨即香煙彌漫，響起了簫鼓音樂。當時在場的他的眷屬幾十人，都耳聞目睹了。

宋始豐瀑布山釋僧從

釋僧從，未詳何人。稟性虛靜，隱居始豐瀑布山。學兼內外，精修五門❶，不服五穀，唯餌棗栗。年垂百歲，而氣力休強，禮誦無輟。與隱士褚伯玉❷為林下之交。每論道說義，輒留連久宿。後終於山中。

【注釋】❶五門　五門禪的略稱，也即小乘禪法的五停心觀，包括：不淨觀、慈悲觀、因緣觀、界分別觀和數息觀五門，是修四念處之前所應先行修習的五種禪觀，以清除世俗心緒和欲望，使心思安定下來。一、不淨觀，即在禪定中一是觀自身不淨，如觀身死、屍體發脹、變青瘀、膿爛、腐朽、蟲吃、骨鎖等等；二是觀他身不淨，有觀種子不淨（以過去惑業為因，以父母精血為種）、住處不淨（住母胎）、自相不淨（身具九孔，有唾涕大小便等）、自體不淨（由三十六種不淨物組成身體）、終竟不淨（身死後或土埋成土，或蟲吃成糞，或火燒成灰）。修習這一禪觀可以消除對世俗人生的貪戀，堅定出世修行的決心。二、慈悲觀，即在禪定狀態中觀想一切有情眾生的可憐相，產生慈悲之念，以治瞋恚之心，而生慈悲之心。三、因緣觀，在禪定狀態觀想十二因緣之理，認識三世因果相續，以治不明佛理的愚痴。四、界分別觀（又名界方便觀），在禪定狀態中觀想六境（色、聲、香、味、觸、法）及十八界（六根即眼、耳、鼻、舌、身、意，和六境即色、聲、香、味、觸、法及其所產生的六識即眼識、耳識、鼻識、舌識、身識、意識）皆由地、水、火、空、風、識六大和合而成，聚散不定，生滅無常，以此治我見。五、數息觀，又譯為「持息念」，音譯為「安那般那」、「阿那波那」，略寫為「安般」，直譯為「念出息入息」，即坐禪時專心計數呼吸（出入息）次數，使分散浮躁的心神專注，進入禪定意境。東漢安世高曾譯《安般守意經》，專講修此禪觀法。❷褚伯玉　字元璩，吳郡錢唐（今浙江杭州）人，少年時即欲隱居，寡嗜欲。十八歲時，其父為他娶親，新婦從前門進，他從後門出，遂隱居於瀑布山。他與塵世隔絕，在瀑布山中隱居了三十多年。南齊文學家孔稚珪曾師從他學習道法。蕭道成曾親筆致書徵聘他，均遭謝絕。後蕭道成不再強求，而是為他在剡縣白石山建太平館，請他居住。南齊建元元年（西元四七九年）卒，時年八十六歲。孔稚珪曾為之立碑。《南齊書》有傳。

【語　譯】釋僧從，不知他的出身履歷。他稟性謙虛沉靜，隱居在始豐縣的瀑布山。僧從學問兼長於佛學和世俗經典，又精修五門禪。他不吃五穀，祇服食棗、栗等物，年近一百歲，仍然身強力壯，不間斷誦經。他和隱士褚伯玉結成了林下隱居之交，每次與他論道談理，就留連忘返，長久地住在他那裡。後來，僧從在瀑布山中去世。

宋廣漢釋法成

釋法成，涼州❶人。十六出家，學通經律。不餌五穀，唯食松脂，孤居巖穴，習禪為務。元嘉❷中，東海王懷素出守巴西❸，聞風遣迎，會於涪城❹。夏坐講律，事竟辭反。因停廣漢❺，復弘禪法。後小疾便告眾云亡。成常誦《寶積經》，於是自力誦之，始得半卷，氣劣不堪，乃令人讀之，一遍纔竟，合掌而卒。侍疾十餘人，咸見空中紺馬背負金棺，升空而逝。

【注　釋】❶涼州　西漢置，三國魏時移治姑臧縣（今甘肅武威）。❷元嘉　南朝宋文帝年號，共三十年，西元四二四至四五三年。❸巴西　郡名。東漢建安六年劉彰改巴郡為巴西郡置，東晉末年又改為北巴西郡，治所在閬中（今四川閬中）。❹涪城　縣名。南朝梁置，治所在今四川三臺西北。❺廣漢　縣名。西漢置，治所在今四川射洪南。

【語　譯】釋法成，涼州人。他十六歲時出家，通達佛教經、律。他不吃五穀，祇服食松脂，孤身一人隱居在巖穴內，專心致志地修習禪法。南朝宋元嘉年間，東海王懷素出守巴西郡，聽說了他的名聲，就派遣使者迎接他，和他在涪城相會。那年夏天，他對東海王講解戒律，講完了便告辭返回。因為在廣漢停留，他又在這裡講說禪法。後來，他因為身染小病，便對眾人說自己快要死了。法成常常誦讀《寶積經》，於是他就自己誦讀起來，祇誦讀了半卷，便因氣力不夠，叫別人繼續讀。一遍剛剛讀完，法成就合掌死去了。這時候，照料他疾病的十幾個人，都看到天空中出現了深青而泛紅色的馬背負著金棺材，帶著法成飛昇天空而去。

宋京師中興寺釋慧覽

釋慧覽，姓成，酒泉人。少與玄高❶俱以寂觀❷見稱。覽曾遊西域，頂戴佛鉢❸，仍於罽賓從達摩比丘諮受禪要。達摩曾入定往兜率天❹，從彌勒受菩薩戒❺。後以戒法授覽。覽還至于填❻，復以戒法授彼方諸僧。後乃歸，路由河南❼。河南吐谷渾慕延世子瓊等，敬覽德問，遣使並資財，令於蜀立左軍寺，覽即居之。後移羅浮天宮寺。宋文❽請下都，止鐘山定林寺。孝武❾起中興寺，復勅令移住。京邑禪僧皆隨踵受業。吳興沈演、平昌孟顗欽慕道德，為造禪室於寺。宋大明❿中卒，春秋六十餘矣。

【注釋】❶玄高　參見本卷〈釋玄高傳〉。❷寂觀　即禪觀，禪觀在進行中需「寂照」纔能入定，而入定又需「寂照」，故又稱寂觀。❸頂戴佛鉢　佛鉢，指佛陀所遺留的石鉢。傳說佛陀成道時，有四王來各送佛陀一個青石鉢，佛陀將這四鉢重疊合為一鉢。這個鉢祇有佛陀可用，弟子不能用。佛陀入滅後，這個鉢交付給了他的弟子阿難。法顯《佛國記》曾記載在天竺弗樓沙國禮拜石鉢，說凡有信心者則可將此佛鉢置於自己的頭頂上；若無信心，用大象拉也拉不動。頂戴佛鉢，謂將佛鉢置於自己的頭頂，表明信心具足。參見本書卷二〈鳩摩羅什傳〉、〈曇無讖傳〉。❹兜率天　欲界滿足之天，分兩重，內院為彌勒菩薩所居之處，也即彌勒淨土；外院為天人所居之處，即眾欲樂處。佛教傳說內院是佛陀如來為菩薩時的最後住所，然後由此生人世間，後來成了彌勒淨土。這裡即指彌勒淨土。兜率，意譯為知足、上足、妙足、喜足，即很滿足之義。❺菩薩戒　謂大乘菩薩的戒法。如《菩薩戒本經》、《菩薩戒本》、《梵網經》均為大乘戒的基本律典。❻于填　即于闐，西域古國，故址在今新疆和闐東南。填，又作闐。❼河南　指今青海境內黃河以南一帶地方，因南北朝時期吐谷渾佔有這一帶地方，宋、齊、梁封之為河南王，遂稱其境為河南。❽宋文　指南朝宋文帝劉義隆，西元四二四至四五三年在位。❾孝武　指南朝宋孝武帝劉駿，西元四五四至四六四年在位。❿大明　南朝宋孝武帝年號，共八年，西元四五七至四六四年。

【語譯】釋慧覽，俗姓成，酒泉人。他少年時代與玄高都以禪觀著名於世。慧覽曾遊歷西域。他頭上戴著佛鉢，在罽賓師從達摩比丘學習禪法。達摩比丘曾在禪定中前往兜率天，從彌勒佛那裡接受了菩薩戒。後來，他又將菩薩戒法傳授給了慧覽。慧覽回到于闐，又將這戒法傳授給了那裡的僧人。後來，他就回國了。他路經河南。河南吐谷渾的慕延瓊太子等人敬仰慧覽的道德學問，就派遣使者，給了錢財，在蜀地建造左軍寺，慧覽便住在左軍寺。後來，他又去了羅浮山的天宮寺。宋文帝請他到都城建康去，住在鍾山定林寺。宋孝武帝建造了中興寺，又下令請他移住到那裡。京城的禪僧們都相繼前來師從慧覽學習。吳興的沈演、平昌的孟顗都欽佩慧覽的道行品德，為他在中興寺內建造了禪室。他於宋大明年間去世，享年六十多歲。

宋荊州長沙寺釋法期　道果

釋法期，姓向，蜀郡陴❶人。早喪二親，事兄如父。十四出家，從智猛❷諮受禪業，與靈期寺法林共習禪觀。猛所諳知，皆已證得。後遇玄暢，復從進業。

及暢下江陵，期亦隨從。十住觀門，所得已九❸。有師子奮迅三昧❹，唯此未盡。暢歎曰：「吾自西至流沙❺，北履幽漠❻，東探禹穴❼，南盡衡羅❽，唯見此一子特有禪分。」

後卒於長沙寺，春秋六十有二。神光映屍，體更香潔。

時蜀龍花❾寺又有釋道果者，亦以禪業顯焉。

【注 釋】❶蜀郡陴 指蜀郡的陴縣。蜀郡，古蜀國地，戰國時秦國置，治所在成都。❷智猛 本書卷三〈釋智猛傳〉記智猛於元嘉十四年入蜀，元嘉末卒於成都，當即本篇所提到的智猛。❸十住觀門二句 十住，大乘菩薩行修行的十住，即修行的十個階段。「住」相當於「因」，有此「因」即有此「果」，「果」又稱「地」。十住十地，參見本卷〈釋玄高傳〉「已階何地」條注釋。觀，智慧觀照之義。門，法門。二句謂於菩薩十住，現已獲得了第九住智慧觀照法門。按，第九住或第九地，在三乘十地中屬「菩薩地」，是大乘菩薩無數劫修六度萬行之地。按大乘菩薩十住或十地，照《華嚴經》和《漸備一切智德經》所說，第九地都是「善哉意住」，又稱「妙善地」或「善慧地」。達到這一「住」或「地」，也就是離成佛不遠了，此時在「觀」上，能通曉眾生一切善惡業報過去未來，而成就「四無礙」智，或稱四「分別辨」，即一善「分別法」，二善「曉了義」，三善「分次第」（又稱「辯無礙」），四善「辯解才」（又稱「樂說無礙」），從而得「大法師」名，能隨順眾生所需而以佛法滿足之。❹師子奮迅三昧 即入師子奮迅三昧，比喻佛的威猛無比，如佛經常寫到佛說法時「作師子吼」，便意味著佛音的威力無遠弗屆、無不震動。《妙法蓮華經》又說到：「諸佛師子奮迅之力。」師子，即獅子。奮迅，奮身而迅猛。三昧，即定。按，在本文中，法期說自己「十住觀門，所得已九（參見本篇「十住觀門二句」條注釋）。有師子奮迅三昧，唯此未盡。」即是說自己惟有第「十住」尚未達到，也即成佛之「色身」一「住」尚未達到。在大乘菩薩行十住中，第十個階段即第十住，按《漸備一切智德經》所說，應是「法雲住」，即住「法雲地」，也就是菩薩行的完成階段，此時已「至一切智慧位」，能於「發意之頃，示諸眾生，如其所願，遠立色身，莊嚴志性，能以己身顯如來身，如來身顯為己身」，具備了如來佛的「色身」，而具有「師子奮迅」的威猛和無窮神通。❺流沙 泛指中國西北沙漠地區，今新疆境內白龍堆沙漠一帶稱流沙，是古時中西交通的主要路線所經。❻幽漠 幽，指幽州，古九州及漢十三刺史部之一。東漢時，治所在薊縣，故址在今北京市城區西南部的廣安門附近。原是河北平原北端陸路交通的樞紐。幽漠，代指幽州以北。❼禹穴 在今浙江紹興會稽山，傳說大禹巡狩到這裡時死去，便葬在這裡。❽衡羅 衡，指衡山，在今湖南省衡山縣西。羅，指羅浮山，在今廣東東江北岸。❾花 大正藏本作「華」。

【語譯】釋法期，俗姓向，蜀郡陴縣人。他幼年時就喪失了父母，對待兄長就像對待父親一樣。他在十四歲出家為僧，師從智猛學習禪法，與靈期寺的法林一起修習禪觀。他在自己的禪觀中證驗了智猛所熟悉知曉的禪法後，又遇到了玄暢，就又師從玄暢進修。

玄暢去江陵，法期也跟隨著他去了。法期的大乘菩薩行十住修行，已經達到第九住，祇差第十住，即師子奮迅三昧而得佛陀色身這一住尚未達到。玄暢因此讚嘆道：「我曾西到流沙，北至幽州以北，東達禹穴，南到衡山、羅浮，所見到的人中，祇有法期一人特別與禪有緣，也特別有習禪的天分。」

法期後來在長沙寺去世，享年六十二歲。他死時，有神光映照著他的屍體，而屍體也更香更潔淨。當時，蜀郡的龍花寺有一位釋道果，也以禪法著名。

宋成都釋道法

釋道法，姓曹，燉煌人。弃家入道，專精禪業，亦時行神呪。後遊成都。王休之、費鏗之，請為興樂、香積二寺主。訓眾有法，常行分衛❶，不受別請及僧食。乞食所得，常減其分以施蟲鳥。每夕輒脫衣露坐，以飴蚊蝱❷，如此者累年。後入定，見彌勒放齋中光，照三途果報❸。於是深加篤勵，常坐不臥。元徽二年於定中滅度。平坐繩床，貌悅恒日。

【注釋】❶分衛　梵語，又譯為乞食。乞食是比丘行之一，故稱為分衛，即本分的營衛方法之義。❷蝱　即虻。❸三途果報　火途（地獄道）、血途（畜生道）、刀途（餓鬼道），又稱三惡道。果報，即因果報應。三途果報，即三種惡趣的因果報應。按佛教的說法，造上品十惡業者墮入地獄道，造中品十惡業者墮入畜生道，造下品十惡業者墮入餓鬼道。

【語　譯】釋道法，俗姓曹，敦煌人。他出家為僧後專精禪法，有時也用神咒法術。他後來到了成都，王休之、費鏗之請他出任興樂、香積二寺的寺主。他管理、教化眾人很有法度，憑自己乞食，不接受別人的宴請，也不分享僧人的齋飯。他自己乞食所得，常常分些出來不吃，用來施捨給蟲鳥。每天夜晚他都脫去衣服，在露天的空地裡打坐，用自己的身體來餵養蚊、虻，這樣進行了很多年。後來，他在入定時看見彌勒佛放出齋中光芒，照出地獄、畜生、餓鬼三途的罪業果報。於是他便更加誠篤地勉勵自己修行，而常年打坐不臥。元徽二年，道法在入定時去世。他去世時尚端坐在繩床上，像平常一樣表情愉悅。

宋蜀安樂寺釋普恒

釋普恒，姓郭，蜀郡成都人也。為兒童時，常於日光中見聖僧在空中說法，向家人敘之，並未之信。後苦求出家，止治下安樂寺。獨處一房，不立眷屬，習靖業禪，善入出住❶。與蜀韜律師❷為同意❸。自說入火光三昧❹，光從眉直下，至金剛❺際，於光中見諸色像，先身業報，頗亦明了。宋昇明三年卒，春秋七十有八。

未亡一月日，忽與親知告別，竟無戚顏，時人謂是戲言。將終之日，微有病相，唯俗家一奴看之，明日平坐而卒。奴不解，強取臥之，尸竟不申。眾僧來見，便令坐之。手屈三指，其餘皆申。眾僧試取捋之，亦隨手即申，申已復更屈。生時體淨，死更潔白。於是依得道法闍維❻之。薪積始然，便有五色烟起，殊香芬馥。州將王玄載乃為之讚曰：「大覺眇無像，懸應貴忘情。一念會道場，空過萬劫永。信心虛東想，遇聖藻西影。妙趣澄三界❼，傳神四禪境❽。俗物故參差，真性理恒炳。韜光寄浮世，遺德方化迴。」

【注釋】❶善人出住　謂善於入定和出定。魏晉南北朝時期修行禪法，除了息心淨慮等等意義之處，還有一項特別受到重視的期待，就是由此獲得靈異的神通，所以善於入定和出定便表示禪法已修行到出神入化的境界，而「得自在」了。❷律師　佛寺中掌管戒律的僧人。❸同意　謂意志相同，即志同道合。❹火光三昧　即火光禪定，在四禪中屬第四階禪定。所以下文的讚中有「傳神四禪境」一語。參見本書卷一〇〈釋慧安傳〉「火光三昧」條注釋。❺金剛　原義為金中之金，即金剛石，在佛教中喻堅固而不可破。這裡是金剛藏的略稱，指心。文中說「入火光三昧，光從眉直下，至金剛際」，謂光從眉頭直下，直到心際。這是定中的心理體驗。❻闍維　指僧人死後火化、火葬。❼三界　佛教中指欲界、色界、無色界三界。界，指類別。三界的分類法針對著有情界（有情眾生即有生命的生物）和器世界（空間處所）的關係而劃分。一、欲界：指懷有財、色、名、食、睡五欲的眾生所居的世界。這五種貪欲中最基本的是食欲和男女色欲。欲界又分為五趣十二處。五趣是指五種去向，即地獄、畜生、餓鬼、人及六欲天，合稱五趣雜居地。但佛、菩薩也在此教化超度眾生，所以又稱凡聖同居地。其中地獄有等活、黑繩、眾合、號叫、大叫、炎熱、大熱、無間等八處，加上畜生、餓鬼為十惡趣。人有南贍部洲、東勝身洲、西牛貨洲、北俱盧洲四處。天有四天王天、三十三天、夜摩天、睹史多天、樂變化天、他化自在天等六處。人天合為十善趣。另外，地獄在下，最底層的地獄叫無間地獄；天在上，最高層的天叫他化自在天。二、色界：位於欲界之上，屬於已經離欲的眾生所居。色界又有四靜慮十七天。靜慮，是「禪那」的意譯，也就是平靜思慮的禪定境界。四靜慮天是按有情眾生禪定的深淺所感應的不同果報來區分的，有四個等級的處所：初靜慮三天（梵眾天、梵輔天、大梵天），二靜慮三天（少光天、無量光天、極光淨天），三靜慮三天（少淨天、無量淨天、遍淨天），四靜慮八天（無雲天、福生天、廣果天、無煩天、無熱天、善現天、善見天、色究竟天）。這四靜慮八天中的前三天是凡夫所居，後五天是聖者所居。聖者煩惱已淨，又稱五淨居天，屬凡聖分居之地。三、無色界：在色界之上，為無形色眾生（即靈魂）所居。無色界又按禪定的不同程度依次分為四種等級即四處：空無邊處、識無邊處、無所有處、非想非非想處。其中非想非非想處最高，意思是不但「非想」，而且連「非想」也沒有，意為「空」，例如《金剛經》對「想」的問題所說的最高境界就是「非想非非想處」。所以無色界沒有處所，有情眾生在某地修行某種禪定而有成就，捨色身後（即死後），也就在某地入某空處。無色界沒有物質形態，所以又稱為四空天。這三界構成一個總的世界。這是大乘佛教按照禪定的境界（實即人的精神境界）而劃分的世界結構圖式，而且認為宇宙間存在著百千萬億恒河沙數也即無數個這樣的世界。這個世界圖式的劃分，表明禪定是佛教智慧和修行的基礎。❽四禪境　禪定境界的第四境界，屬三界之中的色界四靜慮天。參見本篇「三界」條注釋。

【語　譯】釋普恒，俗姓郭，蜀郡成都人。他還是兒童時，就常常在日光中看見聖僧在空中講說佛法。他將自己所見到的情景告訴家裡人，但他的家人都不相信。後來，他苦苦地要求出家為僧，出家後住在成都的安樂寺。他獨處一房，不立眷屬，學習靜心禪定。他善於入定，也善於出定。他和蜀郡的韜律師志同道合。他曾自述，自己入火光三昧時，有光從眉頭直下，一直到達心際，在光中看各種情景，其中自己的前世業報，也很明瞭。普恒死於宋昇明三年，享年七十八歲。

普恒死前一個月，忽然向自己的親朋好友訣別，一點也沒有憂傷的表情。當時，大家都說他這是在開玩笑。等到普恒快要死的時候，微微露出一點病容。這時，祇有他自己在世俗時的家中來了一個奴僕照料他。第二天早晨，普恒就端坐著死去了。那個奴僕不懂這意味著什麼，硬是要將他的屍體放倒平臥，但他的屍體終究未能被拉直。眾僧走來看見了，便叫他仍將屍體扶坐起來。普恒的三個手指屈著，其餘都是伸直的。眾僧試著將那三個屈著的手指拉直，他的手指也就伸直了，但是眾僧的手一放開，普恒的手指又隨即屈起來了。

普恒活著的時候身體潔淨，死後更加潔白了。於是，僧人們便依據對得道者的辦法，將普恒火化。木柴剛開始燃燒時，便有五色煙冒出，還帶有特別的芬芳。益州的將領王玄載於是為普恒作了讚，寫道：究竟覺悟眇無色相，料想你應貴在忘情。一念專注佛法道場，超脫輪迴萬劫一空。信心具足虛懷入定，定中曾遇佛主莊嚴。妙趣甚深超絕三界，傳神已達第四禪境。俗物紛紛錯落參差，真性佛理靈光永耀。韜光晦跡寄身浮世，大德遺留教化無盡。

齊京師靈鷲寺釋僧審❶

僧謙　超志　法達　慧勝

釋僧審，姓王，太原祁❷人。晉驃騎沈之後也，祖世寓居譙郡❸。審少出家，止壽春❹石澗寺，誦《法華》、《首楞嚴》。常謂非禪不智，於是專志禪那❺。聞曇摩蜜多❻道王京邑，乃拂衣過江，止于靈曜寺。精勤諮受，曲盡深奧。時群劫入山，審端坐不動。賊乃脫衣以施之，又說法訓勗。劫賊慚愧流汗，作禮而去。靈鷲寺慧高從之受禪業，乃請審還寺，別立禪房。清河❼張振後又請居栖玄寺。文惠❽、文宣❾並加敬事，傅琰❿、蕭赤斧⓫皆諮戒訓。王敬則⓬入房覓審，正見入禪，因彈指而出曰「聖道人」，即奉米千斛，請受三歸⓭。永明八年卒，春秋七十有五。

時有僧謙、超志、法達、慧勝並業禪，亦各有異迹。

【注釋】❶齊京師靈鷲寺釋僧審　本篇在本書中處於本卷「習禪」第十七，在大正藏本中處於本卷「習禪」第十八。❷太原祁　太原郡祁縣（今山西祁縣）。❸譙郡　郡名。東漢置，治所在今安徽亳縣，轄境相當於今安徽、河南間的靈璧、蒙城、太和、鹿邑、永城間。❹壽春　縣名。東晉時一度改為壽陽縣，治所在今安徽壽縣。❺禪那　即禪的梵語音譯，禪為禪那的略稱。意譯作靜慮、思惟修、棄惡、功德叢林、止觀雙運，謂調伏眼耳等諸根，定止散亂、正審思慮、體悟真理。中國佛教在禪宗形成之前，禪和定並舉，這是因為禪需要定來激發，這是靜慮的意義，故合稱禪定，且將般若（佛智慧）指導禪定。但唐代禪宗形成後，禪的觀念發生很大變化，禪宗之禪已不需「枯坐」習定，與漢魏兩晉南北朝之禪法已不能同日而語。大體說來，禪宗之禪以「定慧不二」為根本義，這一點可以參看《壇經》。另，參見本卷〈釋玄高傳〉「六門」條注釋、〈釋普恒傳〉「三界」，「四禪境」條注釋，「習禪」之〈論〉及相關注解。❻曇摩蜜多　參見本書卷三〈釋曇摩蜜多傳〉。❼清河　三國魏置，治所在今山東臨清東北。❽文惠　即南齊文惠太子蕭長懋，參見本書卷八〈釋僧鍾傳〉「文惠太子」條注釋。❾文宣　即南齊竟陵文宣王蕭子良，參見本書卷八〈釋僧鍾傳〉「竟陵文宣王」條注釋。❿傅琰　字季珪，北地靈州（今寧夏武寧）人，劉宋時官至山陰令，有良政之譽，昇明二年（西元四七八年）由輔政大臣蕭道成擢為建威將軍、益州刺史，入齊於建元元年（西元四七九年）進號寧朔將軍，建元五年卒。《南齊書》有傳。⓫蕭赤斧　南蘭陵（今江蘇武進）人，齊高帝蕭道成的叔祖弟也，在劉宋時官至丹楊令、建威將軍。入齊後，歷任東海太守、輔國將軍，都督雍、梁、南北秦四州、郢州、雍州刺史。史載他在州不營私利，勤於奉公。卒於永明三年（西元四八五年），時年五十六歲。《南齊書》有傳。⓬王敬則　晉陵（今江蘇常州）人，其母為女巫。王敬則不讀書但武藝高強，慣於征戰。劉宋明帝泰始初年，任龍驤將軍、軍主。宋明帝即位後，任直閣將軍，因軍功遷奮武將軍，封重安縣子，邑三百五十戶。劉宋順帝昇明元年，遷員外散騎常侍、輔國將軍，增封一千三百戶。後又因平定沈攸之，進號冠軍將軍。劉宋末年投靠蕭道成，於蕭道成代宋建齊立有大功，極受蕭道成器重。入齊後，於齊建元元年，任散騎常侍，都督南兗、兗、徐、青、冀五州軍事，平北將軍、南兗州刺史，封潯陽郡公，食邑三千戶。蕭道成臨死遺詔，命他以本官領丹陽尹。齊武帝即位後，繼續委以重任，遷為使持節、散騎常侍，都督會稽、東陽、新安、臨海、永嘉五郡軍事，鎮東將軍、會稽太守。齊明帝即位後，進位大司馬，增邑千戶。後由於齊明帝濫殺大臣，有害王敬則之心，永泰元年（西元四九八年）王敬則迫於無奈舉兵謀反，同年兵敗戰死，時年七十多歲。《南齊書》有傳。⓭受三歸　指受三歸依戒。在家信佛者受三歸戒需由僧人指授，有特定的儀式，即由受三歸戒者先行懺悔以前的邪非，而發願改邪歸正，崇奉佛法。然後由授戒的僧人念三歸的內容。僧人念一句，受戒者跟著重複一句，猶如宣誓。三歸，三歸依的略稱，指一歸依佛，即歸依佛寶以為師；二歸依法，即歸依法寶以為藥（佛教將佛法稱為藥，來治療世俗的貪、瞋、痴三毒和各種迷惑）；三歸依僧，即歸依僧寶以為友。

【語譯】釋僧審，俗姓王，太原郡祁縣人。他是晉驃騎將軍沈氏的後裔，從他的祖父那一代起便寓居在譙郡了。僧審少年時代就已出家為僧，住在壽春的石澗寺，誦習《法華經》、《首楞嚴經》。僧審常說，如果不習禪便不能獲得佛的智慧。於是他就專心於修習禪法。他聽說曇摩蜜多的道法稱王於京城建康，就立即渡過長江，到了建康，住在靈曜寺。僧審精心勤奮地學習，洞察體悟了禪法的精深奧妙。當時，僧審被一群強人劫掠到山中，他端坐不動。劫賊見他如此，就脫下自己的衣服給他穿，僧審向他們解說佛法，勉勵他們改邪歸正。他的話使劫賊們慚愧得流出了汗，向僧審致禮後便離開了。靈鷲寺的慧高師從僧審學習禪法，就請僧審返回寺中，為他在寺中另外建了禪房。清河人張振後來又請他住到棲玄寺。文惠太子蕭長懋、竟陵文宣王蕭子良都敬重、事奉他。傅琰、蕭赤斧也都向他請教。王敬則到他的房中尋找他時，看見他正入禪定，因而馬上退了出來，說他是「聖道人」，便奉送了一千斛米，向他請求受三歸戒。僧審在齊永明八年去世，享年七十五歲。

那時僧謙、超志、法達、慧勝也都修行禪法，也各有神異的事跡。

齊武昌樊山釋法悟❶

道濟

釋法悟，齊❷人。家以田桑為業，有男六人，普皆成長。悟年五十喪妻，舉家鬱然慕道，父子七人，悉共出家。南至武昌，履行山水，見樊山之陽，可為幽棲之處，本隱士郭長翔所止，於是有意終焉。時武昌太守陳留❸阮晦聞而奇之，因為剪逕開山，造立房室。悟不食粳米，常資麥飯，日一食而已。誦大小《品》、《法華》。常六時❹行道，頭陀山澤❺，不避虎兕。有時在樹下坐禪，或經日不起。以齊永明七年卒於山中，春秋七十有九。

後有沙門道濟，踵其高業。今武昌謂其所住為頭陀寺焉。

【注釋】❶齊武昌樊山釋法悟　本篇在本書中處於本卷「習禪」第十八，在大正藏本中處於本卷「習禪」第十七。❷齊戰國時國名。漢以後一直習稱齊國地區為齊，相當於今山東泰山以北黃河流域及膠東半島地區。❸陳留　縣名。治所在今河南開封東南陳留城。❹六時　一晝夜。佛教採用古印度計時習慣，一天分為六時，白天三時為晨朝、日中、日沒，夜三時為初夜、中夜、後夜。❺頭陀山澤　謂在山野水澤之地修頭陀行。參見本書卷八〈釋法通傳〉「頭陀」條注釋。

【語譯】 釋法悟，齊人。他原以種田植桑為業，已有六個兒子，都已長大成人。法悟五十歲時，他的妻子去世了。他全家都沉浸在憂傷中，而嚮往佛教的解脫。於是他們父子七人全都出家為僧。他們跋山涉水，南行到武昌，見樊山的南面可以作為隱居之處，而這裡也曾是隱士郭長翔隱居的地方，便打算在這裡住下。當時，武昌太守陳留人阮晦聽到這件事後，非常驚奇，便為他們修路開山，建造了房屋。法悟不吃粳米，日常吃的是麥飯，一天祇吃一頓。他念誦《大品般若經》和《小品般若經》以及《法華經》，常常整天整夜地在山野水澤之地，修行頭陀行，而不避虎兕猛獸。有時，他在樹下坐禪，能連續幾天不起來。他於齊永明七年在山中去世，享年七十九歲。

後來，又有沙門道濟繼續了法悟的修行法業。現在武昌人也就稱他所住的地方為頭陀寺了。

齊錢塘靈隱山釋曇超

釋曇超，姓張，清河❶人。形長八尺，容止可觀。蔬食布衣，一中❷而已。

初止都❸龍華寺。元嘉❹末，南遊始興❺，遍觀山水，獨宿樹下，虎兕不傷。大明❻中還都。至齊太祖即位，被勅往遼東，弘讚禪道。停彼二年，大行法化。建元❼末還京，俄又適錢塘❽之靈隱山。

每一入禪，累日不起。後時忽聞風雷之聲，俄見一人秉笏而進，稱嚴鎮陳通。

須臾有一人至，形甚端正，羽衛❾連翩，下席禮敬，自稱：「弟子居在七里，住周此地。承法師至，故來展奉：富陽縣人故冬鑿麓山下為塼，侵壞龍室。群龍共忿，作三百日不雨。今已一百餘日，井池枯涸，田種永罷。法師既道德通神，欲仰屈前行，必能感致，潤澤蒼生，功有歸也。」超曰：「興雲降雨，本是檀越之力，貧道何所能乎？」神曰：「弟子部曲，止能興雲，不能降雨，是故相請耳。」遂許之，神倏忽而去。超乃南行，經五日，至赤亭山，遙為龍呪願說法。至夜，群龍悉化作人，來詣超禮拜。超更說法，因乞三歸❿，自稱是龍。超請其降雨，乃相看無言。其夜又與超夢云：「本因忿立誓，法師既導之以善，輒不敢違命，明日晡時⓫當降雨。」超明日即往臨泉寺，遣人告縣令，辦船於江中，轉⓬《海龍王經》。縣令即請僧浮船石首。轉經纔竟，遂降大雨。高下皆足，歲以獲收。

超以永明十年卒，春秋七十有四。

【注　釋】❶清河　縣名。三國魏置，治所在今山東臨清東北。❷一中　這裡指一天衹吃一頓中飯。❸都　這裡指南朝劉宋都城建康（今江蘇南京）。❹元嘉　南朝宋文帝年號，共三十年，西元四二四至四五三年。❺始興　郡名。三國時吳國置，治所在曲江（今韶關東南），轄境相當於今廣東連江、滃江流域以北地區。❻大明　南朝宋孝武帝年號，共八年，西元四五七至四六四年。❼建元　南朝齊高帝蕭道成年號，共四年，西元四七九至四八二年。❽錢塘　縣名。秦置，治所在今浙江杭州。❾羽衛　衛隊和儀仗。❿乞三歸　謂乞求受三歸依戒。三歸，參見本卷〈釋僧審傳〉「受三歸」條注釋。⓫晡時　即黃昏時分。⑫轉　誦經。

【語　譯】釋曇超，俗姓張，清河人。他身長八尺，儀容俊美，舉止文雅，吃素食穿布衣，每天祇吃一頓中餐。起初，他住在京城建康的龍華寺。元嘉末年，曇超去了南方的始興郡。他看遍了山水，獨自一人睡在樹下，虎兕猛獸也不來傷害他。大明年間，他又回到都城建康。到齊太祖即位後，他被敕令前往遼東弘揚禪法。他在遼東住了兩年，大力推行佛教教化。建元末年，他回到京城建康，不久又到了錢塘的靈隱山。

曇超每次入定，能長達好幾天不出定。後來，有一次他在定中忽然聽到風雷大作的聲音，不久就看見一個人，手拿朝笏進來，自稱是嚴鎮人陳通。須臾間，有一個人來到，這人長相端正，衛隊和儀仗也連翩相隨。他走到曇超面前，自我介紹說：「弟子住在這方圓七里的地方，料理此地。承法師來到這裡，所以前來奉告：富陽縣的人去年冬天開鑿麓山下的土燒磚，侵犯了龍室。所有的龍都很氣忿，決定三百天不下雨。至今已有一百多天了。現在水井池塘都已枯竭乾涸，農田早已無法耕種。法師您的道術和德行高超，可以通神，所以想要委屈您前往求雨，必定能感動龍王，使他們下雨。求雨救災，潤澤天下蒼生的功勞，唯有您能實現。」曇超說：「興雲降雨，本是檀越您能做到的事，貧道怎麼會有這種本領呢？」那位神說道：「弟子的部下，祇能興雲，不能降雨，所以我纔請您啊。」曇超於是便允諾了他。那位神也就在忽然間消失離去了。曇超前往南方，走了五天，來到赤亭山，遙遙地向龍念咒，對龍講說佛法。到了當天夜裡，那群龍都變化作人的模樣，來到曇超這裡，向曇超禮拜致敬。曇超又為他們講說佛法，他們都向曇超請求受三歸依戒，自稱是龍。曇超便請他們降雨，他們互相看看，卻沒有說話。當天夜裡，他們又託夢給曇超，對曇超說：「我們本是因為氣忿，纔發願立誓三百天不下雨。法師您既然教導我們向善，我們不敢違背您的命令，明天黃昏時我們就降雨。」第二天早晨，曇超便前往臨泉寺，派人告訴縣令，準備好船，乘船到江中誦《海龍王經》。縣令當即請了僧人乘船到石首。他們剛剛誦完經，天就降了大雨，在高地、窪處都下足了雨水。這一年因此獲得了豐收。

曇超在永明十年去世，享年七十四歲。

齊始豐赤城山釋慧明

釋慧明，姓康，康居❶人。祖世避地于東吳。明少出家，止章安東寺。齊建元❷中，與沙門共登赤城山❸石室，見猷公❹尸骸不朽，而禪室荒蕪，高蹤不繼。乃雇人開剪❺，更立堂室，造臥佛並猷公像。於是棲心禪誦，畢命枯槁❻。後於定中見一女神，自稱呂姥，云常加護衛。或時有白猨、白鹿、白蛇、白虎，遊戲堦前，馴伏宛轉，不令人畏。

齊竟陵文宣王❼聞風祇挹，頻遣三使❽，殷懃敦請，乃暫出京師。到第，文宣敬以師禮。少時辭還山，苦留不止，於是資給發遣。

以建武❾之末，卒於山中，春秋七十矣。

【注釋】❶康居　古西域國名。約在今巴爾喀什湖和鹹海之間。❷建元　南朝齊高帝蕭道成年號，共四年，西元四七九至四八二年。❸赤城山　中國稱赤城山者有兩處，一處是今四川灌縣西南的青城山又稱赤城山，這裡所指，是與浙江天台山毗連的赤城山，即始豐溪邊的赤城山，在天台山南面。本卷曾多次提到有僧人在此習禪。❹猷公　指竺曇猷，參見本卷〈竺曇猷傳〉。❺開剪　開山剪徑的略稱，也即開山修路。❻畢命枯槁　畢命，終身。枯槁，身如槁木心如死灰的略稱，原出《莊子》，如〈知北遊〉篇說：「齧缺問道乎被衣，被衣曰：『若正汝形，一汝視，天和將至；攝汝知，一汝度，神將來舍。德將為汝美，道將為汝居。汝瞳焉如新生之犢而無求其故。』言未卒，齧缺睡寐。被衣大說，行歌而去之，曰：『形若槁骸，心若死灰，真其實知，不以故自持。媒媒晦晦，無心而不可與謀。彼何人哉！』」在《莊子》中原是指「吾喪我」、「等是非」、「無待」、「委命任運」即無欲的心理狀態。佛教要破除煩惱達於寂滅，有小乘禪觀「四念住」（觀身不淨，觀受是苦，觀心無常，觀法無我）意思與此有接近處，所以中國佛教也借用了《莊子》的這一思想來表達。❼齊竟陵文宣王　名蕭子良，參見本書卷八〈釋僧鍾傳〉「竟陵文宣王」條注釋。❽三使　猶三請，再三懇請之義。據傳《法華經》是佛陀經諸菩薩再三懇請纔說出，如〈方便品〉：「世尊告舍利佛：汝已殷勤三請，豈得不說。」❾建武　南朝齊明帝蕭鸞年號，共五年，西元四九四至四九八年。

【語　譯】釋慧明，俗姓康，原是康居人，從他的祖父那一代起便因避禍遷居到了東吳。慧明少年時代就已出家為僧，住在章安東寺。齊朝建元年間，他和其他僧人一起來到赤城山的石室，看到竺曇猷的屍體未朽，但禪室已經荒蕪，人跡不至，沒有人來繼續竺曇猷的禪業了。於是，慧明就雇人開山修路，建造了房屋堂室，又造了臥佛像和竺曇猷的像。他打算終身住在這裡，專心修禪、誦經。後來，他在禪定中看見一個女神，自稱呂姥，對他說，她對他常常加以護衛。有時，也有白猿、白鹿、白蛇、白虎在禪室門前的臺階前玩耍，牠們都馴伏而溫和，一點也不嚇人。

齊竟陵文宣王蕭子良聽說後，對慧明非常崇敬景仰，多次派人前來懇請他出山，慧明這纔暫且去了京師建康。他到達竟陵文宣王的府第時，文宣王對他以師禮款待。不多久，慧明就向文宣王告辭回山。文宣王苦苦挽留他，他還是堅持要回山。於是，文宣王便給了他錢物派人送他走了。

齊建武末年，慧明在山中去世，享年七十歲。

論曰：禪也者，妙萬物而為言❶，故能無法不緣，無境不察。然後❷緣法察境，唯寂乃明。其猶淵池息浪，則徹見魚石；心水既澄，則凝照無隱。《老子》

云：「重為輕根，靜為躁君❸。」故輕必以重為本，躁必以靜為基。《大智論》云：「譬如服藥，將身權息家務。氣力平健，則還修家業。如是以禪定力，服智慧藥，得其力已，還化眾生。」是以四等❹六通❺，由禪而起；八除❻十入❼，藉定方成。故知禪定為用大矣哉。

自遺教❽東移，禪道亦授。先是世高❾、法護❿譯出禪經，僧光⓫、曇猷⓬等，並依教修心，終成勝業。故能內踰喜樂，外折妖祥。擯鬼魅於重巖，覩神僧於絕石。及沙門智嚴⓭躬履西域，請罽賓禪師佛馱跋陀⓮更傳業東土。玄高⓯、玄紹⓰等亦並親受儀則。出入盡於數隨⓱，往返窮乎還淨⓲。其後僧周⓳、淨度⓴、法期㉑、慧明㉒等，亦雁行其次㉓。

然禪用為顯，屬在神通㉔。故使三千宅乎毛孔，四海結為凝酥；過石壁而無壅，擎大眾而弗遺。及夫悠悠世道，碌碌仙術，尚能停波止雨，呪火燒國㉕，正復玄高逝矣更起，道法坐而從化，焉足異哉？若如鬱頭藍弗，竟為禽獸所惱㉖；獨角仙人，終為扇陀所亂㉗。皆由心道雖攝，而與愛見㉘相應。比夫螢燭之於日月，曾是為匹乎？

讚曰：禪那㉙杳寂，正受㉚淵深。假夫輟慮㉛，方備幽尋。五門㉜弃惡，九次叢林㉝。枯鑠山海，聚散昇沉。茲德裕矣，如不勵心？

【注釋】❶妙萬物而為言　謂禪是就曲盡萬物的奧妙而言的。按，這是本書作者慧皎對禪的理解，它有兩層意思，一是將禪視為萬物的本體（精神本體），它清淨無為又化為萬物，所以它「妙萬物」；二是將習禪視為通達禪的修行方法（思維修、靜慮）和智慧，所以它也「妙萬物」。妙，在這裡是動詞，曲盡奧妙之義。❷後　大正藏本沒有這個字，以大正藏本為宜。❸重為輕根二句　原本「君」字前有一「根」字，大正藏本無。語見《道德經》第二十六章：「重為輕根，靜為躁君。是以君子終日行不離輜重。雖有榮觀，燕處超然。奈何萬乘之主，而以身輕天下？輕則失根，躁則失君。」知「根」字衍，據此刪去。❹四等　又譯為四等心、四梵住、四梵堂、四無量心，是菩薩普度眾生所具的四種心，也即四種精神，具體內容參見本書卷七〈釋僧導傳〉「四等心」條注釋。在禪法系統中四無量心屬三種禪中的世間禪（又稱十二門禪），依四禪定修習（參見本卷〈釋普恒傳〉「三界」條注釋），修行完成而獲四無量心，被認為可生色界梵天。❺六通　即六種神通，神通是梵文意譯，又譯為神通力、神力、通力、通。指通過修持禪定所得到的神異能力。一、神足通，也作神境智證通、神境通、身如意通、身通等，謂身體能飛天入地，出入三界，變化自在；二、天眼通，也作天眼智證通、天眼智通，謂能見六道眾生的生死、業報、苦樂境況，見一切世間種種形色；三、天耳通，也作天耳智證通、天耳智通，謂能聞見六道眾生苦樂、憂喜、語言及世間種種聲音；四、他心通，也作他心智證通、知他心通，謂能知六道眾生心中所想的一切；五、宿命通，也作宿住隨念智證通、宿住智通、識宿命通，謂能知自身和六道眾生的宿命及所作的事。六、漏盡通，也叫漏盡智證通，謂能斷一切煩惱惑業，永遠擺脫生死輪迴。《俱舍論》卷二七說：這六通以「慧為自性」（即以慧為本體），前「五通」通過修四禪而得，凡夫、處道仙人也可達到，但第六神通祇有「聖者」（阿羅漢與菩薩、佛）可得。《大智度論》卷二八說，菩薩得五通，佛得六通。按，本篇說：「禪用為顯，屬在神通。」在本書作者和當時習禪者的心目中，修習禪定的一個重要的明顯作用就是為了獲得神通，所以慧皎專列了「神異」類的傳記，來顯示這種神通。❻八除　又稱「八除入」、「八除處」、「八勝處」，即通過對欲界色的觀想而斷除對色貪欲的八種禪定。據《大智度論》卷二一：一、「內有色相觀外色少」，指內心色想尚未除滅，通過觀外界色的少部分，以斷滅對色的貪愛。二、「內有色相觀外色多」，指內心色想尚未除滅，通過觀外界色的多部分，以斷滅對色的貪愛。三、「內無色相觀外色少」，指內心色想已離，通過觀外界色的少部分，以鞏固之。四、「內無色想觀外色多」，指內心色想已離，通過觀外界色的多部分，以鞏固之。五、「內無色想觀外色黃」，六、「內無色想觀外色赤」，八、「內無色想觀外色白」，後四種指內身的色想均已離棄，各自通過觀外界的青、黃、赤、白諸色，以斷滅對「淨色」的貪愛。❼十人　即入於十地。十地，又作十住，有三乘十地和大乘菩薩十地，參見本卷〈釋玄高傳〉「已階何地」條注釋、〈釋法期傳〉「十住觀門二句」條注釋。❽遺教　指佛陀所遺留的教化，即佛教。❾世高　安清，字世高，一般稱安世高，曾譯《安般守意經》。參見本書卷一〈安清傳〉。❿法護　參見本書卷一〈竺曇摩羅剎（竺法護）傳〉，曇摩羅剎的名字意譯為竺法護。⓫僧光　參見本卷〈帛僧光傳〉。⓬曇猷　參見本書卷一〈竺曇猷傳〉。⓭智嚴　參見本書卷三〈釋智嚴傳〉。⓮禪師佛馱跋陀　參見本書卷二〈佛馱跋陀羅傳〉，佛馱跋陀羅名字譯為覺賢。佛馱跋陀羅在本篇，又寫作佛馱跋陀。另參見本卷〈釋玄高傳〉「浮馱跋陀禪師」條注釋。⓯玄高　參見本卷〈釋玄高傳〉。⓰玄紹　本卷〈釋玄高傳〉記玄高弟子，「有玄紹者，秦州隴西人。學究詣禪，神力自在。手指出水，供高洗漱，其水香淨，倍異於常。每得非世華香，以獻三寶。靈異如紹者，又十一人。紹後入堂術山蟬蛻而逝」。⓱出入盡於數隨　出入，指呼吸時氣息的出入。數，六妙門（一數息門、二隨門、三止門、四觀門、五還門、六淨門）的第一妙門，方法是從一到十循環數呼吸的數，一呼一吸為一息，故稱數息，目的是為了使心平靜，以便入定。隨，即隨門，意為在「數息」達到心已平靜後，心便漸漸依隨於呼吸的出入，排除一切雜念，連「數」的心理活動也已沒有，唯有隨息一念，故稱隨息門。按「數隨」在這裡用於概稱「六妙門」禪定（又譯為止觀雙修）的過程。⓲往返窮乎還淨　謂修行六門心行往返而終究歸於還門和淨門。還，六妙門的第五門還門。淨，指六妙門的第六門淨門。這都是以三止門、四觀門為前提。三止門，息心淨慮為止。習禪到隨息門時，心中尚有隨息的念想，繼續修行，捨隨門而修止門，使一念不起，凝心寂照，而入於定。四觀門，觀又稱觀照，當修行止門而入定，此時此心昧於定，屬無明，入觀門則觀照此心，得觀心分明，知五蘊虛誑，破四顛倒等等一切世俗知識。五還門，當入觀門時仍有觀照之心，反觀觀照之心，知能觀之心仍是有為法（有漏智），虛誑不實，迷惑顛倒，而加以破除。六淨門，修五還門而破能觀之心後，使心一無執著，寂然清淨，此時真明獨照的無漏智（無煩惱即無為聖智）便自然開發。⓳僧周　參見本卷〈釋僧周傳〉。⓴淨度　參見本卷〈釋淨度傳〉。㉑法期　參見本卷〈釋法期傳〉。㉒慧明　參見本卷〈釋慧明傳〉。㉓雁行其次　謂緊接其後。雁行，即大雁飛行，按大雁飛行時順序井然。㉔神通　又譯為神通力、神力、通力、通。指通過修持禪定所得到的神異能力。有六種神通，參見本卷「六通」條注釋。㉕國　這裡指城。㉖鬱頭藍弗二句　鬱頭藍弗，又譯作鬱陀伽，見《大般涅槃經》和《大智度論》，是外道仙人，已得五神通。一天他飛到國王宮中，大王夫人前來迎接，鬱頭藍弗因接觸了女人而喪失神通。他便回到原處，打算修煉以恢復神通。這時，河中魚、林中鳥的活動都「亂其意」，引起他的惱怒而殺魚打鳥，注定要墮三惡道。㉗獨角仙人二句　獨角仙人是婆羅柰國山中的仙人，修習禪定和四無量心而得五神通。一次因下雨山滑而傷了腳，便發呪十二年不下雨。結果婆羅柰國大旱。國王便招賢致雨，淫女扇陀應招，她率領五百美女帶著美食前往山中，用美食和美色使獨角仙人喪失神通，結果天降大雨。見《大智度論》。㉘愛見　愛欲與見解之義。十二因緣的一支。《俱舍論》卷九：「貪妙資具、淫愛現行、未廣追求，此位名愛。」即特指貪求財物、愛戀異性而言，是「貪」、「染」的主要內容，被視為世俗生活得以發生和不得解脫的主要原因。《人本欲生經》注：「愛為穢海，眾惡歸焉。」佛經中有很多涉及到仙人因沾染女人而喪失神通的故事，鬱頭藍弗、獨角仙人祇是兩例而已。《大智度論》卷一四說：「寧以赤鐵宛轉眼中，不以散心視女色。」《訶欲經》說：「女色者，世間之枷鎖，凡夫戀者不能自拔。女色者，世間之重患，凡夫因之至死不免。女色者，世間之哀禍，凡夫遭之，無厄不至。」這類話很多。愛見，謂因「愛」而生「見」，此見，更又生欲或生憎。㉙禪那　參見本卷〈釋僧審傳〉「禪那」條注釋。㉚正受　三昧、三摩地的意譯，即定。參見本卷〈釋玄高傳〉「三昧正受」條注釋。㉛輟慮　停止思慮。㉜五門　五門禪的略稱，即五停心觀，參見本卷〈釋僧從傳〉「五門」條注釋。㉝九次叢林　即九大禪，又稱出世間上上九種大禪：一、自性禪，禪觀心之實相，圓滿自足不假外求，故名自性；二、一切禪，能以自性成佛道又具教化一切眾生的功德，故名一切；三、難禪，為深妙難修之禪，故名難；四、一切門禪，一切禪定皆由此門出，故名一切門；五、善人禪，為大善根之眾生所共修之禪，故名善人。六、一切行禪，大乘一切法無不含攝於內，故名一切行；七、除惱禪，除滅眾生的一切苦惱，故名除惱；八、此世他世樂禪：能使眾生全得二世（即今世、其他一切世）之樂，故名此世他世樂；九、清淨淨禪，煩惱斷盡、迷惑（又稱惑業）全無，得無上大菩提（佛智慧）之清淨報，故名清淨。但清淨之相亦不可得，還要清淨之想也歸於無，故名淨淨。叢林，即禪，又譯為功德叢林。

【語　譯】論說：禪，是就它曲盡萬物的奧妙而言的，所以它與萬法互為攀結，無論什麼層次的境界都能體察。但是因法而察境，祇有入於寂滅纔能真正明澈。這就好比深淵水池，祇有在水自己平靜時，纔能看到水底的魚和石頭。人心就好比水，祇有在它自己澄清時，纔能凝照萬法而毫無所隱。《老子》說：「重是輕的根本，靜是躁動的主宰。」《大智度論》說：「譬如服藥，自己先得停止家務勞作，使病體休息平靜下來，待氣力恢復身體強健後再操持家業。禪定也是如此，心首先平靜下來，服用了智慧之藥，待獲得這種智慧之力，再去教化眾生。」因此，大乘四無量心、六種神通都是因禪而起；斷滅八種色界貪欲，入於菩薩十地，都要靠定纔行。禪定的作用實在很大啊。

自佛教東來傳入華夏，禪法也得以傳授。先有安世高、竺法護翻譯出了禪經，更有僧光、曇猷等人都按照禪經所教來修習，終於成就了禪定的偉業，所以他們既能在內心超越苦樂，對外，則又能降伏妖魔外道，於高山重巖驅除鬼魅，在懸崖絕壁親眼看見神僧。等到沙門智嚴親身到了西域，請來罽賓的禪師佛馱跋陀，再度將禪法傳布中國時，則有玄高、玄紹等人受到他親自傳授的禪定儀軌和方法，從而學會了用心依數息和隨息而入定的法門，心行往返都歸於「還門」和「淨門」。之後，又有僧周、淨度、法期、慧明等人，也都緊隨他們之後。

習禪的顯著作用，在於獲得神通。它能使三千大千世界納於一汗毛孔之內，使天下四海凝結為一丁點兒酥脂，能穿過石壁而毫無阻礙，能擎起大眾而一個也不遺漏。自然，連世俗的道術，庸碌無奇的仙術，尚且能夠制止洪波淫雨，動用咒語而能使火燒城市，那麼，玄高死後還能坐起來教導弟子，修習佛法者能端坐著死去，又有什麼奇怪的呢？就好像鬱頭藍弗竟然會被禽獸所惹惱，獨角仙人竟被淫女扇陀擾亂了心懷，都是由於他們自己雖然已經用道術來攝持自己的心，然而畢竟內心懷有貪欲愛見，一到與所欲的對象相遇，便生欲望，而使道術喪失。他們都祇不過猶如小小的螢火蟲所發出的一點兒光，怎麼能和佛法那樣普照大地的日月之光相比呢？

讚曰：禪，杳冥淨寂；定，淵深無底。借此清心滌慮，才可深入智業神通。五門禪盡去惡，九大禪出世間。枯竭意見之山、欲愛之海，萬物重新安排。禪德偉大豐富，何不萬眾歸心？

明律　正傳十三人　附見八人

宋江陵釋慧猷

釋慧猷，江左❶人。少出家，止江陵❷辛寺。幼而蔬食履操❸，至性方直。及具戒已後，專精律禁❹。時有西國❺律師❻卑摩羅叉❼，來適江陵，大弘律藏，猷從之受業。沉思積時，乃大明《十誦》，講說相續，陝西❽律師莫不宗之。後卒於江陵。著《十誦義疏》八卷。

【注　釋】❶江左　指長江以南地區。❷江陵　縣名。治所在今湖北省江陵縣，南朝時為荊州治所所在地。❸履操　謂行為實踐自覺的節操。履，實行。❹律禁　即佛教的戒律。❺西國　即西域。❻律師　有二義，一是指專精律藏的義學僧人，一是指佛寺中掌管戒律的僧人，如本書卷六〈釋慧遠傳〉中寫到慧遠晚年病重，「德耆年皆稽顙請飲豉酒，不許；又請飲米汁，不許；又請以蜜和水為漿，乃命律師，令披卷尋文，得飲與不？」慧遠持戒嚴謹，能不能吃蜜水，要請掌管戒律的僧人查一查戒律再決定。但這裡指的是前一義。❼卑摩羅叉　參見本書卷二〈卑摩羅叉傳〉。❽陝西　指荊州，《南齊書・州郡志・荊州》說：「江左大鎮莫過荊、揚。弘農郡陝縣周世二伯總諸侯，周公主陝東，召公主陝西，故稱荊州為陝西也。」這是將西周時的陝東、陝西比作南朝時的揚州和荊州，故有此稱。

【語　譯】釋慧猷，江南人。他少年時代出家，住在荊州江陵的辛寺。他年幼時就已素食，行為謹守自覺的節操，而性情誠摯，為人方正。到了受具足戒後，他專精於戒律。那時，西域律師卑摩羅叉來到江陵，在這裡弘揚律藏。慧猷便師從他學習。慧猷經過一段時間的精心研究和思索，透徹地掌握了《十誦律》，便連續講解《十誦律》。荊州一帶專心學習律法的僧人無不以他為宗師。後來，慧猷在江陵去世。他著有《十誦義疏》八卷。

宋吳閑居寺釋僧業　慧先

釋僧業，姓王，河內❶人。幼而聰悟，博涉眾典。後遊長安，從什公❷受業。見新出《十誦》，遂專功此部。後發天然，洞盡深奧。什歎曰：「後世之優波離❸也。」

值關中多難，避地京師。吳國張邵❹挹其貞素，乃請還姑蘇❺，為造閑居寺，地勢清曠，環帶長川。業居宗秉化，訓誘無輟，三吳❻學士，輻湊肩聯。又以講導餘隙，屬意禪門。每一端坐，輒有異香充塞房內。近業坐者，咸所共聞，莫不歎其神異。

昔什公在關，未出《十誦》，乃先譯《戒本》❼。及流支❽入秦❾，方傳大部❿。故戒心⓫之與大本⓬，其意正同，在言或異。業乃改正，一依大本。今之傳誦，二本雙行。業以元嘉十八年卒於吳中⓭，春秋七十有五。

業弟子慧先⓮，襲業風軌，亦數當講說。

【注釋】❶河內　郡名。楚、漢之際置，治所在懷縣（今河南武陟），晉朝時移至野王（今河南沁陽）。❷什公　即鳩摩羅什，參見本書卷二〈鳩摩羅什傳〉。❸優波離　又作優婆利、優波離、鄔波離、優波利等，意譯「近取」、「近執」，佛陀十大弟子之一。據《佛本行經集‧優婆離因緣品》、《五分律》卷三等記載，他是古印度迦毗羅衛國人，屬首陀羅種姓。出家後奉持戒律，無所觸犯，稱為「持律第一」。相傳佛教第一次結集時，由他負責闡述戒律。《維摩詰經》卷三僧肇注文也說：「優婆離，秦言上首，弟子中持律第一也。」❹吳國張邵　吳國，今江蘇蘇州。張邵，入劉宋後，曾任湘州刺史，鎮襄陽，元嘉五年（西元四二八年）轉征虜將軍、領軍南蠻校尉、雍州刺史加都督，坐鎮雍州。另，參見本書卷七〈釋道溫傳〉「張邵」條注釋。❺姑蘇　今江蘇蘇州。❻三吳　古地名。說法較多，但東晉、南朝時以吳郡、吳興和丹陽為三吳。❼戒本　在本書卷二〈鳩摩羅什傳〉中提到羅什譯有《十誦戒本》和《菩薩戒本》。據僧祐《出三藏記集》，羅什所譯經中無《菩薩戒本》（曇無讖曾譯《菩薩戒本》），但有《戒本》（係羅什與弗若多羅合譯而未完成，參見本書卷二〈弗若多羅傳〉。弗若多羅死後，羅什又與曇摩流支合譯《十誦律》，參見本書卷二〈曇摩流支傳〉）。❽流支　指曇摩流支，參見本書卷二〈曇摩流支傳〉。❾秦　指後秦。❿大部　指大部《十誦律》。⓫戒心　指上文所提到的「戒本」，心，應作「本」。又，下文「其意正同，在言或異。業乃改正，一依大本」十六字為大正藏本所無。⓬大本　應指曇摩流支與鳩摩羅什合譯的《十誦律》。⓭吳中　即今江蘇蘇州。⓮慧先　大正藏本作「慧光」。

【語　譯】釋僧業，俗姓王，河內人。他年幼時就聰明穎悟，博覽了眾多經典。他後來去了長安，師從鳩摩羅什學習。在長安見到新譯出的《十誦律》後，他便專攻這部經典。僧業雖是後生，但脩習《十誦律》卻是發自天性，窮盡《十誦律》深奧的義涵。羅什因此讚歎道：「僧業真是後世持律第一的優波離啊。」

由於正逢關中戰亂，僧業便遷徙到京師建康。吳國的張邵仰慕他的堅貞潔淨，就請他去了姑蘇，為他建造了閑居寺。閑居寺所處的地方，地勢清幽開闊，有長河環繞。僧業在這裡身為宗師而秉承教化之任，循循善誘，從不間斷。三吳之地的學士，都摩肩接踵相繼聚集到他的門下。僧業在講經和教學的餘暇，留心於禪門而習禪。他每次端正地坐下，就發出奇異的香氣充滿著房內。靠近他座位的人都聞到了，無不讚嘆他的神異。

以前，羅什在關中時，沒有譯出《十誦律》，而是先譯出了《戒本》。等到曇摩流支進入秦國，他們纔合作傳譯了大部的《十誦律》，所以《戒本》和大本《十誦律》的意思相同，而語言表達則有不同之處。僧業便完全依照大本《十誦律》改正了《戒本》，這兩種本子，現在還並行於世，為人傳誦。元嘉十八年，僧業在吳中去世，享年七十五歲。

僧業的弟子慧先，繼承了僧業的法業和風範，也多次登座講經。

宋京師長樂寺釋慧詢

釋慧詢，姓趙，趙郡❶人。少而蔬食苦行。經遊長安，受學什公。研精經論，尤善《十誦》、《僧祇》❷。乃更製條章，義貫終古。宋永初❸中，還止廣陵❹，大開律席。元嘉❺中，至京師止道場寺。寺僧慧觀亦精於《十誦》，以詢德為物範，乃令更振他寺。於是移止長樂寺。大明二年卒於所住，春秋八十有四矣。

【注　釋】❶趙郡　西漢置，治所在邯鄲（今河北邯鄲）。❷僧祇　指佛教戒律書《摩訶僧祇律》，意譯《大眾律》。東晉佛馱跋陀羅與法顯共譯，四十卷，為印度佛教大眾部所傳的廣律。三國魏嘉平二年（西元二五〇年）有曇柯迦羅於洛陽白馬寺譯出《僧祇戒本》一卷。東晉咸康中又有僧建於月支國得《僧祇尼羯磨》及《戒本》，於升平元年（西元三五七年）在洛陽譯出，但這些譯本均已佚失。法顯於隆安三年（西元三九九年）去中印度抄得《摩訶僧祇律》梵本，義熙十四年（西元四一八年）與佛馱跋陀羅共同譯出。全書分為比丘戒法和比丘尼戒法兩大部分。列舉比丘戒二一八條，威儀法五〇條，比丘尼戒二七七條。此律為大眾部所奉持。❸永初　南朝宋武帝劉裕年號，共三年，西元四二〇至四二二年。❹廣陵　廣陵郡，東漢、東晉及南朝時期治所在廣陵（今江蘇揚州）。❺元嘉　南朝宋文帝年號，共三十年，西元四二四至四五三年。

【語　譯】釋慧詢，俗姓趙，趙郡人。他少年時代便已素食，又持戒苦行。他曾經在長安師從鳩摩羅什學習，精研佛教經書和論書，尤其擅長《十誦律》和《摩訶僧祇律》。他便自己又製定了戒律規章，其律義貫通古今。劉宋永初年間，他遷住到廣陵，大開講席，傳授律法。元嘉年間，他又到京師建康，住在道場寺。道場寺的僧人慧觀也精通《十誦律》。他因慧詢德高望重，堪為人倫楷模，便要慧詢到其他的寺廟去傳教。於是慧詢便移住到長樂寺。大明二年，慧詢在他所住的長樂寺去世，享年八十四歲。

宋京師莊嚴寺釋僧璩　道表

釋僧璩，姓朱，吳國❶人。出家為僧業❷弟子。總銳眾經❸，尤明《十誦》，兼善史籍，頗製文藻。始住吳虎丘山，宋孝武❹欽其風聞，勅出京師為僧正、悅眾❺，止于中興寺。時有沙門僧定，自稱得不還果❻。璩集僧詳斷，令現神足❼。定云：「恐犯戒，故不現。」璩案律文，有四因緣❽，得現神足：一斷疑網，二破邪見，三除憍慢，四成功德。定既虛誑事暴，即日明擯。璩仍著〈誡眾論〉，以示來葉。璩既學兼內外，又律行無疵，道俗歸依，車軌相接。少帝❾準從受五戒，豫章王子尚❿崇為法友，袁粲⓫、張敷⓬並一遇傾蓋⓭。後移止莊嚴，卒於住所，春秋五十有八。述《勝鬘文旨》，並撰《僧尼要事》兩卷，今行於世。

時又有道表律師，率直有高行。宋明帝勅晉熙王燮⓮從請戒焉。

【注釋】❶吳國　即今江蘇蘇州。❷僧業　參見本卷〈釋僧業傳〉。❸總銳眾經　謂統攝且精通眾多經典。❹宋孝武　指宋孝武帝劉駿，年號孝建、大明，西元四五四至四六四年在位。❺悅眾　僧官名。職司不詳。《大宋僧史略》卷中說：「西域知事僧總名羯磨陀那，譯為知事，亦曰悅眾，謂知其事，悅其眾也。」僧正、悅眾、僧錄三種僧官均開始於後秦姚興時，參見本書卷六〈釋僧碧傳〉。❻不還果　音譯阿那含果，小乘修行所達到的第三果位，達到這一果位，已經完全斷滅欲界修惑，不再生還欲界，故稱「不還」。❼神足　神足通的略稱，也作「神境智證通」、「神境通」、「身如意通」、「身通」等，謂身能飛天入地，出入三界，變化自在。❽因緣　在這裡是緣故、理由之義。❾少帝　南朝宋少帝劉義符，武帝劉裕的長子，年號景平，在位二年，西元四二三至四二四年。❿豫章王子尚　即劉子尚，字孝師，宋孝武帝次子。孝建三年（西元四五六年）六歲時封為西陽王，食邑二千戶，任都督南徐州、兗州諸軍事、北中郎將、南兗州刺史。同年又遷揚州刺史。大明二年（西元四五九年）加撫軍將軍。三年，任揚州刺史，五年，改封豫章王。七年，加使持節，進號車騎將軍。同年，又加散騎常侍，以本號開府儀同三司。前廢帝即位（西元四六五年），又昇任都督揚、南徐二州諸軍事，領尚書令。史稱他「人才凡劣，凶慝有廢帝風」。廢帝被廢後，明帝即位，以「子尚頑凶極悖，行乖天理」賜死，時年十六歲。《宋書》有傳。⓫袁粲　參見本書卷七〈釋曇斌傳〉「袁粲」條注釋。⓬張敷　參見本書卷七〈釋僧詮傳〉「張敷」條注釋。⓭一遇傾蓋　即一見如故。傾蓋，途中相遇，停車交談，車蓋因此而傾斜，喻初交即一見如故，《史記·鄒陽傳》引其獄中上書：「諺曰：『有白頭如新，傾蓋如故』，何則？知與不知也。」⓮晉熙王燮　即晉熙王劉燮，宋明帝之子，封晉熙王，《宋書·明四王》載，他被過繼給了別人，餘不詳。

【語　譯】釋僧璩，俗姓朱，吳國人。他出家後師從僧業。僧璩博通眾經，尤其明瞭《十誦律》，又擅長於史籍，寫過不少文章。起初，他住在吳縣的虎丘山，宋孝武帝欽慕他的名聲，下令請他到京師建康來出任僧正、悅眾，住在中興寺。當時，有一個沙門名叫僧定，自稱修行已達到了不還果果位。僧璩便召集眾僧，讓僧定當眾顯示一下他神足通的神力。僧定說：「這樣做恐怕會犯戒，所以還是不要顯示了。」僧璩根據戒律規定，有四個原因，僧定必須當眾顯示他的神足通。這四個原因是：一是需要消除人們的懷疑，二是破除邪見，三是破除傲慢之心，四是顯示所成就的功德。然而僧定終究顯不出他的神通，於是他的謊言便被揭穿了，當天就被公開擯出沙門。僧璩因此寫了〈誡眾論〉，以此告誡後來者。僧璩學問淵博，兼通內典和世俗學問，自己又謹守戒律，行為毫無瑕疵，於是僧人和俗眾都歸心於他，向他學習的人連續不斷。宋少帝批准他可以為人授五戒。豫章王劉子尚崇敬他，以他為法友，袁粲、張敷都和他一見如故。

僧璩後來移住到莊嚴寺，最終便在這裡去世，享年五十八歲。他著有《勝鬘文旨》，又撰寫了《僧尼要事》兩卷，至今流傳於世。

當時還有一位道表律師，他為人率直，行為高尚。宋明帝敕令晉熙王劉爕從他受了戒。

宋彭城郡釋道儼 慧曜

釋道儼，雍丘小黃❶人。少有戒行。善於毗尼❷，精研四部❸，融會眾家。又以律部東傳，梵漢異音，文頗左右❹，恐後人諮訪無所，乃會其旨歸，名曰《決正四部毗尼論》。後遊於彭城❺，弘通律藏，遂卒於彼，春秋七十有五。

時栖玄寺又有釋慧曜者，亦善《十誦》。

【注釋】❶雍丘小黃　雍丘，縣名。戰國時秦國置，治所在今河南杞縣。小黃，古邑名。故址在今河南開封東北。❷毗尼　「律」的梵語舊譯名。❸四部　指四部律，即《十誦律》、《四分律》、《摩訶僧祇律》、《五分律》。❹文頗左右　謂梵文和漢文譯本文辭之間含有不吻合處。❺彭城　今江蘇徐州。

【語譯】釋道儼，雍丘小黃人。他少年時就謹守戒律。他善於律部經典，曾精研四部律，又融會了眾家之長。他因律部東傳以來，由於梵文和漢文的讀音不同，文辭頗有不吻合的地方，恐怕後人無從尋訪請教，以弄清律文的意義，便將四部律加以會通，揭示它們的宗旨，寫成了書，名為《決正四部毗尼論》。後來，他去彭城弘揚律藏，最後便在那裡去世了。他去世時，享年七十五歲。

那時，栖玄寺還有一位釋慧曜，也擅長《十誦律》。

宋江陵釋僧隱 成具

釋僧隱，姓李，秦州隴西❶人。家世正信❷。隱年八歲出家，便能長齋❸。至十二年❹蔬食。及受具戒，執操彌堅。常遊心律苑，妙通《十誦》，誦《法華》、《維摩》。聞西涼州有玄高❺法師禪慧兼舉，乃負笈從之。於是學盡禪門，深解律要。高公化後，復西遊巴蜀，專任弘通。頃之東下，止江陵琵琶寺，諮業於慧徹。徹名重當時，道扇方外。隱研訪少時，備窮經律，禪慧之風，被於荊、楚。州將山陽王劉休祐及長史張岱❻，並諮稟戒法。後刺史巴陵王休若及建平王景素❼，皆稅駕禪房，屈膝恭禮。

後臥疾少時，問侍者：「日中未？」答云：「已中。」乃索水漱口，顏貌怡然。忽爾從化，春秋八十矣。

時江陵上明寺復有成具律師，亦善《十誦》及《雜心》、《毗曇》等。

【注釋】❶秦州隴西　今甘肅隴西縣南。❷正信　即信奉佛教。❸長齋　指時間較長的齋食，如七日長齋。❹十二年　大正藏本無此「年」字，據文意當係「年十二」。❺玄高　參見本卷〈釋玄高傳〉。❻張岱　字景山，吳郡吳（今江蘇蘇州）人，歷官宋、齊兩朝，在劉宋時即以能吏知名，官至吏部尚書，為蕭道成所器重。入齊後，官至南兗州刺史。常侍。永明元年（西元四八三年）卒，時年七十一歲。《南齊書》有傳。❼建平王景素　即劉宋建平王劉景素，宋文帝第七子建平王劉宏的兒子，劉宏死後由他襲建平王爵，元徽三年（西元四七五年）被後廢帝劉昱的母親陳氏及親戚所忌，以謀反罪害死，時年二十五歲。參見本書卷七〈釋曇斌傳〉「宋建平王景素」條注釋。

【語　譯】釋僧隱，俗姓李，秦州隴西人。他家世代信佛。僧隱八歲時出家，就能長齋。到十二歲時，他便素食了。待到受具足戒，僧隱已經能熟練地持守戒律，而且戒行更加堅定。他常常鑽研律法，精通《十誦律》，又誦習《法華經》、《維摩詰經》。他聽說西涼州的玄高法師禪、慧雙修，便負笈前往師從他學習。於是，僧隱便洞盡禪門，又深入地理解了戒律的要義。玄高死後，僧隱又去了巴蜀，在這裡一心弘揚佛法。不久，他又東下，住在江陵的琵琶寺，師從慧徹學習。慧徹在當時享有高名，他的佛學廣泛影響了當時的僧人。僧隱在這裡研求訪學，時間不長，便精通了經律。他的禪定和智慧，廣被荊、楚一帶。荊州守將山陽王劉休祐和他的長史張岱，都向他請教戒法。後來，荊州刺史巴陵王劉休若和建平王劉景素，都親自來到他的禪房，向他屈膝敬禮。

後來，僧隱染病臥床才一會兒，便問照料他病體的侍者：「到日中了沒有？」侍者答道：「已日中了。」僧隱便向他要水來漱口。這時，他的容貌尚顯得怡然安適，卻忽然間死去了。這年，他八十歲。

當時，江陵的上明寺還有一位成具律師，也擅長《十誦律》，以及《雜阿毗曇心論》和《毗曇心論》等。

宋廣漢釋道房

釋道房，姓張，廣漢❶五城人。道行清貞。少善律學，止廣漢長樂寺。每禮佛燒香，香烟直入佛頂。又勤誨門人，改惡行善，其不改者，乃為之流泣。後卒于所住，春秋一百二十歲矣。

【注　釋】❶廣漢　縣名。西漢置，故址在今四川射洪。

【語　譯】釋道房，俗姓張，廣漢縣五城人。他的道行清純堅貞。他在少年時代便擅長律學，住在廣漢的長樂寺。他每次拜佛燒香，香煙都筆直地昇上佛頂。他總是很勤勉地教導門人改惡行善，如果有不改的，他便會因此哭泣流淚。後來，他在他所住的寺廟裡去世了，享年一百二十歲。

宋京師閑心寺釋道營

慧祐

釋道營，未詳何人。始住靈曜寺習禪，晚依觀、詢❶二律師諮受毗尼。偏善《僧祇》一部，誦《法華》、《金光明》，蔬素守節。莊嚴道慧、冶城智秀，皆師其戒範。張永請還吳郡，蔡興宗復要住上虞。永後於京師婁胡苑立閑心寺，復請還居。講席頻仍，學徒甚盛。昇明二年卒，春秋八十有三矣。

時有釋慧祐者，本丹徒人，年三十出家。厲身苦節，精尋律教。齊初入東講《摩訶僧祇部❷》。齊竟陵王子良❸遣迎出都，仍止閑心寺焉。

【注釋】❶詢　指慧詢，參見本卷〈釋慧詢傳〉。❷部　應作「律」。❸竟陵王子良　即竟陵王蕭子良，參見本書卷八〈釋僧鍾傳〉「竟陵文宣王」條注釋。

【語譯】釋道營，未知他的出身履歷。他起初住在靈曜寺習禪，後來又師從觀、詢二位律師學習戒律。在律藏中，他偏善於《摩訶僧祇律》一部，另外也誦習《法華經》、《金光明經》。他素食，謹守戒律。莊嚴寺的道慧、冶城寺的智秀，都師法他的戒行風範。張永請他去吳郡，蔡興宗又邀請他住到上虞去，後來張永在京師的婁胡苑建造了閑心寺，又請他回來住持。道營頻頻開席講經，跟隨他學習的學徒很多。他死於昇明二年，享年八十三歲。

那時，還有一位釋慧祐。他本是丹徒人，三十歲時出家。他持戒嚴格，堅持苦忍，精心鑽研戒法。齊朝初年，他到東邊去講授《摩訶僧祇律》。齊竟陵王蕭子良派人來又將他迎接到京城，仍舊住在閑心寺。

齊鍾山靈曜寺釋志道　超度

釋志道，姓任，河內❶人。性溫謹。十七出家，止靈曜寺。蔬素少欲，六物❷之外，略無兼畜。學通三藏，尤長律品。何尚之❸欽德致禮，請居所造法輪寺。先時魏虜滅佛法❹，後世嗣興❺，而戒授多闕。道既誓志弘通，不憚艱苦，乃携同契十有餘人，往至虎牢❻。集洛、秦、雍、淮、豫五州道士，會於引水寺。講律明戒，更申受法❼。偽國僧禁❽獲全，道之力也。後還京邑，王奐出鎮湘州❾，携與同遊。以永明二年卒於湘土，春秋七十有三。

時京師瓦官寺又有超度者，亦善《十誦》及《四分》，著《律例》七卷云。

【注釋】❶河內　參見本卷〈釋僧業傳〉「河內」條注釋。❷六物　佛制比丘必須的六樣衣物：一僧伽梨，即九件乃至二十五件大衣；二鬱多羅僧，即七件中衣；三安陀會，五件下衣。以上合稱三衣。四鐵多羅，即鐵鉢；五尼師壇，即坐具；六漉水囊。又稱三衣六物，以示衣服的重要。❸何尚之　參見本書卷七〈釋慧嚴傳〉「何尚之」條注釋。❹魏虜滅佛法　指太平真君七年（西元四四六年）三月北魏太武帝「滅佛」一事，參見本書卷一〇〈釋曇始傳〉「偽太平七年二句」條注釋。❺後世嗣興　北魏正平二年（西元四五二年）太武帝拓跋燾被宦官宗愛謀害，當年拓跋晃之子拓跋濬即位為文成帝，下詔復興佛教。參見《魏書・釋老志》。❻虎牢　古邑名。在今河南滎陽汜水鎮。❼受法　指受戒、授戒的條件、法則。在《十誦律》中便有明確的規定。❽僧禁　又稱僧制、清規，即僧團以及國家對僧人的管理制度。在中國佛教史上道安是首倡僧制的僧人，再如南朝齊竟陵王蕭子良曾著《僧制》一卷，北魏太于十七年（西元四九三年）曾詔立僧制四十七條。上文所提到的「受法」也就是僧制中的一個重要內容。❾湘州　晉永嘉元年（西元三〇七年）分割荊州、廣州兩州所置，治所在臨湘（今湖南長沙），轄境相當於今湖南湘水、資水流域，廣西桂江、廣東北江流域大部分及湖北陸水流域。

【語　譯】釋志道，俗姓任，河內人。他性情溫和謹慎，十七歲時出家，住在靈曜寺。他素食，清心寡欲，除三衣六物之外，什麼也不積蓄。他兼通經、律、論三藏，而尤其擅長律部。何尚之欽慕志道的德行，向志道致禮，又請志道前去住持自己所建造的法輪寺。先前，北魏毀滅佛法，後世又接著復興佛法，那時對於戒律的傳授非常缺乏。志道既發願弘揚戒法，便不避艱難困苦，帶著十幾個志同道合的人前往虎牢。他召集了洛、秦、雍、淮、豫五州的僧人在引水寺集會，講明戒律，尤其是申說授戒及受戒的法則。魏國的僧侶制度得以完備，是志道努力的結果。志道後來又回到京城建康。當王奐出鎮湘州時，便帶著他一同前往湘州去了。永明二年，志道在湘州去世，享年七十三歲。

當時，京師瓦官寺還有一位超度，也善於《十誦律》和《四分律》。他著有《律例》七卷。

齊京師多寶寺釋法穎　慧文

釋法穎，姓索，燉煌人。十三出家，為法香弟子，住涼州公府寺，與同學法力俱以律藏知名。穎伏膺❶已後，學無再請，記在一聞❷。研精律部，博涉經論。元嘉❸末，下都止新亭寺。武❹南下，改治此寺，以穎學業兼明，勅為都邑僧正❺。後辭任，還多寶寺。常習定閑房，亦時開律席。及齊高❻即位，復勅為僧主，資給事事有倍常科。穎以從來信施，造經像及藥藏，鎮於長干。齊建元四年卒，春秋六十有七。撰《十誦戒本》並《羯磨》等。

時天寶寺又有慧文律師，亦善諸部毗尼，為瑯琊王奐所事云。

【注　釋】❶伏膺　又作報膺，原義為謹記在心，衷心信服，這裡指出家拜師學佛。❷學無再請二句　謂在學習中祇要聽一遍無需再請問便已明白，並且記得。❸元嘉　南朝宋文帝年號，共三十年，西元四二四至四五三年。❹武　大正藏本在「武」字前有一「孝」字，即指宋孝武帝。❺都邑僧正　又稱京師僧正，掌管京師佛事的僧官，在南朝京師僧正有時也相當於全國的僧正。❻齊高　指齊高帝蕭道成，西元四七九年代宋建齊。

【語　譯】釋法穎，俗姓索，敦煌人。他十三歲出家為僧，是法香的弟子，住在涼州公府寺。他和同學法力都以精通律藏知名於世。法穎自從拜師學佛後，聽講時，祇要聽一遍，無需再請問就記在心裡了。他研究佛學，精通律部，又廣泛涉獵經、論。宋元嘉末年，他到了京城建康，住在新亭寺。宋孝武帝南下後，對這座寺廟進行了改革，便因法穎的學問和修行兼長，敕令請他出任京師僧正。法穎後來辭去了京師僧正的職務，回到多寶寺。他常常在寺裡空閑的房屋中修習禪定，有時也開堂講授律法。到齊高帝即位時，又敕令請他出任僧主，對他的錢物供給事事都比平常的職司多出一倍。法穎總是將所受到的施捨用於造作佛經、佛像和置辦藥物，一齊放在長干寺。法穎於齊建元四年去世，享年六十七歲。他撰有《十誦戒本》和《羯磨》等著作。

當時，天寶寺還有一位慧文律師，也擅長於諸部戒律，為瑯琊王奐所師事。

齊蜀靈建寺釋法琳

釋法琳，姓樂，晉原臨邛❶人。少出家，止蜀郡裴寺。專好戒品，研心《十誦》，常恨蜀中無好師宗。俄而隱公❷至蜀，琳乃剋己握錐❸，以日兼夜。及隱還陝西❹，復隨從數載。諸部毗尼，洞盡心曲。後還蜀，止靈建寺。益部僧尼，無不宗奉。

常祈心安養❺。每誦《無量壽》及《觀音經》，輒見一沙門形甚姝大，常在琳前。至齊建武二年，寢疾不愈，注念西方，禮懺不息，見諸賢聖皆集目前。乃向弟子述其所見，令死後焚身。言訖合掌而卒。即於新繁路口積木燔尸，烟炎衝天，三日乃盡。收殮遺骨，即於其處而起塔焉。

【注　釋】❶臨邛　古縣名。秦置，治所在今四川邛崍。❷隱公　指僧隱，參見本卷〈釋僧隱傳〉。❸握錐　《戰國策・秦策》記蘇秦讀書欲睡，「引錐自刺其股」，後世以此為刻苦學習的典範。握錐，即握錐刺股，形容刻苦學習之義。❹陝西　指荊州，參見本卷〈釋慧猷傳〉「陝西」條注釋。❺祈心安養　祈禱死後往生西方淨土。

【語　譯】釋法琳，俗姓樂，晉原臨邛人。他少年時出家，住在蜀郡的裴寺。他專好戒法，潛心鑽研《十誦律》，常常遺憾蜀中沒有好老師。不久，僧隱來到蜀中，法琳就像古人懸梁刺股一樣，抓緊時間，日以繼夜刻苦學習。待僧隱返回荊州時，法琳又隨從他學習了好幾年。終於透徹掌握了諸部戒律，而了然於心。後來，他又回到蜀中，住在靈建寺。益州的僧尼無不宗奉於他。

法琳常嚮往死後能往生西方淨土，便常常誦讀《無量壽經》及《觀音經》。誦經時他常看見一個容貌俊美身形高大的沙門來到他的面前。到了齊建武二年，法琳病倒臥床，心中不甚愉快，他就專注西方，口念佛號，不停地向西方禮拜和懺悔，便看見許多賢聖都結集到他的眼前。他便對弟子講述了自己所看見的情景，要弟子們在他死後將他火化。說罷，他也就合著手掌死了。弟子們按照他的意願，在新繁路口架起柴堆，來焚燒他的屍體，燒得火光衝天，直燒了三天纔燒完。弟子收殮了法琳的遺骨，就在他遺骨所在的地方為他起了塔。

齊京師安樂寺釋智稱

聰超

釋智稱，姓裴，本河東聞喜❶人。魏冀州刺史徽之後也。祖世避難，寓居京口。稱幼而慷慨，頗好弓馬。年十七，隨王玄謨、申坦北討獫狁。每至交兵血刃，未嘗不心懷惻怛，痛深諸己。卻乃歎曰：「害人自濟，非仁人之志也。」事寧解甲。遇讀《瑞應經》，乃深生感悟。知百年不期，國城非重，乃投南澗禪房宗公，請受五戒。宋孝武時迎益州印禪師下都供養，稱便束意歸依，印反汶江，因扈遊而上，於蜀裴寺出家，印為之師，時年三十有六。乃專精律部，大明《十誦》，又誦《小品》一部。

後東下江陵，從隱、具二師更受禪律。值義嘉遘亂❷，乃移卜京師，遇穎公於興皇講律。稱諮決隱遠，發言中詣，一時之席，莫不驚嗟。定林法獻於講席相值，聞其往復清玄，仍携止山寺。於是溫誦《小品》，研構毗尼。後餘杭寶安寺釋僧志請稱還鄉，開講《十誦》。雲栖寺復屈為寺主，稱乃受任。少時舉其綱目，示以憲章。頃之反都，文宣請於普弘講律，僧眾數百，皆執卷承旨。

稱辭家入道，務遣繁累，常絕慶弔，杜人事。每有凶故，秉戒節哀。唯行道加懃，以終暮功之制。朱方沙門慧始請稱還鄉講說，親里知舊皆來問訊，悉殷懃訓勗，示以孝慈。臨別涕泣，固留不止。還京憩安樂寺。法輪常轉，講大本❸三十餘遍。齊永元三年卒，春秋七十有二。著《十誦義記》八卷，盛行於世。弟子僧辯等，樹碑于安樂寺。

稱弟子聰、超二人，最善毗尼，為門徒所挹。

【注　釋】❶河東聞喜　河東郡聞喜縣，今屬山西。❷義嘉遘亂　義嘉，孝武帝第三子晉安王劉子勛的年號。劉宋孝武帝的長子劉子業（十七歲）即位（西元四六五年）後，由於濫殺大臣，劉子勛的長史鄭琬便擁劉子勛在潯陽起兵反抗。劉子業被廢後，明帝即位，本想招撫劉子勛，但鄭琬不受，於「泰始二年正月七日，奉子勛為帝，即偽位于潯陽城，年號義嘉元年，備置百官，四方並響應，威震天下」。明帝便發兵討伐，當年鄭琬兵敗，劉子勛被殺，時年十一歲，故史稱「遘亂」，參見本書卷七〈釋僧瑾傳〉「義嘉構釁」條注釋。❸大本　指大本《十誦律》。

【語　譯】釋智稱，俗姓裴，本河東聞喜人。他是北魏冀州刺史裴徽的後人，從他的祖父那輩起，便為避難而遷徙寓居在京口。智稱年幼時就性格慷慨，愛好騎馬射箭軍陣爭鬥。他十七歲那一年，跟隨王玄謨、申坦的軍隊北伐獫狁。每次交戰中血刃殺人，他沒有一次不起惻隱之心，而內心隱痛，以致深責自己。終於他醒悟過來，長歎道：「害人而利己，決非仁人之志。」戰爭結束後，智稱便解甲退伍。一次，他偶然讀到了《瑞應經》，便由此而從內心發生感悟，明白了人生百年也祇轉瞬而過，國家城池並非那麼重要，於是他就投奔到南澗禪房宗公那裡，向他請求受五戒。那時，宋孝武帝迎接益州的印禪師到京師建康來供養，智稱便決意歸依於他。印禪師也熱情接納了他。等到印禪師返回汶江，智稱便護送他逆江而上，自己也就在蜀郡裴寺出家，拜從印禪師為師。那年，智稱三十六歲。智稱出家後專心研究律部，洞曉了《十誦律》，又誦讀了《小品般若經》一部。

後來，他東下江陵，師從隱、具二禪師學習禪律。那時，正值發生義嘉之亂，智稱便選擇了移居京師建康。在這裡，他遇上了在興皇寺講授律法的法穎法師。智稱的諮詢決斷辭隱而意深，語語中的，一時間令法席上的人們莫不驚嘆。定林寺的法獻在講席上和智稱相遇，聽到智稱的談辯清新而意旨深遠，便將他帶到定林寺去住了。於是，智稱便又開始溫習《小品般若經》，研究戒律。後來，餘杭寶安寺的釋僧志請智稱回鄉，智稱便在那裡開講《十誦律》。雲栖寺又請他出任寺主，智稱便受命上任了。不久，智稱便提綱挈領，昭示了律法。這之後不久他又回到京師建康，竟陵文宣王請他在普弘寺講授律法，有數百僧人跟著他學習，都服膺於他的講解。

智稱自從出家為僧，總是盡力排遣一切世俗的繁累，常常謝絕喜慶哀弔一類的俗務，杜絕世俗的人事交往。每當發生不幸的事故，他總是按照戒律節制自己的悲哀，而更加努力地修道，以便圓滿達到自己預期的修行和功德。朱方寺的沙門慧始請智稱回到家鄉去講說佛法，他的鄉親舊交都來向智稱問候，他便對他們都加以殷勤的勸勵，以表示自己內心的孝慈。他離開的時候，鄉親們都依依不捨，流淚涕泣，但無論怎麼挽留他，也留不住。智稱返回京師後，住在安樂寺。他的法輪常轉，講經不斷，他一共講了三十多遍大本《十誦律》。智稱在齊永元三年去世，享年七十二歲。他著有《十誦義記》八卷，盛行於世。他的弟子僧辯等人，為他在安樂寺樹了碑。

智稱的弟子中，以聰、超二人最擅長戒律，為門徒們所敬仰。

齊京師建初寺釋僧祐

釋僧祐，本姓俞氏，其先彭城下邳❶人，父世居于建業。祐年數歲，入建初寺禮拜，因踴躍樂道，不肯還家。父母憐其志，且許入道，師事僧範道人。年十四，家人密為訪婚，祐知而避至定林，投法達法師。達亦戒德精嚴，為法門梁棟。祐師奉竭誠，及年滿具戒，執操堅明。初受業於沙門法穎。穎既一時名匠，為律學所宗。祐乃竭思鑽求，無懈昏曉。遂大精律部，有邁先哲。齊竟陵文宣王每請講律，聽眾常七八百人。永明中，勅入吳，試簡五眾，並宣講《十誦》，更申受戒之法。凡獲信施，悉以治定林、建初及修繕諸寺，並建無遮大集、捨身齋等，及造立經藏，搜校卷軸。使夫寺廟廣開，法言無墜，咸其力也。

祐為性巧思，能自準心計，及匠人依標，尺寸無爽。故光宅、攝山大像，剡縣石佛等，並請祐經始，準畫儀則。今上❷深相禮遇，凡僧事碩疑，皆勅就審決。年衰腳疾，勅聽乘輿入內殿，為六宮受戒。其見重如此。

開善智藏、法音慧廓，皆崇其德素，請事師禮。梁臨川王宏、南平王偉、儀同陳郡袁昂、永康定公主、貴嬪丁氏，並崇其戒範，盡師資之敬。凡白黑門徒，一萬一千餘人。以天監十七年五月二十六日卒於建初寺，春秋七十有四。因窆于開善路西，定林之舊墓也。弟子正度立碑頌德，東莞劉勰製文。

初祐集經藏既成，使人抄撰要事為《三藏記》、《法苑記》、《世界記》、《釋迦譜》及《弘明集》等，皆行於世。

【注　釋】❶下邳　在今江蘇睢寧西北。❷今上　指梁武帝蕭衍。

【語　譯】釋僧祐，本姓俞，他的祖先是彭城下邳人，但到他父親這一輩時便已定居在建業了。僧祐兒時，曾到建初寺禮佛，到寺裡他就開心地跳躍，十分喜歡佛道，以致不肯回家。他的父母愛憐他的志向，也就允許他入了道，師從僧範道人學習。到了僧祐十四歲時，他家裡的人秘密地為他訪求婚姻，這事被僧祐知道後，他便逃避到定林寺，投奔了法達法師。法達也是持戒精嚴的僧人，屬法門的梁棟人物。僧祐竭誠地師事法達。到了年滿受具足戒的時候，他持戒的操守更加堅定明確。起初，他師從沙門法穎學習。法穎是一代名僧，為律學僧人所宗仰。僧祐竭盡思慮努力研求，日以繼夜從不懈怠，從而對律部達到非常精通的程度，以致超過了先哲。齊朝的竟陵文宣王蕭子良每次請他去講律法，聽眾常達到七、八百人。永明年間，朝廷敕令他入吳在五眾中試選僧尼，並宣講《十誦律》，尤其是講清受戒之法。他將所獲得的施捨，全都用於定林、建初寺，或用於修繕其他寺廟，他又舉辦無遮大會、捨身齋等等法事，以及造立經藏，搜集、整理經卷，使得到處廣開寺廟，佛法弘揚，都是僧祐的努力。

僧祐天性聰明靈巧，能夠自行設計計算，等到工匠按照他的設計建造時，尺寸絲毫不差，所以光宅寺和嶠山的大型佛像，剡縣的石佛等等，都是請他去經辦和規劃設計的。當今皇上對他也十分敬重，凡屬佛界的重大疑難問題，都是請他來審度決策。他到年老力衰時又患了腳疾，皇上下令任由他乘著輿轎進入皇宮內殿，為六宮妃嬪授戒。由此可見，皇上對他竟有如此敬重。

開善寺的智藏、法音寺的慧廓，都崇仰僧祐的德行素性，請求拜他為師。梁朝的臨川王蕭宏、南平王蕭偉、儀同陳郡袁昂、永康定公主、貴嬪丁氏，都崇仰他的戒行風範，對他以師禮相敬。他的出家和俗家門徒達到一萬一千多人。梁天監十七年五月二十六日，僧祐在建初寺去世，享年七十四歲。他死後被葬於開善路西，這是定林寺的老墓地。他的弟子正度為他立碑頌德，東莞劉勰寫了碑文。

當初，僧祐搜集了經藏，便叫人加以抄撰，摘取其重要的事件，撰為《三藏記》、《法苑記》、《世界記》、

《釋迦譜》及《弘明集》等，都流行於世。

論曰：禮者出乎忠信之薄，律亦起自防非。是故隨有犯緣，乃製篇目。迄乎雙樹❶，在迹為周❷。自金河滅影❸，迦葉嗣興❹，因命持律尊者優波離❺比丘，使出律藏。波離乃手執象牙之扇，口誦調御❻之言。滿八十反❼，其文乃訖。於是題之樹葉，號曰《八十誦律》❽。是後迦葉、阿難❾、末田地❿、舍那波斯⓫、優波毱多⓬，此五羅漢，次第任持⓭。至掘多之世⓮，有阿育王⓯者，王在波吒梨弗多城⓰。因以往昔見佛，遂為鐵輪御世⓱。而猜忌不忍，在政苛虐，焚蕩經書，害諸得道。其後易心歸信⓲，追悔前失，遠會應真⓳，更集三藏⓴。於是互執見聞，各引師說，依據不同，遂成五部㉑。而所制輕重，時或不同，開遮㉒廢立，不無小異。皆由如來往昔，善應物機，或隨人隨根㉓，隨時隨國㉔，或此處應開，餘方則制㉕；或此人應制，餘者則開。五師㉖雖同取佛律，而各據一邊，故篇聚㉗或時輕重，綱目不無優降。依之修學，並能得道。故如來在世，有夢氎㉘因緣，已懸記㉙經律應為五部㉚。《大集經》云：「我滅度後，遺法分為五部㉛。顛倒解義，隱覆法藏，名曇無毱多㉜。即曇無德㉝也。讀誦外書，受有三世，善能問難，說一切性皆得受戒，名薩婆[34]，即薩婆多[35]也。說無有我，輕諸煩惱，名迦葉毗[36]。說有我不說空，名婆蹉富羅[37]。以廣博遍覽五部，名摩訶僧祇[38]。善男子，如是五部，雖名別異，而皆不妨諸佛法界及大涅槃[39]。」又《文殊師利問經》云：「我涅槃後百年，當有二部起，一摩訶僧祇，二大眾。老少同會共菩薩會出律也[40]。從此部流散，更生七部[41]。二者體毗履部，純老宿共會出律也[42]。從此部流散，更生十一部」[43]。故彼經偈云：「十八及二本，悉從大乘出。無是亦無非，我說未來起[44]。」又執見不同，《傳》中亦有十八部，而名字小異[45]，故以五部為根本。從薩婆多部生四部[46]，彌沙塞生一部[47]，迦葉毗生二部[48]。並是佛泥洹後二百年內，僧祇生六部[49]，流傳至四百年中，曇無德生五部[50]。經中或時止道五師者，舉其領袖而言。或時十八二十，則通列異論也。

自大教東傳，五部皆度[51]。始弗若多羅誦出《十誦》梵本，羅什譯為晉文未竟，多羅化焉。後曇摩流支又誦出所餘，什譯都竟。曇無德部，佛陀耶舍所翻，即《四分律》也。摩訶僧祇部，及彌沙塞部，並法顯得梵本。佛馱跋陀羅譯出《僧祇律》。佛馱什譯出彌沙塞部，即《五分律》也。迦葉毗部或言梵本已度，未被翻譯。其《善見》[52]、《摩得勒伽》[53]、《戒因緣》[54]等，亦律之枝屬也。雖復諸部皆傳，而《十誦》一本最盛東國。以昔卑摩羅叉律師[55]，本西土元匠，來入關中，及往荊陝[56]，皆宣通《十誦》，盛見《宗錄》[57]。曇猷[58]親承音旨，僧業[59]繼踵弘化。其間璩[60]、儼[61]、隱[62]、榮[63]等並祖述猷業，列奇宋代。而皆依文作解，未甚鑽掘[64]。其後智稱[65]律師，竭有深思。凡所披釋，並開拓門戶，更立科目。齊、梁之間，號稱命世，學徒傳記，于今尚焉。

夫慧資於定，定資於戒，故戒、定、慧品義次第[66]故。當知入道即以戒律為本，居俗則以禮義為先。《禮記》云：「道德仁義，非禮不成。教訓正俗，非禮不備。」經云：「戒為平地，眾善由生。三世佛道，藉戒方住。」故律解五法[67]，制使先知[68]。斬草三根[69]，不可不識。然後定慧法門，以次修學。

而謬執之徒，互生異論。偏於律者，則言戒律為指事，數論虛誕。薄知篇聚名目，便言解及波離[70]。止能漉水翻囊，已謂行齊羅漢[71]，唯我曰僧，餘皆木想。此則自讚毀他，功不贖過。我慢矜高，蓋斯謂也。偏於數論者，則言律部為偏分，數論為通方[72]。於是扈背毗尼，專重陰入[73]，得意便行，曾莫拘碍[74]。謂言地獄不燒智人，鑊湯不煮般若。此皆操之失柄，還以自傷。相鼠羺羊[75]，豈非斯謂？

讚曰：盤盂設戒，幾杖施銘。人如不勗，奚用剋成[76]。納衣既補，篇聚由生。

緘持口意，枯槁心形。怡慼兩鏡⑰，欣憂二瓶⑱。

【注　釋】❶迄乎雙樹　謂佛陀釋迦牟尼在雙樹入滅之時為止。雙樹，即娑羅雙樹，佛陀釋迦牟尼入滅處。❷在迹為周　謂釋迦牟尼至入滅時，生前的功德已經圓滿。迹，肉身的形跡，即在世時；周，完備、圓滿。❸金河滅影　謂釋迦牟尼在金河邊入滅，從此身影在人間消失。金河，即拘尸那城阿利羅跋提河，佛陀釋迦牟尼入滅處娑羅樹林便在此河邊，故又以金河代指佛陀釋迦牟尼入滅處。滅影，即肉體身影消失。❹迦葉嗣興　迦葉，摩訶迦葉，釋迦牟尼十大弟子之一。據《佛本行集經·大迦葉因緣品》、《增一阿含經》卷三等記載，他是古印度摩揭陀國王舍城人，屬婆羅門種姓，苦行有德，少欲知足，常修頭陀行（佛教十二種苦修的總稱），稱為頭陀行第一。據《付法藏因緣傳》卷二載，釋迦牟尼傳法於摩訶迦葉，是釋迦牟尼入滅後付法藏的第一祖。據《阿育王經》，他也是異世五師（佛滅後佛教次第任持的五代傳化宗師）的第一傳宗師。嗣興，即繼承釋迦牟尼而振興佛教。釋迦牟尼入滅後，他曾召集僧人進行佛教的第一次結集。❺持律尊者優波離　優波離，又作優婆利、優婆離、鄔波離、優波利等，釋迦牟尼十大弟子之一。據《佛本行經集·優婆離因緣品》、《五分律》卷三等記載，他是古印度迦毗羅衛國人，屬首陀羅種姓。出家後奉持戒律，無所觸犯，稱為持律第一，故本文稱他為持律尊者。迦葉主持佛教第一次結集時，由優波離背誦出釋迦牟尼所說過的戒律，即《八十誦律》。❻調御　佛教認為一切眾生譬如狂象惡馬，佛譬如象師、馬師，調教駕御之。《無量義經》說：「調御大調御，無諸放逸行。猶如象馬師，能調無不調。」《大智度論》二說：「佛法為車弟子馬，實法寶主佛調御。若馬出道失正轍，如是當治令調伏。」實指戒律。❼八十反　即八十次。反，番；次。按，釋迦牟尼入滅的當年，迦葉召集五百羅漢在王舍城進行第一次結集時，由優波離比丘誦律藏。他在這年夏季的九旬（九十天）間，誦律八十番（即八十次）。參見本篇《八十誦律》條注。❽八十誦律　佛教的根本律藏。當釋迦牟尼入滅的當年，第一次結集時，優波離比丘於一夏九旬間分八十次誦出，故稱《八十誦律》。後來的《四分律》、《五分律》等等戒律，都是由此分出，這部根本律遂無存。❾阿難　全稱阿難陀，釋迦牟尼十大弟子之一。他是釋迦牟尼的堂弟，出家後二十餘年間為釋迦牟尼常隨弟子，博聞牢記，被譽為多聞第一。釋迦牟尼入滅的當年，首次經典結集時，由他誦出經文。《付法藏因緣傳》卷二載，佛陀傳法予摩訶迦葉，摩訶迦葉後又傳法予阿難。阿難是付法藏第二祖，異世五師第二師。❿末田地　又作末田提、摩禪提、摩田提、末田底迦、末田鐸迦、末田地那。阿難的弟子，付法藏的第三祖，異世五師第三師，也是罽賓佛教的早期弘揚者。

⓫舍那波斯 又譯作舍那婆斯、舍那婆私。異世五師第四師。據《阿育王經》，末田地付法舍那波斯後入涅槃。⓬優波毱多 又譯作優婆鞠多、優波笈多、優婆掘多、鄔波毱多、優婆毱提、鄔波級多、烏波屈多、烏波毱多等。據《阿育王經》舍那波斯付法予他，是為異世五師的第五師。⓭此五羅漢二句 即《阿育王經》卷第七《佛弟子五人傳授法藏因緣品第七》所說：「世尊付法藏與摩訶迦葉入涅槃。摩訶迦葉付阿難入涅槃。阿難付末田地入涅槃。末田地付舍那婆私入涅槃。舍那婆私付優波笈多入涅槃。」其中，舍那婆私即舍那波斯，優波笈多即優波毱多。這五位次第付法的羅漢，在佛滅後一百年間依次擔任了印度佛教宗師，在佛教史上又稱為異世五師。⓮掘多之世 謂優波毱多生活的時代。這個時代也正是阿育王統治印度的時代。掘多，即優波掘多，也即優波毱多。⓯阿育王 亦譯阿輸迦，意譯無憂王。印度紀雀王朝第三代國王。生卒年月不詳。在位年代約為西元前二六八年至西元前二三二年。他繼承並發展了父祖統一印度的事業，使孔雀王朝成為印度歷史上第一個統一的大帝國。阿育王從小性情粗暴。其父王駕崩時，他率軍直驅首府華氏城，爭奪王位，殺了他的九十九個兄弟。他即位之初，驕奢逸樂，凶暴至極，濫殺群臣，殘忍暴虐。約在阿育王灌頂（登上王位）第九年，曾以武力征服羯陵伽國，戰況慘烈，死傷無數，追悔不已，遂入佛門。他皈依佛教後，成為一位博愛仁慈的君主，增辟道路，為人畜建設醫院，鑿井，設休息所救濟窮人，從事種種社會事業。同時他又在自己的領土內，建了八萬四千寺塔，派遣傳道師到四方傳道。傳道師的足跡遍及敘利亞、巴勒斯坦、腓尼基、埃及、馬其頓、非洲北海岸的塞利尼、南印度的喬拉、案達羅，以及錫蘭、緬甸。佛教成為世界性宗教，與阿育王有很大關係。阿育王在即位後的第十七年，以目犍連子帝須為上首，集一千比丘於首府華氏城的雞園寺，舉行了佛教月的第三次結集。他即位後第二十年，巡禮佛誕生地嵐毗尼園、初轉法輪地鹿野苑、涅槃地拘尸那揭羅等聖地，以及舍利弗、目犍連、阿難、大迦葉的遺跡，施捨資財，極力供養禮拜。⓰波吒梨弗多城 又譯作波吒厘子城、波吒梨子城、波羅利弗妒路城、巴羅利弗城、巴連弗城、巴陵弗城、波吒羅城、巴鄰城，在中國佛教史上一般稱華氏城。古代中印度摩揭陀國的都城，位於恆河左岸，今之巴丹市即其舊址。這裏也是孔雀王朝的首都。⓱以往昔見佛二句 謂阿育王以歸依佛教以前的思想看待佛教，所以對社會和佛教曾採取嚴厲的暴力政策。以往昔見佛，謂阿育王以歸依佛教以前的思想看待佛教。鐵輪，即鐵輪王。《大智度論》以人壽一增一減為一小劫，謂人壽八萬四千歲時，歷過百年，壽減一歲，如是減至十歲則止。復過百年，又增一歲，如是增至二萬歲時，有鐵輪王出，獨領南閻浮提一洲。諸國有不順化者，王則現威列陣，令其降伏，然後勸化人民，修十善道。人壽增至四萬歲時，有銅輪王出，領東弗于逮及南閻浮提二洲。諸國有順化者，王至彼國，宣威布德，令其歸順，勸化人民，修十善道。人壽增至六萬歲時，有銀輪王出，領東弗于逮、南閻浮提、西瞿耶尼三洲。諸

國有不順化者，王至彼國，威嚴所加，使之臣伏，勸化人民，修十善道。人壽增至八萬四千歲時，有金輪王出，統領北鬱單越等四洲，有金輪寶在前，東南西北方隨輪所至，普勸人民，修十善道。⑱易心歸信　謂轉變思想觀念，歸依佛教。⑲遠會應真　謂招集遠方的阿羅漢來聚會。應真，阿羅漢的另一譯名。⑳集三藏　謂結集佛教經、律、論三藏。按，這次結集是佛教史上的第三次結集。㉑各引師說三句　謂各人引同一師說，卻見解、依據不同，結果分裂為五個部派。按，這裏的「師」指優波毱多。優波毱多的五位弟子曇無德、薩婆多、彌沙塞、迦葉遺、婆粗富羅雖然出自同門，結果因見解不同，分裂為曇無德、薩婆多、彌沙塞、迦葉遺、婆粗富羅五個部派，其中包括律藏五部。在佛教史上，曇無德、薩婆多、彌沙塞、迦葉遺、婆粗富羅一般又稱為同世五師，與異世五師相區別。㉒開遮　佛教戒律術語，開，指允許；遮，指禁止。㉓隨人隨根　謂因人因根器的不同而不同。㉔隨時隨國　謂因時間地點的不同而不同。㉕制　謂制訂戒條。㉖五師　指優波毱多的五位弟子曇無德、薩婆多、彌沙塞、迦葉遺、婆粗富羅，即同世五師。㉗篇聚　指結集佛教經、律、論三藏文本。㉘夢氎　指頻婆娑羅王之夢兆。據《南海寄歸內法傳》卷一載，頻婆娑羅王夜夢一氎裂作十八片，一金杖折為十八段，懼而問佛。佛告以佛滅度後百餘年，有阿輸迦王（阿育王），威服各地；其時，教團分為十八部，皆趣向解脫門。㉙懸記　預言，指釋迦牟尼因頻婆娑羅王之夢而作的預告。按，《大集經》、《文殊師利問經》也有類似預言，這是指小乘佛教分列為十八或二十個部派，即部派佛教。㉚五部　這裏指曇無德部、薩婆多部、彌沙塞部、迦葉遺部、婆粗富羅部的律藏五部。㉛我滅度後二句　謂釋迦牟尼說自己入滅後，佛法將分裂為五部。但這不完全是《大集經》原文，而是撮合和概述經義。《大集經》中沒有「我滅度後，遺法分為五部」這樣的話，但有這個意思。㉜顛倒解義三句　謂因顛倒領悟佛經意旨，隱覆了佛理，所以稱為曇無毱多。曇無毱多，又譯作曇摩鞠多、曇無德，意譯為法正、法護、法鏡、法密等，是部主之名。《大集經》卷二十二原文是：「我涅槃後，有諸弟子受持如來十二部經，書寫讀誦，顛倒解義，顛倒宣說，以倒宗說，覆隱法藏。以覆法故，名曇摩鞠多。」法藏，即佛法藏，指佛理。按，《大集經》所說「曇摩鞠多」是「覆法」之義。㉝曇無德　即曇無毱多，既是人名，也是小乘佛教的部派名稱，又稱法藏部。其含義見本篇「顛倒解義三句」條注釋。㉞讀誦外書五句　謂讀誦外道之書，肯定過去、現在、未來三世為實有而非空，擅長論難，肯定一切法性恆有都能受戒，所以稱薩婆。薩婆，又譯為薩婆多、薩婆帝婆，意譯為一切有。《大集經》卷二十二原文是：「我涅槃後，我諸弟子受持如來十二部經，讀誦書寫，而復讀誦外書說外典，受有三世及以內外，破壞外道，善解論義，說一切性悉得受戒，凡所問難悉能答對，是故名為薩婆帝婆。」本篇對《大集經》原文的經義的撮合，脫漏了「及以內外，破壞外道」。㉟薩婆多　既是人名，也是小乘佛教的部派名稱，又稱說一切有部，這是對中國佛教影響較大的小乘部派。㊱說無有我三句　謂認為法性本空，萬法無我，煩惱亦空，所以稱之為迦葉毗。迦葉毗，又作迦葉維，迦葉毗，迦葉波。本為人名，又作小乘部派之名，一般稱迦葉遺部，又稱上座部。《大集經》卷第二十二原文：「我涅槃後，我諸弟子受持如來十二部經，書寫讀誦，說無有我，及以受者轉諸煩惱，猶如死尸，是故名為迦葉毗部。」迦葉毗意譯重空觀，即以空亦空為觀。本篇撮合經文，意義不甚明白。㊲說有我不說空二句　謂主張萬法有我而不空，故名婆蹉富羅。婆蹉富羅，又譯為跋私弗底梨與、跋私弗多羅、婆粗富羅部、婆蹉富多羅部、跋私弗部、婆蹉部。既是人名，也是小乘部派名，一般稱犢子部。《大集經》卷第二十二原文：「我涅槃後，我諸弟子受持如來十二部經，讀誦書寫，皆說有我不說空相，猶如小兒，是故名為婆嗟富羅。」㊳以廣博遍覽五部二句　謂因廣博遍覽五部經書，故名摩訶僧祇。五部，據《大集經》卷第二十二，是指曇摩毱多、薩婆帝婆、迦葉毗、彌沙塞、婆嗟富羅部。摩訶僧祇，大眾之義。《大集經》卷第二十二原文：「我涅槃後，我諸弟子受持如來十二部經，讀誦書寫，廣博遍覽五部經書，是故名為摩訶僧祇。」即廣博遍覽曇摩毱多、薩婆帝婆、迦葉毗、彌沙塞、婆嗟富羅部五部經書。㊴如是五部三句　謂這五個部派雖然名稱不同，但不妨礙了悟諸佛法性、涅槃實相。語出《大集經》卷第二十二。按，中含殊途同歸之義。諸佛法界，法界的含義很多，這裏應指法性、實相。㊵當有二部起四句　摩訶僧祇，大眾之義，摩訶僧祇部即大眾部。《文殊師利問經・分部品第十五》原文為：「初二部者，一摩訶僧祇（此言大眾老少同會共集律部也），二體毗履（此言老宿，淳老宿人同會共出律部也）。我入涅槃後一百歲，此二部當起。」這是指小乘部派的「根本二部」，即佛滅後一百年內，佛教第二次結集時發生「根本分裂」而形成的上座部（體毗履）和大眾部（摩訶僧祇）二部。此後小乘部派的十八部或二十部，是在這「根本二部」基礎上進一步分化出來的，又稱為「枝末分裂」。本篇撮合《文殊師利問經》不準確，致使下文文義不清。疑文中「二大眾」是衍文。㊶從此部流散二句　應指從大眾部（摩訶僧祇）又分化出七部。《文殊師利問經・分部品第十五》原文是：「從摩訶僧祇出七部。」㊷二者體毗履部二句　謂第二部是上座部，其戒律是由上座比丘結集時所出。體毗履部，即上座部。體毗履，又作體毗裏、梯毗梨、他鞞羅、他俾羅，譯曰上坐、老宿。《文殊師利問經・分部品第十五》原文是：「體毗履，此云老宿，淳老宿人同會共出律部也。」按，印度體毗履部戒律沒有翻譯為漢文。㊸從此部流散二句　謂從體毗履部（上座部）又分化出十一個部派。此部，指體毗履部（上座部）。㊹十八及二本四句　謂「根本二部」和由此分化出來的十八部，都是從大乘產生出來的，其間沒有誰是誰非的問題。我說，佛教在未來一定會分化為這二十個部派。二本，《文殊師利問經・分部品第十五》作「本二」，指「根本二部」即上座部（體毗履）和大眾部（摩訶僧祇）二部。《文殊師利問經・分部品第十五》偈語為：「摩訶僧祇部，分別出有七，體毗履十一，是謂二十部。十八及本二，悉從大乘出，無是亦無非，我說未來起。」「根本二部」加上由此分化出來的十八部，總數為二十部。這就是小乘部派佛教的二十部。《文殊師利問經．分部品第十五》的陳述比本篇的陳述清楚。按，這是釋迦牟尼的預言，即「懸記」。㊺傳中亦有十八部二句　謂《阿育王傳》中也記有十八部派，祇是部派的名稱有些不同。傳，似指《阿育王傳》。《阿育王傳》是《阿育王經》的異譯本。㊻從薩婆多部生四部　謂從薩婆多部又分化出四部。薩婆多部，一般稱說一切有部。㊼彌沙塞生一部　謂從彌沙塞部分化出一部。彌沙塞，一般稱化地部，意譯為不著有無觀。㊽迦葉毗生二部　謂從迦葉毗部分化出二部。迦葉毗，一般稱為飲光部。㊾僧祇生六部　謂從摩訶僧祇部分化出六部。僧祇，即摩訶僧祇，一般稱大眾部。㊿曇無德生五部　謂從曇無德部分化出五部。曇無德，一般稱法藏部。(51)自大教東傳二句　謂自從佛教傳入中國，五部律也已傳入中國。大教，指佛教。五部，指五部律。其中四部已譯為漢文。薩婆多部律即《十誦律》，又稱《薩婆多部十誦律》。曇無德部律即《四分律》，彌沙塞部律即《五分律》，摩訶僧祇部律即《摩訶僧祇律》。(52)善見　指《善見律毗婆沙》，南齊僧伽跋陀羅譯。(53)摩得勒伽　又作摩怛履迦、摩夷、摩得勒伽、摩德勒伽、摩侄梨迦、摩多羅迦。論藏之別名。(54)戒因緣　指《戒因緣經》，姚秦竺佛念譯。(55)卑摩羅叉律師　參見本書卷二〈卑摩羅叉傳〉。(56)荊陝　指荊州，參見本書卷八〈釋玄暢傳〉「荊陝」條注釋。(57)宗錄　應是指佛教著作目錄。宗，大正藏本作「宋」，兩者均可通。(58)曇猷　參見本卷〈竺曇猷傳〉。(59)僧業　參見本卷〈釋僧業傳〉。(60)璩　指釋僧璩，參見本卷〈釋僧璩傳〉。(61)儼　指釋道儼，參見本卷〈釋道儼傳〉。(62)隱　指釋僧隱，參見本卷《釋僧隱傳》。(63)榮　不知何指，此字似有誤。(64)依文作解二句　謂祇是按照文字加以解釋，但沒有深入鑽研發掘其意蘊。(65)智稱　參見本卷〈釋智稱傳〉。(66)戒定慧品義次第　謂戒定慧這三大品類先後排列的順序，先戒次定後慧而戒為先。(67)律解五法　謂戒律中解說五法。律，戒律。五法，內容很多，《十誦律》、《四分律》等，都有解說，如《四分律》：「佛言：有五法攝言，……何等五？善者便說，不善者不說；如法便說，不如法不說；愛言便說，不愛言不說；以實而說，不為虛詐；利益故說，不以無利。有如是五法攝言。」「爾時世尊在王舍城。告諸比丘。有五法不應授人大戒。若無戒、無定、無慧、無解脫慧、無見解脫慧。有是五法，不應授人大戒。復有五法，應授人大戒（即反上句是）復有五法。」(68)制使先知　謂應先知曉戒條。制，戒律的具體戒條。(69)斬草三根　謂鏟除貪、瞋、痴三不善根。斬草，鏟除之義。三根，這裡指貪、瞋、痴三不善根。(70)波離　指優波離。(71)行齊羅漢　謂修行的果位已到羅漢的水準。齊，原本作「齋」，據大正藏本校改。(72)言律部為偏分二句　謂說律部祇不過偏於一端，不如數論通達圓滿。偏分，即片面。通方，通達圓滿。(73)扈背毗尼二句　謂貶低戒律而專重陰入界的理論分析。毗尼，戒律。陰入，陰入界，即五陰、十二入、十八界。這裡指對五陰、十二入、十八界的理論分析。[74]拘碍　即拘束。碍，同「礙」。[75]相鼠羺羊　相鼠，《詩經・鄘風・相鼠》：「相鼠有皮，人而無儀！人而無儀，不死何為？相鼠有齒，人而無止！人而無止，不死何俟？相鼠有體，人而無禮，人而無禮！胡不遄死？」喻人無儀、無禮、不知止不如死。羺羊，即胡羊，在本句中未知何意，大約與相鼠的含義相當。大正藏本作「看羊」，亦於意難通。[76]奚用剋成　謂豈能成。成，原作「乘」，據大正藏本校改。[77]怡慼兩鏡　謂喜樂與憂慼猶如兩個鏡像，實屬因緣和似有而實空。意為應超越悲喜。慼，原作「采」，據大正藏本校改。鏡，鏡像，喻似有而實無。[78]欣憂二瓶　謂高興和憂傷，猶如瓶體不實，屬因緣和似有而實空，意為應超越悲喜。瓶，瓶體無實，成實宗用以比喻諸法無我，謂五蘊之諸法皆為假和合之體，而非如凡夫所思惟之有實體。如《成實論》常說「觀身如瓶」「色等是瓶」。

【語　譯】論曰：禮的產生，是由於忠信之心已薄；佛教戒律的產生，是為了自律以防範過錯。所以，總是依據那些會導致犯下過錯的因緣來制訂戒律篇目。迄止於雙樹林間涅槃，佛陀在人間的形跡已經圓滿週遍。自從佛陀在金河邊入滅，迦葉繼續而興，便命持律尊者優波離比丘誦出律藏。優波離手裡拿著象牙扇子，口中誦出戒律的詞句，直到誦滿八十次纔完。於是便寫在樹葉上，稱為《八十誦律》。此後，迦葉、阿難、末田地、舍那波斯、優波毱多這五代羅漢依次任持傳播它的任務。到掘多時代，有阿育王在波吒梨弗多城，因他以過去的成見來看待佛陀，所以採取暴力手段對待佛教，他猜忌僧人，為政苛虐，焚燒經書，掃蕩、迫害得道者。在這以後，他轉變了心思，改為信奉佛教，追悔以前的過失，便召集羅漢聚會，來結集三藏。於是僧人們又各據自己的見聞，各引師說誦出經文，各人的依據不同，便形成了律藏的五部。這五部律的條規各有輕重，時或不同，在允許或禁止，是廢是立之間，存在差異。但這也與佛陀在過去善於應物有關。佛陀或是為順應人們的根器、所處的時間和地點的不同，而採取不同的處理方法；或此處允許，而別處則加以禁止，或是對這人加以禁止，對別人則又允許。迦葉、阿難、末田地、舍那波斯、優波毱多五師，雖然都同是根據師說，但又各據一端，所以這些戒律在匯聚成篇時，便輕重不一，綱目也或多或少。然而依據它來修行，都能得道。所以佛陀在世時，當頻婆娑羅王因夢到一塊氎裂為十八片而驚懼問佛時，佛陀便預言將來的戒律會分裂為五部。《大集經》說：「我滅度以後，佛法會分為五部。顛倒解義，隱覆法藏的，則名叫曇無毱多。也即曇無德部。讀誦外道之書，認為過去、現在、未來三世實有，善能問難，說法體恒有，一切根性的人都能受戒的，則名叫薩婆，即薩婆多部。說萬法無我，輕諸煩惱的，則名叫迦葉毗部。祇說有我，而不說空的，則名叫婆蹉富羅部。能廣博遍覽五部的，則名摩訶僧祇部。善男子，這五部，雖名稱各異，但都不妨礙諸佛法界和大涅槃。」另外，《文殊師利問經》也說：「我涅槃後百年，當有二部興起。一部是摩訶僧祇部，二是大眾。無論上座下座一切僧眾一起會同作菩薩大會，誦出一部戒律。又從這部戒律流散，再生出七部。第二部是體毗履部，純是上座比丘共會誦出戒律。再從這部戒律流散，又生出十一部。所以經中的偈說：「十八和二本，都從大乘出。無是也無非，我說未來會發生。」又因為各人的見解不同，《阿育王傳》中也說有十八部，只是名稱稍有差異，所以，應以五部為根本。從薩婆多部生四部，彌沙塞部生一部，迦葉毗部生二部。都是佛涅槃後的二百年內，從摩訶僧祇分化出六部，在四百年內，又從曇無德分化出五部。但經文中有時祇提到五師，那也祇是舉其領袖而言。經文中有時又說到十八或二十師，則屬將不同的見解都列了出來所致。

自從佛教傳入中國後，律藏五部也都傳入了中國。開始時，弗若多羅誦出《十誦律》的梵本，由鳩摩羅什譯為漢文，但還沒有誦完時，多羅就死了。後來，曇摩流支又誦出剩下的部分，鳩摩羅什也就全部譯出。曇無德部是由佛陀耶舍所翻譯，這就是《四分律》。摩訶僧祇部及彌沙塞部，都由法顯得到梵本，先由佛馱跋陀羅譯出《僧祇律》，然後，佛馱什又譯出了彌沙塞部，這也就是《五分律》。至於迦葉毗部，有人說它的梵本已到了中國，但是還沒有被翻譯。不過《善見律毗婆沙》、《摩得勒伽》、《戒因緣經》等等，也是其中的一部分。雖然，這五部戒律都已傳入中國，但是，要以《十誦律》在中國流傳最廣最盛。以前，卑摩羅叉律師本是西域的大師，他來到關中，又前往荊州，所宣講的就是《十誦律》。其盛況，可以從《宗錄》中看出來。卑摩羅叉傳播《十誦律》，有曇猷親自向他學習。然後，又有僧業繼續傳播弘揚。這中間，僧璩、道儼、僧隱、榮等都祖述曇猷的法業，而在宋代如奇峰突起。但他們都是依據文字來加以理解，還沒有作深入發掘。繼他們之後，有智稱律師，進行了深入的研究思索。他的解釋，大大地開拓了思路，而且他又自己立出了新的科目。在齊朝和梁朝，智稱對戒律的解說，具有權威性，至今還有許多學徒在學習傳播。

慧需取資於定，定又需取資於戒，所以有戒、定、慧這樣的分類和次序。應當知道，修行佛道，需要以戒律為本，正如世俗生活要以禮義為先一樣。《禮記》說：道德仁義，沒有禮就不能成立。正人心澀風俗，沒有禮就不會完備。佛經上講：戒律猶如平地，各種善行都是由此而生的。三世佛道，要憑戒律才能站得住。所以要明白解說戒律的五法，必須先知道戒律的原則，正如要割去草的三重根，不可不先認識這些根一樣。明白了這一點，然後再按照定、慧的法門，依次修學。

但是一些偏執而謬誤的人，互相間卻有不同的看法。偏重於戒律的，說戒律屬於實事，而數論卻屬虛誕不實。有些人僅僅知道一些戒律的經文名目，便自以為已經趕上了「持律第一」的優波離。這就好比祇能翻翻漉水囊，就自以為已成了羅漢一樣，祇有我是僧人，其餘的人都是木頭腦袋。像這種自誇而詆毀別人的人，真是功不贖罪。所謂「傲慢自大」，就是指這些人。然而，偏重於數論的人，則又說律部祇是一偏，祇有數論才是通達圓滿的。於是，又貶低戒律專重五陰十二入，而得意便行，肆無忌憚，說什麼地獄之火也燒不了有智之人，開水煮不爛般若。這都是操之失當，結果自己傷害了自己。《詩經．相鼠》中的「相鼠」和所謂的「羺羊」，難道不是指這種人嗎？

讚曰：杯盤鉢盂設戒，幾杖刻有銘言。人不自律自勉，怎能指望成功？納衣既已結成，戒律既已生出。緘默持守口意，心身嚴守枯槁。悲歡猶如鏡像，超越憂喜二邊。

卷一二

亡身　正傳十一人　附見四人

晉霍山釋僧群

釋僧群，未詳何許人。清貧守節，蔬食誦經。後遷居羅江縣❶之霍山，構立茅室。山孤在海中，上有石盂，逕❷數丈許，水深六七尺，常有清流。古老相傳云，是群仙所宅。群仙飲水不飢，因絕粒。後晉安❸太守陶夔，聞而索之。群以水遺夔，出山輒臭，如此三四。夔躬自越海，天甚清霽，及至山，風雨晦暝，停數日，竟不得至，迺歎曰：「俗內凡夫，遂為賢聖所隔。」慨恨而反。

群菴舍與盂隔一小澗，常以一木為梁❹，由之汲水。後時忽有一折翅鴨，舒翼當梁，頭就唼❺群。群欲舉錫撥之，恐畏傷損，因此迴還，絕水不飲，數日而終，春秋一百四十矣。臨終向人說，年少時，經折一鴨翅，驗此以為現報。

【注釋】❶羅江縣 據下文之「霍山」來看，當在廣東化州一帶。❷逕 同「徑」。直徑。❸晉安 郡名。晉太康三年分建安置，治侯官，隋開皇九年廢。治所在今福建福州。❹梁 橋。❺唼 魚或水鳥吃食，這裡有啄意。

【語譯】釋僧群，不知是哪裡人。他生活清貧，遵守戒律，吃素誦經。後來，他遷居到羅江縣的霍山，在那裡建了一所茅屋。霍山孤立地高聳於海中，山上有一石盂，直徑有數丈，水深六、七尺，常湧動著一股清澈的水流。據古老的傳說，這座山曾是群仙的住處，群仙飲石盂中的水，便不饑餓，因而從此不再吃飯。晉安太守陶夔聽說此事後，向僧群索取此水，僧群便將水帶給他。誰知此水一出山便臭，連續三、四次，次次都是如此。陶夔便親自渡海，那天，天氣晴朗，然而將要到霍山的時候，風雨交加，天昏地暗。陶夔祇得返回岸上，等了好幾天，但最後仍然上不了山。於是嘆息說：「塵世上的凡夫俗子，為群仙阻隔，才到不了此山。」帶著遺憾回到了治所。

僧群的庵舍與石盂隔著一條小山澗，僧群便在山澗之上放置一根木頭作橋梁用，通過這橋梁到石盂處打水。後來有一天，忽然見到一隻折斷了翅膀的鴨子，舒展開翅膀擋在橋樑上，見到僧群來打水，就伸長脖子來啄僧群。僧群想用錫杖把牠撥下去，又怕牠受到傷害，便回到茅庵，不再飲水，數日後便坐化了，享年一百四十歲。他臨死的時候對人說：「我年輕的時候，曾經折斷過一隻鴨子的翅膀，現造惡現得報，由此得到了驗證。」

宋彭城駕山釋曇稱

釋曇稱，河北人。少而仁愛，惠及蜫蟲❶。晉末至彭城，見有老人，年八十，夫妻窮悴❷，迺捨戒為奴，累年執役。而內修道德，未嘗有廢，鄉鄰嗟之。及二老卒，傭賃❸獲直，悉為二老福用❹。擬以自贖。事畢欲還道，法物❺未備。

宋初彭城駕山下虎災，村人遇害，日有一兩。稱乃謂村人曰：「虎若食我，災必當消。」村人苦諫不從，即於是夜，獨坐草中，咒願曰：「以我此身，充汝飢渴，令汝從今息怨害意，未來當得無上法食❻。」村人知其意正，各泣拜而還。至四更中，聞虎取稱，村人逐至南山，噉身都盡，唯有頭存，因葬而起塔，爾後虎災遂息。

【注釋】❶惠及蜫蟲　把仁愛之心施及昆蟲身上。❷窮悴　窮困潦倒。悴，衰弱；疲萎。❸傭賃　這裡指出賣勞動力。即雇工。❹福用　這裡指為超度兩位老人所需要的花費。❺法物　指和尚用的袈裟、錫杖、佛珠、引磬、木魚等物。❻法食　飲食。《行事鈔》下〈二衣總別篇〉：「如來所著衣曰袈裟，所食者名曰法食。」

【語譯】釋曇稱，河北地方人。少年時就具有仁愛之心，而且能將仁愛之心施及昆蟲。晉朝末年，他來到了彭城，見到一對老夫妻，窮困潦倒，於是還俗，到這對老年人家中作佣人，盡心地伺候供養他們好多年。他雖然在這段時間內不是個僧人，但是自我的道德修養，一刻也未停止過。鄉鄰們對他的品德與行為，讚嘆不已。等到兩位老人去世時，他又到別人家去做工，用得來的工錢作超度二老的費用。他甚至打算賣身，得錢來為二老謀福利。二位老人的後事辦完後，他想再次出家，但手頭一無所有，置辦不起一個出家人所必備的法物，祇得放棄了出家的想法。

南朝宋的初年，彭城駕山下出現了虎患，常有老虎下山來吃人，村子裡的人，每天都被吃掉一兩個。這時，曇稱便對村裡人說：「老虎如果把我吃了，災難就不會再有了。」村裡人苦苦地勸他，不聽。於是在當天夜裡，一個人坐在草中，念咒發願說：「虎啊，用我的身體，來充你的饑渴吧。望你今後不再生起怨人害人之意。如果你這樣做了，一定會在以後得到永遠吃喝不完的飲食。」村民們知道曇稱主意已定，不可能勸回，大家痛哭一場，向曇稱敬禮而去。到了四更之時，村民們聽到了老虎叼走曇稱的聲音，便追到南山，然而，看到的曇稱除了頭以外，其他都被老虎吃光了。於是，將頭顱埋掉，並在埋葬的地方建造了一座塔。從此以後，老虎吃人的事再也沒有發生過。

宋高昌釋法進　僧遵

釋法進，或曰道進，或曰法迎，姓唐，涼州張掖❶人。幼而精苦❷習誦，有超邁之德，為沮渠蒙遜❸所重。遜卒，子景環為胡寇所破，問進曰：「今欲轉略高昌❹，為可剋不？」進曰：「必捷，但憂災餓耳。」迴軍即定。

後三年，景環卒，弟安周續立。是歲飢荒，死者無限。周既事進，進屢從求乞，以賑貧餓。國蓄稍竭，進不復求。迺淨洗浴，取刀鹽，至深窮窟餓人所聚之處，次第授以三歸❺。便掛衣鉢著樹，投身餓者前云：「施汝共食。」眾雖飢困，猶義不忍受。進即自割肉，往鹽❻以啖之。兩股肉盡，心悶不能自割，因語餓人云：「汝取我皮肉，猶足數日，若王使來，必當將去，但取藏之。」餓者悲悼，無能取者。須臾弟子來至，王人復至。舉國奔赴，號叫相屬❼。因轝之還宮。周勑以三百斛麥以施飢者，別發倉廩以賑貧民。至明晨乃絕，出城北闍維❽之。烟焰衝天，七日乃歇。屍骸都盡，唯舌不爛。即於其處起塔三層，樹碑于右。

進弟子僧遵，姓趙，高昌人。善《十誦律》，蔬食節行，誦《法華》、《勝鬘》、《金剛般若》，又篤厲門人❾，常懺悔為業。

【注　釋】❶張掖　郡名。漢元鼎六年置。治所在觻得。東晉列國時北涼沮渠蒙遜曾建都於此。❷精苦　特別勤苦。❸沮渠蒙遜　（西元三八六至四三三年）十六國時北涼國建立者。西元四〇一至四三三年在位。臨松（今甘肅張掖南）瀘水人。瀘水胡沮渠部。世為匈奴部落首領。博涉群史，雄傑有權變，愛好天文。龍飛二年（西元三九七年），擁後涼建康（今甘肅高臺西北）太守段業，建立北涼政權，官尚書左丞，出為西安太守。天璽三年（西元四〇一年），殺段業，自稱張掖公，後改稱涼王。玄始九年（西元四二〇年）攻滅西涼。❹高昌　國名。北魏太平真君中，北涼沮渠無諱據高昌郡，次年自立為涼王。後為蠕蠕（柔然）所併。蠕蠕以闞伯周為高昌王，此為高昌國之始。❺三歸　佛教合稱歸依佛、歸依法、歸依僧為三歸。❻往鹽　大正藏本作「和鹽」，大正藏本是。❼相屬　一個連著一個。❽闍維　梵語。也譯作荼毗、茶毗，又作闍鼻多。意譯為焚燒、火化。❾篤厲門人　嚴格地督促弟子。

【語　譯】釋法進，又名道進、法迎，俗姓唐，涼州張掖郡人。年輕時在學習誦讀佛經方面特別勤苦，並表現出超越一般人的品德。因此，被沮渠蒙遜看重。沮渠蒙遜死後，他的兒子景環被另一少數民族打敗。景環問法進：「現在我想將高昌拿下，然後將人馬轉移到那裡去，你看可以取勝麼？」法進回答道：「一定會取得勝利，但卻有饑荒之憂。」景環率領軍隊一舉攻克了高昌。

三年以後，景環去世，他的弟弟安周繼承王位。這一年發生了大饑荒，死者無數。安周也很尊敬法進，法進便多次向他請求，請他賑濟災民。這樣，國家的庫存漸漸枯竭了。於是，法進不再請求，而是在某一天將全身洗浴乾淨，拿了刀與一些鹽，來到了貧民窟中饑餓之人聚集的地方，按順序向饑民授以三歸之法。然後脫下衣服，將衣服與鉢盂掛在樹上，來到饑餓的人群面前說：「我將身體施予你們，你們一起把我吃了吧。」

饑民們雖然極為饑餓，但沒有人忍心去吃他的肉。法進便自己割身上的肉，蘸上鹽讓人們吞吃了。兩條大腿上的肉割完後，法進心胸發悶而不能繼續往下割，便對饑餓的人說：「你們把我的皮肉取去，還夠吃上幾天的。如果安周王派的人來了，必然會把我抬回去，你們還是把我的身體拿去吧。」饑餓的人聽了他的話，極為悲傷，沒有人上前去割他身上的肉。不一會兒，法進的弟子來了，國王派來的人也到了，很多人也跟著來了，他們一個接一個的號叫痛哭，用轎子把法進抬回宮中。安周王下令拿出三百斛麥子救濟災民，之後又令打開國庫賑災。到了第二天早上，法進終於嚥了氣，人們把他抬到城北焚化，焚化時祇見煙焰衝天，七天後火才熄滅。他的屍骨都燒盡了，唯有舌頭燒不掉。於是，人們就在火化之處建起了一座三層高的佛塔，還在佛塔的右邊豎了一座碑。

法進的弟子僧遵，俗姓趙，是高昌人。擅長《十誦律》的解釋。他平時吃素，嚴守戒行，常常誦念《法華》、《勝鬘》、《金剛般若》等經。他對弟子要求很嚴，經常督促。他以教人懺悔為專業。

宋魏郡廷尉寺釋僧富

釋僧富，姓山，高陽人。父霸，為藍田❶令。富少孤，居貧，而篤學無猒，採薪為燭，以照讀書。及至冠年❷，備盡經史。美姿容，善談論。後遇偽秦衛將軍楊邕，資其衣糧，習鑿齒❸攜共志學。及聽安公❹講《放光經》❺，遂有心樂道，於是剃髮，依安受業。安亡後，還魏郡廷尉寺，下帷潛思，絕事人間。

時村人❻有劫，劫得一小兒，欲取心肝以解神❼。富逍遙❽路口，遇見劫，具問其意，因脫衣以易小兒，群劫不許。富曰：「大人五藏亦可用不？」劫謂富不能忘身，因妄言亦好。富乃念曰：「我幻燄之軀❾，會有一死，今以濟人，雖死猶生。」即自取劫刀畫胸至臍，群劫更相咎責，四散奔走，即送小兒還其家。

　路口時行路一人，見富如此，因問其故，富雖復頓悶，口猶能言，迺具答以此事。此人悲悼傷心，還家取針，縫其腹皮，塗以驗藥❿。轝還寺將息，少時而差。後不知所終。

【注　釋】❶藍田　縣名。屬陝西，以出美玉著名。❷冠年　男子舉行加冠禮之年，意味著已經成年。《禮・曲禮》上說：男子二十而冠。❸習鑿齒（西元？至三八四年）晉襄陽人。字彥威，博學能文。著《漢晉春秋》五十四卷，今已佚。《晉書》有傳。❹安公　「安公」一稱多指安世高，然世高生活的時間與僧富不合，應指釋道安。❺放光經　佛經名。為《放光般若波羅蜜多經》之略名。❻村人　大正藏本作「村中」。❼解神　祭神。❽逍遙　漫步。❾幻燄之軀　像火燄倏忽即逝的身體，意謂生命極短促。❿驗藥　靈驗之藥。

【語　譯】釋僧富，俗姓山，高陽地方人。父親山霸，曾做過藍田縣令。僧富幼年時就成了孤兒，生活貧困，但他學而不厭，常常點燃枝棒作燭，用以照明讀書。到了二十歲成年時，他讀完了經書與史書。他長得很漂亮，並且善於和人談話。後來，他遇到了偽秦的衛將軍楊邕，得到了衣食的資助。又跟博學能文的習鑿齒學習，得到了更多的知識。等到聽過安公講解《放光般若波羅蜜多經》後，他的思想發生了變化，有了信仰佛教、從事宏揚佛教的想法。於是，他剃去了頭髮，受業於安公。安公去世後，他來到了魏郡廷尉寺，放下帷幕，冥思寂慮，不再做人間世俗之事。

　就在這個時候，村中有人打劫，搶劫到一個小孩子，準備掏出小孩的心肝來祭祀神靈。僧富恰好在村外的路口散步，見到這個狀況，便詢問他們的意圖。當他得知小孩要被殺的情況後，立即脫下身上的衣服，以換取小孩的生命。然而強盜們不同意。僧富又說：「大人的內臟是否也可以用來祭神？」強盜們以為僧富怕死，不會真的這樣做，便說：「行啊。」僧富於是說：「身體如同燄火一般，轉瞬間就會消失，人的死亡是不可避免的，如果能用我的死換取別人的生，人雖死了，但如同還活著一樣。」說完便取了強盜手上的刀，從胸部一直劃到肚臍處。強盜們見僧富真的自殺，後悔得互相責備，然後便四散逃跑，把小孩也送回了家。

這時，路口來了一個行路的人，見到僧富的情狀，便問他為何如此。僧富此時雖然覺得精神委頓而且呼吸困難，但還能說話，於是把原委告訴了行路之人。這人傷心不已，立即返還家中取來了針線與靈驗之藥，先將肚子上的刀口縫上，再敷上藥，然後用車子把僧富推回寺中。過了不多久，僧富的傷口便癒合了。但僧富以後的情況，人們就不知道了。

宋偽秦蒲坂釋法羽　慧始

釋法羽，冀州❶人。十五出家，為慧始弟子。始立行精苦，脩頭陀❷之業。羽操心❸勇猛，深達其道。常欲仰軌藥王❹，燒身供養。時偽秦❺晉王姚緒鎮蒲坂，羽以事白緒，緒曰：「入道多方，何必燒身，不敢固違，幸願三思。」羽誓志既重，即服香油，以布纏體，誦〈捨身品〉❻竟，以火自燎。道俗觀視，莫不悲慕焉。時年四十有五。

【注釋】❶冀州　古九州之一。包括今山西全省、河北西北部、河南北部、遼寧西部。漢以後，歷代都設置冀州，但所轄地區逐漸縮小，一般包括今河北、河南北部，州治亦時有變動。❷頭陀　苦行僧，見前注。❸操心　為做某事而用心力。❹藥王　佛教菩薩名。梵語穰麌梨。《楞嚴經》五：「我無始劫，為世良醫，口中嘗此娑婆世界草木金石。……是冷是熱有毒無毒悉能遍知。……分別味因，從是開悟。蒙佛如來印我昆季藥王藥上二菩薩名。」❺偽秦　指後秦，西元三八四至四一七年。慧皎以南朝為正宗，故稱北朝諸國為偽。❻捨身品　佛經名。《金光明經》四有〈捨身品〉，說過去摩訶羅陀王之第三子摩訶薩埵為餓虎捨身。

【語　譯】釋法羽，冀州人。十五歲的時候出家當和尚，為慧始的弟子。他一開始就修頭陀苦行，努力掌握佛教的知識。由於法羽極為用心地修行學習，所以，他對佛教的道理有深刻的領悟。他常常想效法菩薩藥王，自焚身體以供養如來佛。其時偽秦晉王姚緒鎮守蒲坂，法羽將自己的這一想法告訴了姚緒。姚緒說：「進入佛教所說的高層境界有好多種途徑，何必一定要用自焚的方式呢？我不敢堅持讓您違背自己的意願，但請求您三思而後行。」法羽發了焚身的重誓，堅持自己的想法。他先服用了香油，然後用布把自己的身體裹了起來，再誦念了〈捨身品〉經文後，引火自焚。佛教僧侶與普通百姓看了，沒有一個不悲痛敬仰。他自焚時年僅四十五歲。

宋臨川招提寺釋慧紹　僧要

釋慧紹，不知氏族。小兒時，母哺魚肉輒吐，咽菜不疑，於是便蔬食。至八歲出家，為僧要弟子。精懃懍厲❶，苦行標節。

後隨要止臨川招提寺，迺密有燒身之意。常雇人斫薪，積於東山石室，高數丈，中央開一龕❷，足容己身。迺還寺辭要，苦諫❸不從。即於焚身之日，於東山設大眾八關，並告別知識❹。其日闔境奔波，車馬人眾及賚金寶者，不可稱數。

至初夜行道❺，紹自行香❻，行香既竟，執燭燃薪，入中而坐，誦《藥王・本事品》。眾既不見紹，悟其已去，禮拜未畢，悉至積所。積已洞燃，誦聲未息。火至額，聞唱一心❼，言已奄絕。大眾咸見有一星，其大如斗，直下烟中，俄而上天。時見者咸謂天宮迎紹。經三日，薪聚乃盡。

紹臨終謂同學曰：「吾燒身處，當生梧桐，慎莫伐之。」其後三日，果生焉。紹焚身是元嘉二十八年，年二十八。紹師僧要亦清謹❽有懿德，年一百六十終於寺。

【注　釋】❶懍厲　惶恐。《廣弘明集》八〈敘周武帝集道俗議滅佛法事〉：「僧昏懍厲，莫不訝帝之微行也。」❷龕　小閣子。❸苦諫　大正藏本作「要苦諫」。❹知識　相識知心之人。《莊子・至樂》：「吾使司命復生子形，為子骨肉肌膚，反子父母妻子知識，子欲之乎？」❺行道　佛教儀式。為敬禮佛而向佛右方周圍旋繞。❻行香　在佛像前燒香施予佛稱之為「行香」。❼一心　唯一之心，不為他心所奪，謂之一心。❽清謹　品性高雅而謹守戒律。

【語　譯】釋慧紹，不知道他俗姓什麼。在他幼小的時候，母親餵給他魚肉，他馬上就吐了出來，而餵他蔬菜，他就會毫不遲疑地嚥下去。從此，慧紹便不吃葷腥，祇吃素食。慧紹八歲時出家當和尚，做僧要的弟子。慧紹要修行勤苦、努力不懈，對戒律常懷惶恐之心，故能樹立起高尚的節操。

慧紹後來隨僧要來到了臨川的招提寺，內心裡起了焚身供養佛的念頭。於是經常雇人砍柴，把柴堆積在東山石室中，漸漸地，木柴堆積有數丈高。這時慧紹便在柴的中間闢開一個閤子，足夠讓自己容身。於是，他回到招提寺，向僧要告辭。僧要苦苦地勸他不要自焚，但他執意不從。到了自焚的那一天，在東山設立大眾八關齋，並和好友告別。這天臨川境內，人潮奔湧，乘車騎馬的、攜帶金寶的，多得不可勝數。入夜後，招提寺舉行了「行道」的儀式，人們圍繞著佛像，由右到左，一圈圈地走著，以此禮敬佛。慧紹獨自在佛像前燒香，燒完香後，手拿燒著的蠟燭，將木柴點燃，然後進入先前準備的小閣中坐定，誦念《藥王經．本事品》。眾人在招提寺沒有看見慧紹，知道他已去了東山石室中，於是，沒等「行道」儀式結束，全部來到了堆積木柴的地方。這時木柴已點燃了，但慧紹念經的聲音還沒有停止。當火舌竄至他額頭的時候，大家還聽到他唱念著「唯一之心不為他心所奪」之類的話，漸漸地沒有了聲音。這時眾人看見有一顆星，大如斗，從天上逕直穿入煙中，不久，星星又騰空上天。當時看見的人都說這是天宮派來迎接慧紹的。大火一直燒了三天才熄滅。

慧紹在臨焚前對同學說：「我自焚的地方，定會長出梧桐樹來，請你們不要砍掉它。」三天之後，果然長出了一棵梧桐樹。慧紹自焚是在宋文帝元嘉二十八年，這年他才二十八歲。

慧紹的師父僧要，也是位品性高雅、謹守戒律的大德高僧，一百六十歲時逝世於招提寺。

宋廬山招隱寺釋僧瑜

釋僧瑜，姓周，吳興餘杭人。弱冠❶出家，業素純粹❷。元嘉十五年，與同學曇溫、慧光等於廬山南嶺，共建精舍❸，名曰「招隱」。瑜常以為結累三塗❹，情形故也，情將盡矣，形亦宜捐。藥王之轍，獨何云遠？於是屢發言誓，始契燒身。

以宋孝建二年六月三日，集薪為龕，並請僧設齋，告眾辭別。是日，雲霧晦合，密雨交零。瑜乃誓曰：「若我所志克明，天當清朗，如其無感，便當滂注。使此四輩❺知神應之無昧也。」言已，雲景明霽。至初夜竟，便入薪龕中，合掌平坐，誦《藥王品》，火焰交至，猶合掌不散。道俗知者，奔赴彌山，並稽首作禮，願結因緣❻。咸見紫氣騰空，久之迺歇。時年四十四。

其卒後旬有四日，瑜房中生雙桐，根枝豐茂，巨細相似，貫壞直聳，遂成連奇樹理，識者以為娑羅寶樹。剋炳❼泥洹，瑜之庶幾，故見斯證，因號為雙桐沙門。吳郡張辯為平南長史，親覩其事，具為傳讚❽。讚曰：「悠悠玄機，茫茫至道。出生入死，孰為妙寶（其一）。自昔藥王，殊化絕倫。往聞其說，今覩斯人（其二）。英英沙門，慧定心固。凝神紫氣，表迹雙樹（其三）。其德可樂，其操可貴。文之作矣，式飀髣髴（其四）。」

【注　釋】❶弱冠　古時男子二十成人，初加冠，體還未壯，故稱弱。❷業素純粹　堅守戒律，不逾越教義。❸精舍　寺廟。❹三塗　佛教語。塗，即途。一火途，地獄趣猛火所燒之處。二血途，畜生趣互相食之處。三刀途，餓鬼趣以刀劍杖逼迫之處。❺四輩　指比丘、比丘尼、優婆塞、優婆夷四眾。❻因緣　佛教語。梵語尼陀那。指產生結果的直接原因及促成這種結果的條件。❼剋炳　銘刻於世，炳煥人間。❽傳讚　本為紀傳體的史書，在傳記的後面附加撰者的評論，叫傳讚。

【語　譯】釋僧瑜，俗姓周，吳興餘杭縣人。二十歲時出家做了和尚。他堅守佛教戒律，是個完全拋卻俗念的和尚。宋文帝元嘉十五年，他與同學曇溫、慧光等人，在廬山的南嶺，一起修建了一座寺院，名叫「招隱寺」。

僧瑜常認為人為地獄中之三途所累，是因為有情欲與身體的原因。情欲斷絕了，物質的身體也應該捐捨出去。藥王捨身崇佛的道路，怎麼能說離我們很遠呢？於是他多次發出誓言，要自焚供佛，並具結了自焚的文書。

到了宋孝建二年六月三日，僧瑜將採集來的木柴，堆成像神龕一樣的閣子，並請僧人設立齋醮法會，他向眾人一一告別。這天，雲遮霧罩，天下大雨。僧瑜於是對天發誓說：「如果我的志向是光明正確的話，天空就應該晴朗無雲；如果我的所作所為還不能感動上天，那就下滂沱大雨吧。這樣可以讓四種人知道神是英明的。」說罷，天空雲飛霧散，轉成晴天。這天夜裡，僧瑜進入了這薪柴堆成的龕中，合掌平坐，念誦《藥王品經》。火焰飛揚時，僧瑜仍然雙手合十。僧人與百姓聽到僧瑜自焚的消息後，都奔跑而來，站滿了山上。他們向僧瑜俯首敬禮，願借助僧瑜結下一個好因緣。這時，人們看到一團紫氣，騰空而起，過了很久才慢慢散去。僧瑜自焚時才四十四歲。

在僧瑜死後的第十四天，僧瑜生前住過的房子內長出了兩棵梧桐樹。它們根深葉茂，而且兩棵樹粗細都一樣，同時生根於地下，同時直聳天空，於是成了連理樹。有見識的人說，這就是婆羅寶樹，是僧瑜涅槃之後的再生，它標炳於世，就是一個證明。因此，這兩棵連理樹，被人們稱為「雙桐沙門」。吳郡人張辯，當時任平南長史，曾親眼看到了僧瑜焚身與生出雙桐的事，他為此寫了一首傳讚，傳讚說：莫測其深的玄機，迷茫難見的大道，人們出生入死地去尋覓，仍然領悟不到其中的奧妙。（其一）昔日的藥王，療治人身心的醫聖，他最後用捨身的方式感化眾人。過去我們衹聽到這樣的傳說，今天所見到的卻不再是傳聞。（其二）沙門中一個出類拔萃的和尚，他的心因他的智慧禪定而堅定不移。他的心凝聚而成凜然莊嚴的紫氣，還有應跡而生的連理雙樹。（其三）其高尚的道德令人欽羨，其清雅的節操人們都覺得可貴。我作這樣的傳讚，目的是讓這種精神永垂髣髴。（其四）

宋京師竹林寺釋慧益

釋慧益，廣陵人，少出家，隨師止壽春❶。宋孝建中出都❷，憩竹林寺。精勤苦行，誓欲燒身，眾人聞者，或毀或讚。至大明四年，始就卻粒❸，唯餌麻麥❹。

到六年，又絕麥等，但食酥油。有頃，又斷酥油，唯服香丸。雖四大❺綿微，而神情警正。孝武❻深加敬異，致問慇懃，遣太宰江夏王義恭，詣寺諫益，益誓志無改。

至大明七年四月八日，將就焚燒，迺於鍾山之南，置鑊❼辦油。其日朝乘牛車，而以人牽，自寺之山。以帝王是兆民所憑，又三寶所寄，乃自力入臺。至雲龍門，不能步下，令人啟聞：「慧益道人今捨身，詣門奉辭，深以佛法仰累❽。」帝聞改容，即躬出❾雲龍門。益既見帝，重以佛法憑囑，於是辭去。帝亦續至，諸王妃后，道俗士庶，填滿山谷，投衣棄寶，不可勝計。益迺入鑊，據一小床，以衣具❿自纏，上加一長帽，以油灌之，將就著火。帝令太宰至鑊所請喻曰：「道行多方，何必殞命，幸願三思，更就異途。」益雅志確然⓫，曾無悔念。迺答曰：「微軀賤命，何足止留。天心聖慈罔已者，願度二十人出家。」降勅即許，益迺手自執燭以燃帽。帽燃已，迺棄燭合掌，誦《藥王品》。火至眉，誦聲猶分明，及眼，乃昧⓬。貴賤哀嗟，響震幽谷，莫不彈指稱佛，惆悵抆淚。火至明日迺盡，帝於于時，聞空中笳管，異香芬苾⓭。帝盡日方還宮，夜夢見益振錫而至，更囑以佛法。明日帝為設會度人，令齋主唱白，具序徵祥。燒身之處，起藥王寺，以擬⑭本事也。

【注釋】❶壽春　寺廟名。❷出都　實為入都。❸卻粒　拒絕吃糧食。❹麻麥　大麻子，名蕡，可作飼料、榨油、製燭，亦可入藥。❺四大　佛教以地、水、火、風為「四大」。這裡指「四大病相」。所謂四大病相，為：若身體苦重，堅結疼痛，枯痺痿瘠，是地大之病相；若舉身膨腫，膚肉浮滿，是水大之病相；若舉身洪熱，骨節酸楚，呼吸缺乏，是火大之病相；若心懸忽悅，懊悶忘失，是風大之病相。❻孝武　原作「者武」。據大正藏本改。❼鑊　大鍋。❽仰累　仰望您照顧。❾躬出　親自出來。❿衣具　原作「吉貝」。據大正藏本改。⓫雅志確然　高雅的志向已經確立。⓬昧　此處意為聲音微弱乃至無聲。⓭芬苾　芬芳。⓮擬　仿照。

【語譯】釋慧益，廣陵地方人。少年時就出家當了和尚，跟老師住在壽春寺。宋孝武帝孝建年間，來到了京城，住在竹林寺中。慧益勤苦修行，發誓要燒身供佛。眾人聽了他的打算後，有的詆毀，有的讚揚。到了宋孝武帝大明四年，慧益開始拒絕吃五穀，祇吃麻麥。到了大明六年，連麻麥也不吃了，代之以酥油。沒有多久，酥油也停掉了，唯服香丸。雖然整個身體病病歪歪，綿軟無力，但頭腦清醒，思想明確。孝武帝對慧益極為敬佩，常常向他致以問候，並派太宰江夏王劉義恭，前往竹林寺勸說他不要燒身，但慧益守志不改。

到大明七年四月八日，慧益定下此日自焚。他讓人在鍾山的南麓，置一口大鍋，辦理好油料。這天早上，他乘了一輛由人拉著的牛車，從竹林寺往鍾山去。因帝王是億萬百姓的依靠，又是佛家三寶的保護者，慧益決定向孝武帝辭行。他自己用力步入臺閣，但到了雲龍門，就再也沒有力氣往前走了，祇得讓人代為啟奏，說：「慧益道人今天捨身供佛，來到了雲龍門向陛下辭行，請求陛下對佛法予以關懷照顧。」孝武帝聽後很傷心，立即親自來到了雲龍門。慧益見到了皇帝後，再次囑託陛下照顧佛法，託畢便辭去。孝武帝也跟著去了，諸位王爺、后妃以及僧人、百姓也都來到了南山，人山人海，填滿了山谷。人群中投衣棄寶者，不可勝數。慧益進入大鍋中，坐在一張小床上，用衣服把身體纏裹了起來，又在頭上戴了一頂長帽子，用油往帽子裡灌。就在即將點火的時候，孝武帝令太宰來到鍋前，勸阻慧益說：「修行有多種途徑，何必用生命來作代價呢？還請您三思而後行，換一種達到至高境界的方式吧。」慧益主意已定，無半點悔意，於是對太宰說：「我這微軀賤命，不足以讓陛下如此操心挽留。陛下有著廣大深厚的慈愛之心，請求用這一慈愛之心度二十人出家。」皇帝聽說後，立即降旨，答應了他的請求。慧益拿起帶火的蠟燭，點燃了頭上的長帽子。帽子燒著後，他扔掉了蠟燭，合起手掌，誦念《藥王品經》。火燒到眉毛時，人們還能聽清楚他的誦經聲，待燒到眼睛時，就不甚清楚了。觀看之人，無論貴賤，都哀傷不已，其號泣之聲，響震幽谷。人們沒有一個不豎起大拇指，稱讚佛的偉大，並痛苦地不斷抹去眼淚。大火一直燒到第二天早上才熄滅，其間孝武帝一整天都在山上，他聽到空中響起了胡笳與簫管的聲音，又聞到一種芬芳的異香。回宮之後，他於當天夜裡夢見了慧益手拿錫杖而來，再次以佛法囑託。第二天，孝武帝設立法會，度人出家。他令齋主唱說佛經，並親自作文記下這一祥瑞的徵兆。他又在慧益燒身的地方，造了一座寺院，名叫「藥王寺」，一切都仿照慧益自焚的場景。

宋蜀武擔寺釋僧慶

釋僧慶，姓陳，巴西安漢❶人。家世事五斗米道❷。慶生而獨悟，十三出家，止義興寺。淨修梵行❸，願求見佛，先捨三指，末誓燒身，漸絕糧粒，唯服香油。到大明三年二月八日，於蜀武擔寺西，對其所造淨名❹像前，焚身供養。刺史張悅躬出臨視，道俗僑舊，觀者傾邑。行雲為結，苦雨悲零。俄而晴景開明，天色澄淨，見一物如龍，從積升天。時年二十三，天水❺太守裴方明為收灰起塔。

【注釋】❶安漢　縣名。漢置，屬巴郡。隋開皇十八年，改名南充。❷五斗米道　道教的一派。東漢末，張道陵創五斗米道，跟他學道的人要出五斗米，因以為名。❸梵行　斷淫欲之法為梵行。梵，清淨之義。❹淨名　人名，又稱淨名居士。梵語為維摩詰，譯曰無垢。❺天水　郡名。漢武帝元鼎三年析隴西郡治，在今甘肅通渭西北。晉朝移至上邽，郡治在今甘肅天水西南。

【語　譯】釋僧慶，俗姓陳，巴西安漢縣人。祖先世代信奉五斗米教。僧慶出生之後，即自然而然感悟到佛法之偉大，便在十三歲的時候，出家當了和尚，住在義興寺，主修斷淫欲之法。他希望能見到佛，於是先捨棄了三隻指頭，後來又發誓燒身。他漸漸地不吃五穀，唯服香油。到大明三年二月八日，他在蜀郡武擔寺的西面，面對著自己所塑造的淨名像，焚身供養。刺史張悅親自去觀看，去看的人還有僧人與百姓，當地人與僑居者，到了傾邑空巷的程度。那個時候，天空的飛雲到此凝然不動，苦雨淅淅瀝瀝地下個不停。但梵燒之後，雲開日出，風停雨住，長空萬里，澄淨無雲。大家見到一個像龍的動物，從薪火中騰空昇天。僧慶死時年僅二十三歲。他死後，天水太守裴方明把他的骨灰收集起來，並造塔安放。

齊隴西釋法光　法存

釋法光，秦州隴西人，少而有信。至二十九方出家，苦行頭陀❶。不服綿纊❷，絕五穀，唯餌松葉。後誓志燒身，迺服松膏及飲油。經于半年，至齊永明五年十月二十日，於隴西記城寺內，集薪焚身，以滿先志。火來至目，誦聲猶了。至鼻迺昧，奄然而絕。春秋四十有一。時永明末，始豐縣❸有比丘法存，亦燒身供養。郡守蕭緬，遣沙門慧深，為起灰塔。

【注　釋】❶苦行頭陀　為求得精神的解脫而情願讓身體受到深重折磨的佛教僧人。❷綿纊　指絲綿製成的衣服。❸始豐縣　在今浙江境內，西晉太康初以始平縣改名，治所即今天台縣。因始豐溪而得名。

【語譯】釋法光，秦州隴西地方人。年輕時為人就有所嚮往。二十九歲時方才出家做和尚，是一個為了求得精神上的解脫而情願讓身體受到多種折磨的頭陀。他不穿絲綿做的衣服，不吃五穀做成的食品，祇吃松葉。後來，他發誓燒身，服用松膏與飲用香油。經過半年的時間，到了齊永明五年十月二十日，他在隴西記城寺內集聚了木柴，燃火自焚，實現了他先前的願望。自焚時，火燒到了眼睛，念誦佛經的聲音仍然能夠聽得清楚，燒到鼻子時，聲音就模糊不清了，然後氣絕而亡。死時四十一歲。永明末年，始豐縣有個叫法存的和尚，也焚身供養佛。郡守蕭緬派遣沙門慧深，前去收拾骨灰，並造塔安置。

齊交阯❶仙山釋曇弘

釋曇弘，黃龍❷人。少修戒行，專精律部。宋永初中，南遊番禺❸，止臺寺。晚又適交阯之仙山寺。誦《無量壽》❹及《觀音經》❺，誓心安養。以孝建二年於山上聚薪，密往積中，以火自焚。弟子追及，抱持將還，半身已爛，經月少差❻。後近村設會，舉寺皆赴。弘於是日，復入谷燒身，村人追救，命已絕矣。於是益薪進火，明日乃盡。尒日村居民，咸見弘身黃金色，乘一金鹿，西行甚急，不暇暄涼❼。道俗方悟其神異，共收灰骨❽，以起塔焉。

【注釋】❶交阯　多作「交趾」。古地名。本指五嶺以南一帶的地方。漢置交趾郡，古代相傳其地人臥時頭外向，足在內而相交，故稱交趾。❷黃龍　城名。又名龍城、和龍城、龍都。故地在遼寧朝陽。東晉列國後燕主慕容寶以此為都。❸番禺　地名。今屬廣東省。❹無量壽　即《無量壽經》。佛經名。說無量壽佛（即阿彌陀佛）之因地修行，果滿成佛，往生北國等事。為佛教淨土宗重要經典。自後漢至唐宋，有十二種異譯。❺觀音經　佛經名。《法華經》卷八〈觀世音菩薩普門品〉第二十五一品別行者，稱為《觀音經》。❻少差　原作「小差」。據大正藏本改。❼暄涼　即寒暄。見面時或書信前面表示問候的客套話。❽灰骨　骨灰與未燒盡的骨殖。

【語譯】釋曇弘，黃龍城人。年輕時修行戒律，對律部有很深的研究。南朝宋永初中，南遊番禺縣，住在臺寺。晚年時又到了交趾仙山寺。他在誦念《無量壽經》時，心裡發誓要捨身安養。在孝建二年，他在山上聚集木柴。當木柴聚夠了以後，他便悄悄地來到山上，引火自焚。他的弟子知道後，急忙跑來，把他抱回來，但是，大火已經把他的下半身燒爛了，經過一個多月的療養，創傷才接近痊癒。後來，附近的村子設立法會，一寺的人都去赴會。曇弘就在這一天，乘大家不在的時候，再次進入山谷，點火燒身。村子裡的人跑來救他時，他已經被燒死了。於是大家乾脆又添加了一些柴火，大火一直燒到第二天的早上才熄滅。那一天，村子裡的居民，都看見了這一景象：曇弘渾身呈金黃色，騎著一隻金鹿，往西行走，且走得很急，遇見村裡人，也沒時間停下來寒暄。這個時候，僧人與百姓方才悟到曇弘的不凡。於是，大家一起收集他的骨灰與未燒盡的骨殖，並造塔存放。

論曰：夫有形之所貴者，身也；情識❶之所貴者，命也。是故飡脂飲血，乘肥衣輕，欲其怡懌也。餌朮含丹❷，防生養性，欲其壽考也。至如析一毛以利天下，則吝而弗為；撤一飡以續餘命，則惜而不與。此其弊過矣。自有宏知達見，遺己贍人。體三界❸為長夜之宅，悟四生❹為夢幻之境。精神逸乎蜚羽，形骸滯於瓶殼。是故摩頂至足，曾不介心。國城妻子，捨若遺芥。今之所論，蓋其人也。僧群止為一鴨，而絕水以亡身。僧富止救一童，而畫腹以全命。法進割肉以啖人，曇稱自餧於災虎，斯皆尚乎兼濟之道，忘我利物者也。昔王子投身❺，功踰九劫；剜肌貿鳥❻，駭震三千。惟夫若人，固亦超邁高絕矣。爰次法羽，至于曇弘，皆灰燼形骸，棄捨珍愛。或以情祈安養，或以願生知足。故雙桐表於房裏，一館顯自空中。符瑞彪炳，與時間出。

然聖教不同，開遮亦異。若是大權為物，適時而動，利現萬端，非教所制。故經云：能燃手足一指，迺勝國城布施。若是出家凡僧，本以威儀攝物。而今殘毀形體，壞福田相，考而為談，有得有失。得在忘身，失在違戒。故龍樹云：新行菩薩，不能一時備行諸度。或滿檀而乖孝，如王子投虎；或滿慧而乖慈，如檢他斷食等。皆由行未全美，不無盈缺。

又佛說身有八萬戶蟲，與人同氣。人命既盡，蟲亦俱逝。是故羅漢死後，佛許燒身。而今未死便燒，或損於蟲命有失說者。或言羅漢尚入火光，夫復何怪？有言入火光者，先已捨命。用神智力，後迺自燒。然性地❼菩薩，亦未免報軀。或時投形火聚，或時裂體分人。當知殺蟲之論，其究莫詳焉。

夫三毒四倒❽，乃生死之根栽；七覺八道❾，實涅槃之要路。豈必燔炙形體，然後離苦。若其位鄰得忍，俯迹同凡，或時為物捨身，此非言論所及。至如凡夫之徒，鑒察無廣，竟知盡壽行道，何如棄捨身命。或欲激譽一時，或欲流名萬代。及臨火就薪，悔怖交切。彰言既廣，恥奪其操。於是僶俛❿從事，空嬰萬苦，若然，非所謂也。

讚曰：若人挺志，金石非英。鑠茲所重，祈彼寶城。芬梧蓊蔚，紫館浮輕。騰烟曜彩，吐瑞含禎。千秋尚美，萬代傳馨。

【注　釋】❶情識　情感、思惟等精神性的形態。❷餌朮含丹　吃用方術煉就的丹藥。❸三界　佛教語。佛教把生死流轉的人世間分為三界，即欲界、色界、無色界。❹四生　佛教分世界眾生為四大類：胎生、卵生、濕生、化生。胎生如人與畜；卵生如飛鳥與魚鱉；濕生如蟲、蝎與飛蛾等；化生，謂無所依託，唯借業力而忽然出現者，如諸天與地獄等。❺王子投身　《經律異相》卷第三一〈乾陀尸利國王太子投身餓虎遺骨起塔一〉云：太子見深谷底有一餓虎，新產七子，遇天降雪。母抱子已經三日，未能獲食。太子見狀，捨身飼虎。此事出《菩薩投身飼餓虎經》。❻刳肌貿鳥　《經律異相》卷一〇〈釋迦為薩婆達王割肉貿鷹〉云：釋迦為薩婆達王時，見一鷹捕鴿作食，便以自己身上的肉來換取鴿的生命。❼性地　十地或十住之一。所謂「十地」，指參與佛理而進於十地境界。❽三毒四倒　三毒，佛教以貪欲、瞋恚、愚痴為三毒。《大智度論》三一：「我所心生故，有利益我者生貪欲，違逆我者而生瞋恚。此結使不從智生，從狂惑生故，是名為痴。三毒為一切煩惱之根本，悉由吾故。」四倒，四種顛倒之妄見。人生本是無常無樂無我無淨，然而人們卻常持有常有樂有我有淨之觀念。❾七覺八道　佛教語。七覺，又叫「七覺支」、「七覺分」、「七菩提分」。一為擇法覺，能以智慧辨別法之真偽；二為精進覺，有勇氣離開邪行惡念；三為喜覺，心得善法即生出歡喜之心；四為輕安覺，在法界中安於所處的位置；五為念覺，明記定慧而不忘使之均等；六為定覺，心住於一境而不散亂；七為行捨覺，拋棄一切妄謬。八道，又稱「八正道」，為正見、正思惟、正語、正業、正命、正精進、正念、正定。❿僶俛　勉強。

【語　譯】論說：對個體生命來說，最寶貴的是自己的形軀，而就情感、思維等精神方面的作為而言，活著則是唯一的根本。因此，人們吃肉飲漿，騎馬穿裘，就是為了形軀的壯實有活力；煉丹吃藥、防生養性，則是為了活著的時日能夠延長。這樣，拔一毛而有利於所有天下人的事，卻吝嗇而不去做；施捨一頓飯而延長別人性命的事，也不去做的人，人格上的缺點真是太大了。當然，也有一種人，對人生有宏大深遠的見識，他們常能忘我地將自己的東西慷慨地給予別人。他們體悟到欲界、色界與無色界如同漫漫長夜中的宅第，沉悶而沒有光亮；那四生即胎生、卵生、濕生與化生中的任何一生，也不過是經歷了一場夢幻罷了。於是對於形軀毫不在意，把精神看作脆弱的蟲翼，輕淺而不足道，把形骸看作裝入瓶中的穀物，凝滯而無所作為。所以露頭光腳，一點也不放在心上；捨棄國家與妻子，就像丟掉一根小草。這裡我們所談論的，就是這種人。僧群僅僅為了不打擾一隻鴨子，不喝水而死亡；僧富為了救一個兒童，自己割破腹部而使兒童得救；法進在大饑荒的時候，割自己身上的肉讓人吃；曇稱為了救一村之人，委身飼虎。這些人都崇尚兼濟天下之道行，做忘我而利人的事情。昔日王子投身餵虎，其功德超越九輪的劫難；釋迦為薩婆達王時，以身上的肉與鷹交換鴿子的生命，其舉動使三千世界震驚。這樣的人，誠然是超越眾生的高德之人。其次就是法羽、曇弘這一類人，他們都自焚身體，捨棄人們珍愛的東西。他們之中有的人以虔誠的情感來供養佛，或因美好的願望而在現世努力修行，滿足於現在命運的安排。由於有著這樣的動機，故而有雙桐生長於房中，一座館舍現於天空的奇事，這些眾人矚目的祥瑞之兆不時地出現。

然而聖教並沒有要求出家人這樣做，聖教的教儀有開有合，有隱有顯，並非祇有一類固定的作為。它的精神如同巨大的秤砣，能制衡萬物，適時而動，會給眾生帶來萬端的利益。經文中說：能燒去手與足一個指頭，勝過將一國一城布施出來。這僅是一種比喻，而不是真的要讓人們這樣做。普通的出家僧人，本是靠著威儀吸引萬物，而今卻把自己弄得身體殘毀，福相破壞。這樣的作法，我以為有得有失。得在能夠完全忘記自己物質性的身體，失在它違背了佛教的戒律。因此，正如龍樹所說，新出世的菩薩，不能完全遵行佛教的所有法度。自己功德圓滿、涅槃昇天，卻違背了孝道，如王子投身餵虎後，皇后悲痛欲絕；也有的因慧性覺悟，拋棄人寰，卻讓慈愛的父母陷於哀傷的境地，如救起他物的性命卻使自己斷食，這些人都表現出行為並非十全十美，都留有缺陷。

又佛說人的身上有八萬種蟲，與人同呼共吸，人死時蟲也死去。因此，羅漢死後，佛允許燒化他。而今人未死就燒，實際上殺害了眾多蟲子的生命。有人說：羅漢不也被燒嗎？這有什麼奇怪的呢？也有的人說，入火之前，已經拋棄了生命，然後是用神智的力量，才自己點燃了身體，即使是性地菩薩也是用火自燒的呀！但不論是投入大火而自焚，還是割下肌肉來分人，到底有沒有殺害蟲子，誰也說不清。

三毒四倒，是人的生死觀念的基礎；七覺八道，是人擺脫煩惱，進入自由無礙境界的必經之路，何必非要通過燒毀自己身體的方式來離開苦難呢？如果是因事情緊急，或是為了他人不得不捨生赴死，那麼，這還可以理解，不過，這不是我們所要討論的。至於一些凡夫俗子，見識並不深廣，卻能夠用結束自己生命的方式來行道，這又是什麼原因呢？他們有的是為了得到人們一時的讚譽，有的是為了揚名萬代。然而，到了即將投身大火的時候，既後悔又恐怖。但是，要自焚的誓言已經在眾人中間傳播開了，自己也感到改變志向是可恥的事，於是硬著頭皮自焚，經受著萬般的痛苦。這樣的人，顯然不是他所說的自焚目的是為了供養佛。

讚道：殉道者樹立起來的偉大志向，即使是精粹的金石也比不過它的堅強。焚燒為一般人所貴重的身體，是為了能夠到達自由無礙的境地。芬芳蓊鬱的梧桐與飄浮於空中的紫煙，都是他們得道的兆象。自焚時飛騰的煙氣放射出光彩，祥瑞之徵兆呈現在人們眼前。這樣的美德與卓異的舉動，千秋萬代，讚美不息。

誦經　正傳二十一人　附見十一人

晉河陰白馬寺釋曇邃

釋曇邃，未詳何許人。少出家，止河陰❶白馬寺。蔬食布衣，誦《正法華經》❷，常一日一遍。又精達經旨，亦為人解說。常於夜中，忽聞扣戶云，欲請法師九旬❸說法。邃不許，固請，乃赴之，而猶是眠中。比覺，已身在白馬塢神祠中，並一弟子。自尒日日密往，餘無知者。後寺僧經祠前過，見有兩高座❹，邃在北，弟子在南，如有講說聲。又聞有奇香之氣，於是道俗共傳，咸云神異。至夏竟，神施以白馬一匹，白羊五頭，絹九十匹。呪願畢，於是各絕。邃後不知所終。

【注釋】❶河陰　縣名。在今河南省廣武縣境內。❷正法華經　即《妙法蓮華經》，簡稱《法華經》。西晉竺法護初譯本，與鳩摩羅什譯本內容次第上略有出入。❸九旬　三個月。❹高座　也作「高坐」，指僧人。猶言上座。

【語譯】釋曇邃，不知他是哪裡人。年輕時出家當和尚，居住在河陰白馬寺。他吃蔬菜，穿布衣，常常是一天念誦一遍《正法華經》。他對佛經中的道理有著透徹的理解，所以能為別人解說。他經常在深夜之時聽到敲門的聲音，並聽到門外人說：「請法師去講三個月的佛法。」曇邃不答應，來者堅持請他去，他便去了。這時似乎仍在睡夢之中。不過等到他醒來時，發現自己已經來到了白馬塢神祠中，同來的還有一個弟子。從此以後，他們天天悄悄地來到這裡，沒有一個人知道。後來，白馬寺的一個僧人從神祠前經過，見祠中有兩位僧人，一是曇邃，一是他的弟子，曇邃坐在北邊，弟子坐在南邊，僧人似乎還聽到了講說經文的聲音，聞到了一股奇香之氣。於是，僧人與百姓廣傳此事，都說這是一件神奇之事。到了夏天，說法的活動便結束了，神施予他們白馬一匹、白羊五頭、絹九十匹。呪了誓願之後，神靈與曇邃便斷絕了關係。曇邃之後的經歷就不知道了。

晉越城寺釋法相　曇蓋　僧法

釋法相，姓梁，不測何人。常山居精苦，誦經十餘萬言，鳥獸集其左右，皆馴若家禽。太山❶祠有大石函，貯財寶，相時山行，宿于廟側，忽見一人玄衣武冠，令相開函，言絕不見。其函石蓋，重過千鈞，相試提之，飄然而起，於是取其財以施貧民。後度江南止越城寺。忽遊縱放蕩，優俳滑稽❷，或時裸袒，干冒❸朝貴。晉鎮北將軍司馬恬，惡其不節，招而鴆之❹。頻傾三鍾，神氣清夷，淡然無擾，恬大異之。至晉元興末卒，春秋八十。

時有竺曇蓋、竺僧法，並苦行通感。蓋能神呪請雨，為揚州❺刺史司馬元顯所敬。法亦善神呪，晉丞相會稽王司馬道子為起治城寺焉。

【注　釋】❶太山　即泰山。❷優俳滑稽　像俳優一樣做一些滑稽的動作，說一些滑稽的話。❸干冒　冒犯。❹鴆之　用鴆藥毒害他。❺揚州　原作「楊州」。據弘教本改。

【語　譯】釋法相，俗姓梁，不知他是哪裡人。經常居住在山中，修行專心而艱苦。他背誦了十多萬字的經文，鳥獸都集合在他的周圍，都馴服得像家禽一樣。

太山祠中有一個大的石函，貯存著許多財寶。一天晚上，法相在山中行走，恰巧宿於這祠廟的旁邊。他忽然見到一個人，穿著黑衣，戴著武士的帽子。黑衣人命令法相打開這個大石函，說完話後就不見了。這個石函被沉重的石板蓋著，重達數萬斤。法相試著提起它，想不到竟輕飄飄地被提了起來。於是，取出其中的財寶，施捨給貧苦的老百姓。後來，他來到了江南，居住在越城寺。忽然，他的品行發生了變化，放蕩恣肆，又像俳優一樣，對人滑稽調笑，有時居然赤裸著身體，以此來冒犯朝中的權貴。晉朝鎮北將軍司馬恬憎惡他的劣行，把他找來，強行向他嘴裡連續灌進三大杯鴆藥，然而他神清氣爽，像平常一樣，似乎沒受到任何傷害。司馬恬大為驚訝。法相在晉朝元興末年去世，享年八十歲。

和他同時的還有竺曇蓋與竺僧法，都屬於苦行修煉而得到感悟的僧人。曇蓋能作求神之咒，請神降雨。他為揚州刺史司馬元顯所敬重。僧法也善於作求神之咒。晉朝丞相會稽王司馬道子為他造了一座治城寺。

晉山陰顯義寺竺法純

竺法純，未詳何許人。少出家，止山陰顯義寺。苦行有德，善誦《古維摩經》❶。晉元興中，為寺上蘭渚買故屋。暮還，於湖中遇風而船小。純唯一心憑❷觀世音，口誦不輟，俄見一大流船，乘之獲免。至岸，訪船無主，須臾不見，道俗咸歎神感。後不知所終。

【注釋】❶古維摩經　即《維摩經》，全稱《維摩詰所說經》。記維摩與舍利弗彌勒等及文殊大師問答之辭，說明大乘教理。
❷憑　依靠。

【語譯】竺法純，不知道是哪裡人。年輕時出家當和尚，住在山陰顯義寺。苦行且有高德，善於誦念《古維摩經》。晉朝元興中，他為寺裡到蘭渚去買老屋，傍晚的時候，他從小島上回來，在湖上遇到了大風，船小，在風浪中劇烈地顛簸。此時，他一心祈禱著觀世音的解救，嘴裡念誦不止。不久，見到一艘大船漂了過來，他乘上這艘大船才免去災難。到了岸上，他尋找船主，卻找不到，不一會兒，岸邊的船也不見了。僧人與百姓都感歎這一神靈感應。法純後來的經歷就不知道了。

晉蜀三賢寺釋僧生

釋僧生，姓袁，蜀郡郫❶人。少出家，以苦行致稱。成都宋豐等，請為三賢寺主。誦《法華》，習禪定。嘗於山中誦經，有虎來蹲其前，誦竟迺去。後每至諷詠，輒見左右四人為侍衛。年雖衰老，而翹懃彌厲❷。後微疾，便語侍者云：「吾將去矣，於後可為燒身。」弟子謹依遺命。

【注釋】❶郫　郫縣。屬四川。古稱郫邑，蜀王杜宇建都於此。秦置縣，屬蜀郡。❷翹懃彌厲　更加奮發勤苦。

【語譯】釋僧生，俗姓袁，蜀郡郫縣人。年輕時出家做和尚，以困苦修行而為人稱道。成都宋豐等請他為三賢寺的主持。他誦念的是《法華經》，學的是禪定的修煉方式。他曾經在山中誦經，有一隻老虎蹲在他的面前，聆聽著他的讀經聲，直到他讀完才離去。從此以後，每當他誦詠經文，便見到有四個人分列在他左右，為他侍衛。他年老之時，更加勤奮地習禪誦經。後來在生了一點小病時，對侍候他的弟子說：「我快要離開這世界了，死後就燒化我的屍體吧。」弟子們恭謹地按照他的話去做了。

宋剡法華臺釋法宗

釋法宗，臨海❶人。少好遊獵，嘗於剡❷遇射孕鹿墮胎，鹿母銜箭，猶就地舐子。宗迺悔悟，知貪生愛子，是有識所同。於是摧弓折矢，出家業道。常分衛❸自資，受一食❹法，蔬苦六時❺，以悔先罪。誦《法華》、《維摩》。常升臺諷詠，響聞四遠。士庶稟其歸戒者三千餘人，遂開拓所住，以為精舍。因誦為目，號曰

「法華臺」也。宗後不測所終。

【注釋】❶臨海　縣名。屬浙江。漢為回浦縣，東漢為章安縣。三國吳分章安置臨海縣，為臨海郡治。❷剡　地名。在今浙江。❸分衛　佛教語。乞食之義。❹一食　頭陀修行之一種標準。所謂「一食」，午前中作一頓之正食外，不更作小食。❺六時　佛教分一晝夜為六時：晨朝，日中，日沒，初夜，中夜，後夜。

【語譯】釋法宗，臨海縣人。年輕時喜愛打獵，曾經在郯縣射中了一頭懷孕的母鹿，母鹿因受到驚嚇而流產墮下胎兒，帶著箭仍然低頭舐牠的孩子。法宗這時悔悟到：所有有感知的生物都眷戀生命、愛護自己的孩子。於是，他把弓箭都摧毀了，出家做了和尚，崇信佛教。他討飯度日，並且一日祇吃一頓主食。一日六時，用蔬素的飯食度日，他以這種苦行的方式來懺悔自己先前犯下的罪行。他誦念《法華經》與《維摩經》，由於技藝超群，經常登臺諷詠，於是，他的聲譽遠播四面八方。士紳與平民在他的勸導下而皈依佛教、遵守戒律的有三千多人。人們拓寬他的住室，成為寺廟。因他誦念的主要是《法華經》，便將此寺起名叫「法華臺」。法宗之後的經歷，我們就不知道了。

宋京師南澗寺釋道冏

釋道冏，姓馬，扶風❶人。初出家，為道懿弟子。懿病，嘗遣冏等四人，至河南霍山採鐘乳❷。入穴數里，跨木渡水，三人溺死，炬火又亡，冏判無濟理。冏素誦《法華》，唯憑誠此業，又存念觀音。有須❸，見一光如螢火，追之不及，遂得出穴。於是進修禪業，節行彌新。頻作數過普賢齋❹，並有瑞應。或見梵僧入座，或見騎馬人至，並以未及暄涼❺，倏忽不見。

後與同學四人，南遊上京，觀矚風化。夜乘冰度河，中道冰破，三人沒死。冏又歸誠觀音，乃覺腳下如有一物自跂❻，復見赤光在前，乘光至岸。達都，止南澗寺，常以《般舟》為業。嘗中夜入禪，忽見四人御車至房，呼令上乘。冏欻❼不自覺，已見身在郡後沈橋。聞見一人在路坐胡床，侍者數百人，見冏驚起，冏曰：「坐禪人耳。」彼人因謂左右曰：「向止令知處而已，何忽勞屈法師。」於是禮拜執別，令人送冏還寺。扣門良久方開，入寺見房猶閉，眾咸莫測其然。宋元嘉二十年，臨川康王義慶攜往廣陵，終於彼也。

【注　釋】❶扶風　郡名。三國魏改漢右扶風置。故址當在今陝西鳳翔等地。❷鐘乳　本指鐘面隆起的飾物，在鐘帶間，其狀如乳，故名。一名枚，後以此形容石灰岩下洞頂部下垂的簷冰狀物，因它們狀如鐘乳，故名。❸有須　實為「有頃」。大正藏本作「有頃」。❹普賢齋　為供養普賢菩薩而作的齋會。普賢，菩薩名。梵語為「三曼多跋陀羅」，也譯為「遍吉」。與文殊並稱，佛教稱為釋迦牟尼之二脅士。寺院塑像，侍立於釋迦兩旁，乘青獅者為文殊，乘白象者即普賢。❺暄涼　寒暄。與人見面時的客套話。❻跂　站立。❼欻　也作「歘」。張衡〈西京賦〉云：「神山崔巍，歘從背見。」突然而起的意思。

【語　譯】釋道冏，俗姓馬，扶風郡人。剛出家時，為道懿的弟子。一次，道懿生病，派道冏等四人到河南的霍山採集鐘乳石作藥，他們進入洞穴後，走了數里路，遇到了一條地下河，於是搭起了一座獨木橋，然而在過橋時，另外三人落水淹死。這時照明的火把也熄滅了，道冏自己想肯定渡不過河去，不能完成師傅交代的任務，也不能返回了。道冏平時經常誦念《法華經》，此時又誠心誦念了起來，並一心期盼著觀音菩薩解救。

沒多久，竟然出現一點如螢火的光亮，他追逐著它，沒有追上，卻得以走出了山洞。從此，道冏開始進修禪業，節操與品行愈加高尚。他多次做普賢齋會，齋會上都呈現出祥瑞的兆應。有時看見天竺國的和尚入座，有時看見騎馬人來。道冏還沒有來得及和他們說一些客套話，他們就忽然不見了。後來，道冏與三個同學一起南遊京城建鄴，以觀風俗教化。一天夜裡，他們乘冰渡河，到了河中間時，冰突然破了，三個同學都淹死在河中。這時道冏又心心念著觀音，期望觀音解救。想不到他的祈禱居然有了回應，他的腳下立時有了一物托住他，他又看見有一點螢光在前面引導，他於是追著螢火，最後來到了岸上。

到了京城之後，道冏住在南澗寺，以習《般舟三昧經》為業。一次，道冏在夜裡禪定之後，忽然看見四個人駕著車子來到僧房前，喊他上車。道冏不由自主地上了車子，等到發覺時，自己已經到了沈橋這個地方。他見到路上有一人正坐在胡床上，侍者有好幾百人，見到道冏來了，馬上驚起說：「這是坐禪之人。」並對左右的人說：「過去衹是聽說過，沒想到法師屈尊突然來了。」於是，向他行禮，最後又執手告別，並命令手下人將道冏送回南澗寺。到了寺院門口，敲了好久的門，才有人來開。進入寺院，看見自己的僧房仍然鎖閉著。眾人都不知道是什麼原因。宋文帝元嘉二十年，臨川康王劉義慶，帶著道冏到廣陵上任，後來道冏就在那裡圓寂。

宋廬山釋慧慶

釋慧慶，廣陵人。出家止廬山寺。學通經律❶，清潔有戒行。誦《法華》、《十地》、《思益》、《維摩》，每夜吟諷，常聞闇❷中有彈指讚歎之聲。嘗於小雷❸遇風波，船將覆沒，慶唯誦經不輟，覺船在浪中，如有人牽之，倏忽至岸。於是篤厲彌勤。宋元嘉末卒，春秋六十有二。

【注　釋】❶經律　佛教語。指三藏中之經藏與律藏，俱為釋迦牟尼之口述。❷闇　即「暗」。冥暗不明義。❸小雷　當是地名。

【語　譯】釋慧慶，廣陵地方人。出家做和尚後，住在廬山寺。他通曉經藏與律藏，遵守戒律，乾淨雅潔。他誦念《法華經》、《十地經》、《思益經》與《維摩經》。每當夜裡吟誦之時，就會聽到黑暗中發出了讚歎之聲。一次，他在小雷這個地方乘船，途中遇到了大風浪，船幾乎要被風浪掀翻，然而就在這樣的情況下，慧慶仍然不停地念經。這時，他覺得似乎有人牽著船走，眨眼之間，船就到了岸上。從此以後，他更加篤信佛教，修業也更加勤奮。他於宋元嘉末年去世，享年六十二歲。

宋臨渭釋普明

釋普明，姓張，臨淄❶人。少出家，稟性清純，蔬食布衣，以懺誦為業。誦《法華》、《維摩》二經。及諷誦之時，有別衣別座，未嘗穢雜。每至〈勸發品〉❷，輒見普賢乘象，立在其前。誦《維摩經》，亦聞空中倡樂❸。又善神呪，所救皆愈。有鄉人王道真妻病，請明來呪。明入門，婦便悶絕。俄見一物如狸，長數尺許，從狗竇出，因此而愈。明嘗行水旁祠，巫覡自云：「神見之，皆奔走。」以宋孝建初中卒，春秋八十有五。

【注　釋】❶臨淄　縣名。春秋戰國時為齊國國都，漢置縣，後相沿未變，今屬淄博。❷勸發品　佛經名。〈普賢菩薩勸發品〉之略名。為《法華經》第八卷第二十八品之名。說普賢菩薩自東方來，以種種勝事獎發持經人之心。❸倡樂　即唱樂。

【語　譯】釋普明，俗姓張，臨淄縣人，年輕時就出家當了和尚。他心地純潔，蔬食布衣，以研習懺悔與誦經為自己的專業。他誦念的是《法華經》與《維摩經》。他每次誦念這兩部經文時，總是另穿一件乾淨的袈裟與另設一個乾淨的座位，從不將它們與平常穿的衣服與平常坐的凳子混雜。他每當誦念《法華經》中的〈普賢菩薩勸發品〉時，就會看見普賢騎著大象，站立在他的面前。誦念《維摩經》時，便聽到空中有音樂之聲。他還善於說求神佑護的咒語，一念咒語，求救的人便能得到幫助。一次，鄉村中有個叫王道真的人妻子生了病，請普明來念咒。普明剛入門，那婦人就昏悶了過去。不一會兒，祇見一個像狐狸的東西，有數尺長，從狗洞裡鑽了出去，那婦人便痊癒了。普明有一天走到靠近水邊的祠堂，巫覡自言自語說：「此人一來，山野的神靈見了都跑掉了。」他死於南朝宋孝建初，享年八十五歲。

宋京師道場寺釋法莊

釋法莊，姓申，淮南人。十歲出家，為廬山慧遠弟子。少以苦節標名。晚遊關中，從叡公稟學。元嘉初❶出都，止道場寺。性率素止一中❷而已。誦《大涅槃》、《法華》、《淨名》。每後夜諷誦，比房常聞莊房前有如兵仗羽衛之響，實天神來聽也。宋大明初卒於寺，春秋七十有六。

【注　釋】❶初　原作「祠」。據大正藏本改。❷一中　佛教語。設齋食普及於一堂之中。又云「一普」。《聯燈會要・洞山良价禪師》章曰：「令主事辦愚痴齋一中。」

【語　譯】釋法莊，姓申，淮南地方人。十歲出家時，做廬山寺慧遠的弟子。年輕時以苦節聞名於世。晚年遊歷關中，跟從慧叡學習。元嘉初來到了京城，住在道場寺。他品性清純，吃飯也僅是吃普及於一堂之中的齋食而已。他誦念的是《大涅槃》、《法華經》與《淨名經》。每當在後半夜誦念時，隔壁房子裡的人便聽到房子前有帝王侍衛隊一般發出的聲音，其實那是天神為了聽他念經而下降的聲音。他死於南朝宋大明初，活了七十六歲。

宋京師瓦官寺釋慧果

釋慧果，豫州人。少以蔬食❶自業。宋初遊京師，止瓦官寺。誦《法華》、《十地》。嘗於圊廁❷見一鬼致敬於果云：「昔為眾僧作維那❸，小不如法，墮在噉糞鬼中。法師德素高明，又慈悲為意，願助以拔濟之方也。」又云昔有錢三千埋在柿樹根下，願取以為福❹。果即告眾掘取，果得三千，為造《法華》一部，並設會。後夢見此鬼云：「已得改生，大勝昔日。」果以宋太始六年卒，春秋七十有六。

【注　釋】❶蔬食　大正藏本作「蔬苦」。❷圊廁　廁所。圊，《廣雅．釋宮》：「圊，廁也。」❸維那　寺院中管理總務的知事僧。梵語羯磨陀那，意譯為綱維。位次於上座。❹為福　做福業。

【語　譯】釋慧果，豫州人氏。年輕時就蔬食苦行，自覺修煉。南朝宋初的時候，來到了京師，住在瓦官寺，誦念《法華經》與《十地經》。一次，他在上廁所的時候，見到一個鬼向他敬禮，對他說：「我於過去在寺廟裡為眾僧人做管理總務的維那，由於不遵法紀，犯了些小錯誤，死後便墮入噉糞鬼中。法師有著高尚的德行，又有慈悲的胸懷，請求您施以拔救的方法來幫助我超昇。」鬼還說，過去他將私藏起來的三千錢埋在柿樹根下，願法師將它們挖出來以作為做福業的費用。慧果告知眾人，眾人果然從柿樹根下挖得了三千錢。慧果用此錢刻寫了一部《法華經》，又為超昇那苦鬼做了一場法會。後來夢見那鬼說：「已經得到超昇了，生活大大超過往日。」慧果死於宋太始六年，活了七十六歲。

宋京師東安寺釋法恭

僧恭

釋法恭，姓關，雍州❶人。初出家，止江陵安養寺。後出京師，住東安寺。少而苦行殊倫，服布衣，餌菰❷麥，誦經三十餘萬言。每夜諷詠，輒有殊香異氣，入恭房者咸共聞之。又以弊納聚蚤蝨，常披以飼之。宋武文明三帝❸及衡陽文王義季等，並崇其德業。所獲信施，常分給貧病，未嘗私蓄。宋太始中還西，卒於彼，春秋八十。

時烏衣復有僧恭者，德業高明，綱總❹寺任。亦不食粳糧，唯餌豆麥。

【注　釋】❶雍州　古九州之一。今陝西、甘肅及青海額濟納之地即古雍州。❷菰　植物名。俗稱茭白，生於河邊、陂澤，可作蔬菜。其實如米，稱雕胡米。菰米可以作飯。❸宋武文明三帝　指武帝劉裕、文帝劉義隆、明帝劉彧。❹綱總　統籌管理。

【語　譯】釋法恭，俗姓關，雍州人氏。剛出家做和尚的時候，住在江陵安養寺。後來到了京城，住在東安寺。年輕時苦行修煉，其品行就和眾人不同。他穿布衣，吃茭白與麥子，誦念了三十多萬字的經文。每當他在夜裡諷詠的時候，就會出現一股奇異的香氣，所有進入誦經房子的人都能聞到。他常用破破爛爛的僧衣聚集跳蚤與蝨子，然後將衣服穿在身上，讓跳蚤與蝨子吃自己的血肉。南朝宋武帝劉裕、文帝劉義隆、明帝劉彧以及衡陽文王劉義季等，都崇敬他的高德與他所做的福業。他所獲得的施捨，常常分給貧困與生病之人，自己從不私蓄。宋太始年間，他回到了西邊，就死在那裡，活了八十歲。

當時烏衣寺有一個和尚叫僧恭，道德學業也極高，總管一寺的事務。他也不吃粳糧，衹吃豆麥。

宋京師彭城寺釋僧覆

釋僧覆，未詳何許人。少孤，為下人❶所養。七歲出家，為曇亮弟子。學通諸經，蔬食持呪。誦《大品》❷、《法華》。宋明帝深加器重，勑為彭城❸寺主，率眾有功。宋太始末卒，春秋六十有六。

【注釋】❶下人　奴僕。❷大品　佛經名。《大品般若經》之略名也。❸彭城　今徐州。

【語譯】釋僧覆，不知是哪個地方的人。小時就成了孤兒，為奴僕所撫養。七歲時出家當了和尚，做了曇亮的弟子。通過刻苦學習，他深解各種佛經。他吃素食，念咒語，誦《大品般若經》與《法華經》。宋明帝劉彧極為器重他，讓他做彭城寺的主持，他領導僧眾修業，很有成效。宋太始末去世，活了六十六歲。

齊京師高座寺釋慧進　僧念

釋慧進，姓姚，吳興人。少而雄勇，任性遊俠❶。年四十忽悟心自啟，遂尒離俗❷，止京師高座寺。蔬食素衣，誓誦《法華》。用心勞苦，執卷輒病。迺發願，願造《法華》百部，以悔前障。始聚得錢一千六百，時有劫來，問進有物不，答云：「唯有造經錢在佛處。」群劫聞之，赧然而去。於是聚集信施❸，得以成經，滿足百部。經成之後，病亦小差❹。誦《法華》一部得過，情願既滿，厲操逾堅。常迴諸福業❺，願生安養。未亡少時，忽聞空中聲曰：「汝所願已足，必得生西方也。」至齊永明三年，無病而卒，春秋八十有五。

時京師龍華寺後有釋僧念，誦《法華》、《金光明》，蔬食避世。

【注　釋】❶遊俠　行遊任俠。俠，打抱不平；見義勇為。❷離俗　脫離世俗，出家做僧人。❸信施　經常施捨財物給寺廟僧人的施主。❹小差　稍好。❺迴諸福業　做各種福業。

【語　譯】釋慧進，俗姓姚，吳興地方人。年輕時好鬥使氣，任俠仗義。到了四十歲時，忽然覺悟，厭惡紅塵，從此脫離世俗，出家住在京城高座寺。吃蔬菜，穿不染顏色的衣服，發誓誦念《法華經》。然而，雖然勞苦心力，但一拿到經卷就生病。於是發下誓願，願造一百部《法華經》，以表示對先前罪孽的悔悟。他積聚錢財，得錢一千六百。這時有一群強盜來搶劫，問慧進有沒有錢，慧進說：「祇有造經的錢放在佛像的地方。」強盜們聽說後，慚愧而去。慧進請來常施捨財物給寺廟的施主，請他們出資，終於造成了《法華經》一百部。經造好之後，病也好轉了。他又開始誦念《法華經》，直到誦念完畢。在他一一實現了他的誓願之後，他的信仰愈加堅定，對戒律的遵守也愈加嚴厲。他常做各種福善事業，來為眾生謀求幸福。在他即將離世的時候，忽然聽到空中有人對他說：「你的願望已經得到滿足，你必將昇入西方極樂世界。」到了南朝齊永明三年，無疾而終，享年八十五歲。

與慧進同時的還有京城龍華寺的釋僧念，他誦念的除《法華經》外，還有《金光明經》，他吃蔬菜，遠離世俗。

齊永興柏林寺釋弘明

釋弘明，本姓嬴，會稽山陰❶人。少出家，貞苦❷有戒節，止山陰雲門寺。誦《法華》，習禪定，精勤禮懺，六時不輟。每旦則水瓶自滿，實諸天❸童子以為給使也。明嘗於雲門坐禪，虎來入明室內，伏于床前，見明端然不動，久久乃去。又時見一小兒來，聽明誦經。明曰：「汝是何人？」答云：「昔是此寺沙彌，盜帳下食，今墮圊❹中。聞上人道業，故來聽誦經，願助方便，使免斯累也。」明即說法勸化，領解方隱。後於永興❺石姥巖入定，又有山精來惱明。明捉得以腰繩繫之，鬼遜謝求脫，云：「後不敢復來。」乃解放。於是絕迹。

元嘉中，郡守平昌孟顗，重其真素❻，要出安止道樹精舍。後濟陽江總於永興邑立紹玄寺，復請明往住。大明末，陶里董氏，又為明於村立栢林寺，要明還止，訓勗禪戒❼，門人成列。以齊永明四年卒於栢林寺，春秋八十有四。

【注釋】❶山陰　今浙江紹興。春秋越王句踐之都。秦置縣，以邑在山之陰而名。漢時屬會稽郡。❷貞苦　信仰堅定不渝，並苦節修行。❸諸天　佛家語。唐李白〈答族侄僧中孚贈玉泉仙人掌茶〉詩云：「朝坐有餘興，長吟播諸天。」佛教說欲界六天、色界四禪十八天、無色界四處四天，自四天王天至非有想非無想天，總謂之諸天。❹圊　廁所。❺永興　縣名。屬湖南。漢便縣地，南朝宋併入郴縣。唐析郴縣北四鄉置安陵縣，後改為高亭。宋以便縣故基高壓郴江，乃徙治，改高亭為永興縣。永興縣名既是後起，不知何故，此書用此縣名。❻真素　信仰純正且不雜俗念。❼訓勗禪戒　幫助大家學會禪定與理解戒法。

【語　譯】釋弘明，俗姓嬴，會稽郡山陰縣人，年輕時出家做了和尚，信仰堅定不渝，且修行艱苦，遵守各種戒條，住在山陰雲門寺。誦念《法華經》，習練安靜地止息一切雜念的禪定之法。他禮拜三寶，懺悔過去所犯的罪孽，一日六時，都不停止。每天早上，他的瓶子裡就注滿了水，這是上天的童子來做此事的。弘明曾在雲門寺入定坐禪，有一隻老虎進入他的禪房，蹲在他的床前，見弘明紋毫不動，過了很長時間，老虎自己走了。又有一次，弘明看見一個兒童，來聽他誦念經文，弘明問道：「你是什麼人？」兒童回答道：「我原是這座寺院的小和尚，偷吃寺裡的食品，今墮入廁所裡。聽說法師道業高明，因此來聽您誦經，願在您的幫助下得到超昇，免去現在這種苦難。」於是，弘明對這兒童說法教化，兒童領會了他的講解，才隱身而去。之後，弘明在永興石姥巖靜心息念修煉時，又遇到山精來打擾。弘明捉住了山精，解下腰間的繩子把山精捆了起來，山精告罪求饒，央求說：「再也不敢來打擾了。」弘明這才放了他。從此以後，山精消聲匿跡。

元嘉年間，郡太守孟顗敬重弘明的信仰純正，邀請他住入道樹寺院。後來濟陽考城人江總在永興邑建立紹玄寺，也請弘明去住。宋孝武帝大明末年，陶里人董氏，又為弘明修建了一座柏林寺，請弘明教眾人禪定的方法與戒律，跟他學習的人很多，可謂排列成行。他死於齊永明四年，享年八十四歲。

齊京師靈根寺釋慧豫　法音

釋慧豫，黃龍❶人。來遊京師，止靈根寺。少而務學❷，遍訪眾師。善談論，美風則❸，每聞臧否人物❹，輒塞耳不聽或時以異言間止。瓶衣❺率素，日以一中自畢。精勤標節，以救苦為先。誦《大涅槃》、《法華》、《十地》。又習禪業，精於五門❻。嘗寢見有三人來扣戶，並衣冠鮮潔，執持華蓋❼。豫問：「覓誰？」答云：「法師應死，故來奉迎。」豫曰：「小事未了，可申一年不？」答云：「可尒。」至明年滿一周而卒。是歲齊永明七年，春秋五十有七。

豫同寺有沙門法音，亦素行誦經。

【注　釋】❶黃龍　城名。又名龍城、和龍城、龍都。故地在遼寧朝陽。東晉列國後燕主慕容寶以此為都。❷務學　對學習專心致志。❸美風則　儀態很美。❹臧否人物　對人進行好或壞的評價。❺瓶衣　指佛教徒吃的食品與穿的衣服。❻五門　佛教語。又稱「五門禪」。為小乘七方便中之五停心觀。有《五門禪觀要用法》一卷。❼華蓋　帝王或貴官所用的傘蓋。

【語　譯】釋慧豫，黃龍城人。來到京城後，住在靈根寺。他年輕時就喜愛學習，並專心致志。為了學業有成，他拜許多人為師。他善於言談，風度翩翩。每當有人與他談論別人的好壞時，他就塞耳不聽，或者用別的話打斷。他吃素食，穿未染的衣服，一天祇吃一頓。他以精研教義、勤苦修行聞名。在他的一切事務中，以救拔眾人的苦難為第一要務。他誦念《大涅槃經》、《法華經》與《十地經》，他還學習靜心息念的禪定之法，而對於「五門禪」尤為精通。一次，他在睡覺的時候，見有三個人來敲門，穿著都光鮮整潔，手拿著車上的傘蓋。慧豫問道：「你們找誰呀？」來人回答說：「法師，你的死期已經到了，我們是特地來迎接你的。」慧豫說：「我還有一點小事沒辦完，能否再延長一年壽命？」來人回答說：「可以。」到了次年即齊永明七年，也就是離該去世的那天一週年的時候，慧豫死了，死時五十七歲。

與慧豫同寺廟的有沙門法音，也是守戒條而以誦經為業的僧人。

齊上定林寺釋道嵩

釋道嵩，姓夏，高密❶人。年十歲出家，少而沉隱有志用。及具戒❷之後，專好律學，誦經三十萬言。交接上下，未嘗有喜慍之色。性好檀捨❸，隨獲利養，皆以施人。瓶衣❹之外，略無兼物。宋元徽中來京師，止鍾山❺定林寺。守靖閑房，懺誦無輟。人有造者，輒為說法訓獎，以代饌焉。從之請戒❻者甚眾。後卒於山中，春秋四十有九。

【注　釋】❶高密　縣名。屬山東。春秋齊晏嬰封邑。秦為高密縣，屬齊郡，取境內密水為名。❷具戒　又謂「具足戒」。比丘有二百五十戒，比丘尼為五百戒。遵守了所有戒規，即為具足戒。❸檀捨　布施。❹瓶衣　指吃的用具與穿的衣服。❺鍾山　山名。又稱「紫金山」、「蔣山」等，在南京。❻請戒　請其教授戒法。

【語　譯】釋道嵩，俗姓夏，高密縣人，十歲時就出家當了和尚。年輕時就有很高遠的志向但卻不向他人顯露。在遵守了所有戒規之後，專好律學，並誦念了三十多萬字的經文。他不論與地位高的人還是地位低的人交往，未曾有過露出欣喜或惱怒的神色。他喜歡施捨，常常把獲取的東西，再送給別人。屬於他私人的東西，除了飲食用具與自己穿的衣服外，別無他物。他在宋元徽年間來到了京師，住在鍾山的定林寺。他在靜謐的僧房裡，一刻不停地誦念經文。有人來訪，他就和人家講說佛法，並進行勸導或肯定，以此代替食物的款待。由於他誨人不倦，因此，跟他學習戒法的人很多。他後來死於山中，年僅四十九歲。

齊定林上寺釋超辯　法明　僧志　法定

釋超辯，姓張，燉煌❶人。幼而神悟孤發，履操深沉。誦《法華》、《金剛》、《般若》。聞京師盛於佛法，乃越自西河❷，路由巴楚，達于建業。頃之，東適吳越，觀矚山水，停山陰城傍寺少時。後還都，止定林上寺。閑居養素❸，畢命山門。誦《法華》，日限一遍，心敏口從，恒有餘力。禮千佛，凡一百五十餘萬拜，足不出門三十餘載。以齊永明十年終於山寺，春秋七十有三。葬于寺南，沙門僧祐為造碑墓所，東莞劉勰❹製文。

時有靈根釋法明、祇洹釋僧志、益州釋法定，並誦經十餘萬言，蔬食苦行，有至德❺焉。

【注　釋】❶燉煌　地名。又作「敦煌」。屬甘肅。漢置縣，為敦煌郡治，魏晉因之。❷西河　古稱黃河上游南北流向的一段為西河。❸養素　涵養其清雅的情操。《文選》三國魏嵇叔夜〈幽憤詩〉云：「志在守樸，養素全真。」❹劉勰（西元？至五二〇年）南朝梁東莞莒縣人。字彥和。梁武帝時歷任東宮通事舍人、步兵校尉等職。著《文心雕龍》五十篇，主張文章要有益於政教，是我國古代第一部體系較為完整的文學理論著作。❺至德　至高無上之德。

【語　譯】釋超辯，俗姓張，燉煌縣人氏。幼小之時，就有神奇的悟性，同齡人無可比擬。性格沉靜，良好的操行也不外露。他誦念《法華經》、《金剛經》、《般若經》。聽說佛教在京城非常盛行，便渡過西黃河，經過巴楚之地，到達京城建業。短時間後，又向東遊歷吳越，觀覽江南的山水景色，停留在山陰城傍寺一段時間。後來，他回到了京城，居住在定林上寺。他祛念閑居，以涵養自己清雅的情操，一直到死，他都沒有走出過山門。他誦念《法華經》，每日祇誦一遍。隨意誦出，毫不吃力。他禮敬千座佛像，拜了一百五十多萬拜。他有三十多年足不出門，在齊永明十年死於山寺，死時七十三歲。他葬在寺的南面，沙門僧祐為他造了墓，並且立了碑，東莞劉勰做了碑文。

當時靈根寺的釋法明、祇洹寺的釋僧志、益州釋法定，都能誦念出十多萬字的經文，並且都吃素食、守戒律，有至高無上的大德。

齊山陰天柱山釋法慧 曇遊

釋法慧，本姓夏侯氏。少而秉志❶精苦，律行冰嚴。以宋大明之末，東遊禹穴❷，隱于天柱山寺。誦《法華》一部。蔬食布衣，志耽人外❸，居閣不下三十餘年。王侯稅駕❹，止拜房而反。唯汝南周顒❺，以信解兼深，特與相接。時有慕德希禮，或因顒介意，時一見者。以齊建武二年卒于山寺，春秋八十有五。

時若耶懸溜山有釋曇遊者，亦蔬食誦經，苦節為業。

【注釋】❶秉志　追求自己的志向。❷禹穴　在浙江紹興之會稽山，傳說為夏禹葬地。《史記・太史公自序》：「二十而南游江淮，上會稽，探禹穴。」《集解》引張晏：「禹巡狩至會稽而崩，因葬焉。上有孔穴。民間云禹入此穴。」❸志耽人外　性喜孤寂，不與人群往來。❹稅駕　猶解駕；停車。《史記》卷八七〈李斯傳〉：「物極則衰，吾未知所稅駕也！」❺周顒（約西元四七三年前後在世）字彥倫，汝南安城人，生卒年均不詳。言辭辯麗，工隸書，兼善《老》《易》，長於佛理。初為宋益州主簿。宋明帝頗好玄理，以顒有辭意，引入殿內，帝所為慘毒，顒不敢顯諫，輒誦經中罪福事，帝亦為之小止。

【語譯】釋法慧，俗姓夏侯氏。年輕時為追求自己的志向，精研經旨，苦守戒條，其行為不逾律規，有冰霜之操守。在宋大明末年，他來到會稽郡之山陰，憑弔了禹穴，然後隱居在天柱山寺。他能誦念一部《法華經》，吃蔬菜，穿布衣，不喜歡與人交往。住在閣樓上而不下來有三十多年。王侯貴族駕車來訪，也祇能停車在寺前，拜一拜僧房然後回府而已。他祇願與汝南人周顒結交，互相信任理解，友誼很深。當時有敬仰其高德的人，借助於周顒的介紹，或許能見上一面。他去世於齊建武二年，就在山寺裡去世，享年八十五歲。

當時若耶溪旁的懸溜山有僧人名叫釋曇遊，也是吃素念經，嚴守戒律。

齊京師後岡釋僧侯　慧溫

釋僧侯，姓龔，西涼州❶人。年十八，便蔬食禮懺。及具戒之後，遊方觀化。宋孝建初，來至京師。誦《法華》、《維摩》、《金光明》。常二日一遍，如此六十餘年。蕭惠開❷入蜀，請法❸同遊。後惠開協同義嘉負罪歸闕，侯乃還都。於後岡創立石室，以為安禪之所。自息慈以來，至于捨命，魚肉葷辛，未嘗近齒。腳影小蹉，輒空齋而過。齊永明二年，微覺不愈，至中不能食，乃索水漱口，合掌而卒，春秋八十有九。

時普弘有釋慧溫，亦誦《法華》、《維摩》、《首楞嚴》❹，蔬苦有高節。

【注釋】❶西涼州　即涼州。西涼，晉時十六國之一（西元四〇〇至四二〇年），東晉安帝隆安四年涼州李暠所建，自稱涼公，都酒泉，史稱西涼。在今甘肅西部。❷蕭惠開　南朝宋蕭思話子。初為秘書郎，累遷襄陽太守，襲封封陽縣侯。晉安王子勛反，惠開應之。子勛敗，明帝以蜀土險遠，釋惠開而不治罪。❸法　大正藏本作「共」。若「法」字不訛，該下有「師」字，不然，以「共」可解通。❹首楞嚴　經名。為《大佛頂如來密因修證了義諸菩薩萬行首楞嚴經》之略名。

【語譯】釋僧侯，俗姓龔，西涼州人氏。十八歲時，就吃素食，禮敬三寶，懺悔自己的罪孽。等到完全遵行戒律之後，他出外遊方，觀察各地的風俗教化。宋孝建初年，他來到了京城，誦念《法華經》、《維摩經》與《金光明經》。經常是每兩日念誦一遍，六十多年間，都是這樣。蕭惠開進入蜀地時，邀請僧侯一起去。後來，蕭惠開與劉義嘉一起進京請罪，僧侯也回到了京城。他在後岡建造了一座石室，作為自己息心靜念禪定的處所。自從住進石室到他去世，他從未吃過魚肉等葷食。祇要日影稍斜腳下，即空腹穿過膳房。齊朝永明二年，他微微地感覺到有點不舒服，到了中午時就不能進食了。於是，他要來水漱口，合掌而亡，享年八十九歲。

當時普弘寺有僧人慧溫，也誦念《法華經》、《維摩經》與《首楞嚴經》，吃素食，節操高尚。

梁上定林寺釋慧彌　法仙

釋慧彌，姓楊氏，弘農華陰❶人。漢太尉震之後裔也。年十六出家。及具戒之後，志修遠離，乃入長安終南山。巖谷險絕，軌迹莫至，彌負錫❷獨前，虎兕無擾。少誦《大品》❸，又精修三昧❹，於是翦茅結宇，以為棲神之宅。時至則持鉢入村，食竟則還室禪誦，如此者八年。

後聞江東有法之盛，乃觀化京師，止于鍾山定林寺，習業如先。為人溫恭仁讓，喜慍無色，戒範精明，獎化忘勌❺，諮賢求善，恒若未足。凡黑白❻造山禮拜者，皆為說法提誘，以代餚饌。爰自出家，至于衰老，葷醪鮮豢，一皆永絕，足不出山三十餘年。曉夜習定，常誦《般若》，六時禮懺，必為眾先。以梁天監十七年閏八月十五日終於山舍，春秋七十有九。葬于寺南，立碑頌德。

時定林又有沙門法仙，亦誦經有素行。後還吳為僧正，卒於彼。

【注釋】❶華陰 縣名。秦置寧秦縣，漢改華陰縣。在今陝西東部，渭河下游。❷錫 錫杖，僧人的法器。❸大品 佛經名。全名為《大品經》。一般指西晉無羅叉和竺叔蘭譯《放光般若經》（三十卷）、竺法護譯的《光讚般若經》（十五卷）、後秦鳩摩羅什譯的《摩訶般若經》（四十卷）、唐玄奘譯的《大般若經》第二會。❹三昧 梵語。意譯為「定」。謂心專注一境而不散亂的精神狀態，佛教以此作為取得確定之認識、作出確定之判斷的心理條件。❺獎化忘勌 勸導、教化眾生而忘記疲倦。勌，同「倦」。❻黑白 佛教語。又稱「黑白業」、「四業」。指四種不同的因果報應。一是「黑黑業」：惡業名「黑」，惡所引的果報亦名「黑」，謂惡有惡報；二是「白白業」：善業名「白」，善所引的果報亦名「白」，謂善有善報；三是黑白業：業與報皆善惡相混；四是不黑不白業：指擺脫善惡黑白的無漏業，即為達到涅槃境界的佛教修習。

【語譯】釋慧彌，俗姓楊，弘農華陰縣人，漢代太尉楊震之後代。十六歲時出家做了和尚，等到完全遵守了二百五十條戒規之後，他選定遠離塵世作為自己的修業。於是，他進入長安附近的終南山，以避俗世。終南山峰高谷深，人跡罕至。慧彌獨自攜錫前往，然而老虎等野獸卻不來傷害他。他在誦念一段《大品經》之後，又研修禪定的方法。他砍割茅草，建造了一座房子，以此作為神居住之處。到了一定的時候，他便拿著鉢進村，吃完飯後，又回到茅屋裡息心誦經。就這樣，過了八年時間。

後來，他聽說江南佛教盛行，於是，他到了京城，了解風俗教化，住在鍾山定林寺，所修之業和從前一樣。他對人溫和恭敬，謙讓而有禮貌，不論是高興還是憤怒，情緒都不呈現於臉上，他嚴守戒律，不失風範。他對人們的勸導、教化，總是以一種誨人不倦的態度，而學習別人，求教賢者，又似乎永遠沒有滿足的時候。不論是曾經造孽之人，還是行善之人，凡是來山寺拜訪的，他都向他們講說佛法，勸說他們信仰佛教，以此來代替餚饌的招待。從他出家到衰老，他從未沾過一點葷腥，對非素食的一概拒絕。他足不出山三十餘年，早晚都在寺裡息心靜念地坐禪，誦念《般若經》，整日地懺悔。他無疑成了眾僧的表率。梁天監十七年閏八月十五日，他在山寺的僧舍裡去世，享年七十九歲。他被葬在寺的南面，後人在他的墓前立了碑，碑文歌頌了他的功德。

當時定林寺還有位僧人叫法仙，也以誦念經文為業，並遵守戒律。後來他回到了吳地，做了僧正，最後就在那裡圓寂。

梁富陽齊熙寺釋道琳

釋道琳，本會稽山陰人。少出家，有戒行。善《涅槃》、《法華》，誦《淨名經》❶，吳國張緒禮事之。後居富陽縣❷泉林寺。寺常有鬼怪，自琳居之，則消。琳弟子慧韶，為屋所壓，頭陷入肩，琳為祈請。韶夜見兩胡道人❸拔出其頭，旦起遂平復。琳於是設聖僧齋，鋪新帛於床上，齋畢，見帛上有人迹，皆長三尺餘，眾咸服其徵感。富陽人始家家立聖僧坐以飯之。至梁初，琳出居齊熙寺。天監十八年卒，春秋七十有三。

【注釋】❶淨名經　即《維摩詰所說經》。❷富陽縣　在今浙江。❸胡道人　西域的和尚。

【語譯】釋道琳，本是會稽郡山陰縣人。年輕時出家做了和尚，遵守戒律。他對《涅槃經》、《法華經》有很深的研究，而誦念的則是《淨名經》。吳國張緒對他很敬重，給他很高的禮遇。道琳後來居住在富陽縣泉林寺。該寺過去常出現鬼怪，但是自從道琳住進來之後，就不再見到鬼的蹤影了。道琳有個弟子叫慧韶，被倒塌的房屋壓住了，頭被壓得縮進了兩肩之中。道琳為他誦經求佛。當天夜裡，慧韶見到兩個西域的僧人，走過來把他的頭拔了出來。第二天早上，頭真的平復如故。道琳於是設立供養聖僧的齋會，把一塊嶄新的綢布鋪在床上。齋會結束之後，人們見到綢布上有人睡過的痕跡，所睡之人都有三尺多長。眾人這時無一不歎服道琳對未來之事的感應。自此以後，富陽人開始家家為聖僧設立座位，用飯供養。到了梁朝初年，道琳又住入齊熙寺。他於天監十八年去世，享年七十三歲。

論曰：諷誦之利大矣，而成其功者希焉。良由總持❶難得，惛忘❷易生。如經所說，止復一句一偈，亦是聖所稱美。是以曇邃通神於石塢，僧生感衛於空山，道冏臨危而獲濟，慧慶將沒而蒙全。斯皆實德內充，故使徵應外啟。經云：「六牙降室❸，四王❹衛座」，豈虛哉？若乃凝寒靖夜，朗月長宵，獨處閑房，吟諷經典，音吐道亮，文字分明。足使幽顯忻踊，精神暢悅。所謂歌誦法言，以此為音樂者也。

贊曰：法身既遠，所寄者辭。沉吟反復，惠利難思。無怠三業❺，有競六時❻。化人乃衛，變眾來茲。此焉實德，誰與較之？

【注釋】❶總持　即是佛法。❷惛忘　迷糊不清而易於忘記。惛，同「惽」。❸六牙降室　《法華經・普賢勸發品》曰：「是人若行若立，讀誦此經，我爾時乘六牙白象王，與大菩薩眾俱詣其所而自現身。」❹四王　又稱「四天王」。《長阿含經》曰：「東方天王名多羅吒，南方天王名毗琉璃，西方天王名毗留博叉，北方天王名毗沙門。」❺三業　佛教語。業，梵語「羯磨」的意譯。三業說法很多，有稱身、口、意為「三業」，也有稱貪、嗔、痴為三業的。❻六時 佛教將一日分為：晨朝、日中、日沒、初夜、中夜、後夜，這六個時段稱為六時。

【語　譯】論說：諷詠吟誦佛經的好處是很大的，然而真正以誦經為修持而取得成功的人卻又是很少的，其原因主要是誦念之時，心識易於昏忘，而就在這時候失去了法力清淨之熏用。不過如佛經所說，衹要誦得一句經文，一個偈語，也是會讓聖人高興的。因此，晉河陰白馬寺釋曇邃由於擅長誦經而被神請到白馬塢神祠中說法，晉蜀三賢寺釋僧生在山中誦經時，常有山神侍衛，宋京師南澗寺釋道冏因誦經而從危險中被神解救了出來，宋廬山釋慧慶也因誦經而免去了淹死的災難。這些人都是因為誦念經文而內心具有了高尚的品德，善報便降到了他們的身上。佛經說：「菩薩乘六牙白象下降人間，便有四天王護衛左右。」這話真是不虛啊！在寒冷寂靜的夜裡，一輪皎潔的月亮照耀著大地，若在此時，一個人獨自在空蕩蕩的僧房裡，吟誦著經文，聲音嘹亮，吐字清晰。這樣的吟誦之聲一定會讓陰陽兩界的有靈之物興高采烈，精神愉快。這就是所謂歌頌佛經的聲音，可成為最動聽的音樂。

贊歌：佛的法體雖然離我們遠去，但佛的了義仍在如是我聞的辭意之中。我們反覆地吟誦，所得利益不可思議。不要讓身、口、意驕怠放逸，一日六時都要有誦聲出戶。佛法所化的神人會來保衛，佛法所化現的天眾也會來到這裡。這全都是佛法真實的示現，這其中的道理要向誰講個明白呢？

卷一三

興福　正傳十四人　附見三人

晉并州竺慧達

竺❶慧達，姓劉，本名薩阿❷，并州❸西河離石人。少好畋獵。年三十一，忽如暫死，經日還穌，備見地獄苦報，見一道人云是其前世師，為其說法訓誨，令出家，往丹陽、會稽、吳郡覓阿育王塔❹像，禮拜悔過，以懺先罪。既醒，即出家學道，改名慧達。精勤福業，唯以禮懺❺為先。

晉寧康中，至京師。先是簡文皇帝❻於長干寺造三層塔，塔成之後，每夕放光。達上越城顧望，見此剎杪獨有異色，便往拜敬，晨夕懇到。夜見剎下時有光出，乃告人共掘，掘入丈許，得三石碑。中央碑覆中，有一鐵函，函中又有銀函，銀函，銀函裏金函，金函裏有三舍利。又有一爪甲及一髮，髮伸長數尺，卷則成螺，光色炫燿。乃周宣王時阿育王起八萬四千塔，即此一也。既道俗歎異，乃於舊塔之西，更竪一剎，施安舍利。晉太元十六年，孝武更加為三層。

又昔❼咸和中，丹陽尹高悝，於張侯橋浦裏，掘得一金像，無有光趺❽，而製作甚工。前有梵書云是育王第四女所造。悝載像還至長干巷口，牛不復行，非人力所御，乃任牛所之，徑趣長干寺。尒後一年許，有臨海❾漁人張係世，於海口得銅蓮華趺，浮在水上，即收送縣。縣表上臺，勑使安像足下，契然相應。後有西域五僧詣悝云：「昔於天竺得阿育王像，至鄴❿遭亂，藏置河邊。王路既通，尋覓失所。近得夢云，像已出江東，為高悝所得。故遠涉山海，欲一見禮拜耳。」悝即引至長干，五人見像，歔欷涕泣，像即放光，照于堂內。五人云：「本有圓光，今在遠處，亦尋當至。」晉咸安元年，交州合浦⓫縣採珠人董宗之，於海底得一佛光。刺史表上，晉簡文帝勑施此像。孔穴懸同，光色一種。凡四十餘年，東西祥感，光趺方具。達以剎像靈異，倍加翹勵⓬。後東遊吳縣，禮拜石像。此像以西晉將末，建興元年癸酉之歲，浮在吳松江滬瀆口。漁人疑為海神，延巫祝以迎之，於是風濤俱盛，駭懼而還。時有奉黃老者，謂是天師之神，復共往接，飄浪如初。後有奉佛居士吳縣民朱應，聞而歎曰：「將非大覺之垂應乎！」乃潔齋共東靈寺帛尼及信者數人，到滬瀆口。稽首盡虔，歌唄至德，即風潮調靜。遙見二人浮江而至，乃是石像，背有銘誌，一名「惟衛」，二名「迦葉」，即接還安置通玄寺。吳中士庶嗟其靈異，歸心者眾矣。

達停止通玄寺，首尾三年，晝夜虔禮，未嘗暫廢。頃之，進適會稽，禮拜鄮縣⓭塔。此塔亦是育王所造，歲久荒蕪，示存基蹠。達翹心束想，乃見神光焰發，因是修立龕砌，群鳥無敢棲集。凡近寺側畋漁者，必無所復獲，道俗傳感，莫不移信。後郡守孟顗復加開拓。達東西覲禮，屢表徵驗，精誠篤勵，終年無改。後不知所之。

【注釋】❶竺　大正藏本作「釋」。此處「釋」、「竺」同義。❷薩阿　大正藏本作「薩河」。❸并州　古九州之一。漢置并州，其地當今內蒙古、山西大部分及河北之一部分。東漢時併入冀州。三國魏復置。地約當今山西汾水中游地區。❹阿育王塔　佛教傳說：阿育王大興佛事，到處建立寺塔，奉安佛舍利及供養僧眾，贖免罪過。王所統領之國，共數八萬四千，因敕令諸國建八萬四千大寺，八萬四千寶塔，共號曰阿育王塔。❺禮懺　佛教語。禮拜三寶，懺悔所造之罪。《梁書・庾詵傳》：「晚年以後，尤遵釋教，宅內立道場，環繞禮懺，六時不輟。」❻簡文皇帝　司馬昱，西元三七一至三七二年在位。❼又昔　大正藏本「昔」下有「晉」。❽光趺　佛像的光芒與像的底座。❾臨海　縣名。屬浙江。西漢為回浦縣，東漢為章安縣。三國吳分章安置臨海縣，為臨海郡治。❿鄴　地名。在今河北臨漳西。⓫交州合浦　昔為廣東海康，今屬廣西僮族自治區。⓬翹勵　同「翹勤」。奮發勤苦。⓭鄮縣　大正藏本作「都縣」。當為「鄮縣」，屬會稽郡，故址在今浙江鄞縣境內。

【語　譯】釋慧達，俗姓劉，名薩阿，并州西河離石地方人。年輕時喜歡打獵。三十一歲那年，忽然暫時死去，過了一整天才蘇醒過來。在死去的這段時間裡，他看到了地獄中各種各樣因前世罪孽而得的苦報。他還見到一個和尚，和尚對他說：「我是你前世的師父。」並對他講解佛法，教誨他如何做人，要他出家，往丹陽、會稽、吳郡等地尋覓阿育王的塔像，禮拜佛像，並懺悔自己的過失與先人的罪業。等他蘇醒過來後，即出家學佛，改名為慧達。從此以後，慧達勤苦修行，以造就福業為自己的主要任務，而以禮拜佛寶、法寶、僧寶，懺悔自己的罪行為頭等重要的事情。

東晉孝武帝寧康年間，慧達來到了京城。先前，簡文皇帝在長干寺修建了一座三層佛塔，塔建成之後，每晚都放射出光芒。慧達來到越城觀望，見到這座塔的頂部有異樣的色彩，便到塔前施禮敬拜，早晚都去，並表現出虔誠的態度。後來又在夜裡看到塔下不時地放出光來，便告訴他人，要大家一起挖掘。當挖到一丈多深的時候，找到了三塊石碑。中間那塊碑蓋著一只鐵盒子，把盒子打開，發現裡面還藏有一只銀盒子，而銀盒子裡又有一只金盒子，打開金盒子，裡面存放著三個舍利，還有一段指甲和一根頭髮，頭髮放開後，長達數尺，捲起來則成了一個螺的形狀，光亮閃耀。這是周宣王時阿育王所造的八萬四千座佛塔中的一個。僧侶與百姓對此驚歎不已，於是，在舊塔的西側，又造了一座佛塔，安放供養舍利。東晉孝武帝太元十六年，皇帝又將佛塔加高了三層。

過去，在東晉孝武帝咸和年間，丹陽郡的郡尹高悝，在張侯橋浦，挖到一座金像，但沒有圓光與底座，工藝非常精致。像的前面刻有梵文，說是阿育王第四個女兒雕塑的。高悝用牛車把佛像運到長干巷口，牛不再向前走，不論趕車人如何牽拉，牛都不聽使喚，於是任由牛走。牛逕走到長干寺。一年多以後，臨海縣有個漁民，叫張係世，在海口處得到了一座銅質蓮花狀的底座，它原來浮在水上，於是撈取上來，送到縣裡。縣裡又上報朝廷，皇上便下旨將蓮花底座安置在金像的下面，果然十分契合。後來，有五個西域和尚來找高悝，說他們在天竺得到了阿育王像，然而，到了鄴縣時，遭逢世亂，便把它藏在河邊。等天下安定後，再去找它，卻找不到了。近來，有神靈託夢告訴他們說：像已出現在江南，被高悝得到了。因此，不顧山高路遠，跋山涉水，到這裡來，想看一看金像，並對它施禮。高悝便把他們帶到長干寺。五人見到金像，哭哭啼啼。金像在他們感歎流淚時放出了光芒，滿室生輝。五人說：「金像本來有光芒圖案的圓光，今日雖然遠在他方，也會把它找到。」東晉簡文帝咸安元年，交州合浦縣的採珠人董宗之，在海底得到一個圓光。刺史上奏朝廷，晉簡文帝便下旨將佛光配給金像。金像與佛光接孔和接縫都十分密合，加之蓮花底座，比先前更加燦爛。前後經歷了四十年，東西神靈感應，圓光與蓮花底座才聚齊。慧達知道了寺中金像的靈異後，修行更加奮發勤苦。他後來遊歷了吳縣，拜了兩座石像。這兩座石像曾因為西晉將要滅亡，於西晉愍帝建興元年，漂浮在吳淞江滬瀆口。漁民疑是海神，請來巫覡迎神。結果卻招致狂風巨浪，巫覡們恐懼而退。當時還有一位信奉黃帝、老子哲學的人，自稱是天師之神，他與巫覡一起再往接神，然而風浪如故。最後，一個信奉佛教的居士，吳縣人朱應，聽說這件事後感歎說：「是不是佛啟示人覺悟的感應哪！」於是，打掃乾淨齋房，與東雲寺僧人帛尼以及信徒數人，來到滬瀆口，虔誠地稽首禮拜，歌唱佛的功德，大海立即風平浪靜，遠遠地看見有兩個人浮江而來，到了面前，才認出是兩座石像。背後刻著名字，一叫惟衛，一叫迦葉。他們把石像接了回去，安置在通玄寺。吳地的官員百姓都感歎石像的靈異，很多人因此而皈依佛教。

慧達住在通玄寺，前後有三年時間，在這三年中，他不論白天黑夜都虔誠拜佛，沒有片刻的停歇。不久，他來到了會稽，施禮拜了鄮縣的佛塔。此塔也是阿育王建造的，由於年歲久遠，已經荒蕪破敗，僅存塔的根基了。慧達聚精會神地玄想一會兒，便看見一道道神光像火焰噴發。於是在此修建了一個神龕。而群鳥都不敢在神龕上棲息。凡是靠近這座塔周圍打獵捕魚的人，必然是一無所獲。僧侶與百姓將此口耳相傳，且很感動，沒有一個不相信。後來，會稽郡太守孟顗重新將佛塔加以整修，並進行擴建。慧達從西到東，覲見禮拜佛像，多次表現出靈異徵兆。他勤苦修行，信仰堅定，終年不改。慧達後來的事跡就不知道了。

晉武陵平山釋慧元　竺慧直

釋慧元，河北人，為人性善，喜慍無色。常習禪誦經，勸化福事❶，以為恒業❷。晉太元初，於武陵平山立寺，有二十餘僧，飱蔬幽遁❸，永絕人途。以太元❹十四年卒。卒後有人入武當山❺下見之，神色甚暢，寄語寺僧，勿使寺業有廢。自是寺內常聞空中應時有磬聲，依而集眾，未嘗差失。沙門竺慧直居之。直精苦❻有戒節，後絕粒唯餌❼松栢，因登山蟬蛻焉。

【注　釋】❶福事　即福業，讓他人快樂，自己的精神也從中得到愉悅的善事。❷恒業　終生所從事的行業。❸飱蔬幽遁　食蔬果，與世隔絕。飱，夕食，這裡泛指吃東西。幽遁，神不知鬼不覺地跑掉。❹太元　晉孝武帝司馬曜年號，西元三七六至三九六年。❺武當山　本名「仙室山」。又名太嶽山、太和山、寥上山、謝羅山。在湖北均縣南，為大巴山脈分支。山有七十二峰、三十六巖、二十四澗、五臺、五井、三泉、三潭。最高峰為天柱，最大巖為紫霄。道教奉為名山，也為武當派武術起源之所。❻精苦　勤於修煉，杜絕欲望，幾乎沒有物質與精神的享受。❼餌　吃。

【語　譯】釋慧元，河北地方人。待人善心和氣，歡喜與苦惱一樣地神態平靜。他經常練習心定於一境的禪定，念誦佛經，勸人做善事。晉朝太元初年，他在武陵平山建立了一座寺廟，寺中有二十多個和尚。他們吃蔬果，遠離人間的紅塵世界，從此不再和山外人間相往來。慧元圓寂於晉太元十四年。之後，有人在武當山下見到了他，精神歡暢，臉上表現出高興的樣子，他讓這人帶話給寺中的和尚，要努力修持，不要讓寺廟的佛教事業中斷。從此以後，武陵平山中的寺廟內，按時聽到空中傳來敲磬的聲音。寺內的和尚們一聽到這聲音，便集合起來念經，從不出差錯。後來，天竺國勤修善法的和尚慧直居住該寺。他嚴守戒律，熄滅一切欲望，不再吃飯，僅吃松柏，最後，他登上山巔，像蟬一樣蛻化了外殼。

晉京師瓦官寺釋慧力

釋慧力，未知何許人。晉永和❶中，來遊京師。常乞蔬食苦行頭陀❷修福。至晉興寧❸中，啟乞陶處以為瓦官寺。初標塔基，是今塔之西。每夕標塔基❹輒東移十餘步，旦取還，已復隨徙，潛共伺之，見一人著朱衣武冠，拔標置東方，仍於其處起塔，今之塔處也。記者云：「立寺後三十年，當為天火所燒。」至晉孝武太元二十一年❺七月夜，自燃火起。寺僧數十人，都無知者，明旦見塔已成灰聚。帝曰：「此國不祥之相❻也。」即敕楊法尚、李緒等速令修復。至九月帝崩。有戴安道所製五像，及戴顒所治❼丈六金像。昔鑄像初成，而面首❽殊瘦，諸工無如之何，乃迎顒看之。顒曰：「非面瘦也，乃臂胛❾肥耳。」既鑢❿減臂胛，而面相自滿，諸工無不歎息。又有師子國⓫四尺二寸玉像，並皆在焉。昔師子國王聞晉孝武⓬精於奉法，故遣沙門曇摩抑遠獻此佛。在道十餘年，至義熙⓭中乃達晉。司徒王謐嘗入臺，見東掖門外有寺人擲樗，所著處⓮輒有光出，怪令掘之，得一金像，含⓯光趺⓰長七尺二寸。謐即啟聞，宋高祖迎入臺供養，宋景平⓱末，送出瓦官寺，今移龍光寺。

【注釋】❶永和　晉穆帝司馬聃年號，西元三四五至三五六年。❷頭陀　佛教語。原譯為「抖擻」，謂抖擻衣服、飲食、住處三種貪著之行法。俗稱僧人之行腳乞食者為「頭陀」，也稱行者。❸興寧　東晉哀帝司馬丕年號，西元三六三至三六五年。❹標塔基　大正藏本「標」下無「塔基」二字。標，以樹木為記號。❺太元二十一年　西元三九六年。❻不祥之相　發生禍害之事的先兆。❼治　金陵刻經處本作「治」。治，製造，這裡指雕刻佛像。❽面首　面部與頭部。❾胛　肩胛，背上兩膊之間。❿鑢　磨去。⓫師子國　或作「獅子國」。舊名錫蘭，今斯里蘭卡共和國。「獅子國」名始見於晉法顯《佛國記》，為梵文、巴利文的意譯。⓬晉孝武　指司馬曜。⓭義熙　東晉安帝司馬德宗年號，西元四〇五至四一八年。⓮所著處　大正藏本上有「戲樗」二字。有此二字易解句意。⓯含　大正藏本作「合」。不通。⓰趺　同「跗」。碑下石座。⓱景平　南朝宋少帝劉義符年號，西元四二三至四二四年。

【語　譯】釋慧力，不知道是哪裡人。晉朝永和年間，他來到了京城，經常向人乞討蔬菜素食，苦心修持，行善積德。到了晉興寧年中，他向朝廷啟奏，請求在燒製陶瓷的地方建造瓦官寺。當初準備建塔所立標桿的地方，在今日塔的西邊。那時，每到晚上，都會有人把標誌塔基位置的標桿，向東移去十多步。白天時，人們把標桿重新插到定好的位置，但是，又被挪到東邊去。慧力他們便躲起來觀察，看看到底是怎麼一回事。祇見一個人，穿著大紅的衣服，戴著武士的帽子，就是他把標桿拔起，移到了東邊。於是，便把塔建在此處，也就是今日塔所在的位置。有一篇筆記說：「瓦官寺建後三十年，要被天火燒毀。」果然，到了晉孝武帝太元二十一年七月的一個夜晚，一把自燃的大火燒了起來。寺裡幾十個和尚，卻一點感覺都沒有。第二天天亮時，才發現塔被燒了，塔灰已聚集在一處。晉孝武帝司馬曜說：「這是要發生禍害的先兆。」立即命令楊法尚、李緒等迅速地修復起來。這一年的九月，孝武帝死了。瓦官寺內有戴安道雕塑的五尊佛像，和戴顒主持雕塑的一丈六尺高的金佛像。當初佛像剛鑄成時，臉部與頭部顯得特別的瘦，工匠們對此束手無策，便請來戴顒，讓他想辦法。戴顒看後說：「不是臉部瘦，而是肩胛部位太肥。」當工匠們磨減了肩胛後，臉部自然地就變得豐滿了起來，工匠們對他無不欽佩，都發出了讚歎聲。瓦官寺裡還供奉著師子國送來的四尺二寸高的玉佛像。這尊玉佛像是師子國的國王聽說晉孝武帝極為信佛，勤苦持戒，便派和尚曇摩抑到很遠的中國來獻上此佛。他走了十多年的時間，到了晉朝義熙年間，才到達首都。司徒王謐一日往臺省辦公，見到東掖門外有和尚在玩擲骰子的遊戲，骰子擲到的地方，即冒出光來。王謐感到奇怪，令人挖掘，得到一尊金佛像。金光閃亮，連座臺共長七尺二寸。王謐立即啟奏皇帝，宋高祖將金佛像迎入宮內供養。宋景平末年將金佛像送進瓦官寺，今日又移到龍光寺內。

晉京師安樂寺釋慧受

釋慧受，安樂❶人。晉興寧中，來遊京師。蔬食苦行，常修福業。嘗行過王坦之❷園，夜輒夢於園中立寺，如此數過。受欲就王乞立一間屋處，未敢發言，且向守園客松期❸說之。期云：「王家之園，恐非所圖也。」受曰：「若今誠感❹，何憂不得。」即詣王，陳之。王大喜，即以許焉。初立一小屋，每夕復夢見一青龍從南方來，化為刹柱❺。受將沙彌❻試至新亭江尋覓，乃見一長木隨流來下。受曰：「必是吾所夢見者也。」於是雇人牽上，豎立為刹，架以一層。道俗競集，咸歎神異。坦之即捨園為寺，以受本鄉為名，號曰「安樂寺」。東有丹陽尹王雅宅，西有東燕太守劉鬪宅，南有豫章太守范寧宅，並施以成寺。後有沙門道靖、道敬等，更加修飾，于今崇麗❼焉。

【注釋】❶安樂　縣名。漢置，後漢末廢，三國魏復置，後封蜀後主禪為公國。晉改為安國縣，後魏廢。故城在今順義西南。❷王坦之　王述之子。字文度，弱冠時就聞名於世。後與郗超並為桓溫長史，累官中書令，兼徐兗都督，封藍田侯。❸松期　原作「私期」。據大正藏本改。❹誠感　以誠感人。❺剎杆　又作「剎竿」。寺外豎立一長竿，上有金銅鑄造的寶珠火焰形之物，以作寺廟的標誌。❻沙彌　佛教稱男子出家初受十戒者為沙彌，女性為沙彌尼。❼崇麗　壯麗；輝煌。

【語譯】釋慧受，安樂地方人。晉朝興寧年間，來到了首都。他僅吃蔬菜素食，堅守佛教戒律，經常做善事。一天，他經過王坦之的園林中，當天夜裡就做了一個夢，夢見園林中建了一座寺廟。後又多次經過這一園林。慧受想向王坦之請求，在他的園林中建造一間房子大小的寺廟，但他不敢說。慧受先向守園人松期說了自己的想法，松期說：「在王家的園林中建寺廟，怕你辦不到。」慧受回答道：「如果能用誠懇的態度打動他，怎麼怕他不答應呢？」於是，慧受來到了王家，向王坦之陳述了自己的願望。王坦之聽後很高興，立即答應了他的請求。剛開始，慧受在王坦之的園林中蓋了一個小屋，後來每到晚上便夢見一條大青龍，從南方飛來，化為剎柱，豎立在寺前。於是，慧受帶著剛出家的和尚，試著到新亭江尋找，祇見一根很長的木頭隨流而下。慧受說：「這就是我所夢見的那條青龍。」他們便雇人運到寺中，在寺前豎立起來，又在木頭的頂上架了一層，裝著用金銅鑄造寶珠火焰之物。人們知道了這一剎柱的來歷之後，不論是佛教徒還是俗世男女，都來觀看，並讚嘆不已，認為它是神異之物。這樣一來，王坦之把整個園林都捐捨出來作寺廟，並以慧受家鄉的地名作寺名，稱為「安樂寺」。安樂寺的東面是丹陽人尹玉漂亮的宅第，西面是東燕太守劉鬪的房子，南面則是豫章太守范寧的家。他們都向安樂寺施捨，寺便很快建成。後來，和尚道靖、道敬相繼主持該寺，不斷擴建裝飾，成了今日壯麗的樣子。

宋京師崇明寺釋僧慧

釋僧慧，未知何許人。自❶少來好修福業。晉義熙中，共長安人行長生，立寺於京師破塢村中。始遷域❷其處，起草屋數間，便集僧設齋。至中夜，堂內兩燈忽自然行，進前數十步，油篕❸如故，無所傾覆。大眾驚嗟，訪諸耆老❹，咸言燈所移處，是昔時外國道人❺起塔之基。於是就共修立。以燈移表瑞，因號崇明寺焉。

【注釋】❶自　大正藏本無此字。❷域　這裡指僧慧修持的地方。❸油篕　放油的器具。篕，祭器名。《禮·明堂位》：「薦用玉豆雕篕。」篕，以竹為之，形以筥，祭祀時用。這裡指盛油的器皿。❹耆老　老人。古代人六十曰耆，七十曰老。❺道人　這裡指佛教僧侶。

【語譯】釋僧慧，不知道是哪裡人。從年輕的時候起，他就行善積德，多做好事。晉朝義熙年間，他和長安人行長生一起在京城破塢村中建造了一座寺廟。他們剛來這個地方的時候，幾間草房子剛落成，便招集和尚，做起了法事。有一次半夜時分，佛堂內的兩盞油燈忽然自己走了起來，向前走了十多步，盛油的碗卻平穩如故，一點不歪，更不用說油倒出來了。和尚們驚訝得嘖嘖稱奇。他們訪問了當地的老人，老人們都說，燈行走的地方，是過去外國和尚所建的佛塔根基。於是，就在燈走的地方，重新建造了寺廟，因為是燈的移動，兆示了此地的祥瑞，便稱這個寺廟為「崇明寺」。

宋山陰法華山釋僧翼　道敬

釋僧翼，本吳興餘杭❶人。少而信悟❷，早有絕塵之操❸。初出家，止廬山寺，依慧遠修學。蔬素苦節，見重門人❹。晚適關中，復師羅什，經律❺數論，並皆參涉，又誦《法華》❻一部。以晉義熙十三年與同志曇學沙門，俱遊會稽，履訪山水。至秦望西北，見五岫駢峰，有耆闍❼之狀，乃結草成菴，稱曰「法華精舍」。太守孟顗、富春人陳載，並傾心挹德❽，贊助成功。翼蔬食澗飲三十餘年，以宋元嘉二十七年卒，春秋❾七十。立碑山寺，旌其遺德。會稽孔逭製文。翼同遊曇學沙門，後移卜❿秦望之北，號曰「樂林精舍」。有韶相、灌蒨，並東岳望僧⓫，咸共憩焉。時有釋道敬者，本瑯琊冑族⓬，晉右將軍王羲之⓭曾孫。避世出家，情愛丘壑。棲于若耶山，立懸溜精舍。敬後為供養眾僧，乃捨具足⓮，專精十戒⓯云。

【注　釋】❶吳興餘杭　地名。今浙江省杭州市。❷信悟　信仰佛教，並對人生有所覺悟。❸絕塵之操　有離開紅塵生活，出家做僧人的理想。❹門人　跟他學習的人。❺經律　佛教語。三藏中之經藏與律藏。經乃闡述佛教教義之文，律乃訓導約束僧侶之紀律。❻法華　指《法華經》。該經為佛教主要經典之一，全名為《妙法蓮華經》。經中宣揚三乘歸一之旨，自以其法微妙，如蓮花居塵不染，故名。❼耆闍　山名。意譯為「鷲」。相傳釋迦牟尼說法處，在印度阿耨達王舍城東北。❽傾心挹德　全心全意投注於某件事。❾春秋　代指年齡。❿移卜　將修持地移到別處。佛經中有卜經，如《灌頂經》十曰：「今我梵王承佛威神，演說卜經一百偈頌，以示百姓，決了狐疑，知人吉凶。」這裡的「卜」意為持戒修心。⓫望僧　有聲望的和尚。⓬冑族　貴族。⓭王羲之　（西元三〇三至三六一年）晉琅琊臨沂人，居會稽山陰。字逸少。司徒王導從子。官至右軍將軍、會稽內史。習稱「王右軍」。少從叔父廙，後又從衛夫人學書，得見諸名家書法，草、隸、正、行，皆能博採眾長，自成一家。⓮具足　具備滿足。《法華經》曰：「此大良藥，色香美味皆悉俱足。」⓯十戒　佛教語。小乘沙彌尼戒律。其內容為一不殺生，二不偷盜，三不邪淫，四不妄語，五不飲酒，六不著華鬘好香塗身，七不歌舞倡伎，亦不往觀聽，八不得坐高廣大床上，九不得非時食，十不得捉錢金銀寶物。

【語　譯】釋僧翼，原本是吳興餘杭人。年輕時就信仰佛教，並對人生的真諦有所覺悟，很早就有離開塵世、出家為僧的理想。他剛開始出家時，住在廬山寺，跟著慧遠進修佛學。因嚴守戒律，吃蔬菜素食，很受弟子們敬重。晚年時他來到了關中，拜羅什為師，學習的內容很廣泛，涉及到多部經藏與律藏，他還能誦念一部《法華經》。在晉朝義熙十三年，僧翼與和自己志同道合的和尚曇學，一起遊會稽，看了很多山水。到了秦望西北，看到了五岫山雙峰並峙，像釋迦牟尼說法處的山狀。於是，兩人在此蓋了個草庵，稱之為「法華精舍」。造這間草庵，得到了會稽太守孟顗、富春人陳載的全力幫助。僧翼吃蔬菜，飲山澗水，長達三十多年。他圓寂於南朝宋元嘉二十七年，活了七十歲。他死後，人們在山寺前豎了一塊石碑，碑上刻著他的事跡，頌揚了他的德行。碑文是由會稽人孔逭撰寫的。與他一起修行的和尚曇學，後來搬到了秦望的北邊，其庵稱為「樂林精舍」。精舍中的和尚還有韶相、灌蒨與泰山來的有聲望的和尚。當時有一個叫道敬的和尚，本來是山東瑯琊的貴族，晉朝右將軍王羲之的曾孫，厭惡紅塵世界而出家做了和尚。他愛自然界的山水，於是居住在若耶山中，建造了一間叫「懸溜精舍」的小庵。道敬後來為了更有效地教育和尚們，放棄了對博大精深經文的研究，專門掌握小乘的十戒。

宋豫州釋僧洪

釋僧洪，豫州❶人，止于京師瓦官寺。少而修身整潔。後率化有緣，造丈六金像，鎔鑄始畢，未及開模。時晉末銅禁甚嚴，犯者必死。宋武于❷時為相國，洪坐罪繫于相府，唯誦《觀世音經》，一心歸命佛像。夜夢所鑄像來，手摩洪頭，問：「怖不？」洪言自念必死。像曰：「無憂。」見像胸方尺許，銅色燋沸❸。

會當行刑，府參軍監殺，而牛奔車壞，因更剋日❹。續有令從彭城來云：「未殺，僧洪者可原。」遂獲免。還開模，見像胸前果有燋沸。洪後以苦行卒。

【注釋】❶豫州　古九州之一，地域在今河南一帶。❷于　原作「帝」。據大正藏本改。❸燋沸　這裡意指銅水流淌狀。❹剋日　限定的日子。

【語譯】釋僧洪，豫州地方人，住在京城的瓦官寺，年輕時就注重品性修養，以致心地純潔高尚。後在教化眾生中獲布施，欲造一丈六尺高的金佛像。澆鑄工作剛結束，還沒來得及拆去模具，事情發生了。那是在晉代末年，朝廷嚴禁民間用銅等金屬，犯禁者要處以死刑。宋武帝這時做宰相，僧洪被捕後就關在宰相府。僧洪沒有辯解，整日誦念《觀世音經》，心心念念想著佛像，認為自己為鑄造佛像而死，死得其所。一天夜裡，他夢見所鑄的佛像來了，用手摸著他的頭問：「你害怕嗎？」他說這次一定會被處死的。佛像說：「不要擔憂。」僧洪見佛像胸部長寬有一尺大小的地方，留有銅汁流淌的痕跡。僧洪被處死的那一天，由相府參軍做監斬官。誰知拉車的牛狂奔不已，車子也弄壞了，官府祇好更改了行刑的日子。接著，從彭城傳來了命令，命令說：「不要殺，僧洪的行為是可以原諒的。」於是，僧洪被赦免釋放。僧洪回寺後，打開了鑄像的模具，佛像的胸前果然有銅汁流淌的痕跡。僧洪後來因苦行而死。

宋京師釋僧亮

釋僧亮，未知何許人。少以戒行❶著名。欲造丈六金像，用銅不少，非細乞❷能辦。聞湘州❸界銅溪伍子胥廟多有銅器，而廟甚威嚴，無人敢近，亮聞而造❹焉。告刺史張劭，借健人百頭❺，大船十艘。劭曰：「廟既靈驗，犯有必斃。且有蠻人守護，詎❻可得耶？」亮曰：「若果福德，與檀越❼共。如其有咎，躬自當之❽。」劭即給人船，三日三夜❾，行至廟所。亮與手力❿一時俱進，去廟屋二十許步，有兩銅鑊，容百餘斛，中有巨蛇長十餘丈，出遮行路。亮乃正儀執錫⓫，呪願數十言，蛇忽然而隱。俄見一人，秉竹笏而出云：「聞法師道業⓬非凡，營福事重，今特相隨喜⓭。」於是令人輦取。廟銅既多，十未取一，而舫已滿。唯神床頭有一唾壺，中有一蝘蜓⓮，長二尺許，乍出乍入。議者咸云神最愛此物，亮遂不取，於是而去，遇風水甚利。比⓯群蠻相報，追逐不復能及。還都，鑄像既成，唯燄光未備。宋文帝為造金薄圓光⓰，安置彭城寺。至宋太始中，明帝移像湘宮寺，今猶在焉。

【注釋】❶戒行　修行時嚴守戒律。❷細乞　收益很少的乞討。❸湘州　州名。東晉永嘉初分荊、廣二州置。轄今湖南全省和廣東北部與廣西東北部等地。❹造　到；去。如造訪。❺健人百頭　壯健的人百口。❻詎　怎麼。❼檀越　施主。❽躬自當之　一個人獨自承擔。❾夜　原作「夕」。據大正藏本改。❿手力　役夫，即後世所稱的腳力。⓫正儀執錫　衣冠整齊，手執錫杖。⓬道業　佛法；法力。⓭隨喜　佛家以行善布施可生歡喜心，隨人為善稱為「隨喜」。⓮蝘蜓　蜥蜴之屬。晉崔豹《古今注》中「魚蟲」：「蝘蜓，一名龍子，一曰守宮，……其長細五色者，名為蜥蜴。」⓯比　等到。⓰圓光　佛教稱佛菩薩頭部放出的輪光。《廣弘明集》卷十三釋法琳〈辨正論・十喻篇上〉：「如來身長丈六，方正不傾，圓光七尺，照諸幽冥。」

【語譯】釋僧亮，不知是哪裡人。年輕時就以嚴守戒律而聞名。他想造一座一丈六尺高的金佛像，但需要很多的銅，僅靠他一點點的乞討是辦不成這件大事的。他聽說湘州地界銅溪伍子胥廟中，有很多的銅器，但是該廟高大威嚴，沒有人敢接近它。僧亮聽到有銅器的消息後就去了。他請求刺史張邵，借給他一百多個壯健的民伕，與十艘大船。張邵說：「廟裡的神是很靈驗的，沖犯祂的人，一定會死。況且有土著蠻人保護，怎麼能得到那些銅器呢？」僧亮回答道：「如果有好處，我與您這位施主共同分享。如果有災難，或者有什麼罪過，就讓我一人獨自承擔好了。」於是，張邵借給他民伕與船隻。經過三日三夜的航行，到了伍子胥廟，僧亮與民伕們一起進了廟。離廟屋有二十多步處，有兩只銅鍋，可裝下一百多斛的東西。鍋中有一條大蛇，有十多丈長。牠游了出來，擋住人們進廟的路。僧亮於是正了正衣冠，手執著錫杖，念了幾十句咒語。忽然，大蛇不見了。不一會兒，出來一個人，拿著笏，對僧亮說：「聽說法師法力非凡，今又在做一件為民造福的好事，我想跟著法師一起做點善事。」僧亮聽後，便讓民伕用車子搬運廟中的銅器。廟中的銅器很多，十分還未取一分，船就被裝滿了。神床的床頭邊有一吐痰的壺，壺中有一蜥蜴，二尺左右長，一會兒出，一會兒入。議論此物的人都說神最愛此物，僧亮便不拿走此壺，帶著眾人走了。開船時，順風順水。等到蠻人得到消息，追逐已經趕不上了。僧亮到了京城，用銅器鎔鑄成佛像，然卻沒有佛像頭部的光芒。宋文帝用金箔打造成佛像頭部放出的輪光，並把佛像安置在彭城寺中。到了南朝宋太始年間，宋明帝又把佛像移到了湘宮寺中。佛像今日還在那裡。

宋京師延賢寺釋法意

釋法意，江左人。好營福業❶，起五十三寺。晉義熙中，鍾山祭酒❷朱應子。先是孫恩❸建義之黨，竄居此山，分其外地少許，與意為寺，號曰「延賢寺」。後杯度去來此寺，云：「此處寺❹有諸變，後時當好。地對天堂，易為福業。」

俄為野火所燒。後齊諧及張寅等，藉杯度之旨，語在〈度傳〉。乃與意共行山地，更欲修立，而無水，不可住。意惟杯度之言，乃竭誠禮懺，乞西方池水。經于三日，懇惻彌至。忽聞空中有聲，撲然著地。意恐是金帛，試令人掘入二尺許，泫然清流，遂成澗不絕，於是立寺。意後不知所終。

【注　釋】❶福業　佛教語。感受福德之行業。據《增一阿含經》十二說，福業有三種，一是施福業，施與貧窮之人，由施捨獲出世之福。二是平等福業，以平等慈悲之心，愛護一切眾生，由此獲出世之福。三是思惟福業，以智慧思惟觀察出離之法，為出世福善之業。❷祭酒　官名。漢平帝時置六經祭酒，秩上卿，後置博士祭酒，為五經博士之首。晉初改為國子祭酒。隋唐以後稱國子監祭酒，為國子監之主管官。❸孫恩　（西元？至四〇二年）琅琊人，字靈秀。晉末農民造反領袖。❹尋　不久。

【語　譯】釋法意，江南人。喜歡做善事，建造了五十三座寺廟。他是晉朝義熙年間任鍾山祭酒朱應的兒子。一開始，孫恩帶領他的起義部隊逃到了鍾山，祇有很少一部分人到了外地。孫恩與法意共建了一座寺廟，名叫「延賢寺」。後來一個名叫杯度的和尚經常來往此寺。他說：「這座寺不久會發生許多事情，但以後會好起來。此地正好對應著天堂，容易做出為眾生造福的事業來。」很快地，這座寺就被一把野火燒毀了。齊諧與張寅等，遵循著杯度的教導，仍想在此山中重建寺廟，並把他的話錄在〈杯度傳〉中。他們和法意一起在山中勘察，然而，沒有水源，住不了人。法意一心想著杯度的話，誠心誠意地禮懺佛主，向祂乞求西方天池之水。法意念經三天，百般誠懇地哀求。三天後，忽然聽到從空中傳來的聲音，這聲音貫穿到地，發出「噗」的一聲響。法意以為是金子、綢緞之類的東西從天上掉下來，命人挖地。當挖到二尺左右的時候，淙淙地冒出了一股流水，清澈綿綿，於是這股水流變成了山澗，不斷地流淌。自然地，寺廟便建了起來。法意後來的情況就不知道了。

齊南海雲峰寺釋慧敬

釋慧敬，南海人。少遊學荊楚，亦博通經論❶，而常以福業❷為務，故義學❸不得全功。凡所之造❹，皆興立塔像，助成眾業。後還鄉，復修理雲岑❺、永安諸寺。敬既精於戒節，而志操嚴明，故嶺外❻僧尼，咸附諮稟。後被勅為僧主，訓領有功。敬有一奴子及沙彌，忽為鬼所打，後山精見形❼詣敬，具謝愆失❽，云：「部屬不解，橫撓法師眷屬。」有頃悉皆平復。凡興福業，皆迴向西方。臨終之日，室有奇香，經久乃歇。

【注　釋】❶經論　佛教語。三藏中之經藏與論藏。經為如來之金口說法，如《法華經》、《涅槃經》等。論為菩薩之闡述，如《唯識論》、《俱舍論》等。❷福業　這裡的「福業」當指建造佛寺。❸義學　這裡指對大眾進行佛教教旨的義務宣講。❹所之造　到過的地方。❺雲岑　大正藏本作「雲峰」。❻嶺外　指嶺南。五嶺山脈以南的地區，包括今廣東、廣西。❼見形　把形體顯現出來。見，即「現」。❽愆失　過失。

【語　譯】釋慧敬，南海地方人。年輕時在荊、楚一帶遊學。對佛學中的經論亦有廣博的認識。然而，他投注精力最多的，是建造佛寺，以此作為造福於眾生並使自己積德的事業。也由於這個原因，他對佛教教義的講唱，沒有達到盡善盡美的地步。他所到之處，都建立佛塔，並塑造佛像，幫助大家成就佛教的事業。後來，他回到自己的家鄉，重新修復了雲岑寺、永安寺等寺廟。慧敬對於佛教的戒律非常熟悉，自己又嚴格遵守，信仰堅定不移，因此，得到了大家的尊敬。嶺南的和尚尼姑都依附於他，並向他請教一些問題，稟報一些事情。皇帝因此封他為僧主，表彰他在教導僧侶方面的功績。慧敬有一奴隸生的兒子和初出家的小和尚，忽然被鬼打了。後來山中的精魅現了原形，來到慧敬的面前，對鬼魅的過失表示歉意。他說：「我的部下不懂事，對法師的親屬無禮。」很快地，一切平復如故。慧敬所建的寺、塔與佛像，總是設法讓其向著西方佛地。在慧敬臨終的日子裡，室內彌漫著奇異的香味，很長時間才散去。

齊南海藏微山釋法獻

釋法獻，廣州❶人。始居北寺，寺歲久彫衰❷，獻率化有緣，更加治葺，改曰「延祥」。後入藏微山創寺，寺成後，有兩童子攜手來歌云：「藏微有道德，懽樂方未央。」言終，忽然不見。舉寺驚嗟，咸歎神異。獻後入禪❸，忽見一人來云：「罄繩欲斷，何不治？」獻驚起往視，垂將委地，由其❹手接，得無折損。獻出家以來，常勸化福事，而棲心禪戒❺，未嘗虧節。後不知所終。

【注　釋】❶廣州　府名。轄治今兩廣除舊廉州、瓊州兩府以外之地。❷彫衰　凋敝衰頹。❸入禪　在禪坐寂慮的狀態中。❹其　原作「某」。據大正藏本改。❺禪戒　這裡指禪宗與律宗。

【語　譯】釋法獻，廣州府人。開始在北寺修行，由於此寺年久失修，破破爛爛，於是法獻出外化緣，其收入便用於修整寺廟，寺修好後，改名為「延祥寺」。後來，他到了藏微山，在山上建了一座寺廟。寺建成之後，有兩個兒童手拉著手，一起來到了寺廟，他們唱起了歌，歌詞說：「在藏微山可以宏揚佛教大業，建立功德，其歡樂的時光不會結束。」唱完，就忽然不見了。一寺的人都驚訝不已，感歎這事的神奇。後來法獻有一次在禪坐靜慮的時候，忽然見到一個人走來對他說：「繫磬的繩子快要斷了，為什麼不去繫牢呢？」法獻很吃驚，立即站起來去看，果然，磬快要掉到地上了。他趕快用手接住，才使得磬沒受到損害。法獻出家以來，勸告人們信佛行善，他自己則堅信佛教，嚴守戒律，從未做過有損節操的事。他後來的情況就不知道了。

齊上定林寺釋法獻　玄暢

釋法獻，姓徐，西海❶延水人。先隨舅至梁州❷，仍❸出家。至元嘉十六年，方下京師，止定林上寺。博通經律，志業強悍❹。善能匡拯眾計❺，修葺寺宇。先聞猛公❻西遊，備矚靈異，乃誓欲忘身，往觀聖迹❼。以宋元徽三年，發踵金陵，西遊巴蜀，路出河南，道經芮芮❽。既到于闐❾，欲度葱嶺，值棧道斷絕，遂於于闐而反。獲佛牙一枚，舍利❿十五粒，並〈觀世音滅罪咒〉及〈調達品〉，又得龜茲國金鎚鍱像，於是而還。其經途危阻，見其別記。

佛牙在烏纏國，自烏纏來芮芮，自芮芮來梁土，獻齎牙還京師，十有五載。密自禮事，餘無知者，至文宣感夢，方傳道俗。獻律行精純，德為物範。瑯琊王肅、王融，吳國張融、張綣，沙門慧令、智藏等，並投身接足⓫，崇其誡訓。獻以永明之中，被勅與長干玄暢同為僧主，分任南北兩岸⓬。

暢本秦州人，亦律禁清白，文惠太子奉為戒師。獻後被勅三吳，使沙簡二眾，暢亦東行，重申受戒之法。時暢與獻二僧，皆少習律檢，不競當世，與武帝共語，每稱名而不坐。後中興僧鍾於乾弘⑬殿見帝，帝問鍾所宜，鍾答貧道比⑭苦氣。帝嫌之，乃問尚書王儉：「先輩沙門與帝王共語，何所稱？預⑮正殿坐不？」儉答：「漢魏佛法未興，見記傳⑯。自偽國稍盛，皆稱貧道，亦預坐。及晉初亦然。中代有庾冰、桓玄等，皆欲使沙門盡敬，朝議紛紜，事皆休寢⑰。宋之中朝，亦頗令致禮，而尋竟不行。自爾迄今，多預坐，而稱貧道。」帝曰：「暢、獻二僧，道業如此，尚自稱名，況復餘者，挹拜則太甚，稱名亦無嫌。」自爾沙門皆稱名於帝主，自暢、獻始也。暢以建武初亡，春秋七十有五。獻以建武末卒年⑱，與暢同窆⑲于鍾山之陽。獻弟子僧祐為造碑墓側，丹陽尹吳興沈約⑳製文。獻於西域所得佛牙及像，皆在上定林寺。

牙以普通三年正月，忽有數人並執仗，初夜扣門，稱臨川殿下奴叛，有人告云在佛牙閣上，請開閣檢視，寺司即隨語開閣。主帥至佛牙座前，開函取牙，作禮三拜，以錦手巾盛牙，繞山東而去。至今竟不測所在。

【注釋】❶西海　郡名。漢置，本金城郡，西漢元始末王莽得鮮水海允谷鹽池，因改金城郡為西海郡。轄境在今青海。❷梁州　州名。三國蜀置，晉因襲之。轄境在今陝西南鄭東。❸仍　大正藏本作「乃」。兩字可通。❹志業強悍　有堅定的志向與強烈的事業心。❺眾計　大正藏本作「眾許」。❻猛公　見本書卷八〈齊京師謝寺釋慧次傳〉。❼聖迹　釋迦牟尼的遺跡。❽芮

芮芮　民族名。東胡族的支屬柔然族，南北朝時北人稱為蠕蠕，南人稱為芮芮。❾于闐　漢代西域城國，在今新疆和闐一帶。❿舍利　佛骨。梵語「設利羅」，亦稱舍利、舍利子。《魏書・釋老志》：「佛既謝世，香木焚尸，靈骨分碎，大小如粒，擊之不壞，焚亦不燋，或有光明神驗，胡言謂之舍利。弟子收奉，置之寶瓶，竭香花，致敬慕，建宮宇，謂為塔。」⓫接足　用兩手捧尊者之足，以示高度尊重。⓬岸　龐大。這裡喻僧人領袖。⓭乾弘　大正藏本作「乾和」。⓮比　追求。⓯預　大正藏本無此字。預，參與。⓰見記傳　大正藏本「見」上有「不」。⓱事皆休寢　不再議論那些事情。⓲卒年　應為「年卒」。⓳窆　葬時穿土下棺。⓴沈約　（西元四四一至五一三年）南朝宋武康人，字休文。博通群籍，能為文。歷仕宋、齊、梁。初任記室，齊文惠太子時校四部圖書，遷太子家令。入梁拜尚書僕射，封建昌縣侯，官至尚書令。

【語譯】釋法獻，姓徐，西海延水地方人。先跟著舅舅到梁州，就在梁州出家當了和尚。到了宋文帝元嘉十六年，才到了京城，住在定林上寺。他對經文與律論有廣博的了解，並有深刻的認識。他信仰堅定，有強烈的事業心，他善於做拯救大眾靈魂的福業，著力於修建寺廟的工作。他聽說猛公遊學於西方，看到了佛教聖地所有的靈異之物，於是，發下誓願，要捨生忘死，到西方佛土去觀看佛留下的聖跡。宋廢帝元徽三年，他從金陵出發，往西到了巴蜀，途經河南，經過芮芮這一少數民族居住的地方。到了于闐後，想由此越過葱嶺。不巧的是，棧道斷絕了，無法過去。於是祇好從于闐返回。他在西遊的旅程中，獲得佛牙一枚，舍利子十五粒，以及〈觀世音滅罪呪〉及〈調達品〉，又得到龜茲國金鎚金鍱和金製佛像。在他往返的旅程中，歷經艱險，道路經常被堵塞，這些情況可以從其他專門記錄這次遊歷的書中看到。

法獻所獲得的這顆佛牙，原本在烏纏國，從烏纏國流傳到了芮芮，最後才來到梁朝。法獻帶著佛牙返還京城，走了十五年。期間法獻總是悄悄地對佛牙作禮拜，其他人一概不知。直到文宣帝從夢中得知此事，法獻才公開出來，僧俗才有幸瞻仰聖物。法獻嚴守戒律，行為純正，其道德成了人們學習的榜樣。瑯琊人王肅、王融，吳國人張融、張綣，和尚慧令、智藏等，對他頂禮膜拜，見到他時，都跪下來雙手捧著他的腳，以表達崇敬，而對他的訓導則極為信服。在齊永明年間，他與長干人玄暢同時被封為僧主，分任南北佛教界的領袖。

玄暢和尚原是秦州人，也是個嚴守佛教戒規的人，做人清清白白。文惠太子奉他為傳授戒律的老師。法獻曾被朝廷派往三吳傳教，為眾生造福。玄暢也隨著來到東吳，著重講授受戒律約束的內容。玄暢與法獻，都是在年輕時就學習了戒律，滅欲俗念，不與世人爭名奪利。他們和武帝說話時，總是謙卑地說出自己的名字，也不坐下來。後在齊中興年間，武帝在乾和殿召見僧鍾，問僧鍾：「我們應做什麼事？」僧鍾回答說：「貧道所追求的是在艱苦的環境中苦行苦修。」武帝對此回答很不滿意，問尚書王儉：「前代和尚與帝王談話，他們怎麼稱呼自己？在大殿上坐不坐下？」王儉回答說：「漢魏之時，佛教還未興盛，之前的文獻中沒有這方面的記載。自從偽朝佛教興盛之後，和尚們見皇帝都自稱『貧道』，還坐下來與皇帝說話，到了晉朝初年的時候就這樣了。晉朝中葉，有庾冰、桓玄等人，都想讓和尚們對朝廷表現出尊敬的態度，但朝中議論紛紛，事情便擱置下來了。到了南朝宋的中期，也曾經讓和尚們對皇帝致敬，行大禮，但很快又不行了。從那時直到現在，和尚們來見皇帝，大多與皇帝共坐，並自稱『貧道』。」武帝說：「玄暢、法獻兩位和尚，佛法如此高深，並做出了很大的福業，尚且自稱名字，更何況其他人呢。見到帝王僅僅是作揖敬拜太過分了，直稱名字尚能不讓人嫌棄。」從此，依照戒律修行的和尚在帝王面前直說自己的名字，追本溯源，這是從玄暢、法獻開始的。玄暢在齊明帝建武初年去世，享年七十五歲。法獻於建武末年去世，與玄暢同埋於鍾山之南。法獻的弟子為他們立了碑，碑文是由丹陽尹吳興人沈約撰寫的。法獻在西域獲得的佛牙及金槌金鍱和金製的佛像，一直保存在上定林寺。

到了梁武帝普通三年正月的一天夜裡，忽然有一夥人，手拿著木棍，跑來敲門。他們聲稱從臨川王殿下家裡跑了一個家奴，據有人報告，就藏在佛牙閣上，請開閣檢查。寺裡的負責人按照他們的要求打開閣門。誰知這夥人的主帥走到佛牙座前，打開匣子，取出佛牙，再三禮拜，然後用一塊絲綿手巾包好佛牙，繞著山往東而去，那佛牙至今也不知到哪裡去了。

梁剡石城山釋僧護

釋僧護，本會稽剡❶人也。少出家，便剋意❷苦節，戒行嚴淨。後居石城山隱嶽寺。寺北有青壁，直上數十餘丈，當中央有如佛燄光之形。上有叢樹，曲幹垂陰。護每經行至壁所，輒見光❸煥炳，聞絃管歌讚之聲。於是擎爐發誓，願博山❹鐫造十丈石佛，以敬擬彌勒千尺之容，使凡厥❺有緣，同覩三會❻。以齊❼建武中，招結道俗，初就彫剪。疎鑿移年，僅成面樸❽。頃之，護遘疾❾而亡。臨終誓曰：「吾之所造，本不期一生成辦。第二身中❿，其願剋果。」後有沙門僧淑，纂襲遺功⓫，而資力莫由，未獲成遂。

至梁天監六年，有始豐令吳郡陸咸罷邑還國⓬，夜宿剡溪⓭，值風雨晦冥，咸危懼假寐，忽夢見三道人來告云：「君識信堅正，自然安隱。有建安殿下感患未瘳，若能治剡縣僧護所造石像得成就者，必獲平豫。冥理非虛，宜相開發也。」咸還都經年⓮，稍忘前夢，後出門乃見一僧，云聽講寄宿，因言：「去歲剡溪所囑建安王事，猶憶此不？」咸當時戄然，答云：「不憶。」道人笑曰：「宜更思之。」仍即辭去。咸悟莫非凡，乃倒屣⓯諮訪，追及百步，忽然不見。咸豁爾意解⓰，具憶前夢，乃剡溪所見第三僧也。咸即馳啟建安王，王即以上聞，敕遣僧祐律師專任像事。王乃深信益加，喜踊充遍，抽捨⓱金貝，誓取成畢。初僧祐未至，一日，寺僧慧逞夢見黑衣大神，翼從甚壯，立于龕所，商略分數，至明日而祐律師至，其神應若此。

初僧護所創，鑿龕⑱過淺，乃鏟入五丈，更施頂髻⑲，及身相克成，瑩磨⑳將畢，夜中忽當萬字㉑處，色赤而隆起。今像胸萬字處，猶不施金薄，而赤色在焉。像以天監十二年春就功，至十五年春竟。坐軀高五丈，立形十丈，龕前架三層臺，又造門閣殿堂，並立眾基業，以充供養。其四遠士庶，並提挾香華，萬里來集。供施往還，軌迹填委。自像成之後，建安王所苦稍瘳，今年已康復。王後改封，今之南平王是也。

【注　釋】❶剡　剡縣。漢置，屬會稽郡。故城在今浙江嵊縣西南。❷剋意　專心一意。唐李商隱《李義山文集》四〈樊南乙集序〉：「平居忽忽不樂，始剋意事佛。」❸光　大正藏本下有「明」。應有「明」。❹博山　本意為在物的表面雕刻成重疊山形的裝飾，這裡意為就山雕刻佛像。❺凡厥　指普通大眾。❻三會　三度之法會，這裡意即得道之高僧。❼齊　大正藏本「齊」上有「北」。❽面樸　粗糙的面部形狀。❾遘疾　得病。❿第二身中　即再轉世成人。⓫纂襲遺功　繼承其事業。⓬罷邑還國　離開任職的地方，回到自己的家鄉。⓭剡溪　水名。曹娥江的上游，北流入上虞，為上虞江，在浙江嵊縣南。⓮經年　一年。⓯倒屣　指立即。倒屣本意為倒穿著鞋子，喻慌亂、趕忙。⓰豁爾意解　忽然明白了。⓱抽捨　捐出。⓲龕　盛著佛像或神主的閣子。⓳頂髻　佛像頂上的髮髻。原作「項髻」，據大正藏本改。⓴瑩磨　打磨發光。㉑萬字　實際上是「卍」字。「卍」本不是文字，是如來佛胸前的符號，意思是吉祥幸福。

【語　譯】釋僧護，本是會稽郡剡縣人。少年時就出家當了和尚。他專心修煉，熄滅物質的欲念，嚴格地遵守戒律。後來，他居住在石城山隱嶽寺，寺北山上有一座青石壁，有數十丈高，石壁的中間好像有佛放射出圓輪狀的燦爛光芒。石壁上有樹叢，樹幹彎曲，樹蔭罩著下面。僧護每次從石壁前經過時，都能看見佛光明麗的光芒，聽到絲絃簫管奏出的音樂與讚頌之聲。於是，他舉著香爐發誓，要就著這面石壁，鐫造一座十丈高的佛像，要恭敬地摹擬彌勒佛的千尺之容，使普通的信徒，有此緣分，都能瞻仰得道之高僧。在北齊明帝建武年間，招集了許多和尚與百姓，開始動工。他們雕鑿石壁，小心翼翼，幾年過去了，才僅露出佛像面部的粗樸輪廓。沒過多久，僧護患病而亡。他在臨死前發誓說：「我所造的佛像，本來就不指望在這一生中辦成。我要再轉世成人，來實現自己的理想。」後來有個叫僧淑的和尚接著幹下去，然而由於沒有人力財力的來源，也沒能夠完成這項工程。

到了梁武帝天監六年，在始豐縣當縣令的陸咸，離任回家，途中夜宿剡溪。該夜風雨交加，墨黑異常，陸咸感到害怕，就和衣而寐。夢中見到三個和尚走過來說：「您有見識，有堅定而正確的信念，自然平安無事。然而，建安王殿下卻不是平安的，他身患疾病，至今未好。若能將剡縣僧護所雕刻的佛像完成，他的身體就一定能獲得平安。幽冥的世界不說虛話，你們應該繼續完成這一事業。」陸咸回到京城後，把夢中的事情忘了。一年以後，他出門見到一個和尚，向他談起了在剡溪寄宿的事情，並問道：「去年在剡溪囑託的關於建安王的事，您還記得嗎？」陸咸當時很害怕，答道：「不記得了。」和尚笑著說：「您再想想。」說完便辭別而去。陸咸突然悟到這位僧人不是平凡之人，趕快追上去想再問一問，然而，還沒有追到一百步遠，那個和尚就突然不見了。這時，陸咸陡然明白了，剡溪那夜的夢境清晰地映在腦海中，剛才那位和尚就是夢中所見的第三個和尚。於是陸咸立即騎馬去報告建安王，又立即將此事奏告皇上，皇上便令僧祐這位禪律大師專門負責此事。由此建安王也更加信奉佛教，精神愉悅，他施捨了很多財寶，發誓要辦成此事。在僧祐來到石城山隱嶽寺的前一天，隱嶽寺的和尚慧逞在夜裡夢見一位黑衣大神，帶領很多隨從，站在神龕前，商議著如何去做。到第二天早上，僧祐就來到了隱嶽寺，真是神明無比。

僧護當初鑿的神龕太淺，僧祐往裡又鏟了五丈，並做了佛像頭頂上的髮髻。等到佛像的像身雕成，打磨將畢的時候，一天夜裡，佛像胸部的「卍」字，突然變紅並且隆起。今天佛像胸部的「卍」字，仍然沒有敷上金箔，紅色依然能夠看到。佛像於梁武帝天監十二年春天大致完成，到天監十五年春天竣工。佛像的坐軀高五丈，全像的高度有十丈。佛龕前架著三層臺子，還造有門樓、高閣、殿堂，並立有眾基業，以充香花、明燈、飲食等供養。像成之後，四面八方從遠地而來的官員百姓，攜帶著香花，萬里來集。他們供養佛像，施捨寺廟，屢屢不絕。自從佛像建成後，建安王的病就漸漸好轉，現今已完全康復。建安王後來被改封，他就是現在的南平王。

梁京師正覺寺釋法悅

釋法悅者，戒素沙門也。齊末勅為僧主，止京師正覺寺。敦修福業，四部所歸。悅嘗聞彭城宋王寺有丈八金像，乃宋王❶車騎徐州刺史王仲德所造，光相之奇❷，江右❸稱最。州境或應有災祟，及僧尼橫延釁戾❹，像則流汗。汗之多少，則禍患之濃淡也。宋泰始初，彭城❺北屬，群虜共欲遷像。遂至萬夫，竟不能致。齊初，兗州數郡欲起義南附，亦驅逼眾僧，助守營壍。時虜帥蘭陵公攻陷此營，獲諸沙門。於是盡執二州道人，幽繫囹裏。遣表偽臺，誣以助亂，像時流汗，舉殿皆濕。時偽梁王諒鎮在彭城，亦多少信向，親往像所，使人拭之，隨拭隨出，終莫能止。王乃燒香禮拜，至心誓曰：「眾僧無罪，弟子自當營護，不使罹禍。若幽誠有感，願拭汗即止。」於是自手拭之，隨拭即燥。王具表其事，諸僧皆見原免❻。悅既欣覩靈異，誓願瞻禮。而關禁阻隔，莫由克遂❼。

又昔宋明皇帝經造丈八金像，四鑄不成，於是改為丈四。悅乃與白馬寺沙門智靖率合同緣❽，欲造丈八無量壽像，以伸厥志。始鳩集❾金銅，屬齊末，世道凌遲，復致推斥。至梁❿，方以事啟聞，降勅聽許，並助造光趺⓫。材官工巧，隨用資給。以梁天監八年五月三日於小莊嚴寺營鑄。匠本量佛身四萬斤銅，融瀉已竭，尚未至胷。百姓送銅不可稱計，投諸爐冶隨鑄，而模內不滿，猶自如先。又馳啟聞，勅給功德銅三千斤，臺內始就量送，而像處已見羊車傳詔，載銅鑪側，於是飛韛⓬消融，一鑄便滿。甫爾⓭之間，人車俱失。比臺內銅出，方知向之所送，信實靈感。工匠喜踊，道俗稱讚。及至開模量度，乃踊成丈九，而光相不差。又有大錢二枚，猶見在衣絛⓮，竟不銷鑠，並莫測其然。尋昔量銅四萬，准用有餘。後益三千，計闕未滿。而祥瑞冥密，出自心圖。故知神理幽通，殆非人事。

初像素⓯既成，比丘道招⓰常夜中禮懺。忽見素所，晃然洞明。詳視久之，乃知神光之異。鑄後三日，未及開模。有禪師道度，梁高僧也⓱，捨其七條袈裟，助費開頂。俄而遙見二僧，跪開像髻，逼就觀之，倏然不見。時悅請二僧，相次遷化⓲。勅以像事委定林僧祐⓳。於其年九月二十六日移像光宅寺，是月不雨，頗有埃塵。及明將遷像，夜有輕雲遍上，微雨沾澤。僧祐經行像所，係念天氣，遙見像邊有光燄上下，如燈如燭，並聞揵槌禮拜之聲。入戶詳視，拚然俱滅，防寺蔣孝孫亦所同見。是夜淮中賈客，並聞大航船下，催督治橋，有如數百人聲。將知靈器之重，豈人致焉？

其後更鑄光趺，並有華香之瑞。自葱河⑳以左，金像之最，唯此一耳。

【注釋】❶宋王　大正藏本「宋」下無「王」。❷奇　大正藏本作「工」。❸江右　這裡指江北地區。後指江西。❹横延釁戾　之間存在仇隙。❺彭城　郡名。漢地節元年改楚國為彭城郡，黃龍元年復稱楚國。東漢章和二年改稱彭城國。南朝宋永初二年改郡。治所在今江蘇銅山。❻原免　被原諒免罪。❼克遂　如意；成事。❽同緣　同為有佛緣之人。❾鳩集　收集。❿梁　大正藏本下有「初」。⓫光趺　佛像散發的光芒與底座。⓬飛鞴　用來鼓風吹火的革囊。鞴，吹火使熾的革囊。鞴、韛，同是一字。⓭甫爾　頃刻。⓮條　大正藏本作「條」。應為「條」。衣條，即衣帶。⓯像素　塑像胚形。⓰道招　大正藏本作「道昭」。⓱梁高僧也　大正藏本作「高潔僧也」。⓲遷化　去世。⓳定林僧祐　原本無「祐」字。據大正藏本補。⓴葱河　葱河有南北之分。葱嶺南河即今新疆葉爾羌河，葱嶺北河即今新疆喀什葛爾河。

【語譯】釋法悅，是個一貫依照戒律修行的出家人。南朝齊末時，被朝廷任為僧主，住在京師正覺寺。他勤謹地修行為眾生謀福利的善業，取得了佛家四派弟子們的信服。他聽人說彭城宋王寺有座高達一丈八尺的金佛像，是南朝宋車騎將軍徐州刺史王仲德所造。佛像與像之光輪，巧妙無比，在江右應該算是最好的了。凡是境內有什麼災難鬼祟，或者是僧人之間出現仇隙，像身就會流汗。流汗的多少，根據禍患的大小程度來定。南朝宋明帝泰始初年，彭城被北朝佔領，北方的侵略者想把佛像遷走，他們動用了上萬民伕，也沒能移動佛像。南朝齊初年，兗州等郡準備起義脫離北朝，他們驅使寺中的和尚們，幫助守衛營壘塹壕。北朝將領蘭陵公攻陷了營壘後，把和尚們都逮了起來，關在牢裡，並上奏北朝皇帝，誣陷他們幫助了叛亂者。這時佛像又開始流汗，把整個殿堂都淌濕了。當時偽梁王諒鎮守彭城，他也是信仰佛教的人。聽說此事後，親自來到佛像前，讓人擦拭佛像，可是汗水隨擦隨出，始終不止。於是偽梁王就在佛像前燒香叩頭，並發誓說：「眾和尚們都沒有罪，弟子自會營救保護他們，不使他們遭難。佛祖在天有靈，望能擦汗即止。」誓後，他親自用手擦拭像身，佛像果然不再出汗了。偽梁王將此事上奏，並為和尚們開脫，於是和尚們都被赦免了。法悅很想親眼看看靈異的佛像，發下要親身禮拜的心願，然而，由於關防阻隔，一直不能實現。

過去，南朝的宋明帝，曾經塑造過一丈八尺高的金佛像，但是四次澆鑄都不成功，於是，改為一丈四尺。之後，法悅與白馬寺的和尚智靖率領和尚與信徒，準備塑造一尊一丈八尺的無量壽佛的佛像，以此來申明他們的志向。他們開始收集金銅的時候，正值齊朝處於末世，社會動盪，衹好推遲。到了梁朝，法悅才將此事奏聞朝廷，皇帝下旨准允此事，並資助像座與佛光的費用。所需材料工匠等，按需求隨時撥給。到梁武帝天監八年五月三日，在小莊嚴寺開始鑄造佛像。工匠本來計畫用銅四萬斤來鑄造佛身，但是，把所有的銅都用完了，還沒有澆鑄到胸部。百姓們聽說以後，紛紛送來銅，其量不可勝計。然而將銅都投注到爐子裡鎔化，還是不能把模子填滿，好像仍和先前一樣多。於是趕緊報告皇上，皇上賜給功德銅三千斤。皇宮撥給的三千斤功德銅正在稱量、發送，那邊鑄佛像的地方已看見羊車傳詔，載著銅的車子已經來到了冶爐旁邊。於是，立即將銅消融，一鑄即灌滿了模子。頃刻之間，傳詔送銅的人與車子都不見了。等到皇宮撥的銅送到時，才知道先前所送的銅是神異的佛祖感應了人們的虔誠之情，特地送來的。此時工匠們歡喜踴躍，和尚、百姓們謳歌稱讚。等打開模具，測量佛像的長度，竟有一丈九尺長，而且光潔度與形像不差。佛像銅鑄的衣帶上有兩枚大銅錢，居然沒有被融化掉，真的不知道是什麼原因導致的。原計畫用銅四萬斤，必定夠用還有多餘，然而結果僅鑄至胸，後又加了三千斤，照前面的情況看，估計還會不滿，但是卻鑄滿了。神靈所顯示的祥瑞是多麼的神秘呀，歸根結底，這還是僧俗誠心敬佛的結果。由此可見，冥冥之中，神理在運行著，天底下絕非僅衹人間之事。

當初，佛像才粗具形像時，和尚道昭就常常在夜裡前去禮拜懺悔。有一次，他忽然看到放置佛像的地方光明燦爛。他看了很長時間，才知道是神光閃爍。佛像澆鑄後三天，還沒有打開模具時，一位得道高僧名叫道度的禪師，他捐出了七條袈裟，用來資助佛像的開頂。不一會兒，他遠遠地看見兩個和尚，跪著替佛像開頂，然而，他靠近看時，兩個和尚剎那之間就不見了。之後，法悅、智靖相繼去世，皇上便下旨將佛像事交給定林寺的僧佑負責。這年九月二十六日，佛像被遷移到光宅寺。九月份一個月不下雨，地上積了很厚的灰塵，然而就在遷移佛像的頭一天夜裡，一片輕雲飄到了空中，下起了微雨，潤濕了地面。僧佑由於心裡想著天氣，來到佛像處察看，遙見佛像旁邊有光焰跳躍，像燈似燭，並且還聽到敲磬打鐃禮拜的聲音。進入室內，卻什麼也沒有。看護寺院的蔣孝孫也看見了。這天夜裡，淮河中的商人們都聽到大船航行的聲音與催督建橋的聲音，似乎有數百人喧嘩喊叫。這聲音告知人們，佛像這一靈器是很沉重的，豈是人能夠移動的？移動它，依靠的主要還是神力。

後來，又鑄造了基座與佛像所放射的輪光，造時，空中都生出一種異香。可以說，自蔥河以東，金佛像之大，莫過於此了。

論曰：昔優填初刻栴檀❶，波斯始鑄金質❷，皆現寫真容❸，工圖妙相。故能流光動瑞，避席施虔❹。爰至髮爪兩塔❺，衣影二臺，皆是如來在世，已見成軌❻。自收迹河邊，闍維❼林外，八王❽請分，還國起塔❾。及瓶灰二所，於是十剎興焉。其生處得道，說法涅槃，肉髻頂骨❿，四牙雙跡⓫，鉢杖唾壺，泥洹⓬僧等。皆樹塔勒銘，標揭神異。

爾後百有餘年，阿育王⑬遣使浮海，壞撤諸塔，分取舍利。還值風潮，頗有遺落。故今海族⑭之中，時或遇者。是後八萬四千，因之而起。育王諸女，亦次發淨心，並鐫石鎔金，圖寫神狀。至能浮江汎海，影化東川⑮。雖復靈迹潛通，而未彰視聽。及蔡愔、秦景自西域還至，始傳畫㲲釋迦⑯。於是涼臺壽陵，並圖其相。自茲厥後，形像塔廟，與時競列。洎于大梁，遺光粵盛⑰。夫法身無像，因感見有參差，故形應有殊別。若乃心路蒼茫，則真儀隔化，情志慊切，則木石開心。故劉殷至孝誠感，釜庾為之生銘；丁蘭溫凊竭誠，木母以之變色⑱。魯陽迴戈而日轉⑲，杞婦下淚而城崩⑳。斯皆隱惻入其性情，故使徵祥照乎耳目。至如慧達招光於剎杪，慧力感瑞於塔基，慧受申誠於浮木，僧慧顯證於移燈，洪亮並忘形於鑄像，意獻皆盡命於伽藍。法獻專志於牙骨，竟陵為之通感，僧護蓄抱於石城，南平以之獲應。近有光宅丈九，顯曜京畿，宋帝四鑠而不成，梁皇一冶而形備。妙相踊而無虧，瑞銅少而更足。故知道藉人弘，神由物感，豈曰虛哉？是以祭神如神在㉑，則神道交矣；敬像如敬佛，則法身應矣。故入道必以智慧為本，智慧必以福德為基。譬猶鳥備二翼，一舉萬尋；車足兩輪，一馳千里。豈不勤哉，豈不勗哉？

讚曰：真儀揜曜，金石傳暉。爰有塔像，懷戀者依。現奇表極，顯瑞矜威㉒。巖藏地踊，水汎空飛。篤矣心路，必契無違。

【注釋】❶優填初刻栴檀　優填王初次用栴檀木雕刻佛像。優填，人名。《西域記》五曰：「鄔陀衍那王。唐言出愛，舊云優填王，訛也。」據《增一阿含經》所記傳說云：某個夏天，佛昇上忉利天為母說法，不還閻浮。時拘睒彌國優填王思慕之，以牛頭栴檀造如來像，高五尺。如來自天宮還，刻檀之像，立而迎之。閻浮，《翻譯名義集》三〈世界閻浮提〉：「閻浮，樹名。其林茂盛……林中有河，底有金沙，名閻浮檀金。」其實佛經中的「閻浮」專指印度。❷波斯始鑄金質　指波斯匿王塑造金佛像。波斯，古伊朗國。❸現寫真容　照著真人臨摹。❹避席施虔　離開座位，而上前虔誠地施禮。❺髮爪兩塔　又稱「髮塔」。即供養佛之髮爪之塔。《十誦律》五十六曰：「起塔法者，給孤獨居士白佛言：『世尊遊行諸國土時，我不見世尊，故甚渴仰。願賜一物，我當供養。』佛與爪髮。居士即時白佛言：『願世尊聽我起髮塔爪塔。』佛言：『聽起髮塔爪塔。』是名起塔法。」❻成軌　已經形成了固定的做法。❼闍維　梵語，一作荼毗。謂僧死而焚之也。❽八王　八大明王。❾還國起塔　即八大靈塔。一是在佛生處——迦毗羅城龍彌園，二是在成道處——摩迦陀國泥連河，三是在轉法輪處——迦尸國波羅奈城鹿園，四是在現神通處——舍衛國祇陀園，五是在從忉利天下處，六是在化度分別僧處——王舍城，七是在思念壽量處——毗耶離城，八是在入涅槃處。❿肉髻頂骨　佛的頂骨隆起而像髮髻，故稱「肉髻」。《大般若》三百八十一曰：「世尊頂上烏瑟膩沙，高顯周圓，猶如天蓋。」烏瑟膩沙，為「肉髻」的梵語。⓫雙跡　雙身。⓬泥洹　即涅槃。⓭阿育王　（西元前二七三至前二三二年）古印度摩揭陀國孔雀王朝國王。其初信奉婆羅門教，即王位後，改奉佛教，為大護法，曾於華氏城舉行第三次集結，整理經律論三藏經典，佛教傳播於國外，多賴其力。⓮海族　海國中的人民。⓯東川　原為地區名，今四川的東部。這裡泛指中國。⓰畫氎釋迦　畫在細棉布上的釋迦像。氎，細棉布。杜甫〈大雲寺贊公房〉之四：「細軟青絲履，光明白氎巾。」⓱粤盛　更加興盛。粤，通「越」。⓲丁蘭溫清竭誠二句　丁蘭，漢代人。相傳少喪父母，及長，刻木像，事之如生。曹植〈靈芝篇〉：「丁蘭少失母，自傷早孤煢，刻木當嚴親，朝夕致三牲。」⓳魯陽迴戈而日轉　《淮南子・覽冥》說：魯陽公與韓公打仗，正打得起勁的時候，太陽快落山了。魯陽操戈揮之，太陽又退回到三十里的地方。⓴杞婦下淚而城崩　漢劉向《列女傳・齊杞梁妻》：「杞梁之妻無子，……既無所歸，乃枕其夫之尸於城下而哭，……十日而城為之崩。」

既葬，……遂赴淄水而死。」此即民間傳說中孟姜女哭倒萬里長城的故事。㉑祭神如神在　孔子《論語・八佾》：「祭如在，祭神如神在。」意為祭祀神靈的時候，要虔誠恭敬，如同神靈就在旁邊一樣。㉒旍威　旌旗飄揚時所表現的莊嚴。

【語　譯】論說：過去優填王初次用栴檀木雕刻佛像，波斯王塑造金質的佛像時，他們都是臨摹真人，因此，逼真地畫出了佛的智慧、慈祥、仁愛的像貌。佛像光彩照人，見者會生起祥瑞之兆。朝拜者會自然地離開席位，虔誠地施禮。而後起造的髮爪兩塔、衣影二臺，也都是如來在世的事情。造塔在當時就已成了一種固定的做法。在釋迦牟尼涅槃於恒河邊，焚化於森林之外時，八大明王請求分得舍利，回到自己的國家中分別造塔，在佛出生處、得道處、說法處、涅槃處、頂骨隆起而生肉髻處、現出四牙分出雙身處、留有鉢杖唾壺等聖物處、帶著眾僧昇天處，都建起佛塔，在塔上刻上文字，用來記載佛神異的事跡。

一百多年後，阿育王拆掉了許多佛塔，取出藏於其中的舍利，遣使渡海，去海外傳播佛教，然而旅途中正值大海浪潮洶湧，有些舍利便遺落在一些海島上了，所以，今日海外的一些民族中，也供養著舍利，常能見到因之起造的佛塔。由於阿育王的努力，世上建立了八萬四千座佛塔。阿育王的諸位女兒，也相繼有了純淨無垢之心，熔化金銅，鑄造佛像。後來這些佛像浮江泛海，帶到了中國，並影響了中國。過去有關佛的事跡已經悄悄地傳到了中國，但佛的像貌，人們並未瞻仰過。直到蔡愔與秦景從西域遊學回來，帶回了在細棉布上畫的佛像，人們才見到佛的風采。從此以後，無論是涼臺，還是陵墓，都畫上了佛像。雕塑的佛像與塔廟並列於世。自梁朝開國以來，佛像的雕塑更為盛行，到處可見。按理說，佛並未給世人留下真容，人們對佛容貌的想像應該不同，相應地，所塑造的佛像也應不同。如果人們的心裡混混茫茫，那麼，佛的真實的儀容就不能真切地想像，但如果對佛有虔誠的態度與急切想瞻仰的心情，即使是木石心地，也會發出神靈感應。所以，劉殷至孝的精神感動了上蒼，鼎上便自然地生出記載他孝親事跡的銘文；丁蘭刻一母親的木像，像對待活人一樣溫清供奉，竟使得木像的臉色也變了樣；魯陽公揮戈讓太陽倒退，太陽便後退三十里；孟姜女弔念死去的丈夫，城牆感動而為之崩潰。這些事例都說明祇要動了真情，就會出現平常很難理解的徵兆與祥瑞。

由此我們就能理解慧達因塔頂之光的招引，而獲得佛的髮爪；慧力得到神的瑞兆，而定下塔基；慧受因至誠的心意，而得到了用作剎柱的浮木；僧慧從燈的自然移動，感受到了瑞兆而修建佛塔；僧洪、僧亮為造佛像，忘記了生命的危險；法意與法獻為建造寺廟，耗盡了自己畢生的精力；法獻專心致志於佛牙與佛骨，武帝能與他心心相印；僧護全力實現鐫造十丈石佛的心願，建安王鼎力支持，以成此事。近時所鑄造的一丈九尺高的佛像，其光芒照耀著京城與城郊，然而開始時宋明皇帝四次澆鑄都不成功，梁武帝卻用一次便塑造成形。那端莊的容貌沒有一點缺損，神靈運來的銅料雖少卻能滿足澆鑄的要求。由此我們知道，佛教借助於人而得到弘揚，神靈由物現出感應。這許多事例說明，神靈之事並不虛妄。孔子說：祭神之時，要覺得神靈就在你的面前。如果這樣做了，神靈就會與你心靈交會。敬佛像如同敬真佛，那麼，佛的音容笑貌就會逼真地映現在你的腦海裡。因而，進入佛教的境界必須要有領悟其旨意的智慧，而智慧又必須以福業和大德為基礎。譬如鳥因為有了一雙翅膀，而一飛萬丈；車有了兩個輪子而一馳千里。這能說不是勤修德福盛大造成的嗎？這對我們不是產生了無比的鼓勵嗎？

讚說：真實儀容的風采，掩抑了太陽的照曜；金石所雕塑的佛像，傳遞著佛法的光芒。於是有了佛塔與佛像，給予信佛的人們瞻仰依戀，而佛像則常常呈現奇異，兆示祥瑞。山巖藏著法寶，大地踴動蓮花，碧水流淌，纖雲緩飛。人們祇要一心信佛，必然和佛心會神融。

經師　正傳十一人　附見二十三人

晉中山帛法橋　僧扶

帛法橋，中山❶人。少樂轉讀❷而乏聲，每以不暢為慨。於是絕粒懺悔七日七夕，稽首觀音，以析現報。同學苦諫，誓而不改。至第七日，覺喉內豁然，即索水洗漱云：「吾有應矣。」於是作三契❸，經聲徹里許，遠近驚嗟，悉來觀聽。爾後誦經數十萬言，晝夜諷詠，哀婉通神。至年九十，聲猶不變。以晉穆帝永和中，卒於河北。即石虎末也。有弟子僧扶，亦戒行清高。

【注釋】❶中山　漢郡國名。轄地在今河北省唐縣、定縣一帶。❷轉讀　用較美的音調讀經，使之有音樂的效果。❸三契　調子分三段諷詠經文。也可以解釋為用不同的聲音詠誦經文三遍。

【語譯】帛法橋，中山地方人。年輕時念經喜歡轉讀，卻發不出響亮的聲音，他常常為此嘆息懊惱。於是七日七夜不吃不喝，懺悔自己的過失。並向觀音菩薩像稽首作禮，祈求剖白善惡的現報。他的同學見他如此，苦口勸他不要這樣損壞身體，但他發誓不達目的，絕不改變。到了第七天，他感到喉嚨豁然張大，隨即要水漱洗，並說：「我得到神靈的感應了。」於是，能用一種響亮悅耳的聲音讀經，其聲音傳出一里多遠，驚動了遠近的人們，大家都來看他並聽他讀經。之後，他誦念數十萬字的經文，日夜吟誦，其哀傷婉轉的聲音直通神靈。到了九十歲時，聲音仍然不變。晉穆帝永和年間，他在河北去世，此年也就是後趙太祖石虎末年。他有個弟子法名叫僧扶，是個嚴守戒律而品行清高的人。

晉京師建初寺支曇籥

支曇籥，本月支❶人，寓居建業❷。少出家，清苦蔬食，憩吳虎丘山❸。晉孝武初，敕請出都，止建初寺。孝武從受五戒❹，敬以師禮。籥特稟妙聲，善於轉讀。嘗夢天神授其聲法，覺因裁製新聲。梵響清靡，四飛卻轉。反折還弄❺。雖復東阿先變，康會❻後造，始終循環，未有如籥之妙。後進傳寫，莫匪其法。所製六言梵唄❼，傳響于今。後終於所住，年八十一。

【注釋】❶月支　古西域國名。也作「月氏」。其族先居今甘肅敦煌與青海祈連之間。漢文帝時被匈奴攻破，西遷至今伊犁河上游，擊大夏，佔塞種故地，稱大月支。其餘不能去者，入祈連山區，稱小月氏。❷建業　即今江蘇南京。梁時為京都。❸虎丘山　山名。在蘇州。❹五戒　佛教的五種戒律：不殺生、不偷盜、不邪淫、不妄語、不飲酒食肉。❺反折還弄　大正藏本「還」下有「喉疊」二字。❻康會　即康僧會，見本書卷一〈康僧會傳〉。❼梵唄　佛教作法事時的讚歎歌詠之聲。

【語譯】支曇籥，原本是月支人，後遷居建業。年輕時就出家當了和尚，生活清苦，蔬菜素食，住在蘇州的虎丘山。晉朝孝武皇帝初年，皇帝下旨讓他離開皇城建業，主持建初寺。孝武帝司馬昌明跟著他學習五種戒律，把他當作老師來敬重。支曇籥為皇帝念經，其聲音抑揚頓挫，妙不可言。他善於轉讀，曾經在夢中有天神來給他傳授了發聲方法，醒來後便創制了一種新的讀法，其讀經的聲音響亮清純，四處飛揚，千折百轉，婉變柔和。此種發聲方法雖然是東阿發軔，康僧會光大，其聲循轉如環，但不如支曇籥的聲音之妙。後來的法師傳寫佛經，在誦念的注明上，無一不用其法。支曇籥所創作的六字梵唄，今日的和尚們仍在歌詠。他一直住在建初寺，直至去世，享年八十一歲。

晉京師祇洹寺釋法平　法等

釋法平，姓康，康居❶人。寓居建業。與弟法等俱出家，止白馬寺。為曇籥❷弟子，共傳師業。響韻清雅，運轉無方。後兄弟同移祇洹❸，弟貌小醜，而聲踰於兄。宋大將軍於東府設齋，一往以貌輕之。及聞披卷三契❹，便扼腕❺神服，乃歎曰：「以貌取人，失之子羽，信矣。」後東安嚴公發講❻，等作三契經竟，嚴徐動麈尾曰：「如此讀經，亦不減發講。」遂散席。明更開題❼，議者以為相成之道也。兄弟並以元嘉末卒。

【注釋】❶康居　古西域國名。東臨烏孫大宛，南接大月氏安息，西與奄蔡交界。最盛時有今中亞細亞錫爾河北方吉利吉思草原一帶之地。❷曇籥　即支曇籥，其生平見本卷〈支曇籥傳〉。❸祇洹　又作祇園、祇桓，桓者林也。這裡當指名「祇洹」的寺廟。❹三契　三遍。又一解為調子分三段諷詠經文。❺扼腕　手握其腕，表示激動。❻發講　講解經文。❼開題　佛教語。按問題來解釋經文。

【語譯】釋法平，俗姓康，康居地方人。僑居建業。與弟弟法等都出家做了和尚，開始住在白馬寺，為支曇籥的徒弟。弟兄兩人，共同傳承老師的事業。其經文的誦詠，聲音響亮，韻味無窮，音色清純雅致，而運氣轉聲則變化多端。後來，兄弟倆移居祇洹寺。弟弟法等相貌醜陋，身材矮小，而誦經的聲音卻超過了哥哥。一次，南朝宋的大將軍在東府設齋，一見到法等，因其貌醜而輕視他。等到聽完法等用不同的聲調將經文念完三遍後，大將軍握住手腕興奮不已，對他的功力極為佩服，並感歎說：「以貌取人，即使明如子羽這樣的人，也會失誤。」之後，東安嚴公講解經文，由法等詠誦經文三遍，待詠誦完畢，東安嚴公慢慢地搖動麈尾說：「這樣的讀經，其效果並不低於解經。」於是散會。第二天又按照問題來講解經文。人們議論說，法等的讀經與東安嚴公的講解，相輔相成。法平、法等兄弟倆都在南朝宋元嘉末年去世。

宋京師白馬寺釋僧饒　道綜　超明　明慧

釋僧饒，建康❶人。出家，止白馬寺。善尺牘❷及雜技，偏以音聲著稱，擅名於宋武之世。響調優游，和雅哀亮，與道綜齊肩。綜善三《本起》❸及《須夫拏》❹。每清梵一舉，輒道俗傾心。寺有般若臺，饒常臺外梵轉，以擬供養。行路聞者，莫不息駕踟躕，彈指稱佛。宋大明二年卒，春秋八十六。

時同寺復有超明、明慧，少俱為梵唄，長齋❺時轉讀，亦有名當世。

【注　釋】❶建康　今江蘇省南京市。❷尺牘　書信。❸本起　《本起經》，全名為《佛五百弟子自說本起經》。❹須夫拏　大正藏本作「大拏」。應為「須大拏」。人名。佛之前身。這裡指《太子須大拏經》一卷。❺長齋　連續素食齋戒。

【語　譯】釋僧饒，建康人。出家當和尚後，住在白馬寺。擅長書信寫作與雜技，而以誦經聞名於世。他在南朝宋武帝到宋文帝在位期間成名。他誦念經文的聲音響亮婉轉，溫和雅致，並帶有哀傷的韻味。其技藝與當時的道綜齊名。道綜善於誦詠三遍《佛五百弟子自說本起經》與《太子須大拏經》。每當僧饒清亮的聲音一發，無論是佛教徒還是世俗之人，都傾心迷醉。寺裡有座般若臺，僧饒常繞著臺子念經，以此來供養佛。走路的人聽到後，沒有一個不停下傾聽，豎起指頭讚揚佛的慈善。他於南朝宋大明二年去世，享年八十六歲。

當時同寺的還有和尚超明、明慧，年輕時都學習讚歎歌詠，連續齋戒後口念經文，也聞名於當世。

宋安樂寺釋道慧

釋道慧，姓張，潯陽柴桑❶人。年二十四出家，止廬山寺。志行清貞，博涉經典。特稟自然之聲，故偏好轉讀。發響含❷奇，製無定准，條章析句，綺麗分明。後出都，止安樂寺，轉讀之名，大盛京邑。晚移朱方竹林寺，誦經數萬言。每夕諷詠，轉❸聞閭中，有彈指唱薩❹之聲。宋大明二年卒，春秋五十有一。

【注釋】❶潯陽柴桑　古縣名。在今江西九江西南。西漢置，屬豫章郡。因縣西南有柴桑山得名。三國吳時改屬武昌郡。晉咸和中為潯陽郡治，咸康中為江州治，宋齊以後因之。❷含　原作「合」。據大正藏本改。❸轉　大正藏本作「輒」。❹唱薩　善哉之義。《玄應音義》十六曰：「唱薩，此訛也。正言『娑度』，此譯云善哉。」

【語譯】釋道慧，俗姓張，潯陽柴桑縣人。二十四歲時出家當了和尚，住在廬山寺。他操行清雅，廣泛地閱讀佛教經典。他天生一種美妙自然的聲音，因此偏愛讀經。他的聲音中含有奇妙的韻味，其徐疾低昂也沒有固定的模式。聽來段落章句清清楚楚，並感受到華麗的風格。後來，他來到了京都，居住在安樂寺。於是，讀經的名聲，大震京都。他在晚年的時候，移居朱方竹林寺，誦讀了數萬字的經文。每晚念經，人們就聽到小房間中有指頭彈動與「善哉，善哉」的聲音。他在宋大明二年去世，年僅五十一歲。

宋謝寺釋智宗　慧寶　道詮

釋智宗，姓周，建康人。出家止謝寺。博學多聞，尤長轉讀。聲至清而爽快，若乃八關長夕❶。中宵之後，四眾低昂，睡蛇交至。宗則昇座一轉，梵響干雲。莫不開神暢體，豁然醒悟。大明三年卒，年三十一。

時有慧寶、道詮，雖非同時，作法相似。甚豐聲而高調，製用無取焉。宋明忽賞道詮，譏❷者謂逢時也。

【注　釋】❶八開長夕　漫漫長夜中，忽然天地一片光明。❷譏　大正藏本作「議」。據文意，應為「議」。

【語　譯】釋智宗，俗姓周，建康人。出家當和尚後，住在謝寺。他知識廣博，閱歷豐富，特別擅長於轉讀，聲音清純而爽朗，好像在漫漫長夜之中，忽然天地一片光明。半夜之後，念經的和尚們東倒西歪，睡意襲來。這時，智宗登上講座，轉讀經文，那聲音響徹雲霄。和尚們聽後，沒有一個不神清氣爽，豁然醒悟。他於大明三年去世，年僅三十一歲。

還有兩位和尚慧寶、道詮，雖然不是同時之人，但轉讀的作法相似。其聲音豐富而高亢激越，然其方法卻無法借鑑。南朝宋明帝忽然賞賜道詮，議論此事的人認為，道詮真是生逢其時啊！

齊烏衣寺釋曇遷　法暢　道琰

釋曇遷，姓支，本月支人。寓居建康。篤好玄儒❶，遊心佛義，善談莊老，並注《十地》❷。又工正書❸，常布施題經❹。巧於轉讀，有無窮聲韻，梵製❺新奇，特拔終古。彭城王義康、范曄❻、王曇首，並皆遊狎。遷初止祇洹寺，後移烏衣寺。及范曄被誅，門有十二喪，無敢近者。遷抽貨衣物，悉營葬送。孝武聞而歎賞，謂徐爰曰：「卿著《宋書》，勿遺此士。」王僧虔❼為湘州及三吳，並攜共同遊。齊建元四年卒，年九十九。

時有道場寺釋法暢、瓦官寺釋道琰，並富聲哀婉。雖不競❽遷等，抑亦次之。

【注　釋】❶玄儒　指道家與儒家之學。《南齊書・百官志》：「太始六年，以國學廢，初置總明觀，玄、儒、文、史四科，科置學士各十人。」❷十地　這裡指《十住經》。該經六卷，秦羅什等譯，即《華嚴六經之十地品》。❸正書　正楷，書法之一種。❹題經　指講解經文之題目。❺梵製　創製梵唄，即創製佛教作法事時歌詠的讚頌之辭。❻范曄　（西元三九八至四四五年）南朝宋順陽人，字蔚宗，范甯孫。博涉經史，善為文章。晉末為劉裕（宋武帝）之子彭城王義康參軍。南朝宋建立後，為尚書吏部郎，左遷宣城太守，不得志，於是刪定自《東觀漢記》以下諸書，撰為《後漢書》。後遷左衛將軍、太子詹事。元嘉二十二年（西元四四五年），以參與孔熙先謀立義康，事泄被殺。《宋書》、《南史》皆有傳。❼王僧虔　（西元四二六至四八五年）南朝齊琅琊臨沂人。王導五世孫。宋時除秘書，官至尚書令。入齊，轉侍中、湖州刺史。善隸書。❽不競　不能相並。

【語譯】釋曇遷，姓支，本是西域月支人。僑居於建康。深深地喜愛道學與儒學，但又信仰佛教的教義。他善於談論老莊哲學，並注釋過《十住經》。他能寫出一手很好的正楷字，常常為人們講解經文題目。他在轉讀上有很好的技巧，讀經時，平上去入之聲韻，字字分明。他所創製的用來歌詠的梵唄，詞意新穎，用語奇特，可以說空前絕後。宋王子彭城劉義康以及參軍范曄、王曇首，都和他交往遊玩。曇遷最早住在祇洹寺，後來移居烏衣寺。元嘉二十七年，范曄被殺，一家死了十二人，當時范曄的親友，沒有一個敢去料理後事。而曇遷卻能抽出部分衣物去出售，用得來的錢安葬了范曄等。宋孝武帝劉駿聽說此事後，讚歎不已，對史官徐爰說：「你寫《宋書》，不要遺漏了這個人的事跡。」王僧虔出任湘州及三吳等地的長官，他帶著曇遷一起去。南朝齊建元四年，他去世了，享年九十九歲。

與他同時的還有道場寺的和尚法暢、瓦官寺的和尚道琰，其讀經的聲音也音色飽滿，哀傷婉轉。他們不能和曇遷齊名，但也是僅差一點而已。

齊東安寺釋曇智　道朗　法忍　智欣　慧光

釋曇智，姓王，建康人。出家止東安寺。性風流，善舉止。能談莊老，經論書史，多所綜涉。既有高亮之聲，雅好轉讀。雖依擬前宗，而獨拔新異。高調清徹，寫送❶有餘。宋孝武、蕭思話、王僧虔等，並深加識重❷。僧虔臨湘州，攜與同行。蕭守吳，復招同入。齊永明五年卒於吳國，年七十九。

時道朗、法忍、智欣、慧光，並無餘解，薄能轉讀。道朗捉調小緩，法忍好存擊切，智欣善能側調，慧光善飛聲❸。

【注釋】❶寫送　用聲音傳導佛經幽深的意思。❷識重　賞識敬重。❸時道朗法忍智欣七句　原本無，今據大正藏本校補。

【語譯】釋曇智，俗姓王，建康人。出家當和尚後，住在東安寺。他性情風流，舉手投足，都有翩翩的風度。能和人談論老莊哲學，佛教的經論與書法、史學，多有所博覽涉及。他的聲音高亢清亮，喜歡讀經。讀經的方法雖然模仿之前的大師，但也有獨創的地方。其聲調激越清純，能用聲音傳送佛經中幽深的文意。南朝宋孝武帝劉駿、蕭思話、王僧虔等，都賞識敬重他。王僧虔到湘州任職，帶著他去，蕭思話做吳郡太守，也要他一起到吳地。他於南朝齊永明五年死於吳國，享年七十九歲。

當時有道朗、法忍、智欣、慧光等和尚，雖然在解釋經典上，都沒有新見，但在轉讀上還都有一些技能。道朗能控制聲調，使之緩慢；法忍喜歡急切地朗誦；智欣則善於用側調來講唱；慧光能使聲音飛揚。

齊安樂寺釋僧辯　僧恭

釋僧辯，姓吳，建康人。出家止安樂寺。少好讀經，受業於遷、暢二師❶。初雖祖述❷其風，晚更措意斟酌。哀婉折衷，獨步齊初。嘗在新亭劉紹宅齋，辯初夜讀經，始得一契，忽有群鶴下集階前，及辯度卷，一時飛去。由是聲震天下，遠近知名。後來學者，莫不宗事。永明七年二月十九日，司徒竟陵文宣王夢於佛前詠《維摩》❸一契。因聲發而覺，即起至佛堂中，還如夢中法，更詠《古維摩》一契，便覺韻聲流好，著❹工恒日。明旦，即集京師善聲❺沙門龍光普知、新安道興、多寶慧忍、天保超勝，及僧辯等，集第作聲。辯傳《古維摩》一契、《瑞應》七言偈❻一契，最是命家❼之作。後人時有傳者，並訛漏失其大體。辯以齊永明十一年卒。

中興有釋僧恭，當時與辯齊名，後遂退道❽。

【注　釋】❶遷暢二師　指曇遷、法暢兩位法師。❷祖述　師法前人，加以陳說。《禮記·中庸》：「仲尼祖述堯舜，憲章文武。」❸維摩　全稱《維摩詰所說經》。記維摩與舍利弗彌勒等及文殊大師問答之辭，說明大乘教理。譯本已佚者有後漢嚴佛調《古維摩經》一卷、晉竺法護譯《維摩詰所說法門經》一卷等。今存者有三國吳支謙譯《維摩詰說不可思議法門經》二卷，等等。❹著　原作「有」。據大正藏本改。❺善聲　有動聽的聲音。❻七言偈　七字一句的佛經中的頌詞。❼命家　長壽的得道高僧。❽中興有釋僧恭三句　原本無，今據大正藏本校補。

【語　譯】釋僧辯，俗姓吳，建康人。出家當和尚後，住在安樂寺。年輕時好讀經，跟曇遷、法暢二位法師學習。開始效法老師的經文讀法，晚年時，深入鑽研，自創新法。他讀經的聲音哀愁婉轉，中和有度。其技藝在齊朝初，沒有人能夠趕上。他曾經在新亭劉紹的家裡做法事，第一夜讀經，才讀一遍，忽然見到一群鶴鳥飛落階前，待讀完經文，才一起飛走。此事使得僧辯名聞天下，遠近震動。從此學習讀經的人，都拜僧辯為師，或效法他的做法。南朝齊永明七年二月十九日，司徒竟陵文宣王夢見自己在佛前詠誦了《維摩詰所說經》一遍，因發出了聲音而醒了過來，隨即起床，來到佛堂中，按照夢中的讀法，又詠誦了一遍《古維摩經》，祇覺得聲韻婉協，流利動人，於是又花了一整天時間反覆練習。第二天，文宣王召集京城中有動聽歌喉的和尚，為龍光寺的普知、新安寺的道興、多寶寺的慧忍、天保寺的超勝以及僧辯等，在他的佛堂中傳授讀經的方法。後來，僧辯傳授了《古維摩經》與《瑞應》七字一句的頌詞，真是年高有道僧人的讀法。之後，也常有人傳其經偈，然而，遺漏與錯誤使得僧辯的讀法已面目全非了。僧辯在齊永明十一年去世。

南朝齊和帝中興年間，有和尚僧恭，與僧辯齊名，然而他後來還俗了。

齊白馬寺釋曇憑　道光

釋曇憑，姓楊，犍為南安❶人。少遊京師，學轉讀，止白馬寺。音調甚工，而過且自任，時人未之推也。於是專精規矩，更加研習，晚遂出群，翕然❷改觀。誦三《本起經》❸，尤善其聲。後還蜀，止龍淵寺。巴漢學者，皆崇其聲範。每梵音一吐，輒象馬悲鳴，行途住足。因製造銅鐘，願於未來當有八音四辯❹。庸❺蜀有銅鐘，始於此也。後終於所住。時蜀中有僧道光，亦微善轉讀。

【注釋】❶南安　地名。在今隴西縣東北渭水北。❷翕然　驟然；突然。❸本起經　全名為《佛五百弟子自說本起經》。❹八音四辯　佛教語。八音，如來佛所得八種之音聲也。一是極好音，也為佛德廣大之音，人聽後，皆能入於好道。二是柔軟音，佛德慈善之故，使人聽後喜悅，捨棄剛強之心，讓行為合於法律倫理。三是和適音，佛居中道之理，故音聲能調和，人聽後會性情融和。四是尊慧音，佛德尊高，故聞者尊重，智解開明。五是不女音，六是不誤音，七是深遠音，八是不竭音。

四辯，又云四無礙智、四無礙辯。是為諸菩薩說法之智辯。一法無礙，二義無礙，三辭無礙，四樂說無礙。❺庸　即上庸。地名。春秋時庸國地，地在今湖北竹山。

【語　譯】釋曇憑，俗姓楊，犍為南安地方人。年輕時遊學京師，學習轉讀，住在白馬寺。讀音準確，聲調抑揚快慢恰到好處，然而，自己誇耀得太過分，當時人並不推重他。於是，他專心致志地鑽研讀經的法度，並刻苦練習。到了晚年的時候，因其高超的技能而超過眾人，其轉讀的方法和過去完全不同，尤其是用不同的聲調誦念三遍《本起經》，聲音極為美妙。後來，回到蜀地，住在龍淵寺，巴山漢水一帶的學者，對其轉讀的方法極為崇拜，當作學習的榜樣。每當曇憑一念佛經，大象與馬兒聽後會感動得悲鳴，行人會駐足諦聽。他為了廣泛地宣傳佛教，讓更多的人按時來聽他誦講經文，他製造了銅鐘。他曾發下這樣的心願：讓自己的聲音像如來佛所得的八種聲音那樣，提高自己的知識水平，以使自己達到四無礙辯的境界，即講解經文時沒有任何解不出的難題，並使信徒樂於聽講。庸蜀這些地方有銅鐘，就是從曇憑開始的。曇憑後來圓寂於龍淵寺。當時蜀地還有個叫道光的和尚，也掌握了一點轉讀的方法。

齊北多寶寺釋慧忍

法鄰　曇辯　慧念　曇幹　曇進　慧超　道首　曇調

釋慧忍，姓蕢，建康人。少出家，住北多寶寺。無餘行解❶，止是愛好音聲。初受業於安樂辯公❷，備得其法。而哀婉細妙，特欲過之。齊文宣感夢❸之後，集諸經師，乃共忍斟酌舊聲，詮品新異。製《瑞應》❹四十二契❺，忍所得最長妙。於是令慧微、僧業、僧尚、超明、僧期、超猷、慧旭、法曇、慧滿、僧胤、慧彖、法慈等四十餘人，皆就忍受學，遂傳法于今。忍以隆昌元年卒，時年四十餘。

釋法鄰平調牒句❻，殊有宮商。

釋曇辯一往無奇，彌久彌勝。

釋慧念少於氣調，殊有細美。

釋曇幹爽快砰磕，傳寫有法。

釋曇進亦入能流，偏善還品。

釋慧超善於三契，後不能稱。

釋道首怯於一往，長道可觀。

釋曇調寫送❼清雅，恨功夫未足。

凡此諸人，並齊代知名。其浙左、江西、荊陝、庸蜀亦頗有轉讀。然止是當時詠歌，乃無高譽，故不足而傳也。已上八人無傳。

【注釋】❶行解　佛教語。心遊於佛教所論的境界而後有所領悟。另一說為修行與知解。可簡單理解為對經論的解釋與福行的修煉。❷辯公　見本卷〈釋僧辯傳〉。❸文宣感夢　見本卷〈釋僧辯傳〉。❹瑞應　經名。全名為《太子瑞應本起經》。❺契　本意是佛經與人情最融合，故名契，這裡當「遍」解。❻牒句　被逗斷的經文句子。❼寫送　把經文的意義通過聲音傳送出來。寫，傾泄。

【語譯】釋慧忍，俗姓蕢，建康人。年輕時就出家做了和尚，住在北多寶寺。在修業與解經上沒有什麼突出之處，僅是愛好音聲。一開始拜安樂寺的法師僧辯為師，學到了老師的所有本領，而在聲音的哀傷婉轉、細致入微、音聲精妙方面，則明顯地大大超過老師。南朝齊文宣王夢見自己在佛前讀經，得其真傳之後，召集了諸位經師，傳授其夢中讀法，他還與慧忍一同研究舊的發聲方法，切磋鑑賞新的發聲方法。老師僧辯所製的《太子瑞應本起經》四十二遍的讀法，慧忍學得最好。於是，文宣王讓慧微、僧業、僧尚、超明、僧期、超猷、慧旭、法曇、慧滿、僧胤、慧彖、法慈等四十多人，都跟他學習，於是，《太子瑞應本起經》的讀法便能夠傳至今天。慧忍去世於南朝齊隆昌元年，年僅四十多歲。

和尚法鄰，用平調誦念經文被逗開的句子，有音樂之聲。

和尚曇辯，讀經時流暢無奇，但越讀越顯示出他的功力。

和尚慧念，讀經時聲音柔軟，音調不高，但有一種纖細的美麗。

和尚曇幹，聲音爽朗明快，乾脆俐落，其聲音如同東西爆裂一樣，其用聲音傳導經意則有一定的風格。

和尚曇進，也是技能高超一類的人物，他的特殊本領是令聽者聽後回味無窮。

和尚慧超，善於用不同的聲調把經讀三遍，但再讀下去，就很一般了。

和尚道首，短處在於很害怕一口氣讀很多經文，但聽他讀多了，其讀法就會令你讚許。

和尚曇調，能用清純雅致的聲音表達經意，可惜功力還嫌不夠。

以上八人，都是齊代知名的和尚。在浙江、江西、湖北、陝西、巴蜀等地，也有會轉讀的和尚，然而，僅僅是當時的普通歌詠者，沒有什麼聲譽，因而，沒有立傳的資格。上述八人也無生平介紹。

論曰：夫篇章之作，蓋欲伸暢懷抱，褒述情志。詠歌之作，欲使言味流靡，辭韻相屬。故〈詩序〉云：情動於中，而形於言。言之不足，故詠歌之也。然東國❶之歌也，則結韻以成詠；西方❷之讚也，則作偈以和聲。雖復歌讚為殊，而並以協諧鍾律，符靡宮商❸，方乃奧妙。故奏歌於金石，則謂之以為樂；讚法於管絃，則稱之以為唄。

夫聖人制樂，其德四焉：感天地，通神明，安萬民，成性類❹。如聽唄，亦其利有五：身體不疲，不忘所憶，心不懈倦，音聲不壞，諸天❺懽喜。是以般遮❻絃歌於石室，請開甘露之初門❼，淨居舞頌於雙林❽，奉報一化❾之恩德。其間隨時讚詠，亦在處成音。至如億耳細聲於宵夜，提婆❿颺響於梵宮。或令無相之旨⓫，奏於篪笛之上；或使本行⓬之音，宣於竽瑟之下。並皆抑揚通感⓭，佛所稱讚。故〈咸池〉、〈韶武〉⓮無以匹其工，〈激楚〉、〈梁塵〉⓯無以較其妙。

自大教東流⓰，乃譯文者眾，而傳聲蓋寡。良由梵音重複，漢語單奇，若用梵音以詠漢語，則聲繁而偈迫；若用漢曲以詠梵文，則韻短而辭長。是故金言⓱有譯，梵響無授。

始有魏陳思王曹植⓲，深愛聲律，屬意經音。既通般遮之瑞響，又感魚山⓳之神製。於是刪治《瑞應》、《本起》，以為學者之宗。傳聲則三千有餘，在契則四十有二。其後帛橋、支籥亦云祖述陳思，而愛好通靈，別感神製，裁變有聲，所存止一千而已。至石勒建平中，有天神降于安邑⑳廳事，諷詠經音，七日乃絕。時有傳者，並皆訛廢。逮宋齊之間，有曇遷、僧辯、太傅、文宣等，並殷勤嗟詠，曲意音律，撰集異同，斟酌科例。存於舊法，正可三百餘聲。自茲厥後，聲多散落。人人致意，補綴不同。所以師師異法，家家各製。皆由昧乎聲旨，莫以裁正。

夫音樂感動，自古而然。是以玄師梵唱，赤鴈愛而不移；比丘流響，青鳥悅而忘翥。曇憑動韻，猶令象馬蹉跼；僧辯折調，尚使鴻鶴停飛。量人雖復深淺，籌感抑亦次焉。故㉑擊石拊石，則百獸率舞。簫〈韶〉九成，則鳳凰來儀。鳥獸且猶致感，況乃人神者哉？但轉讀之為懿，貴在聲文兩得。若唯聲而不文，則道心無以得生；若唯文而不聲，則俗情無以得入。故經言，以微妙音歌歎佛德，斯之謂也。而頃世學者，裁得首尾餘聲，便言擅命當世。經文起盡，曾不措懷。或破句以全聲，或分文以足韻。豈唯聲之不足，亦乃文不成詮。聽者唯增怳惚，聞之但益睡眠。使夫八真明珠，未揜而藏曜；百味淳乳，不澆而自薄㉒。哀哉！若能精達經旨，洞曉音律。三位七聲，次而無亂；五言四句，契而莫爽。其間起擲盪舉，平折放殺，游飛卻轉，反疊嬌哢。動韻則揄靡弗窮，張喉則變態無盡。故能炳發八音，光揚七善㉓。壯而不猛，凝而不滯；弱而不野，剛而不銳；清而不擾，濁而不蔽。諒足以超暢微言，怡養神性。故聽聲可以娛耳，聆語可以開襟。若然，可謂梵音深妙，令人樂聞者也。

然天竺方俗，凡是歌詠法言，皆稱為唄。至於此土，詠經則稱為轉讀，歌讚則號為梵音。昔諸天讚唄，皆以韻入絃管。五眾㉔既與俗違，故宜以聲曲為妙。原夫梵唄之起，亦肇自陳思。始著《太子頌》及《睒頌》等，因為之製聲。吐納抑揚，並法神授。今之皇皇顧惟，蓋其風烈也。其後居士支謙，亦傳梵唄三契，皆湮沒不存。世有《共議》一章，恐或謙之餘則也。唯康僧會所造《泥洹》㉕梵唄，于今尚傳。即敬謁一契，文出雙卷《泥洹》，故曰泥洹唄也。爰至晉世，有生㉖法師初傳覓歷。今之行地印文，即其法也。籥公㉗所造六言，即《大慈哀愍》一契，于今時有作者。近有西涼州唄，源出關右，而流于晉陽，今之面如滿月是也。凡此諸曲，並製出名師。後人繼作，多所訛漏。或時沙彌小兒，互相傳校㉘。疇昔成規，殆無遺一，惜哉！此既同是聲例，故備之論末。

【注釋】❶東國　指中國。❷西方　指印度，即古天竺國。❸符靡宮商　有宮商之音，成歌曲之調。❹成性類　使人類具有美好的品性。❺諸天　欲界有六天，謂之六欲天。色界之四禪有十八天。無色界之四處有四天。其他有日天、月天、韋馱天等諸種天界，即諸天部。❻般遮　半數，又譯為「五」。❼甘露之初門　到甘露涅槃之門，也即天界之門。❽雙林　佛涅槃之娑羅雙樹之林也。❾一化　佛教語，意為如來一代之教化。❿提婆　指「提婆擊鍾」。《西域記》八曰：「摩揭陀國波吒釐子城邊有故伽藍，伽藍中有窣堵坡，名建犍稚聲。初，城內伽藍數百，僧徒甚盛，後漸殂落，外道益滋，白王令二者對論，敗者不擊犍稚。王允之。而諸僧取敗，十二年間不能擊犍稚。提婆聞之，白其師龍猛菩薩，直入城內。晨朝時，大擊犍稚。王乃召集學人，使論議。外道盡墮負。國王大喜，建此靈基，以旌至德。」⓫無相之旨　沒有字跡的教義。⓬本行　佛教語。本來所修之行法也。又為成佛之因之根本行法也。⓭通感　對外界事物之感受可互通也，如聲覺形象可轉化為視覺形象。⓮咸池韶武　古樂名。咸池，傳說是黃帝之樂，堯增修沿用。《周禮・春官・大司樂》：「舞〈咸池〉以祭地示。」韶武，又稱〈韶〉。傳說是舜所作的樂曲。《書・益稷》：「簫〈韶〉九成，鳳皇來儀。」《論語・述而》：「子在齊聞〈韶〉，三月不知肉味。」⓯激楚梁塵　古代樂曲名。激楚，《漢書》卷五七上〈司馬相如傳・上林賦〉：「鄢郢繽紛，〈激楚〉〈結風〉。」梁塵，南朝宋鮑照〈學古〉：「調絃俱起舞，為我唱〈梁塵〉。」⓰大教東流　指佛教東傳至我國。⓱金言　指釋迦牟尼口述的經文。⓲曹植　（西元一九二至二三二年）字子建。曹操第三子，曹丕之弟。少善詩文，在建安作家中，影響較大，封陳王，謚曰思，稱陳思王。⓳魚山　地名。又作漁山。曹植在此處始製梵唄。因而梵唄謂之漁唄、漁梵等。《玄贊》四曰：「陳思王登漁山，聞巖岫誦經，清婉遒亮，遠谷流響，遂擬其聲，而製梵唄。」⓴安邑　縣名。相傳為夏禹的都城。秦置縣，屬河東郡。北魏為安邑郡，分南安邑、北安邑二縣。㉑故　大正藏本「故」下有「變」。㉒不澆而自薄　不減削而自變薄。㉓七善　指佛經的七種優點。為時善、義善、語善、獨法、具足、清淨、梵行。㉔五眾　指出家之人。一比丘，受具足戒之男子。二比丘尼，受具足戒之女子。三學法女，將受具足戒而學六法之女子。四沙彌，出家受十戒之男子。五沙彌尼，出家受十戒之女子。㉕泥洹　佛家語。涅槃的別譯。此指《泥洹經》，有三本。一為《般泥洹經》之略名，二為《佛般泥洹經》之略名，三為《大般泥洹經》之略名。㉖生　大正藏本無「生」，而有「高座」。「高座」是。㉗籥公　即支曇籥，見本卷〈支曇籥傳〉。㉘傳校　大正藏本作「傳授」。「傳授」是。

【語　譯】論者說：人們寫作文章，是為了盡情地抒寫情懷與表現自己的思想志向。創作歌曲，是使語言充滿韻味，並得以流暢地表達。所以，〈毛詩序〉說：情動於心中，便用言語傳導出來，如果用言語還不能夠盡情地表達，便用歌唱來抒寫。中國的歌曲，歌詞要押韻，這樣方能唱出來。佛教的讚頌，是用偈為頌詞。偈用三言、四言、五言、六言、七言以至多言，四句合為一偈，它也要求聲韻和諧。歌與讚雖然有所不同，但是都有吻合樂器、協諧宮商的要求，符合這樣的要求，才有說不盡的美妙。因此，用金鼓伴奏唱歌，被稱之為音樂；用簫管絲絃協助佛讚，則被稱之為梵唄。

聖人創製音樂，其作用有四個方面：一是使天地感應到人間的喜怒哀樂之情，二是溝通人與神靈的關係，三是使百姓生活平靜，精神快樂，四是使人類都具有美好的品性。人們聽梵唄，也有五個好處：一是讓身體不疲倦，二是不忘記應該記憶的東西，三是精神不懈怠，永遠有追求目標的熱情，四是聲音不會蒼啞，五是諸部天神都會高興。因此，人們在寺廟中演奏起佛教的音樂，讓神靈聽後打開上天之門。又在娑羅雙林跳起舞唱起贊頌，以報如來佛化育眾生之恩。佛教的信徒們隨時隨地都可以歌詠佛讚，因此，到處都可以聽到悅耳的梵音。在靜夜之中，億萬的人民在聆聽細軟的經聲。或者，在這靜夜時分，提婆在梵宮中放聲歌唱，讓無相的佛法在夜空中藉音樂而飛揚。或用篪笛吹奏，或用竽瑟吹彈，無論是歌唱，還是絲絃演奏，其抑揚頓挫，都能使聽者發生互轉之感受，也得到了佛的稱讚。相比之下，中國古代的樂曲〈咸池〉、〈韶武〉、〈激楚〉、〈梁塵〉，都無法與之媲美。

自從佛教傳到中國以後，翻譯經文的人很多，而傳播佛教音樂的人卻很少。其原因是梵語一字多音，而漢語一字一音。如果用梵音來歌唱漢語，必然是聲多而頌詞唱起來像滾珠似的急迫；如果用漢人的曲調來唱梵語，又必然是樂聲短而歌詞長，樂曲已完，歌詞卻還沒唱完。因此，釋迦牟尼的口述經文有人翻譯，然而梵音卻沒人介紹。

到了三國時代，開始有陳思王曹植注意到了佛教的音樂問題，由於他深愛音樂，又對佛經誦念的發聲問題有過思考，況且他既通佛教音樂，又受到漁山巖岫清婉遒亮的山谷聲音的啟發，於是在《太子瑞應本起經》與《佛五百弟子自說本起經》的基礎上，進行整理，作為學習之人的範本。所標注的聲音唱讀之法有三千多，能用不同的音調詠唱四十二遍。其後，有帛法橋、支籥兩位和尚師承曹植的詠唱之法，由於他們受神靈的啟發，創製了許多新聲，可惜的是，舊的詠唱之法到此時僅存一千了。到了石勒建平年間，有天神下凡在安邑縣，諷詠佛經，連續七天，當時有人將其唱念之法進行了傳授，然而到了後來，舊的新的全部錯訛廢止。到了南朝宋代、齊代之時，有曇遷、僧辯、太傅、文宣王等人，勤苦地探索詠唱之法，專心致志於音律，他們收集相同與不同的唱念之法，研究範例，分析處理難題，然所能夠保存的舊法也祇有三百多。從此以後，這些舊聲也大都散落了。人人在詠經上用心，然而，所說的唱法卻相互不同。人們師從不同，所學的方法也就不同。法師們所製的讀唱音譜，也是各家互不相同。出現這種現象的原因，都是由於對聲樂原理不清楚，沒有一個人能對諸家的譜法作出正確的評判。

音樂能夠讓生物感動，從古到今就是這樣。所以，玄師唱念佛經，赤鷹喜悅其音而不移動。比丘高聲歌詠，青鳥興奮得忘記了飛翔。曇憑經聲一出，象馬徘徊不前；僧辯讀經一遍，鶴鳥駐足諦聽。測量唱念功力之深淺，可從聽者之情的感應上看得出來。古代夔敲擊、撫摸著石鼓，發出音樂之聲，百種野獸聽後便和著節奏跳起舞來。簫管吹奏〈韶〉樂，才到九成，便有鳳凰來拜。鳥獸對於美的音樂都能感動，何況是感情豐富的人、神呢？佛經的轉讀之所以美好，貴在它既有聲音又有經文。如果僅是聲音而沒有經文歌詞，則聽者不會在心性上有所進步；如果僅有經文而沒有唱念之聲，那麼也不能感動人心，受其熏陶。所以，佛經說，用微妙的歌唱音樂來表現、讚頌佛的美德，就是指這樣的意思吧。然而，今日世上所有學習經讀之人，才得到一點像樣的讀法，便擅自發號施令，要大家以他的為正宗。至於經文從頭至尾的內容，卻不認真地研讀。他們為了聲韻婉協，有時竟把一句拆破。這樣做，豈能說僅僅是不成聲調，連句子的意思也解釋不通了。聽的人祇會糊糊塗塗，瞌睡打盹。真是璀燦的明珠被掩住了光輝，百味的淳乳被弄得平淡寡味。可悲啊！他們如果能精通佛經的要旨，洞曉音律的原理，就會使三位七聲的樂調，井然有序；五言四句的偈頌，婉協融洽。其間的快慢高低、抑揚頓挫，如龍在空中暢遊翻飛，如鳥在林中嬌聲百囀。用韻變化無窮，聲調不斷翻新。這樣，當然就能發出佛之八音，闡述佛經的七善。聲音粗壯而不威猛，凝靜而不堵塞，柔弱而不萎靡，剛強而不尖銳，清碧而不蕩漾，厚實而不隱晦。如此，則會淋漓地展現微言大義，快樂地修性養神。聽其聲音，可以娛悅身心，並使自己胸襟開闊。如果佛經之唱念能達到這樣極為美妙的境界，人們自然是樂於聽聞的了。

天竺國的習俗：凡是歌詠佛經，稱之為「唄」，而到了中國，歌詠佛經則稱為「轉讀」，歌讚之聲則名為

「梵音」。過去西方諸部歌詠經文，都用絃管伴奏。既然佛教之僧侶離開了世俗，就應該以聲音樂曲為美妙的事物而予以追求。追溯梵唄的源頭，創始於曹植，他作有〈太子頌〉與〈睒頌〉等，並為它們製聲譜曲，其吐納抑揚的唱詠方法，皆師法神靈所授。今日梵唄的盛大完美的音樂，即為其遺風。其後，居士支謙也傳授過可用不同聲調唱念三遍的梵唄，然而，都湮沒不存。世上存有〈共議〉一章，或許是支謙所傳梵唄的遺存吧。祇有康僧會的《泥洹經》梵唄，今日仍留存於世，又稱之為「泥洹唄」。等到晉朝一統全國後，有高座法師開始傳授梵唄給弟子覓歷，今日流行的印文，就是他所傳的梵唄之法。支曇籥所創製的六言偈句《大慈哀愍》一卷，今日有人作了唱念之譜。近來流傳的西涼州唄，源自於關右，而流傳於晉陽。今日被人稱讚為如滿月之面的，即是此曲。以上所述的諸種唱經之曲，都出自於名師之手。後人續作，多有訛誤與遺漏。或僅是小和尚者，口耳相傳。往日初創時的精美曲調，恐怕一點也不留存了，這是多麼可惜的事。這些都屬於發聲歌唱這一類，所以，在這一篇章的末尾也把它們提出來。

唱導　正傳十人　附見七人

宋京師祇洹寺釋道照　慧明

釋道照，姓麴，西平❶人。少善尺牘，兼博經史，十八出家，止京師祇洹寺。披覽群典，以宣唱為業。音吐嘹亮，洗悟塵心，指事適時，言不孤發❷，獨步於宋代之初。宋武帝嘗於內殿齋，照初夜略敘百年迅速，遷滅俄頃。苦樂參差，必由因果。如來慈應六道❸，陛下撫矜一切，帝言善久之。齋竟，別嚫❹三萬。臨川王道規從受五戒，奉為門師。宋元嘉三十❺卒，年六十六。照弟子慧明，姓焦，魏郡人。神情俊邁，祖習師風，亦有名當世。

【注釋】❶西平　大正藏本作「平西」。應為「西平」。屬河南省。❷言不孤發　說話都有根據。❸慈應六道　慈悲地關懷天地間的生靈。六道，佛教語。指天道、人道、阿修羅道、餓鬼道、畜生道、地獄道。❹別嚫　另外再施捨錢財。嚫，大正藏本作「䞋」。兩字異形而實同。嚫，施捨。佛道作法事畢，與之錢曰嚫錢。❺三十　原作「十年」。據大正藏本改。

【語譯】釋道照，俗姓麴，西平地方人。年輕時擅長寫作書信，並有廣博的經史知識。十八歲時出家當了和尚，住在京城的祇洹寺。他閱讀了大量的佛教經典，以宣講唱詠經文為自己的專業。他吐音嘹亮，聽者能洗滌塵心，並有所覺悟。他在宣講時所列舉的事例都有現實的意義，說話都有根據，所以，在南朝宋代初年，在這一方面，他是超越時人的。宋武帝曾在內殿設齋做法事，僧照與武帝談論人生，他說人生雖有百年，但光陰流逝迅速，頃刻之間，就走完了人生的旅程。眾生苦樂的命運不同，是由因果來決定的。如來佛對六道生靈給予關懷，陛下憐憫天下的百姓，其實質是一樣的。武帝對他的論述不停地誇讚。法事結束後，武帝另外又施捨了三萬錢。臨川王道規曾經跟他學習五戒，尊他為入門之師。宋代元嘉三十年去世，活了六十六歲。

道照的弟子慧明，俗姓焦，魏郡人。神采飛揚，性格豪邁，繼承了老師的宣講與詠唱的風格，在社會上也很有名氣。

宋長干寺釋曇穎

釋曇穎，會稽❶人。少出家，謹於戒行，誦經十餘萬言，止長干寺。性恭儉，唯以善誘❷為先。故屬意宣唱，天然獨絕。凡要請者，皆貴賤均赴，貧富一揆❸。

張暢聞而歎曰：「辯吐流便，足騰遠理。」穎嘗患瘡癬，積治不除，房內恒供養一觀世音像，晨夕禮拜，求差此疾。異時忽見一蛇從像後緣壁上屋，須臾有一鼠子從屋脫地，涎涶沐身，狀如已死。穎候之，猶似可活，即取竹刮除涎涶。又聞蛇所吞鼠，能療瘡疾，即刮取涎涶❹，以傅癬上。所傅既遍，鼠亦還活。信宿❺之間，瘡痍頓盡。方悟蛇之與鼠皆是祈請所致。於是精勤化導，勵節彌堅。宋太宰江夏王義恭最所知重。後卒於所住，年八十一。

【注　釋】❶會稽　郡名。秦置，治所在吳縣。地當今江蘇東南部及浙江西部。❷善誘　善於誘導。❸一揆　一個道理；一個樣。❹又聞蛇所吞鼠三句　原本無，今據大正藏本校補。❺信宿　連宿兩夜。《左傳》莊公三年：「凡師一宿為舍，再宿為信，過信為次。」

【語　譯】釋曇穎，會稽郡人。年輕時就出家做了和尚，他嚴守戒律，小心謹慎。他朗讀了十多萬字的經文，住在長干寺。他性格恭謹儉樸，在勸導教化人的方面超過同時的眾僧。因此，他專心致志於宣講詠唱經文，他在這個方面有著天生的才華，無人能與之相比。凡是邀請他去宣講詠念經文的人，無論是富貴貧賤，他都接受邀請而前往。張暢聽過他的唱經後讚歎說：「唱念經文流利如水，聽後彷彿接近了遙遠的真理。」曇穎曾經患過疥癬，久治不癒。他在房內供了一尊觀世音菩薩像，早晚都在像前禮拜，求觀世音讓他病好。一日，忽然看見一條蛇，從像後沿著牆壁爬上了屋，之後不久，有一隻小老鼠從屋上墜下地，渾身上下都是唾沫，樣子看上去像已經死了。曇穎觀察了一會兒，小老鼠又有了活轉過來的可能，他隨即取一竹片刮下小老鼠身上的唾液，他聽說蛇吞老鼠的涎液能治疥癬，於是將刮下的唾液敷在疥癬上。敷遍之後，鼠已活了。不到兩夜，疥癬就全部去掉。他這時方才想到，那蛇與老鼠，都是祈禱觀世音的作用。於是，他在宣講經文以化導眾生的技藝上，更加精益求精，鑽研更為勤奮，對於佛教的信仰也更為堅定。南朝宋的太宰、江夏王劉義恭，對他最為賞識敬重。後來，他在長干寺去世，享年八十一歲。

宋瓦官寺釋慧璩

釋慧璩，丹陽人。出家止瓦官寺。該覽❶經論，涉獵書史。眾伎多閑❷，而尤善唱導。出語成章，動辭製作，臨時採博，罄無不妙。宋太祖文皇帝、車騎臧質，並提攜友善，雅相崇愛。譙王鎮荊，要與同行。後逆節❸還朝，於梁山❹設會。頃之，譙王敗，璩還京。後宋孝武設齋，璩唱導，帝問璩曰：「今日之集，何如梁山？」璩曰：「天道助順，況復為逆？」帝悅之。明旦，別䞋一萬。後敕為京邑都維那❺。大明末，終於寺，年七十二。

【注釋】❶該覽　廣泛地讀覽。❷閑　即「嫻」，嫻熟。❸逆節　違反自己的意向。❹梁山　山名。在安徽和縣、當塗之間。在和縣者為西梁山，在當塗者為東梁山，原名博望山。兩山隔江對峙如門，故又稱天門山。山川形勢險要，六朝以來為兵家必爭之地。南朝宋孝武帝大明七年，車駕習水軍於梁山，在博望梁山設雙闕。❺都維那　佛教職位名。三綱之一。律宗、禪宗稱維那，教宗稱都維那。其地位僅次於方丈。

【語　譯】釋慧璩，丹陽地方人。出家做和尚後住在瓦官寺。他極廣地閱讀佛教經論，也涉獵書史。嫻熟許多技藝，但最擅長的則是唱導，即唱念佛經，勸化眾生。他出口成章，自創勸世之文，能隨時引經據典，全篇講完，無一句不妙。宋太祖文皇帝與車騎大將軍臧質，都褒獎提攜，並崇敬愛護他。譙王鎮守荊州，邀請他同行。後來，他違背自己的意願，回到朝中。之後，又到梁山設齋醮大會。譙王失敗以後，慧璩回到了京城。後南朝宋孝武皇帝設立齋會做法事，慧璩擔任了唱講經文的工作。皇帝問慧璩：「今日的法事集會，比起梁山之會如何？」慧璩回答道：「上天總是保佑順應天命的人，難道還會保佑於叛逆的人嗎？」皇帝對他的答話很高興。第二天，另外施捨他法事錢一萬。後皇帝又命他為整個京城佛寺的都維那。大明末年，他在寺廟中去世了，享年七十二歲。

宋靈味寺釋曇宗　僧意

釋曇宗，姓虢，秣陵❶人。出家止靈味寺。少而好學，博通眾典。唱說之功，獨步當世。辯口適時，應變無盡。嘗為孝武❷唱導，行菩薩五法禮竟，帝乃笑謂宗曰：「朕有何罪，而為懺悔？」宗曰：「昔虞舜至聖，猶云：『予違爾弼❸。』湯武亦云：『萬姓有罪，在予一人❹。』聖王引咎，蓋以軌世。陛下德邁往代，齊聖虞殷，履道思沖，寧得獨異？」帝大悅。後殷淑儀薨，三七設會，悉請宗。宗始歎世道浮偽，恩愛必離。嗟殷氏淑德，榮幸未暢，而滅實當年，收芳今日，發言悽至。帝泫愴良久，賞異彌深。後終於所住，著《京師塔寺記》二卷。時靈味寺復有釋僧意者，亦善唱說。製《睒經》❺新聲，哀亮有序。

【注釋】❶秣陵　地名。今江蘇南京江寧縣。❷孝武　南朝宋孝武帝劉駿。❸予違爾弼　見《尚書・益稷》。原文曰：「予違汝弼，汝無面從，退有後言。」意為：我有過失，你們要幫助我，不要當面順從我，背後又去議論。無，通「毋」。❹萬姓

有罪二句　《尚書・湯誥》云：「其爾萬方有罪，在予一人；予一人有罪，無以爾萬方。」此處「方」改為「姓」。意為百姓有罪，罪在我一人身上。❺睒經　原作「談經」。據大正藏本改。睒，窺視的樣子。

【語　譯】釋曇宗，俗姓虢，秣陵地方人。出家做和尚後，住在靈味寺中。年輕時喜歡學習，所以閱讀了許多佛教經典，並對它們有比較深刻的理解。他講唱經文方面的本領，當時是沒有人能夠比得上的。他對佛經的辯析很適合時人的要求，他頭腦敏捷，能夠隨機應變。曾經為南朝宋孝武帝唱經疏導，在施行了菩薩五法禮之後，皇帝笑著對他說：「我有什麼罪，需要這樣懺悔啊？」曇宗回答說：「古代的舜可以說是一個至高無上的聖人了，他還說：『我有錯誤，請你們多加幫助。』英明的湯武王也曾說過這樣的話：『百姓們有罪，這都是我一人的過錯。』聖明的君王，都主動承認錯誤，以這種方式使百姓都走上道德的軌道。陛下的品德超過昔日的君主，與虞舜、湯武齊肩，和他們走著一樣的路，有著一樣的想法，豈能他們有錯誤而您沒有？」皇帝聽後極為高興。後來，皇妃殷淑儀去世，一七至三七所設的法會，都請曇宗去主持。曇宗開始歎惜世風日下，人與人之間互相欺詐，而真正情深意篤之人，卻不能長久廝守。後又哀婉地說，像殷妃這樣的人，賢淑有德，然而還沒有來得及充分地享受榮耀與帝王的寵愛，就香消玉殞，芳年早逝。語調悲傷，淒楚欲絕。皇帝聽後，久久地流淚。從此對曇宗更為器重，賞賜也多。曇宗後來圓寂於靈味寺，他曾撰寫過《京師塔寺記》，此書有兩卷。當時，靈味寺還有個法名叫僧意的和尚，也善於講唱經文，他譜製的《睒經》的新聲譜，讀起來哀婉清亮，井然有序。

宋靈味寺釋曇光

釋曇光，會稽人。隨師止江陵❶長沙寺。性喜事五經❷詩賦，及筭數卜筮，無不貫解。年將三十，喟然歎曰：「吾從來所習，皆是俗事。佛法深理，未染一毫，豈剪落❸所宜耶？」乃屏❹舊業，聽諸經論。識悟過人，一聞便達。

宋衡陽文王義季，鎮荊州，求覓意理沙門，共談佛法，罄境推光，以當鴻任。光固辭，王自詣房敦請，遂從命。給車服人力，月供一萬。每設齋會，無有導師。王謂光曰：「獎導群生，唯德之大❺，上人何得為辭，願必自力。」光乃迴心習唱，製造懺文。每執爐處眾，輒道俗傾仰。

後還都止靈味寺，義陽王旭出鎮北徐❻，攜光同行。及景和❼失德，義陽起事，以光預見，乃賈七曜❽以決光，光杜口無言，故事寧獲免。宋明帝於湘宮設會，聞光唱導，帝稱善，即勅賜三衣❾瓶鉢。後卒於寺中，年六十五。

【注　釋】❶江陵　地名。屬湖北。漢置縣，為南郡治所，歷代沿置。❷五經　儒家的五部經典，為《易》、《尚書》、《詩》、《禮》、《春秋》。❸剪落　指落髮為僧。《南齊書・顧歡傳・答袁粲文》：「然則道教執本以領末，佛教救末以存本。請問所異，歸在何許？若以翦落為異，則胥靡翦落矣。」❹屏　拋棄；摒除。❺唯德之大　大正藏本作「唯德之本」。❻北徐　地名。東晉太元九年以京口（今江蘇鎮江）為南徐州，義熙七年以彭城（今江蘇銅山）為北徐州。南朝宋時，淮北盡為北魏占領，遂以京口為南徐，改鍾離（今安徽鳳陽）為北徐。❼景和　前廢帝劉子業的年號，西元四六五年。❽七曜　本指日、月、水、火、木、金、土，或指北斗七星，這裡指七種寶物。❾三衣　僧侶的法衣，有三種：僧伽梨，即大衣；鬱多羅僧，即上衣；安陀會，即下衣。合稱「三衣」。

【語　譯】釋曇光，會稽郡人。隨他的師傅住在江陵長沙寺。他喜歡學習儒家的《易》、《尚書》、《詩》、《儀禮》、《春秋》五部經典著作和詩賦，對算術、卜筮，也有濃厚的興趣，對這些學問無一不通。到了將近三十歲的時候，他長長地歎了一聲說：「我一貫所學習的知識，都是世俗之人所學的。佛教深刻的義理，卻沒有涉及一點點，這豈是一個削髮為僧的人所應該做的呀。」於是拋棄過去所學的東西，聽講佛教經論。他極有悟性，見識又超人，所以，一聽便懂，並能融會貫通。

南朝宋衡陽文王劉義季鎮守荊州，尋找深通佛教義理的和尚，要與他共同談論佛理。一境之人都推薦曇光，認為他能夠擔當此重任。曇光堅決推辭，衡陽文王便親自到了他的禪房，誠心地邀請他，他在這種情況下，才接受邀請。衡陽文王給他車子、衣服與佣人，並且每月還供給一萬錢。衡陽文王府每次設法會，卻沒有一個講唱佛經、化導眾人的法師，衡陽文王便對曇光說：「激勵化育眾生，這是佛教賜予大眾的頭等恩德，大師為什麼不做這項功德之事呢？希望您努力去做。」於是，曇光沉下心來，學習講唱的內容與方法，並撰寫懺文。後來他燒香講唱經文時，無論是僧尼還是俗眾，都傾心敬佩他的講唱。

曇光後來到了京城，住在靈味寺。義陽王劉旭出京鎮守北徐，帶著他一起去上任。到了景和年間，前廢帝劉子業失去君德，義陽王劉旭準備造反，他事前曾拿著七種寶物，作為禮物送給曇光，請能夠預卜未來的曇光給他決斷勝敗，曇光卻閉口不說，所以在平叛後免於處罰。宋明帝劉彧在湘宮設會做法事，聽曇光講唱經文，給予讚揚，並立即賜予三衣與瓶鉢。曇光六十五歲時圓寂於靈味寺中。

齊興福寺釋慧芬

釋慧芬，姓李，豫州人。幼有殊操，十二出家，住穀熟縣❶常山寺。學業優深，苦行精峻。每赴齋會，常為大眾說法。梁楚之間❷，悉奉其化。及魏虜❸毀滅佛法，乃南歸京師。至烏江，追騎將及而渚次無航，芬一心念佛，俄見流船忽至，乘之獲免。至都，止白馬寺。時御史中丞袁愍孫常謂道人偏執，未足與議，乃命左右，令候覓沙門，試欲詰之。會得芬至，袁先問三乘四諦❹之理，卻辯老莊儒墨之要。芬既素善經書，又音吐流便。自旦之夕，袁不能窮。於是敬以為師，令子弟悉從受戒。

芬又善神呪，所治必驗。後病篤，服丸藥，人勸令之以酒。芬曰：「積時持戒，寧以將死終難❺虧節。」乃語弟子云：「吾其去矣。」以齊永明三年卒于興福寺，年七十九。臨終有訓誡遺文云云。

【注釋】❶穀熟縣　縣名。在今河南商丘東南。❷梁楚之間　地域範圍，約為今山西、河北、河南、湖北。❸魏虜　指北魏。❹三乘四諦　佛教語。三乘，佛教以車乘喻佛法，學習的人接受能力不一，分三種情況，稱三乘。即聲聞乘、緣覺乘、菩薩乘。聲聞乘，悟諸諦而得道；緣覺乘，悟十二因緣而得道；菩薩乘，因六度而得道。四諦，佛教以苦、集、滅、道為四諦，又名四聖諦、四真諦。苦為生老病死；集為集聚骨肉財帛；滅為滅惑業而離生死之苦；道為八正道，以能通於涅槃。❺終難　大正藏本無此二字。

【語譯】釋慧芬，俗姓李，豫州人。年幼的時候就表現出不平凡的操守。十二歲時出家當和尚，住在穀熟縣常山寺。在佛學的學習方面，取得了優異的成績，並對佛理有著深刻的理解。他嚴守戒律，勤苦修行。每次赴齋醮大會，都為人們講解佛理。晉、冀、豫、鄂等地，都聽從他的教化。到了北魏施行毀滅佛教的政策後，他便逃向南朝齊之首都建業。剛到烏江，追捕他的騎兵眼看也要到了，可這時江邊卻沒有船隻，慧芬專心念佛，果然得到了佛的護佑。不久，忽然見到一隻在江中漂流的小船靠到了岸邊，慧芬便乘船渡江，免去一死。到了京城，住在白馬寺。當時御史中丞袁愍孫常說和尚思想偏執，不足以和他們探討問題。他命令手下人等候並尋找和尚，想責難他們。恰好慧芬走了過來，被帶來見袁愍孫。袁先問三乘四諦的原理，後又與慧芬辯論老莊哲學和儒家、墨家思想的核心。慧芬平常對佛教與老莊儒墨的經典著作都喜歡閱讀，又能口若懸河，侃侃而談，從早到晚，袁都不能辯倒他，且不能窮盡他的知識。於是，對他極為尊敬，拜他為師，並讓子弟都跟從他受戒律的約束。

慧芬還精通神靈的咒語，用咒語辦事，無不靈驗。後來得了重病，服藥治療。人勸他喝點酒以減輕痛苦，他說：「我一貫嚴守戒律，怎能在臨死前虧損了我的名節？」於是，向弟子告別道：「我走了。」齊永明三年，他圓寂於興福寺，享年七十九歲。臨終時口述了訓誡遺文。

齊齊福寺釋道儒　僧喜

釋道儒，姓石，渤海❶人。寓居廣陵❷。少懷清信，慕樂出家。遇宋臨川王義慶❸鎮南兗，儒以事聞之。王贊成厥志，為啟度出家。出家之後，蔬食讀誦，凡所之造，皆勸人改惡修善，遠近宗奉，遂成導師。言無預撰，發響成製。元嘉末出都，止建初寺。長沙王請為戒師，盧水相、伯仲孫等共買張敬兒故宅，為儒立寺，今齊福寺是也。儒以齊永明八年卒，年八十一

時閑心寺有釋僧喜，亦善唱說，振譽宋末齊初❹。

【注釋】❶渤海　為我國的內海，在山東半島到遼東半島之間，這裡指渤海邊的人。渤海作為行政區域是唐代靺鞨族事，故這裡不是指行政區域。❷廣陵　地名。今為江蘇之揚州。❸義慶　劉義慶，彭城（今江蘇徐州）人。生於西元四〇三年，卒於西元四四四年。劉宋宗室，襲封臨川王，曾任南兗州刺史、都督，加開府儀同三司。性喜文學，作有《世說新語》等。
❹時閑心寺有釋僧喜三句　原本無，今據大正藏本校補。

【語　譯】釋道儒，俗姓石，渤海邊上人。僑居廣陵。年輕時就懷有離開紅塵、投身清雅之地的志向，羨慕出家人的快樂。遇到臨川王劉義慶鎮守南兗州，他便將自己的心願說給他聽。臨川王非常贊成這一志向，為他申請了度牒，讓他出家。從此以後，他吃蔬菜素食，專心讀誦佛經，所到之處，都勸人改惡行善。由於他德行高尚，又會化導，遠近的人都敬仰他，他便成了教化眾人的導師。他講經或宣教之前，從來不打稿子，但說出來的內容卻像一篇完整的文章。元嘉末年，他來到了京城，住在建初寺中。長沙王拜他為自己學習戒律的師傅，盧丞相、伯仲孫等人一起出資購買了張敬兒的舊房子，為道儒改建成寺廟，這就是今日的齊福寺。道儒在永明八年去世，享年八十一歲。

其時閑心寺的和尚僧喜也善於講唱經文，在宋末齊初的時候，天下聞名。

齊瓦官寺釋慧重　法覺

釋慧重，姓閔，魯國❶人。僑居金陵。早懷信悟，有志從道，願言未遂，以長齋菜食。每率眾齋會，常自為唱導。如此累時，乃上聞於宋孝武。大明六年，勑為新安寺出家，於是專當唱說。稟性清敏，識悟深沉。言不經營，應時若瀉。凡預聞者，皆留連信宿❷，增其懇詣❸。後移止瓦官禪房。永明五年卒，年七十三。

時瓦官復有釋法覺，又敦慧重之業，亦擅名齊代。

【注　釋】❶魯國　當指今山東曲阜。❷信宿　連續兩夜。❸懇詣　至誠的境界。

【語　譯】釋慧重，俗姓閔，曲阜一帶的人。後僑居金陵。年輕的時候，就信仰佛教，並對佛理有所感悟，但是由於種種原因，他出家的願望不能實現。但他不改變自己的信仰，堅持吃齋念佛。並且常常帶領著大家舉行法會，自己主動地承擔起唱經與教化眾人的工作。這種情形經過一段時間後，被南朝宋孝武帝知道了，便在大明六年下旨允許他到新安寺出家，正式做一個僧人。慧重出家後，專門從事於講唱佛經的事情。慧重天生清雅聰明，對事物的認識、對知識的體悟都比較深刻。說話前不作準備，但講解經文時，隨時都能做到口若懸河。凡是聽了他講經的人，都會連住兩夜，聽他的講唱與宣教，以使自己能夠達到至誠的境界。後來，他遷居到瓦官寺。永明五年去世，活了七十三歲。

當時瓦官寺還有個叫法覺的和尚，光大了慧重的事業，也聞名於齊代。

齊正勝寺釋法願

釋法願，本姓鍾，名武厲，先潁川❶長社人。祖世避難，移居吳興❷長城。願常為梅根治監❸，有施順民❹代之。先時文書未校，慎民遂偏當其負，願乃訴求分罪。有旨免慎民死，除願為新道令。家本事神，身習鼓舞，世間雜伎，及著爻占相，皆備盡其妙❺。嘗以鏡照面云：「我不久當見天子。」於是出都住沈橋，以傭相自業。宗愨❻、沈慶之❼微時，經請願相，願曰：「宗君應為三州刺史，沈君當位極三公。」如是，歷相眾人，記其近事，所驗非一。遂有聞於宋太祖，太祖見之，取東治囚及一奴美顏色者，飾以衣冠，令願相之。願指囚曰：「君多危難，下階便應著鉗鏁❽。」謂奴曰：「君是下賤人，乃暫得免耶。」帝異之，即敕住後堂，知❾陰陽秘術。後少時，啟求出家，三啟方遂，為上定林遠公❿弟子。及孝武龍飛⓫，宗慤出鎮廣州，攜願同往，奉為五戒之師。會譙王搆逆⓬，羽檄嶺南。慤以諮願，願曰：「隨君來，誤殺人。今太白犯南斗，法應殺大臣。宜速改計，必得大勳。」果如願言。慤遷豫州刺史，復攜同行。及竟陵王誕舉事，願陳諫亦然。願後與刺史共欲滅眾僧床腳⓭，令依八指之制。時沙門僧導獨步江西，謂願濫匡其士，頗有不平之色，遂致聞於孝武，即敕願還都。帝問願何致故詐菜食，願答：「菜食已來十餘年。」帝敕直閤沈攸之強逼以肉，遂折前兩齒，不迴其操⓮，帝大怒，敕罷道⓯，作廣武將軍，直華林佛殿。願雖形同俗人，而棲心禪戒，未嘗虧節。有頃帝崩，昭太后令聽還道。

太始六年，校長生⓰捨宅為寺，名曰「正勝」，請願居之。齊高帝⓱親事幼主，恒有不測之憂，每以諮願，願曰：「後七月當定。」果如其言。及高帝即位，事以師禮。武帝⓲嗣興，亦盡師敬。永明二年，願遭兄喪，啟乞還鄉。至鄉少時，敕旨重疊⓳。願後出，憩在湘宮。鑾駕自幸，降寺省慰。願云：「腳疾未消，不堪相見。」帝乃轉蹕而去。

文惠太子嘗往寺問訊，願既不命令坐，文惠作禮而立，乃謂願曰：「葆吹清鐃，以為供養，其福云何？」願曰：「昔菩薩八萬妓樂供養佛，尚不如至心。今吹竹管子，打死牛皮⑳，此何足道？」其秉德邁時，皆此之類。其王侯妃主，及四遠士庶，並從受戒，悉遵師禮。願往必直前，無有通白。咸致隨喜，日盈萬計。願隨以修福，未嘗蓄聚。或雇人禮佛，或借人持齋；或糴米穀，散飼魚鳥；或貿易飲食，賑給囚徒。興功立德，數不可紀。願又善唱導，及依經說法，率自心抱㉑，無事宮商，言語訛雜，唯以適機為要。可謂其智可及，其愚不可及也。

後入定三日不食，忽語弟子云：「汝等失飯籮矣。」俄而寢疾。時寺側遭燒，寺在下風，煙焰將及。弟子欲輿願出寺，願曰：「佛若被燒，我何用活？」即苦心歸命，於是三面皆焚，唯寺不燼。齊永元二年，年八十七卒。

【注釋】❶穎川　應為「潁川」，地名。春秋時鄭地，戰國時為韓都。秦始皇十七年置郡，轄今河南省中部及南部地。❷吳興　古郡名。即今浙江湖州地。❸治監　應為「冶監」。大正藏本即如是。冶監為管理冶煉銅鐵、鑄造器物的官職。❹施順民　由下一句來看，當為「施慎民」。❺家本事神五句　由此敘述推知，法願父祖當為巫覡，信奉巫教。❻宗慤　（西元？至四六五年）南朝宋南陽涅陽人。字元幹。少時，叔父炳問其志願，慤答曰：「願乘長風破萬里浪。」文帝時，為振武將軍。後隨武陵王劉駿（孝武帝）平定殺父自立的劉劭，封為左衛將軍。大明三年，參加平定據廣陵抗命的竟陵王劉誕之亂。官至豫州刺史。❼沈慶之　字弘先，南朝宋吳興武康人。官至鎮北大將軍，始封興郡公。❽鉗鏁　戴上枷鎖。鏁，「鎖」的異體。❾知主管、執掌。❿上定林遠公　即上定林寺之慧遠。慧遠事見本書卷六〈釋慧遠傳〉。⓫龍飛　比喻皇帝的興起或即位。《易・乾》：「飛龍在天，利見大人。」《疏》曰：「若聖人有龍德，飛騰而居天位。」⓬譙王搆逆　指譙王造反。⓭減眾僧床腳　意為減少僧人的人數。⓮不迴其操　不改變操守。⓯罷道　還俗。⓰校長生　大正藏本作「佼長生」。⓱齊高帝　蕭道成（西元四二七至四八二年）。南朝南蘭陵人，字紹伯。仕宋為中領軍，鎮軍淮陰，乘劉宋諸王內鬨，遙控朝政，後廢帝劉昱既立，凶暴，朝野怨望，道成伺機殺昱，立順帝劉準，自為太傅領揚州牧，尋為相國，封齊公。昇明二年廢宋，稱帝，建齊王朝，殺準，宋宗室男子皆處死。⓲武帝　齊武帝蕭賾。於西元四八三年即帝位。⓳勑旨重疊　連續下旨。⓴死牛皮　即牛皮蒙的鼓。㉑率自心抱　完全根據自己的理解。

【語　譯】釋法願，俗姓鍾，名字叫武厲，其祖籍在潁川郡長社縣。他的祖先為了避難，遷到南方的吳興長城。法願曾經做過梅根的冶煉銅鐵、鑄造器物的官吏，後來，有一個叫施慎民的人來接替他，然而，在交接時，有關文書未能核對。在出了差錯後，施慎民要承擔責任，但是法願卻主動向上級請求，要分擔責任。皇上下旨，免去施慎民的死罪，改任法願為新道令。法願的父祖本事奉諸仙，他自己也跟著學習了擊鼓跳神的伎藝，他還掌握了世間各種雜技，乃至占卜看相，無一不精通。他曾經對著鏡子看著自己的臉說：「在不久的將來，我會見到天子。」於是，來到京城，住在沈橋，以替人看相賺錢為生。那時宗愨、沈慶之還沒有發跡，便來請法願替他們看相。法願說：「宗君今後應為三州刺史，沈君今後位極三公。」就這樣法願給很多人都看了相，他們用最近發生的事來驗證，多被說中。有人將此事報告給宋太祖，皇帝便下令召見他。宋太祖讓人從監獄中提出一個囚犯，又挑選了一位相貌英俊的奴僕，給他們都穿上時尚華麗的服裝，讓法願來看相。法願指著囚犯說：「您多災多難，下了這階梯，就會披枷戴鎖。」又對那奴僕說：「您是地位低賤的人，不過是暫時免於低賤而已。」宋太祖見法願看得這麼準，非常驚訝，立即讓法願住入後堂，主持陰陽秘術之事。過了不久，法願申請出家做和尚，然而沒有立即得到批准，經過再三懇求才遂心如願，拜上定林寺的慧遠和尚為師。到了孝武帝登基後，宗愨出鎮廣州，帶著法願一起上任，尊奉他為五戒禪師。這時恰逢譙王圖謀反叛。宗愨接到譙王徵調軍隊的緊急文書，左右為難，向法願諮詢，法願說：「隨您來到廣州後，見到您誤殺了無罪之人。現今太白金星沖犯南斗，兆象是朝廷要殺大臣。您應該趕快改變計策，忠於朝廷，必然會建立偉大的功勳。」事情的發展正如法願所預料的那樣。後來，宗慤改任豫州刺史，仍然帶著法願同行。等竟陵王誕舉事反叛時，宗慤又得到了法願的指點。之後，法願與刺史一道打算減少僧人的人數，並令僧人依照八指之制。當時有個和尚叫僧導，在江西一帶佛教界，無人能超過他，他對法願很不服氣，認為法願對僧人過分干涉，他向孝武帝告狀，孝武帝隨即下旨命令法願還京。法願回到京城後，孝武帝責問他：「你為什麼謊說自己吃素？」法願說：「我並沒有說謊，我吃素食已經有十多年了。」孝武帝令直閣沈攸之拿肉來，強迫法願吃下，法願堅持不吃，以致把法願的兩顆門牙都折斷了，法願還是堅持不吃，孝武帝大怒，命令他還俗，做廣武將軍，當值華林法殿。還俗後的法願，雖然衣飾形貌如同俗人，但他的內心還是堅持禪定與修持，從來也沒有違反過戒律。過了沒多久，孝武帝死了，昭太后才令法願再次出家為僧。

南朝宋明帝泰始六年，一個叫校長生的人把自己的房子施捨出來做寺廟，取名叫「正勝寺」，請法願做主持。齊高帝未登帝位時，親自事奉幼主宋順帝劉準，常常發生預料不到的事情，於是，他每次都向法願諮詢，法願說：「再過七個月就會有定局。」後來，果然不出所料。等到齊高帝即位後，他對法願行了學生拜老師的禮節，齊武帝蕭賾即位後，也把他當作老師來敬重。齊武帝永明二年，法願的兄長去世，法願請求還鄉治喪，然而他回鄉還沒有多久，皇上連續下旨，要他趕快回來，法願從家鄉回來後，住在湘宮寺。皇帝親自到寺裡去看他，以示慰問。然而法願對先進來的人說：「我的腳病未好，不能拜見皇帝。」皇帝祇好掉轉車頭回去了。

文惠太子曾到湘宮寺看望法願，法願沒有請他坐，太子在施禮以後祇好站著。並請教他說：「不斷吹奏出清雅之音與擊打鐃鈸，來供養神佛，會得到什麼樣的福業？」法願回答說：「過去菩薩用八萬伎樂供養神佛，還不如自己對佛的真心誠意。今日這種吹吹竹子打打牛皮，也能值得一提嗎？」法願的品德高尚，超出時人，從這類事情上都可以看出來。當時王侯、后妃、公主以及四面八方的官員百姓，都來跟從法願受戒，遵以師禮。法願每到一個地方，都逕直向前，不需要通報。到湘宮寺隨喜、燒香的人很多，每日都超過一萬人。對善男信女的布施，法願都隨時用來修福行善，從不私自積蓄。或給人開支禮拜佛的費用，或借錢給人作法會，或買來米穀餵魚餵鳥，或買些飲食賑濟囚徒。他所作的興功立德之事，不可勝記。法願還善於唱經與布道，開化眾心。他講經說法時，都是按照自己的想法來進行，從不死守教條，他宣講的內容龐雜豐富，但都能切中聽眾的根器的需要。他的智慧別人可以學到，但他那種大智若愚的境界卻是別人達不到的。

一次，法願入定三天沒有吃東西，他忽然對弟子們說：「你們要失去衣食的依靠了。」不久即臥病不起。這時寺院外的一側失火，而寺院又處於下風，火當會順風而來，殃及寺院，弟子們打算把法願抬出寺院，法願卻說：「佛尊如果被火燒，我還活著幹什麼？」其用心在於以此方式獻身於佛。然而，結果是寺院外的三面都被燒了，唯有寺院完好無損。法願去世於齊東昏侯永元二年，時年八十七歲。

齊齊隆寺釋法鏡　道親　寶興　道登

釋法鏡，姓張，吳興烏程❶人。幼而樂道，事未獲從。值慧益❷燒身，啟帝度二十人，鏡即預其一也。事法願為師。既得入道，履操冰霜。仁施為懷，曠拔成務。於是研習唱導，有邁終古。齊竟陵文宣王厚相禮待，鏡誓心弘道，不拘貴賤，有請必行，無避寒暑。財不蓄私，常興福業。建武初，以其信施立齊隆寺以居之。鏡為性敦美，以賞接為務，故道俗交知，莫不愛悅。雖義學功淺，而領悟自然。造次嘲難，必有酬酢。齊永元二年卒，年六十四。

其後瓦官道親、彭城寶興、耆闍道登，並皆祖述宣唱，高韻華言，非忝前例❸。

傾眾動物，論者從之。今上為長沙宣武王治鏡所住寺，因寺改曰「宣武」也。

【注釋】❶烏程 縣名。在今浙江湖州。❷慧益 見本書卷一二〈釋慧益傳〉。❸前例 應為「前列」。意為前列眾僧。

【語譯】釋法鏡，俗姓張，為吳興烏程縣人。年輕時就喜歡佛教，但是出家的要求沒有獲得批准。恰好逢竹林寺和尚慧益自焚，他在死前向皇帝請求批准二十個人出家，皇帝答應了。法鏡就是這二十人中的一個，他拜了法願為師。自從進了佛門之後，他堅守操行，嚴格地按照戒律行事。他有著對大眾仁愛的情懷，並有超拔眾生的理想，於是，鑽研唱經與布道的技藝，結果，他的本領超越了前人。齊朝竟陵文宣王尊敬並厚待法鏡，法鏡發誓自己要努力弘揚佛教，因此，不論是地位高的人，還是地位低賤的人，他都是有請必去，不管是酷暑還是寒冬，從不推辭。他不蓄積私財，而是把錢用到為眾生造福的事業上去。建武初年，朝廷因他篤信佛教並廣施教化，建造了齊隆寺，讓他居住。法鏡性格敦厚善良，喜歡誇讚別人並與人交朋友，因此，無論是出家人還是世俗中的人都願和他交朋友，並都敬愛、喜歡他。法鏡雖然對佛教義理的學習，功力還顯得不夠，但他悟性極好，這種悟性是自然生成的。儘管不斷有人來詰難，但他都能應答。齊朝永元二年去世，享年六十四歲。

在法鏡之後，瓦官寺的道親、彭城的寶興、天竺的道登，都能繼承唱講經文的師業，言辭華麗，音韻婉協，不是前述的講唱和尚所能比的。他們的講唱與施導讓眾人傾心佩服，時人肯定了他們講唱的方法。今法鏡所住過的齊隆寺在長沙宣武王轄治的範圍內，因此將寺改名為「宣武寺」。

論曰：唱導者，蓋以宣唱法理，開導眾心也。昔佛法初傳，于時齊集，止宣唱佛名，依文致禮。至中宵疲極，事資啟悟，乃別請宿德，昇座說法。或雜序因緣，或傍引譬喻。其後廬山釋慧遠❶道業貞華，風才秀發。每至齋集，輒自昇高座，躬為導首。先❷明三世因果，卻辯一齋大意，後代傳受，遂成永則。故道照、曇穎❸等十有餘人，並駢次相師❹，各擅名當世。夫唱導所貴，其事四焉：謂聲辯才博。非聲則無以警眾，非辯則無以適時，非才則言無可採，非博則語無依據。至若響韻鐘鼓，則四眾驚心，聲之為用也。辭吐俊發，適會無差，辯之為用也。綺製彫華，文藻橫逸，才之為用也。商搉經論，採撮書史，博之為用也。若能善茲四事，而適以人時。如為出家五眾❺，則須切語無常，苦陳懺悔。若為君王長者，則須兼引俗典，綺綜成辭。若為悠悠凡庶❻，則須指事造形，直談聞見。若為山民野處❼，則須近局言辭，陳斥罪目。凡此變態，與事而興，可謂知時眾❽，又能善說。雖然故以懇切感人，傾誠動物，此其上也。昔草創《高僧》，本以八科成傳。卻尋經導二伎，雖於道為末，而悟俗可崇。故加此二條，足成十數。何者？至如八關❾初夕，旋繞周行，烟蓋停氛，燈帷靖耀，四眾專心，叉指緘嘿❿。爾時導師則擎爐慷慨，含吐抑揚，辯出不窮，言應無盡。談無常⓫，則令心形戰慄；語地獄，則使怖淚交零。徵昔因⓬，則如見往業；覈當果，則已示來報。談怡樂，則情抱暢悅；敘哀慼，則灑泣含酸。於是闔眾傾心，舉堂惻愴。五體輸席，碎首陳哀。各各彈指，人人唱佛。爰及中宵後夜，鍾漏將罷。則言星河易轉，勝集⑬難留。又使遑迫懷抱，載盈戀慕。當爾之時，導師之為用也。其間經師轉讀，事見前章。皆以賞悟適時，拔邪立信。有一分可稱，故編《高僧》之末。若夫綜習未廣，諳究不長，既無臨時捷辯，必應遵用舊本。然才非己出，製自他成。吐納宮商，動見紕繆。其中傳寫訛誤，亦皆依而宣唱。致使魚魯淆亂，鼠璞相疑⑭。或時禮拜中間，懺疏忽至。既無宿蓄，恥欲出頭，臨時抽造，謇棘難辯⑮。意慮荒忙，心口乖越，前言既久，後語未就。抽衣謦咳，示延時節，列席寒心，觀徒⑯啟齒。施主失應時之福，眾僧乖古佛之教。既絕生善之萌，秖增戲論之惑。始獲濫吹之譏，終致伐匠之咎。若然，豈高僧⑰之謂耶？

【注釋】❶慧遠　見本書卷六〈釋慧遠傳〉。❷先　原作「光」。據大正藏本改。❸道照曇穎　見本書卷一三〈釋道照傳〉與〈釋曇穎傳〉。❹駢次相師　同時或先後師從。❺五眾　佛教語。為比丘、比丘尼、式叉摩那、沙彌、沙彌尼。❻悠悠凡庶　廣大的百姓。❼山民野處　指沒有開化的民眾。❽知時眾　大正藏本作「知時知眾」。❾八關　八關齋。據《法苑珠林》一〇五《八戒會名》，此種齋會始於南朝宋齊之時，謂持齋可以戒除八惡。❿緘嘿　大正藏本作「緘默」。意為沉默不語。⓫談無常　論人的生命短暫與命運的不可捉摸。⓬昔因　使今世如此之往世的因緣。⓭勝集　使人歡欣的集會。⓮鼠璞相疑　把兩種不同的事物混為一談。《尹文子・大道》下：「鄭人謂玉未理者為璞，周人謂鼠未臘者為璞。周人懷璞謂鄭賈曰：『欲買璞乎？』鄭賈曰：『欲之。』出其璞視之，乃鼠也。因謝不取。」⓯謇棘難辯　支支吾吾，口齒不清，難以聽懂。「辯」應為「辨」。⓰觀徒　原作「觀途」。據大正藏本改。⓱高僧　原本下有「傳」字，難解。據大正藏本刪。

【語　譯】論說：什麼是「唱導」呢？就是宣講唱念法理，以開導大眾的愚昧之心。過去，佛教剛傳入中國之時，大家按照規定的時間集中，不過也僅僅是唱念「阿彌陀佛」，依照經文的規定，施禮而已。到了深夜之後，大家極度疲倦，為了振作精神，對佛法有所覺悟，便請有高德的和尚，昇座講說佛教大意。他們或者告知前生、今生與未來生的因果關係，或者用故事作比喻，來闡述深奧的佛理。後來，晉朝廬山的和尚慧遠，有著很深的佛教造詣，並有堅定的信仰，又才華橫溢，出語不凡，每當人們聚集起來做法會的時候，他都會主動地登上高高的講壇，親自講經布道。他先讓大家了解三世人生的因果關係，又把本次法會的目的意義概述了一番。後來人們接受與傳播佛法，都是仿照慧遠的做法。把它當成了永遠需要遵奉的法則。因此，道照、曇穎等十多人，或同時或先後拜慧遠為師，並都取得了成績，名聞當世。「唱導」這一工作，需要重視的有四個因素，即聲、辯、才、博。沒有響亮悅耳的聲音，不能引起聽眾的注意；沒有口若懸河的說話能力，不能適應時尚；而沒有才華，他所說的話中就沒有讓人得到教益的內容；沒有廣博豐富的知識，他所說的則沒有多少根據。至於像講唱經文的時候，歌聲嘹亮，婉轉押韻，並伴以鐘鼓之聲，讓觀眾驚心動魄，這表明了重視「聲音」的作用；吐辭清晰而流暢，沒有訛誤差錯，這是重視了「辯」的作用；語言富有文采，綺旋華麗，這是重視了「才」的作用；對佛教經論提出商榷，並採擷書史上的材料來作為自己的論據，這則是重視了「博」的作用。如果具備了聲、辯、才、博四個條件，而又能與聽眾的身分結合起來，唱導當會有更好的成效。如對出家的和尚尼姑等人唱導時，必須用真切的語言講人生的虛幻、命運的難以掌握，竭力闡述懺悔之於人生的意義。如果是對君王與社會地位較高的人，則必須在講解經文的同時，引用一些世俗聖賢之人經典著作中的觀點，並需要文采斐然。若是為廣大的普通百姓唱導，則必須摻雜很多自己耳聞目睹的事例，使得所講內容既通俗親切又有趣味。而如果對未開化的眾生唱導，則必須從近日發生的事情說起，並且斥責他們所犯的各種罪行，以讓他們感到罪孽深重。凡此種種，都是隨著聽眾身分的變化而變化，這樣做了，就可以說了解了時代特點也了解了聽眾的需要。加之能說會道，雖然是有意用懇切的態度、推心置腹的言語來感動人，但是仍應將這種唱導看作是高層次的。在我構建《高僧傳》的框架之時，我本想祇收錄在八個方面（即譯經、義解、神異、習禪、亡身、誦經、明律、興福）做出成績的高僧，但後來考慮到經師與唱導，雖然在佛教中處於末流，但在使眾生覺悟、傾心向佛方面，其成績值得尊崇，因此，加上了這兩類，以成十類。為什麼我會有這樣的考慮呢？譬如舉行八關齋的第一個晚上，人們圍繞著佛像一圈一圈地走著，香煙繚繞，燭火輝煌，帷幕在燈光中閃耀。眾人專心致志，兩手合十，沉默不語。這時，化導眾生的師傅拿著一盞燈，侃侃而談，抑揚頓挫，話語滾滾而出，應答如流。談到人生的虛幻、壽命的短暫與命運的不可捉摸之時，令人害怕不安；說到地獄的恐怖，則令人嚇得涕淚交流；證實今世之狀皆是前世造成，則讓人似乎看到了前世的福業或孽業；用許多事實考察善惡之因果關係，則好像讓人們看到了來世的報應。說到快樂的事情，聽眾會心曠神怡。敘述到哀傷的事情，則讓人酸楚掉淚。於是，所有聽眾傾心迷醉，一堂人淒傷不已。眾人倒在席上，痛苦得碎首斷腸。於是人人都擊磬敲鈸，口念佛號。等到半夜之後，鐘聲停歇，漏聲沉寂，這時導師便說時光匆匆，勝會將散，人們心中泛起惆悵的滋味，胸中塞滿了留戀不捨之情。在這個時候，導師當做些勸慰的工作。上述主要是導師的所作所為，然在導師布道期間，經師常唱念經文，至於具體情況，前文都已經介紹過。不論是導師還是經師，都能結合實際情況來啟發眾生覺悟，祛除邪念，確立對佛教的信仰。經師與導師，祇要有一分長處可以稱道，即編入《高僧傳》之末章。然而，如果讀書不多，研究不深，不能即時應答，宣講唱念都離不開舊本，而這些舊本又都是前人或他人寫的，而且，一開口唱念宣講，或沒有抑揚頓挫的音樂之美，或錯誤百出，別人寫本上的錯誤，也照樣唱念，以致魚魯不分，鼠璞混淆。有時在禮拜中間，需要念誦懺疏之文，而這些所謂經導之師，既沒有這方面的素養，又沒有當場做這項工作的勇氣，臨時編排內容，說起來支支吾吾，含混難懂。由於心慌意亂，往往嘴裡說的與心裡想的不一致，且常常前言不搭後語。於是，故意理衣咳嗽，以拖延時間。來聽講的善男信女們對此感到失望，冷卻了對佛教的熱情，並且發出譏嘲的議論。施主們不再按時布施錢物，和尚們則會違背佛的教導，斷絕了行善修福的念頭，祇把經論看作戲論而已。自然地，眾人說他們吹牛，他們也得到了因自我誇耀而應得的下場。如果是這樣的人，他們還能被稱作高僧嗎？

卷一四

序錄

原夫至道沖漠❶，假蹄筌❷而後彰；玄致幽凝，藉師保❸以成用。是由聖迹迭興，賢能異託。辯忠烈孝慈，以定君父之道；明《詩》《書》《禮》《樂》，以成風俗之訓。或忘功遺事，尚彼虛沖❹；或體任榮枯，重茲達命❺。而皆教但域中，功存近益。斯蓋漸染之方，未奧盡❻其神性。至若能仁之為訓也，考業果❼幽微，則循復三世；言至理高妙，則貫絕百靈❽。若夫啟《十地》❾以辯慧宗，顯二諦❿以詮智府。窮神盡性之旨，管一樞極⓫之致。餘教方之，猶群流之歸巨壑，眾星之拱北辰，懋⓬哉邈矣。信難得以言尚。至迺教滿三千，形遍六道⓭。皆所以接引幽昏，為大利益。而以淨穢異聞，昇墜殊見。故秋方先形聲之奉，東國後見聞之益。雲龍表於夜明，風虎彰乎宵夢。洪風既扇，大化斯融。自爾西域名僧往往而至，或傳度經法，或教授禪道，或以異迹化人，或以神力救物。自漢之梁，紀曆彌遠。世涉六代，年將五百。此土桑門[14]，含章秀起，群英間出，迭有其人。眾家記錄，敘載各異。沙門法濟，偏敘高逸一迹。沙門法安，但列志節一行。沙門僧寶，止命遊方一科。沙門法進，迺通撰論傳。而辭事闕略，並皆互有繁簡，出沒成異。考之行事，未見其歸。宋臨川康王義慶《宣驗記》及《幽明錄》[15]、太原王琰《冥祥記》[16]、彭城劉悛《益部寺記》、沙門曇宗《京師寺記》、太原王延秀《感應傳》、朱君台《徵應傳》、陶淵明《搜神錄》[17]，並傍出諸僧，敘其風素，而皆是附見，亟多疎闕。齊竟陵文宣王《三寶記傳》，或稱佛史，或號僧錄，既三寶共敘，辭旨相關，混濫難求，更為蕪昧。瑯琊王巾所撰《僧史》，意似該綜，而文體未足。沙門僧祐[18]撰《三藏記》，止有三十餘僧，所無甚眾。中書郄景興《東山僧傳》、治中張孝秀《廬山僧傳》、中書陸明霞《沙門傳》，各競舉一方，不通今古；務存一善，不及餘行。逮乎即時，亦繼有作者。然或褒讚之下，過相揄揚；或敘事之中，空列辭費。求之實理，無的可稱。或復嫌以繁廣，刪減其事，而抗迹[19]之奇，多所遺削，謂出家之士，處國賓王，不應勵然[20]自遠，高蹈獨絕。尋辭榮棄愛，本以異俗為賢。若此而不論，竟何所紀。嘗以暇日，遇覽群作。輒搜檢雜錄數十餘家，及晉、宋、齊、梁春秋書史，秦、趙、燕、涼荒朝偽曆，地理雜篇，孤文片記。並博諮故老，廣訪先達，校其有無，取其同異。始于漢明帝永平十年，終至梁天監十八年，凡四百五十三載，二百五十七人，又傍出附見者二百餘人。開其德業，大為十例：一曰譯經，二曰義解，三曰神異，四曰習禪，五曰明律，六曰遺身，七曰誦經，八曰興福，九曰經師，十曰唱導。然法流東土，蓋由傳譯之勳。或踰越沙險，或汎漾洪波，皆忘形徇道，委命弘法。震旦㉑開明，一焉是賴。茲德可崇，故列之篇首。至若慧解開神，則道兼萬億；通感適化㉒，則彊暴以綏；靖念安禪㉓，則功德森茂；弘讚毗尼㉔，則禁行清潔；忘形遺體，則矜吝革心㉕；歌誦法言，則幽顯含慶㉖；樹興福善，則遺像可傳。凡此八科，並以軌迹不同，化洽殊異。而皆德効四依㉗，功在三業㉘，故為群經之所稱美，眾聖之所褒述。及夫討覈源流，商摧取捨，皆列諸讚論，備之後文。而論所著辭，微異恒體，始標大意，類猶前序。末辯時人，事同後議。若間施前後，如謂煩雜。故總布一科之末，通稱為論。其轉讀宣唱，雖源出非遠，然而應機㉙悟俗，實有偏功㉚。故齊、宋雜記，咸列秀者。今之所取，必其製用超絕。及有一介通感，迺編之傳末。如或異者，非所存焉。凡十科所敘，皆散在眾記。

今止刪聚一處，故述而無作。俾夫披覽於一本之內，可兼諸要。其有繁辭虛讚，或德不及稱者，一皆省略。故述六代賢異，止為十三卷，並序錄合十四軸，號曰《高僧傳》。自前代所撰，多曰名僧。然名者，本實之賓也。若實行潛光㉛，則高而不名；寡德適時，則名而不高。名而不高，本非所紀；高而不名，則備今錄。故省名音，代以高字。其間草創，或有遺逸。今此十四卷，備讚論者，意以為定。如未隱括㉜，覽者詳焉。

【注釋】❶沖漠　恬靜虛寂。沖，老子專用。漠，莊子專用。又，唐韋應物《韋江州集》七〈登樂原廟作〉詩：「歸當守沖漠，跡寓心自忘。」❷蹄筌　為捕兔及魚的工具。蹄，兔罝；筌，魚笱。《莊子・外物》：「荃者所以在魚，得魚而忘荃；蹄者所以在兔，得兔而忘蹄；言者所以在意，得意而忘言。」荃，同「筌」。後常以蹄筌指實現某種目的之手段，或反映事物的跡象。❸師保　古時擔任輔導和協助帝王的官。❹虛沖　即「沖虛」。沖淡虛靜，無所拘繫。《文選》南齊王仲寶（儉）〈褚淵碑〉：「深識臧否，不以毀譽形言；亮采王室，每懷沖虛之道。」❺達命　通達天命。❻奧盡　窮盡；深入探索。❼業果　佛教指善業或惡業所產生的果報。《舊唐書・王縉傳》：「又見縉等施財立寺，窮極瑰麗，每對揚啟沃，必以業果為證。」❽百靈　百神。《文選》漢班固〈東都賦〉：「禮神祇，懷百靈。」❾十地　指《十住經》，即華嚴六經之十地品。❿二諦　佛教語，指真諦和俗諦。諦意即實理。凡思辨的道理叫俗諦，寂證的道理叫真諦。⓫樞極　指極重要的部分或中心部分。⓬懋　盛大。⓭六道　佛教語。指天道、人道、阿修羅道、餓鬼道、畜生道、地獄道。⓮桑門　「沙門」的異譯。即僧人的意思。《魏書・釋老志》：「諸服其道者，則剃落鬚髮，釋累辭家，結師資，遵律度，相與和居，治心修淨，行乞以自結。謂之沙門，或曰桑門，亦聲相近，總謂之僧，皆胡言也。」⓯宣驗記及幽明錄　為劉義慶所著。原書已佚，魯迅《古小說鉤沉》輯有兩書之佚文。《幽明錄》雜記各種怪異神奇，《宣驗記》專記佛法靈驗。⓰王琰冥祥記　王琰，史書無傳。據《法苑珠林》卷二引王琰《冥祥記》自序，琰約生於宋孝建元年（西元四五四年）。幼年在交趾，從賢法師受五戒。卒時約在梁天監、普通年間。《宣年記》所寫的都是佛教靈驗的故事。⑰搜神錄　又稱《搜神後記》。多為神話傳說。⑱僧祐　見本書卷一一〈釋僧祐傳〉。⑲抗迹　特立獨行。《楚辭》屈原〈九章・悲回風〉：「望大河之洲渚兮，悲申徒之抗迹。」⑳勵然　獨立孤傲的樣子。㉑震旦　古印度語的音譯，即「中國」。㉒適化　教化。㉓安禪　佛教語。安靜地打坐，猶言入定。《梁書・張緒傳・南征賦》：「今築室以安禪，邑無改於舊井。」㉔毗尼　梵語。佛教各種戒律的統稱。也譯作毗奈耶、毗那耶、鞞尼迦等。㉕矜吝革心　嚴勵地約束自己的物欲，洗心改過。㉖含慶　包含著善業。㉗四依　佛教語。四依具體內容為一是行四依，二是法四依，三是人四依，四是說四依。行四依為行人所依之四法：一是糞掃衣，二是常乞食，三是樹下坐，四是腐爛藥。法四依：一是依法不依人，二是依了義經不依不了義經，三是依義不依語，四是依智不依識。人四依：一是具煩惱性之人（即三賢四善根），二是須陀洹（即預流果）、斯陀含（即一來果）之人，三是阿那含（即不還果）之人，四是阿羅漢之人。說四依，依四種之密意而說法，真諦之攝論謂之說四依。㉘三業　佛教語。業，梵語「羯磨」。三業說法很多，有稱人的身、口、意三者為三業的，也有稱意中的貪、嗔、痴為之三業。㉙應機　適應時機。㉚偏功　出乎意料之外的功用。㉛潛光　名不聞於世。㉜隱栝　也作「檃括」，意為就原有文章的內容、情節，加以剪裁或修改。

【語　譯】追索至高無上的大道，它們都有恬靜虛寂的特點，必須借助於某種手段才能顯示出來；深奧玄幽的思想，必須依靠導師才能運用於社會。因此，從古到今，創始的聖人的功跡不斷地顯露，而賢能之智者則表現於不同的繼起的作為。他們來到世間的任務就是傳布大道。聖賢之人宣傳忠君、貞烈、孝親、仁慈的倫理道德，是為了定下君君臣臣父父子子之道；編寫《詩》、《書》、《禮》、《樂》，是為了形成風俗的規範。他們有的不求功名、遺棄富貴，專心致力於這恬靜虛寂的大道；有的不管身體的好壞，任其衰老，全身心地投入在求與大道相通的探索上。然其教祇限於一個地方，收其功效並得益的僅在近處。剛剛傳入的地方，人們並不能深刻而全部地理解教義。到了釋迦佛所創立、垂顯的佛法教誨，他細致入微地沿著人的三世的軌跡，來考察業與果之間幽深微妙的關係。他貫通了各種神靈的事例，來解說佛教教義的高妙。他啟示了菩薩十地來表明大乘佛慧宗旨之無窮，他又顯示了真諦與俗諦來講清楚心智的豐富內涵。佛教窮盡天下的神妙與性理，而掌握了天下唯一之中心。因此，其他教理和它比較起來，猶如百川匯向大河，群星拱衛北斗。佛教是多麼的盛大淵遠啊！這確實難以用言語來表述。佛教發展到充塞於三千世界，遍及天道、人道、阿修羅道、餓鬼道、畜生道與地獄道等六道之時，它將人世間與幽冥世界連接了起來，為眾生指明大利益之所在。告知人們這樣的異聞：修德積善、品行潔淨，便可昇入天堂；而作惡使壞，品行低下，便會墜入地獄。西方世界先見到佛之形貌，先聽到佛之福音，自然先奉遵其教，而中國則隨後沾得佛法之恩澤，有若雲龍行於明月之夜，猛虎出現於夜夢之中。於是，強大的風氣既已發動起來，佛法的教化也就大大地融洽於中國了。自此以後，西域的名僧紛紛來傳教。他們有的傳播佛教的經論，有的教授坐禪入定之方法，有的用奇異的故事來影響人們，有的用自己神奇的法力幫助人們解決困難。從佛教東傳的漢代起到梁代，已經經歷了漫長的時間，社會有過六個朝代，時間將近五百年。在這段時間裡，中國的佛教僧侶中，優秀者輩出，每一代都會出現傑出的僧人。然而，對於這些僧侶中的優秀者，各家的記錄卻不一樣。沙門法濟，偏重於敘述僧人高標飄逸的事跡；沙門法安，僅僅介紹僧人的志向節操；沙門僧寶，祇寫遊方的僧人；法門法進，對各位僧人的生平事跡作了總述。這些記錄，對人物的言語事跡，都記載不全，且很簡略。當然，有的在此處記述得繁，有的在彼處記述得簡，同樣的事跡，不同的作者，寫的卻不一樣。考證其記述，有許多卻不符合事實。宋朝臨川康王劉義慶的《宣驗記》與《幽明錄》、太原王琰的《冥祥記》、彭城劉悛的《益都寺記》、沙門曇宗的《京師寺記》、太原王延秀的《感應傳》、朱君台的《徵應傳》、陶淵明的《搜神錄》，都敘述了一些僧人的品性事跡，然而皆是附見，而且都簡略不全。齊代竟陵文宣王的《三寶記》，有的稱它為佛教史，有的稱之為僧人錄。因該書同時講論佛、法、僧之三寶，意思交叉，弄得混淆難辨，蕪雜不明。瑯琊王巾撰寫的《僧史》，看上去精致簡潔，但文體未備，許多該立的科目沒有立。沙門僧祐撰寫的《三藏記》，僅收錄了三十多個僧人，值得立傳卻未收錄的太多。中書郄景興的《東山僧傳》、治中張孝秀的《廬山僧傳》、中書陸明霞的《沙門傳》，各書所寫的祇是一個地方的僧人，而且不是反映古今僧人的。各書所標列的也祇是所寫僧人的一個方面的事跡，其他方面的事跡都不提及。這樣的書今日仍不斷地有人去撰寫，然而，不是讚譽太過，就是廢話連篇。求索其中實在的內容與啟迪人生的道理，卻沒有多少。有的作者嫌經歷的事太多，便刪減其事，然他們所削去的，卻正是能反映獨立特行的品格之事，他們認為，出家的僧人，處於國中，臣服國王，不應該孤傲獨立、遠離社會。考察佛教僧侶放棄榮華富貴與家人之親情，正是一種不同於紅塵社會的可貴品德，如果這樣的品德不被肯定，他們還有什麼事情值得被記載呢？我曾在空閑的時候，搜集並閱讀了數十種關於記錄名僧的作品，以及晉、宋、齊、梁、秦、趙、燕、涼的史書、地理著作與單篇文章、短小札記。為了覈實上述的資料，我訪問了許多故老與前輩，看看前人所寫的是不是事實，比較各本的相同與不同之處，然後斟酌取捨。《高僧傳》所收的僧人從漢明帝永平十年開始，至梁天監十八年截止，時間跨越四百五十三年，所收錄的僧人共有二百五十七人，又附錄了二百多人。根據各位高僧不同的德業，列出了十個方面：一是譯經，二是義解，三是神異，四是習禪，五是明律，六是遺身，七是誦經，八是興福，九是經師，十是唱導。佛教能夠在中國流傳，應歸功於傳播翻譯之人。他們或歷經廣袤無垠的沙漠，或渡過波濤洶湧的河流，都有著獻身於傳播佛教事業的精神。而中國則以一種開明的姿態，接納並信賴這一宗教。因此，傳播與翻譯佛經的功德是最為崇高的，故而列之於本書的最前面。至於用博大的智慧來解釋經義，使億萬之眾得到佛教之大道；用奇異的神靈故事感化眾生，改變他們愚頑的性格；靜心寂慮，坐禪入定；贊頌佛德，嚴守戒律；苦身絕欲，修心懺悔；歌詠經文，顯明教義；建塔塑像，廣施福業，都有偉大的功德。除譯經、義解之外的八個方面，雖然布道的形式不同，化育眾生的效果也不一樣，但都能做到以四依化導眾生的原則，以改造貪、嗔、痴三業為目的。因而都受到了諸書的稱讚、前賢的表揚。而追溯一科專業的源流，表明本人的評價態度，都用「贊論」的形式寫出來，放在一科之文後。「論」的部分寫法，與一般「論」的文體稍有不同。我是先總述大意，類似於序言。書中未被評述的現代僧人，其事跡也在這裡有所論述。如果前後文都有論述，當會被人批評為煩雜。因而，我統統把他們放在一科之後，通稱為「論」。轉讀宣唱，雖然產生的時間不長，但是在隨機應變、結合現實情況來感化眾生方面，卻有很大的功勞。因而齊、宋兩代的雜記文章，都把他們置於優秀者之列。本書記述的轉讀宣唱方面的僧人，都是在製作唱譜或撰寫講經之文方面有著卓越成就之人。而在這方面能得到大師的一些技藝，並做出一些成績的人，則附在傳末。如果不屬於這樣類型的人，則堅決不收。本書所敘的十科，在眾書中都有所介紹，本人祇是做了刪減與合併的工作，因此，《高僧傳》僅是一部對他書的複述而不是原創之作，它的目的在於讓人們通過閱讀一本書，而能得到眾書的主要內容。本書中，對一些僧人名不副實的大量讚美言辭，一概略去。因此，敘述六個朝代的具有賢德異行的僧人，止有十三卷，加上最後的序錄，共為十四卷，名叫《高僧傳》。前代人所寫的這類書，稱有大德的僧人叫「名僧」。然而，「名」的意思是本實之賓，有時名實並不相符。有的僧人德雖高卻不聞名於社會，有的名聲很大卻德行並不高尚。而有名但德不高的僧人，就不是本書介紹的對象，德高卻沒有大名聲，倒為本書所收錄。所以，本書不用「名僧」，而用「高僧」，其理由就在這裡。由於寫作時沒有做到精益求精，可能存在遺漏的地方。全書十四卷，有贊論的篇章，都是我認為可以定稿的。若還有不周全之處，請讀者審察。

晉長安竺曇摩羅剎　聶承遠　聶道真

晉長安帛遠　帛法祚　衛士度

晉建康建初寺帛尸梨蜜

晉長安僧伽跋澄　佛圖羅剎

晉長安曇摩難提　趙正

晉廬山僧伽提婆　僧伽羅叉

晉長安竺佛念

晉江陵辛寺曇摩耶舍　竺法度

高僧傳第二卷，譯經中，七人

晉長安鳩摩羅什

晉長安弗若多羅

晉長安曇摩流支

晉壽春石磵寺卑摩羅叉

晉長安佛陀耶舍

晉京師道場寺佛馱跋陀羅

晉河西曇無讖　道進　安陽侯　道普　法盛　法維　僧表

高僧傳第三卷，譯經下，十三人

宋江陵辛寺釋法顯

宋黃龍釋曇無竭

宋建康龍光寺佛馱什

宋河西浮陀跋摩

宋京師枳園寺釋智嚴

宋六合山釋寶雲

宋京師祇洹寺求那跋摩

宋京師奉誠寺僧伽跋摩

宋上定林寺曇摩蜜多

宋京兆釋智猛

宋京師道林寺畺良耶舍　僧伽達多　僧伽羅多哆

宋京師中興寺求那跋陀羅　阿那摩低

齊建康正觀寺求那毗地　僧伽婆羅

高僧傳第四卷，義解一，十四人

晉洛陽朱士行　竺叔蘭　無羅叉

晉淮陽支孝龍

晉豫章山康僧淵　康法暢　支敏度

晉高邑竺法雅　毗浮　曇習　曇相

晉中山康法朗　令韶

晉燉煌竺法乘　竺法行　竺法存

晉剡東仰山竺潛　竺法友　竺法蘊　竺法濟　康法識

晉剡沃洲山支遁　支法度　竺法仰

晉剡山于法蘭　竺法興　于法道　支法淵

晉剡白山于法開　于法威

晉燉煌于道邃

晉剡葛峴山竺法崇　道寶
晉始寧山竺法義
晉東莞竺僧度　竺慧超

高僧傳第五卷，義解二，十五人

晉長安五級寺釋道安　王嘉
晉蒲坂釋法和
晉泰山崑崙巖竺僧朗　支僧敦
晉京師瓦官寺竺法汰　曇壹　曇貳
晉飛龍山釋僧光　道護
晉荊州上明竺僧輔
晉京師瓦官寺竺僧敷
晉荊州長沙寺釋曇翼　僧衛
晉荊州長沙寺釋法遇
晉荊州上明釋曇徽
晉長安覆舟山釋道立

高僧傳第六卷，義解三，十三人

晉長安釋曇影

晉長安釋僧叡　僧楷

晉長安釋道恒　道標

晉長安釋僧肇

高僧傳第七卷，義解四，三十二人

宋京師龍光寺竺道生　寶林　法寶　慧生

宋京師烏衣寺釋慧叡

宋京師東安寺釋慧嚴　法智

宋京師道場寺釋慧觀　僧馥　法業

宋京師祇洹寺釋慧義　僧睿

宋京師彭城寺釋道淵　慧琳

宋京師彭城寺釋僧弼

宋東阿釋慧靜

宋京師祇洹寺釋僧苞　法和

宋餘杭方顯寺釋僧詮

宋江陵辛寺釋曇鑒　道海　慧龕　慧恭　曇泓　道廣　道光

宋廬山凌雲寺釋惠安

宋淮南中寺釋曇無成　曇冏

宋京師靈味寺釋僧含　道含

宋江陵琵琶寺釋僧徹　僧莊

宋吳虎丘山釋曇諦

宋壽春石磵寺釋僧導　僧因　僧音　僧威

宋蜀武擔寺釋道汪　普明　道闇

宋山陰天柱山釋慧靜

宋長沙麓山釋法愍　僧宗

宋京師北多寶寺釋道亮　靜林　慧隆

宋丹陽釋梵敏　僧籥

宋京師中興寺釋道溫　僧慶　慧定　僧嵩

宋京師莊嚴寺釋曇斌　曇濟　曇宗

宋京師何園寺釋慧亮

宋下定林寺釋僧鏡　曇隆

宋京師靈根寺釋僧瑾　曇度　玄運

宋京師興皇寺釋道猛　道堅　慧鸞　慧敷　僧訓　道明

宋山陰靈嘉寺釋超進　曇機　道憑

宋吳興小山釋法瑤　曇瑤

宋京師新安寺釋道猷　道慈　慧整　覺世

宋京師治城寺釋慧通

高僧傳第八卷，義解五，二十七人

齊偽魏濟州釋僧淵　慧記　道登

齊偽魏釋曇度

齊京師莊嚴寺釋道慧　玄趣　僧達

齊京師中興寺釋僧鍾　曇讖　曇遷　僧表　僧最　敏達　僧寶

齊京師天保寺釋僧盛

齊京師湘宮寺釋弘充　法鮮

齊高昌郡釋智林

齊京師靈根寺釋法瑗　法愛　法常　智興

齊蜀齊后山釋玄暢

齊上定林寺釋僧遠　道憑　法令　慧泰

齊荊州竹林寺釋僧慧　曇順　慧敞　僧岫

齊上定林寺釋僧柔　弘稱　僧拔　慧熙

齊山陰法華山釋惠基　僧行　慧旭　道恢　慧深　慧永　法洪

齊京師謝寺釋慧次　僧寶　僧智　法珍　僧響　僧猛　法寶　慧淵

齊京師何園寺釋慧隆　僧誕　僧辯　僧賢　道慧　法度

齊京師太昌寺釋僧宗　曇准　法身　法真　慧令　法仙　法最　僧敬

道文　僧賢

齊京師中寺釋法安　慧光　敬遺　光贊　慧韜　道宗

高僧傳第九卷，神異上，四人

晉洛陽耆域

高僧傳第十卷，神異下，十六人

晉洛陽磐鵄山犍陀勒

晉洛陽婁至山訶羅竭

晉襄陽竺法慧

晉洛陽大市寺安慧則康　慧持

晉長安涉公

晉西平釋曇霍

晉上虞龍山史宗

宋京師杯度　僧佉吒　張奴

宋偽魏長安釋曇始

宋高昌釋法朗　智整

宋岷山通雲寺邵碩

宋江陵琵琶寺釋慧安　僧覽　法衛

宋長安太后寺釋慧通

宋餘杭釋淨度

宋始豐瀑布山釋僧從

宋廣漢釋法成

宋京師中興寺釋慧覽

宋荊州長沙寺釋法期　道果

宋成都釋道法

宋蜀安樂寺釋普恒

齊京師靈鷲寺釋僧審　僧謙　超志　法達　慧勝

齊武昌樊山釋法悟　道濟

齊錢唐靈隱山釋曇超

齊始豐赤城山釋慧明

明律十三人

宋江陵釋慧猷

宋吳閑居寺釋僧業　慧先

宋京師長樂寺釋慧詢

宋京師莊嚴寺釋僧璩　道表

宋彭城郡釋道儼　慧曜

宋江陵釋僧隱　成具

宋廣漢釋道房

宋京師閑心寺釋道營　慧祐

齊鍾山靈曜寺釋志道　超度

齊京師多寶寺釋法穎　慧文

齊蜀靈建寺釋法琳

齊京師安樂寺釋智稱　聰超

齊京師建初寺釋僧祐

高僧傳第十二卷，忘身　誦經

忘身十一人

晉霍山釋僧群

宋彭城駕山釋曇稱

宋高昌釋法進　僧遵

宋魏郡廷尉寺釋僧富

宋偽秦蒲坂釋法羽　慧始

宋臨川招提寺釋慧紹　僧要

宋廬山招隱寺釋僧瑜

宋京師竹林寺釋慧益

宋蜀武擔寺釋僧慶

齊隴西釋法光　法存

齊交阯仙山釋曇弘

誦經　二十一人

晉河陰白馬寺釋曇邃

晉越城寺釋法相　曇蓋　僧法

晉山陰顯義寺竺法純

晉蜀三賢寺釋僧生

宋剡法華臺釋法宗

宋京師南澗寺釋道冏

宋廬山釋慧慶

宋臨渭釋普明

宋京師道場寺釋法莊

宋京師瓦官寺釋慧果

宋京師東安寺釋法恭　僧恭

宋京師彭城寺釋僧覆

齊京師高座寺釋慧進　僧念

齊永興栢林寺釋弘明

齊京師靈根寺釋慧豫　法音

齊上定林寺釋道嵩

齊定林上寺釋超辯　法明　僧志　法定

齊山陰天柱山釋法慧　曇游

齊京師後岡釋僧侯　慧溫

梁上定林寺釋慧彌　法仙

梁富陽齊熙寺釋道琳

高僧傳第十三卷，興福　經師　唱導

興福十四人

晉并州竺慧達

晉武陵平山釋慧元　竺慧直

晉京師瓦官寺釋慧力

晉京師安樂寺釋慧受

宋京師崇明寺釋僧慧

宋山陰法華山釋僧翼　道敬

宋豫州釋僧洪

宋京師釋僧亮

宋京師延賢寺釋法意

齊南海雲峰寺釋慧敬

齊南海藏微山釋法獻

齊定林上寺釋法獻　玄暢

梁剡石城山釋僧護

梁京師正覺寺釋法悅

經師十一人

晉中山帛法橋　僧扶

晉京師建初寺支曇籥

晉京師祇洹寺釋法平　法等

宋京師白馬寺釋僧饒　道綜　超明　明慧

宋安樂寺釋道慧

宋謝寺釋智宗　慧寶　道詮

齊烏衣寺釋曇遷　法暢　道琰

齊東安寺釋曇智　道朗　法忍　智欣　慧光

齊安樂寺釋僧辯　僧恭

齊白馬寺釋曇憑　道光

齊北多寶寺釋慧忍　法鄰　曇辯　慧念　曇幹　曇進　慧超　道首　曇調

唱導十人

宋京師祇洹寺釋道照　慧明

宋長干寺釋曇穎

宋瓦官寺釋慧璩

宋靈味寺釋曇宗　僧意

宋中寺釋曇光

齊興福寺釋慧芬

齊興福寺釋道儒　僧喜

齊瓦官寺釋慧重　法覺

齊正勝寺釋法願

齊齊隆寺釋法鏡　道親　寶興　道登❶

右十三卷十科凡二百五十七人

【注釋】❶右列為本書之目錄，不另作注釋。

弟子孤子王曼穎[1]頓首和南[2]。一日蒙示所撰《高僧傳》，並使其掎摭[3]。力尋始竟，但見偉才。紙弊墨渝，迄未能罷。若迺至法既被，名德已興。年幾五百，時經六代。自摩騰、法蘭發軫[4]西域，安侯、支讖荷錫東都[5]，雖跡標[6]出沒，行實深淺。咸作舟梁，大為利益。固宜緇素[7]傳美，鉛槧定辭，昭示後昆，揄揚往秀。而道安、羅什間表《秦書》，佛澄、道進雜聞趙冊。晉史見捨[8]，恨局當時；宋典所存，頗因其會。兼且攙出君台之記，糅在元亮之說。感應或所商搉，幽明不無梗概。汎顯傍文，未足光闡。間有諸傳，文非隱括。景興[9]偶採居山之人，僧寶[10]偏綴遊方之士，法濟唯張高逸之例，法安止命志節之科。康泓專紀單開[11]，王季但稱高座[12]，僧瑜卓爾獨載，玄暢超然孤錄。唯釋法進所造，王巾有著，意存該綜，可擅一家。然進名博而未廣，巾體立而不就。梁來作者，亦有病諸。僧祐成簡，既同法濟之責；孝秀染毫，復獲景興之誚。其唱公纂集，最實近之，求其鄙意，更恨煩冗。法師此製，始所謂不刊之筆。綿亙古今，包括內外。屬辭比事，不文不質，謂繁難省，云約豈加。以高為名，既使弗逮者恥；開例成廣，足使有善者勸。同之二三諸子前後撰述，豈得挈長量短[13]，同年共日而語之哉？信門徒竟無一言可豫[14]，市肆空設千金之賞。方入簉龍函，上登麟閣[15]，出內瓊笈，卷舒王笥。弟子雖實不敏⑯，少嘗好學，頃日厄餘⑰，觸途多昧。且獲披來帙，斯文在斯，鑽仰⑱弗暇，討論何所。誠非子通見元則之論，良愧處道知休弈之書。徒深謝安慕竺曠風流，殷浩憚支遁才俊耳。不見旬日，窮情已勞。扶力此白，以代訴盡。弟子孤子王曼穎頓首和南。

【注　釋】❶孤子王曼穎　大正藏本無「王」字。孤子，無父或無父母者。《禮・曲禮上》：「孤子當室，冠衣不純采。」❷和南　僧人合掌問禮叫和南。也寫作婆南、槃淡、盤荼味。❸掎摭　指出錯誤。❹發軫　出發。《曹子建集・王仲宣誄》：「發軫北魏，遠迄南淮。」❺荷錫東都　到中國來傳教。荷錫，扛著法物錫杖。東都，指中國。❻跡標　行跡。❼緇素　僧徒穿黑衣，故稱緇徒、緇流。素，指俗眾。《魏書・釋老志》：「緇素既殊，法律亦易。」❽見捨　被丟棄。原作「見拾」，且「拾」下有「復」字。大正藏本作「見捨」，「捨」下無「復」。據大正藏本改。❾景興　郗超字。超生於西元三三六年，卒於西元三七七年。東晉桓溫謀臣，高平金鄉（今屬山東）人。信佛教，善談論，議論精微，與支遁交遊。❿僧寶　南朝齊時名僧，見本書卷八〈釋慧次釋〉。⓫單開　即單道開，見本書卷九〈單道開傳〉。⓬高座　即「帛尸梨蜜多羅」。見本書卷一〈帛尸梨蜜傳〉。⓭絜長量短　衡量長短。⓮豫　同「與」。此處意為提出意見。⓯麟閣　漢宣帝時有麒麟閣，為圖繪功臣之所，省作麟閣。⓰不敏　不才，自謙之詞。《論語・顏淵》：「回雖不敏，請事斯語矣。」⓱厄餘　帶著病弱的身體。⓲鑽仰　深入研究。《論語・子罕》：「顏淵喟然歎曰：仰之彌高，鑽之彌堅。」《疏》：「言夫子之道，高堅不可窮盡。……故仰而求之則益高，鑽研求之則益堅。」

【語　譯】弟子無父母之人王曼穎向老師致敬。某日，承蒙您看重，將您撰寫的《高僧傳》給我看，要我指出其中的錯誤。然而，我從頭到尾讀完後，祇見書中洋溢著非凡的才華。書翻破了，字跡模糊了，仍然愛不釋手。從佛教東傳中國，發生影響、德化天下到今天，已經歷時五百年，六個朝代。開始時，摩騰、法蘭、安侯、支讖扛著錫杖，從西域來到中國。他們去的地方雖然遠近不同，道行也有深有淺，但都成了佛教通往中國的舟橋，為佛教給華夏百姓帶來利益做出了貢獻。因此，不論是僧徒還是俗眾，都傳說著他們的美德，有關書籍也作了定論。他們的事跡，給後人以啟示，並成為榜樣。讚揚他們，也是對以前作出過貢獻的人的一種肯定。之後，道安、羅什的事跡被《秦書》記載，佛澄、道進的行為為《趙書》敘錄。晉朝的史書捨棄了這方面的內容，這是令人遺憾的事。而宋朝的史書中有關僧人的豐富記述，則與佛教在此時的隆盛有關。除史書之外，僧人的事跡還見之於君台之記與元亮之書。然而，所記僧人對佛教教義的感受與奉行過於粗略，神靈與世俗關係的故事也祇是概述。或泛泛而談，或附錄於文末，未能對他們的生平事跡作充分的描述。其間也出現了專記僧人生平的作品，但很不全面。郗景興祇是極少地介紹了廟居的僧人，僧寶僅選擇遊方之士，法濟唯張揚遠離紅塵的高僧，法安所撰的祇有「志節」一個方面。更有甚者，康泓祇寫單開，王季僅為竺高座立傳。僧瑜、玄暢也是單獨被介紹。在諸部著作中，祇有釋法進與王巾所寫的，較為全面地介紹了眾多的僧人，成一家之言，表現了特色。然而法進書名很大，收錄的僧人面卻並不廣，王巾的著作《僧史》，體例還不成熟。梁朝建立以後這類書的作者，也有很多缺點。僧祐的著作，所受到的批評同於法濟，孝秀的著作，也得到了郗超所受到過的譏嘲。唱公纂集的書，是最近問世的，以我個人看來，有繁冗不精煉的毛病。而法師您的這部著作才可稱為不刊之作。這本書的內容包含著古今中外傑出僧人的事跡，連綴文辭，排列史事，既不綺麗也不質樸，不可刪削，不能添加。用「高僧」作為書名，使達不到書中所錄僧人品行之人，感到慚愧。收錄了十科的僧人，面廣量大，使有心向善之人得到了獎勵。昔日數人編撰的有關著名僧人的書籍，豈能與此書相比，同日而語呢？弟子確實提不出一句的批評意見，一字千金的懸賞祇會是空設。其書的寫成，必將使大師名聞天下，其書也將會被朝廷作為寶物來收藏。弟子雖然不才，但年輕的時候也曾刻苦學習過。近日身體病弱，至今未好，神昏意懶。但拜讀大作，始終沒有離手。深入研究、學習尚來不及，哪裡還能提出自己的意見呢？我讀大作，確實不如子通讀元則之論，處道閱休奕之書那樣有知音之賞，倒極像謝安羨慕竺曠的風流飄逸，殷浩愧恨不如支遁的傑出才華。十多天未見，深深地思念。強撐病體，寫出這一番話，代替我對大作感受的傾訴。弟子無父母之人王曼穎叩首致敬。

君白❶：一日以所撰《高僧傳》相簡，意存鍼艾❷，而來告累紙❸，更加拂拭❹。顧惟道藉人弘，理由教顯。而弘道釋教，莫尚❺高僧。故漸染已來，昭明遺法，殊功異行，列代而興。敦厲❻後生，理宜綜綴。貧道少乏懷書抱篋自課之勤，長慕鉛墨塗青❼揚善之美。故於聽覽餘閒，厝心❽傳錄。每見一分❾可稱，輒有懷三省❿。但歷尋眾記，繁約不同，或編列參差，或行事出沒，已詳別序，兼具來告。所以不量寸管⓫，輕樹十科。商搉⓬條流，意言略舉。而筆路蒼茫，辭語陋拙。本以自備疎遺，豈宜濫入高聽？檀越既學兼孔釋⓭，解貫玄儒，抽入綴藻⓮，內外淹劭⓯，披覽餘暇，脫助詳閱。故忘鄙俚，用簡龍門⓰。然事高辭野，久懷多愧，來告吹噓⓱，更增憮慳⓲。今以所著讚論十科，重以相簡。如有紕謬，請備斟酌。釋慧皎白。

【注釋】❶君白　大正藏本在本段的末尾為「釋君白」。❷鍼艾　中醫治病的一種方法。以針刺與艾灼穴位。這裡意為糾正錯誤。❸累紙　數張紙，意指文辭很多。❹拂拭　本意為除去塵垢，引申為器重、褒獎。李白〈駕去溫泉宮後贈楊山人〉：「一朝君王垂拂拭，剖心輸丹雪胸臆。」❺尚　即「上」，意為超越。❻敦厲　督促，勉勵。❼鉛墨塗青　指作文。❽厝心　把某事放在心上。❾一分　原作「一介」。據大正藏本改。❿有懷三省　在內心裡反覆思考。⓫不量寸管　不量自己的寫作才華。寸管，筆管。此借指文才。⓬商搉　討論。⓭孔釋　孔子與釋迦牟尼。此指儒學與佛教。⓮綴藻　連接的詞語，即文章。⓯內外淹劭　儒佛二學皆淹博而通達。⓰龍門　喻聲望高的人。《後漢書》六七〈李膺傳〉：「膺獨持風裁，以聲名自高，士有被容接者，名為登龍門。」⑰吹噓　不切實際的讚美。這裡是自謙之意。⑱㥏㦖　又作「㥏墨」。意為羞愧色變。《文選》晉左思〈魏都賦〉：「㢮氣離座，㥏墨而謝。」

【語　譯】釋慧皎申意：某日，我將所編寫的《高僧傳》寄呈您，目的是想請您糾正其中的錯誤。而您內容豐富的來信卻皆是讚美之辭。回顧佛教東傳以來的歷史，佛教借助人的宣傳而得到弘揚，而人生的至理則依靠佛教而顯明。佛教的弘揚，無人超過有大德的僧人。他們在佛教進入中國以後，讓教義變得明白可曉。他們在這方面立下了卓越的功勳，並做出了奇異的舉動，每一代人中都出現了一些這樣的高僧。為了督促、勉勵後來之人繼承前人的事業，理應將高僧的事跡全面地編寫出來。我年輕時缺乏刻苦學習的精神，長大後卻羨慕那些用筆作文來教人行善的人。於是，我在聽人談論或者在閱讀有關書籍時，用心蒐集僧人傳記的材料。每當見到有一份可以肯定的材料，我便在大腦中再三考慮。然而，歷年所蒐集到的眾多有關僧人生平的書籍，有繁有簡。有的書中被收錄之人，其品行功績參差不齊，有的在敘述僧人事跡上，內容混亂，在別序中已有描述，然在他文中又重複介紹。在此情況下，我便不自量力，從十個方面介紹高僧，並討論每個方面專業的源流，略述自己的見解。由於寫作能力較差，言辭粗陋，寫作此書的本意是自備一份他書疏漏的高僧的完整資料，不致散佚，豈能值得您去閱讀。想到您有儒、佛二學的知識，並能融會貫通，所以，我忘記了拙著的粗鄙俚俗，寫信給您，祈求您披覽詳閱。我用粗野的言辭來描寫崇高的事業，心中一直有著愧責之情，您來信中的溢美之辭，更使我羞愧不安。今日將十個方面的論贊，再次寄呈給您，請您審閱。如有錯誤，請斟酌修改。釋慧皎啟。

右此傳是會稽嘉祥寺釋慧皎法師所撰。法師學通內外，精研經律，著《涅槃疏》❶十卷、《梵網戒》❷等義疏，並為世軌❸。又撰此《高僧傳》及序共十四卷。

梁末承聖二年，太歲癸酉，避侯景❹難，來至湓城，少時講說。甲戌歲二月捨化，春秋五十有八。江州僧正慧恭為首經❺，營葬于廬山禪閣寺墓。時龍光寺釋僧果同避難在山，遇見時事，聊記之云耳。

【注　釋】❶涅槃疏　對《涅槃經》所作的注疏。《涅槃經》有小乘、大乘二部。小乘之《涅槃經》，為西晉白法祖譯。大乘之《涅槃經》，為西晉竺法護譯。❷梵網戒　《梵網經》所說之十重經四十八輕戒。❸世軌　世上僧尼遵為軌範。❹侯景（西元五〇三至五五二年）北朝時將領。字萬景。懷朔鎮（今內蒙古自治區固陽西北）人。先屬北魏尒朱榮，繼歸高歡，為鎮守河南的大將。中大同二年（西元五四七年），固恐被高澄（高歡子）所殺，降梁，為河南王。次年，舉兵叛變，攻破建康（今江蘇南京），所部到處燒殺。大寶二年（西元五五一年），自立為漢帝。不久，為陳霸先等所破，逃亡時被部下殺死。❺為首經　大正藏本作「經始」。意為在人死後的法事中，念經超度亡靈的負責僧人。

【語　譯】右邊此傳是會稽郡嘉祥寺僧人釋慧皎法師撰寫的。法師對傳統的與外來的知識有著豐厚的學養，對佛教的經律也有著精深的研究。曾著有《涅槃疏》十卷與《梵網戒》等義疏，這些著作成為僧尼的軌範。今又撰此《高僧傳》，連序文，共為十四卷。他於梁朝末年承聖二年，那年太歲在癸酉，為逃避侯景之難，來到了湓城，講說佛經，然而時間不長。隔年甲戌年二月去世，活了五十八歲。去世後，江州寺廟的長老慧恭負責了他的安葬與超度靈魂之事，將他葬在廬山禪閣寺僧墓中。當時龍光寺和尚僧果避難在廬山，遇見這一件事，便記了下來。

◎新譯妙法蓮華經

張松輝／注譯　丁敏／校閱

《妙法蓮華經》簡稱《法華經》，是佛教的主要經典之一，旨在提倡三乘歸一，以大乘調和，融會小乘。經名中的「妙法」，是說這部經的法義微妙無上，體現了最高佛旨；「蓮華」即「蓮花」，比喻經義純潔無瑕，如蓮花居塵不染。它善用譬喻，形象生動，不僅是一部思想深邃的佛學著作，而且還具有濃厚的文學色彩，對許多宗派和東亞佛教都有巨大影響。本書根據鳩摩羅什所譯版本加以注釋、語譯和導讀，經文並有國語注音，是閱讀和理解《法華經》的最佳選擇。

◎新譯六祖壇經

李中華／注譯　丁敏／校閱

《六祖壇經》是唐代著名高僧，禪宗六祖慧能一生講說佛法、普度眾生之思想及行止的紀錄，是佛教禪宗最重要的經典，也是中國人所作佛學著作中唯一稱經的一部。經中闡說包括即心即佛的心性觀，萬法在心的般若學說，定慧一體、一行三昧的思想，以及即世修行、不求出世解脫的理念，頓悟成佛的法門等，對中國佛教，乃至世俗文化、哲學、思想各層面，皆有廣大深遠的影響。本書以通行之宗寶本為底本，參校諸本，詳為注譯導讀，書後並附有敦煌本全文及慧能生平資料，以供讀者參閱。

◎新譯金剛經

徐興無／注譯　侯迺慧／校閱

《金剛經》全名為《金剛般若波羅蜜經》，是歷來傳誦最廣的大乘經典之一。不僅內容精鍊，譯文流暢，易於記誦流傳，同時它既是大乘般若學說的入門途徑，又是般若學說的最深堂奧，啟示了獲得大智慧、度脫生死此岸的最高境界。本書採用鳩摩羅什的漢譯本，配合富有理趣和文學意味的譯文，加上淺顯易懂的注釋翻譯，並附有《心經》及《金剛經》玄奘譯本以供對照，使讀者透過古代宗教經典的外在形式，汲取人類文明的精華，體會永恆的智慧和真理。

◎新譯碧巖集

吳　平／注譯

《碧巖集》的編著者——圜悟克勤，緊密聯繫禪宗的基本理論，把公案、頌古和佛教經論結合起來，以雪竇重顯《頌古百則》所闡述一百則禪宗公案為基礎，透過「示眾」、「公案本則」、「公案評唱」、「雪竇重顯的頌古」、「頌古評唱」五部分，深入淺出的介紹了每則公案的機鋒所在，不但創立了解釋公案和頌古的新體裁，也影響了禪門研論文字的風氣。透過本書詳盡注譯，帶領讀者深入品嘗禪味三昧。

三民網路書店

百萬種中文書、原文書、簡體書

任您悠游書海

領 200元折價券

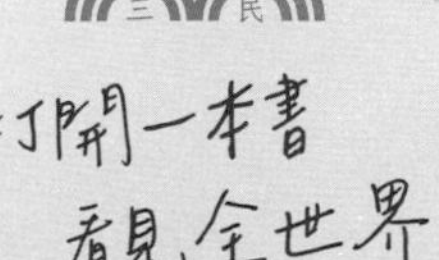

打開一本書
看見全世界

sanmin.com.tw

國家圖書館出版品預行編目資料

新譯高僧傳／朱恒夫,王學鈞,趙益注譯；潘栢世校閱.
－－二版四刷.－－臺北市：三民，2023
面； 公分.－－(古籍今注新譯叢書)

ISBN 978-957-14-5912-7（平裝）
1.僧伽 2.佛教傳記

229.3 103009155

古籍今注新譯叢書

新譯高僧傳

注譯者｜朱恒夫　王學鈞　趙　益
校閱者｜潘栢世

發行人｜劉振強
出版者｜三民書局股份有限公司
地　址｜臺北市復興北路 386 號 (復北門市)
臺北市重慶南路一段 61 號 (重南門市)
電　話｜(02)25006600
網　址｜三民網路書店 https://www.sanmin.com.tw

出版日期｜初版一刷 2005 年 10 月
二版一刷 2014 年 5 月
二版四刷 2023 年 3 月
書籍編號｜S032250
ISBN｜978-957-14-5912-7

著作權所有，侵害必究
※ 本書如有缺頁、破損或裝訂錯誤，請寄回敝局更換。

三民書局